Informatik aktuell

Herausgeber: W. Brauer
im Auftrag der Gesellschaft für Informatik (GI)

W0268155

Springer
Berlin
Heidelberg
New York
Barcelona
Budapest
Hongkong
London
Mailand
Paris
Santa Clara
Singapur
Tokio

Friedbert Huber-Wäschle Helmut Schauer
Peter Widmayer (Hrsg.)

GISI 95

Herausforderungen eines globalen Informationsverbundes für die Informatik

25. GI-Jahrestagung und
13. Schweizer Informatikertag
Zürich, 18.-20. September 1995

Herausgeber
Friedbert Huber-Wäschle
Peter Widmayer
Institut für Theoretische Informatik
ETH Zentrum
CH-8092 Zürich

Helmut Schauer
Institut für Informatik, Universität Zürich
Winterthurer Strasse 190, CH-8057 Zürich

Die Deutsche Bibliothek - CIP-Einheitsaufnahme

Herausforderungen eines globalen Informationsverbundes für die Informatik : 25. GI-Jahrestagung und 13. Schweizer Informatikertag, Zürich, 18. - 20. September 1995 / GISI '95. Friedbert Huber-Wäschle ... (Hrsg.). GI. - Berlin ; Heidelberg ; New York ; London ; Paris ; Tokyo ; Hong Kong ; Barcelona ; Budapest : Springer, 1995
(Informatik aktuell)
ISBN-13:978-3-540-60213-2
NE: Huber-Wäschle, Friedbert [Hrsg.]; GISI <1995, Zürich>; Schweizer Informatikertag <13, 1995, Zürich>

CR Subject Classification (1995): A.0

ISBN-13:978-3-540-60213-2 e-ISBN-13:978-3-642-79958-7
DOI: 10.1007/978-3-642-79958-7

Dieses Werk ist urheberrechtlich geschützt. Die dadurch begründeten Rechte, insbesondere die der Übersetzung, des Nachdrucks, des Vortrags, der Entnahme von Abbildungen und Tabellen, der Funksendung, der Mikroverfilmung oder der Vervielfältigung auf anderen Wegen und der Speicherung in Datenverarbeitungsanlagen, bleiben, auch bei nur auszugsweiser Verwertung, vorbehalten. Eine Vervielfältigung dieses Werkes oder von Teilen dieses Werkes ist auch im Einzelfall nur in den Grenzen der gesetzlichen Bestimmungen des Urheberrechtsgesetzes der Bundesrepublik Deutschland vom 9. September 1965 in der jeweils geltenden Fassung zulässig. Sie ist grundsätzlich vergütungspflichtig. Zuwiderhandlungen unterliegen den Strafbestimmungen des Urheberrechtsgesetzes.

© Springer-Verlag Berlin Heidelberg 1995

Satz: Reproduktionsfertige Vorlage vom Autor/Herausgeber

SPIN: 10484670 33/3140-543210 – Gedruckt auf säurefreiem Papier

GISI 95

Erste gemeinsame Jahrestagung der Gesellschaft für Informatik (GI) und der Schweizer Informatiker Gesellschaft (SI)

Programmkomitee

A. Bode, München
M. Broy, München
H. U. Buhl, Giessen
B. Butscher, Berlin
G. Cyranek, Zürich
R. Dillmann, Karlsruhe
H. Fiedler, Bonn
H.-P. Frei, Zürich
U. Furbach, Koblenz
H. Gonzenbach, Zürich
R. Gunzenhäuser, Stuttgart
H. Österle, St. Gallen
A. Probst, Lausanne
R. Reischuk, Darmstadt
H. Schauer, Zürich, *Vorsitz*
H.-J. Schek, Zürich
P. Stucki, Zürich
H. Thoma, Basel, *Tagungsleitung*
P. Widmayer, Zürich, *Vorsitz*

Organisationskomitee

K. Bauknecht, Zürich, *Vorsitz*
F. Huber-Wäschle, Zürich
B. Kröll, Zürich
M. Richter, Zürich
C. A. Zehnder, Zürich, *Vorsitz*

Vorwort des Tagungsleiters

Erstmals haben sich mit der Gesellschaft für Informatik (GI) und der Schweizer Informatiker Gesellschaft (SI) eine deutsche und eine schweizerische Gesellschaft von Informatikern zusammengetan, um gemeinsam eine Jahrestagung, die GISI 95, abzuhalten. Mit dem Rahmenthema *Herausforderungen eines globalen Informationsverbundes für die Informatik* findet die GISI 95 vom 18. bis 20. September 1995 an der Universität Zürich und der Eidgenössischen Technischen Hochschule Zürich statt. Diese Veranstaltung ist zugleich die 25. Jahrestagung der GI und der 13. Schweizer Informatikertag.

Gegenüber früheren Jahrestagungen präsentiert sich GISI 95 mit einem veränderten Konzept: Die gesamte Veranstaltung dauert drei Tage. Am Vormittag des ersten Tages führen Tutorien in ausgewählte Themen der Informatik ein, die im weiteren Verlauf der Tagung in Fachgesprächen vertieft werden.

In eingeladenen Hauptvorträgen beziehen international anerkannte Fachleute aus Wissenschaft, Wirtschaft und Politik Stellung zu verschiedenen aktuellen Themen der Informatik. Hierbei werden der Stand der Technik und die Entwicklungstrends der Informatik genau so beleuchtet wie die Ausbildung von Informatikern, Fragen des multinationalen Outsourcing oder politische Aspekte der Informatikforschung. Der letztgenannte Punkt ist Gegenstand einer öffentlichen Abendveranstaltung.

Um den unterschiedlichen Interessen der Teilnehmer entgegenzukommen, wurden die Fachgespräche in mehrere Themenbereiche eingeteilt, die wie rote Fäden durch das Programm führen. Die einzelnen Fachgespräche wurden im wesentlichen von eigens dazu geschaffenen Programmkomitees zusammengestellt. Das Programmkomitee der GISI 95 hat hier vor allem eine steuernde Funktion ausgeübt.

GISI 95 zeigt, dass beispielsweise Multimedia, Hochgeschwindigkeitskommunikation und Sicherheit im Internet nicht nur Themen der Informatik im akademischen Elfenbeinturm sind. Die Forderungen der Anwender aus Wirtschaft, öffentlicher Verwaltung, dem Gesundheitswesen, dem Umweltschutz und anderem mehr zwingen zu einer verstärkten Zusammenarbeit von Visionären und Pragmatikern. Von zentraler Bedeutung sind hier neben der Technik mit verteilten Systemen und der weltweiten Vernetzung von Unternehmungen u.a. rechtliche und politische Aspekte, ökologisch orientierte Denkansätze, Aspekte der Ausbildung und der Organisation.

Mein Dank gilt den Damen und Herren, die mit ihren Vorträgen zu einem wesentlichen Teil die Qualität von GISI 95 bestimmen, den Kolleginnen und Kollegen des Programmkomitees, des Organisationskomitees, der Programmkomitees für die Fachgespräche und der Vorstände von GI und SI, ohne die es diese Tagung nicht gäbe. Dank auch den beiden Zürcher Hochschulen für ihre Gastfreundschaft, den Sponsoren und nicht zuletzt all den Hörern, die mit ihrer Anwesenheit zum Gelingen einer Tagung beitragen.

Ich hoffe, GISI 95 kann den Eindruck vermitteln, dass die Informatik sich den Herausforderungen eines globalen Informationsverbundes sachkundig stellen kann.

Zürich, im Juni 1995

Helmut Thoma

Vorwort der Herausgeber

Tagungsbände wie diesen wird es vielleicht schon bald nicht mehr geben - und das zu Recht. Statt dessen werden Sie, werte Leser, eine CD einlegen oder im Internet nach einzelnen Beiträgen fischen - eine willkommene Wahlmöglichkeit.

Der Umbruch, der sich hier andeutet, wird unser berufliches und persönliches Leben und unser Zusammenleben - kurzum: unsere Gesellschaft - merklich verändern. Leistungsfähige Heimelektronik - integrierte Systeme mit Computer, Rechnernetzzugang, Telefon, Telefax und Fernsehen - ist erschwinglich geworden. Schon heute benutzen viele Anwender diese mit größerer Leichtigkeit, als sie noch vor drei Jahren ihren Videorecorder programmiert haben. Selbst aus der Tagespresse sind Schlagworte der Informationsgesellschaft - Infobahn, Surfen im Internet, Schulstunden mit World Wide Web, Telebanking, Hypermedia mit ATM via Satellit, Videokonferenz - nicht mehr wegzudenken. :-), @:->, ;-) und :-# haben die Interpunktion und die Orthografie abzulösen begonnen :-(

Was sind die Konsequenzen für unsere "Informationsgesellschaft"? Welche Auswirkungen haben elektronische Märkte auf die Strukturen künftiger Handelsbetriebe? Findet die Revolution wirklich statt? Und welche Rolle spielt hierbei die Informatik? Bleibt sie die treibende Kraft? Oder verliert sie ihren prägenden Einfluß? Wofür brauchen wir überhaupt noch Informatiker, wo doch die Produkte der Informationstechnologie auch für Laien so einfach zu benutzen sind wie eine Espressomaschine? Ist es berechtigt, daß in manch einem Studiengang die Informatik als Pflichtfach bereits wieder abgeschafft wird - und das sogar an Technischen Hochschulen? Diesen Fragen haben wir mit der Tagung GISI 95 für ganz verschiedene Themenbereiche nachzugehen versucht. Eines der Versuchsergebnisse halten Sie in Ihren Händen.

Zürich, Mai 1995

F. H.-W. H. S. P. W.

Inhaltsverzeichnis

Hauptvorträge

Die fachlichen Informations- und Publikationsdienste der Zukunft – Eine Initiative der Gesellschaft für Informatik

Anne Brüggemann-Klein, Günther Cyranek, Albert Endres

Technische Universität München
Institut für Informatik
Arcisstr. 21
D-80290 München
E-Mail: {brueggem, cyranek, endres}@informatik.tu-muenchen.de

Zusammenfassung. Bedingt durch die beschleunigte Wissensproduktion müssen zukünftige Informations- und Publikationsdienste neue Wege für die Fachinformation eröffnen. Das Engagement des Präsidiumsarbeitskreises Fachinformation der Gesellschaft für Informatik führte zu einem zweijährigen BMBF-Leitprojekt, das mit Pilotanwendern in Universitäten und Fachhochschulen durchgeführt wird.

Schlüsselwörter: Fachinformation, elektronisches Publizieren, digitale Bibliotheken, partizipative Systementwicklung, Information Broker

Computing Reviews Classification: H.3, H.4, H.5, I.7.2, K.7.2

1 Fachinformation im Umbruch

Der Begriff Fachinformation, der Anfang der 70er Jahre geprägt wurde, bezeichnet ursprünglich Information, die von Dokumentationsstellen in Firmen, Forschungseinrichtungen, Verbänden, Fachinformationszentren oder Bibliotheken aufbereitet und bereitgestellt wird, um zur Bewältigung fachlicher Aufgaben in Beruf, Wissenschaft und Forschung sowie in Wirtschaft und Verwaltung zu dienen. Fachinformationsdienste sammeln, bewerten, strukturieren und erschließen Information für eine große Klientel und schaffen so einen wichtigen informationellen Mehrwert.

Fachinformation ist entweder verweisend oder direkt. Verweisend heißt, sie arbeitet mit Deskriptoren von Primärinformation (Beispiele: Literaturdatenbanken, Bibliographien, Referatedienste). Direkt heißt, sie beinhaltet Primärinformation unmittelbar (Beispiele: Volltextdatenbanken oder sogenannte Faktendatenbanken, die Wissen in formalisierter Form enthalten, etwa Spektrendatenbanken in der Chemie). Beide Typen werden auch in elektronischer Form angeboten.

Das Gebiet der Fachinformation befindet sich gegenwärtig in einer Umbruchsituation, die ganz wesentlich durch die Erkenntnis geprägt ist, daß Fachinformationssysteme in zunehmendem Maße Volltext-Dokumente direkt in elektronischer Form anbieten müssen, und zwar aus folgenden Gründen:

- Neue Informationstypen wie interaktive Multimedia-Dokumente mit Video- und Tonsequenzen, Hypertexte oder Lernsoftware können nur noch elektronisch vermittelt werden.
- Elektronische Volltexte sichern eine bessere Retrievalqualität als Deskriptoren.
- Nutzer und Nutzerinnen können die Relevanz von Treffern an Hand von Volltexten zuverlässiger beurteilen als an Hand von Referenzen.
- Die Lieferung von Dokumenten läßt sich schneller und kostengünstiger durchführen, wenn die Volltexte elektronisch vorliegen.

Daraus ergibt sich auch als notwendige Voraussetzung die wachsende Bedeutung des elektronischen Publizierens.

Eine zweite wesentliche Erkenntnis, die sich erst langsam durchsetzt, ist, daß angesichts der regelmäßigen Verdoppelung des Fachwissens etwa alle zehn Jahre die bisherige Organisation elektronischer Fachinformation in zentralen datenbankgestützten Informationssystemen (online oder auf CD-ROM) zu langsam, zu schwerfällig und zu kostspielig wird (siehe hierzu auch die Analysen von [Odlyzko, 95] und [Grötschel, 95]). Mit der Fortentwicklung der Netztechnologie und mit der zunehmenden Verbreitung verteilter multimedialer Informationssysteme wie Gopher, WWW und Hyper-G zeichnen sich jedoch Alternativen ab, auf deren Grundlage mittelfristig verteilte Fachinformationsdienste aufgebaut werden können.

Zur Zeit werden diese Systeme vor allem von einzelnen Institutionen wie Hochschulen, Behörden, Verlagen, Bibliotheken oder Unternehmen als Basistechnologie eingesetzt, um dezentrale Informationsangebote aufzubauen. Damit einher geht ein erweitertes Verständnis von Fachinformation; elektronische Fachinformation umfaßt heute im Hochschulbereich auch die für Lehre, Forschung, Verwaltung und Wissenstransfer in die Wirtschaft relevante fachbezogene Information (Vorlesungsskripte, Institutsberichte, Ausschreibungen, Tagungsankündigungen, etc.) sowie die Methoden ihrer Beschaffung und dezentralen Bereitstellung. Damit einher geht jedoch auch eine Rollenverschiebung zwischen den Anbietern von Primärinformation und Mehrwertdiensten, die sich u.a. in der wachsenden Zahl referierter Fachzeitschriften niederschlägt, die rein elektronisch und ohne Verlagsbeteiligung im Internet publiziert werden.

Die dezentrale Verlagerung des Informationsangebots direkt an den Ort der "Produktion" von Fachinformation in Wissenschaft und Forschung bringt große Chancen mit sich (schnellerer und einfacherer Zugang, Änderung des Informationsverhaltens), wirft aber auch ernsthafte Probleme auf (Kontrolle der Qualität, dauerhafter Zugang und Archivierung, Abgrenzung von Gültigkeit beanspruchender Information zu informeller Kommunikation). Für die Beteiligten am wissenschaftlich-technischen Informations- und Kommunikationsprozeß ergibt sich die Herausforderung, für eine dezentral angelegte Informationslandschaft fachlich hochwertige Inhalte anzubieten, geeignete Informationsstrukturen und Mehrwertdienste aufzubauen, Navigations- und Recherchetools zu entwickeln, Methoden zur Qualitätssicherung einzuführen, neue Möglichkeiten der Informationsverarbeitung und -nutzung zu eröffnen und den effektiven Umgang mit den neuen Methoden der Fachinformation in Schule und Ausbildung zu verankern, so daß Forschung und Entwicklung auch bei immer kürzer werdenden Innovationszyklen erfolgreich unterstützt werden.

2 Die besonderen Chancen der verteilten elektronischen Fachinformation

Selbst wenn elektronische Fachinformation nur als direkte Übertragung gedruckter Dienste auf ein neues Medium auftritt, lassen sich schon entscheidende quantitative Vorteile realisieren: Zeitschriften, Bücher etc. können am Computer quasi per Knopfdruck abgerufen werden, etwa im Anschluß an eine Online-Recherche in einer Referenzdatenbank. Durch systematische Suche und das automatische Verfolgen von Querverweisen kann darüber hinaus zuverlässig die gesamte relevante Information auch international ausgewertet werden. Interdisziplinäres Arbeiten wird erleichtert, da Beiträge zu einem bestimmten Thema aus angrenzenden Wissenschaften einfacher als bisher aufzufinden sind. Schließlich kann mit elektronischen Mitteln der lange Weg vom Informationsproduzenten zum Informationskonsumenten, der gegenwärtig mehrere Medienbrüche und aufwendige Druckprozesse durchläuft, erheblich verkürzt werden [de Kemp, 94].

Elektronische Dienste können Fachinformation eine ganz neue Qualität geben, die außerhalb der Reichweite von gedruckten Diensten liegt [EFI, 95]. Wichtige Informationsbestände und neue Informationsdienste z.B. in Hochschulen, Behörden und Unternehmen können jetzt durch dezentrale Informationsangebote über Datennetze direkt an der Quelle der Information erschlossen werden. Dadurch wird die Bereitstellung und Verteilung unabhängig von kostenträchtigen Vermittlungsdiensten wie Druck und Versand. Die durch Druck und Vertriebswege bedingten Verzögerungszeiten entfallen. Neben Einsparungen bei Druck-, Verteilungs- und Archivierungskosten führt ein dezentrales Informationsangebot auch zu einer Vereinfachung der Verwaltung.

Als weiterer Vorteil wird die Indexierung wesentlich vereinfacht: Formen der Erschließung wie Verschlagwortung und Katalogisierung können bei elektronischen Texten durch Software erfolgen. Alternativ können die entsprechenden Indexierungsdaten direkt von den Autoren und Autorinnen übernommen werden. Verfahren zur Volltextsuche können auch nicht-indexiertes und nicht-katalogisiertes Material erschließen: Statt über Meta-Information ermöglichen sie direkten Zugriff auf Information.

Eine nur im elektronischen Medium realisierbare Qualität der Informationsaufbereitung ergibt sich durch neue, nicht-textuelle Inhaltstypen wie Hypertexte als eine Methode, Zusammenhänge darzustellen und exploratives Lernen zu unterstützen. Weitere qualitative Verbesserungen entstehen aus der Integration multimedialer Dokumente, aber auch aus der Einbindung von Simulations- und Extrapolationssystemen.

Information etwa in Form wissenschaftlicher Arbeiten muß nicht mehr "just in case" an potentielle Interessenten verteilt werden und von diesen dann auch abgelegt und archiviert werden (Bringprinzip). Stattdessen kann "just in time" zu dem Zeitpunkt, zu dem ein Informationsbedarf entsteht, recherchiert werden, verbunden mit der aktuellen Beschaffung der gefundenen Quellen (Holprinzip).

Information, die in elektronischer Form vorliegt, hat den großen Vorteil, maschinell bearbeitbar zu sein. Angesichts der vielbeklagten Informationsüberflutung können so z.B. sogenannte Filtersysteme eingesetzt werden, die nach benutzerdefinierten Kriterien neu eingehende Information vorsortieren und priorisieren, oder intelligente Agenten, die selbständig Information beschaffen und Vorgänge bearbeiten.

3 Das Engagement der Gesellschaft für Informatik (GI)

Die Förderung des wissenschaftlichen Publikationswesens auf ihrem Fachgebiet ist eine der zentralen Aufgaben jeder Fachgesellschaft. Sie trägt damit zur Weiterentwicklung des Fachgebiets, zum Technologietransfer und zur Weiterqualifizierung ihrer Mitglieder gemäß Satzungsauftrag bei.

Die GI ist im Gegensatz zu anderen Fachgesellschaften in doppelter Hinsicht gefordert. Die im Rahmen der neuen Publikations- und Informationsdienste zu lösenden Fragen sind Informatik-Probleme ersten Ranges [Brüggemann-Klein, 95; Endres, 95]. Die Beschäftigung mit den neuen Medien bietet Informatikern auch Gelegenheit, berufliche Qualifikationen zu erwerben, die für die Zukunft sehr wichtig sein können. Außerdem ist es wünschenswert, das Thema "Neue Publikations- und Informationsdienste" wissenschafts- und forschungspolitisch stärker ins Licht der öffentlichen Diskussion zu stellen.

Die bisherigen Aktivitäten seit Gründung des GI-Arbeitskreises Fachinformation Informatik im Dezember 1993 haben dazu geführt, daß sich die Mehrzahl der Fachbereiche an Universitäten und Fachhochschulen inzwischen mit der Thematik befaßt. Das drückt sich u.a. darin aus, daß über 40 Universitäten und mehr als 30 Fachhochschulen einen Vertreter für den AK Fachinformation benannt haben.

In einer Reihe von Sitzungen wurde nicht nur Information über den Stand der Technik ausgetauscht, es wurden auch mehrere konkrete Schritte und Maßnahmen vorbereitet bzw. durchgeführt. Dazu gehören die Definition der Aufgaben eines Fachinformationsbeauftragten und die Schaffung dieser Position an mehreren Instituten. In zwei Pilotprojekten wurden technische Optionen evaluiert und neue Dienste aufgebaut.

Ein Evaluationsprojekt [Appelrath, 95] bezog sich auf die Frage, ob es sinnvoll ist, größere Mengen von Fachliteratur dezentral zu erfassen und bibliographisch zu erschließen. Bei dieser Untersuchung wurden u.a. die Werkzeuge OMNIS/Myriad [Bayer, 93; Bayer, 94] und FreeWAIS [Fuhr, 95; Huynh, 94] eingesetzt.

Eine zweite Aktivität, die aber noch nicht den erhofften Anklang gefunden hat, war die Errichtung eines zentralen Nachweisdienstes für Institutsberichte, der sog. Freiburger Server Ibd [Brüggemann-Klein, 94].

Beide Projekte waren Gegenstand einer Ausstellung und Vorführung am Rande des IFIP-Kongresses in Hamburg im August 1994. In beiden Projekten wurden wichtige Erfahrungen gesammelt, auf die für die weiteren Arbeiten aufgebaut werden kann.

Anläßlich der Sitzung des AK Fachinformation in Bonn im Dezember 1994 wurde eine Umfrage zur Sicht der Mitglieder über ihre aktive Projektpartizipation durchgeführt. Die Mehrzahl der Rückmeldungen zeigt die Bereitschaft von Hochschulen und Großforschungseinrichtungen, u.a. eigene Institutsberichte für den Institutsberichtsdienst (Ibd) zu liefern und seine Funktionalität zu bewerten, Komponenten eines Information-Brokers zu evaluieren, eigene Software für den Software-Nachweis einzureichen, für Lehre und Forschung Video-Dokumente über den Video-Server zu beziehen und Server für elektronische Zeitschriften einzurichten.

Mit Unterstützung des AK Fachinformation wollten wir darüber hinaus in Erfahrung bringen, was tatsächlich online benötigt wird. Die Auswertung der Angaben von ca. 30 interessierten Pilotanwendern vom März 1995 zeigt, daß bei den Zeitschriften insbesondere auf ACM- und IEEE-Ausgaben Wert gelegt wird. Bei den deutschsprachigen Journalen wurden *J.UCS*,

Informatik-Spektrum, Informatik – Forschung und Entwicklung sowie *Wirtschaftsinformatik* am häufigsten genannt.

In den Rückmeldungen wird der Wunsch geäußert, folgende Informatik-Reihen elektronisch zur Verfügung zu stellen: *Professional Computing Series* (Addison-Wesley), *International Series in Computer Science* (Prentice Hall), *Informatik-Fachberichte*, *Lecture Notes in Computer Science*, *Lecture Notes in AI*, *Reihe Lehrbuch Informatik* (Springer), *Informatik und Angewandte Informatik* (BI), *German Chapter of the ACM*, *Informatik Leitfaden und Monographien* (Teubner), *Studienbücher der Informatik* (Hanser).

Für Fachhochschulen sind darüber hinaus von Interesse: Hersteller-spezifische Schriften, Manuals, Systemdokumentation auf CD-ROM sowie Beteiligung an produktspezifischen Diskussionsgruppen (z.B. CompuServe, UseNet).

Das sind erste Rückmeldungen hinsichtlich der Benutzungswünsche. Im Laufe des Projektes werden Anforderungen an die Benutzung in partizipativer Zusammenarbeit mit den Pilotanwendern weiter evaluiert und in Prototypen umgesetzt.

4 Das Leitprojekt Volltextspeicher Informatik des BMBF

Das Thema, das den Arbeitskreis mit Abstand am meisten beschäftigte, war die Formulierung eines Fördervorhabens. Hierüber fanden bereits sehr früh Gespräche statt mit dem damaligen BMFT und jetzigen BMBF (Bundesministerium für Bildung, Wissenschaft, Forschung und Technologie).

Mit einem Fördervorhaben sollen mehrere Ziele erreicht werden. Zunächst muß eine personelle Infrastruktur in den Fachbereichen zur Fachinformationsberatung aufgebaut werden, wie dies bereits von der Deutschen Mathematiker-Vereinigung (DMV) und der Deutschen Physikalischen Gesellschaft (DPG) in entsprechenden Projekten erfolgreich durchgeführt wurde. Damit sollten informatikrelevante Fachinformationsdienste – insbesondere die Datenbank CompuScience – verbessert, vereinheitlicht und finanziell abgesichert werden. Dann müssen Internet-Möglichkeiten für die Gestaltung aktueller Fachinformation genutzt werden, insbesondere im Hinblick auf Volltextangebote und Multimediadokumente. Ergänzend sollen richtungsweisende Forschungs- und Entwicklungsprojekte auf dem Gebiet der modernen netzbasierten Publikations- und Informationsdienste angestoßen werden.

Nach mehrfacher, nicht immer ganz überraschungsfreier Diskussion mit dem entsprechenden Referat im BMBF zeichnet sich im Moment ab, daß die GI in der Lage sein wird, auf dem Gebiet des netzbasierten Volltextangebots ein konkretes Projekt mit mittelfristiger Zielsetzung durchzuführen, das sog. BMBF-Leitprojekt im Rahmen des neuen Regierungsprogramms "Information als Rohstoff der Innovation". Der ursprünglich wesentlich weiter gefaßte Plan wird sich vermutlich nur stufenweise realisieren lassen. Im folgenden ist die Zielsetzung des Leitprojekts kurz skizziert:

- Entwicklung und Nutzung eines elektronischen Fachinformationssystems für die Informatik, das weltweite Literatur nachweist und als verteilter Volltextspeicher umfaßt, einschließlich multimedialer Komponenten;
- Auswahl des Materials (Zeitschriften, Bücher, Institutsberichte, Skripten, Videos, u.a.);
- Festlegung der Nutzungsbedingungen einschließlich urheberrechtlicher Regelungen mit betroffenen Verlagen und Fachgesellschaften (z.B. ACM, IEEE);

- Auswahl der Werkzeuge für Speicherung, Übertragung, Archivierung und Präsentation;
- Entwicklung, Einführung und Erprobung von Such- und Indexierungskomponenten (Information Broker) mit Pilotanwendern;
- Konzeption und prototypische Entwicklung von speziellen Authentisierungs-, Präsentations- und Abrechnungskomponenten;
- Erprobung eines rein elektronischen Publikations- und Gutachterprozesses.

Einen Schwerpunkt bildet die Konzeption und prototypische Entwicklung einer Komponente zur Vermittlung dezentraler Informationsdienste (Information Broker). Dabei geht es darum, den Endnutzern die für ihre Belange relevanten Informationsquellen nachzuweisen; sie von neuen Informationsangeboten, die ihr Interessenprofil treffen, in Kenntnis zu setzen; nutzerfreundliche Sprachschnittstellen und Bedienoberflächen bereitzustellen; die primären Informationsobjekte zu beschaffen; sie von technischen Problemen der Handhabung unterschiedlicher Systeme und Informationsobjekte abzuschirmen; und sie so aktuell und gezielt wie möglich zu informieren.

Für diese Aktivitäten im Leitprojekt liegt eine prinzipielle Förderzusage des BMBF vor. Partner in diesem Projekt sind die GI (als Konsortialführer in Zusammenarbeit mit 4-6 Universitätsinstituten bzw. universitätsnahen Einrichtungen), das Fachinformationszentrum (FIZ) Karlsruhe als führender deutscher Datenbankproduzent und der Springer-Verlag Heidelberg, für die Informatik der bedeutendste deutsche Wissenschaftsverlag.

Das Leitprojekt soll von Anfang an in enger Zusammenarbeit mit 20 bis 30 Pilotanwendern an Universitäten und Fachhochschulen durchgeführt werden, um den Anforderungen der letztendlichen Nutzer gerecht zu werden. Eine grundsätzliche Förderzusage liegt auch hierfür vor. Wesentliche Aufgaben der Pilotanwender sind die Mitwirkung bei der Definition der Nutzer-Anforderungen, die Evaluierung von angebotenen Materialien und Werkzeugen einschließlich Prototypen, der Aufbau lokaler Kompetenz und Infrastruktur sowie die Zulieferung lokaler Dokumente.

Im Moment wurde die Diskussion für eine Reihe weiterer Aktivitäten etwas zurückgestellt. Sie werden jedoch als wesentliche Ergänzungen des Leitprojektes in Form von Zusatz- und Forschungsprojekten angesehen, weil nur so die Informatik in die Lage versetzt wird, die Erwartungen der Nutzer und auch der anderen Fachgesellschaften zu erfüllen.

Von Seiten der GI wird angestrebt, das Leitprojekt durch drei Zusatzprojekte zu ergänzen. Dabei handelt es sich um eine Software-Datenbank, einen Online-Video-Server sowie um die Überfuehrung der Projektergebnisse in die industrielle Nutzung für mittelständige Unternehmen (KMU). Die GI sieht diese Zusatzprojekte als notwendig an, um die Erwartungen der Nutzer zu erfüllen. Fördermöglichkeiten werden z.Zt. mit dem BMBF noch diskutiert.

Für die GI als Fachgesellschaft ist es darüber hinaus wichtig, Forschungsprojekte anzustoßen. Vorgesehen sind ergänzende Forschungsaktivitäten auf Gebieten wie neue plattform- und geräteunabhängige Dokumentformate, neue Präsentationstechniken für typographisch anspruchsvolle Texte, automatische Klassifizierung und Indexierung von informatik-relevanten Dokumenten sowie der natürlich-sprachliche Zugang zu Fachinformationssystemen. Die Projekte sind mit dem BMBF diskutiert, allerdings müssen andere Finanzierungsquellen erschlossen werden.

5 Begleitende Aktivitäten

Das Fördervorhaben der GI steht in engem Zusammenhang mit ähnlich ausgerichteten und aufeinander abgestimmten Fördervorhaben der Deutschen Mathematiker-Vereinigung (DMV), der Deutschen Physikalischen Gesellschaft (DPG) und der Gesellschaft Deutscher Chemiker (GDCh). Die Zusammenarbeit der vier Fachgesellschaften ist inzwischen durch eine Kooperationsvereinbarung geregelt.

Ein erster gemeinsamer Workshop dieser vier Fachgesellschaften mit dem Thema "Neue Wege der wissenschaftlichen Information und Kommunikation" wurde in der TU Berlin, ausgerichtet von der DMV, mit über 200 Teilnehmer durchgeführt. Diese Resonanz bei den Hochschulen unterstreicht die Dringlichkeit der Weiterentwicklung der wissenschaftlichen Fachinformation. Der nächste gemeinsame Workshop ist für Frühjahr 1996 unter Federführung der GI an der TU München geplant.

Mitglieder des GI-Arbeitskreises und des Herausgeberrates der Zeitschrift *Informatik – Forschung und Entwicklung* (IFE) betreuten eine vom Springer-Verlag durchgeführte Befragung der Leser zur elektronischen Version. Die Umfrage vom Herbst 1994 ergab, daß von elektronischen Zeitschriften allgemein verbesserte Suchmöglichkeiten und ein leichterer Zugang zu Texten, aber auch zu Grafiken, Stand- und Bewegt-Bild sowie zu Software erwartet wird. Wie ist die Bereitschaft, elektronische Zeitschriften zu lesen? Etwa 57% der Rückmeldungen haben im Prinzip Interesse an einer auf ihre persönlichen Bedürfnisse zugeschnittenen elektronischen Version, 36% wollen später sowohl die elektronische als auch die gedruckte Version abonnieren. Nur 13% würden keine elektronische Version abonnieren, wenn sie dafür bezahlen müßten. Ein benutzerfreundliches, "auf Knopfdruck lesbares" Format wird gegenüber einem flexiblen, noch aufzubereitenden Format leicht bevorzugt.

Aus der Sicht der Autoren stehen als Vorteile im Vordergrund: Vermehrte und schnellere Reaktionen der Leser, kürzere Publikationszyklen sowie Verbreiterung des Leserkreises. Bei den Befürchtungen kommt neben der Abhängigkeit vom Computer die Sorge zum Ausdruck, daß elektronische Zeitschriften ohne Wissen des Autors verändert werden könnten. Unsicherheit besteht auch über den zukünftigen Reviewing-Prozeß im Hinblick auf die Qualitätssicherung.

Es ist geplant, beginnend mit Heft 95/1, allen Abonnenten der Papierversion von IFE eine elektronische Version zusätzlich zur Verfügung zu stellen. Entsprechende Testarbeiten sind bereits im Gange.

Einen anderen Weg ging die ebenfalls vom Springer-Verlag herausgegebene neue Zeitschrift J.UCS. Hier geht es zunächst um die elektronische Version. Es ist geplant, am Jahresende den jeweiligen Jahrgang als CD-ROM anzubieten.

6 Was bedeutet die GI-Initiative für ihre Mitglieder?

Die GI-Initiative geht von der Annahme aus, daß durch die elektronischen Medien sich das Verhalten der Autoren und der Nutzer erheblich ändern wird. Sie will diesen Prozeß begleiten und sicherstellen, daß die Interessen des einzelnen Informatikers gewahrt und seine Chancen genutzt werden.

Ein Autor wird entscheiden können, ob er die Information, die er publizieren will, selbst über einen Server seines Instituts anbietet, oder ob er sie einem Informationsvermittler, einer

Fachgesellschaft oder einem Verlag zur Verfügung stellt. Soll die Information schnell verfügbar sein, wird er am ehesten den ersten Weg beschreiten. Soll die Publikation wissenschaftlich begutachtet werden, also für die eigene fachliche Qualifizierung später mit herangezogen werden können, so ist der Weg über eine Fachgesellschaft oder einen Verlag vorzuziehen. Auch wird in diesem Falle die Frage der langfristigen Archivierung für den Autor geregelt. Viele Zwischenstufen sind denkbar, etwa daß der Autor bibliographische Informationen einem Informationsvermittler zur Verfügung stellt, das jeweilige Quelldokument jedoch selber speichert und anbietet.

Während diese Entwicklung heute schon klar zu erkennen ist, werden die dramatischsten Änderungen für den Nutzer (oder Leser) von Fachinformation erwartet. Der Nutzer von Fachinformation kämpft heute im wesentlichen mit drei Problemen:

- sich einen Überblick zu verschaffen, was für ihn relevant ist,
- sich die für ihn interessanten Dokumente schnell zu beschaffen und
- beides innerhalb erträglicher und planbarer finanzieller Belastung zu erreichen.

Die Zielsetzung der GI-Initiative, oder besser gesagt, die Vision besteht darin, für alle drei Probleme eine Lösung zu finden. Durch den Aufbau zusätzlicher und die Verknüpfung vorhandener Nachweissysteme soll das individuelle Suchen nach relevanten Dokumenten verbessert werden (Information Broker). Indem die Nachweis-Datenbanken auch die elektronischen Quellen angeben, kann das Quelldokument, sofern es elektronisch vorliegt, ohne Umwege bezogen werden. Da die Kosten der Erstellung von Papierversionen größtenteils entfallen, kann auch mit einer Reduzierung der Beschaffungskosten gerechnet werden.

Hier bieten sich für Studenten oder für Wissenschaftler mit geringen Finanzmitteln konkrete Vorteile. Natürlich gibt es keinen Grund, warum Information, die online existiert, nicht auch zusätzlich in Papier- oder CD-ROM-Form angeboten wird für Interessenten, die diese Form bevorzugen.

7 Verwandte Aktivitäten

Zahlreiche amerikanische Universitäten sind in Projekten zu digitalen Bibliotheken mit finanzieller Unterstützung der auf vier Jahre ausgelegten NSF/ARPA/NASA-Initiative involviert, die u.a. in Kooperation mit Schulen, Fachgesellschaften, Verlagen, Bibliotheken, Bild- und Videoagenturen sowie Computerherstellern durchgeführt werden (vgl. das Themenheft *Digital Libraries* [CACM, April 95], u.a. [Rao, 95]). Es wird darin deutlich, daß die Programme der NSF zur digitalen Fachinformation bereits Impulse für die Zusammenarbeit gegeben haben: Regional zwischen verschiedenen Bildungsträgern, überregional zwischen Universitäten einerseits, andererseits zwischen Universitäten und Industrie. Zwei Projekte aus den USA werden hier kurz vorgestellt, um Entwicklungsrichtungen und deren Breite herauszustellen:

Eines der ersten NSF-Projekte zur digitalen Bibliothek war *Envision* [Heath, 95], das bereits 1991 in Zusammenarbeit mit dem ACM Publications Board [Denning, 95] am Virginia Tech begonnen wurde, um eine multimediale Volltext-Datenbank für die Informatik anbieten zu können. *Envision* ist Teil eines Projektes zum interaktiven Lernen, in dem untersucht wird, wie digitale Bibliotheken zur Verbesserung der Informatik-Ausbildung (vgl. [Marchionini, 95]) beitragen können.

Ein forschungsrelevantes Multimedia-Projekt ist die *Informedia Digital Video Library* der Carnegie Mellon University, das die Integration natürlicher Sprache für Szenenanalyse und Suchanfrage umfaßt. Dieses Projekt hat die Entwicklung einer Testumgebung zum Ziel, die auch Schülern und Schülerinnen den Zugang zu Videodokumenten aus Mathematik und Naturwissenschaften über die digitale Video-Bibliothek eröffnet. Ein Video-Server ist auch im GI-Projekt Fachinformation Informatik als Zusatzprojekt vorgesehen.

Neben dieser Gruppe von Bibliotheksprojekten werden in den USA Werkzeuge entwickelt, um u.a. Informatik-Berichte auf FTP-Servern effizient auffinden zu können. Beispiele für diese Entwicklungen sind:

- *Unified Computer Science Technical Report Index* (UCSTRI) [VanHeyningen, 95]: Suche auf FTP-Servern, Erzeugung eines zentralen Index und damit Unterstützung der Recherche, Beschaffung der als interessant identifizerten Berichte.
- *Wide Area Technical Report Service* (WATERS) [Maly, 95]: Verteilte Datenbank für Technical Reports der Informatik.
- *Harvest Information Discovery and Access System* [Bowman, 95] der Internet Research Task Force Research Group on Resource Discovery (IRTF-RD): Werkzeuge zum Informationsmanagement im Internet.

Diese Ansätze werden verstanden als Beitrag zu einer weltweit integrierten virtuellen Bibliothek für Informatik-Fachberichte. Im Rahmen des Informatikberichtsdienstes (Ibd) des Leitprojekts wurden bereits erste Kooperationsgespräche aufgenommen.

Der Vielzahl der Projekte in den USA steht in Europa nur wenig gegenüber. Teilweise hängt das damit zusammen, daß die Ausschreibung zum EU-Projekt Information Engineering (DG XIII) noch läuft und somit noch keine Aussagen über geförderte Projektvorhaben gemacht werden können.

8 Ausblick

In Anlehnung an das Thema dieser Tagung stellt der globale Informationsverbund auch für die Fachinformation Informatik eine Herausforderung dar. Der AK Fachinformation ist offen für konstruktive Anregungen aus Universitäten, Fachhochschulen, Ausbildungszentren und Großforschungseinrichtungen. In Zukunft wird der Dialog und die Zusammenarbeit – zumindest mit den anderen Fachgesellschaften in Deutschland – auch bei der Systemgestaltung für die Fachinformation noch verstärkt werden. Darüber hinaus will die GI mit dem AK Fachinformation die Informatik-Kooperation im Bereich elektronischer Fachinformation innerhalb Europas mit Unterstützung des Verbandes der europäischen Informatik-Gesellschaften (CEPIS) intensivieren und die Zusammenarbeit mit amerikanischen Projekten und Fachgesellschaften vertiefen.

Literatur

Appelrath H.-J., Götze R., Möller G., Stamerjohanns H.: Dezentrales, automatisches Erfassen bibliographischer Daten. Offis Forschungsbericht 1; Oldenburg 1995.

Bayer R.: OMNIS/Myriad: Elektronische Verwaltung und Publikation von multimedialen Dokumenten. Tagungsband GI-Jahrestagung 1993. Heidelberg: Springer-Verlag.

Bayer R., Vogel P., Göttsch H.: The Munich Metropolitan Area high-speed Network of digital Libraries in OMNIS/Myriad. Bayrisches Forschungszentrum für Wissensbasierte Systeme (FORWISS) 1994.

Bowman C.M., Danzig P.B., Hardy D.R., Manber U., Schwartz M.F.: The Harvest Information Discovery and Access System. In Proceedings of the Second International WWW'94: Mosaic and the Web, WWW'94, 1994, pp. 763-771.

Brüggemann-Klein A.: Nachweis und integrierte Beschaffung von Institutsberichten. Projektbeschreibung 1994 (Freiburger Server).

Brüggemann-Klein A., Endres A., Schweppe H.: Informatik und die Informationsgesellschaft der Zukunft. In Informatik-Spektrum 18(1) 25-30, 1995.

Christel M., Kanade T., Mauldin M., Reddy R., Sirbu M., Stevens S., Wactlar H.: Informedia Digital Video Library. In Commun. ACM, 38/4, 57-58.

Denning P.J., Rous B.: The ACM Electronic Publishing Plan. In Commun. ACM, 38/4, 97-109.

EFI: Endbericht der beim Bayerischen Staatsministerium für Unterricht, Kultus, Wissenschaft und Kunst eingesetzten Kommission für elektronische Fachinformation. 1995. In Vorbereitung.

Endres A., Schweppe H.: Informations-Infrastruktur Informatik. Netzbasierte, multimediale Fachinformationsdienste in der Informatik. Projektübersicht 1/1995 (Freiburger Server).

Führ N.: Modelling Hypermedia Retrieval in Datalog. In: Proceedings HIM'95. Konstanz: Universitätsverlag.

Grötschel M., Lügger J.: Die Zukunft wissenschaftlicher Kommunikation aus Sicht der Mathematik. In Spektrum der Wissenschaft, Heft 3, 1995, S.39-43 (http://elib.zib-berlin.de:8000/Cmath.rd.vismath.wisskomm).

Grötschel M., Lügger J.: Wissenschaftliche Kommunikation am Wendepunkt – Bibliotheken im Zeitalter globaler elektronischer Netze. In ZfBB 1995.

Heath L.S., Hix D., Nowell L. T., Wake W. C., Averboch G. A., Labow E., Guyer S.A., Brueni D.J., France R.K., Dalal K., Fox E.A.: Envision: A User-Centered Database of Computer Science Literature. In Commun. ACM, 38/4, 52-53.

Huynh T., Pfeifer U.: FreeWAIS-sf. Universität Dortmund. Lehrstuhl Informatik VI. 1994.

de Kemp A.: New ways in dissemination of information. In Blunden B. & M. (eds): The electronic publishing business and its market. 507-514. Leatherhead/Surrey: IEPRC/Pira 1994.

Maly K., French J., Selman A., Fox E.: Wide Area Technical Report Service. In Proceedings of the Second International WWW'94: Mosaic and the Web, WWW'94, 1994, pp. 523-533.

Marchionini G., Maurer H.: The Roles of Digital Libraries in Teaching and Learning. In Commun. ACM, 38/4, 67-75.

Odlyzko A.: Tragic loss or good riddance? The impending demise of traditional scholarly journals. In Notices Amer. Math. Soc. Jan 1995. In Intern. J. Human-Computer Studies 1995. In J.UCS, Vol. 0, No 0, 1994, 3-53.

Rao R., Peterson J.O., Hearst M.A., Mackinlay J. D., Card S.K., Masinter L., Halvorsen P., Robertson G.G. Rich interaction in the Digital Library. In Commun. ACM, 38/4, 29-39.

VanHeyningen M.: The Unified Computer Science Technical Report Index: Lessons in Indexing diverse resources. In Proceedings of the Second International WWW'94: Mosaic and the Web, WWW'94, 1994, pp. 535-543.

Elektronische Quellen

GI-Arbeitskreis Fachinformation Informatik (Freiburger Server)
http://www.informatik.uni-freiburg.de/Ibd/AK-FII.html

Fachinformationszentrum Karlsruhe
http://www.fiz-karlsruhe.de

Springer-Verlag
http://www.springer.de

Journal of Universal Computer Science (J.UCS)
http://hyperg.cs.uni-bonn.de
http://hprbg7.informatik.tu-muenchen.de
http://www.iicm.tu-graz.ac.at/Cjucs_root

Workshop TU Berlin (8.-10.3.1995) der vier Fachgesellschaften:
Manuskripte der Vorträge sind auf dem ftp-Server abrufbar
ftp.zib-berlin.de im Verzeichnis pub/Workshop/TU_Berlin

Carnegie Mellon University: Informedia Digital Video Library
http://fuzine.mt.cs.cmu.edu/im/informedia.html

Virginia Tech: Envision
http://ei.cs.vt.edu/EIproj.html

WATERS: Technical Reports
http://www.cs.odu.edu/WATERS/WATERS-GS.html

PROBABILISTICALLY CHECKABLE PROOFS AND APPLICATIONS

Shafi Goldwasser

[1] Massachussetts Institute of Technology
[2] Weizmann Institute

1 Introduction

The question of what can be efficiently verified versus what can be efficiently computed has played a central role in complexity theory originating with the definition [C, L] of the class NP. With the discovery of fast randomized primality tests in the 70's [SS, R] the definition of efficient computation has been largely extended to include randomized algorithms. In the 80's, with the introduction of interactive proofs [GMR, Ba] much effort has been devoted to understanding how randomness enhances what can be efficiently *verified.*

In this article, we will survey the highlights of this latter theoretical development, and mention applications of randomized proof-systems to cryptography and to classifying the complexity of approximating the solution to optimization problems.

2 Deterministic Proof Systems

The class NP may be thought of as the class of languages which have short and quickly verifiable proofs of memberships[3]. Formally, $NP = \{L|$ there exists polynomial time computable function f and $k > 0$, such that $x \in L$ iff there exists y such that $f(x, y) = 1$ and $|y| < |x|^k\}$.

Let $L \in NP$. Given an $x \in L$, we may view an NP *proof-system* for L as an interaction between two parties: On input $x \in L$, one party (the *prover*) which is computationally unlimited, computes y (the *proof-witness*) such that $|y| < |x|^k$ and $f(x, y) = 1$ and sends it to the second party (the *verifier*). The verifier, whose running time is bounded by a polynomial in the length of x, checks that indeed $f(x, y) = 1$. Thus, the notion of efficient verification is captured by the verifier being a deterministic polynomial time machine, and the proof-witness being polynomial size.

An example of a language in NP is *satisfiability*, the language of Boolean formulas which can be satisfied by some truth assignment to the Boolean variables. In an NP proof-system for satisfiability, on input $\phi(\mathbf{x})$ in L, the prover computes a truth assignment $\mathbf{y}$ to the variables that satisfies ϕ and send it to the verifier who checks that $\phi(\mathbf{y})$ is true.

[3] Alternatively, one may think of NP as the class of problems whose solution can be checked correct quickly.

3 Randomized Proof Systems

Now suppose we consider probabilistic verifiers. We investigate whether a *probabilistic* polynomial time verifier can verify the correctness of harder "statements" (verify membership in more languages) than a deterministic polynomial time verifier.

The answer to these question obviously depends on how does the definition of a proof-system changes to take advantage of the ability of the verifier to toss coins.

Two central definitions of randomized proof-systems emerge:

- *interactive proofs* (IP) [GMR,Bal]; and
- *probabilistically checkable proofs* (PCP) [AS]. These are equivalent to *Multi Prover Interactive Proofs* which were introduced earlier in [BGKW]. The memoryless oracle formulation (which is identical to probabilistically checkale proofs of [AS]) was introduced by [FRS] where it was shown equivalent to multi-prover interactive proofs.

3.1 Interactive Proof Systems

In an *interactive proof-system* the verifier may toss coins and exchange a polynomial number of messages with the prover before deciding whether to be convinced that a certain string is in the language. A language L is said to have an interactive proof-system if for all x in L, there exists a prover that can convince the verifier that x is in L with high probability and for all x not in L, no prover can convince the verifier that x is in L with better than negligible probability. Thus, interactive proof-system may not yield proof in the strict mathematical sense: the "proofs" are probabilistic with a very small chance of error.

To define an interactive proof system formally, we need to first introduce interactive Turing machines.

An *interactive Turing machine (ITM)* is a Turing machine with a read-only input tape, a read-only random tape, a read/write worktape, a read-only communication tape, a write-only communication tape, and a write-only output tape. The random tape contains an infinite sequence of bits which can be thought of as the outcome of unbiased coin tosses, this tape can be scanned only from left to right. We say that an interactive machine *flips a coin* to mean that it reads the next bit from its random tape. The contents of the write-only communication tape can be thought of as *messages sent* by the machine; while the contents of the read-only communication tape can be thought of as *messages received* by the machine.

An *interactive protocol* is an ordered pair of ITMs (A, B) which share the same input tape; B's write-only communication tape is A's read-only communication tape and vice versa. The machines take turns in being active with B being active first. During its active stage, the machine first performs some internal computation based on the contents of its tapes, and second writes a string on its write-only communication tape. The ith *message* of $A(B)$ is the string $A(B)$

writes on its write-only communication tape in i^{th} stage. At this point, the machine is deactivated and the other machine becomes active, unless the protocol has terminated. Either machine can terminate the protocol, by not sending any message in its active stage. Machine B *accepts* (or rejects) the input by entering an accept (or reject) state and terminating the protocol. The first member of the pair, A, is a computationally unbounded Turing machine. The *computation time* of machine B is defined as the sum of B's computation time during its active stages, and it is bounded by a polynomial in the length of the input string.

Let $L \in \{0,1\}^*$ We say that L has an *interactive proof-system* if $\exists$ ITM V that runs in expected polynomial time *s.t.*

1. $\exists$ *ITM P* s.t (P,V) is an interactive protocol and $\forall x \in L$ s.t $|x|$ is sufficiently large the $Prob(V(x) accepts) > \frac{2}{3}$ and P).
2. $\forall$ *ITM P* s.t (P,V) is an interactive protocol $\forall x \notin L$ *s.t.* $|x|$ is sufficiently large $Prob(V \;\; accepts) > \frac{1}{3}$

The probabilities in the above definition are taken over the verifiers coin tosses.

Example: To illustrate the definition of an interactive proof, we present an interactive proof for *Quadratic Non-Residuosity* [4] due to [GMR].

Let $Z_n^* \;= \{x < n, \; (x,n) = 1\}$
$QR \;= \{(x,n) \mid x < n, (x,n) \text{ and } \exists y \;\; s.t \; y^2 \equiv x \bmod n\}$
$QNR = \{(x,n) \mid x < n, (x,n) \text{ and } \nexists y \;\; s.t \; y^2 \equiv x \bmod n\}$

There is no known efficient procedure for deciding whether a given x is a quadratic residue mod n or not. In fact, the best that is known is to first factor n, and then to decide whether x is a quadratic residue modulo the prime factors of n. If it is a quadratic residue modulo all prime factors of n, then (x,n) in QR, otherwise it is not.

It is easy to see that QNR is in NP. On input, (x,n), the prover gives the verifier the prime factorization of n, which enable the verifier to check for himself (as explained above) whether (x,n) is in QNR.

Interestingly, the following interactive proof illustrates the possibility of proving membership in QNR without giving factorization of n, in fact without telling the verifier anything he could not have computed on his own (i.e with additional *zero-knowledge* – to be defined later).

On input (x,n) to interactive protocol (A,B):

$B \longrightarrow A$: B sends to A the list $w_1 \cdots w_k$ where $k = \mid n \mid$ and

$$w_i = \begin{cases} z_i^2 \text{mod n} & \text{if } b_i = 1 \\ x \cdot z_i^2 \text{mod } n & \text{if } b_i = 0 \end{cases}$$

where B selected $z_i \in Z_n^*, b_i \in \{0,1\}$ at random.

$A \longrightarrow B$: A sends to B the list $c_1 \cdots c_k$ *s.t.*

---

[4] Below, whenever an interactive protocol is demonstrated, we let $B \longrightarrow A$: denote an active stage of machine B, in the end of which B sends A a message. Similarily, $A \longrightarrow B$: denotes an active stage of machine A.

$$c_i = \begin{cases} 1 \text{ if } w_i \text{ is a quadratic residue mod } n \\ 0 \text{ otherwise} \end{cases}$$

B accepts iff $\forall_{1\leq i\leq k},\ c_i = b_i$
B interprets $b_i = c_i$ as evidence that $(x, n) \in QRN$;while $b_i \neq c_i$ leads him to reject.

We claim that (A, B) is an interactive proof-system for QNR. If $(x, n) \in QNR$, then w_i is a quadratic residue mod n iff $b_i = 1$. Thus, the all powerful A can easily compute whether w_i is a quadratic residue mod n or not, compute c_i correctly and make B accept with probability 1. If $(x, n) \notin QNR$ and $(x, n) \in QR$ then w_i is a random quadratic residue mod n regardless of whether $b_i = 0$ or 1. Thus, the probability that A (no matter how powerful he is) can send c_i $s.t\ c_i = b_i$, is bounded by $\frac{1}{2}$ for each i and probability that B accepts is at most $(\frac{1}{2})^k$.

The generality of Interactive Proofs

In a beautiful sequence of papers [LFKN, Sh]. it was shown that using an interactive protocol a probabilistic polynomial time verifier can be convinced in membership in any PSPACE language. Thus, adding randomness to the verifier seems to have taken us a long way.

Theorem [Sh]: $IP = PSPACE$

Zero-Knowledge The extention of NP proof-system to an interactive proof system enabled researcher to address the question of how much "knowledge" need to be transferred in order to convince a polynomial-time bounded verifier, of the truth of a proposition. For example, consider the satisfiability language. The most obvious proof-system is one in which on Boolean formula ϕ the prover gives the verifier a satisfying assignment y, which the verifier can check in polynomial time. If finding this assignment y by himself would take the verifier more than polynomial time (which is the case if $P \neq NP$), we say that the verifier gains additional knowledge to the mere fact that ϕ is satisfiable.

The work of [GMR] makes the notion of **zero-knowledge** precise. They call an interactive proof-system for language L zero-knowledge if $\forall x \in L$ whatever the verifier can compute after participating in the interaction with the prover, could have been computed in polynomial time on the input x alone by a probabilistic polynomial time Turing machine. Quantifying the notion of knowledge further is the subject of [BGr, GP]

Here, we give the technical definition of zero-knowledge interactive proof-systems, and briefly mention a few applications of interest.

Let (A, B) be an interactive protocol. Let $view_{A,B}(x, h)$ be a random variable denoting the verifier view during the protocol on input x. Namely, for fixed sequence of coin tosses for A and B, $view_{A,B}(x, h)$ is the sequences of messages exchanged between B and A, in addition to the string of coin tosses that the verifier B used. The string h denotes any private input that the verifier may have with the only restriction that its length is bounded by a polynomial in the length of the common input. ($view_{A,B}(x,h)$ is distributed over both A's and B's coin tosses).

We say that (A,B) is *perfect zero-knowledge* for L if there exists a probabilistic, polynomial time Turing machine M *s.t* $\forall x \in L$, for all $a > 0$, for all strings h such that $|h| < |x|^a$, the random variable $M(x,h)$ and $view_{A,B}(x,h)$ are identically distributed. ($M(x,h)$ is distributed over the coin tosses of M on inputs x and h). We say that (A,B) is *statistically zero-knowledge* for L if there exists a probabilistic polynomial time Turing machine M *s.t* $\forall x \in L$, for all $a > 0$, for all strings h such that $|h| < |x|^a$,

$$\sum_{\alpha} |Prob(M(x,h) = \alpha) - Prob(view_{A,B}(x,h) = \alpha)| < \frac{1}{|x|^c}$$

for all constants $c > 0$ and sufficiently large $|x|$.

We say that (A,B) is *computationally zero-knowledge* for L if $\exists$ probabilistic, polynomial time Turing machine M *s.t* $\forall$ polynomial size circuit families $C = \{C_{|x|}\}, \forall$ constants $a, d > 0$, for all sufficiently large $|x|$ s.t $x \in L$, and for all strings h such that $|h| < |x|^a$,

$$Prob(C_{|x|}(\alpha) = 1 | \alpha \text{ random in } M(x,h)) - \\ Prob(C_{|x|}(\alpha) = 1 | \alpha \text{ random in } view_{A,B}(x,h)))| < \\ \frac{1}{|x|^d}$$

Intuitively the way to think of statistically zero-knowledge protocols, is that an infinite power "examiner" who is given only polynomially large samples of $\{M(x,h) | M$'s coin tosses $\}$ and $\{view_{A,B}(x,h) |$ A's and B's coin tosses$\}$ can't tell the two sets apart. Then, a protocol (A,B) is computationally zero-knowledge if a probabilistic polynomial time bounded "examiner" given a polynomial number of samples fromi the above sets can not tell them apart.

We say that L has *(computational/statistical/perfect) zero-knowledge interactive proof-system* if

1. $\exists$ interactive proof-system (A,B) for L.
2. $\forall$ ITM's B', interactive protocol (A,B') is (computational/statistical/perfect) zero-knowledge for L.

Clearly,the computational zero-knowledge definition is the most general of the three. We thus let
$KC[0] = \{L | L$ has computational zero-knowledge proof-system$\}$.

Generality of Zero Knowledge The most important result obtained about zero-knowledge is by [GMW].

Let a length-preserving permutation $f : \{0,1\}^* -> \{0,1\}^*$ is *one-way* if the following two conditions hold:

1. There exists a probabilistic polynomial time Turing machine which for every input x computes $f(x)$.

2. For any probabilistic polynomial-time Turing machine M, any constant $c > 0$, and sufficiently large n, the $Prob(M(f(x)) \neq x \| |x| = n) > \frac{1}{n^c}$. (where the probability is taken over the coin tosses of M and inputs x of length n).

Theorem[GMW]: if there exists one-way length-preserving permutations then every NP language is in $KC[0]$.

This has be extended to show [IY, Betal] that if there exists one-way length preserving permutations then $IP = KC[0]$.

Applications of Zero Knowledge The most notable applications of zero-knowledge proofs are.

- [FFS] make the observation that the perfect zero knowledge proof of membership in the Quadratic Residuosity language[5] given by [GMR] can be used as a password system in which even if the adversary sees everything typed by a legal user during a login session, he still cannot login as the user with high probability. The idea is that each user has a pair (x, n) associated with it, where the user alone knows how to factor n and therefore can prove that (x, n) is a member of the quadratic residuosity language. Upon login, the user (playing the role of the verifier) proves to the computer (playing the role of a prover) using a perfect zero-knowledge interactive proof system that x is a quadratic residue modulo n. Actually, [FFS] propose a more efficient *computational* zero-knowledge proof for the Quadratic residuosity language than the perfect
  The beauty of the [FFS] idea is that *any* zero-knowledge proof system for an intractable language L can be transformed into a password system secure against listeners on the line, provided that: (1) picking instances of the said language (e.g. quadratic residuosity) can be done in polynomial time and with uniform distribution over the space of hard instances; (2) it is possible to pick "trapdoor" information at the same time of picking instance, that would enable the user to act as the prover in the zero-knowledge interactive proof that ensues (e.g. for quadratic residuosity language, the trapdoor information for instance (x, n) is the factorization of n),
- In [GMW] under the assumption that trapdoor functions exist, and [BGW] in the private channels model, propose protocols based on zero-knowledge proofs which enable the distributed computation of any n-input function $f(x_1, ..., x_n)$ privately and correctly maintaining the independence of inputs. Namely, at the end of a communication protocol between the n processors (each processor i having individual input x_i), all processors will know the value of f but gain no additional knowledge about any input x_j, $j \neq i$. This remains true even if upto t of the processors collaborate with each other to find more information about others. The best value of $t < \frac{n}{2}$ was shown by [RB].

[5] Quadratic Residuosity language are the pairs of integers (x, n) such that $gcd(x, n) = 1$ and there exists a y such that $y^2 = x \bmod n$, $gcd(y, n) = 1$.

3.2 Probabilistically Checkable Proof Systems

In [BGKW] we ask whether interactive proof systems capture the full generality of what can be verified by a randomized polynomial time verifier. They proposed to extend the definition to allow more than one prover with the restriction that messages exchanged between one prover and verifier cannot be seen by other provers[6]. They called the resulting system a *Multi-Prover Interactive Proof System.*

[FRS] showed that this mechanism is equivalent in power to an interactive proof where the prover is a memoryless oracle. That is, one can think of the prover as being a large table whose entries are indexed by location, which the probabilistic polynomial time verifier can query at random locations of its choice. The essential difference from an interactive proof, is that the verifier will always get the same answer on the same question regardless of the history of previous questions and answers. The resulting formalism was coined *Probabilistically Checkable Proof* by Arora and Safra [AS].

Definitions A *Probabilistic Checkable Proof System(PCP)* for language L is a probabilistic polynomial-time algorithm V (the verifier) which has random access to an oracle Π (the proof-witness) – denoted by V^{Π} – such that :

1. For every $x \in L$ there exists an oracle Π such that $Prob(V^{\Pi}(x)$ accepts $x) = 1$.
2. For every $x \notin L$ and every oracle Π, $Prob(V^{\Pi}(x)$ accepts $x) < \frac{1}{2}$.

We remark that the oracle π in a PCP proof-system constitutes a proof of $x \in L$ in the standard mathematical sense.

If we compare the probabilistically checkable proof setting with an NP proof-system, two differences arise: (1) the probabilistic polynomial time verifier in a PCP proof system, instead of receiving the entire proof-witness as in the case of NP proof-system, tosses polynomial number of coins and queries the proof-witness only at a polynomial number of location of choice; and (2) the polynomial size restriction on the size of the proof witness is removed.

It is interesting to compare how many coin tosses r and and how many bits q of the proof-witness are necessary for the verifier in a probabilisticaly checkable proof-system for $L \in NP$ in comparison with the length of a proof witness in an NP proof-system for L. These complexity measures were focused on in [FGLSS] in connection with the complexity of the clique problem. The following complexity class was established in [AS].

Let r and q be integer functions. The *complexity class* $PCP(r,q)$ consists of languages L such that there exists a probabilistic checkable proof for L for which the verifier, on any input of length n, makes at most $r(n)$ coin tosses and gets at most $q(n)$ bits from the oracle.

[6] This is reminiscent of the setting of checking an alibi of several suspects in a crime, where each suspect is interrogated in a separate room. The analogy being that the interogator is the verifier, the alleged crime is that the statement being argued is incorrect, and the suspects are the provers.

The Generality of Probabilistically Checkable Proofs The prover in a PCP proof-system is a restriction of the prover in an interactive proof-system. The restriction takes effect only when the prover attempts to convince the verifier of incorrect statements. Namely, when $x \in L$, the prover in a PCP proof-system is as powerful as the honest prover in an interactive proof-system, but when x is not in L the dishonest prover in a PCP proof-system must answer questions in exactly the same way regardless of the history of other questions, whereas the dishonest prover in an IP proof-system can be adaptive. Intuitively speaking, it is thus natural to expect that the PCP proof system is at least as powerful as the IP proof system, as the prover is less likely to convince the verifier to accept incorrectly. Indeed, this intuition is correct. In a beautiful result, [BFL] showed that the languages in PCP are exactly those whose membership can be decided in non-deterministic exponential time.

Theorem[BFL]: PCP = NEXPTIME.

We could have alternatively stated the theorem as $PCP(poly(n), poly(n)) = NEXPTIME$, but this seems redundant as the polynomial time restriction on the verifier in the definition of PCP implies that its use of resources is polynomial as well. In fact, when the theorem was first proved, the breakdown of resources was not considered.

It seems remarkable that using only polynomial resources, a polynomial time verifier can check membership in NEXPTIME languages. This fact motivated two teams of researchers to investigate probabilistically checkable proof systems for languages in NP. In [BFLS] it was proved that as long as the input x was presented to the verifier encoded in a particular error correcting code, then a poly-logarithmic time probabilistic verifier could decide membership in NP languages. At the same time, [FGLSS] proved without restrictions on input, that $NP \subseteq PCP(poly(log(n)), poly(log(n)))$. Soon after, a sequence of improvements to this theorem took place [FGLSS, AS, ALMSS] culminating in

Theorem [ALMSS]: $\mathcal{NP}$ equals $\mathcal{PCP}(O(logn), O(1))$.

Thus, probabilistically checkable proofs in which the verifier tosses only logarithmically many coins and makes only a constant number of queries exist for every language in $\mathcal{NP}$. The theorem has interesting The proof of the theorem can be viewed as transforming a conventional NP proof-witness into an NP proof-witness which is highly redundant and locally checkable – a sort of error correcting code which does not need to be read in its entirety to find that any errors exist. Intuitively, if it is not a valid proof-witness (or analogously not a valid code-word) then there is a constant probability that an error will be detected by the verifier after seeing only a constant number of bits in the proof-witness. To decrease this error, the straightforward procedure would be for the verifier to repeat the querying procedure again independently. An $O(\frac{1}{n})$ error can be shown for a verifier reading $O(\log n)$ bits from the proof-witness, and using only $O(\log n)$ coins (this number of coins is obtained by using a pseudo-random procedure to generate query locations on a seed of length $O(\log n)$, see [Zu]). It is an open problem to determine what are the best parameters for randomness, error probability, number of queries, and the length of each query, that can be used by a verifier when checking membership in an NP language. Otaining such "best" parameters is especially important when applying probabilistically checkable proofs to showing hardness of approximating NP-hard optimization problems.

A particulary interesting open problem(conjecture) is to show that using a constant number of queries (say 2) each of length $O(\log n)$, the verifier can test membership in $L \in NP$ and be guaranteed of at most a $O(\frac{1}{f(n)})$ error while tossing at most $O(\log n)$ coins, for $f(n)$ which grows faster than $poly(\log\log n)$.

3.3 The Complexity of Approximation Problems

The characterization of $\mathcal{NP}$ in terms of probabilistically checkable proofs plays a central role in recent developments concerning the difficulty of approximation problems (cf., [FGLSS], [ALMSS] and [LY]). This study was initiated by [FGLSS] with showing that approximating the size of the maximum clique in a graph was impossible in Quasi-polynomial time $\tilde{P}$ unless NP was contained in $\tilde{P}$. Let us look at this result more closely

The Clique Problem Let G be a graph. A *clique* is a subset of the vertices, any two of which are connected by an edge. Computing the size of the largest clique in a graph G, denoted *clique*(G), is one of the first problems shown NP-hard in Karp's well known paper on NP-completeness ([Karp72]).

Consider the problem of approximating *clique*(G) within a given factor. We say that function $f(x)$ *approximates* (from below) $g(x)$ within a factor $h(x)$ iff $1 < \frac{f(x)}{g(x)} < h(x)$. The best upper bound known, is that *clique*(G) can be approximated within a factor of $\frac{n}{\log^2 n}$ ([BH]) in polynomial time.

The [FGLSS] work establishes the following connection between the complexity of approximating clique and probabilistically checkable proof (in fact they show a much stronger approximation result, but this is easier to state).
Theorem[FGLSS]: Let $d > 0$. If approximating clique within factor d is in polynomial time, then $PCP(r(n), q(n)) \subset DTIME(2^{r(n)+q(n)})$.

Coupled with the above characterization of NP in terms of probabilistically checkable proofs and work by [Zu] for reducing error probability without blowing up the use of randomness by the verifier, the following NP-completeness result can be easily derived.
Theorem: Let $\epsilon > 0$. If approximating clique within factor n^ϵ is in polynomial time, then $NP \subseteq P$.

The best $\epsilon = \frac{1}{2}$ known to date is due to [BGS], and is obtained by (among other techniques) examining a new parameter in a PCP proof-system of the number of *free bits* seen by the verifier.

Techniques from Interactive Proofs The idea of the proof of the [FGLSS] theorem is as follows. Take any language L which has PCP proof where the verifier uses r coins and queries q bits of the proof . Given any candidate input x

to L and verifier in a PCP proof system for L, construct a graph G_x whose size is exponential in the number of random bits r and query bits q of the protocol. The size of the largest clique in this graph is proportional to the maximum success probability of a proof-witness to convince the verifier to accept the input as in the language L. Due to the definition of PCP proofs, we get a gap between the acceptance probability of an input by a verifier in the case the input is in the language versus the case that it is not. Accordingly there is a gap between the size of the largest clique in the corresponding graph in the case that the input is in the language versus the case that it is not. Thus, we get a reduction from the problem of approximating the acceptance probability of an input by a verifier in a PCP proof system to that of approximating the size of the largest clique in a graph.

More Inapproximability Results The clique inapproximability result turns out not to be an insolated case. In [ALMSS] it was shown that in fact all of MAXSNP [PY] are hard to approximate within some constant factor unless $NP = P$. In [LY] two additional important problems surface, this time minimization problems. The first is the problem of minimizing the number of colors necessary to color a graph. The langauge decision version of the coloring problem is NP-complete [Karp72] and has been shown by [LY] to be equivalent to the max-clique problem from the point of view of approximation. Namely,
Theorem [LY]: Let $\epsilon > 0$. If approximating min graph coloring within factor n^ϵ is in polynomial time, then $NP \subseteq P$.

The second problem is minimum set cover. In an interesting reduction from constant prover proof-system, [LY] show with improvements by [BGLR] and recently [Fe].

Theorem [LY, BGLR, Fe]:
(1) If approximating min set-cover within better than $\log_e n$ factor is in polynomial time, then $NP \in DTIME(n^{\log\log n}$.
(2) Let $d > 0$. If approximating min set-cover within d is in polynomial time, then $P = NP$.

The set-cover problem is particularily of interest as there does exist a polynomial time algorithm to approximate set cover which achieves exactly factor $\log_e n$. This makes set cover the first problem for which tight results are known with regard to quality of approximation.

Basically, all of the above results including other advances in classifying the complexity of approximating optimization problems [BeRo, Be, FeLo, Zu], establish results of the following general format:

if approximating problem P to within factor $Q = Q(n)$ is easy then
NP $\subseteq$ DTIME($T(n)$).

Clearly, one attemps to get the factor Q as high as possible and time bound $T(n)$ as low as possible. There is a direct corollation between the values of Q and T obtained and the parameters (i.e. randomness, number of queries, size of answers, error, free bits, size of proof-witness) of PCP proof-systems. Improving the current parameters will imply better techniques for classifying approximation problems. This is the subject of on going research.

References

[ALMSS] S. Arora, C. Lund, S. Motwani, M. Sudan, M. Szegedi. Proof Verification and Intractability of Approximation Problems. In *33rd FOCS*, pages 14–23, 1992.

[AS] S. Arora and S. Safra. Probabilistic Checkable Proofs: A New Characterization of NP. In *33rd FOCS*, pages 1–13, 1992.

[Ba] L. Babai. Trading Group Theory for Randomness. In *17th STOC*, pages 421–420, 1985.

[BFL] L. Babai, L. Fortnow, and C. Lund. Non-Deterministic Exponential Time has Two-Prover Interactive Protocols. In *31st FOCS*, pages 16–25, 1990.

[BFLS] L. Babai, L. Fortnow, L. Levin, and M. Szegedy. Checking Computations in Polylogarithmic Time. In *23rd STOC*, pages 21–31, 1991.

[BM] L. Babai and S. Moran. Arthur-Merlin Games: A Randomized Proof System and a Hierarchy of Complexity Classes. *JCSS*, Vol. 36, pp. 254–276, 1988.

[BGr] M. Bellare and O. Goldreich. On Defining Proofs of Knowledge. In *Crypto92*.

[BG] . Bellare and S. Goldwasser. The Complexity of Decision versus Search. *SIAM Journal on Computing*, Vol. 23, pages 97–119, 1994.

[BGLR] M. Bellare, S. Goldwasser, C. Lund and A. Russell. Efficient Probabilistically Checkable Proofs and Applications to Approximation. In *25th STOC*, pages 294–304, 1993.

[Betal] M. Ben-Or, O. Goldreich, S. Goldwasser, J. hastad, J. Kilian, S. Micali and P. Rogaway. Everything Provable is Provable in Zero-Knowledge. In *Crypto88*, Springer Verlag, LNCS Vol. 403, pages 37–56, 1990

[BGKW] M. Ben-Or, S. Goldwasser, J. Kilian and A. Wigderson. Multi-Prover Interactive Proofs: How to Remove Intractability Assumptions. In *20th STOC*, pages 113–131, 1988.

[BLR] M. Blum, M. Luby and R. Rubinfeld. Self-Testing/Correcting with Applications to Numerical Problems. In *22nd STOC*, 1990.

[BCC] G. Brassard, D. Chaum and C. Crépeau. Minimum Disclosure Proofs of Knowledge. *JCSS*, pages 156–189, 1988. Extended abstract, by Brassard and Crépeau, in *27th FOCS*, 1986.

[BH] R. B. Boppana and M. M. Halldórsson, Approximating maximum independent sets by excluding subgraphs, in the Proc. of 2nd Scand. Workshop on Algorithm Theory, Springer-Verlag Lecture Notes in Computer Science 447, pp. 13-25, July, 1990.

[RB] M. Ben-Or, T. Rabin. Verifiable Secret Sharing and Multiparty Protocols with Honest Majority, 21st STOC.

[BGW] M. Ben-Or, S. Goldwasser, A. Wigderson. Completeness Theorems for Non-Cryptographic Fault-Tolerant Distributed Computation, Proc. of 20th STOC (1988), 1-10.

[BGS] Bellare, M., Goldreich, O., and Sudan, M., Reductions, Codes, PCP's, and Inapproximability, preprint.

[BFL] L. Babai, L. Fortnow and C. Lund. Non-Deterministic Exponential Time has Two-Prover Interactive Protocols. FOCS 90.

[Be] M. BELLARE. Interactive Proofs and Approximation. IBM Research Report RC 17969 (May 1992).

[BeRo] M. BELLARE AND P. ROGAWAY. The Complexity of Approximating a Non-linear program. IBM Research Report RC 17831 (March 1992).

[C] S. COOK, The Complexity of Theorem-Proving Procedures, Proceeding of 3rd Symposium of Theory of Computation, (1971), pp. 151-158.

[FGLSS] U. Feige, S. Goldwasser, L. Lovász, S. Safra, and M. Szegedy. Approximating Clique is almost NP-complete. In *32nd FOCS*, pages 2–12, 1991.

[FLS] U. Feige, D. Lapidot, and A. Shamir. Multiple non-interactive zero knowledge proofs based on a single random string. In *31st FOCS*, pages 308–317, 1990.

[FRS] L. Fortnow, J. Rompel and M. Sipser. On the Power of Multi-Prover Interactive Protocols. In *Proc. 3rd IEEE Symp. on Structure in Complexity Theory*, pages 156–161, 1988.

[FFS] U. FEIGE, A. FIAT AND A. SHAMIR, Zero Knowledge Proofs of Identity, 19th ACM Symp. on Theory of Computing, pp. 210-217, 1987.

[Fe] FEIGE U., Private Communication.

[FeLo] U. FEIGE AND L. LOVÁSZ. Two-Prover One Round Proof Systems: Their Power and their Problems. STOC 92.

[GaJo] M. GAREY AND D. JOHNSON. Computers and Intractability: A Guide to the Theory of NP-Completeness. W.H. Freeman and Company, 1979.

[GMW] O. Goldreich, S. Micali and A. Wigderson. Proofs that Yield Nothing but their Validity or All Languages in NP Have Zero-Knowledge Proof Systems. *JACM*, Vol. 38, No. 1, pages 691–729, 1991. Extended abstract in *27th FOCS*, 1986.

[GOP] O. Goldreich, R. Ostrovsky and E. Petrank. Knowledge Complexity and Computational Complexity. In *26th STOC*, 1994.

[GP] O. Goldreich and E. Petrank. Quantifying Knowledge Complexity. In *32nd FOCS*, pp. 59–68, 1991.

[GMR] S. Goldwasser, S. Micali and C. Rackoff. The Knowledge Complexity of Interactive Proof Systems. *SIAM Journal on Computing*, Vol. 18, pages 186–208, 1989. Extended abstract in *17th STOC*, 1985.

[GS] S. Goldwasser and M. Sipser. Private Coins versus Public Coins in Interactive Proof Systems. In *18th STOC*, pages 59–68, 1986.

[IY] R. Impagliazzo and M. Yung. Direct Zero-Knowledge Computations. In *Crypto87*, Springer Verlag, LNCS Vol. 293, pages 40–51, 1987.

[Karp72] RICHARD M. KARP, Reducibility Among Combinatorial Problems, in the book "Complexity of Computer Computations", Plenum Press, publ. Raymond E. Miller and James W. Thatcher, pp. 85–103, 1972.

[LFKN] C. Lund, L. Fortnow, H. Karloff, and N. Nisan. Algebraic Methods for Interactive Proof Systems. In *31st FOCS*, pages 2–10, 1990.

[LY] C. Lund and M. Yannakakis. On the Hardness of Approximating Minimization Problems, In *25th STOC*, pages 286–293, 1993.

[L] LEVIN, L., Universal'nyĭe perebornyĭe zadachi (Universal search problems : in Russian), "Problemy Peredachi Informatsii", v. 9, No. 3, pp. 265-266.

[PY] C. H. Papadimitriou and M. Yannakakis. Optimization, Approximation, and Complexity Classes. In *20th STOC*, pages 229–234, 1988.

[R] RABIN, M., Probabilistic Algorithms for testing primality, J. of Num. Th. 12, 128-138 (1980).

[SS] SOLOVAY AND STRASSEN, A fast Monte-Carlo test for Primality, SIAM. J. of Comp. 6 (1977).

[Sh] A. Shamir. IP=PSPACE. In *31st FOCS*, pages 11–15, 1990.

[Zu] D. ZUCKERMAN. NP-Complete Problems have a version that is hard to Approximate. Manuscript (June 1, 1992).

Tutorien

Verteilte Informationssysteme: Konzepte und Entwurfstechniken

Gottfried Vossen

Universität Münster, Institut für Wirtschaftsinformatik, Grevenerstraße 91, D-48159 Münster

1 Einführung

Unter einem *Informationssystem* (IS) versteht man ein Werkzeug zur Erfassung und Kommunikation von Information zum Zwecke der Erfüllung der Anforderungen seiner Benutzer, der (Veränderungen unterworfenen Geschäfts-) Aktivitäten ihres Unternehmens und zur Erreichung der Unternehmensziele [15]. Ein IS unterstützt die Unternehmensaktivitäten durch Bereitstellung der benötigten Information oder durch Automatisierung der mit den Aktivitäten zusammenhängenden Vorgänge. Es umfaßt sämtliche zur Informations-Sammlung, -Verwaltung, -Benutzung und -Distribution im Unternehmen vorhandenen Ressourcen. In einer rechnergestützten Umgebung gehören hierzu die Daten in Datenbanken oder File-Systemen, die Datenbank-Software, die Hardware des Rechnersystems sowie die verwendeten Speichermedien, die Personen, die die Daten benutzen und verwalten (also z.B. Datenbank-Administrator, Endbenutzer, parametrische Benutzer), die Anwendungs-Software, welche Daten verändert und aktualisiert, sowie die Programmierer, die die Applikationen entwickeln. Zu den dabei zu erfüllenden operationalen Anforderungen gehören Zuverlässigkeit und Robustheit (Backup und Recovery), hoher Durchsatz sowie anwendungsbezogene Zugriffskontrolle. Typische Anwendungen für Informationssysteme finden sich in fast allen kommerziellen sowie in vielen technischen Bereichen; beispielhaft seien erwähnt: Reservierungssysteme (etwa im Flugverkehr), Buchführung und Rechnungswesen, Bankwesen, Telefongesellschaften, Kurierdienste, Produktionsplanung und -steuerung, Ingenieuranwendungen.

Unternehmensweite IS basieren heute typischerweise auf dem Einsatz von Datenbank-Technologie; daneben kommen zahlreiche weitere Hard- oder Software-Technologien zum Einsatz, etwa CASE-Tools zur Anwendungsentwicklung, Hochsprachen und 4GLs, File-Verwaltungssysteme, TP-Monitore, Betriebssysteme. Während es sich bei den verwendeten Datenbanksystemen anfangs um *zentralisierte* Systeme handelte, die sogar nur einfach strukturierte Daten verwalten und einfache Anfragen oder Transaktionen ausführen konnten, wurde bereits vor geraumer Zeit erkannt, daß Unternehmen und ihre IS-Anwendungen häufig *dezentral* organisiert sind, so daß der Einsatz *verteilter* Datenbanksysteme naheliegt. Hierbei wiederum ging es anfänglich um eine *homogene* Verteilung, bei welcher logisch zusammengehörige Imformationssammlungen auf mehrere Orte verteilt und dort von der jeweils gleichen (Datenbank-) Software verwaltet wurden. Durch Fortschritte in der Rechnernetz-Technik sowie durch die zunehmende Standardisierung bei Rechnernetzen und den sie benutzenden Systemkomponenten für die Kommunikation ist heute die *heterogene* Verteilung von zentralem Interesse, bei welcher lokal autonome Systeme für spezifische Anwendungen föderativ miteinander kommunizieren und kooperieren können.

Das IS-Paradigma ist damit einer steten Weiterentwicklung unterworfen und kann durch Berücksichtigung neuer Konzepte und Technologien sowohl in bestehenden Anwendung zu Verbesserungen führen als auch eine Reihe neuer Anwendungen abdecken. Aus einer *logischen Sicht* ist dabei vor allem bedeutsam, daß ein IS in zunehmendem Maße nicht nur Daten und Information an sich verwaltet, sondern auch *Prozesse*, die mit Daten arbeiten, modellieren, verwalten und sogar automatisieren kann. Aus dieser Sicht umfaßt ein IS dann auch Verarbeitungseinheiten oder *Agenten*, die gemeinsam unternehmensweite Prozesse unterstützen und ausführen. Von besonderer Bedeutung dabei sind *Informationsprozesse*, d.h. teilweise oder vollständig automatisierte Aufgaben bzw. Abläufe, die Information erzeugen, verarbeiten, verwalten und bereitstellen, sowie *Geschäftsprozesse*, d.h. marktorientierte (Beschreibungen von) Unternehmensaktivitäten, welche zur Erfüllung vertraglicher Vereinbarungen oder zur Befriedigung von Kundenwünschen entworfen werden und bei der Implementierung häufig auf Informationsprozesse zurückgreifen. Das derzeit stark diskutierte Paradigma zur Unterstützung sowohl von Informations- als auch von Geschäftsprozessen ist das des *Workflow-Management* [8].

Aus einer *technologischen Sicht* ist heute vor allem die Vision maßgebend, daß ein IS in naher Zukunft ein vernetztes System bestehend aus heterogenen, autonomen und verteilten Hard- und Software-Ressourcen sein wird, welches Rechner unterschiedlicher Größe und Leistung, informations-intensive Applikationen sowie ggf. multimediale Daten umfaßt. Eine der zentralen Herausforderungen bei der Entwicklung einer solchen IS-Umgebung ist die Bereitstellung von Funktionalität, mit welcher eine derartige Kollektion von Ressourcen zu einem integrierten und verteilten System zusammengesetzt werden kann, welches eine anwendungsbezogene und flexible Kombination der Ressourcen sowie eine angemessene Koordination der Aktivitäten erlaubt. Als eine Schlüsseltechnologie in diesem Bereich wird ein *verteiltes Objekt-Management* angesehen, welches von den heute verfügbaren technologischen Möglichkeiten und Standards vollen Gebrauch macht. Aus dieser Sicht sind damit zwei Entwicklungsrichtungen von besonderer Bedeutung: Die Erweiterung schon als klassisch zu bezeichnender Client/Server-Konzepte zu *Trader-Architekturen* [14], bei welchem ein Dienstvermittler (Trader) mit Dienstanbietern und Dienstnutzern zusammenarbeitet und die Verbindung zwischen diesen in einem verteilten System ermöglicht, und die Bereitstellung von *Architekturkonzepten*, welche eine standardisierte Infrastruktur für interagierende Objektsysteme definieren.

Der Begriff des verteilten Informationssystems muß daher heute weit gefaßt werden. Aus Anwendersicht bedeutsam sind vor allem die Aspekte der Interoperabilität, der Kooperation, der Integration sowie der Intelligenz, mit welcher solche Systeme ausgestattet sein werden [2]. Wir geben im folgenden eine kurze Einführung in die *Konzepte*, auf welchen verteilte IS heute basieren (Abschnitt

2), wobei wir die Unterscheidung zwischen logischen und technologischen Konzepten beibehalten. Sodann skizzieren wir *Entwurfstechniken* für verteilte IS (Abschnitt 3), welche teilweise klassiche Techniken zum Datenbankentwurf verallgemeinern, darüber hinaus aber z.B. Aspekte des *Reverse Engineering*, der *Migration* von herkömmlichen auf neuartige Systeme und eine Metadatenmodellierung abzudecken haben.

2 Konzepte

Wir geben als nächstes eine kurze Übersicht über einige zentrale Konzepte, auf denen verteilte Informationssysteme basieren. Aus logischer Sicht wesentlich sind z.B. Objekt-Orientierung, Regelmechanismen, Transaktionen sowie Repositories. Aus technologischer Sicht zentral sind Client/Server-Konzept, Standards für Interoperabilität, verteilte Objektverwaltung sowie Architektur-Konzepte.

2.1 Logische Konzepte

Objekt-Orientierung. Das Paradigma der Objekt-Orientierung ist inzwischen in nahezu allen Bereichen der Informatik anerkannt und im Einsatz; es basiert auf den folgenden grundlegenden Prinzipien:

1. Jede Entität der realen Welt wird dargestellt als ein *Objekt*.
2. Ein Objekt hat eine *Struktur* sowie ein *Verhalten*.
3. Die Struktur besteht aus *Werten*, welche den aktuellen Zustand des Objekts darstellen. Das Verhalten besteht aus *Methoden*, mit welchen man auf dem Objekt operieren kann.
4. Objekte mit gleicher Struktur und gleichem Verhalten werden zu *Klassen* zusammengefaßt.
5. Klassen können von anderen Klassen aus *referenziert* werden, so daß sich Aggregationen bilden lassen.
6. Klassen können ferner hierarchisch angeordnet werden, so daß sich *Spezialisierungen* beschreiben lassen, wobei speziellere Klassen die Struktur und das Verhalten von allgemeineren *erben*.

Im Kontext eines IS kann Objekt-Orientierung auf unterschiedliche Weisen verwendet werden, z.B. beim zentralisierten IS-Entwurf zur Modellierung lokaler sowie interagierender Objekt-Populationen, beim verteilten IS-Entwurf als Grundlage von Föderationsschemata oder für Architektur-Konzepte, bei welchen die Kommunikation und die Interaktion von Objekten zentral ist.

Regel-Basierung. *Regeln* werden in Datenbanken in zwei Formen verwendet: *Deduktionsregeln* dienen der Herleitung von abgeleitetem oder intensionalem Wissen aus gespeicherten oder extensionalen Fakten. Regeln basieren typischerweise auf einer eingeschränkten Prädikatenlogik und enthalten auf ihrer rechten Seite eine Konjunktion von Prädikaten. Durch die Verwendung von Rekursion erweitern sie die Ausdruckskraft herkömmlicher Anfragesprachen. *Produktionsregeln* dienen der Spezifikation von bedingungsgesteuerten Veränderungen an einem gegebenen Datenbankinhalt. Sie haben typischerweise die Form von *Event-Condition-Action-* Regeln (ECA) und kommen vor allem im Zusammenhang mit *aktiven* Datenbanken zur Anwendung, im einfachsten Fall zur Überwachung der operationalen Integrität. Beide Formen von Regeln sind offensichtlich auch im Kontext eines IS relevant, speziell dann, wenn das IS mit Intelligenz ausgestattet werden soll, die es sowohl *aktiv* als auch *reaktiv* macht.

Transaktionen. Das *Transaktions-Konzept* [7] dient generell der fehlergeschützten und konsistenzerhaltenden Ausführung zeitgleicher Benutzeraufträge und hat sich in Datenbanksystemen so bewährt, daß es inzwischen auch in anderen Systemen, insbesondere in IS, zur Anwendung kommt. Die Idee ist, eine Folge von Operationen, die insgesamt einen Benutzerauftrag darstellt, so zu verarbeiten, daß Konsistenz erhalten bleibt und die Illusion des exklusiven Datenzugriffs gewährt wird. Im Kontext von Datenbanksystemen kennt man Erweiterungen des klassischen (Read/Write-) Transaktionsmodells auf homogene oder heterogene verteilte Umgebungen [11, 16]. Darüber hinaus existieren inzwischen zahlreiche Vorschläge für erweiterte Transaktionsmodelle, bei denen das Ziel z.B. in der Ausnutzung einer reichhaltigeren Semantik oder einer Bereitstellung von Kooperationsmechanismen besteht [10]. Von besonderem Interesse sind erweiterte Transaktionsmodelle im Zusammenhang mit der Ausführung und Synchronisation von Workflows, welche in einer Multidatenbank-Umgebung operieren [6].

Repositories. Die Idee des Repository-Konzepts zur Verwaltung von Metadaten, d.h. von Daten über die in einem Unternehmen relevanten Datenstrukturen, Informationsfüsse, Arbeitsabläufe und Organisationsstrukturen, ist, unterschiedliche Darstellungsformen der Metadaten auf einer hohen Abstraktionsebene zu integrieren. Die Inhalte eines Repositories sind also Beschreibungen der relevanten Teilsysteme (z.B. Datenbankschemata), welche den Spezifikationen der jeweils verwendeten Datenmodelle folgen. Ein Repository liefert so ein formales Modell der gesamten, in einem Unternehmen vorhandenen Modellierungs- und Softwareumgebung; darüber hinaus legt ein Repository-Datenmodell eine Sprache fest, in welcher die einzelnen Datenmodelle der betreffenden Umgebung einheitlich beschrieben werden können [9].

2.2 Technologische Konzepte

Client/Server-Konzept. Verteilte Systeme im allgemeinen und verteilte IS im besonderen basieren heute meist auf dem *Client/Server-Konzept*, bei welchem das Grundschema der Kooperation das folgende ist [5]: Ein Klient (*Client*) sendet einen Auftrag (*Request*) an einen Dienstanbieter (*Server*), der seine Dienstbereitschaft für eine bestimmte Art von Service veröffentlicht hat und entsprechende Aufträge entgegennimmt. Der Server führt den Auftrag aus sendet eine Antwort (*Reply*) zurück an den Klienten. Dieses Konzept, welches primär ein Software-Architekturmodell ist, ist speziell im Kontext lokaler Vernetzungen in vielfältiger Weise anwendbar und nicht an spezifische Hardware- oder Software-Konfigurationen gebunden. Allerdings bedarf seine Anwendung einer geeigneten Verteilungsplattform (*Middleware*), welche die Interaktion zwischen den auf ggf. heterogenen Systemen ablaufenden Anwendungen unterstützt. Ein bekanntes Beispiel einer solchen Plattform ist das *Distributed Computing Environment* (DCE) der *Open Software Foundation* (OSF).

Verteile Objektverwaltung. Die zentrale Idee des *Distributed Object Management* (DOM) ist die Zusammenführung von Konzepten der objekt-orientierten verteilten Systemmodelle, der anwendungsbezogenen Integrationsumgebungen und der objekt-orientierten Datenbanken, so daß sämtliche in einem Netzwerk verfügbaren Ressourcen dem Benutzer als eine Sammlung von generell zugänglichen Objekten erscheint, die zur Befriedigung von Informationsbedürfnissen weitgehend frei kombinierbar sind [12]. Im Idealfall unterstützt das DOM-Konzept unter anderem die folgende Funktionalität:

- die Fähigkeit, existierende und separat entwickelte Sammlungen von Objekten bzw. Daten zu einem heterogenen Datenbanksystem oder IS zu integrieren; damit verbunden die Fähigkeit der Integration unterschiedlichster Datentypen,
- die Möglichkeit, auf die integrierte Sammlung von Objekten übliche Datenbank-Techniken (wie Anfrageverarbeitung und Transaktionssynchronisation) anzuwenden,
- die Fähigkeiten der Kombination existierender Anwendungen und der Kooperation zwischen unterschiedlichen Anwendungen.

IS-Architekturen. Die Entwicklung von Architekturkonzepten für Informationssysteme wird aktuell bestimmt durch Standardisierungsaktivitäten, welche insbesondere von der *Object Management Group* (OMG) betrieben werden [5]. Die OMG als Firmenkonsortium konzentriert sich auf den Aspekt der Interoperabilität in vernetzten Systemen mit heterogenen Hard- und Software-Komponenten und befaßt sich sowohl mit Verteilung als auch — im Unterschied zu OSF DCE — mit Objekt-Orientierung. Ein Objektmodell dient hier als Grundlage; die *Object Management Architecture* (OMA) kennt speziell *Anwendungsobjekte* sowie *Objektdienste* zur Abwicklung verteilter Objektinteraktionen. Objekte für allgemeine Dienste (wie z.B. Fehlerbehandlung) sind in den *Common Facilities* enthalten. Zentral ist der *Object Request Broker* (ORB), der zwischen verteilten Objekten vermittelt, Methodenaufrufe zum passenden Zielobjekt leitet und Ergebnisse an den Aufrufer zurückgibt. Die *Common ORB Architecture* (CORBA) konkretisiert Aufbau, Funktionalität und Schnittstellen eines ORB.

3 Entwurfstechniken

In diesem Abschnitt gehen wir auf Techniken zum IS-Entwurf ein, wobei uns sowohl klassische als auch heute stärker in das Zentrum des Interesses rückende Techniken interessieren.

Klassische Techniken. Traditionell kennt ein IS einen Lebenszyklus, welcher etwa die Phasen Nutzenanalyse, Anforderungsanalyse, Entwurf, Implementierung, Validation und Akzeptanz-Test sowie Betrieb umfaßt. Die Entwurfsphase zerfällt dabei zumindest in die Teilphasen *Datenbankentwurf, Anwendungsentwurf* und neuerdings *Prozeßentwurf.* Für den Datenbankentwurf ist vor allem die Phase der *konzeptionellen Modellierung* von zentraler Bedeutung, in welcher der betrachtete Anwendungsbereich mit einem systemunabhängigen Modell (wie z.B. dem Entity-Relationship-, kurz ER-Modell) detailliert und auf abstrakter Ebene beschrieben wird [1]. Neben die reine Datenmodellierung tritt im allgemeinen eine *Funktionsmodellierung*, bei welcher es etwa um den Entwurf anwendungsspezifischer Transaktionen geht; neuere Vorschläge basieren auch in diesem Bereich auf der Objekt-Orientierung. Beim Anwendungsentwurf kommen typischerweise CASE-Techniken zum Einsatz.

Metamodellierung. Der Modellierung von Metadaten, welche in einem Repository abgelegt werden sollen, kommt heute zunehmende Bedeutung zu. Grundsätzlich können Metadaten wie Nutzdaten, also etwa mit dem ER-Modell, beschrieben werden, allerdings existieren speziell für Funktionen, Abläufe und Prozesse heute eine Vielzahl anderer und z.T. angemessenerer Beschreibungsformalismen und Modellierungstechniken [17]. Von besonderem Interesse sind hier *Referenzmodelle*, welche anwendungsspezifisch adaptiert und konfiguriert werden können, sowie automatisierbare Entwurfsverfahren, mit welchen Modellierung, Optimierung und Validierung rechnerunterstützt durchführbar werden.

Reverse Engineering. Ein heterogenes IS umfaßt heute im allgemeinen eine Vielzahl von Datenbanken, welche auf unterschiedlichen Datenmodellen basieren. Zur Herstellung einer einheitlichen Schnittstelle bzw. eines einheitlichen globalen Schemas, auf welches die unterschiedlichsten Applikationen abgebildet werden bzw. zugreifen können, ist es dabei häufig erforderlich, einen zur konzeptionellen Modellierung umgekehrten Prozeß zu durchlaufen. Basiert z.B. ein globales Schema auf einem Objektmodell und eine lokale Datenbank auf dem relationalen Modell, so ist ein *Reverse Engineering* durchzuführen, bei welchem das gegebene relationale Schema, ggf. unter Rückgriff auf ein ER-Schema, in das Objektmodell (rück-) übersetzt wird. Entsprechende Techniken werden erst seit kurzer Zeit intensiv studiert [4], sind aber für die Zukunft von hoher praktischer Relevanz.

Prozeß- und Workflow-Modellierung. Nachdem in den vergangenen Jahren zunächst eine Verallgemeinerung der lokalen Datenmodellierung zu einer *unternehmensweiten* stattfand, ist heute in vielen IS-Anwendungen der Prozeßentwurf bzw. die Prozeßmodellierung, insbesondere die *Geschäftsprozeßmodellierung*, von zentralen Interesse, da dieser große strategische Bedeutung beigemessen wird

[13]. Neben der reinen Modellierung solcher Prozesse geht es dabei auch um deren laufende Verbesserung sowie Anpassung an veränderte Gegebenheiten, was unter dem Schlagwort *Reengineering* erfaßt wird. Dabei spielen Aspekte wie Effizienzverbesserungen in Unternehmensabläufen, zunehmende Qualitätsanforderungen an Produkte, Kostenreduzierung oder Veränderungen in den Unternehmenszielen eine wesentliche Rolle. Angestrebt wird ferner in zahlreichen Anwendungen inzwischen eine Automatisierung der Abläufe, die als Geschäftsprozesse modelliert sind, und damit die Einführung von *Workflow-Management* [8]. Voraussetzung für den Einsatz dieser zunehmende Verbreitung findenden Technologie sind angemessene Workflow-Modellierung sowie entsprechende Verifikations- und Optimierungstechniken.

4 Zusammenfassung

Der Entwurf und die Entwicklung verteilter Informationssysteme sowie die Konzepte, die einem verteilten IS zugrundeliegen, befinden sich aufgrund der nach wie vor rasanten technologischen Entwicklung sowie der noch immer zunehmenden Einbeziehung neuer Anwendungsaspekte und -bereiche im Umbruch. Zahlreiche etablierte Techniken bedürfen der Fortentwicklung, zahlreiche neue einer intensiven grundsätzlichen Durchdringung. Als Beispiel eines typischen Entwicklungsprojekts in diesem Bereich sei das Projekt *Garlic* der IBM erwähnt [3], dessen Ziel die Entwicklung eines heterogenen und multimedialen IS ist, das mit Hilfe entsprechender Werkzeuge Daten aus unterschiedlichsten Repositories integrieren kann. Als Beispiel eines kommerziellen Produkts mit ähnlichen Zielsetzungen sei *Enterprise Data Access/SQL* (EDA/SQL) der Firma Information Builders, Inc., genannt [10]. Im Kontext einer zunehmenden globalen Vernetzung und Informationsbereitstellung wird solchen Systemen für die Zukunft ein großer Markt vorausgesagt.

Literatur

1. Batini, C., Ceri, S., Navathe, S.B.: *Conceptual Database Design — An Entity-Relationship Approach.* Redwood City, CA: Benjamin/Cummings (1992)
2. Brodie, M., Ceri, S.: On Intelligent and Cooperative Information Systems: A Workshop Summary. International Journal of Intelligent and Cooperative Information Systems 1 (1992)
3. Carey, M.J., et al.: Towards Heterogeneous Multimedia Information Systems: The Garlic Approach. Proc. 5th IEEE Int. Workshop on Research Issues in Data Engineering — Distributed Object Management (1995) 124–131
4. Fahrner, C., Vossen, G.: A Survey of Database Design Transformations Based on the Entity-Relationship Model. wird erscheinen in Data & Knowledge Engineering (1995)
5. Geihs, K.: *Client/Server-Systeme — Grundlagen und Architekturen.* Thomson's Aktuelle Tutorien 6. Bonn: International Thomson Publishing (1995)

6. Georgakopoulos, D., Hornick, M., Sheth, A.: An Overview of Workflow Management: From Process Modeling to Workflow Automation Infrastructure; Distributed and Parallel Databases **3** (1995) 119–153
7. Gray, J.: Notes on Data Base Operating Systems. In Bayer, R., Graham, M.R., Seegmüller, G. (eds.): *Operating Systems — An Advanced Course.* LNCS 60. Berlin: Springer-Verlag (1978) 393–481
8. Jablonski, S.: *Workflow-Management-Systeme — Modellierung und Architektur.* Thomson's Aktuelle Tutorien 9. Bonn: International Thomson Publishing (1995)
9. Jarke, M.: Metamodellierung: Werkzeuge für das Engineering von Unternehmensprozessen. In Hansmann, K.-W., Scheer, A.-W. (Hrsg.): *Theorie und Praxis der Unternehmung.* Wiesbaden: Gabler-Verlag (1992) 157–174
10. Kim, W.: *Modern Database Systems — The Object Model, Interoperability, and Beyond.* Reading, MA: Addison-Wesley (1995)
11. Lamersdorf, W.: *Datenbanken in verteilten Systemen — Konzepte, Lösungen, Standards.* Braunschweig: Vieweg (1994)
12. Manola, F., Heiler, S., Georgakopoulos, D., Hornick, M., Brodie, M.: Distributed Object Management. International Journal of Intelligent and Cooperative Information Systems **1** (1992)
13. Melling, W.P.: Enterprise Information Architectures — They're Finally Changing. Proc. ACM SIGMOD Int. Conf. on Management of Data (1994) 493–504
14. Spaniol, O., Popien, C., Meyer, B.: *Dienste und Dienstvermittlung in Client/Server-Systemen.* Thomson's Aktuelle Tutorien 1. Bonn: International Thomson Publishing (1994)
15. Vossen, G.: *Datenmodelle, Datenbanksprachen und Datenbank-Management-Systeme*, 2. Auflage. Bonn: Addison-Wesley (1994)
16. Vossen, G., Groß-Hardt, M.: *Grundlagen der Transaktionsverarbeitung.* Bonn: Addison-Wesley (1993)
17. Winter, A., Ebert, J.: Ein Referenzschema zur Organisationsbeschreibung. In Vossen, G., Becker, J. (Hrsg.): *Geschäftsprozeßmodellierung und Workflow-Management.* Bonn: International Thomson Publishing (1995).

Evolutionäre objektorientierte Systementwicklung und Projektmanagement

Wolfgang Hesse, Universität Marburg

Zusammenfassung:

Dieses Tutorium besteht aus drei Teilen: (a) wird über eine empirische Untersuchung zur Software-Entwicklung berichtet, (b) wird auf der Grundlage der Untersuchungen ein neues Entwicklungs- und Vorgehensmodell vorgestellt, (c) werden Konsequenzen für ein dynamisches, situationsangepaßtes Projektmanagement gezogen.

In einem kürzlich abgeschlossenen Forschungsprojekt zur wurden ca. 300 Software-Entwickler, -Manager und -Anwender über ihre Arbeitssituation befragt, um daraus Leitlinien für die künftige Arbeitsgestaltung und -organisation abzuleiten. Die Untersuchungsergebnisse zeigten unter anderem eine deutliche Diskrepanz zwischen den offiziell verkündeten und den tatsächlichen praktizierten Vorgehensweisen. Um diese besser miteinander in Einklang zu bringen und dabei neuere methodische Erkenntnisse zu berücksichtigen, wird ein Modell zur evolutionären, objektorientierten Software-Entwicklung (EOS) vorgeschlagen. Dieses Modell erlaubt eine systematische, an den Bausteinen der Software-Entwicklung orientierte Projektplanung und -verfolgung. Es stellt aber auch neue Herausforderungen an ein *dynamisches, situationsangepaßtes Projektmanagement*. Das EOS-Verfahren hat in der Software-Praxis bereits gute Resonanz gefunden und wird zur Zeit bei kleineren bis mittleren Software-Herstellern erprobt.

1 Einleitung

In einer 1993 abgeschlossenen interdisziplinären Untersuchung wurden ca. 300 Mitarbeiter in Software-Entwicklungsprojekten von Informatikern, Arbeitspsychologen und Soziologen über fachliche, psychologische und organisatorische Aspekte ihrer Arbeit befragt. Im Vordergrund stand dabei der Leitgedanke, auf empirischem Wege gefundene Erkenntnisse über die Arbeitssituation der Software-Entwickler in Leitlinien für die künftige Arbeitsgestaltung und -organisation umzusetzen.

In diesem Beitrag steht der Vorgehensaspekt im Mittelpunkt, aber auch eng damit verknüpfte Fragen, wie Entwicklungsmethodik, Projektmanagement und Qualitätsaspekte werden angesprochen. Die dazu dargestellen Ergebnisse stammen vorrangig aus den beiden von Informatikern und Soziologen durchgeführten Teilprojekten. Sie zeigten unter anderem eine deutliche Diskrepanz zwischen den offiziell verkündeten und den tatsächlichen praktizierten Vorgehensweisen bei der Software-Entwicklung.

Vorgehensmodelle für die Software-Entwicklung gehören zu den Standardthemen der Softwaretechnik und sind schon mehrfach klassifiziert und einander gegenübergestellt worden, z.B. von B. Boehm [Boe 88] und von Hesse et al. [HMF 92]. Danach lassen sich grundsätzlich *lineare* und *nicht-lineare (zyklische)* Vorgehensmodelle unterscheiden. Unter den linearen Modellen sind hervorzuheben: "Code and fix", Phasen- (oder "Wasserfall-") Modelle, Transformationsmodelle. Zu den nichtlinearen bzw. zyklischen Modellen zählen wir: Modelle zum *prototyping*, Spiralmodelle, inkrementelle und evolutionäre Modelle.

"Code and fix" steht für das ungeplante, oft chaotische, ohne verbindliche Richtlinien auskommende Vorgehen in den Frühzeiten der Software-Entwicklung. *Phasen-* oder *"Wasserfall"-Modelle* beschreiben die Software-Entwicklung als einen sequentiell von Phase zu Phase voranschreitenden Vorgang, wobei jede Phase auf den in der Vorphase erarbeitetetn Vorgaben aufsetzt und Ergebnisse zu erbringen hat, die gegenüber diesen Vorgaben auf Konsistenz und Vollständigkeit geprüft werden können.

Der *Transformations-Ansatz* basiert auf einer ähnlichen Grundidee. Hier werden jedoch als Vorgaben formale Spezifikationen gefordert, daher eignet sich der Ansatz vorwiegend für kleinere Programmsysteme oder -teile. Aus den Spezifikationen lassen sich mit Hilfe von als korrekt nachgewiesenen Transformationsregeln automatisch korrekte Programme ableiten, wobei man in der Regel schrittweise interaktiv vorgeht. .

Prototyping wurde als Gegenkonzept zum Phasenmodell propagiert: Starre Vorgaben und festgeschriebene Anforderungen erweisen sich oft als unrealistisch und werden im Laufe der Entwicklung überholt - mit der Gefahr von teuer erkauften Fehlentwicklungen oder Revisionen. Abhilfe sollen hier schnell gefertigte Prototypen schaffen, anhand derer man z.B. Anforderungen mit den Anwendern diskutieren, überprüfen und damit eine stabile Basis für die Entwicklung des endgültigen Systems legen kann [BKM 84]. B. Boehm hat in seinem *Spiralmodell* exemplarisch einen 3-fachen Prototyp-Entwicklungszyklus vorgeführt [Boe 88].

Als *inkrementell* bezeichnet man eine Systementwicklung, die von einem überschaubaren Teil- oder Kernsystem ausgeht und dieses schrittweise durch sog. *Inkremente* erweitert, bis die gesamte geforderte Funktionalität erreicht ist. Der Begriff der *evolutionären* Software-Entwicklung wurde von M.M. Lehman geprägt. Dieser unterscheidet mehrere Typen von Systementwicklungen und dabei als anspruchsvollsten Typ sogenannte *sozial eingebettete Systeme* (embedded systems). Diese sind eng mit der verwendenden Institution und den dort arbeitetenden Menschen (Nutzern) verflochten und haben Rückkopplungseffekte auf deren Organisation und Arbeitsweise. Sie müssen sich diesen Veränderungen dynamisch anpassen, was nach M.M. Lehman zu einer *Evolution* von fortschreitend an die Bedürfnisse der Anwender angepaßten Systemen führt [Leh 80].

Die IPAS-Untersuchungen haben ein deutliches Überwiegen der Phasen-/Waserfall-Modelle erbracht - zumindest was die offiziell verkündeten Richtlinien betrifft. Die tatsächlich ausgeübte Praxis zeigt allerdings erhebliche Abweichungen davon. Im ersten Teil dieses Beitrags wird näher darüber berichtet. Die offenkundige Diskrepanz zwischen verkündeten und praktizierten Vorgehensweisen zu überwinden und dabei moderne methodische Erkenntnisse zu berücksichtigen, wie sie sich z.B. aus den Prinzipien der Objektorientierung ergeben, waren die wesentlichen Ziele bei der Entwicklung des EOS-Modells. Dieses wird im zweiten Teil dieses Beitrags vorgestellt. Im dritten Teil stehen Fragen des Projektmanagements im Mittelpunkt: Welches sind die heute hervorstchenden Probleme bei der Projektabwicklung, welche Anforderungen stellen sich für das Management künftiger Projekte und welche Konsequenzen wird ein Vorgehen nach EOS für das Management nach sich ziehen?

2 Das IPAS-Projekt: Bericht über eine empirische Untersuchung zur Software-Entwicklung

In diesem Abschnitt wird über zwei ausgedehnte empirische Untersuchungen berichtet, die im Rahmen von IPAS durchgeführt wurden. Für die erste Untersuchung war ein gemischtes Team von Arbeitspsychologen und Informatikern zuständig. Dabei wurden insgesamt 29 Projekte in 19 Firmen untersucht und ca. 200 Entwickler, Projektleiter und Anwender mit Hilfe von Fragebögen und Interviews zu ihrer Arbeitssituation befragt (vgl. [F-H 93] und [H-F 94]). Einige wichtige Ergebnisse dieser Untersuchung seinen hier kurz zusammengefaßt:

- Kommunikation und Kooperation spielen in der Arbeit der Software-Entwickler eine größere Rolle als gemeinhin angenommen wird. Die sogenannten "frühen" (analysierenden) Tätigkeiten der Software-Entwicklung, in denen es wesentlich auf Kooperation mit Anwendervertretern sowie auf Kommunikation mit Fachspezialisten und Kollegen ankommt, werden immer wichtiger gegenüber den "klassischen" (synthetisierenden) Tätigkeiten des technischen Entwurfs, der Programmierung und des Tests. Beim Einsatz objekt-orientierter Techniken wird dieser Zwang zur Kooperation und Kommunikation (vor allem innerhalb der Teams) noch verstärkt.

- Die Reaktionen auf Fragen zur Benutzerbeteiligung sind zwiespältig. Einerseits wird anerkannt, wie wichtig sie für die System- und Problemanalyse ist, andererseits kann sie die Arbeit der Entwickler empfindlich "stören": durch zusätzliche Diskussionen, schwer zu befriedigende Änderungs- und Erweiterungswünsche, kurz durch zusätzliche Unsicherheit im Projekt.

- Das lineare Vorgehen bei der Software-Entwicklung ist meist eine Fiktion. Von den 29 untersuchten Projekten wurde über insgesamt 34 Rückkehrschleifen in frühere Projektphasen berichtet, davon führten 11 über zwei oder mehr Phasen hinweg.

- Bei der Betrachtung von Methoden und Werkzeugen steht das durchgängige methodische Konzept im Vordergrund. Werkzeuge werden umso schlechter akzeptiert, je "komplizierter" sie sind, je begrenzter ihr Anwendungsbereich ist, je weniger sie ins Gesamtkonzept passen, komplizierte Bedienungsregeln haben und ständige (Wieder-) Einarbeitung erfordern.

- Die Vielfalt neuer Entwicklungskonzepte, Methoden, Werkzeuge und technischer Plattformen sowie die sich verkürzenden Innovationszyklen stellen Entwickler und vor allem Projektmanager vor ständig wachsende Herausforderungen. Daraus resultiert ein starker Wunsch nach technischer Standardisierung und methodischer Harmonisierung.

Parallel dazu lief eine soziologische Untersuchung, die im Hinblick auf Vorgehensweisen und Projektmanagement u.a. die folgenden Ergebnisse erbrachte (vgl. [W-O 92] und [H-W 94]):

- In über 60 % der untersuchten Projekte war ein lineares Vorgehensmodell mit fest definierten Abschnitten oder Phasen vorgegeben. Eine inkrementelle Vorgehensweise bzw. Prototyping wurden in jeweils etwa einem Drittel der Projekte genannt (Mehrfachnennungen waren möglich).

- Der tatsächliche und der geplante Projektablauf wichen nicht selten erheblich voneinander ab. Nur in einem Viertel der Projekte wurde das Phasenschema, nach dem man vorging, auch eingehalten. In 41 % kam es zu Phasen-Überlappungen, in 13 % der Projekte wurde der Projektablauf als Echternacher Springprozession charakterisiert (zwei Schritte vorwärts, einen zurück), in weiteren 13 % als anarchisch.

- Formale Planung und Projekterfolg sind kaum miteinander korreliert: Als wichtig für den Projekterfolg erwies sich vielmehr die Fähigkeit, sich schnell an neue oder veränderte Erfordernisse anzupassen. Am erfolgreichsten waren solche Projekte, in denen der Entwicklungsprozeß als ständiger Lernprozeß verstanden wurde, und die die Entwicklungsziele dynamisch den aktuellen Erfordernissen anpassen konnten.

- Erfolg oder Mißerfolg von Projekten hängen mindestens ebenso stark von informellen Prozessen der Selbststeuerung (etwa bei der Einarbeitung in ein neues Projekt oder bei Kontakten zum Anwenderbereich) und von "stillen" Leistungen der Softwareentwickler ab als vom Einsatz formalisierter Verfahren und Management-Instrumente.

- Zwischen offizieller Planung und rigiden Regelungen einerseits und flexiblen Reaktionen und Selbststeuerungsprozessen der Entwickler andererseits herrscht eine deutliche Diskrepanz, die teilweise zu verdeckten Konflikten, Reibungs- und Effizienzverlusten führten. So litten z.B. Kostenkontrolle, Nachevaluierung und der projektübergreifende Wissenstransfer unter dieser Diskrepanz.

- Insgesamt überwog bei vielen untersuchten Projekten der Eindruck, daß die Schwierigkeiten (und damit die Lösungsmöglichkeiten) weniger auf software-technischer Ebene lagen als im Bereich des Projektmanagements. Das heißt der Schlüssel zum Erfolg liegt oft weniger in neuen Sprachen, Methoden, "Software-Architekturen" oder CASE-Tools als in einem richtigen Verständnis des Projektmanagements. Kurz: Die sogennate "Software-Krise" stellt sich (zumindest zu einem erheblichen Teil) als eine *Krise des Projektmanagements* heraus.

3 EOS: Ein Modell zur evolutionären, objektorientierten Software-Entwicklung

Als Antwort auf die dargestellten Befunde wird ein Modell für *evolutionäre objektorientierte Software-Entwicklung* (EOS) vorgeschlagen. Dieses orientiert sich an sechs Leitlinien, die im folgenden kurz erläutert werden:

- *Objektorientierung als durchgängige Entwicklungsmethodik*

  Die Software-Entwicklung folgt einem einheitlichen, durchgängigen Konzept: Dies beginnt bei der Auffassung und Modellierung eines Gegenstandsbereichs als Geflecht eigenständiger, miteinander agierender Objekte (objektorientierte Analyse, OOA) und führt über deren Umsetzung in weitgehend autarke Software-Bausteine (objektorientierter Entwurf, OOD) zu Systemen miteinander interagierender Programmeinheiten (objektorientierte Programmierung, OOP). Damit werden Strukturbrüche zwischen einzelnen Phasen vermieden und die Software-Bausteine lassen sich besser weiterentwickeln und wiederverwenden.

- Hierarchischer Systemaufbau

  Es wird eine (statische) Aufbaustruktur und eine (dynamische) Ablauf- und Interaktionsstruktur unterschieden. Statisch setzt sich ein System aus *Klassen* zusammen, die Mengen gleichartiger Objekte repräsentieren. Mehrere Klassen, die eine logische Einheit bilden oder ansonsten in enger Verbindung miteinander stehen, werden zu *Komponenten* zusammengefaßt. Komponenten (und die durch sie zusammengefaßten Klassen) sind zueinander disjunkt und bilden eine hierarchische (Baum-) Struktur.

  Dadurch ergibt sich eine dreistufige Hierarchie von Software-Bausteinen, bestehend aus (S.) System, (X.) Komponenten (oder Klassenkomplexen) (K.) Klassen. Komponenten können beliebig tief gestaffelt sein. Klassen (und damit Objekte) stehen untereinander in vielfältigen (semantischen) Beziehungen, z.B. der (baum- oder netzartigen) Vererbungsstruktur und der netzartigen (i.a. nicht-hierarchischen) "benutzt"-Struktur.

- Zyklische Entwicklung

  Jeder Software-Baustein (gleich welcher Entwurfsebene er angehört) durchläuft (ein- oder mehrfach) einen Entwicklungs- und Lebenszyklus, der durch die folgenden vier wesentlichen *Tätigkeiten* charakterisiert ist: (.A) Analyse, (.E) Entwurf, (.I) Implementierung, (.O) Operationeller Einsatz -Erprobung, Nutzung und Revision (vgl. Abb.1).

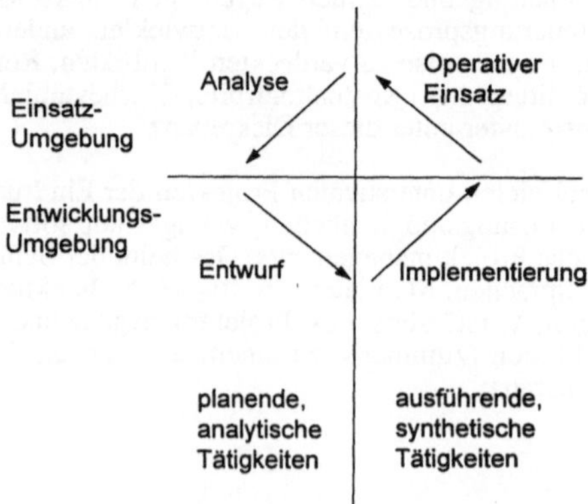

Abb. 1: Tätigkeiten in einem Entwicklungszyklus

- Einbezug von Erprobung, Nutzung und Revision in die Entwicklungszyklen

Ein wichtiger Unterschied zu den herkömmlichen Vorgehensmodellen besteht darin, daß Software-Entwicklung nicht länger als bloßes Konstruktions-Projekt mit einer nicht näher definierten "Wartungsphase" am Ende betrachtet wird, sondern als ein kontinuierlicher zyklischer Prozeß, in dem auf analysierende und konstruierende Entwicklungsschritte solche der Erprobung, Nutzung und (möglichen) Revision folgen (vgl. oben). Das gilt nicht nur (wie bei den Prototyping-Modellen) für das Gesamtsystem sondern *für Bausteine aller Entwicklungsebenen.* (vgl. Abb. 2)

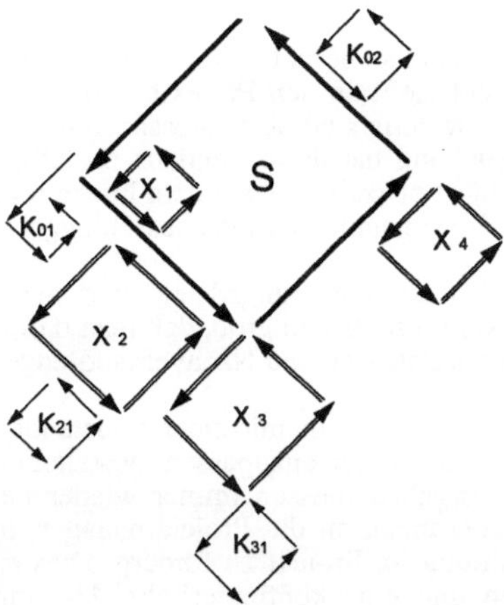

Abb. 2: Tätigkeitsyklen für Software-Bausteine

- Weiter- und Wiederverwendung von Software-Bausteinen

Wichtigstes Ziel aller OO-Vorgehensweisen ist die Förderung der *Wiederverwendbarkeit* von Software-Bausteinen. Dazu ist eine *Bausteinbibliothek* (vgl. oben) aufzubauen, die die bisher definierten und erstellten Bausteine enthält und die für die Ableitung neuer Bausteine (etwa durch Spezialisierung, Modifikation, Zusammenfassung) herangezogen wird. Die Arbeit mit der Bausteinbibliothek ist besonders wichtig in den beginnenden und abschließenden Tätigkeiten eines Zyklus: um einerseits (während der Analyse) möglicherweise wiederverwendbare Bausteine aufzuspüren und andererseits (nach den ersten erfolgreichen Nutzungsläufen) geeignete Klassen in die Bibliothek einzubringen.

- Mit der Entwicklungsmethodik abgestimmte Managementverfahren

Projektmanagement-Verfahren können nur dann effektiv sein, wenn sie in enger Abstimmung mit den technischen Entwicklungsverfahren entwickelt and angewendet werden. Deshalb gehört zum EOS-Vorgehensmodell ein darauf zugeschnittenes Management-Modell. An die Stelle der herkömmlichen Phasen treten die entsprechenden EOS-Strukturen: Zyklen und Tätigkeitsschritte. Daraus ergeben sich weitere Anforderungen und Konsequenzen für das Management.

4 Konsequenzen für das Projektmanagement

Warum sind Phasenmodelle trotz der geschilderten Unzulänglichkeiten immer noch so verbreitet und werden vor allem vom Management nach wie vor bevorzugt? Wichtige Gründe dafür sind:

- Der Entwicklungsprozeß wird auf einfache und überschaubare Weise strukturiert.
- Das Projekt als Ganzes und die einzelnen Arbeitsschritte lassen sich leicht planen, komplexe Prozesse lassen sich phasenweise arbeitsteilig organisieren.
- Das Phasenschema liefert ein Raster zur Überprüfung der (Zwischen-) Ergebnisse.

Die Attraktivität des Phasenmodells beruht nicht zuletzt in seiner Einfachheit und Eindeutigkeit. Das Phasenkonzept stellt an den Projektbeginn, also zu einem Zeitpunkt, wo Durchsetzungsaspekte besonders wichtig sind, feste Aussagen über Zeiten, Kosten und Ablauf des Projekts. Die IPAS-Untersuchung hat diese Tendenz bestätigt: Die Mehrheit der untersuchten Projekte wurde - zumindest offizell - nach einem linearen Phasenmodell durchgeführt und dafür waren in erster Linie die genannten Gründe ausschlaggebend.

Der Wunsch nach leicht berechenbaren Planungsdaten (und der Zwang, solche bereits zu Projektbeginn zu präsentieren) sind offenbar so groß, daß man dafür deren Ungenauigkeit und spätere oft unangenehme Nachkalkulationen und Nachverhandlungen in Kauf nimmt.

Projekte *evolutionär* abzuwickeln (d.h. nicht mit einer vollständigen Planung zu beginnen, sondern diese schrittweise den Bedürfnissen anzupassen) gestaltet sich demgegenüber wesentlich komplizierter: Ziele und Vorgaben müssen immer wieder neu überprüft und definiert werden. Dies stellt neue Anforderungen an die Projektmanager und deren Fähigkeiten, die Entscheidungs- und Konsensbildung im Projekt zu fördern. Dies erfordert u.a. eine laufende Neubestimmung von Vorgaben und eine kontinuierliche Abstimmung zwischen Entwicklungs- und Anwendungsbereich.

Daraus lassen sich Forderungen für das Management evolutionärer Projekte ableiten. An die Stelle "planlastigen Handelns" im Phasenmodell muß ein neues Verhältnis von miteinander verschränktem Planen und Handeln treten:

- Planerische Vorgaben müssen elastischer werden.
- Die strenge Abfolge (und Trennung) von Planen und Ausführen muß überwunden werden.
- Zielsetzungen müssen im Laufe der evolutionären Entwicklung stets neu überdacht und angepaßt werden.

Wie kann lassen sich diese Forderungen für das Management von Projekten nach dem EOS-Modell umsetzen?

- Die drei EOS-Hierarchieebenen bilden den Ansatzpunkt für Planungsschritte unterschiedlicher Detaillierung: Die projektweite Grobplanung des S-Zyklus wird durch feinere Planungsschritte auf Komponentenebene (X-Zyklen) und für die Tätigkeiten auf Klassenebene (K-Zyklen) ergänzt. Für die Detailplanung stehen dem Management die einzelnen Zyklusschritte als Planungseinheiten zur Verfügung. Mit seinen unterschiedlichen Differenzierungsstufen liefert das EOS-Modell die geeignete Handhabe, sich in der jeweiligen Projektsituation flexibel an die unterschiedlichen Bedürfnisse von Auftraggebern, Anwendern und Entwicklern anzupassen.
- Im EOS-Modell ist die klassische Trennung von "fachlichen" und "DV-technischen" Phasen aufgehoben. An deren Stelle treten die Entwicklungszyklen, die beide Aspekte umfassen und auf allen Ebenen für ein Wechselspiel von Entwicklung und Anwendung

und für einen kontinuierlichen Abgleich zwischen anwendungsbezogenen Anforderungen und technischen Gestaltungsmöglichkeiten sorgen.

- Das EOS-Modell sieht Baustein-orientierte Arbeitsteilung und Verantwortlichkeiten vor. Das heißt, einzelne Arbeitsschritte sind jeweils an den zu bearbeitenden Software-Baustein gekoppelt. Mehrere, am gleichen Bausteine durchzuführende Tätigkeiten (wie Klasse XYZ analysieren, entwerfen, implementieren) sind *einer* Person oder einem Team zugeordnet. Im Falle anwendungsnaher Komponenten oder des Gesamtsystems können dies auch (aus Entwicklern und Anwendern) gemischte ***Betreuungs-Teams*** sein.

  Daraus ergeben sich einerseits klare Verantwortlichkeiten, die in der Regel auch den operativen Einsatz und damit die gesamte Betreuung des betreffenden Bausteins umfassen. Andererseits bleiben die notwendigen Freiräume für die Verantwortlichen bei der Bearbeitung "ihrer" Bausteine. Selbsteuerungsprozesse werden nicht durch Planung unterbunden, sondern gefördert.

- Das Projektmanagement benötigt ein Instrumentarium zur Projektstatus-Bestimmung und zur Überprüfung von (Zwischen-) Ergebnissen. Im EOS-Modell treten an die Stelle der Meilensteine an den Phasenenden differenziertere ***Revisionspunkte***. Ein möglicher Revisionspunkt kann etwa folgendermaßen definiert sein: "Komponenten A, B, C abgeschlossen, Komponente D und Klassen E, F implementiert, Komponenten G und H entworfen, Komponente J analysiert".

  Revisionspunkte werden nicht vollständig zu Projektbeginn vorgeplant, sondern ihre (anfängliche Grob-) Planung wird im Laufe des Projektfortschritts verfeinert und den laufenden Gegenbenheiten und Erfordernissen im Projekt angepaßt. Dies erfordert entsprechend differenzierende Hilfsmittel zur Projektplanung und -verfolgung für die Projektmanager. Diese dienen hauptsächlich der Information über den Projektstand und sollten nicht als Planungskorsett mißverstanden werden.

- An die Stelle eines zu Projektbeginn verabschiedeten Projektplans treten Entscheidungsketten, in denen von Tätigkeit zu Tätigkeit, von Revisionspunkt zu Revisionspunkt und von Zyklus zu Zyklus Beschlüsse überprüft und vor dem Hintergrund der jeweils aktuellen Lage modifiziert werden. Auch bei solchermaßen dynamisierter Planung können die Projektmanager auf bewährte Instrumente zur Statusbestimmung, Plan-/Ist-Kontrolle und Kostenberechnung für seine laufenden Projekte zurückgreifen.

- Software-Entwicklung ist ein kontinuierlicher projektübergreifender Prozeß. Mit dem Einsatz einer einmal entwickelten Software ist deren Entwicklung nicht abgeschlossen. Im EOS-Modell bilden die Entwicklungszyklen die Voraussetzung für einen Wissenstransfer von Zyklus zu Zyklus - sei es innerhalb eines Projekts oder zum nächsten, benachbarten Projekt.

Evolutionäre Software-Entwicklung macht das Projektmanagement nicht leichter, sondern stellt vielmehr neue Herausforderungen an die Verantwortlichen. So lassen sich nicht mehr im voraus genaue Aussagen über den Umfang von größeren Entwicklungsvorhaben machen. Dies kann sich in der Akquisitionsphase sogar erschwerend auswirken. In Wahrheit handelt es sich aber um inhärente Ungenauigkeiten, die das Phasenmodell mit seiner scheinbaren Planungspräzision nur verdeckt. Am Ende erweist sich die evolutionäre Methode als die ehrlichere, denn im Unterschied zum Phasenkonzept, paßt sie die Planungsdaten laufend der Realität an.

In der betrieblichen Praxis wird der Erfolg evolutionärer Entwicklungsmethoden entscheidend davon abhängen, ob sich eine dazu passende, realitätsgerechtere Projektplanung durchsetzen läßt. Diese müßte u.a. den Anspruch aufgeben, Projekte minutiös vorplanen und starr nach Plan ablaufen lassen zu können.

5 Ausblick

Das EOS-Modell ist seit seiner ersten Veröffentlichung auf vielfache positive Resonanz gestoßen und wird gegenwärtig von kleineren und mittleren Software-Hersteller- und Beratungsunternehmen erprobt. In den nächsten Entwicklungsstufen sollen die Verfahren zur objektorientierten Modellbildung und das Instrumentarium zum Projektmanagement und zur Qualitätssicherung weiter ausgebaut werden.

Literaturhinweise:

[Boe 88] B.W. Boehm: A spiral model of software development and enhancement, Computer, May 1988, pp. 61-72

[BKM 84] R. Budde, K. Kuhlenkamp, L. Mathiassen, H. Züllighoven (eds.): Approaches to prototyping, Springer 1984

[F-B 92] M. Frese, F. Brodbeck: Psychologische Aspekte der Software-Entwicklung, IBM-Nachrichten 42, Heft 309, S. 15-19 (1992)

[F-H 93] M. Frese, W. Hesse: The work situation in software development - Results of an empirical study, ACM SIGSOFT Software Engineering Notes, Vol. 18, No. 3, pp. A-65 - A-72 (1993)

[HBS 92] W. Hesse, U. Bittner, J. Schnath: Results from the IPAS Project: Influences of methods and tools, quality requirements and project management on the work situation of software developers; in: P. Elzer, V. Haase (Eds.): Proc. Fourth IFAC/IFIP Workshop on Experience with the Management of Software Projects, Annual Review in Automatic Programming, Vol. 16, Part II, Pergamon Press 1992

[H-F 94] W. Hesse, M. Frese: Zur Arbeitssituation in der Software-Entwicklung - Resümee einer empirischen Untersuchung, in: Informatik Forschung und Entwicklung 9.4, pp. 179-191 (1994)

[HMF 92] W. Hesse, G. Merbeth, R. Frölich: Software-Entwicklung - Vorgehensmodelle, Projektführung und Produktverwaltung, Handbuch der Informatik, Band 5.3 Oldenbourg 1992

[H-W 94] W. Hesse, F. Weltz: Projektmanagement für evolutionäre Software-Entwicklung; in: Information Management 3/94, pp. 20-33, (1994)

[I-S 92] Thema: Projektmanagement für objektorientierte Software-Entwicklung, Themenheft, Informatik-Spektrum, Bd. 15, Heft 5 (1992)

[Leh 80] M.M. Lehman: Programs, life cycles, and laws of software evolution, Proceedings of the IEEE, Vol. 68, No. 9, pp. 1060-1076 (1980)

[Mey 88] B. Meyer: Object-oriented software construction, Prentice Hall 1988

[W-O 92] F. Weltz, R. Ortmann: Das Softwareprojekt - Projektmanagement in der Praxis, Campus-Verlag 1992

A Framework for QoS Guarantees for Multimedia Applications within an Endsystem

R. Gopalakrishnan and Guru M. Parulkar

Washington University, St. Louis MO 63130, USA

Abstract. We describe a framework for providing quality-of-service guarantees within the endsystem for networked multimedia applications. Our framework integrates four components namely, QoS specification, QoS mapping, QoS enforcement, and a protocol implementation model. The framework allows QoS specifications to be at a high level so that an application can easily specify its requirements using a small number of parameters. The second component of the framework is QoS mapping. The mapping operations derive resource requirements for each end-to-end session from the QoS parameters specified by the application. Important resources considered are the CPU and the network connection. The third component of the framework is QoS enforcement. An important enforcement issue is providing processing guarantees for protocol code. An efficient real-time signal facility (RTSig) has been implemented to achieve this. The last component is an application level protocol implementation model. Protocol code structured according to this model can take advantage of the QoS support facilities in our framework. We also review related work in these areas and show how they fit into the general framework.

1 Introduction

There is a growing need to provide support for multimedia processing within endsystems. This will enable the development of a variety of exciting applications such as interactive video, customized news services, virtual shopping malls and many more. A large fraction of the data handled by these applications will be of the continuous media (CM) type. An important aspect of these applications is that they require quality-of-service (QoS) guarantees for the transfer and processing of CM data. Emerging networks such as ATM [18], and the proposed integrated services internet with reservations [24], can provide guarantees on bandwidth and delay for data transfer. Likewise modern computer systems have the computing power and I/O bandwidth for handling continuous media such as video. These developments have provided the motivation for providing QoS guarantees within the endsystem. This will complement the guarantees provided by the network for data transfer, and build upon the increasing processing power of the endsystem hardware.

We have developed a QoS framework from the point of view of application processes that run on the endsystems. Our framework consists of the following four components.

- **QoS Specification:** Specification of QoS requirements is essential to provide QoS guarantees. Since applications have widely varying requirements, it is necessary to provide them a structured and general way to specify QoS. It is important to keep in mind that application users can specify only high level parameters, and other detailed requirements must be derived automatically.
- **QoS Mapping:** As mentioned above, QoS requirements are at the application level. Since several resources such as the CPU, memory, the network adaptor, and network connections are involved in communication, the QoS specifications must be mapped to resource requirements. We consider an important feature of the mapping mechanism to be its ability to hide the endsystem platform characteristics through a standard interface thereby allowing protocol code to be portable. The specification and mapping operations are shown in Figure 1.
- **QoS Enforcement:** The mapping operation derives resource requirements that are allocated by the operating system to each end-to-end session during the setup phase. During the data transfer phase, the QoS enforcement mechanisms must schedule various shared resources to satisfy the allocations. In particular, we focus on CPU scheduling for protocol processing because it determines how the aggregate processing capacity of the endsystem is shared among different end-to-end sessions.
- **Protocol Implementation Model:** Given the mechanisms for QoS specification, mapping, and enforcement, protocol code has to be structured to take advantage of these facilities. The protocol implementation model facilitates the mapping of protocol services to appropriate implementation components provided in the framework. An important objective of the model is to provide operating system mechanisms to improve efficiency of protocol implementations by reducing data movement and context switching.

Our goal is to extend the notion of QoS within the endsystem, starting from the network interface and various protocols, upto the application processes. We further wish to achieve the same efficiency as state-of-the-art protocol implementations.

In the rest of the paper, we describe the four components of the QoS framework, and the problems that we address in each. We present a brief overview of our solutions to realize each component. We also show how other proposed solutions fit into this framework.

2 QoS Specification

Several methods have been proposed for specifying QoS requirements at the network layer. However at the application layer, the choice of parameters has not been adequately addressed. There are two criteria that guide the choice of parameters to specify application requirements. These are

- There is a wide diversity in the types of applications and their communication requirements. It would be impractical however to allow the same diversity in

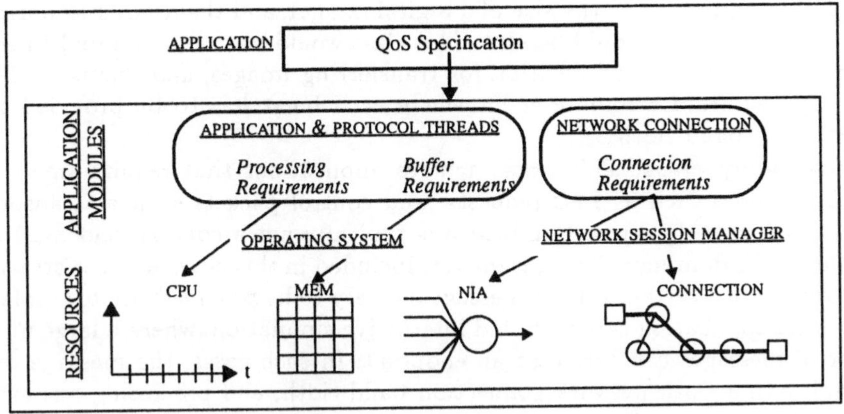

Fig. 1. QoS Specification and Mapping

the way QoS requirements are specified because a system can support only limited number of formats. Hence it is necessary to identify a canonical set of specification formats that are representative of a wide variety of application requirements.

- An application user may only be able to specify QoS parameters at a high level. The choice of parameters must therefore be such that they are few in number, and are easily specifiable.

We have chosen a set of representative application classes, and identified QoS parameters for each class. We expect that most of the data streams used by applications will fall in one of these classes differing only in the values of the QoS parameters. Therefore supporting these basic types would meet the needs of most applications. The three application classes are—

1. **Isochronous class:** This includes compressed and uncompressed continuous media data that is generated and consumed at the endsystem at a fixed rate. Traffic of this class is characterized by three parameters namely, the *frame rate*, the *maximum frame size*, and the *average frame size*. In addition, the *maximum delay* between the generation of a frame at the source and its display at the receiver is specified. These QoS parameters help to determine the peak and average bandwidth required for the network connection. The delay parameter is also used to determine the network delay and size of playout buffers.
2. **Burst class:** This includes most cases where bulk data transfer is required. A bulk data source does not have a natural rate and is statically available on secondary storage. QoS parameters therefore consist of the *total size* of

the data unit (such as the size of a digital image), and the desired *bandwidth* at which the data should be sent. This class would be useful in a multimedia explorer kind of an application for transferring images, and bursts of data on request from a remote client where each burst has to be provided the requested bandwidth.

3. **Low Delay class:** This class includes applications that require small response times such as RPC requests, and control packets such as transport layer acknowledgments. Bandwidth is typically not a concern and *message delay* is the dominant QoS parameter. Included in this class are data streams that require a certain rate of message delivery to be provided. An example of such an application is distributed interactive simulation, where a large number of messages can arrive at an endpoint. In such cases, the message rate implies that both network connection bandwidth, and processing resources must be guaranteed.

The three classes and their parameters are shown in Table 1

Isochronous	frame rate, maximum frame size, average frame size, delay
Burst	total size, required bandwidth
Low Delay	maximum message size, delay, message rate

Table 1. Application Classes for QoS Specification

2.1 Related Work in QoS Specification

There is a vast amount of literature on QoS specification methods. This section is not an attempt to critically evaluate these approaches, but to direct the reader to related work that present alternative approaches to QoS specification at the transport layer and above.

Transport layer QoS parameters are examined in [19, 4]. The use of application layer QoS parameters has been discussed in [20]. These consist of *media characteristics* and *transmission characteristics* parameters. In [5] application level QoS specifications take the form of "channel types" that encapsulate preconfigured QoS parameters for commonly used media. Finally, we have the LBAP model [1] that characterizes application traffic and processing workload within the endsystem, and has been used in [2, 13, 29].

We take a look at the use of application classes used to facilitate QoS specification. In [22] the *stream* and *message* types have been used that correspond to the *isochronous* and *low delay* classes in our framework. Other classifications [30] define *reliable* and *unreliable* categories of real-time streams. We believe that all these approaches can be readily incorporated in our model, provided mapping procedures are defined to derive resource requirements.

3 QoS Mapping

The role of QoS mapping is to determine resource requirements implied by a given QoS specification. For example, a communication session will require one or more network connections, and one or more independently schedulable processing resources[1] to do protocol processing for the data carried over the connections. Therefore mapping operations should derive the parameters for the network connections, and processing requirements for the threads. We describe the steps involved in the QoS mapping operation for a data stream of the application.

1. We scale the data sizes generated at the sender to account for the header and retransmission overheads introduced by the protocol. We also partition the application specified delay between the sending host, the network, and the receiving host. The delay partitioning yields a delay "budget", for each component along the end-to-end path.
2. The delay budget and the scaled data sizes are used to determine the parameters for the network connection such as bandwidth and delay.
3. From the network connection bandwidth and the delay budget for the sender, protocol processing requirements at the sender (and at the receiver) can be derived. This requires knowledge of the computation time for the protocol code to process a protocol data unit (PDU).

These operations are depicted in Figure 2.

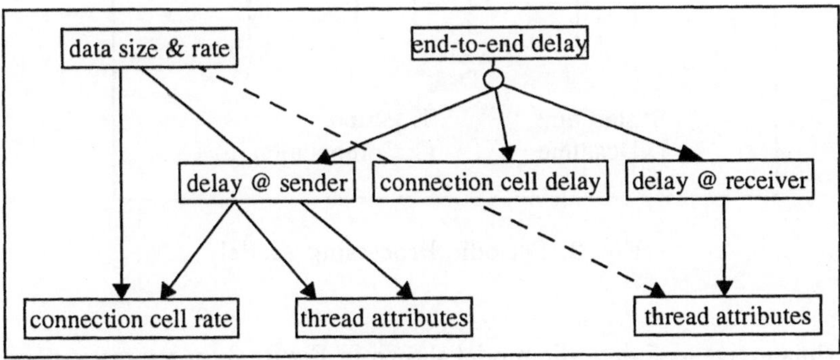

Fig. 2. QoS Mapping Operations

We take a closer look at how processing requirements are derived for an application session. These requirements determine the QoS provided within the

[1] In general, a processing resource would be a "thread". However we advocate the use of an alternative mechanism in Section 4.

endsystem and are used by the scheduler to perform QoS enforcement (Section 4).

3.1 Deriving Processing Requirements

We take the example of deriving processing requirements of a CM stream such as compressed video. We assume that previous mapping steps have derived the network connection bandwidth, and the portion of the end-to-end delay allocated to the sender. The rate of the network connection and the PDU payload size determine the time duration required by the adaptor to transmit a PDU. To keep up with the adaptor, the protocol processing at the sender must occur at a rate so that at least one PDU can be processed and enqueued at the adaptor within this duration. Equivalently, we could require that a batch of B_p PDUs be processed in every interval of length that is B_p times the original duration. Batching is useful for efficiency reasons, because the overhead of scheduling protocol processing is amortized over a batch of PDU's. However B_p can be increased only upto a limit without exceeding the delay budget allocated to the sending host. The various trade-offs in choice of B_p are described in [11].

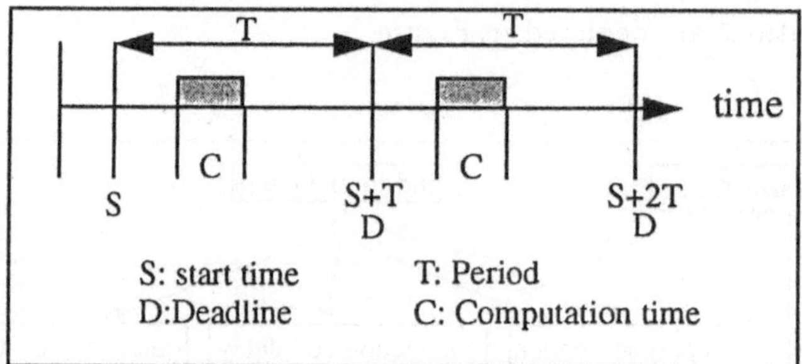

Fig. 3. Periodic Processing Model

We thus arrive at a periodic model shown in Figure 3 for expressing protocol processing requirements. The period T is the time to transmit B_p PDUs, and the computation time C in each period is the time to process B_p PDUs. The value of C depends on the protocol code used to process a PDU. Since the protocol processing involved for each PDU is the same, this time should be constant for a given PDU size. For transfer of bulk data and CM streams that extend over durations of a few seconds or more, this characterization is sufficient. For these application sessions, the values of T and C can be used to reserve CPU capacity during connection setup, and processing guarantees can be made during the data transfer phase by appropriate choice of scheduling mechanisms in the operating system.

3.2 Platform Independence

An important objective of our framework is to have a uniform way of determining processing requirements for any protocol implementation. Since a given protocol implementation may have a different requirement of C depending on the platform it is running on, it must be able to determine this during session creation time. To facilitate this, the platform must export a set of procedures (possibly organized as a linkable library) that can be used by any protocol implementation to determine processing requirements for a session. Such a library should define a standard interface for QoS mapping, so that protocol implementations are portable across platforms. Therefore if the processing requirements for a communication session are specified in terms of B_p and T, the specific protocol code used by the session can make calls to the QoS mapping functions to determine C. The only restriction on the protocol code is that it must conform to the periodic processing model that we have adopted in our framework.

3.3 Related Work

The related work in this area has addressed all the issues that we have outlined above, but the solutions proposed differ in the mapping methodology used, and the implementation techniques adopted. As before we do not attempt a critical evaluation, but present the main features of the different approaches with respect to these two aspects.

- **Methodology:** Several methods have been used to map QoS specifications to network connection parameters. For example, translation from transport parameters to network connection bandwidth and delay parameters is shown in [19]. In [1] an economic cost model is used to partition the end-to-end delay specified by the application along the data path. Mapping QoS specifications to parameters for a token ring network adaptor is shown in [29]. In [22], processing requirements are expressed according to a periodic model. The period is the inverse of the buffer processing rate, and the computation time required is determined by the scheduler during run-time by making a "dummy" call to the protocol code. We can incorporate these methods in our framework by implementing them in a manner that provides platform independence to protocol code.
- **Implementation:** In most cases, the mapping operations are done by a local server process. The QoS broker mechanism is used in [21] to translate between application QoS requirements and local resources. It includes a tuning facility that lets users adjust their requirements using a visual interface and then translates this into network QoS parameters. Other options are to place the mapping functions in the operating system, or to implement them as a dynamically loaded library.

4 QoS Enforcement

In this section we examine OS scheduling issues that are needed to meet the protocol processing requirements of applications. We identify two components in the implementation of OS support for periodic processing. The first is the mechanism used to structure the periodic processing activity within a process. The second is the mechanism used within the OS to schedule these activities in different processes. These two aspects are shown in Figure 4. This organization is used by systems such as RT-Mach [28] and Chorus [22].

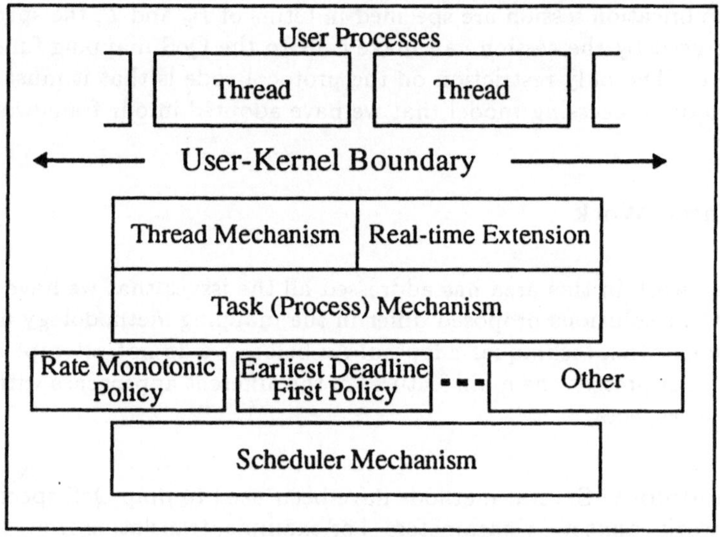

Fig. 4. OS Scheduling Mechanisms

Traditionally real-time periodic threads have been used to structure code that must be run periodically. The thread period and the computation time can be set to the values derived by the mapping operation. A separate thread could be assigned to each independently schedulable protocol operation for a communication session. The kernel schedules threads in the system using a real-time priority scheduling scheme. Typical priority schemes used are *rate-monotonic* [15] and *earliest-deadline-first* [15].

However for the purpose of protocol processing, threads are not entirely suitable. This is because of the following reasons–

- **Portability:** A real-time thread facility is complex to implement and is not available in general purpose systems such as UNIX. Therefore protocol code that is structured using threads cannot be ported to these systems. Thus the benefits of providing QoS guarantees cannot be realized in these systems.

– **Efficiency:** Real-time threads are scheduled in a pre-emptive manner as dictated by the priority mechanism. This leads to increased number of context switches. It has been shown that context switching costs can be an order of magnitude more than the cost of processing a PDU [6]. Another consequence of a fully pre-emptive scheme is that threads that share common variables must lock them before access. This requires making a system call to obtain the lock. In addition, the OS must make sure that the locking schemes implemented do not cause unbounded priority inversion [23].

To circumvent the problems with real-time threads, we have implemented a *real-time signal* (RTSig) facility to structure periodic activity. A signal can be regarded as a software interrupt that is delivered to a process by the scheduler. It is associated with a handler function in the application process. Existing signal facilities in UNIX cannot provide processing guarantees. However the RTSig mechanism can ensure real-time behavior, and in this respect is similar to real-time threads. The advantage of the RTSig facility is that it is simple to implement, and no change to the existing process scheduling code is required. In addition, the RTSig scheduling scheme is more efficient than that used in thread based systems and this is discussed in the next section.

4.1 Scheduling Scheme for RTSigs

RTSigs are scheduled using a variation of the rate-monotonic scheme called rate-monotonic with delayed pre-emption (RMDP). The scheme exploits the fact that protocol processing is repetitive in nature. In the RMDP scheme, a running RTSig can be pre-empted only at the end of an iteration. One iteration of the handler is assumed to process a single PDU. In addition to B_p which is the number of PDUs that must be processed in a period, we associate a number b_p that is the number of PDUs that a RTSig handler is allowed to process every time it is invoked. Because the scheme ensures that a handler does some minimum amount of work in each run, the number of context-switches is reduced. Another consequence is that since a handler cannot be pre-empted in the middle of an iteration, it need not lock variables shared with other handlers. The implementation of the RMDP scheme shown in Figure 5, uses information in shared memory between each handler and the scheduler. When a higher priority RTSig becomes ready the scheduler notifies the running handler by writing into a shared memory field. The handler checks the field after each iteration and yields the processor if the field is set. The count of PDUs that remain to be processed is maintained in shared memory, so that when the handler resumes it knows how much more work is left to be done. We have modified the schedulability test for the rate-monotonic scheme [15] to account for the effect of delayed pre-emption. Implementation details and experimental results on the RTSig may be found in [12].

4.2 Related Work

Several alternate scheduling mechanisms have been used to provide processing guarantees. The *deadline workahead* scheduling scheme [1] is used in [13, 29]. It

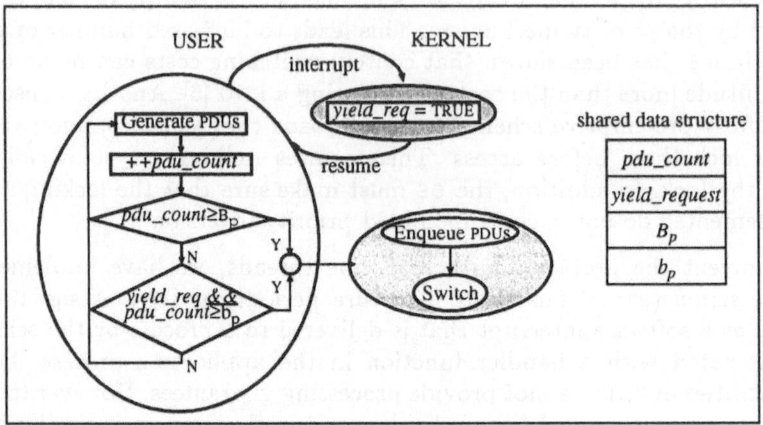

Fig. 5. The RMDP Scheme

has been implemented using a technique called *split level scheduling* [13]. The implementation uses shared memory to communicate between the kernel scheduler and a user thread scheduler to reduce the number of domain switches. Other works use a *mixed* scheduling scheme [15] that is a combination of the rate-monotonic and the earliest-deadline-first schemes [20, 22]. Rate based execution has been used in [14] for adaptive applications that have varying processing requirements. Similarly the notion of a *reserve* is used in [17] to monitor and control processor usage by an application.

5 Protocol Implementation Model

In current state-of-the-art implementations, the networking subsystem is implemented in the kernel and is accessed by user processes through a high level IPC interface (such as *sockets*). In this model, the protocol processing code is in the kernel address space. State information for all protocol sessions is maintained in protocol control blocks (PCBs) in the kernel space. The protocol code demultiplexes incoming packets to the appropriate session, and moves the data to the application space after protocol processing is completed. With the emergence of connection oriented networks such as ATM, it is possible to move network data directly to/from the process space based on the connection identifier. Thus protocol processing can be done in the application process, and hence protocol code is part of the application program. This model is referred to as application level protocol (ALP) model [16, 27]. In this model, protocol code maintains the PCBs only for the sessions involving the process. Therefore the user-kernel boundary is now at the network adaptor level rather than at the IPC level. The advantage of the ALP model is that the kernel can be bypassed, and there is greater flexibility when protocol processing is done in user space. The main reason we have adopted the ALP model, is that it leverages the real-time processing facilities available to the application process to provide processing guarantees. We therefore structure the code that implements the data transfer protocol as one or more RTSig handlers. This code would be part of a protocol library that would be linked to the application program. By controlling the RTSig parameters T, B_p, and b_p, we can control the QoS offered to each communication session. This approach effectively separates the two concerns–that of implementing the code that does the protocol operations, and that of scheduling this code on a per connection basis in accordance with the QoS requirements of each connection.

With this basic background on the ALP model, we turn to some of the efficiency issues that arise in protocol implementations.

5.1 Performance Issues in ALP

It is recognized that data movement and context switching are the most expensive operations in protocol processing [6]. Since data movement speed is limited by memory bandwidth, copying of data must be avoided whenever possible. Likewise, system calls and interrupts cause context switching, and these operations must be minimized as well. We show how the shared memory mechanism between the RTSigs and the operating system can be used to alleviate these problems. A more detailed description of related issues may be found in [11].

5.2 Shared Memory for Data Transfer

Shared memory is used to reduce the number of system calls and avoid copying of data between the user and kernel. The overall organization is shown in Figure 6 and is explained below.

- **Reducing System Calls:** We use data structures in shared memory between each handler and the network adaptor driver to share information about outgoing and incoming PDUs. After a handler generates a PDU, it creates a data structure called a PDU *descriptor* with control information about the PDU. The descriptor is then added to the tail of a linked list of descriptors created earlier. All these data structures reside in shared memory. When the handler yields, either due to a yield request, or when it completes B_p PDUs, the adaptor driver traverses the descriptor list and enqueues the PDUs for transmission. The receive side operations are similar. It can be seen that we combine the operations of passing PDUs and scheduling the handler in a single system call. This saves on the number of context switches.
- **Avoiding data copying:** We use buffers in the shared memory between user process and the network driver to store PDU headers and data for outgoing and incoming PDUs. These pages would typically be "wired" down to prevent unpredictable delays due to page faults. Because the data is available in

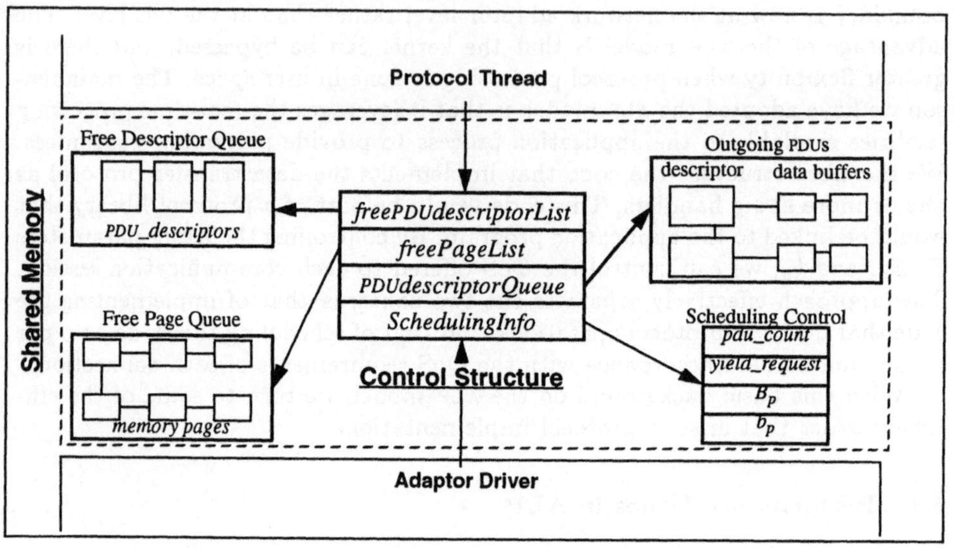

Fig. 6. Use of Shared Memory

both the kernel and user address spaces, there is no need to remap pages or copy data. Use of shared memory for data buffers requires changes to the application programming interface to protocols and these issues are being addressed in [7].

5.3 Related Work

Most of the work in reducing data movement and context switches has been done for protocols implemented in the kernel. We provide a brief overview of the techniques used to achieve this.

1. *Data Movement.* The use of specialized hardware at the network adaptor to reduce data movement has been described in [26, 25]. In [3, 8] application buffers are located on the adaptor, and checksum hardware is provided so that the protocol code need not read the data. Software solutions such as *fbufs*[9] can reduce the cost of interdomain data transfer. Using shared memory to move data is described in [27].
2. *Minimizing System Calls.* In the *segment streaming* approach [10], once a stream is setup no further system calls are needed to move data. In [19] circular buffers are shared between a process and the kernel to minimize

copying. The kernel polls the shared memory and looks for data to be sent. The objective of the *memory mapped streams* [13] approach is to reduce the control operations in data transfer and again uses a shared memory solution.

6 Conclusion

We have presented a framework for providing QoS guarantees within the endsystem. We have addressed four issues in our framework namely, specification, mapping, enforcement, and efficient protocol implementation model. We have implemented a novel real-time signal mechanism that uses shared memory between each signal handler and the scheduler. Our solution reduces context switches and obviates the need for locking variables shared between handlers within a process. Our protocol implementation model uses the same shared memory mechanism to reduce the cost of data movement and context switching. We are currently building upon the real-time signal facility to implement standard protocols according to our implementation model. We have also described related work in all the areas and have shown how they fit into the overall framework.

References

1. Anderson, D.P.: Metascheuling for continuous media. ACM Transactions on Computer Systems. Vol. 11 No. 3 August 1993 226–252
2. Anderson, D.P., Govindan, R., Homsy, G., Wahbe, R.: Integrated digital continuous media:A framework based on MACH, X11, and TCP/IP.
3. Banks, D., Prudence, M.: A high-performance network architecture for a PA_RISC workstation. IEEE Journal on Selected Areas in Communications, Vol.11 No.2 February 1993 191-202.
4. Campbell, A., Coulson, G., Hutchison, D.: A multimedia enhanced transport service in a quality of service architecture. Internal report MPG-93-22 Dept. of computing, Lancaster University, 1993.
5. Campbell, A., et.al.: Integrated quality of service for multimedia communications IEEE INFOCOM March 1993 732–739.
6. Clark, D.D., Jacobsen, V., Romkey, J., Salwen, H.: An analysis of TCP processing overhead. IEEE Communications Magazine 27(6) 1989 23–29.
7. Cranor, C.D., Parulkar, G.M.: Universal continuous media I/O Technical Report WUCS-94-34, Dept. of Computer Science, Washington University, St.Louis.
8. Dalton, C., et.al: Afterburner. IEEE Network July 1993 36–43
9. Druschel, P., Peterson, L.L.: High performance cross domain data transfer. Technical report TR-92-11, Dept. of Computer Science, University of Arizona, Tucson March 1992.
10. Gong, G., Parulkar, G.M.: Segment streaming for efficient pipelined televisualization. Proc. IEEE Military Communications Conf. MILCOMM 1992.
11. Gopalakrishnan, R., Parulkar, G.M.: Efficient quality of service support in multimedia computer operating systems. Tech. rep. WUCS-94-26, Dept. of Computer Science, Washington University in St.Louis November 1994.

12. Gopalakrishnan, R., Parulkar, G.M.: Real-time Signals: A mechanism to provide real-time processing guarantees Tech. Rep. WUCS-95-06, Dept. of Computer Science, Washington University in St.Louis April 1995.
13. Govindan, R., Anderson, D.P.: Scheduling and IPC mechanisms for continuous media. Thirteenth ACM Symp. on Operating Systems Principles 1991.
14. Jeffay, K., Bennet, D.: A rate based execution abstraction for multimedia computing. 5th International Workshop on Network and Operating System Support for Digital Audio and Video 67–78.
15. Liu, C.L., Layland, J.W.: Scheduling algorithms for multiprogramming in a hard real-time environment. Journal of the ACM Vol.20 No.1 January 1973 46-61.
16. Maeda, C., Bershad, B.N.: Protocol service decomposition for high performance networking. Fourteenth ACM Symp. on Operating Systems Principles December 1993 244-255.
17. Mercer, C.W., Rajkumar, R.: An interactive interface and RT-Mach support for monitoring and controlling resource management. IEEE RTAS'95 Chicago 134–139.
18. Minzer, S.E.: Broadband ISDN and asynchronous transfer mode (ATM). IEEE Communications Magazine September 1989 17–24.
19. Moran, M., Wolfinger, B.: Design of a continuous media data transport service and protocol. Tech. Rep. TR-92-019, Computer Science Division, University of California, Berkeley, April 1992.
20. Nahrstedt, K.: Network Service Customization: End-point perspective. Tech. Rep. MS-CIS-93-100, University of Pennsylvania, Computer and Information Sciences, December 1993.
21. Nahrstedt, K., Smith, J.M.: The QoS Broker IEEE Multimedia Magazine Spring 1995 53–67
22. Robin, P., et.al.: Implementing a QoS controlled ATM based communications system in Chorus. Internal Rep. MPG-94-05, Dept. of Computing Lancaster University march 1994.
23. Sha, L., Rajkumar, R., Lehoczky, J.P.: Priority inheritance protocols: An approach to real-time synchronization. IEEE Transactions on Computers Vol.39 No.9 September 1990 1175–1185.
24. Shenker, S.: An architecture of the future Internet. Proc. of Hot Interconnects Symposium August 1994.
25. Smith, J.M., Traw, C.B.S.: Giving applications access to Gb/s networking. IEEE network July 1993.
26. Sterbenz, J.P., Parulkar, G.M.: Axon host network interface architecture for gigabit communications Protocols for high speed networks, Elseiver Science Publishers, 1991 211-136.
27. Thekkath, C.A., et.al.: Implementing network protocols at the user level. ACM SIGCOMM September 1993 64–72.
28. Tokuda, H. et.al.: Real-time Mach: Towards predictable real-time systems. Proc. USENIX Mach Workshop, October 1990.
29. Vogt, C., Herrtwich, R.G., Nagarajan, R.: HeiRAT: The Heidelberg resource administration technique design philosophy and goals. Internal Report, IBM European Networking Center.
30. Zitterbart, M. et.al.: A model for flexible high performance communication subsystems. IEEE Journal on Selected Areas in Communication Vol.11 No.4 May 1993 507–518.

On the Integration of Legacy Information Servers into the World-Wide Web

Louis Perrochon
Institut für Informationssysteme, ETH Zürich
8092 Zürich, Switzerland

Extended abstract.
The full length version is available at <ftp://ftp.inf.ethz.ch/doc/papers/is/ea/gisi95.html>.

1. Introduction

Today we see the synergy of two technologies: databases and networking. Tomorrows global information systems will integrate network technology and database technology. However, each world still has its own concepts and technology. They are aware of each other, but they do not collaborate. Networking people have heard of SQL, but had few opportunities to use it. Database people use the Internet, but its technology is unfamiliar to them.
This article gives a short overview over different approaches to integrate legacy information servers into the World-Wide Web (W3). The first experiments took place in Summer 1992, when Arthur Secret at CERN implemented HTOracle[1], a simple gateway from W3 to Oracle. HTOracle proved the feasibility of the approach. Since then, ongoing work resulted in more sophisticated products.

2. Definitions

The term *information server* stands for a central computer system providing information to remote users. This definition includes traditional systems which are accessed by terminal emulation programs as well as newer systems like W3-servers. The term *legacy information server* stands for all kind of traditional information systems that are designed and implemented without regard for the special needs of todays public global information systems like the W3. In the following, we discuss how to connect a W3-browser to a legacy information system all the same.

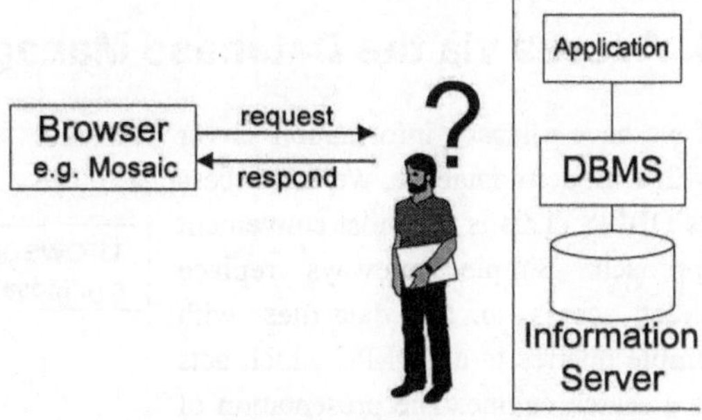

Fig 1. The problem: integrating the W3 and legacy information servers.

Ideally, we want to connect the W3-browser directly to the Database Management System (DBMS) of the legacy information server. Unfortunately, some legacy information servers do

[1]http://info.cern.ch/hypertext/WWW/RDBGate/Overview.html

not have a DBMS. If they do, the DBMS may not support the type of connectivity required by W3 (e.g. stateless protocol, generally no user identification, ...).

Many software tools, called gateways, have been developed to bridge this gap. Gateways help to concentrate on the hard part of the integration: designing the new W3 user interface. Low level aspects of communication are more or less hidden.

On the W3, most information is stored as static Hypertext Markup Language (HTML) documents. When legacy information systems are accessed, the hypertext needs to be generated dynamically. Thus a second task of a gateway is to produce HTML-documents on-the-fly.

The gateways described in this paper require a running W3-server capable of starting programs using the Common Gateway Interface (CGI)[2]. CGI defines how data is transferred between a W3-server and a gateway. Most W3-servers on UNIX support this standard.

3. Direct Access to the Data

In the first approach, the gateway accesses the data-files of the legacy server directly. This is only possible if the format of the data is known and the data-files are accessible.

The application-programmer describes the format of the data in these files and specifies queries and output-masks for the presentation of the retrieved data to the user. The queries are then interpreted in the gateway.

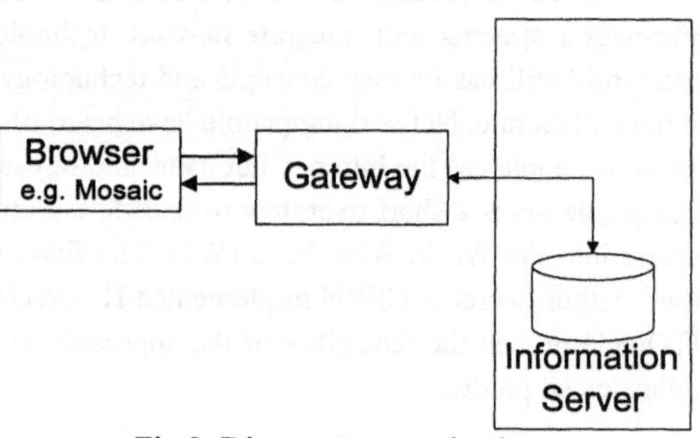

Fig 2. Direct access to the data.

4. Access via the Database Management System

If we have a legacy information server with a modern database, we can access its DBMS. This is the most convenient approach. Simple gateways replace direct access to the data-files with simple queries to a DBMS, which acts as a search engine. The presentation of the retrieved data is similar to the first approach. Newer gateways also exploit the programming features of databases and very powerful W3-applications can be written mostly inside the database.

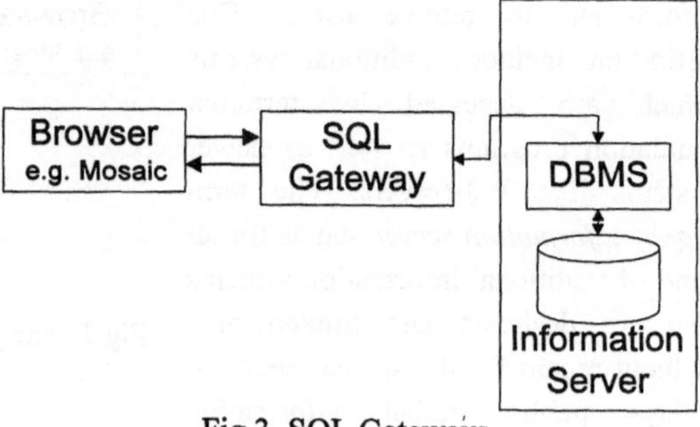

Fig 3. SQL Gateways.

---

[2]http://hoohoo.ncsa.uiuc.edu/cgi/overview.html

5. Access via the User Interface of the Legacy System

The third approach is based on the following idea: As legacy information servers already have a user interface, we could simply set up a translator for this user interface. It handles the translation from a stateless protocol like the Hypertext Transfer Protocol (HTTP[3]) into the stateful one required by most legacy information servers (e.g. VT-100, 3270). Hypertext-links are translated to database queries and the query results to hypertext.

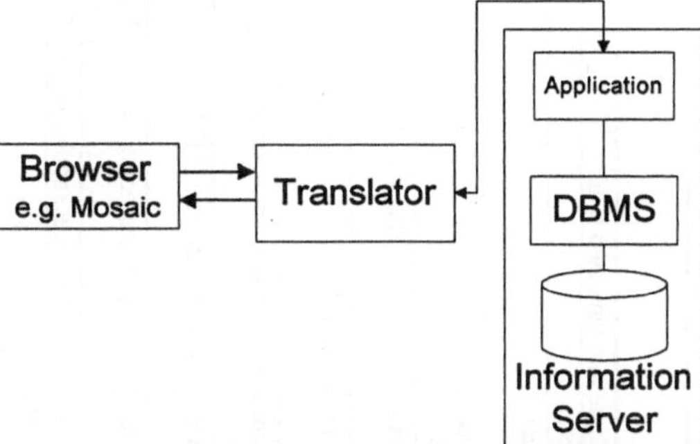

Fig 4. Translation of the user interface.

For generic translators the user interface (and not the data!) of a legacy information server is described in a formal way [Perrochon et al. 95].

6. Distributing the Application

Recently, a new approach has matured [van Doorn et al. 95]. The idea is to send the application to the client. Although the running application will probably not fit into the W3, this idea allows to rebuild parts of the user interface of the legacy system on the World-Wide Web. There are already products available, that support this idea, e.g. HotJava from Sun.

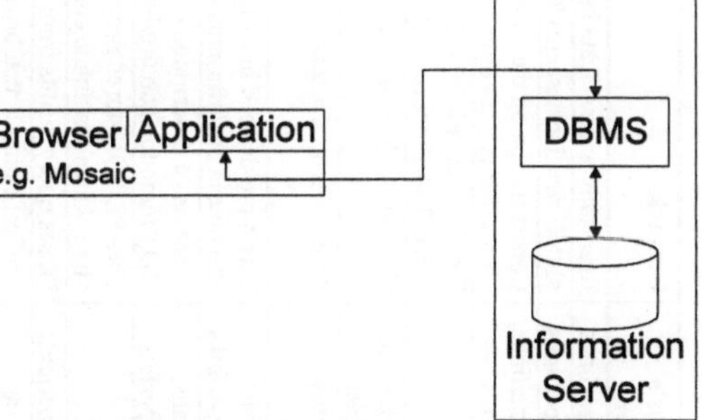

Fig 5. Sending the application to the browser.

References

[Perrochon et al. 95] Perrochon, L., Fischer R. *IDLE: Unified W3-Access to Interactive Servers*. The Third International World-Wide Web Conference 1995 (WWW'95), Darmstadt, April 1995. Computer Networks and ISDN Systems 27(1995) 927-938. See <http://www.inf.ethz.ch/department/IS/ea/tsp/>.

[van Doorn et al. 95] van Doorn, M., Eliëns, A. *Integrating applications and the World-Wide Web*. The Third International World-Wide Web Conference 1995 (WWW'95), Darmstadt, April 1995. Computer Networks and ISDN Systems 27(1995) 1105-1110. See <http://www.igd.fhg.de /www/www95/papers/48/main.html>.

Oracle	http://www.oracle.com/	OraPerl	ftp://ftp.demon.co.uk/pub/perl/db/oraperl
Sybase	http://www.sybase.com/	Ingres	http://www.adc.com/ingres/ca-info.html
Informix	http://www.informix.com/	DB2	http://www.torolab.ibm.com/data/db2/index .html

[3]http://info.cern.ch/hypertext/WWW/Protocols/HTTP/ HTTP2.html

Product	Access-principle	For which systems	User's View	Remarks
StD	Data files	tabular data in files	Hyperlinks	Read-only access. Data has to be exported from the database into tabulated files.
MORE	Data files	structured data	Hyperlinks	<http://rbse.jsc.nasa.gov/eichmann/www-f94/reeng.html>
Zelig	Data files	Ph server, others?	Hyperlinks, Forms	Concentration on the automatic design of the user interface <http://fiaker.ncsa.uiuc.edu:8080/WWW94.html>
OmniPort/ Minerva	Data files, search engines			For data accessible under different protocols. <http://www.ncsa.uiuc.edu/ SDG/IT94/Proceedings/CorInfSys/stern/stern-ford.html>
NIST SQL/RDA Browser	DBMS (RDA)	Any SQL and RDA supporting database	Forms and Tables	Uses RDA. The current version supports SQL SELECT statements over a single table.
GSQL	DBMS	Sybase, Oracle, Interbase	Forms	<http://www.ncsa.uiuc.edu/SDG/People/jason/pub/gsql/starthere.html>
WDB	DBMS	Sybase, Informix, mSQL	Forms, Hyperlinks	Forms are defined in a high level language and then automatically created. <http://arch-http.hq.eso.org/bfrasmus/wdb/wdb.html>
Web/Genera	DBMS	Sybase	Forms, Hyperlinks	Processes a description of the database to query a database and format data into HTML. <http://gdbdoc.gdb.org/letovsky/genera/genera.html>
WOW	DBMS (PL/SQL)	Oracle		Uses PL/SQL stored programs. Developed and maintained (but not really supported) by Oracle. <http://dozer.us.oracle.com:8080/>
Decoux	DBMS	Oracle	Hypertext	Passes query results from Oracle7 back in HTML documents.<http://dozer.us.oracle.com:8080/>
ORAYWWW	DBMS	Oracle	Forms	OraPerl example that browses tables and easily creates HTML forms. <http://dozer.us.oracle.com:8080/>
WORA	DBMS	Oracle		A dynamic table browser written in Pro*C.<http://dozer.us.oracle.com:8080/>
TSS	DBMS (PL/SQL)	Oracle		Text Search System with an interface written in Oracle7 PL/SQL.<http://dozer.us.oracle.com:8080/>
OraPlex	DBMS (OraPerl)	Oracle		<http://moulon.inra.fr/oracle/www_oracle_eng.html>
WWWDB2	DBMS	DB2	Forms, Tables	Very early stage. <http://www.ibm.com/News/950210/wwdb2.html>
LINKS-2-HTML	DBMS	LINCKS (an OODBMS)		Integration of an OO database. <http://www-lincks.ida.liu.se:8080/w3l/DB/httpd>
BASIS WEBserver	DBMS	BASISplus		Probably the first W3-server integrated into a database. <http://www.idi.oclc.org/>
Translation Server	User Interface	Any information server	Forms, Hyperlinks	Primarily to access stateful information servers, when the data can not be accessed more directly. <http://www.inf.ethz.ch/department/IS/ea/tsp/tsp.html>
HotJava	distributes the application	nothing available yet	no restrictions	This is a very new concept. <http://java.sun.com/> see also [van Doorn et al. 95]

Table 1. Overview over available products for the integration of legacy systems into the W3. With the exception of the BASIS WEBServer, all gateways are freely available.

Fachgespräch 1:

Öffentliche Verwaltung im Informationsverbund

Viele Bereiche der öffentlichen Verwaltung werden künftig geprägt durch die Möglichkeiten der Informatik. Bereits im Gang ist eine Vernetzung von Behörden, welche die organisatorischen und räumlichen Grenzen von Verwaltungsträgern und -ebenen überschreitet. Die gemeinsame Nutzung von Informationsbeständen wird vor allem in der Europäischen Union durch transnationale Verknüpfung und Integration öffentlicher Informationssysteme (Stichwort: Schengen) erleichtert. Im Hinblick auf das Regieren und Verwalten fordert „elektronischer Föderalismus“ heraus zur Neubestimmung der Checks and Balances einer nunmehr informationell überspielten Gewaltentrennung. Und auch kleinere Verwaltungseinheiten werden bald von Möglichkeiten kooperativen Arbeitens über Entfernungen hinweg profitieren. Schliesslich ergibt sich die Perspektive von Verwaltungsleistungen und Dienstleistungsangeboten zuhause oder in neuartigen, multifunktionalen kleinen Servicezentren. Das Fachgespräch will durch Beiträge aus der Verwaltungspraxis und aus der Praxis der Informationssystementwicklung Anwendungen darstellen, ihre Implikationen für Verwaltung(sreform) und Gesellschaft verdeutlichen, sowie organisatorische, technische und rechtliche Gestaltungsperspektiven aufzeigen.

Programmkomitee des Fachgespräches:
K. Lenk, Universität Oldenburg (Koordination)
H. Bonin, Lüneburg, R. Traunmüller, Linz

Informatische und verwaltungswissenschaftliche Perspektiven für eine öffentliche Verwaltung im Wandel

Klaus Lenk
Institut für öffentliche Planung
Universität Oldenburg
D - 26111 Oldenburg
Lenk@hrz1.pcnet.uni-oldenburg.de

1. Einführung

In der gegenwärtig geführten Diskussion über die Notwendigkeit grundlegender Reformen unserer öffentlichen Verwaltungen machen sich die wenigsten Teilnehmer bewußt, in welchem Maße die Erfüllung der öffentlichen Aufgaben und die Strukturen, in denen dies geschieht, beeinflußt werden von den inzwischen verfügbaren informationstechnichen Möglichkeiten und von Informatikkonzepten. Ohne Informationstechnik, ohne informatische Konzepte und ohne aus der Softwareentwicklung stammende Gestaltungsverfahren und -methoden wären die meisten heute geäußerten Vorstellungen über eine modernisierte öffentliche Verwaltung reine Zukunftsmusik. Die Umgestaltung der Geschäftsprozesse, mit denen wichtige öffentliche Aufgaben erfüllt werden, ist ohne Informatikanwendungen schlicht nicht mehr denkbar. Die Einsparungen, die man mit neuen Managementkonzepten erreichen will, werden sich ohne grundlegende Verfahrensänderungen nicht realisieren lassen. Und gleichzeitig lassen sich durch intelligente Informatikkonzepte Qualitätsverbesserungen erreichen, insbesondere im Kontakt zwischen Bürgern und Verwaltung.

Organisationsgestaltung in der öffentlichen Verwaltung wie auch die Bestimmung von Details und von Qualitätsaspekten der Erledigung öffentlicher Aufgaben sind jetzt schon weithin Sache der Informatik. Ihr eröffnet sich im öffentlichen Sektor ein Anwendungsbereich, der - angesichts des Umfangs und der Vielfalt der öffentlichen Aufgaben - an Bedeutung der Wirtschaft nicht nachsteht, gegenwärtig jedoch von der Verwaltungsinformatik mit vergleichsweise bescheidenen Mitteln behandelt wird, in Kooperation mit der Wirtschaftsinformatik. Nicht zuletzt die Frage des Umfangs des öffentlichen Sektors selbst hängt zunehmend von neuen Gestaltungsmöglichkeiten ab: Effizienzsteigerungen, die man bislang nur im privaten Sektor für möglich hielt, werden machbar. Auf der anderen Seite bleiben auch ausgelagerte Aufgabenkomplexe politisch steuerbar, wenn es nur gewollt und technisch-organisatorisch implementiert wird.

Ein gewisser Engpaß der Bemühungen, die Informatik für eine umfassende Verwaltungsreform fruchtbar zu machen, liegt in den *Leitbildern*, welche die Gestaltung anleiten. Sie können anregen, aber auch behindern. Teils handelt es sich um Modeerscheinungen, die gedankenlos nachgebetet werden. So werden Konzepte aus der Produktion industrieller Güter auf Verwaltungsarbeit übertragen, ohne zu bedenken, daß deren Gegenstand - Information - anderen Gesetzen gehorcht als Materie und Energie. Dann wird etwa - weil schlanke Produktion sinnvoll sein kann - der "schlanke Staat" postuliert. Mehr Chancen eröffnen solche Leitbilder, welche von neuen technischen Möglichkeiten inspiriert sind.

2. Visionen des Verwaltungsverbunds

Integration

Als ein solches technikinduziertes Leitbild entstand mit dem Aufkommen der Datenspeicherung im wahlfreien Zugriff die Vorstellung der *Integration* in der öffentlichen Verwaltung, durch gemeinsame Informationsnutzung der einzelnen Behörden und Stellen. Die Vision eines Verwaltungsverbundes lag schon dem erstmals 1961 ausformulierten Vorschlag für ein US-amerikanisches National Data Center zugrunde. Drei Grundregister für Daten über das, worauf sich fast das gesamte Verwaltungshandeln bezieht, nämlich über "Einwohner, Erde, Einkommen" sollten die in administrativen Prozessen anfallenden Daten verfügbar machen für andere Prozesse, aber auch für Statistik, Planung und Forschungszwecke. Besorgnisse über den Verlust der Privatsphäre und über die Abbildqualität bzw. Realitätsferne prozeßproduzierter Daten führten bald zu der Einsicht, daß eine nur das technische Potential bedenkende Verwirklichung gesellschaftlich nicht akzeptabel ist. Heute sind im großen und ganzen - nicht zuletzt dank der Bemühungen des Datenschutzes - die konzeptionellen Voraussetzungen dafür gegeben, solche Visionen fruchtbar zu machen für eine bessere - d.h. billigere *und* qualitativ bessere - Verwaltung. Geographische Informationssysteme sind ein Beispiel dafür, daß Integrationskonzepte weiter verfolgt werden und beträchtlichen Nutzen stiften können.

Virtuelle Verwaltung

War "Integration" durch die Möglichkeit der Massenspeicherung mit wahlfreiem Zugriff inspiriert, so ist ein neueres Konzept des "Virtual European Administrative Service" deutlich von Telematik-Vorstellungen geprägt. Alle Verwaltungsstellen eines Mitgliedsstaats der Europäischen Union sollen sich aus Nutzersicht als eine einzige, übergreifende Struktur darstellen. Wer von einer Stelle in dieser Struktur etwas möchte, soll sich an irgend eine beliebige Stelle wenden können, ohne Rücksicht auf deren Zuständigkeit [STEPS 1994]; hoffentlich dann auch ohne Sprachprobleme und ohne durch die unterschiedlichen Verwaltungskulturen hervorgerufene Verständnisprobleme.

One-stop shops

Insbesondere im Verhältnis von Bürger und Verwaltung schälen sich einige wenige Grundmuster heraus, in denen Verbesserungsmöglichkeiten denkbar sind. Sie haben zum einen tun mit der räumlichen Entfernung: "dezentraler" Zugang zu

Informationen und Verwaltungsleistungen, in Nachbarschaftsläden oder an Konsolen bzw. von zuhause (Tele-Verwaltung). Zum anderen geht es um die überkommene Zuständigkeitszersplitterung. Auch wenn diese nicht aufgehoben wird, wofür es zumindest in Teilbereichen der öffentlichen Verwaltung gute Gründe gibt, kann sie versteckt werden. Für letzteres eignen sich *one-stop shops* ebenso wie das oben erwähnte Konzept der virtuellen Verwaltung

Anspruchsvolle Konzepte setzen sich nicht von selbst durch. Noch vor zwei oder drei Jahren gab es Grund genug, zu resignieren. Eine vom Verfasser 1989 für den BMFT erstellte Ausarbeitung über "Das Potential der Informationstechnik für die bürgernahe Gestaltung der öffentlichen Verwaltung" [Lenk 1989] führte nicht zu nennenswerten F&E-Aktivitäten, obwohl sie zahlreiche Vorschläge für Pilotprojekte und Querschnittsuntersuchungen enthielt.

Vor allem aber die Verwaltung selbst schien bislang gegen Visionen weitgehend resistent zu sein. Betrachtet man etwa das Schicksal der in der Stadt St.Gallen schon in den sechziger Jahren entwickelten Idee einer Kommunalverwaltung ohne buchstabenorientierte Schalter und vor allem ohne Ämtertrennung, dann regen sich schlicht Zweifel an der Innovationsfähigkeit der öffentlichen Verwaltung. Dieses für Banken heute selbstverständliche Konzept wurde in der deutschen Verwaltung erstmals 1984 verwirklicht. Aus der Zusammenfassung von Bürgerberatung und Einwohnermeldewesen entstand in der Stadt Unna ein "Bürgeramt". Ängstliches Festhalten der Amtsleiter an ihren Aufgabenbeständen machte es dem Stadtdirektor damals nicht gerade einfach, seine Innovation durchzubringen. Und bis zur breiten Diffusion des Bürgeramts verstrichen nochmals rund zehn Jahre.

Glücklicherweise ändert sich jetzt das Klima. Inzwischen will fast jede grössere Kommunalverwaltung auch "so etwas" vorweisen, oft freilich ohne groß nachzudenken uber die organisatorischen Veränderungen, welche mit einer zukunftsweisenden Neugestaltung der Verwaltungsarbeit verbunden sind. Soweit sie nicht selbst Pionierrollen übernehmen, sehen Verwaltungen oftmals nicht, daß die neuen Möglichkeiten sich nicht einfach auf dem Markt kaufen lassen. Es geht um ihre eigene Organisation, und die Beschäftigung mit Organisation führte im öffentlichen Sektor lange ein Schattendasein. Eine genaue Betrachtung der Ablauforganisation - Voraussetzung für die grundlegenden Reorganisationen, die jetzt anstehen - war und ist etwas ganz Ungewöhnliches.

Was die Verwaltungen tun müssen, läßt sich in dem Gleichnis vom Schatz im Weinberg fassen: ihre Arbeitsweise und ihre Strukturen immer wieder und wieder umgraben. *Daß* sie es tun müssen, wird ihnen jetzt durch *public management* nahegelegt, in Deutschland etwa in Gestalt des "Neuen Steuerungsmodells" der Kommunalen Gemeinschaftsstelle (KGSt). *Wie* sie es tun müssen, erfahren sie jedoch nicht ohne Mithilfe der Informatik.

Weil sich das Klima endlich wandelt, besteht nunmehr auch größere Hoffnung auf Resonanz für die Oldenburger Weiterentwicklung des Konzeptes des Bürgeramts. "Bürgerbüros" als *one-stop shops* für Verwaltungsleistungen, aber auch für kommerziell vertriebene Dienstleistungen mit einem Einzugsbereich von 500 bis 1000 Einwohnern in Fuß- oder Fahrradentfernung sollen schon bald den

Zugang zu vielen Dienstleistungen eröffnen, zu Geld-, Post-, Informations- und Verwaltungsdiensten (Klee-Kruse und Lenk 1995). Im Endausbau wird Fachkompetenz, die aus Kostengründen nur an wenigen Stellen vorgehalten werden kann, über ein dicht geknüpftes Netz von Servicestellen zugänglich. Ermöglicht wird dies dadurch, daß viele Leistungen im multimedialen Kontakt erbracht werden. Die Mitarbeiter im Bürgerbüro arbeiten zusammen mit Sachbearbeitern in den Zentralen der einzelnen Dienstleistungsanbietern wie Kommune, Kreis, Sparkasse, Postamt. Wege werden minimiert und der persönliche Kontakt mit Bürgern wird gestärkt. Dennoch entspricht die Servicequalität höchsten Anforderungen, das zentrale Knowhow wird lokal verfügbar, und zwar ohne Serviceeinbuße.

3. Kooperierende Verwaltung

Neue Lösungen im Verhältnis von Bürger und Verwaltung setzen Verwaltungskooperation zwingend voraus. Kooperationsnotwendigkeiten resultieren aber auch noch aus anderen Zusammenhängen. Sie haben u.a. damit zu tun, daß unsere Verwaltungen sozusagen in überbesetzten Räumen agieren. Alle von den zersplitterten Trägern der Aufgabenerfüllung erbrachten Leistungen wenden sich an dieselben Menschen. Ungeachtet aller Cyberspace-Rhetorik drängen sich in Europa Menschen, Infrastrukturen und Aktivitäten auf engem Raum.

Kooperation ist aber nicht nur erforderlich zwischen den vielen kleinen Einheiten und im Hinblick auf überbesetzte Räume und sich überschneidende Adressaten-kreise. Wir brauchen sie auch deshalb, weil der Nationalstaat für die großen Aufgaben zu klein geworden ist. Neue Koordinationsnotwendigkeiten treten neben solche, die aus der Funktionsverlagerung nach unten, aus *outsourcing* und aus Strukturzersplitterung resultieren. Immer mehr Aktivitäten haben grenzüberschreitende Auswirkungen. Die Mobilität von Personen, Sachen, Geld und Diensten über Grenzen hinweg erfordert gemeinsame Infrastrukturen und vereinheitlichte Regulierungen. Die sogenannten *Common-pool*-Ressourcen, die Allmende der Menschheit, können nur noch weltweit verwaltet werden.

4. Die schwierige Praxis

In unserem Fachgespräch ist von alldem bestenfalls am Rande die Rede. Mit Recht. Denn die Praxis der Verwaltungsinformatik hat vordringlichere Sorgen. Der Aufbau von organisationsübergreifenden Verwaltungsnetzen stellt hohe Anforderungen. Für viele längst bekannten Probleme - IT-Sicherheit, elektronische Unterschrift, Nachvollziehbarkeit des Verwaltungshandelns für Kontrollinstanzen - gibt es in Teilbereichen noch immer keine robusten, voll verantwortbaren Lösungen. Zudem müssen die Weichen gestellt werden in Richtung auf eine Netz- und Informationsversorgungs-Infrastruktur, die auch künftigen, heute noch nicht absehbaren Anforderungen gewachsen sein wird. Die Bedeutung der gegenwärtigen

Anstrengungen, verwaltungsweite bzw. -übergreifende informationstechnische Infrastrukturen zu schaffen, kann daher nicht genug betont werden.

Der Aufbau von *corporate networks* im öffentlichen Bereich ist eine schwierige Angelegenheit. Die dabei zu lösenden Probleme sind - wie auch am Informationsverbund Bonn-Berlin deutlich wird - keinesfalls trivial und binden gegenwartig fast die gesamten Kapazitäten von Theorie und Praxis der Verwaltungsinformatik. Im Falle des transeuropäischen Telematikverbundes für den Datenaustausch zwischen Verwaltungen (IDA) potenzieren sich diese Schwierigkeiten noch. Verwaltungskulturelle Unterschiede, selbst zwischen Ländern mit gleicher Sprache, erschweren die Verständigung zwischen den nationalen Verwaltungen, und zwar schon beim Aufbau der Systeme. Beim Aufbau organisationsübergreifender Infrastrukturen muß zudem dafür gesorgt werden, daß nicht einmal mehr die Binnensicht der Verwaltung dominiert: Verwaltungsnetze primär als Infrastruktur für die Verwaltung selbst und nicht als Grundlage der Kommunikation mit Bürgern.

5. Gestaltungskonzepte: die Bedeutung der Informatik für eine grundlegende Verwaltungsreform

Manche Akteure in der Verwaltung mögen die jetzt entstehenden Netze auch als Vorwand dafür nutzen, in der Organisation alles beim Alten zu lassen, ohne Möglichkeiten einer grundlegenden Neugestaltung der Verwaltungsarbeit zu bedenken. Auf diese Weise kann viel überflüssiger Koordinationsaufwand neu entstehen. Daher muß gleichzeitig auch der Blick auf neue Gestaltungskonzepte gerichtet werden, welche Chancen für eine grundlegende Verwaltungsreform bieten.

Diese Chancen erschließen sich *nicht*, wenn man nur die *alten Paradigmen* des Verwaltungshandelns zugrundelegt. Diese führen leicht in die Irre, wenn man nicht ihren durchaus gegebenen, aber oft recht begrenzten Anwendungsbereich in Betracht zieht. Sie haben vor allem mit den Möglichkeiten der Formalisierung von Verwaltungshandeln und -organisation zu tun. Und es reicht auch nicht aus zu erforschen, was an heute Vorfindlichem unter ihrer geistigen Herrschaft entstand.

Unter den alten Vorstellungen spielte die Gleichsetzung von Gesetz (als politischem Programm) und Computerprogramm vielleicht die verhängnisvollste Rolle. Verwaltung ist mehr als der Vollzug von Gesetzen durch strikte Rechtsanwendung. Das gibt es in Teilbereichen auch, und dann geht es durchweg um die kleine Münze der Rechtsanwendung. Im typischen Massengeschäft der Verwaltung liegt die Domäne der strikten Vorgangsbearbeitung und der Expertensysteme [Stamper 1987]. Informatiker aber nahmen manche Juristenillusionen beim Wort und freuten sich lange Zeit zu Unrecht über die Gleichsetzung von Rechtsanwendung und Logik. Semantische und praktische Probleme machen das täglich Brot der Juristen aus, nicht die automatisierbare Subsumtion eines aufbereiteten Sachverhalts unter eine schon interpretierte Rechtsnorm. - Ähnlich problematisch war die Gleichsetzung von Büro und Fabrik im Bereich der Verfahrensabläufe, des sog. Geschäftsgangs. Hier scheint vieles in Geschäftsordnungen starr geregelt, wird aber - zumindest in der deutschen Verwaltung - in der Regel eher "kreativ" gehandhabt. Wer solche Geschäftsgangs-Regelungen in starre Workflow-Schemata preßt, erweist der Verwaltung möglicherweise einen Bärendienst. - Hinzu kommt drittens noch das Mißverständnis der Bürokratie als Maschine: Die Versuchung, mithilfe der Informationstechnik eine Abbildung und Festschreibung traditioneller Leitungsstrukturen zu erreichen, war lange Zeit groß. Als Folge entstand ein Image dieser Technik als Kontrolltechnik statt als Arbeitshilfe. Es führte zeitweise zu großen Akzeptanzproblemen.

6. Neugestaltung der Geschäftsprozesse als Grundansatz

Die erwähnten alten Paradigmen waren mit dafür ursächlich, daß der entscheidende Ansatz für die Neugestaltung lange Zeit übersehen wurde, nämlich die Ablauforganisation [Brinckmann u.a. 1974:39ff.]. Das war bekannt [Beer 1966], wurde aber immer wieder verdrängt, weil die erheblichen organisatorischen Umwälzungen schreckten, die mit einer die Informatikmöglichkeiten ernstnehmenden Umgestaltung verbunden sind. Als das von den Beharrungskräften erzeugte "Produktivitätsparadoxon" unübersehbar wurde [Reinermann 1995], trat - fast schon missionarisch - die Bewegung des *Business Process Re-engineering* auf. Mit ihr bietet sich die Chance, daß richtige Erkenntnisse endlich Gehör finden.

Dem Neuentwurf von Geschäftsprozessen kommt bei der Neugestaltung der öffentlichen Verwaltung eine Schlüsselrolle zu. Bezogen auf die in der Verwaltung dominierende menschliche Informationsarbeit kann die Informationstechnik ihr Potential nur entfalten bei radikaler Umorganisation. Denn in viele überkommene Prozesse mußten Sicherungen im Hinblick auf das oft unzuverlässige oder durch Interessen verzerrte menschliche Umgehen mit Information eingebaut werden. Sie können jetzt entfallen. Und wenn Beschränkungen aufgrund der festen Bindung von Information an den Träger Papier entfallen, werden Parallelverarbeitung und Zusatznutzung der Information erleichtert.

Der Ansatzpunkt für die nunmehr möglichen Umorganisationen sind Prozesse, Abläufe, Geschäftsvorgänge. Geht man hingegen von den Strukturen aus, die sich in der menschlichen, kooperativen Erledigung solcher Prozesse verfestigt haben, so wird das Optimum verfehlt. Prozesse können über strukturelle Organisationsgrenzen hinweg organisiert werden. Läßt man die alten Strukturen bestehen und spaltet sie - wie heute vielfach empfohlen - gar noch auf, dann nehmen Interorganisationssysteme auch im öffentlichen Sektor an Zahl zu. Der Informationsverbund zwischen Verwaltungseinheiten schafft dann seinerseits wieder neue Gestaltungsprobleme.

Die Prozeßorientierung muß aber bei vielen Aufgabentypen der öffentlichen Verwaltung ergänzt werden durch eine Daten- oder Informationsorientierung, wie sie für ältere Ansätze der Integration von Verwaltungshandeln kennzeichnend war. Leider verführt die bei Rationalisierungsanstrengungen verständliche Ausrichtung auf meßbaren Output dazu, dem *Wissenspotential* weniger Aufmerksamkeit zu schenken, aus dem heraus die Leistungen im Einzelfall erbracht werden. Die öffentliche Verwaltung muß ihr Handeln gleichermaßen an Gesichtspunkten der Effizienz und der Verläßlichkeit ausrichten. Denn sie darf unter widrigen äußeren Bedingungen ihre "Produktion" nicht einfach einstellen. Und das jederzeit verfügbare Wissenspotential ist dafür ausschlaggebend.

Wissen ist gleichsam zentraler Vermögensgegenstand der öffentlichen Verwaltung: Wissen über die Gesellschaft, über das (recht- oder unrechtmäßige) Verhalten von deren Mitgliedern, über Verwaltungshandeln und seine Wirkungen, über die zu Recht geronnenen politischen Standards des Verwaltungshandelns, sowie nicht zuletzt das Wissen der Verwaltung über sich selbst. Dieses Wissen ist verteilt in Köpfen, in Akten, in Gesetzen, in Rechenwerken, in Datenbanken. Es hat scharfe und unscharfe Zonen. Wir verfehlen die große Aufgabe einer von den Prozessen ausgehenden Verwaltungsreform, wenn wir diejenigen Aspekte im Verwaltungshandeln falsch konzipieren, welche Beobachtung und Wissen betreffen.

Die Chancen einer den Besonderheiten der öffentlichen Verwaltung gerecht werdenden Neuorganisation sind gegenwärtig größer denn je. Sie dürfen nicht aufs Spiel gesetzt werden durch Orientierung an schlagwortgetriebenen Moden oder unreflektierten Import von Konzepten oder auch Standardsoftware, die sich an anderen Arbeitssituationen und anderen Werten ausrichten. Wird das berücksichtigt, dann wird der Verwaltung eine neue Synthese von Effizienz und Verläßlichkeit ihres Handelns gelingen.

Obwohl dabei die Organisationsstrukturen, wie gesagt, nicht am Anfang der Neugestaltungsüberlegungen stehen dürfen, können sie nicht unbeachtet bleiben. Der Abschied von der Hierarchie ist verfrüht. Was hier gewachsen ist, kann vermutlich nicht einfach aufgelöst werden. Denn nunmehr tritt die Frage in den Vordergrund, in welchen Strukturen die informationstechnischen Leistungsanteile und das Zusammenwirken von Mensch und Informationsmaschine *verantwortet* werden können. Eine Orientierung "Prozeß vor Struktur" birgt Risiken der politischen Steuerung und Kontrolle öffentlichen Handelns. Strukturen dienen auch der Sicherung von Verantwortung, der Orientierung und der Transparenz.

Über die überkommene, rechtlich teilweise festgeschriebene Verwaltungsorganisation redet man nicht mehr gern. Sie erbringt Leistungen, die uns nicht immer voll bewußt sind. Auch wissen wir nicht, was räumliche Nähe für die Zusammenarbeit von Menschen bewirkt. Hierarchische Aufbauorganisation und physische Nähe zusammen prägen unsere heutigen Büros. Sie schaffen für die Teilnehmer einheitliche Denkwelten, geteilte Vorverständnisse, gemeinsam gelebte Werthaltungen. Kann es zwischen vielen kleinen sich gegenseitig mit Vorleistungen und Produkten beliefernden Organisationseinheiten noch eine Organisationskultur geben? Vielleicht werden die Transaktionskosten, die dank der Informationstechnik im Falle der vertraglichen Koordination jetzt niedriger als bei hierarchischer Koordination sein sollen, doch höher ausfallen, wenn der Sinn des Zusammenarbeitens in lose geknüpften vertraglichen Netzen unklar wird und wenn die Mitarbeiter, auf deren Selbstorganisation als Kleinunternehmer innerhalb oder außerhalb der alten Strukturen man baut, entdecken, wie sie sich drücken können.

Bei der anstehenden Neugestaltung der Geschäftsprozesse, verbunden mit datenorientierten Grundkonzepten der Informationsversorgung, darf die Vielfalt der

Arbeitssituationen der öffentlichen Verwaltung nicht außer Acht bleiben. Vor allem den gegenwärtigen Entwicklungen im Bereich von Groupware [Traunmüller 1995] wird sich hier schon bald ein breites Anwendungssfeld erschließen. Ein Beispiel sind die im öffentlichen Bereich besonders stark strukturell differenzierten Verhandlungssysteme [Schwabe 1994], von Gerichtsverhandlungen über Ausschußsitzungen bis zu Regionalkonferenzen. Es wäre sinnvoll, die Groupware-Forschung schon bald auf solche Situationen auszurichten. Weiterhin liegt ein hohes zukunftsweisende Potential in der Visualisierung von Planungsprozessen, etwa in der Bauleitplanung. Ältere Vorstellungen über Bürgerbeteiligung in solchen Prozessen können jetzt das geeignete Instrumentarium zu ihrer Umsetzung erhalten. Es muß freilich entwickelt werden. Auch deswegen muß die öffentliche Verwaltung endlich aufhören zu sein, was sie bislang war: ein großer, aber stiller Kunde der Informatik, der sich mit Abfallprodukten zufrieden gab, die er dann auf seine Probleme hin anpaßte.

Literatur

Beer 1966. Stafford Beer, Decision and Control, New York: Wiley, 1966.

Brinckmann u.a. 1974. Hans Brinckmann, Klaus Grimmer, Klaus Lenk und Dieter Rave. Verwaltungsautomation. Thesen über Auswirkungen automatisierter Datenverarbeitung auf Binnenstruktur und Aussenbeziehungen der öffentlichen Verwaltung, Darmstadt: Toeche-Mittler, 1974.

Klee-Kruse und Lenk 1995. Gudrun Klee-Kruse und Klaus Lenk, BürgerBüros als innovative kommunale Serviceagenturen. Heidelberg: Decker 1995 (=Schriftenreihe Verwaltungsinformatik Bd.12)

Lenk 1989. Klaus Lenk, Das Potential der Informationstechnik für die bürgernahe Gestaltung der öffentlichen Verwaltung. Vorstudie im Auftrag des Bundesministers für Forschung und Technologie (Förderkennzeichen WIT0006), Oldenburg 1989.

Lenk 1995. Klaus Lenk, "Business Process Re-Engineering": Sind die Ansätze der Privatwirtschaft auf die öffentliche Verwaltung übertragbar? In: Traunmüller 1995, S. 27-44.

Reinermann 1995. Heinrich Reinermann, Perspektiven einer Verwaltungsreform mittels Informationstechnik. In: Traunmüller 1995, S. 125-140.

Schwabe 1994. Gerhard Schwabe, Computerunterstützte Sitzungen, Stuttgart 1994 (Arbeitspapiere Lehrstuhl für Wirtschaftsinformatik Univ. Hohenheim Nr. 59).

Stamper 1987. Ronald Stamper, Semantics. In: R.J. Boland und R.A.Hirschheim (Hrsg.), Critical Issues in Information Systems. New York: Wiley, 1987, 43-78.

STEPS 1994. European Commission. STEPS. Solutions for Telematics between Public Services. Version 1.1, Brüssel, März 1994.

Traunmüller 1995. Roland Traunmüller (Hrsg.), Geschäftsprozesse in der öffentlichen Verwaltung. Neugestaltung mit Informationstechnik. Heidelberg: Decker 1995 (=Schriftenreihe Verwaltungsinformatik Bd.13)

Ein Corporate Network für die öffentliche Verwaltung

Arthur Winter
Bundesministerium der Finanzen,
Hintere Zollamtsstr. 4, A-1033 Wien

1. AUSGANGSSITUATION

1.1 Europäisches Umfeld

Lassen Sie mich, bevor wir uns mit dem Begriff des Corporate Network und den österreichischen Ansätzen zu einem solchen näher auseinandersetzen, einen kurzen Ausblick auf die europäischen Rahmenbedingungen geben. Allgemein lassen sich folgende Strategien der EU auf dem Sektor der Telekommunikation erkennen:

- Liberalisierung der bisher geschlossenen nationalen Märkte
- Stärkung der europäischen Industrie im internationalen Wettbewerb
- Grundregeln für die Errichtung und den Betrieb von Netzwerken (Open Network Provision 90/387/EWG)
- Endgeräte (zum Anschluß an ein öffentliches Netz bestimmt) dürfen ohne gesonderte Genehmigung angeschlossen werden, wenn sie bestimmte grundlegende Anforderungen erfüllen (Endgeräterichtlinie 91/263/EWG)
- Einheitliche Tarifgestaltung, die sich an Kosten orientiert
- Gleiche Bedingungen für alle Benutzer
- Freier Wettbewerb auf dem Markt für Telekommunikationsdienste.

In dem Weißbuch der Kommission über "Wachstum, Wettbewerbsfähigkeit, Beschäftigung; Herausforderungen der Gegenwart und Wege ins 21. Jahrhundert" wird festgestellt, daß die Informations- und Kommunikationstechnologien und darauf basierende Dienste ein stetiges, anhaltendes Wachstum fordern, die Wettbewerbsfähigkeit steigern, neue Beschäftigungsmöglichkeiten eröffnen und daher angetan sind, die Lebensqualität aller Europäer zu verbessern. Das von der Kommission vorgelegte "Arbeitsprogramm zur Informationsgesellschaft" erstreckt sich auf folgende Bereiche: den ordnungspolitischen und rechtlichen Rahmen, die Netze, die Grunddienste, Anwendungen und Informationsinhalte, aber auch auf gesellschaftliche und kulturelle Aspekte sowie auf Öffentlichkeitsarbeit. Durch den Beitritt Österreichs zur EU sind wir nun in der angenehmen Lage, an den bevorstehenden Entwicklungen unmittelbar und gestaltend als gleichberechtigter Partner teilzunehmen.

1.2 Ausgangslage in Österreich

Bis 1.1.1998 verfügt die Österreichische Post und Telegrafenverwaltung über ein Leitungsmonopol. Ihr Vorteil liegt u.a. in der flächendeckenden Netz- und Serviceinfrastruktur. Einige große Unternehmen haben eigene flächendeckende Leitungsnetze, wie die Österreichischen Bundesbahnen, Elektrizitätsversorgungsunternehmen, der Österreichische Rundfunk oder Telekabelgesellschaften. Andere Unternehmen bieten die Mitverwendung ihres - von der Post geschalteten - Netzes an wie SPARDAT, IBM oder Radio Austria. Internationale Konzerne wie British Telecom und France Telecom sind am Einstieg in den österreichischen Markt interessiert. Gleichzeitig sind neue Kooperation und Firmenzusammenschlüsse im Entstehen, um ein breites Diensteangebot offerieren zu können. Profitabel arbeiten derzeit nur Sprachdienste; der Markt für Datenkommunikation macht nur einen geringen Anteil davon aus und ist in den meisten Fällen gerade kostendeckend. In Zukunft werden Anbieter neben der Telekommunikationsinfrastruktur verstärkt Dienstleistungen anbieten müssen, um profitabel zu sein.

Diese Situation in Österreich wird sich relativ kurzfristig ändern, weil mit dem 1. Jänner 1998 das Monopol der Post fällt. Die österreichische Post muß sich daher zeitgerecht zum Service Provider wandeln, will sie weiterhin eine dominierende Rolle am Telekommunikationssektor in Österreich spielen. Aufgrund hoher Wachstumsraten ist ein Massenmarkt im Entstehen, auf dem zwischen Netzbetreibern und Anbietern von Basis- und Mehrwertdiensten zu unterscheiden sein wird. Künftige Anbieter sind z.B. Post, Bahn, Elektrizitätsunternehmen, Kabelgesellschaften, ausländische Postgesellschaften, Computerfirmen, Online- und Datenbanken, EDI-Betreiber.

1.3 Die Situation der österreichischen Bundesverwaltung

Welche Rahmenbedingungen in der Bundesverwaltung können wir feststellen? Derzeit werden ressortspezifische Netze in jeweils proprietären Systemwelten aufgebaut und betrieben. Gleichzeitig beobachten wir den Bedarf nach verstärktem Datenaustausch zwischen Ministerien, Ländern, Gemeinden und über die Grenzen des Landes hinweg mit internationalen Organisationen. Dies erzeugt die Notwendigkeit der gegenseitigen Abstimmung, nicht nur zwischen zwei Kommunikationspartnern, sondern auch die Festlegung von standardisierten Schnittstellen. Eine Organisationseinheit der Bundesverwaltung, die dafür Wegbereiter sein könnte, die IT-Koordination im Bundeskanzleramt, ist aus rechtlichen Gründen auf Empfehlungen beschränkt und hängt vom Kooperationswillen der beteiligten Stellen ab.

Die klassische Verbindungsart im Netzwerk des Bundes ist noch immer die Punkt-zu-Punkt-Verbindung. Planung, Beschaffung, Einrichtung und Betrieb von Netzwerken werden von den einzelnen Stellen durchgeführt, die auch die Kosten zu tragen haben.

Für bestimmte Querschnittsaufgaben wie Besoldung, Bundeshaushaltsverrechnung und das bundesweite Personalinformationssystem wurde von der Finanzverwaltung ein ressortübergreifendes Netz errichtet, das vom Bundesrechenzentrum betrieben wird. Nur dieses wird auch von anderen Ressorts wie dem Bundesministerium für Justiz, Bundesministerium für wirtschaftliche Angelegenheiten und dem Bundesminister für Arbeit und Soziales mitverwendet und über die ADV-Leistungsverrechnung abgerechnet.

Aufgrund dieser Situation, die - es muß wohl in dieser Deutlichkeit gesagt werden - bis zum Beginn der 90er-Jahre recht unkoordiniert entstanden ist, wurden Maßnahmen zur Verstärkung der IT-Koordination im Bund eingeleitet. 1992 wurde ein Informatikleitkonzept des Bundes erstellt und eine Koordinationskommission für IT im Bundeskanzleramt eingesetzt, die in ihren Fachausschüssen u.a. für die Netzwerke des Bundes und für Normen und Standards tätig wird. Leider darf nicht unerwähnt bleiben, daß aufgrund der notwendigen Sparmaßnahmen der Bundesregierung es zu Kürzungen der Investitionen, Spardruck bei laufenden Anwendungen und personellen Restriktionen kommt.

2. ZIELSETZUNGEN UND ANFORDERUNGEN

Als Ziel zukünftiger Reorganisationsmaßnahmen wird angestrebt, durch Zusammenfassung der vorhanden Ressourcen Synergieeffekte zu nutzen.

2.1 Neue Anforderungen

Um dieses Ziel zu erreichen, stellt sich natürlich eine Reihe von neuen Anforderungen an das Netzwerk des Bundes. So erfordert die steigende Nutzung von Datenbanken über Netzwerkgrenzen hinaus qualitativ hochwertige und sichere Netzübergänge mit hoher Funktionalität. Dies zieht aber ein Ansteigen der Komplexität nach sich, da die Zahl der miteinander kommunizierenden Systeme deutlich wächst. Zudem sind die Einbindung des Bürgers und der Wirtschaft unabdingbar für die Entwicklung der Informationsgesellschaft. Diese vermehrte Zulassung externer Nutzer erfordert jedoch neue Lösungen bezüglich Sicherheit, Zulassungsverfahren, Datenschutz und Verrechnung. Die damit stark wachsenden Netzwerke erfordern den Aufbau entsprechender Verwaltungsfunktionen für Zugang, Verrechnung und vor allem den Betrieb.

Die historisch gewachsenen Netze sind diesen neuen Anforderungen weder von der Leistungsfähigkeit noch von der Flexibilität und Sicherheit her gewachsen. So tendieren beispielsweise die übertragenen Datenvolumina von anfänglich eher gleichmäßiger zeitlicher Verteilung zu einer impulsartigen Belastung; neue Anwendungsmöglichkeiten wie Imageverarbeitung, Video Communication und Multi-Media scheitern an den zu geringen Bandbreiten bestehender Netze. Gleiches gilt für Anforderungen einer Softwareverteilung über das Netz. Aus diesen nur kurz und bloß beispielsweise aufgezeigten Aufgaben und Herausforderungen ergibt sich der Bedarf an Hochgeschwindigkeitsnetzen mit neuen, den Anforderungen angepaßten Übertragungstechniken.

2.2 Corporate Network - eine Lösung für Probleme der Verwaltung in der Zukunft ?

Als Lösungsansatz dafür hat sich der Trend zum Corporate Network herausgebildet. Aufgrund der Globalisierung der Märkte sind Corporate Networks die treibenden

Kräfte der Netzwerkentwicklung in Europa. Die Begründung für die Einrichtung von Corporate Networks liegt vor allem in den Kosteneinsparungen, die durch stellenübergreifende Planung und damit verbundene Optimierung der Kommunikation erzielt werden sollen.

Unter dem Begriff des Corporate Network wird die Gesamtheit aller technischen Kommunikationsbeziehungen in einer Organisation (Unternehmen) verstanden. Es handelt sich somit um private Kommunikationsnetze, die einem Unternehmen/Behörde oder einer ganzen Gruppe von solchen zur Verfügung stehen. Offenheit der Corporate Networks ist Voraussetzung für herstellerneutrale Kommunikation. Solche Netze sind an das öffentliche Netz angebunden und für Teilnehmerverbindungen aus dem oder in das öffentliche Netz ausgelegt. Ein weiterer Trend geht zu technischen Systemen, die Daten, Bilder und Sprache auf einem Leitungsnetz transportieren und auch ein integriertes Netzmanagement und eine Vielzahl von Schnittstellen bieten.

Welche konkreten Vorteile eines Corporate Network darf man nun erwarten? Als voraussichtlich sehr rasch realisierbaren und lukrativen Vorteil möchte ich eine Summe von Verbesserungen erwähnen, die ich unter dem Begriff der 'Leitungsoptimierung' zusammenfassen möchte. Sie bewirken, daß Verbindungen primär innerhalb des Netzwerkes abgewickelt werden, wodurch eine Vermeidung der höheren Kosten im Fernverkehr der öffentlichen Netze möglich wird. Damit verbunden ist eine kostenoptimale Wegewahl beim Übergang in das öffentliche Netz (Externe werden über den nächstliegenden Knoten angewählt), die Mehrfachnutzung von Übertragungsstrecken durch Multiplextechnik und eine dynamische Bandbreitenzuordnung zum Spitzenausgleich.

Die im Wege des Corporate Network genutzten Dienste sollen über eine Reihe (diensteübergreifender) Leistungsmerkmale verfügen:
- Behördenweiter einheitlicher Rufnummernplan (z.B. alle Bundesdienststellen),
- Behördenweite Rufweiterschaltung,
- Konferenzschaltungen,
- Team-Funktionen,
- Bundesweit einheitliche Oberflächen für unterschiedliche Dienste und Anwendungen,
- Verursachergerechte Kostenabrechnung .

Neben den herkömmlichen Diensten sollen auch sogenannte Mehrwertdienste angeboten werden. Dabei handelt es sich um spezielle Telekommunikationsdienste, deren Leistungen im technischen Sinn über die Bereitstellung einer Kommunikationsverbindung hinausgehen. Mehrwertdienste gehören zu den Dienstleistungen der Zukunft und haben auch für ein Netzwerk des Bundes große Bedeutung. Unabhängig von der technischen Basisinfrastruktur können folgende Grundklassen von Mehrwertdiensten unterschieden werden:
- Netzwerkdienste (Network Services),
- Anwendungsbezogene Telekommunikationsdienste (Application Services),
- Informationsdienste (Information Services).

Zu den Netzwerkdiensten (Network Services) zählen als sogenannte Management Network Services (MNS) Dienste, die im Rahmen des Netzwerkmanagements für den störungsfreien Betrieb und die Effizienzsteigerung des Netzes angeboten werden. Weitere Netzwerkdienste sind Konferenzdienste wie Video- und Audiokonferenz. Unter den anwendungsbezogenen Telekommunikationsdiensten (Application Services) kann man die bekannten Dienste des Electronic Messaging, des Electronic Data Interchange, des Electronic Funds Transfer sowie des Telemetry zusammenfassen. Im Rahmen der Informationsdienste (Information Services) werden Zugriffe zu Datenbanken über das Netzwerk und Nachrichtendienste sowie Transaktionsdienste abgewickelt.

3. REALISIERUNG IN ÖSTERREICH

3.1 Festlegung einer Netzwerkstrategie der öffentlichen Verwaltung

Diese Fülle von Vorteilen, die man sich von der Implementierung eines bundesweiten Corporate Network versprechen darf, bedarf einer koordinierten Netzwerkstrategie. Eine solche Strategie erfordert

- den Ausgleich und die Standardisierung der Netzwerkphilosophie der einzelnen Bundesdienststellen,
- die Abstimmung der weiteren Ausbaupläne zur Nutzung von Synergien,
- die Standardisierung eingesetzter Netzwerkeinrichtungen,
- die Festlegung von künftigen Standards im Netzwerkbereich,
- die Koordination der einzusetzenden Hardware- und Softwarekomponenten (Lizenzen) zur Erreichung von Kostenersparnis,
- die Festlegung von Kategorien und Grundsätzen für die Nutzung wie Benutzerklassen, rechtlicher Status Externer, Sicherheitsklassen, Servicelevelvereinbarungen, Verhaltensregeln incl. Verbote,
- die Belastung der jeweiligen Nutzer mit den anteiligen Kosten,
- die Strategien zur Durchsetzung festgelegter Richtlinien und Sanktionen bei Verletzung von wesentlichen Grundregeln,
- und nicht zuletzt die Schaffung eines organisatorischen Rahmens für die Umsetzung der angeführten Maßnahmen.

Da eine hohe Effizienz und "Lückenlosigkeit" angestrebt wird, muß die Einbindung einer möglichst großen Anzahl von Dienststellen des Bundes, der Länder, der Gemeinden und von Selbstverwaltungskörpern erfolgen, um die heterogenen Anforderungen der Nutzer erfüllen und Synergieeffekte umsetzen zu können. Dies soll im Wege der Bereitstellung kostenpflichtiger Netzdienstleistungen in einem offenen System von Kostentransparenz und Accounting erfolgen. Dabei ist höchste Priorität zu legen auf Gewährleistung von Schutz und Sicherheit der Daten sowie des Netzes. Es bedarf des Schutzes der Vertraulichkeit (Verhinderung unbefugten Informationsgewinnes), des Schutzes der Integrität (Verhinderung der unbefugten Modifikation) und der Sicherstellung der Verfügbarkeit (Verhinderung der unbefugten Beeinträchtigung der Funktionalität). Gleichzeitig ist aber auch der Schutz bereits getätigter Investitionen durch Einbindung bestehender Netze der Verwaltung sicherzustellen, wobei die Möglichkeit der ständigen Überprüfung der Wirtschaftlichkeit und eine nur mittelfristige (mehrjährige) Bindung mit Möglichkeit des Umstieges auf eine wirtschaftlich bessere Lösung jederzeit erhalten bleiben muß.

Als ein wesentlicher Aufgabenbereich und damit Ziel eines Corporate Network ist auch die Bereitstellung von "günstigen" Netzwerkdienstleistungen zu sehen. Ein Corporate Network wird ein breites Angebot von Träger- und Mehrwertdiensten, eine flächendeckende Anbindung, geringe Nutzungskosten, Kostentransparenz, eine Benutzeroberfläche gemäß Industriestandard, die freie Wahl der Endgeräte und ausreichende Schnittstellenunterstützung sowie Unterstützung technischer Neuerungen und Weiterentwicklungen bieten müssen.

3.2 Organisatorische und technische Maßnahmen

Bevor die angeführten Vorteile eines Corporate Network zum Tragen kommen können, bedarf es jedoch einer nicht geringen Anstrengung. Es ist die Schaffung einer organisatorischen Struktur, ausgestattet mit dem entsprechenden Know-How, notwendig, die als Auftraggeber des Bundes gegenüber einem Service Provider auftreten kann. Weitere Aufgaben dieser "Stelle" wären:
- Bedarfsplanung,
- Technologie-Beobachtungsstelle,
- Controlling-Instanz,
- Umsetzung der Telekommunikationspolitik der Bundesregierung,
- Prüfung der Einhaltung der Vorgaben z.B. Verfügbarkeit, Service-Level, Kosten.

Gleichzeitig erfordert die Schaffung einer solchen Struktur den Aufbau einer virtuellen, die gesamte Verwaltung umfassenden Organisation für die Planung, die Implementierung, den Betrieb, die Aktualisierung und die Kontrolle des Netzwerkes. Aber nicht nur organisatorische Maßnahmen sind erforderlich, es bedarf natürlich auch einer ganzen Reihe von technischen Maßnahmen. Als solche wären anzuführen
- die Verbindung aller Landeshauptstädte mit einem 2 Mbit-Ring (Frame-Relay),
- die Installation von Knotenrechnern in den Bezirkshauptstädten mit 128 Kbit-Verbindung zur Landeshauptstadt (Frame-Relay),
- die Festlegung weiterer Lokationen z.B. größere Städte, Grenzzollämter,
- eine Leitungskonzentration aller Dienststellen auf dieses Netz,
- die Anbindung aller Dienststellen an den nächstgelegenen Knoten,
- der Einsatz von ISDN-Anschlüssen als Backup für die Ausfallssicherung soweit dies erforderlich ist und
- die Hochrüstung der Knotenrechner (auf Sprachverarbeitung).

Im Rahmen eines Pilotprojektes in einem Bundesland sollte die Einbindung der Telefonie in das vorhandene Leitungsnetz untersucht werden.

Eine erste, nur sehr oberflächliche Kosten/Nutzenanalyse läßt bereits erkennen, daß Realisierungsentscheidungen nur auf Basis einer detaillierten Kosten/Nutzenbewertung erfolgen dürfen. Der Kostenbegriff ist über den rein budgetären Ansatz des einzelnen Nutzers hinaus zu betrachten, negative Effekte auf das Gesamtnetzwerk können sich auch durch komplizierte Connectivity, veraltete Schnittstellen sowie verdeckte Folgekosten ergeben. Ebenso ist der Nutzenbegriff über den spezifischen Nutzen einzelner Anwender hinaus zu sehen; Nutzen für das Gesamtnetzwerk wird durch komplikationslose, rasche und sichere Kommunikation, sowie durch neue Anwendungen mit entsprechenden Rationalisierungseffekten erzielt. Wesentliche Einsparungen sind durch Leitungskonzentration, gemeinsame Nutzung der Infrastruktur, Conferencing, interaktive Schulung, Softwareverteilung und bei der Telefonie zu erwarten.

4. ZUSAMMENFASSUNG UND AUSBLICK

Die Verwaltung wird in Zukunft flächendeckende Hochleistungsnetze zur Kommunikation mit dem Bürger benötigen. Die grundlegende Bedeutung der Kommunikationstechnologie ist auch im Prozeß der europäischen Integration spürbar. Eine zukunftsorientierte Regierungspolitik muß auch auf die Schaffung eines ordnungspolitischen Rahmens abzielen, um einen allgemeinen, kostengünstigen Zugang zu Netzdienstleistungen sicherzustellen und gleichzeitig den Ausbau der Telekommunikations-Infrastruktur innerhalb der Verwaltung vorzunehmen, so daß Synergien genutzt und kostspielige Fehl- und Doppelinvestitionen vermieden werden. Als erste konkrete Schritte müssen gesetzt werden:

- Aufbereitung der Problemstellung und der Lösungsmöglichkeiten,
- Kosten/Nutzenanalyse eines Verwaltungsnetzwerkes,
- Herbeiführung einer politischen Grundsatzentscheidung inwieweit ein einheitliches Netzwerk der Verwaltung Teil des künftigen Regierungspolitik sein soll,
- Allenfalls Beauftragung bestimmter Stellen mit der Realisierung.

Aufbau eines Informationsverbundes am Beispiel

des Landesverwaltungsnetzes NRW

Klaus Rastetter

01.Mai 1995

Bedeutung der Kommunikation für die Öffentliche Verwaltung

Der Kommunikation über Netze kommt in der Verwaltung künftig eine entscheidende Bedeutung zu. Die dem Verwaltungshandeln i.d.R. zugrunde liegenden umfangreichen Abstimmungsprozesse erfordern zur Steigerung der Effizienz den verstärkten Einsatz der Informations- und Kommunikationstechnik. Telefon und Telefax haben diesen Kommunikationsbedarf in der Vergangenheit technisch unterstützt, reichen aber für künftige Anforderungen nicht mehr aus. Für die Verwaltung insgesamt zeigt sich, daß das Kommunikationsnetz und die Kommunikationsdienste die dominierende Rolle übernehmen, die früher den Großrechnern in der Verwaltung zukam. Sie bilden das wesentlichen Element der IT-Infrastruktur einer Verwaltung. Dabei ist absehbar, daß die bisher getrennten Daten- und Sprachnetze zusammenwachsen werden. Das Innenministerium NRW ist für die Sicherstellung des IT-Verbundes in der Landesverwaltung zuständig. In Erfüllung dieses gesetzlichen Auftrages erfolgte der Aufbau des Landesverwaltungsnetzes NRW, das im folgenden kurz dargestellt werden soll.

Domänenkonzept

Die technische Organisation des Landesverwaltungsnetzes orientiert sich an dem von der Europäischen Kommission entwickelten und von dem Kooperationsausschuß ADV Bund/Länder/Kommunaler Bereich übernommenen "Domänenkonzept". Grundlage dieses Konzeptes ist die Zusammenfassung technischer Bereiche zu einer Domäne, die ihre innere Struktur weitestgehend autonom festlegt und von Stellen außerhalb dieser Domäne als eine Einheit betrachtet werden kann, die über eine "Kopfstelle" adressiert wird. Die Kommunikation zwischen Domänen erfolgt auf der Grundlage definierter Kommunikationsschnittstellen und -dienste.

Aufgrund der konzeptionell vorgesehenen Autonomie der Domänen hinsichtlich der technischen Gestaltung im inneren Bereich ist das Domänenkonzept für den Aufbau und die Verknüpfung unabhängiger Verwaltungsnetze in besonderer Weise geeignet. Der Zielkonflikt zwischen einem einheitlichen Informationsverbund und Beachtung des Ressortprinzip bzw.kommunaler Selbstverwaltung kann durch das Domänenkonzept weitestgehend aufgelöst werden. Als Grundvoraussetzung ist jedoch festzulegen, welche Behörden und Einrichtungen zu einer Privaten Domäne gehören und welche Schnittstellen zwischen den Domänen zu verwenden sind.

Die Privaten Domänen kommunizieren über sogenannte "Öffentliche Domänen", die sowohl von der Deutschen Telekom AG als auch - aufgrund der Aufhebung der Postmonopole - zunehmend von anderen Firmen betrieben und als Dienstleistung öffentlich angeboten werden.

Die Unterscheidung zwischen öffentlicher und privater Domäne impliziert eine Unterscheidung zwischen der Kommunikation innerhalb einer Domäne und der Kommunikation zwischen Domänen. Um den Verbund zwischen der Privaten Domäne Landesverwaltung NRW und anderen Privaten Domänen - z.B. andere Länder - sicherstellen zu können, ist eine gemeinsame Übereinkunft hinsichtlich der Kommunikationsdienste und -schnittstellen zu treffen. Dies kann im öffentlichen Bereich nur auf der Grundlage internationaler Normen erfolgen (Ratsbeschluß 87/95/EWG). In der Festlegung der Kommunikationsarchitektur innerhalb einer Domäne ist der Betreiber der Domäne weitestgehend autonom.

Die Struktur des Landesverwaltungsnetzes orientiert sich an dem Domänenkonzept. Es besteht aus Lokalen Domänen, die zusammen mit den Rechenzentren des Landes eine Private Domäne darstellen. Die kleinste Einheit im Domänenkonzept bildet die Lokale Domäne. Sie ist charakterisiert durch eine enge Arbeitsbeziehung zwischen den Endbenutzern innerhalb der Domäne und gemeinsamen Anforderungen an Dienstleistungen, die die Kosten für die Bereitstellung lokaler Unterstützung und Verwaltung rechtfertigen. Eine Lokale Domäne entspricht in der Regel einer Behörde oder Einrichtung des Landes. Es können dabei auch mehrere Gebäude zu einer Lokalen Domäne zusammengefaßt werden, wenn sie aus technischer Sicht als eine Einheit behandelt werden können. Um die Kosten für die lokale Systemverwaltung in angemessenen Grenzen zu halten, sollte eine Lokale Domäne nicht zu klein gewählt werden.

Während jede Lokale Domäne nur die Dienste für ihre eigenen Benutzer bereitstellt, ist es die Aufgabe eines Rechenzentrums, Dienste für die gesamte Private Domäne bereitzustellen. Datenbanken, auf die von verschiedenen Lokalen Domänen zugegriffen werden muß, sollten hier angelegt sein. Das "Rechen"-Zentrum entwickelt sich somit zu einer Stelle, auf der landesweite Informationen verfügbar gemacht werden.

Das Telekommunikationszentrum ist in Nordrhein-Westfalen Teil des Landesamtes für Datenverarbeitung und Statistik. Es ist der zentrale Ein-/Ausgangspunkt für die gesamte Private Domäne und spielt in dieser Beziehung eine wesentliche Rolle für die Sicherheit und die Kommunikation zwischen Domänen. Es bietet den Mitarbeitern der Landesverwaltung die erforderlichen Kommunikationsmöglichkeiten zu Stellen außerhalb NRWs. Es übernimmt außerdem das Netzwerkmanagement und stellt die Kommunikationnetze und -dienste innerhalb des Landesverwaltungsnetzes bereit.

Landesverwaltungsnetz NRW als Private Domäne

Insgesamt sind 231 Behörden und Einrichtungen des Landes an das Landesverwaltungsnetz angeschlossen. Diese Zahl beinhaltet nicht die Schulen (ca. 6500) und auch nicht die Polizeibehörden und die Finanzverwaltung, da diese jeweils eine eigene Private Domäne bilden. Da die verschiedenen Domänen auch untereinander vernetzt sind (Ausnahme Schulnetz), ist die Zahl der Landesbehörden, die miteinander kommunizieren können, erheblich höher. Die vorliegende Darstellung beschränkt sich jedoch im folgenden ausschließlich auf das eigentliche Landesverwaltungsnetz. Daß die Zahl der angeschlossenen Rechner mit insgesamt 372 höher liegt als die Zahl der angeschlossenen Behörden, macht deutlich, daß noch weitere Anstrengungen erforderlich sind, um eine flächendeckende, bis an den Arbeitsplatz gehende Vernetzung zu realisieren. Nach der Theorie des Domänenkonzeptes dürfte es in jeder Lokalen Domäne (also i.d.R. in einer Behörde) nur einen Ein-/Ausgang (Kommunikationsserver) geben. Dies setzt aber voraus, daß die Kommunikation in der Lokalen Domäne durch lokale Netze sichergestellt ist. Wo dies nicht der Fall ist, müssen übergangsweise mehrere Anschlüsse in einer Behörde bereitgestellt werden, um den Kommunikationsbedarf zu unterstützen.

Eine wichtige Komponente innerhalb der privaten Domäne stellen die Kommunikationsserver dar. Sie stellen nach außen den einheitlichen Anschluß an das DVS sicher und ermöglichen nach innen die Kommunikation über das lokale Netz. Die innere Struktur einer Lokalen Domäne liegt dabei in der Verantwortung der jeweiligen Behörde, wobei selbstverständlich auch hier die Rahmenbedingungen des Landes zu berücksichtigen sind. Im Ergebnis hat dies zu unterschiedlichen Netzbetriebssystemen (LMX, Novell, NFS), und unterschiedlichen Netzprotokollen (Ethernet, Token Ring) geführt. Die grundsätzliche Kommunikationsmöglichkeit zwischen den Teilnehmern am Verbund wurde dadurch jedoch nicht beeinträchtigt. Aufgrund praktischer Erfahrungen wird der Kommunikationsserver in der Regel als selbständiger Server betrieben. Er bleibt dann von Änderungen auf anderen Servern unberührt und stellt die wirtschaftlichste Betriebsvariante dar.

Als Grunddienste des Landesverwaltungsnetzes werden die elektronische Post (X.400), die Dateiübertragung (FTAM) sowie ein Dialogzugriff (Virtuelles Terminal) bedarfsgerecht zur Verfügung gestellt.

Technische Grundlage des Netzes bilden vier miteinander verbundene X.25-Knotenrechner, an die die verschiedenen Rechner angeschlossen sind. Der Anschluß einer Behörde oder Einrichtung erfolgt jeweils an den nächstgelegenen Knotenrechner. Die Auswahl der Anschlußleitung an den Knoten erfolgt aufgrund wirtschaftlicher Erwägungen. Dadurch sind sowohl Datendirektverbindungen, digitale Standardfestverbindungen und auch Wählverbindungen (Datex-P und ISDN) im Einsatz. Durchgängig wird jedoch das X.25-Protokoll benutzt. Auch in den oberen Schichten gemäß OSI-7-Schichtenmodell werden ausschließlich OSI-Protokolle verwendet.

Das Landesverwaltungsnetz wird als Privates Netz (Corporate Network) betrieben. Der Betrieb des Netzes liegt - wie auch Planung und Weiterentwicklung - beim Landesamt für Datenverarbeitung und Statistik. Ob und unter welchen Bedingungen ein Betrieb auch durch Dritte erfolgen kann, wird z.Z. anhand der zwei Sondernetze (Polizei und Finanzverwaltung) geprüft. Die Ergebnisse könnten auch bei dem Landesverwaltungsnetz zu Änderungen hinsichtlich des Netzbetriebes führen. Die Betreuung des Netzes endet in der Regel am Eingang zur Lokalen Domäne (Kommunikationsserver). Als Dienstleistung bietet das LDS aufgrund seines gesetzlichen Auftrages in Einzelfällen auch Unterstützung bei der Planung lokaler Netze an.

Die Kosten für das Landesverwaltungsnetz werden zentral vom IM getragen. Die Kosten der lokalen Domäne trägt die jeweilige Behörde. Diese zentrale Kostenübernahme erleichtert die Sicherstellung eines einheitlichen Netzes und damit des Verbundes. Für die wirtschaftliche Optimierung des Netzes ist das LDS verantwortlich. Die Begründung des Bedarfs obliegt dem jeweiligen Fachminister.

Unbeschadet der Verantwortung für die Planung der eigenen Domäne, sind innerhalb der Landesverwaltung Rahmenbedingungen für den Einsatz von Kommunikationstechnik festgeschrieben. Hierzu zählen vor allem die Datenübermittlungs-Grundsätze, die IT-Standards NW sowie die EPHOS-Richtlinien. Als gesetzlicher Rahmen ist in diesem Bereich der Ratsbeschluß 87/95/EWG ebenso von Bedeutung wie die entsprechenden Vergabebedingungen (Haushaltsgrundsätzegesetz). Durchgängig wird in diesen Vorschriften die Verpflichtung zur Einhaltung internationaler Normen (also OSI) gefordert. Nur in den gesetzlich zulässigen Ausnahmefällen können de-facto Standards verwendet werden.

Das Landesverwaltungsnetz ist ständig technischen Änderungen unterworfen. Bedeutsame Änderungen, die sich abzeichnen, sind die verstärkte Nutzung von EURO-ISDN und der Einsatz von Hochgeschwindigkeitsnetzen. Die Umstellung auf ISDN erfolgt entsprechend dem Bedarf und der Kostensituation unmittelbar durch das LDS. Die Anwendungen und damit die Anwender sind von dieser Umstellung nicht betroffen, da weiterhin X.25 Protokolle (über ISDN) zum Einsatz kommen. Vorteile ergeben sich durch die in der Regel günstigeren Tarife bzw. durch die höheren Übertragungsgeschwindigkeiten (bisher normalerweise 9600 Bit/s).

Innerhalb des Stadtgebietes Düsseldorf soll zwischen den Ministerien ein Hochgeschwindigkeitsnetz (GON) aufgebaut werden. Zum einen ermöglicht es den ersten Schritt zur Integration der Daten- und Sprachkommunikation und zum anderen eine Fülle neuer Anwendungen. Das bisherige WAN soll damit alle Funktionen, die vom LAN bekannt sind, bereitstellen; dazu zählt insbesondere die Funktion "Dateiserver", die vom LDS wahrgenommen werden soll. Die Nutzenvorteile dieser Konzeption entsprechen denen, die sich durch ein LAN mit seinen Servern ergeben, d.h. Konzentration bestimmter zentraler Dienstleistungen auf definierten Servern und damit

Begrenzung des Ausbaus lokaler Kapazitäten. Technische Grundlage des GON wird ein ATM-Netz sein, das sternförmig die 12 Ministerien in Düsseldorf mit dem LDS verbindet. Inwieweit Änderungen an den bisherigen Anwendungen notwendig werden, um die höheren Übertragungsgeschwindigkeiten nutzen zu können, wird im Rahmen des Projektes noch zu untersuchen sein.

Kommunikation mit anderen Privaten Domänen

Das skizzierte Domänenkonzept bildet auch die Grundlage für die Kommunikation zwischen der Landesverwaltung und der Kommunalverwaltung. Der Staatlich-kommunale Kooperationsausschuß des Landes hat einen entsprechenden Beschluß im März 1995 gefaßt. Die Einzelheiten werden z.Z. in einer Arbeitsgruppe festgelegt. Dabei geht es z.B. um die Frage, wie eine Domäne im kommunalen Bereich gestaltet sein sollte (z.B. eine Gemeinde, ein Kreis oder das Einzugsgebiet eines kommunalen RZ) sowie um die Schnittstellen und Dienste, die einheitlich zwischen der Kommunalverwaltung und der Landesverwaltung eingesetzt werden sollen. Grundlegende Arbeiten wurden hierzu von einer Arbeitsgruppe der KGSt erbracht, an der auch die Landesverwaltung beteiligt ist. Die nordrhein-westfälische Arbeitsgruppe orientiert sich an dem Konzept der KGSt und setzt das Domänenkonzept lediglich konkret in NRW um.

Der Kommunikationsbedarf zwischen Kommunalverwaltung und Landesverwaltung ist vielfältig. Als Kommunikationsdienste werden im wesentlichen die Informationsübermittlung und der Abruf von Informationen benötigt. Informationsübermittlung wird z.B. im Bereich der Steuern, bei Schuldaten, bei den Umweltdaten, bei Asyldaten oder im Bereich der Ordnungswidrigkeiten benötigt. Der Zugriff des Landes auf kommunale Daten ist vor allem bei der Polizei (Meldedaten und Kfz-Halterdaten) oder beim Finanzministerium (Meldedaten) erforderlich. In umgekehrter Richtung wünschen die Kommunen den Zugriff z.B. auf Umweltinformationssysteme wie das BIS (Bodeninformationssystem), das ILM (Informationssystem Lebensmittelüberwachung) oder das DIM (Daten- und Informationssystem des MURL). Das Domänenkonzept soll die Vielzahl der bisherigen Einzelverfahren mit individuellen Lösungen durch eine einheitliche Konzeption ablösen.

Mit dem verstärkten Einsatz der elektronischen Post auch für den länderübergreifenden Dokumentenaustausch wurde eine gemeinsame Kommunikationsinfrastruktur erforderlich. Entsprechende Beschlüsse der Innenminister- und der Europaministerkonferenz haben diesen Prozeß beschleunigt. Inzwischen sind in der überwiegenden Zahl von Ländern und auch beim Bund Kopfstellen eingerichtet. Sie stellen den zentralen Ein- und Ausgang zu der jeweiligen Privaten Domäne des Landes dar. Öffentliche Diensteanbieter stellen die notwendige länderübergreifende und auch internationale Kommunikation sicher. Innerhalb NRW besteht bereits ein sehr engmaschiges Netz zwischen den Behörden und Einrichtungen. Dies gilt auch für einige andere Länder und auch für die Bundesverwaltung. Schrittweise entsteht damit ein flächendeckendes Verwaltungsnetz, bei dem jeder mit jedem innerhalb der Verwaltung kommunizieren kann. Neben der elektronischen Post, die hier eine Katalysatorfunktion übernommen hat, gibt es auch zahlreiche weitere Kommunikationsanforderungen, die mit diesem Netz realisierbar werden. Eine wichtige Anwendung ist z.B. der Zugriff auf die verschiedenen Bundesregister durch eine Vielzahl unterschiedlicher Dienststellen verschiedener Verwaltungsebenen.

Der Kommunikationsbedarf zwischen den Mitgliedstaaten und der Europäischen Kommission nimmt ständig zu. Zahlreiche Programme sind bereits realisiert. Neue Projekte werden z.Z. vorbereitet. Von den vielen Beispielen soll hier nur das Programm IDA (Interchange of data between administrations) erwähnt werden, weil es von besonderer Bedeutung für die Öffentliche Verwaltung ist. IDA besteht aus einer Vielzahl von Einzelprojekten, die mit Unterstützung der Kommission von den Mitgliedstaaten durchgeführt werden sollen. Auch hier wird eine Strukturierung der komplexen Netzstruktur in unabhängige Domänen (hier Mitgliedstaaten) vorgenommen, die eine zentrale Kopfstelle (nationaler Server) besitzen, und über die in mehreren Stufen die Daten zu dem Empfänger gelangen. Im Unterschied zu den meisten anderen Mitgliedsstaaten ist in der Bundesrepublik wegen ihrer föderalen Struktur eine zusätzliche (Länder-) Ebene erforderlich.

Der Zugang zum Internet wird auch in der Landesverwaltung in einigen Bereichen gewünscht. Dabei muß zwischen den Anforderungen

- Übergang zwischen den Mailsystemen bzw. Filetransferprogrammen
- Zugriff auf Informationen im Internet und
- Bereitstellung von Landesinformationen für Internetteilnehmer

unterschieden werden, da sie sowohl technisch als auch aus Sicherheitgründen unterschiedlich behandelt werden müssen. Derzeit ist lediglich der Übergang zwischen Mailsystemen realisiert, wobei dies nicht unmittelbar an der Kopfstelle des Landes sondern bei der Telekom stattfindet (zwei Sicherheitssperren). Der Zugriff auf Internet erfolgt nur von isolierten Systemen aus oder über eine Informationsvermittlungsstelle. Die Bereitstellung von Informationen könnte heute durch Nutzung von Hochschulrechnern erfolgen.

Sicherheit

Die Landesverwaltung hat zahlreiche Maßnahmen getroffen, um die Sicherheit des Landesverwaltungsnetzes zu gewährleisten. Die klare Strukturierung des Netzes in Domänen erleichtert dabei die Durchführung von Sicherheitsvorkehrungen. Hierzu zählen insbesondere

- die Identifizierung des Absenders anhand zulässiger X.25-Adressen und die Abweisung unberechtigter Teilnehmer bereits beim Leitungsaufbau;
- der Verzicht der Bereitstellung übergreifender Dienste durch die Lokalen Domänen; dies ist Aufgabe von besonders gesicherten Rechenzentren;
- die Beschränkung auf einen einzigen Zugang (Kopfstelle) für die gesamte Private Domäne;
- gesicherte Kommunikationsserver als Ein-/Ausgang zu den Lokalen Domänen.

Neben diesen Sicherheitsmaßnahmen auf der Netzebene gibt es selbstverständlich entsprechende Schutzmechanismen auf der Anwendungsebene.

Mit der zunehmenden Öffnung von Netzen, z.B. zur Realisierung eines weltweiten elektronischen Postsystems sind weitere Sicherungsmaßnahmen in der Diskussion. So können z.B. Verschlüsselungen in besonderen Anwendungsbereichen zum Einsatz kommen, die als Zusatznutzen auch die Funktion einer elektronischen Unterschrift liefern. In der Schuldomäne kommt dieses Verfahren bereits zum Einsatz, da hier personenbezogene Daten übermittelt werden. Dieses Thema wird z.Z. auf vielen Ebenen diskutiert. Entscheidende Fragen sind in diesem Zusammenhang, wie eine bundesweite Ende-zu-Ende-Verschlüsselung realisiert werden kann, wie die Schlüsselverwaltung länderübergreifend realisiert werden kann und wer hierfür zuständig sein könnte. Die rechtliche Anerkennung der elektronischen Unterschrift wird ebenfalls in diesem Zusammenhang erörtert. Die Ergebnisse bleiben abzuwarten. Um aber elektronische Kommunikation in vielen Bereichen der Verwaltung einführen zu können, müssen zu den Sicherheitsfragen Lösungen gefunden werden. Die Landesverwaltung NRW unterstützt aktiv die hierzu laufenden Initiativen.

Organisatorische Fragen

Sowohl beim Aufbau von Kommunikationsnetzen als auch im Zusammenhang mit der Einführung von Kommunikationsverfahren sind die damit zusammenhängenden organisatorischen Fragen von entscheidender Bedeutung. So führt die Integration von Sprache und Daten ggf. zu einer Veränderung von Zuständigkeiten und einer Umstrukturierung bestehender Arbeitsplätze. Mit der Einführung der elektronischen Post sind organisatorische Regelungen, insbesondere im Bereich der Postordnungen und ggf. bei den Geschäftsordnungen, erforderlich. Organisatorische Änderungen sind nicht nur in der Poststelle, sondern auch bei der Aufgabenerledigung am Arbeitsplatz zu erwarten. Für den Geschäftsbereich des Innenministeriums wird hierzu derzeit ein gesonderter Organisationserlaß zur Nutzung der elektronischen Post mit den Personalvertretungen erörtert.

Neue Kommunikationsformen innerhalb Lokaler Domänen, die technisch die Einführung einer Vorgangsbearbeitung ermöglichen, werfen bereits heute zahlreiche organisatorische Fragen auf. Es ist zu erwarten, daß hier einschneidende organisatorische Änderungen erforderlich werden. Die Landesverwaltung arbeitet im Projekt POLIKOM, in dem diese Fragen behandelt werden, mit. Die wissenschaftliche Begleitung in diesem Projekt hat speziell zu dem Thema der organisatorischen Konsequenzen zahlreiche Befragungen durchgeführt.

Öffentliche Verwaltung im Informationsverbund: Der Informationsverbund Berlin-Bonn (IVBB) als Beispiel besonderer Art

Heino Kaack

Forschungsstelle für Verwaltungsinformatik
Fachbereich Informatik, Universität Koblenz-Landau
Rheinau 1, D-56075 Koblenz

1 Zum thematischen Bezugsrahmen

Der vorgegebene Umfang der Darstellung erlaubt hier nur eine thesen- und stichwortartige Skizzierung der Sachverhalte und Überlegungen zum komplexen Gesamtzusammenhang. Dementsprechend wird die Themenformulierung nur kurz begründet:

1. Der Verbund von Institutionen nationaler und internationaler politisch-administrativer Systeme durch hochleistungsfähige Netze und Multimedia-Techniken ist offensichtlich eine sich anbahnende generelle Entwicklungstendenz, über die im Kontext internationalen wirtschaftlichen Wettbewerbs im Grundsatz bereits entschieden ist.

2. Der Verbund politisch-administrativer Institutionen ist dabei Teil einer die Wirtschaft und Gesellschaft generell umfassenden informations- und kommunikationstechnologischen Entwicklung.

3. Die Wirkungen dieser Art von "industrieller Revolution" auf politisch-administrative Institutionen sind derzeit weder umfassend abschätzbar, noch ist das reale Gestaltungspotential der politisch-administrativen Funktionseliten vor dem Hintergrund tatsächlicher oder vermeintlicher ökonomisch-technischer "Zwänge" empirisch umfassend und generalisierend beschreibbar.

4. Aus wissenschaftlicher Perspektive gibt es Versuche, die Gestaltungsalternativen — etwa "elektronischer Föderalismus" vs. "elektronischer Zentralismus" — zu verdeutlichen, ohne daß damit eine Einwirkung auf konkret laufende Planungen sichtbar wird. Dennoch liegt für die Verwaltungsinformatik auf Grund ihres Erkenntnisinteresses und ihrer Gestaltungsintention nahe, die neuen informationstechnischen Möglichkeiten als Ansatzpunkt für Verwaltungsreform zu postulieren.

5. Dies gilt erst recht, wenn neue politische Aufgabenstellungen und technisches Innovationspotential aufeinandertreffen. Dabei scheint der Spezialfall einer auf zwei Standorte verteilten Bundesregierung Möglichkeiten bzw. Notwendigkeiten informationstechnikgestützter organisatorischer Innovation zu bieten bzw. zu erfordern,

die den Informationsverbund Berlin-Bonn (IVBB) zum Beispiel besonderer Art für unser Rahmenthema werden lassen.

2 Politischer Stellenwert und Zielsetzungen des IVBB

Der *politische Stellenwert* des IVBB wird in höchst unterschiedlichen Kontexten gesehen:

1. Der IVBB ist Teil der organisatorischen Maßnahmen für den Umzug von Verfassungsorganen und weiteren Behörden (vor allem) zwischen Bonn und Berlin.
2. Der IVBB ist wohl weniger wegen des Investitionsvolumens (= 1,95 Prozent aller für den Umzug geplanten Kosten bzw. 390 Millionen binnen 10 Jahren; vgl. [Berlin/Bonn-Gesetz 1994], Anlage zum Vorblatt) als wegen des exponierten politischen Zusammenhangs eine technologiepolitische Maßnahme von besonderer Bedeutung.

Die *Ziele des IVBB* sind zunächst einmal die Zielsetzungen der für den IVBB als Maßnahme der Bundesregierung verantwortlichen Institutionen. Die Ziele des IVBB sind dementsprechend vor allem auf den Kontext Bonn/Berlin–Umzug bezogen:

1. Im Mittelpunkt der organisatorischen Maßnahmen steht das „Kombinationsmodell", für dessen Realisierung dem Einsatz von Informationstechnik besondere Bedeutung zukommt (vgl. [IVBB-Studie 1994]).
2. Als übergeordnete Ziele sind im [Berlin/Bonn-Gesetz 1994] festgelegt:
   - die Gewährleistung der politischen Verantwortung der Bundesregierung gegenüber dem Deutschen Bundestag und dem Bundesrat, und
   - die Funktionsfähigkeit der Bundesregierung und ihrer Behörden.
3. Als übergeordnetes informationstechnisches Ziel resultiert daraus für den IVBB „eine von technischen Restriktionen weitgehend freie Übermittlung, Weiterverarbeitung und Darstellung von Informationen zwischen allen Beteiligten und den dislozierten Standorten" [Arbeitsstab 1992, B II 3].
4. Besonderes Augenmerk soll dabei auf die Zusammenarbeit mit dem Deutschen Bundestag gelegt werden. Dies trifft insbesondere die Ressorts, die mit erstem Dienstsitz in Bonn bleiben. Ein herausragendes Problem: die physische Präsenz der Bundesregierung bzw. ihrer leitenden Beamten vor den Gremien des Bundestages. Inwieweit ist ihre Substituierung durch technisch vermittelte optische Präsenz möglich und tolerierbar?
5. Optimales „Schneiden" von Ministerien und die Flexibilisierung der Aufbauorganisation durch Duplizierung von Referaten sowie Referate mit zwei Arbeitsstandorten oder wechselndem Standort bieten allein keine Garantie für die organisatorische Funktionsfähigkeit. Sie bedürfen der Ergänzung durch informationstechnische Innovationen mit den nächstliegenden Zielen (vgl. [IVBB-Stand 1994]):

- kurzfristige und sichere Zustellung auch von umfangreichen schriftlichen Dokumenten und Akten
- kurzfristige persönliche Abstimmung in kleinen und großen Gruppen ohne Vermehrung von Dienstreisen
- Substituierung kurzfristiger persönlicher Vorträge und Rücksprachen
- gemeinsames asynchrones und synchrones Arbeiten dislozierter Mitarbeiter an Dokumenten

Über die Kompensation der Umzugsnachteile hinausgehende Zielsetzungen sollen hier als *Ziele im Kontext des IVBB* bezeichnet werden. Diese Zielsetzungen unterschiedlicher Handlungsträger widersprechen sich der Interessenlage gemäß teilweise. Im einzelnen sind zu differenzieren:

1. Latente Nebeneffekte der offiziellen Zielsetzung: Das Bundesministerium des Innern als federführendes Ressort sowohl für den „schlanken Staat" wie auch für den IVBB betont zwar, daß der IVBB vor allem ein technisches System sei, das für den Umzug nach Berlin zur Verfügung stehen müsse, und daß die Verwaltungsreform und der IVBB getrennt voneinander zu sehen seien. Aber bei inhaltlicher Vertiefung der Zusammenhänge führt kein Weg daran vorbei, daß innovative Informationstechniken zumeist auch organisatorischen Wandel erfordern (vgl. dazu z.B. [Hill 1994, Reinermann 1995]).

2. Weitergehende Zielsetzung der Telekooperation–POLIKOM–Projekte: technische und organisatorische Innovation. Der damalige Bundesminister für Forschung und Technologie hat mit der Ausschreibung zum Forschungsschwerpunkt Telekooperation das Ziel verbunden, bei der standortübergreifenden multimedialen Kooperation neue Formen der Zusammenarbeit zu erproben und effiziente Formen der arbeitsteiligen Aufgabenerfüllung zu finden. Hier geht es weniger um informationstechnische Infrastrukturen als um die Arbeitsplätze in diesen Strukturen (vgl. [BMFT 1993, POLIKOM 1993]).

3. In der verwaltungswissenschaftlichen Diskussion wird vor allem das Reformpotential der multimedialen Kooperationstechniken betont (vgl. insb. [Reinermann 1995]), in der beratenden Wirtschaft wird nachdrücklich die Verwaltungsreform angemahnt. Dabei werden vorzugsweise betriebswirtschaftliche Erfahrungen geltend gemacht (vgl. z.B. Beilage Behörden Consulting, in: Behörden Spiegel—Februar 1995). Demgegenüber betont die Verwaltungswissenschaft die Besonderheiten öffentlicher Verwaltung und empfiehlt eine differenzierte Strategie (vgl. [Lenk 1995]) statt eine Verkürzung von Lean Management und anderen Ansätzen auf eine personelle Ausdünnung der Verwaltung.

   Der Zusammenhang dieser Diskussion zum IVBB und den dafür notwendigen innovativen Techniken besteht nicht zuletzt auch in dem Druck auf die öffentliche Verwaltung, ihre ohnehin reformbedürftigen Strukturen am besten gleich der modernen Technik anzupassen. Hier ist es die Aufgabe von Verwaltungswissenschaft und Verwaltungsinformatik, vor technikinduzierten Fehlschlägen zu warnen und substantielle Erprobungsphasen zu verlangen.

4. Hintergrund für die Orientierung am überwiegend technisch definierten Fortschritt ist der Wettbewerb um die Marktanteile im weltweiten Telekommunikations- und Multimediamarkt, der weitgehend die Maßstäbe für die Industriepolitik, aber auch die Forschungs- und Technologiepolitik der Bundesregierung liefert. In diesem Kontext wird der IVBB vor allem als potentieller Motor für die staatliche Akzeptanz der informationstechnischen Produktentwicklung verstanden.

3 Der IVBB als Thema der Verwaltungsinformatik

Wie schon die Darstellung von Zielen gezeigt hat, wird der Informationsverbund in höchst unterschiedlichen Zusammenhängen und zum Teil auch auf getrennten Ebenen diskutiert. Daher soll hier versucht werden, die Diskussionsebenen in einem Gesamtkonzept zusammenzuführen.

3.1 Bewertungskriterien und Anforderungsklassen

Zur Strukturierung und Bewertung der Probleme im Gesamtzusammenhang soll ein System von Anforderungsklassen dienen, das letztlich vor allem die Fähigkeiten der handelnden Akteure betrifft. Es werden folgende Schichten von Fähigkeiten unterschieden:

- Informationstransportfähigkeit
- Informationsbearbeitungsfähigkeit
- Organisationsfähigkeit
- Führungsfähigkeit

3.2 Die Verbesserung der Informationstransportfähigkeit als technische Voraussetzung und als organisatorisches Problem

Aus dem komplexen Bereich der Anforderungen an Netze, Basisdienste und Mehrwertdienste einschließlich deren Nutzer sollen hier folgende Aspekte hervorgehoben werden:

1. Eine Transportschicht mit hoher Kapazität für Sprach-, Daten-, Festbild- und Bewegtbildübertragung ist die unerläßliche Voraussetzung für innovative Telekooperations- und Multimediatechniken.

2. Flexible bzw. variable Übertragungsraten mittels Asynchronous Transfer Mode (ATM) bei der Vermittlung und Übertragung vielfältiger Dienste und Anwendungen sind erforderlich für ein integriertes Arbeiten auf der Datenautobahn.

Diese wichtigsten technischen Anforderungen sind zum Teil bereits erfüllt oder werden in Kürze realisiert sein. Entscheidend für die tatsächliche Fähigkeit, Informationen zwischen bestimmten Organisationseinheiten ziel- und sachgerecht zu verteilen, sind aber auch die organisatorischen Gestaltungsmerkmale des Informationstransports:

3. Der IVBB muß — wie im Minimalkonzept durchgeführt bzw. vorgesehen — in die bestehenden Kommunikationsinfrastrukturen der Bundesverwaltung eingebunden sein. Dabei wird die Beachtung des Ressortprinzips offensichtlich als in der inhaltlichen Ausgestaltung nicht diskussionsfähiger Grundsatz angesehen.

4. Dementsprechend bedarf es ressortübergreifender Vereinbarungen über die Festlegung von Protokollen und Standards für die Nutzung verschiedener Dienste in den dafür zuständigen Koordinierungsgremien.

5. Die Nutzung der Datenautobahn bzw. der SuperInfoBahnen (vgl. [Tenzer 1995]) setzt die Gewährleistung ausreichender Sicherheit voraus. Das Bundesamt für Sicherheit in der Informationstechnik (BSI) wird hier die Maßstäbe setzen müssen. Dabei wird es wohl nicht nur um Vertraulichkeitsprobleme, sondern auch um neue Anforderungen und Regelungen zur Verfügbarkeit und Vertrauenswürdigkeit von Informationen gehen.

6. Als dauerhafte Infrastruktureinrichtung ist das IVBB-Konzept unter Wirtschaftlichkeitsgesichtspunkten besonders zu prüfen. Wenn infolgedessen Outsourcing oder Joint Ventures in Erwägung gezogen werden, stellt sich die Frage nach einem Betreiberkonzept, das der Bundesverwaltung das uneingeschränkte Know-how zur Pflege und Weiterentwicklung der Infrastruktur garantiert.

3.3 Die Verbesserung der Informationsbearbeitungsfähigkeit als entscheidender Erfolgsfaktor für den IVBB

Informationsbearbeitungsfähigkeit stellt ab auf den arbeitsplatzbezogenen Anwendungsnutzen des Information-Highway. Dies führt im einzelnen zu folgenden Anforderungen:

1. Die Techniken der Telepräsenz können letztlich nur sinnvoll genutzt werden, wenn sie über Spezialräume hinaus am Arbeitsplatz rationell einsetzbar und in die Arbeitskultur einfügbar werden.

2. Telekooperation setzt elektronische Arbeitsplätze voraus, d.h. Arbeitsplätze, an denen die schriftliche Kommunikation im Regelfall elektronisch erfolgt und die mündliche Kommunikation mit dislozierten Partnern in erheblichem Maße als virtuelle face-to-face-Kommunikation stattfindet.

   Die jeweils gegebene bzw. sinnvolle Nutzungsbreite — gemessen an der gesamten Aufgabenerfüllung eines Mitarbeiters der Ministerialverwaltung — muß allerdings Gegenstand extensiver empirischer Untersuchungen werden.

   Das Ziel könnte sein, aus dem breiten Angebot hard- und softwaretechnischer Möglichkeiten einige wenige innovative Anwendungen auszusuchen, die eine häufige Verwendung garantieren und deren Nutzung sich schnell stabilisieren läßt.

3. Telekooperation von Arbeitsplatz zu Arbeitsplatz ist nur möglich, wenn eine Grundausstattung an Basisanwendungen zur Verfügung steht, mit der Vorgänge im weitesten Sinn bearbeitet sowie die dabei entstehenden und die bereits vorhandenen Dokumente verwaltet werden können.

4. Die technische Unterstützung der Vorgangsbearbeitung und -steuerung sollte in der planenden Ministerialverwaltung weniger auf Automatisierung abzielen, als vielmehr zu Werkzeugen führen, die den Bearbeitern eine flexible Gestaltung der Prozesse erlauben. Zur Ermittlung der erforderlichen Gestaltungsalternativen bedarf es eines differenzierten Konzepts von Anwendungs- und Anforderungsszenarien, die auf Teilsichten aus unterschiedlicher Arbeitsplatzperspektive basieren.

3.4 Organisationsfähigkeit als Komplementäranforderung zur Informationsbearbeitungsfähigkeit

An die Organisationsfähigkeit der öffentlichen Verwaltung werden bei einem derart fundamentalen Wandel der Arbeitsweise extrem hohe Anforderungen gestellt:

1. Die Einführung des elektronischen Arbeitsplatzes macht nur Sinn, wenn er in weiten Teilen der Verwaltung, letztendlich aber in der eindeutigen Mehrzahl der Büroarbeitsplätze, eingeführt wird.

2. Dadurch entstehen neue Kooperations- und Informationsstrukturen sowie neue Kommunikationsformen. Informationspflichten und Kontrollrechte, d.h. die Bedingungen der Verwaltungstransparenz, müssen neu definiert werden, und zwar bei Wahrung der rechtlich gebotenen Grundsätze des Verwaltungshandelns.

3. Da die Investitionsmittel, das organisatorische Potential sowie Lernfähigkeit und Lernwilligkeit des Personals Grenzen setzen werden, ist der angedeutete Wandel nur in einem langwierigen, mehrfach abgestuften Prozeß zu bewältigen und nicht allein durch den Reiz der neuen Technik und damit durch Beschaffungspolitik bzw. aggressives Marketing zu steuern.

4. Die Langfristigkeit des Wandels zur Dominanz elektronischer Arbeitsplätze und die funktionale Heterogenität der Verwaltung machen die Organisation des Neben- und Miteinanders unterschiedlicher Arbeitswelten (traditionelle Büroarbeit, ältere DV-Verfahren, neuere Fachanwendungen, konventionelle Bürokommunikation, elektronischer Arbeitsplatz, spezielle Plätze für Zukunftsinnovationen) zur zentralen Aufgabe der IT-Organisatoren. Sie muß als Daueraufgabe verstanden und in höchstem Maße kultiviert werden.

5. Der Qualifikationsbedarf wird angesichts des fundamentalen Wandels der Arbeitsweise wesentlich steigen. Qualifikationskonzepte werden wesentlich differenzierter und umfangreicher werden. Hier sind zum Teil völlig neue Formen zu erproben, die ohne umfangreiche Freistellungen bzw. Arbeitsentlastungen nicht erfolgsversprechend sein werden.

3.5 Führungsfähigkeit als Voraussetzung von Organisationsfähigkeit

Die Errichtung des IVBB war eine Führungsentscheidung in einem relativ überschaubaren funktionellen Rahmen, ist aber Teil einer Entwicklung, die wahrscheinlich einen erheblichen Qualitätssprung gegenüber dem derzeitigen organisatorischen Status quo auslöst.

Dies führt zu besonderen Anforderungen an die Führungsspitzen in Politik und Verwaltung:

1. Der Qualitätssprung ist nicht ohne Führungsentscheidungen hinsichtlich Investitionen und Relativierung organisatorischer Barrieren erfolgreich zu bewältigen.

2. Die Führungskräfte sind vom Qualitätssprung in die elektronische Arbeitswelt selbst besonders betroffen, z.B. hinsichtlich der Neudefinition der Transparenz von Führungsentscheidungen und der informationellen Neustrukturierung von Hierarchien.

3. Dennoch wird sich die Dominanz mündlicher und informaller Kommunikation (u.a. mit dem Instrument des Informationsverbergens) kaum ändern. Die Handhabung der Instrumente der elektronischen Arbeitswelt wird aber als unerläßliche Zusatzanforderung hinzukommen.

4. So gesehen ist der IVBB lediglich ein prägnantes Beispiel dafür, daß die „Öffentliche Verwaltung im Informationsverbund" eine uns noch nicht bekannte Mischung aus alten und neuen Strukturen darstellen wird.

Literatur

[Arbeitsstab 1992] Der Bundesminister des Innern, Arbeitsstab Berlin/Bonn. Bericht der Bundesregierung zur Umsetzung des Beschlusses des Deutschen Bundestages vom 20. Juni 1991 zur Vollendung der Einheit Deutschlands. Bonn, den 29. Mai 1992, (=BT Drs. 12/2850)

[Berlin/Bonn-Gesetz 1994] Gesetz zur Umsetzung des Beschlusses des Deutschen Bundestages vom 20. Juni 1991 zur Vollendung der Einheit Deutschlands (Berlin/Bonn-Gesetz) vom 26. April 1994. In: Bundesgesetzblatt, Jg. 1994, Teil 1, S. 918-921

[BMFT 1993] Bundesministerium für Forschung und Technologie, Bekanntmachung einer Fördermaßnahme zum Forschungsschwerpunkt "Telekooperation", Bonn, den 15.11.1993

[Coy 1995] Wolfgang Coy. Automat–Werkzeug–Medium. In: Informatik–Spektrum, H.1/1995, S. 31–38

[Engel 1995] Andreas Engel. Vorgangsbearbeitung im Informationsverbund. Vortrag GI-Jahrestagung 1995 (in diesem Band)

[Gesetzentwurf 1994] Gesetzentwurf der Fraktionen CDU/CSU, SPD und FDP. Gesetz zur Umsetzung des Beschlusses des Deutschen Bundestages vom 20. Juni 1991 zur Vollendung der Einheit Deutschlands (Berlin/Bonn-Gesetz). (=BT Drs. 12/6614 vom 18.1.1994)

[Hill 1994] Hermann Hill. Kommunikation einer geteilten Regierung. In: ZFO, H.5/1994, S. 318–323

[IT-Anfo-Bau 1993] Ralf Hamm/Thomas Lambert/Helmut Zimmermann (NEEF Consult.). Planungsunterlage IT-spezifische Anforderungen an bauliche Maßnahmen (IT-Anfo-Bau). Köln: Bundesanzeiger 1993 (Schriftenreihe der KBSt, Band 29)

[IVBB-Studie 1994] DETECON/GMD/Kienbaum. Studie IT–Unterstützung im Informationsverbund Berlin-Bonn (IVBB) mit Abschlußstellungnahme Prof. Dr. Eberhard Witte und Stellungnahmen der IT–Industrie. Köln: Bundesanzeiger 1994 (Schriftenreihe der KBSt, Band 30)

[IVBB-Stand 1994] Bundesministerium des Innern, Arbeitsgruppe OI3-KBSt-. Informationsverbund Berlin/Bonn (IVBB), Stand der Planung und Realisierung. Bonn, im April 1994. (Foliensatz)

[Konzeptpapier 1992] Harald Simon (Roland Berger und Partner GmbH). Konzeptpapier zur organisatorischen Ausgestaltung eines Berliner Dienstsitzes für Bonner Ministerien. (=Anlage zum Bericht der Arbeitsgruppe 2. In: [Arbeitsstab 1992])

[Lenk 1995] Klaus Lenk. „Business Process Re–Engineering": Sind die Ansätze der Privatwirtschaft auf die öffentliche Verwaltung übertragbar? In: Online, H.2/1995, S. 67–75

[Ordemann 1993] Kerstin Ordemann. Bundesministerien setzen auf X400. In: Online, H.8./1993, S. 54f.

[POLIKOM 1993] GMD. Forschungskonzept Telekooperation-POLIKOM, 01.07.1993. St. Augustin: POLIKOM-Management.

[Reinermann 1995] Heinrich Reinermann. Auswirkungen der Neuen Verwaltungskonzepte auf die Informationsverarbeitung. In: VOP, H.2/1995, S. 90–100

[Tenzer 1995] Gerd Tenzer. Information–Highway auf neuen Standards. Vortrag Informationsforum Bonn/Berlin, Behörden Spiegel, 27.4.95, Bonn

Uwe Kassner, KGSt Köln

Informationsaustausch zwischen öffentlichen Verwaltungen

1 Problemaufriß

1.1 Elektronischer Informationsaustausch

Zunehmend werden Informationen zwischen Kommunalverwaltungen und anderen, z.B. Landes- oder Bundesbehörden, nicht mehr nur über die "gelbe Post", sondern elektronisch ausgetauscht. Es handelt sich um die Übertragung digitaler Informationen mittels Datenübertragungsdiensten über Netze zwischen verschiedenen Dienststellen von Verwaltungen: Datenübermittlung oder Datenabruf.

Soweit es sich um reine **Datenübermittlung** - einschließlich elektronischer Post - handelt, die allein vom Absender initiiert wird, ist diese Kommunikationsanwendung rechtlich prinzipiell unproblematisch. Unmittelbare Kontrollmöglichkeiten gegen unbefugten Zugriff auf verwaltungseigene Daten sind gegeben.

Soweit künftig nicht nur die Datenübermittlung, sondern auch ein (ggf. gegenseitiger) direkter Zugriff auf Informationen als **Datenabruf** grundsätzlich möglich sein soll, sind weitergehende Vorkehrungen zu treffen.

Heute - Mitte des Jahres 1995 - ist zu beiden Formen des digitalen Informationsaustausches noch eine Reihe technischer Probleme zu lösen, insbesondere beim Datenabrufverfahren. Wichtig ist auch : Zur Vermeidung unnötigen Aufwandes muß der externe digitale Informationsaustausch in die Organisation der Verwaltung und insbesondere in ihre bestehende informationstechnische Infrastruktur eingebettet sein.

Neben diesen noch offenen technischen und organisatorischen Fragen ist von entscheidender Bedeutung, daß aus verfassungsrechtlichen Gründen weder Kontrolle "von oben", etwa im Sinne einer Kommunalaufsicht, möglich sein darf noch der Zugriff "von unten" auf geschützte Daten der Landes- oder Bundesverwaltung. Dazu sind schnellstmöglich einvernehmliche Lösungen zu erarbeiten.

1.2 Lösungsansätze

Kommunikation ist keine Einbahnstraße. Genauso, wie Landesverwaltungen auf kommunale Daten angewiesen sind, bestehen auch gemeindliche Interessen an Informationen der Landes- und Bundesverwaltung. Insofern sind einheitliche Kommunikationsdienste und -schnittstellen für beide Seiten von Interesse. Die jeweiligen fachspezifischen Anwendungen oder Dienste, die über diese Kommunikations-

schnittstellen abgewickelt werden, können - darauf aufbauend - dann anwendungsbezogen, und das heißt bilateral, ausgehandelt werden.
Die "Informationslandschaft" ist noch nicht vorgeformt für diesen Informationsaustausch. Allerdings wird die Zeit reif, entsprechende Vereinbarungen zu treffen, um Wildwuchs zu verhindern.
Es ist nicht sinnvoll, daß jeweils bilateral und fachspezifisch neue Formen des technikunterstützten Informationsaustausches konzipiert, geplant und realisiert werden. Schlimmstenfalls werden sonst in jedem Aufgabengebiete eigene Datenübertragungsverfahren entwickelt, die letztlich dazu führen, daß in den betroffenen Kommunalverwaltungen mehrere unterschiedliche, weil speziell dafür ausgestattete Endgeräte (Terminals) eingerichtet werden müssen. Solches Vorgehen ist kritisch zu hinterfragen und sollte vermieden werden, weil es zur Unwirtschaftlichkeit führt.
Es muß eine idealtypische IT-Infrastruktur über alle Ebenen hinweg gefunden werden. Die Ebenen sind Kommune, Land, Bund, Europäische Gemeinschaft. Dazu hat erstmals Wittkämper den Vorschlag des deutschen Verwaltungsnetzes gemacht[1]. Die technisch-organisatorische Lösung muß jetzt angegangen werden, damit nicht durch die faktische Entwicklung Dinge festgelegt werden, die dann nicht mehr oder nur noch schwer zu ändern sind.

1.3 Verwaltungspolitische Aspekte

Beim Datenaustausch zwischen Landesverwaltung und Kommunalverwaltungen ist, gerade wenn fachspezifische Regelungen getroffen werden, in der Regel die Organisationshoheit des Kommunalbereichs berührt. Das bedeutet, daß es beim informationstechnischen Austausch von Informationen zwischen öffentlichen Stellen einerseits um technisch-organisatorische Sachprobleme geht, daß jedoch auch verwaltungspolitische Aspekte berührt sind. Deshalb ist es wichtig, daß schon bald nach den technischen Vorklärungen auf kommunaler Ebene der Kontakt zu den Landesverwaltungen geknüpft wird, um Lösungen zu vereinbaren, ohne daß von dort in irgendeiner Form dirigistisch eingegriffen wird. Zu finden ist die Kooperation zwischen dem Kommunalbereich und den Landesverwaltungen, damit das "Wie" und das "Wer" geklärt wird.
Es gibt weitere Fragen: Wer ist verantwortlicher Ansprechpartner für den Informationsaustausch mit seiner Landesverwaltung, die Stadt, die Gemeinde, der Kreis?

---

[1] Wittkämper, G.W.: Auswirkungen der Technikentwicklung auf die Verwaltungsstruktur in: Bundesministerium des Innern und Senator für Inneres Berlin (Hrsg.): 23. Erfahrungsaustausch ADV Bund/Länder/Kommunaler Bereich am 13./14. März 1986 in Bonn, Schriftenreihe der KBSt, Band 4, Bonn 1986, Seite 247 ff.

Oder ist es die Kommunale Datenzentrale? Auch an dieser Fragestellung wird deutlich, daß es sich hier sowohl um organisatorisch/dv-technische als auch um verwaltungspolitische Fragestellungen handelt. Diese verwaltungspolitischen Aspekte werden im weiteren nicht weiter verfolgt.

2 Voraussetzungen für den Informationsaustausch

2.1 Vermeidung von Kommunikationsinseln

Wenn jede Behörde zum Zwecke des Datenaustausches mit ihrem jeweiligen Kommunikationspartner bilaterale Absprachen über die Schnittstellen für diesen Datenaustausch trifft, wächst schon bei geringfügigem Anwachsen die Zahl solcher Absprachen exponentiell - und das heißt: über handhabbare Grenzen hinweg. Das muß verhindert werden. Wenn jedes Fachministerium für seine Aufgaben jeweils spezifische Kommunikationsbeziehungen zu den Kommunen im Lande aufbaut, werden **Kommunikationsinseln** geschaffen, die letztendlich zu einem informationstechnischen Chaos führen. Sie beeinträchtigen darüber hinaus die Planungssicherheit für den Aufbau einer einheitlich geplanten informationstechnischen Infrastruktur einer Kommunalverwaltung.

Deshalb ist es nicht sinnvoll, daß die Landesverwaltungen sich jeweils auf der Fachbereichsebene mit ihren Kommunikationspartnern in den Kommunen verständigen. Nicht die Umweltämter, nicht die Schulen sind die Kommunikationspartner, sondern die Kommunalverwaltungen als Ganzes.

Was hier als Problem zwischen Kommune und Land geschildert wird, gilt in gleicher Weise für die Bundesverwaltung. Erwünscht ist ein Abrufverfahren, das die gesetzliche Aufgabenerfüllung ermöglicht und gleichzeitig die Schutzinteressen der Beteiligten Stellen berücksichtigt.

Zur Realisierung eines derartigen Abrufverfahrens bietet sich folgendes Lösungsmodell an:

- Übermittlung der Abfrage über X.400 oder FTAM (File Transfer, Access and Management) an die datenführende Stelle;
- Interpretation der Abfrage und Bereitstellung der Daten durch die datenführende Stelle;
- Übermittlung der Ergebnisdaten an die anfragende Stelle.

Diese "real-time-ähnlichen" und vollautomatischen Verfahren sind bereits in der Praxis eingesetzt und stellen durch den Verzicht auf die uneingeschränkten Dialogmöglichkeiten in vielen Fällen eine angemessene technische Lösung für den Datenabruf dar.

2.2 Anforderungen

Aus Gründen der kommunalen Informationshoheit, aber auch aus Gründen der technischen Vereinfachung und der verbesserten Sicherheit bietet es sich an, den Informationsaustausch zwischen öffentlichen Stellen jeweils auf **einen** Ein- und Ausgang innerhalb der Verwaltung - eine **Kopfstelle** - zu beschränken. Auf diese Weise soll erreicht werden, daß die vielfältigen Aktivitäten für den elektronischen Informationsaustausch mit unterschiedlichsten Institutionen für jede Kommune übersichtlich und kontrollierbar bleibt.

Die Kommunikation darf nicht herstellerbezogen sein. Wesentlich ist, daß welt- oder europaweit genormte Dienste und Schnittstellen eingesetzt werden.

Für eine solche Lösung muß flächendeckend eine Kommunikation zwischen Behörden möglich sein. In den Kommunikationsbeziehungen zwischen einem Land und den Kommunen dürfen keine weißen Flecken entstehen, wie auch zwischen Bund und Ländern flächendeckend informationstechnische Kommunikation möglich sein muß.

Neben den Behörden im dreistufigen Aufbau unseres Staates und der vierten Stufe Europäische Gemeinschaft sind auch Kommunikationsbeziehungen zu Dritten, d.h. anderen Behörden, z.B. Stadtwerke, Kirchen, Bildungswerke, zu organisieren.

Die wesentliche Grundlage eines Sicherheitskonzeptes bildet die Realisierung einer geschlossenen Benutzergruppe, die jede Kommune für sich mit all ihren Kommunikationspartnern bildet. Dies kann dadurch erfolgen, daß software-unterstützt unzulässige Verbindungsanforderungen bereits auf der Netzebene abgewiesen werden. Hierzu sind bei jedem Kommunikationspartner die zulässigen Netzadressen zu verwalten. Die Einrichtung einer geschlossenen Benutzergruppe kann daneben auch unmittelbar als Dienstleistung der DBP Telekom oder eines anderen Netzanbieters in Anspruch genommen werden. Auf diese Weise läßt sich, in Verbindung mit zusätzlichen Schutzmaßnahmen, besser regeln, wer in welcher Form nicht nur kommuniziert, sondern insbesondere auch das Recht hat, auf verwaltungseigene Daten zuzugreifen.

3 Informationsaustausch zwischen Domänen

3.1 Domänen

Es wird empfohlen, den Datenaustausch zwischen Kommunalverwaltungen und anderen auf der Grundlage des Domänen-Konzeptes zu organisieren. Es bildet für den Informationsaustausch zwischen öffentlichen Stellen die geeignete Grundlage.

Diese Empfehlung basiert auf den Aussagen des Kooperationsausschusses ADV Bund/ Länder/Kommunaler Bereich (KoopA ADV) in dessen Papier "Leitaussagen zur Informationstechnik in der öffentlichen Verwaltung" einschließlich "IT-Szenario des KoopA ADV"[2]. Der KoopA ADV legt als konzeptionellen Rahmen und Orientierungsmodell für die Gestaltung konkreter informationstechnischer Infrastrukturen die EG-Informationsarchitektur zugrunde, die in ihren wesentlichen Aussagen mit dem Konzept der KGSt zur Technikunterstützten Informationsverarbeitung (Tul) übereinstimmt[3]. In den Leitaussagen wird empfohlen, die Kommunikation zwischen Behörden als Dienstleistungen (Anwendungen) zwischen Domänen aufzufassen.

Was sind Domänen? Eine **Domäne** ist ein organisatorisch abgegrenzter Bereich, der eine festgelegte Zuständigkeit in bezug auf die Informationsverarbeitung hat und mit anderen Domänen über definierte Schnittstellen Informationen austauschen kann. Man unterscheidet private und öffentliche Domänen. Eine private Domäne (z.B. eine gesamte Gemeindeverwaltung) kann sich in einzelne lokale Domänen (z.B. einzelne Fachämter der Gemeinverwaltung) unterteilen; alle lokalen Domänen einer privaten Domäne nutzen die zentrale Dienste eines Rechen- und/oder eines Telekommunikationszentrums. Eine private Domäne nutzt zugleich die externen Dienste von öffentlichen Domänen[4].

Die KoopA-Empfehlung zur Bildung von Domänen wird hier nicht im einzelnen wiederholt oder erläutert. Sie spricht für sich. Wichtig ist jedoch, daß auf der Basis des Domänenkonzeptes Organisation, Systemtechnik und Anwendungen zur Unterstützung der Büroarbeit (Bürokommunikation) als Strukturelemente der informationstechnischen Infrastruktur eine wichtige Rolle spielen. Voraussetzung für die damit erreichbare umfassende Technikunterstützte Informationsverarbeitung innerhalb einer Domäne ist:

- die flächendeckende Ausstattung mit mehrfunktionsfähiger Technik,

---

[2] Kooperationsausschuß ADV Bund/Länder/Kommunaler Bereich (KoopA ADV) (Hrsg.): "Leitaussagen zur Informationstechnik in der öffentlichen Verwaltung" einschließlich "IT-Szenario des KoopA ADV", Oktober 1992. Die KGSt mißt den Leitaussagen und dem IT-Szenario den gleichen Stellenwert zu wie ihren gutachtlichen Äußerungen und hat deshalb zusammen mit dem Deutschen Städtetag deren Veröffentlichung übernommen.

[3] KGSt-Gutachten "Technikunterstützten Informationsverarbeitung (Tul)", Köln 1990.
KGSt-Gutachten "Informationstechnische Infrastruktur in Kommunalverwaltungen", Köln 1989.

[4] KoopA ADV (Hrsg.), a.a.O., Anlage 1, Ziffer 5.

- die Einbindung dieser Arbeitsplatztechnik in ein verwaltungsweites Netzwerk,
- die Verbindung des internen Netzwerkes mit dem entsprechenden Umfeld (z.B. öffentliche und private Dienste),
- eine Integration von Bürokommunikations-Funktionen untereinander sowie von Bürokommunikations-Funktionen mit herkömmlichen Anwendungen
- eine neue Generation von anpassungsfähigen Standard-Software-Produkten, die für eine herstellerübergreifende Nutzung geeignet sind.

3.2 Kommunikationsverbindungen zwischen Domänen

Für die Verbindung zwischen Domänen gibt es grundsätzlich zwei Alternativen:
Alternative 1: Zwischen allen am Verbund beteiligten Domänen wird eine direkte Kommunikationsverbindung hergestellt. Insgesamt entsteht damit ein vermaschtes Netz.
Alternative 2: Eine (oder mehrere) zentrale technische Stelle(n) (Bezeichnung z.B. Kopfstelle, zentrales Postamt, Relaystation, Telebox-MT-Dienst) übernimmt die Vermittlungsfunktion zwischen den Domänen und stellt außerdem die externen Verbindungen her. Insgesamt entsteht hierdurch ein sternförmiges Netz. Zum X.400-Dienst gibt es zwischenzeitlich in Deutschland eine Reihe von Anbietern, die ihre Dienste als Kopfstelle zur Verfügung stellen. Sie sind untereinander verbunden, damit die Kommunikation zwischen Domänen, die zu unterschiedlichen Kopfstellen gehören, gewährleistet ist.
Beide Alternativen sind unabhängig von der Art der Domäne - privat, lokal oder öffentlich. Als Kommunikationsdienste dienen i.a. Datex-P oder ISDN (Integrated Services Digital Network).
Die innere Struktur einer Domäne wird durch dieses Konzept nicht geregelt. Das Domänenkonzept kann jedoch auch für die innere Strukturierung benutzt werden: Lokale Domänen, z.B. innerhalb innerhalb einer Kommune oder einer Gemeinsamen Kommunalen Datenverarbeitungszentrale GKD. Sie können über die Kopfstelle oder aber direkt miteinander verbunden werden.
Die Auswahl der geeigneten Verbindungsstruktur zwischen Lokalen Domänen liegt im Verantwortungsbereich des Domänen-Betreibers. Über die Verbindung zwischen den Domänen muß bei Alternative 1 (direkte Verbindungen) eine Einigung zwischen den beteiligten Stellen über das zu verwendende Netz erreicht werden; aus technischen und wirtschaftlichen Gründen wird hierfür das ISDN empfohlen. Gegebenenfalls sind weitere bilaterale Absprachen erforderlich. Werden im Innenbereich einer

Domäne andere Kommunikationsdienste und Protokolle[5] eingesetzt, sind an der Kopfstelle entsprechende Gateways einzurichten.

Gegenüberstellung der Vor- und Nachteile beider Alternativen:

Alternative 1: Vermaschtes Netz

Vorteile

- Höhere Verfügbarkeit und kürzere Übermittlungszeit durch direkte Verbindung.
- Höhere Datensicherheit, da keine Zwischenspeicherung bei Dritten (Kopfstellen).
- Keine zusätzlichen Kosten für zentrale Dienstleistung (z.B. TELEBOX-MT-Kosten).

Nachteile

- Höherer Aufwand durch die notwendige Verwaltung der Verbindungsdaten (Netzadressen und sonstige verbindungsrelevaten Daten aller direkt verbundenen Kommunikationspartner müssen verwaltet werden).
- Umfangreiche Tests sind erforderlich bei Neueinrichtung der Verbindung sowie bei Änderung der Konfiguration bei einem der zwei Kommunikationspartner.
- Kein Ad-hoc-Zugang zu neuem oder sporadischem Partner.
- Keine direkte Nutzungsmöglichkeit anderer Postdienste (z.B. Telefax) ohne zusätzliche Hard- und Software.

Alternative 2 = Verbindung über Kopfstelle

Vorteile

- Einfache Verwaltung der Verbindungsdaten (nur die Netzadresse der Kopfstelle ist (einmalig) einzutragen).
- Sofortiger Zugang zu allen angeschlossenen Domänen sowie zu externen Stellen.
- Dienstübergänge zu anderen Postdiensten (z.B. Telefax) werden erleichtert.
- Reduzierung des Aufwands für die Netzadministration.

Nachteile

- Kosten für den Zugang und die Nutzung der ADMD[6] bzw. für den Betrieb der Zentrale,

---

[5] Zum Beispiel TCP/IP (Transmission Control Protocol / Internet Protocol), SNA (System Network Architecture von IBM) oder TRANSDATA (von Siemens).

[6] Administrative Management Domaine: Landesweit öffentlich angebotene Kopfstelle für Domänen.

- 24-Stunden-Betrieb muß gewährleistet sein (innerhalb einer Domäne nicht erforderlich),
- bei Störung der Zentrale fallen alle Verbindungen aus,
- Sicherheitsrisiken durch Zwischenspeicherung (in der Kopfstelle).

3.3 Bildung von Domänen im Kommunalbereich

Die Bildung von Domänen im Kommunalbereich sollte so bald wie möglich erfolgen um die eingangs genannten Ziele zu erreichen. In diesem Zusammenhang ist insbesondere zu klären, welche Körperschaften oder Institutionen eine in sich geschlossene informationstechnische Infrastruktur darstellen, die gegenüber Außenstehenden als Domäne anzusehen ist.

Für den Informationsaustausch zwischen Landesverwaltung und Kommunen soll eine flächendeckende Vereinbarung erreicht werden, so daß jeder am elektronischen Informationsaustausch beteiligt werden kann.

Die Bildung von Domänen orientiert sich an der vorhandenen DV-Landschaft mit den bestehenden Kommunalen Datenverarbeitungszentralen (KDZ). Es ist davon auszugehen, daß im Einzugsbereich Gemeinsamer Kommunaler Datenverarbeitungszentralen die Bildung von eigenständigen Domänen für einzelne Mitgliedsverwaltungen - ggf. als Lokale Domänen - auf Grund der bestehenden informationstechnischen Infrastrukturen zur Zeit noch nicht möglich ist.

4 Fazit

Wenn auf der Grundlage des Domänen-Konzepts mit genormten Schnittstellen Informationsaustausch betrieben wird, muß nicht im Einzelfall für Anwendungen, die zwischen Institutionen zum Informationsaustausch führen, die Netze- und Übertragungsproblematik gelöst werden. Die Möglichkeiten des Informationsaustausches sind festgelegt; was inhaltlich zwischen Fachabteilungen oder -ämtern unterschiedlicher Institutionen an Informationen ausgetauscht wird, ist anwendungsbezogen und für die allgemeine Lösung des Kommunikationsproblems unerheblich.

Regionaler Informationsverbund zur Struktur- und Wirtschaftsförderung

Albert Noltemeier, Hubert Große-Onnebrink, Lothar Oppor
GMD – Forschungszentrum Informationstechnik GmbH
D-53754 Sankt Augustin
EMail: noltemeier@gmd.de

1. Ausgangssituation

1.1 Strukturwandel in einer Region

Der Deutsche Bundestag hat in seinem Beschluß zur Vollendung der deutschen Einheit am 20. Juni 1991 festgelegt, daß Berlin, die Hauptstadt der Bundesrepublik Deutschland, zum Sitz des Deutschen Bundestages wird. Die Bundesregierung wurde aufgefordert, geeignete Maßnahmen zu treffen, damit die Funktionsfähigkeit und die Zusammenarbeit der Verfassungsorgane sichergestellt werden, wobei eine faire Arbeitsteilung zwischen Berlin und Bonn entstehen soll. Der größte Teil der Arbeitsplätze in den Ministerien sollte in Bonn erhalten bleiben. Dies bedeutet nach dem Personalstand von 1993 eine Abwanderung von bis zu 11.000 Arbeitsplätzen bei den Ministerien nach Berlin.

In einem am 29. Juni 1994 abgeschlossenen Ausgleichsvertrag zwischen der Bundesregierung, den Ländern Nordrhein-Westfalen und Rheinland-Pfalz und der Region Bonn/Rhein-Sieg/Ahrweiler sind Projekte festgeschrieben worden, die die verlorengehenden Arbeitsplätze kompensieren sollen. Ab 01. Januar 1995 läuft der Ausgleichsvertrag und stellt der Region bis zum Jahr 2004 Gesamtleistungen in Höhe von 2,81 Milliarden DM zur Verfügung. Davon sind 1,6 Milliarden DM für den Schwerpunktbereich Wissenschaft, Forschung, Technologie und Bildung vorgesehen, u. a. sollen dadurch die beiden neuen Fachhochschulen Rhein-Sieg und Ahrweiler sowie das Europäische Forschungszentrum CAESAR Center for Advanced European Studies and Research ins Leben gerufen werden.

Im Ausgleichsvertrag wird die "Entwicklung Bonns zu einer Region mit zukunftsorientierter Wirtschaftsstruktur" gefordert. Deshalb sind der Gesamtregion für die Wirtschaftsförderung 300 Millionen DM zur Verfügung gestellt worden. Dazu kommen noch die rund 212 Millionen DM aus den Soforthilfefonds, die vor allem für die Erschließung von Gewerbeflächen verwendet wurden. Diese Ausgleichsmittel sollen u. a. auch eingesetzt werden zur Förderung von Projekten der Strukturförderungsgesellschaft Bonn/Rhein-Sieg/Ahrweiler (SFG).

1.2 Aufgaben der Strukturförderungsgesellschaft

Durch den Ausgleichsvertrag wurde das Fundament für einen politisch gewollten Strukturwandel in der Region Bonn/Rhein-Sieg/Ahrweiler gelegt. Die zu erwartenden wirtschaftlichen Auswirkungen des Berlin/Bonn-Beschlusses waren der Anlaß zur Gründung der Strukturförderungsgesellschaft mbH Region Bonn/Rhein-Sieg/Ahrweiler (SFG). Sie hat am 01. Juli 1993 ihre Geschäftstätigkeit aufgenommen.

Für die Stadt Bonn, den Rhein-Sieg-Kreis und den Kreis Ahrweiler hat die SFG die übergeordneten Aufgaben der Koordination und Durchführung von vorgesehenen Wirtschafts- und Ausgleichsmaßnahmen des Bundes übernommen. Gegenstand des Unternehmens ist gem. Gesellschaftervertrag die Förderung der Strukturentwicklung der Region, insbesondere die Erhaltung und der Ausbau der Standortqualität und der Arbeitsplätze in der Region, Durchführung von Projekten sowie Entwicklung und Umsetzung eines regionalen Marketingkonzeptes. Dies erfolgt in enger Zusammenarbeit mit den Gebietskörperschaften bzw. den Wirtschaftsförderungsämtern der Kommunen und Kreise.

Aufgrund der besonderen Umstände, die zur Gründung der SFG geführt haben, kommen zu den im KGSt-Gutachten "Verwaltungsorganisation der Kreise" und "Verwaltungsorganisation der Gemeinden" definierten Tätigkeiten zur Wirtschafts- und Verkehrsförderung weitere hinzu. In den nachfolgenden vier Punkten sind zusammenfassend die wichtigsten Aufgaben der SFG wiedergegeben, die insbesondere zur Veränderung der Struktur führen und die wirtschaftliche Situation in der Region verbessern sollen:

1. Schwerpunkt ist die Akquisition von potentiellen Investoren und deren Beratung. Die Zielgruppen sind sowohl nationale als auch internationale Unternehmen. Investoren, die sich in der Region ansiedeln wollen, berät die SFG über regionale, nationale und internationale Fördermöglichkeiten.

2. Mit Hilfe von eigenen oder extern vergebenen Gutachten sollen Schwerpunkte sowie optimale Randbedingungen bzw. Voraussetzungen für die Ansiedlung neuer Unternehmen in der Region erkannt und geschaffen werden.

3. Bestandteil des Bonn-Berlin-Beschlusses sind Ausgleichsmaßnahmen für die Region Bonn. Die SFG ist für die entsprechenden Bundesbehörden zentraler Ansprechpartner für Ausgleichsmaßnahmen, die zur Verbesserung der Strukturen in der Region führen. Sie soll Projektvorschläge erarbeiten und deren Abwicklung und Umsetzung betreuen (z. B. Technologie-Park Bonn/Sankt Augustin, Fachhochschule).

4. Durch wirtschaftsfördernde Betreuung der vorhandenen Unternehmen ist ein Informationsaustausch mit diesen aufzubauen und eine Vertrauensbasis zwischen den Beteiligten herzustellen. Probleme können so frühzeitig erkannt und beseitigt werden.

Darüber hinaus gibt es noch viele Aufgaben, die von der SFG wahrgenommen werden. So nimmt sie z. B. eine Koordinationsfunktion zwischen den Gebietskörperschaften in allen Fragen und Problemen der Wirtschafts- und Strukturförderung wahr. Sie ist Repräsentantin der Region nach außen, so zum Beispiel auf nationalen oder internationalen Veranstaltungen, auf denen die Region als Wirtschaftsstandort vorgestellt wird.

2. Aufbau eines Informationsverbundes für die Wirtschaftsförderung

Die Aufgaben der SFG und der Wirtschaftsförderungseinrichtungen bei den Gebietskörperschaften sollen durch den Aufbau eines regionalen Informationsverbundes mit moderner Informations- und Kommunikationstechnik unterstützt werden. Deshalb hat die SFG die Gesellschaft für Mathematik und Datenverarbeitung (GMD) Mitte 1993 mit der Entwicklung eines integrierten Standortinformationssystems für regionale Wirtschaftsförderung beauftragt. Basis für den Informationsverbund ist ein Standortinformationssystem, das im Jahr 1994 realisiert wurde. Darauf aufbauend wird zur Zeit ein Kommunikationssystem zur Telekooperation und Telepräsenz in der Region geplant und eingerichtet.

2.1 Ziele für den Informationsverbund

Ziel des Vorhabens ist es, alle mit der Struktur- und Wirtschaftsförderung in einer Region befaßten Stellen durch benutzungsfreundliche und komfortable Telekooperationstechniken bei der Zusammenarbeit zu unterstützen. Es soll ein informationstechnisches Konzept erstellt werden, das die Beratungs- und Akquisitionstätigkeit sowie die Präsentation des regionalen Angebots unterstützt, den Informationsaustausch zwischen den Gebietskörperschaften und der SFG regelt und die Kooperation mit den Gebietskörperschaften fördert.

Daraus ergaben sich für das Projekt die beiden folgenden Aufgabenbereiche:

- Aufbau eines Standortinformaltionssystems mit multimedialen Inhalten

  Um potentielle Investoren qualifiziert und verbindlich beraten zu können, ist es erforderlich, daß die SFG und die Gebietskörperschaften mit Hilfe der Informationstechnik komplette und jeweils aktuelle Übersichten über die Strukturdaten der Region und über alle verfügbaren Gewerbeflächen einschließlich Immobilien haben.

Für die Werbung und Akquisition benötigt die SFG ein Präsentationssystem, das die Möglichkeiten der multimedialen Darstellung (Text, Grafik, Ton, Fest- und Bewegtbild) weitgehend nutzt. Zur Sicherung der Aktualität und der Konsistenz wird auf die Daten im Standortinformationssystem zurückgegriffen.

- Aufbau eines Telekooperationssystems

Zur Sicherstellung der Kommunikation zwischen der SFG und den Gebietskörperschaften soll ein regionales Netz aufgebaut werden, über das die Zusammenarbeit zwischen den Beteiligten schnell und komfortabel unterstützt wird. Die Telekooperation kann dabei asynchron über elektronische multimediale Post bis zur synchronen Telepräsenz über Audio/Video am Arbeitsplatz reichen.

2.2 Aufbau eines Standortinformationssystems

Zum Aufbau einer gemeinsamen Informationsbasis für die SFG und die Gebietskörperschaften wurden die für das Standortinformationssystem relevanten Daten ermittelt und in einem Katalog nach Struktur-, Flächen- und Parzellendaten gegliedert. Daraus entstand ein Katalog von Nutzungsanforderungen, der im wesentlichen folgende Vorgaben beinhaltete:

- Sachdaten:
- – Struktur- und Standortinformationen
  Detaillierte Angaben zur Bevölkerungs- und Infrastruktur, Erfassung und Pflege von Anschriften und Ansprechpartnern
- – Flächenverwaltung
  Beschreibung der Gewerbe- und Industrieflächen der Region
- – Gebäudeverwaltung
  Beschreibung der verfügbaren Gebäude (Anschrift, Verfügbarkeit, Art der Gebäude, Büro- und Geschoßflächen etc.)
- – Parzellenbeschreibung
- – Bestandspflege bestehender Unternehmen
- – Beratungs- und Anfrageprotokollierung

- Darstellung:
- – Graphische Darstellung der Region einschließlich der Gewerbe- und Industriegebiete
- – Bildinformationen zu verschiedenen Objekten (Foto, Video etc.)
- – Raumbezogene Darstellung auf der Grundlage von Karten unterschiedlicher Maßstäbe und Karten unterschiedlicher Themen (Verkehr, Umwelt etc.)

- Flächenbezogene Auswertung
- Präsentationsmöglichkeiten

• DV-Technik:
- Das Programm sollte auf einem Arbeitsplatzrechner unter dem Betriebssystem MS-DOS mit WINDOWS-Oberfläche ablauffähig sein.
- Für den Datenaustausch mit den Gebietskörperschaften sollten offene Datenbankschnittstellen vorhanden und das Programm netzfähig sein.

Die Analyse bestehender Unterstützungssysteme ergab, daß es kein einzelnes System gibt, das alle ermittelten Anforderungen erfüllt. Manche Systeme unterstützen als spezialisiertes (alphanumerisches) Informationssystem Aufgaben der Flächen- und Parzellenvermarktung. Andere Programme erlauben die graphische Darstellung von Strukturdaten in geographischen Informationssystemen.

Von den untersuchten Unterstützungssystemen wurden unter den von der SFG vorgegebenen funktionalen und wirtschaftlichen Gesichtspunkten die beiden folgenden Programme ausgewählt:

- Ein textorientiertes Informationssystem für Wirtschaftsförderung: das Kommunale-Wirtschafts-Informations-System KWIS der Firma GEFAK, Gesellschaft für angewandte Kommunalforschung mbH in Marburg.

- Für die geographische Darstellung der Region: das geographische Informationssystem Atlas GIS der Firma GEOSPACE Satellitenbilddaten GmbH, in Bonn.

Das kommunale Wirtschaftsinformationssystem KWIS ist auf der Basis des Datenbanksystems Progress für Arbeitsplatzrechner unter dem Betriebssystem DOS entwickelt worden und im Jahr 1994 auf Windows übertragen worden. Es unterstützt in einer Wirtschaftsförderungseinrichtung insbesondere die Informationsverwaltung durch die Bereitstellung der für die Wirtschaftsförderungspolitik wichtigen Daten wie

- Gemeindeprofile,
- Statistische Daten zur Bevölkerungs- und Wirtschaftsstruktur,
- Informationen zur Infrastruktur,
- Adressen von Klienten, Unternehmen usw.,
- Unternehmen,
- Angebot und Nachfrage nach Gewerbeflächen,
- Übersicht über Förderprogramme und Technologietransfer-Möglichkeiten,
- Gegenstand, Zuständigkeiten und Entwicklungsverlauf einzelner Projekte.

Die Beratungstätigkeit wird unterstützt durch eine einfache Informationsauswahl, durch die Erstellung von Exposés und durch die Dokumentation der Gespräche mit den Klienten.

Atlas GIS ist ein weit verbreitetes geographisches Informationssystem mit Vektorgrafik, das seit Anfang 1994 auch für Windows angeboten wird. Es hat die folgenden Leistungsmerkmale:

- Karteneingabe, Kartenausgabe, Gestaltung von bis zu 250 graphischen Ebenen (Layer),
- Gestaltung von thematischen Karten,
- Verwaltung von dBase- und Excel-kompatiblen Dateien,
- Suchabfragen nach Datenbankinformationen und räumlichen Lagebeziehungen.

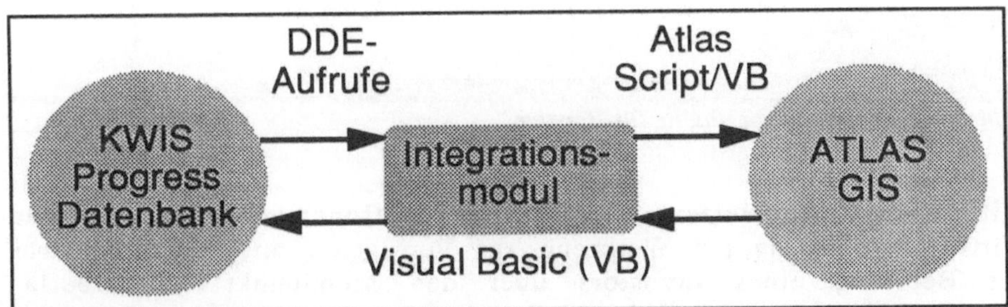

Schema der Integration

Die Nutzungsanforderungen der SFG zur Entwicklung eines integrierten Standortinformationssystems mit einheitlicher Benutzungsoberfläche, gemeinsamer Datenbasis und Schnittstellen für den Austausch von Daten wurden von uns durch die Erstellung eines Integrationsmoduls erfüllt. Dieser Integrationsmodul stellt die Verbindung zwischen KWIS und Atlas GIS her, indem er die DDE-Funktionen (Dynamic Data Exchange) aus KWIS mit Hilfe der Programmiersprache Visual Basic und der Scriptsprache Atlas Script/VB für Atlas GIS umsetzt (s. Schema der Integration). Beim Entwurf der neuen Benutzungsoberfläche mußten drei unterschiedliche Anwendungsebenen, "Administration",. "Beratung" und "Präsentation", berücksichtigt werden. Diese unterscheiden sich sowohl im Funktionsumfang als auch durch den Bedienungskomfort (s. Beispiel für Benutzungsoberfläche für Berater). Während bei KWIS die Benutzungsoberfläche im Rahmen der Portierung dieser Software von DOS nach Windows angepaßt wurde, geschah dies bei ATLAS GIS auf der Basis des vorhandenen Programms mit Hilfe der in ATLAS GIS enthaltenen Programmiersprache ATLAS Script/VB.

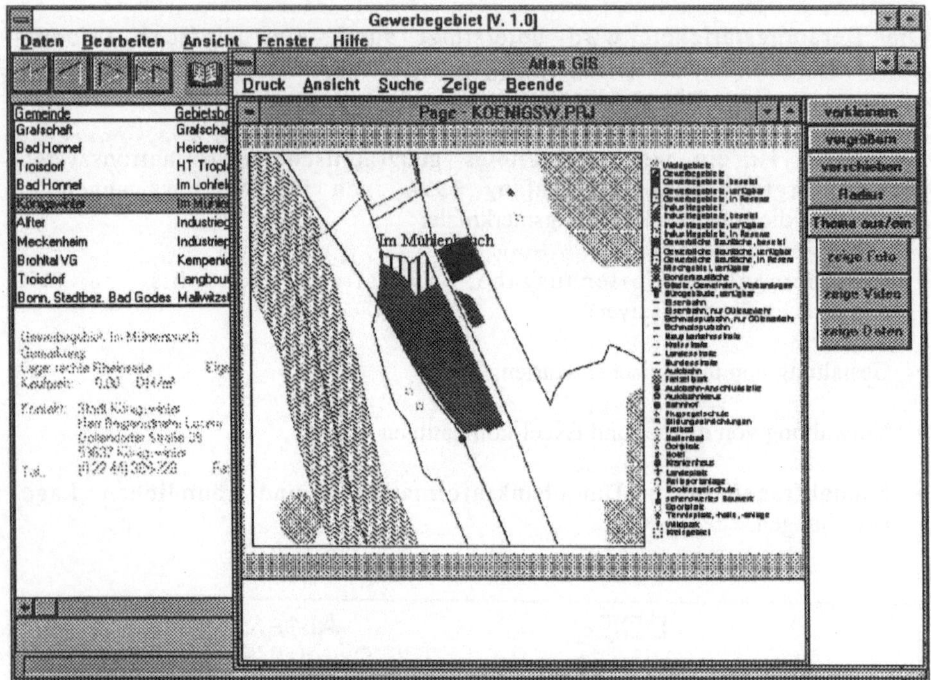

Beispiel Benutzungsoberfläche für Berater

Mit dem integrierten Standortinformationssystem steht der Wirtschaftsförderung ein Werkzeug zur Verfügung, mit dem z. B. bei der Beratung eines Investors über den Menüpunkt "Gewerbeflächen/Gebiete" eine Namensliste aller im System bekannten Gewerbegebiete angezeigt werden kann. Diese ist sortiert nach den Namen der Gewerbegebiete. Durch Markieren kann ein bestimmtes Gewerbegebiet ausgewählt werden, zu dem einige Informationen in der unteren Bildschirmhälfte zu sehen sind. Detailliertere Informationen können über die sog. Einzelansicht angezeigt werden, die über Doppelklick auf die ausgewählte Listenzeile oder über das Buch-Symbol in der Buttonleiste aktiviert wird. Über weitere Buttons können bestimmte Themenfenster hinzugeblendet werden wie beispielsweise "Ver-/Entsorgung" oder "Unternehmen" im ausgewählten Gewerbegebiet. Existieren zu dem gewählten Gewerbegebiet geographische Daten im GIS, so ist der unterste Button "zeige Karte" aktiviert und es können über ihn diese Daten angezeigt werden. Diese Auswahl bewirkt, daß die benötigten geographischen Daten geladen werden und dann das GIS-Fenster mit dem gewünschten Kartenausschnitt im Vordergrund erscheint.

2.3 Aufbau eines Telekooperationssystems

Das Selbstverwaltungsrecht der Gemeinden in der Region und ihre Planungshoheit bleiben durch die Gründung der SFG unberührt, es ist aber eine sehr enge Zusammenarbeit zwischen der SFG und den Gebietskörperschaften sicherzustellen. Durch neue Telekooperationstechniken sollen alle mit der Wirtschaftförderung in der Region befaßten Stellen unterstützt werden mit folgenden Zielen:

- Durch einen Informationsverbund zwischen einer zentralen Wirtschaftsförderungseinrichtung in einer Region und den zugehörigen Wirtschaftsförderungseinrichtungen bei den Gebietskörperschaften soll der Informationsfluß beschleunigt werden, so daß die notwendige Information bei allen Einrichtungen für die Aufgabenerledigung aktuell sowie aufgaben- und ortsspezifisch vorliegt.

- Bei der Akquisition und Beratung von potentiellen Investoren durch die zentrale Wirtschaftsförderungseinrichtung soll die Hinzuziehung der örtlichen Wirtschaftsförderungseinrichtung ohne einen Personentransport erfolgen, wobei die persönliche Atmosphäre weitgehend erhalten bleiben soll und die Beteiligten gemeinsam in die notwendigen multimedialen Dokumente einsehen und bei der Erörterung der Ansiedlung auch in den Dokumenten etwas zeigen können (Telepräsenz).

- Die gemeinsame Bearbeitung und Konsensbildung bei regionalen Projekten (z. B. Erschließung eines überörtlichen Entwicklungsgebietes) soll trotz der räumlichen Trennung zwischen der zentralen und den örtlichen Wirtschaftsförderungseinrichtungen erleichtert und beschleunigt werden.

Es soll daher ein Telekooperationssystem aufgebaut werden, über das die Zusammenarbeit der Beteiligten schnell und komfortabel unterstützt werden kann. Als Grundlage für das Telekooperationssystem wurde ein informationslogistisches Konzept erstellt, in dem die Verteilung der Informationseinheiten auf die Wirtschaftsförderungseinrichtungen und ein Aktualisierungsverfahren festgelegt wurden.

Das Telekooperationssystem wird in mehreren Stufen realisiert. In der ersten Stufe wird das bestehende Diskettenaustauschverfahren zur Aktualisierung der Informationen, das eine zentrale Erfassung bei der SFG und eine Verteilung selektierter Daten an die Gebietskörperschaften beinhaltet, in ein dezentralisiertes Verfahren mit Austausch über das ISDN-Netz überführt. In einer zweiten Stufe sollen dann für die Zusammenarbeit in der Region bei der Akquisition und Beratung sowie bei gemeinsamen Projekten Kommunikationsdienste wie Nachrichtenaustausch nach X.400 oder Videokonferenz-Dienst sowie Kooperationsdienste wie gemeinsames Ansehen von Dokumenten (joint viewing) und gemeinsames Bearbeiten von Dokumenten (joint editing) hinzugenommen werden.

3. Einbettung in einen regionalen Informationsverbund

Das aufzubauende Telekooperationssystem für die Struktur- und Wirtschaftsförderung ist nur lebensfähig, wenn es eingebettet wird in einen größeren, regionalen Informationsverbund. Wirtschaftsförderungseinrichtungen haben auf der kommunalen Ebene mit den meisten Ämtern wie Bauamt, Planungsamt, Umweltamt, Liegenschaftsamt oder Gewerbeamt rege Kommunikationsbeziehungen. Auf der anderen Seite dienen die Wirtschaftsförderungseinrichtungen als Schaltstelle zu den privaten Unternehmen, bei denen sie Akquisition und Werbung betreiben, mit denen sie Informationen austauschen und für die sie die Koordination ihrer Anliegen mit der Verwaltung vornehmen. Übergreifend haben die Wirtschaftsförderungseinrichtungen natürlich auch in der Region Kommunikationsbeziehungen zu den Industrie- und Handelskammern, Verbänden, Banken, Sparkassen usw.

In dem vom BMBF geförderten POLIKOM-Projekt "Vorgangsbearbeitung unter Einbeziehung synchroner Telekooperation (POLIVEST)" haben wir gemeinsam mit SNI, Siemens, SIETEC und BPU als Anwendungsfelder für die Telekooperation in der Kommunalverwaltung drei Bereiche ausgewählt:

- Auf der Führungsebene sollen Planungs-, Abstimmungs-, Entscheidungs- und Steuerungsfunktionen unterstützt werden. Neben dem Einsatz von elektronischer Post soll die Abfrage von Informationen aus bestehenden Informationssystemen wie Ratsinformationssystem oder Führungsinformations-system ermöglicht und erleichtert werden. Für die Bearbeitung von elektronisch verfügbaren Dokumenten soll die Führungskraft sprachliche Annotationen nutzen können. Die Abstimmung mit anderen Führungskräften soll durch Telepräsenz unterstützt werden.

- Auf der Fachamtsebene haben wir den Baubereich ausgewählt, da es hier Aufgaben mit einer Vielzahl von Beteiligten gibt. Eine erste Erprobung der Telekooperationstechniken soll beim Baugenehmigungsverfahren realisiert werden. Dieses Verfahren bietet sich dazu an, da die Baugenehmigungsanträge bei der Gemeinde einzureichen sind, von der auch die Planungshoheit ausgeübt wird, während der Kreis für die kleineren Gemeinden als Baugenehmigungsbehörde fungiert. Daher gibt es dabei Abstimmungsnotwendigkeiten zwischen Kreis und Gemeinden, wobei eventuell der betroffene Architekt auch einzubeziehen ist.

- Auf der Dienstleistungsebene werden die Informations- und Beratungsangebote, z. B. zur Umwelt, zu Energie, zu Bauangelegenheiten weitgehend durch zentrale, spezialisierte Beratungsstellen wahrgenommen. Dieses Angebot kann man näher zum Bürger bringen, indem man die Beratungsqualität in den dezentralen, allgemeinen Beratungsstellen in den Kommunen bzw. Stadtbezirken dadurch verbessert, daß der qualifizierte Berater in der Zentrale über Telepräsenztechnik zu dem Gespräch mit dem Bürger hinzugezogen wird.

Diese unterschiedlichen Anwendungsfelder machen es erforderlich, daß ein Informationsverbund in der Region Bonn/Rhein-Sieg/Ahrweiler aufgebaut wird; die Planungen sind dazu aufgenommen worden.

Global Management for a Real European Information System

taking the Schengen Information System (SIS) as an example

Paul Frießem
GMD – German National Research Centre for Information Technology
D-53754 Sankt Augustin
EMail: friessem@gmd.de

1. Introduction

The SIS has been operating since 26th March, 1995. This system handles the common information basis for the security agencies of the Schengen[1] countries (Austria, Belgium, France, Germany, Greece, Italy, Luxembourg, Netherlands, Portugal, Spain)[2]. An operational SIS is the prerequisite for the abolition of border controls between the Schengen countries. The system includes information about wanted persons, stolen vehicles and other goods, documents, etc. Each country has its own copy of the common database (National Schengen Information System – N.SIS, containing information from all countries) for retrieval by its specific security agencies (police, border police, gendarmerie, etc.). The update of these copies is managed via the central database (Central SIS – C.SIS), located in Strasbourg and operated by France. A country sends an "update request" from N.SIS to C.SIS, and C.SIS generates and distributes corresponding "update broadcasts" to all N.SISs. To allow for the greatest degree of freedom for national implementation (N.SISs), one of the design decisions was to use X.400-type message formats and the corresponding handling techniques (User Agent – UA, Message Transfer Agent – MTA) for this data exchange. Everything else is left to the individual country's implementation. The organisational structures also follow the European principle: at each level of hierarchy all member states are represented, beginning with a technical committee (representatives of each N.SIS and C.SIS, in this paper called TC) up to the Board of the responsible Ministers.

The SIS is already operational. So, before evaluating the requirements, means and organisation of a global SIS management, one has to ask:

Is there a need for global SIS management after the SIS is operational?

---

1 so called after the small town Schengen where the treaty was signed some years ago.

2 the technical implementation in Austria, Greece and Italy is still under way.

In our opinion the scope of SIS management will change from a development project to the management of a "stable working system", but:

- this SIS will not be static, but evolving:
    - individual changes in hardware and software at N.SIS or C.SIS
    - global changes in SIS (UA, MTA, network, tables, formats, procedures,...)
    - additional countries
- real life experience may cause a revision of planned quantities
    - amount of SIS-data to be stored/updated
    - traffic rate for SIS messages
- real life experience may cause a revision of functions and/or contents for higher quality of data
    - additional or updated fields/values
    - additional or updated plausibility and consistency checks
    - additional types of information
- the question of efficiency will gain (more) importance (at individual sites and globally):
    - Quality of service
    - Costs

So the main focus of global SIS management should change from **reacting** (i.e. solving existing problems) to **acting** (i.e. avoiding future problems).

2. The Schengen Requirements to SIS and their feasibility

2.0 Service of SIS

The overall service of SIS is to provide a "Schengen data base" to the national security agencies of each country for query purpose. The content of this data base must be

- **identical** in each country and
- **valid** (i.e. each entry complies in format and content with the Schengen protocol and tables).

Note, that the correctness of an entry (i.e. that the entry is based on the right facts) is not within the SIS scope, but remains within full responsibility of the country which "owns" this record. So:

- each entry may be **updated** (or deleted) by the country which "owns" it **at any time.**

Note, that the way **how** each country makes its "Schengen data base" available for queries by "end users" (i.e. border police stations etc.) is also out of the SIS scope.

The quality items of providing such a service are:

- the **reliability** of the SIS

- the **performance** or throughput[3] of the SIS
- the preservation of the **consistency** of the N.SIS data bases with the C.SIS data base.

There is a lot of different possibilities to build an IT system for such a purpose. Decisions from the starting phase of the Schengen project have lead to the current decentralised system architecture based on OSI message switching and relying on a central reference data base (C.SIS) in order to allow each country a maximum of "freedom of decision" concerning hard- and software architectures and products for its N.SIS implementation. On the other hand each N.SIS depends more or less on existing national structures (technical and organisational), the national procurement practise, budget constraints etc.
So the "Service of SIS" has to be rewritten on the N.SIS and C.SIS level.

2.1 Service of the N.SIS

The task of each N.SIS (as being part of the SIS) is
- to provide a data base to face national security systems or for queries by the "end users" which is **identical** to the reference data base (C.SIS) at any time
- to guarantee that all data available for queries is **valid**
- to allow dedicated end users to generate **update requests** for the C.SIS data base **at any time**

2.2 Service of C.SIS

The corresponding service of C.SIS is
- to **accept** valid **update requests** from any N.SIS at any time
- to **change** the contents of the reference data base in the requested way
- to **generate** corresponding valid **update broadcasts** and to send them to all N.SIS as fast as possible to allow the N.SISs to keep their data bases identical with the reference data base
- to allow an N.SIS to check whether its data base is identical with the reference data base at a given time and to prepare the data necessary to re-establish the **identity**.

Note, that even if every N.SIS and C.SIS try to deliver their service in the best way, this alone would be no guarantee for the SIS service as a whole:
- The decentralised organisation requires rules, regulations and procedures which all parts of SIS (N.SISs and C.SIS) have to follow; it

3 best measured by the (maximal) time from the sending of an update request to C.SIS till the acknowledgement of the last N.SIS receiving this request from C.SIS

seems to be doubtful that this set of rules can be kept complete and consistent.

- There is a rather high probability that the SIS will work correctly if all its parts do it, but a little error at one part may cause big problems for the whole SIS.
- The appropriate means to deliver the service and even the definition of the service to be delivered may vary due to changing or new external requirements (technical and/or political!).

With these definitions of service of the different SIS units in mind it is obvious that with the end of the development phase the tasks of a global SIS management have changed, but still exist.

3. Proposal for the global SIS-Management

Before giving an draft of the proposed way to implement such a management function the theoretical span of (extreme) solutions should be outlined.

- **The Wizard Way**

  The required Quality of Service of the SIS depends on the correct and mutually well tuned behaviour of C.SIS as well as that of all the N.SISs. One way to guarantee this would be to implement a centralised, complete and in-depth management and report structure for the whole SIS. This management sets up and changes standard procedures, rules and regulations, handles exceptions, deals with any problem at any site, controls all SIS units and is - on the other hand - the only one responsible for the SIS service with reference to the Steering Committee.

  In our opinion there are at least two reasons why this solution would require a wizard:

  - The heterogeneity of the N.SIS systems and the difficulty to separate between the SIS part and the national applications part in most N.SISs would require very detailed and up-to-date knowledge of the current state and possible consequences of any management action. The only way to achieve this with reasonable means in a reasonable time would be some sort of clairvoyance.
  - Such a management structure would deeply intervene with the national responsibilities of the N.SISs, the local procedures of operation and decision and last not least with the assignment of tasks by the Schengen treaty. It would be a real task for a wizard to override or change all these.

  As it may be difficult to hire a wizard, this way can not be recommended.

- **The Bureaucratic Way**

  The other extreme would be the aim to reach consensus about a complete set of rules and regulations which cover "all and every" normal or exceptional condition. So every potential management decision will have been taken in advance; if any problem comes up, there will be a rule how to react. After having implemented such regulations, there would be practically no further need for management: The ideal solution for bureaucrats!

Again there are at least two good reasons not to recommend this way[4]:

- In practice it is impossible to set up a really complete set of rules even for a not very complicated technical task like running the SIS. There will always be some gaps, and if the only allowed way in such a situation is to address some "higher authorities", the required Quality of Service will never be reached.
- Much time and many resources would be absorbed by setting up rules which would never be in effect, for they deal with problems which are practically irrelevant. But there is no (bureaucratic) way to identify these in advance.

- **The Political Way**

  One way to avoid the extremes outlined above in a multi-national environment like Schengen is the way of reaching consensus on the main outline of a system in a committee and to set up subcommittees to deal with special problems. If no consensus can be reached, external know-how is hired and/or a higher committee will deal with the problem.

  This is about the way the Schengen project has been managed till now; and obviously not so bad: the SIS is operating!

  But especially with respect to the operational phase of the SIS, some disadvantages should be pointed out:

  - the huge amount of time and resources needed to come to conclusions
  - the difficulty to react in time on problems which require immediate action
  - the responsibility for decisions by majority but without consensus

3.1 The "Black Box" Solution

The intention of this proposal is to stress the responsibility of each country for its part of SIS; this allows to keep the global management "as lean as possible" and is a logical consequence of the decentralised SIS architecture.

---

4 This description sounds a bit funny, but as most of the people engaged in the SIS come from public administrations, there is a natural tendency to bureaucratic behaviour, at least "when in doubt".

This proposal relies on the following management principles:

- Clear and personal responsibility of every actor
  This implies no hiding behind abstract rules or majority votes
- Symmetry between responsibility (Quality of service) and means
  (budget and other resources, authority to order actions, support from other instances)
- Single and available points-of-contact for every actor

The general idea of this proposal is to implement a **Management Unit (MU)** as a separate body, which guarantees a defined service quality of the SIS. The structure proposed will be similar to that of a medium size enterprise with rather independent organisational units:

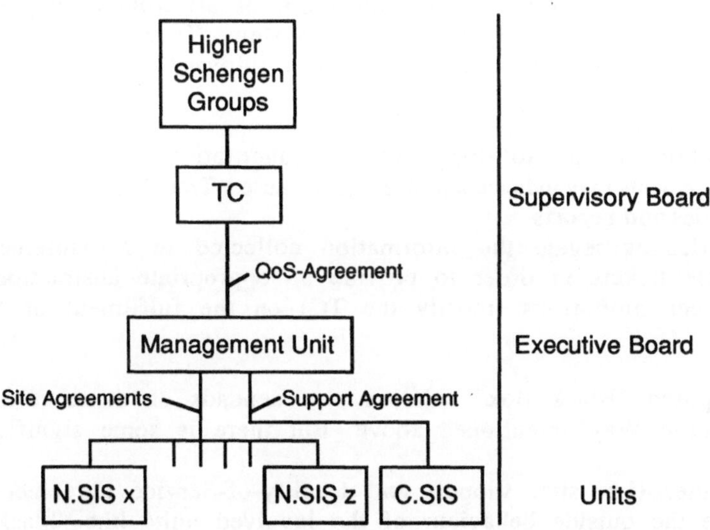

To define the different scopes of responsibilities, there have to be agreements between the acting parties in order to provide an acceptable service to the SIS. There are three types of agreements:

1. **QoS agreement**
   an agreement between the Schengen authorities (TC and/or higher groups) and the MU on the quality of service provided by the MU,
2. **Site agreement**
   an agreement between the MU and the N.SIS on the provisions to be taken by the N.SIS in order to get the service from the MU,
3. **Support agreement**
   an agreement between the MU and the C.SIS on the C.SIS operational support to the MU.

There are some tools to be used in order to collect and aggregate the data that reflect and influence the Schengen QoS. Basically these tools are:

1. **Event logs**
   Event logs report every QoS relevant event in chronological order. The purpose of event logs is to ease the reconstruction of problem cases and to analyse errors. Event logs do not contain any information that is passed to the Schengen authorities. In order to find a Schengen attention events have to generate a trouble ticket (s.b.).
2. **Trouble tickets**
   Trouble tickets report problems or events concerning the QoS of the Schengen System. They are collected in a Database that allows a classification on age, priority, status, affected components and severity of the problem. The collection of all trouble tickets should describe the technical state of the system. Trouble tickets are the main formal tool to exchange technical information between MU and SIS.
3. **Measurements**
   Measurements are to document the quantitative parameters of QoS. Measurements may indicate a problem (and cause a Trouble ticket).
4. **Statistics and reports**
   Statistics aggregate the information collected in Measurements and Trouble tickets in order to provide an appropriate abstraction to the Schengen authorities (mostly the TC) on the fulfilment of the contracts.

This proposed "Black Box" solution also depends on some rules as the "Bureaucratic Way" mentioned above. But there is some significant difference:

- the rules (i.e. site, support and Quality-of-Service agreements) only define the outside behaviour of the involved units like "black boxes" on a (mostly) measurable, but general level. How the "black boxes" handle their tasks in detail is **not covered by these rules** and is left to their **responsibility**.
- the solution accepts that the rules are not complete and offers explicit procedures for this case.

3.2 Escalating procedure in case of problems

If any problem occurs, it is the prime responsibility of C.SIS and the N.SIS involved to solve it.
If they are successful, **after** closing of the problem the management unit can decide if the problem is generally relevant for other N.SISs and the solution should be made "open for the public".
If they can't solve the problem, one of them addresses the management unit.

The management unit first checks if the problem is caused by any site agreement violation.

- If so, the violating part has to re-establish normal operations, and the MU may order how to do it. If an N.SIS can't follow the order due to internal reasons **and** if the problem is critical[5] for the whole SIS, as an emergency action the MU may order to disconnect the N.SIS. In this case the afflicted N.SIS has the right to ask for an immediate TC discussion (e.g. via electronic mail).
- If not, the problem occurs from an inconsistency or a gap within the site agreements. In this case the MU
  - first works out in co-operation with C.SIS and N.SIS a short term solution or work around and may order to use it. If an N.SIS can't follow the order due to internal reasons **and** if the problem is critical for the whole SIS, as an emergency action the MU may order to disconnect the N.SIS (see above).
  - second makes a proposition for correction or improvement of the site agreements to the TC. After discussion and decision of the TC the updated agreements will be effective.

3.3 How to implement the MU

For the implementation of the MU there are the following possibilities:

- people from N.SISs which are delegated to the MU for some time (e.g. one year).
  The advantage would be the availability of people with in-depth SIS experience from the beginning and the return and further use of management experience to the delegating N.SIS. But in our opinion the disadvantages prevail: the discontinuity of work at the MU when a person returns home and a new one has to be introduced, the possible conflict of interest between MU task and the "home" N.SIS, and last not least the possible "lack of personal responsibility".
- to hire people for the MU on permanent positions
  This solution reduces some of the disadvantages but also in general the advantages. A "tricky" way would be to offer the MU positions to people out of N.SISs or out of companies which have already worked for an SIS unit. But this is unlikely to work without any real incentive. An additional problem to be considered for this solution is the formal organisational embedding of such positions.
- To give the MU task to an **external company** with a contract based on the MU tasks, QoS-agreement and additional propositions given above.
  This seems to be the best, at least the most easy, riskless and fastest way to implement a really independent MU dedicated to the whole SIS.

---

5 This is the case if there is a high risk for the C.SIS and/or other N.SIS's to become unavailable if the one N.SIS will not be disconnected.

Vorgangsbearbeitung im Informationsverbund

Andreas Engel

Forschungsstelle für Verwaltungsinformatik
Fachbereich Informatik, Universität Koblenz–Landau
Rheinau 1, D–56075 Koblenz
engel@informatik.uni-koblenz.de

Zusammenfassung

Voraussetzung für den Erfolg des Informationsverbunds ist die Garantie der Verarbeitungsfähigkeit übermittelter Daten an den Arbeitsplätzen. Dazu stellt der vorliegende Beitrag ein fachliches Referenzschema der Vorgangsbearbeitung vor, das zur Definition zentraler Anforderungen an eine Unterstützungsumgebung für den Informationsverbund herangezogen wird.

1 Problemstellung

Die Vision von der öffentlichen Verwaltung im Informationsverbund baut derzeit vor allem auf die — sicherlich nicht unbegründete — Hoffnung auf, daß schon in naher Zukunft auch große Datenmengen — einschließlich Videobildern — zwischen räumlich dislozierten Verwaltungseinheiten schnell und zuverlässig übertragen werden können. Ein hoher Datendurchsatz allein garantiert aber noch keine sinnvolle Informationsverarbeitung. Die Vernetzung von Behörden wird nur dann die in sie gesetzten Erwartungen erfüllen, wenn die übertragenen Daten auch tatsächlich genutzt werden können. Wichtigste Voraussetzung und gleichzeitig größte Herausforderung in bezug auf die Realisierung des informationstechnisch-gestützten Informationsverbunds ist es deshalb, die Verarbeitungsfähigkeit der übermittelten Daten an den Arbeitsplätzen der Teilnehmer des Verbunds zu gewährleisten.

Verwaltungsaufgaben werden häufig in Form von Vorgängen erledigt. Folglich ist die Unterstützung der Vorgangsbearbeitung ein kritischer Faktor für die Verwirklichung des Informationsverbunds. Doch ungeachtet der Verbreitung von „Workflow-Management-Systemen" im kommerziellen Bereich ist eine effektive Unterstützung der Vorgangsbearbeitung in der öffentlichen Verwaltung — schon gar, wenn mehrere Behörden beteiligt sind — nach wie vor ein konzeptionelles, organisatorisches und technisches Problem.

Technisch ist bei weitem noch nicht der Grad an Offenheit von Systemarchitekturen erreicht, der auf der operativen Ebene die softwaremäßige Integration von Fachanwendungen, Bürokommunikationsfunktionen und Programmen zur Unterstützung von Querschnittsaufgaben gewährleistet. Speziell zur Unterstützung der Vorgangsbearbeitung fehlt es an der Entwicklung und Integration von Komponenten zur kooperativen Texterstellung, gemeinsamen Dokumentenablage und -archivierung sowie an der Standardisierung von Austauschformaten, um nur die wichtigsten technischen Barrieren einer behördenübergreifenden Vorgangsbearbeitung zu nennen.

Organisatorisch kann aufgrund der Existenz von Gemeinsamen Geschäftsordnungen auf Bundes- und Länderebene zwar von einem einigermaßen einheitlichen organisations-rechtlichen Rahmen ausgegangen werden. Dennoch haben sich in der Praxis vielfältige Gewohnheiten herausgebildet, die zum Teil ein recht uneinheitliches Vorgehen bewirken und die Vorgangsbearbeitung im Informationsverbund nicht gerade erleichtern.

Konzeptionell stehen in bezug auf die Vorgangsbearbeitung zwei grundsätzlich verschiedene Ansätze gegenüber: der Workflow–Management–Ansatz, der von im Ablauf geregelten Arbeitsprozessen ausgeht [Reinwald 1993], und das Paradigma der unstrukturierten, völlig flexiblen Vorgangsbearbeitung [Bonin 1988], das letztendlich einen nicht vorherbestimmbaren Bearbeitungsprozeß voraussetzt und aus diesem Grund zu völlig anderen Anforderungen an die informationstechnische Unterstützung kommt.

Da auf der Basis von Dokumenten (Schriftgut) als Informationsspeicher in der Verwaltungspraxis ein bewährtes Verfahren zur Koordination arbeitsteiliger Aufgabenerledigungsprozesse vorhanden ist, wird im vorliegenden Beitrag auf der Grundlage der Gemeinsamen Geschäftsordnung der Bundesministerien — Allgemeiner Teil (GGO I) ein fachlich-konzeptuelles Modell der Vorgangsbearbeitung in der Ministerialverwaltung beschrieben, das dann herangezogen wird, um einige zentrale Anforderungen an die Unterstützung der Vorgangsbearbeitung im Informationsverbund zu formulieren.

2 Grundzüge eines fachlichen Referenzschemas der Vorgangsbearbeitung

2.1 Vorgang und Vorgangsschritte

Der Begriff „Vorgang“ wird in der Verwaltungssprache in doppelter Bedeutung verwendet: zum einen als Sammlung von Unterlagen zu einem Sachverhalt (im Sinne von „Vorgangsakte“) und zum anderen als Bezeichnung für den gesamten Prozeß der Erledigung eines Geschäftsvorfalls (vgl. [Reinermann 1994, S. 23]). Mit beiden Definitionen ist die statische und dynamische Sicht der Vorgangsbearbeitung angesprochen, wobei die Vorgangsakte nicht nur den Zustand eines Vorgangs zu einem Zeitpunkt, sondern ebenso dessen Historie anhand der abgelegten Dokumente und den daraus ersichtlichen Beteiligten repräsentiert. Im Referenzschema wird daher ein `Vorgang` als Folge von `Vorgangsschritten` aufgefaßt. In jedem einzelnen Vorgangsschritt bearbeitet eine `Stelle` ein `Dokument` (oder mehrere Dokumente), die Informationen zu einem gemeinsamen Sachverhalt bzw. einer

Aufgabe enthalten (vgl. Abb. 1, S. 3).[1]

Abb. 1: *Objektorientiertes Referenzschema der Vorgangsbearbeitung*

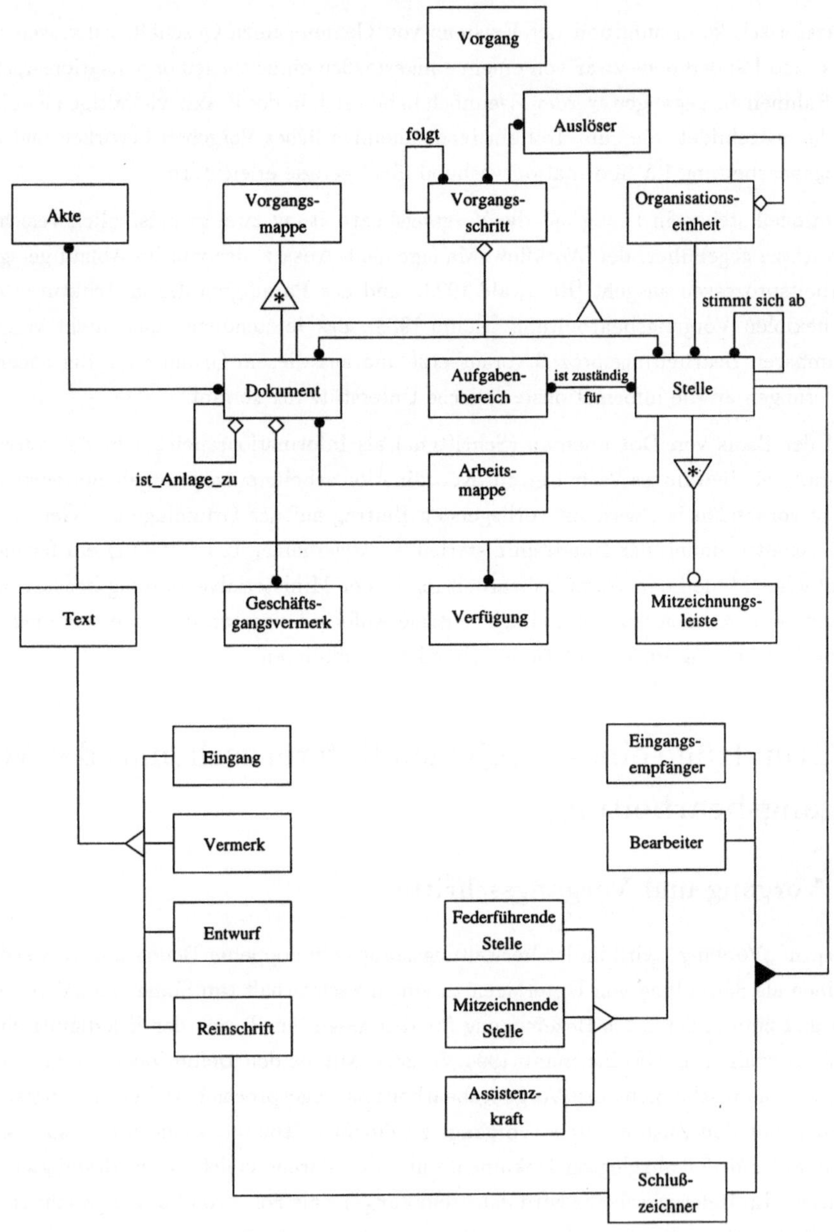

[1]Die Beziehung der Vorgangsbearbeitung zu bestimmten Aufgaben wird im folgenden nicht weiter berücksichtigt.

2.2 Akten und Dokumente

Sämtliche `Dokumente`,[2] die zu einem Vorgang gehören, sind in einer `Vorgangsmappe` zusammengefaßt, jedes einzelne Dokument gehört zu einer `Akte` oder mehreren.

Dokumente werden bearbeitet, indem entweder Texte geschrieben bzw. geändert oder indem auf Dokumenten Geschäftsgangsvermerke oder Verfügungen angebracht werden. `Texte` repräsentieren den auf dem Schriftgut dokumentierten Inhalt der Vorgangsbearbeitung. `Geschäftsgangsvermerke` und `Verfügungen` enthalten Arbeitsanweisungen zum Ablauf von Vorgängen bzw. zur Behandlung von Dokumenten im nächsten oder in den folgenden Vorgangsschritten. In Form von Sicht- oder Erledigungsvermerken kann mit Geschäftsgangsvermerken außerdem der Vollzug der Vorgangsbearbeitung dokumentiert werden. Daher wird im Referenzmodell ein Dokument als zusammengesetztes Objekt modelliert, das notwendigerweise aus mindestens einem Text besteht und möglicherweise zusätzlich aus einem oder mehreren Geschäftsgangsvermerken bzw. einer oder mehreren Verfügungen.

Da Verfügungen und Geschäftsgangsvermerke in der Regel auf den Texten dokumentiert werden, auf die sie Bezug nehmen, repräsentiert ein Schriftstück im herkömmlichen Sinn mehrere Bearbeitungsphasen oder -schritte. Im Referenzmodell wird dagegen jeder einzelne Bearbeitungsschritt durch ein (oder mehrere) Element(e) der Objektklasse `Dokument` repräsentiert. Das Schriftstück im herkömmlichen Sinn wird also im Modell durch genau so viele Objekte des Typs `Dokument` abgebildet, wie Bearbeitungsschritte stattgefunden haben.

Nach der Funktion eines Textes im Rahmen der Vorgangsbearbeitung wird in der Gemeinsamen Geschäftsordnung der Bundesministerien unterschieden zwischen Eingängen, Entwürfen und Reinschriften. `Eingänge` sind alle Schreiben, die an eine Stelle oder Organisationseinheit (ein Referat, eine Gruppe, eine Abteilung, eine Behörde) gerichtet sind. Ein `Eingang` wird zu einem Geschäftsvorfall, wenn er vom `Eingangsempfänger` einem `Bearbeiter` zur Erledigung zugewiesen worden ist (§20 GGO I).

Ist davon auszugehen, daß aufgrund der Beteiligung mehrerer Stellen ein Text im Verlauf der Bearbeitung voraussichtlich geändert werden muß, ist ein `Entwurf` anzufertigen (§29 GGO I). Der Entwurf im Sinne der Geschäftsordnung enthält nicht nur Texte bzw. Textänderungen, sondern auch die zugehörigen Verfügungen. In der Kanzleiordnung heißt es dazu, daß abweichend von der in der Wirtschaft vielfach üblichen Praxis in der Verwaltung „mehrere Verfügungen zu derselben Sache im Entwurf auf demselben Blatt untereinander geschrieben und laufend durchnumeriert“ werden (Anmerkung 9, Anlage K3 zur Kanzleianweisung, Anhang II der GGO I).

Die `Reinschrift` dokumentiert schließlich den nach außen sichtbaren Abschluß eines

[2]Unter einem Dokument wird hier — abweichend vom Sprachgebrauch in der öffentlichen Verwaltung — jedwede Form der Fixierung von Informationen verstanden, vergleichbar dem verwaltungswissenschaftlichen Begriff des „Schriftguts“, der auch Graphiken oder Tondokumente, also vom Medium unabhängige Darstellungen von Informationen, beinhaltet.

Geschäftsvorfalls, wobei offen bleibt, ob der Empfänger der Reinschrift innerhalb oder außerhalb der Behörde angesiedelt ist.

2.3 Stellen und Vorgangsrollen

Wie das beschriebene Beispiel verdeutlicht, besteht ein Vorgang aus einer Reihe von Vorgangsschritten, die mehr oder weniger zwangsläufig aufeinander folgen. Ein `Vorgangsschritt` beschreibt die elementare Bearbeitungseinheit. Eine `Vorgangsrolle` soll demgegenüber dadurch definiert sein, daß eine `Stelle` mehrere `Vorgangsschritte` in einer bestimmten Reihenfolge ausübt. Mit dem Rollen-Konzept werden also Handlungszusammenhänge identifiziert, die mehrere Vorgangsschritte zusammenfassen.

Nach der Geschäftsordnung können die Rollen des Eingangsempfängers, Bearbeiters und Unterzeichners (Schlußzeichners, formeller Absender) unterschieden werden, wobei Bearbeiter nochmals differenziert werden in federführende Bearbeiter, mitzeichnende Bearbeiter und Assistenzkräfte.

Es ist üblich, daß ein Stelleninhaber je nach Geschäftsvorfall bzw. Bearbeitungsstand unterschiedliche Rollen wahrnimmt. Ein Vorgesetzter (z.B. Referatsleiter) kann im einen Fall Eingangsempfänger sein und die Vorgangsbearbeitung an Referenten bzw. Sachbearbeiter delegieren, die ihn auch mit der Zeichnung abschließen. Im anderen Fall kann derselbe Stelleninhaber alle Rollen selbst übernehmen und den Vorgang abschließend erledigen.

3 Unterstützungsansätze der Vorgangsbearbeitung im Informationsverbund

3.1 Festgelegte versus evolutionäre Vorgangsbearbeitung

Das beschriebene fachliche Referenzschema dient im folgenden als Orientierungsrahmen für die Beurteilung und Begründung eines Unterstützungsansatzes zur Vorgangsbearbeitung im Informationsverbund.[3] Darunter soll hier die weitgehend integrierte informationstechnische Unterstützung der arbeitsteiligen Erstellung, Verteilung und inhaltlichen Abstimmung von Texten im Rahmen der Vorgangsbearbeitung verstanden werden. Nach dieser Definition steht also bei der Implementation eines Informationsverbunds nicht so sehr die Überwindung großer räumlicher Distanzen im Vordergrund, wie es beispielsweise das Ausgangsproblem bei den Überlegungen zur Unterstützung des Informationsverbunds Berlin/Bonn der Fall ist [IVBB 1994]. Vielmehr rückt hier die Unterstützung der (synchronen und asynchronen) Kooperation bei arbeitsteilig zu erledigenden Verwaltungsaufgaben in den Mittelpunkt.

[3] Ein Unterstützungsansatz definiert die zentralen Anforderungen an eine Anwendungsprogramm, einschließlich seiner Einsatzumgebung, und zeigt Realisierungsideen auf.

Die derzeit auf dem Markt verfügbaren Vorgangsunterstützungssysteme gehen überwiegend von dem Paradigma geregelter arbeitsteiliger Aufgabenerledigungsprozesse aus, wie sie vornehmlich für tayloristisch geplante industrielle Fertigungsprozesse typisch sind.

Die Grundidee dieses Unterstützungsansatz besteht darin, mit einer geeigneten Vorgangsmodellierungssprache ein Ablaufschema zu definieren, das in ein ausführbares Programm zur Steuerung von Vorgängen des definierten Typs übersetzt werden kann. Ziele der Unterstützung strikt geregelter Vorgänge sind in erster Linie die automatische Steuerung des Ablaufs der Bearbeitung und die weitgehende Automatisierung einzelner Bearbeitungsschritte. Die Implementation von Workflow–Management–Lösungen dieser Art läuft also prinzipiell auf eine zentrale Vorgangssteuerung im Sinne eines vorgegebenen Bearbeitungsprozesses mit eher wenigen als vielen Freiheitsgraden hinaus, was der Vorgangsbearbeitung im Informationsverbund — verstanden als Dokumentenbearbeitung zwischen autonomen Organisationseinheiten — widerspricht.

Vorgangsbearbeitung im Informationsverbund (insbesondere in der planenden Verwaltung) zeichnet sich dadurch aus, daß die Beteiligten die Erledigung eines Geschäftsvorfalls im Rahmen des durch Geschäftsordnungen, spezielle Organisationsregelungen und Zuständigkeiten beschriebenen Handlungsspielraums weitgehend autonom steuerrr. Dazu gehört beispielsweise, daß jeder Beteiligte überprüft, ob andere Stellen — auch außerhalb der eigenen Behörde — in der gleichen Sache ebenfalls zuständig sind und daher beteiligt werden müssen (§§20 und 21 GGO I). Weiterhin haben sich die Beteiligten auf eine dem Gegenstand angemessene Bearbeitungsform, einschließlich der anzuwendenden Handlungsregeln und der zu berücksichtigenden Informationen bzw. Dokumente zu einigen. Entsprechend kann auch nicht davon ausgegangen werden, daß das zu Beginn festgelegte Verfahren für den gesamten Bearbeitungsprozeß gültig bleiben muß. Es kann vielmehr aufgrund unterschiedlicher Erwägungen modifiziert werden, was dazu führt, daß sich Bearbeitungsprozesse auch kaum in der gleichen Weise wiederholen. Im Unterschied zur „determinierten Vorgangsbearbeitung" kann also hier von einer „evolutionären Vorgangsbearbeitung" gesprochen werden.

Für evolutionäre Vorgänge ist die globale Steuerung der Vorgangsbearbeitung aufgrund eines vorher definierten Vorgangsschemas kein adäquater Unterstützungsansatz. Vielmehr kommt es dafür auf das Bereitstellen einer „Informationsinfrastruktur" an [Lenk 1991], die den Bearbeitern möglichst viele Optionen in der Wahl des jeweils nächsten Arbeitsschrittes offenläßt. Für entsprechende Anwendungslösungen zur Vorgangsunterstützung wäre demnach die Bezeichnung „Vorgangsunterstützungs*umgebung*" den Begriffen „Workflow-Management-System" und „Vorgangsunterstützungsprogramm" bzw. „-system" vorzuziehen, die beide für „geregelte arbeitsteilige Anwendungssysteme" [Reinwald 1993, S. 34] vorbehalten bleiben sollten.

3.2 Anforderungen an eine Vorgangsunterstützungsumgebung

3.2.1 Dokumentenbearbeitung

Aus der Annahme, daß es sich bei der Vorgangsbearbeitung im Informationsverbund um eine dokumentenbasierte Erledigung von Verwaltungsaufgaben handelt, folgt die Forderung nach einer komfortablen Umgebung zum Erstellen und Verarbeiten von Dokumenten. Als besondere Anforderung an die synchrone Kooperationsunterstützung ist die Möglichkeit zum gemeinsamen Bearbeiten bzw. Editieren von Dokumenten zu nennen (joint editing). In der asynchronen dokumentenbasierten Kooperation wird durch den Austausch von und die Kommunikation über Texte eine Abstimmung erreicht. Dazu ist es notwendig, daß der oder die Autoren eines Textes bzw. von Textänderungen identifiziert und authentisiert werden können. Da zur asynchronen Kooperation außerdem in der Regel mehrere Textversionen angefertigt werden, kommt einer komfortablen Versionsverwaltung — wie sie beispielsweise als Bestandteil von Programmierumgebungen bereits realisiert ist — eine zentrale Bedeutung zu.

3.2.2 Dokumentenbasierte Vorgangssteuerung

Während in Workflow-Management-Systemen die Vorgangssteuerung als Kontrollfluß zu Informationsverarbeitungsfunktionen implementiert ist, sind Unterstützungsumgebungen für evolutionäre Vorgänge am besten mittels einer dokumentenbasierten Steuerung zu realisieren. Damit ist gemeint, daß es dem Bearbeiter möglich sein soll, zu einem Dokument Adressaten und Bearbeitungsvermerke zu speichern, die von der Vorgangsunterstützungsumgebung zur Ablauf- und Bearbeitungssteuerung herangezogen werden. Dokumentenbasierte Vorgangssteuerung bedeutet also, daß der Bearbeiter in der Planung und Strukturierung der Kooperation unterstützt werden soll. Dem dienen beispielsweise dynamische Mitzeichnungsleisten, mit denen Vorgangsdokumente in einer bestimmten Reihenfolge oder sternförmig in Umlauf gebracht werden, wobei der Verteilungsmodus durchaus auch während der Umlaufzeit änderbar sein sollte.

Zur Vorgangssteuerungskomponente gehört auch ein Dokumentenübermittlungsprotokoll, mit dem die zum Dokument gespeicherten Steuerungsfunktionen interpretiert und ausgeführt werden können. Außer der Verteilung von Dokumenten anhand einer dynamischen Mitzeichnungsleiste sollten Grundfunktionen der Dokumentenbearbeitung unterstützt werden. Dabei ist z.B. an die Realisierung entsprechender Zugriffsberechtigungen für Kenntisnahmen (lesend) oder Bearbeitungen (schreibend) zu denken oder an die Terminierung von Liegezeiten, die Einrichtung von Wiedervorlagen, die Delegation oder Priorisierung der Bearbeitung und ähnliches mehr.

3.2.3 Dokumentenbasierte Vorgangsprotokollierung

Vergleichbar der dokumentenbasierten Vorgangssteuerung ist die Protokollierung der Vorgangshistorie über mit dem Dokument zu verknüpfende Zusatzinformationen denkbar. Dabei sind nicht nur die einzelnen Bearbeitungsstationen eines Dokuments festzuhalten, sondern auch die Urheber von Textannotationen und Bearbeitungsanweisungen (Geschäftsgangsvermerke, Verfügungen, Mitzeichnungsleisten). Eng damit verknüpft ist die Anforderung, Komponenten bereitzustellen, mit denen die Ausführung bestimmter Bearbeitungsfunktionen autorisiert, identifiziert und authentisiert werden kann (elektronische Unterschrift).

3.2.4 Dokumentenverwaltung

Eine weitere wichtige Komponente der Vorgangsunterstützungsumgebung ist eine leistungsfähige Dokumentenverwaltung, die sowohl persönliche Ablagen als auch vorgangsspezifische Gruppenablagen zuläßt und ein Archivsystem einbezieht, mit dem Dokumente über lange Zeiträume aufbewahrt werden können. Darüber hinaus sind mächtige Werkzeuge zur Volltextsuche und strukturierten Recherche bereitzustellen, und es ist die differenzierte Vergabe von Zugriffsberechtigungen sicherzustellen.

4 Zusammenfassung

Mit den vier Grundfunktionen einer Unterstützungsumgebung für die dokumentenbasierte, evolutionäre Vorgangsbearbeitung sind die zentralen Anforderungen an die Vorgangsbearbeitung im Informationsverbund beschrieben.

Ein erster Schritt zur Realisierung eines Informationsverbunds dürfte also in der Migration bestehender Bürokommunikationsumgebungen in eine integrierte informationstechnische Infrastruktur bestehen, die die Grundfunktionen der Vorgangsbearbeitung unterstützt. Dabei kann durchaus zunächst von marktgängigen Standardbaugruppen ausgegangen werden („component ware" — [Bullinger/Fähnrich/Kopperger 1995, S. 15]), die nach um nach um Funktionen zur Kooperationsunterstützung erweitert werden können.

Zu Realisierung neuer Komponenten scheinen objektorientierte Analyse- und Implementationsmethoden besonders geeignet zu sein, weil mit Vererbungsmechanismen relativ leicht neue Vorgangsobjekte erzeugt werden können.

Literatur

[Bonin 1988] Hinrich Bonin. *Rechnerunterstützung nicht strikt-geregelter Verwaltungsvorgänge. Vorschläge zum Requirements Engineering.* In: VOP, Heft 5, 1988, S. 259–267.

[Bonin 1991] Hinrich Bonin. *Kooperative Texterstellung.* In: VOP, Heft 4, 1991, S.205–212.

[Bonin 1994] Hinrich Bonin. *Groupware-Systeme. Eine Perspektive für die öffentliche Verwaltung.* In: VOP, Heft 3, 1994, S.170–176.

[Bullinger/Fähnrich/Kopperger 1995] Hans-Jörg Bullinger/Klaus-Peter Faehnrich/Dietmar Kopperger. Component Ware. In: Office Management, Heft 1–2, 1995, S. 14–19.

[DOBKU 1991] Bundesministerium des Innern (Hrsg.). Dokumentenverwaltung in Bürokommunikationsumgebungen unter besonderer Berücksichtigung der Schriftgutverwaltung (DOBKU). Bonn: Bundesministerium des Innern 1991 (KBSt-Schriftenreihe, Bd. 22)

[Engel/Möhring 1993] Andreas Engel, Michael Möhring. Modellierung von Verwaltungsvorgängen. In: H. Reichel (Hrsg.). Informatik — Wirtschaft — Gesellschaft. 23. GI-Jahrestagung, Dresden, 27. September - 1. Oktober 1993. Berlin: Springer 1993, S. 283–288

[IVBB 1994] Bundesministerium des Innern (Hrsg.). Studie IT-Unterstützung im Informationsverbund Berlin-Bonn (IVBB) mit Abschlußstellungnahme Prof. Dr. Eberhard Witte und Stellungnahmen der IT-Industrie, Köln: Bundesanzeiger 1994 (KBSt-Schriftenreihe, Bd. 30)

[Lenk 1991] Klaus Lenk. Regelungserfordernisse bei der Einführung der Bürokomunikation in der öffentlichen Verwaltung. In: [Traunmüller (Hrsg.) 1991, S. 56–69]

[Reinermann 1994] Heinrich Reinermann. *Vorgangsteuerung in Behörden.* In: HMD, Heft 176, 1994, S. 22–34.

[Reinwald 1993] Berthold Reinwald *Workflow-Managment in verteilten Systemen.* Stuttgart: Teubner, 1993.

[Rumbaugh et al. 1991] James Rumbaugh, Michael Blaha, William Premerlani, Frederick Eddy, William Lorensen. Object-Oriented Modeling and Design. Englewood Cliffs: Prentice Hall, 1991.

[Traunmüller (Hrsg.) 1991] Roland Traunmüller (Hrsg.). Kanzleiinformationssysteme. Informatisierung der öffentlichen Verwaltungen, Wien, 22. und 23. Oktober 1990, Wien 1991

Max Webers Bürokratietheorie im Lichte elektronischer Kommunikationsmedien

Peter Fleissner
Institut für Gestaltungs- und Wirkungsforschung, Abteilung für Sozialkybernetik
Technische Universität Wien, Möllwaldplatz 5, A-1040 Wien
Tel: (0043-1) 504-11-86, FAX: (0043-1) 504-11-88
e-mail: peter@iguwnext.tuwien.ac.at, WWW: HTTP://iguwnext.tuwien.ac.at

Zusammenfassung

Die moderne Informations- und Kommunikationstechnologien machen es notwendig, die überkommene Theorien und traditionelle Praxis von Verwaltung immer wieder auf ihre Zeitgemäßheit zu prüfen, und zu fragen, ob die Möglichkeiten, die in den neuen Technologien stecken, die alten Konzepte teilweise obsolet machen. Der folgende Beitrag unterzieht Max Webers Bürokratietheorie einer solchen Prüfung und versucht, darauf aufbauend, mögliche Perspektiven für die öffentliche Verwaltung der Zukunft zu gewinnen.

1 Max Webers Bürokratiebegriff

In seinem berühmt gewordenen Werk "Wirtschaft und Gesellschaft" entwickelte Max Weber seine drei Typen "legitimer" Herrschaft. Legitimität wird in reiner Form entweder auf "rationale", "traditionale" oder "charismatische" Weise hergestellt. Als "Grundkategorien der rationalen Herrschaft" (und vor allem auf diese wollen wir uns hier beziehen) führt Weber den kontinuierlichen regelgebundenen Betrieb von Amtsgeschäften innerhalb einer Kompetenz (Zuständigkeit) an, "welche bedeutet:

a) einen kraft Leistungsverteilung sachlich abgegrenzten Bereich von Leistungspflichten, -
b) mit Zuordnung der etwa dafür erforderlichen Befehlsgewalten und
c) mit fester Abgrenzung der eventuell zulässigen Zwangsmittel und der Voraussetzung ihrer Anwendung.

Ein derart geordneter Betrieb soll "Behörde" heißen" (Weber 1990: 125).

Für Behörden gelten u.a. die Prinzipen der "Amtshierarchie" und der "Aktenmäßigkeit der Verwaltung". Amtshierarchie bedeutet dabei "die Ordnung fester Kontroll- und Aufsichtsbehörden für jede Behörde mit Berufungs- und Beschwerderecht." Die Regeln, nach denen verfahren wird, können technische Regeln oder Normen sein (für deren Anwendung Schulung erforderlich ist). Das Prinzip der Aktenmäßigkeit der Verwaltung gilt "auch da, wo mündliche Erörterung tatsächliche Regel oder geradezu Vorschrift ist: mindestens die Vorerörterungen und Anträge und die abschließenden Entscheidungen, Verfügungen und Anordnungen sind schriftlich fixiert. ... Akten und kontinuierlicher Betrieb durch Beamte zusammen ergeben: Das Bureau[1], als den Kernpunkt jedes modernen Verbandshandelns" (Weber 1990: 126).

Die Aktenmäßigkeit der Verwaltung wird durch eine spezifische Form der Informationsverarbeitung erleichtert, auf die J. Beniger (1986) hinweist, nämlich durch das standardisierte Formular, das vor allem im Umgang nach außen, mit der Klientel der Bürokratie, und auch im Binnenverhältnis eingesetzt wird.

Im Mittelpunkt des "bureaukratischen Verwaltungsstabes" stehen "Berufsbeamte" als Akteure, "welche

1. persönlich frei nur sachlichen Amtspflichten gehorchend,
2. in fester Amtshierarchie,
3. mit festen Amtskompetenzen,
4. kraft Kontrakts, also (prinzipiell) auf Grund freier Auslese nach
5. Fachqualifikation ... angestellt (nicht: gewählt) sind,
6. entgolten sind mit festen Gehältern in Geld, meist mit Pensionsberechtigung ...,
7. ihr Amt als einzigen oder Haupt-Beruf behandeln,
8. eine Laufbahn: "Aufrücken" ... vor sich sehen,
9. in völliger "Trennung von den Verwaltungsmitteln" und ohne Appropriation der Amtsstelle arbeiten,
10. einer strengen einheitlichen Amtsdisziplin und Kontrolle unterliegen." (Weber 1990: 126-127).

Eine Berufsbeamtenhierarchie wird im modernen Staatswesen von einem politischen (ernannten oder gewählten) Amtsträger (Minister, Bundespräsident) angeführt, der anderen Herrschaftstypen als dem rationalen entstammt, vor allem dem plebiszitär-charismatischen (gewählter Präsident) oder dem erb-charismatischen (Erbmonarchie) Typ. Er/sie zeichnet für den Inhalt der Tätigkeit der Behörde verantwortlich und legt ihn letztlich fest. Zwischen dem Politiker und der Beamtenhierarchie kann es aufgrund ihrer unterschiedlichen Funktionen zu Widersprüchen und zu Machtkämpfen kommen.

Weber beschränkt Bürokratie nicht auf die öffentliche Verwaltung. Er sieht "Bureaukratien" in der Kirche, im Heer, in den Parteien, im Wirtschaftsbetrieb, im Interessensverband, in Vereinen und Stiftungen. Ja, er faßt bürokratische Verwaltung sogar - und nicht zu unrecht - als die "Keimzelle des modernen okzidentalen Staates" auf.

Schrittmacher der Bürokratisierung sind seiner Auffassung nach die damaligen "Neuen Technologien": " ... öffentliche Land- und Wasserwege, Eisenbahnen, Telegraphen" und "Telephon." (Weber 1990: 561; 129).

---

[1] "Das französische Wort bureau bezeichnete zunächst nur das Tuch für einen Schreibtisch, dann den Tisch selbst, dann den Raum, in dem der Tisch stand, und schließlich das gesamte Amt und das Personal, das in diesem Amt tätig war" (Postman 1992: 96)

Weber pries die Bürokratie in Superlativen: "Die rein bureaukratische, also die bureaukratisch-monokratische aktenmäßige Verwaltung ist nach allen Erfahrungen die an Präzision, Stetigkeit, Disziplin, Straffheit und Verläßlichkeit, also: Berechenbarkeit für den Herrn wie für die Interessenten, Intensität und Leistung, formal universeller Anwendbarkeit auf alle Aufgaben, rein technisch zum Höchstmaß der Leistung vervollkommenbare, in all diesen Bedeutungen: formal rationalste, Form der Herrschaftsausübung." (Weber 1990: 128).

Daneben deutet sich auch leise Kritik an: Die durch die beschriebenen Organisationstechniken erreichte "Überlegenheit des berufsmäßig Wissenden sucht jede Bürokratie noch durch das Mittel der Geheimhaltung ihrer Kenntnisse und Absichten zu steigern ... Die Bürokratie verbirgt ihr Wissen und Tun vor der Kritik, soweit sie es irgend kann ... Der Begriff des 'Amtsgeheimnisses' ist ihre spezifische Erfindung." (Weber 1990: 572; 573)

Wie wir heute wissen, ist diese Darstellung der Bürokratie im Sinne von Webers Idealtypen eine Darstellung in reiner Form. Tatsächliche Verwaltungen funktionieren nicht nach dieser reinen Lehre, sondern sind durch Rückgriffe auf feudale Elemente (im Volksmund: "Betriebskaiser"), durch persönliche Beziehungen, durch informelle und eben nicht explizit gemachte Verhaltensregeln charakterisiert, die sich stillschweigend herausbilden und zu einer umfassenden Organisationskultur verdichten können.

Die eher positive Sicht der Bürokratie durch Weber ist in den letzten Jahrzehnten in der Öffentlichkeit durch harte Kritik, insbesondere an der öffentlichen Verwaltung, abgelöst worden. Dabei wurden zwei Argumentationsstränge benutzt. Der erste warf insbesondere den Staatsverwaltungswirtschaften Unfähigkeit und Unmenschlichkeit vor, der zweite, auf die westlichen Länder bezogen, verortet die Bürokratie als parasitär. Sie würde eine Belastung für den öffentlichen Haushalt darstellen, nicht den Bedürfnissen der Bürger entsprechen, wäre schwerfällig und ineffizient. Das Wort "Bürokrat" wurde zum Schimpfwort. Im Zuge dieser Kritik entstand für alle Bürokratien ein Modernisierungs- und Rationalisierungsdruck, dem durch alternative Organisationskonzepte und den Einsatz moderner Informations- und Kommunikationstechnologien entsprochen werden soll.

Bevor man in den Chor der Bürokratiekritiker einstimmt, sollte mit Max Weber aufmerksam gemacht werden, daß der Bürokratisierungstrend nicht das Ergebnis einer zufälligen Fehlentwicklung ist, sondern das Spiegelbild längerfristiger gesellschaftlicher Desintegrationsprozesse. Die über die Blutsverwandtschaft hinausreichende bäuerliche Großfamilie voriger Jahrhunderte wurde mit der vollzogenen Industrialisierung und der Mechanisierung der Landwirtschaft durch die städtische Kernfamilie abgelöst, heute dominieren zunehmend die Singlehaushalte. Der Bedürftigkeit der nunmehr in Kleingruppen oder alleine lebenden Individuen muß durch gesellschaftliche Einrichtungen entsprochen werden, soll nicht die Funktionstüchtigkeit der Gesellschaft als ganzer aufs Spiel gesetzt werden. Dazu wurden immer neue Funktionssysteme geschaffen, die sich aus dem gesellschaftlichen Gesamtzusammenhang evolutionär herausgelöst (nach Niklas Luhmann "herausdifferenziert") und auf einzelne Aufgaben spezialisiert haben (Luhmann 1988; 1989). Als Beispiele für derartige Funktionssysteme können private Unternehmungen ebenso herangezogen werden wie soziale, religiöse oder politische Einrichtungen. Diesen Systemen ist gemeinsam, daß sie ihrer jeweiligen Funktion nicht ausschließlich in direktem und unmittelbarem Kontakt mit den Individuen gerecht werden können, sondern vermittelte und formalisierte, eben bürokratische Verfahren anwenden müssen, um ihre Aufgaben zu erfüllen. Die Kritik sollte daher weniger an dem Phänomen Bürokratie selbst ansetzen, sondern an der Art und Weise ihrer Realisierung und Ausgestaltung.

2 Technologie und Organisation

Wie in der materiellen Produktion wird auch in der Bürokratie menschliche Arbeit durch Technik unterstützt, um die Produktion effizienter zu machen und die Produkte bzw. Leistungen qualitativ zu verbessern. Wie in der materiellen Produktion waren es auch in der Bürokratie nach den handwerklichen Formen (die Führung handschriftlicher Aufzeichnungen) zunächst die mechanischen Technologien, die zum Einsatz kamen (mechanische Schreib- und Rechenmaschinen), die wiederum durch elektrische Geräte (Telefon) und heute durch elektronische Technologien ergänzt und ersetzt werden. In Anlehnung an Ernst Cassirer (1994: 3ff.), der in seiner Philosophie der symbolischen Formen für die Sprache zeigt, daß sie zunächst nur das Gehörte nachahmt (Mimesis), auf der zweiten Stufe (Analogie) Gegenstände sprachlich verdoppelt, und erst auf der dritten Stufe, der "Darstellung", zu neuen Formen findet, die über die menschliche Befindlichkeit Auskunft geben, möchte ich die Anwendung des Computers in der Verwaltung in ihrem Zusammenhang mit der Organisationsform beschreiben. Allgemeine Voraussetzung für den Einsatz stellt dabei eine günstige Kosten-Nutzen-Relation der neuen Technologie gegenüber traditionellen Formen dar.

Zunächst werden in einer vorhandenen Organisation bloß isolierte Teilfunktionen der Verwaltungstätigkeit durch Substitution mittels neuer Technologie bewältigt, wobei die Organisation unverändert bleibt. Dazu zählt die Einführung des Taschenrechners ebenso wie die Einführung des PCs in den 80er Jahren, der die Erstellung von Texten, Grafiken, und das Rechnen in Spreadsheets erleichterte. Es werden also im Sinne Cassirers Tätigkeiten punktuell auf eine effizientere Art als vorher durchgeführt.

Eine qualitativ neue Stufe ist durch die Einführung von zentralen Datenbanken (erst traditionelle, dann relationale), Buchhaltungs- und Managementinformationssystemen in Rechenzentren gegeben. Dabei wird ein nach bestimmten Kriterien gestaltetes virtuelles Abbild der Außenwelt (teilweise auch der Bürokratie selbst) hergestellt, an dem Manipulationen vorgenommen werden können, die in der Außenwelt Entsprechungen in Form von Interaktionen mit der Klientel besitzen, z.B. durch den Erlaß von Bescheiden oder Geldanweisungen. Auf dieser Stufe können schon Rückwirkungen auf die Organisation auftreten. Sie wird nach dem Vorbild des Computers als informationsverarbeitendes System aufgefaßt und nach diesem Muster umgestaltet und optimiert. Die auf der traditionellen Bürokratie fußende hierarchische Baumstruktur kann durch elektronische Vernetzung problemlos nachgebildet werden. Manche Sicherheitsmodelle lehnen sich an die hierarchischen Strukturen der klassischen Bürokratie an oder erlauben es, den Zugriff in Übereinstimmung mit ihr qualifiziert zu regeln, man denke etwa an die Konzepte der Berechtigungsmatrix, der Zugriffsmatrix, diskrete und globale Kontrolle, das Bell-La Padula Modell usw. Die bloße technische Nachbildung der alten Organisation hat sich aber nicht überall bewährt. Teilweise lassen sich die in den USA beklagten Mängel der Ineffizienz des EDV-Einsatzes dadurch erklären.

Bevor auf die dritte Stufe der Entwicklung und die neuen Möglichkeiten, die Organisation umzustellen, eingegangen wird, sollen die traditionellen Bürokratien genauer beschrieben werden.

3 Charakteristika traditioneller Bürokratien

Mit welchen Maßstäben lassen sich Bürokratien beschreiben? Ohne Anspruch auf Vollständigkeit sollen in der folgenden Tabelle einige Indikatoren angeführt werden, die sich zum Teil auf das Individuum, zum Teil auf die gesamte Organisation, zum Teil auf beide anwenden lassen:

- Ermessensspielraum (nicht regulierte Entscheidungsmöglichkeiten)
- Partizipationsgrad (Einflußmöglichkeit auf Organisations-, Zeitstruktur, Arbeitsinhalte)
- Qualifikation (formelle und informelle)
- Hierarchietiefe (Zahl der Ebenen)
- Subordinationszahl (Zahl der direkt Nachgeordneten)
- Vernetzungsgrad (wer ist mit wem verbunden?)
- Interaktivitätsgrad (wer nützt die Verbindung mit wem?)
- Geschwindigkeit des Informationsdurchsatzes (ev. anhand von Benchmarks)
- Durchlässigkeit (wie leicht fließen Informationen durch die Struktur)
- Offenheit (wie stark ist die Verbindung nach außen?)
- Reflexivität (Analysefähigkeit der eigenen Situation)
- Umgestaltbarkeit (Veränderbarkeit der Organisation)
- Koordinationsaufwand (Arbeitszeit zur Koordination der Organisationsstruktur)
- Kosten-Nutzen-Relation und Effizienz.

Gemessen an den obigen Indikatoren besitzen traditionelle Bürokratien die folgenden Eigenschaften: Sie sind durch einen geringen Ermessensspielraum und einen niedrigeren Partizipationsgrad gekennzeichnet. Sie besitzen eine große Hierarchietiefe (gemessen an den Amtstiteln, welche die Stellung des Individuums in der Hierarchie anzeigen), eine relativ hohe Subordinationszahl, einen niedrigen Vernetzungs- und Interaktivitätsgrad (außer zwischen aufeinanderfolgenden Hierarchieebenen), einen umständlichen Aktenlauf mit häufigen Rückversicherungen von ranghöheren Stellen. Wenn von oben angeordnet, besitzt die traditionelle Bürokratie relativ hohe Durchlässigkeit. Die weitgehende Geschlossenheit der Struktur wird durch das Amtsgeheimnis verstärkt. Da der Gesamtzusammenhang oft nicht transparent ist, besitzt die Bürokratie nur geringe Fähigkeit zur Reflexion der eigenen Situation, daher kann sie sich von innen her nur schwer umgestalten und reformieren. Der Koordinationsaufwand ist relativ gering, da feste Regeln gelten, nach denen gehandelt werden muß. Es besteht eine Tendenz zur Ausweitung der Mitgliederzahl aufgrund der Versuche von Vorgesetzten, mehr Nachgeordnete zu gewinnen.

4 Die Senkung der Transaktionskosten

Es gibt heute Anzeichen, daß der EDV-Einsatz seine Wirkung sowohl auf die Effizienz als auch auf die Organisationsstruktur zu entfalten beginnt. Jeremy Rifkin (1995: 55) schreibt: "It´s not just low-level jobs that are disappearing. A growing number of companies are deconstructing their organizational hierarchies and eliminating more and more middle management. They use computers to do the coordinating that people - often working in separate departments and locations within the company - used to do. Harvard business professor Gary Lovemann points out that while better jobs are being created for a fortunate few at the top levels of management, the men and women in 'garden-variety middle-management jobs' are 'getting crucified' by corporate re-engineering and the introduction of sophisticated new information and communication technologies. Eastman Kodak, for example, has reduced its management levels from thirteen to four."

Der Abbau von niedrig-qualifizierten Arbeitsplätzen, die Reduktion des mittleren Managements und die Schaffung von Telearbeitsplätzen sind nur ein kleiner Ausschnitt aus dem breiten Spektrum der Möglichkeiten, die sich durch die elektronischen Vernetzungstechnologien auftun. Der gemeinsame Nenner ist die qualitative und quantitative Veränderung der Kosten von Information, Kommunikation und Organisation bei der Bereitstellung bestimmter Güter oder Dienstleistungen. Nach dem Transaktionskostenansatz, der bis in die 60er Jahre zurückreicht und im Bereich der Organisationsökonomie als Kritik an der Neoklassischen Wirtschaftstheorie mit ihren Annahmen der vollständigen Konkurrenz und der vollständigen Information entwickelt wurde (siehe etwa Coase 1960; Alchian und Demsetz 1972; Williamson 1985; North 1990), ist nicht nur der Preis einer Ware oder eines Dienstes für das Zustandekommen einer Transaktion relevant. Reale Wirtschaftssubjekte haben Kosten der Informationsbeschaffung zu tragen, die Erstellung und der Abschluß eines etwaigen Vertrages und Verhandlungsprozesse erfordern Zeit und Geld, sodaß den Transaktionskosten für das Zustandekommen des Angebots einer Leistung eine zentrale Bedeutung zukommt. Die Transaktionskosten müssen dabei nicht in Form von Geld oder Arbeitszeit anfallen, sie können sich auch in einem Qualitätsunterschied der entsprechenden Leistung ausdrücken, die dann eine genauso große Bedeutung besitzen wie der Preis, zu dem gekauft oder verkauft wird.

Bürokratien können als Dienstleistungen angesehen werden, in denen zweifellos Information, Kommunikation und Organisation eine wichtige Rolle spielen. Durch Veränderung der mit diesen Tätigkeiten verbundenen Transaktionskosten können sich Rückwirkungen auf die Art der Erstellung der Dienstleistung selbst ergeben.

Mittels elektronischer Vernetzung lassen sich

- Kommunikationsaktivitäten, die das Vorbereiten, Senden, Empfangen und Interpretieren von Nachrichten zwischen zwei oder mehreren Parteien beinhalten,
- Koordinationsaktivitäten, die bei
  Konsensfindung (Gestaltung, Diskussion, Revision und Erzielung von Zusammenarbeit),
  Planung (Herstellung von Übereinkünften bezüglich Zeit und Ort gemeinsamer Tätigkeiten und Nutzung von Ressourcen) und

Entscheidung (Schaffung von Verhaltensregeln, Verteilung von Vorschlägen, Aggregation von Präferenzen)

anfallen,

• Informationsaktivitäten, die u. a.

Suchen (Feststellung von Bedürfnissen, Bewertung und Lokalisierung von Ressourcen),

Verarbeiten (Filtern, Speichern und Verändern von Informationen) und

Interpretation (Verifikation, Analyse und Management von Informationen)

umfassen,

leichter, schneller, billiger und mit besserer Qualität ausführen als ohne sie (Bonchek 1995).

Die Tatsache, daß e-mail wesentlich billiger als alle anderen vergleichbaren Medien (Telefon, Telegraf, snail-mail und FAX), ist zwar vom ökonomischen Standpunkt ein Vorteil, vom Transaktionskostenansatz her gesehen aber nicht der wichtigste. Im Bereich der Transaktionskosten zählen vor allem die neuen Qualitäten bei der Beschaffung und dem Austausch von Informationen und die Möglichkeiten, einfach und schnell organisatorische Arbeiten abzuwickeln. Im folgenden sollen einige Beispiele gegeben werden. Die üblicherweise schlechte Erreichbarkeit von Telefonpartnern wird durch die Asynchronizität der elektronischen Post überwunden, die Sende- und Verarbeitungszeitpunkte können selbst bestimmt werden, die mögliche Synchronizität der elektronischen Vernetzung erlaubt die Schaltung von Videokonferenzen und damit die Reduktion von Transportkosten. Die bei herkömmlicher Post umständliche Herstellung und Verteilung von Massenaussendungen wird über Computernetze wesentlich vereinfacht (many-to-many communication, skywriting). Die Geräte können "intelligent" Informationen suchen (Knowbots), filtern, vervielfältigen, analysieren, auswerten, speichern usw. Bisherige Routinetätigkeiten können automatisiert werden (Makros). Im Wissenschaftsbereich ist die neue Qualität bei der Informationsbeschaffung mit allen Möglichkeiten der direkten Weiterverarbeitung bereits deutlich sichtbar.

Natürlich gibt es auch im Reich der elektronischen Medien keinen "free lunch". Den oben genannten Vorteilen stehen Kosten gegenüber, die in der Praxis gegeneinander abgewogen werden müssen, nämlich

• die Kosten des Netzwerkzugangs und
• die Kosten der computer-literacy.

Diese Kosten können ein Argument gegen die Anwendung von Computernetzwerken darstellen. Es ist aber nicht das einzige, vielleicht nicht einmal das wichtigste. In der öffentlichen Verwaltung werden auch die Folgen der möglichen Rationalisierung zu bedenken sein, die wegen der Umschichtung des Staatshaushaltes von der Verwaltung in die Arbeitslosen-, Pensions- und Krankenversicherung nur zu geringen finanziellen Einsparungen führen wird - bei gleichzeitiger Erhöhung der Unzufriedenheit der arbeitslos gewordenen Menschen und der sich daraus ergebenden politischen Kosten.

5 Perspektiven für die öffentliche Verwaltung

Die oben angeführten Veränderungen der Transaktionskosten weisen auf ein erweitertes Möglichkeitsfeld für den Einsatz und die Gestaltung elektronischer Vernetzung hin. Die Entstehung von Möglichkeiten bedeutet aber noch nicht deren automatische Realisierung. Vor einem technologischen Determinismus muß ebenso gewarnt werden wie vor der Annahme, die Technologie wäre neutral. Die Kostensenkung bei Information, Kommunikation und Organisation deutet darauf hin, daß gegenüber der bisherigen starren Hierarchie selbstorganisierte, netzförmige Strukturen an Realisierungschance gewinnen. Durch die Erleichterung des Informationsaustausches zeichnen sich Ansätze in Richtung erhöhter Transparenz der Verwaltungen ab, wie wir etwa an dem Projekt der Digitalen Staad Amsterdam oder an der Errichtung von BürgerBüros (Klee-Kruse/Lenk 1995) ablesen können. Mit elektronischer Post könnten leichter themenzentrierte Diskussionen innerhalb bestimmter Gruppen der Bürokratie geführt werden, die noch dazu auch Außenstehenden einfach und zu geringen Kosten zugänglich gemacht werden können. Nichtsdestoweniger werden ohne zusätzliche, öffentlich bereitgestellte elektronische Tore in das Verwaltungsnetz nur diejenigen profitieren, die bisher schon zu den Privilegierten zählten: Die Minderheit der männlichen Weißen mit hoher Schulbildung und hohem Einkommen, die das Netz - jedenfalls nach den heutigen Statistiken - dominieren (Margolis 1994).

Der Aktenlauf kann durch entsprechende Workflow-Management Programme von der etwaigen Willkür informeller Machtpositionen in der Bürokratie entlastet werden. Die Hierarchietiefe, wie schon im Beispiel von Kodak erwähnt, könnte stark verringert werden, wodurch sich eine größere Nähe zu den Bürgern ergeben sollte.

Die Auslagerung von Arbeitsplätzen könnte das Postulat von Max Weber aufweichen, daß die Produktionsmittel sich nicht im Besitz der Beamten befinden. Die laufende Verbilligung der Computer- und Netztechnologien könnte dazu führen, daß der private PC zuhause auch für Tele-Büroarbeit und die Abwicklung von elektronischen Amtswegen genutzt wird.

Der bisher starre Aktenlauf könnte flexibilisiert, der Grad an sachgerechten Ermessensentscheidungen könnte ausgeweitet, bisher durch feste Regeln beschriebene Entscheidungen könnten automatisiert und damit in den Bereich der Selbstbedienung verlagert werden. Die bisherigen Arbeitsbeziehungen könnten umgestaltet, die Offenheit nach außen wesentlich erweitert, die Mitwirkungsmöglichkeiten durch die Bürger an der Gestaltung der Bürokratie verbessert werden, wodurch ein Zugewinn an Motivation erreicht würde, der leistungs- und qualitätssteigernd wirkt.

Meiner Meinung nach wird elektronische Vernetzung aber weder Bürokratien noch Hierarchie-Strukturen vollständig auflösen (siehe dazu auch Ronfeldt 1992). Die Verwaltungserfordernisse bleiben auf der Tagesordnung, ja sie werden sich noch verstärken, genauso wie die Delegation von Aufgaben immer wieder zu relativer Über- bzw. Unterordnung führen wird. Die Zusammenarbeit von Menschen aus verschiedenen hierarchischen Ebenen bzw. innerhalb und außerhalb der Bürokratie ließe sich dennoch verstärken, die vorhandenen starren Normen könnten unter stärkerer Partizipation aller Mitglieder der Bürokratie und der Klientel verflüssigt werden.

Allerdings bleiben alle diese demokratischen Möglichkeiten in einem hohen Ausmaß ambivalent. Wohl dürfte die Aufrechterhaltung streng hierarchischer Befehlsstrukturen mit großer Hierarchietiefe scheint aufgrund des Individualisierungstrends, der Auflösung traditioneller Werte, die zur Integration und Subordination in einen sozialen Verband beigetragen haben, und der steigenden Qualifikation der Menschen problematischer werden. Die Inhalte der Bürokratie bleiben aber immer noch offen: Die elektronische Vernetzung kann einer an Frieden und Freiheit orientierten Parteibürokratie genauso gute Dienste leisten wie einer Neonazi-Gruppe oder der Mafia. Damit gewinnt das Wort von Max Weber gerade durch die elektronische Vernetzung wieder an Wahrheitsgehalt: "Die Bürokratie ist die ... formal rationalste, Form der Herrschaftsausübung", deren politische Orientierung nicht aus sich selbst gewonnen werden kann.

Literatur

Alchian, A. and H. Demsetz, Production, Information Costs, and Economic Organization, in: American Economic Review 621972: 777-795.

Bonchek, M. S., Grassroots in Cyberspace: Using Computer Networks to Facilitate Political Participation, Working Paper 95-2.2: Presented at the 53rd Annual Meeting of the Midwest Political Science Association in Chicago, IL, on April 6, 1995 (World Wide Web: http://www.ai.mit.edu/projects/ppp/pubs/95-2-2.html).

Beniger, J., The Control Revolution: Technological and Economic Origins of the Information Society, Harvard University Press, Cambridge, Mass. 1986.

Cassirer, E., Philosophie der symbolischen Formen, Erster Teil, Die Sprache, Wissenschaftliche Buchgesellschaft, Darmstadt 1994.

Coase, R. H., The Problem of Social Cost, in: Journal of Law and Economics 3 1960: 1-44.

Klee-Kruse, G. und K. Lenk, BürgerBüros als innovative kommunale Serviceagenturen, R. v. Decker's Verlag, G. Schenk GmbH, Heidelberg 1995.

Luhmann, N., Soziale Systeme - Grundriß einer allgemeinen Theorie, Suhrkamp STW, Frankfurt/Main 1988.

Luhmann, N., Die Wirtschaft der Gesellschaft, Suhrkamp, Frankfurt/Main 1989.

Margolis, M. J., A New Way of Talking Politics: Democracy on the Internet, 1994 (E-mail address: MJMARGOL@UCBEH.SAN.UC.EDU).

North, D. C., Institutions and a Transaction Cost Theory of Exchange, in: J. Alt and K. Shepsle, eds., Perspectives on Positive Political Economy, Cambridge University Press, Cambridge 1990: 182-194.

Postman, N., Das Technopol. Die Macht der Technologien und die Entmündigung der Gesellschaft, S. Fischer Verlag, Frankfurt/Main 1992.

Rifkin, J., Work - A blueprint for social harmony in a world without jobs, in: Utne-Reader, May-June 1995: 53-63.

Ronfeldt, D., Cyberocracy is Coming, Taylor and Francis 1992 ISSN 0197-2243 (WELL Gopher Server: gopher.well.sf.ca.us)

Weber, M., Wirtschaft und Gesellschaft, J. B. Mohr, Tübingen 1972, 5. Auflage, Nachdruck 1990.

Williamson, O. E., The Economic Institutions of Capitalism - Firms, Markets, Rational Contracting, Macmillan, New York and London 1987.

Fachgespräch 2:
Zukünftige Kommunikationsarchitekturen

Die nächste Generation von verteilten Computeranwendungen wird sehr hohe Anforderungen an die Datentransportinfrastruktur stellen. Heutige Kommunikationsarchitekturen bieten in vielfacher Hinsicht ausgezeichnete Kommunikationsdienste an, jedoch haben sich die aus den 70er Jahren stammenden Modelle (z.B. OSI, TCP/IP) nicht in allen Bereichen bewährt und sind heute einem Revisionsprozess unterworfen, der zu einer neuen Generation von Kommunikationsarchitekturen führen wird. Einerseits müssen Kommunikationsaspekte mit Fragen zur Einbindung von Protokollfunktionalität in das Betriebssystem eng gekoppelt gesehen werden. Andererseits wird der Entwurf von Kommunikationsprotokollen und deren automatische Konfiguration auf eine neue Grundlage gestellt werden müssen.

Programmkomitee des Fachgespräches:
T. Plagemann, Oslo, B. Stiller, Karlsruhe, C. Tschudin, Genf (Koordination)
K. Bauknecht, Zürich, A. Bode, München, O. Drobnik, Frankfurt, J. Eberspächer, München, W. Effelsberg, Mannheim, D. Hogrefe, Bern, P.-J. Kühn, Stuttgart, B. Plattner, Zürich, K. Rothermel, Stuttgart, A. Schill, Dresden, P. Stucki, Zürich, C. West, Zürich, M. Zitterbart, Karlsruhe

CHIMPSY - a Modular Processor-System for High-Performance Communication

Jochen H. Schiller
High Performance Networking Group
University of Karlsruhe, Institute of Telematics
schiller@telematik.informatik.uni-karlsruhe.de
Phone: +49 721 608-4003, FAX: +49 721 38 80 97

Flexible implementation platforms for integrated service communication subsystems providing high performance capabilities are increasingly required. Dedicated VLSI components can be used for time-critical processing tasks in order to provide high performance. The highly modular VLSI implementation architecture designed with parametrizable and programmable components allows for service flexibility. The architecture is not limited to a certain protocol, but allows the implementation of a variety of high-speed protocols. Furthermore, this architecture supports the mapping of a formal protocol specification onto a powerful implementation architecture. This paper describes the architecture in general and dedicated components in detail. It also shows the design flow for a communication subsystem using the introduced components. Preliminary performance results are presented and compared with measurements of typical software implementations.

Keyword Codes: B.4.1; C.1.2; C.5.4
Keywords: Data Communication Devices; Multiple Data Stream Architectures; VLSI Systems

1 Introduction

Emerging applications, mostly, require both high performance as well as support of a wide variety of real-time communication services. For example, audio, video, and message passing of distributed systems may require different services. Networks, e.g., ATM-based networks, are able to fulfill the application requirements by providing data rates exceeding a gigabit per second and supporting different kinds of services. However, current communication subsystems (including higher layer protocols) are not able to deliver the available network performance to the applications. Different approaches [1], [2], [3], [4], [5], [6] on implementing high performance communication subsystems have been undertaken during the last few years: software optimization, parallel processing, hardware support and dedicated VLSI components. Some of the approaches deal with efficient implementations of standard protocols such as OSI TP4 and TCP. Other approaches resulted in protocols especially suited for advanced implementation environments. The use of dedicated VLSI components is mostly limited to very simple communication protocols, only (e.g., [7], [8]). A good overview of existing approaches for host interface design for high-speed networks gives [9].

Because of the ever changing nature of application requirements, another very important issue is the provision of a flexible strategy for the design of complex communication systems. Various approaches [7], [10], [11], [12], [13], [14] deal with the description of communication systems with formal methods and the derivation of an implementation from the description. However, up to now it is not possible to derive a high-performance implementation architecture for higher-layer communication protocols directly from a specification.

This paper presents the highly modular implementation architecture CHIMPSY (*C*ommunication oriented *H*igh-performance *M*odular *P*rocessor *Sy*stem) that is especially targeted towards more complex protocols. Key features are a high degree of flexibility and high performance due to dedicated, programmable, VLSI components. The architecture is highly independent of the specific protocol to be implemented and, thus, forms a general implementation platform for high-performance communication protocols, e.g. [2], [5]. Furthermore, this architecture supports the correct mapping of a protocol specification onto an implementation architecture. This paper is organized as follows. Section 2 gives an overview of the VLSI implementation architecture and some of its components. The design and integration of a communication subsystem using the CHIMPSY architecture is described in section 3. Some implementation details and results of a VLSI synthesis are given in section 4. Section 5 summarizes the paper and points out some future directions.

2 The CHIMPSY Implementation Architecture

The so called *Connection Processor (CP)* forms the central component of the CHIMPSY architecture (c.f. Figure 1). This specialized processor performs most of the work related to a communication protocol to offload the application processor, e.g., the standard processor of a common workstation. It is the implementation framework for the sub-components C_i and the central *Connecting Element (CE)*. All components inside a *CP* are connected only with the *CE* and, therefore, have to send all data via this element to other components. Furthermore, the *CE* provides the interfaces I_i to components outside the *CP*.

To provide a maximum of flexibility, the components C_i are designed with identical interfaces (c.f. Figure 2). The input signals consist of a 32 bit data bus d_i, a request line r_i, and an acknowledge line a_i. Valid data is signaled via $r_i = 1$. The component shows its readiness to receive the data via $a_i = 1$. After transmitting all data to the component, the sender pulls down r_i to 0. The output interface consists of corresponding signals: a 32 bit data bus d_o, a request line r_o, and an acknowledge line a_o. The protocol to transmit data to another component corresponds to the input interface.

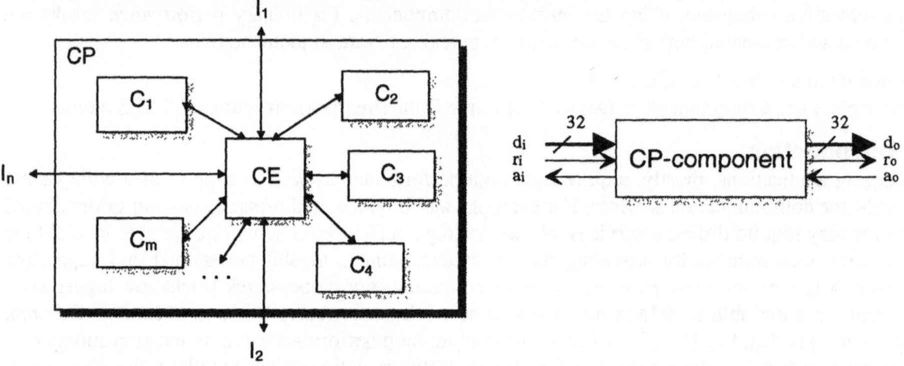

Figure 1: Modular implementation architecture of the Connection Processor

Figure 2: General CP component design

The following sections describe shortly some components for insertion into a *CP*.

2.1 Connecting Element

The *Connecting Element (CE)* may provide two separated unidirectional connections to every component inside the processor and to the external units. Two different connections should not interfere each other due to blocking. Therefore, one could implement the connecting component via a crossbar switch. It is also possible to multiplex certain connections. Due to the internal design of the connected components, the *CE* itself does not need storage components such as queues. Although the *CE* connects all components, it forms much less a bottleneck compared to a bus due to its inherent parallelism [15].

2.2 Extended Finite State Machines

The main components inside a *CP* are the *Finite State Machine (FSM)* processing units that perform all protocol functions. The FSMs of a formal protocol specification can be mapped onto these processing units (e.g., protocol and interface FSMs of Patroclos [5], [6] or single FSMs of standard protocols). All *FSM* processing units work independently; they communicate via asynchronous signals, thus, enabling concurrency among different protocol functions.

Every communication protocol specification consists of one or more finite state machine(s). This paper mainly addresses protocols, which are specified as a set of multiple FSMs. Examples are XTP [2], SNR [16], and Patroclos. Each of these protocols is able to be implemented on the VLSI implementation architecture by implementing the appropriate FSM processing components.

An *FSM* processing component (cf. Figure 3) forms the basis for an implementation of parallel FSMs. Each FSM processing unit consists of local registers, a local ALU, and a control unit. A local ALU is customized to individual requirements of the corresponding *FSM*. It can be as simple as an adder or as complex as a management unit for dynamic lists. To decouple *FSMs* from other units inside a *Connection Processor*, each *FSM* utilizes a separate input queue. Commands to an *FSM* will be inserted into this queue, thus providing asynchronous communication among the *FSMs*. This mechanism is similar to the implicit input queues of processes of SDL, the standardized specification and description language of ITU-T [17], [18]. Therefore, these *FSMs* form a hardware implementation architecture for protocols described as a set of SDL processes.

2.3 ALU Component

An *ALU* in CHIMPSY can be similar to an ALU of a general purpose processor. It implements standard operations, such as OR, XOR, ADD, SUB, SHR, SHL, and MULT. Multiplication (MULT) is the most complex operation of such an ALU, however, it is needed for several protocol functions. The CHIMPSY architecture distinguishes between *global* and *local* ALUs. Besides the location of the component and the use of a queue for decoupling, there is no difference between a local and a global ALU. A local ALU does not need a queue, because only the connected FSM can issue commands and receive results from this ALU (c.f. Figure 3). Both kinds of ALUs behave like a coprocessor for the FSM(s).

A global ALU works asynchronously. It consists of an input *queue* and the *ALU* itself (cf. Figure 4). The ALU comprises several *registers*. To guarantee data consistency, global data is stored in the *registers* and can be accessed via the *ALU* only.

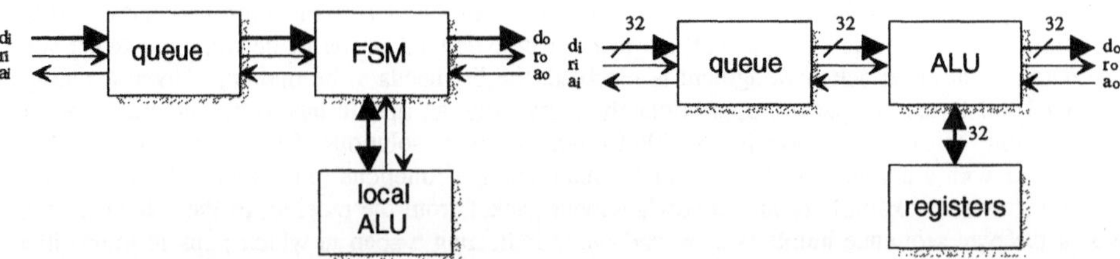

Figure 3: Finite State Machine component *Figure 4: Global ALU Component*

2.4 Complex Functions

One of the main features of CHIMPSY is the provision of complex and time-critical functions by dedicated hardware. These components also have the same interfaces as all other components and can be used as very specialized local or global ALUs. Up to now two components have been designed, a timer and a list management unit. Other functions could be, e.g., encryption units or components to support time-critical presentation layer functions.

2.4.1 Timer Component

Several protocol functions, such as retransmission, reassembly, and connection management, require timer operations. In most implementations architectures, timers are supported by the operating system. However, this support often forms a major performance bottleneck [19]. Therefore, the modular VLSI implementation architecture CHIMPSY comprises a dedicated *timer component*. According to the performance needs either this component can be scaled or several identical components can be implemented.

The *timer component* manages a dynamic list of timers. Several commands exist to manipulate the list (c.f. Table 1). The parameters are defined as follows: *conn_id* indicates the unique identification of the connection the timer belongs to and *time_out* is a 32 bit value indicating the time-out value. The appropriate receiver(s) of an alarm are listed in the *receiver* vector. The *timer_ids* are managed by the global accessible *timer component* itself. The resolution of this component is 100 ns, the maximum time-out value is, therefore, greater than 7 minutes. Greater time-out values are typically not time-critical and, therefore, should be handled by software.

command	input parameter	output parameter	comment
create	conn_id, time_out, receiver	timer_id	create a new timer entry in the timer list; return the timer identification
set	conn_id, timer_id, time_out		set an existing timer to a new time-out value
reset	conn_id, timer_id		reset an existing timer to its original time-out value
delete	conn_id, timer_id		delete an existing timer
alarm		timer_id	time-out has occurred

Table 1: Example Commands of the Timer Component

2.4.2 List Management

Up to now, the well-known and often used data structure of a list has been used rarely in hardware due to the complexity of the manipulation functions needed. However, many functions for protocol processing rely on the power of lists to store dynamic data. One time-critical example is retransmission support. Therefore, a dedicated component has been developed to support selective retransmissions.

If an application needs reliable data transfer, receiving of all data has to be controlled and enforced. Therefore, a list representing data that has to be acknowledged needs to be implemented. Every time data is sent or an acknowledgment is received, the list needs to be updated. Given a 1 Gbps link and 1000 Bytes per packet, approximately every 10μs an update has to be performed on the list. Therefore, this task is almost impossible for pure software solutions. The component acts like a coprocessor with a certain set of powerful list manipulation functions (c.f. Table 2 for examples). Figure 5 shows an example of an acknowledgment packet from the receiver to the sender. It consists of the byte sequence numbers *base* and *offset* indicating a span in which gaps in transmitted data can occur. Up to *base*, all bytes have been positively acknowledged. *offset* is the highest known sequence number for the receiver. This packet also comprises a list of *gaps* with the number of gaps indicated by *gap_no*. Positive cumulative and negative selective acknowledgements are assumed in this example.

The retransmission unit on the sender side receives this packet and updates the appropriate list. This unit also supports group communication which introduces a new dimension of complexity into protocol processing.

base (4)	offset (4)	gap_no (4)	gaps (n · 8)

Figure 5: Acknowledgment packet from receiver to sender [5]

Figure 6 shows three lists representing the states of three receivers (R_1, R_2, R_3) and a so-called group list (G). Every receiver can have a different state due to different qualities of the connections to it. The white areas show known gaps in transmitted data, the black areas show positive cumulative acknowledged sequence numbers. The group list G stores gaps for the so-called *k-reliability* with k=2. For some applications it is not necessary that all receivers really receive all data. In certain cases, it is sufficient that each packet is received by a certain threshold of receivers. The shaded areas of list G shows spans where less than 2 receivers did receive the data successfully. To guarantee this reliability, the appropriate data has to be retransmitted.

Figure 7 shows an appropriate data structure for the list management. It consists of a list for group identifiers (*GL*), receiver identifiers (*EL*), and the main list to store all necessary data. Only begin (s_a) and end (s_e) of a gap and a pointer to the next gap (n) are stored. The dashed lines indicate lists for group communication. The component performs not only the insert and delete operations for the list, but also joins two adjoining gaps and updates the group list for a given reliability. Table 2 gives some examples of implemented operations of the retransmission ALU.

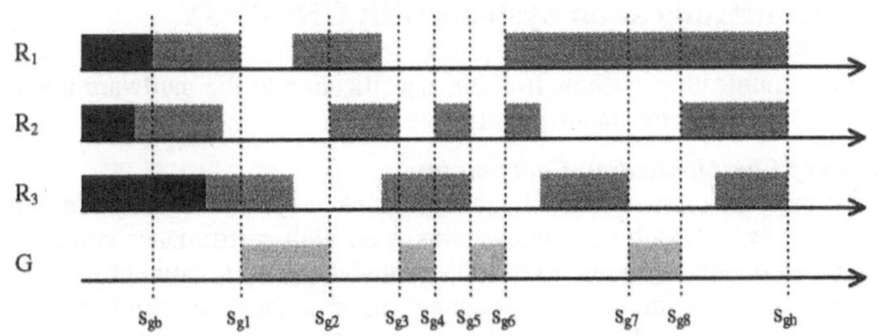

Figure 6: Example of the lists for group communication

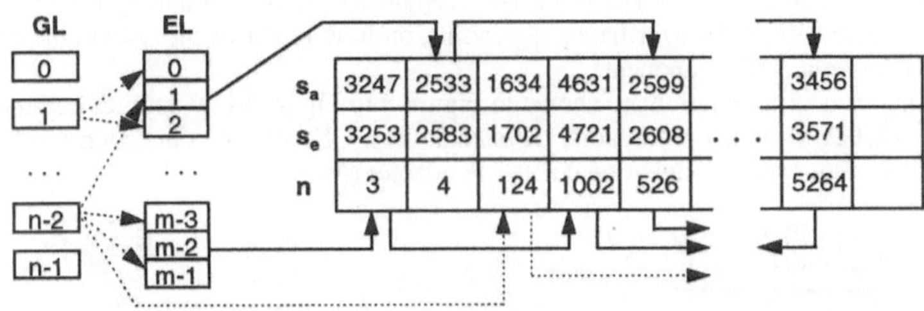

Figure 7: Data structure for the list management adapted to retransmission

operation	input parameters	output parameters	comment
init_list	rec_id, seq_no		initializes a new list for the connection *rec_id* with the initial sequence number *seq_no*, sets the error flag if *rec_id* is already in use
add_mcg	mc_con_id, rec_id		adds a new connection *rec_id* to an existing multicast group *mc_con_id*
set_rel	mc_con_id, k		sets the value *k* for the reliability of the multicast group *mc_con_id*
set_high_ack	rec_id, seq_no		sets the *high_ack* register to the value of *seq_no*; sequence numbers less than *high_ack* have been already acknowledged
set_high_seq	rec_id, seq_no		sets the *high_seq* register to the value of *seq_no*; *high_seq* represents the highest sequence number in use
set_gap	rec_id, seq_no, length		inserts new entry (*seq_no, seq_no + length*); overlapping entries are automatically joined or deleted, respectively
del_gap	rec_id, seq_no, length		deletes an existing entry, a part of an existing entry, or several existing entries, the deleted part is of the form (*seq_no, seq_no + length*); if necessary an entry is automatically divided into two new entries
get_gap	rec_id, ptr	seq_no, length, next	reads the entry *ptr* points to; if *ptr* = 0, the first gap is read out, if *next* = 0 the entry represented by (*seq_no, length*) is the last one, otherwise *next* point always to the next entry of the list

Dimensioning of the component: *rec_id, k* ∈ [0, 255]; *mc_con_id* ∈ [0, 63]; *seq_no, seq_no_1, seq_no_2, length, cont* ∈ $[0, 2^{32}-1]$; *reg_id* ∈ [0, 15]; *ptr, next* ∈ $[0, 2^{16}-1]$

Table 2: Example operations of the retransmission ALU

3 Designing Communication Systems with CHIMPSY

This section gives some examples of how to use components of the CHIMPSY architecture and how to design communication systems from the specification to the hardware implementation with the help of the modular implementation architecture.

3.1 Integration of Communication Components

One of the most important issues while designing complete systems is the perfect fitting of all subcomponents. However, although new applications need high-performance communication subsystems, the integration of such systems is not solved satisfyingly up to now. Most of today's networking components consist of a simple network adapter inserted into a system bus in combination with software for the single main CPU performing most of the tasks. Therefore, all these approaches suffer from poor system performance, e.g., due to contention on the central bus or the forced serialization on the single main CPU. CHIMPSY was designed from the beginning to be implemented in various ways with different performance depending on how much of the communication tasks are offloaded to the dedicated components.

Four different ways of integration are shown in Figure 8 to Figure 11. *P* denotes common processor units such as CPUs or video processors, *CP* stands for a CHIMPSY connection processor, and finally there is a more or less conventional network adapter (*NA*).

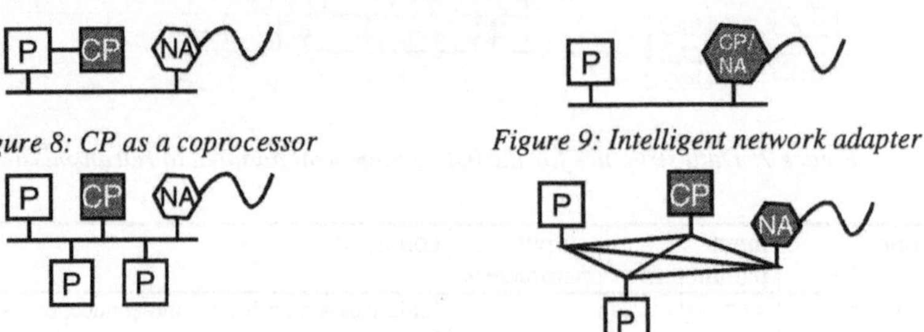

Figure 8: CP as a coprocessor *Figure 9: Intelligent network adapter*

Figure 10: CP in a multiprocessor system *Figure 11: Multiple autonomous units*

- *CP as a coprocessor:* Similar to a floating-point unit supporting an integer CPU by calculating floating point operations using dedicated hardware, a *CP* can support a CPU by performing all time-critical functions of a communication protocol. Every time the CPU detects a function supported by the *CP*, it issues a command and waits for the result. The advantage of this approach is that only small changes to existing programs are necessary. Instead of calling subroutines in software, the same command is sent to the coprocessor. Therefore, together with a *CP* emulation the same software can run on systems with or without hardware communication support. However, the disadvantage of this alternative are the remaining bottlenecks of the system bus and the many data copy functions with small caches [9]
- *CP in a multiprocessor system:* Most of today's workstations are multiprocessor systems. Special video accelerators and multiple CPUs are connected via a bus and share common data. Therefore, it is only consequent to extend this system with a communication processor for communication related tasks. This *CP* possesses the same access rights as all other CPUs and could work even on application data without copying. The advantage of this approach is the easy integration of the hardware into existing systems, only an adapter board has to be inserted. A disadvantage is the still existing bottleneck of the central system bus and possible contention while accessing data in the common memory.
- *Intelligent network adapter:* The most common approach is the intelligent network adapter. More complex functionality is added to a conventional network adapter and, therefore, this approach has also the system bus bottleneck as a disadvantage. The advantage of this alternative is the simple integration into existing system hardware and software. The hardware is inserted as a board into the system bus, only the operating system needs some changes (mainly drivers). Existing application software sees only the higher performance without being changed [20].

- *Multiple autonomous units:* The most progressive and promising approach consists of multiple dedicated components coupled via a specialized connecting element (e.g., switch or multiplexed high-speed bus) [21]. All components work independently and communicate via signaling. This architecture exploits the parallelism between different data streams. For example, an incoming video stream can be forwarded without interfering a CPU directly to a video component. At the same time a processor can read data from a frame grabber, perform a compression algorithm and multicast the data to the network adapter and the disk storage. The main advantage of this approach is the exploitation of almost all inherent parallelism. The design of a complete new system including new software is the big disadvantage of this alternative.

Common to all approaches is the possible variety of using only single components or complete and powerful *Connection Processors* of the CHIMPSY architecture.

3.2 Design Flow

One global goal of research is the automatic derivation of a high-performance communication subsystem from a formal specification. Figure 12 shows this goal embedded into several additional steps customized to CHIMPSY. The *specification* mentioned here consists of the *protocol* itself and a set of *configuration parameters*. These parameters comprise the chosen integration alternative, technology, and interface depending on the desired performance, the existing software environment, and other non-formal values. From these parameters an *implementation framework* is derived.

The *protocol* consists of protocol dependent and independent *functions*. Protocol dependent functions are the state transitions and the appropriate actions as described in a state transition table or SDL specification. Protocol independent functions are, for example, timers, memory and list management units. These functions are implemented as *basic building blocks*. Protocol dependent functions must be programmable to implement different protocols. Protocol independent functions must be parametrizable to serve different protocols without changing their structure. Depending on the specification, the building blocks are inserted into the framework and the *high-performance communication subsystem* is assembled.

3.3 Design Example

This section describes some steps in the design process of an intelligent network adapter from the high-level implementation architecture down to the microprogrammable FSMs. Figure 13 shows the complete implementation architecture of an intelligent network adapter using CHIMPSY components. Key features of this adapter are the separation of the control and data flow, and the exploitation of the parallelism between different connections in case they are mapped onto different *CP*s.

Incoming data from the simple *network unit* is forwarded to an *Extended Memory Management Unit (E-MMU)*. This unit separates the header of each packet from user data and forwards it to the appropriate *CP*. It also stores user data in the *receive RAM*, performs the necessary memory management, and supports reassembly of user data. The separation of packet headers can be done easily in hardware if the header length is fixed.

If a connection is to be established, the *application* sends a signal to a *management* unit which maps this new connection onto a *CP* depending on its actual load. For example, a *CP* can handle several audio connections or only some video streams. The *CP*s perform most of the work related to the implemented protocol(s). If two connections are mapped onto different *CP*s, they will not interfere due to limited processing power on the adapter. Similar to the *E-MMU* on the receive side, the *E-MMU* on the send side manages the *send RAM*, supports segmentation of user data, and merges packet headers with user data. The shaded components are part of the CHIMPSY component library.

Due to its modular design, the architecture of the *CP* can be adapted to different protocols. For example, XTP [2] needs global variables and global accessible timers and, therefore, a global accessible ALU with registers and global timer unit(s) are required. Patroclos [5] needs local variables and local timers only and, thus, global components are not required. However, to save silicon, protocols like Patroclos can also use a global ALU. Figure 14 shows a CP configured for protocols like XTP or Patroclos with interfaces to the other components of the intelligent network adapter.

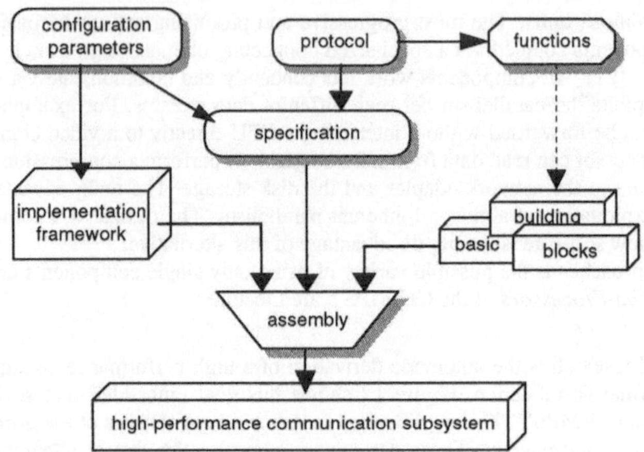

Figure 12: Design flow for communication subsystems using CHIMPSY

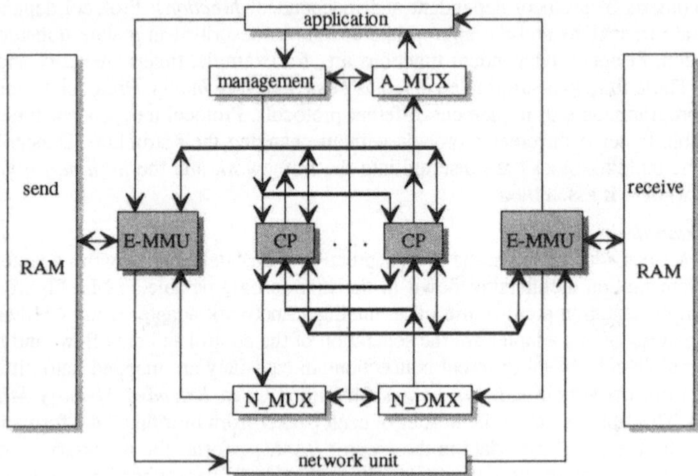

Figure 13: Implementation architecture of an intelligent network adapter

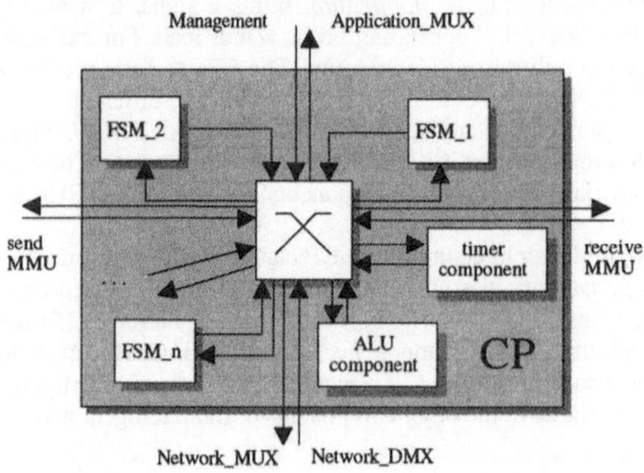

Figure 14: Connection Processor inside an intelligent network adapter

Several non time-critical FSMs of a protocol can be mapped onto a single FSM in the implementation architecture. Table 3 shows some lines from the specification of a retransmission FSM of Patroclos. The table comprises the actual *state*, incoming *events*, and *conditions* to check before *actions* and the transition into the *next state* are performed.

State	Event	Conditions	Actions	Next State
NULL	i.new_context		init_context(ARR)	ACTIVE
ACTIVE	i.rec_closing		signal(TI, i.rec_seq)	ACTIVE
GAPTEST		gap_no = 0	s.base = s.offset ...	ACTIVE

Table 3: Example lines from the retransmission FSM [5]

The shaded line shows, that the FSM issues the signal *i.rec_seq* to the FSM *TI* in the state *ACTIVE* as soon as the event *i.rec_closing* has been received. The next state is also *ACTIVE*. The translation of this line into microcode for the implemented FSM is shown in Table 4. The first three lines wait for receiving a signal via the input port and branch to the appropriate piece of microcode after receiving the signal. The last five lines send the signal *i.rec_seq* to the FSM *TI*, save the new state (*ACTIVE*), and jump back to the beginning to wait for the next signal.

	data	selection	command	control	
label:			CNT	GETH	wait for signal
	move in,base		CNT	MOVE S,A	
			BRV	MOVE H1,A	
	1		CNT	MOVE S,C	event:
	TI; i.rec_seq		CNT	SGNL	i_rec_closing
	OFFSET; move mem,out		CNT	MOVE A,Q	
	ACTIVE		CNT	SAVE	
	label		JMP	SLEEP	

Table 4: Microcode example of a FSM

4 Results

This section shows some implementation results for two components for the CHIMPSY architecture. The whole architecture with all its components has been described using the standardized hardware description language VHDL [22]. Therefore, all simulation and synthesis is based upon this language and was done using commercial tools [23].

4.1 Extended Finite State Machines

Figure 15 shows the internal structure of an FSM used to implement protocol state machines. It consists of an input port connected to the input queue, an output port connected to the central *Connecting Element* of the *Connection Processor*, and an input/output port to a local ALU. The main units inside the FSM component are a *RAM* to store the protocol table, a *control unit* to control all actions inside the FSM, and an *execution unit*, which performs all data moving and signal parsing.

At system initialization the description of the protocol FSM is downloaded via the *DL* unit as microcode and stored in the *RAM*. Afterwards, the *execution unit* waits for the first event to arrive. Every event is parsed by the *execution unit*, the appropriate actions are controlled by the *control unit*. Therefore, it reads out the *RAM* for the microcode, calculates addresses, manages the program counter and stacks for subroutines. After performing all actions related to an event, the unit reads out the next event from the queue or waits for the next event.

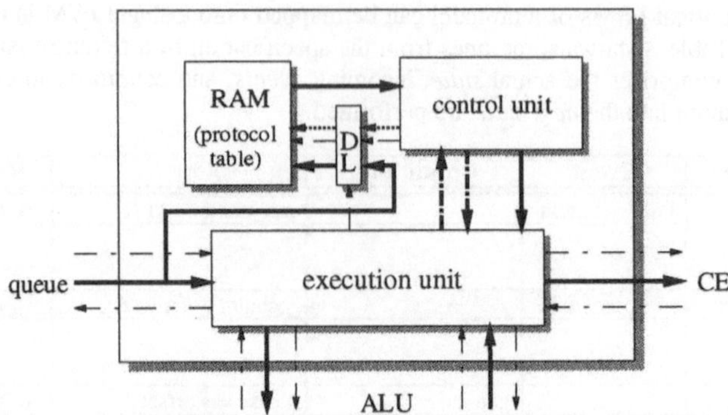

Figure 15: Internal structure of an FSM

Table 5 shows the results of the synthesis using a 1.0µm CMOS library. A very promising result is the small area consumption of the control logic compared to the needed memory. Only 1.87mm^2 silicon is needed for the dedicated VLSI implementation architecture of the control logic. However, ten times more silicon is needed for memory, which is almost independent of the control logic implementation. Therefore, even a conventional software implementation with the same memory size would need this area with the technology used here. The unit synthesized as shown in Figure 15 supports up to 1024 simultaneous connections and a protocol description consisting of up to 1024 lines of microcode. The critical path of the control logic is 10ns and, therefore, a maximum clock speed of 100Mhz can be achieved.

	control logic [mm^2]	***memory [mm^2]***	***memory size [bit]***	***type of memory***
queue:	0.09	0.6	(8 x 32)	dual port RAM
FSM:	1.78	18.2	(1k x 44)	protocol memory
		2.3	(1k x 4)	state memory
		2.2	(512 x 8)	branch vector table
sum:	**1.87**	**23.3**		

Table 5: Synthesis results of the FSM implementation architecture

4.2 Retransmission ALU

Figure 16 shows the internal architecture of the list management unit specialized for retransmission support. It consists of memory to store the required information (*data memory, program memory*), registers (A_i, ..., E_i), ALUs for standard operations (*ALU A, ALU D*), control units (*program counter, address generation unit*), and specialized comparators (*COMP 1, COMP 2*). The comparator units can, e.g., perform the operation $a \le b \le c$, $b \le c \le d$ in a single clock cycle ($a,b,c,d \in$ int). This operation is applied to search in a list. The developed retransmission ALU is fully microprogrammable and may also be used as a list coprocessor for conventional implementation architectures (e.g., network adapters, workstations). Example microcode operations of this *Retransmission ALU* are listed in Table 6. The operations of the ALUs, the control units and the comparators are always executed in parallel in one clock cycle.

Synthesis using a 1.0µm CMOS standard cell library shows promising results. E.g., the above mentioned comparisons $a \le b \le c$, $b \le c \le d$ need 45ns on this coprocessor, while the single comparison $a \le b \le c$ requires 72.6ns on an DEC Alpha processor assuming one instruction per cycle and no context switching (11 instructions, 6.6ns cycle time, incl. load/store). The control logic of the processor needs 28800 gates, additional 64k RAM are needed to support the handling of 60000 gaps in the transmitted data streams.

operations	comment
`RMOVE S, D`	move a complete row of entries from the registers or RAM into the registers or RAM. S, D $\in$ {Ri, RAM; $0 \le i \le 3$}, Rn = (An, Bn, Cn, Dn, En), S $\neq$ D
`ANOP`	no operation, ALU A
`MOVE I/O, D`	move data from the I/O-bus into the register D; D $\in$ {Ai, Bi; $0 \le i \le 3$}
`TBBC Ri.n, ra`	test bit n of register Ri and branch to relative address ra if clear; R $\in$ {Di, Ei; $0 \le i \le 3$}, $0 \le n \le 7$
`CBMOD Ri, Rj, Rk, Rl, ra1, ra2, ra3`	compare Ri $\le$ Rj $\le$ Rk and Rj $\le$ Rk $\le$ Rl modulo 2^{32} and branch to: result = 00 then PC := PC + 1; result = 01 then PC := PC + ra1; result = 10 then PC := PC + ra2; result = 11 then PC := PC + ra3; PC: program counter; Ri, Rj, Rk, Rl $\in$ {Ai, Bi; $0 \le i \le 3$}
`AADD S, D`	S + D -> D; S, D $\in$ {Ai, Bi; $0 \le i \le 3$}

Table 6: Microcode examples of the retransmission ALU

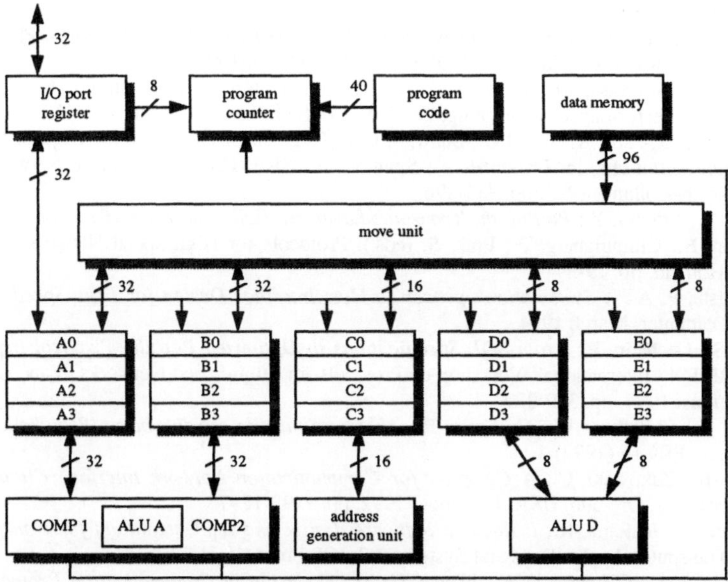

Figure 16: Structure of the retransmission ALU

5 Conclusion

This paper presents the highly modular implementation architecture CHIMPSY that is especially targeted towards more complex communication protocols, e.g., XTP or Patroclos. Key features are the high flexibility and performance due to parametrizable and programmable VLSI components. Therefore, this architecture is independent of the specific protocol to be implemented and, thus, forms a general implementation platform, e.g., for FCSS [24]. Furthermore, it supports the correct mapping of a specification of a communication protocol onto a powerful implementation architecture. The promising synthesis results show that a much higher performance can be reached with this approach compared to conventional systems.

Future work related to CHIMPSY comprises the formal verification of components, the development of an SDL/VHDL-compiler, further synthesis, and simulation of components. For formal verification, symbolic model checking is used to proof certain properties of components and of the resulting system consisting of several components. The SDL/VHDL-compiler will be especially adapted to the implementation architecture of FSMs in CHIMPSY and, therefore, is not a general purpose compiler but a powerful tool to map SDL specifications onto this architecture. To get better area and performance estimations, further synthesis will be done down to the layout level using

0.7μm CMOS standard cell libraries. Additionally, prototypes will be built using programmable hardware (FPGAs). Further simulation will be done not only for single components but also for complete end-systems and interworking units using traffic sources modeling multimedia applications.

6 References

[1] Ito, M.; Takeuchi, L.; Neufeld, G.: *Evaluation of a Multiprocessing Approach for OSI Protocol Processing,* Proceedings of the First International Conference on Computer Communications and Networks, San Diego, CA, USA, June 8-10, 1992

[2] Strayer, W.T.; Dempsey, B.J.; Weaver, A.C.: *XTP: The Xpress Transfer Protocol*, Addison-Wesley Publishing Company, 1992

[3] Feldmeier, D.C.: *An Overview of the TP++ Transport Protocol,* in: Tantawy A.N. (ed.): High Performance Communication, Kluwer Academic Publishers, 1994

[4] Sterbenz, J.P.G.; Parulkar, G.M.: *AXON Host-Network Interface Architecture for Gigabit Communications,* in: Johnson, M. J. (ed.): Protocols for High-Speed Networks, II, North-Holland, 1991, pp. 211-236

[5] Braun, T.: *A Parallel Transport Subsystem for Cell-Based High-Speed Networks,* Ph.D. Thesis, University of Karlsruhe, Germany, VDI-Verlag, Düsseldorf, 1993

[6] Braun, T.; Zitterbart, M.: *Parallel Transport System Design,* in: Danthine, A.; Spaniol, O. (eds.): High Performance Networking, IV, IFIP, North-Holland, 1993, pp. 397-412

[7] Krishnakumar, A.S.; Kneuer, J.G.; Shaw, A.J.: *HIPOD: An Architecture for High-Speed Protocol Implementations,* in: Danthine, A.; Spaniol, O. (eds.): High Performance Networking, IV, IFIP, North-Holland, 1993, pp. 383-396

[8] Balraj, T.; Yemini, Y.: *Putting the Transport Layer on VLSI - the PROMPT Protocol Chip,* in: Pehrson, B.; Gunningberg, P.; Pink, S. (eds.): Protocols for High-Speed Networks, III, 1992, North-Holland, pp. 19-34

[9] Steenkiste, P. A.: *A Systematic Approach to Host Interface Design for High-Speed Networks,* IEEE Computer, March 1994

[10] Leue, S.; Oechslin, P.: *From SDL Specifications to Optimized Parallel Protocol Implementations,* IFIP 4th International Workshop on Protocols for High-Speed Networks, Vancouver, Canada, August 1994, pp. 309-327

[11] König, H.; Effelsberg W.; Gotzhein, R.: *Ableitung parallel ausführbarer Protokollimplementierungen,* PIK 16 (1993) 4

[12] Pei, T.-B.; Zukowski, C.: *A Compiler for Communication Network Interface Circuits,* IEEE Globecom '92, Orlando, USA, December 1992, pp. 1293-1297

[13] Steigner, C.; Jostema, R.: *PAR-SDL: Software design and implementation for transputer systems,* Transputer Applications and Systems '93, IOS Press, 1993

[14] Wenban, A. S.; O'Leary, J. W.; Brown, G. M.: *Codesign of Communication Protocols,* IEEE Computer, 12/93

[15] Texas Instruments: *TMS320C80 Multimedia Video Processor (MVP),* Technical Brief, Texas Instruments Inc., June 1994

[16] Sabnani, K.; Netravali, A., Roome, W.: *Design and Implementation of a High Speed Transport Protocol*; IEEE Trans. on Communications, Vol. 38, No. 11, November 1990, pp. 2010-2024

[17] Hogrefe, D.: *Estelle, LOTOS und SDL,* Springer Verlag, 1989

[18] CCITT: *Recommendation Z.100,* CCITT Specification and Description Language, SDL, Blue Book, 1989

[19] Varghese, G.; Lauck, T.: *Hashed and Hierarchical Timing Wheels: Data Strucutres for the Efficient Implementation of a Timer Facility,* ACM, 1987, pp. 25-38

[20] Druschel, P.; Peterson, L. L.; Davie, B. S.: *Experiences with a High-Speed Network Adaptor: A Software Perspective,* in Proceedings ACM SIGCOMM 94, London, U.K., August 1994

[21] McAuley, D.R.: *Operating System Support for the Desk Area Network,* LNCS 846, Springer Verlag, November 1993

[22] IEEE: *Standard VHDL Language Reference Manual;* IEEE Std 1076-1987

[23] Synopsys: *User Manuals,* Synopsys Inc., Mountain View, CA, 1994

[24] Zitterbart, M.; Stiller, B.; Tantawy, A.: *A Model for Flexible High-Performance Communication Subsystems,* IEEE-JSAC, May 1993, pp. 507-518

Limitations and Implementation Experiences of Integrated Layer Processing

Torsten Braun[1]

INRIA, 2004 route des Lucioles, F-06902 Sophia-Antipolis, email: t.braun@ieee.org

Abstract. Integrated Layer Processing (ILP) has several limitations on current system environments. Performance evaluations show that the main benefits from ILP are rather a reduced number of memory accesses than an improved cache hit rate. Data manipulation characteristics have significant impact on the cache behavior and on the achievable performance gain of ILP. Future protocol characteristics and efficient implementation concepts for communication systems with CPU expensive data manipulations are proposed.

1 Introduction

The performance of processors has been increasing faster than the performance of memory during the last few years. The resulting memory bottleneck can be reduced by avoiding memory access, e.g. by eliminating copy operations from protocol implementations. Another approach is to use on-processor caches, which are almost as fast as registers. Data and instruction caches are currently in the range of a few kbytes, but it is expected that on-chip caches of future processors will grow into the range of several Mbytes [1].

Integrated Layer Processing (ILP) tries to avoid memory access and to use caches in an efficient way. ILP is an implementation concept which allows to implement all data manipulation steps in one integrated processing loop (ILP loop) [2]. Theoretically, an ILP protocol stack implementation reads once from main memory, keeps the read data within registers or cache memory, and performs all the data manipulations for several protocol layers within the ILP loop. Processed data are finally written to the destination memory. In this ideal case, ILP requires only one read and one write access to the main memory for each processing unit, which is usually a 32- or 64-bit-word.

In contrast to that, a non-ILP implementation reads a complete packet or data unit and performs one function after the other. Because intermediate packets must be written to the main or to the cache memory, the number of memory accesses are significantly higher than in the ILP case. However, it is in this case often possible to keep the data within the cache between two different functions. Especially, application layer framing (ALF) [2] is advantageous to avoid cache misses. ALF is a precondition for applying ILP and means that the application breaks the data into suitable aggregates called application data units (ADUs), and the lower levels preserve these frame boundaries as they process the data. Therefore, no segmentation, blocking, or other size changing functions are allowed. Another advantage of the fact that an ADU is the logical unit of *all* protocol functions is that a ADU can be processed independent of other ADUs. This prevents buffering packets in packet queues as it is for example necessary for reassembly. Buffering is required if packets are split into several packets or if several

1. sponsored as a research fellow by the Commission of the European Communities under the Human Capital and Mobility Programme HCM (no. ERBCHBGCT930254)

packets have to combined into a single one. ALF increases the possibility that data are within the cache while being processed by a pipeline of consecutive protocol functions. Especially with small packet sizes and the expected increase of future on-processor caches the probability increases that a packet fits into an on-processor (first-level) cache.

By applying ILP to simple data manipulations like data copying and checksum calculations, performance gains of 50% have been achieved [2]. The advantages by integrating data manipulations may increase with the number of integrated data manipulation functions [3]. Other experiments proved that expensive manipulations such as DES (data encryption standard) can hide ILP performance gains [4].

2 ILP Limitations

ILP can only be applied between operations that combine or split PDUs such as (de)multiplexing, concatenation, and segmentation. These operations must be avoided to ensure that single data units do not interfere with other data units and preserve their frame boundaries according to ***ALF***. Other reasons to avoid multiplexing are quality-of-service support for single applications and various other efficient protocol implementation techniques.

Another major limitation is that ILP can only be applied with ***non-ordering constrained data manipulations*** such as TCP checksum or block cipher encryption algorithms. An ordering constrained function means that a packet must be processed serially according to the definition in [6]. Examples of ordering-constrained functions are cyclic redundancy code (CRC) calculation and stream cipher encryption algorithms, which require that data are processed in the correct order. Processing the second part depends on the result of the first part, i.e. the data part cannot be processed before knowing the result of processing the part containing header fields. However, even with non-ordering constrained functions, it is necessary to know how many bytes to be processed will be before a given block, because both operations need to be aligned on certain boundaries. Because of this fact, ILP can only be applied if the header size is known before processing the data. The header size must either be constant or it is necessary that it can be at least pre-calculated dependent on the protocol state.

Unfortunately, data manipulations have also a significant impact on the contents of header fields, e.g., checksum fields, alignment bytes for encryption, and length indicator fields. The ***dependencies of data and headers*** make it impossible to process first the header part of layer N by a layer N-1 data manipulation function, and then the data part of layer N by the N-1 data manipulation function. To overcome this problem there are the following possibilities:

- Divide a packet into several pieces and process the packet in a non-consecutive order beginning with the first part containing only user data. The order, in which the different pieces are processed depends on the relations between the pieces. This concept is a generalization of the approach of segregated messages [3], which make a clear separation between protocol headers and application data. ILP is only applied to application data.
- In some cases the header modifications required by the data manipulation function can be delayed and performed after other fields of the header have been composed. The delayed results can be updated by lower functions if the results are delivered

from the upper function via a separate interface. For example, it is possible to calculate the TCP checksum even while the data are being copied into a network FIFO buffer, if the FIFO buffer is large enough to store the complete packet and if it is possible to modify the TCP checksum field at the output of the FIFO buffer. This approach requires that the lower level function must have a detailed knowledge of the higher level function and that the lower functions get the result of the upper function early enough to be able to proceed processing.

Ordering constraints on the treatment of data occur because protocol processing consists of ***interactions between data manipulation functions and control tasks*** (such as header and connection processing). Often, data manipulation functions deliver a result which must be interpreted by a control function as a correct or corrupted information. The „3-stage-approach" proposed in [3] to solve these ordering constraints divides protocol processing into „initial control operations", „integrated data manipulations" (or ILP loop), and a „final protocol stage" (Figure 2).

Processing unit sizes may differ for different functions. An XDR marshalling procedure operates usually on 4-byte units, while encryption functions usually manipulate the data on 8-byte units. „Word filters" are used in [3] to solve the mismatch which occurs when data pass from one data manipulation function to another one. Word filters output data as soon as data are ready, but do not take into account whether it is more efficient for the next function to process the data on a larger size. Furthermore, hardware constraints such as the bus width should be considered to choose the appropriate processing unit size. Considering a protocol stack with encoding on 4 bytes, encryption on 8 bytes, and checksum calculation on 2 bytes, the word filter mechanism passes data in 4-byte units whatever the size of data manipulated by each function is. To evaluate the checksum on a 4 byte word, 2 write operations are required. The word filter concept could be optimized to take advantage of each basic processing unit size, in order to minimize size modifications when passing data from one function to another. Passing data in 8 byte processing units from encryption to checksum reduces the write operation for checksum calculation to one.

Integrating code from different protocol layers may violate the implementation ***modularity***. Preserving modularity in ILP implementations may be achieved by an automatic synthesis tool, e.g., based on a macro preprocessor [3], or by an ILP stub compiler to generate the protocol code.

3 ILP Experiments and Results

To estimate the achievable ILP benefits, a complete protocol stack consisting of three data manipulation functions has been implemented. This Section describes the implementation experiments and results briefly. For details see [7].

3.1 Experimental protocol stack

A file transfer application is used as an example application. The message formats are described using ASN.1. The appropriate (un)marshalling routines have been generated with an ASN.1 stub compiler. XDR is used as data representation. The marshalled message is encrypted using a fast encryption algorithm based on the SAFERK64 algorithm [8]. This algorithm has been chosen, because DES can hide totally the ILP performance gain [4]. To reduce the still too high overhead, the algorithm has further been simplified. The encrypted message is finally copied into a TCP buffer. TCP calculates the checksum by another read operation before the data is copied into a kernel buffer.

Received messages are decrypted, unmarshalled, and delivered to the application. To increase the probability of cache hits, marshalling and encryption follow each other.

The TCP implementation is divided into a part running within the kernel and a library to be linked to each application running in user space. For sending, the main task of the kernel part is passing the messages received from the user-level TCP to IP. For receiving, the kernel part demultiplexes IP packets to the corresponding TCP connection, i.e. to the corresponding application. The TCP is tailored in order to achieve a good ILP performance, although it is fully compatible with other TCP implementations:

- TCP header options are avoided to ensure a ***fixed-size header***.
- TSDUs are mapped to a single TPDU at TCP level according to the ***ALF*** concept.
- A connection is only used for uni-directional data transfer. In one direction mainly data packets are transferred, while the other direction contains acknowledgment packets only. This results in a ***separation of control and data packet processing*** to simplify header prediction.

3.2 ILP Implementation

For ILP, the data manipulations on the send path have been integrated into the copy procedure from application memory to the TCP buffer. The ILP implementation marshals and encrypts the data while being copied from the application to the TCP buffer. Two copy operations and one read access have been saved for sending compared to the non-integrated implementation. However, the data manipulations must have a detailed knowledge about the data structures of the TCP buffer. For receiving, ILP saves one read access and one copy.

To achieve good ILP performance macros have been used instead of function calls for data manipulations. However, macros do not allow the dynamic adaptation of data manipulation functions depending on varying application needs or quickly changing network characteristics such as congestion situations. Function calls and function pointers instead would support a dynamically adaptable implementation, but experiments showed that substituting macros by function calls results in the loss of all performance benefits gained by ILP in the first place. The overhead for function calls is very high in general and the number of function calls necessary for ILP is much higher.

3.3 Performance Results

The measurement results show that the performance gap between ILP and non-ILP implementations increases for larger packets [7]. The ILP benefits are higher when data manipulations dominate protocol processing. Relative performance increase by ILP in terms of throughput is always lower (approximately 10%) than the performance benefit considering only the packet processing time (approximately 20%). System operations such as IP and network driver processing consumed approximately the same time as packet and protocol processing in user space. Another issue with significant performance impact is the complexity of the data manipulations. Replacing the encryption algorithm by a very simple algorithm similar to the one used in [3] yields significantly lower packet processing times (approximately 35% less) and higher throughput (approximately 15% more) for ILP compared to non-ILP.

The main reason for the ILP performance gain is the significant reduction in the number of memory accesses, mainly by saving copy operations. Because ILP was initially considered as a technique which would benefit from the presence of caches, it is surprising that the relative amount of first-level data cache misses is higher in the ILP case. Even with a careful implementation technique, a relative high rate of cache hits can be achieved without integrating several functions into a single loop, but only by ALF and processing the different loops close to each other.

One reason for the higher ratio of first-level cache misses for ILP is that there are always a fixed number of write cache misses for writing the data into the final buffer, which cannot be avoided. The cache miss ratio increases because ILP reduces the total number of memory accesses in a more significant way than the number of cache misses. Another reason is that the simplified SAFERK64 encryption algorithm uses two tables (pre-calculated logarithm and exponential tables with values for each possible byte) and a byte vector for the key, which must be accessed for each byte to manipulate. In the non-ILP case, these memory areas can remain in the cache while a message is being processed. In the ILP case, these tables must be loaded more frequently into the cache because two operations for encrypting two 8-byte-words do not follow each other.

As expected, the implementation using the TCP kernel version is faster than the user-level implementations. Protocols in user space do not usually achieve kernel performance, but nevertheless they have several advantages [9]. However, the performance gap could be minimized by optimizing the data path, which is usually the critical path of protocol implementations. ILP packet processing is even faster than decryption and unmarshalling on top of kernel TCP. One reason for better throughput with a kernel TCP is that the kernel TCP code is more optimized and acknowledgment packets do not cross the user/kernel domain as it does in a user-level TCP implementation.

4 Advanced Communication System Concepts

The experiences with the ILP implementation and the obtained results are the basis for proposals about advanced protocol and implementation architectures to allow more efficient communication system implementations.

4.1 Protocol Architecture

ILP implementations would be simpler by using uniform processing unit sizes for the different data manipulations. Moreover, future protocols should be designed following the proposals below. Although there are several new transport protocol approaches with the proposed features [5,10,11], none of them is used in the OSI or Internet world:

- ***Fixed size headers*** should allow fast header prediction and efficient header parsing.
- ***Separate control and data packets*** simplify header prediction and allow processing of control and data packets in different system domains. E.g., data packets could be processed in user space, while control packet processing could be processed within the kernel or even on an intelligent network adapter. This implementation strategy would also avoid to cross the user/kernel boundary for acknowledgments. Further, a clear separation of control and data packets supports parallel implementations.
- Protocols should provide ***demultiplexing support***, e.g. by end system unique connection identifiers and sequence numbers, to allow incoming data to be copied directly into the final application buffers.

4.2 Implementation Environment

The workstation environments used today hide the achievable ILP benefits to a significant degree. Often, data are copied several times while travelling from the application space through the kernel space and finally to the network adapter. Also the operating system overhead and the missing ***integration of communication systems and applications*** are reasons for performance degradation. Using advanced systems with zero-copy network adapters and dedicated low overhead operating system could raise the ILP benefits further. Avoiding system copies requires modifications of the operating system and the network adapter architecture. To avoid unnecessary copy operations incoming data should be stored by the system at the final destination memory. Demultiplexing packets to the application buffer requires protocol support as discussed in Section 4.1. ILP will certainly become more important in systems with more efficient network adapters and improved integration of communication systems into the operating systems [12,13].

Another problem with protocol implementation occurs if the required data manipulations are very costly. If data manipulation processing dominates, and moving the data between memory makes only a small fraction of total processing, ILP results only in small benefits, which may even be invisible. The only reasonable solution is the use of ***dedicated hardware*** for costly data manipulations. Hardware components are used in current workstation technology, e.g. for expensive encryption functions such as DES or for data compression.

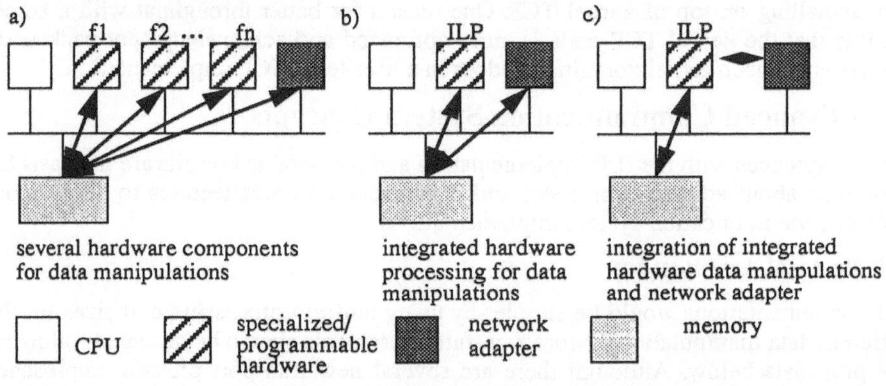

Fig. 1. Hardware support for data manipulations

Especially in the case of several data manipulations implemented in hardware, data must be transferred for each hardware component from the main memory to the hardware component and back to the main memory (Figure 1a). The data transfer over the bus will be the main bottleneck in data manipulation processing in that case. Especially in such a scenario, ILP could become a promising approach by integrating several data manipulations into a single ILP loop and processing it on a single hardware component. In this case, the data are transferred only once from the main memory to the data manipulation hardware, the data manipulation hardware performs the ILP loop, and finally the data is transferred to the destination memory (Figure 1b). Figure 1c shows a further optimization by connecting the network adapter and the data manipulation hardware. This configuration results in a single data transfer over the system bus. Another advantage of a hardware solution is that data or instruction cache misses because of context switches can not occur. The user data as well as other data necessary for data manipulations are always present in the memory of the hardware component. Furthermore, no (connection) state information is required on the specialized hardware processor. The complexity of the hardware unit is fully independent from the number of applications, connections etc.

Programmable hardware devices fit very well into the implementation approach. They allow to configure and to load exactly those combinations of data manipulations, which are required by the workstation applications. A possible implementation would be a stub compiler integrating data manipulations into (un)marshalling routines. Such a stub compiler could produce hardware description code such as VHDL code instead of C procedures generated by conventional stub compilers. The output of the hardware stub compiler must be synthesized with a synthesis tool and downloaded to the programmable hardware processing unit. The data description language for such a hardware stub compiler should be the same as for a software stub compiler, e.g. ASN.1 or XDR language. Dependent on the expected complexity of the data manipulations software or hardware (un)marshalling procedures could be generated by selecting either the hardware or the software stub compiler (Figure 2). The software and the hardware solution can even coexist in a single environment. While all initial and final processing steps are performed in software, the ILP loop is implemented in software and/or hardware.

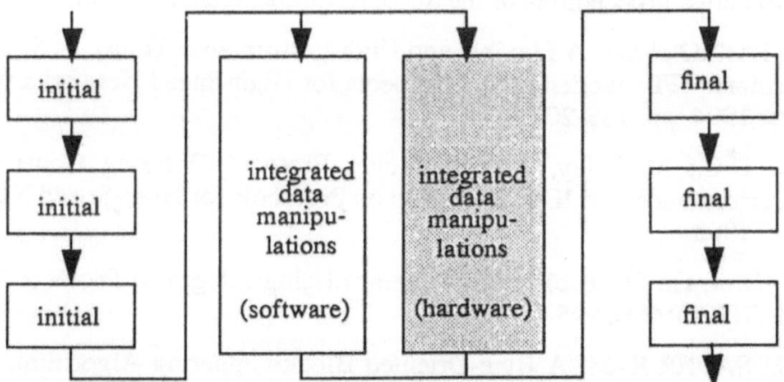

Fig. 2. Alternative integrated HW/SW data manipulations following the 3-stage-approach

The hardware implementation also allows an efficient implementation of the non-ILP/ALF approach, which has a slightly worse performance compared to the pure ILP approach, but which provides the possibility of a dynamically changeable implementation. In the non-ILP/ALF approach a packet is transferred to the hardware processing unit and one data manipulation after the other is processed. Another advantage of the latter approach is that limitations about the type of data manipulations do not exist. Also ordering-constrained functions can be implemented. Because of the lower degree of limitations combined with the expected high performance, this approach seems to be a very promising concept for implementations of costly data manipulations.

5 Conclusions

Although remarkable performance improvements of up to 35% for packet processing times could be achieved with ILP, there remain several limitations and problems. Often, the benefits of ILP by improved packet processing are nearly invisible in the total throughput performance. ILP limits the degree of flexibility and ordering-constrained data manipulations prevent the use of ILP. Further, the protocol architectures used today in communication systems do not support ILP very well. In general, this makes the use of a software ILP implementation on the workstation CPU debatable, especially when data manipulations are very costly and computations are more expensive than memory access. Therefore, a more flexible implementation concept is proposed, which allows to implement integrated data manipulations either in software or in hardware dependent on data manipulation characteristics and application requirements.

References

1. Müller-Schloer, C.; Thurner, E.: RISC, Superskalarität und die Grenzen, Praxis der Informationsverarbeitung und Kommunikation, PIK 3/94, Vol.17, pp. 166-177

2. Clark, D.D.; Tennenhouse, D.L.: Architectural Considerations for a New Generation of Protocols,ACM SIGCOMM 1990, pp. 200-208

3. Abbott, M. B.; Peterson, L.L: Increasing Network Throughput by Integrating Protocol Layers, IEEE/ACM Transactions on Networking, Vol. 1, No. 5, pp. 600-610, October 1993

4. Gunningberg, P.; Partridge, C.; Sirotkin, T.; Victor, B.: Delayed Evaluation of Gigabit Protocols, Proceedings of the Second MultiG Workshop, June 1991

5. Braun, T.: PATROCLOS: A Flexible and High-Performance Transport Subsystem, 4th International IFIP Workshop on Protocols for High-Speed Networks, Vancouver, August 1994, pp. 183-201

6. Feldmeier, D.C.; McAuley, A.J.: Reducing Protocol Ordering Constraints to Improve Performance, 3rd IFIP Workshop on Protocols for High-Speed Networks, Stockholm, 1993

7. Braun, T.; Diot, C.: Protocol Implementation Using Integrated Protocol Processing, ACM SIGCOMM 1995

8. Massey, J.: SAFER K-64: A Byte-Oriented Block-Ciphering Algorithm, Lecture Notes in Computer Science 809, Springer-Verlag, 1993, pp. 1-17

9. Thekkath, C.A.; Nguyen, T.D.; Moy, E.; Lazowska, E.D.: Implementing Network Protocols at User Level, IEEE/ACM Transactions on Networking, Vol. 1, No. 5, October 1993, pp. 554-565

10. Strayer, W.T.; Dempsey, B.J.; Weaver, A.C.: XTP: The Xpress Transfer Protocol, Addison Wesley, Reading, Mass.

11. Sabnani, K.; Netravali, A.; Roome, R.: Design and Implementation of a High Speed Transport Protocol, IEEE Transactions on Communications, Vol. 38, No. 11, November 1990, pp. 2010-2024

12. Druschel, P.; Peterson, L.L.: Fbufs: A high-bandwidth cross-domain transfer facility. Proceedings of the 14th ACM Symposium on Operating Systems Principles, December 1993, pp. 189-202

13. Ahlgren, B., Gunningberg, P.: A minimal copy network interface architecture supporting ILP and ALF, Proceedings of the 1st International Workshop on High Performance Protocol Architectures, December 15-16, 1994, Sophia-Antipolis

Levels of Quality of Service in CINEMA

Ingo Barth, Gabriel Dermler, Walter Fiederer

University of Stuttgart
Institute of Parallel and Distributed High-Performance Systems (IPVR)
Breitwiesenstraße 20-22, D-70565 Stuttgart, Germany
{barth, dermler, fiederer}@informatik.uni-stuttgart.de

Abstract. Distributed multimedia systems require quality of service at various abstraction levels. At the application level, QoS describes communication in terms of application specific processing units, e.g. frames. At the transport level QoS is used to describe the communication load for the transport system. An architecture integrating the various levels is presented. The architecture provides the framework for performing negotiation of QoS and resource reservation. It includes the specification of a programmer interface and a flowspec carrying QoS information between communication nodes.

1 Introduction

Distributed multimedia systems require resource reservation and quality of service (QoS) handling because of scarce resources ([ATW+90]). In the past, substantial work has been done in the field of QoS handling within transport systems and networks. QoS specification at this level is derived from the need of transport systems to handle communication load in an application independent way. Negotiation between application entities using the transport system is supported by passing higher level QoS between them. End-to-end in the context of a transport system applies to the communication endpoints of the transport system itself.

Distributed multimedia applications expose further reaching requirements. First, distributed application entities have to agree on communication characteristics beyond transport level communication load. Application level parameters are required describing media specific QoS properties of communication streams. Such parameters are required since there is no unique coupling between a specific communication load and specific value selections for media specific parameters (e.g. small picture/high video rate and large picture/low video rate may yield the same communication load). Also, media specific parameters allow application users to express their QoS requirements in a more natural way.

Second, end-to-end in the context of distributed multimedia applications does not necessarily mean a communication link connecting two end-systems. Generally, it means the interconnection of several endsystems in a possibly very application specific topology, as is the case for the connection of several audio sources to a central mixer from which distribution takes place to a number of networked loudspeakers. Such an application will require appropriate (negotiation) control mechanisms considering both transport and application level parameters and spanning the whole application topology from data sources to sinks.

Cinema, a configurable integrated multimedia architecture, is a system attempting to identify and solve these problems. It was conceived as a development and run-time support platform for distributed multimedia applications. It supports QoS handling at both application and transport level and integrates these levels into an appropriate QoS architecture. The description of this architecture is the topic of this contribution. It is to highlight the main abstractions used in *Cinema* for constructing and running distributed applications and the way these abstractions handle

QoS at various levels including mapping between the levels. In particular, this includes a client QoS specification interface and a flowspec description for negotiating QoS between distributed parts of *CINEMA*.

Unlike transport level QoS, application level QoS is different depending on the type of media employed by a distributed application. *CINEMA* introduces a scheme for defining application level QoS based on the notion of stream types. This scheme is also presented in this paper and described with respect to QoS handling.

The paper is structured as follows. First, we give a brief overview of related work. In Section 3, we present the abstractions of the *CINEMA* system in which the QoS architecture is integrated. This is followed by the QoS architecture containing the different QoS abstraction levels and mappings between them. Section 5 describes the QoS description used for the application level. Finally we discuss and summarize the presented QoS architecture.

2 Related Work

Substantial work has been done on multimedia transport systems and description for QoS to negotiate the possible QoS within the transport or network system and to reserve the needed resources. For instance HeiTS ([HHS+91]) provides an interface to specify the required QoS for a transport connection. Within HeiTS, QoS is negotiated and resources are reserved. The QoS specification of a transport system is mostly derived from the QoS specification which is given by the underlying network level reservation protocols, e.g. SRP [AHS90] or ST-II [Topo90]. Another popular reservation protocol RSVP [ZDE+93] defines no QoS specification so far.

[TaHo94], [SMHW95] and [KrLi94] describe the need for application specific QoS. Their QoS description is based on the media type of a stream. [TaHo94] uses a management information base to map application specific QoS to transport system QoS. [SMHW95] uses a QoS manager tool to do the mapping. The QoS manager tool is called with the selected kind of media encoding and the desired QoS class and returns the transport level (XTPX-based) QoS data structure. [KrLi94] uses a single application parameter which can be mapped onto transport level parameters. In this paper, we motivate a different approach for the mapping from application specific to transport system QoS.

In IMA [IMA93], QoS is declared as format descriptions which are assigned to ports. The IMA system selects an appropriate format for each connection. This format selection is done for each end-system to end-system connection on its own. An end-to-end QoS handling is not possible at application level (i.e. from data sources to sinks).

A quality of service architecture (QoS-A) for a transport service over high-performance ATM-based networks is explained in [CCH94]. The defined architecture contains three planes, the protocol plane, the QoS maintenance plane, and the flow management plane. The description solely relates to the transport layer and the mechanisms to realize such a transport interface.

3 *CINEMA* System

In this section, we describe the basic abstractions of the *CINEMA* system allowing clients to construct distributed multimedia applications. For a detailed description refer to [RBH94] and [RoHe94]. The basic abstractions are components, ports, links, clocks and sessions.

Components encapsulate processing of multimedia data, e.g. for generating, presenting or manipulating data. To provide a uniform data access point for the components, ports are used that provide data units to the component (input port) or take the data units from the component (output port). A client constructs an application by specifying a topology of components interconnected via links. A link provides an abstraction from underlying communication mechanisms which may be used to perform the transport of data units.

Components are activated by the system to handle data units of data streams taken from input ports and produce data units at their output ports. The timing of the component is controlled by the system using clocks. A clock maps a media time system to the real time according to the specified clock parameters.

With each component port a set of stream types is associated indicating the media types supported by the component at that port. The stream type concept will be detailed in section 5.

Before using an application, a client has to indicate desired QoS to *CINEMA*. For this, *CINEMA* offers the concept of a session. A session is the unit of resource reservation allowing the client to specify the (parts of an) application to be instantiated and the QoS expected. Section 4 details the client's view to QoS specification.

Figure 1 shows an example topology composed of the mentioned core abstractions: two source components generating two audio streams which are mixed by a central mixer and distributed to two loudspeaker components.

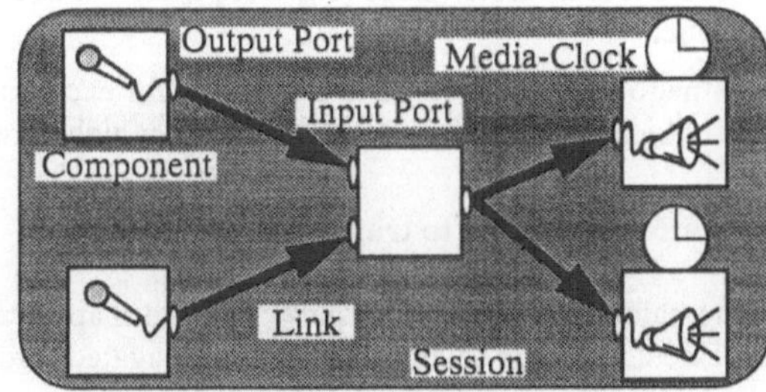

Figure 1 : Example of a CINEMA *multimedia application topology*

4 QoS Architecture

This section describes the QoS abstraction levels used in *CINEMA*, the mappings between them and the architectural aspects of the *CINEMA* QoS negotiation scheme.

4.1 Transport and application level QoS

Since multimedia streams exhibit a strong relationship with time, new transport systems have been designed which are able to handle massive multimedia related communication load within temporal bounds. For providing such guarantees, they need a description of the communication load. Based on this, they can determine the amount of resources required. Deriving such load descriptions is therefore an important task for each distributed multimedia system (see Section 4.2).

[ATW+90] introduced such a description with the LBAP model. Other known transport systems use similar descriptions which differ in some detail, but typically contain the size of data units, rate of data units, and the burstiness of data units. Depending on the capabilities of the transport system error control characteristics are included as well.

The description of QoS is independent of the type of data contained in a continuous stream. For instance, the parameters for a video stream are the same as for an audio stream.

Distributed application components have to exchange data according to commonly agreed media specific parameters. Examples of such parameters for video streams are video size and rate, color depth and compression quality. For audio, sample size and rate are commonly used. *CINEMA* uses the concept of stream types to encapsulate the parameter set implied by a specific medium.

Application level QoS parameters are not just used to describe media specific communication between component ports. They are also the parameters employed by the application client when specifying desired QoS for a session. In this way, *CINEMA* offers a basic level of QoS specification. On top of this, more abstract QoS layers may be built, which, however, are outside the scope of *CINEMA*. For instance, a *CINEMA* client may specify for a stream type "video" the tuple (video size, video rate) as required at a sink component's port.

Initially (i.e. before a session is set up by a client), each component port is associated with one or more stream types which can be supported by the component functionally. For instance, a source component may be able to support two stream types JPEG video and MPEG video. Each of these could allow the specification of values for parameters such as video size, video rate and compression quality. For each parameter values are specified which are supported functionally by the component, either as a list of discrete values (e.g. CIF, QCIF) or as a value range between a minimal and maximal value.

It is the task of the *CINEMA* negotiation procedure to determine for each port which of possibly several stream types have to be supported in a session and with which parameter values.

4.2 Mapping from application level QoS to transport level QoS

The mapping is required to calculate the transport level QoS from application level QoS. The application level QoS is selected initially by the client and propagated through the topology by the negotiation protocol.

Several approaches to perform the mapping are possible. Taking the approach from [TaHo94] or [SMHW95] in *CINEMA* would have meant to define an additional mapping entity containing entries for each stream type supported and defining corresponding mappings to transport level QoS.

We expect that a *CINEMA* component consuming or producing data streams of a certain stream type has anyway to be aware of the characteristics of the stream type in order to be able to process it. In addition, the component must have the ability to compute its resource demands from a given application level specification. From this we concluded that a component in most cases has to possess the knowledge to do the mapping. Therefore we anchored the mapping functionality inside a component and did not assign it to a separate mapping entity.

A second reason for this approach was that in some cases the processing capabilities of the components influence the mapping. For instance, a video sink which is able to fill gaps in a video image will require less error prevention at the transport level than a video sink which cannot fill gaps.

We have introduced the abstraction of a link to relieve a client building an application from the need to be exposed to transport system specific questions. The same has to apply to component programmers as well. When defining the mapping to transport level QoS inside a component, the component programmer should not bother with features of a specific transport mechanism. Therefore we introduced an application flowspec (AFS) that contains a specific part carrying the application specific QoS parameters and a generic part carrying the communication load parameters which abstract from peculiarities of any employed transport mechanism. This generic part consists of parameters commonly used in transport systems like size, rate and burst of data units, delay, jitter and error rate.

In order to do the mapping from the communication load parameters to the QoS parameters of a specific transport system, which are carried by the transport flowspec (TFS), each transport system is encapsulated within a specific link. Whenever a new transport system is introduced, a new link has to be realized in *CINEMA*. A link offers to *CINEMA* the desired uniform communication load oriented interface while linking to the transport system through its specific transport interface. We expect that several transport systems will coexist in the near future in multimedia systems, for instance for adapting to wireless or wirebound communications. On the other hand, we do not expect this number to be too high and transport systems to appear too often. The list of required links will therefore be rather low and static. Links are inserted by *CINEMA* in a transparent way to the client. The selection of the link is done by *CINEMA* based on the type of transport system.

Figure 2 shows the QoS architecture for communicating multimedia data using the *CINEMA* abstractions. At the application level and at the transport level flowspecs are defined containing the corresponding QoS information. These flowspecs are propagated during the negotiation phase, the AFS between components and links of an application, the TFS inside links.

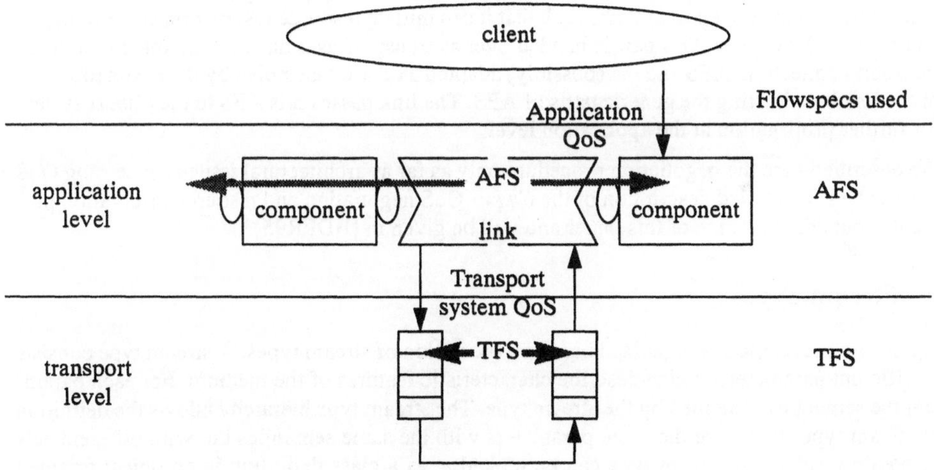

Figure 2 : QoS Architecture used in CINEMA

4.3 Negotiation of QoS

A *CINEMA* client wishing to initiate a session, first has to specify the QoS it desires. The client relates this specification to perceivable quality, i.e. to the quality of the final visible presentation, e.g. the quality of a video viewed. Usually, this quality can be described at the sinks of a topology.[1] In *CINEMA* the client is expected to provide a QoS description for each sink port.

Before QoS specification, the client can query the port for possible stream types the port can support and selects an appropriate one. Since a stream type can allow various parameter settings (see Section 5), the client has also the opportunity to exclude values (or value ranges) which are allowed by the stream type, but not desired by the client.

---

1 Only these cases are considered here.

After having done the selections described, the client initiates a session. The client has to specify which part of a topology has to be built up and (for each sink port separately) what end-to-end parameters have to be applied to the session. Then, the CINEMA negotiation process is triggered.

The next step is to assemble a flowspec (application flowspec, AFS) from the QoS specification given by the client and completed by sink components. This flowspec is propagated by CINEMA through the interlinked topology. Whenever the AFS traverses a transport system, the generic part of the AFS is used to calculate the corresponding transport system flowspec by the corresponding link.

From a point of the component topology view, the propagation takes place at the link, i.e. CINEMA takes the AFS from a component's incoming port and passes it to the link connected to that port. The link passes the (possibly adjusted) AFS back to CINEMA in the context of the outport originating that link. In turn, CINEMA passes this AFS to the component carrying the outport, such that the component can calculate (a) the AFS of its incoming ports and (b) the resources required. The procedure is repeated by CINEMA until all component ports were given an appropriate AFS.

From an architectural point of view, the propagation takes place - as seen in Figure 2 - at the application level (containing components and links) and at the transport level. Whenever a link is invoked with an AFS, it checks whether it serves local or remote communication. For the latter, the link calculates a transport system flowspec from the generic part of the AFS. TFS is handed over to the transport system, such that it can initiate resource reservation at the transport and network level. The AFS part is handed over as transport user data. At the other end of the transport connection, AFS and the (possibly) adapted TFS are assembled by the destination part of the link by adjusting the generic parts of AFS. The link passes this AFS to the CINEMA system for further propagation at the application level.

We described here the negotiation procedure only as far as architectural issues concerning QoS are touched. A detailed description of the CINEMA QoS negotiation and resource reservation protocol is outside the scope of this paper and will be given in [BDFR95].

5 Stream Types

Application level QoS is organized based on the notion of stream types. A stream type consists of different parameters, which describe characteristic features of the medium. For each parameter the semantics is defined by the stream type. The stream type hierarchy allows the definition of stream types that have the same parameters with the same semantics but with different sets of possible values. A stream type can be looked at as a class definition in an object-oriented environment. A QoS description for a media stream is then an instantiation of an element of the given stream type. According to the object-oriented approach we can derive a new stream type out of an existing one by specializing the values for one or more parameters. To assure that the parent stream type can always be used together with the derived stream type we must assure, that all parameter values from derived stream types must be part of the possible parameter values from the parent stream type. Furthermore, derived stream type must not have a parameter that the parent stream type has not.

This leads to stream type hierarchies where a base type defines the possible parameters and all derived stream types restrict the possible values for parameters. With these hierarchies two ports can be connected when the stream types are equal or when one stream type is above the other in the hierarchy. The resulting stream type is always the more specialized one.

The base stream type is defined by declaring the stream dependent parameters. A new stream type is derived from an existing one by restricting possible values for at least one parameter. All non restricted parameters have the same range than the parent stream type. For every parameter there must be at least one possible value. If a parameter is restricted to only one possible value, this parameter cannot be negotiated with this stream type.

With this stream type definition we allow the declaration of QoS parameters within the boundaries given by the stream type. This allows us to use one concept for stream type definition and QoS definition and therefore it is easy to use when programming components. The type of QoS definitions is always based on the used stream type. When two components use different but compatible stream types for their ports they can be connected. When one stream type allows multiple values for a parameter and the other specializes it to exact one value, this parameter is automatically set to the right value. If we would distinguish between QoS and stream type, then one component would have a QoS parameter that the other one would not have and therefore the QoS descriptions would differ.

As an example, we can assume a microphone component which can produce audio streams with different sampling rates and a speaker component which can only work with a special sampling rate. The following example defines a base stream type `Audio` which can have different rates for sampling and samples with different sizes. This stream type is specialized by the second definition to have only different sizes for samples but only one rate. This stream type is called `Audio8kHz`. Another stream type is derived from `Audio`, where the sample size is specialized to 16 Bit. This stream type is called `Audio16Bit`. Figure 3 shows the stream type hierarchy built out of these definitions.

```
STREAMTYPE Audio {
  int SampleRate = { 8000, 11025, 22050, 44100 };
  int SampleSize = { 8, 16 };
};
STREAMTYPE Audio8kHz : Audio {
  SampleRate = 8000;
};
STREAMTYPE Audio16Bit : Audio {
  SampleSize = 16;
};
```

Figure 3 : Example of a stream type hierarchy

6 Discussion and Summary

A QoS description which is applicable for a user must be based on the type of media. To negotiate this QoS application specific information is needed. Within the communication subsystem the QoS is not depending on the media type but on a generic stream description handling with buffers, rates and bursts. To bring these different QoS descriptions together we need a QoS architecture containing both abstractions and the mapping between them.

We presented a QoS architecture that allows the user to specify his presentation quality in a media oriented way. An application flowspec (AFS) is introduced, that contains an application specific and a generic part of QoS parameters. The mapping from application level QoS to the generic part in the flowspec is performed by the stream handling components which can include the influence of their implementation details into the mapping. This AFS can be mapped in a transport specific link to the needed transport system flowspec, that is used for resource reservation in the network.

For defining the application level QoS, we introduced the concept of stream types which act like a class definition for a QoS definition. The stream type hierarchy gives an easy way to check for type compatibility and to provide a method to define subtypes from a stream type.

The integration of QoS handling based on this QoS architecture into the CINEMA system has just begun. Together with resource management and a QoS negotiation protocol for application QoS, which is in development at the moment, an easy way to build up distributed multimedia applications with guaranteed QoS will be available with the CINEMA system.

7 Bibliography

[AHS90] David P. Anderson, Ralf Guido Herrtwich, Carl Schaefer. SRP: A Resource Reservation Protocol for Guaranteed-Performance Communication in the Internet. Technical Report No. UCB/CSD 90/562, Computer Science Division (EECS) University of California, Berkeley, CA, 2 1990.

[ATW+90] D. P. Anderson, S.-Y. Tzou, R. Wahbe, R. Govindan, M. Andrews. Support for Continous Media in the DASH System. In *Proc of the 10th International Conference on Distributed Computing Systems*, pages 54–61, 5 1990.

[BDFR95] Ingo Barth, Gabriel Dermler, Walter Fiederer, Kurt Rothermel. A Negotiation and Resource Reservation Protocol (NRP) for Configurable Multimedia Applications. *to be published* 1995.

[CCH94] Andrew Campbell, Geoff Coulson, David Hutchison. A Quality of Service Architecture. *ACM Computer Communication Review*, 24(2):6–27, 4 1994.

[HHS+91] D. Hehmann, R. G. Herrtwich, W. Schulz, T. Schuett, R. Steinmetz. Implementing HeiTS: Architecture and Implementation Strategy of the Heidelberg High-Speed Transport System. In *2nd Intl. Workshop on Network and Operating System Support for Digital Audio and Video*, 11 1991.

[IMA93] Hewlett-Packard Company and International Business Machines Corporation and SunSoft Inc. *Multimedia System Services, Version 1.0, available via ftp from ib minet.awdpa.ibm.com*, 7 1993.

[KrLi94] A. Krishnamurthy, T.D.C. Little. Connection-Oriented Service Renegotiation for Scalable Video Delivery. In *Proc of the International Conference on Multimedia Computing and Systems*, pages 502–507, 5 1994.

[RBH94] Kurt Rothermel, Ingo Barth, Tobias Helbig. *Architecture and Protocols for High-Speed Networks*, Chapter CINEMA - An Architecture for Distributed Multimedia Applications, pages 253–271. Kluwer Academic Publishers, 1994.

[RoHe94] Kurt Rothermel, Tobias Helbig. Clock Hierarchies: An Abstraction for Grouping and Controlling Media Streams. *Technical Report 2/94, University of Stuttgart*, 4 1994.

[SMHW95] A. Schill, C. Mittasch, T. Hutschenreuther, F. Wildenhain. A Quality of Service Abstraction Tool for Advanced Distributed Applications. In *Proc of the International Conference on Open Distributed Processing*, 2 1995.

[TaHo94] Wassim Tawbi, Eric Horlait. Expression and Management of QoS in Multimedia Communication Systems. *Annals of telecommunications*, T.49(5-6):282–296, 5-6 1994.

[Topo90] C. Topolcic. Experimental Internet Stream Protocol, Version 2 (ST-II). *RFC 1190*, 10 1990.

[ZDE+93] Lixia Zhang, Steve Deering, Debora Estrin, Scott Shanker, Daniel Zappala. RSVP: A New Resource ReSerVation Protocol. *IEEE Network*, pages 8-18, 9 1993.

Fachgespräch 3:

Verteilte CAD-Systeme — Voraussetzung für effiziente Entwicklungsarbeit im Unternehmensverbund

Verteilte CAD-Systeme sind auf die Belange einer abteilungs- und unternehmensübergreifenden Produktentwicklung in heterogenen Informatik-Landschaften ausgerichtet. Sie unterstützen die Entwickler beim gemeinsamen, parallelen Arbeiten auf verteilten, konsistenten Datenbeständen. Dazu erweitern sie ihren bestehenden Funktionsumfang um Methoden des integrierten Prozess- und Produktdatenmanagements.

Ziel dieses Fachgespräches ist es, aufzuzeigen, wie ein Arbeiten in verteilten Entwicklungsprozessen aussieht, welche Anforderungen an verteilte CAD-Systeme gestellt werden, welche Lösungen in der Praxis bereits vorhanden sind, und in welche Richtung sich CAD-Systeme zukünftig entwickeln müssen, um eine verteilte Produktentwicklung effizient zu unterstützen.

Programmkomitee des Fachgespräches:
J. Gausemeier, Paderborn (Koordination)
M. Ahlers, Wolfsburg, K. Bolst, Bochum, R. Daler, Schwerzenbach, M. Herzog, Nürnberg, A. Iwainsky, Berlin, H. Jansen, Berlin, D. Ruland, Kaiserlautern, J. Sieck, Berlin

Kooperation im Entwurf mit Hilfe lose gekoppelter Sichten

Stephan Jacobs, Michael Gebhardt
RWTH Aachen, Informatik V
{jacobs, gebhardt}@informatik.rwth-aachen.de

Abstract

Kooperation im Entwurf nimmt immer mehr an Bedeutung zu. Den traditionellen Verfahren der Arbeitsteilung, die die *Unabhänigigkeit* und *Isolation* der Kooperationspartner betonen, stellen wir *bewußte Abhängigkeit* und *gegenseitiges Verständtnis* gegenüber. Dies wird durch eine lose Kopplung der Entwurfsdokumente sowie einer geeigneten Visualisierung unterstützt.

Mit Hilfe dieser *Sichtenkopplung* ist es möglich,

- lokale Arbeiten in den globalen Gesamtkontext einzuordnen,
- Berührungspunkte zur Arbeit anderer Teammitglieder zu identifizieren sowie
- Zielkonflikte zu entdecken und aufzulösen

Sichtenkopplung wird durch eine geeignete Visualisierung im Stile des House-of-Qualities ermöglicht.

Wir stellen CoDecide, einen Baukasten zur Implementierung der Sichtenkopplung vor. Mit Hilfe von CoDecide ist es möglich, bestehende Entwurfswerkzeuge um eine kooperative Dimension zu erweitern. Am Beispiel eines CAD-Tools werden die Möglichkeiten von CoDecide aufgezeigt.

1 Einleitung

Kooperation und Teamarbeit nimmt aus verschiedenen Gründen immer mehr an Bedeutung zu.

- **Komplexität:** Derzeitige Produkte, etwa ein Auto oder ein Computerchip sind derartig komplex, daß beim Entwurf dieser Produkte die Kenntnisse und Fähigkeiten verschiedener Personen benötigt werden.
- **Qualität:** Das Qualitätsmanagement hat sich von einer nachgeordneten Einzelfunktion zu einer zentralen, alle Aspekte des Produktlebenszyklus umfassenden Aufgabe entwickelt. Aus diesem Grund ist eine Zusammenarbeit über die Grenzen einzelner Abteilungen hinweg notwendig.
- **Entwicklungszeit:** Der Entwurf ist kein geradliniger Prozeß. Im Gegenteil: Er ist geprägt von Iterationen, Rücksprüngen, etc. Zusammen mit phasen- und abteilungsorientiertem Denken führt dieser Prozeß zu großen Verzögerungen und einer langen Entwicklungszeit. Durch Parallelisierung der Phasen (Simultaneous Engineering, Concurrent Engineering) werden Wechselwirkungen zwischen den Phasen schneller propagiert. Parallelisierung erfordert aber ein hohes Maß an Kooperation und Teamarbeit.

Traditionelle Strategie in der Gruppenarbeit ist der Taylor'sche Ansatz der Arbeitsteilung. Ziel ist die Festlegung möglichst *unabhänigiger* Einheiten, die *isoliert* von einander arbeiten können. Die Arbeit wird in Module unterteilt. Kommunikation findet nur über wohldefinierte Schnittstellen statt. Gemäß dieser Philosophie bedeutet Gruppenunterstützung die Unterstützung von Isolation und Unabhängigkeit. Dies wird z.B. durch die klassischen Transaktionsmechanismen erreicht.

Die Erfahrung zeigt allerdings, daß obwohl die Ziele der einzelnen Module erreicht werden, das Gesamtergebnis nicht zufriedenstellend ist [2, 16]. Die Summe qualitativ hochwertiger Einzelteile ergibt nicht notwendigerweise ein qualitativ hochwertiges Gesamtprodukt. Die Ursache hierfür liegt gerade in der isolierten Behandlung von Modulen. In jedem Teilziel werden lokale Ziele verfolgt, die sich nicht automatisch zu einem globalen Ziel zusammensetzen. So hilft beispielsweise der beste Entwurf nichts, wenn dabei nicht eine einfache Herstellbarkeit berücksichtigt wird. Die Teilergebnisse ergänzen sich nicht und die zugehörigen Teilprozesse behindern sich sogar. Diese Phänomene lassen sich als *Divergenz* im Entwurf zusammenfassen [4].

Die Ursachen der Divergenz liegen dabei in verschiedenen inherenten Eigenschaften des Entwurfs. Dazu gehören unter anderem:

- **Komplexität:** Der Entwurf besteht aus vielen Komponenten die sich gegenseitig beeinflussen. Der Einfluß einer Teillösung auf den Gesamtentwurf bzw. auf andere Teillösungen ist nicht vorhersehbar [11].
- **Unbestimmtheit:** Es ist unklar, welche Informationen gebraucht werden und wo diese Informationen besorgt werden können [3].
- **Instabilität:** Die Zwischenergebnisse der Entwurfs sind oft unvollständig und inkonsistent. Mehrfache Änderungen sind notwendig [11].
- **Intuition:** Typisches Merkmal von Entwurfsprozessen ist der große aber wissenschaftlich kaum durchschaute Einfluß von Intuition, Konstruktions*gefühl* und Kreativität auf den Entwurf [5, 7]

Diese Merkmale gibt es zwar auch im Einpersonen-Entwurf, allerdings verschlimmert sich das Problem der Divergenz im Mehrpersonen-Entwurf. Während im ersten Fall der einzelne Entwickler noch über das gesamte Wissen, insbesondere auch über die globale Zielsetzung, verfügt, haben die am Gruppen-Entwurf beteiligten Designer oft nur lokales Wissen. Das heißt, Modularisierung und Verteilung fördern die ohnehin vorhandene Tendenz des Entwurfs zur Divergenz.

Moderne Entwurfsparadigmen, wie z.B. Total Quality Management, brechen die Taylor'sche Arbeitsteilung auf. Die Betonung von Isolation und Unabhängigkeit wird durch eine *bewußte gegenseitige Abhängigkeit* ersetzt, die durch geeignete Kommunikations- und Kooperationstechnologie unterstützt wird [10]. Insbesondere ist die *bewußte* Einordnung einzelner Tätigkeiten in den Gesamtprozeß sowie die Darstellung der Wechselwirkung mit übergeordenten Zielen notwendig.

Im Bereich der computerunterstützten Gruppenarbeit (CSCW) wird das Thema des gegenseitigen Bewußtseins unter dem Stichwort *Awareness* seit etwa zwei Jahren behandelt [1], allerdings fehlen bislang noch konkrete Anwendungen.

Im Bereich des Prozeßmanagements wird versucht die Interaktionen zwischen den einzelnen am Entwurf beteiligten Personen durch vordefinierte Prozesse zu steuern. Hierzu gehört insbesondere der Bereich der Workflow-Systeme [9, 13]. Da der Entwurf aber sehr stark von Intuition und Heuristik geprägt und damit schlecht strukturierbar ist [12] lassen sich die Erfahrungen mit Workflow-Systemen nicht auf den Entwurf übertragen.

2 Anforderungen an kooperative Entwurfswerkzeuge

Der in dieser Arbeit verfolgte Lösungsansatz besteht darin, jedem Entwickler ein Werkzeug zu geben, welches ihm die Orientierung erleichtert. Das Werkzeug sollte es also ermöglichen, eigene Arbeiten in den Gesamtkontext einzuordnen, Berührungspunkte zur Arbeit anderer Teammitglieder zu identifizieren, sowie Zielkonflikte entdecken und aufzulösen.

Diese Anforderungen lassen sich mit Hilfe der Metapher eines *Kompasses* weiter konkretisieren. Ein Kompaß hilft bei der Orientierung indem eine globale Richtung angezeigt wird, zu der sich andere Richtungen relativieren lassen,

Der Vergleich mit einem Kompaß impliziert mehrere Eigenschaften:

- Ein Kompaß erlaubt die Überprüfung der eingeschlagenen Richtung. Während ein richtiger Kompaß die Raumrichtung angibt, muß ein *Entwurfskompaß* die Zielrichtung bestimmen. Die lokalen Ziele werden den globalen Zielen gegenübergestellt. Auf diese

Weise wird eine Einordnung der eigenen Arbeiten sowie eine Orientierung über das weitere Vorgehen ermöglicht.

- Ein Kompaß ist jederzeit und fast überall einsetzbar. Die Richtung wird automatisch ermittelt. Der Entwurfskompaß soll ebenso automatisch einsetzbar sein. Die notwendigen Informationen zur Orientierung sollen automatisch durch Integration mit anderen Entwurfswerkzeugen ermittelt werden
- Ein Kompaß ist einfach und intuitiv zu benutzen. Analog sollte der Entwurfskompaß ein einfach und intuitiv zu benutzendes Werkzeug sein, das heißt, es ist besondere Sorgfalt auf eine geeignete Benutzerschnittstelle zu legen.

Der Vergleich mit dem Kompaß und die daraus abgeleiteten Anforderungen an den Entwurfs-Kompaß führen zu folgenden Entwurfsentscheidungen:

- Aus der Unterschiedlichkeit der Situationen im Entwurf folgt die Notwendigkeit, nicht nur ein einziges Werkzeug zu haben, sondern verschiedene Varianten eines Werkzeugs. Aus diesem Grund wurde ein Werkzeugkasten für unterschiedliche Varianten von Entwurfskompassen entwickelt (vgl. Kapitel 4)
- Um die intuitive Benutzbarkeit des Kompasses zu gewährleisten, muß eine geeignete, leicht verständliche Benutzerschnittstelle entwickelt werden. Als Ausgangspunkt dient das House-of-Quality (HoQ, vgl. Abbildung 1) der Methode Quality Function Deployment (QFD, vgl. Kapitel 3). Das HoQ hat neben der intuitiven Benutzbarkeit den Vorteil, daß Zielorientierung durch explizite Angabe von Kundenwünschen und Zielwerten sowie Bewertbarkeit durch explizite Angabe von Korrelationen zwischen unterschiedlichen Sichten automatisch erreicht wird (vgl. Abbildung 1). Ebenfalls kann durch Gegenüberstellung einer globalen mit der lokalen Sicht die Orientierung erzielt werden.
- Die intuitive Benutzbarkeit soll durch Integration mit typischen Entwurfswerkzeugen wie z.B. CAD- oder CASE-Tools weiter verbessert werden. Die Integration ermöglicht es, die lokale Sicht des Entwurfswerkzeugs einer globalen Sicht gegenüberzustellen, oder aber die lokalen Sichten zweier Entwurfswerkzeuge miteinander zu verbinden (vgl. Kapitel 5).

3 Sichtenkopplung

Im kooperativen Entwurf gibt es mehrere Sichten auf das zu entwerfende Produkt. Beim Software-Engineering wird beispielsweise zwischen Daten-, Funktions-, Datenflußsicht etc. unterschieden. Aber auch unterschiedliche am Entwurfsprozeß beteiligte Personen haben verschiedene, persönliche Sichten, die oft durch unterschiedliche Ziele geprägt sind.

Nicht zuletzt durch die Modularisierung entstehen neue Sichten auf das Produkt. Eine Fülle verschiedener Sichten ist also natürlicher Bestandteil jedes Entwurfsprozesses. Damit ein globales Verständnis des Entwurfs gewahrt bleibt, muß es zwischen den einzelnen Sichten Absprachen geben, die Sichten müssen miteinander *gekoppelt* werden.

Die einzelnen Sichten haben oft eine Darstellung in einer für die Sicht optimierten Notation. Die Datensicht wird beispielsweise mit Hilfe von Entity-Relationship Diagrammen, die Datenflußsicht mit Hilfe von Data-Flow Diagrammen dargestellt. Die einzelnen Notationen sind dabei in dem Sinne optimiert, daß sie *innerhalb* einer Sicht das zu entwickelnde Produkt geeignet und übersichtlich darstellen. Verbindet man allerdings zwei Sichten, dann sind die Notationen für die Kopplung nicht länger optimal. Beispielsweise ist eine Notation nur dem Experten bekannt, ein Abgleich zwischen zwei Sichten ist nicht möglich.

Das Problem separater Sichten ist insbesondere unter dem Gesichtpunkt der Qualitätsorientierung ein großes Hindernis. Die Umorientierung von "erkontrollierter" zu "erzeugter" Qualität, verbunden mit abteilungsübergreifenden Qualitäts-Teams dokumentiert die Notwendigkeit ganzheitlicher, das heißt *sichtenkoppelnder* Ansätze [16].

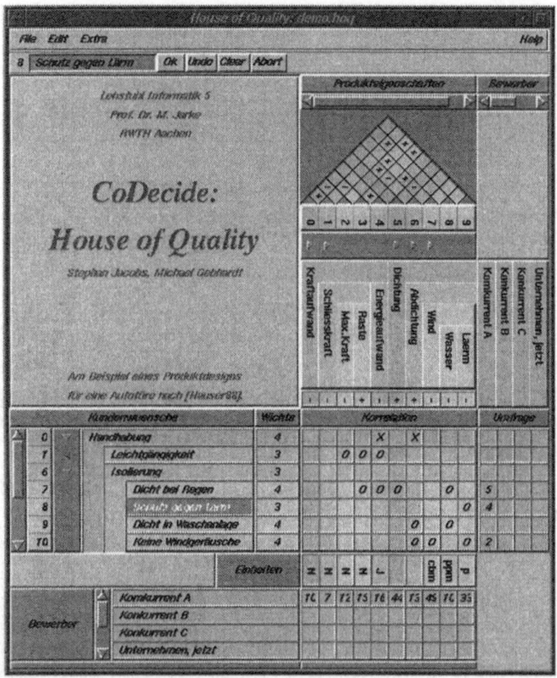

Abbildung 1 Das House-of-Quality aus der Methode Quality Function Deployment [6]

3.1 Quality Function Deployment

Im Zuge dieser Qualitätsorientierung wurden verschiedene Methoden entwickelt. Eine der erfolgreichsten ist das eingangs erwähnte Quality Function Deployment (QFD) [6, 14, 15]. QFD hat sich innerhalb der letzten 20 Jahre vor allem in Japan und den USA etabliert und setzt sich auch zunehmend in der deutschen Industrie durch. Ziel von QFD ist es, die "Stimme des Kunden" als oberstes Qualitätskriterium innerhalb des gesamten Entwicklungs- und Produktionsprozesses zu etablieren. Dafür werden sukzessive Kundenwünsche in technische Merkmale, technische Merkmale in Produkteigenschaften, etc. umgesetzt. Diese Umsetzung ist aus unserer Sicht ein Spezialfall der Sichtenkopplung. Der Erfolg von QFD beruht einerseits auf der systematischen Vorgehensweise andererseits auf der intuitiv benutzbaren Schnittstelle, dem House-of-Quality (HoQ, vgl. Abbildung 1).

Die Vorgehensweise von QFD gliedert sich in acht Schritte, die die einzelnen Tabellen des HoQs widerspiegeln. Alle acht Schritte basieren auf der Erfahrung einzelner Experten. Einige dieser Schritte (sowie das gesamte QFD) können daher nur in Kooperation verschiedener Experten durchgeführt werden. Kooperation ist daher entscheidender Bestandteil des QFDs.

3.2 Das House-of-Quality

Das HoQ besteht aus mehreren Tabellen und Matrizen, die die einzelnen Sichten, sowie die Korrelationen (Kopplungen) zwischen den Sichten beschreiben. Die Darstellung ist textuell, das heißt es sind keine besonderen Vorkenntnisse einer speziellen Notation erforderlich. Die Struktur der Tabellen ermöglicht die Zerlegung der einzelnen Sichten (Kundenwünsche und Technische Merkmale) in Teilsichten. Durch die Anordnung der Tabellen werden die einzelnen Sichten in der zentralen Korrelationsmatrix einander gegenübergestellt. Die Kopplung wird in Teilkopplungen zerlegt, die sich bewerten lassen. Das House-of-Quality stellt die große Informationsmenge kompakt, aber immer noch intuitiv verständlich dar. Es ist das ideale Informationsforum für einen komplexen Entscheidungsprozeß.

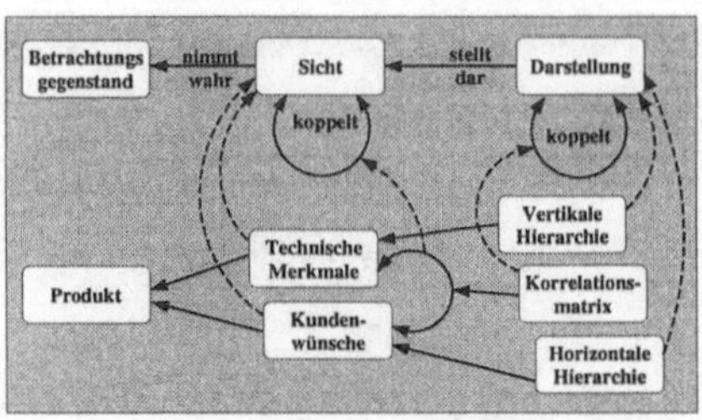

Abbildung 2 QFD als Sichtenkopplung [4]

Das HoQ kann als eine allgemeine, intuitiv verständliche Darstellung gekoppelter Sichten verstanden werden. Jede einzelne Sicht muß in eine hierarchisch aufgebaute Tabelle (Baumstrukur) transformiert werden. Tabellen können dann mit Hilfe der Korrelationsmatrizen miteinander gekoppelt werden. In diesem Sinne ist QFD der systematische Ansatz, die Sicht der Kundenwünsche mit der Sicht der technischen Merkmale zu koppeln, und aufgrund der Kopplung Entwurfsentscheidungen zu treffen.

In Abbildung 2 ist dieser Sachverhalt modelliert. Auf einer allgemeineren Ebene wird das Verhältnis zwischen Betrachtungsgegenstand, Sicht und Notation dargestellt. QFD wird als Instanz dieses einfachen Modells dargestellt (die gestrichelten Pfeile entsprechen Instanzierungen der abstrakten Klassen). Interessant ist, daß QFD nicht nur für die Sichten eine Notation zur Verfügung stellt, sondern auch für die Kopplung. Das heißt, es existiert eine explizite Darstellung der Abhängigkeiten zwischen den Sichten. In gewisser Weise ist das HoQ die Materialisierung der Kopplung.

QFD kann als eine Spezialisierung der Sichtenkopplung verstanden werden. Daher liegt der Schluß nahe, das HoQ als eine spezialisierte Notation für Sichtenkopplungen anzusehen. Vergleicht man QFD mit anderen Kopplungen, wie z.B. Entscheidungen (hier sind die Lösungsalternativen sowie die Entscheidungskriterien die Sichten) oder Validierung (hier sind die unterschiedlichen Repäsentationen die Sichten), so unterstreicht die Ähnlichkeit des HoQs mit Entscheidungsmatrizen oder Checklisten die generelle Bedeutung einer HoQ-ähnlichen Darstellung.

4 CoDecide - Ein Baukasten zur Sichtenkopplung

Unsere Zielsetzung besteht nicht in der Implementierung eines HoQs, sondern in der Entwicklung eines Baukastens, der die in Kapitel 3 angedeutete Generalisierung der HoQ-Prinzipien umsetzt [4]. Mit Hilfe dieses Baukastens läßt sich zwar auch ein HoQ implementieren (vgl. Abbildung 1), es lassen sich aber auch Darstellungen für andere Sichtenkopplungen erzielen. Besonderer Wert wurde zudem auf die Benutzerschnittstelle gelegt. Die Möglichkeit zur Kooperation, beispielsweise durch unterschiedliche Konferenzmodi ist ein weiterer Schwerpunkt unseres Ansatzes. Schließlich gibt es Schnittstellen zu anderen Werkzeugen, die eine automatische Transformation von Notationen ermöglichen. Auf diese Weise können bestehende Entwurfswerkzeuge um eine kooperative Komponente erweitert werden.

4.1 Datenstrukutren von CoDecide

Eine Analyse des HoQ ergibt zwei zueinander orthogonale Datenstrukturen, die durch charakteristische Funktionen beschrieben werden können: *Segmente* und *Bänder* bzw. *Felder* und *Spuren.* Ausprägungen von Segmenten sind etwa Tabellen und Matritzen. Typische Funktionen auf einem Segment sind ein Export oder Import. In einem Segment werden die Sichten bzw. die Kopplungen dargestellt. Ein Segment selbst läßt sich in Felder unterteilen. Felder sind die atomaren Strukturen, in denen die Informationen in Form von Strings oder Zahlen abgelegt werden.

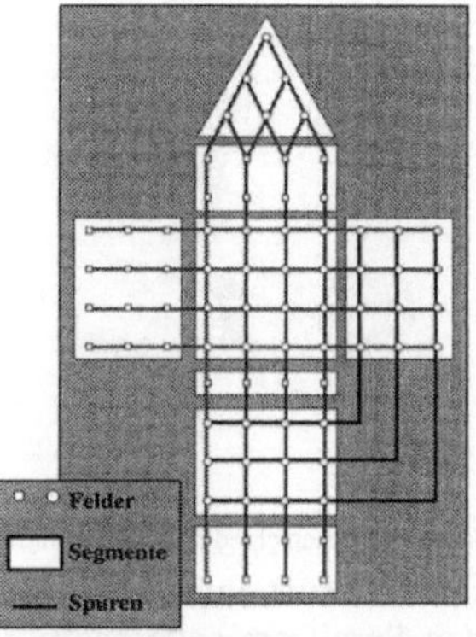

Abbildung 3 Segmente, Felder und Spuren des HoQs [4]

Bänder stellen den Zusammenhang zwischen den Segmenten her. Die Notwendigkeit von Bändern wird offensichtlich, wenn man das Einfügen einer neuen Zeile betrachtet. Eine Zeile geht über die Segmentgrenze hinaus. Natürlich soll nicht nur in einem Segment eine Zeile eingefügt werden, sondern ebenso in den benachbarten Segmenten an der entsprechenden Stelle. Das Band gewährleistet diese Verbindung zwischen benachbarten Segementen. Analog zur Beziehung zwischen Segementen und Feldern lassen sich Bänder in Spuren zerlegen. Spuren stellen einzelne Zeilen und Spalten dar. Spuren verbinden die Felder der Segmente. In Abbildung 3 wird dieser Zusammenhang verdeutlicht. Die entsprechenden Datenstrukturen sind an Hand des HoQ dargestellt. Überraschenderweise gibt es nicht zwei (Kundenwünsche und Technische Mermale) sondern drei Bänder. Das dritte Band läuft dabei "um die Ecke". Auf diesem Band liegen die Konkurrenzprodukte, die zum einen bezüglich der Kundenwünsche zum anderen bezüglich der technischen Merkmale verglichen werden. Bänder sind in Abbildung 3 nicht dargestellt. Sie lassen sich aber einfach als die Menge jeweils paralleler Spuren identifizieren.

Die Implementierung wurde als Erweiterung des Tcl/Tk-Baukastens realisiert. Die von diesem Toolkit angebotenen Möglichkeiten zur Kooperation, wie z.B. Computer-Konferenzen, können auch innerhalb von CoDecide genutzt werden.

4.2 Kooperation mit CoDecide

Das gemeinsame Berarbeiten von Daten ist eine der zentralen Forderungen an kooperationsunterstützende Werkzeuge. Dabei schwankt die Intensität der gemeinsamen Bearbeitung von loser Kopplung, etwa in einer Datenbank, bis hin zu Konferenzwerkzeugen im sogenannten WYSIWIS-Mode (What You See Is What I See).

Durch die Aufteilung der CoDecide-Architektur in drei Ebenen, werden unterschiedliche Kooperationsmodi möglich: Auf der untersten Ebene liegen die Daten. Genau wie in einer Datenbank ermöglicht die darüber liegende Ebene eine Filterung der Daten und somit die Bildung von Sichten. Unabhängig von der Sicht ermöglicht die dritte Ebene verschiedene Darstellungen auf dem Bildschirm. Orthogonal zu den drei Ebenen liegt die Kontrollstruktur, die die Steuerung der einzelnen Fenster bei der Kooperation übernimmt.

Je nachdem, welche Ebenen gemeinsam genutzt werden, werden unterschiedliche Kooperationsmodi erzielt. Benutzen alle Kooperationsteilnehmer sowohl die gleiche Darstellung als auch die gleiche Konrollstruktur, so sehen alle Teilnehmer das exakt gleiche auf Ihren Bildschirmen. Man erhält den sogenannten WYSIWIS-Mode. Die Situation ist vergleichbar mit zwei Beobachtern die gemeinsam durch das selbe Fernrohr schauen (vgl. Abbildung 4a). Beide sehen den gleichen Ausschnitt des gleichen Betrachtungsgegenstand, aus der gleichen Perspektive.

Abbildung 4 Unterschiedliche Kooperations-Modi

Hat jeder der Teilnehmer die gleiche Darstellung aber eine eigene Kontrollstruktur, so sind beispielsweise die entsprechenden Scrollbars entkoppelt. Die Situation ist vergleichbar mit zwei Beobachtern, die jeweils mit einem eigenen Fernrohr den gleichen Betrachtungsgegenstand beobachten (Abbildung 4b): Jeder kann einen eigenen Ausschnitt auswählen, der Betrachtungsgegenstand selbst ist aber identisch.

Verfügt jeder der Teilnehmer über eine eigene Sichtenebene, so kann er die Daten seinen Bedürfnissen entsprechend herausfiltern. Die Ursprungsdaten sind jedoch immer noch identisch. Übertragen auf dieFerngläser kann das z.B. bedeuten, daß jeder Beobachter einen eigenen Filter besitzt. Der eine filtert die Rot- der andere die Grüntöne des Betrachtungsgegenstands heraus (Abbildung 4c). Benutzen die Teilnehmer schließlich nur noch partiell die gleichen Daten, bzw. benutzen sie jeweils zu den gemeinsamen noch zusätzliche private Daten, erhält man eine relativ lose Kooperation. In der Fernglas-Metapher bedeutet dies, das neben dem gemeinsamen Betrachtungsgegenstand noch weitere private Betrachtungsgegenstände existieren (Abbildung 4d).

5 Kopplung zwischen einem CAD-Werkzeug und CoDecide

CoDecide eröffnet vielen Anwendungen und Werkzeugen insbesondere im Entwurf eine *kooperative Dimension.* CoDecide bietet die Möglichkeit, bereits bestehende Werkzeuge auf einer informalen Ebene miteinander zu verbinden, indem die entsprechenden Sichten miteinander gekoppelt werden. Im folgenden wird die Kopplung zwischen CoDecide und einem CAD-Werkzeug zur Fabriklayout-Planung, ASSIST [8], vorgestellt.

Ziel ist es nicht, ein neues CAD-Tool zu implementieren. Im Gegenteil: Die beiden Werkzeuge sollen lediglich miteinander verbunden werden, gleichzeitig aber Ihren eigenständigen Charakter behalten. Auf diese Weise gelingt es mit relativ geringem Aufwand, ASSIST auch innerhalb einer Kooperation einzusetzen.

5.1 ASSIST

ASSIST [8] wurde am FhG-IML (Fraunhofer Gesellschaft, Institut für Materialfluß und Logistik) entwickelt. ASSIST setzt im Gegensatz zu anderen CAD-Werkzeugen, die sich eher an Expertensystemen orientieren, ganz bewußt auf die Unterstützung und nicht die Ersetzung des Planers. Um den aktuellen Stand des Entwurfs zu beurteilen, stehen dem Entwickler mehrere Funktionen zur Verfügung, die ein bestimmtes Layout bewerten. Bewertet werden die Kriterien die sich operationalisieren lassen. Hierzu gehört beispielsweise die *Mittlere Gewichtete Weglänge* für die es eine mathematische Formel gibt. Als Input für die Formel dient dabei der aktuelle Belegungsplan von ASSIST.

ASSIST bietet die Möglichkeit, sich bezüglich bestimmter Kriterien eine optimale Position für einzelne Maschinen vorschlagen zu lassen. Der Entwickler kann allerdings auf Grund weiterer Kriterien den Vorschlag überstimmen. Der im Namen schon angedeutete Assistenten-Charakter bleibt gewahrt.

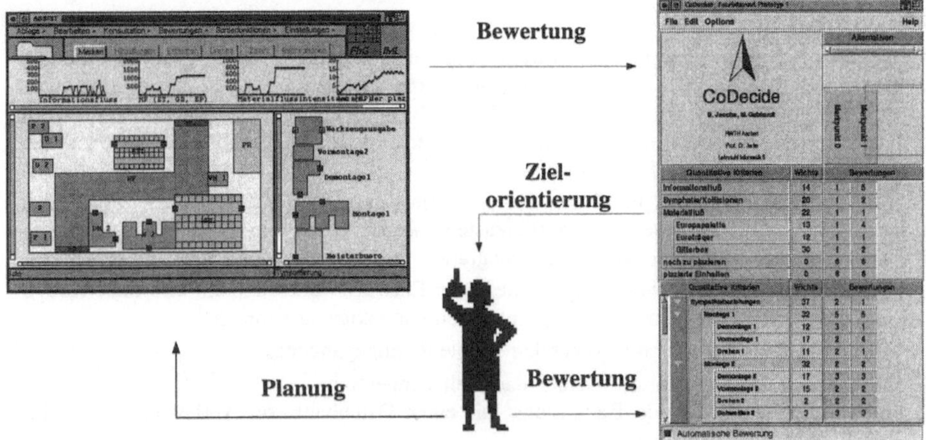

Abbildung 5 Integration von ASSIST und CoDecide

5.2 Zielorientierung

Neben den von ASSIST formalisierten Kriterien gibt es noch eine Fülle weiterer Anforderungen, die sich kaum oder gar nicht formalisieren lassen. Hierzu gehört beispielsweise die Ästhetik eines Entwurfs. Durch die Kopplung mit CoDecide wird nun die Integration sowohl der formalisierbaren als auch der nicht formalisierbaren Kriterien erreicht. Während die formalisierbaren (objektiven) Kriterien weiterhin von ASSIST berechnet werden, hat der Entwickler nun die Möglichkeit, die nicht-formalisierbaren (subjektiven) Kriterien selbst zu bewerten. Auf diese Weise wird die graphische Darstellung des Layouts mit den zu erreichenden Zielen gekoppelt.

Von CoDecide wird hierzu eine Schnittstelle zur Verfügung gestellt, in der alle Kriterien aufgeführt werden. Während des Entwurfsprozesses wird von ASSIST nach jeder Aktion (z.B. verschieben einer Maschine) eine Bewertung der formalen Kriterien durchgeführt. Die Ergebnisse werden an CoDecide weitergegeben und in einer Tabelle dargestellt. Der Entwickler hat die Möglichkeit, je nach Bedarf die Erfüllung der subjekitven Kriterien zu bewerten. Durch Normalisierung der objektiven Kriterien entsteht für jede Layoutalternative ein komplexe Gesamtbewertung.

5.3 Kooperation

Mit Hilfe von CoDecide lassen sich mehrere Bewertungen miteinander koppeln. Auf Grund ihrer Rolle bewerten unterschiedliche Personen die einzelnen Kriterien unterschiedlich. Beispielsweise legt ein Gerwerkschafter einen größeren Wert auf human-rechtliche Ziele, während der Manager der Fabrik an einem möglich effizienten Entwurf interessiert ist.

Die unterschiedlichen Bewertungen können nun als unterschiedliche Verhandlungspositionen angesehen werden. Jeder der an der Bewertung betroffenen Personen hat ein CoDecide Werkzeug auf seinem Bildschirm. Durch farbliche Kodierung wird auf die Kriterien hingewiesen, bei denen ein Konflikt vorhanden ist. Auf diese Weise wird die Verhandlung um die Gesamtbewertung des Layouts auf die kritischen Punkte gelenkt, das heißt auf die Punkte bei denen die Urteile auseinander gehen.

Durch Vergleich und Überprüfung der jeweiligen Verhandlungspositionen, sowie durch Neubewertung wird die Suche nach einem Kompromiß unterstützt.

6 Ausblick

Kooperative Arbeit birgt ein hohes Koordinierungs- und Abstimmungspotential. Traditionelle Verfahren zur Koordination wie z.B. Vorgangssyteme sind für die Anwendung im Entwurf zu strikt. Ziel unseres Ansatzes ist die Konfliktbehandlung und Koordination mit Hilfe kompaßähnlicher Werkzeuge, die es dem Entwickler gestatten, sich und seine Arbeit in den gesamten Entwurfsprozeß einzuordnen.

Es wurden Anforderungen an diesen Kompaß entwickelt und im CoDecide Bauskasten implementiert. Die Fähigkeiten des Baukastens wurde durch die Entwicklung mehrerer Werkzeuge sowie die Möglichkeiten zur Integration mit anderen Werkzeugen demonstriert.

CoDecide unterstützt die Erweiterung existierender Entwurfswerkzeuge um informale Kooperation ohne den Werkzeugen ihren ursprünglichen Charakter zu nehmen.

In Zukunft werden von uns die folgenden Probleme angegangen:

- Validierung der Ergebnisse in einer Realwelt-Umgebung
- Ergänzung des CoDecide Baukastens mit einer Datenbank zur Verbesserung der Import/Export Funktionalität
- Einbindung einzelner Werkzeuge ins WWW zur informalen Kooperation im Internet

7 Literatur

[1] Steve Benford and Lennart Falen. A Spatial Model of Interaction in Large Virtual Environments. In *Proceedings of the European Conference on Computer Supported Cooperative Work, E-CSCW, Milano, Italy*, 1993.

[2] Hans Heinz Danzer. *Quality-Denken stärkt die Schlagkraft des Unternehmens*. Industrielle Organisation, 1990.

[3] D. Dörner. *Problemlösen als Informationsverarbeitung*. Kohlhammer, Stuttgart, 1979.

[4] Michael Gebhardt. Kohärentes Design durch Sichtenkopplung, Diplomarbeit, 1994.

[5] P. Goldberg. *The Intuitive Edge*. Tarcher, Los Angeles, 1983.

[6] J.R. Hauser and D. Clausing. The House of Quality. *Harvard Business Review*, pages 63–73, 5 1988.

[7] Vladimir Hubka and Ernst Eder. *Einführung in die Konstruktionswissenschaft*. Springer, 1992.

[8] M. Kloth, I. Land, and J. Herrmann. Ein wissensbasiertes Assistenzsystem für die Layoutplanung. In M. Syrbe (Hrsg.) W. Goerke, H. Rininsland, editor, *Information als Produktionsfaktor*, pages 657–668. Springer-Verlag, 1992.

[9] Raul Medina-Mora, Terry Winograd, Rodrigo Flores, and Fernando Flores. The Action Workflow Approach To Workflow Management Technology. In *Proceedings of the Conference on CSCW '92, Toronto*, pages 281–288, 11 1992.

[10] J.S. Oakland. TQM - The New Way to Manage. In *Proc. 2nd Int. Conf. Total Quality Management*, pages 3–17. IFS Ltd/Springer Verlag, 6 1989.

[11] Gerhard Pahl and Wolfgang Beitz. *Konstruktionslehre - Methoden und Anwendung, 3.Auflage*. Springer-Verlag, 1993.

[12] Mark C. Paulk. Capability Maturity Model, Version 1.1. *IEEE Software*, 7 1993.

[13] Thomas Schäl. *Workflow Management Technology in Complex Organizations*. PhD thesis, RWTH Aachen, 1995.

[14] L.P. Sullivan. Quality Function Deployment. *Quality Progress*, pages 39–50, 6 1986.

[15] Ray Thackeray and George van Treeck. Applying Quality Function Deployment for Software Product Development. *Journal of Engineering Design*, 1(4):389–410, 1990.

[16] Richard E. Zultner. TQM For Technical Teams. *Communications Of The ACM*, pages 79–91, 1993.

Architekturprinzipien verteilter objektorientierter Ingenieursysteme

Prof. Dr.-Ing. Jürgen Gausemeier, Dipl.-Ing. Axel Hahn, Dipl.-Inf. Winfrid Schneider
Heinz Nixdorf Institut, Paderborn

1 Einleitung

Drei Faktoren beeinflussen moderne Produktentwicklungsprozesse wensentlich: Die Komplexität der Produkte nimmt stark zu, die Anforderungen in Bezug auf Qualität steigen und die Geschwindigkeit der Produktentwicklung beeinflussen die Marktchancen eines Unternehmens erheblich. Die daraus resultierenden Anforderungen lassen sich mit den in den meisten Unternehmen existierenden Produktentwicklungsprozessen nicht erfüllen. Neben neuen ganzheitlichen Entwicklungsmethodiken sind neue Prozeßtechnologien entwickelt worden, die eine starke Verknüpfung der einzelnen Entwicklungsphasen und eine paralle Entwicklungstätigkeit (Concurrend Engineering CE, Computer Supported Concurrend Work CSCW) der beteiligten Entwickler erfordern [CaB92, Lu90]. Das Konzept des Virtual Enterprise [GNP95] erfordert zudem eine flexible projektbezogene Reorganisation der Prozesse, der Organisationstruktur und der verwendeten Ressourcen. Prozesse werden nicht mehr durch grobe Prozeßphasen spezifiziert, sondern müssen sehr feingranular parallel geplant und ausgeführt werden.

Aus informationstechnischer Sicht erfordert die Einführung von Concurrend Engineering und CSCW ein neuartiges anspruchsvolles Prozeßmanagement und einen flexiblen Einsatz von verknüpften CAE-Werkzeugen in einer im gesamten Entwicklungsprozeß zur Verfügung stehenden Systemumgebung, d. i. ein Integriertes Ingenieursystem.

2 Problematik

Für die durchgehende Verwendung von CAE-Werkzeugen über den gesamten Entwicklungsprozeß müssen die CAE-Werkzeuge in das Integrierte Ingenieursystem integriert werden. Dadurch wird ein Informationsfluß von und zu den CAE-Werkzeugen parallel zum Verlauf des Entwicklungsprozesses realisiert. Die Integration erfolgt wie in Bild 1 dargestellt auf drei an das ISO/OSI Referenzmodell [ISO89] angelehnte Ebenen:

- Systemtechnische Integration
- Modelltechnische Integration
- Prozeßtechnische Integration

Systemtechnische Integration: Für den Aufbau eines integrierten Ingenieursystems für verteilte parallele Entwicklungstätigkeit ist das Kommunikationsmedium auf der systemtechnischen Ebene das Kernelement. Basierend auf dem Kommunikationsmedium werden die einzelnen CAE-Werkzeuge miteinander gekoppelt und die für den Betrieb des integrierten

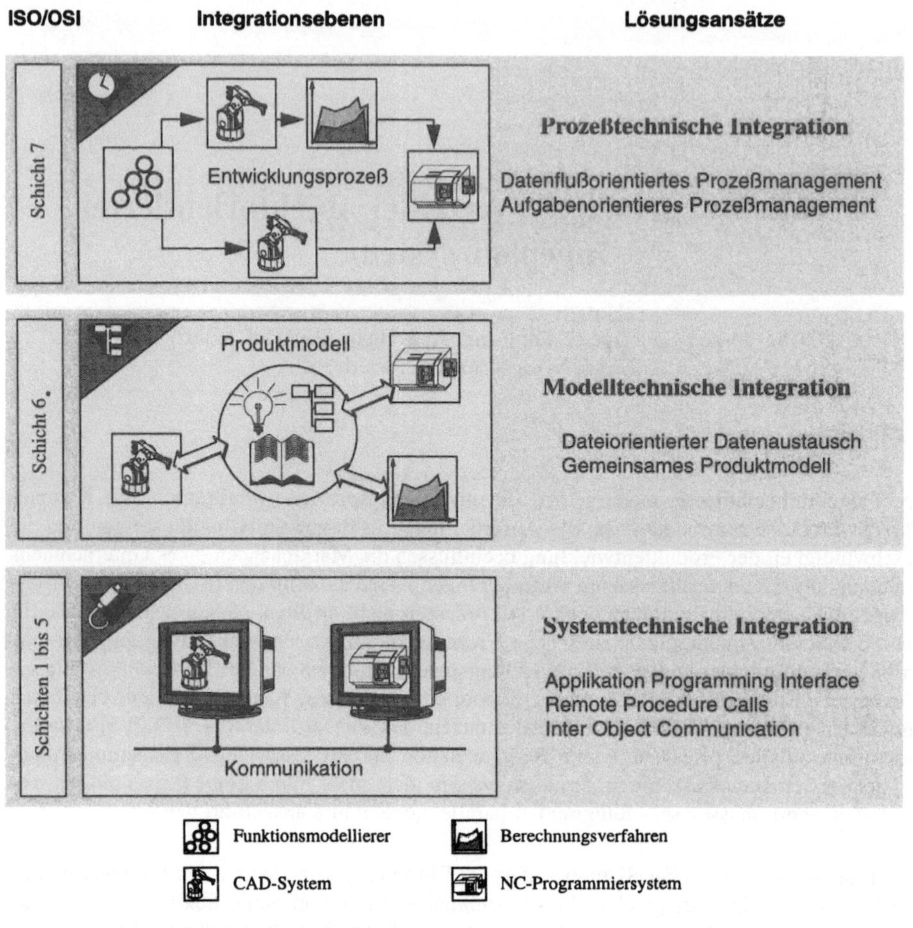

Bild 1: Integrationsebenen für den Aufbau Integrierter Ingenieursysteme

Ingenieursystems notwendigen technischen Basisdienste entwickelt.

Modelltechnische Integration: Für den Informationsaustausch zwischen CAE-Werkzeugen reicht es nicht aus, einen technischen Kommunikationskanal zur Verfügung zu stellen. Die Übertragung von Informationen erfordert die zusätzliche Spezifikation eines Protokolls auf semantischer Ebene. In integrierten Ingenieursystemen wird dieses Protokoll durch die Definition eines universellen Produktdatenmodells bestimmt. Dieses Produktdatenmodell muß mächtig genug sein, um alle im gesamten Entwicklungsprozeß anfallenden Informationen zu beschreiben.

Prozeßtechnische Integration: Eine Aufgabe des Prozeßmanagements ist es, nach der Identifizierung der Aufgabenpakete die für die Unterstützung des Entwicklers notwendigen CAE-Werkzeuge auszuwählen und in den technischen Prozeßablauf zu integrieren. Dazu ist es notwendig, bei der Integration eines CAE-Werkzeuges dessen Funktionalität und Konfigurationsmöglichkeiten für das Prozeßmanagement zu spezifizieren. Diese Informationen dienen dem Prozeßmanagementsystem für die Auswahl des jeweiligen CAE-Werkzeuges für die einzelnen Prozeßstufen.

3 Stand der Technik

3.1 Koppelung von CAE-Werkzeugen

Für einen durchgängigen Einsatz von CAE-Werkzeugen ist ein die gesamte Produktentwicklung begleitender Informationsfluß unerläßlich. Die Ansätze moderner Produktentwicklung erfordern nicht nur einen gerichteten Informationsfluß, sondern alle Informationen müssen in allen Bereichen der Produktentwicklung verfügbar sein. Dazu müssen sich z. B. Berechnungsergebnisse, Entwurfsinformationen oder identifizierte Anforderungen beliebig zwischen den CAE-Werkzeugen austauschen lassen. Durch die in den CAE-Werkzeugen verwendeten unterschiedlichen internen Datenmodelle und verschiedenen Kommunikationsschnittstellen ist eine Verknüpfung der CAE-Werkzeuge bis heute problematisch. Es werden drei Kopplungsebenen unterschieden: Ungekoppelte, eng gekoppelte und lose gekoppelte CAE-Werkzeuge [YWA93].

Ungekoppelte CAE-Werkzeuge: Die CAE-Werkzeuge verfügen über keine direkte bi- oder multilaterale Koppelung zu anderen im Entwicklungsprozeß beteiligten Werkzeugen. Der Datenaustausch erfolgt nur extern gesteuert durch den Austausch von Dateien.

Eng gekoppelte CAE-Werkzeuge: Hierunter versteht man CAE-Werkzeuge, die direkt als Ergänzung zu existierenden Werkzeugen wie CAD-Systemen als Modul entwickelt worden sind und die mit dem Hauptsystemkern über eine API[1] kommunizieren können. Die Module nutzen oftmals direkt das interne Datenmodell des Systemkerns. Die einzelnen Module können oft nur mit dem Systemkern und nicht untereinander kommunizieren. Es entstehen monolithische zentral strukturierte CAE-Werkzeuge. Aufgrund der häufig fehlenden Mehrbenutzerfähigkeit lassen sich solche CAE-Werkzeuge nicht als Basis für eine paralle Produktentwicklung einsetzen.

Lose gekoppelte CAE-Werkzeuge: CAE-Werkzeuge können auch flexibler miteinander verknüpft werden. Die verschiedenen CAE-Werkzeuge bilden eigenständige verteilte Instanzen, die meist in einer eigenen Nachrichtensemantik[2] miteinander kommunizieren. Realisiert wird dies durch Basisdienste, die meist der Ebene 4 oder 5 des ISO/OSI Referenzmodells entsprechen[ISO89]. Für die Kommunikation werden zum Beispiel Sockets[3], TLI[4], Remote Procedure Calls[5] oder Mechanismen mit einer objektorientierten Kommunikationssemantik[6] eingesetzt [Ste90].

---

1. API (Application Programm Interface): Eine direkte Programmierschnittstelle. Die einzelnen Module kommunizieren durch Funktionsaufrufe und werden direkt durch den Linker zu einer Zielapplikation zusammengebunden.
2. Nachrichtensemantik: Spezifikation des Inhalts von Nachrichten
3. Sockets: Ein zum BSD Unix gehörender Kommunikationsdienst für die Interprozeßkommunikation.
4. TLI (Transport Layer Interface): Ein stärker an das ISO/OSI Protokoll angelehntes äquivalent zu Sokkets in System V Unix.
5. RPC (Remote Procedure Calls): Ermöglicht Applikationen mit der Semantik und des Syntaxes eines Funktionsaufrufes zu kommunizieren.
6. Kommunikation in objektorientierten Systemen erfolgt per Definition durch Nachrichtenaustausch. Durch die Abbildung dieses Nachrichtenaustausches auf den Nachrichtenaustausch in vertielten Systemen entsteht ein Kommunikationsystem mit einer objektorientierten Kommunikationssemantik.

Heute werden in erster Linie ungekoppelte und in einigen Bereichen des Produktentwicklungsprozesses eng gekoppelte CAE-Werkzeuge eingesetzt. Dies hat zur Folge, daß CAE-Werkzeuge nicht in Lage sind, gegenseitig die Funktionalität der am Prozeß beteiligten Werkzeuge zu nutzen, so daß ein feingranulares Concurrend Engineering nicht realisierbar ist. Dies versucht man durch die Verwendung von lose gekoppelten CAE-Systemen zu erreichen. Es sind integrierte Ingenieursysteme entwickelt worden, die neben der Bereitstellung von allgemeinen Basisdiensten ein Medium für die Abwicklung von Kommunikation zwischen lose gekoppelten CAE-Werkzeugen anbieten [Abe94, RaS92]. Diese Systeme werden bislang nicht erfolgreich in der Praxis eingesetzt. Dies ist vor allem durch die fehlende Unterstützung bei der Integration existierender CAE-Werkzeuge in die vorgeschlagenen Systemarchitekturen bedingt. Denn heutige CAE-Werkzeuge verfügen meist nicht über einen zum Kommunikationssystem der Integrierten Ingenieursysteme kompatiblen Kommunikationsmechanismus. Zudem fehlen Basisdienste für die Anpassung der Datenmodelle und die Organisation von parallenen Entwicklungsaufgaben (Prozeßmanagement und gemeinsame parallel nutzbare Produktmodellierer für die Realisierung des CSCW).

Bisherige Ansätze zur Entwicklung eines verteilten Produktmodellierers basierten auf dem Agenten Konzept. Agenten sind externe Basisdienste, welche die internen Daten der CAE-Werkzeuge beobachten und bei Bedarf Aktionen auslösen, um so für eine systemweite Konsistenz oder die Einhaltung von Constraints Sorge zu tragen. Agenten widersprechen dem objektorientieren Modell, sie bilden funktionale Basisdienste, die oftmals nur bestimmte Typen von Datenabhängigkeiten behandeln können. Sollen Agenten einen großen Bereich an verschiedenen Aufgaben übernehmen, werden sie sehr komplex.

3.2 Standardisierungsversuche für die Spezifikation von Produktmodellen

In der industriellen Praxis ist der Austausch von Produktdaten sowohl zwischen Unternehmen als auch zwischen verschieden CAE-Werkzeugen ein noch nicht befriedigend gelöstes Problem. Lösungsansätze sind Prozessoren für den direkten Datenaustausch zwischen CAE-Werkzeugen oder Pre- und Postprozessoren für den Datenaustausch über ein genormtes Produktmodell.

Der erste Ansatz bedeutet, daß die Daten von je zwei CAE-Werkzeugen direkt aufeinander abgebildet werden. Alle Daten, die in beiden System vorhanden sind, können ausgetauscht werden. Allerdings ist der Aufwand für die Erstellung der Prozessoren sehr hoch, da die Anzahl der Prozessoren quadratisch zur Anzahl der CAE-Werkzeuge wächst.

Bei dem zweiten Ansatz wird in einer Norm ein systemunabhängiges Produktdatenmodell definiert, und die Daten der CAE-Werkzeuge werden in dieses Datenmodell abgebildet. Dabei muß für jedes CAE-Werkzeug nur jeweils ein Pre- und Postprozessor erstellt werden. Es gibt verschiedene Normungsansätze (STEP [GAP93][Owe93], VDAPS[1], IGES, u.s.w.). Der weitestgehende ist STEP. In dieser Norm wird ein Produktmodell durch eine Menge von festen Typen und festen Beziehungen zwischen den Typen definiert, deren Instanzen ausgetauscht werden können. Durch die Verwendung von festen Typen ergibt sich das folgende Problem: Unternehmenspezifische Informationen, die in den genormten Typen und Beziehungen nicht abgebildet werden können, können auch über die normkonformen Pre- und Postprozessoren nicht ausgetauscht werden [Gen94].

1. VDA-Programmschnittstelle die in der Norm DIN V 66304 beschrieben wird.

Die Definition von festen Typen kann daher nicht ausreichen, um einen vollständigen Produktdatenaustausch zu gewährleisten. Es müssen neue Methoden entwickelt werden, die einen umfassenden und automatischen Produktdatenaustausch besser bewerkstelligen. Diese Methoden sollten auf den Lösungen, die STEP anbietet, aufsetzen und den Austausch von Erweiterungen unterstützen.

4 Integrationsprinzipien für CAE-Werkzeuge

Die Basis für das Integrierte Ingenieursystem bildet das in allen CAE-Werkzeugen verwendete Produktmodell. Die CAE-Werkzeuge müssen soweit eingepaßt werden, daß sie in der Lage sind, direkt mit dem gemeinsamen Produktmodell zu arbeiten. Es entsteht ein verteilter Produktmodellierer, für die direkte Unterstützung von CSCW. Diese Integration ist auf den oben aufgeführten Ebenen Prozeßmanagement, Produktdatenmodell und Systemtechnische Integration durchzuführen.

4.1 Prozeßmanagement

Wesentlicher Bestandteil integrierter Ingenieursysteme sind Methoden zur Planung, Steuerung und Überwachung des Entwicklungsprozesses. Statische Prozeßabläufe nach einer festen Prozeßtechnologie können die heutigen Anforderungen an die Produktentwicklung nicht mehr erfüllen. Prozesse müssen sich dynamisch dem jeweiligen Entwicklungsstand anpassen und den Konstrukteur in seinem individuellen Problemlösungsprozeß unterstützen. Innerhalb des integrierten Ingenieursystems übernimmt das integrierte Projekt- und Prozeßmanagement diese Aufgabe. Es organisiert die Größen Zeit, Ressource, Aufgaben, Dokumenten- und Datenfluß. Dazu stehen schon heute Methoden des Projekt- und Prozeßmanagements zur Verfügung. Zukünftig gilt es, die Funktionalität beider Systeme miteinander zu verbinden und hinsichtlich der Überwachung verteilter Prozesse zu erweitern. Basis dieser Integration und erweiterten Funktionalität ist ein vernetztes, semantisches Produktmodell, das neben dem Entwicklungsergebnis auch den Entwicklungsprozeß und das Vorgehen bei der Problemlösung abbildet.

Bild 2 verdeutlicht die prinzipielle Vorgehensweise des integrierten Projekt- und Prozeßmanagements. Ausgehend von einer Produktidee wird der zugehörige Produktentwicklungsprozeß gemäß einer allgemeingültigen Prozeßtechnologie gestartet. Mit Hilfe einer permanenten Analyse der im Produktmodell bis zu diesem Zeitpunkt abgelegten Informationen werden unterbestimmte Elemente oder Informationsdefizite identifiziert und als Arbeitspakete für die weitere Durchführung des Entwicklungsprozesses zusammengestellt. Das integrierte Prozeßmanagment analysiert die Arbeitspakete und ordnet ihnen mit Hilfe des Erfahrungswissens vorhergehender Entwicklungen entsprechende Basisprozeßbausteine zu. Anschließend werden die Bausteine in das Prozeßmodell eingegliedert, und der Entwicklungsprozeß kann fortschreiten. Dieser Vorgang wiederholt sich iterativ, bis der Entwicklungsprozeß abgeschlossen und somit das Produktmodell vollständig aufgebaut ist.

Die Basis für das Prozeßmanagement bildet ein Produktmodell, welches den Zugriff auf alle relevanten Informationen der CAE-Werkzeuge ermöglicht.

4.2 Das Metaproduktklassenmodell

Um Produktinformationen zwischen zwei CAE-Werkzeugen[1] auszutauschen, muß eine Abbil-

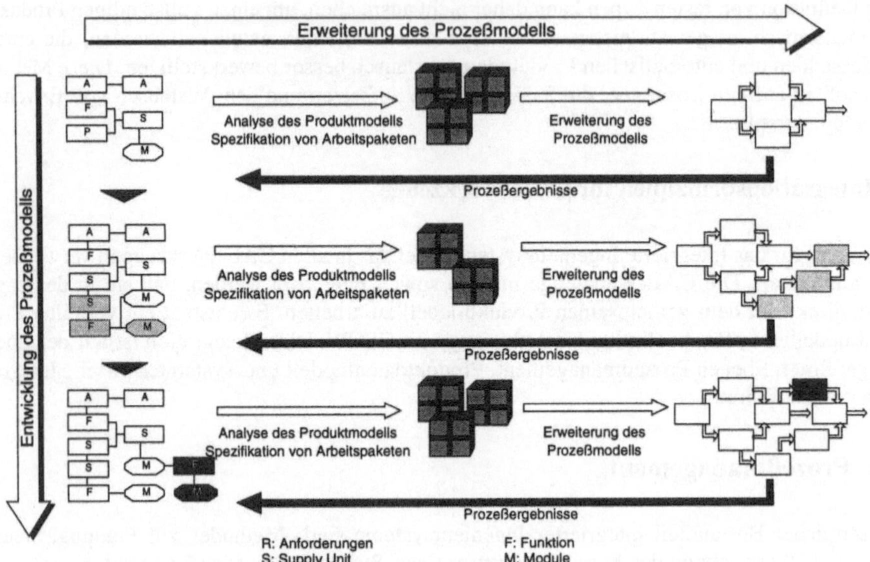

Bild 2: Dynamische Prozeßspezifikation durch Analyse des Produktmodells

dung der Informationen aus der einen Applikation in die andere existieren. Die Abbildung wird auf Klassenebene bzw. zwischen den Attributen und Methoden der Klassen definiert. Über diese Abbildung muß es möglich sein, alle Informationen[1] aus dem einen Produktmodell in das andere zu übertragen. Der Aufwand für die Realisierung der Abbildung ist um so größer desto mehr Klassen bzw. Attribute und Methoden des einen in das andere Modell abgebildete werden müssen. Daher sollte diese Anzahl im Hinblick auf den Datenaustausch minimiert werden. Andererseits sollte ein Produktmodell aber eine maximale Expressivität besitzen, damit es alle relevanten Informationen aufnehmen kann. Um diesen gegenläufigen Anforderungen Rechnung zu tragen, wird ein Modell entwickelt, daß einerseits aus wenigen Klassen besteht, die aber mächtig genug sind, um alle relevanten Informationen eines Produkts zu beschreiben. Das Modell bietet keine Konstrukte, die die Informationen direkt beschreiben, sondern Klassen, die Methoden haben, mit denen Klassen erzeugt werden können, die diese Informationen beschreiben. Dieses Modell wird Metaproduktklassenmodell (MPKM) genannt.

Das MPKM besteht aus einer festen Menge von Klassen, ODL[2]- und OML[3]-Befehlen. Mit den Klassen können beliebige Produktinformationen beschrieben werden. Im wesentlichen sind das die Klasse Element zur Beschreibung von „Dingen“ der realen Welt durch Attribute und Methoden und verschiedene Klassen für die Beschreibung von Beziehungen zwischen Elementen, wie z. B. Assoziation oder Versionsbeziehung. Mit den ODL-Befehlen werden Klassen definiert oder Klassendefinitionen verändert. Es kann z. B. eine Klasse um ein Attribut erweitert werden. Mit den OML-Befehlen können die instanzierten Objekt der Produktklassen manipuliert werden. Ein Beispiel ist die Zuweisung eines Attributwertes.

---

1. CAE-Werkzeugs verwenden ein internes Produktklassenmodell, durch dessen Instanzierung das Produktmodell entsteht.
1. Es ist nur sinnvoll Informationen zu übertragen, die in beiden System verarbeitet werden können.
2. ODL: Object Definition Language
3. OML: Object Manipulation Language

Bei der Definition der Klassen und Sprachen werden die im Umfeld von STEP entstandenen Konzepte und Normen einbezogen. Dadurch soll eine Kompatibilität zwischen STEP und dem MPKM erreicht werden. So ist z. B. die Sprache EXPRESS [ISO92] eine gute Basis für die Sprachen des MPKM. Andere Entwicklungen wie die Sprache ExpressOO [Gen94] und die im Rahmen von PISA [GBB+94] entstandene Sprache EXPRESS-C werden bei der Entwicklung des MPKM ebenfalls berücksichtigt.

Das MPKM ist die logische Integrationsplattform für ein verteiltes Produktmodell.

4.3 Systemtechnische Integration

Die Integration der einzelnen CAE-Werkzeuge erfolgt über eine bidirektionale Abbildung der Klassen, ODL- und OML-Befehle des MPKM auf das CAE-Werkzeug. Die Abbildung erfolgt durch eine vollständige Implemetierung des MPKM auf Basis der API des jeweiligen CAE-Werkzeugs. Das MPKM beschreibt das Protokoll für die Kommunikation der einzelnen CAE-Werkzeuge, und damit ist ein Produktdatenaustausch möglich. Die CAE-Werkzeuge werden somit integrale Bestandteile des verteilten Produktmodellierers und können für CSCW eingesetzt werden.

Durch einen durchgehenden objektorientierten Ansatz ist die Handhabung von Konsistenz, Constrains, etc. in einem auf alle CAE-Werkzeuge verteilten Modellierers sehr elegant und effizient zu realisieren. Durch den Austausch oder die Integration weiterer CAE-Werkzeuge läßt sich der Funktionsumfang des verteilten Modellierers beliebig ergänzen oder modifizieren. Der Datenauschausch zwischen den einzelnen CAE-Werkzeugen kann auf das zur Aufrechterhaltung von Konsistenz, Constraints etc. notwendige Minimum reduziert werden.

Dies ist nur mit einer streng objektorientierten Integration der einzelne CAE-Werkzeuge zu realisieren. Dem wird bei der Integration der CAE-Werkzeuge in das Integrierte Ingenieursystem Rechnung getragen. Die für andere Werkzeuge relevanten Datenstrukturen und Funktionen eines CAE-Werkzeuges werden objektorientiert gekapselt. Durch Vererbungsmechanismen können diesen Klassen situationsabhängig die jeweils optimalen Mechanismen zugeordnet werden, um Constraints zwischen verknüpften Objekten zu gewährleisten oder mit Repräsentationen in anderen CAE-Werkzeugen Zustandsinformationen auszutauschen.

Wichtig ist, daß Kommunikation zwischen den Objekten nur bedarfsorientiert abgewickelt werden muß. Die Kommunikation zwischen Objekten läßt sich genau und einfach auf die nachrichtenorientierte Kommunikation in Multicomputersystemen abbilden. So ensteht eine beliebig skalierbare, erweiterbare und höchst effiziente systemtechnische Basis für den Aufbau einen Integrierten Ingenieursystems auf der Grundlage eines verteilten objektorientierten Produktmodellierers.

Schlüsselelement für die Integration beliebiger CAE-Werkzeuge in das Integrierte Ingenieursystem ist die Unterstützung des Integrationsprozesses. Dazu wird ein Integrationsbaukasten entwickelt: Dieser Baukasten erlaubt die schnelle Anpassung der Kommuniktionsschnittstelle des zu integrierenden CAE-Werkzeuges und bietet eine Basisbibliothek für die Unterstützung von Konsistenz und die Behandlung von systemweiten Constraints. Mit diesem Baukasten und der Definition der Kommunikationssemantik durch das MPKM kann die Integration von CAE-Werkzeugen effizient unterstützt werden.

5 Systemkonzeption für verteilte Ingenieursysteme

Grundlage für den Aufbau des integrierten Ingenieurssystems bildet eine globale Systemarchitektur. Durch die Systemarchitektur wird der Aufbau und die Mindestanzahl der zur Verfügung stehenden Basisdienste des Integrierten Ingenieursystems festgelegt. Diese Basisdienste müssen beliebig skalierbar sein und systemweit zur Verfügung stehen. Dies wird durch die Verwendung von verteilten, sich selbständig organisierenden Objekten erreicht, die logische Einheiten bilden.

Von den Basisdiensten werden die folgenden Aufgaben übernommen:

- Objektmanagement
- System- und Netzwerkmanagement
- Datenbankintegration
- Integrierte Softwareentwicklung

Objektmanagement: Das Objektmanagement bildet die technologische Grundlage des Gesamtsystems. Es stellt alle wichtigen Systemdienste für die Handhabung der Objekte zur Verfügung. Darunter fällt die Abbildung der IOC[1] auf den Kommunikationsmechanismus des Systems wie Sockets etc., die Organisation der Objektidentitäten (OID: Objekt Identität), Namensräume, Objektmigration, Lebensdauermanagement (Instanzierung, Terminierung, Garbage Collection etc.).

Wichtig für die Realisierung dieser Dienste ist das im System verwendete Objektmodell[2]. In der vorgeschlagenen Systemarchitektur wird das CORBA Objektmodell eingesetzt. Alle IOC Systeme, die das gleiche Objektmodell verwenden, lassen sich einfach aufeinander abbilden und koppeln. Für die technische Realisierung wird die CORBA Implementierung Orbix verwendet [OMG91, Ion94].

In objektorientierten System müssen sich alle Objekte eindeutig identifizieren lassen. Dies erfolgt durch die Vergabe von eindeutigen systemweiten OIDs. Die Organisation der Vergabe der OIDs und die letztendliche Identifizierung der Objekte übernimmt ein OID-Server. Aufgabe des OID-Servers ist es auch, die verschiedenen lokal auftretenden implementierungstechnischen OIDs zu koordinieren. Im Integrierten Ingenieursystem treten OIDs für die Abwicklung der IOC, als Referenzen innerhalb der Datenbanken und als Referenzen innerhalb der Module, die Objekte zu systemtechnischen Einheiten zusammenfassen, auf.

Das Lebensdauermanagement unterliegt der Verantwortung des jeweilen Objekts selbst. Die Instanzierung erfogt durch die jeweilige lokale Laufzeitumgebung wie der Orbix Daemon oder der Datenbankmanagementeinheit. Durch Referenzzählung wissen die Objekte, wann sie terminieren können. So läßt sich auch ein Teil der Aufgaben einer Garbage Collection (mit der Ausnahme von Ringreferenzen) realisieren.

System- und Netzwerkmanagement: Integrierte Ingenieursysteme können sehr groß werden. Deswegen müssen in solchen Systemen auch Hilfsmittel für die Systemadministration für ein möglichst selbständige arbeitendes Systemanagement zur Verfügung stehen. Dies umfaßt

1. IOC: Inter Objekt Communication
2. Objektmodell: Im Objektmodell ist definiert welche Eigenschaften Klassen, Objekte etc. haben können. (Vererbung, Operationen, Attribute, Instanzierung etc.)

Dienstleistungen wie die optimale Vergabe von Ressourcen für bestimmte Aufgaben (Load Balancing), Fehlermanagement und -korrektur, Monitoring und Sicherheitsmechanismen.

Datenbankintegration: Datenbanken sind ein wesentlicher Bestandteil des integrierten Ingeniersystems. Daten müssen netzwerkweit zugänglich sein und in unterschiedlichen Datenbanken verwaltet werden können. Die entwickelte Datenbankintegration ermöglicht eine systemweite Verwendung der Daten durch IOC und beliebige Datenhaltungskonzepte, wie z.B. relationale, objektorientierte Datenbanken oder förderierte Datenbanksysteme. Das Konzept beruht auf einer systemtechnischen Trennung der transienten und der persistenten Datenstrukturen, resp. Objekten und IOC.

Die verschiedenen Datenbanken werden gekapselt. Dies erfolgt durch einen Objektserver (OS). Er unterstützt eine IOC Schnittstelle für die Interaktion mit den persistenen Datenelementen durch Kapselung der OQL[1] Schnittstelle der Datenbank [Cat94]. Objekte aus objektorientierten Datenbanken werden innerhalb des OS instanziert und sind via IOC systemweit präsent. Eine Integration von neuen Datenbanken erfolgt durch die Spezifikation der persistenten Strukturen, d. h. des Datenbankschemas, für die in dieser Datenbank residierenden Daten durch die ODL der Datenbank.

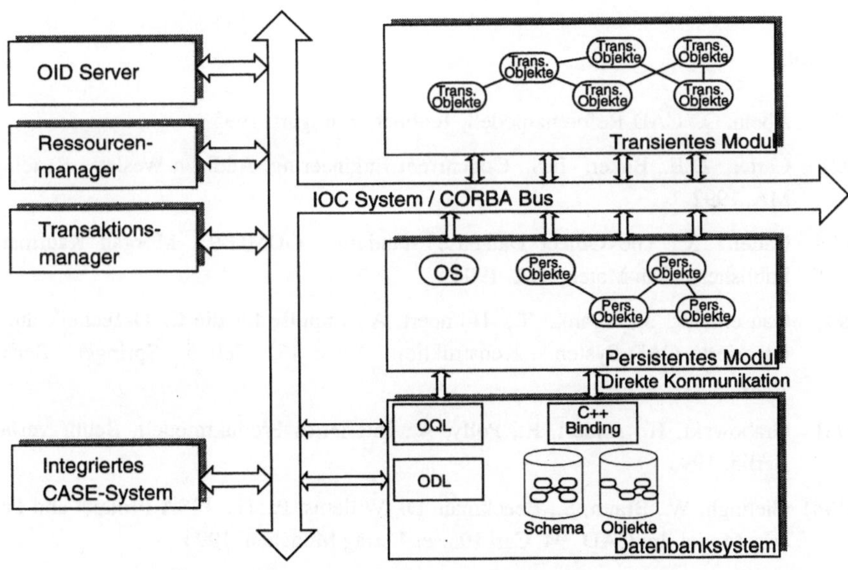

Bild 3: Architektur der Datenbankintegration

Bild 3 zeigt den Aufbau und die für die Datentenbankintegration notwendigen Basisdienste. Für die Entwicklung des persistenten Teils der Applikationen kann auf die gesamte Funktionalität der Datenbank zurückgegriffen werden (OQL und Sprachintegration[2]). Der Ressourcen Manager unterstützt die transienten Module bei der Auswahl der Datenbank für die Instanzierung neuer Objekte. Globale Transaktionen, an denen Objekte beteiligt sind, die in verschiedenen Datenbanken residieren, werden vom Transaktionsmanager durchgeführt. Er startet,

1. OQL: Object Query Language: Abfragesprache für die Datenbank
2. Manipulation der Daten durch die Sprachmittel einer Programmiersprache

bestätigt oder bricht die Transaktionen ab. Die Erstellung der persistenten Objekte und des Schemas der Datenbank erfolgt weitgehend automatisch über ein integriertes CASE System.

Integrierte Softwareentwicklung: Software für das Integrierte Ingenieursystem soll innerhalb der Systemumgebung entwickelt, erweitert oder modifiziert werden [GFH94]. Für das Integrierte Ingenieursystem dient hierzu eine auf CASCADE [Mat95] basierende Entwicklungsumgebung. CASCADE erlaubt auf Basis einer unabhängigen Systembeschreibung, die verschiedenen Elemente des Systems zu definieren und durch C++ zu spezifizieren.

6 Zusammenfassung

Das vorgestellte Integrierte Ingenieursystem ermöglicht den durchgehenden Einsatz von CAE-Werkzeugen im Entwicklungsprozeß. Durch die konkrete Unterstützung der Integration von CAE-Werkzeugen, die durchgängige objektorientierte Konzeption und die gute Erweiterbarkeit hebt sich diese Systemkonzeption deutlich von existierenden Ansätzen für die Gestaltung von Integrierten Ingenieursystemen ab. Durch die Kopplung der CAE-Werkzeuge entsteht eine verteilter Produktmodellierer, der eine wichtige Grundlage für die Realisierung von CE und CSCW in der Produktentwicklung darstellt.

7 Literatur

[Abe95] Abeln, O.: CAD-Referenzmodell, Teubner, Stuttgart, 1995

[CaB92] Carter, D.E., Baker, B.S.: Concurrent Engineering, Addison-Wesley, Reading, MA, 1992

[Cat94] Cattel, R.: The Object Database Standard, ODMG-93, Morgan Kaufmann Publishers, San Mateo, CA, 1994

[GFH94] Gausemeier, J., Frank, T., Humpert, A.: Impulse für die CAD-Technik durch integrierte CAD-Systeme, Konstruktion, Band 46, Heft 6, Springer, Berlin, 1994,

[GAP93] Grabowski, H., Anderl, R., Polly, A.: Interiertes Produktmodell. Beuth Verlag, Berlin, 1993

[GBB+94] Gielingh, W., Braun, S., Beeckman, D., Willems, P.: The PISA Product and Process Model. In: CAD '94, Carl Hanser Verlag München, 1994

[Gen94] Genderka, M.: Objektorientierte Methode zur Entwicklung von Produktmodellen als Basis integrierter Ingenieursysteme. Dissertation Fachbereich Maschinentechnik Universität-GH Paderborn, 1995

[GNP95] Goldman, S., Nagel, R., Preis, K.: Agile Competitors and Virtual Organizations, Van Nostrand Reinhold, New York, 1995

[Ion94] IONA: ORBIX Programmer's Guide, IONA Technologies Ltd. Dublin, Ireland, 1994

[ISO89] ISO/IEC/IS 7498-4: Information Processing - Open System Interconnection - Part 4: Basic Referenz Model, International Organization for Standardization, Geneve, 1989

[Owe93] Owen, J.: STEP An Introduction, Information Geometers Ltd., Winchester (UK), 1993

[Mat95] Matra Datavision: The CASCADE Softwarefactory, Matra Datavision, Doc Num: CF100-1.2-X, 1995

[OMG91] Object Management Group, The Common Object Request Broker: Architecture and Specification, Object Management Group, Document Number 91.12.1, 1991

[RaS92] Rammig, F.J.: Steinmüller, B., Frameworks und Entwurfsumgebungen, Informatik Spektrum Band 15, Heft 1, Springer, Berlin, 1992

[Ste90] Stevens, R.: UNIX Network Programming, Prentice Hall, Englewood Cliffs, NJ, 1990

[Lu90] Lu, S.: Knowledge Processing for Concurrent Engineering: An Envolving Challenge in CIM Research, Robotics & Computer-Integrated Manufacturing, Vol 7, No. 3/4, 1990

[YWA93] Yang, Y., Welsh, J., Allison, W.: Support Multiple Tool Integration Paradigms within a Single Environment, 1993

Fachgespräch 4:

Prozessentwurf und Workflow-Management

Workflow-Management-Systeme werden eingesetzt für die Automatisierung bestehender betrieblicher Abläufe; sie führen aber auch zur Reorganisation dieser Abläufe.

Ziel dieses Fachgesprächs ist es, aufzuzeigen, was unter dem Thema Business-Process-Redesign verstanden wird, welche Methoden man einsetzen kann, um betriebliche Abläufe zu analysieren und effizienter zu gestalten, was heutige Workflow-Management-Systeme leisten, wo sie eingesetzt werden und was forschungsmässig getan wird, um den Stand der Technik zu verbessern.

Programmkomitee des Fachgespräches:
H. Österle, St. Gallen, H.-J. Schek, Zürich (Koordination)
F. Fritz, Walldorf, S. Jablonski, Karlsruhe, D. Karagiannis, Wien, A. Kotz Dittrich, Zürich, C. Stern, Zürich, G. Thalmeier, München, G. Weikum, Saarbrücken

PrM
Prozessmanger für den Applikationsverbund der TELECOM PTT

Ein zentrales Workflow-Management-System steuert die Geschäftsabläufe des Telekommunikations-Konzerns

Daniel Müller[1]
DEC Digital Equipment Corp. AG
Murtenstr. 137a
3008 Bern

Martin Hübscher[2]
Generaldirektion PTT
Poststr. 6
3072 Ostermundigen

1 Aufgabenstellung und Problematik

1.1 Hintergrund

Dem erhöhten wirtschaftlichen Druck nach optimierten betrieblichen Abläufen begegnen die TELECOM PTT mit dem Projekt Applikationsverbund (APV). Das PTT Management und die verantwortlichen Bereiche stellen sich damit einer der grossen Herausforderungen heutiger Unternehmen.

Das wichtigste Teilprojekt zur Realisierung des Applikationsverbundes ist der Prozessmanager (PrM) als zentrales Workflow-Management-System und muss folgende Anforderungen erfüllen:

- Automatisierung und Steuerung der Geschäftsabläufe der TELECOM PTT unter Einbezug verschiedener Dienste und Applikationen
- Einbindung heterogener, proprietärer Plattformen
- Integration bestehender und neuer Applikationen unterschiedlichster Technologien

Die TELECOM PTT ist intern in verschiedene Lokationen und Dienste mit genau definierten Aufgabenbereichen unterteilt. Kundenaufträge wie Neuanschlüsse, Umzüge und Kündigungen von Telefonanschlüssen, sowie Mutationen verschiedenster Arten (Adressänderungen,

[1] Tel. 031 / 380'47'82
FAX 031 / 380'47'45
email: daniel.mueller@ebo.dec.com
X400: C=ch;A=arcom;P=digital;O=digital;OU=ebo

[2] Tel. 031 / 338'55'31
FAX 031 / 338'36'59

Inventar, Dienste, etc...) durchlaufen während deren Lebzeit einzelne Dienste in genau definierten Abläufen.

Bis heute wurden die Aufträge manuell in Form von Mehrfach-Formularen mit der internen Post versendet. Die Erledigung auch einfacher Aufträge dauert heute in den meisten Fällen noch länger als eine Woche. Zudem unterliegt die Kontrolle für den Versand und den Einbezug von Diensten an einem Kundenauftrag einzelnen Personen und kann daher zu Fehlern und Verzögerungen führen.

Der PrM hat nun die Aufgabe, die interne Post zu ersetzen, die Durchführung der Aufträge zu steuern und zu überwachen, wenn möglich Aufträge ohne Benutzerinteraktion durchzuführen, und hauptsächlich die Durchlaufzeit von Aufträgen massiv zu verkürzen.

1.2 Anforderungen an das System

Nachfolgend sind die wichtigsten technischen Anforderungen an den PrM aufgelistet.

- **Standards und Standard-Software**
  Standards sollen überall dort eingesetzt werden, wo dies möglich und sinnvoll ist.
- **Verfügbarkeit**
  Der Stabilität und Verfügbarkeit des Systems muss höchste Priorität zugemessen werden. Das System darf keinen negativen Einfluss auf die Qualität der Dienstleistungen der TELECOM PTT haben.
- **Definierte Rollenverteilung und Verantwortlichkeiten**
  Die Verantwortung zwischen den einzelnen Komponenten des Systems muss klar abgegrenzt und definiert sein. Aufträge dürfen auf keinen Fall im System stecken bleiben oder gar verloren gehen.
- **Kleinstmögliche Auswirkungen auf Applikationen**
  Die Auswirkungen des Workflow-Systems auf die eingebundenen Applikationen müssen auf ein Minimum reduziert werden. Das heisst, dass die Applikationen nur wenige, für das Workflow-System definierte Funktionen zur Verfügung stellen müssen.
- **Skalierbarkeit und Flexibilität**
  Änderungen bezüglich Arbeitsaufkommen (Auftrags- und Datenmengen), Systemumgebung (Plattformen, Netzwerke, Applikationen) und Organisationsstrukturen (Dienste, Lokationen, Verantwortungsbereiche) sollen ohne Einfluss auf das laufende System möglich sein.
- **Heterogenität**
  Applikationen, welche auf verschiedenen Technologien basieren, müssen integriert werden können.
- **Sicherheit**
  Nicht alle Clients (Benutzer) dürfen Anfragen an das System stellen. Nebst der applikationseigenen Sicherheit werden auch Anfragen der Applikationen überprüft.
- **Zuverlässigkeit**
  Das System muss Fehler entdecken und auf diese derart reagieren können, dass die Ausführung des aktuellen Auftrags (Flow, Business Prozess) gewahrt bleibt.
- **Asynchronität**
  Die Ausführung eines Flows kann sehr lange dauern und sollte darum nicht synchron ablaufen. Jedoch werden folgende synchrone Arbeiten ausgeführt:
  - Ein Auftrag wird an eine Applikation versendet; die Applikation akzeptiert den Auftrag und registriert denselben

- Die Applikation führt den Auftrag aus und speichert die Resultate
- Die Applikation sendet entweder die Resultate zurück (bidirektionale Kommunikation) oder wartet bis sie nach den Resultaten gefragt wird (unidirektional mit Polling).

- **Synchronität**
  Einfache Arbeitsschritte (Bsp. Nachführen redundanter Datenbestände), welche ohne Interaktion eines Benutzers durchgeführt werden können, sollen nach einem einfachen Prozeduraufruf sofort beendet werden. Der Auftrag wird innerhalb der Applikation validiert, registriert und anschliessend ausgeführt. Die Rücksendung des Auftrags, sowie das Polling, entfallen.

1.3 Systemumgebung

1.3.1 Plattformen und Netzwerk

Die im Applikationsverbund involvierten Plattformen der TELECOM PTT sind in Abbildung 1 dargestellt. Die verschiedenen Rechnersysteme, ERZ (Villars-sur-Glâne), GD (Bern) und TD (17 Lokationen) sind über ein Netzwerk (INFNET) miteinander verbunden. Das INFNET ist als protokoll-transparentes und systemneutrales Netzwerk konzipiert und in Betrieb.

Jede Applikation ist über das INFNET verbunden. Je nach Applikation sind die Applikationsserver innerhalb des Netzwerks mehrfach vorhanden. Die Verteilung der Applikationen in den verschiedenen Telecom-Direktionen (TD) sind nachfolgend aufgelistet:

Applikation	Hardware	Betriebssystem	Installation	Anzahl
PrM	DEC/Alpha	Digital UNIX	GD Bern	1
TERCO	IBM	MVS	ERZ Bulle	1
	IBM	AIX	ERZ Bulle	1
ISLK	DEC/Alpha	OpenVMS	jede TD	17
UNICURU	DEC/Alpha	Digital UNIX	noch zu definieren	~ 8
TAV	DEC/VAX	VMS	jede TD	17

Tabelle 1 Unterstützte Plattformen, Betriebssysteme und Applikationen

1.3.2 Applikationen

In einer ersten Phase der Einführung von PrM werden folgende Applikationen integriert:

- **TERCO-T2.1**
  Kundenverwaltungs-System. Eine IMS Applikation, welche unter MVS auf IBM-Mainframe läuft.
- **TAV/TEDIS**
  System des Störungsdienstes. Verwaltung und Überwachung von Störungen, technisches Kundendienst-Informationssystem, Leitsystem für Monteure und Telecom-Spezialisten. Eine Client/Server-Applikation auf VAX/VMS, realisiert mit einem Transaktionsmonitor und PC/Win-Clients.

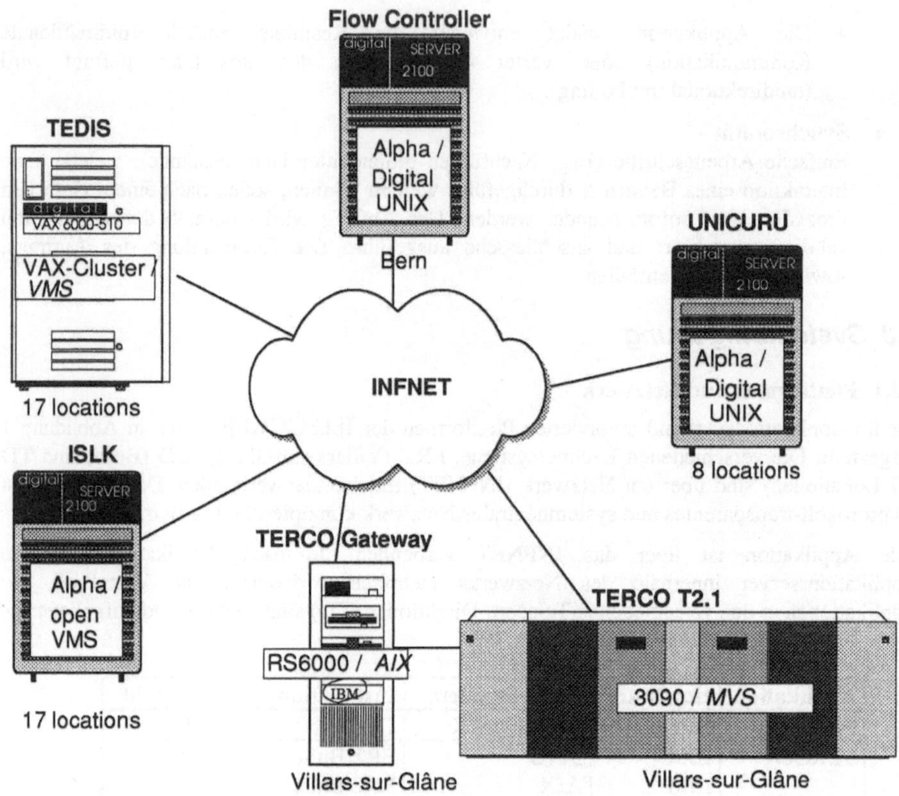

Abbildung 1 Involvierte Applikations-Plattformen

- **ISLK**
  Verwaltung des kundenseitigen Telefon-Netztes, Planung und Bau von Netzen. Eine Client/Server-Applikation auf Alpha/VMS mit X-Window Clients auf Sun, welche über RPC kommunizieren
- **UNICURU**
  Steuerung und Kontrolle der digitalen Telefonie-Zentralen. Eine Client/Server Applikation auf Alpha/Digital UNIX mit PC/Win-Clients, welche über RPC kommunizieren

Integration heisst einerseits, dass die Systeme an der automatisierten Abarbeitung der Geschäftsprozesse beteiligt werden und andererseits, dass sie durch Anbieten einer offenen Schnittstelle von anderen Systemen aufgerufen werden können. Bedingung dazu ist das Anbieten sogenannter API's (Application Programming Interface) und der Implementation einer Client/Server-Architektur.

1.4 Problematik

Den folgenden Anforderungen ist bei der Realisierung besondere Aufmerksamkeit zu widmen:

- Die Menge von 3'000'000 Geschäftsabläufen (Workflows) pro Jahr mit durchschnittlich 4-8 Prozessschritten (Steps) muss vom Workflow-System verarbeitet werden können
- Die Datenmenge von durchschnittlich 4-10 kB pro Auftrag muss bei jedem Prozessschritt übers Netz vom Workflow-System an die Applikation oder zurück versandt werden. Dies ergibt eine totale Datentransfer-Menge von 300-400 GB pro Jahr.
- Applikationen laufen auf verschiedenen Plattformen mit unterschiedlichen Betriebssystemen
- sowohl Client/Server- als auch monolithische Applikationen unterschiedlicher Technologien müssen integriert werden
- Benutzeroberflächen können nicht modifiziert werden, d.h. die Integration der Applikationen kann nicht auf der Benutzeroberfläche durchgeführt werden

1.5 Lösungsansatz

Als Lösung wurde eine Layerung in drei Schichten ausgewählt. Eine Workflow-Plattform wird von den verschiedenen produktiven Applikations-Plattformen durch eine objektorientierte, transparente Kommunikations-Schicht getrennt. Dadurch konnten die meisten Anforderungen bezüglich Unabhängigkeit und Flexibilität bereits abgedeckt werden.

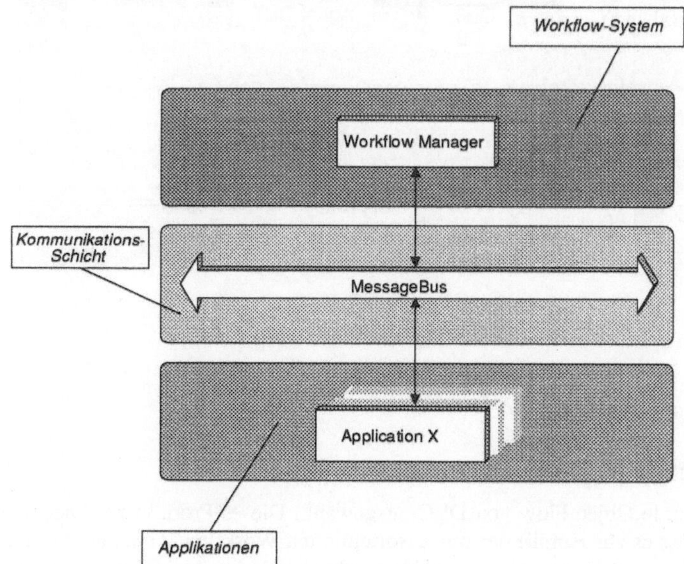

Abbildung 2 Layerung in drei logische Schichten (3-Tier Architektur)

- **Workflow-System**
  umfasst die Verwaltung und Abarbeitung der Geschäftsabläufe des APV, sowie die dazugehörigen Werkzeuge (Flow-Designer, Flow-Inspector, System-Management, etc...)
- **Message-Bus**
  beinhaltet die Infrastruktur, welche eine transparente, objektorientierte Kommunikation zwischen verschiedenartigen System-Prozessen ermöglicht
- **Applikationen**
  sind die im APV zu integrierenden Applikationen, welche einzelne Prozesschritte eines Geschäftsablaufs ausführen

2 Systemarchitektur

Der Applikationsverbund (APV) wurde als Verbund von verschiedenen Komponenten und Applikationen definiert und wird im folgenden Diagramm gesamthaft dargestellt.

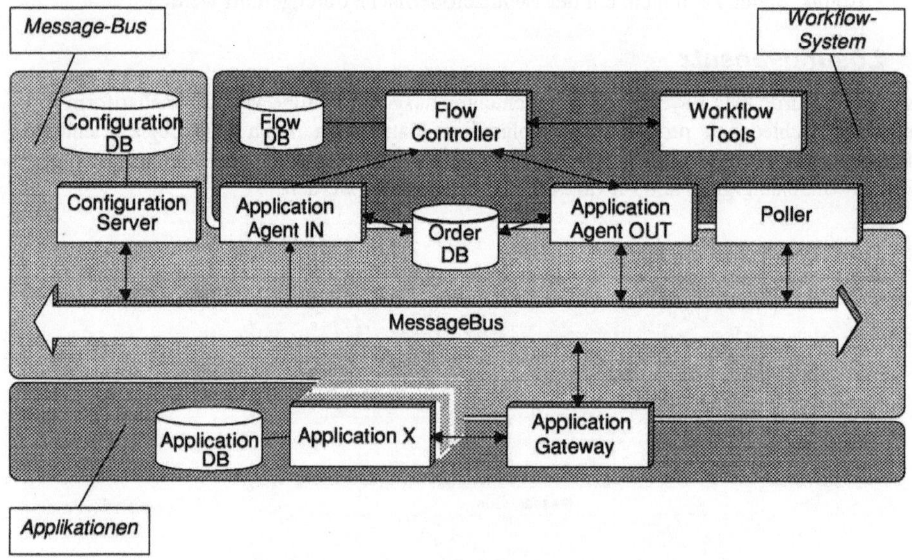

Abbildung 3 APV - Das Gesamtsystem

2.1 Workflow-System

Als Workflow-System wurde ObjectFlow von DEC ausgewählt. Dieses Produkt zeichnet sich vor allem dadurch aus, dass es zur Familie der prozessorientierten Workflow-Tools gehört und nicht zur Familie der Groupware (Notes, etc...) gezählt werden kann. Als Basis-Software bietet ObjectFlow ein klar definiertes API an, welches auf der Digital Workflow Architecture (DWA) basiert und über CORBA mit dem Flow-Controller kommuniziert. Dadurch kann das API auf alle CORBA-Plattformen (zur Zeit 15 verschiedene) portiert werden. Prozess-Informationen und Flow-Daten werden in einer Datenbank gespeichert.

Um Applikationen ans Workflow-System anzukoppeln, müssen sog. Agents entwickelt werden. Bei der Implementation dieser Agents werden den Entwicklern alle Freiheiten und Flexibilitäten gelassen, um Applikationen zu integrieren. Die Agents treten einerseits als Client gegenüber dem Workflow-Manager, andererseits auch als Client gegenüber den angeschlossenen Applikationen auf.

Zum Workflow-Produkt gehören ein Flow-Controller als Datenbank-Server für Oracle- oder Sybase-Datenbanken, sowie die Workflow-Tools Flow-Designer, Flow-Inspector, Organisations-Editor und Management-Utilities.

Mit den zum Workflow-System gehörenden Werkzeugen kann die Manipulation und Definition der Flows, wie auch das Tracking der Prozesse durchgeführt werden. Dazu gehören ein Flow-Designer für die grafische Entwicklung und Darstellung der Flows, ein Flow-Inspector für die Kontrolle der laufenden und abgeschlossenen Flows, ein Organisations-Editor für die Definition der Aufgaben- und Verantwortungsbereiche, sowie ein Management Tool.

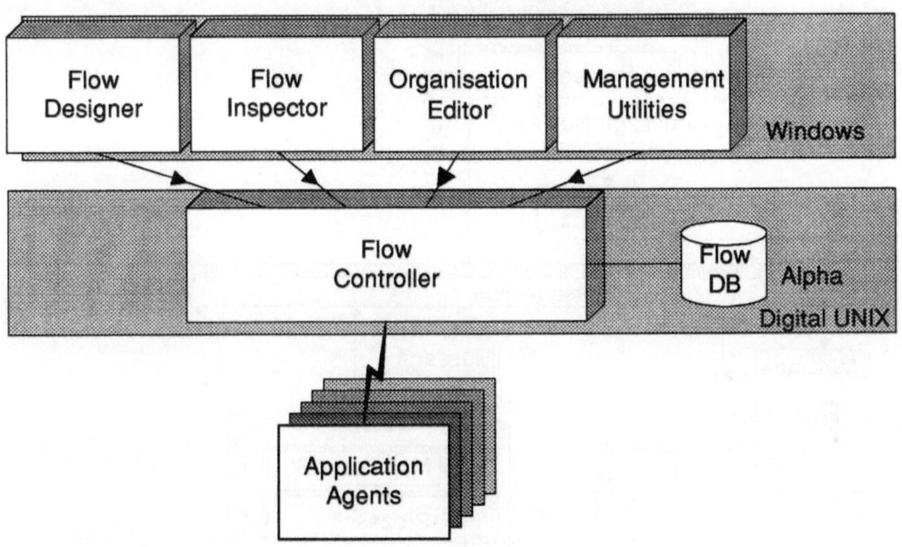

Abbildung 4 Workflow-System

In der Flow-DB werden sowohl die Definitionen der Flows, Organisationen und Verantwortungsbereiche als auch die laufenden Prozesse mit den dazugehörenden Prozessdaten (Flow-Data) gespeichert.

Die Application Agents verwenden das vom Workflow-System zur Verfügung gestellte API um mit dem Flow-Controller zu kommunizieren. Sie wurden in

Abbildung 3 APV - Das Gesamtsystem als „Application Agent IN" und „Application Agent OUT" bezeichnet.

Aufgabe des sogenannten „Poller" ist es, lose gekoppelte Applikationen, d.h. solche, die nicht selber mit dem Workflow-Produkt kommunizieren können, periodisch nach neuen, zu startenden Flows und nach erledigten Steps abzufragen.

Der „Configuration Server" mit seiner dazugehörenden Datenbank dient der Überwachung des MessageBus und verwaltet verschiedenste Informationen wie Auftragsstrukturen, Zugriffsrechte, Topologien, Prozesse, etc...

2.2 Message-Bus

Der Message-Bus ist eine Infrastruktur, welche eine Kommunikation zwischen verschiedenen, verteilten Prozessen erlaubt. Die Prozesse selbst tauschen Meldungen aus, deren Struktur durch ein Protokoll definiert wurde und aus einem Header und einem Datenblock bestehen. Der Datenblock ist eine Liste von Parametern (sog. Items), welche identifizierbare Daten beinhalten.

Das MessageBus-API ist einfach und generisch aufgebaut, da es die Struktur, wie auch den Inhalt der Messages nicht interpretieren muss.

Die Implementation des MessageBus basiert auf ObjectBroker (DEC's Implementation des CORBA-Standards) und beinhaltet folgende Funktionalitäten und Vorteile:

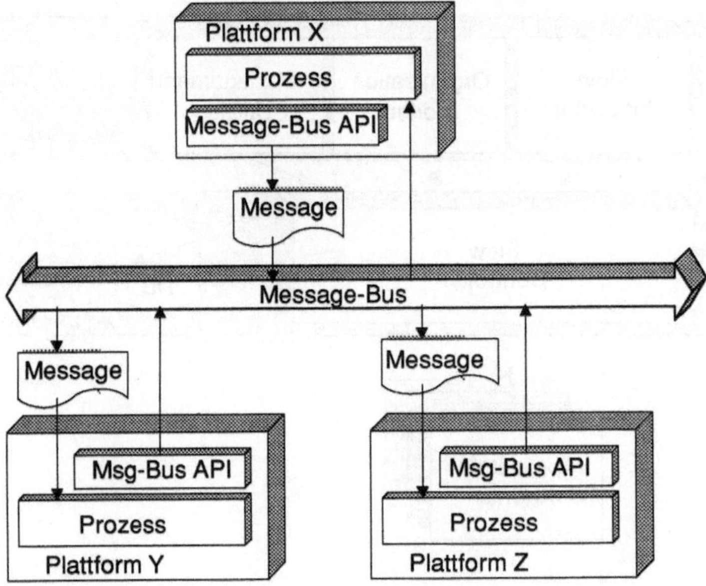

Abbildung 5 Message-Bus

Funktionalität:

- Transparente, objektorientierte Kommunikation zwischen Prozessen
- Datenkonvertierung zwischen verschiedenen Plattformen (UNIX, VMS, DOS, etc.)
- Automatisches Starten von nicht laufenden Komponenten im Verwendungsfall
- Möglichkeit, Applikations-Management-Funktionen zu implementieren

Vorteile:

- Unabhängigkeit von der physikalischen Netzwerktopologie und Netzwerkprotokollen
- Skalierbarkeit
- Unabhängigkeit der Applikationen und des Workflow-Systems
- Einfache Portierung und Interoperabilität, da der Message-Bus auf CORBA basiert

2.3 Applikationen

Die Applikationen sind in sich geschlossene Anwendungen (auch als Legacy Systems bezeichnet), welche über den Applikations-Gateway in den APV integriert werden. Die Applikation stellt dem Gateway Funktionen zur Verfügung, um die in den Aufträgen definierten auszuführenden Funktionskomplexe auszuführen.

Die Gateways entkoppeln den Applikationsserver vom MessageBus und erlauben eine Kommunikation zwischen Gateway und Server in der vom Server zur Verfügung gestellten Technologie. Im Falle der TELECOM PTT kann dies DCE/RPC, DesktopACMS oder MQM (MessageQ von IBM) sein.

Diese logische Trennung erlaubt es, auch andere Technologien für die Kommunikation zwischen Gateway und einem Applikationsserver zu implementieren.

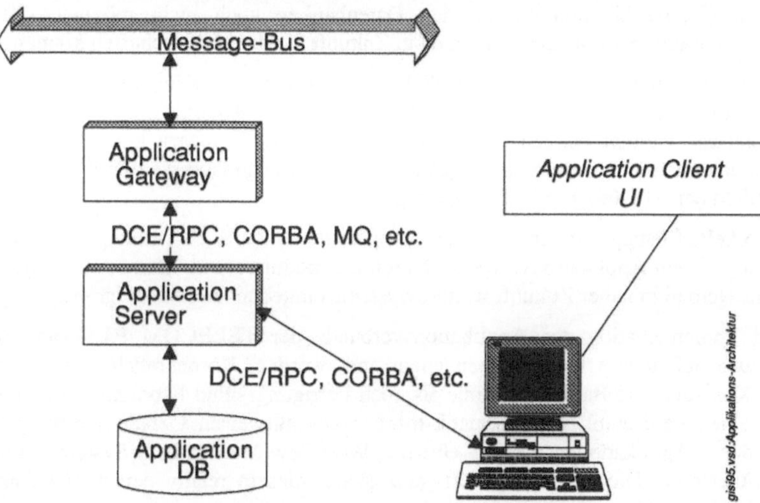

Abbildung 6 Applikations-Architektur

Als Endgeräte werden heute Workstations oder vermehrt auch PC's mit grafischen Oberflächen verwendet. Die Benutzeroberfläche selber wird durch die Integration mit dem Workflow-Produkt nicht verändert.

Aus Sicht des Endbenutzers ergibt sich lediglich folgende Änderungen:

- Aufträge, welche er heute durch die Post erhält, müssen nicht mehr erfasst werden, da sie elektronisch vom Workflow-System übertragen wurden
- erledigte Aufträge müssen nicht mehr ausgedruckt und durch die interne Post versendet werden, da sie nach Abschluss automatisch, elektronisch weitergeleitet werden

3 Zusammenfassung, Wertung und Ausblick

Die Wahl eines prozessorientierten Workflow-Management-Systems hat sich als richtig erwiesen. Bei grossen Konzernen, wie es die TELECOM PTT ist, sind die Interessen und Verantwortungsbereiche der einzelnen Dienste und Abteilungen derart verschieden, dass sie nur sehr schwer unter einen Hut zu bringen sind. Dem wird durch die äusserst lose Kopplung der Applikationen Rechnung getragen. Zudem wurden die Systeme in ihrer Funktionalität überhaupt nicht tangiert, was sich positiv auf die Entwicklungs-Zeit (und -Kosten) ausgewirkt hat.

Aus technischer Sicht kann die hier vorgestellte Lösung relativ einfach implementiert werden. Probleme gab es vor allem dadurch, die verschiedenen, individuellen Interessen des Kunden zu koordinieren. Bereits beim Design der Geschäftsabläufe gab es rege Diskussionen und man musste sich schlussendlich darauf beschränken, die heute gültigen (und nicht optimierten) Prozesse abzubilden. Eine Optimierung dieser Abläufe dürfte erst zu einem späteren Zeitpunkt ins Auge gefasst werden.

Verschiedene zusätzliche Wünsche können durch die implementierte Lösung nicht erfüllt werden. Der Online-Datenzugriff auf mehrere verschiedene Applikationen (Bsp. zentralisierte Basissysteme) kann durch ein Workflow-System nicht mit akzeptablen Antwortzeiten sichergestellt werden. Ebenso ist ein Transaktionsschutz für das Ausführen von parallelen Prozessschritten (Steps) bis hinunter zu den Datenbanken noch nicht möglich. Offene, standardisierte Transaktions-Manager werden da in Zukunft wohl Abhilfe schaffen können.

Der Aufwand für die Integration eines zusätzlichen Systems ist mit wenigen Mann-Monaten Entwicklungszeit relativ klein. Voraussetzung dafür ist, dass die Applikationen noch gewartet und leicht angepasst werden können. Durch den Einsatz von Wrappern könnten allerdings sogar alte Applikationen integriert werden, welche nicht mehr angepasst werden können. Doch dies ist im Umfeld der PTT (noch) nicht notwendig.

Die jetzt entwickelte Lösung mit den vier Haupt-Applikationen der PTT ist lediglich ein erster Schritt in einen globalen Applikationsverbund. Durch die modulare und offene Architektur des Gesamtsystems werden in naher Zukunft weitere Systeme eingebunden und integriert.

Die Idee und Implementation des Applikationsverbunds der TELECOM PTT kann ohne Änderungen auch auf andere Unternehmen angewandt werden. Vornehmlich kommen aber eher grössere Konzerne wie Banken, Chemie als auch Fertigungs- und Fabrikationsbetriebe in Frage, welche eine bereits etablierte Informatik-Infrastruktur aufweisen. Gerade hier bringt eine Integration der Applikationen mit einem Workflow-Management-System grosse Produktivitäts-Gewinne. Die Zukunft gehört ganz sicher diesem relativ neuen und zumeist unbekannten Bereich der Informatik-Technologie.

Modellierung und Ausführung flexibler Geschäftsprozesse mit SAP Business Workflow 3.0®

Helmut Wächter, Franz J. Fritz, Andreas Berthold, Bernhard Drittler, Harald Eckert, Ralf Gerstner, Ralf Götzinger, Rolf Krane, Andreas Schaeff, Christian Schlögel, Rainer Weber

SAP-AG, Pf. 1461, 69185 Walldorf, Tel. 06227 / 34-4313
email: {Vorname.Nachname}@sap-ag.de

1. Einleitung

Immer mehr Unternehmen operieren in einer sich rasch wandelnden Umwelt: Produkte, eingesetzte Technologie, organisatorische Strukturen, Kundenbedürfnisse und Marktbedingungen ändern sich häufig und in starkem Maße. Infolgedesssen ist ein nach einer Geschäftsprozeß-Reorganisation [HaCh93] „optimierter" Geschäftsvorgang nach einiger Zeit nicht mehr „optimal" gestaltet und muß mit hoher Wahrscheinlichkeit bald wieder geändert werden. Die leichte und schnelle Anpaßbarkeit eines Geschäftsprozesses (Flexibilität) ist daher mindestens genauso wichtig wie seine momentane Optimierung hinsichtlich Kriterien wie Kosten, Durchlaufzeit o.ä. Kritische Stimmen behaupten (teilweise zurecht), daß heute verfügbare Workflow-Management-Systeme (kurz WFMS) einen einmal implementierten Geschäftsprozeß quasi einzementieren und einen technischen oder organisatorischen Wandel sehr erschweren: Hardware- oder Software-Komponenten zur Implementierung der Geschäftsprozesse werden ausgetauscht oder ersetzt; Organisationseinheiten, Stellen etc. werden neu eingerichtet, aufgeteilt oder zusammengefaßt oder mit neuen Aufgaben und Kompetenzen versehen; Mitarbeiter treten ein, sind zeitweise abwesend, wechseln in eine andere Abteilung usw. Um diese vielfältigen Änderungen flexibel nachvollziehen zu können, muß ein WFMS viele Freiheitsgrade bei der Modellierung und Weiterentwicklung sowie der Ausführung von Geschäftsprozessen anbieten.

Die Basiskomponente des SAP R/3-Systems enthält ab Release 3.0 ein integriertes Set von Workflow-Tools. Dieser Beitrag stellt diese Werkzeuge vor und erläutert insbesondere deren Konzepte und Mechanismen für die Unterstützung flexibler Geschäftsprozesse. Nach der Architektur (Abschnitt 2) beschreiben wir die wichtigsten Möglichkeiten zur flexiblen Modellierung (Abschnitt 3) und Ausführung (Abschnitt 4) von Geschäftsprozessen.

2. Architektur der SAP Business Workflow Tools

Das SAP R/3 System ist eine weit verbreitete Standard-Software für betriebswirtschaftliche Anwendungen. Es ist nach dem Client-/Server-Prinzip aufgebaut und läuft auf vielen verschiedenen Hardware- und Software-Plattformen [BuGa94]. Seine reichhaltige und durchgängig integrierte Funktionalität unterstützt nahezu alle Aufgaben, die in großen und mittleren multi-nationalen Unternehmen durchzuführen sind. Das R/3 System enthält außerdem ein Unternehmensdaten- und -prozeßmodell, die referenzartig die Funktionalität und den Bauplan der mitgelieferten Anwendungen beschreiben. Die transparente Architektur bildet zusammen mit den offengelegten und teilweise standardisierten Schnittstellen die Grundlage für eine flexible Anpassung der Standard-Software an unternehmensspezifische Anforderungen.

Da die Werkzeuge zur Workflow-Definition inhaltlich und methodisch sehr eng an die mitgelieferten Prozeßmodelle [KeMe94] angelehnt sind, können diese als Ausgangspunkt für das Workflow-Management in einem Unternehmen dienen. Ein Anwender, der sich in der Regel über die Referenzprozesse mit der Funktionalität des R/3 Systems vertraut gemacht hat, braucht somit keine neue Modellierungsmethode zu erlernen, um die ausgelieferten Muster-Workflows anzupassen oder darauf aufbauend neue Workflow-Definitionen zu erstellen.

Der Schlüssel für die mit dem Produkt *SAP Business Workflow*® [SAP-WF3.0] erzielbare Flexibilität liegt in einem 3-schichtigen Architekturmodell, das die verschiedenen Aspekte eines Geschäftsprozesses jeweils auf einer separaten Ebene abbildet. Es sind dies die drei Ebenen *Organisationsschicht, Prozeßschicht* und *Objektschicht*, die in Abbildung 1 skizziert sind:

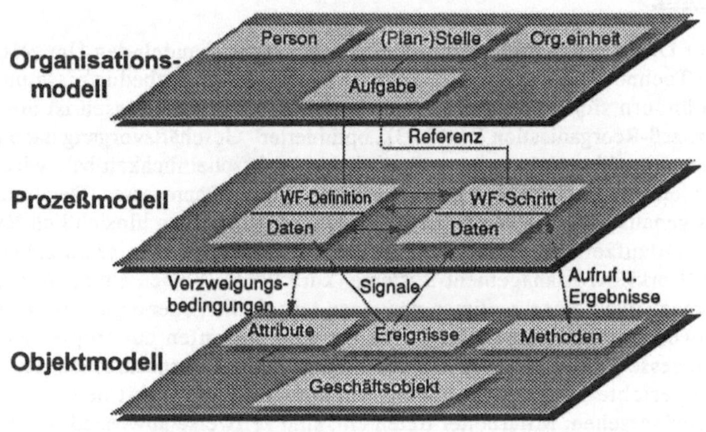

Abbildung1: Architektur von SAP Business Workflow®.

Organisationsmodell

Im Organisationsmodell sind alle die Organisationselemente abgebildet, die an einem Geschäftsprozeß beteiligt sind: (Plan-) Stellen; ihre Zusammenfassung zu Organisationseinheiten wie etwa Gruppen, Abteilungen usw.; Berichtshierarchien; Stellenbesetzungspläne usw. Zentrale Bausteine eines Geschäftsprozesses sind die *Aufgaben.* Als Teil der Ablauforganisation beschreiben sie jeweils eine Verrichtung auf einem oder mehreren Geschäftsobjekten. Gleichzeitig schlägt die Zuordnung von Aufgaben zu Aufgabenträgern (i.a. (Plan-) Stellen) die Brücke zur Aufbauorganisation.

Prozeßmodell

Das SAP Workflow-Modell zeichnet sich dadurch aus, daß sich die Arbeitsschritte eines Geschäftsprozesses nicht direkt auf ein Anwendungsprogramm beziehen, sondern jeweils auf eine Aufgabe aus dem Aufgabenkatalog des Organisationsmodells. Dieses nimmt dadurch die führende Rolle bei der Geschäftsprozeßerstellung ein. Mit Hilfe eines grafischen Editors werden einzelne Aufgaben zu dem Gesamtablauf eines Geschäftsprozesses verknüpft, indem der Kontroll- und Datenfluß zwischen ihnen definiert wird. Die Darstellung der Ablauflogik basiert auf sog. Ereignisgesteuerten Prozeßketten [Kell93], die auf anschauliche und übersichtliche Weise den Zusammenhang deutlich machen zwischen betriebswirtschaftlichen Funktionen, den sie auslösenden und verbindenen Ereignissen, den bearbeiteten Informationsobjekten sowie den beteiligten Akteuren (Organisationseinheiten). Da die Implementierung der Arbeitsschritte jedoch nicht Bestandteil der Prozeßdefinition ist, sondern innerhalb des Objektmodells erfolgt, können Ablauflogik und Schrittprogramme unabhängig voneinander geändert werden.

Objektmodell
Die Arbeitsschritte eines Geschäftsprozesses sind programmtechnisch durch Aufrufe von Methoden der Geschäftsobjekte realisiert, die innerhalb oder außerhalb des SAP-Systems implementiert sein können. Eine Klassendefinition im Objekt-Repository enthält die für die Vorgangssteuerung relevanten Attribute, Methoden und Zustandsänderungs-Ereignisse. Diese Beschreibung dient zum einen als einheitliche, objektorientierte Schnittstelle für die Aktivierung und Datenversorgung der im SAP-System vorhandenen Funktionen (Transaktionen, Reports u.a. 4GL-Programme). Wichtig dabei ist, daß es für die gerufenen Anwendungsprogramme vollkommen verborgen bleibt, ob sie von einem Workflow-Schritt oder einer herkömmlichen Dialogtransaktion gerufen werden. Ergänzungen an bestehenden Programmen sind höchstens dazu notwendig, um dem Workflow-System Zustandsänderungen (Ereignisse) zu signalisieren, auf die es reagieren soll (s.u.). Zum anderen ermöglicht die Objektschicht durch die Unterstützung des OLE2-Standards [OLE] die Einbindung von Objekten, die außerhalb des SAP-Systems verwaltet werden, wie z.B. PC-Dokumente (Word, Excel) usw. Eine CORBA-konforme Schnittstelle [OMG] ist für ein späteres Release geplant.

Was ist durch diese dreischichtige Architektur gewonnen? Zwei zentrale Aspekte seien hier genannt: Erstens reduziert die klare Trennung von Aspekten der Organisation, der Ablauflogik und der eigentlichen Anwendungsfunktionen die Komplexität der Software- bzw. Workflow-Erstellung erheblich. Zweitens ist die Entkopplung der verschiedenen Aspekte die Voraussetzung für die unabhängige Entwicklung und Änderung der Aufgaben, Prozeßdefinitionen und Objektprogramme. Die Integration der entstehenden Teilmodelle ist durch die Workflow-Tools sichergestellt. Dadurch lassen sich ein hoher Wiederverwendungsgrad der Teilmodelle und gleichzeitig die benötigte Flexibilität für spätere Änderungen realisieren. Diese Vorteile werden in den folgenden Abschnitten konkretisiert.

3. Modellierung von Geschäftsprozessen

3.1 Organisationsmodell

In die SAP Workflow-Tools ist eine mächtige Komponente zur Modellierung und Verwaltung von Organisationsstrukturen integriert [SAP-PDOrg]. Das für die Workflow-Modellierung zentrale Organisationsobjekt, die Aufgabe, besitzt u.a. folgende Attribute:

- Auslösende und beendende Ereignisse, bei deren Eintreten das Workflow-System die Aufgabe automatisch aktiviert bzw. beendet. Der Eingang einer Reklamation per EDI oder FAX kann beispielsweise ein entsprechendes Bearbeitungsverfahren anstoßen. Wird die Erledigung der Reklamation gemeldet, läßt sich der laufende Prozeß automatisch beenden.
- Parametrisierbare Erklärungstexte, die einem Bearbeiter die Aufgabe in seiner Arbeitsliste erläutern, z.B. "Rechnung Nr. &1 vom &2 über DM &3 von Geschäftspartner &4". Die Parameter &1 bis &4 werden dabei durch die aktuellen Workflow-Daten ersetzt.

- Zeitlicher Gültigkeitsbereich (von..bis), Planungsstatus (beantragt, genehmigt,...) und Planvarianten (1..n) unterstützen eine langfristige Organisationsplanung und Prozeßsimulation.

Zwei Mechanismen des Organisationsmodells tragen entscheidend zur Flexibilität bei:

1. Flexible Reaktion auf Ereignisse
Ob, und wenn ja, welche Aufgaben bzw. Prozesse beim Eintritt eines Ereignisses gestartet werden sollen, läßt sich unternehmensspezifisch festlegen. So kann z.B. in einer Firma das Ereignis „Rechnung erstellt" entweder den von SAP ausgelieferten Muster-Workflow starten, eine modifizierte Fassung davon oder einen kundendefinierten Workflow anstoßen. Wenn bei entsprechender Arbeitsorganisation die Rechnungserstellung und -prüfung zusammen in einem Arbeitsschritt durchgeführt werden, kann eine Reaktion auf das Ereignis evtl. entfallen. Die Verknüpfung eines Ereignisses mit einem Interessenten (eine zu startende / zu beendende Aufgabe) kann bei Bedarf mit einer Bedingung versehen oder zeitweise deaktiviert werden. Wichtig ist, daß die Reaktion auf ein Ereignis unabhängig von dem auslösenden Anwendungsprogramm definiert und geändert werden kann, s. [Gers95].

2. Organisatorische Änderungen
Die innerhalb eines Geschäftsprozesses durchzuführenden Aufgaben werden normalerweise nicht direkt an Personen, sondern an (Plan-)Stellen oder andere Organisationseinheiten adressiert. Ein Benutzer sieht einen Arbeitsschritt nur dann in seiner persönlichen Arbeitsliste, wenn die zugehörige Aufgabe in seiner Stellenbeschreibung enthalten ist oder an die Organisationseinheit adressiert ist, zu der er gehört. Die personenunabhängige Adressierung hat den entscheidenen Vorteil, daß Stellen(um)besetzungen, Vertretungen u.a. organisatorische Änderungen *sofort* wirksam werden. Das bedeutet insbesondere, daß auch die ausführbereiten Arbeitsschritte ohne zusätzliche Neuadressierung oder manuelle Weiterleitung auf den Arbeitslisten der neuen Mitarbeiter bzw. Vertreter erscheinen, sobald eine Organisationsänderung in Kraft tritt. Mit anderen Worten: ***Das Workflow-System vollzieht alle organisatorischen Änderungen automatisch nach.***

3.2 Prozeßmodell

Die Darstellung eines Prozeßverlaufs basiert auf den sog. Ereignisgesteuerten Prozeßketten [Kell93], die mit einem grafischen Editor [SAP-WFEditor] bearbeitet werden. Die Methode der Ereignisgesteuerten Prozeßketten wurde um die üblichen Kontrollflußkonstrukte einer blockorientierten Programmiersprache (z.B. Modula) und weiteren Mechanismen für die Modellierung langlebiger Abläufe [WäRe92] erweitert, vgl. Abbildung 2: Neben sequentiellen und parallelen Abschnitten (fork, join) gibt es Verzweigungen (if,case), Schleifen (while, until) und die Möglichkeit, Listen bzw. Tabellen zeilenweise parallel zu bearbeiten (etwa alle Positionen einer Rechnung parallel prüfen zu lassen). Ein Prozeß ist wiederum als Aufgabe im Aufgabenkatalog hinterlegt. Dadurch können beliebig tief geschachtelte und sogar rekursive Workflow-Definitionen erstellt werden.

Eine wichtige Verbindung zum Objektmodell sind sog. Warteschritte, die auf solche Zustandsänderungen bearbeiteter Objekte reagieren können, die asynchron zum normalen Ablauf eines Geschäftsprozesses (d.h. nicht innerhalb eines Arbeitsschrittes) eintreten. Die signifikante Änderung eines Buchhaltungsbeleges kann beispielsweise ein laufendes Genehmigungsverfahren abbrechen und neu starten. Möglich sind auch Eingriffe in einen laufenden Vorgang, wie etwa das zeitweise Anhalten oder der Abbruch einzelner Arbeitsschritte oder des gesamten Prozesses. Analog zu den Warteschritten lösen sog. Trigger-Schritte Ereignisse aus und informieren bzw. starten oder beenden dadurch andere Geschäftsprozesse (Aufgaben), die sich für dieses Ereignis beim Workflow-System als Interessent angemeldet haben (Prinzip: „publish and subscribe").

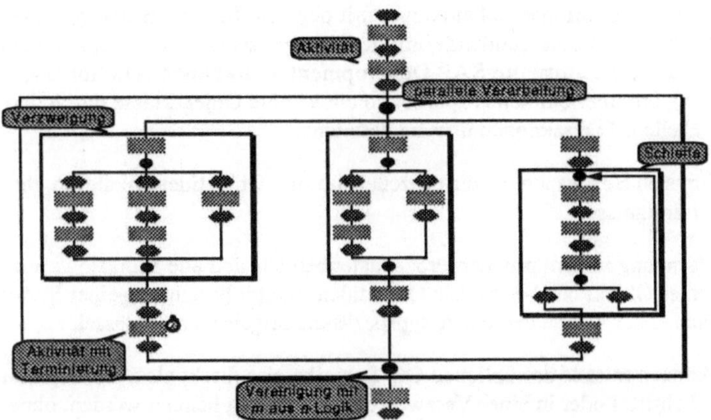

Abbildung 2: Workflow-Definition mit erweiterten Ereignisgesteuerten Prozeßketten.

Jeder Geschäftsprozeß und jeder Arbeitsschritt hat außerdem einen eigenen privaten Datenbereich. Darin sind Verweise auf die bearbeiteten Objekte und andere ablaufrelevante Variablen enthalten. Der Prozeßmodellierer legt in einer Datenflußdefinition fest, mit welchen Prozeßdaten die Eingabeparameter einer Aufgabe belegt werden, und welche Prozeßvariablen die Aufgabenergebnisse aufnehmen, damit sie für die nächsten Schritte zur Verfügung stehen. Dadurch sind die Namensräume von Aufgaben- und Prozeßdaten getrennt, die sich so unabhängig voneinander entwickeln lassen und auch in einem anderen Vorgangskontext wiederverwendet werden können (Modularität). Zur Tolerierung von Rechnerausfällen u.a. Systemfehlern werden diese privaten Datenbereiche transparent für die Prozeßschritte stabil in der Datenbank verwaltet.

3.3 Objektmodell

Ein Workflow-Schritt ruft zur Implementierung einer Aufgabe eine oder mehrere Methoden auf den beteiligten Geschäftsobjekten auf. Beispiele für solche Geschäftsobjekte sind etwa Angebote, Aufträge, Materialien, Produktionspläne, Lieferungen, Rechnungen, Zahlungsbelege usw. Darüber hinaus sind auch die Prozesse, Arbeitsschritte und die Objekte selbst als (Meta-) Objekte im Repository modelliert. Damit lassen sich z.B. auch die Aktionen zur Reparatur eines fehlerhaften Workflows als Prozeß definieren und abwickeln.

Die Objektmechanismen ersetzen nicht das SAP-Laufzeitsystem. Vielmehr stellen sie eine geeignete Abstraktionsschicht für die objektorientierte Workflow-Verarbeitung auf der Basis vorhandener Anwendungen bereit. Sie implementieren eine Kapsel mit einer einheitlichen Schnittstelle für den Aufruf und Datentransport zu und von den zahlreichen nicht-objektorientierten Transaktionen, Funktionsbausteinen, Reports usw. Mittels der angebotenen OLE- und geplanten CORBA-Schnittstelle ist es möglich, Geschäftsobjekte auch außerhalb des SAP-Systems zu implementieren und anzusprechen. Umgekehrt können dadurch auch externe Anwendungen auf SAP-Objekte zugreifen.

Das Objekt-Repository umfaßt einen graphischen Objekt-Browser und unterstützt selektive multiple Vererbung, die Aggregation und die Vernetzung von Objekten. Besonders zu erwähnen ist der Delegationsmechanismus, mit dem die Implementierung einer von SAP gelieferten Klasse durch eine kundendefinierte Klasse ersetzt werden kann. Außerdem integriert das Objekt-Repository die SAP Development Workbench (Dictionary, Funktionsbibliothek usw.), um über einfaches „point and click" eine Objektklasse durch den Bezug auf vorhandene Tabellen, Transaktionen usw. zu definieren.

Die vier wichtigsten Bezugspunkte zur Prozeßebene sind Objektidentifikatoren, ihre Attribute, Methoden und Ereignisse:

1. Über ihre Kennung in dem privaten Prozeßdatenbereich sind alle Workflows auffindbar, die ein bestimmtes Objekt bearbeiten. Ein Objektidentifikator besteht aus einer Systemkennung, dem Bezeichner der Klasse und einem typspezifisch aufgebauten Schlüssel.

2. Attribute können mittels der üblichen OO-Schreibweise direkt als Eingabeparameter eines Workflow-Schrittes oder in einer Verzweigungsbedingung benutzt werden, ohne eine SQL- oder 4GL-Anweisung codieren zu müssen. Beispiel: Rechnung.betrag > 10000.

3. Eine Methode kann neben beliebig vielen Ein- und Ausgabeparametern einen ausgezeichneten Ergebniswert oder eine von mehreren vordefinierten Ausnahmen zurückgeben, über die nach einem Workflow-Schritt verzweigt werden kann, ohne extra eine *case*-Anweisung zu programmieren. Gleiches gilt für die Ende- und Deadline-Ereignisse eines Schrittes.

4. Ereignisse signalisieren der Prozeßebene relevante Zustandsänderungen eines Objektes, wie z.B. Rechnung erzeugt, geändert, freigegeben, gelöscht usw. Wie eine Methode hat ein Ereignis Parameter, die eine empfangende Aufgabe dazu benutzen kann, spezifisch auf die eingetretene Situation zu reagieren (z.B. Änderungsgrund, neuer Betrag, Änderer). Wichtig ist, daß die Reaktion auf ein Ereignis nicht Bestandteil des Anwendungsprogramms ist, das ein Objekt implementiert, sondern im Aufgabenkatalog (bei auslösenden und beendenden Ereignissen) oder in der Workflow-Definition (bei Warteschritten) spezifiziert ist. Dadurch lassen sich der Erzeuger und die Verbraucher eines Ereignisses unabhängig voneinander definieren und ändern. Wenn Ereignisse nicht von einem Programm, sondern in einem Workflow oder von einer Aufgabe empfangen werden, stehen alle hier beschriebenen Mechanismen für eine flexible, Workflow-gesteuerte Reaktion zur Verfügung, ohne daß die technischen Details der Ereignis-Verbraucher-Kopplung [Gers95] von dem Prozeßmodellierer programmiert zu werden brauchen.

4. Ausführung von Geschäftsprozessen

Neben der Flexibilität auf der Modellierungsebene sind auch in der Laufzeitumgebung eines WFMS bestimmte Freiheitsgrade erforderlich, um rasch auf kurzfristige Änderungen während der Ausführung eines Geschäftsprozesses reagieren zu können. Hier sind drei elementare Mechanismen des SAP Workflow-Systems zu nennen.

4.1 Reaktion auf nebenläufige Ereignisse

Wie oben bereits erwähnt, kann auf Ereignisse, d.h. Zustandsänderungen von Objekten, die außerhalb eines Prozesses oder Schrittes eintreten, auf zweierlei Arten reagiert werden:

a) Immer wenn z.B. ein Objekt vom Typ "Reklamation" entsteht, kann eine Aufgabe oder ein Prozeß gestartet werden.

b) Ein laufender Prozeß kann auf die Zustandsänderung einer bestimmten Objektinstanz dadurch reagieren, daß ein Warteschritt, ein normaler Arbeitsschritt oder der gesamte Prozeß beendet wird. Beispielsweise läßt sich ein Prozeß zur Zahlungsüberwachung für die Rechnung mit der Nr. 4712 durch den Begleich dieser Rechnung beenden.

Eine spezielle Form dieses „Hörens“ auf asynchrone Ereignisse ist die Reaktion auf die Überschreitung einer der vier möglichen Bearbeitungsfristen, mit denen sich jede Aufgabe und jeder Prozeß überwachen läßt: Gewünschter und spätester Start, gewünschtes und spätestes Ende. Bei einer Terminüberschreitung kann automatisch z.B. der Prozeßverantwortliche benachrichtigt werden. Daneben ist eine spezifische Reaktion für den betroffenen Arbeitsschritt im Prozeß auch explizit modellierbar.

4.2 Dynamische Auswahl von Bearbeitern

Nicht immer ist die Festlegung eines Bearbeiters durch die statische Adressierung *aller* der Stellen oder Mitarbeiter gewünscht, die gemäß Organisationsmodell eine Aufgabe bearbeiten dürfen. Daher bieten die Workflow-Tools von SAP verschiedene Möglichkeiten an, um Bearbeiter dynamisch und abhängig von den aktuellen Prozeßdaten auszuwählen:

a) Die Reklamation eines Kunden XY soll z.B. in einem größeren Unternehmen nicht an *alle* Kundenbetreuer gehen, sondern nur an die, die tatsächlich für den Kunden XY zuständig sind. Daher kann der Bearbeiter einer Aufgabe durch eine Programmfunktion bestimmt werden, die Zugriff auf den Kundennamen und die anderen Workflow-Daten hat. Genauso kann ein Benutzer beim Prozeßstart oder in einem Arbeitsschritt den Bearbeiter eines nachfolgenden Schrittes direkt bestimmen.

b) Möglich ist auch eine indirekte Bestimmung über eine Referenz auf den Bearbeiter eines vorausgegangenen Schrittes, auf den Initiator des Vorgangs, den Vorgesetzten des Bearbeiters von Schritt 5 u.a. vordefinierte Rollen.

Alle aufgezählten Mechanismen stehen auch zur Verfügung, um *Bearbeiter auszuschließen*, die eine Aufgabe *nicht* bearbeiten dürfen. Beispielsweise müssen Rechnungen ab einer bestimmten Höhe von zwei verschiedenen Sachbearbeitern geprüft werden (4-Augen-Prinzip). Oder ein Mitarbeiter, der zeitweise seinen Vorgesetzten vertritt, soll seine eigenen Dienstreisen nicht selbst genehmigen können.

Asynchrone Gruppenarbeit wird dadurch unterstützt, daß ein Arbeitsschritt grundsätzlich an mehrere Personen oder an eine Organisationseinheit adressierbar ist, wie z.B. eine Abteilung, Projektgruppe usw. Ein Gruppenmitglied kann sich eine Aufgabe zur Bearbeitung reservieren, seinen Teil der Arbeit beitragen und dann die Aufgabe wieder zurücklegen oder gezielt an den nächsten Bearbeiter weiterleiten.

4.3 Ad-Hoc-Workflow

Obwohl WFMS i.a. nur für geregelte Abläufe eingesetzt werden, sind zur Behandlung seltener und daher nicht modellierter Ausnahmesituationen spontane Abweichungen oder Modifikationen des vorgegebenen Prozeßverlaufes notwendig. Die SAP Workflow Tools unterstützen u.a.

- das Überspringen von optionalen Arbeitsschritten,
- die dynamische Bestimmung des Aufgabentyps und der Bearbeitungsfristen (ähnlich der dynamischen Bearbeiterauswahl) und
- das Einfügen zusätzlicher Arbeitsschritte und Objekte (z.B. Notizen) in einen Prozeß.

Außerdem können Benutzer mit entsprechender Berechtigung die Attribute eines Arbeitsschrittes oder laufenden Prozesses ändern. Beispielsweise kann ein Vorgesetzter oder Prozeßverantwortlicher die Bearbeitungsfristen eines Arbeitsschrittes anpassen, einen anderen Bearbeiter eintragen, einen Vorgang anhalten oder neu aufrollen usw.

5. Zusammenfassung

Die Komponenten der SAP Business Workflow® Tools unterstützen mit ihrer Prozeß-, Objekt- und vor allem Organisationsorientierung flexible Geschäftsprozesse auf vielfältige Weise. Insbesondere die von SAP in den Geschäftsobjekten implementierten Ereignis-Auslöser und die mitgelieferten Muster-Workflows schaffen eine gute Grundlage für eine unternehmensspezifische Anpassung der im R/3-System realisierten Geschäftsprozesse. Zusammen mit ihren standardisierten und offengelegten Schnittstellen eröffnen die SAP Workflow-Tools einen großen Freiraum für die änderungsfreundliche Gestaltung und flexible Weiterentwicklung der Geschäftsprozesse eines Unternehmens.

6. Literatur

[BuGa94] Buck-Emden, R.; Galimow, J.: Die Client-Server-Technologie des Systems R/3. Bonn 1993.

[Gers95] Gerstner, R.: Ereignisse als Basis einer Workflow-orientierten Architektur von Anwendungssystemen. Zur Veröffentlichung eingereicht.

[HaCh93] Hamer, M.; Champy, J.: Reengineering the Corporation. New York 1993.

[Kell93] Keller, G.: Informationsmanagement in objektorientierten Organisationsstrukturen. Wiesbaden 1993.

[KeMe94] Keller, G.; Meinhardt, S.: SAP R/3-Analyzer: Optimierung von Geschäftsprozessen auf der Basis des R/3-Referenzmodells. SAP AG, Walldorf 1994.

[OLE] Microsoft OLE Custom Controls. Preliminary Specification, Jan. 1994.

[OMG] Object Service Architecture. Object Management Group, Dec. 1994.

[SAP-PDOrg] Workflow-integrated Organisational Management. SAP-Info *Business Workflow*, SAP AG, Walldorf 1995

[SAP-Objects] SAP Business Workflow 3.0: Business-Objekte: Definitionswerkzeuge u. Laufzeitfunktionen. Produktdokumentation, SAP AG, Walldorf 1995.

[SAP-WF3.0] SAP Business Workflow. R/3 System: Funktionen im Detail. SAP AG, Walldorf 1995.

[SAP-WFEditor] SAP Business Workflow 3.0: Grafischer Workflow-Editor. Produktdokumentation, SAP AG, Walldorf 1995.

[WäRe92] Wächter, H.; Reuter, A.: The ConTract Model. In: Transaction Models for Advanced Database Applications. Morgan Kaufmann Publishers, 1992.

Transactional Workflows Support using Middleware

Andrew Deacon

Department of Computer Science, ETH Zürich, CH-8092 Zürich, Switzerland

Abstract. A workflow is an activity involving the coordinated execution of multiple tasks, performed by different processing entities. From such a workflow specification, an executable workflow application can be generated. However, this workflow may not behave correctly in the presence of workflows executing in parallel or when a workflow must rollback. Here we investigate transaction mechanisms to synchronize parallel executions and to allow rollback of failed executions. An architecture based on enhancing middleware is described which forms part of a workflow project.

1 Introduction

A workflow is an activity involving the coordinated execution of multiple tasks, performed by different processing entities [RS95]. A task defines work activities to be performed by a processing entity. A task may be a database procedure such as deposit money in a bank account and the processing entity, a bank's database management system (DBMS). A task could also have been specified in an e-mail message and performed by a person. Here the person is the processing entity. A workflow specification describes those aspects of its tasks and processing entities that are relevant to controlling and coordinating the workflow execution. The three aspects of people, data, and coordination are the central ingredients of all workflows. A workflow management system executes workflows according to their specifications.

Workflow specifications have been investigated extensively in the literature [El92, Hsu93, RS95]. The issue addressed in this paper is how transaction concepts need be integrated to provide transactional guarantees for workflow executions. From the implementation perspective, we consider how this can be achieved by enhancing middleware. In practice, workflows become very complex and unpredictable, because of the very large numbers of exceptions that typically exist. Particularly complex are how to synchronize and rollback/rollforward parallel workflow executions. Classic transaction management is generally too ridged and inflexible for workflows. A workflow makes assumptions about how work is performed that allows many of the strict transaction properties to be safely relaxed. The issue is what semantic information about tasks can be effectively exploited to provide the necessary relaxed transactional guarantees for workflows without sacrificing correctness.

Our approach to workflow management is in contrast to the large body of work that has focused exclusively on the organization of business processes within a single workflow. Here we are in addition concerned with the issues of the synchronizing parallel executions, rollbacks of parts of workflows, and how these interact with the lower level transaction management to guarantee correctness. The related work includes the ConTract project [WR92] and various other general synchronization models [El92, Hsu93, RS95]. The approach presented here is based on high-level semantic transaction extensions to middleware. Middleware products, such as tp-monitors, offer a good foundation on which to build workflow management systems as they support the necessary primitives transaction mechanisms for structuring distributed executions [GR93].

While the workflow specification views a deposit and e-mail message as both tasks, control of how these tasks execute and the guarantees which can be provided will differ widely. Guarantees will be based on those provided by underlying processing entities, such as DBMS transaction mechanisms. This does not preclude tasks being specified in e-mail messages, for example, but to simplify the discussion we will assume that all significant information is stored in a DBMS. The only possible inconsistency is within the failure window between the DBMS, which the workflow execution assumes as correct, and the non-failure tolerant processing entities. Similar problems exist in controlling the order of task executions. Ways of reducing this 'window of no control' are beyond the scope of this paper.

In the following section, we identify the important aspects of a transactional workflow specification. Middleware provides a programming environment that supports simple workflow executions. In Section 3 we consider what is lacking in these environment for executing transactional workflows. In Section 4 the semantic transaction model is presented as a framwork for elegantly modeling transactional workflow mechanisms required in middleware. Section 5 presents an overview of the project in which we are implementing these concepts.

2 Workflow Specification

The workflow dependencies and the writing of individual tasks are typically performed separately and possibly by different people [WR92]. This is in contrast to typical application program where the control logic is embedded within the task applications and thus is inaccessible and cannot be changed easily. A separation leads to a modular object oriented design. Formal models for specifying dependencies include Petri Nets, ECA-rules, state/activity-charts and temporal logic based workflow models [El92, HLN*90, Hsu93, RS95]. In our work we use a state and activity-charts as the formal specification.

A greatly simplified workflow specification for a credit granting procedure is shown in Figure 1. The important details about how the workflow would rollback if there was a failure or what conditions are necessary for termination are omitted. Without careful consideration, adding such transaction properties would potentially introduce much more complexity. The need to control interleaving and rollbacks is common to all workflows and requires special support. These issues have been extensively investigated in transaction management and are well

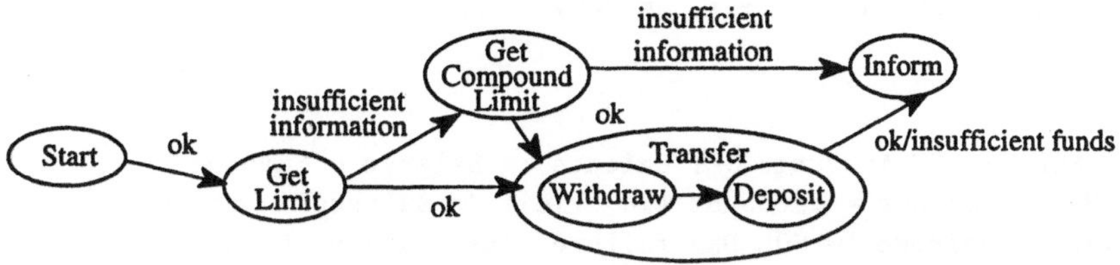

Fig. 1. Precedence graph for the credit granting workflow.

understood for short simple transactions [BHG87]. Specifically we are concerned here with the following issues.

Task Synchronization: Synchronization within a workflow is explicitly specified in the workflow specification. This is typically based on event-condition-action-like control on the edges between tasks in the workflow specification. For example, in Figure 1, after *GetLimit* has completed (the event), if there is insufficient information about the client (the condition), the *GetCompoundLimit* task will be executed (the action). Statemate provides modeling tools that enables a workflow designer to run the specification and test that the specified workflow functions correctly [HLN*90]. The control of parallel workflow executions are difficult and potentially costly to control in this way. This control will be better performed using scheduling mechanisms discussed in Section 4 that are specified in terms of interleaving of tasks.

Failure Handling: Failure handling goes beyond dealing with the failure of a single workflow task. A rollback of completed tasks may be required which is only possible if other workflows do not depend on these tasks, which would make the rollback impossible. Thus failure handling is closely related to the inter workflow synchronization. In order to rollback completed tasks, sufficient information about the completed execution must be logged, such as the parameters of the tasks.

Levels of Abstraction: At the highest level of abstraction, workflows define business functions. At lower levels, issues of performance, physical design, heterogeneity and legacy applications are significant. These levels interact in a number of ways. Consider, for example, where a logically atomic task is implemented by a number of transaction to allow improved DBMS performance. To provide the necessary transaction atomicity at higher levels requires additional mechanisms.

3 Middleware Support for Workflows

Middleware is an adaptable software layer between client and server processes. Many software products fit within this loose definition. Transactional workflows require middleware to provide an execution environment for reliably executing tasks in a distributed heterogeneous environment and sending messages between tasks. Many of these basic services are provided in transaction processing monitors (tp-monitors) [GR93]. A tp-monitor provides a programming environment

```
void withdraw (account, limit, amount)
...
{
  ...
  EXEC SQL UPDATE Accounts SET Balance := Balance - :amount
      WHERE Account = :account AND :limit <= Balance - :amount;
  if (sqlca.sqlcode != SQL_OK) failure("insufficient funds");
  ...
  success("ok");
}
```

Fig. 2. Skeleton version of *Withdraw* task.

that uses transactions as the foundation for structuring distributed applications. The basic functionality is the efficient and transparent execute tasks in distributed environments which control of routing, load balancing, etc. Commercial tp-monitors include Encina, Top End and Tuxedo.

Distributed transaction support in most tp-monitor relies on an X/Open XA interface [XOpen91] to DBMSs. The reliable queue mechanisms also have an XA interface so that messages can be queued within a global transaction. However there remains limited support for non-XA compliant systems and high-availability options such as non-blocking commit protocols and system pairs. In addition, there are limited ways of increasing concurrency between tasks without giving up transaction control.

Consider how the example in Figure 1 could be implemented using a tp-monitor approach. It is relatively straightforward to derive the program logic from the workflow and embedded the tp-monitor task calls. Statemate, for example, supports the automatic generation of executable programs that will enforce a workflow specification.

When multiple workflows execute concurrently, the modeling problem becomes more complex. Consider the steps involved in depositing a cheque shown in Figure 3. Here person *a*, who has an account with bank *A*, gives a cheque to *b* who then deposits it at bank *B*. Bank *B* then sends the cheque to the clearing house. At the clearing house the cheque is validated and a check is performed to determine if sufficient funds are available to honour the cheque. If successful, the transfer is performed, which is modeled by the workflow in Figure 1.

This is the normal execution. A cheque may still be cancelled by *a* within 48 hours in which case the transfer must be canceled. Delaying the transfer process for 48 hours is considered unacceptable by clients who require notification of a valid deposit. In the event the transfer is cancelled, the money must be restored to *a*'s account. But what happens if the money is no longer in *a*'s account and there are insufficient funds in *b*'s account to retract the transfer?

This example is based on an actual scenario which resulted in a court case between two banks, after *b* disappeared with the money of the canceled cheque.

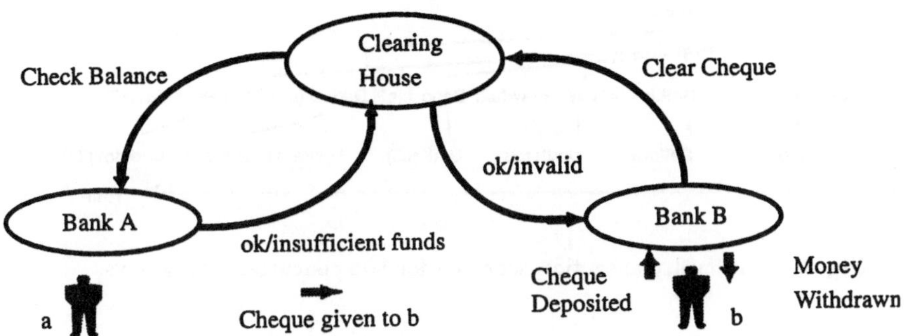

Fig. 3. Activity of deposing a cheque that invokes workflows at different banks.

The expectation of bank B was that there would be transaction control of a deposit. The problem was that the *'ok'* message from the clearing house was interpreted as meaning that the transfer was completed. To support transaction control for such workflows requires a more precise model for synchronizing workflows and more flexible and scalable transaction mechanisms than those in tp-monitors. The approach we propose is based on the semantic workflow model.

4 Transactional Workflow Model

Serializability is the conventional concurrency control correctness criterion that enables each transaction execution to appear isolated from all other executions [BHG87]. Conventional mechanisms enforcing serializability can lead to very restrictive workflow executions [El92, Hsu93, RS95]. More general models, such as semantic transactions discussed below, allowing additional semantics of tasks and the way tasks are structured to be exploited to relax serializability [WS92].

4.1 Semantic Transaction Management

Semantic transactions are a variant of nested transactions where the nodes in a transaction tree correspond to tasks (or operations) at a particular level of abstraction in a layered system [WS92]. A schedule (see Figure 4) is a set of transaction trees together with an execution order of the invoked operations forming the nodes of the trees. We assume that all conflicting pairs of tasks are ordered and that the execution order is specified only for the leaves of the transaction trees, that is, the ordering of non-leaf nodes is derived from the leaf order.

Consider any two tasks of different workflows. These tasks are called compatible if their execution order is irrelevant from a workflow application perspective. One has to consider whether, if the execution order were reversed, anyone could distinguish between the two orders. This is easily performed by a person who

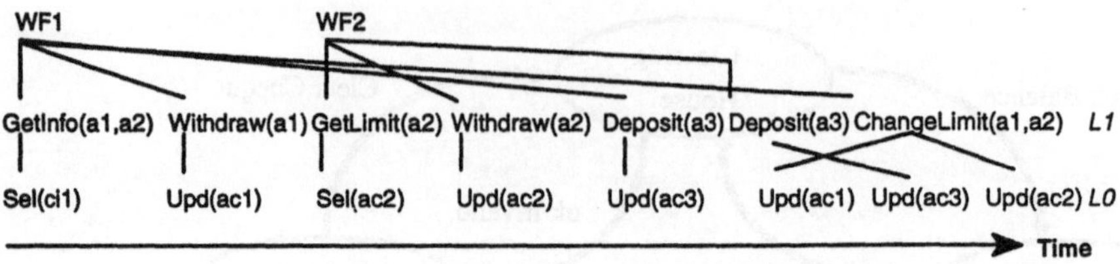

Fig. 4. Multilevel transaction schedule for two concurrent workflows.

knows how these tasks are implemented and this knowledge can then be exploited in all workflows. This will enable those task pairs, with low level read and write conflicts that are considered insignificant, to be considered semantic compatibility for example.

Applying this definition we see *Withdraw* is not compatible with a *Deposit* task since *Withdraw* may return *'insufficient funds'* if executed before *Deposit*, while if the order were reversed the *Withdraw* would return *'ok'*. Thus the execution orders are significant in the workflow application as observed in the banking example. The compatibility matrix for these tasks is given below where *'yes'* denotes compatible tasks. The same can be done for all other tasks. Note a pair of tasks are defined incompatible only if they access the same account. The amount or credit limit do not play a role.

	Deposit	*Withdraw*
Deposit	*yes*	*no*
Withdraw	*no*	*no*

The schedule in Figure 4 shows part of a concurrent execution of two workflows represented as semantic transactions. The node labels are the names of the invoked tasks. The WF_1 workflow is part of a workflow changing the credit limit structure and charges a fee. The WF_2 workflow represents a portion of the credit granting workflow in Figure 1. The tasks are implemented by SQL operations on the *ClientInfo* and *Accounts* relations, such as the one in Figure 2. All parameters of the tasks other than the account number are omitted to simplify the presentation. The affected tuples are abbreviated by ci_1 for the *ClientInfo* relation, ac_1, ac_2 and ac_3, for the *Accounts* relation.

The basic correctness argument for the schedule in Figure 4 is the following. Firstly, note that the execution is not serializable with respect to WF_1 and WF_2 in terms of the *Update* operations at the bottom level $L0$, since there is no equivalent schedule where all the $L0$ operations of WF_1 either precede or succeed those of WF_2. However, at the higher $L1$ level, the two *Deposit* tasks are considered compatible so that the $L0$ conflicts on tuples ac_3 are viewed as pseudo-conflicts (see compatibility matrix). The schedule can be regarded as serializable at the top level $L1$. Thus logically WF_2 precedes WF_1 in the schedule in Figure 4.

This demonstrates that, using a workflow task scheduler, workflow transaction properties can be correctly enforced by executing short transactions on

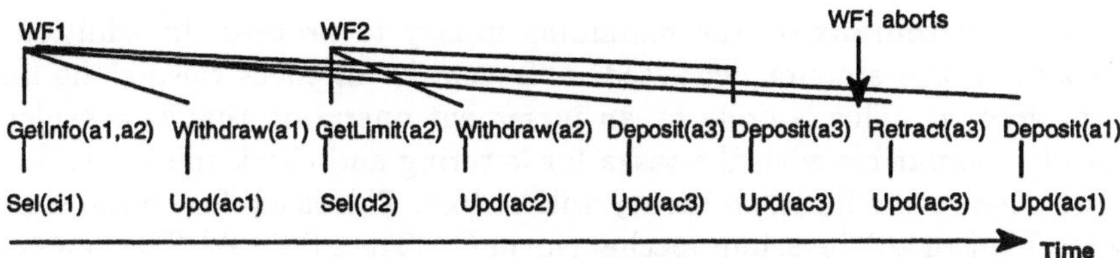

Fig. 5. Multilevel workflow showing rollback after aborts.

the underlying DBMS that are unlikely to lead to any performance loss from pseudo conflicts. Note, however, we still do not have satisfactory solution the *Deposit*(a_3) in WF_2 potentially blocking later withdraws on a_3 for 48 hours to rollback a deposit after it is canceled.

4.2 Semantic Recovery

Multilevel transaction management relies on compensation based recovery. Approaches that simply restore the original state cannot be considered as they may destroy changes performed by other semantically compatible tasks. For example, undoing a *Deposit* by restoring the original balance would result in changes made by other *Deposit* tasks in the interim being lost. To correctly handle this case the same amount of money that was deposited must be compensated for by withdrawing it from the account again. This is performed by a *Retract* task that is the same as a *Withdraw*, but does not check the credit limit, as we require sufficient funds to be available to perform recovery.

Compensating tasks are viewed as regular tasks of the aborting workflow. This allows workflow aborts to be handled within the existing framework of multilevel concurrency control without special treatment [SWY93]. All recovery-related actions must be made explicit and will be subject to concurrency control. Figure 5 shows how WF_1 recovers after an abort. The execution proceeds as in Figure 4 until an abort occurs after WF_1 performs a *Deposit*(a_3). The *Deposit*(a_3) is undone by the corresponding *Retract*(a_3) task and the *Withdraw* is undone by the *Deposit* task. The *GetLimit* requires no undo task and is assumed to be undone by an empty task.

It was only possible to apply compensation because no conflicting task was executed between the forward and the corresponding compensating tasks. If a *Withdraw*(a_3) of another workflow had been scheduled between the forward *Deposit* task and the compensating *Retract* task of WF_1, the above argument could not be used. Fortunately the scheduler will not permit this to happen because any new *Withdraw*(a_3) will have conflicted with the *Deposit*(a_3), which had been scheduled earlier, and could thus not have be scheduled.

As noted earlier, the outlined solution is not completely satisfactory, as legal withdraws may be delayed unnecessarily for 48 hours, which is unacceptable. In practice banks 'freeze' the deposited amount until the 48 hour period has expired while allowing withdraws on the remaining money to proceed. In addition to the *Deposit*(a_3), the amount deposited is 'frozen' by in effect raising the limit of the ac_3 account. This is done by an increment operation that is considered semantically compatible with the tasks for lowering and check the limit. As all withdraws observe the limit, no money will be lost. This is analog to the escrow locking mechanism and invariant mechanism in ConTract [WR92]. The new task, that increases the limit and deposits money, is semantically compatible with a *Withdraw* and will allow more concurrency. The client will be able to see the money deposit but may not withdraw it all.

While most banks enforce this policy, it is sometimes relaxed for trusted clients or guaranteed cheques, as a client still cannot withdraw the money deposited until 48 hours has elapsed. If the policy is relaxed the *Deposit* may again be impossible to undo. To resolve this situation, we consider the problem at a higher level of abstraction than the WF_2 shown in Figure 5. Assume a bank manager allows a withdrawal before the 48 hours have expired and the cheque is canceled, then the manager is held responsible for recovering the loses. The workflow would then initiate a task to decide what legal action could be taken, for example. This is logically a very high level compensation where the manager is held responsible.

In the court case referred earlier, bank B attempted to recover the loss from bank A by taking legal action because it did not feel responsible for the loss. However, it lost the court case. From the court case it transpired that bank B had not anticipated the money being withdrawn within 48 hours, as prior to new computer system being installed, the clearing house had always taken more than 48 hours to process a cheque. Clearly correctness properties must be made a fundamental part of the workflow model if we are to gain the advantages of workflow management in an environment of parallel workflow executions and dynamic changes to systems.

5 Architecture Based on Extending Middleware

At ETH Zurich we are developing a workflow management prototype system, called MENTOR, that is based around the above transaction mechanisms. This is a joint project in cooperation with the University of Saarbrücken and Ubilab Zurich. Central to the project is the enhancement existing software tools to implement workflows, to allow fast integration in existing environments. Case studies are drawn from banking applications. The workflow specifications are created and tested using Statemate [HLN*90]. A workflow type is created as an executable program generated automatically from the model made in Statemate into which task calls and message communication calls are embedded. These calls are serviced by an enhanced middleware environment.

Every instance of a workflow is one or more executing programs. These are shown as blocks on the highest level in Figure 6. These interact with users and call middleware services built around the Tuxedo tp-monitor services [Tux93], extended to provide high-level scheduling, recovery and message queuing services

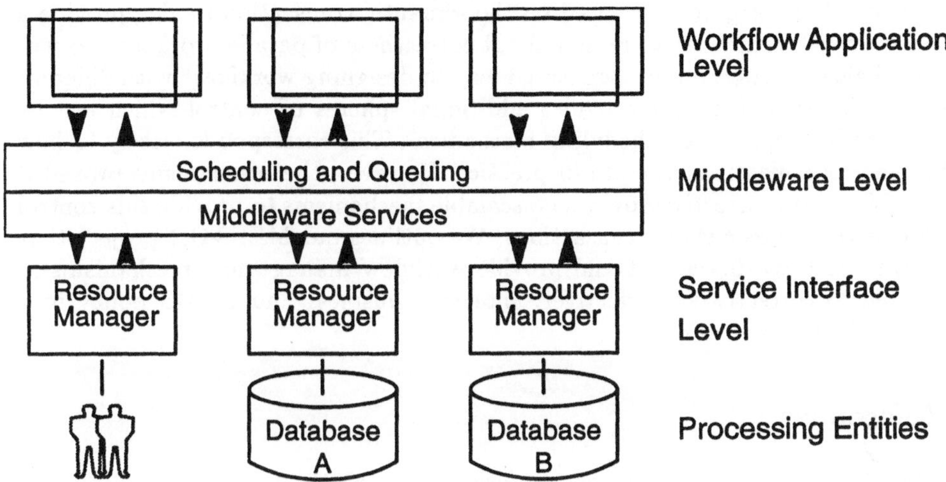

Fig. 6. Abstract workflow manager architecture.

to synchronize the workflow executions discussed in Section 4. A resource manager provides a standard interface to the processing entities. While we focused on DBMSs as processing entities, there may also be people and other processing entities which can execute tasks.

Administrative and monitoring functions are supported to enable the administrators of the local database, who are responsible for developing all tasks, to define compatibility and compensation specification of these tasks. The local database administrators have the knowledge needed to decide on these semantics for all tasks executed by the database. This information is used by the semantic transaction scheduler to enforce the scheduling policy [BDSSW93]. To simplify the model, we have assumed that there are no local transactions. Thus all applications use the same interface. Many additional issues have not been discussed that form a significant part of the prototype system.

6 Conclusion

The contribution of this paper is to demonstrate the need for supporting transaction concepts for structuring workflows and how these can be implemented by extending middleware. Synchronization of tasks within a workflow, independent of other activities, is straightforward. More complex is the synchronization and rollback of workflows which are affected by other workflow executions and are dependent on the properties of the tasks being executed. Since all workflows much cooperate to enforce correctness, the necessary mechanisms must be provided in the basic execution environment. By making these properties explicit, scheduling mechanisms can be used to enforce the correctness properties required in workflows.

Correctness arguments, based on the semantic transaction model, provide a well-founded framework to reason about correctness of parallel workflows execution. This encourages more structured way to designing workflows with different levels of abstraction that provides additional spheres of control which can be enforced in a multilevel scheduling mechanism. This corresponds closely to how business organizations operate in practice. However, the mechanisms proveded by middleware correctly provides no scalable mechanisms to provide this control beyond that classic short transactions. We outlines our MENTOR project that aims to address this aspect and provide workflow management mechanisms to be able to correctly and effectively integrate business and DBMS policy in a hierarchical organization.

References

[BDSSW93] Breitbart, Y., Deacon, A., Schek, H.-J., Sheth, A., Weikum, G. Merging application-centric and data-centric approaches to support transaction-oriented multi-system workflows. ACM SIGMOD Record, Vol.22 No.3:23-30, Sep. 1993.

[BGS92] Breitbart, Y., Garcia-Molina, H., Silberschatz, A. Overview of multidatabase transaction management. VLDB Journal Vol.1 No.2, 1992.

[BHG87] Bernstein, P.A., Hadzilacos, V., Goodman, N. Concurrency Control and Recovery in Database Systems. Addison-Wesley, 1987.

[DHL91] Dayal, U., Hsu, M., Ladin, R. A transactional model for long-running activities. VLDB Conference, 1991.

[DSW94] Deacon, A., Schek, H.-J., Weikum, G. Semantics-based multilevel transaction management in federated systems. ICDE Conference, 1994.

[El92] Elmagarmid, A.K. (editor) Database Transaction Models for Advanced Applications, Morgan Kaufmann, 1992.

[GR93] Gray, J., Reuter, A. Transaction Processing: Concepts and Techniques, Morgan Kaufmann, 1993.

[HLN*90] Harel, D., Lachover, H., Naamad, A., Pnueli, A., Politi, Sherman, R., Shtull-Trauring, A., Trakhtenbrot, M. STATEMATE: A working environment for the development of complex reactive systems. IEEE Transactions on Softw. Engineering, Vol.16, No.4, 1990.

[Hsu93] Hsu, M. Special issue on workflow and extended transaction systems. IEEE Data Engineering Bulletin, Vol.16, No.2, Jun 1993.

[RS95] Rusinkiewicz, M., Sheth, A. Specification and execution of transactional workflows. In: Modern Database Systems: The Object Model, Interoperability, and Beyond. W. Kim (Ed.). 1995.

[SWY93] Schek, H.-J., Weikum, G., Ye, H. Towards a unified theory of concurrency control and recovery. ACM PODS Conference, 1993.

[Tux93] UNIX System Laboratories. Tuxedo System Release 4.2: Reference Manual. 1993.

[WR92] Wächter, H., Reuter, A. The ConTract model. In: [El92].

[WS92] Weikum, G., Schek, H.-J. Concepts and Applications of Multilevel transactions and open nested transactions. In: [El92].

[XOpen91] X/Open Company Limited. Distributed Transaction Processing Reference Model: The XA Specification. Berkshire. 1991.

Petrinetz-basierte Modellierung und Steuerung unternehmensübergreifender Geschäftsprozesse

M. Merz, K. Müller-Jones, W. Lamersdorf

Universität Hamburg

Fachbereich Informatik

Vogt-Kölln-Str. 30 D-22527 Hamburg

[merz|kmueller|lamersd]@informatik.uni-hamburg.de

Zusammenfassung

Die Entwicklung einer Software-gestützten Ablaufsteuerung unternehmensübergreifender Geschäftsprozesse ist mit erheblich höheren Koordinationskosten verbunden als eine abteilungs- oder unternehmensinterne. Die gemeinsame Koordinationsinfrastruktur bietet daher Potential für eine weitere Effizienzsteigerung.

Der vorliegende Beitrag zeigt anhand eines exemplarischen Geschäftsprozesses, wie im Projekt COSM (Common Open Service Market) eine abstrakte Ablauf*modellierung* auf der Basis gefärbter Petrinetze in eine Ablauf*steuerung* automatisch umgesetzt wird. Bei reduziertem Konfigurationsaufwand sind so auch Teilnehmer externer Unternehmen in diesen Geschäftsprozeß integrierbar. Ebenso können Folgeprozesse über Unternehmensgrenzen hinweg ausgelöst werden.

1 Motivation

Die innerbetrieblichen Koordination von Geschäftsprozessen wird durch zentralisierte Weisungsbefugnis erreicht und aufgrund von Unternehmensstandards unterstützt. Eine derartige organisatorische Infrastruktur wird durch die Einrichtung einer Software-basierten, automatisierten Steuerung von Geschäftsprozessen unterstützt. Unternehmensübergreifende Geschäftsprozesse verursachen hingegen aufgrund der gegebenen Autonomie der beteiligten Organisationen erheblich höheren Koordinationsaufwand, wenn eine automatisierte Steuerung angestrebt wird. Hierbei gilt es nicht nur, Heterogenität im Bereich von Software-Anwendungen zu überbrücken, sondern auch organisationale Unterschiede zwischen unternehmensspezifischen Prozessen zu berücksichtigen. Während dabei die Vereinheitlichung von Dokumentenformaten, auf die sich die aktuelle Standardisierungsbemühung vor allem konzentriert (z.B. im Bereich der EDI-Standards) [Kimb91], einen Fortschritt erzielen mag, so scheint doch die Integration von Geschäftsprozessen über Unternehmensgrenzen hinweg nur im Rahmen langfristiger Kooperationen sinnvoll, wie z.B. zwischen Automobilherstellern und ihren Zulieferern. Ein Hinderungsfaktor ist hierbei das Fehlen einer gemeinsamen Kommunikationsinfrastruktur, welche über den reinen Nachrichtentransfer hinaus auch die Koordination von Einzelaktivitäten, aus denen sich Geschäftsprozesse zusammensetzen, steuert. Ähnlich der gemeinsamen Konvention eines EDI-Standards, würde eine derartige Infrastruktur die Rüstkosten der Konfiguration bei den beteiligten Unternehmen senken, so daß eine Integration der Geschäftsprozesse auf dieser Basis vorteilhaft werden kann. Diese Koordinationsinfrastruktur sollte andererseits so generisch bleiben, daß die Einbindung existierender Anwendungs-Systeme (*legacy code*) weitgehend unterstützt wird.

Ein unternehmensübergreifender Geschäftsprozeß kann die Einbeziehung externer Teilnehmer (z. B. Sachverständige, Zeugen etc.) in einen ansonsten internen Arbeitsablauf erfordern. Die Realisierung einer Prozeßsteuerung sollte hier eine flexible Bereitstellung von Werkzeugen für die Einbindung des extenen Teilnehmers umfassen. In anderer Form kann eine überbetriebliche Prozeßintegration auch durch das Initiieren von Folgeprozessen beim Partnerunternehmen erreicht werden. Hierbei sollte die Koordinationsinfrastruktur so gestaltet sein, daß einzelne Aktivitäten eines Prozesses wiederum Folgeprozesse auslösen können.

1.1 Ein exemplarischer Geschäftsprozeß

Um den Anwendungshintergrund für die nachfolgenden Ausführungen zu verdeutlichen und um den präsentierten Ansatz anhand einer realistischen Fallstudie zu prüfen, sei an dieser Stelle ein Geschäftsprozeß aus dem Luftfahrtbereich dargestellt: Eine Fluggesellschaft ist verpflichtet, nach jedem absolvierten Flug einen *Flugbericht* (FB, engl. flight report, FR) anzufertigen. Dieses Dokument dient u.a. der Beschreibung besonderer Vorkommnisse im technischen Umfeld oder im Zusammenhang mit Fluggästen. Der FR wird vom Flugkapitän ausgefüllt und datentechnisch in einen *FR-Pool* eingestellt. Periodisch werden Flugberichte daraufhin von einem Sachbearbeiter bewertet und je nach Vorkommnis einem oder gleichzeitig mehreren Experten aus unterschiedlichen Fachbereichen zur Abgabe einer Stellungnahme weitergeleitet. Diese Experten gehören z.B. dem Wartungs- odere Sicherheitspersonal, dem Betriebsrat oder einem Zuliefererunternehmen an. Die involvierten Experten liefern daraufhin ihre Stellungnahme wieder beim Sachbearbeiter ab, so daß dieser anschließend eine Vorklassifizierung des Vorfalls durchführt und den Flugbericht entweder direkt auf optische Medien archiviert oder einem dedizierten Entscheidungsgremium zukommen läßt. Als Ergebnis dieses Treffens kann entweder ein weiterer Geschäftsprozeß zur Behandlung des Problemfalles in Gang gesetzt oder der Vorgang an den Sachbearbeiter zurückgeleitet werden mit dem Auftrag, weitere oder verfeinerte Stellungnahmen von den Experten einzuholen. Der u.U. initiierte Folgeprozeß kann beispielsweise dem betrieblichen Vorschlagswesen eines Partnerunternehmens zugeordnet sein.

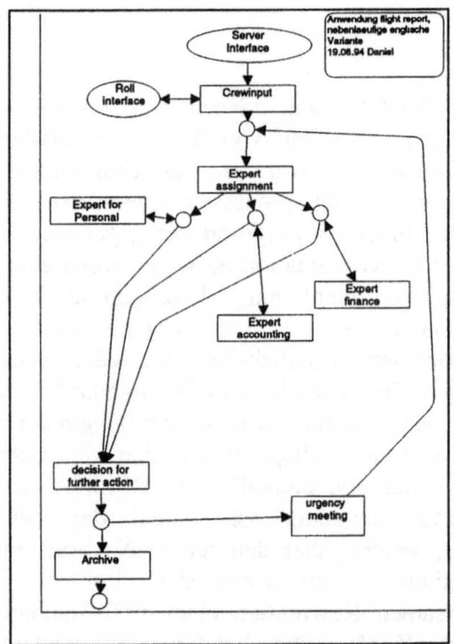

Abb. 1: Petrinetz-Modell für den FR-Vorgang

Abb. 1 stellt den Ablauf des FR-Prozesses anhand eines Petrinetzes dar. Aus Gründen der Übersichtlichkeit wurde bei der Darstellung auf die in diesem Beitrag für Ablaufpläne verwendeten *gefärbten Petrinetze* (coloured petri nets, CPN) verzichtet [Jens92].

1.2 Gliederung des Beitrags

Im zweiten Kapitel werden die für diesen Beitrag relevanten Grundlagen im modelltheoretischen Bereich sowie bezüglich einer geeigneten Kommunikationsinfrastruktur dargestellt. Darauf basierend stellt das dritte Kapitel ein Modell zur generischen Unterstützung der Ablaufsteuerung dar. Exemplarisch wird dabei die automatische Koordination von Aktivitäten des FR-Prozesses dargestellt. Den aktuellen Stand der Implementierung beschreibt das vierte Kapitel.

2. Basistechnologie und Hintergrund des Ansatzes

Grundlage des unten beschriebenen Ansatzes zur Ablaufsteuerung ist das Klient/Server-Modell, bei dem Klienten-Anwendungen auf der Basis des entfernten Prozeduraufrufes (Remote Procedure Call, RPC) Server-Operationen aufrufen. Ein Geschäftsprozeß entspricht dabei systemtechnisch einer Folge von RPCs bei einem dedizierten *Anwendungsserver*. Im Gegensatz zu einer Vielzahl von Implementierungen (z. B. [Rein93]) ist im vorgestellten Modell keine zentrale Vergabe von Aufträgen durch einen *Dispatcher* realisiert, sondern das Prinzip der *Auftragsanziehung*: Hier befindet sich der Teilnehmer eines Geschäftsprozesses in der Rolle des Klienten, welcher von der Prozeßsteuerung die Berechtigung zur Ausführung (den unten definierten *Ablaufplan*) einer Aktivität anfordert.

Vor der Einführung des zugrundeliegenden Modells der Ablaufsteuerung soll an dieser Stelle der Begriff des *Geschäftsprozesses*, wie er im Rahmen dieses Beitrages verstanden wird, definiert werden:

Hierbei setzt sich ein Geschäftsprozeß, bzw. ein *Ablauf*, aus einer Menge von *Aktivitäten* A, einer Menge von *Rollen* R sowie der Abbildung $A \rightarrow R$, welche jeder Aktivität eine *berechtigende Rolle* zuweist, zusammen. Benutzer können in beliebigen Rollen agieren, so daß eine N:M-Relation zwischen Benutzern und Rollen besteht. Ferner definiert ein Geschäftsprozeß einen *Kontrollfluß* zwischen Aktivitäten, welcher auch Zyklen von Aktivitäten zuläßt. Eine Aktivität gilt als *bereit*, wenn gemäß einer Präzedenzrelation $A_{t1} \Rightarrow A_{t2}$ alle direkt vorgelagerten Aktivitäten beendet sind, und ihre Vorbedingung zum Wert `True` evaluiert. Jede Aktivität setzt sich wiederum aus folgenden Komponenten zusammen (in Anlehnung z.B. an [Rein93]):

- Einer *Aktion* als der eigentliche Kern der Aktivität, welcher einen externen Effekt bewirkt,
- einer *Vorbedingung* als Prädikat auf dem aktuellen Evaluationszustand des Ablaufplans,
- Eingangsdaten, welche als Parameter für die Aktion verwendet werden sowie
- Ausgangsdaten, als Resultat der Aktion.

Aktivitäten können nebenläufig stattfinden, solange sie nicht im Konflikt miteinander stehen, d.h. wenn sie nur lesend auf gemeinsame Ressourcen zugreifen. Neben dem Kontrollfluß findet zwischen einzelnen Aktivitäten ein Datenfluß statt, wobei Ausgangsdaten vorgelagerter Aktivitäten als Aktions-Parameter nachgelagerter verwendet werden. Auf diese Weise findet eine indirekte Kommunikation durch Operationen auf gemeinsam genutzen Datenstrukturen statt.

Der *Ablaufplan* eines individuellen Geschäftsprozesses ist seine zur Laufzeit des Steuerungssystems verfügbare Ablauf*beschreibung* sowie auch die *Repräsentation* des aktuellen Abarbeitungs*zustandes*. Sie legt anhand einer eingebetteten Petrinetz-Repräsentation den Kontrollfluß zwischen Aktivitäten fest und enhält Informationen über die Schnittstelle des Anwendungsservers, dem der Prozeß zugeordnet ist, sowie zusätzliche Informationen, die weiter unten im Zusammenhang mit dem *generischen Klienten* beschrieben werden. Die

Berechtigung zur Ausführung einer Aktivität geht einher mit dem Erhalt des Ablaufplanes. Aus der gleichen CPN-Spezifikation resultierende Ablaufpläne gehören einem *Ablauftyp* an.

Ein RPC-Dienst, welcher den Transfer von Ablaufplänen und für Klienten den Zugriff auf Anwendungssysteme realisiert, sollte in hohem Maße der dynamischen Typisierung von Aufrufparametern gerecht werden: Da bei der Einbeziehung externer Teilnehmer zur Laufzeit Bindungen zu Anwendungsdiensten eingegangen werden, deren operationale Schnittstelle a-priori unbekannt ist, sind statisch typisierte Mechanismen wie die Generierung von *Stubs* beim Sun ONC RPC oder beim *Distributed Computing Environment* der OSF (DCE) [Schi93] ungeeignet. Eine Klientenkomponente sollte für den Zugriff auf Anwendungsdienste nicht neu kompiliert und gebunden werden müssen. Dieser Installationsaufwand würde gerade die Kosten der unternehmensübergreifenden Koordination erhöhen.

Das *Dynamic Invocation Interface* (DII), welches ein Bestandteil der *Common Object Request Broker Architecture* (CORBA) [OMG91] ist, stellt eine geeignete Grundlage für den Entwurf heterogener, verteilter Klient/Server-Anwendungen dar. Es bietet eine standardisierte Schnittstelle zur Definition von Repräsentationen für dynamisch typisierte Operationsaufrufe. Parameter liegen während des Prozeduraufrufes in Form einer *Named Value List* vor, welche Software-Komponenten, die direkt oder indirekt am Aufruf beteiligt sind, die Möglichkeit bietet, Parameterwerte aufzulisten, zu inspizieren, zu löschen oder um zusätzliche Parameter zu ergänzen. In Verbindung mit dem Ablaufplan und der dort enthaltenen Schnittstellenbeschreibung eines Anwendungsservers kann ein Klient von einem beliebigen Knoten im Netzwerk aus Operationsaufrufe auf der Basis des DII wiederum typsicher durchführen.

3 Modell der Ablaufsteuerung

Grundvoraussetzung für das in diesem Beitrag dargestellte Klient/Server-Modell ist eine Kommunikationsinfrastruktur, die es Klientenanwendungen ermöglicht, basierend auf dem CORBA DII Server-Operationen aufzurufen. Hierbei findet im Modell eine Trennung in drei Systemkomponenten statt: Anwendungsserver, Koordinationsserver und Klienten [MMML94] (Abb. 2).

3.1 Der Anwendungsserver

Definitionsgemäß besteht ein Geschäftsprozeß aus einer Menge von Aktivitäten, deren Aktion der entfernte Aufruf einer Server-Operation ist. Diese Aufrufe erfolgen bei einem oder mehreren *Anwendungsservern*, welche jeweils das Anwendungssystem eines Geschäftsprozesses implementieren. Für den Fall des FR-Managements stellt der FR-Server beispielsweise die Operationen `CrewInput`, `ExpAssign` etc. bereit. Ein Anwendungsserver kann sich aus einem bestehenden Software-Modul und dediziertem Schnittstellenkode zusammensetzen, der den Zugang für Klientenaufrufe realisiert. Zielsetzung ist hierbei, bestehende Software-Systeme (*legacy code*) unverändert für Klienten nutzbar zu machen. Eine dem Kontrollfluß entsprechende Steuerung der Klientenzugriffe erfolgt dabei durch einen vom Anwendungsserver separierten *Koordinationsserver*:

3.2 Der Koordinationsserver

Dieser Server verwaltet für jeden einzelnen Prozeß einen dedizierten Ablaufplan einschließlich des jeweiligen Evaluationszustandes. Dieser Ablaufplan enthält unter anderen die Petrinetz-Repräsentation, welche über zulässige Folgeoperationen informiert. Die beim Koordinationsserver vorliegenden Ablaufpläne befinden sich je nach Prozeß in unterschiedlichen Evaluationszuständen und können verschiedenen Ablauftypen angehören. Anwender greifen unter Angabe ihrer Rollenidentifikation auf den Koordinationsserver zu, so daß dieser in der Lage ist, einen für den Anwender zulässigen Ablaufplan zu finden und an diesen auszuliefern. Aufgabe des Koordinationsservers ist somit, sicherzustellen, daß ein Ablaufplan nur dann ausgeliefert wird, wenn der Empfänger aufgrund seiner Rolle zur weiteren Abarbeitung berechtigt ist. Nach der Ausführung der Aktion (des RPC beim Anwendungsserver) sendet der Klient den Ablaufplan an den Koordinationsserver zurück. Aufgrund der durchgeführten Operationsaufrufe ist beim Ablaufplan inzwischen eine Zustandsänderung eingetreten, so daß der Kooperationsserver ermitteln kann, für welche Rollen der Ablaufplan anschließend zur Verfügung steht.

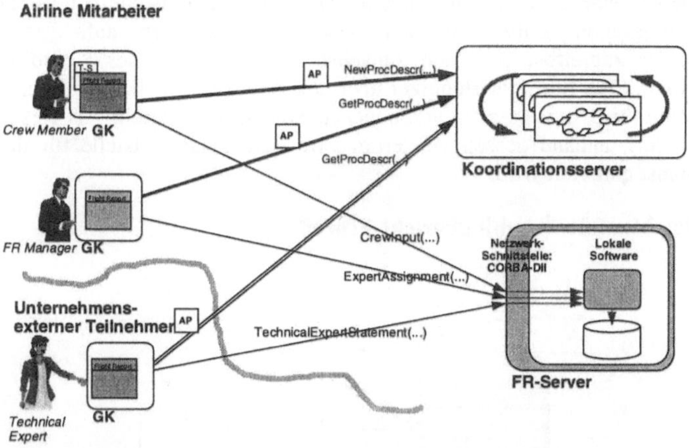

Abb. 2: Die Anforderung von Ablaufplänen vom Koordinationsserver durch den generischen Klienten und die Ausführung entfernter Operationen beim Anwendungsserver

Durch den Koordinationsserver kann ein Anwender einen neuen Ablaufplan mit einem Initialzustand generieren lassen, wenn die Berechtigung für die Initialisierungstransition gegeben ist. Analog wird ein Ablaufplan aus dem Betrieb entfernt und archiviert, wenn er in den Endzustand eingetreten ist - in diesem Zustand ist der betreffende Prozeß beendet.

Der Koordinationsserver wird durch die Klienten über zwei Operationen zum Zugriff auf Ablaufpläne gesteuert:

- NewProcessDescription(RoleID, ProcessType) liefert als Ergebnis einen initialisierten Ablaufplan für den spezifizierten Prozeßtyp
- GetProcessDescription(RoleID, ProcessType) liefert einen vom Koordinationsserver ermittelten Ablaufplan. Es ist der internen Verwaltung überlassen, welcher Ablaufplan geliefert wird.

Zusätzlich besitzt der Koordinationsserver eine Management-Schnittstelle, über die Ablaufpläne verwaltet werden können.

3.3 Der generische Klient

Um die geforderte Flexibilität auf der Seite des Klienten zu erlangen, ist eine Softwarekomponente erforderlich, welche für den Anwender unabhängig vom jeweiligen Prozeß den korrekten Aufruf der zulässigen Server-Operation steuert. Die Unabhängigkeit dieses *generischen Klienten* (GK) besteht sowohl bzgl. der Syntax der Anwendungsserver-schnittstelle als auch bzgl. der Semantik einzelner Aktivitäten. Dem Anwender wird über die graphische Benutzerschnittstelle des generischen Klienten lediglich die Information bereitgestellt, die durch den Ablaufplans repräsentiert ist [MML94]:

- ein dynamisch generiertes Dialogfenster zur Dateneingabe,

- aufrufbare Server-Operationen, welche durch das Betätigen von Schaltflächen ausgeführt werden können (*Call-Buttons*), sowie
- Bindungen zu weiteren Diensten können aufgrund von Server-Referenzen eingegangen werden, die im Dialogfenster angezeigt werden (*Binding-Buttons*).

Unabhängig vom Einsatz im Bereich der Ablaufsteuerung bietet der generische Klient die Möglichkeit der dynamischen Bindung an beliebige Dienste, welche in der Art der Anwendungsdienste eine Beschreibung ihrer operationalen Schnittstelle bereitstellen. Da auch der Koordinationsserver selbst für den generischen Klienten auf diese Weise als Anwendungsserver zugreifbar ist, kann zunächst eine Operation des Koordinationsservers aufgerufen werden. Dies führt der Benutzer über den generischen Klienten durch Drücken der mit der Operation `GetProcDescr` verbundenen Schaltfläche durch. Als Resultat wird ein Ablaufplan geliefert, anhand dessen wiederum eine Benutzerschnittstelle für den jeweiligen Anwendungsdienst generiert wird.

3.4 Ein Beispielablauf für den Flugbericht-Prozeß

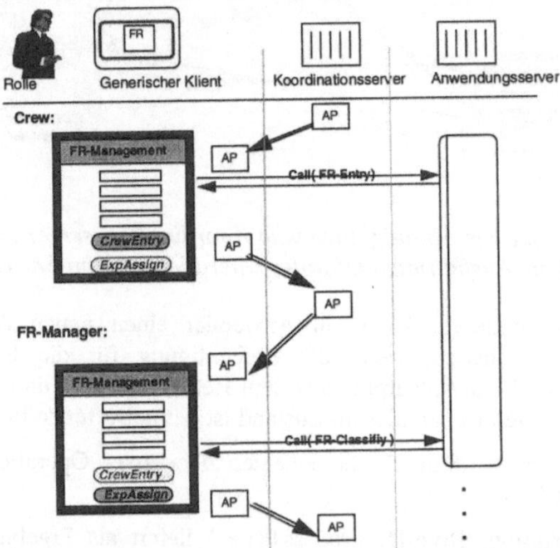

Abb. 3: Kontrollfluß zwischen generischem Klient, Koordinations- und Anwendungsserver

Der Ablauf der Prozeßsteuerung sei im folgenden am Beispiel des FR-Vorgangs erläutert: Der FR-Vorgang beginnt mit dem Zugriff des CREWMEMBERS auf den Koordinationsserver, um einen neuen Ablaufplan generieren und an den Klienten senden zu lassen (`NewProcDescr`). Dort wird aus der Schnittstellenbeschreibung des Ablaufplans ein Dialogfenster generiert. Durch das Betätigen der Schaltfläche `CrewEntry` ruft das CREWMEMBER beim Anwendungsserver (Hier dem FR-Server) die entsprechende Operation auf und trägt die Daten des Flugberichts ein. Hierbei ergeben sich durch diesen RPC Modifikationen am Ablaufplan, so daß sich dieser nach dem Schalten der korrespondierenden Transition in einem Folgezustand befindet. Die Operation `ExpertAssignment` ist nun aktiviert, jedoch nur für die Rolle FR-MANAGER. Somit sind für das CREWMEMBER im aktuellen Zustand weder die Operation `FREntry` aufrufbar (da im Netz die korrespondierende Transition nicht mehr aktiviert ist) noch die Operation `FRClassify`. Sie ist zwar dem Netzzustand nach aktiviert, das CREWMEMBER besitzt jedoch nicht die für diese Transition berechtigende Rolle. Folglich kann der Ablaufplan nur an den Koordinationsserver zurückgeliefert werden. Von dort steht er im nächsten Zyklus einem FR-MANAGER zur Verfügung, welcher berechtigt ist, die Operation `ExpertAssignment` auszuführen. Abb. 3 verdeutlicht diesen Transfer des Ablaufplanes zu wechselnden Anwendern. Wenn nach diesem Schritt der Klassifikation die nebenläufige Einholung von Stellungnahmen erfolgt, muß der Koordinationsserver den Ablaufplan duplizieren, und zwar entsprechend der Anzahl der nebenläufig auftretenden Rollen.

3.5 Prozeßintegration

Das FR-Beispiel zeigt, daß als Entscheidungsergebnis ein weiterer Prozeß, z.B. des betrieblichen Vorschlagwesens des Zulieferers, ausgelöst werden kann. Dieser Folgeprozeß kann direkt aus dem FR-Server heraus initiiert werden, indem dieser als Klient den dortigen Koordinationsserver mit der Erzeugung eines neuen Ablaufplanes (PartSuppl.NewProcessDescription(Role: FR-Server, ProcessType: VorschlProc)) bewirkt. Da der FR-Server als Klient agiert, erhält er den initialisierten Ablaufplan und muß die Operation in diesem Vorschlags-Prozeß automatisch ausführen, zu der er gemäß Zustand und Rolle berechtigt ist. Für außerbetriebliche Rolleninhaber ist für die Teilnahme an einem Geschäftsprozeß folgende Konfiguration erforderlich: erstens muß am externen Standort ein generischer Klient installiert werden und zweitens dem extenen Teilnehmer eine Rollenbezeichnung zugewiesen werden.

4. Netzentwurf und Generierung des Ablaufplans

Im folgenden ist das schrittweise Vorgehen bei der Generierung von Ablaufplänen skizziert:

Zunächst wird der Prozeßablauf anhand eines Petrinetz-basierten Werkzeuges modelliert. Hierbei bieten Werkzeuge, wie z.B. Design/CPN [MSC93], die Möglichkeit, neben der eigentlichen Modellierung auch Simulationsläufe oder z.B. Tests auf Verklemmungsfreiheit durchzuführen. Stellen und Transitionen des Netzes repräsentieren Datenstrukturen, welche später zur Laufzeit Bestandteil des Ablaufplanes sind. Kanten zu Ausgangsstellen einer Transition führen zu Output-Parametern im Ablaufplan. Das im Netzmodell mit einer Transition assoziierte Prädikat wird als Bestandteil einer Operationsbeschreibung generiert. Auf diese Weise kann anhand aller Transitionen des Petrinetzes die operationale Schnittstelle des Anwendungssdienstes beschrieben und diese Beschreibung im Ablaufplan abgelegt werden. Die initiale Markenverteilung sowie die Gesamtheit von Zustandsvariablen definieren den Ausgangszustand eines Ablaufplans.

Im zweiten Schritt erfolgt mit Hilfe eines *Rolleneditors* die Zuweisung einer berechtigenden Rolle zu jeder Operationsbeschreibung. Da seitens des generischen Klienten ein so beschiebener RPC beim Server nur durch das Betätigen einer Schaltfläche ausgeführt wird, ist zudem eine Spezifikation der Benutzerschnittstelle erforderlich, die für den jeweiligen Server generiert wird. Als weitere Komponente des Ablaufplans beschreibt sie das Layout der Benutzerschnittstelle sowie die Dialogsteuerung, d.h., wie Schaltflächen und Operationsaufrufe in Beziehung stehen.

Der in dieser Weise generierte Ablaufplan wird bei einem Koordinationsserver über dessen Management-Schnittstelle registriert. Bei jeder Erzeugung eines neuen Prozesses mit `NewProcessDescription` wird eine Kopie des Ablaufplans erzeugt.

Implementation

Die Implementierung der dargestellten Systemkomponenten basiert auf den bisherigen Ergebnissen des Projektes COSM (Common Open Service Market). Im Rahmen dieser Aktivität ist bereits der generische Klient und ein Hauptbestandteil des Ablaufplans - die *Dienstrepräsentation* - sowie verschiedene Softwarekomponenten zur Verwaltung und Vermittlung von Ablaufplänen prototypisch implementiert. Aktuell befindet sich die Einbettung der Petrinetz-Repräsentation sowie der Koordinationsserver in der Realiserungsphase.

Das generelle Anliegen des COSM-Projektes liegt in der Schaffung einer prototypischen Infrastruktur für *Dienstemärkte*, so daß ein dynamisch typisierter Zugriff auf entfernte Dienste für den menschlichen Benutzer möglich wird [MML94]. In der Basisvariante der Dienstrepräsentation findet noch keine Berücksichtigung von Rollen und Kontrollflüssen statt.

Verschiedene prototypische Anwendungen wurden mit Hilfe des CORBA DII und der Dienstrepräsentation implementiert. Hierbei stellt das DII eine Eigenentwicklung dar, welche wahlweise in Verbindung mit dem Sun-RPC oder dem DCE RPC eingesetzt werden kann. Der generische Klient wurde basierend auf der portablen GUI-Bibliothek *StarView* entwickelt. Entwicklungsplattform ist ein IBM RS/6000-Cluster, jedoch sind bereits Portierungen von Teilen der COSM-Infrastuktur auf Sun/Solaris bzw. IBM OS/2 durchgeführt worden.

5. Zusammenfassung

Während auf der *Kommunikations*ebene ein einheitlicher Vernetzungsstandard (das Internet) bereits heute gegeben ist, steht die Entwicklung einer systemtechnischen Infrastruktur zur *Koordination* von Abläufen in entsprechender geographischer Verteilung noch aus. Der vorliegende Beitrag zeigt anhand eines exemplarischen Geschäftsprozesses eine Möglichkeit der Integration von Ablaufmodellierung und -steuerung auf der Basis gefärbter Petrinetze und deren Repräsentation, dem *Ablaufplan*. Entsprechend der zugrundeliegenden Infrastruktur aus dem Projekt COSM (Common Open Service Market) agieren Benutzer in der Rolle des Klienten und sind prinzipiell in der Lage, sich bei moderatem Installationsaufwand an einem Geschäftsprozeß zu beteiligen. Erforderlich ist lediglich die Authentisierung innerhalb einer für den Geschäftsprozeß erforderlichen Rolle. Da für eine Installation des benötigten generischen Klienten nur ein Netzzugang erforderlich ist, kann auch ohne signifikanten Mehraufwand ein unternehmensfremder Teilnehmer einbezogen werden.

Eine Untersuchung der mit dieser organisationsübergreifenden, automatisierten Vernetzung verbundenen Auswirkungen auf die Autonomie beteiligter Unternehmen und auf die Koordinationseffizienz marktwirtschaftlicher Prozesse erlangt somit zunehmende Bedeutung als Forschungsgegenstand von Ökonomie und Informatik.

Literatur

[Gruh93] Gruhn, V.: "FunSoft Netze", in: Scheschonk, G. and Reisig, W. (Ed.): "Petri-Netze im Einsatz für Entwurf und Entwicklung von Informationssystemen", Informatik Aktuell, Springer Verlag, Berlin Heidelberg New York, 1993, S. 31ff

[Jens92] Jensen, K.: "Coloured Petri Nets", Volume 1, Springer Verlag, Berlin Heidelberg New York, 1992

[Kimb91] Kimberley, P.: "Electronic Data Interchange", McGraw-Hill, New York, 1991

[MML94] Müller, K., Merz, M., Lamersdorf, W.: "Service trading and mediation in distributed computing systems", in Proc. ICDCS '94, IEEE Computer Society Press, 1994, S. 450ff

[MMML95] Merz, M., Moldt, D., Müller-Jones, K., Lamersdorf, W.: "Workflow Modeling and Execution with Coloured Petri Nets in COSM", submitted for publication, 1995

[MSC93] Meta Software Corporation: "Design/CPN Tutorial", 1993

[OMG91] OMG: "The Object Request Broker: Architecture and Specification": OMG Document No. 91.12.1, Object Management Group, Framingham, MA, USA, 1991

[Rein93] Reinwald, B.: "Workflow-Management in verteilten Systemen", Stuttgart, Leibzig, Teubner, 1993

[Schi93] Schill, A.: "DCE: Das OSF Distributed Computing Environment: Grundlagen und Anwendungen", Springer, New York, Berlin, Heidelberg, 1993

Zum Problem des Schemaentwurfs eines Workflow–Management–Systems

Hartmut Wedekind[1]

Stichworte: Methodologie, Abstraktion, Meta–Objektebene, Vererbung, Meilensteine

Zusammenfassung: Der Schemaentwurf von Workflow–Management–Systemen (WMS) ist als ein interdisziplinärer Entwicklungsprozeß aufzufassen, dessen Methodologie im Mittelpunkt der Betrachtungen steht. Von zentraler Bedeutung beim Entwurf ist die Konstruktion von verwendungsgleichen Sachverhalten, die als Meilensteine eine Abstraktion von Ergebnissen konkret unterschiedlicher Abläufe sind. WMS können auf mindestens drei orthogonale Dimensionen zurückgeführt werden: Funktionalität, Verhalten, Organisation. Funktionen werden als finale Anweisungen aufgefaßt, die auch Beurteilungstermini zur Darstellung von Sachverhalten enthalten können. Die Darstellung des Verhaltens erfordert eine strenge Trennung von Objekt– und Metaebene. Aus organisatorischer Sicht steht u.a. die Aufbauorganisation mit ihren Bestimmungen zur Übertragbarkeit (Vererbung im Sinne Freges) von Ausführverantwortlichkeiten im Mittelpunkt des Interesses.

On the Problem of schema design of Workflow–Management–Systems

Keywords: methodology, abstraction, meta–object level, inheritance, milestones

Abstract: Schema design of Workflow–Management–Systems (WMS) is an interdisciplinary development process whose methodology is considered. During the design the construction of application–equivalent matter of facts is of paramount importance. Three orthogonal dimensions are at least distinguishable: functionality, behavior, organization. Functions are requests including the matter of fact to be reached. Even terms of judgement are allowed to describe the matter of fact. A strong separation in object and meta–level is needed when the behavior of the system is designed. From an organizational view an inheritance relation of properties in the sense of Frege is discussed to clarify the question "who is doing the job".

1 Lehrstuhl für Informatik VI (Datenbanksysteme), Universität Erlangen–Nürnberg, Martensstraße 3, D–91058 Erlangen, Germany

1 Einleitung: Der Weg ist das Ziel

In den schnellebigen Zeitläuften der Informatik ist die Idee der Workflow–Management–Systeme (WMS) alt. In der umfangreichen Literatur über Büroautomation am Anfang der 80–er Jahre findet sich z.B. ein vielzitierter Aufsatz von Fikes und Henderson mit dem Thema "On Supporting the Use of Procedures in Office Work" [FH 80], in dem die Idee und die Probleme der WMS in aller Deutlichkeit ausgebreitet werden. Die Spanne der menschlichen Arbeitsabläufe im WMS soll von hochgradig strukturiert bis unstrukturiert, von prozedural im Sinne einer Rechnerausführung bis nichtprozedural, von Routinetätigkeiten bis zu regellosen Arbeiten mit vollständiger bzw. unvollständiger Information, von algorithmisierbaren Abläufen bis zum Problemlösen mit unerwarteten Vorkommnissen, von konkreten bis zu hochabstrakt anzusehenden Verrichtungen reichen. Das Ziel einer vollständigen Systemunterstützung erscheint unerreichbar. Von Bedeutung kann nur der Weg zu einer möglichst umfassenden Systemunterstützung sein.

Das Thema "Workflow–Management–Systeme" wird aus Anwendersicht vorgetragen. Anwender folgen einer Top–Down–Methodologie, d.h. man verfeinert bis hinunter zu einer API–Schnittstelle (Application Programmer Interface). Aspekte der technischen Implementierung bleiben außen vor. Als Hauptgrund, weshalb WMS zu Beginn der 90–er zu einem zentralen Gegenstand der Informatik geworden sind, ist die rapide Entwicklung von Produkten der System- und Anwendungssoftware zu sehen. Es seien genannt: Datenbanksysteme, insbesondere in ihrer verteilten, multimedialen und reaktiven Weiterentwicklung, TP–Monitore als Betriebssystemerweiterung zur Bereitstellung eines Teilhaberbetriebs (transaction–oriented processing), Systeme zur Unterstützung der Gruppenarbeit (groupware), Hypermediasysteme, Expertensysteme, Entscheidungsunterstützungsysteme (decision support systems), etc.. Der Weg ist durch diese Systeme nur besser beleuchtet worden, gehen muß man ihn selber, wobei Verfügungswissen (u.a. über die Systeme), aber auch Orientierungswissen (wohin soll die Reise gehen, deren Endziel wir u.U. nie erreichen) vonnöten sind.

Von Jablonski e.a. [SJKB 94] und anderen Autoren [CKO 92] ist herausgestellt worden, daß es drei unabhängige Aspekte gibt, unter denen WMS behandelt werden können: Funktionalität, Verhalten und Organisation. Das Postulat der Unabhängigkeit der Dreidimensionalität in geometrischen Termini ist ein wichtiger Ansatz zur systematischen Behandlung der WMS. Die Reihenfolge der drei Dimensionen, der "Was–ist–zu–tun–Frage" (Funktionalität), der "Wie–ist–zu–tun–Frage" (Verhalten) und der "Wer–tut–es–Frage" (Organisation), ist nicht willkürlich, sondern methodisch. Ohne ein "Was" kein "Wie" und ohne ein "Wie" kein "Wer". Die "What–How–Who–Fragen" sind prägend für die bekannte Arbeit von Fikes und Henderson.

2 Funktionalität

Wir betrachten das Beispiel "Reisekostenabrechnung", das auch von Jablonski e.a [SJKB 94] zur Erläuterung von Workflows herangezogen wird.

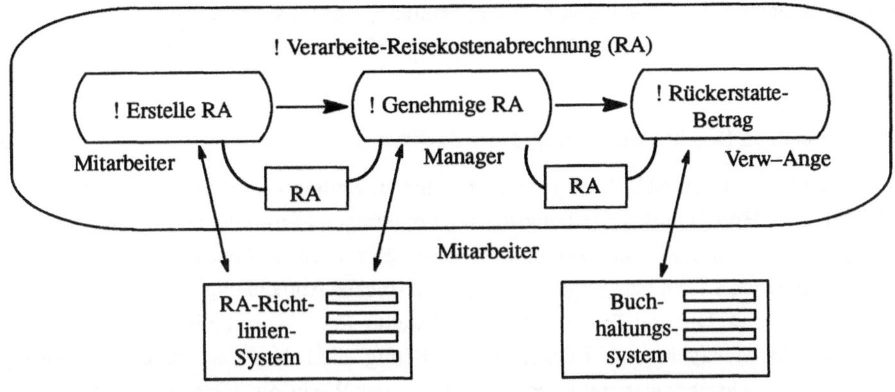

Abb. 1: Reisekostenabrechnung

Vom Standpunkt der Funktionalität (Was–Frage) sind die Funktionen "!Erstelle_RA", "!Genehmige_RA" und "!Rückerstatte_Betrag" hervorgehoben, die eine Zerlegung der Gesamtfunktion "!Verarbeite_Reisekostenabrechnung" darstellen. Workflows können – einem Top–Down–Ansatz folgend – funktional beliebig tief geschachtelt werden. Elemente des Datenflusses, hier die Reisekostenabrechnungen (RA), verbinden die Funktionen. Externe Anwendungssysteme, wie das RA–Richtlinien–System und das Buchhaltungssystem, die aufgerufen werden, deuten die Einbettung von Workflows in größere Umgebungen an. Die Pfeile zwischen den Funktionen stellen Reihenfolgebeziehungen dar und gehören zum Verhaltensaspekt des Workflows (Wie–Frage). Die Personen, die eine Funktion ausführen dürfen, machen den Organisationsaspekt (Wer–Frage) aus. Die Prädikate "Mitarbeiter", "Manager", "Verwaltungsangestellte" etc. sind Rollen, ein Terminus, der der Theatersprache entliehen wurde. Die Rolle, die eine Person besetzen kann, wird in einer Stellenbeschreibung der Aufbauorganisation festgelegt. Es werden im folgenden fünf Aspekte über Funktionen im Worklflow behandelt, um wichtige Probleme beim Schemaentwurf herauszustellen:

a) Finale Anweisungen

Funktionen in Workflows sind sprachlich gesehen Anweisungen (Aufforderungen, Imperative) an jemanden, eine Handlung als Mittel zu vollziehen, um einen Sachverhalt als Zweck der Handlung herzustellen. Das vorangestellte Anweisungssymbol "!", auch als Appellator bezeichnet, kennzeichnet einen sprachlichen Ausdruck als Anweisung. In Anweisungen im Workflow wird der Sachverhalt, der hergestellt werden soll, in der Anweisung gleich mitgenannt. Nach Ausführung z.B. von "! Erstelle_Reisekostenabrechnung" steht am Ende eine komplette Reisekosten–abrechnung als Sachverhalt. Wie der Sachverhalt technisch entstehen soll, wird nicht gesagt und bleibt vorerst "verborgen". Anweisungen mit angeführtem Sachverhalt werden finale Anweisungen genannt [LO 87]. Sie stehen im Unterschied zu den afinalen oder schlichten Anweisungen. Das sind Anweisungen zu Handlungen als unmittelbarem Vollzug. Afinale Anweisungen haben keinen Zweck, sondern einen Selbstzweck. Eine Prozedur "XYZ" (z.B. procedure laden) ist so gesehen schlicht als afinale Anweisung aufzufassen, deren Zweck dann später umständlich erst durch Interpretation der Programmumgebung deutlich gemacht werden kann. Afinale Anweisungen können m.a.W. nur in voll durchspezifizierten Kontexten abgesetzt werden.

b) Sachverhalte in Beschreibungs- und Beurteilungstermini

Die Sachverhalte, die in Abb. 1 zur Diskussion stehen, werden – wie man sprachkritisch sagt [SCH 76] – mit Hilfe von Beschreibungstermini vorgetragen (Terminus = Prädikat). Beschreibungstermini sind Termini, die exemplarisch eingeführt werden können. Was eine Reisekostenabrechnung ist, erlernt man, indem man z.B. ein solches Abrechnungsformular als Beispiel vorgelegt bekommt. Die drei Teilsachverhalte "Erstellte_RA", "Genehmigte_RA" (z.B. durch Unterschrift des Managers) und "Rückerstatteter_Betrag" sind ebenfalls exemplarisch einführbar und somit Beschreibungstermini. Zerlegen wir nun den Workflow: !Genehmige_RA" in weitere Bestandteile, so mag eine Untergliederung in "!Prüfe_Fahrt_Hotelbeträge" und "!Prüfe_Außer-gewöhnliche_Ausgaben" vorgesehen werden. "Außergewöhnliche Ausgaben sind nur in außergewöhnlichen Situationen in angemessener Weise rückerstattungsfähig" mag es in den Richlinien heißen. Was ist eine "Außergewöhnliche Situation", was ist "angemessen"? Beide Termini lassen sich nicht mehr exemplarisch einführen. Es handelt sich um Beurteilungstermini. "Gerecht", "präzise", "sozial" etc. sind weitere gängige Beispiele für Beurteilungstermini. Bei Schwemmer [SCH 76] heißt es: "Allgemein gesprochen sind Beurteilungstermini die Termini, mit denen wir bekannte Sätze (deskriptive wie präskriptive) oder Gegenstände, die nach bestimmten Regeln gebildet bzw. hergestellt werden sollen, auf ihre Regelgemäßheit hin beurteilen." Das Problem dürfte klar sein. Wie kann man Beurteilungsvorgänge rechnermäßig unterstützen und wo sind die Grenzen einer solchen Unterstützung? Wie ist eine Regelgemäßheit überhaupt faßbar, man denke z.B. an "ästhetische" Beurteilungstermini der Informatik wie "sauber programmiert", "schön entworfen", "ansprechend modelliert" etc. Die Verhältnismäßigkeit der Mittel ist in der Arbeitswelt ein Generalthema. Zwei Antworten können hier gegeben werden: Entweder es gelingt, die Regelgemäßheit formal zu fassen (Expertensysteme, Entscheidungsunterstützungssysteme), oder es gelingt, unmittelbar die Beurteilungstermini in Beschreibungstermini zu überführen, z.B. x ist angemessen, wenn x zwischen a und b liegt. Bei der Formulierung der "Außergewöhnlichen Belastung" im Einkommenssteuerrecht versucht man z.B., möglichst viele Sachverhalte in Beschreibungstermini wiederzugeben.

c) Klassen von Funktionen (finale Anweisungen)

Anhand der Abb. 1 kann versucht werden, Klassen von Funktionen herauszuarbeiten.

- Parametrische Funktionen

Im Sinne einer Rechnerprozedur kann eine Funktion mit Parametern versorgt werden (parametrische Konstante). Das Ausfüllen eines Reisekostenformulars, eines Rechnungsvordrucks oder einer Einkommensteuererklärung können als Beispiele für diese Klasse angegeben werden. Es ist natürlich zu begrüßen, wenn "Workflows" sich auf diesen Typ reduzieren lassen. Parametrische Funktionen steigern die Arbeitsproduktivität immens.

- Entscheidungsfunktionen

Der Sachverhalt wird mit Beurteilungstermini dargestellt. Die Regelgemäßheit einer möglichen Lösung ist zu überprüfen. "Eine kostengünstige, angemessene Konfigurierung eines Kundenauftrages" verlangt eine Fülle von Entscheidungen, deren Regelgemäßheit durchweg nicht explizit formuliert ist, sondern nur in den Köpfen von Auftragsachbearbeitern steckt. Entwerfen oder Implementieren gemäß einer vorgegebenen Spezifikation mag ebenfalls in diese Klasse fallen.

- Planungsfunktionen

Planen bzw. Spezifizieren (Funktionen, die in Abb. 1 nicht zu sehen sind) ist ein Festlegen und somit grundsätzlich präskriptiv. Man legt fest, was in Zukunft sein soll. Planen ist kein Vorhersagen, das auf einer Beschreibungsbasis abläuft. Planen ist beurteilungsgebunden. In Planungsfunktionen werden zukünftige Sachverhalte spezifiziert, die noch gar nicht existieren. Man spricht von einem fiktiven oder nichtwirklichen Sachverhalt. Diese zugelassenen Fiktionen sind von den unerlaubten Fiktionen, die auf einer falschen Aussage (Fehler) beruhen, zu unterscheiden. Erstere sind notwendig, letztere sind tunlich zu vermeiden [KL 73].

d) Teilfunktionen und Teilsachverhalte

Funktionen lassen sich in Teilfunktionen zur Erstellung von Teilsachverhalten zerlegen. Die Funktion "!Genehmige RA" kann z.B. in die Teilfunktionen "!Prüfe RA" und "Bestätige RA" zerlegt werden (Abb. 2)

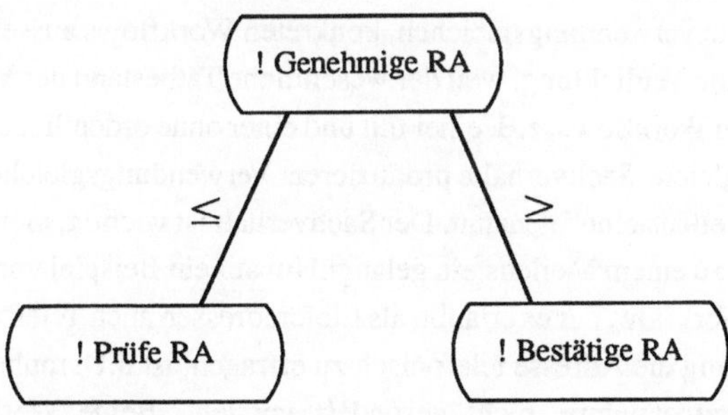

Abb. 2: Zerlegung einer Funktion

"≤" ist das Zeichen der Teil–Ganze–Relation. Wenn allgemein gesprochen A und B Teile des Ganzen C sind, gilt die Konjunktion: $A \leq C \wedge B \leq C$. Zwischen den Teilen A und B gibt es keine Ablaufbeziehung oder anders formuliert: Es macht keinen Unterschied, ob A vor B oder B vor A oder A und B parallel ablaufen. Tatbestände dieser Art werden erst über das Verhalten in einer anderen Dimension geklärt. Wichtig ist, daß Teile und ihr Ganzes vom gleichen logischen Typ sind.

e) Abstraktion verwendungsgleicher Sachverhalte

Die einfache Darstellung einer Reisekostenabrechnung in Abb. 1 und weitere Zerlegungen (Abb. 2) muten "kindlich" an. Obwohl ein Funktionsfluß gezeigt wird, erscheint das Diagramm mit "bubbles and arrows" wie ein alter Datenflußplan der 60–er Jahre à la DIN 66001. Man darf die Abb. 1 und 2 nur in systematisierender Absicht verstehen, keinesfalls aber als eine realitätsbeanspruchende Darstellung eines Geschäftsprozesses. Wesentliches ist "wegabstrahiert" worden.

Abstrahieren ist entweder ein Verdichtungs– oder ein Verdünnungsprozeß, wie der bedeutende Mathematiker Polya einmal feststellte. Als man Polya bat, Beispiele für diese Unterscheidung anzugeben, nannte er für eine Verdichtung die Gruppentheorie. Zur Verdünnung wollte er sich nicht äußern, um seinen Fachkollegen nicht zu nahe zu treten. Die verbreitete Rede über "business process reengineering" scheint aber eine Verdünnung zu sein, allein schon deshalb, weil sie so laut vorgetragen wird. Abb. 1 ist ebenfalls eine Verdünnung, eine schreckliche Vereinfachung, die nur wegen ihres demonstrativen Effektes gerechtfertigt werden kann. Wo sind die Ungereimtheiten im Regelwerk der Reisekosten, wie werden die Fehler beim Ausfüllen eines Formulars beanstandet, wie kann man gegen Beurteilungsentscheidungen Berufung einlegen, welcher Umrechnungskurs in Fremdwährung zählt, der faktische oder der optimale, wie wird ein Buchungsfehler korrigiert. An Abb. 1 kann eine beliebige Kette von Fragen angehängt werden. Als Verteidigung der Abb. 1 ist darzutun, daß wir uns im Bereich der Anwendungssystementwicklung befinden und somit eine Top–down–Vorgehensweise verfolgen. Oben (also "on top") sind die erwähnten komplizierten Sachverhalte alle wegabstrahiert worden. Wir haben beim Gang in die Tiefe (der Konkretisierung) konstruktiv nachzuweisen, wie wir zu dem hohen Abstraktionsniveau gekommen sind. Konstruktive Abstraktion besteht immer im Aufweis einer Äquivalenzrelation. Die Äquivalenzrelation, die hier von Interesse ist lautet "verwendungsgleich". Zwei unterschiedliche Workflows erzeugen zwei verwendungsgleiche Sachverhalte S_1 und S_2, wenn diese in einer Folgeanwendung A beliebig austauschbar (substituierbar) sind. Formal: $(S_1 \sim S_2) \rightarrow [A(S_1) \leftrightarrow A(S_2)]$. Wenn ein Workflow auf abstraktem Niveau vorliegt, ist beim Entwurf Top–down zu fragen, wie die verwendungsgleichen, konkreten Workflows aussehen. Die Beantwortung dieser Frage ist eine Verdichtung, weil der wesentliche Tatbestand der Verwendungsgleichheit hinzukommt. Zwei Workflows, z.B. einer mit und einer ohne ordentliche Fehlerbehandlung, können verwendungsgleiche Sachverhalte produzieren. Verwendungsgleiche Sachverhalte werden in der Planung "Meilensteine" genannt. Der Sachverhalt ist wichtig, nicht die konkreten, die vielen Wege, wie man zu einem Meilenstein gelangt.Um auf ein Beispiel von Fikes und Henderson einzugehen: Ein Workflow, der es erlaubt, als Lieferadressen auch Telefonnummern anzugeben, um bei Auslieferung die Adresse telefonisch zu erfragen, ist u.U. mühsamer als ein Workflow, der diese Ersatzmaßnahme nicht gesondert vorsieht. Beide Workflows können als verwendungsgleich angesehen werden. M.a.W.: Die Spezifikation verwendungsgleicher Workflows führt zur Konkretion und damit zur Verdichtung. Der Prozeß geht stufenweise vor sich.

Wir betrachten einen Konkretionsvorgang im Hinblick auf die Funktion "Prüfe RA" (Abb. 2)

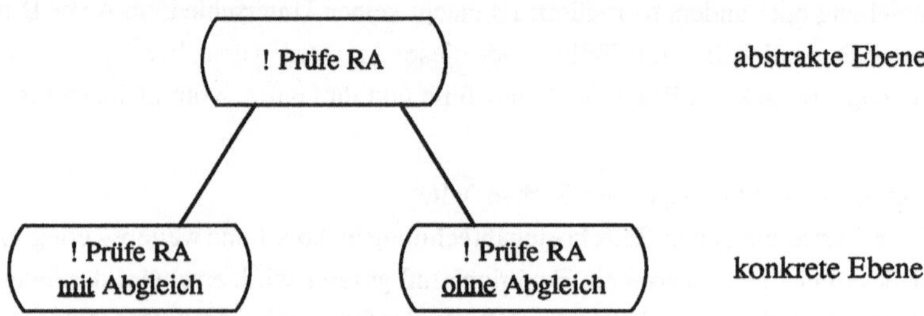

Abb. 3: Konkretion einer Funktion "!Prüfe RA"

Die Funktion "!Prüfe RA" soll konkret über zwei Möglichkeiten "!Prüfe RA mit Abgleich" und "!Prüfe RA ohne Abgleich" zum verwendungsgleichen Sachverhalt einer geprüften RA führen. Eine Abrechnung mit Abgleich enthält Verweise auf andere Abrechnungen (z.B. Abrechnungen von Kollegen anderer Kostenstellen) und verlangt konkret einen umständlicheren Arbeitsablauf als eine Abrechnung ohne Abgleich.
Bei der Konkretion als Vorgang und invers dazu bei der Abstraktion als Vorgang kommt es nur darauf an, die Verwendungsgleichheit beider möglichen Prüfungen herauszustellen. Konkrete Funktionen wie das Prüfen mit und ohne Abgleich sind von anderem logischen Typ als die abstrakte Funktion "Prüfen".

3 Verhalten

Die Funktionalität eines WMS kann über eine Konkretions– und Zerlegungshierarchie erschlossen werden. Das Verhalten, die Wie–Frage, steht orthogonal zur Funktionalität. Es wird die Steuerung des Workflows betrachtet, die grundsätzlich unabhängig von der Funktionalität gesehen werden kann. Keine Konkretions– und Zerlegungshierarchie steht im Vordergrund, sondern eine Einteilung in Meta– und Objektebene ist von Bedeutung. Auf einer Metaebene (2. Sprachebene) wird der Ablauf des Workflows mit den speziellen sprachlichen Hilfsmitteln einer Metasprache behandelt. Der Ablauf selber findet auf einer Objektebene (1. Sprachebene) statt. Die in Abb.1 und 2 benutzten Termini gehören alle zur Objektebene, gleichgültig auf welcher Abstraktions– bzw. Konkretionsstufe sie stehen. Die Sprachmittel auf der Metaebene klassifizieren z.B. Jablonski e.a. [SJKB 94] in präskriptive, deskriptive und Makro–Elemente (Abb. 4).

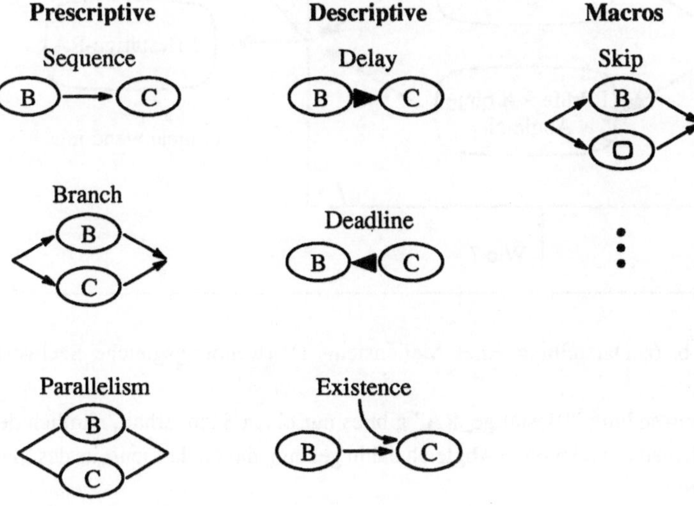

Abb. 4: Sprachelemente der Metaebene [SJKB 94]

Wir betrachten in Abb. 5 die Teile in Abb. 2 als Sequenz.

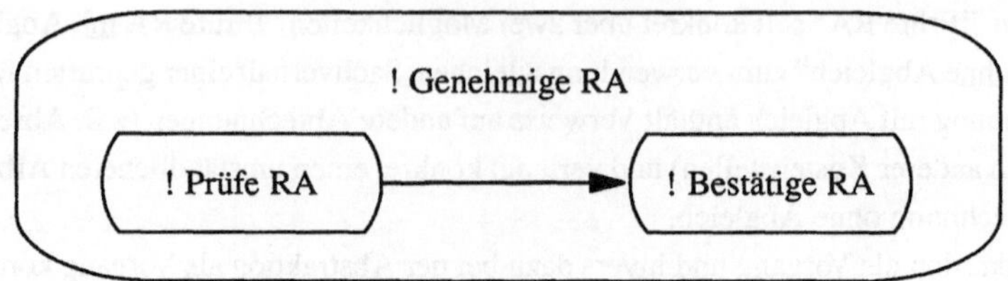

Abb. 5: Anordnung der Teile in einer Sequenz

Die Sequenz (Pfeil) in Abb. 5 ist auf einer Metasprachebene angeordnet. In Texten einer Linearsprache wird dies deutlich gemacht, indem man die Elemente der Objektsprache in Anführungszeichen setzt:

$$"!\text{Prüfe RA}" \rightarrow "\text{Bestätige RA}".$$

Abb. 6 zeigt, wie durch die Zerlegung im Sinne einer Teil–Ganze–Beziehung (Abb. 2) und durch Konkretion entstandenen Funktionen (Abb. 3) mit Hilfe des Metaspachelementes "Branch" verknüpft werden. Die Teil–Ganze–Beziehung, die Konkretion/Abstrakton über die Äquivalenzrelation eines Meilensteines und die metasprachliche Verknüpfung sind die methodischen Hilfsmittel, die bei einer Schemaentwicklung von Workflows reflektiert werden müssen [WE 92a].

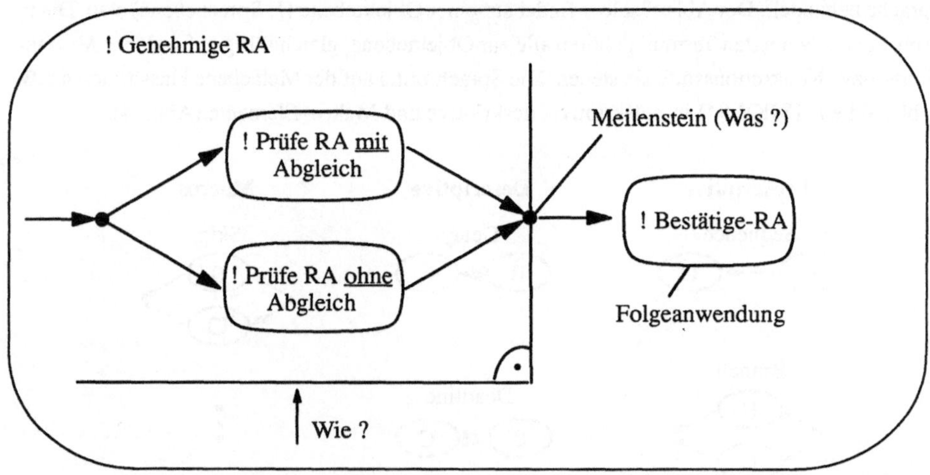

Abb. 6: Darstellung eines Meilensteins (Verwendungsgleiche Sachverhalte)

Für die Folgeanwendung "!Bestätige_RA" gibt es nur einen Sachverhalt, nämlich den der geprüften RA. Ob man mit oder ohne Abgleich dahin gelangt, davon darf jenseits des Meilensteins abstrahiert werden.

In der Informatik scheint es von großer Bedeutung zu sein, wenn Elemente eines Workflows als Transaktionen ablaufen. Transaktionen dienen der Ressourcenverwaltung und nicht dem Problemlösen [WE 93]. Wenn Workflows als bloße Ressourcenverwaltung gesehen werden, steht das Problem der korrekten Daten, sprich der wahren Aussagen im Mittelpunkt. Das Prädikat "wahr" stellt aber logisch lediglich den extensionalen Aspekt einer Aussage heraus. Der Sachverhalt, den eine Aussage darstellt, macht den intensionalen Aspekt einer Aussage aus. Intension impliziert bekanntlich Extension. Ein korrekt gebildetet Sachverhalt impliziert wahre Aussagen. Das Umgekehrte gilt nicht. Wahre Aussagen können reine Fiktionen sein.

4 Organisation

Seit alters her wird zwischen Ablauforganisation, das ist der Workflow–Ablauf selbst, und Aufbauorganisation unterschieden. Die Aufbauorganisation umfaßt grob gesprochen die Stellenbeschreibungen als Aufgabenbeschreibung (Zuständigkeiten), das Berichtswesen, die Stellvertretung und Platzhalterschaft, das Ersatzmannwesen (ein Pilot einer Verkehrsmaschine ist als stand–by–Mann ein Ersatzmann und kein Stellvertreter und auch kein Platzhalter), das Delegationsrecht, das Disziplinarwesen, etc. Es würde an dieser Stelle zu weit führen, ins Detail zu gehen. Wir konzentrieren uns hier auf die Workflow–erhebliche Frage: Who ist doing thė job? Relationenlogisch gibt es eine Vielzahl einstelliger Relationen Px, gedeutet als "die Person x hat die Eigenschaft P aufbauorganisatorisch zugesprochen bekommen", und zweistelliger Relationen xRy. R mag stehen für: "berichtet an", "ist verantwortlich für", "vertritt" etc. Im Zentrum der aufbauorganisatorischen Probleme eines Workflows steht die Frage des "Wanderns" der Eigenschaft P einer Person x hin zu einer Person y, die dieselbe Eigenschaft P im Hinblick auf eine Funktionserfüllung im Workflow hat. Wer kann z.B. die Funktion der Genehmigung von Reisekosten statt x noch übernehmen, wenn x verhindert ist?

Relationenlogisch steht seit dem großen Logiker Frege mit seiner berühmten logikbegründenden Begriffsschrift (1879) die Erblichkeitsfrage (hereditary property) zur Debatte. Die Frage hat nur bedingt etwas mit der Vererbungslehre der Objektorientierung zu tun, die bekanntlich Abstraktion voraussetzt. Erblichkeit (eine Eigenschaft von Eigenschaften, also ein Metaprädikator) wird wie folgt definiert:

$$\forall_{xy}[Px \wedge xRy] \rightarrow Py$$

x hat die Eigenschaft P (z.B. Reisekosten genehmigen) <u>und</u> es gilt xRy (z.B. x wird von y vertreten), <u>dann</u> gilt auch Py (auch y darf Reisekosten genehmigen). Personen in den Workflow zu bringen, hängt entscheidend von der Spezifkation von P und R ab. Abgekürzt formuliert kann der organisatorische Aspekt auf eine P/R–Frage reduziert werden. Für praktische WMS–Probleme ist die Modellierung der P/R–Frage mit der Festlegung der Variabilitätsbereiche für x und y von fundamentaler Bedeutung.

5 Schluß: "Return to the good old days"

"Return to the good old days, when all cases were processed in the same way, some with more effort than others" sagen Fikes und Henderson. Abstraktionstheoretisch müßte es statt "same way" "equivalent ways" heißen. Keineswegs wird hier eine reaktionäre Romantik ohne Rechner anvisiert. Die eingangs erwähnten Unterschiede zwischen Routine– und Nichtroutinearbeit, zwischen Regel und Ausnahme, strukturiert und unstrukturiert, etc., sollten verschwinden. Erst mit dem Aufkommen der Datenverarbeitung trat dieses Schisma ein. Der Rechner entwickelte sich zum Parasiten, der menschliche Arbeitskraft fraß. Ziel der Workflow–Management–Systeme ist es auch, Mensch und Rechner in Symbiose leben zu lassen.

Literatur

[BU 95] Bussler, Ch.: Policy Resolution in Workflow Management Systems, in: Digital Technical Journal, Vol. 6 (1994), No. 4, S. 26–49

[CKO 92] Curtis, B., Kellner, H., Over, J.: Process Modelling, in: Comm. ACM, Vol 35(1992), No. 9, S. 75–90

[FH 80] Fikes, E.F. und Henderson, D.A.: On Supporting the Use of Procedures in Office Work, in: Proc. First Annual Nat. Conference on Artificial Intelligence, Balzer, R. (Hrsg.), Stanford, 1980, S. 202–205

[KL 73] Kamlah, W. und Lorenzen, P.: Logische Propädeutik, Vorschule des vernünftigen Redens, B.I.–Verlag, Mannheim, 1973.

[LO 87] Lorenzen, P.: Lehrbuch der konstruktiven Wissenschaftstheorie, B.I.–Verlag, Mannheim, 1987

[RE 93] Reinwald, B.: Workflow–Management in verteilten Systemen, Teubner–Verlag, Stuttgart–Leipzig, 1993.

[SCH 76] Schwemmer, O.: Theorie der rationalen Erklärung. Zu den methodischen Grundlagen der Kulturwissenschaften, CH. Beck, München 1976

[SJKB 94] Schuster, H., Jablonski, S., Kirsche, T. und Bussler, C.: A Client/Server Architectur for Distributed Workflow Management Systems, in: Proc. Internat. Conference on Parallel and Distributed Information Systems, Austin, 1994, S. 253–256

[WE 92] Wedekind, H.: Objektorientierte Schemaentwicklung, B.I.–Verlag, Mannheim 1992

[WE 92a] Wedekind, H.: Die drei Konstruktionsprinzipien für komplexe Kontrollbereiche (spheres of control), in: Informatik Spektrum, Band 15 (1992), Heft 6, S. 326–329

[WE 93] Wedekind, H.: Eine logische Analyse und Synthese des Begriffs "committed", in: Informatik Forschung und Entwicklung, Band 8 (1993), Heft 1, S. 35–43

[WR 90] Wächter, H. und Reuter A.: Grundkonzepte und Realisierungsstrategien des ConTract–Modells, in: Informatik Forschung und Entwicklung, Band 5 (1990), S. 202–212

Design von Geschäftsprozessen in semi-strukturierten Umgebungen: Das Eignungspotential von Groupware-Systemen für Workflow-Anwendungen

Josef Herget
Steinbeis-TZ Informationsmärkte & Management Consulting (IMAC)
Postfach 5560 - D 87
D-78434 Konstanz

Ingrid Kreitmeier
debis Systemhaus GmbH
Roermonder Str. 615
D-52072 Aachen

1 Veränderte Anforderungen an Unternehmen in einer dynamischen Umwelt

Der Aufbruch in das Informationszeitalter hat begonnen. Die fortschreitende Durchdringung aller Lebensbereiche mit elektronischen Netzen und "Datenautobahnen" macht den Übergang in diese neue Zeit immer greifbarer. Die damit ausgelöste Beschleunigung und Globalisierung von Geschäftsprozessen, ihre Entkoppelung von Raum und Zeit, aber auch die zunehmende Simultaneität von Vorgängen verschärfen nachhaltig den Wettbewerb. Schnelle Veränderungen und der intensivierte Zeitwettbewerb auf internationalen Märkten erfordern daher von Unternehmen den Einsatz von Organisationskonzepten, die sich durch Flexibilität und rasches Handeln auszeichnen.

Eine wirksame Reaktionsfähigkeit "am Puls der Märkte" läßt sich durch vernetzte Organisationsstrukturen mit dezentralen Entscheidungskompetenzen und straffen Aufbau- und Ablaufstrukturen, kurzen Entscheidungswegen und einer optimierten Informationsversorgung für unternehmerisch denkende Mitarbeiter - kurz, durch eine Umgestaltung im Sinne des Lean Managements, erreichen. Die zur Realisierung dieser Optionen notwendigen und gestaltprägenden Prämissen für die einzelnen Ebenen von Organisationen wurden von Ulrich (1991) erarbeitet:

Organisationsebene	Strukturprinzip
Unternehmen	Dezentralisierung
Organisationseinheit	Funktionale Integration
Gruppe	Selbstregulation
Individuum	Autonomie

Abb. 1: Neue Strukturprinzipien der Organisationsgestaltung

Diese Prinzipien lassen sich jedoch nicht einfach den vorherrschenden Strukturen überstülpen. Sie setzen eine umfassende Reform der bisherigen Geschäftsprozesse sowie eine konsequente Umorientierung in den das Funktionieren und Verhalten von Organisationen bestimmenden Strukturen voraus. Als eines der zentralen Konzepte für diese Umgestaltung werden in

Literatur und Praxis Methoden des Business (Process) Reengineering, Business Redesign und Process Innovation diskutiert (vgl. z.B. Österle 1995). Diese Ansätze unterscheiden sich zwar in der Radikalität und im Umfang des Vorgehens bei der Umgestaltung und Neuausrichtung von Organisationen, im Kern verfolgen sie jedoch dieselben Prinzipien: die Konzentration auf die wesentlichen Geschäftsprozesse, eine Prozeßorientierung entlang der Wertschöpfungskette und eine strikte Kundenorientierung.

Groupware-Konzepte eignen sich in besonderer Weise für eine wirkungsvolle Umsetzung der für den Strukturwandel erforderlichen Qualitäten wie Aufgabenintegration, parallele Aufgabenbearbeitung oder teamorientierte Arbeitsformen (Baily 1993). Bei Groupware-Anwendungen handelt es sich um vernetzte Informationssysteme, die Teamarbeit in den unterschiedlichsten Ausprägungen unterstützen. Generell lassen sich hier vier Einsatzgebiete unterscheiden:

- Kommunikation und Information als Voraussetzung für selbstverantwortlich handelnde und entscheidende Mitarbeiter
- Information-Sharing für die Transparenz von Informationsressourcen und den Aufbau von Organisationswissen
- Teamorientierte Ansätze (Collaborating) für Projektgruppen und Entwicklungsteams zur Erhöhung von Effizienz sowie
- Workflow-Management für eine prozeßorientierte, schnelle und dokumentenorientierte Automatisierung von verketteten Vorgängen.

Mit diesem Anwendungsspektrum sind Unternehmen in der Lage, jene Qualitäten zu realisieren, die für den Erhalt und Ausbau der Wettbewerbsfähigkeit in einer zunehmend als dynamisch begriffenen Umwelt erforderlich werden (siehe Abbildung 2).

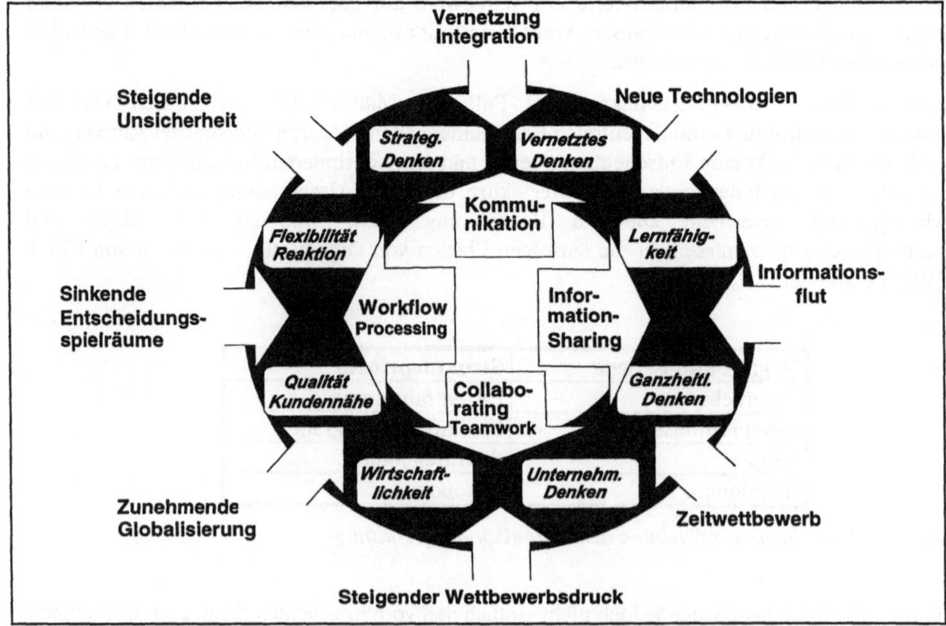

Abb. 2: Anforderungen an Unternehmen in einer dynamischen Umwelt

2 Differenzierung von Groupware und Workflow: Merkmale und Potentiale

Basierend auf Informations- und Kommunikationstechnologien ermöglichen Groupware-Anwendungen flexible und z.T. neue Formen eines raum- und zeitübergreifenden Zusammenarbeitens. Neben dem Merkmal einer zeitlichen und räumlichen Entkoppelung lassen sich computerunterstützte kooperative Arbeitsformen jedoch auch entlang der Kriterien *Teamgedanke* und *Strukturierungsgrad* differenzieren.

Groupware liegt die Idee von Teamarbeit zugrunde: Nicht primär die Steigerung der individuellen Arbeitsleistung, sondern die durch Zusammenarbeit erzielte Verbesserung von Effizienz und Kreativität steht im Vordergrund. Die Strukturierung des Vorgehens ist nicht vorgegeben; sie wird von den Beteiligten ausgehandelt.

Bei *Workflow-Automation* steht konzeptionell der Vorgang bzw. die Aufgabe im Mittelpunkt - das "Arbeiten am selben Objekt [wird] unterstützt und nicht eine Kollaboration im Sinne des Information-Sharing" (Dier/Lautenbacher 1994, 28ff). Der Strukturierungsgrad der einzelnen Arbeitsschritte ist durch eine präzise, vorher definierte Abfolge festgelegt. Workflow-Systeme sind daher besonders für die Automatisierung strukturierter und semi-strukturierter Vorgänge geeignet. Während bei "typischen" Groupware-Anwendungen die Nutzer Aktionen selbst initiieren, übernimmt bei Workflow-Anwendungen das System die Organisation, Weiterleitung und Überwachung von Aktivitäten. Aufgrund der regelbasierten Steuerung werden Workflow-Systeme insbesondere für sogenannte "critical mission"-Anwendungen und für das Just-in-Time-Management von komplexen Büroprozessen eingesetzt.

Die charakteristischen Beschreibungsmerkmale von Workflow-Systemen in Abgrenzung zu Groupware sind in der folgenden Tabelle zusammengestellt:

	Workflow-Systeme	**Groupware**
System	aktiv	passiv
Benutzer	passiv	aktiv
Kontrolle	system-/regelgesteuert	benutzergesteuert
Objekte	Dokumente eines Vorgangs	Unstrukturierte Informationen
Funktion	Vorgangsplanung, Weiterleitung, Warteschlangenverwaltung, Kontrolle	gemeinsame Informationsbasis, Diskussionsdatenbank, Konferenzsystem, elektronische Post
Kritischer Faktor bei der Einführung	vorausgehende Reorganisation	Implementierung von teamorientierten Arbeitsweisen
Zielrichtung der Anwendung	"critical mission"-Anwendungen, Just-in-Time-Management von komplexen Büroprozessen	Infrastruktur, Just-in-Time-Management von kooperativen Aufgaben
Hauptsächliche Unterstützungsfelder	Sachbearbeitung, Routineaufgaben	Entscheidungs-, Projekt- und Teamaufgaben

Abb. 3: Abgrenzung von Workflow-Systemen und Groupware (in Anlehung an Kampffmeyer 1994, 10; Kind 1994; Krallmann 1993)

3 Voraussetzungen für den Einsatz von Workflow-Systemen

Workflow-Systeme beruhen auf der Automatisierung wohl-strukturierter und verketteter Bürovorgänge mit Wiederholungscharakter, weshalb sie von verschiedenen Autoren auch als *CIM für Büroarbeitsumgebungen* (Finke 1991, 49) bezeichnet werden. Geeignet für Workflow-Anwendungen sind in erster Linie Prozesse, die die folgenden Voraussetzungen erfüllen (Damerau 1994):

- Klar definierte Vorgangsschritte
- Eindeutiger Ablauf des Vorgangs, der nach genau spezifizierten Regeln planbar ist
- Festgelegte Funktionen, Rollen und Kompetenzen der an den Vorgängen beteiligten Kommunikationspartner
- Automatisierbarkeit der Beschaffung von Informationen (i.d.R. aus Datenbanken)
- Formale und inhaltliche Standardisierbarkeit der im Arbeitsprozeß entstehenden Dokumente
- Planbarkeit der zur Vorgangsbearbeitung erforderlichen Sachmittel.

Erst unter diesen Voraussetzungen kommen Rationalisierungspotentiale beim Einsatz von Workflow-Systemen voll zum Tragen.

3.1 Reengineering vor Workflow-Einsatz

Mit einer 1:1 Abbildung von existierenden Vorgängen in Workflow-Systeme (WFS) werden mögliche Rationalisierungspotentiale jedoch nicht ausgeschöpft. Dies kann erst durch ein dem Workflow-Einsatz vorangestelltes Business Reengineering (BR) bzw. Reengineering von Prozessen erreicht werden. Damerau (1994, 45) spricht dabei von Rationalisierungspotentialen in einer Größenordnung zwischen 50% bis 90%. Zu ähnlichen Ergebnissen kommt auch Schönecker (1994):

	WFS ohne BR	**WFS mit BR**
Produktivitätskriterien	**Reduktion des entsprechenden Kriteriums um bis zu ..**	
Durchlaufzeiten	20 %	90 %
Bearbeitungszeiten	25 %	60 %
Personalkapazitäten	10 %	40 %
Suchzeiten	50 %	90 %
Kundenrückfragen	20 %	75 %

*Abb. 4: **Produktivitätsverbesserungen ohne und mit Reengineering-Ansatz (in Anlehnung an Schönecker 1994)***

Das fundamentale Infragestellen der bisherigen Prozeßabläufe stellt daher einen unverzichtbaren ersten Schritt für eine IT-basierte Workflow-Einführung dar. Zentrale Aufgabe ist es dabei, Arbeitsabläufe auf jene Schritte zu konzentrieren, die einen dedizierten Beitrag zur Wertschöpfung leisten (Erdl/Schönecker 1993, 157f), ohne jedoch die ganzheitliche Sicht auf den jeweiligen Prozeß aus den Augen zu verlieren. Kundenorientierung, Transparenz des Bearbeitungsstatus sowie der Blick auf einen angemessenen Bearbeitungszeitraum sind die weiteren Anforderungen an die Gestaltung des Workflows.

Die Potentiale der Reintegration funktional zergliederter Arbeitsabfolgen, die beispielsweise nur noch durch einen einzigen Mitarbeiter ("Caseworker") im Sinne eines ganzheitlichen Bearbeitungsansatzes wahrgenommen werden, lassen sich erzielen durch den Abbau von

- Schnittstellen zwischen Bearbeitern und Systemen
- Rüst-, Liege- und Transportzeiten sowie
- Umsetzungs-, Assistenz, Service-, Registratur- und Verteilungsarbeiten.

Gleichwohl kann auch das Aufsplitten eines Vorganges auf mehrere Mitarbeiter sinnvoll sein, so daß eine simultane Bearbeitung durch mehrere Mitarbeiter ("Caseteam") erfolgen kann. Weitere Zeiteinsparungspotentiale werden durch die elektronische Übermittlung in den Netzwerken realisiert.

Die Konzeption des Workflows setzt erst nach diesen "Vorarbeiten" ein. Die Aufgaben des Workflow-Systems betreffen dabei im wesentlichen Steuerungs-, Versand- und Erinnerungsfunktionen. Darüber hinaus werden durch das Übertragen von unproduktiven Aufgaben wie das Suchen von Dokumenten, ihre Verteilung, Vor- und Ablage auf das System nicht-wertschöpfende Tätigkeiten reduziert.

3.2 Integrationsprozesse vor dem Einsatz eines Workflow-Systems

Die Gestaltung einer prozeßorientierten Workflow-Automation kann nicht von der im Unternehmen bestehenden Arbeitsumgebung sowie der gegebenen Daten- bzw. Informations-, Anwendungs- und Systemlandschaft losgelöst betrachtet werden. Eine aktive Gestaltung der auf allen diesen Ebenen notwendigen Integrationsprozesse stellt daher einen wesentlichen Schritt für eine erfolgreiche Workflow-Einführung dar. Gestaltungsbedarf besteht im Hinblick auf

- Prozesse, deren einzelne Schritte bislang durch Abteilungs- und Funktionsgrenzen voneinander abgeschottet waren. Nach Michalk (1993) setzt Business Reengineering "ein gemeinsames Verständnis der beteiligten Ziele, Vorgänge und Rollen sowie deren Modellierung" voraus. Die Einführung von Workflow-Applikationen erfordert daher konsequenterweise nicht nur eine Neugestaltung der Aufbau- und Ablauforganisation, sondern sollte auch von der unternehmens- bzw. bereichsweiten Erarbeitung einer neuen Begrifflichkeit und Vorgehensweise begleitet werden. Mit diesem Schritt werden auch die Weichen für eine Akzeptanz durch die Beteiligten gestellt.
- Organisatorische Änderungen. Groupwarebasierte Workflow-Systeme ermöglichen die (partielle) Integration bislang unabhängig voneinander agierender Unternehmenseinheiten. Interessant sind in diesem Zusammenhang auch strategische Überlegungen im Hinblick auf Vorwärts- oder Rückwärtsintegration mit Lieferanten und Kunden sowie der Aufbau einer virtuellen Organisationsstruktur für ausgewählte Prozesse.
- Die EDV-technische Organisation der Daten, d.h. die Integration der durch die Workflow-Anwendung erzeugten Daten und Informationen in die bestehende Daten- und Informationslandschaft. Der effektive Einsatz eines Workflows, der quer durch die Funktionsbereiche und Hierarchieebenen des Unternehmens verläuft, erfordert zwangsläufig auch den Austausch der Daten und Informationen zwischen der Workflow-Anwendung und den bestehenden Systemen.

3.3 Diskussion des Einsatzes von Lotus Notes für einen groupwarebasierten Workflow in Unternehmen

Die Workflow-Funktionalitäten von Lotus Notes, das mit einem Marktanteil von ca. 90% den de-facto-Standard für Groupware-Systeme repräsentiert, sind im Vergleich zu "typischen" Workflow-Systemen eher rudimentär ausgebildet. So verfügt Notes z.B. nicht über ausgefeilte Funktionalitäten wie graphische Darstellungsmöglichkeiten, Arbeitsvorratsverwaltung oder Reportgeneratoren wie sie spezifische Workflow-Tools wie ProcessIT von NCR (Hyams 1993), Docuflow von Inventa (Santoro 1992) oder Workflo von Filenet (Hyams 1993; Neumann 1993) aufweisen.

Pluspunkte bilden dagegen die Notes-spezifischen Eigenschaften wie der Replikationsmechanismus[1], das Prinzip einer verteilten dokumentenorientierten Datenbank, die Möglichkeit zum Erzeugen und Weiterleiten unstrukturierter Informationen[2], sowie die Entwicklungsumgebung auf der Grundlage einer Makrosprache. Diese Programmierfunktionalität bildet zusammen mit der Mail-Komponente das Instrument, mit dem unter Notes eine dokumentenbasierte Vorgangsbearbeitung realisiert werden kann. Für einen Einsatz von Lotus Notes bei der Realisierung von Workflow-Applikationen sprechen zudem - ungeachtet der vergleichsweise wenig ausgeprägten Workflow-Entwicklungsumgebung - ein in vielen Unternehmen bereits vor der Einführung einer Notes-basierten Workflow-Applikation vorhandenes Know-how im Hinblick auf Notes sowie die Möglichkeit des "Rapid Prototyping". Rapid Prototyping ermöglicht den skizzenhaften Entwurf der geplanten Anwendung und eine darauf aufbauende, sukzessive Weiterentwicklung bis - zumeist in enger Zusammenarbeit mit den späteren Nutzern - die endgültige Gestalt einer Anwendung gefunden ist (Grudin 1994).

Insbesondere bei kleineren Unternehmen kommt diesen Faktoren eine größere Bedeutung zu, da sie in einem stärkeren Ausmaß als große Unternehmen durch eine knappe Ressourcensituation im Hinblick auf Know-how, Zeit, Finanzen sowie EDV-Ausstattung betroffen sind. Umgekehrt bieten kleinere Unternehmen mit ihrer unkomplizierteren Anwendungsarchitektur, den übersichtlicheren Organisationsstrukturen und Verantwortungsbereichen auch die besseren Voraussetzungen für eine Umsetzung.

4 Herausforderungen bei der Realisierung - eine Fallstudie

Die Herausforderungen beim Einsatz von Workflow-Systemen zur Unterstützung betrieblicher Prozesse gehen also weit über eine Prozeßanalyse hinaus. Neben Fragen der Neugestaltung von Prozessen ist das Ausmaß der Durchführung organisatorischer Änderungen sowie die Bewältigung der unterschiedlichen Integrationsprozesse im Hinblick auf Daten, Informationen und Anwendungen zu berücksichtigen. Die beschriebene Problematik wird im folgenden an einem konkreten Fallbeispiel aufgezeigt.

---

1 Der Replikationsmechanismus ermöglicht eine ereignis- oder zeitgesteuerte Aktualisierung lokal vorgehaltener Datenbank-Repliken in einem Serververbund.

2 Notes erlaubt in den sog. Rich-Text-Feldern das Abspeichern beliebiger Inhalte (Daten, Bilder, Ton, Dokumente oder Verweise auf Dokumente etc.), Informationen also, die keine feste Struktur im Sinne einer Felddefinition voraussetzen.

Das Fallbeispiel - der Aufbau eines Workflows für Genehmigungen und Bestellverfahren für Literatur mit Lotus Notes - wurde für ein Beratungsunternehmen mit einer Größenordnung von 50 Mitarbeitern entwickelt. Der Anstoß kam von Seiten des Managements, das dieses Projekt angesichts der häufigen Abwesenheit von Entscheidungsträgern und der dadurch entstehenden Verzögerungen von Bestell- und Genehmigungsvorgängen auf der einen Seite und den zwar vorhandenen, aber noch ungenutzten Workflow-Funktionalitäten des bereits vorhandenen Groupware-Systems zum Zwecke der Erfahrungssammlung auf der anderen Seite initiierte.

Für die Durchführung dieses Projektes wurde das nachfolgend dargestellte Vorgehensmodell in Anlehung an Erdl/Schönecker (1993, 148) entwickelt.

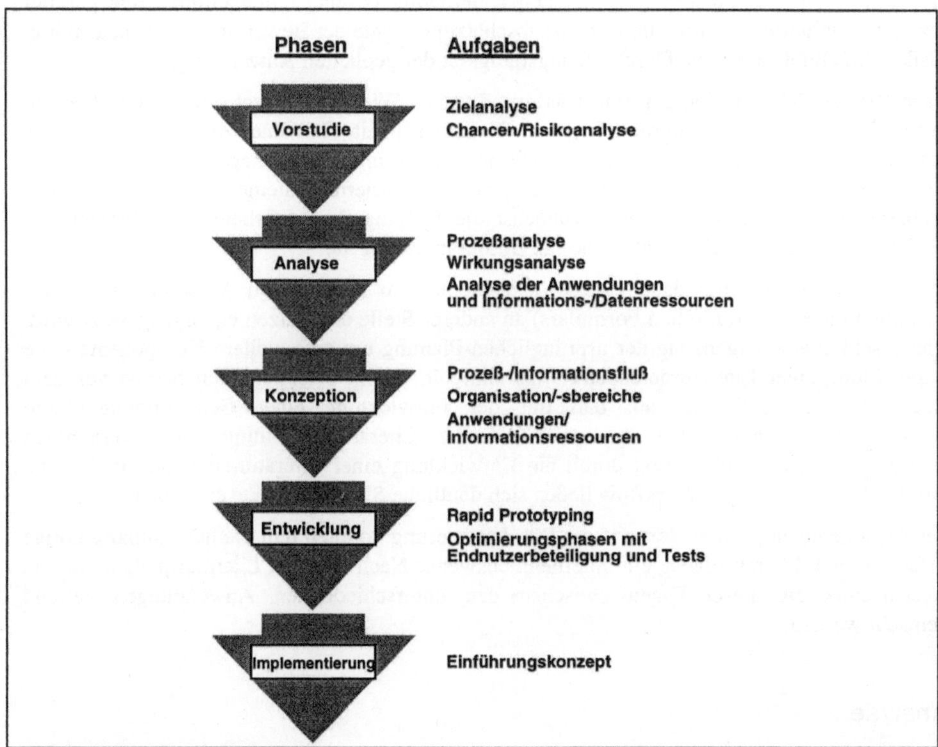

Abb. 5: Vorgehensmodell

Über dieses Vorgehensmodell hinaus wurde bei der Durchführung dieses Projektes auf folgende Kriterien Wert gelegt:

- Frühzeitige und permanente Interaktion mit den Endanwendern. Diese begleiteten das Projekt - beginnend bei der Definition der Anforderungen - in allen Entwicklungsphasen. Ziel war es, eine optimale Anpassung an die spezifischen Anforderungen der zukünftigen Nutzer zu erreichen.
- Rapid Prototyping, das bedeutete die rasche Entwickung eines ersten Entwurfs, der von einer Projektgruppe in anwendungsnahen Situationen getestet und in enger Kooperation mit dem Entwicklungsteam optimiert wurde.

- Betonung einer akzeptanzbasierten Einführung, da Groupware-Projekte stärker als einzelplatzorientierte Anwendungen die Akzeptanz der späteren Nutzer erfordern. So bestand von Anfang an Klarheit darüber, daß die Anforderungen für die Anwender über das Erlernen neuer Funktionalitäten zur Bedienung des Workflows hinausgehen und groupwarebasierte Systeme zusätzlich das Erlernen teamorientierten Denkens und Verhaltens verlangen (Orlikowsky 1992).

Vorstudie

Im Rahmen der Vorstudie wurden eine kritische Zielanalyse zur Festlegung der (qualitativen) Projektziele und zur Abstimmung mit den Unternehmenszielen durchgeführt. Eine parallel dazu durchgeführte Potential- und Erfolgsabschätzung diente der Bewertung von Chancen und Risiken im Hinblick auf die Durchsetzungsfähigkeit der geplanten Anwendung.

Dabei erwies sich der Vorgang selbst aufgrund seines Wiederholungscharakters und die den Entscheidungsprozessen zugrundeliegende Regelhaftigkeit für eine Automatisierung als geeignet. Da die Initiative vom Management ausging, konnte auf Management-Commitment, einen der wesentlichen Erfolgsfaktoren für groupwarebasierte Systeme, gebaut werden. Als problematisch erwies sich dagegen zunächst die Haltung der Mitarbeiter. Sie lehnten die Einführung dieses Workflows als unnötige Bürokratisierung ab.

Eine Akzeptanz war nur dann zu erwarten, wenn dem zusätzlichen Aufwand (durch das Ausfüllen eines elektronischen Formulars) an anderer Stelle ein Nutzen entgegengesetzt wird. Hier erschien eine Ergänzung der urprünglichen Planung um eine weitere Komponente - die Entwicklung einer Literaturdatenbank - als sinnvoll. Damit zeichnete sich bereits vor dem eigentlichen Projektbeginn ab, daß mit der Entwicklung einer Genehmigungs- und Bestelldatenbank auch eine Reorganisation der Literaturverwaltung im Unternehmen angegangen werden sollte. Erst durch die Entwicklung einer Literaturdatenbank und durch ihre Integration in diesen Workflow ließen sich deutliche Synergieeffekte erreichen.

Als Argumente gegen den Vorwurf der Bürokratisierung konnten nun die nur einmalig nötige Erfassung von Literaturdaten, ein unternehmensweiter Nachweis von Literaturquellen und die Austauschbarkeit dieser Daten zwischen den unterschiedlichen Anwendungen geltend gemacht werden.

Analyse

Das von Erdl/Schönecker (1993, 148) vorgeschlagene Instrumentarium für die Ist-Analyse mit Arbeitsablauf-, Stellenbeschreibungs-, Informationsfluß- sowie Dokumenten- und Ablageanalyse kommt vor allem bei stark verketteten, über lange Zeiträume gewachsenen Prozessen zum Tragen. In diesem konkreten Fall waren aber formelle Wege und eine übersichtliche Aufbaustruktur mit einer transparenten Aufgabenverteilung charakteristisch, so daß sich die Analyse auf die

- Zerlegung von Bestell- und Genehmigungsvorgängen in ihre Teil-Prozesse
- zeitlich-logische Verkettung der Teilprozesse
- Bestimmung der Verantwortlichen in den jeweiligen Prozeßabschnitten
- Bestimmung der jeweiligen Nachfolgeprozesse und Handlungsalternativen und
- Erfassung von Schnittstellen und Medienbrüchen

konzentrierte. Die zusammengeführten Analyseergebnisse wurden mit Hilfe der folgenden Darstellung visualisiert. Graphisch umgesetzt sind die entscheidenden Teilprozesse (Aktionen), die Knotenpunkte für Entscheidungsalternativen, Entscheidungsvarianten und die an diesen Punkten kritischen Informationen, kurz diejenigen Komponenten, die für die sich anschließende Konzeption des Workflows entscheidend waren.

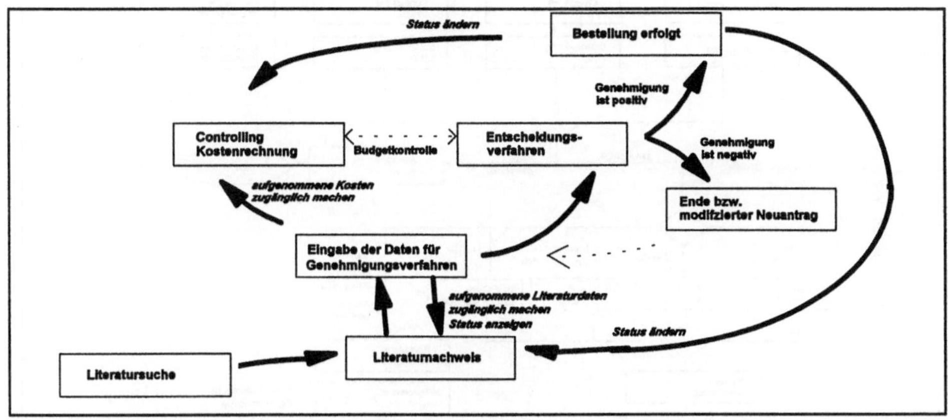

Abb. 6: Wirkungsanalyse

Konzeption

Der Erstentwurf des Workflows erfolgte auf der Umsetzung dieses Modells sowie einer Funktionen-/Rollen-Matrix (Beslmüller 1994), die die Grundlage für die Zuordnung der Prozesse zu Handlungsträgern bildete.

Der zugrundeliegende Prozeß konnte folgendermaßen modelliert werden:

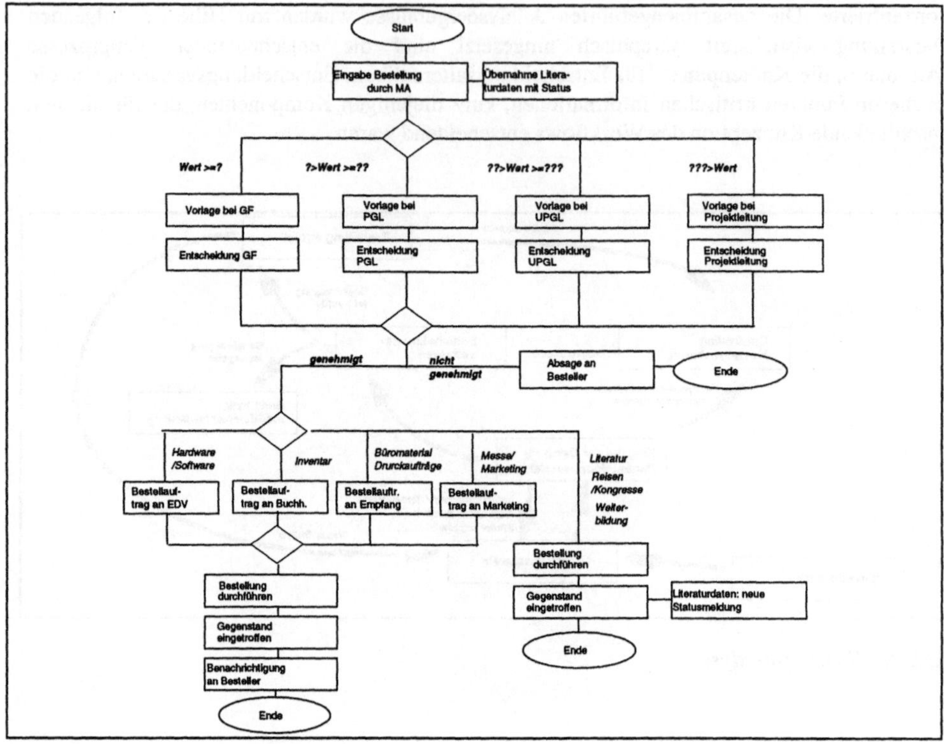

Abb. 7: Konzeptioneller Entwurf

Mit dem Aufbau dieses Workflow-Konzeptes wurden neben den für Reorganisationsmaßnahmen typischen Zielen, wie der Beschleunigung der Informationsweitergabe und der Möglichkeit, Verwaltungstätigkeiten (z.B. Literaturbestellungen) direkt vom Bildschirmarbeitsplatz aus zu tätigen, in erster Linie Synergieeffekte zwischen verschiedenen Anwendungen (Genehmigungsverfahren und Literaturverwaltung) angestrebt.

5 Fazit

Groupware-Produkte können von Unternehmen als wirksame Instrumente zur Bewältigung der komplexen Anforderungen in einer verschärften Wettbewerbssituation genutzt werden. Für semi- bis stark-strukturierte Vorgänge hat sich der Einsatz von Groupware als Plattform für Workflow-Anwendungen als geeignet erwiesen. Rationalisierungpotentiale lassen sich allerdings erst dann voll ausschöpfen, wenn vor dem Einsatz der Workflow-Anwendung ein Reengineering der betroffenen Prozesse durchgeführt wird. Ziel ist dabei die Ausrichtung der Prozesse entlang der Wertschöpfungskette.

Die Einführung eines Workflows auf der Basis des Groupware-Produktes Lotus Notes erfordert über eine Reorganisation der Geschäftsprozesse hinaus auch eine formal und semantisch konsolidierte Anwendungsumgebung, um die Integration des Workflows in die vorhandenen Anwendungen unter Notes zu ermöglichen. Das Schnittstellenproblem, das beim Einsatz von speziellen Workflow-Systemen mit der unternehmensinternen Anwendungslandschaft besteht, vermindert sich in einer Umgebung, in der spezifische Groupware-Systeme für die Entwicklung von Workflow-Anwendungen eingesetzt werden.

Eine potentielle Gefahr birgt allerdings der groupware-orientierte Ansatz selbst. Die Tragweite dieser Feststellung wird erst allmählich deutlich. Immer mehr Unternehmen, die Groupware einsetzen, stellen das Versinken in einem Informationschaos fest. So geht in der Überfülle von Datenbanken, die Mitarbeiter im Sinne einer eigenverantwortlichen Organisation ihrer Informationsressourcen erzeugen, die Voraussetzung für einen unkomplizierten Einsatz von Workflow-Applikationen verloren: die auf der Konsistenz der Anwendungen beruhende Austauschbarkeit von Informationen zwischen den Datenbanken. So zeigte beispielsweise eine Analyse der bestehenden Anwendungen auf, daß die unkontrollierte Anwendungsentwicklung zu einer Vielzahl von Datenbanken geführt hatte, deren Informationen untereinander nicht bzw. nur mit erheblichem Aufwand austauschbar waren. Eine Austauschbarkeit von Daten ist aber für all jene Datenbanken, die eine Schnittstelle zum geplanten Workflow aufweisen, der kritische Faktor, der für ihre Eignung entscheidend ist.

Voraussetzung für die Austauschbarkeit ist Konsistenz, d.h. eine einheitliche Festlegung der Gestaltungselemente (Feldnamen und -definition) von (Notes-)Datenbanken. Dies setzt wiederum voraus, daß die Entwicklung von Datenbanken nach festgelegten Regeln geschieht, die zentral vereinbart werden und eine unternehmensweite Gültigkeit haben. Formale Konsistenz stellt allerdings nur einen ersten Schritt zur Austauschbarkeit der Inhalte zwischen bestimmten Anwendungen dar.

Davon nicht berührt ist die inhaltliche Seite: Im Hinblick auf das zugrundeliegende Beispiel bildete die thematische Zusammenfassung unternehmensweit dezentralisierter und verstreuter Informationen in eine Datenbank (virtuelle Bibliothek) den entscheidenden Erfolgsfaktor für die Akzeptanz der Mitarbeiter. Eine nur partielle Realisierung hätte die Anwendungen nicht attraktiv genug gemacht, um die Mehrheit der Mitarbeiter zu einer Arbeit mit dieser Anwendung zu bewegen. Hier werden zwei generelle groupwarespezifische Fragestellungen angesprochen. Die Frage, wie das Engagement der Nutzer für Anwendungen gewonnen werden kann, auch wenn nicht zu jedem Zeitpunkt, an dem von ihnen eine Aktivität erforderlich ist, ein Mehrwert im Sinne eines unmittelbaren Nutzens geboten wird. Der zweite Punkt betrifft das Erreichen einer kritischen Masse, die für die Nutzung der Groupware-Anwendung Voraussetzung ist (Grudin 1994, 96f).

Über eine zentralisierte Zuständigkeit für die Definition von Gestaltungselementen hinaus erwies sich daher der Aufbau einer inhaltlich konsistenten Informations- und Datenhaltung als notwendig. Vor dem Einsatz von Systemen für Workflow-Anwendungen ist daher die Einigung auf eine verbindliche Vergabe von Feldnamen und -definitionen für die Entwicklung von Anwendungen empfehlenswert, um die Austauschbarkeit und inhaltliche Konsistenz von Anwendungen sicherzustellen.

Mit der Automatisierung von Vorgängen steigen allerdings letztendlich auch die Anforderungen im Bereich der Organisationsentwicklung, der Informations- und Kommunikationstechnologien und des Informationsmanagements.

Literatur

Baily, P. (1993): Workgroup Computing: Personal Computing in the 90s. In: Kaderali, F. (Hg.): Kommunikationsnetze der Unternehmen im Umbruch. Herausforderungen und Entwicklungstrends. Online: Velbert.

Beslmüller, E. (1994): Ablauforganisation: Modelle und Methoden. In: Business Computing Nr. 1/1994, 84-87.

Damerau, G. (1994): Workflow: Ablauforganisation steuert die System-Koordination. In: Computerwoche Nr. 23/1994 vom 24. März, 45-47.

Dier, M./Lautenbacher, S. (1994): Groupware: Technologien für die lernende Organisation. Rahmen, Konzepte, Fallstudien. cw: München.

Erdl, G./Schönecker, H.G. (1993): Vorgangssteuerungssysteme im Überblick. Herkunft, Voraussetzungen, Einsatzschwerpunkte, Ausblick. In: Office Management Nr. 3/1993, 13-21.

Finke, W.F. (1991): Informationsmanagement mit Groupware-Systemen: ein innovatives Workgroup-Computing-Projekt in der debis Systemhaus GmbH. In: Office Management Nr. 10/1991, 47-54.

Grudin, J. (1994): Groupware and social dynamics: Eight challenges for developers. In: Communications of the ACM No. 1, 93-195.

Hyams, P. (1993): Workflow and collaboration: the state of the art. In: Electronic Documents, H. 2 (4).

Kampffmeyer, U. (1994): Klassifikation von Dokumenten-Management-Systemen. Project Consult: Hamburg.

Kind, J. (1994): Der Weg zur unternehmensweiten Informationsbasis. Vorgehensweise bei der Einführung von Dokumenten-Management-Systemen aus Anwendersicht. In: cogito Nr. 2/1994, 49-53.

Krallmann, H. (1993): Elektronisches Dokumenten- und Workflowmanagement: Status Quo und Entwicklungstendenzen. In: Institute for International Research (Hrsg.): IIR-Kongreß EDOK. Unterlagen zum Forum 29.11-01.12. 1993.

Michalk, G. (1993): Groupware-basierendes Dokumentenmanagement: Strukturierung der Dokumente und Arbeitsprozesse. In: Sorg, S. (Hg.): Bürokommunikation 1993: Neue Wege als strategischer Erfolgsfaktor für Anwender und Anbieter. Online: Velbert.

Neumann, N. (1993): Das "schlanke " Büro: Workflow-Management, Arbeitstechnik zur Integration und Automatisierung von Geschäftsprozessen. In: Schulz-Wolfgramm, C. (Hg.): Das Management der Informationsverarbeitung, Congress VII, Online: Velbert.

Orlikowsky, W.J. (1992): Learning from Notes: Organizational Issues in Groupware Implementation, Sloan School Working Paper Nr. 3428. Boston.

Österle, H. (1995): Business Reengineering. Prozeß- und Systementwicklung. Band 1: Entwurfstechniken. Springer: Berlin.

Santoro, K.M. (1992): Docuflow, an object-oriented document management, workflow system. In: Coleman, D. (Hg.): Groupware ´92. Kaufmann: San Mateo.

Schönecker, H.G. (1994): Wenn sich die Unternehmensumwelt ändert ... In: Office Management Nr. 7-8/1994, 22-23.

Ulrich, E. (1991): Gruppenarbeit - Arbeitspsychologische Konzepte und Beispiele. In: Friedrich, J./Rödiger, K.-H. (Hg.): Computergestützte Arbeit (CSCW). Teubner: Stuttgart.

Betriebsübergreifendes Geschäftsprozeßmanagement

Petra Hirschmann
Institut für Wirtschaftsinformatik an der Universität des Saarlandes
Im Stadtwald, Geb. 14.1, D-66123 Saarbrücken

1 Einleitung

Der vorliegende Beitrag beschreibt die Konzeption eines Prototyps für das Management betriebsübergreifender Geschäftsprozesse. Ziel ist die Optimierung der Beziehungen zwischen Unternehmen mit dem Einsatz von Informationssystemen. Aufgabe ist damit die Untersuchung, wie betriebsübergreifende Prozesse gestaltet, optimiert und gesteuert werden können und wie eine Systemunterstützung hierfür aufgebaut sein muß.

Unternehmen werden heute mit zahlreichen neuen Herausforderungen konfrontiert, die zu einer Verschärfung und Dynamisierung des Wettbewerbs führen. Da viele Unternehmen diesen Anforderungen allerdings nicht gewachsen sind, können sie entsprechend nicht flexibel auf sich ändernde Bedürfnisse der Märkte reagieren. Ein wesentlicher Grund dafür sind die starren, tradierten Organisationsstrukturen der Unternehmen. Zu lange wurde darauf vertraut, sich mit marginalen Anpassungen an den Markt die Wettbewerbsfähigkeit zu sichern. Erst in den letzten Jahren wurde erkannt, daß dieser Weg nicht zum Erfolg führen kann, sondern grundlegende Veränderungen notwendig sind.

In diesem Zusammenhang gewinnen auch die Beziehungen zwischen Unternehmen zunehmend an Bedeutung, was aktuell durch Schlagworte wie Virtual Enterprise, Boundaryless Organization, Strategische Allianzen etc. verdeutlicht wird. Ein Unternehmen kann nicht isoliert von seinen Marktpartnern betrachtet werden (vgl. Abbildung 1). Gerade diese Beziehungen beinhalten oftmals hohe Rationalisierungspotentiale, die es auszuschöpfen gilt.

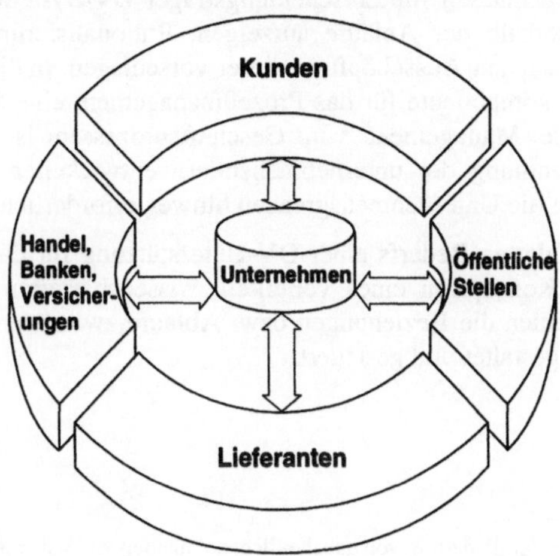

Abbildung 1: Beziehungen eines Unternehmens zu seinen Marktpartnern

Die Aufbauorganisation der Unternehmen ist heute zumeist nach funktionalen Kriterien gegliedert. Dadurch wird jedoch der Blick auf die stattfindenden Geschäftsprozesse versperrt. Sie sind entgegen ihres logischen Ablaufes gesplittet auf verschiedene Abteilungen verteilt, die jeweils für die Durchführung eines Teils eines ganzheitlichen Prozesses zuständig sind. Die damit verbundenen Nachteile sind hinlänglich bekannt.[1] Um diese zu vermeiden, sind die Geschäftsprozesse, die in Unternehmen und zwischen Unternehmen und deren Marktpartnern stattfinden, in den Vordergrund der Betrachtung zu stellen. Die durch eine verrichtungsorientierte Aufbauorganisation getrennt behandelten Funktionen sind gemäß ihrer zeitlich-logischen Abfolge wieder zu einer Gesamtheit zu integrieren.[2]

Für das Management von Geschäftsprozessen sind Informationen über die Prozesse bereitzustellen. Management bedeutet in diesem Zusammenhang Modellierung, Gestaltung, Optimierung und Implementierung von Geschäftsprozessen sowie eine anschließende Überwachung und fortlaufende Kontrolle der realisierten Prozesse. Entscheidungen über Prozesse können jedoch nur anhand aussagekräftiger Größen gefällt werden. Geschäftsprozesse müssen bewertet werden, damit Aussagen über ihre Effizienz getroffen werden können. Aufbauend auf den Bewertungsergebnissen sind Strategien und Maßnahmen zur Reorganisation und Restrukturierung der Prozesse zu entwickeln, um ineffiziente und unproduktive Prozesse zu vermeiden.

Bei der Gestaltung überbetrieblicher Geschäftsprozesse sind bisher in den einzelnen Unternehmen verwurzelte Aufgaben bzw. Teilprozesse über traditionelle organisatorische Grenzen, d.h. auch über Unternehmensgrenzen hinweg neu zuzuordnen. Es gilt zu klären, welches Unternehmen künftig für die Durchführung bestimmter Teilprozesse am besten geeignet scheint. Die kooperierenden Unternehmen sollten deshalb bei der Optimierung der betriebsübergreifenden Prozesse als Einheit im Sinne eines virtuellen Unternehmens auftreten, so daß sie ihr Ziel, das Erreichen eines Gesamtoptimums, realisieren können.

Existierende Informationssysteme zur Unterstützung des Managements von Geschäftsprozessen sind zumeist dadurch gekennzeichnet, daß sie lediglich einen Teilbereich der Aufgaben des Prozeßmanagements abdecken. Oftmals richten sie sich auch an bestehenden funktionalen Organisationsstrukturen aus und sind damit für die unternehmensübergreifende, wirtschaftliche Reorganisation von Geschäftsprozessen ungeeignet. Eine DV-Unterstützung insbesondere auch für strategische Planungsverfahren und überbetriebliche Fragestellungen im Rahmen eines umfassenden Prozeßmanagements fehlt bisher jedoch. Zur zieladäquaten Gestaltung von Prozessen müssen für Entscheidungsträger DV-Systeme verfügbar sein, die ihm Schwachstellen innerhalb der Abläufe aufzeigen, Rationalisierungspotentiale identifizieren und Vorgehensweisen zur Ausschöpfung dieser vorschlagen. In diesem Zusammenhang kommt einer Bewertungskomponente für das Prozeßmanagement eine Schlüsselrolle zu. Für das betriebsübergreifende Management von Geschäftsprozessen ist darüber hinaus die Koordination und Abstimmung der unternehmensintern entwickelten Strategien zur Optimierung der Abläufe über die Unternehmensgrenzen hinweg erforderlich.

Zur Deckung des geschilderten Bedarfs einer DV-Unterstützung für das Prozeßmanagement wird im folgenden die Konzeption eines verteilten, wissensbasierten Systems vorgestellt. Durch seinen Einsatz werden die Beziehungen bzw. Abläufe zwischen Unternehmen anhand aussagekräftiger Größen gestaltet und gesteuert.

---

[1] Zu den Nachteilen der Zergliederung von ganzheitlichen Abläufen vgl. u.a. Scheer, A.-W. (1990), S. 64-71.

[2] Vgl. Scheer, A.-W. (1993); Gaitanides, M. (1983); Hammer, M.; Champy, J. (1994).

2 Fachkonzeption einer DV-Unterstützung

2.1 Betriebswirtschaftliche Sicht

Die Optimierung von Geschäftsprozessen basiert auf erfaßten und modellierten Prozeßstrukturen. Die verwendete Methode zur Geschäftsprozeßmodellierung sollte dabei neben allgemeinen Anforderungen auch die Anforderungen, die sich aus der Aufgabe des überbetrieblichen Prozeßmanagements ergeben, erfüllen.[3] Als geeignet wird in diesem Zusammenhang die Methode der ereignisgesteuerten Prozeßketten (EPK) erachtet.[4] Mit ihr wird die zeitlich-logische Abfolge von Funktionen innerhalb eines ganzheitlichen Prozesses dargestellt. Konstrukte der EPK sind Ereignisse und Funktionen. Ereignisse lösen Funktionen aus und sind wiederum das Ergebnis von Funktionen. Die EPK können um die Angabe von Datenflüssen und Organisationseinheiten, die für die Durchführung der Funktionen zuständig sind, zu der Methode der erweiterten ereignisgesteuerten Prozeßketten (eEPK) ergänzt werden. Die Methoden EPK und eEPK werden in der Architektur integrierter Informationssysteme (ARIS) auf die Ebene des Fachkonzeptes der Steuerungssicht als Verbindung von Daten-, Funktions- und Organisationsaspekten eingeordnet.[5] In Abbildung 2 ist beispielhaft ein Prozeßkettenmodell dargestellt.

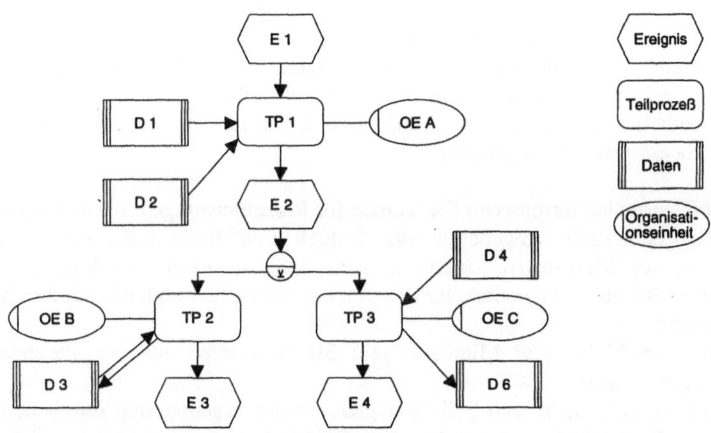

Abbildung 2: Beispiel für ein Prozeßkettenmodell

Zur Beurteilung der Effizienz und um eine Vergleichbarkeit alternativer Strukturen herzustellen, sind die überbetrieblichen Geschäftsprozesse zu bewerten. Aus diesem Gesichtspunkt wird das Prozeßmanagement in zwei Teilbereiche untergliedert: das Prozeßkostenmanagement und das Prozeßerlösmanagement.[6]

Aufgabe des Prozeßkostenmanagements ist die Bewertung von Prozessen mit Kosten und darauf aufbauend die Identifizierung geeigneter Kostenstrategien. Die Bewertung wird mittels des Verfahrens der Prozeßkostenrechnung durchgeführt. Als Eingangsdaten werden auf Kostenstellen kontierte Kostenarten aus der Kostenartenrechnung traditioneller Kostenrechnungssysteme übernommen. Hinsichtlich einer verstärkten Prozeßorientierung in den Unternehmen wie sie zur Zeit stattfindet, ist dieses Vorgehen jedoch zu überdenken. Kostenstelleninformationen verlieren in diesem Zusammenhang zunehmend an Aussagekraft und damit auch an Bedeutung. Durch die Einführung einer prozeßorientierten Organisations-

[3] Vgl. Hirschmann, P.; Scheer, A.-W. (1994a), S. 5-6.
[4] Vgl. Scheer, A.-W. (1994), S. 49-52.
[5] Vgl. Scheer, A.-W. (1992).
[6] Vgl. Hirschmann, P.; Scheer, A.-W. (1994b), S. 192.

struktur ist die Kostenstellenstruktur, die sich vorwiegend an einer funktionalen Aufbauorganisation ausrichtet, bzgl. ihrer Notwendigkeit und Berechtigung zu hinterfragen. Geschäftsprozeßverantwortliche übernehmen die Aufgaben eines klassischen Kostenstellen- oder Abteilungsleiters. Aus diesen Gründen ist zu überlegen, ob die traditionelle Kostenstellenstruktur sinnvoll aufrecht zu erhalten ist oder ob nicht vielmehr Prozesse als Kostenstellen interpretiert werden sollten.[7] Im letzteren Fall sind Kostenarten direkt auf Prozesse zu kontieren.

Eine reine Kostenbetrachtung reicht für ein entscheidungsorientiertes Management von inner- und überbetrieblichen Geschäftsprozessen jedoch nicht aus. Kosten alleine bilden keine ausreichende Entscheidungsgrundlage zur Gestaltung und Optimierung von Prozessen. Neben den Kosten sind deshalb auch Erlöse in die Überlegungen mit einzubeziehen, d.h. die Beurteilung von Geschäftsprozessen erfordert auch die Bewertung ihres Erlösbeitrages. Würde man sich ausschließlich an Kostengesichtspunkten orientieren und versuchen, die Kosten eines teuren Prozesses durch entsprechende Maßnahmen zu reduzieren, bestünde die Gefahr, u.U. auch dessen möglicherweise hohe Erlöswirkung einzuschränken. Aus diesen Gründen muß neben dem Prozeßkostenmanagement das Prozeßerlösmanagement ebenfalls Teil des Prozeßmanagements sein.

Der Prozeßerlös stellt die Bewertung der Prozeßleistung dar.[8] Um diesen zu ermitteln, ist es allerdings nicht möglich, den insgesamt innerhalb eines Bezugszeitraumes am Markt erzielten Erlös auf die Stufen des Produktionsprozesses, d.h. auf die Prozesse des Entwicklungs-, Vertriebs-, Produktions- und Beschaffungsbereiches aufzuspalten. Eine derartige Aufspaltung müßte in Ermangelung geeigneter Kriterien willkürlich erfolgen und würde damit jeglicher Aussagekraft entbehren.[9] Aus diesem Grund ist zur Ermittlung des Prozeßerlöses geeigneten anderen Vorgehensweisen zu folgen:[10]

- Bildung von Verrechnungspreisen: Sie werden für Prozeßleistungen, die an interne Kunden (Organisationseinheiten) abgegeben werden, festgelegt und ihnen in Rechnung gestellt.
- Durchführung von Make-or-Buy-Analysen: Ermittlung des extern auf dem Markt zu zahlenden Preises für bisher eigenerstellte Prozeßleistungen und Vergleich mit den Kosten bei Eigenerstellung.
- Berechnung von Mehr- und Mindererlösen: Sie resultieren aus der Veränderung der Struktur von Prozessen.
- Realisierung interner Make-and-Sell-Strategien: Erlöse ergeben sich durch den Verkauf eigenerstellter Prozeßleistungen auf dem externen Markt.

Werden den Prozeßerlösen die Prozeßkosten gegenübergestellt, kann damit im Sinne einer Prozeßergebnisrechnung als Differenz ein Erfolg ausgewiesen werden. Zwischen den Prozeßergebnissen von Teilprozessen innerhalb einer Prozeßkette können jedoch gegenläufige Effekte auftreten. Das Ergebnis der gesamten Prozeßkette kann zwar insgesamt positiv sein, ein Rückschluß auf die Höhe der Ergebnisse der einzelnen Teilprozesse ist dadurch allerdings nicht möglich, da ein negatives Ergebnis eines Teilprozesses durch ein positives überkompensiert werden kann. Deshalb ist es nicht ausreichend, lediglich das Ergebnis der gesamten Prozeßkette zu analysieren, die einzelnen Teilprozeßergebnisse müssen primär Betrachtungsgegenstand sein.

---

[7] Als Kriterien zur Bildung von Kostenstellen gelten das Verantwortungsprinzip, das Bezugsgrößenprinzip und das Kontierungsprinzip. Vgl. Kilger, W. (1993), S. 304-312. Diese Anforderungen werden von Prozessen erfüllt.

[8] Vgl. Witt, F.-J. (1991), S. 29-31.

[9] Vgl. Männel, W. (1992), S. 654.

[10] Vgl. Hirschmann, P.; Scheer, A.-W. (1994c), S. 95-96.

Anhand der Bewertungsergebnisse sind Schwachstellen und Rationalisierungspotentiale innerhalb der Prozeßstrukturen zu identifizieren. Gemäß der von den kooperierenden Unternehmen bei der Optimierung der Prozesse verfolgten Ziele sind Strategien und Maßnahmen zur Reorganisation und Restrukturierung der Prozesse zu entwickeln und hinsichtlich ihrer Wirkungen zu beurteilen. Beispiele für Maßnahmen sind das Eliminieren redundanter oder nicht wertschöpfungsrelevanter Teilprozesse, die organisatorische Neuzuordnung von Teilprozessen über Unternehmensgrenzen hinweg, das Zusammenfassen, Splitten und Fremdvergeben von Teilprozessen sowie die Veränderung der Reihenfolge von Teilprozessen.

Für das betriebsübergreifende Prozeßmanagement sind die von einem Unternehmen vorgeschlagenen Strategien und Maßnahmen mit den Kooperationspartnern zu koordinieren und abzustimmen.

2.2 DV-technische Sicht

Ein Informationssystem zum überbetrieblichen Prozeßmanagement muß drei Charakteristika aufweisen:

- ***Unterstützung der Modellierung von Geschäftsprozessen***
Zur Durchführung des betriebsübergreifenden Prozeßmanagements sind die stattfindenden Geschäftsprozesse formal und exakt zu beschreiben (Prozeßmodellierung). Da die Struktur der meisten Prozesse komplex und in der Regel nicht dokumentiert ist, sind grafisch unterstützte Modellierungswerkzeuge erforderlich, um eine übersichtliche Darstellung der Abläufe zu gewährleisten. Die Modellierung der Prozesse erfolgt verteilt in den jeweiligen Unternehmen. Die Zusammenführung der in den Unternehmen stattfindenden Teile zu einem ganzheitlichen Geschäftsprozeß ist geeignet zu unterstützen.

- ***Einsatz wissensbasierter Methoden***
Das Management betriebsübergreifender Geschäftsprozesse beinhaltet komplexe, unstrukturierte Probleme, die mit herkömmlichen mathematischen Modellen nicht lösbar sind. Der Entscheidungsträger ist deshalb wissensbasiert zu unterstützen. Insbesondere bei der Analyse der betriebsübergreifenden Prozesse hinsichtlich möglicher Schwachstellen sowie der Ableitung und Beurteilung geeigneter Maßnahmen zur Optimierung der Prozesse erweist sich der Einsatz wissensbasierter Methoden als notwendig.

- ***Verteilung der Systemkomponenten***
Der inhärenten Verteilung des Anwendungsbereiches entsprechend ist ein verteilter Systemansatz zu wählen. Die Systemkomponenten sind auf die kooperierenden Unternehmen zu verteilen und repräsentieren diese mit ihren Zielen und Strategien. Da Unternehmen in überbetrieblichen Beziehungen unterschiedliche Interessen verfolgen, ist eine zentrale Koordination und Kontrolle der Systemkomponenten wie beispielsweise über einen Blackboard-Ansatz nicht geeignet. Deshalb wird für das überbetriebliche Prozeßmanagement eine Systemkonzeption in Form eines Multi-Agenten-Systems vorgeschlagen. Multi-Agenten-Systeme bestehen aus autonomen verteilten und wissensbasierten Informationssystemen, die zur Lösung von Problemen kooperieren.[11] Die Koordination und die Kontrolle der einzelnen Agenten wird dezentral durch Verhandlungen ausgeübt.
In Abbildung 3 ist die dem Prototyp zugrundeliegende Systemkonzeption dargestellt.[12] Dieser wird im folgenden Kapitel beschrieben.

---

[11] Zelewski, S. (1993); Martial, F. von (1993).

[12] Scheer, A.-W., Berkau, C.; Hirschmann, P. (1994), S. 471.

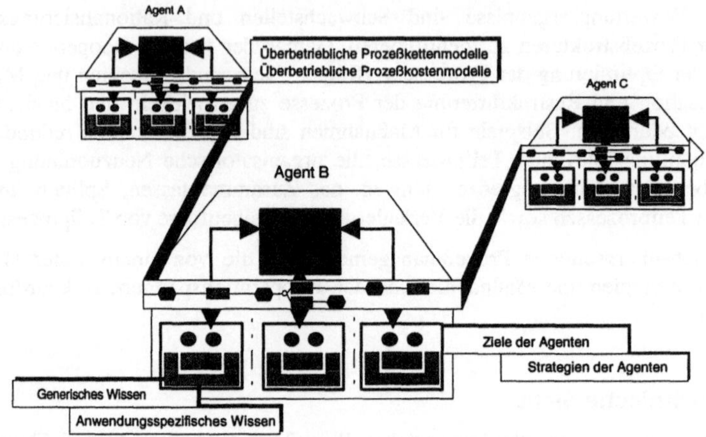

Abbildung 3: Systemkonzeption für das betriebsübergreifende Prozeßmanagement

3 Der Prototyp *PRINCESS*

Die beschriebene Konzeption ist in dem Prototyp *PRINCESS* (Process Management with Intelligent Cooperating Information Systems) umgesetzt. Er wird im Rahmen eines von der Deutschen Forschungsgemeinschaft geförderten Forschungsvorhabens entwickelt.[13] Der Prototyp ist auf zwei Workstations SUN Sparc unter dem Betriebssystem UNIX implementiert und in der Sprache C++ programmiert. Als Multi-Agenten-System-Shell wird MAGSY verwendet.[14] Mit ihr werden die hybriden Wissensbasen erstellt. Das Wissen ist dazu in einer regelbasierten Repräsentationsform beschrieben. Zur Gestaltung der Benutzeroberflächen wird xf bzw. tcl/tk eingesetzt. Der externen Datenspeicherung dient die relationale Datenbank ORACLE.

Die Modellierung der überbetrieblichen Prozeßketten wird mit dem System ARIS-Toolset 2.1 durchgeführt.[15] Dieses System basiert auf der ARIS-Architektur und unterstützt effizient die Methoden EPK und eEPK. Ein weiterer Vorteil dieses Systems liegt in seiner Implementierung als PC-Anwendung unter Windows. Damit ist eine flexible Erfassung und Modellierung der überbetrieblichen Prozesse in den Unternehmen, beispielsweise unter Verwendung eines Notebooks, möglich. Zur detaillierten Erhebung der Prozeßstrukturen ist es erforderlich, neben durchzuführenden Interviews die entsprechenden Abläufe vor Ort zu betrachten, um insbesondere die Schnittstellen zwischen Abteilungen und Unternehmen zu modellieren, über die in der Regel kein umfassendes Wissen vorliegt.
Das ARIS-Toolset ist in die UNIX-Umgebung integriert. Damit die mit dem ARIS-Toolset erfaßten Prozeßdaten direkt in der ORACLE-Datenbank abgelegt werden können, ist das ARIS-Toolset mit der ORACLE-Datenbank gekoppelt. Neben der Erfassung von Prozeßinformationen mittels des ARIS-Toolset ist auch ihre manuelle Eingabe über geeignete Masken des Prototyps möglich. Dies ist notwendig, damit vom Benutzer Änderungen der Daten vorgenommen und für Simulationszwecke die Werte variiert werden können.

Nach der Modellierung der Prozesse wird unter einem Menüpunkt die Möglichkeit zu ihrer Klassifikation angeboten (sie muß nicht notwendigerweise durchgeführt werden, kann aber für

[13] Das Forschungsvorhaben (Az.: Sche 185/11-2) findet im Rahmen des DFG-Schwerpunktprogramms "Verteilte DV-Systeme in der Betriebswirtschaft" statt.

[14] Vgl. zu MAGSY Fischer, K.; Windisch, H.-M. (1992).

[15] Das ARIS-Toolset 2.1 ist ein Produkt der IDS Prof. Scheer GmbH.

das weitere Vorgehen geeignete Hilfestellung gewährleisten). Dazu werden in einer Liste sämtliche überbetrieblichen Prozesse aufgeführt. Das Ranking der Prozesse wird über Verhandlungen zwischen den Agenten festgelegt. Anhand der Ergebnisse wird das Vorgehen beim überbetrieblichen Prozeßmanagement bestimmt, d.h. es werden zunächst die Prozesse analysiert und optimiert, die die höchste Priorität gemäß der Klassifikation besitzen.

Die Gestaltung der Oberflächen der Systemkomponenten zur Eingabe der Daten über Prozesse (sofern sie nicht mittels des ARIS-Toolset erfaßt und aus der Datenbank gelesen werden) und ihrer Visualisierung erfordert besondere Aufmerksamkeit. Die für den Benutzer notwendigen Informationen sind entsprechend aufzubereiten. Kosten-, Erlös- und Ergebnisdaten über die Teilprozesse eines Geschäftsprozesses werden in tabellarischer Form dargestellt. In diese Tabellen können von dem Benutzer Änderungen manuell eingetragen werden. Parallel dazu kann in einem weiteren Fenster der Prozeß mit den für die Durchführung der Teilprozesse zuständigen Organisationseinheiten der entsprechenden Unternehmen angezeigt werden. Die Inhalte der Tabellen können grafisch aufbereitet in vom Benutzer bestimmbaren Diagrammarten angezeigt werden. Die Grafiken werden flexibel aus den Tabellen erzeugt und bei Änderungen der Werte automatisch angepaßt. Zur Analyse der Prozesse können Auswertungsfunktionen von dem Benutzer angestoßen werden. So können beispielsweise in einer Grafik alle Teilprozesse mit negativen Prozeßergebnissen oder überdurchschnittlich hohen Prozeßkosten farbig gekennzeichnet werden.

Unter einem weiteren Menüpunkt sind die wissensbasierte Auswertungsanalyse sowie darauf aufbauend die Ableitung und Beurteilung von Maßnahmenvorschlägen zur Restrukturierung und Reorganisation der Prozesse realisiert. Anhand der Ergebnisse der Prozeßbewertungen werden die rationalisierungsrelevanten Teilprozesse identifiziert. Für sie entwickeln die Systemkomponenten lokal Maßnahmen, ermitteln deren Wirkungen und stellen sie zur Diskussion. Durch Verhandlungen zwischen den Agenten über diese Vorschläge wird die betriebsübergreifende Neugestaltung festgelegt.

Der Umfang und die Qualität des Wissens der Agenten determinieren maßgeblich die Leistungsfähigkeit des Prototyps. Es können jedoch nur Teile des generischen Wissens anhand von Literaturanalysen etc. erworben werden. In praktischen Anwendungsfällen wird deshalb weiteres Wissen akquiriert und in fallspezifische Wissensbasen implementiert. Diese Wissensbasen enthalten auch die für die jeweiligen Unternehmen geltenden Restriktionen bzgl. der überbetrieblichen Prozesse sowie bereichsspezifisches Erfahrungswissen. Desweiteren wird in Anwendungsfällen das bereits in den Wissensbasen enthaltene Wissen hinsichtlich seiner logischen Konsistenz, Vollständigkeit und Korrektheit überprüft.
Aus diesen Gründen werden Fallstudien in Unternehmen durchgeführt. Zum einen werden dabei dort stattfindende Prozesse analysiert und anwendungsabhängiges Wissen erworben. Zum anderen wird der Prototyp im praktischen Einsatz validiert.

4 Zusammenfassung und Ausblick

Aus den gewonnenen Erkenntnissen und erzielten Ergebnissen kann geschlußfolgert werden, daß der Einsatz eines Multi-Agenten-Systems die Durchführung des überbetrieblichen Prozeßmanagements wesentlich vereinfachen kann. Verhandlungen über betriebsübergreifende Prozesse können auf das System übertragen werden, das anhand seines Wissens, der abgebildeten Ziele und der gespeicherten Daten Vorschläge zur Restrukturierung und Reorganisation von Prozessen unterbreitet und die Wirkungen der entsprechenden Maßnahmen aufzeigt. Als Vorteile für die Entscheidungsträger (Business Process Owner) in den entsprechenden Unternehmen sind u.a. eine signifikante Zeitersparnis und ein verringerter Abstimmungsaufwand zu nennen. Zudem verfügen sie in der Regel nicht über ein umfassendes Wissen bzgl. der

Abläufe in und zwischen Unternehmen und können damit die betriebswirtschaftlichen Konsequenzen von Maßnahmen nicht ausreichend abschätzen.

Durch die Bewertung von überbetrieblichen Prozessen werden aussagekräftige, meßbare Größen gebildet, die die Beurteilung der Effizienz von Prozessen und deren Teilprozesse ermöglichen. Damit wird eine fundierte Grundlage zur Verfügung gestellt, um Entscheidungen über die Abläufe zu treffen und alternative Strukturen vergleichen zu können.

Insgesamt unterstreicht das hohe Interesse der Unternehmen an der prozeßorientierten Reorganisation ihrer Unternehmensstrukturen dessen Notwendigkeit, was aktuell auch durch Begriffe wie Business Reengineering, Business Process Engineering etc. in Praxis und Wissenschaft belegt wird. Die damit einhergehende Dezentralisierung, der Wandel des Denkens in Bereichen hin zu einem Denken in Prozessen und die Flexibilität bzgl. des Ausgestaltens von Kooperationen zwischen Unternehmen erfordert die Nutzung von kooperierenden, verteilten Systemen, die die für das Prozeßmanagement geltenden Anforderungen erfüllen und damit den Gestaltungsprozeß adäquat unterstützen.

Literatur

Fischer, K.; Windisch, H.-M. (1992): MAGSY: Ein regelbasiertes Multiagentensystem. KI, 6(1992)1, S. 22-26.

Gaitanides, M.(1983): Prozeßorganisation. München 1983.

Hammer, M.; Champy, J. (1994): Business Reengineering: die Radikalkur für das Unternehmen. 2. Aufl., Frankfurt et al. 1994.

Hirschmann, P.; Scheer, A.-W. (1994a): Konzeption einer DV-Unterstützung für das überbetriebliche Prozeßmanagement. In: Veröffentlichungen des Instituts für Wirtschaftsinformatik. Hrsg.: A.-W. Scheer. Heft 113, Saarbrücken 1994.

Hirschmann, P.; Scheer, A.-W. (1994b): Entscheidungsorientiertes Management von Geschäftsprozessen. Management & Computer, 2(1994)3, S. 189-196.

Hirschmann, P.; Scheer, A.-W. (1994c): Prozeßcontrolling mit Kosten und Erlösen. In: Tagungsband 4. Ilmenauer Wirtschaftsforum "Controlling-Konzepte für die mittelständische Wirtschaft (KMU)". Hrsg.: E. Köhler. Ilmenau 1994, S. 92-97.

Kilger, W. (1993): Flexible Plankostenrechnung und Deckungsbeitragsrechnung. 10. Aufl. (bearbeitet durch K. Vikas), Wiesbaden 1993.

Männel, W. (1992): Bedeutung der Erlösrechnung für die Ergebnisrechnung. In: Handbuch Kostenrechnung. Hrsg.: W. Männel. Wiesbaden 1992, S.631-655.

Martial, F. von (1992): Einführung in die Verteilte Künstliche Intelligenz. KI, 6(1992)2, S. 6-11.

Scheer, A.-W. (1990): EDV-orientierte Betriebswirtschaftslehre. 4. Aufl., Berlin et al. 1990.

Scheer, A.-W. (1992): Architektur integrierter Informationssysteme - Grundlagen der Unternehmensmodellierung. 2. Aufl., Berlin et al. 1992.

Scheer, A.-W. (1993): Reorganisation von Unternehmensprozessen: vom Vorstandsbeschluß zum neuen Formular. In: Rechnungswesen und EDV. 14. Saarbrücker Arbeitstagung 1993. Hrsg.: A.-W. Scheer. Heidelberg 1993, S. 3-18.

Scheer, A.-W. (1994): Wirtschaftsinformatik - Referenzmodelle für industrielle Geschäftsprozesse. 5. Aufl., Berlin et al. 1994.

Scheer, A.-W.; Berkau, C.; Hirschmann, P. (1994): Cost Management of Business Processes. In: Innovationen bei Rechen- und Kommunikationssystemen - eine Herausforderung für die Informatik. Hrsg.: B. Wolfinger. 24. GI-Jahrestagung im Rahmen des 13th World Computer Congress IFIP Congress '94, Berlin et al. 1994, S. 466-472.

Witt, F.-J. (1991): Das Konzept des Prozeßmanagements. In: Aktivitätscontrolling und Prozeßkostenmanagement. Hrsg.: F.-J. Witt. Stuttgart 1991, S. 3-37.

Zelewski, S. (1993): Agenten. Information Management, 8(1993)2, S. 79-81.

Fachgespräch 5:

Informations- und Computersicherheit

Durch die wachsende Abhängigkeit der Wirtschaft und Gesellschaft von Informatiksystemen, die zunehmende Einsicht in die Notwendigkeit des Datenschutzes und durch die immer grössere Vernetzung und Komplexität von Informationssystemen ist die Informations- und Computersicherheit zu einem zentralen Thema geworden. In diesem Fachgespräch sollen einem breiten Publikum technisch fundierte Beiträge zu allgemeinen Fragen vorgestellt werden. Themenbereiche sind unter anderem Sicherheit in verteilten Systemen, offenen Netzen und Datenbanken, elektronische Zahlungsmittel, kryptographische Protokolle, Schlüsselmanagement, formale Methoden und Sicherheitsarchitekturen.

Programmkomitee des Fachgespräches:
U. Maurer, Zürich (Koordination)
K. Bauknecht, Zürich, K. Echtle, Dortmund, H.-P. Frei, Zürich, R. Grimm, Darmstadt, W. Meier, Brugg-Windisch, A. Pfitzmann, Dresden, R. Reischuk, Lübeck, R. A. Rüppel, Wetzikon, P. Schmid, Regensdorf

Fair anonyme Zahlungssysteme

Jan Camenisch[1], Jean-Marc Piveteau[2], Markus Stadler[1]

[1] Institut für Theoretische Informatik
CH-8092 Zürich, Schweiz
Email: {camenisch, stadler}@inf.ethz.ch

[2] Schweizerische Bankgesellschaft
UBILAB
Bahnhofstrasse 45
CH-8021 Zürich, Schweiz
Email: piveteau@ubilab.ubs.ch

Zusammenfassung: Mit Hilfe kryptographischer Protokolle können elektronische Zahlungssysteme realisiert werden, welche anonyme Zahlungen ermöglichen. Während solche Systeme einerseits die persönlichen Daten des Zahlenden besser schützen, bergen sie andererseits die Gefahr des Missbrauchs, z.B. um Geld zu waschen.
In diesem Artikel wird das Konzept fair anonymer Zahlungssysteme vorgestellt. Solche Zahlungssysteme erlauben ebenfalls anonyme Zahlungen, allerdings gibt es eine vertrauenswürdige Instanz, mit deren Hilfe in begründeten Fällen die Anonymität aufgehoben werden kann. Anhand zweier Beispiele wird aufgezeigt, wie solche Zahlungssysteme realisiert werden können.

Schlüsselwörter: elektronische Zahlungsmittel, faire Kryptosysteme, kryptographische Protokolle.

1 Einleitung

In Netzwerken wie dem Internet entstehen neue elektronische Marktplätze, in denen Kunden schnell und unkompliziert Waren und Dienstleistungen beziehen können. Wichtiger Bestandteil eines solchen Marktes ist ein effizientes elektronisches Zahlungssystem. Die Sicherheit solcher Zahlungssysteme ist ein wichtiges Kriterium für deren Akzeptanz bei den Benutzern. Dabei ist nicht nur die Sicherheit bezüglich Fälschung und Betrug zu betrachten, sondern auch der Schutz personenbezogener Daten. Besonders kritisch sind hier Daten über das Kaufverhalten von Kunden. Während der Schutz dieser Daten in existierenden Zahlungssystemen nur durch administrative Massnahmen gewährleistet werden kann, hat die Kryptologie Methoden hervorgebracht, welche es einem Kunden erlauben, vollkommen anonym elektronische Zahlungen zu tätigen [1, 2, 4, 6, 7, 8, 9, 10, 11, 12, 13, 14, 15]. Dadurch fallen diese kritischen Daten gar nicht an.

[1] Diese Autoren werden von der Schweizerischen Kommission zur Förderung der wissenschaftlichen Forschung (KWF) und der Schweizerischen Bankgesellschaft unterstützt.

Anonyme Zahlungssysteme bergen aber die Gefahr, dass sie von Kriminellen missbraucht werden können. Oft wird dahingehend argumentiert, dass die Gefahr eines Missbrauchs gering sei, falls nur kleine Beträge anonym gezahlt werden können. Dies stimmt nicht, wenn es sich um sogenannte digitale Zahlungssysteme handelt, welche nicht an ein bestimmtes physisches Medium gebunden sind: Mit einem solchen digitalen System könnten in kurzer Zeit Tausende von kleinen Beträgen anonym verschoben und somit grosse Geldsummen gewaschen werden.

Als Kompromiss zwischen Systemen ohne und solchen mit vollkommener Anonymität wird in dieser Arbeit das Konzept fair anonymer Zahlungssysteme vorgeschlagen. Solche Zahlungssysteme erlauben nur „bedingt" anonyme Zahlungen, bei welchen die Anonymität in begründeten Fällen von einer vertrauenswürdigen Instanz aufgehoben werden kann.

Im nächsten Abschnitt wird ein Modell für fair anonyme Zahlungssysteme eingeführt und die verschiedenen Sicherheitsaspekte, im besonderen die Anonymität, werden erläutert. Auch werden die Konzepte blinder und fair blinder Unterschriften dargestellt. In Abschnitt 3 werden dann zwei Realisierungen von fair anonymen Zahlungssystemen beschrieben und diskutiert.

2 Grundkonzepte

2.1 Modell fair anonymer Zahlungssysteme

Ein elektronisches Zahlungssystem besteht aus Protokollen zwischen drei verschiedenen Parteien: einer Bank, einem Geschäft und einem Kunden. Das Geschäft und der Kunde besitzen je ein Konto bei der Bank. Mit Hilfe der Protokolle kann der Kunde beim Geschäft bezahlen. Es können folgende drei (nicht notwendigerweise zeitlich getrennte) Phasen unterschieden werden: *Abheben* vom Konto des Kunden, *Zahlung* an das Geschäft und *Gutschreiben* auf das Konto des Geschäfts. Je nachdem, ob die Bank in die zweite Phase involviert ist oder nicht, nennt man ein Zahlungssystem *on-* oder *off-line*.

Zu den Sicherheitseigenschaften von Zahlungssystemen gehört neben Unfälschbarkeit und Schutz vor Betrug auch der Schutz personenbezogener Daten, im speziellen Informationen über das Kaufverhalten der Kunden. Das Entstehen solcher Daten kann verhindert werden, wenn Zahlungen anonym[3] sind. Wenn zusätzlich die Zahlungen eines Kunden nicht miteinander verknüpft werden können, dann ist es der Bank auch nicht möglich, anhand der Zahlungen ein Persönlichkeitsprofil eines ihr unbekannten Kunden zu erstellen.

Solche *anonyme Zahlungssysteme* können von Kriminellen missbraucht werden, um „sicher" Geld zu erpressen[4] oder zu waschen. Dies ist möglich, weil die Eigenschaft der Anonymität verhindert, dass die Bank oder die Behörden den Weg

[3] Eine Zahlung ist anonym, wenn der Bank entweder nur der Zahlende oder nur der Zahlungsempfänger, nicht aber beide bekannt sind.

[4] In diesem Szenario zwingt ein Erpresser das Opfer Geld abzuheben, welches sich der Erpresser dann anonym bezahlen lässt [17].

des Geldes verfolgen können. Um solche Missbräuche zu unterbinden, gibt es in einem *fair anonymen Zahlungssystem* eine zusätzliche, vertrauenswürdige Instanz, z.B. einen Richter, welche zusammen mit der Bank die Anonymität einer Zahlung in begründeten Fällen aufheben kann. Grundsätzlich gibt es dabei zwei Szenarien:

A: Aufheben der Anonymität des Zahlungsempfängers: Die Bank kennt das Konto des Zahlenden und die Werte, welche sie während dem Protokoll für das Abheben von diesem Konto erhalten hat. Sie möchte das Konto des Zahlungsempfängers erfahren.

B: Aufheben der Anonymität des Zahlenden: Die Bank kennt das Konto des Zahlungsempfängers und die Werte, welche sie während des Protokolls für das Gutschreiben einer Zahlung auf das Konto des Geschäfts erhalten hat. Sie möchte erfahren, von welchem Konto diese Zahlung stammt.

Das sichere Erpressen von Geld wird verunmöglicht, wenn die Anonymität der Zahlung in Szenario A aufgehoben werden kann. Ist dies in beiden Szenarien möglich, so wird die Aufklärung von Geldwasch-Fällen ermöglicht.

Kann die Anonymität im Szenario A aufgedeckt werden, ist dies prinzipiell auch im Szenario B möglich: Dazu verfährt die Bank für die Konten aller potentieller Zahlenden nach Szenario A. Dieses Vorgehen ist aber sehr ineffizient. Das gleiche gilt für den umgekehrten Fall.

2.2 Blinde Unterschriften

Das Konzept der blinden, digitalen Unterschriften, welches von D. Chaum eingeführt wurde [5], ist zentral für jedes anonyme Zahlungssystem. Es beinhaltet zwei Parteien: einen Sender und einen Unterschreibenden. Der Sender möchte vom Unterschreibenden eine Unterschrift einer Nachricht erhalten, ohne dass dieser die Nachricht oder deren Unterschrift erfahren kann. Ein blindes (oder verdecktes) Unterschriften-Schema kann als Tupel $(Bl(\cdot,\cdot), Sig(\cdot), Ex(\cdot,\cdot), Ver(\cdot,\cdot))$ aufgefasst werden. Die Funktion $Sig(\cdot)$ ist nur dem Unterschreibenden bekannt, während die anderen Funktionen öffentlich sind. Für eine Nachricht m und einen zufälligen Wert ρ, den *Blindungsfaktor*[5], ist $Bl(\rho, m)$ die verdeckte Nachricht und $\sigma' = Sig(Bl(\rho, m))$ die verdeckte Unterschrift. Aus letzterer und dem Blindungsfaktor lässt sich die „wirkliche" Unterschrift von m berechnen: $\sigma = Ex(\rho, \sigma')$. Um den Unterschreibenden daran zu hindern, m und σ mit $Bl(\rho, m)$ und σ' in Zusammenhang zu bringen, ist es wichtig, dass der Sender den Blindungsfaktor zufällig wählt. Schliesslich kann mit dem Prädikat $Ver(\cdot,\cdot)$ die Gültigkeit der Unterschrift überprüft werden. Insbesondere gilt:

$$\forall\rho, \forall m: \qquad Ver(m, Ex(\rho, (Sig(Bl(\rho, m))))) = 1.$$

Verschiedene Realisierungen dieser kryptographischen Primitive wurden in [3, 5, 11] vorgeschlagen.

[5] engl. blinding factor

2.3 Fair blinde Unterschriften

Das Konzept der fair blinden Unterschriften wurde in [16] eingeführt. Es erweitert das Konzept der blinden Unterschrift um eine dritte Partei, welcher die beiden anderen Parteien vertrauen, die aber nicht am Erzeugen der Unterschrift beteiligt ist. Die Aufgabe dieser dritten Partei ist es nun, in Fällen des Missbrauchs die "Blindheit" des Unterschriftensystems aufzudecken (vergleiche auch Abschnitt 2.1).

3 Zwei Realisierungen von fair anonymen Zahlungssystemen

Im Folgenden werden zwei Realisierungen fair anonymer Zahlungssysteme vorgestellt. Beide basieren auf dem anonymen Zahlungssystem, das in [4] beschrieben wurde und im untenstehenden Abschnitt nochmals kurz dargestellt ist.

3.1 Das zugrundeliegende anonyme Zahlungssystem

Die Grundidee des Zahlungssystems besteht darin, dass die Bank zwei verschiedene Arten von Konten führt: *persönliche Konten*, bei welchen die Identität des Kontoinhabers bekannt ist, und *anonyme Konten*, bei welchen der Inhaber nur durch ein Pseudonym bekannt ist. Eine anonyme Zahlung kann nun wie folgt durchgeführt werden:

Abheben: Der Kunde überweist Geld anonym von seinem persönlichen auf ein anonymes Konto. Dies geschieht in zwei Phasen: *Abheben vom persönlichen Konto* und *Gutschreiben auf das anonyme Konto.* Die Protokolle für diese anonyme Überweisung bilden das Herzstück des Systems.
Beim Abheben vom persönlichen Konto erhält der Kunde von der Bank eine (Gutschriften-)Bescheinigung über den abgehobenen Geldbetrag. Diese wird vom Kunden dazu benutzt, das Geld auf das anonyme Konto einzubezahlen. Die Bescheinigung muss folgende Eigenschaften aufweisen:
- Sie muss unfälschbar sein. Deshalb wird sie von der Bank digital unterschrieben.
- Sie darf die Identität des Kunden (bzw. die Nummer des persönlichen Kontos) nicht preisgeben. Dies kann mit Hilfe blinder Unterschriften-Systeme erreicht werden.
- Es darf nicht möglich sein, diese Bescheinigung mehr als einmal zu benutzen, um Geld auf ein anonymes Konto einzubezahlen. Deshalb enthält sie sowohl die Nummer des anonymen Kontos als auch eine Sequenz-Nummer.

Zahlung und Gutschreiben: Die Zahlung erfolgt als Überweisung vom anonymen Konto des Kunden auf das Konto des Geschäfts, wobei die Bank on-line überprüft, ob diese Überweisung möglich ist (z.B. ob genügend Geld auf anoymen Konto ist). Der Kunde ist während dieser Phase anonym.

Die Anonymität einer Zahlung ergibt sich nun daraus, dass die Bank zwar das Geschäft und das anonyme Konto des Kunden, nicht aber den Kunden selbst kennt. Allerdings sind verschiedene Zahlungen eines Kunden miteinander verknüpfbar, wenn dasselbe anonyme Konto benutzt wird. Möchte der Kunde dies verhindern, muss er für jede Zahlung ein neues, anonymes Konto benutzen.

3.2 Ein System mit Authentisierung durch den Richter

In diesem Abschnitt wird eine erste Realisierung eines fair anonymen Zahungssystems beschrieben. Das oben beschriebene anonyme Zahlungssystem lässt sich in ein fair anonymes Zahlungssystem umwandeln, indem man einen Richter als vertrauenswürdige Instanz einführt, der jeweils weiss, von welchem persönlichen auf welches anonyme Konto der Kunde Geld überweist. Dies wird dadurch erreicht, dass der Kunde jeden Transfer vom Richter authentisieren lassen muss. Die Bank führt dann die Protokolle *Abheben vom persönlichen Konto* und *Gutschreiben auf das anonyme Konto* nur noch aus, wenn der Kunde bescheinigen kann, dass der Richter die bevorstehende Transaktion authentisiert hat.

Das resultierende fair anonyme Zahlungssystem enthält gegenüber dem im letzten Abschnitt beschriebenen System die zusätzliche Phase *Authentisierung durch den Richter*, welche vor dem *Abheben vom persönlichen Konto* erfolgen muss. Diese neue Phase kann wie folgt realisiert werden:

- Der Kunde teilt dem Richter mit, von welchem persönlichen Konto auf welches anonyme Konto er Geld transferieren möchte. Dazu schickt er ihm die Nummer des privaten Kontos und die Bescheinigung m (und deren Blindungsfaktor ρ), welche er von der Bank blind unterschreiben lassen möchte. Diese Bescheinigung enthält unter anderem auch die Nummer des anonymen Kontos.
- Der Richter speichert die beiden Kontonummern und die Bescheinigung. Er stellt dem Kunden zwei weitere, von ihm unterschriebene, Bescheinigungen σ_1 und σ_2 aus. Die Bescheinigung σ_1 enthält die Nummer des persönlichen Kontos und die verdeckte Bescheinigung $Bl(\rho, m)$, σ_2 enthält die Bescheinigung m und die Nummer des anonymen Kontos.

Die Bescheinigung σ_1 muss der Kunde der Bank beim *Abheben vom persönlichen Konto* präsentieren. Dadurch ist letztere versichert, dass der Richter informiert ist, auf welches anonyme Konto der Kunde Geld transferieren möchte und wie die Bescheinigung m aussieht. Ebenso muss der Kunde beim *Gutschreiben auf das anonyme Konto* der Bank σ_2 vorweisen, um sie davon zu überzeugen, dass der Richter weiss, von welchem persönlichen Konto das Geld stammt und die verdeckte Bescheinigung $Bl(\rho, m)$ berechnen kann.

Nun wird dieses fair anonyme Zahlungssystem im Detail beschrieben. Das System benötigt die folgenden kryptographischen Primitiven:

- Ein Public-Key System (E_R, D_R) des Richters, wobei E_R die öffentliche Verschlüsselungsfunktion und D_R die geheime Entschlüsselungsfunktion ist.

- Ein digitales Unterschriften-System (Sig_R, Ver_R) des Richters. Die geheime Funktion Sig_R dient zum Erzeugen der Unterschrift. Anhand von Funktion Ver_R kann eine Unterschrift auf ihre Gültigkeit hin geprüft werden.
- Eine Einweg-Hashfunktion $\mathcal{H}$.
- Eine Menge von blinden Unterschriften-Schemas $\{(Bl_v, Sig_v, Ex_v, Ver_v)\}$. Jedes dieser blinden Unterschriften-Systeme ist mit einem Transaktions-Wert von v Franken assoziiert.

Voraussetzung für die unten beschriebenen Protokolle ist, dass der Kunde ein persönliches Konto n_p bei der Bank eröffnet hat und dass das Geschäft ebenfalls ein Konto bei der Bank besitzt.

Eröffnung eines anonymen Kontos

Damit der Kunde überhaupt anonym bezahlen kann, benötigt er ein anonymes Konto. Ein solches kann er folgendermassen eröffnen:

Protokoll Kunde K - Bank B:

1. K kontaktiert B anonym.
2. B eröffnet ein neues anonymes Konto n_a und setzt den Zähler $cnt_{aB} = 0$. B schickt K den Wert n_a.
3. K speichert n_a und setzt seinen Zähler $cnt_{aK} = 0$.

Ausserdem einigen sich die Bank und der Kunde auf ein sicheres Erkennungsverfahren, mit welchem sich der Kunde als Besitzer des anonymen Kontos identifizieren kann.

Möchte der Kunde nun eine Transfer-Zahlung von v Franken von seinem persönlichen Konto n_p auf sein anonymes Konto n_a machen, muss er die folgenden drei Protokolle nacheinander ausführen:

Authentisierung durch den Richter

Protokoll Kunde K - Richter R:

1. K kontaktiert R anonym. K wählt ρ, r, t_a zufällig und schickt R die Werte $n_a, n_p, v, \rho, r, t_a, cnt_{aK}$.
2. R berechnet $\sigma_1 = Sig_R(Bl_v(\rho, m)||n_p||E_R(n_a||\rho))$ und $\sigma_2 = Sig_R(m||n_a||E_R(n_p||t_a)||E_R(\rho))$, wobei $m = \mathcal{H}(n_a||cnt_{aK}||r)$ ist[6]. R schickt K die Werte: σ_1, σ_2.
3. K erhöht cnt_{aK} um 1.

Der zufällige Wert t_a ist dem anonymen Konto n_a zugeordnet. Deshalb darf der Kunde t_a für jedes anonyme Konto nur einmal wählen. Der Richter bezeugt mit seinen Unterschriften, dass er n_a und n_p gesehen hat und dass der Inhalt der von ihm unterschriebenen Nachrichten korrekt ist.

Um zu verhindern, dass der Richter in jede Transaktion involviert ist, könnte er in dieser Phase durch ein sicheres Modul in der Smartkarte des Kunden vertreten werden.

---

[6] || bezeichne die Konkatenation zweier Strings.

Abheben vom persönlichen Konto

Protokoll Kunde K - Bank B:

1. K identifiziert sich bei B.
   K schickt B die folgenden Werte: $n_p, v, Bl_v(\rho, m), \sigma_1, E_R(n_a||\rho)$.
2. B überprüft σ_1 und berechnet $Sig_v(Bl_v(\rho, m))$.
   B schickt K den Wert $Sig_v(Bl_v(\rho, m))$ und belastet das Konto n_p entsprechend.
3. K berechnet $\sigma = Ex_v(Sig_v(Bl_v(\rho, m)))$.

Mit dem Präsentieren von $\sigma_1, E_R(n_a||\rho)$ beweist der Kunde der Bank, dass der Richter diesen Transfer authentisiert hat.

Gutschreiben auf das anonyme Konto

Protokoll Kunde K - Bank B:

1. K kontaktiert B anonym.
   K sendet B die folgenden Werte: n_a, v, r, σ, σ_2, $E_R(n_p||t_a)$ und $E_R(\rho)$.
2. B berechnet $m = \mathcal{H}(n_a||cnt_{aB}||r)$ und testet die Gültigkeit von σ und σ_2.
   B schreibt auf das Konto n_a den entsprechenden Betrag gut. B erhöht den Zähler cnt_{aB} um 1.

Indem der Kunde der Bank die Werte σ_2, $E_R(n_p||t_a)$ und $E_R(\rho)$ schickt, kann er beweisen, dass der Richter weiss, von welchem persönlichen Konto dieses Geld stammt. Die Unterschrift σ kann als anonyme Münze angeschaut werden (ähnlich einer Metall-Münze). Da m die Kontonummer n_a enthalten muss, kann der Kunde die Münze nur für dieses eine anonyme Konto einlösen. Die Zähler cnt_{aB} und cnt_{aK} stellen sicher, dass der Kunde dieselbe Münze nicht mehr als einmal einlösen kann. Damit alle Münzen von der Bank angenommen werden, ist es wichtig, dass der Kunde diese in der richtigen Reihenfolge einlöst.

Anhand von $E_R(n_p||t_a)$ kann die Bank überprüfen, ob der Kunde das Geld jedesmal von demselben persönlichen Konto abgehoben hat. Die Bank kann somit erkennen und gegebenenfalls verhindern, dass der Kunde Geld von verschiedenen persönlichen Konten auf das gleiche anonyme Konto transferieren möchte. Soll das Zahlungssystem diese Eigenschaft nicht besitzen, so kann es angepasst werden, indem $E_R(n_p||t_a)$ und $E_R(\rho)$ in $E_R(n_p||\rho)$ zusammengefasst werden.

Zahlung an ein Geschäft

Wir nehmen an, dass Kunde, Geschäft und Bank gemeinsam *on-line* sind, und dass der Kunde dem Geschäft z Franken zahlen möchte. Die Bank kennt die Identität und das Konto des Geschäftes, während der Kunde der Bank und dem Geschäft unbekannt ist.

Protokoll Kunde K - Bank B - Geschäft G:

1. K identifiziert[7] sich bei B als Besitzer des anonymen Kontos n_a.

[7] Möchte der Kunde nicht anonym bezahlen, weist er sich mit seiner Identität als Besitzer seines persönlichen Kontos aus.

2. B belastet das Konto n_a mit z Franken.
   B schreibt dem Konto von G z Franken gut.

Das Geschäft weiss nun, dass die Bank auf sein Konto z Franken gutgeschrieben hat und vollzieht den Handel mit dem Kunden.

Aufheben der Anonymität

Im Szenario A kennt die Bank die Werte $E_R(n_a||\rho)$, $Bl_v(\rho,m)$, $Sig_v(Bl_v(\rho,m))$, v und σ_1. Schickt sie diese dem Richter, kann er (nach der Verifikation von σ_1) das anonyme Konto n_a und den Blindungsfaktor ρ durch Entschlüsseln von $E_R(n_a||\rho)$ ausfindig machen. Weiter kann er aus $Bl_v(\rho,m)$ und $Sig_v(Bl_v(\rho,m))$ die Nachricht m und deren Unterschrift $\sigma = Ex_v(\rho,(Sig_v(Bl_v(\rho,m)))$ berechnen.

Im Szenario B schickt die Bank dem Richter die Werte $E_R(n_p||t_a)$, $E_R(\rho)$, m, σ, v und σ_2. Der Richter prüft σ_2, entschlüsselt $E_R(n_p||t_a)$ und $E_R(\rho)$ und erhält somit das persönliche Konto n_p und die verdeckte Nachricht $Bl_v(\rho,m)$.

3.3 Ein System mit Registrierung

In diesem Abschnitt stellen wir eine zweite Realisierung eines fair anonymen Zahlungssystems vor, in welcher der Richter nicht mehr in jeden Transfer involviert ist.

Da es für die Aufhebung der Anonymität ausreicht, den Zusammenhang zwischen anonymem und persönlichem Konto zu kennen, würde es genügen, wenn der Kunde dem Richter nur einmal meldet zu welchem persönlichen Konto ein anonymes Konto gehört. Allerdings muss dann verhindert werden, dass Geld von einem anderen persönlichen auf dieses anonyme Konto transferiert werden kann.

Dies alles kann erreicht werden, indem das blinde Unterschriftensystem des anonymen Zahlungssystemes aus Abschnitt 3.1 durch ein fair blindes Unterschriftensystem ersetzt wird. Diese Änderung hat die neue Phase *Registrierung beim Richter* zur Folge, welche vor dem ersten Geld-Transfer vom persönlichen auf das anonyme Konto erfolgen muss und wie folgt realisiert werden kann:

- Der Kunde schickt dem Richter die Nummern des persönlichen und des anonymen Kontos.
- Der Richter wählt zwei Pseudonyme φ_1 und φ_2, wovon das erste dem persönlichen Konto zugeordnet ist und von der Bank für das Unterschreiben der verdeckten Gutschriften-Bescheinigung (während dem *Abheben vom persönlichen Konto*) verwendet wird. Das zweite Pseudonym ist dem anonymen Konto zugeordnet und wird von der Bank zur Verifikation der Unterschrift der Gutschrift-Bescheinigung benötigt. Der Richter speichert die beiden Kontonummern mit den zugehörigen Pseudonymen. Ausserdem stellt der Richter dem Kunden die von ihm unterschriebenen Bescheinigungen σ_1 und σ_2 aus. Die erste enthält die Nummer des persönlichen Kontos und das erste Pseudonym, während σ_2 die anonyme Kontonummer und das zweite Pseudonym enthält.

Der Kunde muss der Bank φ_1 und σ_1 beim *Abheben vom persönlichen Konto* vorweisen. Aufgrund von σ_1 weiss die Bank, dass sie φ_1 für das Erzeugen der verdeckten Unterschrift benützen kann. Die Werte φ_2 und σ_2 präsentiert der Kunde der Bank während dem *Gutschreiben auf das anonyme Konto*. Diese kann nun ihre Unterschrift der Gutschriften-Bescheinigung mittels φ_2 prüfen. Ist diese Unterschrift gültig, ist die Bank überzeugt, dass der Richter im Falle eines Missbrauchs das persönliche Konto des Kunden eruieren kann.

Ausserdem haben die beiden Pseudonyme φ_1 und φ_2 die Eigenschaft, dass Unterschriften, welche unter der Benutzung von φ_1 blind erzeugt wurden, nur mittels φ_2 verifiziert werden können.

Im folgenden sei auch dieses fair anonyme Zahlungssystems im Detail beschrieben. Es hat folgende Parameter:

- Ein Unterschriften-System (Sig_R, Ver_R) des Richters.
- Eine Einweg-Hashfunktion $\mathcal{H}$.
- Eine Gruppe G der Primordnung q, für welche es schwierig ist, den diskreten Logarithmus zu berechnen.
- Ein öffentliches Element $g \in G$.
- Eine Menge von Public- und Private-Keys $\{(y_v = g^{x_v}, x_v)\}$ der Bank. Jedes dieser Paare ist mit einem Transfer-Betrag v Franken assoziiert.

Die Protokolle *Eröffnung eines anonymen Kontos* und *Zahlung an ein Geschäft* können unverändert von der ersten Lösung aus Abschnitt 3.2 übernommen werden. Die Phase *Authentisierung durch den Richter* fällt weg. Hingegen müssen die beiden Protokolle für den Transfer des Geldes vom persönlichen auf das anonyme Konto (*Abheben vom persönlichen Konto* und *Gutschreiben auf das anonyme Konto*) verändert werden. Diese sind im folgenden beschrieben. Es wird angenommen, dass der Kunde ein persönliches Konto n_p und ein anonymes Konto n_a bei der Bank eröffnet hat und dass das Geschäft ebenfalls ein Konto bei der Bank besitzt.

Um sich vor der ersten Überweisung vom persönlichen auf das anonyme Konto beim Richter registrieren zu lassen, geht der Kunde folgendermassen vor:

Registrierung beim Richter

Protokoll Kunde K - Richter R:

1. K schickt R die beiden Kontonummern n_p und n_a.
2. R wählt zufällig $\varphi_1 \in G$ und $\alpha \in \mathbb{Z}_q$ und berechnet $\varphi_2 = \varphi_1{}^\alpha$ und speichert $\varphi_1, \alpha, \varphi_2$.
   R schickt K die Werte φ_1, $Sig_R(\varphi_1 || n_p)$, α und $Sig_R(\varphi_2 || n_a)$.
3. K testet, ob $\varphi_2 = \varphi_1{}^\alpha$ und prüft die Unterschriften.

Man beachte, dass der Kunde α, den diskreten Logarithmus von φ_2 zur Basis φ_1, kennt, was für die Erzeugung der verdeckten Unterschrift in der Phase *Abheben vom persönlichen Konto* nötig ist.

Abheben vom persönlichen Konto

Protokoll Kunde K - Bank B:

1. K identifiziert sich bei B.
   K schickt B die Werte n_p, φ_1, $Sig_R(\varphi_1||n_p)$ und v.
2. B überprüft und speichert[8] φ_1 und $Sig_R(\varphi_1||n_p)$.
   B wählt zufällig ein $r \in \mathbb{Z}_q$ und rechnet $t_1 = g^r$, $t_2 = \varphi_1{}^r$ und $z_v = \varphi_1{}^{x_v}$.
   B sendet K die Werte t_1, t_2 und z_v.
3. K berechnet und speichert $\tilde{z}_v = z_v{}^\alpha$.
   K wählt $\beta, \gamma \in \mathbb{Z}_q$ zufällig und berechnet $\tilde{t}_1 = t_1{}^\beta g^\gamma$, $\tilde{t}_2 = t_2{}^{\alpha\beta}\varphi_2{}^\gamma$ und $\tilde{c} = \mathcal{H}(n_a||cnt_{aK}||\varphi_2||\tilde{z}_v||\tilde{t}_1||\tilde{t}_2) \pmod q$ und erhöht cnt_{aK} um 1.
   K berechnet $c = \tilde{c}/\beta \pmod q$ und schickt c an B.
4. B berechnet $s = r + cx_v \pmod q$ und schickt s zurück.
5. K berechnet $\tilde{s} = \beta s + \gamma \pmod q$.
   K speichert die Unterschrift $\sigma = (\tilde{s}, \tilde{t}_1, \tilde{t}_2, \tilde{z}_v)$.

Schliesslich muss auch das Protokoll für die Phase *Gutschreiben auf das anonyme Konto* folgendermassen angepasst werden:

Gutschreiben auf das anonyme Konto

Protokoll Kunde K - Bank B:

1. K sendet B die folgenden Werte: n_a, φ_2, $Sig_R(\varphi_2||n_a)$, σ und v.
2. Falls $cnt_{aB} = 0$ ist, prüft B φ_2 und $Sig_R(\varphi_2||n_a)$ und speichert diese.
   Falls $cnt_{aB} > 0$, prüft die B ob das gespeicherte φ_2 mit dem von K erhaltenen übereinstimmt.
   B testet, ob die Unterschrift σ gültig ist: $g^{\tilde{s}} \stackrel{?}{=} \tilde{t}_1 y_v{}^{\tilde{c}}$ und $\varphi_2{}^{\tilde{s}} \stackrel{?}{=} \tilde{t}_2 \tilde{z}_v{}^{\tilde{c}}$, wobei $\tilde{c} = \mathcal{H}(n_a||cnt_{aB}||\varphi_2||\tilde{z}_v||\tilde{t}_1||\tilde{t}_2) \pmod q$ ist.
   B schreibt auf das Konto n_a den entsprechenden Betrag gut.
   B erhöht den Zähler cnt_{aB} um 1.

Bei diesem Zahlungssystem kann die Bank feststellen, ob der Kunde Geld vom gleichen persönlichen auf verschiedene anonyme Konten transferiert, da der Kunde beim *Abheben vom persönlichen Konto* für jedes anonyme Konto ein anderes φ_1 präsentieren muss. Diese Möglichkeit kann der Bank verwehrt werden, indem der Richter für das gleiche persönliche Konto jeweils dasselbe φ_1 wählt. Diese Änderung hätte zur Folge, dass der Richter beim *Aufheben der Anonymität* nach Szenario A nur noch in der Lage ist anzugeben, für welche anonymen Konten die Möglichkeit besteht vom fraglichen persönlichen Konto Geld zu transferieren, und nicht mehr für welches spezielle anonyme Konto der Kunde in einem bestimmten Durchlauf des Protokolles *Abheben vom persönlichen Konto* Geld abgehoben hat.

---

[8] Die Bank speichert φ_1, $Sig_R(\varphi_1||n_p)$ nur, wenn sie dies nicht schon bei einem vorherigen Durchgang des Protokolles gemacht hat.

Aufheben der Anonymität

Im Szenario A schickt die Bank dem Richter die Werte φ_1 und $Sig_R(\varphi_1||n_p)$ und erhält von ihm φ_2 und n_a. Im Szenario B schickt die Bank dem Richter die Werte φ_2 und $Sig_R(\varphi_2||n_a)$ und erhält φ_1 und n_p von ihm.

3.4 Vergleich der beiden fair anonymen Zahlungssystemen

Die vorgestellten fair anonymen Zahlungssysteme unterscheiden sich in zwei Punkten:

Aufwand des Richters: Im ersten System muss der Richter für jeden Transfer von einem persönlichen auf ein anonymes Konto kontaktiert werden, während beim zweiten System der Richter pro anonymem Konto nur einmal benötigt wird.

Grad der Aufhebung der Anonymität: Falls die Anonymität aufgehoben werden soll, kann beim ersten System eine Ausführung des Protokolles *Abheben vom persönlichen Konto* mit einer Ausführung des Protokolles *Gutschreiben auf das anonyme Konto* in Verbindung gebracht werden. Hingegen kann beim zweiten System nur die Verbindung der Konten selbst hergestellt werden.

Wünscht der Kunde, dass seine Zahlungen nicht untereinander verknüpft werden können und benützt er deshalb für jede Zahlung ein neues anonymes Konto, unterscheiden sich die beiden Systeme in den obigen Punkten nicht.

4 Schlussfolgerungen

Um zu verhindern, dass die Anonymität von elektronischen Zahlungssystemen missbraucht wird, wurde das Konzept der fair anonymen Zahlungssysteme eingeführt. Dieses erweitert das traditionelle Konzept eines anonymen Zahlungssystems um einen Richter, welcher die Anonymität gegebenenfalls aufheben kann. Weiter wurden zwei Realisierungen dieses Konzepts vorgestellt. Diese sind vorallem für einen begrenzten Schutz der Privatsphäre geeignet: nämlich dann, wenn der Kunde keinen Wert darauf legt, dass seine Zahlungen nicht verknüpft werden können (wenn er also dasselbe anonyme Konto mehrere Male verwendet). Ausserdem sind diese Realisierungen speziell für offene Netze geeignet, in welche on-line Zahlungen auf eine einfache Art möglich sind (z.B. EFT/POS oder Internet).

Dank

Die Autoren möchten U. Maurer und H.P. Frei für ihre Unterstützung sowie A. Pfitzmann und den unbekannten Referees für die wertvollen Anmerkungen danken.

Literatur

1. S. Brands: Untraceable Off-line Cash in Wallets with Observers, *Advances in Cryptology, CRYPTO '93*, LNCS 773, Springer-Verlag, pp. 302-318.
2. H. Bürk, A. Pfitzmann: Digital Payment Systems Enabling Security and Unobservability, *Computer & Security*, **8**, 1989, pp. 399-416
3. J.L. Camenisch, J.-M. Piveteau, M.A. Stadler: Blind Signatures Based on the Discrete Logarithm Problem, to appear in *Advances in Cryptology, EUROCRYPT '94*.
4. J.L. Camenisch, J.-M. Piveteau, M.A. Stadler: An Efficient Payment System Protecting Privacy, *Computer Security - ESORICS 94*, LNCS 875, Springer-Verlag, pp. 201-215.
5. D. Chaum: Blind Signature Systems, *Advances in Cryptology, CRYPTO '83*, Plenum Press, p. 153.
6. D. Chaum: Security Without Identification: Transaction Systems to Make Big Brother Obsolete, Communications of the ACM, **28**, 1985, pp. 1030-1044.
7. D. Chaum, A. Fiat, M. Naor: Untraceable Electronic Cash, *Advances in Cryptology, CRYPTO '88*, LNCS 403, Springer-Verlag, pp. 319-327.
8. D. Chaum: Privacy Protected Payment, SMART CARD 2000, Elsevier Science Publishers B.V. (North-Holland), 1989, pp. 69-93.
9. D. Chaum: Online Cash Checks, *Advances in Cryptology, EUROCRYPT '89*, LNCS 434, Springer-Verlag, pp. 289-293.
10. D. Chaum, B. den Boer, E. van Heyst, S. Mjølsnes, A. Steenbeek: Efficient Offline Electronic Checks, *Advances in Cryptology, EUROCRYPT '89*, LNCS 434, Springer-Verlag, pp. 294-301.
11. D. Chaum, T. Pedersen: Wallet databases with observers, *Advances in Cryptology, CRYPTO '92*, LNCS 740, Springer-Verlag, pp. 89-105.
12. N. Ferguson: Single Term Off-line Coins, *Advances in Cryptology, EUROCRYPT '93*, LNCS 765, Springer-Verlag, pp. 318-328.
13. M. Franklin, M. Yung: Towards Provably Secure Efficient Electronic Cash, Columbia University, Dept. of Computer Science, TR CUSC-018-92, April 24, 1992.
14. T. Okamoto, K. Ohta: Disposable Zero-Knowledge Authentication and Their Application to Untraceable Electronic Cash, *Advances in Cryptology, CRYPTO '89*, LNCS 435, Springer-Verlag, pp. 134-149.
15. T. Okamoto, K. Ohta: Universal Electronic Cash, *Advances in Cryptology, CRYPTO '91*, LNCS 576, Springer-Verlag, pp. 324-337.
16. M. Stadler, J.-M. Piveteau, J. Camenisch: Fair Blind Signatures, *Advances in Cryptology, EUROCRYPT '95*, LNCS 921, Springer-Verlag, pp. 209-219.
17. S. von Solms, D. Naccache: On Blind Signatures and Perfect Crime, *Computer & Security*, **11**, 1992, pp. 581-583.

Authentifikations- und Schlüsselverteilsysteme

Rolf Oppliger

Institut für Informatik und angewandte Mathematik (IAM), Universität Bern, Neubrückstrasse 10, CH-3012 Bern

Zusammenfassung In Computernetzen und verteilten Systemen werden Authentifikations- und Schlüsselverteilsysteme eingesetzt, um auf der Anwendungsschicht Sicherheitsdienste anbieten zu können. In diesem Beitrag werden die Authentifikations- und Schlüsselverteilsysteme Kerberos (OSF DCE), NetSP, SPX, TESS und SESAME vorgestellt, diskutiert und miteinander verglichen.

1 Einleitung

In Computernetzen und verteilten Systemen werden Authentifikations- und Schlüsselverteilsysteme eingesetzt, um auf der Anwendungsschicht Sicherheitsdienste, wie Authentifikations-, Datenvertraulichkeits- und -integritäts-, Zugriffskontroll- und Verbindlichkeitsdienste [1], anbieten zu können. Im Gegensatz zu sicheren Nachrichtenvermittlungssystemen, wie Privacy Enhanced Mail (PEM) oder Pretty Good Privacy (PGP), sind Authentifikations- und Schlüsselverteilsysteme nicht auf eine Anwendung beschränkt. Stattdessen bieten sie eine Programmierschnittstelle (API) an, über die sich Sicherheitsdienste selektiv in Anwendungen integrieren lassen. In diesem Beitrag werden die Authentifikations- und Schlüsselverteilsysteme Kerberos (OSF DCE), NetSP, SPX, TESS und SESAME vorgestellt, diskutiert und miteinander verglichen. Auf die kryptographischen Grundlagen und die speziellen Probleme, mit denen sich die Authentifikation und Schlüsselverteilung in Computernetzen und verteilten Systemen zu befassen hat, wird im Rahmen dieses Beitrages nicht eingegangen; sie werden als bekannt vorausgesetzt [2, 3, 4].

Im folgenden wird ein Schlüssel aus einem symmetrischen Kryptosystem als K, und ein Schlüsselpaar aus einem asymmetrischen Kryptosystem als (k, k^{-1}) notiert. Dabei stellt k den öffentlichen und k^{-1} den privaten Schlüssel dar. Indizes werden verwendet, um Prinzipale, d.h. Benutzer, Clients und Server, zu referenzieren. Der Ausdruck $\{m\}K$ steht für eine Nachricht m, die mit K chiffriert worden ist. Für die Entschlüsselung wird derselbe Schlüssel K verwendet, so dass $\{\{m\}K\}K$ wieder m ergibt. Demgegenüber steht $\{m\}k$ ($\{m\}k^{-1}$) für eine Nachricht m, die mit k (k^{-1}) chiffriert worden ist. Für die Entschlüsselung wird k^{-1} (k) verwendet, so dass $\{\{m\}k\}k^{-1}$ ($\{\{m\}k^{-1}\}k$) wieder m ergibt.

2 Kerberos

Das Authentifikations- und Schlüsselverteilsystem Kerberos ist im Rahmen des Projekts Athena am Massachusetts Institute of Technology (MIT) entwickelt worden [5]. Kerberos ist innerhalb einer Verwaltungseinheit (Realm) zentral, und zwischen verschiedenen Realms hierarchisch organisiert. In jedem Realm ist ein Authentifikationsserver (AS) für die Authentifikation von Prinzipalen, sowie für die Generierung und Verteilung von Sitzungsschlüsseln zuständig. Der AS teilt mit jedem Prinzipal P einen Schlüssel K_p. Dieser Schlüssel ist entweder mit Hilfe einer Einweg-Hashfunktion aus einem Passwort abgeleitet, oder er ist explizit gegeben. Hat der AS einen Benutzer authentifiziert, dann stellt er ihm ein Ticket Granting Ticket (TGT) aus. Mit diesem TGT kann der Benutzer dann während einer definierten Zeitspanne bei einem Ticket Granting Server (TGS) Tickets für die Beanspruchung von Dienstleistungen beziehen, die von einem Server angeboten werden.

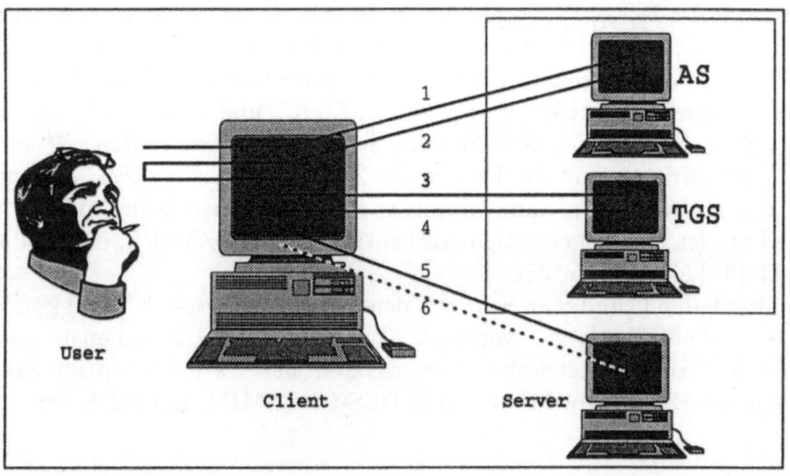

Abbildung 1. Kerberos

Wenn ein Client C im Auftrag eines Benutzers U auf einen Server S zugreifen will, dann hat er das folgende Protokoll zu durchlaufen (vgl. Abbildung 1):

$$\begin{array}{lll}
1: C & \longrightarrow AS & : U \\
2: AS & \longrightarrow C & : T_{c,tgs}, \{TGS, K, T_{start}, T_{expire}\}K_u \\
3: C & \longrightarrow TGS & : S, T_{c,tgs}, A_{c,tgs} \\
4: TGS & \longrightarrow C & : T_{c,s}, \{S, K', T'_{start}, T'_{expire}\}K \\
5: C & \longrightarrow S & : T_{c,s}, A_{c,s} \\
6: S & \longrightarrow C & : \{T'\}K'
\end{array}$$

In Schritt 1 kontaktiert C den AS. Der AS konstruiert ein TGT $T_{c,tgs} = \{U, C, TGS, K, T_{start}, T_{expire}\}K_{tgs}$ und stellt dieses im 2. Schritt zusammen mit $\{TGS, K, T_{start}, T_{expire}\}K_u$ C zu. C muss nun U auffordern, sein Passwort einzugeben. Kommt U dieser Aufforderung nach, dann kann C mit Hilfe einer Einweg-Hashfunktion h den Schlüssel $K_u = h(pwd)$ rekonstruieren, damit $\{TGS, K, T_{start}, T_{expire}\}K_u$ dechiffrieren und den für die Kommunikation mit dem TGS einzusetzenden Sitzungsschlüssel K extrahieren. Man beachte, dass $T_{c,tgs}$ mit dem geheimen Schlüssel des TGS chiffriert ist, und von C nicht entschlüsselt werden kann. $T_{c,tgs}$ kann im Wesentlichen nur dazu eingesetzt werden, beim TGS ein Ticket für einen Server S zu beantragen. Im 3. Schritt stellt C dem TGS den Namen des Servers S, $T_{c,tgs}$, sowie einen mit Hilfe von K konstruierten Authentikator $A_{c,tgs} = \{C, T\}K$ zu. $A_{c,tgs}$ enthält einen Zeitstempel T, der die Frische der Nachricht zu sichern hat. Der TGS dechiffriert $T_{c,tgs}$, überprüft dessen Gültigkeit, extrahiert K, dechiffriert $A_{c,tgs}$ und überprüft die Frische von T. Akzeptiert er das TGT, dann konstruiert er ein Ticket $T_{c,s} = \{U, C, S, K', T'_{start}, T'_{expire}\}K_s$, und stellt dieses zusammen mit $\{S, K', T'_{start}, T'_{expire}\}K$ im 4. Schritt C zu. C kann mit Hilfe von K $\{S, K', T'_{start}, T'_{expire}\}K$ entschlüsseln und daraus K' extrahieren. K' ist der neue, für die Kommunikation mit S einzusetzende Sitzungsschlüssel. C konstruiert einen neuen Authentikator $A_{c,s} = \{C, T'\}K'$, und stellt im 5. Schritt $T_{c,s}$ und $A_{c,s}$ S zu. S kann $T_{c,s}$ dechiffrieren, dessen Gültigkeit prüfen, K' extrahieren, $A_{c,s}$ dechiffrieren und die Frische des Zeitstempels T' prüfen. Akzeptiert S sowohl $T_{c,s}$ als auch $A_{c,s}$, dann nimmt er C als authentisch im Auftrag von U handelnd an. Ist eine gegenseitige Authentifikation erforderlich, dann gibt S im 6. Schritt $\{T'\}K'$ an C zurück.

Offenbar teilen C und S ab Schritt 5 den Sitzungsschlüssel K', und können damit Datenauthentifikations-, -vertraulichkeits- und -integritätsdienste anbieten. Kerberos sieht als symmetrisches Kryptosystem den Data Encryption Standard (DES) und als Einweg-Hashfunktionen DES-CBC, MD4 und MD5 vor.

3 NetSP

Die Tatsache, dass aus den USA Kryptosysteme nur dann ohne aufwendige Verfahren exportiert werden dürfen, wenn sie ausschliesslich für Authentifikationszwecke eingesetzt werden können, hat IBM veranlasst, eine Familie von Authentifikations- und Schlüsselverteilprotokollen zu entwickeln, die auf dem alleinigen Einsatz von Einweg-Hashfunktionen zur Bildung von Nachrichtenauthentifikationscodes (MAC) basiert [6]. Die Protokolle sind zuerst in einem Prototypen namens KryptoKnight und danach in NetSP (Network Security Program) eingesetzt worden. Im Zentrum der Familie steht ein 2-Parteien Authentifikationsprotokoll (2PAP), dessen Resistenz gegenüber bestimmten Angriffen formal gezeigt worden ist:

$$\begin{aligned} 1 &: \mathrm{A} \longrightarrow \mathrm{B} : N_a \\ 2 &: \mathrm{B} \longrightarrow \mathrm{A} : N_b, MAC_{ba}(N_a, N_b, B) \\ 3 &: \mathrm{A} \longrightarrow \mathrm{B} : MAC_{ab}(N_a, N_b) \end{aligned}$$

A fordert B in Schritt 1 mit einer Zufallsmarke N_a heraus. In Schritt 2 antwortet B mit einer Zufallsmarke N_b und einem MAC, den er aus N_a, N_b and B bildet. A kann diesen MAC verifizieren, um B zu authentifizieren. Um sich auch gegenüber B zu authentifizieren, hat A in Schritt 3 noch einen MAC über N_a und N_b bilden und B zustellen. Dieser Schritt ist optional und nur für eine gegenseitige Authentifikation erforderlich. Man beachte, dass die Schlüssel zur Bildung von $MAC_{ba}(N_a, N_b, B)$ in Schritt 2 und $MAC_{ab}(N_a, N_b)$ in Schritt 3 nicht notwendigerweise gleich sein müssen. Sie sind gleich, wenn A und B ein symmetrisches Kryptosystem einsetzen und einen entsprechenden Sitzungsschlüssel teilen. 2PAP lässt sich aber auch mit einem asymmetrischen Kryptosystem betreiben. MAC_{ba} (MAC_{ab}) stellt dann einen MAC dar, der von B (A) gebildet und von A (B) verifiziert werden kann.

Ein 2-Parteien Schlüsselverteilprotokoll (2PKDP) ergibt sich aus 2PAP, wenn man B durch eine Schlüsselverteilzentrale (KDC) ersetzt:

$$\begin{array}{lll} 1: \mathrm{A} & \longrightarrow \mathrm{KDC} & : N_a \\ 2: \mathrm{KDC} & \longrightarrow \mathrm{A} & : N_k, MAC_a(N_a, N_k, KDC) \oplus K'_a \\ 3: \mathrm{A} & \longrightarrow \mathrm{KDC} & : MAC_a(N_a, N_k) \end{array}$$

Schritt 1 ist identisch mit 2PAP. In Schritt 2 stellt die KDC A eine frische Zufallsmarke N_k und einen MAC zu, den sie mit dem neuen Schlüssel für A, d.h. mit K'_a, bitweise modulo 2 addiert. Nach Erhalt dieser Nachricht konstruiert A zunächst den MAC und rekonstruiert dann K'_a. Hat A den Empfang von K'_a zu bestätigen, dann gibt sie in Schritt 3 $MAC_a(N_a, N_k)$ zurück. Wiederum ist dieser Schritt optional. Man beachte, dass A nach dem Empfang von N_k und $MAC_a(N_a, N_k, KDC) \oplus K'_a$ in Schritt 2 keine Möglichkeit hat, die Authentizität der Nachricht zu prüfen. 2PAKDP ist eine Version von 2PKDP, bei der dieses Problem bereinigt ist. Bei einem 3-Parteien Schlüsselverteilprotokoll (3PKDP) teilen A und B mit der KDC jeweils einen Schlüssel, und die KDC moderiert einen Schlüsselaustausch zwischen A und B. Verschiedene 3PKDP lassen sich aus 2PAP und 2PKDP, bzw. 2PAKDP, konstruieren. Dasselbe gilt für ein Single Sign-On (SSO), das im Wesentlichen einem 2PAKDP mit Vorauthentifikation entspricht. Um im Rahmen von NetSP Datenvertraulichkeitsdienste anbieten zu können, sieht NetSP den Einsatz von CDMF (Commercial Data Masking Facility) vor.

4 SPX

Mit dem Distributed Authentication Security Service (DASS) hat DEC im Rahmen der Digital Distributed System Security Architecture (DSSA) einen Authentifikationsdienst vorgeschlagen. Der Dienst ist in RFC 1507 spezifiziert und im Rahmen von SPX als Prototyp implementiert [7].

Im Gegensatz zu Kerberos und NetSP verfolgt SPX einen hybriden Ansatz, d.h. es werden sowohl ein symmetrisches Kryptosystem (DES) als auch ein asymmetrisches Kryptosystem (RSA) eingesetzt. Die Architektur von SPX ist stark an der ITU-T (früher CCITT) Empfehlung X.509 orientiert. Öffentliche und private Schlüssel werden von rinrm Certificate Distribution Center (CDC) verwaltet und verteilt, und für die Authentifikation der Benutzer ist eine Login

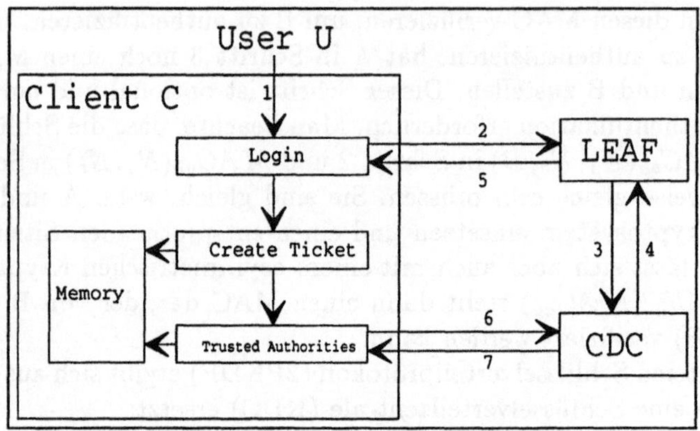

Abbildung2. SPX Benutzerinitialisierung

Enrollment Agent Facility (LEAF) zuständig. Abbildung 2 zeigt, wie sich ein Benutzer U in SPX über einen Client C in ein System einzuführen hat. Die Benutzerinitialisierung lässt sich folgendermassen beschreiben:

$$\begin{array}{lllll}
1: & U & \longrightarrow & C & : U, pwd' \\
2: & C & \longrightarrow & LEAF & : \{U, T, N, h_1(pwd')\}k_{leaf} \\
3: & LEAF & \longrightarrow & CDC & : U \\
4: & CDC & \longrightarrow & LEAF & : \{\{k_u^{-1}\}h_2(pwd), h_1(pwd), U\}K, \{K\}k_{leaf} \\
5: & LEAF & \longrightarrow & C & : \{\{k_u^{-1}\}h_2(pwd), U\}N \\
6: & C & \longrightarrow & CDC & : U \\
7: & CDC & \longrightarrow & C & : \{U, TA_u, L, k_{TA_u}\}_{k_u^{-1}}
\end{array}$$

Dabei stellen h_1 und h_2 Einweg-Hashfunktionen, pwd' ein von U eingegebenes Passwort, pwd das von der CDC für U registrierte Passwort, T ein Zeitstempel, N eine Zufallsmarke, TA_u eine vertrauenwürdige Autorität für U und $\{U, TA_u, L, k_{TA_u}\}_{k_u^{-1}}$ ein Zertifikat für den öffentlichen Schlüssel von TA_u dar.

Will sich C im Auftrag von U gegenüber einem Server S authentifizieren, dann hat er das folgende Authentifikationsprotokoll zu durchlaufen:

$$\begin{array}{lllll}
1: & C & \longrightarrow & CDC & : S \\
2: & CDC & \longrightarrow & C & : \{TA_u, S, L_1, k_s\}k_{TA_u}^{-1} \\
3: & C & \longrightarrow & S & : \{T\}K, \{U, L_2, k_d\}k_u^{-1}, \{K\}k_s, \{k_d^{-1}\}K \\
4: & S & \longrightarrow & CDC & : U \\
5: & CDC & \longrightarrow & S & : \{TA_s, U, L_3, k_u\}k_{TA_s}^{-1} \\
6: & S & \longrightarrow & C & : \{T+1\}K
\end{array}$$

Dabei stellen L_1, L_2 und L_3 Gültigkeitsdauern dar. Nach Ablauf des Protokolls teilen C und S einen symmetrischen Schlüssel K und ein asymmetrisches Schlüsselpaar (k_d, k_d^{-1}). Damit lassen sich sowohl Datenvertraulichkeits- als auch

-integritätsdienste anbieten. Im Hinblick auf einen möglichen Einsatz von SPX muss mit besonderem Nachruck darauf hingewiesen werden, dass sich DEC strategisch auf OSF DCE ausgerichtet hat, und dass die Entwicklungsarbeiten an SPX zwischenzeitlich eingestellt worden sind. SPX ist heute frei verfügbar.

5 TESS

Am Europäischen Institut für Systemsicherheit (E.I.S.S.) der Universität Karlsruhe ist das Sicherheitssystem TESS (The Exponential Security System) entwickelt worden [8]. TESS umfasst das Authentifikations- und Schlüsselverteilsystem SELANE (Secure Local Area Network Environment) und das digitale Unterschriftensystem EES (Exponential Electronic Signature).

In TESS ist eine SKIA (Secure Key Issuing Authority) sowohl für die Registrierung der Benutzer, als auch für die Generierung, Zertifizierung und Verteilung von persönlichen Token in Form von Chip- oder PCMCIA-Karten zuständig. Mit Hilfe dieser Token können sich zwei Benutzer auf einen geheimen und authentischen Sitzungsschlüssel einigen. Der bilaterale Einsatz dieses Schlüssels impliziert Authentizität, und mit Hilfe des Schlüssels können Datenvertraulichkeits- und -integritätsdienste angeboten werden. Verbindlichkeitsdienste werden über EES realisiert.

6 SESAME

Auf der Basis der OSI-Sicherheitsarchitektur hat die European Computer Manufacturer Association (ECMA) ein Security Framework erarbeitet, das im Rahmen des Projekts SESAME (A Secure European System for Applications in a Multi-vendor Environment) implementiert worden ist [9]. Seit Version 2 wird in SESAME Kerberos V5 eingesetzt. Erweitert wird Kerberos um digitale Unterschriften und Mechanismen zur Zugriffskontrolle. SESAME verfolgt einen hybriden Ansatz und stellt damit eine echte Erweiterung von Kerberos V5 dar.

Die Arbeitsweise von SESAME ist in Abbildung 3 schematisch dargestellt. Ein Benutzer kontaktiert einen lokalen User Sponsor (US). Im Zusammenspiel mit dem Authentication and Privilege Attribute (APA) Client und dem AS werden dem Benutzer ein TGT ausgestellt. Es ist die Aufgabe des Secure Association Context Managers (SACM) auf der Seite des Clients, das TGT zu verwalten, und beim Privilege Attribute Server (PAS) die Ausstellung eines Privilege Attribute Certificates (PAC) zu beantragen. Dieses ist zusammen mit dem TGT bei einem Key Distribution Server (KDS) einzureichen, um ein Ticket für einen bestimmten Server zu erhalten. Ein PAC ist in SESAME digital unterschrieben, und seine Gültigkeit ist zeitlich befristet. Auf der Serverseite stellt ein SACM die Verbindung der Applikation zu SESAME sicher. Für die Verifikation von PACs und Tickets ist eine PAC Validation Facility (PVF) zuständig. Die PVF arbeitet ebenfalls mit dem KDS zusammen. Die PVF kommt auch dann zum Einsatz, wenn sich der Server im Rahmen einer gegenseitigen Applikation gegenüber dem

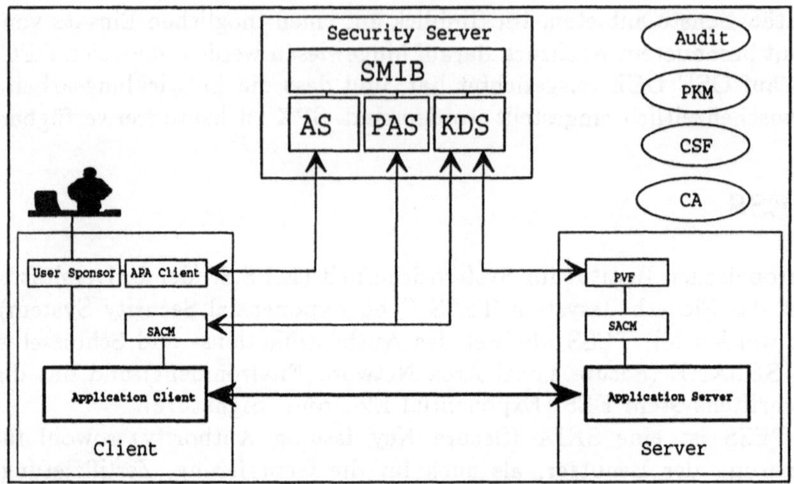

Abbildung3. SESAME

Client zu authentifizieren hat. Damit die an SESAME beteiligten Komponenten ihre Aufgaben erfüllen können, sind eine Certifiaction Authority (CA), eine Cryptographic Support Facility (CSF), ein Public Key Management (PKM) und eine Systemüberwachungskomponente (Audit) im Hintergrund aktiv.

7 Schlussfolgerungen

Die in diesem Beitrag vorgestellten Authentifikations- und Schlüsselverteilsysteme unterscheiden sich in vielerlei Hinsicht.

Sicherheitsdienste: Alle Systeme bieten Authentifikations-, Datenvertraulichkeits- und -integritätsdienste an (NetSP mit der Einschränkung einer auf 40 Bit beschränkten Schlüssellänge). Zusätzlich bietet TESS noch Verbindlichkeits- und SESAME noch Zugriffskontrolldienste an.

Kryptographische Verfahren: NetSP beschränkt sich auf den Einsatz von Einweg-Hashfunktionen zur Bildung von MACs. Kerberos setzt ein symmetrisches Kryptosystem ein. Alle anderen Systeme verfolgen einen hybriden Ansatz.

Konformität mit Standards: Kerberos und SPX sind als RFC spezifiziert. Mit Ausnahme von TESS bieten alle Systeme als Programmierschnittstelle das Generic Security Service API (GSS-API) an, wie es von der IETF CAT WG erarbeitet und in den RFCs 1508 und 1509 spezifiziert worden ist. Für die Verteilung von Zertifikaten setzen SPX und SESAME Verfahren ein, die mit ITU-T X.509 kompatibel sind.

Vertrieb: Kerberos ist das einzige System, bei dem sowohl frei verfügbare als auch kommerziell vertriebene Versionen erhältlich sind. NetSP und SESAME werden kommerziell vertrieben, wobei bei zweiterem die Frage des Vertriebs noch nicht endgültig geklärt ist. SPX und TESS sind frei verfügbar.

Exportierbarkeit: Die Frage der Exportierbarkeit stellt sich in erster Linie für die in den USA entwickelten Systeme Kerberos, NetSP und SPX. Während Kerberos und SPX den Exportrestriktionen unterliegen, darf NetSP aus den USA exportiert werden.

Die Bedeutung eines Authentifikationsdienstes für die verteilte Verarbeitung ist auch von der Open Software Foundation (OSF) erkannt worden. Für den Release 1 der OSF Distributed Computing Environment (DCE) ist Kerberos V5 mit SESAME-spezifischen Erweiterungen übernommen worden [10].

Danksagung

Ich danke Prof. Dr. D. Hogrefe, Dr. A. Greulich und A. Grossmann von der Universität Bern, D. Bleichenbacher von der ETH Zürich, sowie P. Trachsel und M. Frauenknecht vom schweizerischen Bundesamt für Informatik (BFI) für die Mitarbeit und Unterstützung bei der Entstehung dieses Beitrages.

References

1. ISO/IEC, "Information Processing Systems — Open Systems Interconnection Reference Model — Part 2: Security Architecture", ISO/IEC 7498-2, 1989.
2. R. Oppliger, *Computersicherheit — Eine Einführung*, Vieweg-Verlag, 1992.
3. B. Schneier, *Applied Cryptography: Protocols, Algorithms, and Source Code in C*, John Wiley & Sons, Inc., New York, 1994.
4. C. Kaufman, R. Perlman, and M. Spenciner, *Network Security: Private Communication in a Public World*, Prentice Hall, Englewood Cliffs, N.J., 1995.
5. J.I. Schiller, "Secure Distributed Computing", *Scientific American*, pp. 72 - 76, November 1994.
6. R. Bird, I. Gopal, A. Herzberg, P.A. Janson, S. Kutten, R. Molva, and M. Yung, "The KryptoKnight Family of Light-Weight Protocols for Authentication and Key Distribution", *IEEE/ACM Transactions on Networking*, vol. 3, pp. 31 - 41, February 1995.
7. J.J. Tardo and K. Alagappan, "SPX: Global Authentification Using Public Key Certificates", *in Proceedings of the IEEE Symposium on Security and Privacy*, pp. 232 - 244, Los Alamitos, California, 1991. IEEE Computer Society Press.
8. Th. Beth and D. Gollmann, "Security Systems Based on Exponentiation Primitives: TESS — The Exponential Security System", *in Proceedings of the IFIP TC11 Tenth International Conference on Information Security, IFIP SEC'94*, 1994, Curacao, May 23 - 27, 1994.
9. P.V. McMahon, "SESAME V2 Public Key and Authorisation Extensions to Kerberos", *in Proceedings of the Internet Society Symposium on Network and Distributed System Security*, pp. 114 - 131, February 1995.
10. A. Grossmann, "Analyse und Beurteilung des OSF DCE Sicherheitssystems", Diplomarbeit, Universität Bern, 1995.

Fachgespräch 6:

Intelligente Lehr-/Lernsysteme

Das Thema der Jahrestagung heisst: Herausforderung eines globalen Informationsverbundes für die Informatik. Ein derartiger Verbund sollte es ermöglichen, mit Hilfe „intelligenter“ Methoden Probleme zu lösen und die komplexer werdende Welt begreifbar zu machen. Zu diesen „intelligenten“ Methoden zählen die intelligenten Lehr-/Lernsysteme. Zu behandelnde Themen sind:

- Akquisition, Repäsentation und Anwendung von Wissen
- Diagnose und Modellierung von Wissenserwerbs- und Wissensvermittlungsprozessen
- Architekturen von intelligenten Lehr-/Lernsystemen
- Werkzeuge zur Konstruktion von intelligenten Lehr-/Lernsystemen
- Sicherstellung der Echtzeitorientiertheit von intelligenten Lehr-/Lernsystemen
- Evaluation, Akzeptanzuntersuchungen, Praxiseinsatz

Programmkomitee des Fachgespräches:
C. Möbus, Oldenburg (Koordination)
R. Gunzenhäuser, Stuttgart, C. Herzog, München, F. Puppe, Würzburg, D. Rösner, Ulm

Integration von Hypertext und Expertensystemen am Beispiel eines Trainingssystems für Herz-Rhythmus-Störungen

B. Reinhardt[1], T. Remp[2]

[1]Universität Würzburg,
Lehrstuhl für Künstliche Intelligenz und Angewandte Informatik,
Allesgrundweg 12, 97218 Gerbrunn
Email: reinhard@informatik.uni-wuerzburg.de

[2]Ludwigs-Maximilians-Universität München
Medizinische Klinik I, Klinikum Großhadern
Marchioninistraße 15, 81377 München

Zusammenfassung
In der beruflichen Ausbildung an Universitäten und in Firmen setzten sich Lernsoftware immer mehr durch. Vor allem im medizinischen Bereich ist die Ausbildung der Studenten am Patienten immer schlechter, da einem durchschnittlichen Medizinstudent kaum noch genügend Kontakt zu Patienten ermöglicht wird. Diesem Problem kann abgeholfen werden, indem Medizinstudenten Patientendaten am Computer bereitgestellt werden, die die reale Kliniksituation so gut wie möglich nachbilden. Das Stellen einer Diagnose verlangt nicht nur das Folgern aus gegebenen Symptomen, sondern auch das Erkennen und Abstrahieren dieser Symptome. Werden Patientendaten als Bilder oder Töne präsentiert, muß der Lernende die relevanten Merkmale erkennen und richtig einordnen. Anhand einer Wissensbasis zu Herz-Rhythmus-Störungen kann hier ein Trainingssystem vorgestellt werden, welches Erkennen von Merkmalen und Schlußfolgern einer Diagnose aus diesen Merkmalen lehrt.

Schlüsselwörter
Expertensysteme, Tutorsysteme, Hypertext.

1 Einleitung

Sowohl Expertensysteme als auch Hypertextsysteme sind in verschiedenen Bereichen schon erfolgreich eingesetzt worden und haben sich als Medien zur Verarbeitung und Verbreitung von Wissen bewährt. Während sich Hypermedia hauptsächlich mit der Darstellung von Wissen beschäftigt, versuchen Expertensysteme, Wissen auf verschiedene Arten zu nutzen. Es liegt daher nahe zu untersuchen, inwieweit diese beiden Methoden miteinander verbunden werden können.
Zur medizinischen Diagnose gehört nicht nur die Fähigkeit, aus verschiedenen Symptomen die richtigen Krankheiten zu folgern, sondern auch, diese Symptome am Patienten zu erkennen und richtig einzuordnen. Ein medizinisches Trainingssystem sollte also die Möglichkeit bieten, Patientendaten in nicht-textueller Form, also z.B. als Bild oder Ton, darstellen zu können. Der Tutand muß also die Merkmale erkennen und richtig einordnen, wobei diese Aktionen von dem System überprüft und verbessert werden sollten.

In Kapitel 2 wird auf grundlegende Konzepte der Kopplung zwischen Tutorsystemen und Hypertext-Dokumenten eingegangen, während im darauffolgendem Abschnitt das grundlegende Konzept des vorliegenden Systems erläutert wird. In Kapitel 4 wird eine Beispielsitzung präsentiert, bei der die wesentliche Vorgehensweise vorgestellt wird. Die hypermedialen Aspekte des Systems werden in Kapitel 5 dargestellt, bevor in Kapitel 6 eine Zusammenfassung mit Ausblick gegeben wird.

2 Tutorsysteme und Hypertext

Die vielfältigen Möglichkeiten, in einer Hypertext-Umgebung Wissen darzustellen, legen nahe, diesen neuen Weg für Lernanwendungen zu verwenden. Computergestütztes Lernen existiert schon lange und in den unterschiedlichsten Ausprägungen. Sie reichen von elektronischen Lehrbüchern, einfachen "Drill-and-Practice" - Programmen über entdeckendes Lernen, Spiele,

Simulationen bis hin zu Makrowelten. Eine Übersicht darüber geben [Eysenbach94] und [Baumgartner&Payr94].

Durch Hypertext-Dokumente können Lehrinhalte auf unterschiedliche Arten dargestellt werden, die kausale Zusammenhänge zwischen einzelnen Informationselementen unterstreichen.
Nicht jeder beurteilt diese Neuerung als grundlegend positiv. Prof. Klaus Haefner [Haefner93] sagt in einem Interview, daß die herrschende Hypermedia-Mode keinerlei didaktische Begründung hat und keine Strategie für das Lernen angeboten wird. Ebenso verweist er auf die fehlende Evaluation der angebotenen Systeme. Er vergleicht das Lernen in einer Hypermedia-Umgebung mit dem ungeführten Lernen in einer Bibliothek.
Hypertextorientierte Informationssysteme oder Simulationsprogramme führen zu einer deutlichen Zunahme der Eigenaktivität. Solch offene Strukturen können Personen, die diese Art des Lernens nicht gewohnt sind, überfordern – mit dem Ergebnis, daß deren Lernaktivität in ein zielloses Probieren ausartet [Freibichler93].

Die Vorteile von computergestütztem Lernen sind die Unabhängigkeit von Lehrpersonen, die individuelle Zeitgestaltung und die räumliche Unabhängigkeit. Der Lernende kann ein Themengebiet im selbstgestellten (oder durch das System auf ihn angepaßten) Tempo durchlaufen und ausgesuchte Kapitel wiederholen. Durch Hypermedia-Verbindungen kann Zusatzinformation angefordert werden, die der Tutand dann mit der normalen Unterrichtseinheit verbinden und somit einen persönlichen Bezug herstellen kann. Zusätzlich kann der durchschnittliche Mensch Bilder weitaus besser verarbeiten als Texte und somit erreicht die Darstellung von zu vermittelnden Wissen durch Hypermedia eine höhere Effizienz.

Die Vorteile sind also zusammengefaßt [Schmitz91]:

- Flexible Arbeitszeiten
- Individuelles Arbeitstempo
- Vielfältige Lerninhalte
- Individuelle Lernstrategien
- Vielfältige Präsentationsmöglichkeiten

Untersuchungen haben gezeigt, daß die Lerneffektivität mit Multimedia/Hypermedia-Anwendungen gegenüber Lernanwendungen ohne mediale Erweiterungen gesteigert wurde [Kong94]. Die Studenten nahmen die Anwendungen besser an, lernten mehr davon, das gewünschte Lernverhalten setzte ein und die interaktive, multimediale Anwendung benötigte weniger Zeit als die herkömmlichen Methoden.
Computergestütztes Lernen eignet sich gut zum Unterricht an Universitäten und zur beruflichen Weiterbildung, da die Lernenden zu einer weitgehenden Selbstkontrolle fähig sind. Im herkömmlichen Lehrbetrieb ist es fast unmöglich, eine 1:1-Lernumgebung zu ermöglichen, da Zeit und Personal fehlen. Durch ein entsprechendes Lernprogramm wird eine 1:1-Umgebung für den Benutzer simuliert, bei der er sein Wissen auf konkrete Probleme anwenden kann und ein sofortiges Feedback bekommt.
Weitere Informationen zu computergestütztem Lernen in ([Goodyear91],[Burns et al. 91] und [Clancey&Soloway91]).

3 Der Trainer bei Herz-Rhythmus-Störungen

Das hier vorgestellte System zur Diagnostik von Herz-Rhythmus-Störungen basiert auf dem Expertensystem-Baukasten D3 [Puppe et al. 94] und dem Hypertextwerkzeug D3-*HITS* [Reinhardt93]. Die Anwendungsmöglichkeiten beider Systeme reichen über die hier dargestellte Funktionalität hinaus und werden in der entsprechenden Literatur vollständig beschrieben. Eine andere Anwendung der Shell betrifft das Erkennen und Klassifizieren von Pflanzen und wird in [Reinhardt94] ausführlich beschrieben.

Stark vereinfacht wird in der Expertensystemshell eine Wissensbasis erstellt, in der Symptome (Merkmale) und Diagnosen (Lösungen) durch heuristisches Beziehungswissen (Regeln) verknüpft werden. Mit dieser Wissensbasis werden Bilder, Texte und Töne durch das Hypertextwerkzeug D3-*HITS*[1] verbunden. Ebenso werden Verbindungen von sensitiven Stellen, die

---

[1] D3-*HITS* steht für Hypertextwerkzeug für das Intelligente TutorSystem der Expertensystemshell D3.

in den Objekten des Hypertext-Dokuments definiert werden, zu Symptomen und Diagnosen der Wissensbasis erstellt.
Die Anwendung beruht auf der Verwendung zweier miteinander gekoppelter Werkzeuge, die beide eine graphische Wisseneingabe unterstützen, um somit dem Experten zu ermöglichen, sein Wissen selbst und nicht über den Umweg eines Wissensingenieurs einzugeben. In dem Expertensystem-Baukasten D3 wird sowohl eine Diagnose- als auch eine Symptomhierarchie aufgebaut, die mit heuristischem, überdeckendem oder fallvergleichendem Wissen erweitert wird. Näheres über den graphischen Wissenserwerb von D3 findet sich in [Gappa et al. 93]. In D3-HITS muß der Experte nun Bilder, Texte und Töne einbinden und miteinander verbinden und mit Elementen der Wissensbasis verknüpfen. Auch diese Aktionen sind alle graphisch unterstützt und können von dem Experten selbst durchgeführt werden. Der Vorteil des Wissenserwerbs durch den Experten selbst liegt in der Eigenständigkeit des Experten und dem Umgehen von Mißverständnissen bei der Wissensübergabe vom Experten zum Wissensingenieur.

Durch vom Experten definierte Verbindungen kann nun ein Fall der Wissensbasis durch ein Hypertext-Dokument dargestellt und die vom Benutzer erkannten Merkmale eingegeben und kritisiert werden. Ein Hypertext-Dokument in D3-*HITS* besitzt ein Startfenster, welches den ersten Eindruck eines Falles simulieren soll. Das kann in medizinischen Anwendungen z.B. das Porträt eines Patienten, in der Pflanzenerkennung das Bild einer Pflanze oder nur ein einleitender Text sein. Wie jedes weitere Fenster besitzt das Startfenster sensitive Stellen, bei denen auf Klick ein Pop-Up aufklappt und angebundene Fenster mit Vergrößerungen, Detailaufnahmen oder inhaltlich verbundenen Informationen zum Auswählen bereitstellt.
Ein Fall besteht aus verschiedenen Symptomen, die teilweise durch Bilder dargestellt werden können. Symptome, die nicht durch Bilder dargestellt werden können, wie z.B. Alter des Patienten, werden in Fragebögen textuell vorgegeben. Die erkennbaren Symptome wie Hautrötung oder Blütenfarbe sind in diesen Fragebögen nicht ausgefüllt und müssen durch den Tutanden eingegeben werden. Jeder Fall ist mit einem eigenen Hypertext-Dokument verbunden, das genau seine erkennbaren Symptome darstellt.

Bei einem Textfenster sind die klicksensitiven Wortbereiche durch einen Rahmen gekennzeichnet (siehe Abb. 1), während bei einem Bildfenster ein klicksensitiver Bereich durch den Experten konfigurierbar eingerahmt oder gesucht werden muß (Abb. 2). Das Auffinden eines solchen Bereiches kann in einigen Anwendungen als zu lernende Fähigkeit angesehen werden und muß deshalb vom Tutanden geübt werden. Zur Unterstützung ändert der Cursor seine Form von einem Pfeil- in ein Handsymbol, sobald ein klicksensitives Feld berührt wird.

Bei Ablauf einer Sitzung kann der Lernende jederzeit einen Lösungsvorschlag (Diagnose) machen, den das System sofort untersucht und bewertet. Um dies zu tun, wählt der Benutzer aus einer Hierarchiedarstellung aller Diagnosen die gewünschte und bekommt die Bewertung des Systems für seine Wahl präsentiert. Diese Diagnosebewertung bezieht sich auf die gleichen Daten, die der Tutand zu diesem Zeitpunkt kennt, einschließlich der von ihm selbst erkannten Symptome. Auch können zu jedem Zeitpunkt die bisher eingegebenen Symptome kritisiert werden, d.h. er kann eine Aufstellung der richtig, falsch und noch nicht erkannten Merkmale bekommen und kann sich zu jedem Merkmal die richtige Belegung sowie das Fenster, in dem das Merkmal erkennbar war, aufrufen.
Während der Sitzung werden die Symptome dem Benutzer entweder durch Text oder durch Bilder präsentiert. Die durch Bilder präsentierten Symptome muß er in einem Fragebogen belegen, die dann auf Wunsch mit den korrekten Antworten verglichen werden.
Der Vorteil dieses Konzepts ist, daß zusätzlich zur Überprüfung der Diagnose und der erkannten Symptome die Schlußfolgerungsfähigkeit berücksichtigt werden kann. In einem herkömmlichen System können die Aktionen des Lernenden nur in einem bestimmten Umfang überprüft werden. Durch die Fähigkeit des Expertensystems, aus den durch den Benutzer erkannten und möglicherweise falschen Eingaben zu schließen, ergibt sich die Möglichkeit, den Fall mit den vom Lernenden erkannten Eingaben im Expertensystem durchspielen zu können. Gibt der Lernende ein falsch erkanntes Symptom ein, behandelt der Problemlöser des Expertensystems diese Eingabe, als wäre sie korrekt, und leitet neue Lösungen auf dieser Grundlage her. So kann unterschieden werden, ob der Tutand in seiner Vorgehensweise oder in seiner Fähigkeit, Merkmale zu erkennen, Probleme hat. Es kann nun sein, daß ein Tutand eine seltene Herz-Rhythmus-Störung aus gegebenen Symptomen herleiten kann, diese Symptome aber nicht

korrekt erkennen kann. In diesem Fall liegen seine Problem im Erkennen von Merkmalen und nicht in seiner Schlußfolgerungsfähigkeit. Solche Unterschiede kann der EKG-Trainer erkennen und somit seine Kritik präziser formulieren.

Das Tutorsystem zur Erkennung von Herz-Rhythmus-Störungen ist primär für Ärzte in der internistischen oder kardiologischen Weiterbildung entwickelt worden. Anhand von klinischen Fallbeispielen muß der Benutzer für die jeweilige Rhythmusstörung charakteristische differentialdiagnostische Merkmale erkennen und beschreiben.
Das hier vorgestellte Konzept und seine Implementierung wird zur Zeit am Klinikum Großhadern der Ludwig-Maximilians-Universität München weiterentwickelt und getestet. Die Wissensbasis Herz-Rhythmus-Störung wurde um die benötigten Bilder und Verbindungen erweitert, indem zu existierenden, klinischen Fallbeispielen mit Symptomen, Diagnosen und Regelwissen eingescannte EKG-Beispiele angebunden wurden.
Das System wurde bisher von einigen interessierten Ärzten in der internistischen Weiterbildung auf freiwilliger Basis genutzt. Insgesamt wurde es positiv aufgenommen und zur Vertiefung von Wissen als nützlich bewertet.

Die Vorteile dieses Konzepts sind also die Verbindung zwischen der Schlußfolgerungsfähigkeit der Expertensystemshell D3 und der Fallpräsentation und Symptomkritik des Hypertextsystems D3-*HITS*, die diese erweiterten Kritikansätze unterstützen.

4 Eine Beispielsitzung

Zum Start der Sitzung wird ein Fenster geöffnet, in dem der Tutanden die Grunddaten vermittelt werden sollen. In diesem Beispiel ist dies ein Textfenster mit Patientenalter, -geschlecht und eine kurze Beschreibung der Beschwerden (Abb. 1). Nachdem der Lernende diese Informationen gelesen hat, kann er sich über Pop-Ups weitere Fenster öffnen. In dem Beispiel sind dies das Ruhe-EKG und ein Anfalls-EKG, die in Abb. 2 gezeigt werden. Diese Fenster können wieder auf andere Bilder oder Texte zeigen, die z.B. Erklärungen oder Vergrößerungen enthalten.

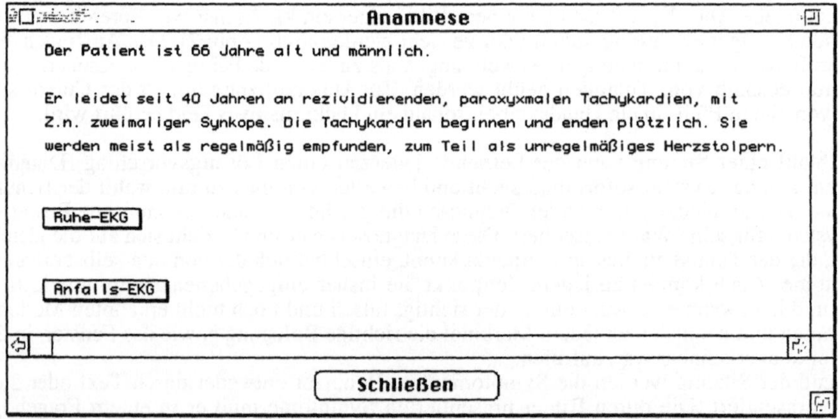

Abb. 1: In diesem Fenster werden die ersten Informationen über den Patienten bereitgestellt. Die anklickbaren Texte *Ruhe-EKG* und *Anfalls-EKG* weisen auf Fenster mit diesen EKGs. Über ein Pop-Up oder direkten Aufblenden, falls nur ein Nachfolger angegeben wurde, kann man diese Folgefenster aufrufen.

Gleichzeitig mit dem Startfenster öffnet sich ein Fragebogen, in dem die Symptomwerte des Patienten dargestellt werden. Manche Symptome wie das Symptom *Lagetyp* können aber ausschließlich aus den Bildern erkannt werden. Diese Werte sind in den Fragebögen nicht vorbelegt, sondern müssen von dem Tutanden eingegeben werden.

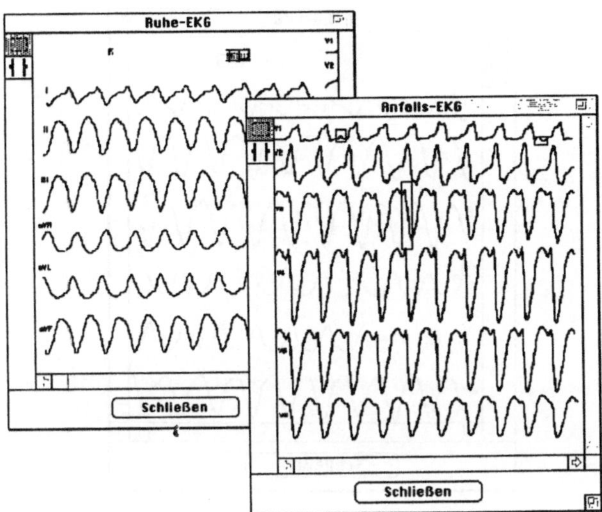

Abb. 2: Die beiden aus dem Starfenster aufrufbaren Folgefenster, in denen das Ruhe-EKG (ohne Anzeige der klicksensitiven Bereiche) bzw. das Anfalls-EKG (mit Anzeige der klicksensitiven Bereiche) des Patienten gezeigt werden.

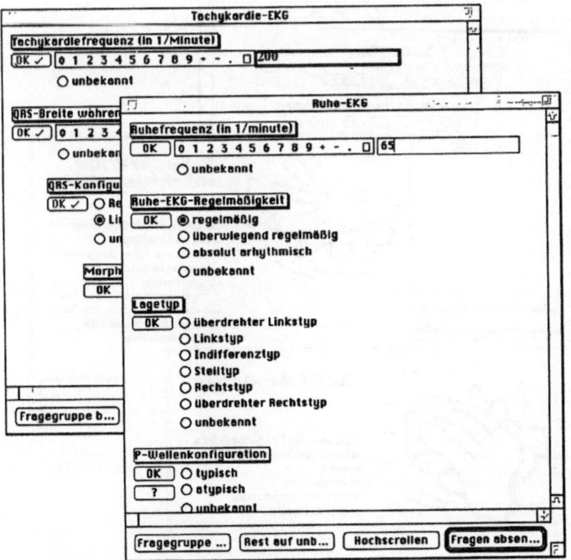

Abb. 3: Zwei der insgesamt fünf Fragebögen, in denen die Symptomwerte entweder vorgegeben oder ausfüllbar sind, wenn der Tutand die Werte in einem Bild erkennen kann.

Bei der Diagnose von Herz-Rhythmus-Störungen sind vor allem die Abstände zwischen den einzelnen *Spitzen* wichtig. Um nun diese Abstände ablesen und vergleichen zu können, muß dem Tutand ein *Lineal* im entsprechenden Maßstab bereitgestellt werden, mit dem er ein gegebenes EKG-Bild ausmessen kann. Hier wurde ein Werkzeug entwickelt, welches mit zwei senkrechten Linien, die einzeln oder gemeinsam bewegt werden können, Abstände in dem Bild (im auf das Bild abgestimmten Maßstab) als Zahlenwert anzeigen kann (Abb. 4). Dieses Messen gehört ähnlich wie das Erkennen von Unregelmäßigkeiten des EKGs zu den zu lernenden Fähigkeiten.

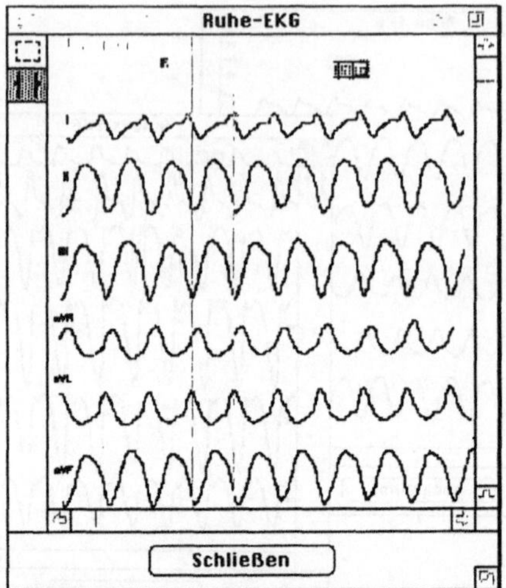

Abb. 4: In vielen Fällen bei Herz-Rhythmus-Störungen kommt es darauf an, den Abstand zwischen zwei Spitzen der EKGs zu messen oder gegeneinander zu vergleichen. Die beiden senkrechten Linien lassen sich über die Maus gemeinsam oder einzeln bewegen. Der Abstand zwischen den beiden Linien wird abhängig von einem dem Bild angepaßten Maßstab links oben in dem Bild angezeigt.

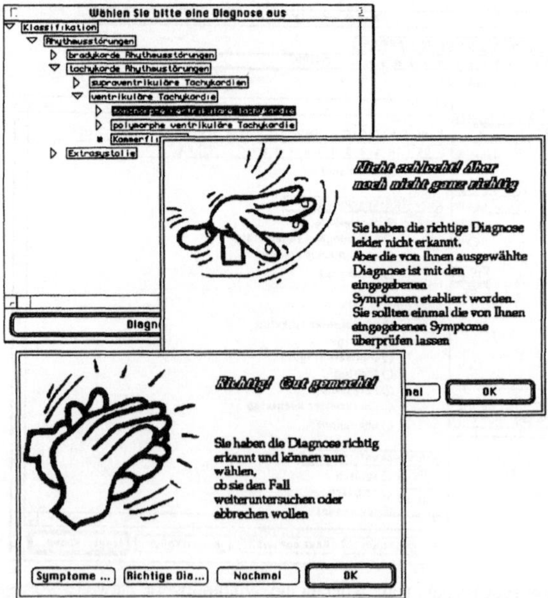

Abb. 5: Aus einer aufklappbaren Diagnosehierarchie mit allen verfügbaren Diagnosen kann der Tutand eine oder mehrere Diagnosen aussuchen und diese Wahl bewerten lassen. Die Bewertung wird in ein Feedback-Fenster geschrieben, aus dem auch die richtige Diagnose und die Kritik der selbst erkannten Symptomwerte aufgerufen werden kann. Ebenso kann ein erneuter Versuch gestartet werden. Das Fenster rechts in der Abbildung zeigt die Bewertung für eine falsche Diagnose, die aber mit den vorliegenden Symptomwerten, die der Tutand falsch erkannt hat, herleitbar ist. Das Fenster unten zeigt die Bewertung einer richtigen Diagnose.

Hat der Tutand nun alle Fragen eingesehen, selbst ausgemessen oder erkannt, kann er einen Diagnoseverdacht äußern. Aus einer aufklappbaren Diagnosehierarchie kann er sich eine oder mehrere Diagnosen auswählen, die auf unterschiedliche Weise kritisiert werden können:

- Die Diagnose ist richtig und auch bei den momentanen Symptomwerten herleitbar.
- Die Diagnose ist richtig, aber mit den von dem Tutanden erkannten Symptomen nicht herleitbar.
- Die Diagnose ist falsch, aber aus den von dem Tutanden (fälschlicherweise) erkannten Symptomwerten herleitbar.
- Die Diagnose ist falsch und auch aus den erkannten Symptomwerten nicht herleitbar.

In Abb. 5 ist eine Diagnosenauswahl mit unterschiedlichen Bewertungen zu sehen. In einem Fall wird eine falsche Diagnose ausgewählt, die aber durch die falsch eingegebenen Symptomwerte herleitbar ist. Das positive Feedback-Bild bestätigt die Auswahl der richtigen Diagnose. Ein Diagnoseverdacht kann zu jeder Zeit geäußert werden, ebenso kann man sich immer die schon eingegebenen und erkannten Symptomwerte kritisieren lassen. Die Kritik solcher vom Tutanden selbst erkannten Symptomwerte ist in Abb. 6 gezeigt. Die Symptome werden eingeteilt in richtig, falsch und nicht erkannt. Bei den falsch und nicht erkannten Symptomen kann man sich die richtige Belegung ansehen. Das Bild, in dem dieser Symptomwert erkennbar war, kann bei allen Symptomen aufgerufen werden. Auf Anforderung wird dann das Bild geöffnet und die entsprechende Stelle auf dem Bild markiert.

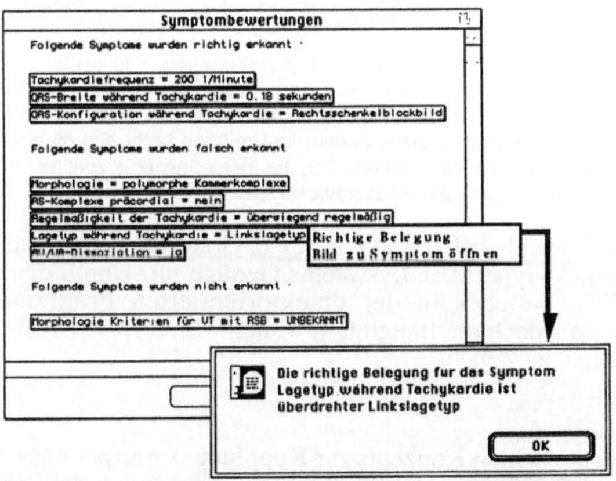

Abb. 6: Die von dem Tutanden eingegebenen Symptomwerte, die er in den Bildern erkannt und in die Fragebögen eingetragen hat, werden in die drei Kategorien richtig, falsch und nicht erkannt eingeteilt. Zu jedem Symptomwert kann das Bild aufgerufen werden, in dem das Symptom erkennbar ist. Außerdem kann bei den falsch und nicht erkannnten Symptomen der richtige Wert abgefragt werden.

Das Ende der Sitzung wählt der Tutand selbst, indem er den Fall über einen Menüpunkt abbricht. In der Zwischenzeit kann er beliebig oft einen Diagnoseverdacht äußern und ihn bewerten lassen, ebenso kann er die eingebenen Symptomwerte wieder verändern und neu kritisieren lassen.

5 Hypermediale Aspekte des Systems

In welcher Hinsicht ist das hier vorgestellte System ein Hypermediasystem? Der wichtigste Aspekt eines solchen Systems sollte die Nichtlinearität sein und erst in zweiter Linie die Verknüpfung verschiedener zeitabhängiger und zeitunabhängiger Medien. In Abbildung 7 werden die verschiedenen nichtlinearen Verbindungen der Anwendung verdeutlicht: Wie in einem Hypertext-Dokument zur Präsentation von Daten sind verschiedenartige Hypertextknoten in einer Netzstruktur verbunden und können über klicksensitive Sektionen in den Knoten aktiviert werden. Zusätzlich existieren Links zwischen Hypertextknoten und Teilen der Wissensbasis, die in bestimmten Situationen von dem Benutzer aufgerufen werden können. Grundsätzlich muß man zwei Typen von Verbindungen unterscheiden: die schon in der Wissensbasis vorgegebenen Verbindungen zwischen Symptomen, Diagnosen und Fällen, die für alle Anwendungen der Wissensbasis benutzt werden, sowie Beziehungen zwischen Hypermediaknoten untereinander und zu der Wissensbasis. Diese Links werden ausschließlich für diese Hypermedia-Anwendung erstellt und nur hier benutzt.

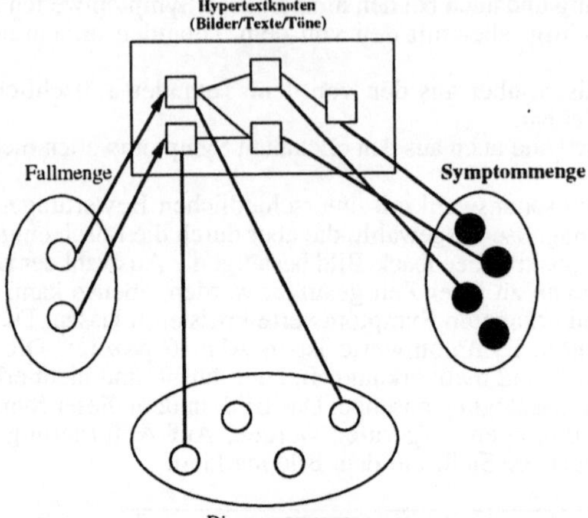

Abb. 7: In D3-*HITS* sind sowohl die verschiedenen Hypertextknoten, wie Bilder, Texte und Töne, als auch Teile der Wissensbasis, wie Symptome, Diagnosen und Fälle, nichtlinear verbunden. Die grauen Pfeile symbolisieren die Verbindung von Fällen zu Symptom- und Diagnosemengen in der Wissensbasis, d.h. diese Verbindungen sind schon in der Wissensbasis enthalten und müssen nicht neu eingegeben werden. Die Links zwischen Fall- und Symptommenge zu Hypertextknoten, die hier schwarz gezeichnet wurden, werden von dem Autor des Hypertext-Dokuments definiert und werden nur für diesen Zweck genutzt.

Was nun den zweiten Aspekt betrifft, sind nur Texte, Grafiken, Bilder und Töne vertreten, was noch nicht der Idee eines HyperMEDIAsystems Genüge tut. Durch den internen modularen Aufbau von D3-*HITS*, welches in der objektorientierten Programmiersprache CLOS implementiert wurde, ist jedoch die Integration weiterer Medien wie Animationen und Videosequenzen nur eine Frage der Zeit.

6 Diskussion

Der Vorteil des hier dargestellten Konzepts zur Kopplung der Expertensystemshell D3 und des Hypertextwerkzeuges D3-*HITS* ist die Kritikfähigkeit bezüglich der Schlußfolgerungen und die Darstellung von Fällen in einer Umgebung, die der natürlichen Umgebung angenähert wird. Eine vollkommene Angleichung der realen und der computersimulierten Umgebung kann kaum erreicht werden, da der Tast- und Geruchsinn nicht nachgebildet werden kann. So kann weder an einer Blume gerochen noch ein Gelenk abgetastet werden.

Der Benutzer muß alle enthaltenen und darstellbaren Merkmale aus einem Hypertext-Dokument erkennen und daraus schlußfolgern, während beide Aufgaben überwacht und bewertet werden. Sämtliche Angaben, die nicht graphisch erkannt werden können, müssen über eine Textausgabe vorgegeben werden.

Im Moment ist die Kritik an den durch den Lernenden erkannten Symptomen noch ein elementarer Vergleich der Eingabe mit dem abgespeicherten Fall ohne Berücksichtigung von Besonderheiten, was aber in der Weiterentwicklung verstärkt berücksichtigt wird. Hierzu wird fallvergleichendes Wissen verwendet werden, um abschätzen zu können, wie sehr sich der Tutand verschätzt hat. Ebenso wird eine Integration mit der existierenden Tutorkomponente *Trainer* [Reinhardt&Schewe 95] der Expertensystemshell D3 eine zusätzliche Erweiterung der Kritikfähigkeit des hier aufgezeigten Ansatzes liefern. Vor allem im Bereich der Diagnosekritik und der Schlußfolgerungsfähigkeiten werden entscheidende Veränderungen vorgenommen werden.

Die geplanten Erweiterungen des Hypertextwerkzeuges D3-*HITS* bezüglich Tönen und später evtl. Videosequenzen und Animationen wird die Qualität der Fallpräsentation noch weiter steigern und die Attraktivität des Systems erhöhen.

Unser Dank geht an alle Mitarbeiter des Lehrstuhls für Künstliche Intelligenz und Angewandte Informatik, die bei der Entwicklung dieser Anwendung mitgearbeitet haben, besonders aber an Frank Puppe, Karsten Poeck, Stefan Bamberger und Stefan Landvogt für die Implementierung des Linienmeßwerkzeuges.

Literatur:

[Baumgartner&Payr94] Baumgartner P., Payr S. (1994) Lernen mit Software, Folge 1, Digital Learning, Österreichische Studien Verlag

[Burns et al. 91] Burns H., Parlett J.W., Redfield C.L. (1991) Intelligent Tutoring Systems, New Jersey LEA

[Clancey&Soloway91] Clancey W.J., Soloway E. (1991) Artificial Intelligence and Learning Environments, MIT Press

[Eysenbach94] Eysenbach (1994) Computer Manual für Mediziner und Biowissenschaftler, Urban&Schwarzenberg

[Freibichler93] Freibichler H. (1993) Interview in: screen MULTIMEDIA 10/93

[Gappa et al. 93] Gappa U., Puppe F., Schewe S. (1993) Graphical knowlegde acquisition for medical diagnostic expert system. Artificial Intelligence in Medicine, Vol. 5, S. 185-211

[Goodyear 91] Goodyear P. (1991) Teaching Knowledge and Intelligent Tutoring, Ablex Publishing Corporation

[Haefner93] Haefner K. (1993) Interview in: screen MULTIMEDIA 10/93

[Kong94] Kong H.P. (1994) An intelligent, multimedia-supported instructional system; in: Expert Systems with Applications, Vol.7, No. 3

[Puppe et al. 94] Puppe F., Poeck K., Gappa U., Bamberger S., Goos K. (1994) Wiederverwendbare Bausteine für eine konfigurierbare Diagnostik-Shell, KI 2/1994 Juni 1994

[Reinhardt93] Reinhardt B.(1993) Diplomarbeit D3-*HITS*, Universität Würzbug, Lehrstuhl für Künstliche Intelligenz und Angewandte Informatik, Dezember 1993

[Reinhardt94] Reinhardt B. (1994) Kritik von Symptomerkennung in einem Hypertext-Dokument, in: E. Schoop, R. Witt & U. Glowalla (Hg.): Hypermedia in der Aus- und Weiterbildung. Dresdner Symposion zum computerunterstützten Lernen. Schriften zur Informationswissenschaft, Bd. 17, Konstanz: Universitäts-verlag Konstanz. 1995

[Reinhardt&Schewe95] Reinhardt B., Schewe S. (1995) A shell for intelligent tutoring systems, erscheint in dem Tagungsband zu AI-ED 95, August 1995

[Schmitz&Meusel. 91] Schmitz L., Meusel K. (1991) Smallcard - Ein Hypertextsystem zur Erstellung rechnergestützter Lerneinheiten; in: Maurer H. (Hrsg.), Hypertext/Hypermedia '91, IFB 276 Springer Verlag.

WULPUS
Wissensbasierte Hilfen und Erklärungen für ein betriebswirtschaftliches Planspiel

Claus Möbus, Olaf Schröder, Heinz-Jürgen Thole*

Universität Oldenburg, Fachbereich Informatik,
Abteilung Lehr- / Lernsysteme, D-26111 Oldenburg, und
OFFIS - Oldenburger Forschungs- und Entwicklungsinstitut
für Informatik-Werkzeuge und -Systeme, D-26121 Oldenburg
{moebus, schroeder, thole}@informatik.uni-oldenburg.de

1. Einleitung

In der betriebswirtschaftlichen Aus- und Weiterbildung werden in zunehmenden Maße Planspiele eingesetzt, um dem steigenden Bildungsbedarf kostengünstig zu begegnen. EDV-gestützte Simulationen und Planspiele haben durch die forcierte Vermittlung von Schlüsselqualifikationen eine neue Bedeutung erlangt. Man erhofft sich dadurch einerseits die Vertiefung der Analyse- und Problemlösefähigkeiten und andererseits die Verbesserung der Teamfähigkeit.

Grundlage eines Planspiels bildet ein Modell des Realitätsausschnitts (z.B. Schoel, 1988). Für umfangreiche Problemstellungen, wie z.B. die Führung eines Unternehmens, das sich gegenüber den Mitbewerbern auf den Absatzmärkten zu behaupten hat, muß im Planspiel stärker von der Realität abstrahiert werden (Ebert, 1978; Eser 1992). Dabei bildet die damit verbundene Komplexität des Modells einen Kompromiß zwischen den Extremen:

- große Komplexität, um Realitätsnähe zu garantieren
- geringe Komplexität, um Zusammenhänge transparent werden zu lassen.

Damit Modelle komplexer betriebswirtschaftlicher Gegenstandsbereiche nicht zu stark von der Realität abweichen, weisen sie einen hohen Vernetzungsgrad ihrer Bestandteile auf. Dadurch entsteht zwangsläufig Intransparenz. Der Zusammenhang zwischen Entscheidungs- und Ergebnisvariablen eines Unternehmens wird durch weitere Komponenten wie z.B. das Verhalten der Mitbewerber beeinflußt. In *herkömmlichen* Planspielen sind die Entscheidungen unabhängige und die Ergebnisse abhängige Variablen. Für den Benutzer ist der Zusammenhang zwischen Entscheidungen und den resultierenden Ergebnissen häufig schwer nachvollziehbar, falls das Domänenwissen des im Planspiel modellierten Weltausschnitts fehlt oder die im Modell enthaltenen Abstraktionen der Realität subjektiv stark verfremdend wirken (Eser, 1992; Ochs & Steinmann, 1976). Eine weitere Quelle von Schwierigkeiten für den Benutzer ist die Identifikation zeitverzögerter Effekte.

In dem Projekt WULPUS (Wissensbasierte Unterstützung für LUDUS, ein Planspiel für Unternehmensstrategien) wurde ein Ansatz entwickelt, der aufzeigt, wie die Zusammenhänge zwischen verschiedenen betriebswirtschaftlichen Teilbereichen durch einen *Hypothesentestansatz* (Möbus & Thole, 1990; Möbus, Thole & Schröder, 1993) sowie durch *wissensbasierte Erklärungen* für den Lernenden transparent gemacht werden können. Die Fähigkeit, Hypothesen zu formulieren und zu überprüfen, ist eine Schlüsselqualifikation. Explizites, selbstständiges Formulieren von Hypothesen hat einen effizienzsteigernden und optimierenden Einfluß auf die Wissensakquisition bei den Lernenden (Shute & Glaser, 1990). Die betriebswirtschaftliche Domäne von WULPUS ist dabei beschränkt auf einen Teilbereich der Inhalte des klassischen Planspiels LUDUS der Firma rado-plan.

---

* Wir danken Klaus Adam und Hagen von Stuckrad für die Mitwirkung an der Implementation.

Zentrale Unterscheidungsmerkmale zwischen WULPUS und LUDUS sind:

- *Hypothesentesten* vor dem "echten Spielschritt": Der Lernende kann sich zum Beispiel die Konsequenzen verschiedener Entscheidungskombinationen berechnen und anzeigen lassen. Im Unterschied zu LUDUS können alternative Entscheidungskombinationen "durchgespielt" werden, sei es, um die Beziehungen zwischen den Variablen zu studieren oder um vor der eigentlichen Entscheidungsfindung Hypothesen über eine günstige Kombination der Entscheidungsvariablen zu formulieren und zu überprüfen.

- *Vorwärts- vs. Rückwärtsplanung*: Neben der Eingabe von Entscheidungen kann sich der Benutzer Ziele (im Sinne gewünschter Ergebnisse) setzen. Das System versucht dann, diese Hypothese über die Erreichbarkeit der Ziele zu vervollständigen, indem es mit den gewünschten Ergebnissen konsistente Entscheidungskombinationen vorschlägt.

- *Korrekturmöglichkeit* von inkonsistenten Entscheidungs- und Ergebnisvariablen: Der Benutzer wird auf nicht erreichbare Ziele hingewiesen und erhält vom System für die betreffenden Variablen Korrekturvorschläge.

- *Erklärungskomponente*: Der Benutzer erhält wissensbasierte Erklärungen für:

  (a) das Zustandekommen der Ergebnisse bei den getroffenen Entscheidungen,

  (b) die vom System vorgeschlagenen Entscheidungen zur Erreichung seiner gesetzten Ziele,

  (c) die Nichterfüllbarkeit der gesetzten Ziele.

Für die Übertragung des Hypothesentestansatzes auf ein Planspiel sind der Rollentausch der Entscheidungs- und Ergebnisvariablen, das Aufschieben von Berechnungen, bis die benötigten Werte vorliegen, und die Korrekturmöglichkeit von Inkonsistenzen notwendige Voraussetzungen. Da LUDUS diese Einrichtungen nicht bietet, war es nicht möglich, eine Komponente zu entwickeln, die lediglich via Schnittstellen mit LUDUS kommuniziert. Deshalb mußte der Planspielausschnitt vollständig rational rekonstruiert und neu programmiert werden.

2. Kurzbeschreibung von LUDUS

Das Planspiel LUDUS (Laufende Unternehmungsplanung durch Unternehmens-Simulation) gehört zu der Gruppe der strategischen Konkurrenz-Unternehmensführungsspiele. Es wurde 1990 mit dem deutschen Hochschul-Software-Preis ausgezeichnet. Eingesetzt wird es vornehmlich an Hochschulen, aber auch in Industrie- und Beratungsunternehmen.

In dem Planspiel konkurrieren wahlweise 2 bis 5 Unternehmen mit 1 bis 3 Produkten auf 2 bis 4 Märkten. Die Planungsschwerpunkte liegen im Absatz-, Produktions-, Transport-, Personal- und Finanzbereich, wobei die Entscheidungen in jedem dieser betrieblichen Teilbereiche die Auswirkungen der Entscheidungen in den anderen Teilbereichen beeinflussen.

Die Spielteilnehmer von LUDUS müssen ihre Entscheidungen vollständig abgeben. Diese können allerdings in beliebiger Reihenfolge eingegeben werden. Wenn alle Spieler (Unternehmen) ihre Entscheidungsfindung abgeschlossen haben, wird der Spielschritt durchgeführt, d.h. die Ergebnisvariablen werden berechnet. Die Spieler können sich die Auswirkungen ihrer Entscheidungen in Form des Berichtswesens anschauen und ihre Entscheidungen für die neue Periode treffen. Der Benutzer erhält keine Rückmeldung in Form von Begründungen über das Zustandekommen der Ergebnisvariablen und hat deshalb u.U. Probleme, seine neuen Entscheidungen den gewünschten Zielen anzupassen.

Als einzige Hilfe zur Entscheidungsfindung stellt LUDUS sogenannte "Planungshilfen" zur Verfügung. Der Spieler hat die Möglichkeit, ein Intervall für den geplanten Absatz und die Produktion anzugeben. Daraufhin berechnet das System z.B. die zum Transport auf weitere Märkte zur Verfügung stehende Menge von Produkten. Der Spieler wird nicht gewarnt, wenn die vorhandene Maschinenkapazität nicht ausreicht, um die geplante Produktion zu realisieren. Außerdem wird die Erreichbarkeit des geplanten Absatzes auf dem jeweiligen Markt vom System nicht geprüft, d.h. das Marktvolumen, die Maßnahmen der konkurrierenden Mitbewerber und das eigene Marketingmix werden nicht berücksichtigt.

LUDUS stellt den Benutzer daher vor folgende Probleme:

1. Es ist nicht deutlich, wie und warum die Ergebnisse aufgrund der getroffenen Entscheidungen zustandegekommen sind (Intransparenz, fehlende Erklärungen).
2. Probehandlungen sind nicht möglich. Entscheidungen können nicht rückgängig gemacht, Alternativen nicht einander gegenübergestellt werden.
3. Man kann sich keine Ziele setzen, und es bleibt unklar, mit welchen Entscheidungen die intendierten Ziele erreichbar sind.

3. Beschreibung von WULPUS

Das wissensbasierte Planspiel WULPUS wurde entwickelt, um einen Ansatz aufzuzeigen, der dem Lernenden die Zusammenhänge in komplexen Planspielen transparent macht.

WULPUS bietet dem Benutzer daher die folgenden Möglichkeiten:

1. *Erklärungen* anzufordern, um die Zusammenhänge zwischen Entscheidungen und Ergebnissen transparent zu machen
2. *Probehandlungen* durchzuführen und die resultierenden Ergebnisse gegenüberzustellen
3. *Ziele* zu setzen, also gewünschte Ergebnisse bzw. Teilergebnisse vorzugeben

Der WULPUS-Spieler wird in mehrfacher Hinsicht bei seiner Entscheidungsfindung unterstützt. Dazu wurde das Konzept einer *"Simulation in der Simulation"* entworfen und realisiert. Der Spieler hat die Möglichkeit, vor dem "echten Spielschritt" Alternativen zu testen, indem er das System wieder zurücksetzt und mit neuen Werten startet. Er kann so mehrere Perioden durchspielen, um zeitlich verzögerte Effekte zu erkennen. Außerdem kann er zusätzlich auf Wunsch die möglichen Mitbewerberentscheidungen variieren und damit das Verhalten der Konkurrenz simulieren, bzw. realistische Hypothesen über deren Verhalten aufstellen und vom System prüfen lassen. WULPUS unterstützt den Planspieler außerdem mit Erklärungen über die Nichterreichbarkeit von Zielen und über den Zusammenhang von Entscheidungs- und Ergebnisvariablen mit Hilfe einer integrierten Expertenwissensbasis. Es hat sich gezeigt, daß Lernende gerade bei komplexen Planspielen oft Probleme haben, Entscheidungen zu treffen, da sie die Auswirkungen nicht überschauen können. Ein Grund dafür ist das fehlende Vorwissen. Daraus folgt, daß Novizen einen geringen Wissenszuwachs beim Arbeiten mit einem komplexen Planspiel haben (vergl. Ripper et al., 1993).

Sie haben jedoch genaue Vorstellungen über die Ergebnisse, die sie mit den zu treffenden Entscheidungen erreichen wollen. Deshalb haben wir das Planspiel WULPUS so konzipiert, daß ein Spieler zur Entscheidungsfindung bei der "Simulation in der Simulation" seine Zielvorstellungen eingeben und die klassischen Planspielentscheidungen offen lassen kann. Somit wird die traditionelle Rollenverteilung der unabhängigen und abhängigen Variablen vertauscht. Das System rechnet ihm die zu treffenden notwendigen Entscheidungen zurück und generiert Erklärungen über die Zusammenhänge (s.u.).

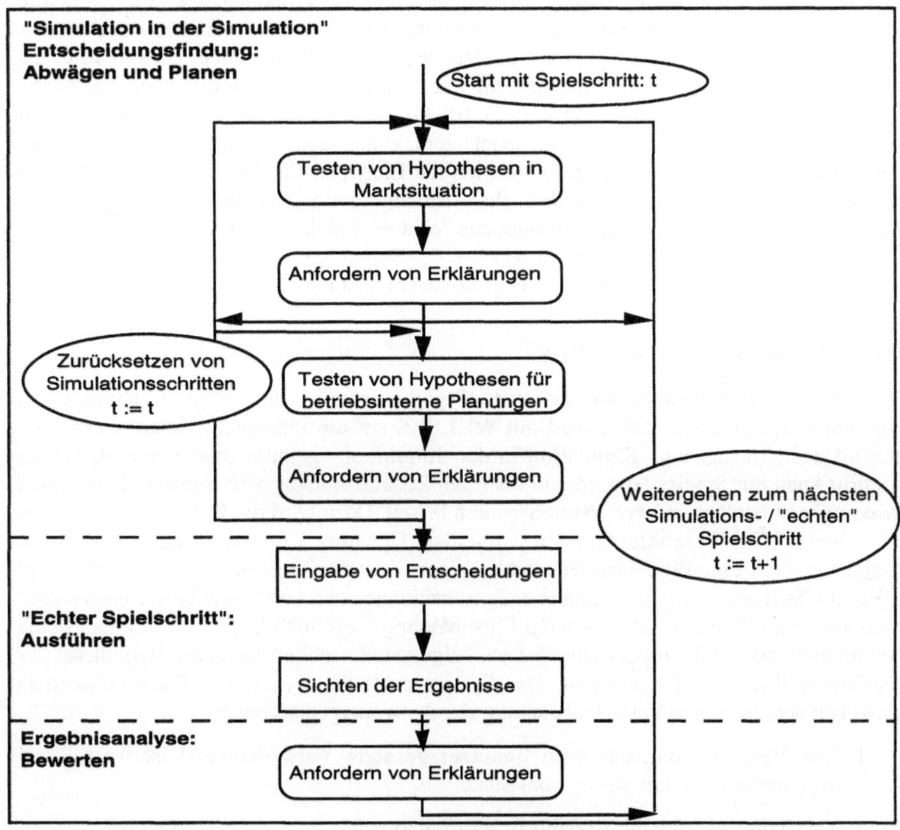

Abb. 1: Ablaufskizze von WULPUS

Eine Handlung "Durchführung eines Spielschrittes in einem Planspiel" zerfällt nach der Rubikontheorie (Heckhausen, 1989; Gollwitzer, 1991) in die vier Handlungsphasen: Abwägen, Planen, Ausführen und Bewerten. In dem prototypischen Planspiel WULPUS werden zusätzlich zur Ausführphase auch die Abwäge-, Plan- und Bewertungsphase unterstützt. Die Abbildung 1 zeigt eine Ablaufskizze von WULPUS. Der Teil zwischen den beiden gestrichelten Linien enthält die klassischen Planspielanteile, wie sie z.B. auch in LUDUS implementiert sind: Durchführung des "echten" Spielschrittes mit der Eingabe von Entscheidungen und dem Kontrollieren der erzielten Ergebnisse. Der obere Teil zeigt die vom WULPUS-System angebotenen Unterstützungsmöglichkeiten zur Entscheidungsfindung. WULPUS bietet die Hilfe "nur" an, die Kontrolle liegt vollständig beim Benutzer, d.h. das Hypothesentesten und das Anfordern von Erklärungen sind optional (leicht gerundete Ecken). Ein Benutzer hat die Möglichkeit, bis zu vier Spielschritte für die Marktsituation zu durchlaufen, um eine Hypothese zur Entwicklung der Marktanteile über einen längeren Zeitraum zu überprüfen (rückführender Pfeil oben rechts). Der Lernende kann das System nach jedem Hypothesen-Spielschritt zurückzusetzen, um Alternativen durchzuprobieren und gegenüberzustellen (rückführender Pfeil oben links). Zu jedem Durchlauf der Marktsimulation kann er Erklärungen anfordern, d.h. er bekommt Hilfe beim Bewerten seiner Planungsergebnisse. Das entspricht einer rekursiven Sichtweise des Handlungsphasenkonzepts (Möbus, 1991).

Nachdem ein Benutzer mit der Marktsituation "zufrieden" ist, kann er aufgrund der dort erreichten Resultate (Werte für Absatz, Preis,...) für sein Unternehmen die betriebsinterne Planung durchführen. Zur Unterstützung der Analyse der Ergebnisse werden dem Benutzer auch an dieser Stelle Erklärungen angeboten. Nach jedem Durchlauf kann er entweder nur die betriebsinterne Planung rückgängig machen, um alternative Lösungen für die innerbetriebliche Planung zu einer Marktsituation zu vergleichen (rückführender Pfeil Mitte links), oder er setzt auch die Marktsimulation auf den Ausgangspunkt zurück und beginnt von neuem. Nachdem die Entscheidungsfindung abgeschlossen ist, werden die Eingaben für den "echten" Spielschritt vorgenommen, hier müssen die klassischen Entscheidungsvariablen eines Planspiels eingegeben werden. Nach der Durchführung des "echten" Spielschrittes kann ein WULPUS-Spieler systemgenerierte Erklärungen zur Analyse der Ergebnisse anfordern, falls er sich nicht selbst erklären kann, warum die erreichten Ergebnisse von den intendierten Zielen abweichen.

3.1 Hypothesentesten in WULPUS

Der von uns in anderen Domänen entwickelte Hypothesentestansatz (Möbus & Thole, 1990; Möbus, Thole & Schröder, 1993) wird mit WULPUS auf die Planspieldomäne übertragen. Dazu wird das Konzept der "Simulation in der Simulation" genutzt: vor dem endgültigen Spielschritt kann ein Spieler Hypothesen über den Zusammenhang von Entscheidungen und Auswirkungen aufstellen und vom System prüfen lassen. Dazu wird die Rollenfestlegung von Entscheidungs- und Ergebnisvariablen aufgelöst: Einzelne Entscheidungen können zu abhängigen und einzelne Ergebnisse zu unabhängigen Variablen werden. Eine Hypothese wird vom WULPUS-Spieler formuliert, indem er Entscheidungen und / oder Ergebnisse nach seinen Wünschen eingibt. Dabei kann er sowohl Entscheidungs- als auch Ergebnisvariablen, deren Werte ihm nicht klar sind, unspezifiziert lassen. Allgemein formuliert lautet die Hypothese: *Die eingegebenen Werte sind konsistent.* Das System prüft die Hypothese. Dabei können in Abhängigkeit der jeweiligen Variablenbelegung vier Antworttypen auftreten:

1. Die Vorgabe (d.h. der vom Benutzer gesetzte Variablenwert) ist im Hypothesenzusammenhang konsistent.
2. Der Benutzer hatte die Variable unspezifiziert gelassen, und das System hat einen Wert berechnet.
3. Die Vorgabe ist im Hypothesenzusammenhang inkonsistent.
4. Der Benutzer hatte die Variable unspezifiziert gelassen. Das System hatte zu wenig Information, um für sie einen Wert zu berechnen.

Die Rückmeldung von WULPUS auf das Hypothesentesten erfolgt in drei Abstufungen: Zuerst wird dem Benutzer lediglich mitgeteilt, ob seine Hypothese korrekt ist oder nicht. Falls diese Information ausreicht und der Lernende sich das Hypothesentestergebnis selbst erklären kann, braucht er sich die beiden folgenden Systemantworten nicht mehr anzusehen. Falls nötig, erhält der Benutzer im folgenden Schritt auf Anfrage eine Erklärung in Form qualitativer Begründungen. Die letzte Stufe der Systemantworten auf das Hypothesentesten erfolgt quantitativ, d.h. die konkreten Werte werden angezeigt (Abb. 2).

Vom Benutzer formulierte Hypothese:

Läßt sich (zum Zeitpunkt t) eine bestimmte Absatzsteigerung bei festgelegtem gesenktem Preis, unveränderten Ausgaben für Werbung, Vertrieb und Forschung erreichen, unter der Annahme, daß die Konkurrenz ihre Absatzstrategie nicht ändert ?

Zeit / Variablen	Periode t-1	Periode t
Absatz	6.30 Mio. St.	6.41 Mio. St.
Preis	7.00 DM je St.	6.50 DM je St.
Werbung	1.7 Mio. DM	1.7 Mio. DM
Vertrieb	4 Mio. DM	4 Mio. DM
· Forschung	3 Mio. DM	3 Mio. DM

Im Menu ist für die Konkurrenz "keine Veränderungen" ausgewählt.

Systemantworten :

1. Stufe (prädikativ):
Nein, das gesetzte Absatzziel ist unrealistisch.

2. Stufe (qualitativ):
Die Tendenz im Marketing-Mix stimmt zwar, ist aber nicht stark genug ausgeprägt.

Ausführliche Erklärung:
Der Absatz läßt sich steigern, wenn der Preis gesenkt wird und die Ausgaben für Werbung, Vertrieb und Forschung gleich bleiben und außerdem die Konkurrenz ihre Entscheidungen beibehält. Die hier vorgenommene Preissenkung ist aber nicht ausreichend, um das gewünschte Absatzziel zu erreichen.

3. Stufe (quantitativ):
Mit den Vorgaben läßt sich ein Absatz von 6.369 Mio. St. erreichen. Die Absatzsteigerung beträgt 1.09 Prozent.

Abb. 2: Skizze einer Hypothese mit WULPUS-Systemantworten

Die Abbildung 2 zeigt eine Benutzerhypothese über die Realisierbarkeit eines Absatzziels unter den Bedingungen seiner Vorgaben für das Marketing-Mix (Preis, Werbung, Vertrieb und Forschung) und seinen Annahmen über das Mitbewerberverhalten. Sein Ziel ist es, den Absatz von 6.3 auf 6.41 Mio. St. zu steigern. Dabei will er seinen Preis von 7 auf 6.50 DM pro St. senken. Die anderen Variablen des Marketing-Mix sollen unverändert bleiben. Er geht von der Voraussetzung aus, daß die Konkurrenz ihre bisherige Absatzstrategie beibehält. In dem unteren Teil der Abbildung sind die drei Abstufungen der Systemantworten abgebildet. Bei der Formulierung von Hypothesen über die Erreichbarkeit von Absatzzielen bestehen weitere Möglichkeiten:

- Die Variablen des Marketing-Mix können unspezifiziert bleiben. WULPUS berechnet, falls es möglich ist, die mit dem Ziel konsistenten Werte der Variablen.
- Das Absatzziel kann in Form von Strategien w.z.B. Absatzsteigerung formuliert werden.
- Für die Konkurrenz können feste Werte für das Marketing-Mix vorgegeben werden.
- Das Mitbewerberverhalten kann in Form von Strategien angegeben werden.

Falls in einer Hypothese das Absatzziel als Strategie formuliert wird und der Preis unspezifiziert bleibt, werden die möglichen numerischen Werte bei der dritten Stufe der Systemantwort auf die Hypothese in Form einer Preis/Absatz-Funktion angezeigt. Dabei ist der Bereich, der der Strategie entspricht, gekennzeichnet.

3.2 Erklärungen in WULPUS

Die vier unterschiedlichen Fälle des Ausgangs der Hypothesenprüfung werden dem Spieler durch verschiedene "Smileys"-Buttons graphisch auf einfache, verständliche Weise verdeutlicht (Sanderson & Dougherty, 1993). Im zweiten Fall (unspezifizierte, aber berechenbare Variable) gibt das System einen Vervollständigungsvorschlag für die Variable. Für den dritten Fall (Inkonsistenz) bekommt er auf Wunsch einen Korrekturvorschlag vom System angeboten. Beim vierten Fall (unspezifizierte, nicht berechenbare Variable) nennt WULPUS auf Anfrage die zur weiteren Berechnung der Variablen benötigten Vorgaben, die der Spieler eingeben muß, und macht auf Wunsch zusätzlich einen Eingabevorschlag. In jedem Fall kann der Spieler eine abgestufte Erklärung über das Zustandekommen eines jeden Wertes vom System anfordern. Zum anderen wurde eine Wissensbasis erstellt, die die Vernetzung der betrieblichen Teilbereiche in Form von Regeln enthält. Bei Bedarf kann ein WULPUS-Spieler Erklärungen über das Zustandekommen der resultierenden Ergebnisse aufgrund seiner getroffenen Entscheidungen oder über das Zustandekommen der notwendigen Entscheidungen zur Erreichung seiner Zielvorstellungen vom System anfordern.

Die Erklärungen werden dem Spieler in Abstufungen angeboten, d.h. das Netz der Zusammenhänge der intervenierenden Planspielvariablen wird auf wiederholte Anfrage immer weiter ausgebreitet (Abb. 3). Dabei werden schrittweise Planspielvariablen mit ihren Abhängigkeiten in eine "Unternehmenslandkarte" eingetragen, in der alle betrieblichen Teilbereiche in der Kopfzeile angezeigt werden. Die "Landkarte" dient dem Benutzer zur Orientierung. Die im jeweils letzten Schritt hinzugefügten Konzepte sind fett dargestellt. Die obere Hälfte der Abbildung 3 zeigt die Situation nach dem ersten Schritt: Der Benutzer will sich die Planspielvariable "Endguthaben" im Zusammenhang erklären lassen. Das "Endguthaben" wird im betrieblichen Teilbereich "Finanzstatus" berechnet. Deshalb ist dieser betriebliche Teilbereich geöffnet. Die bedingenden Variablen sind in der "Landkarte" eingetragen. In der unteren Hälfte wurde das Zusammenhangsnetz um zwei weitere Schritte ausgebreitet: Das Netz ist um die bedingenden Variablen der beiden intervenierenden Variablen, "Summe Einzahlungen" und "Summe Auszahlungen", erweitert worden. Die aktuelle Erweiterung des Netzes ist durch fette Knotenlinien markiert. Jeder Variablenknoten enthält zusätzlich die anderen betrieblichen Teilbereiche, in denen die Variable eine Rolle spielt, z.B. kommt "Einzahlungen aus Umsatz" auch im Bereich "ABSATZ / UMSATZ" vor. Weiterhin bekommt der Benutzer Information über den zeitlichen Zusammenhang, d.h. ob Variablen aus der aktuellen Periode "t" oder der Vorperiode "t-1" eingehen. Die Präsentation des Zusammenhangs in Abstufungen hat zwei Gründe: Erstens sollen Selbsterklärungseffekte beim Lernenden gefördert werden, und zweitens ist das gesamte Netz durch die Vielfalt von Zusammenhängen der Teilbereiche unübersichtlich.

Der WULPUS-Benutzer kann sich den mathematischen Zusammenhang der in der "Landkarte" eingetragenen Planspielvariablen anzeigen lassen (Abb. 4). Dabei wird eine Constraint-Netz-Repräsentation (Fendler & Wichlacz, 1987) verwendet, um die unterschiedlichen Berechnungsrichtungen von den Entscheidungen zu den Ergebnissen und von den gewünschten Ergebnissen (Zielen) zu den nötigen Entscheidungen übersichtlich darstellen zu können.

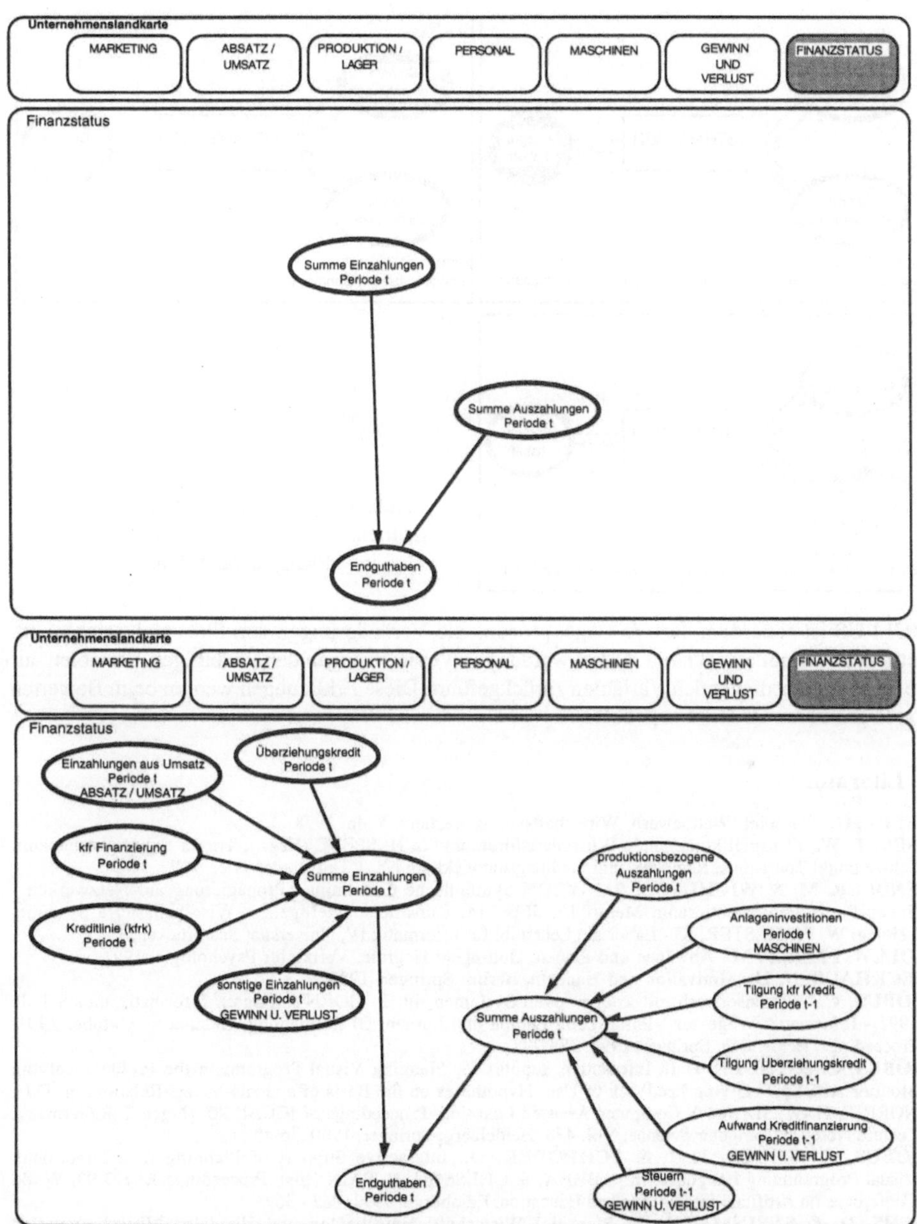

Abb. 3: Darstellung von Abhängigkeiten zwischen den Konzepten in der "Unternehmenslandkarte"

In der Abbildung 4 wird das Beispiel aus der oberen Hälfte der Abbildung 3 wieder aufgegriffen. Immer wenn zwei Werte vorliegen (fetter Rand), kann der dritte (grau) berechnet werden. Der Datenfluß ist durch die Pfeile repräsentiert. Die jeweilige zur Berechnung verwendete Constraint-Gleichung wird dem Benutzer gezeigt. Bei der Darstellung umfangreicher Berechnungen entsteht ein Constraint-Netz.

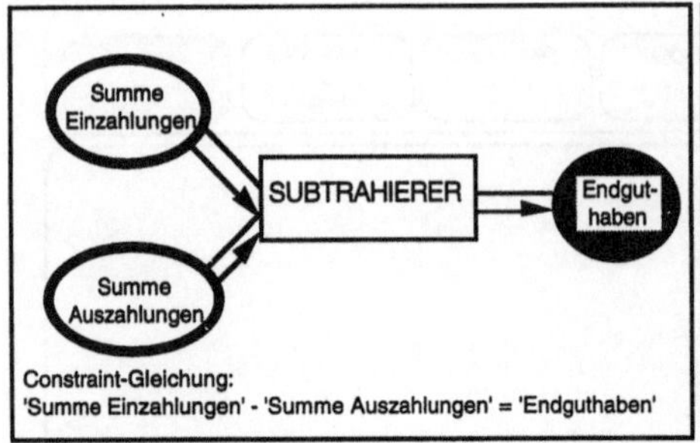

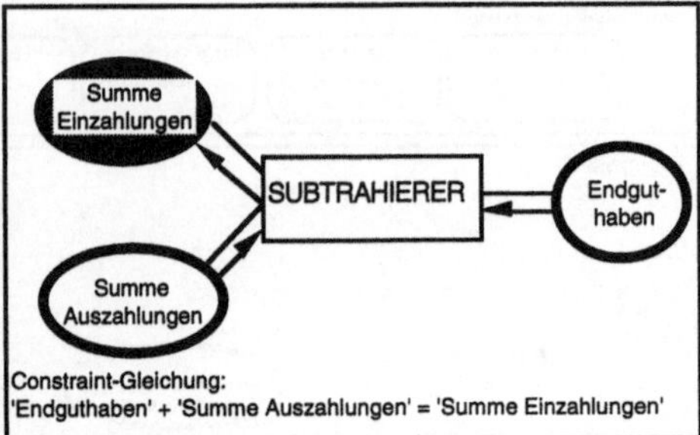

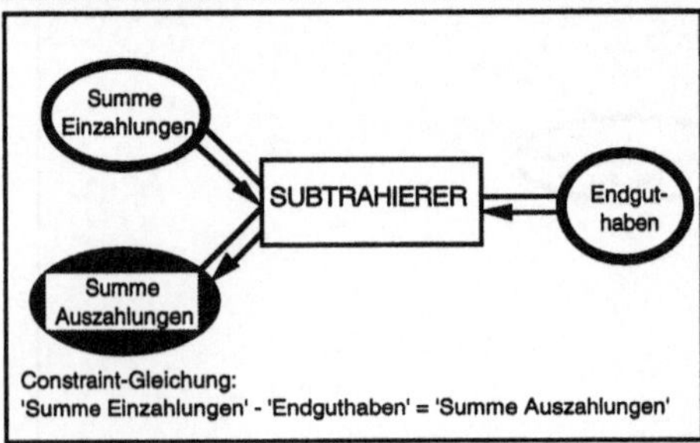

Abb. 4: Constraint-Darstellung des mathematischen Zusammenhangs von Planspielvariablen

WULPUS ist außerdem dazu in Lage, prozentuale Veränderungen von Planspielvariablen im zeitlichen Verlauf zu erklären. Dabei werden die Veränderungen der abhängigen Variablen auf die jeweiligen bedingenden Variablen zurückgeführt. Diese Erklärungen werden beim Bewerten von Ergebnissen als Hilfe angeboten.

4. Literatur

EBERT, G., Planspiel: Wettbewerb, Wirtschaftsverlag Bachem, Köln, 1978

ESER, T. W., Planspiel kommunale Wirtschaftsförderung, in H. SPEHL (Hrgs.), Trierer Schriftenreihe zum Schwerpunkt Tourismus, Regional- und Siedlungsentwicklung Nr. 3, Universität Trier, 1992

FENDLER, M. & WICHLACZ, R., SYCON Symbolische Constraint - Propagierung auf Netzwerken - Entwurf und Implementierung, Memo 15, SFB 314: Künstliche Intelligenz - Wissensbasierte Systeme, Leitung: W. WAHLSTER, KI - Labor am Lehrstuhl für Informatik IV, Universität Saarbrücken, 1987

GOLLWITZER, P. M., Abwägen und Planen, Göttingen: Hogrefe, Verlag für Psychologie, 1991

HECKHAUSEN, H., Motivation und Handeln, Berlin: Springer, 1989

MÖBUS, C., Wissenserwerb mit kooperativen Systemen, in: P. GORNY (Hrgs.), Informatik und Schule 1991 - Informatik: Wege zur Vielfalt beim Lehren und Lernen, GI-Fachtagung, Oldenburg, Oktober 1991, Proceedings, Heidelberg: Springer, 1991, 288-298

MÖBUS, C. & THOLE, H.J., Interactive Support for Planning Visual Programs in the Problem Solving Monitor ABSYNT: Giving Feedback to User Hypotheses on the Basis of a Goals-Means-Relation, in: D.H. NORRIE, H.-W. SIX (eds), Computer Assisted Learning. Proceedings of ICCAL 90, Hagen, F.R.Germany, Lecture Notes in Computer Science, Vol. 438, Heidelberg: Springer, 1990, 36-49

MÖBUS, C., THOLE, H.-J. & SCHRÖDER, O., Interactive Support of Planning in a Functional, Visual Programming Language, in P. BRNA, S. OHLSSON, H. PAIN (eds), Proceedings AI-ED 93, World Conference on Artificial Intelligence and Education, Edinburgh, 1993, 362 - 369

OCHS, D. & STEINMANN, B., Planspiel Wirtschaft: Entscheiden und Handeln, Wirtschaftsverlag Bachem, Köln, 1976

RIPPER, J., ZACHAY, A., HERZ, B. & MERZ, W., Computergestützte Ökonomieplanspiele als Lehr-Lern-Methode: Auswirkungen der Komplexität des Planspiels und des Vorwissens der Benutzer auf den Lernerfolg, in C. MÖBUS (Hrsg.), GI Fachgruppe 1.1.5 / 7.0.1 Intelligente (Tutorielle) Lernsysteme, 6. Arbeitstreffen am 8. / 9. 6. 1993 an der der Carl-von-Ossietzky-Universität Oldenburg, Interne Berichte, Fachbereich Informatik, 1993, 112-121

SANDERSON, D. W. & DOUGHERTY, D., Smileys - over 650, compiled by David Sanderson, the "Noah Webster of Smileys", O'Reilley & Associates, Inc., 1993

SCHOEL, D., Erdöl zwischen Markt und Macht, Plan- und Rollenspiele, Wirtsch.-Vlg. Bachem, Köln, 1988

SHUTE, V. J. & GLASER, R., A Large-Scale Evaluation of an Intelligent Discovery World: Smithtown, Interactive Learning Environments, 1, 1990, 51-77

Eine Didaktikkomponente für SYPROS — Studentenmodellierung, Lernzielstrukturierung und Lernerführung*

Meike Gonschorek   Christian Herzog
Technische Universität München, Institut für Informatik, D–80290 München

Eva Kluge
Freie Universität Berlin, Institut für Informatik, Takustr. 9, D–14195 Berlin

1 Einleitung

Um Studenten auf dem Gebiet der Synchronisation paralleler Prozesse mehr Übungsmöglichkeiten zu bieten und um sie dabei zu unterstützen, systematische Lösungen zu entwickeln bzw. zu verstehen, haben wir das intelligente Lehrsystem SYPROS entwickelt. In seiner aktuellen Version sind bereits das Expertenmodul, eine Diagnose- und Fehlererklärungskomponente und zahlreiche weitere Hilfs– und Visualisierungswerkzeuge realisiert (vgl. etwa [Herz92], [RoHe93], [HeGo93] oder [GoHe94]). Um den Ansprüchen, die speziell an die didaktischen und methodischen Fähigkeiten intelligenter Tutorsysteme gestellt werden, besser gerecht zu werden, werden derzeit das Studenten– und das Tutormodul weiterentwickelt. Dabei liegt ein Schwerpunkt auf der Lernerführung durch das Tutormodul, die einerseits die Strukturierung des Sachgebietes in Lernziele als Basis für eine sachgerechte und studentenangepaßte Steuerung des Lehr–/Lernprozesses und andererseits die Betreuung der Studentin während der Bearbeitung einer Aufgabe und insbesondere die Planung des Einsatzes geeigneter Hilfsmöglichkeiten umfaßt.

In diesem Papier gehen wir noch einmal kurz auf das Sachgebiet von SYPROS ein, berichten über die Studentenmodellierung und stellen dann unsere Konzepte für die Lernerführung durch Lernzielstrukturierung und Betreuung vor. Wie auch bereits bei den anderen Komponenten sind die Konzeptionen sachgebietsunabhängig formuliert, die Methoden also überall dort anwendbar, wo eine Strukturierung des Lerngegenstandes in ähnlicher Weise möglich und sinnvoll ist.

2 Das Sachgebiet von SYPROS

Das intelligente Lehrsystem SYPROS soll Informatikstudenten unterstützen, die die Synchronisation paralleler Prozesse lernen, üben bzw. verstehen wollen. Dabei werden die

*Diese Arbeit wird von der Deutschen Forschungsgemeinschaft unterstützt, Förderungskennzeichen Pa 269/1-1

von Dijkstra ([Dijk68]) eingeführten Semaphore als Synchronisationsmittel benützt[1]. Zur Präsentation von Synchronisationsproblemen in Übungsaufgaben haben wir die Spezifikationssprache *TaskL* entwickelt. In ihr können einfache Prozesse und Synchronisationsbedingungen (Restriktionen) formuliert werden. Aufgabe der Studenten ist es, in ein so entstandenes Prozeßsystem Semaphoroperationen derart einzufügen, daß die angegebenen Restriktionen verklemmungsfrei erfüllt werden (Korrektheit) und die Synchronisation nur solche Programmabläufe ausschließt, die zur Verletzung einer Synchronisationsbedingung führen würden (maximale Parallelität).

```
Bench B:=0;
Sema mutex:=1, leer:=0;
ParBegin   Erz: ForeverDo                        Ver: ForeverDo
                { 1: <<produziere>>;                 {     P(leer);
                     P(mutex);                             P(mutex);
                  2: put(B);                             1: get(B);
                     V(mutex);                             V(mutex);
                     V(leer);   },                       2: <<verbrauche>>;  }
ParEnd;
MutuallyExclusive(Erz:2, Ver:1);
GetOnlyIfNotEmpty(B);
```

Abbildung 1: Ein Erzeuger–Verbraucher–Problem in *TaskL*

Die Abbildung 1 zeigt die *TaskL*-Spezifikation eines einfachen Erzeuger–Verbraucher–Problems mit einem Erzeuger `Erz` und einem Verbraucher `Ver`, die sich über eine Werkbank `B` Werkstücke weiterreichen. Die Restriktion `GetOnlyIfNotEmpty(B)` besagt, daß `get(B)` nicht ausgeführt werden darf, wenn die Werkbank leer ist. Den gegenseitigen Ausschluß der mit `1` markierten Operation des Erzeugers und der mit `2` markierten Operation des Verbrauchers fordert die Restriktion `MutuallyExclusive(Erz:1, Ver:2)`. Mit den durch Fettdruck gekennzeichneten Semaphoroperationen ist das Problem korrekt und maximal parallel gelöst.

3 Studentenmodellierung

Voraussetzung für eine der Studentin angepaßte Steuerung des Lernprozesses ist eine möglichst genaue Modellierung ihres Wissensstandes und ihres Verhaltens während der Lösung einer Aufgabe. Das Studentenmodul von SYPROS unterteilt sich in ein Kurzzeitmodell und in ein Langzeitmodell. Im Kurzzeitmodell wird das Wissen und Verhalten abgelegt, das sich auf die gerade bearbeitete Aufgabe bezieht, das Langzeitmodell enthält Informationen über das Wissen und Verhalten der Studentin während der gesamten Beobachtungszeit. Im folgenden werden wir näher auf die Wissenskomponenten der beiden Modelle eingehen.

3.1 Der Ziel–Plan–Baum zur Diagnose von Studentenlösungen

Eine Modellierung des Wissensstandes ist nur möglich, wenn eine möglichst genaue Diagnose des Lösungsprozesses erfolgt. Dafür wird in SYPROS jeder Schritt bei der Bear-

[1]SYPROS ist ein Akronym für **SY**nchronisation paralleler **PRO**zesse mit **S**emaphoren.

beitung einer Aufgabe registriert, und es wird versucht, die entstehende Lösung und die zugrundeliegenden Intentionen der Studentin richtig zu interpretieren.

Wie in anderen intelligenten Lehrsystemen (z. B. PROUST, vgl. [John86]) wird dazu eine hierarchische Repräsentation des korrekten Problemlösewissens und der möglichen Mißverständnisse und Fehler verwendet. In SYPROS ist dies der Ziel–Plan–Baum: Ziele beschreiben konzeptuelles Wissen, wie man vom Problem (dargestellt durch die Wurzel des Ziel–Plan–Baumes) zur Lösung, d. h. dem Wissen über einzelne Programmierkonzepte (dargestellt durch die Ziele auf der untersten Ebene des Ziel-Plan-Baumes), kommt. Pläne beinhalten das Wissen, wie solche einzelnen Programmierkonzepte durch eine Operation in *TaskL* realisiert werden können (eine ausführlichere Beschreibung des Ziel–Plan–Baumes findet man in [HeGo93]). Den Ziel–Plan–Baum des oben beschriebenen Erzeuger–Verbraucher–Problems zeigt in vereinfachter Form Abbildung 2; die Beschriftungen der Ziele sollen dabei Hinweise auf das repräsentierte Wissen geben.

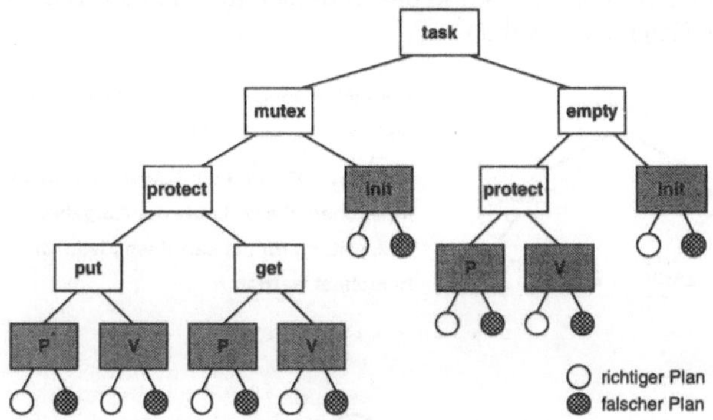

Abbildung 2: Ziel–Plan–Baum des Erzeuger–Verbraucher–Problems

Mit Hilfe des Ziel–Plan–Baumes wird die entstehende Lösung einer Studentin diagnostiziert: Ein **Match–Algorithmus** bestimmt zu jeder Programmanweisung in der Lösung alle Pläne, die von dieser Anweisung erfüllt werden. Damit liefert er eine 1:n–Relation zwischen Anweisungen und Plänen. Im nächsten Schritt reduziert die **Interpretationskomponente** diese 1:n–Beziehung zu einer 1:1–Beziehung, indem sie mit Fuzzy–Techniken zu jeder Programmanweisung genau einen Plan bestimmt, der von der Anweisung erfüllt wird (siehe [Herz94]). Ausgehend von den Zielen mit Plänen werden schließlich induktiv jedem Ziel eine oder mehrere **Diagnosekategorien** wie `korrekt`, `inkorrekt`, `überflüssig`, `inkonsistent` etc. zugeordnet (siehe [HeGo93]).

Eine Besonderheit in SYPROS ist, daß der Ziel–Plan–Baum zu einer beliebigen *TaskL*–Problemspezifikation **generiert** wird. Dazu greift SYPROS auf eine Wissensbasis, bestehend aus *frames* für Ziele und Pläne, zu. *Frames* für Ziele enthalten u. a. mögliche Unterziele oder mögliche Pläne, und sowohl bei Zielen als auch bei Plänen enthalten sie Bedingungen dafür, ob mögliche Inkarnationen eines Zieles oder Planes, abhängig von der gegebenen Problemspezifikation, in den Ziel–Plan–Baum aufgenommen werden oder nicht. Damit kann, beginnend bei der Wurzel, die immer aus einer Inkarnation des Zieles „*task*“ besteht, der Baum Ebene für Ebene aufgebaut werden.

3.2 Modellierung des Studentenwissens

Die Wissenskomponente des Kurzzeitmodells besteht gerade aus dem Ziel–Plan–Baum zu der entsprechenden Aufgabe, wobei in jedem Ziel die Folge der Diagnosekategorien, die nach jedem Editor–Schritt berechnet wurden, gespeichert werden. Daraus lassen sich u. a. der Lösungsweg und die verwendeten (korrekten und fehlerhaften) Wissenskonzepte weitestgehend rekonstruieren.

Da jedes Ziel des Ziel–Plan–Baums eine Inkarnation eines *frame* der Wissensbasis ist, bietet sich an, nach der Bearbeitung einer Aufgabe die wichtigsten Informationen einer Inkarnation bei ihrem *frame* zu speichern. Damit erhält man ein Langzeitmodell, das zu jedem Wissenskonzept den Verlauf des Wissensstandes der Studentin enthält. Abbildung 3 zeigt an einem Beispiel, wie der relevante Inhalt des Kurzzeitmodells in das Langzeitmodell übertragen wird (als „wichtigste Informationen" einer Zielinkarnation wurden hier die Folge der Diagnosekategorien sowie die Unterziel–Relation als Teil der Kontextbeziehungen zwischen Zielen ausgewählt).

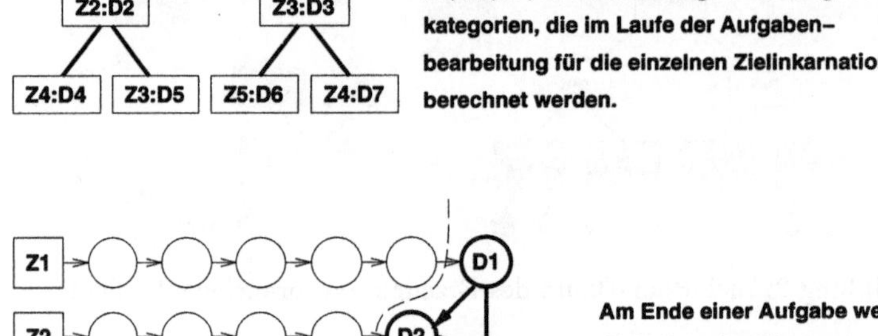

Abbildung 3: Kurzzeit– und Langzeitmodell des Studentenwissens

4 Konzeption einer Lernzielstruktur

An ein ITS wird der Anspruch gestellt, daß es im Unterrichtsgeschehen partiell die Planung und Steuerung des Lehr-/Lernprozesses übernimmt. Dies verlangt die Modellierung didaktischer wie methodischer Entscheidungen in die Didaktikkomponente eines ITS. In den meisten existierenden Systemen geschieht dies implizit: so fördert die Entscheidung für fallbasierte Systeme wie MaXGo [Kohl93] oder TUDIS [RhPu94] exploratives und Diskriminationslernen; ABSYNT[MTS93] und PETRI-HELP[FMPS94] unterstützen in

Struktur und Funktion eine bestimmte Lerntheorie, nämlich die Theorie des impasse-success-problem-driven-learning[MTS93]; ältere Systeme verfügen über statische Curricula (Lehrpläne), die sich vorwiegend an der Ordnung von Aufgaben, Beispielen u.ä. orientieren. (vgl. siehe z.B. in [Weng87], [PoRi88].)

Als neuer Ansatz wird hier die Idee gewählt, daß entscheidend für die Konzeptionierung einer Didaktikkomponente die Orientierung an lerntheoretischen Erklärungsansätzen ist. Wir stützen uns auf eine handlungstheoretische Position, die Erkenntnisse der Kognitionspsychologie und der Handlungspsychologie sinnvoll vereint([And83], [Lenk81], [Schn79]).

4.1 Der Prozeß des Lernens aus handlungstheoretischer Sicht

Aus der handlungstheoretischen Position heraus vollzieht sich Lernen im Denken **und** im Tun. Lernen wird definiert als Aufbau eines hierarchisch organisierten Aktionsprogrammes, dessen Durchführung über Zwischenziele zum gewünschten Endziel der Lernhandlung führt. Das Ergebnis eines Lernprozesses ist demnach in erster Linie ein inneres Handlungsmodell und erst in zweiter Linie ein Wissensmodell. Bezogen auf den Lerngegenstand soll es adäquat strukturiert sein, gleichzeitig aber auch im Sinne der Transferierbarkeit allgemeinere Handlungskonzepte beinhalten.

4.2 Aufbau einer Lernhandlungszielstruktur

Die Aufstellung von Lernzielen dient der aktiven Unterstützung und Förderung von Lernprozessen in dem Sinne, daß durch sie das zu erlernende Wissen didaktisch aufbereitet wird. Ziel dabei ist nicht eine 1:1 Abbildung des Expertenwissens auf das Lernerwissen, vielmehr eine Umstrukturierung des Expertenwissens derart, daß sein Erlernen erleichtert wird (vgl. auch [JaMe91]). Im Zusammenhang mit der lerntheoretischen Entscheidung erfordert dies in der Lern*handlungs*zielstruktur[2] die Akzentuierung wesentlicher Strukturmerkmale des Lernbereiches, deren Repräsentation auf verschiedenen Komplexitätsstufen und Abstraktionsniveaus sowie in der Formulierung der Ziele eine Handlungsorientierung: sie soll lernbedeutsame Beziehungen stiften und mit ihren Regeln zur Lernprozeßsteuerung die Aufmerksamkeit der Lernenden in Richtung entsprechender Handlungsziele setzen.

Voraussetzung für den Aufbau einer solchen Struktur ist ein Strukturmodell des Wissens. In SYPROS wird das Sachgebiet bereits hierarchisch strukturiert in Ziel–Plan–Bäumen repräsentiert (vgl. Kapitel 3.1). Das in ihnen enthaltene konzeptuelle Wissen der Zielknoten und auch das Planwissen der Blätter können als Lernziele formuliert werden, die oben genannten Überlegungen fordern jedoch eine entsprechende Überarbeitung. Die äußere Struktur weist zwei Dimensionen auf. Es gibt verschiedene Stufen von Lernzielen, welche entsprechend den verschiedenen Stufen des Lernens — vom Neuling zum Experten [Drey86] — unterschiedliche Komplexitätsgrade der zu erlernenden Handlungen formulieren. Innerhalb jeder Stufe sind die formulierten Lernziele auf unterschiedlichen Abstraktionsniveaus repräsentiert und gegebenenfalls in Teillernziele aufgegliedert. Sowohl zwischen den Lernzielen einer jeden Ebene als auch zwischen Lernzielen unterschiedlicher Stufen bestehen relationale Beziehungen, die als Kanteneigenschaften definiert werden können. Beispiele hierfür sind Eigenschaften wie:

- Lernziel X { 'ist Voraussetzung für', 'erleichtert das Lernen von', 'erschwert das Lernen von', 'hat keine Auswirkung auf' } Lernziel Y;
- Lernziel X wird zu x% derselben Aufgabe zugeordnet wie Lernziel Y;

[2]im folgenden ist mit Lernziel immer ein Lernhandlungsziel gemeint

- Ordnungsrelationen bezüglich der Lokalisation in den Ebenen bzw. Stufen.

Diese sind unmittelbar aus der Lernzielstruktur ableitbar.

4.2.1 Beispiel

Untersucht man das bereits erwähnte Erzeuger–Verbraucher–Problem, so lassen sich dort 3 wichtige Handlungsziele extrahieren: `Löse die Restriktion 'MutuallyExclusive'`, `Löse die Restriktion 'GetOnlyIfNotEmpty'` und `Verknüpfe die Lösungen der einzelnen Restriktionen auf richtige Weise`. Die ersten zwei Lernhandlungsziele zielen ab auf den Erwerb relativ kontextfreier Basisschemata, das letztgenannte Handlungsziel verlangt darüberhinaus die Fähigkeit, situative Bedingungen, hier die gegenseitige Manipulation der Basisschemata, zu erkennen und ein Konzept zur Lösung zu entwickeln. Abbildung 4 zeigt einen entsprechenden Ausschnitt (vgl. auch mit Abbildung 2).

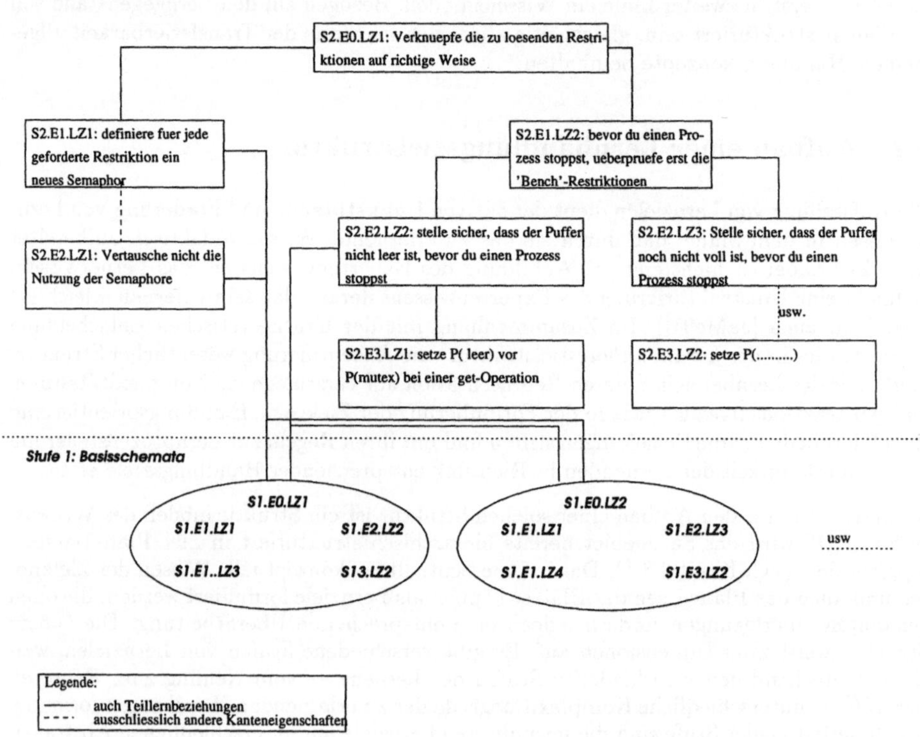

Abbildung 4: Lernziel S2.E0.LZ1: Lösen der Verknüpfung von Restriktionen

4.3 Erzeugung eines Planes für die Steuerung des Lernweges

Auf der Basis der entwickelten Lernzielstruktur läßt sich bereits mittels der darin enthaltenen partiellen Ordnungen ein Tableau erzeugen, welches eine an den Könnensstand der Lernenden angepaßte Lernwegsteuerung ermöglicht. Dazu werden zu jedem Lernziel folgende Beobachtungen bewertet (siehe Tabelle 5):

- Lernziel X ist nicht atomare Einheit: LZ ist nicht atomar, wenn LZ eine nicht leere Menge von echten Teillernzielen zugeordnet ist;
- die Menge der zugehörigen Teillernziele, geordnet in einer Rangwertreihe (lokale Rangwertreihe);
- Rangwert des Lernzieles X in einer ebenenbezogenen Rangwertreihe (globale Rangwertreihe);
- Menge möglicher direkter Nachfolgeziele, ebenfalls in Rangfolge;
- eine Zahl *ef*, die den Grad der Erfüllung des Lernzieles anzeigt. Der Wert von *ef* liegt zwischen 0 und 1 und wird berechnet aus den prozentualen Anteilen der Bedingungen, die an das Lernziel gestellt werden;
- eine Zahl *wef*, die den Grad der Sicherheit anzeigt, mit der das Lernziel von der Studentin gelöst wird. *wef* liegt ebenfalls zwischen 0 und 1. *wef* berechnet sich aus dem Quotienten der zum Lernziel schon gelösten Aufgaben und der maximal erforderlichen Aufgabenlösungen (abhängig von der Wichtigkeit des Lernzieles und von der aktuellen Einstufung des Niveaus der Studentin; vgl. auch [Gerl93]);
- Listen von Hinweisen zu entsprechenden Kontrollaufgaben; von Hinweisen zur Lösung des Lernziels: Dies können verbale Beschreibungen, Visualisierungen oder konkrete Aufforderungen sein; von Hinweisen auf die entsprechenden Nachfolgelernziele.

Stufe	Ebene	Lernziel	nicht atomare Einheit	Teillernziele (lokale Rangwertreihe)	Rangwert in Hauptreihe	direkte(r) Nachfolger	Grad der Erfüllung (*ef*)			Sicherheit (*wef*)			entspr. Aufgaben (Nr.)	Hinweise zu LZ	Hinweise zu Nachf.
S2	E0	LZ1	ja	E1.LZ1(1) E1.LZ2(2) E2.LZ1(2)	1		0	0.5	..		0		Axy	H1,.. ...	HNF1.. ...
	E1	LZ1	nein		2	E1.LZ2(1)	1	1			> 0		...	...	...
		LZ2	ja	E2.LZ2(1) E2.LZ3(1)	3	E1.LZ3(1)	0	0.5			0				
	E2	LZ1	ja	in S1 !	4		0.5	1			> 0				
		LZ2	ja	E3.LZ1(1)		E2.LZ1(1)	0	1			0				
		LZ3	ja	E3.LZ2(1)		E2.LZ1(1)	-	-			-				
	E3	LZ1	nein				0	1			0				
	E3	LZ2	nein				-	-			-				
							1.)	2.)		1.)	2.)				

Abbildung 5: Verknüpfung der Restriktionen auf richtige Weise

Ein Beispiel:

Angenommen, die Studentin kann als 'Fortgeschrittene Anfängerin' eingestuft werden (vgl. [Gerl93]) und sie hat die Basisschemata der Stufe 1 **`'MutuallyExclusive'`**, **`'GetOnlyIfNotEmpty'`** schon mehrfach richtig angewendet. In dieser Situation kann es didaktisch sinnvoll sein, nun zunächst die Verknüpfungsproblematik anzusprechen (Formulierung des Nachfolgezieles!). Im Lernprozeß vollzieht sich also der Übergang in die Stufe 2. Das ranghöchste Lernziel dort ist S2.E0.LZ1 (**`Verknüpfung der Restriktionen auf die richtige Weise`**). Da die Studentin schon 'Fortgeschrittene Anfängerin' ist, ist ihr ein recht allgemeingehaltender Hinweis auf dieses Lernziel zumutbar, z. B. H1: **`Du mußt die bisher gelernten Basisschemata anwenden. Achte dabei auf die Reihenfolge, in der Du die Operationen setzt!`** Nach diesem Hinweis, den sich die Studentin von der Betreuungskomponente (vgl. Kapitel 5) hat geben lassen, wird sie die Basisschemata der entsprechenden Restriktionen einsetzen. Nehmen wir an, die Studentin hat dabei bis auf die Reihenfolge der Operationen `P(leer)` und `P(mutex)` auch tatsächlich alles richtig gemacht. Dann erhalten S2.E1.LZ1 und S2.E2.LZ1 bei *ef* den Wert 1 und einen

Sicherheitswert *wef* > 0. S2.E3.LZ1 dagegen bekommt den *ef*-Wert 0. Da dieses Lernziel das einzige Teillernziel von S2.E2.LZ2 ist, dieses wiederum eines von zwei Teillernzielen zu S2.E2.LZ2 ist, ergeben sich dort die Bewertungen für *ef* zu 0 bzw. 0.5. Die Werte für *wef* sind 0 (siehe Abbildung 5).
Mit dieser Information läßt sich das nächste anzubietende Lernziel aus der lokalen Rangwertreihe von S2.E0.LZ1 ablesen: E1.LZ2. Nehmen wir an, auch hier reiche ein entsprechender Hinweis und die Studentin vertauscht die beiden P-Operationen. Die Diagnosekomponente würde dann erstmalig die Diagnose „Verknüpfung der Basisschemata X und Y richtig erfüllt" stellen. Die Bewertung des Lernzieles S2.E1.LZ2 ist noch submaximal, weil in der vorliegenden Lernzielstruktur zur Erfüllung dieses Zieles noch eine weitere Restriktion `'BenchLimit'` nötig ist. Da aber das Lernziel S2.E2.LZ2 noch nicht als gesichert erkannt ist, wird vor der Weiterbearbeitung der globalen Rangwertreihe zu E1.LZ2 noch eine Übungseinheit eingeschoben.

5 Die Betreuungskomponente von SYPROS

Zu einem guten Unterricht gehört nicht nur die sorgfältige Unterrichtsvorbereitung, hier die Erstellung einer Lernhandlungszielstruktur und einer Lernwegplanung, sondern auch die richtige Betreuung der Lernenden während des Unterrichts. Übertragen auf ein intelligentes Lehrsystem bedeutet dies, daß neben einer Lernzielstruktur und einer individuellen Führung durch diese auch eine Betreuungskomponente notwendig ist, die die Lernende während der Bearbeitung eines Lernziels individuell unterstützt. Dafür werden in SYPROS eine Reihe von Hilfemöglichkeiten wie Animation, Gegenbeispiele, Fehlererklärungen oder die Lösung angeboten. Zur individuellen Unterstützung der Lernenden muß daher eine Betreuungskomponente anhand der Daten aus dem Studentenmodul den richtigen Zeitpunkt und die passende Hilfestellung bestimmen. Diese Entscheidungen sollten auf eine bestimmte Lehrstrategie, die das System im Moment verfolgt, abgestimmt sein. In SYPROS soll es möglich sein, abhängig vom Wissensstand und den Vorlieben der Studentin verschiedene Lehrstrategien zu verfolgen.

In intelligenten Lehrsystemen häufig verwendete Lehrstrategien sind der **sokratische Dialog** (siehe [ESB+88]) oder das **explorative Lernen**, d. h. das Lernen durch Versuch und Irrtum. Das explorative Lernen kann in SYPROS bereits angewendet werden. In diesem Fall werden der Studentin **alle** in einer bestimmten Situation möglichen Hilfestellungen offeriert.

Die Lehrstrategie des **geführten, entdeckenden Lernens** (siehe [BuBr82]), die einen Mittelweg zwischen den zwei oben genannten Strategien wählt, kann in SYPROS auch gewählt werden:
Hier gibt die Betreuungskomponente nur dann Hilfestellungen, wenn die Studentin nichtkonstruktive Fehler macht - das sind Fehler, die sie nicht selber korrigieren kann - oder wenn das Sachgebiet es verlangt (z. B. falls die Vorgehensweise bei der Lösung einer Aufgabe didaktisch nicht sinnvoll ist). Ob ein Fehler konstruktiv ist, wird anhand der Daten im Studentenmodul bestimmt. Ein anderer Fall, in dem in den Lösungsprozeß eingegriffen werden muß, tritt ein, falls die Studentin in eine Stocksituation gerät. Dann sollte ihr eine Hilfe angeboten werden, die ihr eine Vorgehensweise vorschlägt, die sich an ihrem üblichen Lösungsweg orientiert. Um konstruktive Fehler, die den Lernprozeß fördern, herbeizuführen, sollte der Studentin immer ein klein wenig mehr abverlangt werden, als sie schon kann. Falls die Betreuungskomponente feststellt, daß ein konstruktiver Fehler gemacht wurde, sollte entweder keine oder nur eine sehr ungenaue Hilfestellung angeboten werden. Es ist also sehr wichtig, zu erkennen, woran die Studentin gerade arbeitet,

um auftretende nichtkonstruktive Fehler, falsche Vorgehensweisen oder Stocksituationen richtig behandeln zu können.

Falls die Betreuungskomponente von SYPROS die Lehrstrategie des geführten, entdeckenden Lernens verfolgt, verbergen sich alle Hilfen des Tutors hinter einem Gesicht, das je nach Aktion der Studentin lacht, weint oder abwartend guckt. Es soll wie im echten Unterricht den lobenden, abwartenden oder unzufriedenen Gesichtsausdruck der Lehrerin darstellen. Schon in einer vorherigen Version von SYPROS diente es als ein Maßstab für das Fortschreiten der Lösung und hat damals großen Anklang gefunden, weswegen es weiterhin verwendet wird.

Die verschiedenen Gesichtsausdrücke kennzeichnen verschiedene Situationen im Tutordialog: Falls das Gesicht lacht, hat die Studentin einen wichtigen Schritt zur Lösung hin gemacht und wird gelobt. Falls die Studentin einen konstruktiven Fehler gemacht hat, guckt das Gesicht abwartend und es wird höchstens eine sehr ungenaue Hilfe gegeben. Bei einem nicht konstruktiven Fehler guckt das Gesicht traurig und der Fehler wird in Form eines Gegenbeispiels, der Animation, mit Hilfe von Hypertext oder in Form einer Fehlererklärung genauer erklärt. Bei einem neutralen Gesicht werden Ziele des Ziel–Plan–Baumes, die von der Studentin noch nicht behandelt wurden, zur Bearbeitung vorgeschlagen. Abbildung 6 zeigt ein Beispiel für eine Hilfestellung bei einem nichtkonstruktiven Fehler. Hier wird die passende Fehlererklärung von der Betreuungskomponente präsentiert.

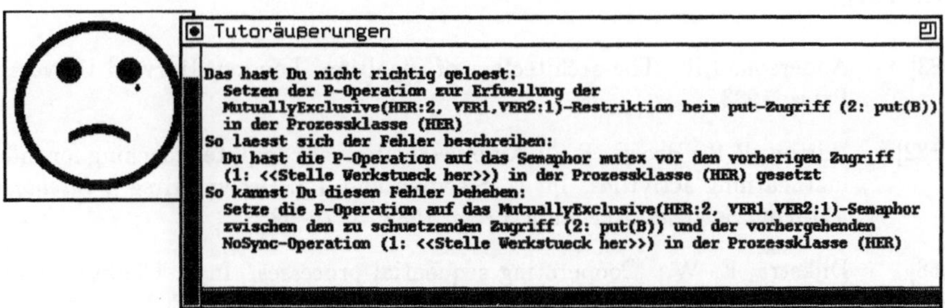

Abbildung 6: Beispiel für eine Tutorintervention

Bei all diesen Tutorinterventionen steht es der Studentin frei, ob sie sie liest oder ob sie die Aufgabe ohne Ratschläge weiterbearbeitet. Falls jedoch die Lösung der Studentin in eine sachlich oder didaktisch völlig falsche Richtung geht, muß sichergestellt werden, daß die Lernende den Hinweis erhält. In diesem Fall verbirgt sich die Tutorintervention nicht hinter dem Gesicht, sondern erscheint direkt in einem separaten Fenster.

Die zwei Lehrstrategien exploratives Lernen und geführtes, entdeckendes Lernen werden in SYPROS durch zwei getrennte Mengen von Tutorregeln dargestellt. Falls die Betreuungskomponente sich für eine Lehrstrategie entschieden hat, wird der entsprechende Regelkatalog nach jeder Aktion der Studentin abgearbeitet.

6 Zusammenfassung und Ausblick

In dieser Arbeit haben wir die Didaktikkomponente von SYPROS vorgestellt, soweit sie bisher realisiert bzw. konzipiert wurde. Voraussetzungen für eine studentenangepaßte

Steuerung des Lehr-/Lernprozesses sind eine geeignete Strukturierung der Lernziele, eine geeignete Lernwegplanungskomponente und die Erstellung eines möglichst genauen Studentenmodells. Wir haben gezeigt, daß der zur Diagnose verwendete Ziel–Plan–Baum eine gute Basis sowohl für die Wissenskomponente des Studentenmoduls als auch für die Lernzielstruktur ist. Die Konzeption der Lernzielstrukturierung stützt sich auf eine handlungstheoretisch fundierte Definition von Lernen. Auswechselbare Tutorregeln erlauben eine gute Anpassung der Betreuungskomponente auf die gegebene Lehrsituation.

Ein interessanter Aspekt für künftige Untersuchungen ist der Zusammenhang zwischen der Strukturierung des Problemlösewissens im Ziel–Plan–Baum und der Lernhandlungszielstruktur sowie der Lernwegplanung. Denn auf der einen Seite ist der Ziel–Plan–Baum Basis für die Modellierung des Wissensstandes der Studentin und sollte deshalb kompatibel zur Lernzielstruktur sein. Andererseits sollte die Lernzielstrukturierung und die Lernwegsteuerung nicht statisch sondern auf die besonderen Lernprozesse einer Studentin anpaßbar sein. Dies bedeutet, daß für unterschiedliche Lehrsituationen auch unterschiedlich strukturierte Ziel–Plan–Bäume zur selben Aufgabe generierbar sein sollten bzw. die Inkarnation der Lernzielstruktur und des Lernweges entsprechend individuell gestaltet sein sollten.

Literatur

[And83] Anderson, J.R.: The architecture of cognition. London. Harvard University Press, 1983.

[BuBr82] Burton, R.R.; Brown, R.S.: An investigation of computer coaching for informal learning activities. In: D. Sleeman und J.S. Brown (Hrsg.), *Intelligent Tutoring Systems*, Academic Press, 1982: S. 79–99.

[Dijk68] Dijkstra, E.-W.: Cooperating sequential processes. In F. Genuys (Hrsg.), *Programming Languages*. Academic Press, New York, 1968.

[Drey86] Dreyfus, H.; Dreyfus, S.: Künstliche Intelligenz — Von den Grenzen der Denkmaschine und dem Wert der Intuition. Rowohlt, 1986.

[ESB+88] Elsom-Cook, M.; Spensley, F.; Byerley, P.; Brooks, P.; Mhende, M.; Federici M.; Scaroni, C.: Using multiple teaching strategies in an ITS. In G. Gauthier and C. Frasson (Hrsg.), *Proc. International Conference on Intelligent Tutoring Systems*, Montréal, Juni 1988: S. 286–290.

[FMPS94] Folckers, J.; Möbus, C.; Pitschke, K.; Schröder, O.: PETRI-HELP: Expertiseerwerb, Hilfeakzeptanz und Systemerweiterungen. In: R. Gunzenhäuser et. al. (Hrsg.): 7. Arbeitstreffen der GI–Fachgruppe „Intelligente Lernsysteme“, FAW Ulm, TR 94003, Mai 1994.

[Gerl93] Gerl, S.: Entwicklung einer Strukturierungskomponente für das Tutormodul eines intelligenten Lehrsystems. Diplomarbeit am Institut für Informatik der TU München, 1993.

[GoHe94] Gonschorek, M.; Herzog, C.: Generation and application of support utilities in an intelligent tutoring system. In: *Proc. International Conference on Computer Aided Learning and Instruction in Science and Engineering*, Paris, 1994: S. 39–46.

[Herz92] Herzog, C.: From elementary knowledge schemes towards heuristic expertise — designing an ITS in the field of parallel programming. In: *Proc. 2nd International Conference on Intelligent Tutoring Systems*, Montréal, Juni 1992: S. 183–190.

[Herz94] Herzog, C.: Fuzzy–Techniken für das Verstehen von Studentenlösungen in intelligenten Lehrsystemen. In: R. Gunzenhäuser et. al. (Hrsg.): 7. Arbeitstreffen der GI–Fachgruppe „Intelligente Lernsysteme", FAW Ulm, TR 94003, Mai 1994.

[HeGo93] Herzog, C.; Gonschorek, M.: Generation of adaptive explanations in ITS with hierarchical knowledge domains. In: *Proc. International Conference on Computers in Education*, Taiwan, December 1993: S. 1–6.

[JaMe91] Jank, W.; Meyer, H.: Didaktische Modelle. Frankfurt/M., Cornelsen (Scriptor), 1991.

[John86] Johnson, W.: Intention–based diagnosis of novice programming errors. Morgan Kaufmann, 1986.

[Kohl93] Kohl,A.: Eine fallbasierte Lernumgebung für das asiatische Brettspiel Go. In: C. Möbus (Hrsg.): 6. Arbeitstreffen der GI–Fachgruppe „Intelligente (Tutorielle) Lernsysteme", Carl-von-Ossietzky-Universität, Oldenburg, Mai 1993. S. 11–19.

[Lenk81] Lenk, H.: Handlungstheorien - interdisziplinär. Bd III. München, 1981.

[MTS93] Möbus, C.; Thole, H.J.; Schröder, O.: Interactive support of planning in a functional, visual programming language. In: C. Möbus (Hrsg.): 6. Arbeitstreffen der GI–Fachgruppe „Intelligente (Tutorielle) Lernsysteme", Carl-von-Ossietzky-Universität, Oldenburg, Mai 1993. S. 73–82.

[PoRi88] Polson, M.C.; Richardson, J.J.: Foundations of intelligent tutoring systems. Hillsdale, New Jersey: Erlbaum, 1988.

[RhPu94] Rhein, U.; Puppe, F.: Einsatz eines Tutorsystems in der Medizin. In: R. Gunzenhäuser et. al. (Hrsg.): 7. Arbeitstreffen der GI–Fachgruppe „Intelligente Lernsysteme", FAW Ulm, TR 94003, Mai 1994.

[RoHe93] Rothenhöfer, D.; Herzog, C.: SYPROS — an intelligent tutoring system for parallel programming. In *Proc. International Conference on Computers in Education*, Taiwan, December 1993: S. 300–305.

[Schn79] Schnotz, W.: Lerndiagnose als Handlungsanalyse. Weinheim, Basel: Beltz, 1979.

[Weng87] Wenger, E.: Artificial intelligence and tutoring systems. Los Altos, California, Morgan Kaufmann, 1987.

Erklärungsgenerierung in Petri-Help

Knut Pitschke, Olaf Schröder, Claus Möbus
Universität Oldenburg, Fachbereich Informatik
Abteilung Lehr-Lernsysteme, D-26111 Oldenburg
{pitschke, schroeder, moebus}@informatik.uni-oldenburg.de

Abstract

In dieser Arbeit werden, ausgehend vom wissenschaftlichen Erklärungsbegriff Formen der Erklärung und Erklärungsgenerierung in der Künstlichen Intelligenz eingeführt und diskutiert. Im Anschluß daran wird das Intelligente Hilfesystem Petri-Help vorgestellt und es werden Implikationen für die Erzeugung von Erklärungen abgeleitet. Schließlich werden Möglichkeiten der Erklärungsgenerierung unter den beschriebenen Prämissen aufgezeigt.

1. Wissenschaftliche Erklärungen

Der Begriff der Erklärung wird im Alltagssprachgebrauch in vielerlei Bedeutung verwendet. Wissenschaftliche Erklärungen werden jedoch verstanden "[..] als kausale Erklärungen von Vorgängen und Tatsachen. In diesem Fall besteht die Erklärung in der Angabe von Ursachen für bestimmte Sachverhalte" ([Groeben, Westmeyer 75], Kapitel 3), sie geben Antworten auf WARUM-Fragen. Erklärungen können klassifiziert werden nach dem Gegenstand der Erklärung (dem Explanandum) und der Art desjenigen, was erklärt (dem Explanans). Der Erklärungsgegenstand kann ein Ereignis oder eine Gesetzesaussage sein. Im ersten Fall spricht man auch von empirischen Erklärungen, im zweiten Fall von theoretischen Erklärungen. Empirische Erklärungen gehen von einer Anfangsbedingung und Gesetzesannahmen aus, theoretische Erklärungen stützen sich nur auf Gesetzesannahmen. Handelt es sich dabei um deterministische Gesetze, bezeichnet man die entsprechenden Erklärungen als *deduktiv-nomologisch*, liegen probabilistische Gesetze vor, so spricht man im Falle empirischer Erklärungen von *statistischen Analysen*, bei theoretischen Erklärungen von *deduktiv-statistischen* Erklärungen (siehe auch [Hempel 77]).

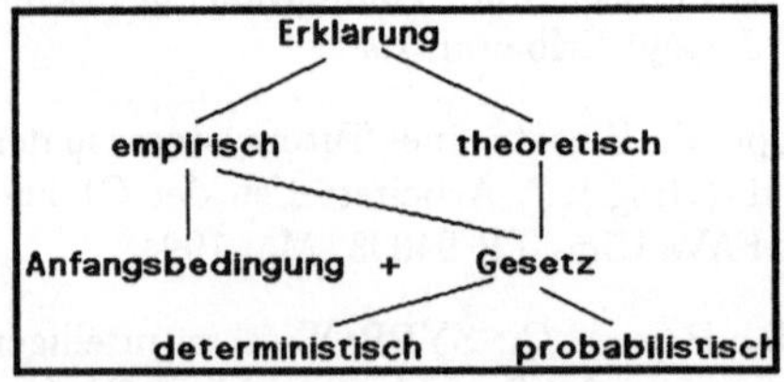

Abb. 1: Mögliche Erklärungen (nach [Groeben, Westmeyer 75])

2. Erklärungen in der KI

Erklärungen sind immer eingebettet in einen Erklärer-Versteher-Dialog [Schurz 92]. Ein solcher Dialog besteht mindestens aus einer nach Erklärung suchenden Frage und einer Antwort (der Erklärung), die die gestellte Frage beantwortet. Innerhalb der Künstlichen Intelligenz wird dabei (auch) untersucht, inwieweit die Rolle der Erklärers innerhalb eines solchen Dialoges von Computersystemen übernommen werden kann. Dies bietet sich an, weil in Systemen der Künstlichen Intelligenz Wissen über die zu bearbeitende Aufgabe bzw. die Domäne des Systems explizit repräsentiert ist. Dieses Wissen wird einerseits zur Ableitung von Lösungen eingesetzt, andererseits steht es aber auch für Erklärungszwecke zur Verfügung [Wick 94]. Eine große Klasse von Programmsystemen sind als Dialogsysteme konzipiert [Schmitt 83], d.h. der Benutzer eines solchen Systems löst seine Aufgabe in Interaktion mit dem Programm. Im Bereich der KI fallen in diese Gruppe unter anderem Expertensysteme [Puppe 88], Planungs- und Konfigurierungssysteme [Hertzberg 89; Sauer 93] und Intelligente Tutorielle Systeme [Wenger 87; Lusti 92; Brna et al. 93]. [Puppe 88] bezeichnet die Erklärungsfähigkeit als eines der Hauptmerkmale, in denen sich Expertensysteme von konventionellen Computerprogrammen unterscheiden lassen. Dies liegt in der expliziten Trennung von Wissen und Problemlösestrategien begründet, die es ermöglicht, Problemlöseprozesse transparent darzustellen. So können Erklärungen in Expertensystemen Antworten auf WARUM-Fragen liefern, die ein Benutzer nach einer vom System vorgeschlagenen Diagnose oder Problemlösung stellt. Dabei wird, ausgehend von Anfangsbedingungen des Problemlöse-/Diagnoseprozesses die Folge der vom System unter Anwendung der Expertenregeln gezogenen Schlüsse dem Benutzer präsentiert.

Solche Erklärungen haben die Form deduktiv-nomologischer Ereigniserklärungen, falls es sich bei den im Expertensystem repräsentierten Regeln um deduktive Regeln handelt. Ist dagegen das Problemlösewissen in Form probabilistischer Gesetze repräsentiert, so handelt es sich bei den Erklärungen um statistische Analysen (nach [Groeben, Westmeyer 75]).

Nach einer Klassifikation in [Stoyan 92] können in Expertensystemen neben den klassischen WARUM-Erklärungen auch Erklärungen auf Fragen der Form WESHALB? (nach Gründen), WOZU? (nach dem Zweck), WIE? (nach Einzelheiten), ALTERNATIVEN?, WODURCH? (nach Rechtfertigungen), WAS BEDEUTET? und WAS IST GEMEINT? (nach Interpretationen) generiert werden. Die Antworten auf die meisten dieser Fragen basieren ebenfalls auf dem Ableitungsprozess des Expertensystems. Lediglich die WAS-Fragen zielen auf Faktenerklärungen ab.

[Wick, Thompson 92] kritisieren diesen Ansatz, weil sich die Generierung von Erklärungen auf die Darstellung des Schlußprozesses beschränkt [Graham, Jones 88]. Da der Ableitung der Lösung Regeln zugrunde liegen, die Expertenwissen repräsentieren und damit die Problemlösefertigkeiten von Experten widerspiegeln, können Erklärungen nur so "feinkörnig" sein, wie es die Expertenregeln sind (d.h. die Erklärungsschritte können nicht kleiner als die Ableitungsschritte des Expertensystems sein). Begründungen für einzelne Regeln können dementsprechend nicht geliefert werden. Es wird ein Ansatz vorgeschlagen, in dem mit Hilfe einer zweiten (Erklärungs-) Wissensbasis die vom Expertensystem erzeugte Lösung rekonstruiert und die Ableitungsschritte der Rekonstruktion als Erklärung verwendet werden. Anhand verschiedener Parameter kann vorab eingestellt werden, inwieweit die Erklärung zu der Expertensystemlösung korrespondieren soll. Dadurch ist es sowohl möglich, bei starker Kopplung die einzelnen Ableitungsschritte des Expertensystems durch feinere Zwischenschritte der Rekonstruktion zu erklären, als auch, bei loser Kopplung, alternative Ableitungswege darzustellen. Hierbei wird deutlich, daß die Erklärungsfähigkeit Wissen über die jeweilige Anwendungsdomäne (in diesem Fall diejenige des Expertensystems) benötigt. Unklar bleibt bei diesem Ansatz jedoch, warum das zusätzliche (Erklärungs- resp. Domänen-) Wissen nicht von vornherein dem Expertensystem zur Verfügung gestellt wird, um dadurch nicht nur die Erklärungsfähigkeit sondern auch die Problemlösefähigkeiten des Expertensystems zu verbessern.

Auch [Stoyan 92] sieht den Erklärungsprozeß in Expertensystemen als Deduktions- bzw. Beweisprozeß (ebendort S. 63). Dabei wird davon ausgegangen, daß derjenige, der um Erklärung ersucht, durch das vom Expertensystem erzielte Ergebnis überrascht ist. Durch schrittweises Nachvollziehen der Deduktionsschritte soll nun versucht werden, die Stelle zu finden, an der die Ableitungsprozesse von System und Anwender divergieren. Dies kann sowohl an fehlendem Fakten- oder Regelwissen seitens des Benutzers liegen, als auch an fehlerhaft angewendeten Regeln oder falschem Deduktionsziel. Ist die Stelle im Ableitungsprozeß erreicht, wo sich die Deduktionsketten von Benutzer und System unterscheiden, wird der Benutzer erneut überrascht. Entweder kann er den dargebotenen Schritt alleine nachvollziehen oder es entsteht erneut Erklärungsbedarf. Mit dieser Vorgehensweise kann allerdings immer nur der erste Fehler (bzw. die erste Abweichung) in der Deduktionskette erklärt bzw. korrigiert werden und bei mehrfachen Fehlern, die sich gegenseitig aufheben, wird erst gar kein Erklärungsbedarf entstehen, da die Resultate ja übereinstimmen.

[Cawsey 92; 93] stellt ein System (EDGE, Explanatory Discourse Generator) zur interaktiven Erklärungsgenerierung vor. Als Domäne wurden dabei elektronische Schaltkreise gewählt. Dabei wird das Problem der Erzeugung von Erklärungen als ein Planungsproblem aufgefaßt. Dem System stehen Regeln zur inhaltlichen Planung von Erklärungen (content planning rules) und Regeln zur Gestaltung des Dialoges mit dem Benutzer (dialogue planning rules) zur Verfügung. Wird ein Erklärungsziel im Verlaufe der Interaktion mit dem Benutzer identifiziert, wird es in eine Planagenda eingetragen. Anschließend wird mithilfe der content planning rules versucht, Erklärungen für dieses Ziel zu finden. Dabei können u.U. Subziele identifiziert und entsprechend in die Agenda eingetragen werden. Mithilfe der dialogue planning rules wird dann für die gefundene Erklärung eine Präsentation für den Benutzer erzeugt. Die eigentliche Erklärungsgenerierung stützt sich dabei auf ein Benutzermodell, das als Overlay-Model bezogen auf das, in Form der content rules vorhandene Expertenwissen dargestellt wird. Die einzelnen Wissensitems werden als "bekannt", "unbekannt", "vielleicht bekannt" oder "unentscheidbar" klassifiziert. Diese Zuordnung erfolgt durch Inferenzen, die auf dem Dialogverhalten des Benutzers und auf den schon klassifizierten Wissensitems aufbauen. Die Planungsregeln entscheiden dann aufgrund der getroffenen Klassifikation, welche Wissensitems wie detailliert erklärt werden.

Ein Vorteil von Cawseys Ansatz ist seine Verständlichkeit und Einfachheit, "one major drawback of the EDGE system is the relative domain specifity of the content planning rules and the (related) limited treatment of discourse coherence" ([Cawsey 92], S. 87). Auch die Inferenzregeln, die die Inhalte des Benutzermodells bestimmen, scheinen stark domänenabhängig zu sein. So wird beispielsweise geschlossen: "IF all subconcepts are known THEN parent concept is known" ([Cawsey 92] S. 137). Es lassen sich leicht Beispiele konstruieren, bei denen ein Benutzer zwar alle Subkonzepte beherrscht, jedoch das Oberkonzept nicht kennt, weil ihm dieses Konzept irrelevant erscheint oder er nicht weiß, daß sich das Konzept in ihm bekannte Subkonzepte zerlegen läßt.

[Wahlster 81] beschreibt einen Ansatz zur natürlichsprachlichen Erklärungsgenerierung. Grundlage der erzeugbaren WARUM-Erklärungen ist die Rekonstruktion symbolischer Schluß- und Ersetzungsverfahren (ebendort S. 2/3). Zu diesem Zweck wird ein mehrsortiger Prädikatenkalkül entwickelt, der Mehrfachableitungen zu beschreiben gestattet. Den einzelnen Ableitungsschritten sind dabei Evidenzwerte zugeordnet, die zur Auswahl derjenigen Ableitungskette dienen, die als Basis der Erklärung dienen soll. Mit Hilfe eines ATN-basierten Formalismus (Augmented Transition Network) wird aus der gewählten Inferenz dann eine natürlich-sprachliche Satzkonstruktion erzeugt.

Die gemeinsamen Eigenschaften aller hier vorgestellten Ansätze zur Erklärungsgenerierung aus dem Bereich der KI lassen sich durch einen Satz von Wahlster zusammenfassen:

> “Erklärungskomponenten können lediglich Erklärungen für Ergebnisse von symbolischen Schluß- und Ersetzungsverfahren erzeugen, wie sie in pattern-gesteuerten Inferenzsystemen realisiert sind“ ([Wahlster 81], S. 2).

Dies läßt sich begründen mit der offensichtlichen Analogie zwischen Argumentationsketten bei Erklärungen und Ableitungs- bzw. Inferenzketten bei regelbasierten Systemen. Ähnlich argumentieren Schank und Leake:

> “What constitutes a relevant explanation is well understood: it is simply a causal chain leading to the event ([Schank, Leake 90], S. 366).

Nach diesen Gesichtspunkten werden die später vorgestellten Ansätze zur Erklärungsgenerierung in Petri-Help bewertet werden.

3. Petri-Help

Petri-Help ist ein Hilfesystem, das Benutzer beim Erlernen von und bei der Modellierung mit Bedingungs-Ereignis Petri-Netzen unterstützt (Bild 3). Dem Lerner wird ein Folge von Modellierungsaufgaben aufsteigenden Schwierigkeitsgrades angeboten, für die er eine Lösung entwickeln soll. Während der Problemlösung kann der Student seine Lösungsvorschläge vom System überprüfen lassen oder Ergänzungsvorschläge anfordern. Die Bewertung von Lösungsentwürfen setzt sowohl eine formale Spezifikation der zu bearbeitenden Aufgabe als auch ein Orakel, das den Lösungsentwurf bezüglich dieser Spezifikation bewertet, voraus. In der Domäne der Petri-Netze ist es jedoch im allgemeinen unüblich, Aufgaben formal zu spezifizieren [Reisig 92]. Ausnahmen bilden [Olderog 91] und [Wedig 93], wo Petri-Netze aus Spezifikationen in Trace-Logik formal ableitbar sind.

Beschreibung der Stellen

Ws	Wirt schläft
Wba	Wirt ist bereit zur Auftragsannahme
Wbs	Wirt ist bereit zum Servieren
K	Küche hat Auftrag erhalten
Z	Zubereitung der Speisen
E	Essen ist fertig

Startbedingung: Ws

Temporallogische Formeln:

$\Box(Wba \rightarrow \Diamond(Ws \wedge K))$
$\Box(K \rightarrow \Diamond Z)$
$\Box(Z \rightarrow \Diamond E)$
$\Box(E \wedge Ws \rightarrow \Diamond Wbs)$
$\Box(E \wedge Wba \rightarrow \Diamond Wbs)$
$\Box(Wbs \rightarrow \Diamond Ws)$
$\Box(Ws \rightarrow \Diamond Wba)$
$\Box(\neg(Ws \wedge Wba))$
$\Box(\neg(Ws \wedge Wbs))$
$\Box(\neg(Wba \wedge Wbs))$
$\Box(Ws \vee Wba \vee Wbs)$

$\Box$ bedeutet "always",
$\Diamond$ bedeutet "eventually"

Bild 2: Temporallogische Spezifikation der "Restaurant"-Aufgabe

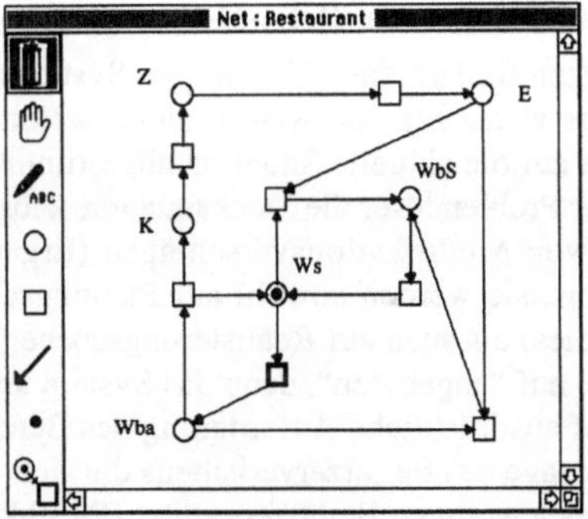

Bild 3: Lösung der "Restaurant"-Aufgabe

In Petri-Help werden die zu lösenden Aufgaben durch eine Menge temporallogischer Formeln spezifiziert, welche Eigenschaften der Lösung beschreiben (Bild 2). Unsere Temporallogik ist eine um die zeitlichen Prädikate "nexttime", "eventually" und "always" erweiterte Aussagenlogik, sie erlaubt branching-time und benutzt Step-Semantik. Diese Form der Spezifikation erlaubt es uns, Lösungsentwürfe oder Teile davon gegen die Spezifikation mittels Model-Checking [Josko 90] abzuprüfen. Dadurch läßt sich entscheiden, für welche Teile der Spezifikation das vorhandene Petri-Netz ein Modell ist bzw. welche Formeln erfüllt sind. Wegen der Beschränkung auf Bedingungs-Ereignis-Netze sind diese Modelle immer endlich und häufig zyklisch. Allerdings ist die Folge von Netzen (Netz-Entwurfsstadien), die ein Schüler im Zuge einer Problemlösung durchläuft, nicht-monoton in Bezug auf die in ihnen erfüllten Formeln. Das bedeutet, daß eine Formel, die in einem früheren Stadium des Entwurfs als korrekt bewiesen wurde, zu einem späteren Zeitpunkt wieder falsch sein kann, obgleich dieser Schritt notwendig zu einer korrekten Lösung führt. Deswegen ist es nicht möglich, Netzfragmente, die einzelne Formeln erfüllen, zusammenzufügen und sicher zu sein, daß damit auch die Konjunktion der Formeln auf dem zusammengesetzten Netz gilt. Trotz dieser Nicht-Monotonie verändert sich die Menge der erfüllten Formeln im Laufe des Problemlöseprozesses: Anfangs sind gar keine Formeln erfüllt, am Ende (bei einer korrekten Lösung) gelten alle Formeln. Es muß also Zwischenzustände (Netzfragmente) auf dem Weg zu einer Lösung geben, in denen zusätzlich Formeln erfüllt wurden. Wir klassifizieren diese Zustände als "sicher" nach der folgenden induktiven Definition:

Der Anfangszustand gilt als "sicher". Jeder Zustand (jedes Netz), in dem eine echte Obermenge der im letzten "sicheren" Zustand erfüllten Formeln gilt, wird als "sicher" bezeichnet.

Aufgrund dieser Klassifikation von Benutzerlösungswegen werden vom System Designregeln gelernt, die als Basis für Ergänzungsvorschläge dienen.

Versuche mit Studenten haben gezeigt [Möbus et al. 93], daß die Möglichkeit, Netze auf Korrektheit überprüfen zu lassen, gerne und ausgiebig benutzt wird. Auch die Ergänzungsvorschläge des Systems, die auf Grund der gelernten Designregeln erzeugt wurden, wurden häufig in Anspruch genommen. Sinnvolle Ergänzungsvorschläge des Systems wurden jedoch erwartungsgemäß erst dann generiert, wenn Petri-Help adäquates Wissen aus früheren Problemlösesitzungen gelernt hatte. Kritisiert wurde, daß die angebotenen Ergänzungsvorschläge unzureichend auf den jeweiligen Benutzer abgestimmt waren. Oft wurde zu viel Information auf einmal präsentiert, oder aber, besonders in frühen Stadien der Problemlösung, wurde der Ratsuchende in eine Richtung gelenkt, die er nicht intendierte. Dieses Problem tritt auf, weil noch kein Benutzermodell integriert ist, welches die Hilfegenerierung unterstützen könnte.

4. Erklärungen in Petri-Help

Studenten fordern dann Hilfen vom System an, wenn sie sich in einer Stocksituation befinden [Möbus et al. 92]. Sie wissen nicht, welchen Lösungsoperator sie einsetzen sollen. Hilfen sollten auf die aktuelle Situation abgestimmt sein und gerade so wenig Information enthalten, daß der Problemlöser die Stocksituation selbst überwinden kann. In Petri-Help haben Hilfen die Form von Modifikationsvorschlägen (Ergänzungs- oder Korrekturvorschlägen) seitens des Systems, sie werden sowohl auf Planungsebene (Auswahl eines nächsten zu realisierenden Teilzieles) als auch auf Realisierungsebene (Petri-Netz Ebene) angeboten. Die Betonung liegt hierbei auf "angeboten", denn das System unterbricht den Lernenden nicht. Hilfestellung wird nur auf ausdrückliche Anforderung des Benutzers bereitgestellt. Die Hilfen basieren auf einer Vorhersage des Benutzerverhaltens die sich auf ein Benutzungsmodell und individuelle Kriterien des jeweiligen Benutzers stützt [Pitschke 94]. Die in den Hilfen dargebotene Information bedarf in der Regel der Erklärung. So ist es einem Lernenden nicht unbedingt einsichtig, warum er seinen Netzentwurf gerade um diejenige Stelle ergänzen soll, die ihm das System vorschlägt oder warum er ein bestimmtes Ziel (vorgegeben durch eine temporallogische Formel der Spezifikation) verfolgen soll. Desweiteren kann bei Fehlermeldungen nach Hypothesentesten (Auswahl und Überprüfung von Spezifikationsformeln auf dem Netzentwurf) Erklärungsbedarf entstehen, hierbei ist eine Begründung gefordert, warum eine als fehlerhaft klassifizierte Formel auf dem aktuellen Netzentwurf nicht erfüllt ist.

Erklärungsbedarf besteht also bei:

- Fehlerrückmeldungen des Model-Checkers nach Hypothesentesten
- angeforderten Ergänzungsvorschlägen
- Ergänzungsvorschlägen nach Fehlermeldungen

Im ersten der drei Fälle hat der Benutzer eine Hypothese bestehend aus einer oder mehreren Formeln über seinen Netzentwurf formuliert und vom System prüfen lassen. Die Rückmeldung vom System besagte nun, daß mindestens eine Formel nicht erfüllt sei. Eine Erklärung dieses Sachverhaltes müßte nun unterscheiden zwischen der Tatsache, daß er in seinem Netzentwurf einen Fehler hat, der verhindert, daß diese Formel erfüllt wird und dem Fall, daß sein Netz keinen unmittelbaren Fehler beinhaltet, sondern nur gewisser Ergänzungen bedarf, damit auch diese Formel erfüllt wird. Auf formaler Ebene ist es aber nicht entscheidbar, welcher der beiden

Fälle vorliegt. Das liegt auch in der Art der Verifikation begründet. Es kann immer nur überprüft werden, ob das entwickelte Netz das durch die temporallogischen Formeln spezifizierte Verhalten zuläßt, das heißt ein Modell der Formeln ist. Da es aber zu jeder Formel (oder jeder Menge von Formeln) abzählbar unendlich viele Modelle gibt, läßt sich eben nicht entscheiden, ob das vorliegende Netz Bestandteil eines dieser Modelle sein kann. Es kann jedoch auf Basis der vom System im Benutzungsmodell abgelegten Verhaltensweisen früherer Benutzer angegeben werden, ob ein Fall existiert, in dem ein Benutzer ein topologisch äquivalentes Netz erzeugt hat. Existiert ein solches Netz, dann können die beobachteten Wege zu einer Lösung dahingehend beurteilt werden, ob zum Erreichen einer (beobachteten) korrekten Lösung Teile des bislang erzeugten Netzes gelöscht werden mußten. Ist dies nicht der Fall, steht fest, daß es eine Fortsetzung ohne Löschhandlungen gibt, das vorhandene Netz also in eine korrekte Lösung einbettbar ist. In jedem Fall aber kann basierend auf einer Analyse des Verifikationsprozesses eine Erklärung generiert werden, warum die gewählte Formel auf dem erzeugten Netz nicht erfüllt ist.

Fordert der Benutzer vom System Ergänzungsvorschläge an, ist zu unterscheiden, ob zuvor eine Hypothese über gewählte Formeln getestet und als fehlerhaft zurückgewiesen wurde (in diesem Fall hätte der Vorschlag des Systems u.U. die Form eines Modifikationsvorschlages, siehe voriger Abschnitt) oder ob die Ergänzung vom Benutzer ohne vorherige, vom System erkennbare Stocksituation angefordert wurde.

Im Fall, daß der Ergänzungsanforderung keine fehlerhafte Hypothese vorausging, muß eine zielgerichtete Erklärung bereitgestellt werden, d.h. dem Lernenden muß klar gemacht werden, warum gerade dieser Vorschlag des Systems ihn näher an sein gewähltes (Sub-)Ziel bringt. In diesem Fall ist ein Erklärung basierend auf Heuristiken denkbar.

Ging dem Hilfeersuchen des Benutzers eine fehlerhafte Hypothese voraus, so ist der Vorschlag des Systems darauf ausgelegt, diesen Fehler zu beheben oder, falls die Fehlerbeseitigung eine Reihe von Handlungen umfaßt, einen ersten Schritt auf diesem Wege anzubieten. Zur Erklärung muß dann die gleiche Entscheidung getroffen werden wie im Falle der Fehlererklärung. Lag ein Fehler im Netz vor (d.h. das System kennt keine Fortsetzung zu einer korrekten Lösung, die ohne Löschhandlungen auskommt), kann aufgrund einer Analyse der Fallgraphen (des momentanen Netzes und des modifizierten Netzes, das u.U. auch mehrere Schritte entfernt sein kann) erklärt werden, wie sich die vorgeschlagene Modifikation auf die Dynamik des Netzes auswirkt.

Wenn im Netzentwurf kein Fehler gemacht wurde, sondern er nur unvollständig bezogen auf die getestete Hypothese war, kann mit Hilfe von Heuristiken eine Erklärung erzeugt werden.

4.1 Model-Checking basierte Erklärungen

Basis für das Model-Checking ist der Fallgraph. Er stellt die möglichen Belegungen und Zustandsübergänge im Petri-Netz in Form eines endlichen Automaten dar. Bei dem Beweisprozeß wird die Formel rekursiv zerlegt und in den Knoten bzw. den Pfaden des Fallgraphen interpretiert. Schlägt nun ein Beweis fehl, können sowohl die Teile der Formel, als auch die Knoten oder Wege im Fallgraphen, die für das Scheitern verantwortlich sind, identifiziert werden. Durch den zergliedernden Charakter des Beweises ist es möglich, Fehlerbegründungen auf verschiedenen Ebenen anzugeben. Dazu wird zuerst der Fall im Netz angegeben, in dem der „Always"-Operator, der in Petri-Help jede Formel einschließt, verletzt wurde. Auf Wunsch kann die Schaltfolge des Netzes, ausgehend von der Anfangsbelegung, animiert werden, die zu der Situation führte, in welcher der durch den „Always"-Operator gebundene Teil der Formel nicht erfüllt ist. Genügt dem Lernenden diese Erklärung nicht, so wird die Formel weiter zerlegt und es wird angegeben, welche Teile in der oben beschriebenen Situation nicht erfüllt sind. Werden bei dieser Zerlegung weitere durch temporale Prädikate gebundene Teile extrahiert, so ist wiederum eine Animation der entsprechenden Schaltfolge möglich.

Eine Komponente, die diese Formen der Erklärung erzeugt, wurde bereits implementiert und in das System Petri-Help eingebunden, eine Akzeptanzprüfung der so generierten Erklärungen durch empirische Untersuchungen steht jedoch noch aus.

Bild 4 (a-e) zeigt ein Beispiel für eine Sequenz unterschiedlich abstrakter Erklärungen, die auf diese Weise erzeugt wurden. Zu Anfang (Bild 4a) wird nur die Information gegeben, daß eine Always-quantifizierte Formeln in jedem Netzzustand gelten muß, dies aber nicht der Fall ist. Klickt der Benutzer "WEITER", wird erklärt, daß es einen Zustand des Netzes gibt, in dem zwar Prämisse, nicht jedoch Konklusio der Implikation erfüllt ist (Bild 4b). In Bild 4c wird der Grund für das Scheitern der Konklusio angegeben. Eine Netzsimulation, die auf Anforderung parallel dazu im Petri-Netz-Editor vorgenommen wird, verdeutlicht die Schaltfolge des Netzes, die zu der letztendlichen Fehlersituation führte (Bilder 4d, 4e).

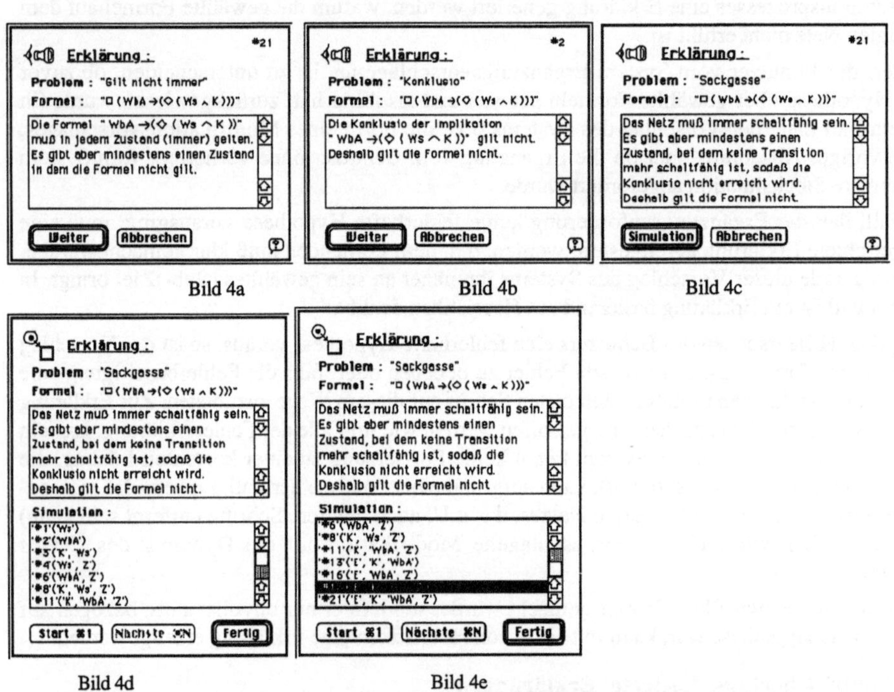

Bild 4a Bild 4b Bild 4c

Bild 4d Bild 4e

Bild 4 (a-e): Verschiedene Stadien einer verifikationsbasierten Erklärung

Nur indirekt auf dem Model-Checking basieren Erklärungen für Ergänzungs- und Korrekturvorschläge die aus dem Fallgraphen abgeleitet werden können. Dazu werden die Graphen des fehlerhaften (bezogen auf eine Formel) und des korrigierten Netzes verglichen und die Unterschiede identifiziert. Mit Hilfe der Fallgraphen kann wiederum eine Simulation angeboten werden, die die Unterschiede in den beiden Netzen verdeutlicht und aufzeigt, warum eine vorher unerfüllte Formel nach dem Einfügen der vorgeschlagenen Ergänzung in dem Netz gilt. Diese Art der Erklärungsgenerierung wird zur Zeit im Rahmen einer Studienarbeit realisiert.

Model-Checking-basierte Erklärungsgenerierung fällt also ebenso in die Klasse derjenigen in Abschnitt 2 vorgestellten Ansätze. Ein Unterschied besteht lediglich darin, daß nicht die Ableitungsschritte, die zur Herleitung einer Lösung eingesetzt wurden, zu Erklärungszwecken benutzt werden (wie in Expertensystemen), sondern Ableitungsschritte eines formalen Beweises zur Veranschaulichung derjenigen Eigenschaften der Lösung dienen, die entweder zu einem Fehler führten oder die durch eine vorgeschlagene Ergänzung zusätzlich erfüllt werden.

4.2 Erklärungen basierend auf Designheuristiken

Empirisch ermittelte Designheuristiken beschreiben den Zusammenhang zwischen einzelnen Formeln der Spezifikation und ihrer Realisierung durch ein Netzfragment oder die Reihenfolge der Umsetzung der Teile der Spezifikation durch Benutzer bezogen auf Eigenschaften der Formel und des Netzkontextes. Um mit Hilfe dieser Heuristiken sinnvolle Erklärungen für Ergänzungs- und Modifikationsvorschläge erzeugen zu können, müssen diese Heuristiken Konzeptwissen unterschiedlichen Abstraktionsniveaus beinhalten.

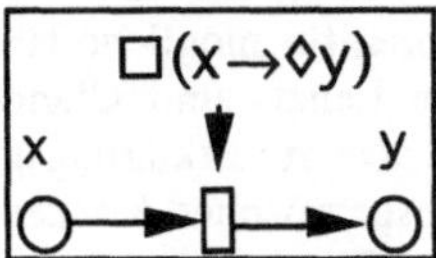

Bild 5: Designheuristik, die den Zusammenhang zwischen einer Formel und einem sie erfüllenden Netzfragment beschreibt

Heuristikbasierte Erklärungen können sowohl dann sinnvoll eingesetzt werden, wenn im vorhandenen Netz, für das ein Ergänzungsvorschlag angefordert wurde, kein Fehler vorlag (siehe Kap. 4), d.h. das System kennt eine Fortführung des Netzes zu einer korrekten Lösung ohne Löschhandlungen, als auch in Situationen, wo ein Fehler im Netz identifiziert wurde. Im letzteren Fall können Reparaturheuristiken zur Erklärungsgenerierung benutzt werden.

Erklärungen sollen begründen, warum der Vorschlag des Systems im momentanen Kontext sinnvoll ist. Dazu reicht es nicht, nur einen (z.B. heuristikbasierten) Ableitungsschritt anzugeben, der zu der vorgeschlagenen Situation führt. Stattdessen sollten abstraktere (und u.U. auch generellere) Konzepte präsentiert werden.

Es sind drei heuristikbasierte Erklärungsformen vorgesehen:

- Darstellen derjenigen Konzepte, zu deren Realisierung der Vorschlag einen ersten Schritt darstellt
- Aufzeigen von analogen Situationen, in denen der Lernende ebenso verfahren ist
- Herausstellen von verletzten bzw. unerfüllten Konzepten

In den beiden ersten Fällen werden Heuristiken verwendet, um den dargebotenen Ergänzungsschritt nachzuvollziehen. Gelingt dies, werden Heuristiken extrahiert, die diesen Schritt mittels abstrakter Konzepte beschreiben. Diese abstrakteren Konzepte als Erklärung präsentiert, erleichtern es dem Benutzer, Ähnlichkeiten zwischen seinem konkreten und vergleichbaren, vielleicht schon gelösten Problemen zu sehen.

Im dritten Fall können, ausgehend von Fehlermeldungen des Model-Checkers und dem Ergänzungsvorschlag des Systems mit Hilfe von Reparaturheuristiken verletzte Konzepte identifiziert werden.

Auf Zielebene schließlich kann durch Angabe einer Formelauswahlheuristik der Vorschlag eines nächsten Subzieles begründet werden.

Eine Komponente zur Generierung heuristik-basierter Erklärungen wird zur Zeit im Rahmen einer Studienarbeit entwickelt.

5. Lernen von Designheuristiken

Wie oben beschrieben, sollen Designheuristiken das Problemlöseverhalten von Benutzern widerspiegeln. Um sie zur Erklärungsgenerierung einsetzen zu können, ist es unabdingbar, daß sie neben konkreten Aktionen zur Umsetzung eines Zieles auch abstraktere Beschreibung von Konzepten enthalten.

Das Benutzungsmodell wird aufgebaut aus dem beobachteten Verhalten aller Benutzer, die mit dem System arbeiten. Daraus werden bedingte Wahrscheinlichkeiten abgeleitet, die Übergänge von beobachtbaren Zuständen während der Aufgabenbearbeitung ineinander bezogen auf vorherige Verhaltensweisen beschreiben. Diese Übergangswahrscheinlichkeiten, zusammen mit einem adaptiven Ähnlichkeitsmaß, das die Übereinstimmung des Verhaltens des konkreten Benutzers mit den dem System bekannten Verhaltensweisen widerspiegelt, bilden die Basis für Modifikationsvorschläge seitens des Systems.

Darüberhinaus kann das Benutzungsmodell auch als Grundlage zur Extraktion von Designheuristiken verwendet werden. Ein erster wissensarmer Ansatz ging davon aus, daß Korrelationen zwischen Zustandsübergängen im Problem- bzw. Lösungsraum (innerhalb des Benutzungsmodells aufgebaut) Indikatoren für mögliche Heuristiken liefern können. Damit lassen sich zwar plausible (im Sinne Lenats und Clanceys, [Lenat 83; Clancey 85]) Problemlöseoperatoren finden, um diese aber zur Erklärungsgenerierung einsetzen zu können, ist hierarchisch strukturiertes, domänenspezifisches Konzeptwissen nötig. Diese Form von Wissen ist notwendig, um in Erklärungen Bezug nehmen zu können auf domänenspezifische Begriffe.

Zur Zeit wird daher ein Ansatz verfolgt, der, ausgehend von Konzepthierarchien und vorgegeben Indikatoren für Plausibilität (z.B. Häufigkeit des erfolgreichen Einsatzes) versucht, mit Hilfe eines Lernverfahrens aus dem Bereich des Conceptual Clustering [Fisher, Langley 86], Gruppen von Zustandsübergängen (im Problemraum) zusammenzufassen und einheitlich in Form eines Konzeptbegriffes zu beschreiben [Jordan 95].

6. Zusammenfassung

In dieser Arbeit wurden Ansätze der Erklärungsgenerierung aus dem Bereich der KI vorgestellt und verglichen. Es wurde aufgezeigt, wie in einer intelligenten Problemlöseumgebung - Petri-Help - ohne explizit repräsentiertes Designwissen Erklärungen für erzeugte Hilfen oder Fehlermeldungen generiert werden können. So können sich Erklärungen auf eine Analyse des formalen Verifikationsprozesses stützen oder sie können unter Verwendung von Designheuristiken erzeugt werden. Diese Heuristiken können vom System auf Basis vorgegebener Konzepthierarchien gelernt werden. Eine Komponente, die Erklärungen basierend auf einer Analyse der Verifikation erzeugt wurde bereits implementiert und in Petri-Help eingebunden. Erste (nicht repräsentative) Versuche mit Studierenden im Hauptstudium Informatik haben eine gute Akzeptanz ergeben. Eine Evaluation steht jedoch noch aus. Komponenten zur heuristikbasierten Erklärungsgenerierung und zur Akquisition von Heuristiken befinden sich zur Zeit im Stadium der Implementation.

7. Anmerkung

Petri-Help wird gefördert durch die Stiftung Volkswagenwerk (Az. 210-70631/9-13-14/89). Wir danken Jörg Folckers für die Implementierung großer Teile Petri-Helps.

8. Literatur

[Brna et al. 93] P. Brna, S. Ohlsson, H. Pain (eds.): Proceedings AI-ED 93, World Conference on Artificial Intelligence and Education, Edinburgh, AACE, 1993

[Cawsey 92] A. Cawsey: Explanation and Interaction, The Computer Generation of Explanatory Dialogues, MIT Press, Cambridge, MA, 1992

[Cawsey 93] A. Cawsey: User Modelling in Interactive Explanations, User Modeling and User-Adapted Interaction, Vol.3, No.3, pp 221-247, 1991

[Clancey 85] W. Clancey: Heuristic Classification, Artificial Intelligence, Vol.27, no.3, pp 289-350, 1985

[Fisher, Langley 86] D. Fisher, P. Langley: Conceptual Clustering and Its Relation to Numerical Taxonomy, in: W. Gale (ed.): Artificial Intelligence and Statistics, Addison-Wesley, Reading, MA, 1986

[Graham, Jones 88] I. Graham, P. Jones: Expert Systems: Knowledge, Uncertainty and Decisions, Chapman and Hall, London, New York, 1988

[Groeben, Westmeyer 75] N. Groeben, H. Westmeyer: Kriterien psychologischer Forschung, Juventa, München, 1975

[Hempel 77] C. Hempel: Aspekte wissenschaftlicher Erklärungen, de Gruyter, Berlin, 1977

[Hertzberg 89] J. Hertzberg: Planen, BI-Wissenschaftsverlag, Mannheim, 1989

[Jordan 95] O. Jordan: Lernen von Designheuristiken in Petri-Help, Diplomarbeit, Fachbereich Informatik, Uni Oldenburg, in Arbeit, 1995

[Josko 90] B. Josko: Verifying the correctness of AADL modules using model checking, in: J.W. de Bakker, W.P. de Roever, G. Rozenberg (eds.): Proceedings REX-Workshop on stepwise refinement of distributed systems: models, formalisms, correctness, Springer, Berlin, LNCS 430, S. 386-400, 1990

[Lenat 83] D. Lenat: The Nature of Heuristics, Artificial Intelligence, Vol. 19, pp 189-249, 1983

[Lusti 92] M. Lusti: Intelligente Tutorielle Systeme, Oldenbourg Verlag, München, Wien, Handbuch der Informatik, Band 15.4, 1992

[Möbus et al. 92] C. Möbus, K. Pitschke, O. Schröder: Towards the theory-guided design of help systems for programming and modelling tasks, in: C. Frasson, G. Gauthier, G. McCalla (eds.): Intelligent tutoring systems, Proceedings ITS 92, LNCS 608, pp 294-301, Springer, Berlin, 1992

[Möbus et al. 93] C. Möbus, K. Pitschke, O. Schröder, J. Folckers, H. Göhler: PETRI-HELP - Intelligent Support for Petri Net Modellers, Interner Bericht, Fachbereich Informatik, Uni Oldenburg, 1993

[Olderog 91] E.-R. Olderog: Nets, terms, and formulas, Cambridge University Press, Cambridge, 1991.

[Pitschke 94] K. Pitschke: User Modeling for Domains without Explicit Design Theories, in: Proceedings of the Fourth International Conference on User Modeling (UM94), 15.-19. August 1994, Hyannis, MA, USA, The MITRE Corporation, 1994

[Puppe 88] F. Puppe: Einführung in Expertensysteme, Springer, Berlin, 1988

[Reisig 92] W. Reisig: A primer in Petri net design, Springer, Berlin, 1992.

[Sauer 93] J. Sauer: Wissensbasiertes Lösen von Ablaufplanungsproblemen durch explizite Heuristiken, DISKI-Reihe, infix Verlag, St. Augustin, 1993

[Schank, Leake 90] R. Schank, D. Leake: Creativity and Learning in a Case-Based Explainer, in: J. Carbonell (ed.): Machine Learning, Paradigms and Methods, MIT Press, Cambridge, MA, 1990

[Schmitt 83] A. Schmitt: Dialogsysteme: kommunikative Schnittstellen, Softwareergonomie und Systemgestaltung, BI-Wissenschaftsverlag, Mannheim, 1983

[Schurz 92] G. Schurz: Erklärungsmodelle in der Wissenschaftstheorie und in der Künstlichen Intelligenz, in: H. Stoyan (Hrsg.): Erklärung im Gespräch - Erklärung im Mensch-Maschine-Dialog, Springer, Berlin, Informatik-Fachberichte 310, 1992

[Stoyan 92] H. Stoyan: Erklärungen und Beweise, in: H. Stoyan (Hrsg.): Erklärung im Gespräch - Erklärung im Mensch-Maschine-Dialog, Springer, Berlin, Informatik-Fachberichte 310, 1992

[Wahlster 81] W. Wahlster: Natürlichsprachliche Argumentation in Dialogsystemen, Informatik-Fachberichte 48, Springer, Berlin, 1981

[Wedig 93] A. Wedig: Kalküle zur Entwicklung von Petri-Netzen aus Spezifikationen, Diplomarbeit am Fachbereich Informatik, Universität Oldenburg, 1993

[Wenger 87] E. Wenger: Artificial Intelligence and Tutoring Systems, Morgan Kaufmann, Los Altos, CA, 1987

[Wick 94] M. Wick: Explanation as a Primary Task in Problem Solving, The Knowledge Engineering Review, Vol. 9: 1, pp 78-82, 1994

[Wick, Thompson 92] M. Wick, W. Thompson: Reconstructive expert system explanation, Artificial Intelligence 54, pp 33-70, 1992

CritiGUI - Lernen im Dialog mit einem Kritiker

Doris Nitsche-Ruhland, Gottfried Zimmermann

Universität Stuttgart
Institut für Informatik
Breitwiesenstr. 20-22
D-70565 Stuttgart
Telefon: ++49 711 7816 404
Fax: ++49 711 7816 340

1 Einleitung

Im Bereich graphischer Benutzungsoberflächen werden zunehmend Entwicklungswerkzeuge eingesetzt, die es auch programmierunerfahrenen Entwicklern erlauben, komplexe, graphische Oberflächen zu entwickeln. Dabei geben diese Systeme keinerlei Hilfestellung, wie die vielfältigen Gestaltungsmöglichkeiten so genutzt werden können, daß benutzerfreundliche, graphische Oberflächen entstehen. Abgesehen von den generellen Anforderungen für graphische Benutzungsoberflächen (Benutzerfreundlichkeit, leichte Erlernbarkeit, Konsistenz, usw.) gibt es eine Reihe von *low level* Fehlerquellen, wie beispielsweise die Größe von Buttons oder die Benutzung von Farben, die einem unerfahrenen Entwickler zum Verhängnis werden können. Die Qualität von Oberflächen kann wesentlich verbessert werden, wenn man Richtlinien zur Gestaltung graphischer Oberflächen auf dieser Ebene dem Entwickler zur Verfügung stellt. Da die Entwickler nicht in ihrer für Designprozesse typischen Kreativität eingeschränkt werden sollen, wurde ein Kritiker-basierter Ansatz gewählt: beim Arbeiten werden die Designer über nicht optimale Eigenschaften ihrer Lösung oder Lösungswege informiert und werden dadurch dazu angehalten, sich mit ihren Designentscheidungen kritisch auseinanderzusetzen (*reflection in action*) [3]. Die letztendliche Entscheidung und die Verantwortung bleibt beim Entwickler. Dieser hat die Möglichkeit, sich Wissen über den Entwurf graphischer Oberflächen anzueignen und sofort anzuwenden. Durch die Integration einer Kritikerkomponente wird damit die Arbeitsumgebung zur Lernumgebung.

CritiGUI ist ein Kritikersystem, daß über dieses grundlegende Designwissen für graphische Benutzungsoberflächen verfügt und den Designer bei seiner Designaktivität überwacht und unterstützt. Es ist Teil des Kritiker-basierten Autorensystems Cadys für Hypertext-basierte Lehrsysteme [8]. Cadys unterstützt jede Aufgabe eines Lehrsystem-Autors durch spezielle Werkzeuge, die mit entsprechenden Kritikern gekoppelt sind, so ist CritiGUI mit einem User Interface Builder für Hypertext-Lehrsysteme verbunden, der auf die Interaktionsobjekte der Objectworks/Smalltalk Programmierumgebung [9] aufbaut.

2 Die Architektur von CritiGUI

CritiGUI entspricht der von Silverman [11] vorgeschlagenen Architektur von Kritikersystemen (Abbildung 1) und besteht im wesentlichen aus vier Komponenten: einem Analysator, einem Expertenmodul, einer Dialogkomponente und einem Benutzermodell. Im Gegensatz zum Expertensystem verlangt ein Kritiker-

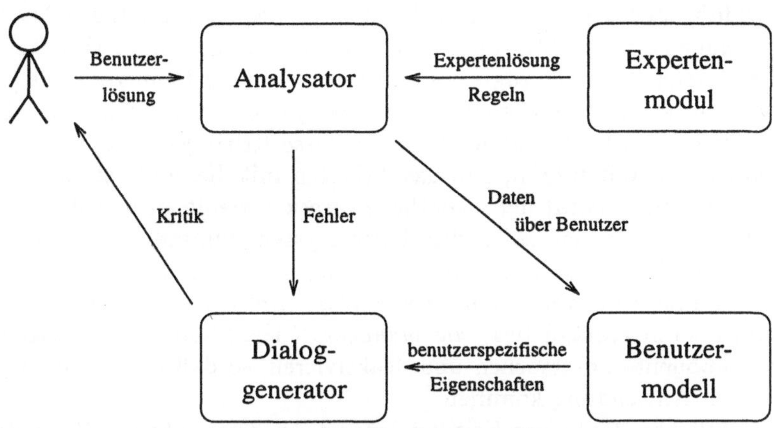

Abb. 1. Architektur eines Kritikersystems

system eine Problemlösung des Benutzers als Eingabe, die dann kritisiert wird. Das Expertenmodul besitzt das dazu notwendige Wissen. Dies kann je nach Anwendungsgebiet sowohl Regeln über gute, akzeptable und schlechte Eigenschaften der Benutzerlösung als auch Problemlösewissen umfassen, wobei im letzteren Fall das Expertenmodul auch eigene Lösungen generieren kann. Vor allem die ersten Kritikersysteme, die im medizinischen Bereich angesiedelt waren, besaßen das Wissen, eigene Lösungen zu erzeugen und waren damit in der Lage, Unterschiede zwischen der Benutzerlösung und der eigenen *Experten*lösung vor allem bezüglich der Vorgehensweise aufzudecken [7] [5]. Heute findet man jedoch, besonders für komplexe Anwendungsbereichen wie dem Benutzungsoberflächendesign, zahlreiche Kritikersysteme, die dieses Problemlösewissen nicht besitzen, da dessen Spezifikation nicht möglich oder zu aufwendig ist. In diesem Fall wird die Benutzerlösung vom Analysator auf ihre Eigenschaften untersucht. Diese Kritikstrategie wird als *analytische* Kritik bezeichnet [4]. Im Gegensatz zur *vergleichenden* Kritikstrategie, bei der der Analysator den Lösungsweg des Benutzers mit einem oder mehreren Lösungswegen, die vom Expertenmodul generiert wurden, vergleicht. Damit können auch suboptimale Vorgehensweisen bei der Problemlösung erkannt und verbessert werden.

CritiGUI verwendet die analytische Kritikstrategie. Sein Expertenmodul beinhaltet Wissen über gute, akzeptable und schlechte Eigenschaften der zu kritisierenden Objekte. Dies kann ein einzelnes Interaktionsobjekt der Objectworks/Smalltalk Programmierumgebung sein, als auch eine Gruppe oder die gesamte graphische Benutzungsoberfläche. Die Kritikpunkte, sogenannte *critique points*, die der Analysator entdeckt, beschreiben sowohl die positiven als auch die negativen Eigenschaften eines Kritikobjekts.

Vom Kritikdialog und damit von der Dialogkomponente hängt im wesentlichen ab, ob ein Benutzer die Kritik annimmt. Der Kritikdialog kann sowohl aus positiven als auch negativen Meldungen und gegebenfalls Verbesserungsvorschlägen bestehen. Neben den vielen Eigenschaften, die eine einzelne Kritikmeldung erfüllen sollte (Spezifität, positive Tonart, Konstruktivität, benutzerorientierte Ausdrucksweise, passendes Format [10]), sollte diese wie auch der gesamte Kritikdialog individuell auf einen Benutzer zugeschnitten sein, wozu ein Benutzermodell nötig ist. Es kann sehr störend sein, wenn ein Kritikersystem ein und denselben Fehler immer wieder kritisiert, obwohl der Benutzer diese Kritik jedesmal nicht akzeptierte. Das kann soweit führen, daß das Arbeiten mit diesem System als lästig empfunden wird und damit der eigentliche Zweck verfehlt wird. Falls kein Benutzermodell vorhanden ist, sollte das Kritikersystem zumindest anpaßbar sein, d.h. der Benutzer hat die Möglichkeit auf die Regeln des Expertenmoduls Einfluß zu nehmen und sie zu deaktivieren. Dieser Weg wird in CRITIGUI beschritten. Der Benutzer kann anhand des *rule managers* (Abbildung 2) die Regeln der Expertenkomponente untersuchen und deaktivieren, so daß sie bei der Analyse nicht mehr zur Anwendung kommen.

Ein wesentlicher Punkt des Kritikdialogs ist der Zeitpunkt der Präsentation der Kritik. Dieser wird von der Interventionstrategie bestimmt. Man unterscheidet drei verschiedene Interventionstrategien, die miteinander kombiniert werden können: *before-task*, *during-task* und *after-task*. CRITIGUI verwendet *after-task*, da auf Grund der analytische Kritik ein Interaktionsobjekt, bzw. eine Gruppe von Interaktionsobjekten fertiggestellt sein muß. *Before-task* Kritik ist in CRITIGUI unspezifisch; der Benutzer kann zwar die Regeln der Expertenkomponente untersuchen, es bleibt jedoch ihm überlassen, das für ihn notwendige Wissen dabei herauszufiltern.

3 Die Dialogkomponente

Die Dialogkomponente in CRITIGUI generiert aus den Ergebnissen der Analyse und dem Wissen des Expertenmoduls den Kritikdialog. Die Experten-Regeln verfügen über eine Textschablone zur Generierung der Kritikmeldung, die dann mit den konkreten, vom Analysator gefundenen Werten genauer spezifiziert wird. Die generierte Meldung präsentiert die jeweilige Richtlinie, gegebenfalls mit weiteren Erklärungen, und die spezifischen Verletzungen dieser Richtlinie. In manchen Fällen wird ein Korrekturvorschlag angeboten (vgl. Abschnitt 6). Alle Kritikpunkte, die innerhalb eines Kritikvorgangs gefunden werden, präsentiert CRITIGUI im separaten *critique set*-Fenster (Abbildung 4), so daß der Arbeitsfluß nicht gestört wird und der Benutzer seinen momentanen Arbeitsvorgang beenden kann, bevor er sich den Kritikmeldungen zuwendet.

Der Kritikdialog kann in CRITIGUI sowohl vom Benutzer als auch vom System initiiert werden, damit ist CRITIGUI ein aktives und passives Kritikersystem. Der Benutzer kann es jederzeit aufrufen, während es vom System nur beim Abspeichern der graphische Benutzungsoberfläche aktiviert wird.

4 Die Expertenkomponente

Die Expertenkomponente enthält Regeln über gute, akzeptable und schlechte Eigenschaften der Interaktionsobjekte von Objectworks/Smalltalk. Sie umfassen:

- das graphischen Layout von Menüs, d.h Breite und Tiefe von hierarchischen Menüs, maximale Anzahl von Menü-Einträgen, Verwendung von Ellipsen,
- das graphische Layout von Buttons, d.h. Größe, Vorhandensein der Beschriftung, Verwendung der Vordergrund-, Hintergrund- und Rahmenfarbe,
- Button-Leisten, d.h. Mindestabstand, einheitliche Groß/Kleinschreibung der Beschriftung, Verwendung der Vordergrund-, Hintergrund- und Rahmenfarbe,
- Fenster, d.h. Beschriftung, Verwendung der Hintergrund- und Rahmenfarbe, Farbe ihres Textinhalts,
- die maximale Anzahl der Farben einer graphischen Oberfläche.

Die Regeln zur Farbgestaltung bilden einen Schwerpunkt in CRITIGUI, da ihre Verwendung oft eher auf persönlichen Vorlieben und falschen Vorstellungen basieren als auf ergonomischen Gesichtspunkten. Ein wesentlicher Punkt spielt dabei auch die Darstellung der Farben auf einem Monochrom-Bildschirm. Unsere Erfahrung zeigte uns, daß viele Oberflächen, die von unserer Studenten auf einem Farbbildschirm entwickelt wurden, auf einem Monochrom-Bildschirm durch unleserliche Beschriftungen und Text unbrauchbar wurden, obwohl die Studenten wußten, daß ihre Oberfläche auch auf diesen eingesetzt werden sollte. Die Studenten befürworteten es sehr, daß CRITIGUI testet, ob die Farbkontraste auch für einen Monochrom-Bildschirm ausreichend sind, und somit schwerwiegende Fehler verhindern kann.

Das Wissen der Expertenkomponente läßt sich in zwei Teile gliedern. Zum einen die Regelbasis, die anhand des *rule-managers* vom Benutzer inspiziert und seinen Bedürfnissen entsprechend angepaßt werden kann. Die Regeln sind hierarchisch organisiert und beschreiben weitestgehend unabhängig vom Interaktionsobjekt spezielle Eigenschaften. Zum anderen die sogenannten Futterstruktur-Listen, die für jede Regel alle Interaktionsobjekte beinhaltet, auf die diese Regel angewendet werden kann. Zum Beispiel besagt die Regel RuleColorBlue, daß Farben mit einem hohen Blaugehalt als Vordergrundfarben, also für Beschriftungen und Text, ungeeignet sind [6]. Die Futterstruktur zu dieser Regel enthält die Einträge button, buttonbar, und text views, auf die diese Regel angewendet werden kann.

5 Der Analysator

Die Anwendung der Regeln auf das zu kritisierende Objekt ist Aufgabe des Analysators. Da die Interaktionsobjekte der Objectworks/Smalltalk Programmierumgebung über viele ihrer Eigenschaften nicht direkt Auskunft geben können,

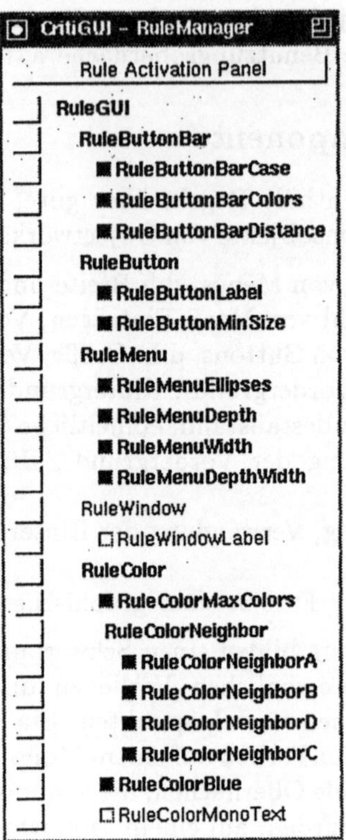

Abb. 2. Der Rule-Manager mit der Regelhierarchie.

berechnet der Analysator für jedes Interaktionsobjekt und alle seine Teilobjekte entsprechende *Struktur*objekte, die die Informationen über alle relevanten Eigenschaften enthalten. Beispielsweise kann das Objekt PopUpMenu keine Auskunft über seine Breite, Tiefe und Anzahl seiner Einträge und seiner Untermenüs geben. Das zugehörige Strukturobjekt beinhaltet diese Informationen, so daß der Analysator dann die Regeln des Expertenmoduls entsprechend den Futterstrukturen auf das Strukturobjekt anwenden kann.

6 Ein Kritik-Dialog-Beispiel

Anhand eines Beispiels soll der Kritikvorgang in CRITIGUI verdeutlich werden. Wie schon oben erwähnt, kann der Benutzer ein einzelnes Interaktionsobjekt, eine Gruppe von Interaktionsobjekten oder die gesamte Oberfläche kritisieren lassen. Das kritisierte Objekt in diesem Beispiel ist das sogenannte "Bad-example-window" (Abbildung 3), das mehrere untergeordnete Interaktionsobjekte umfaßt. Es besteht aus einem Textfenster mit einem assoziierten Menu, einem nicht editierbaren Textfenster und zwei Switsch-Buttons, und verletzt eine Reihe von Richtlinien:

- auf einem Monochrom-Bildschirm ist der Text des zweiten Textfensters kaum zu lesen (wie auch in der graustufigen Abbildung zu erkennen ist),
- das Popup-Menü, des "Here you find a bad menu"-Textfensters enthält zwei Untermenüs, die beide in das Hauptmenü integriert werden könnten, ohne die maximal zulässige Anzahl von Einträgen zu überschreiten [2],
- das "Do you like this graphical user interface?"-Textfenster benutzt für den Text eine Farbe mit hohem Blaugehalt,
- die Groß-/Kleinschreibung der Button-Aufschriften ist nicht einheitlich,
- der Abstand zwischen den zwei Buttons ist zu klein [1],
- der Button "No" hat im zweiten Zustand keine Beschriftung
- mehrere Kombinationen von Rahmen- und Hintergrundfarbe verletzen die Richtlinien zur Farbgestaltung.

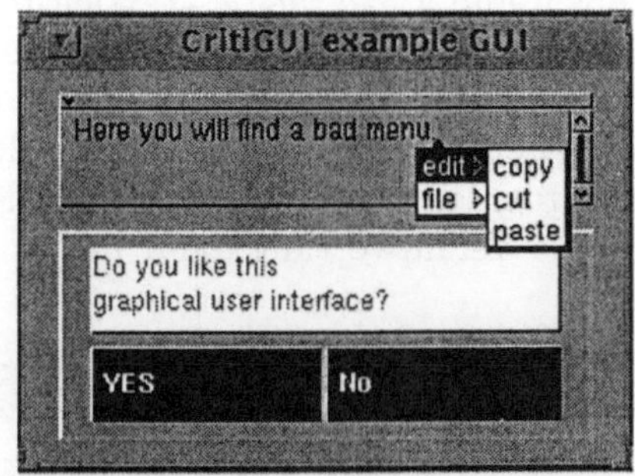

Abb. 3. Das "Bad example-window".

Der Analysator erstellt zuerst ein komplexes Strukturobjekt, das entsprechend den untergeordneten Interaktionsobjekten von "Bad example-window" mehrere untergeordnete Strukturobjekte beinhaltet. Anschließend wendet der Analysator die Regeln der Expertenkomponente darauf an. Das Ergebnis wird im *critique set*-Fenster (Abbildung 4) präsentiert, das in diesem Fall nur die negativen Kritikpunkte darstellt. Das *critique set*-Fenster ist dreigeteilt und beinhaltet zwei Buttons, um die Art der Kritik (positiv oder negativ) auszuwählen. Das linke Teilfenster präsentiert alle Regeln, die zu einem oder mehreren Kritikpunkten führten. Selektiert man eine Regel erscheinen im mittleren Fenster die entsprechenden Kritikpunkte. Bei Auswahl eines Kritikpunkts erscheint im rechten Teilfenster die Kritikmeldung. In diesem Beispiel wird der Designer darauf hingewiesen, daß ein breites Menü grundsätzlich besser ist als ein tiefes [10]. Das Menu des mittleren Fensters erlaubt dem Benutzer das Objekt, auf das sich der Kritikpunkt bezieht, aufblinken zu lassen. Gerade bei komplexen Interaktionsobjekten, die zu einer Vielzahl von Kritikpunkten führen, ist dies für eine eindeutige Zuordnung notwendig. Desweiteren kann der Benutzer für den ausgewählten Kritikpunkt ein eigenes Fenster öffnen lassen (Abbildung 5). In einigen Fälle wie hier bietet CRITIGUI einen Korrekturvorschlag an. Die Korrektur bezieht sich

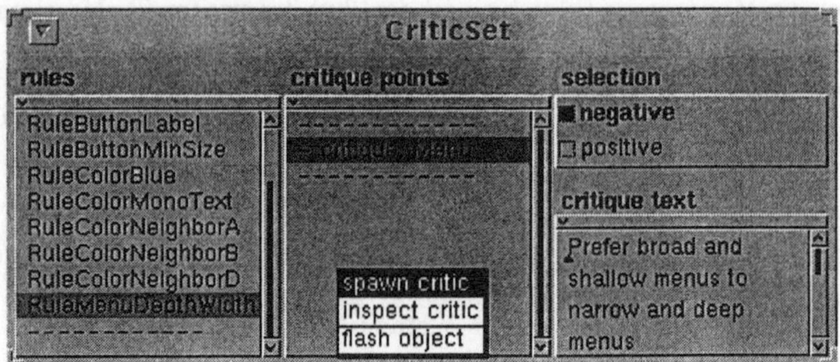

Abb. 4. Das *critique set*-Fenster für das "Bad example window"

auf das Menü des "Here you find a bad menu"-Textfensters. Der Benutzer kann sich durch Aktivierung des correct-Buttons das verbesserte Menü anzeigen lassen (Abbildung 5).

Anhand des *critique set*-Fensters kann der Designer jeden Kritikpunkt einzeln durchgehen und seine Designentscheidung kritisch reflektieren. Die letztendliche Entscheidung und damit die Verantwortung dafür hat er.

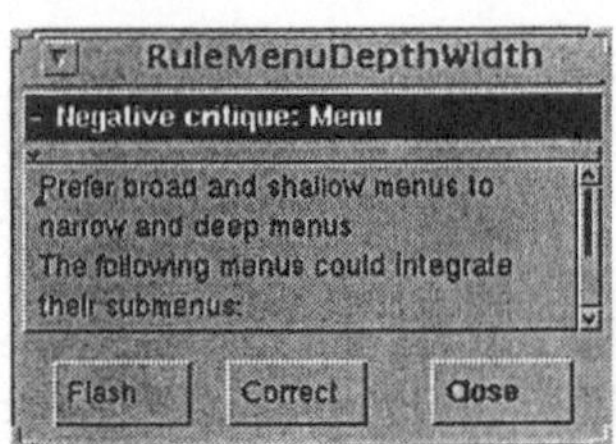

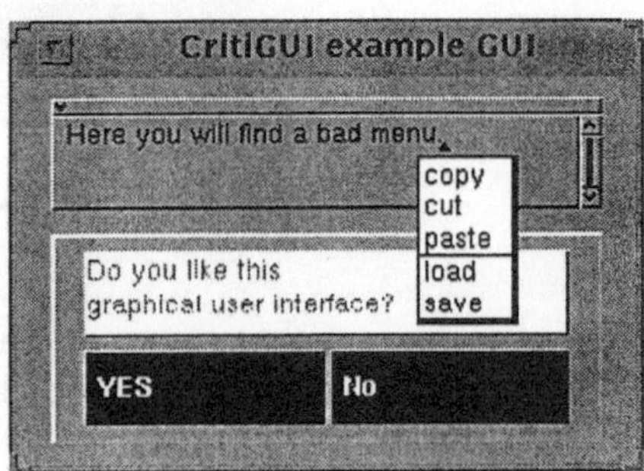

Abb. 5. Das Kritikpunkt-Fenster mit dem correct-Button und das "Bad example window" mit dem korrigierten Menü.

7 Zusammenfassung und Ausblick

CritiGUI unterstützt den Designer indem es ihm Richtlinien zur Gestaltung graphischer Benutzungsoberflächen zur Verfügung stellt und leistet damit einen kleinen Beitrag zur Verbesserung graphischen Oberflächen in Objectworks/Smalltalk. Es motiviert den Designer sich mit seinen Designentscheidungen kritisch auseinanderzusetzten und gibt ihm dabei Gelegenheit, sich Wissen über die Gestaltung von Oberflächen anzueignen ohne ihn einzuschränken. Durch CritiGUI wird die Arbeitsumgebung zur Lernumgebung.

Wir sind uns darüber bewußt, daß die Regeln von CRITIGUI nur einen kleinen Bereich des breiten Spektrums von Gestaltungsrichtlinien abdecken, und daß ihre Einhaltung nicht notwendigerweise zu *guten* Oberflächen führt, aber sie führt zumindest zu *besseren.*

Die Integration eines Benutzermodells und einer Komponenten zur Generierung benutzerspezifischer, natürlichsprachlicher Kritikmeldungen aus einer semantische Repräsentation sind vorgesehen. Da CRITIGUI als Einzelkomponente in Objectworks/Smalltalk verwendet werden kann, wurden erste Evaluierungen mit Hilfe *von Hand* programmierter Oberflächen durchgeführt, die unsere grundlegenden Annahmen erfüllten. Umfangreiche und detaillierte Evaluierungen vor allem im Zusammenwirken mit dem User Interface Builder stehen noch aus.

Danksagung

Mein Dank gilt Herrn Professor Gunzenhäuser für die Unterstützung und Durchsicht dieser Arbeit.

Literatur

1. C. M. Brown: *Human-Computer Interface Design Guidelines*; Alex Publishing Cooperation, 1988
2. E. G. Davis, R.W. Swezey: *Human Factors Guidelines in Computer Graphics: A Case study*; International Journal of Man-Machine Studies, Vol. 18, pp. 113-133, 1983
3. G. Fischer: *Putting the Owners of Problems in Charge with Domain-oriented Design Environments*; D. J. Gilmore, R. L. Winder, F. Detienne (Eds) User-Centred Requirements, Springer-Verlag, Berlin, 1994
4. G. Fischer, A. C. Lemke, Th. Mastaglio, A. I. Morch: *Using Critics to Empower Users*; CHI'90 Proceedings, New York, April 1990
5. C. P. Langlotz, E. H. Shortliff: *Adapting a consultation system to critique user plans*; International Journal of Man-Machine-Studies, Vol. 19,pp. 479-496, 1983
6. A. Marcus: *Graphic Design for Electronic Documents and User Interfaces*; ACM Press, New York, 1992
7. P.L. Miller: *ATTENDING: Critiquing a physician's management plan*; IEEE Transactions on Pattern Analysis and Machine Intelligence, PAMI-5, Nr. 5, 1983
8. D. Nitsche-Ruhland: *A Knowledge-Based Authoring System for Hypermedia-based Learning Environments*; B. Blumenthal, J. Gornostaev, C. Unger (Eds) Human Computer Interaction. Proc., Lecture Notes in Computer Science, Vol. 876, Springer-Verlag, Berlin, 1994
9. Objectsworks 4.1/Smalltalk, Parc Place Systems, 1992
10. B. Shneiderman: *Designing the User Interface*; Addison-Wesley Publishing Company, 1992
11. B. G. Silverman: *Survey of Expert Critiquing Systems: Practical and Theoretical Frontiers*; Communications of the ACM, Vol. 35, No. 4, 1992

Towards Adaptive Learning Environments

Peter Brusilovsky, Marcus Specht, and Gerhard Weber
University of Trier
E-Mail: {plb | specht | weber}@cogpsy.uni-trier.de

Abstract: Existing intelligent learning environments for programming represent a step towards comprehensive adaptive learning environments that support all activities in learning programming. In most of these systems, however, only the tutoring component is adaptive. The user interface usually looks the same for the novice and for the advanced learner, while the student's knowledge of the subject matter strongly changes from the beginning to the end of a course. We argue that a next step towards adaptive learning environments is to make all its components adaptive. In this paper, we discuss some problems of creating adaptive environment components for intelligent learning environments and present our current work into this direction.

Introduction

Intelligent learning environments are a relatively new kind of intelligent educational systems. In addition to more traditional system-driven intelligent tutoring components that support students' *learning*, an intelligent learning environment (ILE) includes one or more student-driven components that support students' *doing*. These components form the environment.

A special case of an ILE with a complex and powerful environment component is an ILE for programming (here referred as Intelligent Programming Environment, IPE). An IPE contains both an intelligent coach or tutor to support student learning and a programming environment to support student programming activity. A number of IPEs have been described: APT (Corbett & Anderson, 1992), SYPROS (Herzog, 1992), DISCOVER (Ramadhan & du Boulay, 1993), ABSYNT (Möbus, Thole, & Schröder, 1993), GIL (Reiser, Kimberg, Lovett, & Ranney, 1992), ELM-PE (Weber & Möllenberg, 1995), and ITEM/IP (Brusilovsky, 1992).

Existing IPEs can be considered as the second step (after such classic ITSs as PROUST (Johnson, 1986) and Lisp Tutor (Anderson & Reiser, 1985)) towards "teachers' dream"—comprehensive adaptive learning environments to support all activities in learning programming. Most of these IPEs, however, are only partly adaptive. In most cases, only the tutoring component uses the student model for the purpose of adaptation. The user interface usually looks the same for the novice and for the advanced learner, while the student's knowledge of the subject matter strongly changes while learning. We argue that the next step towards an adaptive learning environment is to make all the components of an IPE adaptive.

In this paper, we discuss some problems of creating an adaptive interface for IPEs. We present our current work on the next version of ELM-PE where we expect to implement the idea of comprehensively adaptive IPE. In the following section, we briefly review the current stage of the ELM-PE project which forms the background of our current work. We describe the existing components that are most interesting in the scope of this paper. We then discuss the application of adaptive interface technology along with using the student model of the ILE as the user model for creating an adaptive interface for environment components. A particularly powerful student model is ELM—the episodic learner model used in ELM-PE. The possibilities of making an adaptive interface based on ELM are demonstrated at hand of ALFRED, the structure editor of ELM-PE. We consider some interface features of ALFRED and discuss how these features can be adapted using different types of knowledge about the student represented in ELM.

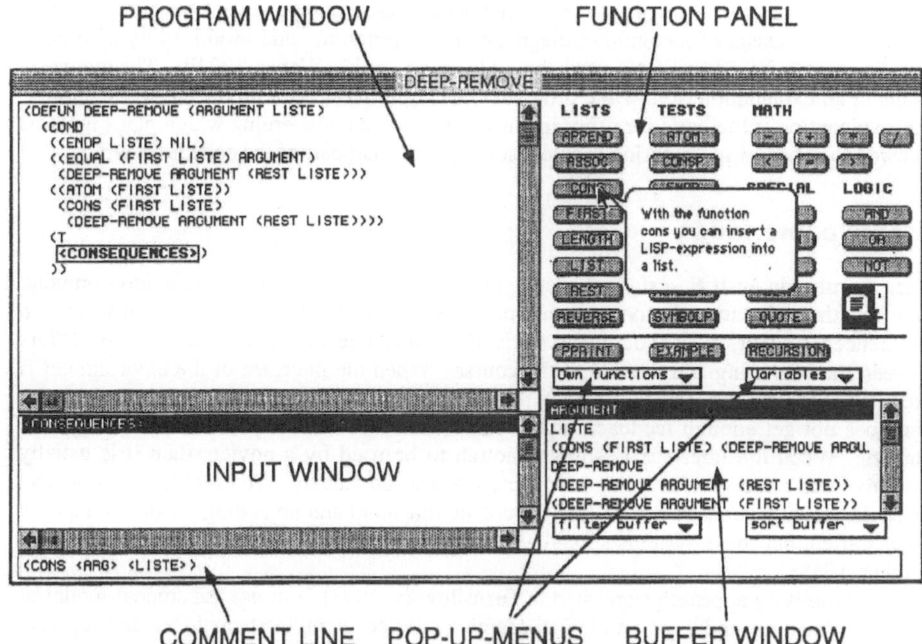

Figure 1: The syntax-driven structure editor ALFRED

Components of ELM-PE

The knowledge-based programming environment ELM-PE is designed to support novices learning the programming language LISP. It has several features which are especially useful in learning to solve problems in a new, complex domain. Some of these features will be sketched briefly in this section.

ALFRED—a syntax-driven structure editor. In order to reduce syntax errors, coding function definitions is supported by a syntax-driven LISP-editor. In the program window of the structure editor, program code can be produced by filling in slots of LISP expressions (Figure 1). These schemata can be accessed from buttons in the function panel or from typing in the first part of a function call. Additionally, expressions can be typed in directly via keyboard or can be pasted from the buffer window.

Example-based programming. Examples of LISP-code can be displayed in a separate example window. An example can be selected both by the user and by the system's analogy component from examples presented in the learning materials of the LISP-course as well as from the set of function definitions the student has already coded.

Visualization. One central principle in learning programming is to visualize the flow of data during evaluation of programs (e.g., Eisenstadt, Price, & Domingue, 1993). This is supported by a stepper showing all evaluation steps indicating corresponding expressions of self-defined function definitions—including definitions of sub-functions—in the program window. The stepper is supposed to help students envision dynamic program properties and to encourage active and self-directed learning. Additionally, those parts of the program code which are responsible for errors or are explained by the knowledge-based diagnosis can be highlighted in the program window.

Automatic cognitive diagnosis. The knowledge-based component of the programming environment consists of a cognitive diagnosis of the program code produced by a student. This diagnosis is based on ELM, a case-based learning model (Weber, 1994b). The diagnosis results in an explanation of how the program code could have been produced by the learner. This explanation is the basis for offering hints to the learner concerning which plans must be followed to solve subgoals during problem solving and what part of the code is incorrect.

Adaptive Interfaces

When learning in an ILE, a student spends most of the time working with the environment. Most existing educational environments provide the same interface for a novice and an experienced student, even though the student's knowledge of the subject strongly differs between the beginning and the end of the course. When the interface of the environment is oriented towards an experienced student, the interface appears to be too complex for a novice who does not get enough feedback and is often faced with unknown concepts and system features. When the interface is simple enough to be used by a novice, then it is usually restrictive and not powerful enough for a more advanced student. The problem is: how can the environment be constructed so that there is no threshold and no ceiling? It should be easy to get started, but these systems should also offer a rich functionality for experienced users (Fischer, 1988).

One promising approach suggested in (Brusilovsky, 1993) is to use the student model of the ILE as the user model for creating an adaptive interface applying techniques developed in the domain of adaptive interfaces (Dieterich, Malinowski, Kühme, & Schneider-Hufschmidt, 1993). This approach was implemented in ITEM/IP, an ILE for learning introductory programming (Brusilovsky, 1992). ITEM/IP applies a simple "conceptual" overlay student model to support both adaptive teaching and an adaptive interface. Using such a simple model the system can only reflect the level of user *conceptual knowledge*, i.e., knowledge about language elements (constructs, functions) and more high level programming concepts (plans, techniques). This knowledge is usually represented as a kind of conceptual network. As a result the methods of adaptation in ITEM/IP are relatively simple.

Generally speaking, in addition to conceptual knowledge the following student knowledge on the domain level can be taken into account for the purpose of adaptation: procedural knowledge and episodic knowledge. *Procedural knowledge* or skills represent the student's problem solving knowledge. This knowledge is usually represented as a set of goal-action or goal-plan rules and can be reflected by a procedural overlay student model or "buggy" model (e.g., the APT system, Corbett & Anderson, 1992). *Episodic knowledge* consists of cases describing problems and their solutions considered or solved by the student. An example of using and representing this kind of knowledge in the programming domain is provided by ELM-PE (Weber, 1994b).

We argue that all these kinds of knowledge are important for interface adaptation in IPE. The more kinds of student knowledge are represented in the student model, the more adaptation techniques can be used. Moreover, some advanced adaptation techniques require two or even all three kinds of knowledge to be represented. Unlike the simple conceptual overlay student model of ITEM/IP, the episodic learner model ELM is powerful enough to represent all three kinds of student knowledge on the domain level. The goal of our current research is to investigate the ways of using ELM to support making the interface components of ELM-PE adaptive. In the subsequent sections of this paper, we will present in more detail the episodic learner model of ELM-PE, and discuss some techniques that are used or can be used to adapt the ALFRED structure editor to various kinds of information about the student represented by ELM.

ELM: A Case-based Learning Model

ELM is a type of user or learner model storing knowledge about the user (learner) in terms of a collection of episodes. In the sense of *case-based learning*, such episodes can be viewed as cases. To construct the learner model, the code produced by a learner is analyzed in terms of the domain knowledge on the one side and to a task description on the other side. This cognitive diagnosis works according to explanation-based generalization (EBG) (Mitchell, Keller, & Kedar-Cabelli, 1986) and results in a derivation tree of concepts and rules the learner might have used to solve the problem. Concepts and rules contained in the derivation tree are instantiations of units from the knowledge base. The episodic learner model is made up of these instantiations (episodic frames) and generalizations based thereupon. A case in the episodic learner model—a stored interpreted episode—consists of a set of episodic frames that are distributed over the knowledge base.

On a first glance, ELM looks like an overlay model. Episodic instances represent information of how well a specific concept is mastered. However, episodic frames contain a lot of information that can be used for individual adaptation. They contain information about the episode and the context plan in which the concept was used, which rule applied in that situation, and store the corresponding part of the student's code.

Individual cases—or parts of them—can be used, up to now, in two different ways to adapt the system to a particular learner. On the one hand, episodic instances can be used during further analyses as shortcuts if the actual code and/or plan matches corresponding patterns in episodic instances (Weber, 1994b). On the other hand, cases can be used by an analogical component to show up similar examples and problems for reminding purposes (Weber, 1994a). In the following, we will show how information contained in ELM and other individual information is used and will be used to build an adaptive learning environment.

Knowledge-based Interface Adaptation in ALFRED

Adaptive vs. Adaptable Systems

When talking about adaptive systems, we have to take two different forms of adaptation into account: adaptability (e.g., supporting end-user modifiability) and adaptivity (e.g., a system adapts the interface itself using some data or knowledge about the user). A system aimed at supporting both novices and more advanced programmers has to be both adaptable and adaptive. While novices often need more guidance and want to be released from too complex tasks, advanced users want to have more control over the system. In advanced systems, therefore, the task of adaptation can be split up differently between user and system (Dieterich et al., 1993). From totally user-driven to exclusively system-driven systems every combination of adaptivity and adaptability is possible.

A simple but interesting form of adaptation is what we call *Last State* Adaptation. It means adaptation to the last state of the user-system interaction—the system just keeps the "settings" of the individual user (working directories, window positions, etc.) and comes up when starting like the last time the user worked with it. Despite the simplicity of this kind of adaptation, it is very useful and it is a shame that a lot of environments do not take it into account. In ALFRED, an example of last state adaptation is the permanently growing "own functions" pop-up-menu (Figure 1). When starting ELM-PE, the user finds all self-defined functions and variables in a menu and can use them as templates. Unlike adaptive techniques based on user models that are considered in the following sections, last state adaptation does not require any special modeling of knowledge about the user and does not require any decision-making. The topic of the following sections is how various kinds of knowledge about the user accumulated and processed by ELM can be used to make various interface components of the IPE adaptive.

Concept Level Adaptation: Function Panel

By concept level adaptation we mean a kind of adaptation which takes into account only the level of user knowledge on various domain concepts.

A good example of adaptation on the conceptual level of knowledge can be demonstrated by the function panel of ALFRED (Figure 1). A novice learning the basic concepts of LISP is confronted with a multitude of new expressions. Presenting all available constructs simultaneously (e.g., showing all functions in the function panel) can cause working memory overload to the novice. Brusilovsky (1993) suggested to use a conceptual overlay student model to hide all unlearned constructs from an editor's menu. In the ELM model, we have the information about the successful and erroneous usage of concepts and, therefore, can use several ways to adapt the panel to the student's individual knowledge about the function presented as a button. At present, we consider the following three techniques for function panel adaptation (which can be used in combination).

Hiding: Elements of the user interface which the student is not ready to use because he or she is lacking the prerequisite knowledge may be hidden from the screen.

Dimming. Recent research shows that stable layout of menus is important to some users. To keep the panel design the same regardless of the level of knowledge, irrelevant or too advanced function buttons could stay on the screen and just be dimmed. Dimming reduces cognitive overload and allows to build up a consistent model of the interface.

Outlining: Another way to adapt the panel would be to outline (using another color) the buttons for the function, which are new (newly learned) for the student, or learned not well enough. This is more an advice for the student to pay special attention to these functions.

When the above techniques are used, the interface's visibility and functionality incrementally grows along with the user's acquisition of knowledge. Such kind of adaptive interface can be called *incremental interface*. It is important that adaptation in the incremental interface should be made stepwise each time when some reasonably sized portion of new material (e.g., a chapter) is introduced or learned. Otherwise, too many changes in the interface can really upset the student.

Another technique of adaptation related to the function panel is adapting the "comment line" or the "balloon help" which are used to show the student some information about the function when he points to the button with the name of the function. Dependent on the students knowledge about the function the information presented can be varied. For the student that has no experience with a certain function, some introductory information (what the function is doing), for the advanced some more detailed information can be presented.

Episodic Level Adaptation: The Buffer

By episodic level adaptation we mean a kind of adaptation that takes into account the user's episodic knowledge. This knowledge can be effectively used for adaptation by ALFRED's buffer window (Figure 1). Students tend to develop a kind of individual style while learning programming. Using episodic knowledge, the system can determine which chunks (patterns) of code are most often and most successfully used by the student, which are used randomly, which are never used, and which often cause problems. Two interesting adaptation techniques can be considered.

Adaptive buffer filtering. The student working with ALFRED uses the buffer as a kind of "external memory" for storing some useful lisp expressions. Some of them appear only once while others are often re-used because they reflect a personal style and are specific to the problem. In many cases, the buffer helps the user to avoid retyping. However, it tends to grow too big and to become less helpful, because it is not so easy to find a required expression in a big scrollable buffer. Using ELM episodic knowledge, the system uses a caching technique that intelligently "filters" the current buffer and keeps those instances in the buffer, which the student usually prefers when coding.

Episodic buffer. Despite of using the buffer only to keep useful expressions collected during the current session, the system can provide the user with an option to load into the buffer the preferred student's clichés, which the system can collect and generalize over all previous sessions of work. On special request, even bigger chunks of code and also generalized plans can be provided in it.

Goal - Plan Level Adaptation: Example Library

By goal-plan level adaptation we mean a kind of adaptation that takes into account user procedural problem-solving knowledge. This knowledge is usually represented in form of goal-action or goal-plan rules (Anderson, 1993) and the student model usually reflects the probability of particular rules being acquired. This knowledge can easily be deduced from ELM and can be used for adaptation of various interface features. We demonstrate how this knowledge can be used for an example library in the ELM-PE interface. To support example-based programming, ELM-PE collects and stores all program examples presented to the student and solved by the student. Pushing the example button on the function panel, the system brings up the window with a list of all existing examples grouped into lessons. The student can choose any example. It will be shown to him or her in an editor window. The student can edit the code and insert any part of it into the program window.

The most suitable technology to adapt such an interface to the user goal-plan knowledge is *adaptive prompting* (Kühme, 1993). Knowing the user's general goal (i.e., the problem that the user is currently solving) and the goal-plan knowledge, the system can deduce the preferred way of solving the problem and thus determine which tools (here—plans and elementary functions) the user is most likely to use in problem solving. These tools can be made more easily accessible to the user. In case of the example library, the system can determine a subset of examples containing useful plans and chunks, which can be re-used in solving the current problem. Based on the episodic learner model, these examples can individually be selected as described in the next section. Names of these examples can be highlighted in the menu of examples. When one of these examples is selected a part of it containing the relevant piece of code can be outlined.

The adaptive prompting technology is an example of using interface adaptation to help the student in problem solving. It can be used not only in an example library interface, but also to highlight relevant buttons on the function panel or relevant lines in the buffer. The only precondition for the system to use this knowledge is to know which problem the student is currently solving. In contrast to the two previously considered technologies of adaptation, adaptive prompting can hardly be used when the student is solving an own problem or just playing with the editor.

Combining Goal - Plan and Episodic Level Knowledge: Best Example Selection

Adapting a programming environment to the learner's programming goals is one of the intelligent features that are very difficult to establish but that seem to be very promising to help individual users. Using adaptive prompting with an example library is just the most simple example of it. A more advanced case is the ability to select the most relevant example or reminding. This is already implemented in ELM-PE.

When working at a programming task to solve an exercise, the learner can select an example or reminding from the library. But, it may be difficult for a novice, even with the help of adaptive prompting, to decide what the best example will be that will help to solve the current problem. Therefore, a special button is provided for the learner to ask the system to show up the best suited example in the example window. Providing examples by the system is done by the explanation-based retrieval (EBR) method (Weber, 1994a). It is based on the episodic learner model ELM and requires both goal–plan and episodic level knowledge.

EBR searches for a best examples in three steps. First, an expected solution to the current problem is generated starting with a plan description of the current task preferring rules being used by the learner in previous tasks. This predicted solution is temporarily stored in the episodic learner model according to the process described earlier. The previous case whose episodic frames are stored in nearest distance to the temporarily stored frames is selected as the best examples at hand of an organizational similarity measure (Weber, 1994a).

Complex Adaptation: Example Explanation

Even if a user is provided with an appropriate example, it may be necessary to explain to him or her how the problems are related and what the differences are. Explanations of examples have a positive learning effect, especially if learning is accompanied by self-generated explanations. Thus, using examples may be improved by either forcing learners to build self-explanations, or by an intelligent system which provides explanations so that the system can serve as a positive instance of how examples can be explained. Two systems which demonstrate the example explanation feature are SCENT (McCalla & Greer, 1993) and the explanation environment used by Recker and Pirolli (1992). In both systems, the student can get interactive explanations of problem solving examples on several levels of granularity. However, these explanations are not adapted to the student's knowledge. In the user modeling domain, several technologies for generating explanations based on user models are discussed (Paris, 1989). Example explanation takes into account user knowledge on various topics mentioned in the explanation. In our case, such a technology will take into account all three kinds of knowledge about the user discussed in the paper.

Summary

This paper suggests and comprehensively discusses the idea of more adaptive intelligent learning environments for programming. We sustain the approach where the central student model, a traditional component of ITS, is used as a user model to adapt various components of an educational environment. We argue, that various kinds of knowledge about the user (concept level, episodic level, and goal-plan level knowledge) are required to support a reasonable range of adaptation techniques and, what is essential, advanced adaptation techniques. A student model which contains all types of knowledge mentioned above is ELM, which is briefly reviewed in the paper. We use the example of ALFRED, the structure editor of ELM/PE, to demonstrate several adaptation techniques based on various kinds of knowledge about the student reflected in the student model. Some of these techniques are already implemented and even evaluated, others are under construction. Our current work however, is not limited to making ALFRED adaptive. We are trying to move to a comprehensively adaptive learning environment where all components can use the ELM student model for the purpose of adaptation. We consider this way as a the way to the future of ITS.

References

Anderson, J. R. (1993). *Rules of the mind*. Hillsdale, NJ: Lawrence Erlbaum Associates.

Anderson, J. R. & Reiser, B. J. (1985). The LISP tutor. *Byte*, *10*(4), 159-175.

Brusilovsky, P. (1992). Intelligent tutor, environment, and manual for introductory programming. *Educational and Training Technology International*, *29*, 26-34.

Brusilovsky, P. (1993). Student as user: Towards an adaptive interface for an intelligent learning environment. In P. Brna, S. Ohlsson, & H. Pain (Eds.), *Proceedings of AI-ED 93* (pp. 386-393). Charlottesville, VA: AACE.

Corbett, A. T. & Anderson, J. R. (1992). Knowledge tracing in the ACT programming tutor. *Proceedings of the Fourteenth Annual Conference of the Cognitive Science Society* (pp. 623-627). Hillsdale, NJ: Cognitive Science Society.

Dieterich, H., Malinowski, U., Kühme, T., & Schneider-Hufschmidt, M. (1993). State of the art in adaptive user interfaces. In M. Schneider-Hufschmidt, T. Kühme, & U. Malinowski (Eds.), *Adaptive user interfaces* (pp. 13-48). Amsterdam: North-Holland.

Eisenstadt, M., Price, B., A., & Domingue, J. (1993). Redressing ITS fallacies via software visualization. In E. Lemut, B. du Boulay, & G. Dettori (Eds.), *Cognitive models and intelligent environments for learning programming* (pp. 220-234). Berlin: Springer.

Fischer, G. (1988). Enhancing incremental learning process with knowledge-based systems. In H. Mandl & A. Lesgold (Eds.), *Learning issues for intelligent tutoring systems* (pp. 138-163). New York: Springer-Verlag.

Herzog, C. (1992). From elementary knowledge schemes towards heuristic expertise—Designing an ITS in the field of parallel computing. In C. Frasson, G. Gauthier, & G. I. McCalla (Eds.), *Intelligent tutoring systems* (pp. 183-190). Berlin: Springer-Verlag.

Johnson, W. L. (1986). *Intention-based diagnosis of novice programming errors*. London: Pitman.

Kühme, T. (1993). User-Centered Approach to Adaptive User Interfaces. *Knowledge-Based Systems*, *6*, 239-248.

McCalla, G. I. & Greer, J. E. (1993). Two and one-half approaches to helping novices learn recursion. In E. Lemut, B. du Boulay, & G. Dettori (Eds.), *Cognitive models and intelligent environments for learning programming* (pp. 185-197). Berlin: Springer.

Mitchell, T. M., Keller, R. M., & Kedar-Cabelli, S. T. (1986). Explanation-based generalization: a unifying view. *Machine Learning*, *1*, 47-80.

Möbus, C., Thole, H.-J., & Schröder, O. (1993). Interactive support of planning in a functional, visual programming language. In P. Brna, S. Ohlsson, & H. Pain (Eds.), *Proceedings of AI-ED 93 - World Conference on Artificial Intelligence in Education* (pp. 362-359). Charlottesville, VA: AACE.

Paris, C. (1989). The use of explicit user models in a generation system for tailoring answers to the user's level of expertise. In A. Kobsa & W. Wahlster (Eds.), *User Models in Dialog Systems*. Berlin: Springer-Verlag.

Ramadhan, H. & du Boulay, B. (1993). Programming environments for novices. In E. Lemut, B. du Boulay, & G. Dettori (Ed.), *Cognitive models and intelligent environments for learning programming* (pp. 125-134). Berlin: Springer-Verlag.

Recker, M. M. & Pirolli, P. (1992). Student strategies for learning programming from a computational environment. In C. Frasson, G. Gauthier, & G. I. McCalla (Eds.), *Intelligent tutoring systems* (pp. 382-394). Berlin: Springer-Verlag.

Reiser, B. J., Kimberg, D. Y., Lovett, M. C., & Ranney, M. (1992). Knowledge representation and explanation in GIL, an intelligent tutor for programming. In J. H. Larkin & R. W. Chabay (Eds.), *Computer-assisted instruction and intelligent tutoring systems: Shared goals and complimentary approaches* (pp. 111-149). Hillsdale, NJ: Erlbaum.

Weber, G. (1994a). Examples and remindings in a case-based help system. In M. T. Keane, J. P. Haton, & M. Manago (Eds.), *Proceedings of the Second European Workshop on Case-based Reasoning (EWCBR-94)* (pp. 125-133). Paris: AcknoSoft Press.

Weber, G. (1994b). *Fallbasiertes Lernen und Analogien: Unterstützung von Problemlöse- und Lernprozessen in einem adaptiven Lernsystem*. Weinheim: Psychologie Verlags Union.

Weber, G. & Möllenberg, A. (1995). ELM programming environment: A tutoring system for LISP beginners. In K. F. Wender, F. Schmalhofer, & H.-D. Böcker (Eds.), *Cognition and computer programming* (pp. 373-408). Norwood, NJ: Ablex Publishing Corporation.

Diagnostik von Handlungsphasen in tutoriellen Lernsystemen

Peter Gerjets, Elke Heise und Rainer Westermann
Georg-August-Universität Göttingen

In tutoriellen Lernsystemen wird versucht, beim Erwerb von Wissen und beim Lösen von Trainingsproblemen benutzerangepaßte Informationen und Hilfestellungen zu geben. Die Steuerung dieser adaptiven Hilfeleistung beruht auf einer Systemkomponente zur Benutzermodellierung (Lesgold, 1988). Diese Komponente kann so angelegt sein, daß sie Hypothesen darüber entwickelt, welches deklarative und prozedurale Wissen dem Benutzerverhalten zugrundeliegt. In diesem Fall kann man von einer computerisierten *Wissensdiagnosekomponente* sprechen (z.B. Plötzner, 1990).

Daneben ist es aber auch möglich, eine computerisierte *Handlungsdiagnostik* zur adaptiven Steuerung von Hilfen einzusetzen. So wurden beispielsweise Hilfesysteme entwickelt, die von einer automatisierten Planerkennung und Intentionsdiagnostik ausgehen (Wahlster, Biundo & Hecking, 1989). In der ISP-DL-Theorie (Impasse-and-Success-Problem-Solving-Driven-Learning, Möbus, 1991; Möbus & Schröder, 1993) wird versucht, den Problemlöseprozeß eines Lernsystem-Benutzers als Handlung im Sinne der Rubikontheorie der Handlungsphasen (Heckhausen, 1989; Gollwitzer, 1991) zu modellieren. Diese Theorie beschreibt den zeitlichen Ablauf einer Handlung als Folge von vier Handlungsphasen, in denen die Bildung einer Zielintention, die Planung ihrer Realisierung, die Ausführung des Plans bzw. die Bewertung des Handlungsergebnisses im Vordergrund stehen. Da in diesen Phasen spezifische Teilaufgaben erledigt werden müssen, kann eine Diagnostik der Handlungsphase, in der sich ein Benutzer aktuell befindet, für eine angemessene Hilfestellung von Bedeutung sein.

Die ISP-DL-Theorie geht davon aus, daß Hilfestellungen unter anderem dann gegeben werden sollten, wenn der Benutzer sich in einer „Stocksituation" (Impasse) befindet (Möbus, 1991, S. 289). Der *Inhalt einer Hilfestellung* sollte davon abhängen, in welcher Handlungsphase, also z.B. bei einer Zielentscheidung, einem Planungsvorgang oder der Ausführung eines Plans, die Stocksituation aufgetreten ist. Voraussetzung der Anpassung von Hilfeleistungen an Handlungsphasen ist, daß ein Lernsystem Handlungsphasen automatisch diagnostizieren kann.

Bei dem Versuch, die Probleme einer handlungsorientierten Benutzermodellierung auf der Grundlage der Rubikontheorie zu diskutieren, werden wir uns auf eine formale Rekonstruktion dieser Theorie mit dem Namen ZART (**Z**entrale **A**nnahmen der **R**ubikon**t**heorie) stützen, die wir im Rahmen der strukturalistischen Theorienkonzeption formuliert haben (Gerjets, 1995; Heise, Gerjets & Westermann, 1994). Anhand des ZART-Rekonstruktes können Probleme der Handlungsphasendiagnostik herausgearbeitet und Anregungen zu ihrer praktischen Bewältigung gewonnen werden.

Das ZART-Rekonstrukt der Rubikontheorie

Aus strukturalistischer Sicht (Westermann, 1987) kann die Rubikontheorie als ein Netz von Theorieelementen dargestellt werden. Jedes Theorieelement legt die Begriffe und Gesetze fest, die für die Beschreibung eines bestimmten Anwendungsbereiches der Theorie benötigt werden. Zur Diskussion der Phasendiagnostik benötigen wir vor allem die beiden grundlegenden Theorieelemente ZART-H und ZART-B, die in allen Anwendungen der Theorie vorausgesetzt werden. Das Theorieelement ZART-H dient der Definition eines allgemeinen Handlungsbegriffs, ZART-B führt darauf aufbauend die vier Handlungsphasen ein. Formal kann das Theorieelement ZART-H definiert werden, indem man festlegt, welche Bedingungen ein empirisches System erfüllen muß, um ein Modell von ZART-H zu sein:

Ein empirisches System x ist ein Modell von ZART-H ($x \in M(ZART\text{-}H)$) gdw

(1) x ist eine Struktur der Form $\langle A, T, S, Z, ZI, ZRA, AS, HA \rangle$

(2)	A	ist eine nichtleere Menge	(Aktivitäten)
	$T \subseteq Na$	ist eine Untermenge der natürlichen Zahlen	(Zeitpunkte)
	S	ist eine nichtleere Menge	(Situationsrepräsentationen)
(3)	Z	$\subseteq S \times T$	(wünschenswerte Zielzustände)
	ZI	$\subseteq Z$	(Zielintentionen)
	ZRA	$\subseteq Z \times A$	(zielrelevante Aktivitäten)
	AS	$\subseteq Pot(A \times T)$	(Aktivitätssequenzen)
	HA	$\subseteq AS \times S$	(Handlungen) wobei für alle $h_i = (as_i,s_i)$ und alle $(a_i,t_i) \in as_i$ gilt, daß $(s_i,t_i) \in Z$.

(4) Für alle $as_i \in AS$ und alle $s_i \in S$ gilt:
$h_i = (as_i,s_i) \in HA$ gdw $(z_i,a_i) \in ZRA$ für alle $(a_i,t_i) \in as_i$ und alle $z_i = (s_i,t_i)$
und $z_j = (s_i,t_j) \in ZI$ für mindestens ein t_j mit $(a_j,t_j) \in as_i$.

Nach dieser Definition bezieht sich die Rubikontheorie auf Systeme, die Aktivitäten, Zeitpunkte und Situationsrepräsentationen als elementare Objekte enthalten, wobei sich bestimmte Situationsrepräsentationen zu bestimmten Zeiten als Ziele bzw. Intentionen auszeichnen lassen. Es muß feststellbar sein, ob Aktivitäten für bestimmte Ziele zielrelevant sind. Aus Aktivitäts-Zeit-Paaren werden Aktivitätssequenzen erzeugt, die mit Situationsrepräsentationen zu Handlungen verknüpft werden könnnen, wobei diese Situationsrepräsentationen während der gesamten Aktivitätssequenz Zielcharakter besitzen müssen. Handlungen zeichnen sich zusätzlich dadurch aus, daß ihre Teilaktivitäten zielrelevant für das Handlungsziel sind und daß dieses Handlungsziel zumindest zeitweilig den Charakter einer Intention besitzt. Nach ZART-H sind Handlungen also als absichtlich durchgeführte zielgerichtete Aktivitätssequenzen definiert.

Über diese Festlegungen hinaus sind Handlungen im Sinne der Rubikontheorie entscheidend dadurch gekennzeichnet, daß sie vier Phasen (prädezisional, präaktional, aktional, postaktional) durchlaufen, die durch diskrete Übergänge voneinander getrennt sind. Diese Phaseneinteilung ist die zentrale Gesetzesannahme der Theorie, die allen Anwendungen zugrunde liegt und daher im Basiselement ZART-B formuliert wird. Modelle des Basiselementes werden wie folgt definiert:

Ein empirisches System x ist ein Modell von ZART-B ($x \in M(ZART\text{-}B)$) gdw

(1) $x = \langle A, T, S, Z, ZI, ZRA, AS, HA, PRD, PRA, AKT, POA, IB, IN, AB \rangle$
und $\langle A, T, S, Z, ZI, ZRA, AS, HA \rangle \in M(ZART\text{-}H)$

(2) PRD $\subseteq A \times T$ (prädezisionale Aktivitäten)
PRA $\subseteq A \times T$ (präaktionale Aktivitäten)
AKT $\subseteq A \times T$ (aktionale Aktivitäten)
POA $\subseteq A \times T$ (postaktionale Aktivitäten)
IB $\subseteq A \times T$ (Intentionsbildungen)
IN $\subseteq A \times T$ (Aktionsinitiierungen)
AB $\subseteq A \times T$ (Aktionsabschlüsse)

(3) Für alle $h_i = (as_i, s_i) \in HA$:
a) $as_i = PRD_i \cup \{ib_i\} \cup PRA_i \cup \{in_i\} \cup AKT_i \cup \{ab_i\} \cup POA_i$
b) $PRD_i \subseteq PRD$, $ib_i \in IB$, $PRA_i \subseteq PRA$, $in_i \in IN$, $AKT_i \subseteq AKT$, $ab_i \in AB$, $POA_i \subseteq POA$
c) PRD_i, $\{ib_i\}$, PRA_i, $\{in_i\}$, AKT_i, $\{ab_i\}$ und POA_i sind paarweise disjunkt.

(4) Für alle $h_i = (as_i, s_i) \in HA$ mit $(a_i,t_{ib}) = ib_i$, $(a_j,t_{in}) = in_i$, $(a_k,t_{ab}) = ab_i$ und mit $t_{ib} < t_{in} < t_{ab}$ und für alle $(a_m,t_m) \in as_i \setminus \{ib_i,in_i,ab_i\}$:
a) Wenn $t_m < t_{ib}$, dann $(a_m,t_m) \in PRD_i$.
b) Wenn $t_{ib} < t_m < t_{in}$, dann $(a_m,t_m) \in PRA_i$.
c) Wenn $t_{in} < t_m < t_{ab}$, dann $(a_m,t_m) \in AKT_i$.
d) Wenn $t_{ab} < t_m$, dann $(a_m,t_m) \in POA_i$.

Empirische Systeme, die als Modelle von ZART-B gelten sollen, müssen die Bedingung erfüllen, daß die in ihnen auftretenden Handlungen ZART-H genügen. Zusätzlich müssen alle Aktivitäten, die zu einer Handlung gehören, sich genau einer von sieben verschiedenen Aktivitätsklassen zuordnen lassen. Diese Klassen sind paarweise disjunkt und entsprechen den einzelnen Handlungsphasen und Phasenübergängen. Die zentrale Gesetzesannahme von ZART-B, die den Begriff der Handlungsphase präzisiert, besteht darin, daß die Teilaktivitäten einer Handlung strikt sequentiell nach Aktivitätsklassen geordnet auftreten. Vor der Intentionsbildung finden wir prädezisionale Aktivitäten, zwischen Intentionbildung und Aktionsinitiierung präaktionale Aktivitäten, bis zum Aktionsabschluß aktionale Aktivitäten und danach postaktionale Aktivitäten. Jede dieser vier Handlungsphasen wird durch ein eigenes Theorieelement (ZART-PRD, ZART-PRA, ZART-AKT, ZART-POA) beschrieben, das jeweils phasenspezifische Begriffe und Gesetze umfaßt. Weitere Theorieelemente beschreiben phasenspezifische Bewußtseinslagen und konkrete experimentelle Untersuchungsparadigmen zur Rubikontheorie.

Gemäß unserer Rekonstruktion sind die Handlungsphasen rein zeitlich definiert und hängen nicht von inhaltlichen Aktivitäten wie Abwägen, Planen, Ausführen und Bewerten ab. Eine inhaltliche Definition der Handlungsphasen ist deshalb nicht möglich, weil inhaltliche Aktivitäten einer bestimmten Art jeweils über den Handlungsstrom verteilt auftreten können und daher keine zusammenhängenden Phasen bilden, die durch klare Übergänge voneinander getrennt sind.

Anwendung von ZART auf tutorielle Lernsysteme

Die abstrakte Handlungsstruktur, wie sie in ZART-H und ZART-B formuliert wird, kann auf konkrete Lernhandlungen in tutoriellen Systemen angewendet werden. Ein Lernsystem wie beispielsweise ABSYNTH (Möbus & Schröder, 1993), das zum Erlernen des funktionalen

Programmierens dient, bietet dem Benutzer eine graphische Arbeitsoberfläche an, auf der ein aktiver Problemlöseprozeß gestaltet werden kann, der bei ABSYNTH darin besteht, ein Computerprogramm zu entwerfen. Dieser Entwurfsprozeß kann als Handlung im Sinne von ZART-H interpretiert werden.

Die Menge der Aktivitäten besteht dabei aus den kognitiven Aktivitäten des Benutzers und seinen Interaktionen mit dem Lernsystem. Anordnungen von graphischen Objekten auf der Benutzeroberfläche stellen in ABSYNTH Programme oder Teilprogramme dar und lassen sich als Situationen repräsentieren, von denen einige wünschenswerte Zielzustände oder sogar beabsichtigte Endzustände einer Entwurfshandlung sein können. Die möglichen Operationen können unterschiedlich zielrelevant zur Herstellung eines bestimmten Programms sein. Folgen von Operationen lassen sich zu Aktivitätssequenzen zusammensetzen. Eine komplette Sequenz von absichtlich ausgeführten zielrelevanten Aktivitäten zur Erzeugung eines Programms in ABSYNTH stellt damit ein Modell des Theorieelementes ZART-H dar.

Um festzustellen, ob diese Entwurfshandlung ein Modell von ZART-B darstellt, muß zunächst versucht werden, in der Aktivitätssequenz dieser Handlung Aktivitätsklassen und Phasenübergänge nach Axiom (2) von ZART-B zu identifizieren, die den Axiomen (3) und (4) genügen. Dadurch wird die Menge der Modelle von ZART-B auf Handlungen eingeschränkt, deren Aktivitätsklassen disjunkt sind und in der vorgegebenen Reihenfolge auftreten. In der Festlegung von Kriterien zur möglichst eindeutigen Identifikation von Aktivitätsklassen und Phasenübergängen in einer Handlung besteht die Aufgabe der Handlungsphasendiagnostik.

Die empirische Gehaltlosigkeit der Handlungsphasenunterscheidung

Das Vorgehen bei der Identifikation von Aktivitätsklassen und Phasenübergängen in den empirischen Anwendungen von ZART-B bestimmt die Theoretizität dieser Begriffe und den empirischen Gehalt des Theorieelementes ZART-B.

Ein Theorieelement *T* ist nämlich genau dann empirisch gehaltvoll, wenn empirische Befunde auftreten können, die den theoretischen Annahmen widersprechen. Dies hängt aus strukturalistischer Sicht davon ab, welche Begriffe eines Theorieelementes *T* als T-theoretisch klassifiziert werden. T-theoretische Begriffe zeichnen sich dadurch aus, daß alle Verfahren ihrer Messung die Gültigkeit der Annahmen von *T* selbst voraussetzen. Gesetze mit T-theoretischen Begriffen, die bei der Erfassung dieser Begriffe benötigt werden, lassen sich nicht empirisch prüfen und daher sind Theorieelemente, die ausschließlich derartige Gesetze enthalten, empirisch gehaltlos (Westermann, 1987, S. 82 - 87).

Wir können nun versuchen, diese Überlegungen auf ZART-B zu übertragen. Alle Verfahren zur Erfassung von Handlungsphasen, die in empirischen Untersuchungen zur Rubikontheorie verwendet wurden, basieren auf der Anwendung der zentralen Gesetzesannahme von ZART-B. Entweder wurden Versuchspersonen befragt, ob sie einen bestimmten Phasenübergang vollzogen haben, um daraus zu schließen, in welcher Handlungsphase sie sich befinden. Oder sie wurden instruiert, einen bestimmten Phasenübergang zu vollziehen, um bei ihnen eine bestimmte Handlungsphase herzustellen (vgl. Gollwitzer, 1991). Der Umgang mit den Phasenbegriffen in empirischen Untersuchungen beruht auf der Annahme, daß die Phasenübergänge als klare und deutliche Übergänge (Heckhausen, 1989, S. 203) prätheoretisch erfaßbar und auch den Versuchspersonen subjektiv zugänglich sind. Die Phasenübergänge werden damit in der Anwendung der Rubikontheorie als T-nichttheoretische Begriffe behandelt, während die vier Handlungsphasenbegriffe das strukturalistische Kriterium der T-Theoretizität bezüglich

ZART-B erfüllen. Da die Messung der Handlungsphasen auf der Grundlage eines Gesetzes von ZART-B geschieht, kann sie auch als theoretische Messung bezeichnet werden (Westermann, 1987, S. 75 - 76).

Daraus, daß das zentrale Gesetz in ZART-B mit T-theoretischen Begriffen formuliert ist, ergibt sich, daß dieses Theorieelement - wie die Basiselemente vieler Theorien (vgl. Heise, 1993; Westermann, 1987) - empirisch gehaltlos ist. Denn ein empirisches System, das den theoretischen Annahmen von ZART-B widerspricht, müßte so beschaffen sein, daß z.B. die präaktionale Phase einer Handlung nicht zwischen Intentionsbildung und Aktionsinitiierung liegt. Da die Messung dieser Phase nach ZART-B aber genau auf ihrer Lage zwischen diesen beiden Phasenübergängen beruht, ist ein solcher Fall ausgeschlossen.

Der diagnostische Wert prüfbarer Phasengesetze

In speziellen Theorieelementen zu einzelnen Handlungsphasen und Bewußtseinslagen werden dagegen Annahmen über Merkmale der Handlungsphasen getroffen, die empirisch prüfbar sind. Für das Problem der Handlungsphasendiagnostik sind besonders drei Arten von Annahmen wichtig, die in diesen Theorieelementen auftreten (vgl. Gerjets, 1995, S. 108 - 128):

1. Annahmen über inhaltliche Aktivitäten, die jeweils in bestimmten Handlungsphasen mit höherer Wahrscheinlichkeit auftreten als in anderen, z.B. abwägende Aktivitäten in der prädezisionalen Phase oder planende Aktivitäten in der präaktionalen Phase.
2. Annahmen über kognitive Merkmale einzelner Handlungsphasen. Beispielsweise wird angenommen, daß in der prädezisionalen Phase eine breitere Aufmerksamkeit und eine geringere Neigung zu Kontrollillusionen vorliegt als in der präaktionalen Phase.
3. Annahmen über den Zeitbedarf einzelner Handlungsphasen. Beispielsweise wird angenommen, daß die Intentionsbildung später eintritt, wenn Zielalternativen mit bedeutsamen Konsequenzen verbunden sind oder wenn abwägerelevante Information leicht zugänglich ist.

Wir haben derartige Annahmen zur genaueren Charakterisierung einzelner Handlungsphasen nicht in das Basiselement ZART-B aufgenommen, weil sie nicht in allen Anwendungen der Rubikontheorie vorausgesetzt werden, sondern z.B. nur in Experimenten zu einzelnen Handlungsphasen. Dies entspricht der strukturalistischen Definition des Basiselementes von Theorien (Balzer, Moulines & Sneed, 1987, S. 174 - 175).

Für die Diagnostik von Handlungsphasen bedeutet dies, daß zunächst eine vortheoretische Erfassung von Phasenübergängen notwendig ist, aus der sich die Identifikation der Handlungsphasen nach ZART-B ergibt. Die Verwendung spezieller Korrelate der Handlungsphasen als diagnostische Indikatoren ist hingegen mit verschiedenen Nachteilen behaftet:

1. Annahmen über inhaltliche Aktivitäten und kognitive Merkmale der Handlungsphasen sind nur probabilistisch formulierbar, weil die Handlungsphasen nicht ausschließlich Aktivitäten einer inhaltlichen Kategorie enthalten müssen.
2. Annahmen über den Zeitbedarf einzelner Handlungsphasen liegen nur auf einem ordinalen Niveau vor, d.h. es wird formuliert, unter welchen Bedingungen eine Handlungsphase länger oder kürzer ausfällt. Dieser Präzisionsgrad reicht aus, um Vorhersagen für Gruppenvergleiche abzuleiten, aber nicht, um eine Einzelfalldiagnostik zu ermöglichen.
3. Wenn Informationen über spezielle Phasenmerkmale der Handlungsphasendiagnostik auf der Grundlage des Basiselementes widersprechen, führt dies stets dazu, daß die Phasendiagnostik auf der Grundlage der Phasenmerkmale revidiert werden muß, da das Basiselement die logisch vorgeordnete Einheit zur Identifikation der Handlungsphasen darstellt.

Spezielle Phasenmerkmale können also nach unserer Rekonstruktion nicht zur Korrektur einer Handlungsphasendiagnostik nach ZART-B eingesetzt werden, sie können sie auch nur bedingt ersetzen. Nützlich sind diese Merkmale, um im Anschluß an eine Phasendiagnostik nach ZART-B eine Validierung vorzunehmen oder um phasenspezifische Hilfestellungen abzuleiten. Sie ermöglichen z.B., Hilfestellungen darauf abzustellen, daß prädezisional vorwiegend abwägende Aktivitäten stattfinden. Wenn jedoch diese inhaltlichen Aktivitäten und nicht die eigentlichen Handlungsphasen im Sinne von ZART bei der Diagnostik das Hauptinteresse darstellen, dann kann es sinnvoll sein, auf eine echte Phasendiagnostik zu verzichten und zu versuchen, inhaltliche Aktivitäten durch eigene Indikatoren direkt zu erfassen.

Zusammenfassend ergibt sich also, daß die Diagnostik von Handlungsphasen eine theoretische Messung ist, die durch Anwendung des zentralen Gesetzes von ZART-B auf bereits bekannte Phasenübergänge zustandekommt. Die Diagnostik der Handlungsphasen muß damit bei der Ermittlung der Phasenübergänge ansetzen. Dazu ist es erforderlich, die in ZART-H vorausgesetzte Handlungsintention festzustellen und zu erfassen, wann diese Intention gebildet wurde, wann Pläne zu ihrer Realisierung in die Tat umgesetzt wurden und wann die realisierenden Aktivitäten abgeschlossen wurden. Die Verhaltensindikatoren für Intentionsbildungen, Aktionsinitiierungen und Aktionsabschlüsse sind aus der Perspektive der Rubikontheorie jedoch vortheoretisch und müssen bereichsspezifisch festgelegt werden. D.h. es muß z.B. für eine Entwurfshandlung in ABSYNTH überlegt werden, welche Indikatoren für die Entscheidung, ein bestimmtes Programm zu realisieren, für den Übergang von der Planung des Programms zu seiner Realisierung und für den Übergang von seiner Realisierung zu seiner Bewertung verwendet werden können. Wenn Intention und Phasenübergänge einer Handlung identifiziert sind, resultiert eine eindeutige Einteilung einer Aktivitätssequenz in Handlungsphasen.

Die rekursive Anwendbarkeit von ZART

Problematisch ist an diesem Ansatz, daß die Rubikontheorie den Handlungsablauf in idealisierter Weise beschreibt, indem sie eine streng sequentielle Ordnung der Handlungsphasen als Grundannahme postuliert. Handlungen mit Rückkopplungen oder Schleifen, in denen bereits abgeschlossene Phasen wiederaufgenommen werden, gehören nicht zu den Modellen von ZART-B. Jeder Phasenübergang darf in einer Handlung nur einmal auftreten. Beispielsweise gehört eine Aktivitätssequenz, in der nach der Intentionsbildung erneut eine prädezisionale Phase auftritt, die zur Bildung einer veränderten Intention führt, nicht zum Anwendungsbereich der Rubikontheorie (vgl. Heise, Gerjets & Westermann, 1994). Eine derartige Aktivitätssequenz kann aus der Perspektive der Rubikontheorie nur als Abfolge mehrerer unvollständiger Handlungen betrachtet werden, nicht jedoch als eine zusammenhängende Handlung. Bei der Phasendiagnostik, die ja in der Identifikation von Phasenübergängen besteht, kann daher nicht davon ausgegangen werden, daß in jeder Handlung alle vier Phasenübergänge auftreten, weil eine Handlung z.B. bereits nach Intentionsbildung abgebrochen werden kann.

Ein zweites Problem entsteht, wenn wir z.B. die Interaktion des Benutzers mit dem tutoriellen System nicht als eine einzige lange Entwurfshandlung betrachten, sondern als ein System von ineinander verschachtelten Handlungen. Als Handlung im Sinne von ZART-H können nämlich nicht nur vollständige Entwurfshandlungen in ABSYNTH dargestellt werden, sondern auch Teilaktivitäten einer Entwurfshandlung, die sich durch eine eigene Intention auszeichnen. Wenn also beispielsweise in der aktionalen Phase einer Entwurfshandlung ein Teilproblem wie die Konstruktion eines Unterprogramms auftritt, dann kann die Absicht, jetzt dieses Teilprogramm zu entwerfen, zusammen mit seiner Planung, Durchführung und Bewertung als eigenständige Teilhandlung innerhalb der umfassenderen Entwurfshandlung aufgefaßt werden. Was auf der Ebene der Entwurfshandlung vielleicht nur als einzelne aktionale Aktivität erscheint, wird auf der Ebene der Teilhandlung zu einer Aktivitätssequenz, für die sich wiederum das Problem der Phaseneinteilbarkeit stellt. Die Rubikontheorie ist damit rekursiv auf einzelne Aktivitäten in Handlungen anwendbar. Dies ist möglich, weil die Auflösungsebene der Theorie so unbestimmt ist, daß ihr intendierter Anwendungsbereich von Mikrohandlungen wie dem Aufheben eines Bleistiftes bis zu umfassenden Handlungen wie dem Erwerb eines Diploms reicht. Einzige Bedingung für die Interpretation einer Aktivitätssequenz als Handlung im Sinne von ZART-H ist das Vorliegen einer Intention, für die die Aktivitäten der Sequenz zielrelevant sind.

Da die Phasendiagnostik nach unseren bisherigen Überlegungen entscheidend von einer Identifikation der Phasenübergänge abhängt, die Phasenübergänge aber mit Bezug auf eine Intention definiert sind (Bildung der Intention, Beginn ihrer Realisierung, Ende ihrer Realisierung), bringt die Mehrdeutigkeit von Intentionen, die einer Aktivitätssequenz zugeordnet werden können, auch eine Mehrdeutigkeit bei der Diagnostik von Handlungsphasen mit sich. Beispielsweise können wir einen Benutzer von ABSYNTH so beschreiben, daß er sich zum Zeitpunkt *t* gleichzeitig in der aktionalen Phase bezüglich der Intention, funktionales Programmieren zu erlernen, in der präaktionalen Phase bezüglich der Intention, ein bestimmtes Programm zu erstellen, und in der prädezisionalen Phase bezüglich der Intention, ein bestimmtes Teilprogramm zu verwenden, befindet.

An diesen Möglichkeiten, mit dem Handlungsbegriff die Auflösungsebenen zu wechseln, wird deutlich, daß die Frage, welche Handlung gerade ausgeführt wird, nicht eindeutig beantwortet werden kann. Eine Phasendiagnostik setzt aber voraus, daß man sich bei der Beschreibung einer Aktivitätssequenz für eine bestimmte zeitliche Auflösung entscheidet. Wenn wir die Ziele berücksichtigen, die mit der Handlungsphasendiagnostik in tutoriellen Systemen verfolgt werden, können drei Einschränkungen der Auflösungsebene formuliert werden, auf der die Handlungen eines Benutzers modelliert werden sollten.

Erstens sollte die zeitliche Ausdehnung der betrachteten Handlung gewährleisten, daß eine sinnvolle adaptive Hilfestellung überhaupt möglich ist. Handlungen, die bei der Entwicklung tutorieller Lernsysteme berücksichtigt werden können, dürfen nicht so lang sein, daß eine Trainingssitzung nur aus einer Handlungsphase besteht, sie dürfen aber auch nicht so kurz sein, daß phasenspezifische Hilfestellungen immer zu spät kommen.

Zweitens ist es sinnvoll, innerhalb dieses Rahmens möglichst konkrete Intentionen zu berücksichtigen, da diese Intentionen vermutlich den aktuell verarbeitungssteuernden Zielen des kognitiven Systems entsprechen. Hilfestellungen sind vor allem bei auftretenden Schwierigkeiten nötig, die nach Annahmen der Rubikontheorie zu einer besonders konkreten Ebene der Intentionsrepräsentation führen (vgl. Heckhausen, 1989, S. 214). Wenn eine Person sich in der präaktionalen Phase einer Programmentwicklung befindet und gleichzeitig in einer prädezisionalen Phase bezüglich der Wahl eines Teilprogramms, dann sollten demnach prädezisionale Hilfestellungen gegeben werden, da die aktuellen Verarbeitungsprozeduren vermutlich auf dieser konkreten Ebene angesiedelt sind und nicht auf der Ebene des übergeordneten Planungsziels.

Drittens könnten empirische Untersuchungen zur Auflösungsebene, auf der Stocksituationen im Sinne der IPS-DL-Theorie in einer bestimmten Lernumgebung auftreten, weitere Anhaltspunkte zur sinnvollen Wahl der Auflösungsebene bei der Phasendiagnostik geben.

Wenn als Problemstellung weniger die Entwicklung neuer Hilfen in einem Lernsystem als vielmehr die adaptive Vergabe bereits vorhandener Hilfen im Vordergrund steht, kann viertens als Maßstab für die Wahl der Auflösungsebene der pragmatische Gesichtspunkt herangezogen werden, auf welcher Ebene überhaupt Hilfestellungen zur Verfügung stehen. Wenn z.B. prädezisionale Hilfen zur Entscheidung zwischen Teilprogrammen gegeben werden können, spricht dies stärker für die Wahl einer konkreten Auflösungsebene, als wenn nur allgemeine Planungshilfen zur Verfügung stehen.

Als Konsequenz ergibt sich aus diesen Vorschlägen, daß die Phasenübergangsidentifikation sich nicht darauf beschränken kann, die gesamte Interaktion des Benutzers mit dem Lernsystem in vier Phasen zu teilen. Vielmehr muß auch innerhalb dieser so diagnostizierten Phasen immer wieder Intentionsdiagnostik und Phasendiagnostik betrieben werden, um Informationen über Handlungsphasen sinnvoll für die Gestaltung adaptiver Hilfen einsetzen zu können.

Literatur

Balzer, W., Moulines, C.U. & Sneed, J.D. (1987). *An architectonic for science. The structuralist program*. Dordrecht: Reidel.

Gerjets, P. (1995). *Zur Verknüpfung psychologischer Handlungs- und Kognitionstheorien*. Frankurt/M.: Lang

Gollwitzer, P.M. (1991). *Abwägen und Planen*. Göttingen: Hogrefe.

Heckhausen, H. (1989). *Motivation und Handeln*. Berlin: Springer.

Heise, E. (1993). Zum emprischen Gehalt von Andersons ACT*-Theorie: Ergebnisse einer strukturalistischen Analyse, *Kognitionswissenschaft, 3*, 107 - 116.

Heise, E., Gerjets, P. & Westermann, R. (1994). Idealized action phases: A concise Rubicon-theory. In M. Kuokkanen (Ed.), *Structuralism, idealization and approximation* (pp. 141-158). Amsterdam: Rodopi.

Lesgold, A. (1988). Intelligenter computerunterstützter Unterricht. In H. Mandl & H. Spada (Hrsg.), *Wissenspsychologie* (S. 554 - 569). München: Psychologie Verlags Union.

Möbus, C. (1991). Wissenserwerb mit kooperativen Systemen. In P.Gorny (Hrsg.), *Informatik und Schule 1991* (S. 288 - 298). Berlin: Springer.

Möbus, C. & Schröder, O. (1993). The acquisition of functional planning and programming knowledge: Diagnosis, modeling, and user-adapted help. In G. Strube & K. F. Wender (Eds.), *The cognitive psychology of knowledge* (pp. 233 - 261). Amsterdam: Elsevier.

Plötzner, R. (1990). *Analysis-based induction of elementary functional relationships* (Forschungsbericht). Freiburg/Br.: Albert-Ludwigs-Universität.

Wahlster, W., Biundo, S. & Hecking, M. (1989). *PHI: Plan-based help systems. Project description*. Saarbrücken: Deutsches Forschungszentrum für künstliche Intelligenz.

Westermann, R. (1987). *Strukturalistische Theorienkonzeption und empirische Forschung in der Psychologie*. Berlin: Springer.

Fachgespräch 7:

Welchen Wert haben theoretische Grundlagen für die Berufspraxis?

Die Theoretische Informatik steht im Spannungsfeld zwischen ihrem Anspruch auf eine methodische Grundlegung des Fachs und einem immer stärker zunehmenden Anwendungssog. Die Frage, was die Grundlagenausbildung leisten kann und welchen Wert sie für die Berufspraxis hat, ist daher von entscheidender Bedeutung für das Selbstverständnis der Informatik als wissenschaftliche Disziplin. Die Rolle der Theorie in der Informatik soll aber im Rahmen dieses Fachgespräches nicht nur im Kreis der dieses Gebiet vertretenden Wissenschaftler, sondern auch aus der Sicht von Rechner-Herstellern, Software-Häusern, Ingenieur-Anwendungen und der Betriebswirtschaft diskutiert werden. Insbesondere geht es um die Frage, ob und welche Theorie-Inhalte in den Informatikstudiengängen an den Universitäten, Technischen Hochschulen, Fachhochschulen und in der Lehrerausbildung vermittelt werden sollten.

Programmkomitee des Fachgespräches:
T. Ottmann, Freiburg (Koordination)
V. Claus, Stuttgart, E. Hörbst, München, G. Hotz, Saarbrücken, R. Reischuk, Lübeck

Die Entwicklung der Informatik braucht Theorie und Praxis.

Ein Fallbeispiel aus dem CAD–Schaltkreisentwurf

Christoph Meinel
Professor für Theoretische Informatik
FB IV, Universität Trier
54286 Trier

Zusammenfassung

Im folgenden soll anhand der Problematik der Repräsentation von Schaltfunktionen in CAD–Schaltkreisentwurfssystemen eine recht spannende und vielschichtige Interaktion zwischen Theorie und Praxis in der Informatikforschung dargestellt werden, die die These belegt, daß erfolgreiche und relevante Informatikforschung ein gesundes Zusammenspiel von mathematisch theoretischer, naturwissenschaftlich experimenteller und ingeniermäßig praktischer Forschungsarbeit erfordert.

Schaltfunktionen und ihre Bedeutung

Schaltfunktionen, auch *logische* oder *Boolesche Funktionen* genannt, sind definiert über binären, also nur aus "0" und "1" bestehenden Zeichenketten, und ordnen diesen neue binäre Zeichenketten zu. Da alles Zähl- und Meßbare mit Hilfe binär verschlüsselter Daten ausgedrückt werden kann, lassen sich die verschiedensten Aufgabenstellungen und Probleme aus der Mathematik oder anderen Wissenschaften mit Hilfe von Schaltfunktionen beschreiben. Aufgrund der Vielfalt solcher Anwendungen – in der Mathematik z.B. von Grundlagenuntersuchungen in der Logik bis hin zu Anwendungen in der Optimierung oder Geometrie – ist es nicht verwunderlich, daß die abstrakte mathematische Untersuchung von Schaltfunktionen eine lange Tradition hat.

Mit zunehmender Computerisierung hat die Bedeutung der Schaltfunktionen weiter sprunghaft zugenommen. Ein wesentlicher Grund dafür liegt in der Funktionsweise von Computern begründet, die auf der Grundlage jeweils vorgedachter Programme mit Hilfe von binären Signalen binär verschlüsselte Daten miteinander verknüpfen und somit die Behandlung sämtlicher zu lösender Probleme in binär verschlüsselter Form voraussetzt.

So einfach der Gedanke der Schaltfunktion ist, so schwierig gestaltet sich die praktische Arbeit mit ihnen. Diese Schwierigkeit erklärt sich aus der riesigen, im Fachjargon *exponentiellen* Anzahl verschiedener Zeichenketten, die als mögliche Eingaben vorkommen können: Für vorgegebene Länge n gibt es 2^n verschiedene Eingaben, eine unvorstellbar große Zahl, wenn man bedenkt, daß – unter der Annahme, daß die CPU–Zykluszeit $1\mu s$ beträgt – zur Ausführung von beispielsweise 2^{100} Schritten etwa 300 Jahrtausende benötigt werden.

Schaltfunktionen in der (Komplexitäts-) Theorie

Ein besonderer Schwerpunkt der theoretischen Untersuchung von Schaltfunktionen ist aufgrund der oben genannten Problematik die Untersuchung ihrer *Komplexität.* Bei diesen Untersuchungen geht es vornehmlich um die Feststellung, wie aufwendig die kompakte Beschreibung einer Schaltfunktion ist. Tatsächlich ist es eine der zentralen theoretischen Herausforderungen in der Informatik *untere Schranken* für die Repräsentation von Schaltfunktionen abzuleiten, also formal zu beweisen, daß Schaltfunktionen, für die lediglich sehr aufwendige Beschreibungen bekannt sind, tatsächlich nur mit großem Aufwand beschrieben oder dargestellt werden können. Obwohl mit statistischen Argumenten (Shannon) leicht nachgewiesen werden kann, daß fast alle Schaltfunktion zu ihrer Beschreibung einen exponentiellen Aufwand erfordern, gelang es trotz intensivster internationaler Forschungsbemühungen bisher lediglich, für konkret vorgegebene Funktionen untere Aufwandsbeschreibungsschranken von $3n$ nachzuweisen!

Die Fruchtlosigkeit der bisherigen, nun immerhin schon mehr als 25 Jahre andauernden Forschungen hat die sich mit diesen Fragestellungen befaßten Forscher ïmmer tieferïn die Theorie getrieben: Es wurden – bis heute leider nur durch wenige einzelne Teilerfolge gekrönt – immer abstraktere und tieferliegendere mathematische Theorien bemüht. Das dabei angewandte mathematische Instrumentarium umfaßt z.B. Methoden aus der Kombinatorik, der diskreten Mathematik, der Topologie, der Analysis und aus verschiedenen Zweigen der Algebra. Die in Frage stehenden Probleme jedoch haben sich als resistent erwiesen, und stellen somit weiterhin eine der zentralen intellektuellen Herausforderungen für die Informatikforschung dar.

Obwohl das eigentliche Ziel, die Beschreibungskomplexität von Schaltfunktionen zu charakterisieren, nicht erreicht wurde, haben die vielfältigen Forschungsbemühungen doch zur Entwicklung einer Reihe von recht effizient arbeitenden Berechnungsmodellen geführt. Es wurden eine Reihe von z.T. sehr tiefliegenden Ergebnissen und Methoden zur möglichst effizienten Repräsentation von Schaltfunktionen zusammengetragen und entwickelt, und damit interessante *obere Schranken* für den Repräsentationsaufwand von Schaltfunktionen geliefert. Von besonderem Interesse für die hier näher beschriebene Interaktion von

Theorie und Praxis in der Informatikforschung sind dabei sogenannte *Branching Programme*. Diese bereits Ende der 50er Jahre eingeführten Auswertungsvorschriften für Schaltfunktionen haben aufgrund des von Savitch nachgewiesenen inneren Zusammenhangs von Branching–Programm–Größe einer Schaltfunktion und deren (z.B. Turing-Maschinen-) Speicherplatzkomplexität in der Forschung ein besonderes Interesse erregt. In dem Bemühen, untere Schranken für die Branching–Programm–Größe von konkret vorgegebenen Schaltfunktionen aufzuzeigen, konnte die Idee, zunächst solche Branching Programme zu untersuchen, die zusätzlichen Einschränkungen (z.B. Einschränkung des Lesezugriffs) unterworfen sind, erfolgreich umgesetzt werden: Es konnten eine Reihe von unteren Schranken für *read–once–only* und *k–times–only* Branching Programme, für *linear längenbeschränkte lesenormierte* und für *beschränkt alternierende* Branching Programme abgeleitet und damit tiefere Einsichten in die Wirkungsweise derartig eingeschränkter Auswertungsvorschriften gewonnen werden.

Schaltfunktionen im Schaltkreisentwurf

Eine zentrale Bedeutung haben Schaltfunktionen in der technischen Informatik bei der Untersuchung und Behandlung elektronischer Schaltungen, ein Bezug der bereits sehr deutlich in der Bezeichnung *Schalt*funktion zum Ausdruck kommt. Der Zusammenhang zu solchen Schaltungen stellt sich über die folgende physikalische Interpretation her: "0" symbolisiert den Zustand "es liegt keine Spannung an", "1" symbolisiert den Zustand "es liegt Spannung an". Auf diese Weise läßt sich das Eingabe–Ausgabe–Verhalten eines Schaltkreises mathematisch exakt mit Hilfe einer Schaltfunktion beschreiben. Die große Bedeutung von Schaltfunktionen in diesem Zusammenhang ergibt sich aus der Möglichkeit, in der Phase des Schaltkreisentwurfs durch Anwendung geeigneter mathematischer Optimierungstechniken auf der Ebene der Schaltfunktionen wesentlich vereinfachte und optimierte Schaltungen entwerfen zu können, eine Technik, die insbesondere in Hinblick auf den Entwurf von hoch- und höchstintegrierten Schaltkreisen von unschätzbarer wirtschaftlicher Bedeutung ist.

Bevor derartige Optimierunstechniken angewendet werden können, muß zunächst die zu optimierende Schaltfunktion selbst eindeutig und möglichst effizient *beschrieben* (oder, synonym, *dargestellt* oder *repräsentiert*) werden. Die Vorstellung, das durch systematisches Aufzählen aller Argumente, also mit Hilfe einer Funktionswertetabelle (in diesem Zusammenhang auch Wahrheitswertetafel genannt) bewerkstelligen zu können, stößt aufgrund der großen Zahl der zu berücksichtigenden Einträge (bei fester Länge n gibt es 2^n verschiedene Eingabestrings) sehr schnell an unüberwindbare Grenzen. Schon bald wurde deshalb andere Beschreibungsmittel gesucht und gefunden, wie z.B. zweistufige Darstellungen als Summe von Monomen (*disjunktive Normalform*) oder als Produkt von

Klauseln (*konjunktive Normalform*), oder mehrstufige Darstellung als *Boolesche Schaltkreise* (oder, mehr technisch gesprochen, als *Gatternetzlisten*), die auf der Idee beruhen, die in Frage stehende Schaltfunktion vermittels einer Berechnungsvorschrift zu speichern. Tatsächlich entwickelte es sich schnell zu einem Hochleistungssport, immer speichereffizientere Darstellungen für konkrete Funktionen aufzufinden und anzugeben. Oft konnte dabei tatsächlich ein ganz erheblicher Speicherplatzgewinn erzielt werden, wie das Beispiel der die n–Bit Multiplikation beschreibenden Schaltfunktion zeigt. Hier konnten Darstellungen (in Form sogenannter NC^1–Schaltkreise) gefunden werden, die lediglich einen nur unwesentlich stärker als linear in n wachsenden Speicheraufwand erfordern.

Einseitigkeiten und Ignoranz

Bei den theoretischen Untersuchungen wurde oft das Ursprungsproblem, nämlich die Bearbeitung und Optimierung von elektronischen Schaltungen handhabbar zu machen, vollkommen aus den Augen verloren. Die Forschung führte zu immer verfeinerteren und verzwickteren Darstellungen für einzelne Schaltfunktionen, von denen sich nachweisen ließ, daß – meist allerdings erst bei einer ins Unendliche wachsenden Längen der Eingabestrings – tatsächlich eine weitere Kompaktifizierung erzielt worden war. Allerdings verloren die Praktiker schon bald jedes Interesse an derartig komplizierten und praktisch unbrauchbaren Forschungsergebnissen. Sie hatten z.B. Multiplikationsschaltkreise zur Multiplikation von Binärzahlen der Länge $n = 16$, 32 oder 64 zu entwickeln und waren nicht interessiert an Vorschlägen der Theoretiker, deren riesiger Overhead sich erst bei einer ins Unendliche wachsenden Eingabelänge auszuzahlen begannen.

Daneben tauchte ein zweites, fast noch schwerer wiegendes Problem auf: Je kompakter die Beschreibungen der Schaltfunktionen waren, um so schwieriger wurde es, mit diesen Beschreibungen tatsächlich umzugehen und zu arbeiten. Schon das Problem festzustellen, of zwei verschiedene Beschreibungen die gleiche Schaltfunktion darstellen (das sogenannte *Äquivalenzproblem*) läßt sich z.B. selbst für die nicht sonderlich kompakten zweistufigen Darstellungen praktisch kaum noch mit vertretbarem Aufwand lösen (im Fachjargon: Das Äquivalenzproblem ist *(co-)NP-hard*). Diese Problematik, die in unterschiedlichem Maße sämtliche Aufgaben bei der algorithmischen Bearbeitung von Schaltfunktionen betrifft, hat der Suche nach geeigneten Schaltfunktionsdarstellungen in der praktischen Forschung und Entwicklung die Richtung gewiesen.

Im Gegensatz zu der von den Theoretikern praktizierten einseitigen Konzentration auf die Repräsentationsgröße einer Schaltfunktion sahen die Praktiker den Schwerpunkt eindeutig auf der Ebene der algorithmischen Handhabbarkeit der Darstellungen. Die Größe der Repräsentation trat dabei – zumindest solange das im Bereich der praktisch zu lösenden Aufgaben keine allzugroßen Schwierigkeiten gab – stark in den Hintergrund. Tatsächlich schien dieses Vorgehen durch die erzielten praktischen Erfolge über weite Strecken gerechtfertigt; immer wieder auftauchende Probleme wurden mit dem Hinweis auf die Entwicklung und Bereitstellung von billiger und leistungsfähiger werdenden Speichern bagatellisiert und beiseite geschoben. In Wahrheit jedoch waren die Praktiker zur Bewältigung der mit der zunehmenden Integration mikroelektronischer Schaltungen explosionsartig ansteigenden Komplexität der praktisch zu bearbeitenden Schaltfunktionen bisher stets gezwungen, sich nach neuen kompakteren Darstellungsformen umzusehen.

Datenstrukturen für Schaltfunktionen

Einen konzeptionellen Ausweg aus diesem Dilemma – kompakte aber algorithmisch nicht handhabbare Darstellungen oder ausladende und leicht zu bearbeitende Darstellungen – weist die Datenstrukturforschung. Hier werden die zu repräsentierenden Objekte und die bei der Bearbeitung dieser Objekt auszuführenden Basisoperationen als Einheit, als sogenannter ***abstrakter Datentyp*** betrachtet, der mit Hilfe geeigneter Datenstrukturen implementiert wird. Die Güte der Datenstrukturen wird nun unter dem Gesichtspunkt bewertet, inwieweit sie eine möglichst optimale Implementierung des abstrakten Datentypes liefern, inwieweit also möglichst kompakte Repräsentationen der Objekte die effektive Ausführung der im Datentyp beschriebenen Basisalgorithmen unterstützen.

Fragt man nach geeigneten Datenstrukturen für Schaltfunktionen, dann ist zunächst der ***abstrakte Datentyp der Schaltfunktionen für den Schaltkreisentwurf*** zu ermitteln, also die Frage nach den bei der Analyse und Bearbeitung von Schaltfunktionen immer wiederkehrend auszuführenden Basisoperationen zu klären. Sorgfältige Analysen verschiedener Anwendungen zeigen, daß die meisten der auszuführenden Analyse- und Bearbeitungsaufträge mit Hilfe folgender Basisoperationen realisiert werden können:

- Auswertung einer Schaltfunktion,
- Erfüllbarkeits- bzw. Tautologietest,
- Äquivalenztest für zwei Repräsentationen und
- binäre Synthese zweier Repräsentationen.

Eine Bewertung verschiedener Repräsentationen von Schaltfunktionen muß folglich neben der Kompaktheit der Repräsentation die effiziente Ausführbarkeit zumindest dieser Basisoperationen im Auge haben. Bei einem von uns angestellten systematischen Vergleich der wichtigsten Darstellungen für Schaltfunktionen fällt auf, daß bei allen der traditionell bekannten (kompakten) Repräsentationsformen die Ausführung zumindest eines Teils der oben genannten Basisoperationen NP-schwer, nach heutigem Wissensstand also lediglich mit einem exponentiellen Zeitaufwand möglich ist, womit eine erfolgreiche praktische Anwendung für komplexere Schaltfunktionen ausgeschlossen scheint.

OBDDs

Bewegung in die Suche nach geeigneten *Datenstrukturen* zur Implementierung des abstrakten Datentyps der Schaltfunktionen im Schaltkreisentwurf brachten die 1986 von Randy Bryant (Carnegie-Mellon-Universtät, USA) eingeführten *OBDDs* (ordered binary decision diagrams). Die Grundidee der OBDDs basiert auf der Speicherung einer zu beschreibenden Schaltfunktion vermittels einer speziell aufgebauten Auswertungsvorschrift und nicht, wie traditionell üblich, vermittels einer Berechnungsvorschrift. Sind diese Auswertungsvorschriften sehr stark strukturiert, dann wird eine effiziente Ausführung aller oben genannten Basisoperationen des Schaltkreisentwurfs möglich. Tatsächlich stellen OBDDs heute die in allen innovativen Bereichen des Schaltkreisentwurfs und -tests, der Verifikation und Simulation angewandte Datenstruktur dar. Dieser 'Siegeszug' der OBDDs setzte die Schaffung professioneller "OBDD-Pakete" voraus, also von Programmsystemen, die eine effiziente Bearbeitung von Schaltfunktionen auf der Basis von OBDD-Darstellungen ermöglichen. Tatsächlich haben derartige OBDD-Pakete die Leistungsfähigkeit vieler CAD-Systeme zur Bearbeitung und Optimierung elektronischer Schaltkreise ganz wesentlich erhöht, indem sie umfangreichere Klassen auch komplexerer Schaltfunktionen der computerunterstützten Bearbeitung zugänglich gemacht haben. Aufgrund der sehr großen Komplexität der Schaltfunktionen erreichen jedoch auch die den höchsten Ansprüchen des Softwareengineerings genügenden Pakete (z.B. das CMU-OBDD-Paket oder das Long-Paket, die beide sehr ausgefeilte Daten- und Programmstrukturen auf der Basis eines ausgeklügelten Memorymanagements verwenden) sehr schnell ihre Leistungsgrenze. Diese Tatsache hat ihren Grund in dem wohl einzigen, wenn auch im Prozeß der Hochintegration zunehmend negativ durchschlagenden Nachteil der OBDDs, nämlich in dem für die Speicherung der OBDD-Repräsentationen erforderlichen, oft unvertretbar hohen Speicheraufwand. Dieser Nachteil hat es z.B. bis heute unmöglich gemacht, industriell produzierte Schaltkreise für die Multiplikation von zwei 16-Bit Schaltkreisen auf der Basis von OBDD-Darstellungen zu bearbeiten (z.B. zu verifizieren).

BDD–basierte Datenstrukturen. Oder gemeinsam geht besser

Aufgrund der Kanonizität von OBDD–Darstellungen ist die Größe einer OBDD–Beschreibung bezüglich einer fest vorgegebenen Anordnung der Eingänge unabänderlich vorgegebenen. Der Spielraum, die Speichereffizienz von OBDD–Darstellungen zu erhöhen, ist also sehr begrenzt und besteht lediglich in der Suche nach einer günstigeren Anordnung der Eingänge.

Schon bald begann deshalb eine intensive Suche nach BDD–basierten Datenstrukturen, die weniger speicheraufwendig sind als OBDDs und trotzdem die effiziente Ausführung der Basisoperationen im Schaltkreisentwurf unterstützen. Aus komplexitätstheoretischer Sicht war es dabei interessant, daß OBDDs als sehr weitgehend eingeschränkte Branching Programme verstanden werden konnten. Diese Sicht legte die Untersuchung von weniger eingeschränkten Branching-Programm-Typen nahe, also von Programmtypen, die im Zuge abstrakt mathematischer Forschungen in der Komplexitätstheorie – dort ausschließlich unter dem Gesichtspunkt der Repäsentationsgröße – schon recht weitgehend verstanden waren. Tatsächlich löste der neu hinzugekommene Gesichtspunkt der algorithmischen Handhabung solcher Branching Programme eine Reihe von auch theoretisch sehr interessanten und gehaltvollen Untersuchungen aus. Im Ergebnis dieser Untersuchungen gelang es, Datentypen für Schaltfunktionen zu entwerfen, die auf der Nutzung weniger eingeschränkter und darum kompakterer Branching-Programm-Typen basieren. Mit den *typbasierten FBDD's*(free binary decision diagrams) konnten z.B. Datenstrukturen für Schaltfunktionen vorgeschlagen werden, die – bei vergleichbar guten algorithmischen Eigenschaften – für ausgewählte Funktionen mit einem gegenüber OBDD–Repräsentationen z.T. exponentiell verminderten Speicherplatz auskommen. Dieser für einige konkrete Funktionen theoretisch nachgewiesene Speicherplatzgewinn läßt jedoch nur sehr eingeschränkt Rückschlüsse auf eine praktische Nutzung dieser Datenstruktur zu, wurden die betrachteten Funktionen doch nicht in Hinblick auf ihre praktische Bedeutung (schwer meßbar) ausgewählt, sondern in Hinblick auf eine möglichst optimale Ausnutzung der hinzugekommenen Freiheitsgrade in den Darstellungsmöglichkeiten. Zur Einschätzung der praktischen Bedeutung der neuentwickelten BDD–basierten Datentypen ist die Ermittlung des Speicherplatzbedarfs von solchen Schaltkreisen wichtig, die im praktischen Leben häufig vorkommen. Aufgrund der Komplexität der diesen Schaltkreisen zugrundeliegenden Schaltfunktionen können solche Daten natürlich nicht 'von Hand' ermittelt werden. Vielmehr sind recht aufwendige Programmsysteme erforderlich, die die betrachteten Schaltkreise auf der Basis der neu vorgeschlagenen Datenstrukturen bearbeiten, ähnlich wie das die bereits erwähnten OBDD–Pakete auf der Basis von OBDDs tuen. Erst die hierbei ermittelten experimentellen Daten machen eine seriöse Einschätzung des praktischen Nutzes der betrachteten Datenstruktur möglich und zeigen, inwieweit theoretische begründete Verbesserungkonzepte tatsächlich durchschlagen.

Resümee

Die Suche nach effizienten Datenstrukturen für die Bearbeitung von Schaltfunktionen in CAD–Systemen zum Entwurf und zur Optimierung mikroelektronischer Schaltkreise liefert ein sehr aufschlußreiches Beispiel für die spannende und vielschichtige Interaktion zwischen abstrakt mathematischen Unterschungen, ingenieurtechnischen Implementierungen und praktisch experimentellen Messungen in der aktuellen Informatikforschung. Es zeigt deutlich die enge Verquickung und gegenseitige Abhänigkeit dieser methodisch recht verschiedenen Herangehensweisen und legt den Schluß nahe, daß erfolgreiche Informatikforschung und -entwicklung nur im Spannungsfeld dieser unterschiedlichen Denk- und Handlungsweisen gedeihen kann.

References

[Bry86] R. E. Bryant: Graph-Based Algorithms for Boolean Function Manipulation, IEEE Trans. Computers, C-35, 8, 1986, 677–691.

[Bry92] R. E. Bryant: *Symbolic Boolean Manipulation with Ordered Binary Decision Diagram*, ACM Computing Surveys, Vol. 24, No. 3 (Sep.), 293–318, 1992.

[GM94] J. Gergov, Ch. Meinel: *Efficient Boolean Manipulation with OBDD's Can Be Extended to FBDD's*, IEEE Transactions on Computers, Vol. 43, No. 10, 1994.

[Mei89] Ch. Meinel: *Modified Branching Programs and Their Computational Power*, LNCS 370, Springer-Verlag, 1989.

[Mei91] Ch. Meinel: *Effiziente Algorithmen*, Fachbuchverlag Leipzig, 1991.

[Weg94] I. Wegener: *Efficient Data Structures for Boolean Functions*, Discrete Mathematics 136, 347–372, 1994.

Die stochastische Modellierung als Teilgebiet der Mathematischen Informatik

Ein Fallbeispiel zur Leistungsmodellierung des Europäischen „Space Data Network“

D. Baum
Universität Trier

Zusammenfassung: Die Rolle der stochastischen Modellierung verteilter Systeme und die damit verbundene Gewichtung der Mathematikausbildung in der Informatik werden anhand eines Fallbeispieles aus dem Bereich der Raumfahrtkommunikation beleuchtet. Hieraus wird ein Resumee zum Wert theoretischer Grundlagen in der Berufspraxis gezogen.

1. Einleitung

Interpretiert man „Modellierung“ als die Aktivität der Konstruktion und Analyse abstrakter Repräsentationen realer Systeme, so besteht das Ziel der analytischen Modellierung in der Kreierung formaler Spezifikationen sowie der Untersuchung von Korrektheit, Konformität, Zuverlässigkeit und Leistungsverhalten. Man unterscheidet im wesentlichen zwischen Methoden zur formalen Systemspezifikation und -verifikation und solchen zur Bestimmung der Charakteristika des dynamischen Verhaltens. Das zeitliche Leistungsverhalten kennzeichnet, wie gut ein System seine spezifizierten Funktionen erfüllt, weniger, unter welchen Umständen bzw. ob dies überhaupt geschieht. Während die Methoden zur Untersuchung statischer Eigenschaften auf gemeinsamen Theorie-Grundlagen beruhen, sind diejenigen für die Analyse dynamischer Aspekte den drei unterschiedlichen Kategorien Messung, Simulation und stochastische Analyse zuzuordnen. Hybride Techniken verwenden simulative und theoretisch-mathematische Elemente nebeneinander. Obwohl nicht notwendigerweise treffend, wird der Terminus „analytische Modellierung“ traditionell fast ausschließlich für warteschlangentheoretische Systemanalysen benutzt.

Die nicht-simulative Leistungsanalyse verteilter Systeme nimmt entgegen mancher anderslautender Prognosen heute eine außerordentlich wichtige Stellung in der Informatik ein. Dies hat seine Ursachen einerseits in der immer weiter steigenden Komplexität der verteilten EDV-Systeme, deren Leistungsverhalten aus Kostengründen bereits in der Entwurfsphase bestimmbar sein muß, andererseits in der Aufwendigkeit rein simulativer Methoden, deren Aussagekraft stark von der Ähnlichkeit zwischen Modell und realem System abhängt. Darüberhinaus ist der Rechner zum zentralen Werkzeug für die modellhafte Erfassung und Analyse aller Arten dynamischer Vorgänge geworden; Untersuchungen an komplexen Systemen, die noch vor wenigen Jahren als undenkbar galten, werden heute möglich und damit - ein Zeichen der Verzahnung wissenschaftlich-technischer Prozesse - auch häufig notwendig. Im Folgenden nenen wir ein Beispiel aus der Raumfahrtkommunikation: Leistungsanalysen für Protokollarchitekturen interkonnektierter Netze, wie sie dort entwickelt und genutzt werden, können mit Hilfe stochastischer Methoden zur Unterstützung des Entwurfes von Teilsystemen durchgeführt werden.

2. Fallbeispiel: Architekturalternativen für das Europäische „Space Data Network“

Das in der Entwicklung befindliche Raumfahrt-Kommunikationssystem („Space Data Network“, kurz SDN) der Europäischen Raumfahrt Agentur („European Space Agency“, ESA) soll den Datenaustausch zwischen bemannten und unbemannten Raumfahrtobjekten und verschiedenen Kontrollstationen sowie Forschungseinrichtungen auf der Erde ermöglichen. Um insbesondere für tief fliegende Objekte eine möglichst ständige Erreichbarkeit zu gewährleisten, ist der Einsatz von bis zu drei geostationären Relais-Satelliten vorgesehen (das sog. „Data Relay System“, kurz DRS). Die terrestrischen Verbindungen werden hauptsächlich durch Dienste-integrierende Breitbandnetze (B-ISDN) realisiert, während an Bord der Raumfahrtobjekte lokale Hochgeschwindigkeitsnetze über Schnittstellenrechner („Inter-Working Units“, IWUs) mit dem DRS verbunden sind. Insgesamt stellt das SDN ein äußerst komplexes Kommunikationssystem mit an unterschiedliche Aufgaben angepaßten unterschiedlichen Komponenten dar, an dessen Leistungsfähigkeit und Zuverlässigkeit extrem hohe Anforderungen gestellt werden.

Die Auswahl der unter gegebenen Randbedingungen „richtigen“ Architektur repräsentiert eine der wichtigsten Entwurfsentscheidungen für die Entwicklung eines solchen Systems. Die globale Systemarchitektur des SDN ließ sich aufgrund der Interkonnektions-Komponenten[1] in drei sog. *Subsysteme* zerlegen: Das „Spaceraft Subsystem“ (SC-Subsystem), welches die Endsystem-Verbindungen an Bord eines Raumfahrtobjektes zusammen mit den Schnittstellenrechnern umfaßt, das „Space Link Subsystem“ (SL-Subsystem), das die Verbindungswege („Communication Pipes“) zwischen Raumfahrtobjekten und terrestrischen Endsystemen („Ground Terminals“) oder anderen Raumfahrtobjekten bereitstellt, und das „Ground Subsystem“ (G-Subsystem), bestehend aus den terrestrischen Netzen, die die Kommunikation zwischen Kontrollstationen, Überwachungszentren und Forschungsinstitutionen zu gewährleisten haben. Während die Kommunikationsarchitek-

[1]Von Interkonnektion spricht man im Falle der Verbindung verschiedener Netze, etwa lokaler Netze und Weitverkehrsnetze.

tur für am SC- oder G-Subsystem angeschlossene Endsysteme den Standardisierungsvorgaben des ISO-Referenzmodelles für offene Kommunikationssysteme (ISO/OSI-RM) folgt, wurden die Richtlinien für die Kommunikation über das SL-Subsystem in Empfehlungen des „Advanced Orbiting System" (AOS) zusammengefaßt, die spezielle, ISO-unabhängige Protokollvorschläge für die Daten-, Sprach- und Video-Kommunikation in der Raumfahrt enthalten. Für die Kommunikation zwischen Endsystemen des SDN wurde die ISO/OSI-Struktur zugrundegelegt, so daß deren Möglichkeiten für die Adaptierung verschiedener Protokollvarianten auszunutzen waren. Im ISO-Standard 8648 wird eine Netzwerk-Schicht[2] - Architektur vorgegeben, die es erlaubt, Teilnetze unterschiedlicher (dem ISO/OSI-RM ggf. nicht entsprechender) Dienstangebote so zu integrieren, daß ein OSI-konformer N-Schicht-Dienst beibehalten wird, wobei verschiedene Interkonnektionsstrategien verfolgt werden können. Die N-Schicht-Funktionen werden in drei Teilschichten gruppiert, deren jede eine bestimmte Aufgabe (Rolle) zu übernehmen hat, und die als „Subnetwork Access Protocol", SNAcP, „Subnetwork Dependent Convergence Protocol", SNDCP und „Subnetwork Independent Convergence Protocol", SNICP bezeichnet werden (man spricht zuweilen auch von den zugehörigen Subschichten 3a (SNAcP), 3b (SNDCP) und 3c (SNICP)).
Aufgrund der DRS-Spezifika verlangt das SDN aus Sicht der Endbenutzer einen verbindungsorientierten Dienst. Daher waren beim Entwurf des globalen Netzdienstes zwei Arten von Randbedingungen zu beachten: Solche, die sich auf die Dienst-Charakteristika der zu interkonnektierenden Teilnetze unterschiedlichen Typs und Qualität bezogen, und Solche, die bei der Konstruktion des globalen verbindungsorientierten Dienstes aus Sicht der Endnutzer berücksichtigt werden mußten. Insgesamt lief die Auswertung aller dieser Randbedingungen auf die Identifizierung zweier Interkonnektions-Strategien hinaus: Einer „verbindungsorientierten" Vorgehensweise, bei der die verbindungsorientierte Vermittlungstechnik der einzelnen Subnetze auf einen globalen verbindungsorientierten Dienst „angehoben" wird (sog. Alternative A), und einer Vorgehensweise, die die Kommunikation der Subnetze zunächst (d.h. in Ebene 3 des ISO/OSI-RM) verbindungslos gestaltet (Alternative B). Jede Alternative ließ für sich noch unterschiedliche Scenarien zu, auf deren Vielfalt hier nicht eingegangen werden kann. In der Quintessenz der architekturellen Analysen jedoch schälte sich für jede Alternative eine Protokollarchitektur heraus, deren Leistungscharakteristika nun zum Zwecke einer Entwicklungsentscheidung zu prognostizieren waren.

Die mit diesem Problem befaßten Informatiker konnten angesichts der extremen Komplexität des Gesamtsystems nicht auf simulative Auswertungstechniken zurückgreifen, sondern mußten einen Weg finden, einerseits aussagekräftige, d.h. die wesentlichen Merkmale der stochastischen Dynamik des realen Systems einfangende, Modelle zu entwickeln, andererseits diese Modelle mit vertretbarem Aufwand zu analysieren. Zunächst wurden daher zwei Architekturmodelle präsentiert, die die ausgewählten Scenarien der beiden Alternativen exakt widerspiegelten; sie sind in Abbildungen 4.1 und 4.2 skizziert. Sodann

[2]Kurz „N-Schicht" oder „Schicht 3" genannt.

wurden diese Architekturmodelle in Warteschlangenmodelle „übersetzt".

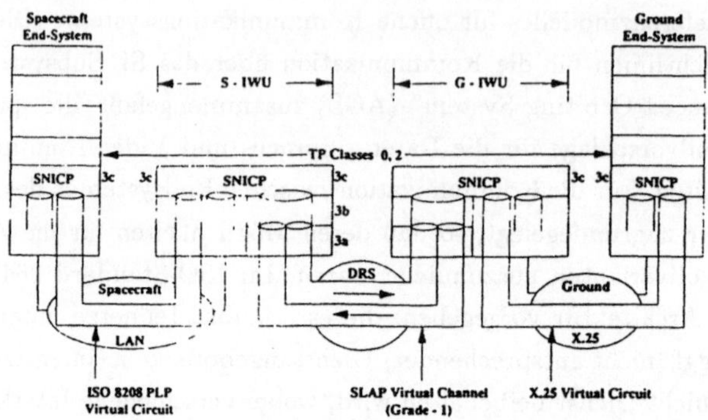

Abb. 4.1: Das verbindungsorientierte Interkonnektionsmodell (Alternative A).

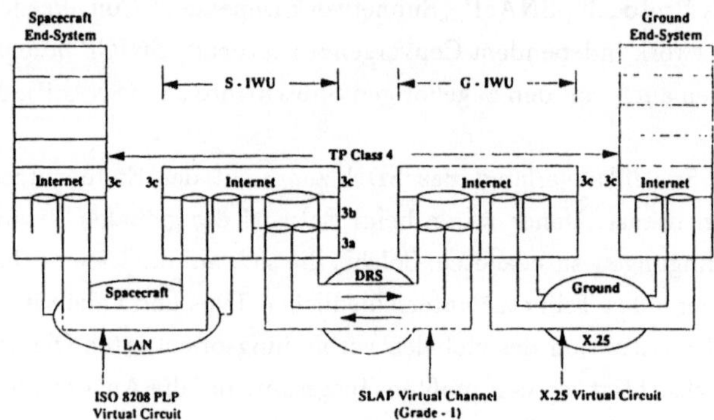

Abb. 4.2: Die Interkonnektionsarchitektur der verbindungslosen Vermittlung (Alternative B).

Die Hauptmerkmale der Architekturmodelle waren zu signifikanten Eigenschaftsaussagen zusammenzufassen, die im Ergebnis wie folgt lauten:

1. Die Alternative A erlaubt aufgrund der verbindungsorientierten Vermittlungstechnik eine zwischen je zwei Subsystemen einzeln (sozusagen „Schritt für Schritt") realisierbare Fehler- und Flußkontrolle[3], so daß auf der Transportschicht ein relativ einfaches ISO/OSI-konformes Protokoll, nämlich das ISO-Transportprotokoll (ISO-TP) der Klasse 0 oder 2 verwendet werden kann (sog. Step-by-Step-Modell).

2. Die Alternative B benutzt auf der (obersten) N-Schicht überall das verbindungslose Internet-Protokoll und auf der Transport-Ebene das Fluß- und Fehlerkontrolle unterstützende ISO-TP der Klasse 4, so daß die zwischen Endsystemen ausgestauschten Protokoll-Dateneinheiten der Transportebene alle darunterliegenden Subnetze in „transparenter" Weise, d.h. ohne von Fehler- oder Flußkontrollmaßnahmen berührt zu werden, durchlaufen (sog. End-zu-End-Modell).

[3] ggf. zu Reübertragungen bzw. Übertragungslücken führend

Aus dieser Merkmalszusammenfassung resultierten zwei entsprechende vereinfachende und typisierende Warteschlangenmodelle (vergl. [1]-[3]), die in Abbildungen 4.3 und 4.4 wiedergegeben sind. Ihre Analyse hatte die entscheidende Frage zu beantworten, welche der beiden Vorgehensweisen bezüglich Fehler- und Flußkontrolle („Step-by-Step" oder „End-zu-End") die besseren Leistungseigenschaften aufweisen würde. Die Einzelheiten der Analyse wiederzugeben, würde den Rahmen dieser Note sprengen. Es sei lediglich darauf hingewiesen, daß der Rückgriff auf bekannte Methoden der Netztheorie auch im Falle approximativer Vereinfachungen (BCMP-Theorem) aufgrund typischer numerischer Instabilitäten problematisch wurde und zum Teil neue Ansätze entwickelt, zum Teil Heuristiken benutzt werden mußten, um befriedigende, d.h. mit simulativen Auswertungen der vergröberten Warteschlangenmodelle validierbare, Resultate zu erzielen.

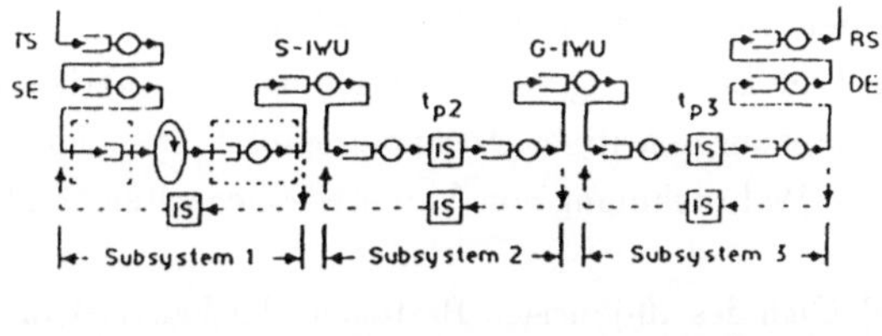

Abb. 4.3: Warteschlangenmodell einer Step-by-Step - Fehlerbehandlung.

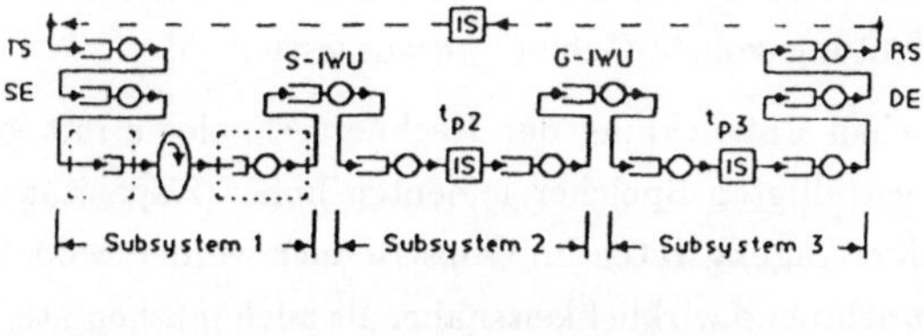

Abb. 4.4: Warteschlangenmodell einer End-zu-End - Fehlerbehandlung.

Erklärung
t_{pi} = propagation delay of subsystem $i (i = 1, 2, 3)$
TS = Transmitter Station on layer 4 (processing messages)
RS = Receiver Station on layer 4 (processing messages)
SE = Source End system on layer 3 (packetization)
DE = Destination End system on layer 3 (reassembling)
S-IWU = Space InterWorking Unit (on-board gateway)
G-IWU = Ground InterWorking Unit (gateway to WAN)

Die Basisfrage betreffend, d.h. hinsichtlich der Entscheidung zwischen einer Schritt-für-Schritt- und einer End-zu-End-Fehlerkontrolle, lagen in der Literatur bereits einige Ergebnisse zur Interkonnektion von Hochgeschwindigkeitsnetzen vor [4], [6], die eine Überlegenheit des End-zu-End-Ansatzes belegen. Um so überraschender erschien daher das Gesamtergebnis der SDN-spezifischen Studien: Konträr zum Literaturwissen zeigte es deutlich geringere Netzdurchlaufverzögerungen für das Step-by-Step-Modell. Der wesentliche Grund dieses Unterschiedes war in der Einbeziehung der DRS-Satellitenstrecken zu sehen.

Satellitenübertragungen sind - bei extrem hohen Übertragungsraten im Mbps- bis Gbps-Bereich[4] - durch sehr lange Signallaufzeiten gekennzeichnet (etwa 0,27 sec für den Weg zwischen terrestrischen oder in erdnaher Umlaufbahn befindlichen nicht-erdgebundenen Endsystemen); bei Reübertragungen über die End-zu-End-Transportverbindung schlagen diese Laufzeiten signifikant zu Buche, obwohl Fehler zwischen Subsystemen, die das DRS nicht benutzen, in wesentlich kürzerer Zeit behoben werden könnten.

3. Resumee zum Wert theoretischer Grundlagen in der Berufspraxis

Dieses Fallbeispiel zeigt zweierlei: Zum einen tritt deutlich die Wichtigkeit des gleichzeitigen Beherrschens typisch Informatik-spezifischer Kenntnisse aus dem Bereich der Informationstechnologie (Protokollauslegungen, Algorithmen der Dienste-Realisierung, etc.) und mathematischer Grundlagenkenntnisse aus der Warteschlangentheorie und der Stochastik zutage, zum anderen wird die Bedeutung von Aussagen der Informatiker für die gesamte Entwurfsarbeit in einem leistungssensitiven Technologieabschnitt evident, und dies mag auch einen Hinweis auf die Wahrnehmung von Verantwortlichkeiten beinhalten.

In einem Festvortrag anläßlich des 10-jährigen Bestehens der Fakultät für Informatik der Universität Karlsruhe hat K. E. Ganzhorn (IBM Deutschland) 1982 zum Thema „Informatik im Übergang" u. a. drei Ebenen der Informatik-Entwicklung erwähnt und dabei als dritte Ebene die „informatorischen Modelle und Simulationsprozesse" als das „langfristig vielleicht überhaupt bedeutungsvollste Gebiet" herausgestellt [5].

Angesichts der dynamischen Entwicklung der Rechnertechnologie mit gesteigerten Rechengeschwindigkeiten, verbilligten Speicherelementen hoher Kapazität sowie Kommunikationssystemen mit Übertragungsraten im Gbps-Bereich werden Modellnachbildungen der realen Welt sowohl zunehmend wirklichkeitsnäher als auch mathematisch beherrschbarer, d. h. für die praktische Nutzung aussagekräftiger. Steigerung der Möglichkeiten jedoch bedeutet auch Steigerung des Bedarfes: Die Gewichtung der rechnergestützten Modellierung wächst stetig, die Nutzung des technischen und mathematischen Instrumentariums verbreitet sich über nahezu alle Fachbereiche. Für das wissenschaftliche Umfeld ist die Bedeutung der rechnergestützten Modellierung - und insbesondere des mathematischen Instrumentariums - über jeden Zweifel erhaben.

Wie verhält es sich mit dem industriellen Bereich? Hier sind lange gehegte Vorbehalte im Schwinden begriffen, Vorbehalte, die in erster Linie die Aussagekraft von modellbezogenen Analyseergebnissen angesichts zahlreicher vereinfachender Annahmen bzw. statistisch „eigentlich" unzulässiger Schlüsse betreffen. Sie mögen zwar zum Teil nach wie vor berechtigt sein, doch werden häufig die inzwischen im Verlaufe dreier Jahrzehnte gewonnenen Erkenntnisse der Theorie unterschätzt. Schwerwiegende Einwände gegen Modellanalysen be-

[4] bps steht für „Bits pro Sekunde", M für „Mega", G für „Giga"

ziehen sich auch auf Personal- und Investitionskosten realitätsnaher Systemsimulationen sowie die erheblichen fachlichen Anforderungen an die Praktiker. Dies ist ein Kernpunkt der Auseinandersetzung über die Reichweite der technischen und theoretischen Möglichkeiten. Der Bedarf an modelltheoretischen Analysen steigt in allen Branchen und wird die Steigerung der Aktivitäten auf diesem Feld definitiv erzwingen; Beispiele sind die Autoindustrie, Schiffsbau- und Flugzeugbauindustrie und die Raumfahrtindustrie, um nur einige zu nennen. Firmen und verschiedene öffentliche Einrichtungen haben somit „Handlungsbedarf" in Richtung auf Senkung der Kosten für simulative Systemanalysen, Erarbeitung alternativer Analyseverfahren auf mathematisch-theoretischer Basis und Aus- und Fortbildung von EDV-Spezialisten im Bereich der analytischen Modellierung. Das erste Ziel ist teilweise als Folge der technischen Weiterentwicklung im Hard- und Softwarebereich zu erreichen. Die Leistungssteigerungen auf Hardware-Seite verringern den Zeitaufwand für Simulationsläufe, benutzerfreundliche komplexe SW-Modellierungspakete denjenigen für den Modellentwicklungsprozeß; SW-Pakete erlauben zudem häufig die Anwendung hybrider Verfahren (d. h. die Kombination von simulativen mit mathematischen Analysen). Die beiden restlichen Ziele - und zu einem weiteren Teil auch das erste - sind jedoch nur durch das Erlernen mathematischer Grundlagen in einem über das bisher übliche Maß hinausgehenden Umfang erreichbar. Zusatzausbildung von Mitarbeitern bedeutet für Firmen fast immer einen nicht akzeptablen Aufwand, zumal zumindest auf dem Gebiet der stochastischen Modellierung eine solche Fortbildung nach Eintritt in das Berufsleben nur in seltenen Fällen in hinreichender Qualität zu bewerkstelligen ist. Das Fazit: Die theoretischen Grundlagen sind von stetig wachsendem Wert für die Berufspraxis und sollten während des Informatik-Studiums gelegt werden.

Welches sind die möglichen Konsequenzen für Informatik-Studiengänge? Die bisher angedeuteten Zusammenhänge zwischen Möglichkeiten der Informatik zur Verbesserung des Verständnisses komplexer Abläufe und damit der Lösung spezifischer Probleme einerseits und den Konsequenzen hinsichtlich der Ausbildung von Informatikern andererseits sind zweifellos mutatis mutandis auf andere Fachbereiche übertragbar. Ein Blick auf die Entwicklung der Fächer und Ausbildungsmodi an Technischen Hochschulen und Universitäten zeigt, daß Diversifikationen durchgehend auch zu Spezialisierungen, zur Ausprägung von Teilfächern führen. Bisher hat sich dieser Trend in der Informatik durch Einbeziehung von Nebenfächern oder die Bildung sog. Bindestrich-Studiengänge verdeutlicht (Wirtschafts-Informatik, Medizinische Informatik, Bio-Informatik, usw.). Bezogen auf stark vertiefte Anforderungen im theoretischen Bereich (Grundlagenbereich) ist diese Vorgehensweise vermutlich nicht angebracht. Die Physik unterscheidet die Ausbildung zu theoretischen und experimentellen Physikern; für die Informatik wäre eine solche einfache Zweiteilung unakzeptabel. Als Aspekt künftiger Variationsformen der Studienverlaufspläne zeichnen sich jedoch in der Schwerpunktsetzung zu unterscheidende Studiengänge wie Technische Informatik, Mathematische Informatik oder Allgemeine Informatik ab. Dies sei Gegenstand (vermutlich kontroverser) Argumentation.

Literatur

[1] D. Baum, L. Lenzini. *Analysis of Command Operation Procedures (COP's) for Reliable Data Transfer in the European Space Data Network.* IEEE Journ. on Selected Areas in Comm., Vol. 9, No. 2, 1991.

[2] D. Baum, L. Lenzini, R. Popescu-Zeletin. *Study on End-to-End Communication Across the Data Relay System*, Vol. 1 - Vol. 3, ESA-Studies, C.-No. 7556/88/D/IM(SC), 1988, 1989.

[3] D. Baum, L. Lenzini, R. Popescu-Zeletin. *Study on Space Data Network Modelling Tools, Scenarios and Methodological Approaches*, ESA-Study, C.-No. 8419/89/D/IM(SC), 1991.

[4] A. Bhargava, J. F. Kurose, D. Towsley, G. Vanleemput. *Performance Comparison of Error Control Schemes in High-Speed Computer Communication Networks.* IEEE Journal on Selected Areas in Comm., Vol. 6, No. 9, 1988.

[5] K. E. Ganzhorn. *Informatik im Übergang.* Informatik-Spektrum 6, Heft 1, 1983.

[6] T. Suda, N. Watanabe. *Evaluation of Error Recovery Schemes for a High-Speed Packet Switched Network: Link-By-Link Versus Edge-to-Edge Schemes.* Proc. IEEE INFOCOM '88, 1988.

Berufsfertigkeiten versus Berufsfähigkeit

Anne Mahn*
Fachgebiet Informatik und Gesellschaft
Technische Universität Berlin
Franklinstraße 28/29
10587 Berlin

»Welchen Wert haben theoretische Grundlagen für die Berufspraxis?« fragt dieser Teil der Tagung, zu dem ich mit dem folgenden Aufsatz beitragen möchte.

Doch zunächst ist unklar, was eine Grundlagenausbildung ist und woran ihre »Güte« gemessen werden könnte: Welches sind die Grundlagen der Wissenschaft Informatik? Was soll eine »gute« informatische Grundlagenausbildung leisten, wie sähe ein Maßstab hierfür aus?

Ich vermute, daß es nicht so sehr darum gehen kann, welchen Wert eine theoretische *Grundlagenausbildung* für die Berufspraxis hat oder haben könnte: Eine Grundlagenausbildung dient dazu, Grund zu legen für darauf aufbauendes Wissen, so daß zusätzlich letzteres und damit die informatische Ausbildung *als ganze* auf dem Prüfstand steht, oder aber, wäre dem nicht so, die Grundlagenausbildung als »stand-alone Unternehmung« betrachtet werden müßte, deren Sinn zumindest strittig wäre.

Entsprechend möchte ich die einleitende Frage aus meiner Sicht präzisieren: Inwieweit wird die heutige Informatik-Ausbildung den Anforderungen gerecht, die gerade in letzter Zeit verstärkt von innen und außen an die Wissenschaft Informatik und an in ihr ausgebildete Fachleute herangetragen werden?

Diese Frage nur im Hinblick auf eine – wie auch immer geartete – Grundlagenausbildung zu beantworten, wird der weitergehenden Forderung nach einer adäquaten Informatik-Ausbildung nicht gerecht.

1. Die These

Noch immer gilt die in der 1990 verabschiedeten Stellungnahme der beiden Fakultätentage für Elektrotechnik und Informatik[1] erarbeitete Festlegung des Begriffs Informatik : »Informatik ist die Wissenschaft, Technik und Anwendung der Informationsverarbeitung und der Systeme zur Verarbeitung, Speicherung und Übertragung von Information. (...) Die Informatik versteht sich gleichzeitig als systemtechnische Wissenschaft und als ingenieurwissenschaftliche Disziplin.«

Die heutige Informatik-Ausbildung ist auf diese Sicht ausgerichtet, sie vermittelt neben Grundkenntnissen in Mathematik/Logik und Elektrotechnik Kenntnisse über Computer und deren Anwendungen, so über den Bau und die Funktionsweise von Hardware, über den Entwurf von Betriebssystemen, das Erstellen von Software, über Software-Anwendungen wie Datenbanken, Informationssysteme, Expertensysteme u.v.a.m.

Vielfach außer Blick bleiben ihr bis heute Wirkungen von Informatik-Produkten auf die mit ihnen Arbeitenden ebenso, wie auf die Gesellschaft als ganze und deren Strukturen; auch die Mechanismen, denen diese Wirkungen folgen, bleiben im wesentlichen unberücksichtigt.

Jedoch mehren sich in letzter Zeit Stimmen, die – auf einen Nenner gebracht – das Fehlen jedweder nicht-technischer, insbesondere gesellschaftlicher und ökonomischer Bezüge bemängeln. Beispielhaft seien hier genannt:

- die innerhalb der Informatik wieder aufgenommene Curriculardebatte;
- die Diskussion um Güte, Sicherheit und Zuverlässigkeit im Softwarebereich;

---

* Studium der Informatik mit Nebenfach Mathematik an der Universität Kaiserslautern.

1 [BRANDENBURG ET AL. 1990]

- die Diskussion um den Datenschutz ebenso wie die etwa in den Gebieten Produkthaftungs-, Patent- oder Urheberrecht immer offener zutage tretenden Problembereiche, die sich im Spannungsfeld zwischen Informatik und Recht auftun, diese sind nicht erst seit Gründung der Europäischen Union drängend;
- die Diskussion um eine informatische Berufsethik und damit zusammenhängend die Erstellung der Ethischen Leitlinien durch die Gesellschaft für Informatik sowie ihre Verankerung in der Gesellschaftssatzung.

Kritik dieser Art wurde bislang fast ausschließlich innerhalb des universitären Bereichs geäußert; neu ist, daß derartiges mittlerweile übermächtig auch von den Spitzen der deutschen Wirtschaft zu vernehmen ist.

So äußerte BDI-Präsident a. D. T. NECKER in einem Interview, daß er »über allem (...) ein solides Sachwissen in den Anwendungsbereichen für die wichtigste Qualifikation« hält und vor dem Hintergrund der Rolle, die Deutschland in bezug auf Softwareherstellung im internationalen Vergleich spielt (hier führt NECKER leistungsfähigere Konkurrenz beispielsweise in den USA, England oder Frankreich an sowie Auslagerung der Programmierung in Billiglohnländer), »die Bedeutung der problemspezifischen Fachkenntnis des Entwicklers zu (-nimmt): So können z.B. Personalverwaltungs- und -abrechnungssysteme für hiesige Unternehmen niemals ohne detailliertes Wissen über das deutsche Tarif- und Sozialrecht erstellt werden.«[2]

In eine ähnliche Richtung zielt ein aktuelles VDE/ZVEI-Diskussionspapier[3]. Dort werden von Ingenieuren in großen Unternehmen u.a. folgende Sach- und übergreifende nicht-technische Qualifikationen gefordert und näher erläutert:

- Methodenkompetenz
  (Methoden der Qualitätssicherung; Methoden der Technikbewertung und Technikfolgenabschätzung; Beachten von Gesetzen, Normen und Vorschriften; Methoden und Werkzeuge zur zielgerichteten Planung und Durchführung der eigenen Arbeit unter Beachtung von Terminen, Kosten und Qualität; u.a.)
- Systemkompetenz
  (Überblickswissen über angrenzende Fachgebiete; fachübergreifendes und systemorientiertes Denken; Entwickeln systembezogener Alternativen, Szenarien und Versionen; u.a.)
- Organisationswissen und Sozialkompetenz
  (Verständnis für organisatorische Zusammenhänge und Arbeitsabläufe im Unternehmen; Befähigung zur Teamarbeit und zur Moderation; Grundlagen des Projektmanagements und Erfahrung in der Abwicklung fachübergreifender Projekte; u.a.)
- Gesellschaftsbezogene Kompetenz
  (Fähigkeit zum Erkennen und zur Analyse gesellschaftlicher Strömungen und Bedürfnisse; Fähigkeiten zur allgemeinverständlichen Darstellung technischer Aufgabenstellungen und Lösungen; Fähigkeit zur Behandlung komplexer technischer Probleme mit ihren Schnittstellen und Verflechtungen zur Gesellschaft; Politisches Engagement und Durchsetzungsvermögen).

Das Geschilderte führt mich zu meiner These, die ich in meinem Beitrag diskutieren werde:

> *Die gegenwärtige Informatik-Ausbildung an deutschen Hochschulen ist überwiegend auf die Vermittlung von mathematischen und informatischen Fertigkeiten, nicht jedoch auf eine zu erwerbende Berufsfähigkeit ausgerichtet.*

Dieser Befund läßt – wenn er zutrifft – ein Überdenken des vorherrschenden Informatik-Curri-

---

2 [NECKER 1994]

3 [VDE/ZVEI 1994]

culums, insbesondere vor dem Hintergrund des ubiquitären Charakters informatischer Produkte, vordringlich werden.

2. Informatische Fertigkeiten: Eine Skizze der universitären Ausbildung zum Dipl. Inform.

Die Überschrift ist programmatisch gemeint: Meine im folgenden beschriebene Untersuchung beschränkt sich auf eine *quantitative Skizze* des Diplominformatik-Studiengangs mit Augenmerk auf dessen mathematischen und theoretischen Anteilen:

Untersucht habe ich alle 40 deutschen Universitäten, die in das ZVS[4]-Verteilverfahren für Informatik im Wintersemester 94/95 einbezogen waren[5]. Alle diese Universitäten bieten den Diplomstudiengang Informatik an, die durchschnittliche Studienzeit beträgt 9,15 Semester bei abzuleistenden 164,4 Semesterwochenstunden (SWS[6]) Pflicht- und Wahlpflichtumfang im Schnitt[7].

Hiervon entfallen auf das grundsätzlich viersemestrige Grundstudium etwa 84,4 SWS, auf das durchschnittlich 5,15 Semester dauernde Hauptstudium etwa 78,6 SWS. In der Regel wird neben dem Studium des Hauptfachs Informatik das Studium eines *zweiten Fachs* (Neben-, Wahl- oder Anwendungsfach[8]) gefordert, dieses umfaßt durchschnittlich etwa 28,6 SWS (13,0 SWS im Grund-, 15,6 SWS im Hauptstudium)[9]. Neben diesem zweiten Fach werden an einigen wenigen Universitäten Nachweise über *fachübergreifende Veranstaltungen* verlangt[10], diese bewegen sich im Rahmen von durchschnittlich etwa 2,7 SWS[11] insgesamt.

Damit entfallen Inhalte des *Hauptfachs Informatik*[12] durchschnittlich im Umfang von 70,1 SWS auf das Grund-, im Umfang von 61,8 SWS auf das Hauptstudium. Diese Inhalte lassen sich hinsichtlich der uns interessierenden *mathematischen*[13] und *theoretischen*[14] Anteile wiederum näher aufgliedern[15]: Das durchschnittliche Grundstudium im Hauptfach Informatik enthält mathe-

---

4 Zentralstelle für die Vergabe von Studienplätzen, Dortmund.

5 Universitäten mit Diplominformatik-Studiengängen, die nicht in das ZVS-Verfahren einbezogen waren: Fernuniversität-Gesamthochschule Hagen, Hochschule der Bundeswehr München, Universität Potsdam (Wiederaufnahme des Diplominformatik-Studienganges ab Wintersemester 1995/96), Hochschule für Architektur und Bauwesen Weimar (das Grundstudium Diplom-Informatik ist derzeit nicht realisiert).

6 1 SWS entspricht 45 Minuten pro Woche für die Dauer eines Semesters.

7 Diesen und den folgenden Zahlen liegen – soweit vollständig vorhanden – Angaben aus den Studien- und Diplomprüfungsordnungen (im folgenden: Ordnungen) bzw. den entsprechenden Studienführern/-plänen zugrunde. Dort nicht aufgeführte Zahlen ließen sich in vielen Fällen rechnerisch aus den vorhandenen Größen bestimmen, in einigen wenigen Fällen wurden sie bei den betreffenden Hochschulen erfragt.
Im folgenden auftretende Rechenungenauigkeiten ergeben sich aus vier Gründen: 1. aus Diskrepanzen zwischen dem in den Ordnungen ausgewiesenen und dem tatsächlich abzuleistenden Pensum (in sechs Fällen); hier wurde in allen Fällen mit den tatsächlichen Größen gerechnet; 2. daraus, daß die zugrundegelegten Ordnungen uneinheitlich verfahren hinsichtlich der Einbeziehung der Studien- und Diplomarbeitszeiten in den Gesamtstundenumfang; diese Tatsache wurde lediglich zur Kenntnis genommen, hierauf müßte eine präzise Untersuchung Rücksicht nehmen; 3. daraus, daß nicht alle Universitäten eine Ausbildung in einem zweiten Fach fordern (vgl. FN 8) bzw. die dort abzuleistenden Stunden ungleichmäßig auf Grund- und Hauptstudium verteilen; 4. nicht zuletzt daraus, daß entsprechend dem üblichen mathematischen Verfahren auf eine Nachkommastelle gerundet wurde.

8 Kein (abgetrenntes) zweites Fach bieten die Universitäten Bremen und Trier an. An den technischen Universitäten Braunschweig und Darmstadt beginnt das Studium des zweiten Fachs erst im Hauptstudium.

9 Bezogen auf *alle* untersuchten Universitäten (Grundgesamtheit = 40). Bezogen auf diejenigen Universitäten, die ein zweites Fach anbieten (Grundgesamtheit = 38), ergeben sich durchschnittlich 30,8 SWS (14,4 SWS im Grund-, 16,4 SWS im Hauptstudium).

10 Diese Inhalte rekrutieren sich (soweit inhaltlich ausgewiesen) aus sehr unterschiedlichen Bereichen: Geistes-, Sozial-, Sprachwissenschaften, Studium Generale, Informatik und Gesellschaft, Datenschutz und Ergonomie.

11 Bezogen auf *alle* untersuchten Universitäten (Grundgesamtheit = 40). Bezogen auf diejenigen Universitäten, die *fachübergreifende Anteile* verlangen (Grundgesamtheit = 13), ergeben sich durchschnittlich 8,3 SWS.

12 Das Hauptfach Informatik umfaßt hier alle Pflicht- und Wahlpflichtveranstaltungen des Informatik-Studiums, nicht eingerechnet die des 2. Fachs sowie explizit als fachübergreifend ausgewiesene Anteile.

13 Hierunter zählen die explizit als Mathematik ausgewiesenen Anteile des Studiums (Analysis, Lineare Algebra, Numerik, Statistik u.a.).

14 Theoretische Anteile meinen hier Anteile der theoretischen Informatik.

15 Die folgenden Zahlen benennen das *Mindestmaß* aus den Bereichen Mathematik und Theoretische Informatik (Pflicht- und Wahlpflichtveranstaltungen).

matische Anteile in einem Mindestumfang von 24,9 SWS (35,5%)[16], Anteile aus der theoretischen Informatik im Umfang von mindestens 9,2 SWS (13,1%)[17]. Für das durchschnittliche Hauptstudium ergeben sich etwa 2,0 SWS (3,2%) mathematische[18] sowie 14,0 SWS (22,7%) theoretische[19] Anteile.

Insgesamt enthalten die durchschnittlich 131,9 SWS des Hauptfachstudiums Informatik im Schnitt 26,9 SWS (20,4%) mathematische und 23,2 SWS (17,6%) theoretische Inhalte, der Gesamtanteil der mathematischen und theoretischen Grundlagen am Informatik-Studium beläuft sich damit in summa auf etwa 50,1 SWS oder 38,0%.

Wie jedes andere Studium auch vermittelt das Studium der Diplom-Informatik diejenigen *Fertigkeiten*[20], die im späteren Beruf gebraucht werden. Dies sind nach der vorgestellten Untersuchung etwa 38% mathematische und theoretische Fertigkeiten, hinzu kommen Fertigkeiten aus den Gebieten der praktischen und technischen Informatik, selten auch solche aus fachübergreifenden Gebieten.

Es stellt sich die Frage, ob aus dem Erlernen der Fertigkeiten – sozusagen von selbst – eine informatische Berufs*fähigkeit*[21] folgt. Eine Antwort auf diese Frage läßt sich den reinen Zahlen nicht entnehmen, hierzu bedarf es weiterer Überlegungen.

3. Diskrepanzen nach innen und außen

Obwohl es der Informatik in den letzten Jahren gelungen ist, einen mehr oder weniger festen Platz in der Wissenschaftslandschaft einzunehmen, scheint es heute unklarer denn je, was die Informatik leisten soll und leisten kann, wie sich ihr fachlicher Kern darstellt (und damit auch ihre Grundlagen) und wie dieser in der Ausbildung zu vermitteln sein könnte. Der folgende Abschnitt begründet, warum diese Fragen zu stellen sind und warum ihre Bearbeitung sowohl für das Selbstverständnis der Informatik als auch ihre Akzeptanz in Wirtschaft und Gesellschaft vordringlich ist.

Diskrepanzen nach innen

Wohl seit ihrer Einrichtung als Studiengang ist die Informatik insbesondere unter Informatikern selbst hinsichtlich ihrer Definition und ihres wissenschaftlichen Charakters umstritten. Ging es zu diesem frühen Zeitpunkt hauptsächlich darum, Informatik von den Wissenschaften abzugrenzen, aus denen sie hervorging[22], so bestehen die heutigen Schwierigkeiten im fehlenden Selbstverständnis der Informatik:

Während der Grundsatz der »automatisierten Verarbeitung von Informationen« inhaltlich weitgehend unstrittig zu sein scheint und zumindest implizit Teil der meisten *Definitionen* ist, legen Autoren je nach Überzeugung und Intention zusätzliches Gewicht auf so unterschiedliche Inhalte wie

---

16 Alle 40 untersuchten Universitäten verlangen *mathematische Inhalte im Grundstudium.*

17 Bezogen auf *alle* untersuchten Universitäten (Grundgesamtheit = 40). Bezogen auf diejenigen Universitäten, die *theoretische Anteile im Grundstudium* verlangen (Grundgesamtheit = 38), ergeben sich durchschnittlich 9,6 SWS (13,4%).

18 Bezogen auf *alle* untersuchten Universitäten (Grundgesamtheit = 40). Bezogen auf diejenigen Universitäten, die *mathematische Anteile im Hauptstudium* verlangen (Grundgesamtheit = 13), ergeben sich durchschnittlich 6,2 SWS (9,8%).

19 Bezogen auf *alle* untersuchten Universitäten (Grundgesamtheit = 40). Bezogen auf diejenigen Universitäten, die *theoretische Anteile im Hauptstudium* verlangen (Grundgesamtheit = 33), ergeben sich durchschnittlich 16,9 SWS (26,8%).

20 Fertigkeit hier im Sinne von *durch Übung erworbenem Können*, das häufig ohne besondere Aufmerksamkeit vollzogen werden kann.

21 Fähigkeit im Sinne der Gesamtheit *aller* zum Erbringen einer Leistung notwendigen Bedingungen. Fähigkeit in diesem Sinne beinhaltet neben den benötigten Fertigkeiten auch das Wissen um ihren Einsatz sowie die daraus resultierenden Konsequenzen.

22 Ein schönes Beispiel für eine frühe Diskussion um Abgrenzung zu Mathematik, Elektrotechnik u.a. Wissenschaften findet sich in [INFORMATIK 1971].

- »Entwicklung theoretischer Grundlagen zur Darstellung, Umwandlung, Interpretation und Klassifikation der Struktur und Organisation von Informationen und Informationsprozessen (...) zur Analyse und Gestaltung von Informationssystemen«,
- »mit Informationsprozessen verwandte Phänomene in Artefakten, Gesellschaft und Natur«,
- »Beobachtung, Methodisierung und Modellbildung auf dem Gebiet der Informationsverarbeitung und deren Kritik«,
- »Unterstützung menschlicher Fachkenntnisse und Kommunikation in technischen, ökonomischen und sozialen Bereichen« oder
- »„Maschinisierung“ intellektueller und kommunikativer Prozesse« (Quotierung i. O.),

um nur einige Beispiele zu nennen[23].

Entsprechend verwundert es nicht, daß Uneinigkeit auch darüber herrscht, welcher *Wissenschaftsrichtung* die Informatik zuzuordnen ist: Hier umfaßt das Spektrum der Meinungen so ziemlich alle denkbaren Möglichkeiten: Ingenieurwissenschaft, Strukturwissenschaft, Gestaltungswissenschaft und Technikwissenschaft, ebenso Teile der Geisteswissenschaften[24]; inhaltlich teilweise quer dazu liegen die US-amerikanischen Einordnungen »Computer Science« und »Science of Computing«.

Diese inneren Streitigkeiten ließen sich möglicherweise vernachlässigen, hätten sie nicht tiefgreifende Auswirkungen auch auf die informatische *Ausbildung*: Äußeres Anzeichen hierfür ist die Diskussion um eine Umgestaltung des Curriculums, die seit 1989 in den USA und seit 1992 auch in Deutschland[25] wieder in vollem Gange ist. Mit Blick auf diese Umgestaltung werden auf übergeordneter Ebene derzeit zwei Stränge diskutiert: Zum einen die Frage, ob sich innerhalb der Infomatik Brandmauern[26] ziehen lassen zwischen ihren Kernbereichen und deren Kontexten, und, verneint man dies[27], zum anderen die Frage um die Notwendigkeit einer Theoriebildung für die Wissenschaft Informatik, deren Aufgabe es wäre, der sozialen Wirksamkeit der Informatik und ihren technischen Umsetzungen in Forschung, Technologie und Ausbildung angemessen Rechnung zu tragen.[28]

In Deutschland mahnte die Gesellschaft für Informatik bereits 1985, daß »Auswirkungen der Informatik« sowie »Datenschutz und Datensicherheit« zur Ausbildung von Informatikern gehören und von den Universitäten im Rahmen von Studienschwerpunkten angeboten werden sollten[29], ebenso fand diese Forderung Aufnahme in die Definition der Wissenschaft Informatik[30]

---

23 In dieser Reihenfolge: K. FUCHS-KITTOWSKY (in: Informatik und Automatisierung, Berlin-Ost, 1976), zitiert nach [STEINMÜLLER 1993]); [NYGAARD 1986], Nygaard fügte später »unter formalen Aspekten« hinzu; [REICHL 1987]; Académie Française in [COY 1992]; [STEINMÜLLER 1993]. Eine ausführliche und kritische Darstellung unterschiedlicher Definitionsansätze findet sich in [STEINMÜLLER 1993].

24 Hierzu u.a. [BRAUER ET AL. 1978], [ZEMANEK 1978], [LUFT 1988], [DENNING ET AL. 1989a], [PARNAS 1990], [COY 1992a,b], [ROLF 1992], [FALCK 1992], [CAPURRO 1992].

25 Daß die US-amerikanische Debatte auch in Deutschland aufgegriffen wurde, ist vor allem L. Bonsiepen und W. Coy zu verdanken. [BONSIEPEN/COY 1992]

26 Dies versucht insbesondere E. W. DIJKSTRA: Er möchte die Gefälligkeits-Probleme (»pleasantness problems«) – hierzu zählt er die Spezifikation als frühe Phase der Software-Entwicklung, alle Anwendungs- und Gestaltungsfragen sowie gesellschaftliche Wechselwirkungen der Informatik und ihre Folgen – scharf trennen von dem Korrektheits-Problem als, wie er meint, Kern der Informatik und fordert, Informatik konsequent als VLSAL (»Very Large Scale Application of Logic«) zu unterrichten. In [DENNING ET AL. 1989a,b].

27 Vgl. hierzu auch [LUTTERBECK/MAHN 1992].

28 Die Begründung der Notwendigkeit einer Theorie der Informatik sowie eine erste skizzenhafte Darstellung ihrer Inhalte finden sich in [COY 1992a] und [COY 1992b].

29 [GI 1985]

30 Zu den traditionellen Kerngebieten der Informatik (theoretische, praktische und technische Informatik) hinzu »kommen das Gebiet Informatik und Gesellschaft, das sich mit den sozialen, kulturellen, politischen und rechtlichen Auswirkungen der Informatik befaßt, sowie ein breites Spektrum anwendungsorientierter Teildisziplinen.« [BRANDENBURG ET AL. 1990]

der bereits erwähnten Gemeinsamen Stellungnahme der Fakultätentage Elekrotechnik und Informatik, obgleich die Aufnahme dieser Forderung in die als »Friedenspapier« fungierende Stellungnahme nicht vonnöten gewesen wäre[31].

In den USA stellte die ACM/IEEE Joint Curriculum Task Force 1991 die »Computing Curricula 1991« vor, die die bis dahin bestehenden Rahmenlehrpläne um einen »social and professional context« erweiterten, in dessen Rahmen den Studierenden ethische, soziale, juristische und kulturelle Aspekte der Informatik vermittelt werden sollen, ebenso ein Verständnis der historischen Entwicklung der Disziplin[32].

Und dennoch ist der curriculare status quo an deutschen Hochschulen (wie in Abschnitt 2 ausgeführt) von mathematischen / theoretischen Schwerpunkten geprägt und die nach meinem Wissen neueste Studie zu Informatik und Gesellschaft an deutschen Hochschulen[33] weist nur an etwa der Hälfte aller deutschen Informatik-Fachbereiche überhaupt Lehre im Gebiet Informatik und Gesellschaft aus, wobei es sich in rund zwei Dritteln aller Fälle um Lehrveranstaltungen handelt, die mit nur zwei Semesterwochenstunden Feigenblattfunktion erfüllen[34].

Es ist erstaunlich, mit welcher Hartnäckigkeit sich die deutsche Informatik noch immer diesen Streitfragen insbesondere hinsichtlich ihrer Lehre verschließt, und dies trotz expliziter gegenteiliger Forderungen aus ihren eigenen sowie nahestehenden Berufsvereinigungen[35].

Diskrepanzen nach außen

In den letzten 15 Jahren durchlief der Stellenmarkt für Informatiker nach einer 1993 durch das BMBW veröffentlichten Studie[36] einen beachtlichen Wandel: Entwickelte er sich bis in die 70er Jahre hinein durchweg positiv, stieg die Zahl der arbeitslosen Computerfachleute zu Beginn der 80er Jahre merklich an, 1993 waren etwa 10.000 Computerfachleute arbeitslos. Gründe hierfür liegen zum einen darin, daß es vermehrt auch Informatik-fremden Hochschulabsolventen gelingt, auf dem informatischen Stellenmarkt Fuß zu fassen[37], zum anderen aber insbesondere darin, daß Arbeitgeber in der DV-Branche heute deutlich höhere *Anforderungen* an Berufseinsteiger stellen: Neben sehr guten fachspezifischen Kenntnissen und Praxiserfahrung sind *fachübergreifende Kompetenzen* gefordert: Wirtschaftswissenschaftliche Zusatzkenntnisse in Verbindung mit solchen über den Bereich des zukünftigen Arbeitsgebiets, sprachliche Kenntnisse, soziale Kompetenzen sowie die Fähigkeit zur Teamarbeit[38].

Zu ähnlichen Ergebnissen gelangt eine im gleichen Jahr veröffentlichte Stellenmarktanalyse auf Grundlage von knapp 40.000 ausgewerteten Stellenanzeigen[39]: Demnach haben sich neben der Forderung nach Fremdsprachen *berufsübergreifende Schlüsselqualifikationen* zum festen Bestandteil von Stelleninseraten entwickelt. Hierzu gehören Gesellschafts- und Handlungsbewußtsein, ebenso werden Verantwortungsbewußtsein und kommunikative Fähigkeiten verstärkt durch die Unternehmen nachgefragt.

Nochmals erwähnt seien in diesem Kontext die bereits eingangs genannten Forderungen aus der Wirtschaft u.a. nach Organisationswissen, Anwendungs-, Methoden-, System-, Sozial- sowie

---

31 Konsequenterweise bleibt das Gebiet Informatik und Gesellschaft in der sich anschließenden expliziten Auflistung von informatischen Kerngebieten dann auch ausgespart.

32 [TURNER ET AL 1991]

33 [LANGENHEDER ET AL. 1991]

34 Ausführlich hierzu [DOMEYER/GRUSDAT 1993].

35 Vgl. hierzu etwa die »Empfehlungen zur Integration technikübergreifender Studienanteile in das Ingenieurstudium« des VDI von 1990. Dort werden 10% technikübergreifende Studienanteile gefordert plus weitere 10% nicht-technische Anteile. Nach [DOMEYER/GRUSDAT 1993].

36 [MINKS ET AL. 1993]

37 So beispielsweise Mathematikern oder Betriebswirten mit informatischen Zusatzkenntnissen (ebd.).

38 Ebd.

39 [CDI 1993]

gesellschaftlicher Kompetenz[40].

Vor diesem Hintergrund scheint unbestreitbar, daß die derzeitige Informatik-Ausbildung nicht in der Lage ist, die aus der Wirtschaft geforderten (Zusatz-) Kenntnisse und Kompetenzen zu vermitteln. Sie lehrt – und dies schon seit Jahren – weitgehend an den aus der Praxis gestellten Anforderungen vorbei[41]. Es stellt sich die Frage, wie diesem Mißstand abzuhelfen sein könnte.

4. Bedingungen für eine informatische Berufsfähigkeit

Informatische *Berufsfähigkeit* kann nach dem bisher Gesagten also nicht ausschließlich auf erlernten Fertigkeiten beruhen, es muß (nach dem vorangehenden Abschnitt nicht nur technisches) Wissen über den Umgang mit diesen Fertigkeiten hinzukommen, welches es ermöglicht, sie im Sinne einer den Menschen respektierenden Informatik einzusetzen. Dies bedeutet nicht weniger, als daß auch informatisch Tätige im Sinne ihrer Profession *verantwortlich* handeln müssen[42].

Professionelle Verantwortung

Verantwortlichkeit als Grundkategorie des philosophischen Teilgebiets Verantwortungsethik[43] wird von dieser in Form eines mehrstelligen Relationsbegriffs definiert und umfaßt die folgenden Fragen: WER? (Verantwortungssubjekt) ist VOR WEM? (Verantwortungsinstanz) WOFÜR? (Verantwortungsobjekt) nach welchen ANFORDERUNGEN? (Werten/Normen) verantwortlich[44]? *Professionelle Verantwortung* von Informatikern bezieht sich demnach auf die Wirkungen der von ihnen geschaffenen Systeme, die sie während deren Entwicklung verursachen und durch die Menschen und deren Werte beeinflußt werden, sowie auf die Frage, ob diese Wirkungen nach geltenden Werten/Normen als *gesollt* oder *nicht gesollt* einzuschätzen sind.

Die Schwierigkeit des Begriffs der professionellen Verantwortung allerdings liegt in der Frage, *wie weit* die Wirkungen informatischer Systeme zu fassen sind, d.h. wie weit die Verantwortung von Informatikern im *konkreten* Fall reicht. Zu diesem Problem gehen die Meinungen weit auseinander: Das Spektrum reicht von der *These der Neutralität der Mittel*[45] bis hin zur sog. *Universalitätsthese*[46]. Beide Auffassungen arbeitet R. WILHELM in seiner Arbeit »Stand und Perspektiven informatischer Berufsethik« als unzulänglich heraus[47]. Er bezieht sich auf ein elementares Axiom der Verantwortungsethik, welches besagt, daß »die Verantwortung von Personen und Institutionen nicht weiter reichen kann, als ihre Handlungsmacht reicht«, daß der Verantwortungsbereich entsprechend durch die Grenzen der Handlungsmacht des Verantwortungssubjektes bestimmt ist: »Verantwortlich ist man für das, was in den *Bereich möglicher Einflußnahme* kommt.«

Insofern ergänzt WILHELM die obige Festlegung der professionellen Verantwortung von Informatikern: »Die Wirkungen eines Informatik-Systems werden nicht allein von den Informatikern, sondern auch von den Verwendern gesetzt.«, bemerkt jedoch hierzu, daß sowohl die präzise *Definition* der professionellen Verantwortung von Informatikern, als auch das Problem der

---

40 [NECKER 1994], [VDE/ZVEI 1994]

41 Vgl. hierzu auch [FUCHS-KITTOWSKI/JUNKER 1993].

42 Hierzu machte IFIP-Präsident Asbjorn Rolstadas bei der Eröffnung des 13. Weltcomputerkongresses deutlich: »Informatik ist das mächtigste Werkzeug, das die Menschen je erfunden haben. Ob dieses Werkzeug der Menschheit nutzt oder schadet, hängt allein von der Moral der Informatiker ab.« [ROLSTADAS 1994]

43 Vgl. hierzu das berühmte Buch von H. Jonas »Das Prinzip Verantwortung« [JONAS 1979].

44 Nach [WILHELM 1994]; ebenso [MAHN 1994].

45 Sie vertritt den Standpunkt, daß sich die Verantwortung von Herstellern technischer Gegenstände nur auf deren sichere Funktionsfähigkeit beziehen könne, da Entscheidungen über ihren Einsatz Sache der Gesellschaft seien. Nach [WILHELM 1994].

46 Sie besagt, daß Hersteller technischer Produkte sehr wohl für die Verwendung ihrer Produkte verantwortlich seien, da ein falscher Gebrauch einer Technik gar nicht auftreten könne, würde das technische Mittel nicht hierzu verleiten; entsprechend wären Hersteller für *alle* Wirkungen des Gebrauchs ihrer Produkte verantwortlich. Nach [WILHELM 1994]; vgl. hierzu etwa auch [SCHEFE 1992].

47 [WILHELM 1994]

Abgrenzung der Verantwortungsbereiche von Informatikern und Verwendern derzeit offene Fragen sind[48].

Unstrittig dürfte sein, daß informatische Bemühung im Grundsatz auf das Ziel ausgerichtet sein sollte, ihren *gesamtwissenschaftlichen Verantwortungsbereich* möglichst weit zu fassen und dieser hierdurch gesetzten umfassenden Verantwortungsverpflichtung auch gerecht zu werden: Je stärker die Informatik selbst ihr Augenmerk darauf richtet, professionell »gute« (i.S.v. »von der Profession verantwortbare«) Arbeit zu leisten, umso weniger wird es erforderlich sein, daß außerinformatische Instanzen regulierend in die Informatik eingreifen[49].

Kompetenzen

Der Verantwortungsbereich des *einzelnen* Informatikers ist bestimmt durch seinen *Bereich möglicher Einflußnahme* (s.o.). Dieser Bereich möglicher Einflußnahme ist nicht festgeschrieben in dem Sinne, daß er eine unveränderbare Größe wäre. Zwar sind Möglichkeiten der Einflußnahme eines einzelnen stets auch abhängig von dem Umfeld, in dem er seine informatische Tätigkeit ausführt, und als solche natürlich Einschränkungen unterworfen[50]. Andererseits jedoch ist die Größe dieses Bereichs für jeden einzelnen *grundlegend* abhängig von seinem Wissen und Können, sowie den Kompetenzen, die er in seine Arbeitssituation einbringt. Dies sind Größen, in deren Abhängigkeit die Abmessungen des Bereichs möglicher Einflußnahme variieren.

Die Ethischen Leitlinien der Gesellschaft für Informatik[51] mahnen an, daß Informatiker neben fachlicher (informatischer) Kompetenz notwendig über weitere (nicht-informatische) Kompetenzen verfügen müssen, um ihre Arbeit professionell verantwortlich ausführen zu können. Insbesondere werden drei Kompetenzen genannt:

(i) *Sachkompetenz im Anwendungsbereich*. Diese ist erforderlich, um die (Sach-) Zusammenhänge der Anwendungsinstitution sowie die Aufgaben der späteren Benutzer zu verstehen, welche in informatisch gegliederte Strukturen zu übertragen sind.

(ii) *Juristische Kompetenz*. Sie ist zum einen erforderlich, weil informatische Systeme nicht selten datenschutzrechtliche Probleme erzeugen, hier müssen Informatiker in der Lage sein, Anwender bezüglich der entsprechenden gesetzlichen Vorgaben zu beraten. Zum anderen werden weitere Rechtsgebiete in immer stärkerem Maße unmittelbar relevant für informatische Arbeit[52].

(iii) *Kommunikative Kompetenz und Urteilsfähigkeit*. Sie ist erforderlich für die Beteiligung an Gestaltungsprozessen, hier insbesondere in den vielfältigen Gesprächen und Abstimmungsverfahren im Bereich der Softwareentwicklung (von der Projektierung eines Systems bis hin zu dessen Einführung) sowie für den in den Ethischen Leitlinien geforderten interdisziplinären Diskurs im Sinne kollektiver Ethik.

Zu diesen Kompetenzen hinzukommen sollte Wissen im Umgang mit *berufsethischen Konflikten* und – ich folge hierin R. CAPURRO – nicht zuletzt auch Erprobtheit in den »alten« Tugenden

---

48 Ebd.

49 Es ist eine wesentliche These soziologischer Berufsforschung, daß die Tätigkeit professioneller Experten kontrolliert werden muß. Laien müssen davor geschützt werden, daß Professionsangehörige das fehlende Fachwissen der Laien »sozial und ökonomisch ausnutzen« [WILHELM 1994].

50 So z.B. ökonomischen Zwängen oder der konkreten (Macht-) Position in einer Hierarchie.

51 Vgl. Abschnitt 1.

52 Neben dem *Recht der technischen Sicherheit* (Rechtsvorschriften zum Schutz vor Gefahren durch den Gebrauch von Technik), dem umfangreichen *Bereich technischer Normen* und mehr und mehr auch dem *Bereich der europäischen Rechtsetzung* zählen hierzu (je nachdem, welcher inhaltlichen Konzeption man den Vorzug gibt) der Bereich des Computerrechts bzw. der des Informationsrechts:
Computerrecht: Hierzu gehören Schutz von Computerprogrammen, Urheber- und Patentrecht, Wettbewerbsrecht, Computerstrafrecht, Vertragsbeziehungen und (Produkt-) Haftungsrecht. Nach [ITR II 1994].
Informationsrecht: Es umfaßt Datennutzungsrecht (Zugang zu und Nutzung von Daten sowie Bereiche des Urheberrechts), Datenverkehrsrecht (Verhinderung von Schäden / Nachteilen durch unangemessenen Gebrauch der Datenverarbeitung) sowie Datenorganisationsrecht (Organisationsvorschriften, Kompetenzeinräumungen sowie formale Pflichten der Datenverarbeitungsanwender, insbesondere zur Datensicherung). Ebd.

Gerechtigkeit, Tapferkeit und *Besonnenheit*[53].

5. Umsetzung

Am Ende des 2. Abschnitts stand die Frage, ob das Erlernen der im Studium vermittelten Fertigkeiten per se zu einer informatischen Berufsfähigkeit führt. Vor dem Hintergrund der bislang uneingelösten Anforderungen an Informatiker (Abschnitt 3) sowie der Forderung nach einer professionell verantwortlichen Berufstätigkeit (Abschnitt 4) läßt sich diese Frage nun mit *Nein* beantworten: Das Erlernen der heute typischerweise im Studium vermittelten Fertigkeiten ist vor diesem Hintergrund *notwendig*, ihre alleinige Beherrschung aber ist *nicht hinreichend* für eine informatische Berufsfähigkeit, hierzu bedarf es wie oben ausgeführt – wenigstens der beschriebenen zusätzlichen Kompetenzen sowie des aktiven Wissens um die mit informatischer Berufstätigkeit untrennbar verbundene professionelle Verantwortung.

Die Frage ist nun, wie diese Forderungen im Rahmen des informatischen Curriculums umzusetzen sind.

Rahmenbedingungen

Unstrittig ist, daß es mit der Kenntnis der Ethischen Leitlinien allein nicht getan ist: Professionell verantwortliches Handeln kann nicht daraus resultieren, daß bekannt ist, man *solle* entsprechend handeln. Die Ethischen Leitlinien können nur als *Orientierungshilfe* dienen. Professionell verantwortlich zu handeln (und dabei möglicherweise einer Orientierungshilfe zu bedürfen) bleibt Sache jedes einzelnen Informatikers.

So wird es notwendig, den oben beschriebenen Forderungen durch eine *Umgestaltung des informatischen Curriculums* Rechnung zu tragen.

Erklärtes Ziel hierbei ist, *alle* angehenden Informatiker zu professionell verantwortungsvoll Handelnden zu erziehen, nicht nur diejenigen, die eo ipso Interesse an durch die Informatik und ihre technischen Umsetzungen aufgeworfenen sozialen und gesellschaftlichen Problembereichen mitbringen. Insofern schließt der verwendete Begriff der »Umgestaltung« die Gründung eines neuen Nebenfachs mit entsprechenden Inhalten explizit aus.

Damit steht die Informatik vor der Aufgabe, Inhalte zu benennen, die geeignet sind, anwendungsorientierte, juristische und kommunikative Kompetenz zu erwerben, ebenso ein Grundwissen darüber, was Verantwortung und professionell verantwortliches Handeln bedeutet; dies in interdisziplinärer Zusammenarbeit mit den Wissenschaften, deren Inhalte benannt werden.

In einem zweiten Schritt sind entsprechende Lehrveranstaltungen in das bestehende Pflicht-Curriculum einzugliedern, was nicht ohne Kampf vonstatten gehen wird: Die durchschnittliche Studienzeit zur Erlangung des informatischen Diploms liegt in Deutschland bei etwa 13 Semestern, und sowohl die Dauerdebatte um eine Verkürzung der Ausbildungszeiten als auch die Vorgabe der informatischen Rahmenprüfungsordnung[54] lassen eine weitere Erhöhung des Gesamtstundenumfangs nicht zu. Entsprechend wird es erforderlich sein, diejenigen Inhalte im bisherigen informatischen Pflicht-Curriculum zu straffen, die Ballast für eine informatische Berufsfähigkeit im oben beschriebenen Sinne sind[55].

---

53 [CAPURRO 1992]

54 »Das Lehrangebot erstreckt sich über acht Semester. Das Studium umfaßt Lehrveranstaltungen des Pflicht- und Wahlpflichtbereichs mit einem Gesamtstundenumfang von höchstens 170 Semesterwochenstunden ... sowie Lehrveranstaltungen nach freier Wahl des Kandidaten.« (§ 2 Abs. 3 Rahmenprüfungsordnung Informatik).

55 Um Mißverständnissen vorzubeugen: Es ist nicht Ziel dieser Argumentation, mathematisch-theoretische Inhalte aus dem Informatik-Studium zu verbannen, dies würde dem Charakter der Wissenschaft Informatik und ihren technischen Umsetzungen nicht gerecht. Entsprechende Grundlagen sollten auch weiterhin Teil des informatischen Pflicht-Curriculums bleiben; allerdings scheint mir ihr Anteil mit derzeit 38% des informatischen Fachstudiums zu hoch. Es wäre zu überlegen, entsprechende, über eine begründbare Grundlagenausbildung zu informatischer Berufsfähigkeit hinausgehende Inhalte in das bestehende Mathematik-Nebenfach bzw. die Vertiefungsrichtung Theoretische Informatik aufzunehmen.

6. Ausblick

Bereits 1978 äußerte sich H. ZEMANEK zu einer Neugestaltung der informatischen Ausbildung. In seinem Aufsatz »Entwurf und Verantwortung«[56] zieht er eine Parallele zwischen der Arbeit eines Architekten und der eines »Computerarchitekten« und läßt Vitruvius Pollio, Architekt in den Diensten von Cäsar und Augustus, zu Wort kommen mit einer Zusammenfassung dessen, was dieser für die Ausbildung zum Architekten für wesentlich hält. Diese Forderungen überträgt ZEMANEK »in moderne Sprache und die Welt des Computerentwurfs«: Der (Computer-, A. M.) Architekt sollte humanistische Erziehung haben, formale Methoden und die notwendigen Berechnungen beherrschen, die Physik gelernt haben, viel Geschichte wissen, der Philologie und Philosophie mit Aufmerksamkeit gefolgt sein, Musikverständnis haben und medizinische Kenntnisse, er sollte die Ansicht der Juristen kennen und Philosophie (mindestens Philosophie der Naturwissenschaft) studiert haben.[57]

ZEMANEK warnt, daß »Unsere Nanosekunden ... alle Beteiligten und Unbeteiligten zu dem Irrglauben (verleiten), man könnte im Computer und mit Computerhilfe auf schnellstem Wege wirken und korrigieren. Es kann zu spät werden, einen mangelhaften Entwurf zu reparieren. Es kann zu spät werden, ihn zu ersetzen. Und man kann auch in einem abstrakten Sumpf umkommen.«

Die Aufgabe einer zukünftigen Informatik-Ausbildung wird darin liegen, die DIJKSTRA'sche Brandmauer nicht nur in unserer Wissenschaft, sondern auch in den vielen Informatiker-Köpfen zu überwinden, in denen sie mittlerweile anzutreffen ist. Sie wird »Informatikern die Fähigkeit ... (vermitteln müssen), auf der Mauer kauernd in verschiedene Richtungen zu schauen«, wie J. PFLÜGER schreibt[58]. Er merkt hierzu an: »Wem das wie Hexerei vorkommt, liegt nicht so falsch. Schon immer wurde es Hexen zugeschrieben, auf dem Zaun zu hocken und an den Erfahrungen unterschiedlicher Welten teilzuhaben.«

Literatur

[BONSIEPEN/COY 1992] L. Bonsiepen, W. Coy: Eine Curriculardebatte. In: Informatik-Spektrum, Bd. 15, Heft 6, 1992.

[BRANDENBURG ET AL. 1990] F. J. Brandenburg, W. Freise, W. Görke, R. Hartenstein, P. Kühn, H. J. Schmitt: Gemeinsame Stellungnahme der Fakultätentage Elektrotechnik und Informatik zur Abstimmung ihrer Fachgebiete im Bereich Informationstechnik. In: Informatik-Spektrum, Bd. 14, Heft 3, 1991.

[BRAUER ET AL. 1978] W. Brauer, W. Haacke, S. Münch (Hrsg.): Studien- und Forschungsführer Informatik. Herausgegeben von der Gesellschaft für Mathematik und Datenverarbeitung mbH (GMD) und dem Deutschen Akademischen Austauschdienst (DAAD). Bonn 1978 (²1980).

[CAPURRO 1992] R. Capurro: Die Herausforderung der Informatik für die praktische Philosophie. In: [COY ET AL. 1992].

[CDI 1993] Computer Data Institut (CDI): CDI-Stellenmarktanalyse 1993. CDI GmbH München, 1993.

[COY 1992a] W. Coy: Informatik – Eine Disziplin im Umbruch? In: [COY ET AL. 1992].

[COY 1992b] W. Coy: Für eine Theorie der Informatik! In: [COY ET AL. 1992].

[COY ET AL. 1992] W. Coy, F. Nake, J.-M. Pflüger, A. Rolf, J. Seetzen, D. Siefkes, R. Stransfeld (Hrsg.): Sichtweisen der Informatik. Braunschweig-Wiesbaden 1992.

[DENNING ET AL.1989a] J. Cohen, P. J. Denning (Ed.), E. W. Dijkstra, M. H. van Emden, R. W. Hamming, R. M. Karp, D. L. Parnas, W. L. Scherlis, T. Winograd: A Debate on teaching Computer Science. In: Communications of the ACM, Vol. 32, 1989.

[DENNING ET AL. 1989b] D. E. Comer, P. J. Denning, D. E. Gries, M. C. Mulder, A. Tucker, A. J. Turner, P. R. Young (Eds.): Computing as a discipline. Communications of the ACM, Vol. 32, 1989.

[DOMEYER/GRUSDAT 1993] V. Domeyer, M. Grusdat: Lehre in Informatik und Gesellschaft: eine dreistündige Grundstudiumsveranstaltung – der Normalfall? In: I+G Informatik und Gesellschaft, Zeitschrift des Fachbereichs 8 der Ge-

---

56 [ZEMANEK 1978]

57 Die durchweg schlüssigen Argumente dafür, daß diese Inhalte auch in der heutigen Zeit und für »Computerarchitekten« relevant sind, müssen hier aus Platzgründen leider entfallen.

58 [PFLÜGER 1994]

sellschaft für Informatik. In: InfoTech, 5. Jg., Heft 4, 1993.

[FALCK 1992] M. Falck: Arbeit in der Organisation. In: [COY ET AL. 1992].

[FUCHS-KITTOWSKI/JUNKER 1993] K. Fuchs-Kittowski, H. Junker: Zukünftige Erwartungen an den Gestalter moderner Informationstechnologien. In: I+G Informatik und Gesellschaft, Zeitschrift des Fachbereichs 8 der Gesellschaft für Informatik. In: InfoTech, 5. Jg., Heft 4, 1993.

[GI 1985] GI-Empfehlung zur Ausbildung von Diplom-Informatikern an wissenschaftlichen Hochschulen. Mitteilungen der Gesellschaft für Informatik, 53. Folge. In: Informatik-Spektrum, Bd. 8, 1985.

[INFORMATIK 1971] Informatik. Aspekte und Studienmodelle. Symposium zur Vorbereitung einer neuen Studienrichtung in Österreich. Hrsg./Verlag: Rektorat der Technischen Hochschule Wien, Wien 1971.

[ITR II 1994] Informationstechnik und Recht II (Informationsrecht). Vorlesungsbegleitende Materialien zur gleichnahmigen Vorlesung am Fachbereich Informatik der TU Berlin, Sommersemester 1994.

[JONAS 1979] H. Jonas: Das Prinzip Verantwortung. Versuch einer Ethik für die technologische Zivilisation. Frankfurt/Main 1979.

[LANGENHEDER ET AL. 1991] W. Langenheder, G. Müller, F. Stoll: Informatik und Gesellschaft an deutschen Hochschulen. Übersicht über Lehrveranstaltungen. Bericht für die SEL-Stiftung, Stuttgart. Institut für Informatik und Gesellschaft an der Albert-Ludwig-Universität Freiburg, Freiburg 1991.

[LUFT 1988] A. Luft: Informatik als Technik-Wissenschaft. Eine Orientierungshilfe für das Informatik-Studium. BI-Wissenschaftsverlag, Mannheim 1988.

[LUTTERBECK/MAHN 1992] B. Lutterbeck, A. Mahn: Über die Vorschule informatischen Denkens. Unveröffentlichtes Manuskript zum dritten Arbeitstreffen des GI-Arbeitskreises »Theorie der Informatik«, Bederkesa bei Bremen, 1992.

[MAHN 1994] Propädeutikum der Informatik – Grundzüge einer Computerethik. Einführungspapier zu der gleichnamigen Veranstaltung am Fachbereich Informatik der Technischen Universität Berlin im Sommersemester 1994.

[MINKS ET AL. 1993] K.-H. Minks, G.-W. Bathke, B. Filaretow: Absolventenreport Informatik. Reihe Bildung-Wissenschaft-Aktuell, 16/93. Bundesministerium für Bildung und Wissenschaft (Hrsg.), Bonn 1993.

[NECKER 1994] T. Necker: Die Informatik muß sich stärker den Anwendungen stellen: Interview der Zeitschrift des Verbandes Hochschule und Wissenschaft im Deutschen Beamtenbund (VHW-Mitteilungen) mit Tyll Necker, dem Präsidenten a. D. des Bundesverbandes der deutschen Industrie (BDI). 19. Jg., Heft 3/94.

[NYGAARD 1986] K. Nygaard: Program Development as a Social Activity. In: H.-J. Kugler (Hrsg.): Information Processing 86. Proceedings of the 10th IFIP World Computer Congress '86, Dublin. Amsterdam, 1986.

[PARNAS 1990] D. L. Parnas: Education for Computing Professionals. In: IEEE Computer, Vol. 23, Number 1, 1990.

[PFLÜGER 1994] J.-M. Pflüger: Informatik auf der Mauer. In: Informatik-Spektrum, Bd.17, Heft 4, 1994.

[REICHL 1987] F. Reichl: Studienrichtung Informatik. Ordinariatsbeschreibungen. In: Informatik Forum, 2. Jg., Heft 1, 1987.

[ROLF 1992] A. Rolf: Sichtwechsel – Informatik als gezähmte Gestaltungswissenschaft. In: [COY ET AL. 1992].

[ROLSTADAS 1994] Abgedruckt in: Springer-Verlag GmbH & Co. KG, Gesellschaft für Informatik e.V. (Hrsg.): Informatik-Magazin, Heft 6, 1994.

[SCHEFE 1992] P. Schefe: Theorie oder Aufklärung. Zum Problem einer ethischen Fundierung informatischen Handelns. In: [COY 1992].

[STEINMÜLLER 1993] W. Steinmüller: Informationstechnologie und Gesellschaft. Einführung in die Angewandte Informatik. Darmstadt: Wissenschaftliche Buchgesellschaft 1993.

[TURNER ET AL 1991] A. J. Turner, Chair of the ACM/IEEE Joint Curriculum Task Force: Computing Curricula 1991. In: Communications of the ACM, Vol. 34, 1991.

[VDE/ZVEI 1994] Ausschuß Ingenierausbildung des VDE, Ausschuß Berufsbildung des ZVEI: Der Strukturwandel in der Elektroindustrie – Auswirkungen auf die Ingenieurausbildung. Diskussionspapier des Verbandes Deutscher Elektrotechniker e.V. (VDE) und des Zentralverbandes Elektrotechnik- und Elektronikindustrie e.V. (ZVEI), überarbeiteter Entwurf vom 31.8.1994, Frankfurt/Main.

[WILHELM 1994] R. Wilhelm: Stand und Perspektiven informatischer Berufsethik. Dissertation am Fachbereich Informatik der Technischen Universität Berlin. Berlin 1994.

[ZEMANEK 1978] H. Zemanek: Entwurf und Verantwortung. In: IBM-Nachrichten, 28. Jg., Heft 241, 1978.

"Welchen Wert haben theoretische Grundlagen in der Berufspraxis? Was Theorie leisten kann und soll."

Universalismus, Abstraktion und Modellbildung in der Informatik

Britta Schinzel

Unter Theorie verstehen wir in der Informatik gemeinhin die mathematischen (logischen algebraischen, kombinatorischen) Modellbildungen, deren sich die Informatik bedient, und ihre Prozessierung in Algorithmen, auf Automaten, Rechnern, sowie deren Erfassung und Beobachtung in semantischer (für den Korrektheitsnachweis) und komplexitätstheoretischer Hinsicht (zur Abschätzung der Ressourcenfragen).

Dazu gehört auch die Fundierung der o.g. Elemente in der Mathematik.[1]

Zunächst möchte ich skizzieren, welchen Wert die theoretische Informatik für die Professionalisierung der Disziplin insgesamt und so auch vermittelt für die informatische Praxis hat. Dann gehe ich auf den methodischen Universalismus der Informatik für die verschiedensten

[1] Ergänzungswürdig erscheint eine solche Theorieauffassung nach W. Coy [W. Coy et al (Hrsg.): Sichtweisen der Informatik, Vieweg, Braunschweig, 1992] in Hinsicht auf geistes- und gesellschaftswissenschaftliche Fundierungen der Begrifflichkeiten und Objekte der Informatik deshalb, weil die Informatik im Unterschied zur Mathematik ihre Erkenntnisgegenstände und Problemlösungen in der sozialen Realität (z.B. von Arbeit, Freizeit und Organisationen) plaziert, wo sie nicht nur die abstrakten formalen Bedeutungen, sondern auch gegenständliche Bedeutungen in der realen Welt, umgangssprachliche Bedeutungen im sozialen Leben erlangen. Da informatische Begriffe, wie Programm, Daten, Abstraktion, Information, Dämonen u.s.w. in verschiedensten Bedeutungen gebraucht werden, erscheint eine Fundierung z.B. zur sprachlichen Vereinheitlichung und zur Kommunikationsfähigkeit notwendig. Mehr noch erweisen sich Sprachschöpfungen zur Kommunikation und zur Dokumentation der abstrakten informatischen Objekte, vor allem jener neuen Begriffe, die über die Benutzungsschnittstellen an Anwender übergeben werden, als unverzichtbar, und sie tauchen auch laufend neu auf, sind semantisch diffus, erfahren Bedeutungsverschiebungen. Da sie mit performativen Wirkungen verknüpft sind, führen solche Kontingenzen zu erheblichen Reibungen und Zerrungen in den IT einbettenden Zusammenhängen.
So wird eine (geisteswissenschaftliche) Theorie des Formalen immer wichtiger für die Praxis.

Anwendungen ein, um einen Einblick in die Grenzen der informatischen Problemlösungsfähigkeiten zu gewinnen. Schließlich werden kurz für die Professionalisierung der InformatikerInnen notwendige Fähigkeiten angesprochen, die auch über die formalen, theoretischen hinausgehen.

I. Probleme der Disziplin Informatik

1. Dynamik der Entwicklung

Als Wissenschaftsdisziplin hat sich die Informatik in der kurzen Zeit ihres Bestehens enorm verändert und ausgeweitet. Die Dynamik der Entwicklung in der Informatik und in der Software und Hardware führt zu dem rasch verfallenden aktuellen Wissen in der Informatik. Programmierparadigmen, Programmiersprachen, Software, Hardware, Umgebungen, Betriebssysteme usw. wechseln mit großer Geschwindigkeit und bilden vergängliches, stets neu zu erarbeitendes Wissen.

Anders als die Mathematik hat die junge Informatik bereits mit dem Problem des Historischen, Gewachsenen der Technik zu kämpfen: Altlasten verhindern die Umsetzung der Innovationen aus Forschung und Entwicklung in die Software-Praxis, da die Anbindungen an das Bestehende nicht umstandslos und schonend genug (Brüche erzeugen Instabilitäten und Fehler) gelingen.

Die Entwicklungsdynamik ist so groß, daß man von "Halbwertszeiten" des Verfalls von Studieninhalten innerhalb von 5 Jahren spricht. Dazu haben die rasante Entwicklung und Verbreitung der Informations- und Kommunikationstechnologien in der Praxis beigetragen und die Tatsache, daβ die Informatik in immer neue und breitere Anwendungsbereiche eindringt.[2]

2

Auch wegen dieses stark expansiven Charakters ist nach W. Coy [s.a.a.O.] eine geisteswiss. Fundierung der Informatik unbedingt nötig, da sich so die Frage nach der durch die Wissenschaft Informatik leistbaren Integration von technischen, geistes- und gesellschaftswissenschaftlichen Grundlagen und Grundannahmen, also die Frage nach ihren wissenschaftlichen Fähigkeiten und Grenzen (sachlich, methodisch, verantwortbarer Einsatz) verschärft.

Bisher ist es der Informatik jedoch nicht gelungen, die Vielfalt von Wissensgebieten, die durch sie berührt werden, interdisziplinär mit sich zu verknüpfen. Vielmehr hat sie bisher auf die Anforderungen aus verschiedenen Praxisbereichen sowie auf die Diskussion um die Folgen des Computereinsatzes mit der teilweisen Integration von Wissenschaftsinhalten aus anderen Disziplinen reagiert. Im Ergebnis zeigt sich, daß es ihr zunehmend schwerer fällt, ihre Grenzen zu finden. Gleichzeitig aber fehlt ihr, auch aus den o.g. Gründen, ein stabiles Zentrum.

2. Kern der Informatik und Professionalisierung

Sicher ist der Rechner medialer Angelpunkt der Informatik, doch ist er keineswegs inhaltlich zentral. Die Softwareproduktion steht zwar im Mittelpunkt, aber gerade sie ist sehr stark der Veränderung, fast möchte ich sagen, Moden unterworfen und methodisch noch nicht zufriedenstellend ausgereift, daß sie einen auch nur halbwegs stabilen Bereich der Informatik bildete. Zur Herstellung von Wissensmonopolen für die Professionalisierung müßte sich so etwas wie ein invarianter Kern an Erkenntnisinteressen, Methoden, Begriffen und Konzepten herausschälen und unabhängig von der raschen Entwicklung bewahren lassen, wenn das Fach in seiner jetzigen Struktur überdauern will. Es erhebt sich somit die Frage, was den unveränderlichen Kern der Informatik darstellt, sowohl mit Bezug auf die Erkenntnisinteressen als auch bezüglich der Stabilität.

II. Theorie als stabiler Kern

Invarianten informatischen Wissens zeigen sich aber doch im Bereich der Theorie: große Teile der theoretischen Informatik bilden gleichbleibendes Grundwissen, das zwar auch noch verschiedenen Moden, Schulen und unterschiedlichen Bewertungen unterworfen ist, wovon dennoch große Teile zur Professionalität von InformatikerInnen beitragen. Prinzipielle Ergebnisse der Automatentheorie und der formalen Sprachen, der Rekursionstheorie, der klassischen und nichtklassischen Logiken, der Semantik von Programmiersprachen, der Komplexitätstheorie, Algorithmentheorie und der konkreten Algorithmen und ihrer Komplexitätslokalisierung sind festes Grundwissen der Informatik, das immer wieder und an den verschiedensten Stellen gebraucht wird und damit zum Grundwissen der Informatikausbildung

gehört. (1, 4)
Werden aber theoretische Grundlagen im Studium nicht ausreichend vermittelt und erlernt, so sind sie ex post in der betrieblichen Praxis kaum mehr nachzuholen. (1, 2, 4)
Theoretische Informatik bildet somit eine Invariante und gehört damit zum unveränderlichen, wenn auch zu erweiternden Kern der Informatik.
Doch nicht nur für die Lehre, auch für die Forschung kommen Desiderate an Theorie-Entwicklung aus der Praxis der Softwareproduktion. Erweiterungen der theoretischen Basis sind unverzichtbar notwendig z.B. für bessere Verifikationsmethoden, sauberere semantische Durchdringung der informatischen Modellbildungen und Sprachen, etc.
Auch die theoretische Informatik ist also noch nicht ausgereift. Für Basisprobleme der Informatik existieren noch keine theoretischen Lösungen (auch wenn sie nicht im Bereich der Unmöglichkeit durch Ressourcenüberschreitung liegen), viele Theorie-Teile leben unverbunden und unvereinbar nebeneinander, ohne daß eine Einordnung oder Bewertung aus praktischer Sicht geleistet wäre (z.B. die verschiedenen Theorien zum Lernen).

III. Professionalisierung durch Theorie

Die theoretisch-logische Durchdringung informatischer Methoden und Modellbildungen wird im Zuge der Professionalisierung immer wichtiger für die informatische Praxis.
Dies sieht man an Qualitätssprüngen in vielen Bereichen: der zunehmenden mathematischen Durchdringung von Chipdesign und Rechnerarchitektur, sowie deren Fehlererkennung und Verifikation, der logischen Fundierung der Semantik in den Bereichen Programmiersprachen und Übersetzer, Datenbanken, KI, u.s.w. Es scheint, daß im Bereich der Qualitätssicherung, der Spezifikation und der partiellen Verifikation besonders für sicherheitskritische Bereiche sich bessere theoretische Methoden entwickeln und durchzusetzen beginnen.
Theoretische Durchdringung hilft auch (aber natürlich nicht nur) zur Erfüllung der Anforderungen an informatische Problemlösungen aus Sicht einer sozialverträglichen Technikgestaltung:
Genaue Spezifikation, saubere Modellierung mit klarer Semantik erleichtern (im Gegensatz zum munteren Drauflosprogrammieren) partielle Korrektheitseinblicke, die Transparenz und das Erkennen der Grenzen eines Systems und sind damit Grundvoraussetzung für Konsistenz und

Vollständigkeit, Erklärungsfähigkeit des Systems, die Nachvollziehbarkeit der Systemantworten durch den Benutzer und gute Dokumentationen.

All diese Eigenschaften sind notwendige (wenn auch keinesfalls hinreichende) Bedingungen zur Verbesserung der durch das Wort "dauernde Softwarekrise" beschriebenen Situation der Softwarepraxis.

IV. Methodischer Universalismus

In Analogie zu mathematischen Grundlagen haben auch die theoretisch-informatischen Gebiete universalistische Eigenschaften: sie sind verhältnismäßig unabhängig vom Konkreten in dem formalisierenden Fach Informatik und in seiner Softwareerstellung einsetzbar. Da die Methoden der Abstraktion und Modellbildung, wie der Algorithmisierung in allen Anwendungen sinnvoll sein können, ist die Einübung in diese Methodik unabhängig vom Anwendungskontext notwendig.

Diese Eigenschaft der Abstraktion ins Formale, Sinnentleerte (im Sinne der Herkunft der Probleme aus der realen Welt, nicht im Sinne etwa einer wahrheitsfunktionalen Semantik) erlaubt erst die uniforme Anwendbarkeit informatischer Problemlösungen in den verschiedensten Kontexten und Wissensbereichen.[3] In vielen Anwendungsbereichen werden allerdings durchaus spezifische Methoden entwickelt, so etwa in Mustererkennung und Robotik und in anderen Bereichen der KI.

Die Anwendbarkeit und die wirkliche Plazierung der informatischen Problemlösungen in der realen Welt unterscheidet die Informatik von der Mathematik. Dies macht auch den Unterschied bei der Frage nach den Erkenntnisinteressen der Informatik aus: sind jene der Mathematik in Eigenschaften, Bedeutungsfülle und deren Konsequenzen für die beweisbaren Strukturen der von ihr selbst geschaffenen mathematischen Sprache zu suchen, so genügt eine solche Bestimmung für die Informatik nicht. Hier wird der Bereich des Formalen überschritten zum Konkreten

---

[3] Es gehört allerdings zu den professionalisierten Defiziten der InformatikerInnen, die Anbindungen solcher formalisierter Problemlösungen an die Anwendungskontexte nicht oder zu wenig zu berücksichtigen. Mit der Entwicklung von Benutzungsschnittstellen hat hier ein Umdenken zwar eingesetzt, aber es betrifft zunächst nur die Oberfläche der Verbindung Formales/Nichtformales.

sozialer und technischer Semantiken. Erkennnisinteressen also hat die Informatik so auch in den erwähnten konkreten Anwendungsbereichen, aber mehr noch in der Beurteilung und Behandlung der Grenze bzw. der Lücke zwischen Formalem und dem Nichtformalem, der weichen, fließenden Realität des Sozialen, der Organisationen, der Arbeit u.s.w., in der sie ihre Produkte plaziert

V. Erkennen der Grenzen der Machbarkeit mit informatischen Mitteln

Eine wichtige indirekte Wirkung der Ergebnisse der theoretischen Informatik liegt für die Studierenden in dem Erkennen des universellen Teils der Einschränkung der Machbarkeit mit Hilfe informatischer, formalisierender Methoden. Dies wird durch die Ergebnisse der Logik, der Komplexitätstheorie und der Algorithmenanalyse deutlich. Die Gödelschen Unentscheidbarkeitsresultate lassen sich für eine große Zahl grundlegender informatischer Probleme durchziehen (wie z.B. die allgemeine (uniforme) Frage der Erreichbarkeit irgendeines Programmteils in einem oder jedem Programmlauf). Auch wenn entscheidbar, so sind selbst einfache Fragen der Erfüllbarkeit einer aussagenlogischen Formel, des scheduling oder von kürzesten Wegen u.dgl., uniform gestellt, nicht sequentiell ausführbar auf von Neumann-Rechnern mit verfügbaren Ressourcen an Zeit und Hardware. Auch für parallele und verteilte Systeme sind viele Aufgaben nicht effizienter lösbar als sequentiell.

Dies alles sollte die Studierenden an die Eingeschränktheit ihrer methodischen Möglichkeiten erinnern und sie von allzu großen universalistischen Problemlösungsversuchen abhalten. Solche Ergebnisse und Forschungen können auch dem weitverbreiteten, durch Unkenntnis und z.B. durch Versprechungen der KI (harte und weiche KI-These) genährten Allmachbarkeitswahn entgegenwirken. (3)

Dies sind allerdings keineswegs die einzigen Grenzen, vor die sich informatische Problemlösungsversuche gestellt sehen: z.B. entstehen mit Software grundsätzliche Probleme, die sich weder durch bessere Theorie noch durch besseres engineering weggestalten lassen. Diese haben mit dem Gegensatz zwischen Formalem bzw. Formalisiertem und der Einbettung der Formalismen in nichformalisierbare Zusammenhänge, wie dies soziale Strukturen,

Arbeitsumgebungen und Organisationen sind, zu tun. Durch eindeutige deterministische Problemlösungen entstehen feste Verbindungen in einer veränderlichen Umwelt, welche die Veränderung behindern ("Softwarezement"). Diese Gegensätze sind der Informatik inhärent. Es gibt jedoch verschiedene Formen und Möglichkeiten, mit diesen Widersprüchen umzugehen, z.B. Software vorwiegend für Routinen und wenig für veränderliche Strukturen einzusetzen, kleine austauschbare Systeme zu entwickeln, oder dynamische, adaptierbare, situationsorientierte Benutzungsschnittstellen einzubauen, oder sei es auch, im Einzelfall von einer informationstechnischen Problemlösung einmal Abstand zu nehmen.
Darüber hinaus setzen die kognitiven Schwierigkeiten des Menschen, mit unvorstellbaren Größen, diskreten Phänomenen (z.B. Nichtrobustheit) und komplexen Strukturen (z.B. des Zusammenspiels der Wirkungen von Teilen von Programmen, der Unverständlichkeit der Wirkung stark rekursiver Programmstücke) explizit umzugehen, der Durchschaubarkeit und damit Kontrollierbarkeit (denn nie läßt sich alles automatisch kontrollieren) und dem Verständnis der Abläufe und Folgen enge Grenzen.
Gerade dadurch ist die Informatik als Technik eine radikale Neuheit und diese, so Dijkstra, sollte nicht verniedlicht, sondern die Fremdheit sollte gelehrt werden.

VI. Entwicklung notwendiger Fähigkeiten

Die Qualitätskriterien für das Studium müssen in der Professionalisierung des Fachs und in der informatischen Praxis gesucht werden. Dabei muß auch dem äußerst dynamischen Charakter der Informatik Rechnung getragen werden, letzterem möglicherweise dadurch, daß es selbst als Teil eines Prozesses konzipiert wird. Ein Studium der Informatik sollte nicht nur Wissen und Fertigkeiten vermitteln, vielmehr sollten diese Inhalte und Methoden Transportmittel zum Erwerb bestimmter Fähigkeiten sein. Ausgangspunkt für die Ausbildung müssen jene Kenntnisse, Fähigkeiten und Fertigkeiten sein, mit denen die Absolventen den Anforderungen ihres Berufes gerecht werden können. Welche dies sein sollten und wie sie vermittelt werden können, dies anzudenken machte sich eine Diskussion der Tagung "Theorie der Informatik" in

Bederkesa 1993 zur Aufgabe. [4]

Zu diesen Fähigkeiten gehört die Fähigkeit der Abstraktion, der möglichst adäquaten formalen Modellbildung und der möglichst effizienten Algorithmisierung aus den o.g. Gründen, welche gerade in den theoretischen Fächern geübt werden.

Zu diesen Fähigkeiten gehören aber weiter und unter anderem
- die Fähigkeit, in Zusammenhängen zu denken und Gesamtsichten zu erwerben
- nicht zwanghaft nach Lösungen zu suchen, sondern auch abschätzen zu können, ob und wann die Lösung eines Problems außerhalb des eigenen Könnens oder des eigenen Fachgebietes liegt
- Widersprüche und Konflikte erkennen und aushalten zu können
- kommunikative Kompetenzen und Selbstreflexionsfähigkeit zu erwerben
- eine Streitkultur zu entwickeln, um Positionen zu finden, die es erlauben, allein und gemeinsam Verantwortung wahrnehmen zu können.

Leider verstellt die Einübung und Fixierung aufs Formale und die informatischen Kompetenzen im engeren Sinne oft den Blick auf gerade diese so notwendigen sprachlichen und kommunikativen Kompetenzen und führt so zu defizitären informatischen Produkten und damit auch zu einem volkswirtschaftlichen Schaden. [5]

---

[4] Dabei waren folgende Fragen leitend:
1. Wie muß ein Curriculum verändert werden, damit Formalisieren als sinnvoller Prozeß gelehrt werden kann?
2. Wie muß ein Curriculum verändert werden, damit die spezifischen Interessen von Frauen berücksichtigt werden?
3. Wie sollen Studierende ausgebildet werden, damit sie den Einsatz von Computern in Arbeitszusammenhängen gut gestalten können?
4. Wie sollen Studierende ausgebildet werden, damit sie ihre Verantwortung wahrnehmen können?

[5] Empirische Untersuchen aber haben gezeigt, daß über zwei Drittel der Arbeitszeit von Software-EntwicklerInnen aus Kommunikation besteht

Welche Theorie-Inhalte müssen in der Lehrerausbildung vermittelt werden?

Sigrid Schubert

Technische Universität Chemnitz-Zwickau
Fakultät für Informatik
D-09107 Chemnitz
S.Schubert@informatik.tu-chemnitz.de

Zusammenfassung. Die Entwicklung der Lehrdisziplin Informatik aus der Fachwissenschaft und parallel zu dieser erhält neue Impulse durch die Anforderungen zur Lehrerausbildung. Das „kleine Diplom" für Lehrer hat sich ebensowenig bewährt wie der „theoriescheue Autodidakt". Deshalb wird die Bedeutung der theoretischen Grundlagen für das Berufbild des Informatiklehrers und für die Schulinformatik mit dem Ziel untersucht, daraus Bildungskonsequenzen abzuleiten, die in den Lehramtsstudiengängen umgesetzt werden können.

1 Einleitung

Wenn im folgenden von Schülern, Lehrern, Studenten, Professoren, Informatikern usw. die Rede ist, so sind stets Mädchen und Jungen, Frauen und Männer gemeint. Lehrer mit langjähriger Erfahrung zum Informatikunterricht in der Sekundarstufe I und II klagen über die fehlenden zeitbeständigen Unterrichtsinhalte [Pesc89]. Diese Beständigkeit kann durch stärkere Orientierung an den theoretischen Grundlagen erzielt werden [Schu91]. Der vorliegende Artikel möchte einen Weg aus der unbefriedigenden Situation weisen und für mehr Theorieverständnis plädieren. Tatsächlich ist die Mehrzahl der existierenden Lehrpläne so interpretierbar, daß die theoretischen Grundlagen der Informatik sehr vernachlässigt werden. Als extremes Beispiel sei der sächsische Lehrplan angeführt, der für den Abschluß der Klasse 12 [SMKu92] plötzlich die Behandlung des Halteproblems vorsieht, um die Möglichkeiten und Grenzen der Informatik darzustellen. Für die Schüler entsteht nach vier Kurshalbjahren so kurz vor dem Abitur der Eindruck, daß dieses Wissen bisher offenbar nicht notwendig war, also auch insgesamt keine wesentliche Rolle spielen kann. Gerne werden Zeitgründe von den Lehrern angegeben, die sie auf diesen komplizierten Lehrabschnitt verzichten lassen. Die wahren Gründe liegen in der unzureichenden Vorbereitung der Lehrer auf das Unterrichten solcher theoretischer Grundlagen [Clau93] und in der gerade erst begonnenen Transformation der Fachwissenschaft in die zugehörige Lehrdisziplin Informatik, die eine wissenschaftliche Strukturierung der Schulinformatik ermöglicht. Das Lehrgebiet Theoretische Informatik hat bei den Lehramtsstudenten den Ruf, besonders kompliziert zu sein. Es erwies sich deshalb als notwendig, die Nützlichkeit dieses Faches für den Beruf des Informatiklehrers aufzuzeigen, um Motivation und Ausdauer für die Beschäftigung mit diesem anspruchsvollem Inhalt zu entwickeln. Dazu wurden viele Verweise auf andere Lehrgebiete genutzt.

2 Berufliche Anforderungen

Die beruflichen Anforderungen, die sachlogischen Zusammenhänge des Faches und dessen typische Tätigkeitsstrukturen sowie die Erfordernisse eines Studienprozesses stellen Auswahlprinzipien mit Filterfunktion für den Lehrstoff und die Bestimmung des Grades seiner Beherrschung dar. Der Lehrstoff läßt sich in Komponenten gliedern:

- Definitionen, Sätze, Beweisideen,
- Verfahren (Algorithmen und Heuristiken),
- Bewertungskriterien,
- Modelle,
- Strukturen,
- Perspektiven.

Jede didaktisch gültige Auswahl aus diesem Spektrum liefert die erforderliche Fachkompetenz einer bestimmten Zielgruppe.
Der Grad der Beherrschung kann unterteilt werden in Werte wie informiert sein, kennen, beherrschen, weiterentwickeln können. Daraus ergibt sich der Aktionsradius des Lernenden, der zeigt, wie er mit dem erworbenen Wissen und Können umgehen kann. Zu dieser Fachkompetenz gehören außerdem Methodenkompetenz (z.B. allgemeine Problemlösefähigkeit, Metawissen über das Lernen) [Ande89] und Sozialkompetenz (z.B. allgemeine Kommunikationsfähigkeit, Orientierung an Werten und Normen). Die beruflichen Anforderungen ermöglichen die Beantwortung der Frage: „Was benötigt man von der Theorie in der Praxis?“ Folgendes Vorgehen hat sich bewährt. Den Ausgangspunkt bildet eine Prognose (Analyse) der zukünftigen Anforderungen an Schüler, die dann zu den Zielen der Allgemeinbildung zusammengefaßt werden (Synthese) [Klaf91], [BuHe87]. Daraus wiederum und aus den Möglichkeiten der Wissenschaft Informatik kann der Beitrag des Schulfaches Informatik abgeleitet werden. Dessen Ziele, Inhalte und Lehrmethoden lassen die klare Abgrenzung der beruflichen Anforderungen an Informatiklehrer zu. Aber hier stockt der Entwicklungsprozeß, da die Transformation der Wissenschaftsdisziplin Informatik (Fach) in die Schulinformatik (Schulfach) erst allmählich Konturen zeigt. Deshalb wird im dritten Abschnitt darauf begründend eingegangen. An dieser Stelle wird aus dem Vergleich mit anderen Schulfächern die These gewonnen, daß das Beherrschen der theoretischen Grundlagen, das Kennen von Anwendungsbeispielen und das Weiterentwickeln der Schulinformatik bei den beruflichen Anforderungen im Vordergrund stehen. Dabei bildet die Verbindung der theoretischen Grundlagen mit erläuternden Anwendungsbeispielen den Schwerpunkt der Lehrtätigkeit. Damit wird auch verständlich, warum Schulwissen die größere Beständigkeit besitzt im Vergleich zum Hochschulwissen und zum beruflichen Fachwissen. Nach diesen analysierenden Vorüberlegungen wird es möglich, die Hierarchie der Grobziele für die

Lehrerausbildung zu bestimmen.
Die Lehrbefähigung resultiert aus:

Fachwissenschaft mit dem Ziel der **Transparenz von Informatikprozessen** basierend auf Plänen, Sprachen, Systemen	und	Fachdidaktik mit dem Ziel der Entwicklung von **Lehrsequenzen** und **Lehrbeispielen.**

Dabei führt die inhaltliche Linie von elementaren Lösungsbausteinen bis zu berufsspezifischen Problemlösungen. Für den Studienprozeß ist die selbständige Anwendung der wissenschaftlichen Methoden charakteristisch.

3 Theoretische Fundierung der Schulinformatik

Die Auseinandersetzung um Bildungskern und Linienführung des Schulfaches Informatik wird sehr heftig geführt, aber nicht unbedingt effizient. Als Hindernis hat sich eine Pseudotheorie der Informatik erwiesen, die das Entwickeln kleiner und größerer Pascalprogramme zum Mittelpunkt des Schulfaches erklärt [KMKo91]. Einen Ausweg aus dieser Sackgasse zeigte Schwill [Schw93], indem er exemplarisch aus dem Software–Entwicklungsprozeß die fundamentalen Ideen begründet ableitete und deren Lehrbarkeit auf jedem Schulniveau zeigte. Dahinter verbirgt sich die Hypothese, daß die Software-Entwicklung das allgemeinbildende Kernstück der Fachwissenschaft Informatik darstellt und deshalb zur Strukturierung des gleichnamigen Schulfaches geeignet ist. Ein solcher Nachweis wurde bisher nicht erbracht. Einen möglichen Zugang zur theoretischen Fundierung der Schulinformatik bildet der neue Typ des Aufgabenlösens (Arbeitsteilung zwischen Mensch und Informatiksystem). Dabei erhalten Lösungsplanung und Mensch–Maschine– Kommunikation einen deutlich höheren Stellenwert, da die traditionelle Ausführung automatisierbar wird. Der Mensch übernimmt es, Systeme, Pläne und Parameter problemgerecht auszuwählen und die Lösungsvarianten des Systems zu interpretieren, zu bewerten und zu verantworten. Zwischen Anfangs– und Zielzustand dieses Prozesses liegt eine mehr oder weniger komplexe Mensch–Maschine–Kommunikation, um:

- Zielvorstellungen zu Plänen zu verdichten,
- Lösungsmodelle auszuwählen,
- Systeme zu steuern,
- Interpretation und Verifikation der Ergebnisse zu sichern.

Die Frage: „Was ist und was kann Informatik?“, wird dann in drei inhaltlichen Strukturlinien, den **Leitlinien des Schulfaches**, beantwortet. Solche Leitlinien kennzeichnen die Struktur des Inhalts, fördern die Überschaubarkeit und betonen das Wesentliche.

I. Pläne: Was ist möglich? Was wird gemacht?
Lösungsmodelle – Berechenbarkeit – Algorithmen und Heuristiken
Hier wird geklärt, welche Eigenschaften Probleme besitzen müssen, um mit Informatiksystemen gelöst zu werden. Außerdem wird begründet, daß die Komplexität auch einfach beschreibbarer Probleme deren Lösung verhindert. Die Bestimmung von Aufgabenklassen wird an Beispielen erläutert. Als Klassifikationsmerkmale kommen wiederum die Komplexität oder Analogien in der Lösungsstruktur in Frage. Die Begriffe „berechenbar", „entscheidbar" und „akzeptierbar" werden von der naiven Einführung bis zur modellbasierten Definition systematisch aufgebaut. Dadurch wird die Rationalisierung geistiger Arbeit begründbar, und die Beurteilung der Auswirkungen erhält ein fachliches Fundament. Die Transformation einer Problembeschreibung in eine andere kann demonstriert werden, um die Einordnung unbekannter Probleme in bekannte Klassen zu ermöglichen. Das Aufzeigen innerer Gesetzmäßigkeiten eines Problems führt zum geeigneten Lösungsmodell. Grob- und Feinpläne können strukturiert, exemplarisch verifiziert und auf ihre Komplexität hin analysiert werden.
II. Kommunikation: Wie kann man sich verständigen und etwas darstellen?
Sprachen und Grammatiken (Sprachklassen)
Die exemplarische Behandlung von Entwurfs–, Programmier– und Dialogsprachen gehört in diese Linie, um Objekte erzeugen, verbinden und verwalten zu können. Kommunikationsprotokolle sind zu analysieren mit dem Ziel, Verständnis für typische Strukturen und Situationen der Mensch–Maschine–Kommunikation zu entwickeln. Syntax und Semantik sind ebenso wie der Begriff der Grammatik im Kontext der Informatik zu behandeln. Leichtere Aufgaben, wie das Bereitstellen von Parametern, das Beantworten von Systemfragen, wechseln sich ab mit anspruchsvollen Aufgaben wie dem Interpretieren, Vergleichen und Beurteilen von Ergebnissen in Abhängigkeit von der jeweiligen Zielvorstellung.
III. Systeme: Wie funktionieren die verarbeitenden Informatiksysteme?
Hard- und Softwaremodelle (Werkzeuge)
Die Modellierung von Umweltausschnitten in Informatiksystemen und die daraus resultierenden Werkzeuge können bis zu den Basisoperationen betrachtet werden. Wenn diese Prinzipien verstanden wurden, sind Kriterien formulierbar, die die Auswahl des richtigen Systems für die Lösung des jeweiligen Problems ermöglichen. Die Automatenmodelle und speziell das Zustandsraummodell unterstützen die Transparenz komplexer Systeme sowohl im Hardware– als auch im Software–Bereich. Das Halteproblem kann mit Hilfe des allgemeinen Prinzips der Diagonalisierung nachgewiesen werden. Das Übersetzen von Plänen in Sequenzen von Basisoperationen wird als typische Systemeigenschaft erkannt. Auch einfache Nutzungsaufgaben, wie das Steuern der ausgewählten Funktionen, die Aktualisierung und Speicherung von Informationen, gehören in diese Linie. Die Vernetzung von Systemen und die Erfordernisse der Informationssicherheit erweitern die Grundvorstellungen.

4 Bildungskonsequenzen für Informatik–Lehrkräfte

Folgt man den vorgestellten Überlegungen zum Berufsbild (bzw. Schulfach), dann zeigt sich, daß Diplominformatiker und Informatiklehrer sich besonders in den Ausbildungszielen zur Programmierungs– und Software–Technik unterscheiden, aber in den theoretischen Grundlagen übereinstimmen. Das Lehramt erfordert keine Systementwickler, auch keine professionellen Programmierer, sehr wohl aber Experten, die Transparenz in Informatikprozesse bringen können. Der Nachteil liegt in der stärkeren Trennung von Diplom– und Lehramtsstudiengang und der damit verbundenen höheren Lehrbelastung. Als Vorteil kann die damit verbundene Weiterentwicklung der Lehrdisziplin angesehen werden und deren zielgerichtete Studierbarkeit. Gerade die Kompliziertheit der theoretischen Grundlagen der Informatik wurde von didaktisch begabten Autoren als Herausforderung betrachtet, hervorragende Lehrbücher zu verfassen, z.B. [Reis90], [LePa81], [Wagn94]. Damit steht eine Vielzahl von vergegenständlichten Lehrvarianten zur Verfügung, die mit Modellvorstellungen und Beispielsammlungen ausgestattet sind. Teile davon wurden von Schulbuchautoren aufgenommen, z.B. [GLSS92], wobei sofort die unberechtigte Kritik auftauchte, die Hochschulinformatik solle in die Schule gebracht werden. Zur Zeit läuft ein stürmischer Prozeß ab, in dem sich die einzelnen Zweige der Lehrdisziplin Informatik für Hochschulen, für berufliche Schulen und für allgemeinbildende Schulen deutlicher herauskristallisieren. Noch ist die Standortbestimmung vieler Inhalte umstritten. Zu dem Zeitpunkt, da eine verbindliche Vorbildung zur Informatik in der allgemeinbildenden Schule absolviert wird, erfolgt eine Entlastung der nachgelagerten Bildungsgänge (Hochschulen und berufliche Schulen). Sie übernehmen dann nicht mehr die Aufgabe, in das Grundwissen zur Informatik einzuführen, sondern bauen auf diesem auf. Also werden logischerweise Inhalte, die heute ausschließlich in Studium und Berufbildung anzutreffen sind, in das Schulfach einmünden. Der wesentliche Irrtum besteht darin, daß angenommen wird, man könnte diese Inhalte mit den für andere Ziel– und Altersgruppen bewährten Lehrmethoden verbinden. Baumann sagt dazu sehr deutlich: „Die Behandlung von Themen der theoretischen Informatik darf nicht nach Art der Hochschule geschehen, ...“ [Baum93], S. 13. Also sind die Inhalte, die dem allgemeinbildenden Kern der Informatik zugeordnet werden, so zu strukturieren, daß sie die Ziele des Schulfaches umsetzen und einige allgemeine Anforderungen erfüllen, wie Zugang zur Wissenschaft erschließen, wesentliche Grundlagen vermitteln (Begriffe, Prinzipien, Methoden), bereits im Ausbildungsprozeß anwendbar sein. Die Befähigung dazu muß zwar die Fachdidaktikausbildung absichern, aber die wiederum baut auf den fachlichen Studienkomponenten auf. Die Begründungslinie damit soweit vorangeschritten, daß konkrete Überlegungen zu den Theorie–Inhalten angeschlossen werden können, die alle im zweiten und dritten Abschnitt genannten Anforderungen an Informatiklehrer untersetzen. Da diese Absolventen Experten für die Lehrdisziplin werden, sollte neben der formalen Auswahl der Studieninhalte ebenso die zugehörige Hochschullehrmethode betrachtet werden. Denn gerade in diesem Punkt bestehen gravierende Unterschiede zwischen Diplomstudiengang und Lehramtsstudiengang. Die bisher versuchte gemeinsame Grundvorlesung zur

Theoretische Informatik führte nicht dazu, daß das wichtige berufliche Ziel eines Lehramtsstudienganges „für die später zu unterrichtenden Schüler Transparenz in Informatikprozesse zu bringen“ ausreichend unterstützt wurde. Es ist nicht zu erwarten, daß die angehenden Lehrer das, was sie selbst nicht umfassend verstanden haben, an ihre künftigen Schüler vermitteln können. Die isolierte Darstellung der Theoretischen Informatik mit einem umfangreichen Anteil sehr komplizierter Beweise läßt vor allem die Studenten scheitern, die nicht die Mathematik vertieft studieren. Eine solche Einengung ist bei der sonst üblichen freien Kombination der Lehramtsfächer nicht zu begründen. Einen alternativen Ansatz realisieren die Kollegen der FU Berlin, indem sie die theoretischen Grundlagen in die Software-Ausbildung integrieren.
Hier wird die Neukonzipierung folgender Theorie–Inhalte:
Theorie formaler Sprachen und Berechenbarkeit, Verifikations– und Komplexitätstheorie, Grundlagen der Mensch–Maschinen–Kommunikation,
zu einer eigenständigen Vorlesung für das Lehramt vorgeschlagen, in die nur ausgewählte Beweise aufgenommen werden, die dafür aber bereits gezielte Hinweise auf die darauf aufbauenden Informatiksysteme (z.B. Spezifikation von Programmiersprachen, Compiler, Schaltkreise, neuronale Netze, Betriebssysteme ...) liefert. So wird es möglich, speziell in den Übungen und Seminaren in die Palette der Beispiele solche mit angebahntem Anwendungsbezug aufzunehmen und die Mächtigkeit der theoretischen Konzepte zu demonstrieren. (An diesem Sachverhalt zweifeln übrigens auch viele Diplomstudenten.) Gerade in einer Informatikausbildung sollte die Beispielauswahl nicht von den Möglichkeiten, die Tafel und Kreide oder die Projektorfolie bieten, begrenzt sein. Informatiksysteme in der Ausbildung gestatten es, durch ein Praktikum zum Experimentieren mit theoretischen Modellen (Automaten, Grammatiken, Komplexitätsklassen, Verifikationsverfahren, Kommunikationsstrukturen ...) zu ermutigen und auf diese Weise den abstrakten Lehrstoff anschaulich und begreifbar (im wahrsten Sinne des Wortes) zu gestalten. Die Theorie–Inhalte erlauben es in weitaus besserer Weise, als das bisher versucht wurde, **Wissen zu strukturieren**. Der Vergleich zur Mathematik und deren Schulfach liegt nahe. Dort bilden die Zahlenbereiche und deren Erweiterung eine Grundsäule, die in der Informatik der Einordnung von Problemen in Komplexitätsklassen und deren hierarchischer Erweiterung zukommt. Dafür ist es nicht ausreichend, diese Inhalte zu lehren, ohne auf deren Bedeutung im Gesamtsystem des Fachwissens tiefer einzugehen. Man könnte das als eine Wissensebene (Metawissen) über den theoretischen Grundlagen auffassen, die für die Informatik eine wissenschaftliche Standortbestimmung liefert. Hier sind die Innen– und Außenbeziehungen der Fachdisziplin zu erläutern. Zu vermuten ist, daß damit der Stellenwert einer Informatikgrundbildung wesentlich präziser formulierbar wird. Die fachspezifische Vorgehensweise:

– Objekte, deren Eigenschaften und Beziehungen zu definieren,
– diese Strukturen als Modell einer „abgeschlossenen Welt“ aufzufassen und
– aus diesen Strukturen durch Formalisierung von Aktionen das potentiell enthaltene Wissen abzuleiten

beeinflußt den Umgang mit Informationen und Wissen in anderen Wissenschaftsdiziplinen beachtlich. Die Schlußfolgerung daraus ist, daß für den Lehramtsstudiengang nach der Einführung in die theoretischen Grundlagen (oder parallel dazu?) eine **wissenschaftstheoretische Reflexion** dieser Inhalte erforderlich wird. In dieser Ausbildungsphase kann die Bedeutung informatiktypischer Denk- und Arbeitsweisen eine fundierte Begründung erfahren, die wiederum zur Vertiefung des gesamten Theorieverständnisses führt. Das, was man für Lehrprozesse allgemein unter ganzheitlicher Ausbildung versteht [HauT94] , kommt im Lehramtsstudiengang nicht genügend zur Wirkung. Besonders die Niveaustufen Entscheidungsfähigkeit, technische und soziale Gestaltungsfähigkeit, Bewertungsfähigkeit, Erkennen von Konflikten und Aushandeln von Kompromissen finden in der theoretischen Grundausbildung zu wenig Förderung. Sie wurden bisher von der Ausbildung in Programmierungs- und Software-Technik mit der zugehörigen Projektentwicklung erwartet. Diese Lehrgebiete binden bisher den Hauptteil der Studienzeit. Gerade in diesem Punkt findet zur Zeit ein Umdenken statt. Eingeleitet wurde dieser Prozeß von der Erfahrung, daß das vertiefte Beschäftigen mit einem Programmierkonzept nicht die erwartete Erweiterung dieses Wissens und Könnens auf alternative Konzepte liefert. Das wiederum kann die Theorie formaler Sprachen (Kalküle, Nichtdeterminismus, Parallelität ...) leisten. Nievergelt [Niev91] spricht vom „Zerrbild der Informatik (einige Details von vorübergehender Bedeutung erscheinen trügerisch wichtig, während grundlegende Ideen unerwähnt und unerkannt bleiben)“, das die Schüler zu sehen bekommen, wenn den Lehrern die Übersicht und die Perspektive des Fachgebietes nicht erschlossen wird.

5 Abschlußbetrachtungen

Wie sieht nun die Zukunft der Lehramtsstudiengänge Informatik aus? Es gibt eine optimistische und eine pessimistische Variante. Bedauerlich wäre, wenn das Schulfach Informatik nicht den Durchbruch zum eigenen Theoriekern findet. Dann steht zu befürchten, da immer weniger Lehrer sich auf das Wagnis einer Anwendungsfolge ohne Fundament einlassen. Dazu erübrigen sich weitere Erörterungen. Interessanter ist die wissenschaftliche Begleitung des Schulfaches und der Lehrerausbildung dann, wenn an das theoretische Niveau vergleichbarer Schulfächer angeschlossen werden soll. Auch wenn man der These zustimmt, daß Informatiklehrer auf Dauer nicht bestehen können ohne fundierte Kenntnisse auf theoretischem Gebiet, bleiben noch viele Fragen offen. Welche Visionen haben eine Chance realisiert zu werden? Hier ist zu beachten, daß die Allgemeinbildung, vergleichbar einem sehr sensiblen System, nicht durch hektischen Veränderungen vorangebracht wird, sondern durch eine Folge wohldurchdachter kleiner Schritte, deren Auswirkungen überschaubar und steuerbar bleiben. Den Anfang könnte eine Investition in die Ausbildung des Lehrernachwuchses darstellen. An dieser Aufgabe kann sich die Hochschullehrdisziplin der Informatik in der vorgeschlagenen Weise weiter profilieren. Parallel zu dieser Phase sind Forschungsprojekte zur theoretischen Fundierung des Schulfaches erforderlich, um mögliche Thesen und Varianten auf ihre Wirksamkeit zu prüfen und empirisches Material zu gewinnen. Außerdem können von den wissenschaftstheoretischen und philosophischen Untersuchungen zur Informatik Ergebnisse erwartet werden, die für die Klärungsprozesse innerhalb der Lehrdisziplin ausgesprochen wichtig sind.

Literatur

[Ande89] Anderson, J.R.: *Kognitive Psychologie.* Spektrum der Wissenschaften, Heidelberg 1989.

[Baum93] Baumann, R.: *Ziele und Inhalte des Informatikunterrichts.* In: Zentralblatt fr Didaktik der Mathematik 25(1993)1, S. 9–19.

[BuHe87] Bussmann, H.; Heymann, H.W.: *Computer und Allgemeinbildung.* In: Neue Sammlung 27(1987)1, S. 2–39.

[Clau93] Claus,V. u.a.: *Empfehlungen zum Schulfach Informatik (Sek. II) und zur Ausbildung von Informatik–Lehrkräften.* In: Sonderdruck des Fakultätentages in der Bundesrepublik Deutschland, Barandenburger, F. (Hrsg.), 1993.

[GLSS92] Gasper, F.; Lei, I.; Spengler, M.; Stimm, H.: *Technische und theoretische Informatik.* Bayerischer Schulbuch–Verlag, Mnchen 1992.

[GI/FB7] GI/FB7: *Tagungen zum Thema „Informatik und Schule" der Gesellschaft fr Informatik.* ausgerichtet vom Fachbereich 7 „Ausbildung und Beruf" in den Jahren 1984 (Berlin), 1986 (Kaiserslautern), 1989 (München), 1991 (Oldenburg), 1993 (Koblenz). Die Tagungsbnde sind erschienen als Informatik–Fachberichte Nr. 90, 129, 220 und 292, Springer-Verlag, Heidelberg, fortgesetzt in der Reihe „Informatik aktuell" ab 1993.

[HauT94] Hauf–Tulodziecki, A.: *Informatik in der Sekundarstufe II als Teil der informationstechnischen Bildung.* In: Computer und Unterricht 4(1994)13, S.58–62.

[Klaf91] Klafki, W.: *Neue Studien zur Bildungstheorie und Didaktik - Zeitgemäße Allgemeinbildung und kritisch–konstruktive Didaktik.* Beltz Verlag, Weinheim 1991.

[KMKo91] Ständige Konferenz der Kultusminister der Länder in der Bundesrepublik Deutschland (KMK): *Einheitliche Prüfungsanforderungen in der Abiturprüfung „Informatik".* Beschlu vom 01.12.1989, Luchterhand, Neuwied 1991.

[LePa81] Lewis, H.R.; Papadimitriou, Ch.H.: *Elements of the Theory of Computation.* Prentice-Hall, Englewood Cliffs 1981.

[Niev91] Nievergelt, J.: *Was ist Informatik–Didaktik?.* Sonderdruck 4. Fachtagung „Informatik und Schule", Universität Oldenburg, 1991.

[Pesc89] Peschke, R.: *Die Krise des Informatikunterrichts in den neunziger Jahren.* In: [GI/FB7], Stetter, F. (Hrsg.), Band 220, Mnchen 1989, S.89–98.

[Reis90] Reischuk, K.R.: *Einführung in die Komplexitätstheorie.* B.G. Teubner, Stuttgart 1990.

[Schu91] Schubert, S.: *Fachdidaktische Fragen der Schulinformatik und (un)mögliche Antworten.* In: [GI/FB7], Gorny, P. (Hrsg.), Band 292, Oldenburg 1991, S. 27–33.

[Schw93] Schwill, A.: *Fundamentale Ideen der Informatik.* In: Zentralblatt fr Didaktik der Mathematik 25(1993)1, S. 20–31.

[SMKu92] Sächsisches Staatsministerium fr Kultus: *Lehrplan Gymnasium Informatik.* 1992.

[Wagn94] Wagner, K.W.: *Einführung in die Theoretische Informatik.* Springer–Verlag, Heidelberg 1994.

Zur Bedeutung der theoretischen Grundlagen der Informatik in universitären Studiengängen Wirtschaftsinformatik, Wirtschaftsingenieurwesen, Wirtschaftsmathematik

(Erweiterte Zusammenfassung)

Wolffried Stucky
Universität Karlsruhe
Institut für Angewandte Informatik und Formale Beschreibungsverfahren
76128 Karlsruhe

E-Mail: stucky@aifb.uni-karlsruhe.de

In diesem Beitrag soll die zentrale Fragestellung des Fachgesprächs "Welchen Wert haben theoretische Grundlagen für die Berufspraxis?" bezogen werden auf wirtschaftswissenschaftliche Studiengänge mit starkem Informatikanteil. Dazu gehören beispielsweise die Studiengänge Wirtschaftsingenieurwesen und Wirtschaftsmathematik, wie sie an der Universität Karlsruhe angeboten werden, sowie der Studiengang Wirtschaftsinformatik. Gerade für diese Studiengänge werden aus der betrieblichen Praxis häufig hohe Erwartungen an die Absolventen bezüglich ihrer unmittelbaren Einsetzbarkeit gestellt.

Es stellt sich vorab die Frage, ob sich bei den vielfältigen Einsatzbereichen von Wirtschaftsingenieuren, Wirtschaftsmathematikern und Wirtschaftsinformatikern überhaupt generelle Aussagen zu einheitlicher sinnvoller Gestaltung von Ausbildungsinhalten treffen lassen. [Dos93] beispielsweise stellt - ausgehend von der GI-Erhebung "Zur Berufssituation der Informatiker 1991. Ergebnisse der Mitgliederbefragung der GI 1991/92" - fest, daß bei den Wirtschaftsinformatikern die Systemanalyse als Tätigkeit überwiegt, während bei den Befragungsteilnehmern insgesamt die Softwareentwicklung dominiert. Bezogen auf diese unterschiedlichen Tätigkeitsfelder wären offensichtlich unterschiedliche Ausbildungsschwerpunkte sinnvoll. Dies berührt aber ein allgemeines Problem bzw. - anders gesehen - eine allgemeine Stärke dieser universitären Studiengänge: es werden keine speziellen "Berufsbilder" und Einsatzbereiche unterstützt, sondern es wird "lediglich" ein allgemeiner Rahmen vorgegeben, um so für einen flexiblen Einsatz im späteren Berufsleben zu befähigen.

Am Institut für Angewandte Informatik und Formale Beschreibungsverfahren der Universität Karlsruhe wurden 1981, 1987 und 1991 Umfragen unter den Absolventen des Instituts, d.h. den Absolventen des Studiengangs Wirtschaftsingenieurwesen, die ihre Diplomarbeit im Fach

Informatik geschrieben haben, durchgeführt. 1991 [Stu91] wurden 300 Absolventen angeschrieben, deren Studienabschluß bis ins Jahr 1971 zurückreichte. Teil 1 der Umfrage befaßte sich mit Angaben zur derzeitigen beruflichen Situation der Absolventen, Teil 2 mit der Bedeutung der Ausbildungsinhalte des Studiums aus heutiger Sicht. Das zentrale Ergebnis der Umfrage 1991 - bezogen auf die Fragestellung dieses Fachgesprächs - lautete (tendenziell ähnliche Resultate 1981 und 1987): Zwar bemängelten 60 % der befragten Absolventen, daß das Studium "zu wenig Praxisnähe" besitzt; andererseits stellten aber 70 % der Befragten fest, daß der Anteil der methodischen Grundlagen "genau richtig" sei. Angemerkt sei dabei, daß die Schwerpunkte unserer Ausbildung in den Gebieten Algorithmen - Programmierverfahren - Datenstrukturen, Datenbank- und Informationssysteme sowie wissensbasierte Systeme liegen.

Aus den Umfrageergebnissen wird folgende These abgeleitet: Die Informatik-Ausbildung in wirtschaftswissenschaftlichen Studiengängen mit starkem Informatikanteil sollte sich - bei einem generell beschränkten Stundenumfang für den Informatikanteil - nicht auf aktuelle (in der Regel vergängliche) Trends konzentrieren; dazu gehören derzeit etwa Geschäftsprozeßmodellierung, Business Process Reengineering, Workflow-Systeme, Objektorientierung sowie auch konkrete kommerziell verfügbare Software-Systeme (z.B. Textverarbeitung, Tabellenkalkulation, kaufmännische Standard-Software). Bei einer erwarteten Dauer des späteren Berufslebens von mindestens 30 Jahren und bei der Geschwindigkeit informationstechnologischer Entwicklungen sollten stattdessen allgemeine Prinzipien, Methoden und Vorgehensweisen (algorithmische Grundlagen der Programmierung; formale Grundlagen der Modellierung, z.B. Relationentheorie oder Theorie der Petri-Netze; Grundlagen aus der Logik; ...) gelehrt werden. Nicht zu vernachlässigen ist die Bedeutung einer guten, methodisch orientierten Ausbildung auch als Grundlage für notwendige spätere Weiterbildung im Berufsleben [Inf95]. Aktuelle Entwicklungen und Trends können im Studium beispielsweise durchaus in ergänzenden Seminaren oder Praktika sowie auch im Rahmen der Stellung von Diplomarbeiten einbezogen und diskutiert werden.

Literatur

[Dos93] W. Dostal: Wirtschaftsinformatiker in der GI-Umfrage 91/92, WIRTSCHAFTSINFORMATIK, 35. Jahrgang, Heft 2, April 1993, S. 191-192

[Inf95] Informatik Spektrum, Themenheft "Informatik-Ausbildung", Band 18, Heft 2, April 1995

[Stu93] W. Stucky: Der Karlsruher Wirtschaftsingenieur (Informatik) im Beruf - Ergebnisse einer Umfrage (1991), in: Jahresbericht 1991, Institut für Angewandte Informatik und Formale Beschreibungsverfahren der Universität Karlsruhe, 1992, S. 146-166

Stellenwert theoretischer Inhalte im Informatik-Studium an Fachhochschulen

Herbert Kopp

Das Informatik-Studium an Fachhochschulen soll die Fähigkeit vermitteln, Problemstellungen aus der Praxis zu analysieren, zu strukturieren und in DV-Lösungen umzusetzen. Die Frage nach dem Stellenwert "der Theorie" in diesem Umfeld erfordert die Klärung der folgenden Aspekte:

- *Berufsfeld des Informatikers:*
  Mit welchen Aufgabenstellungen werden unsere Absolventen konfrontiert ?
- *Methodisches Rüstzeug des Informatikers:*
  Welche Methoden, Kenntnisse und Fertigkeiten brauchen sie dafür ?
- *Struktur des Informatikstudiums an Fachhochschulen:*
  Wie gehen diese Anforderungen in Studienpläne und Struktur des Studiums ein ?
- *Spezifische Merkmale des Fachhochschulstudiums:*
  Wie werden die Studienpläne an Fachhochschulen in der Ausbildung umgesetzt ?
- *Stellenwert der Theorie:*
  Welche Theorie-Inhalte werden vermittelt ? Wie sind diese theoretischen Inhalte in das Studium integriert ?

Diese Aspekte werden im folgenden näher beleuchtet auf der Basis eigener Erfahrungen als Dozent an einer Fachhochschule und aufgrund einer Analyse der Studienpläne von ca 40 Informatik-Studiengängen an 30 deutschen Fachhochschulen.

Berufsfeld des Informatikers

Das berufliche Umfeld, für das Informatiker an Fachhochschulen vorbereitet werden, hat sich im Verlauf der letzten 30 Jahre grundlegend gewandelt. In der Frühzeit wurden DV-Systeme vorwiegend zum "Rechnen" eingesetzt. Naturgemäß stand dabei die Transformation algorithmischer Ansätze in DV-Lösungen im Vordergrund:

- Altbekannte Ansätze wurden durch die Übertragung auf den Rechner zu praxistauglichen Problemlösungen, z.B.: Numerische Methoden (Wettervorhersage, FEM-Analyse), Fourier-Methoden (Signalverarbeitung, Tomographie)

- Neue Problemlösungen wurden durch das Werkzeug Computer inspiriert (Such- und Sortieralgorithmen, Compiler für Programmiersprachen, ...)

Die Aufgabenfelder, in denen unsere Absolventen heute in der Mehrzahl tätig sind, haben damit nicht mehr allzuviel zu tun und sind weiterhin einem ständigen Wandel unterworfen. Einige exemplarisch aufgeführte Beispiele demonstrieren dies:

- *Computer-Netze*

  Isolierte Einzelrechner sind inzwischen eher die Ausnahme. Damit finden Informatiker völlig neue Aufgabenbereiche vor, z.B.:

  - Planung, Aufbau und Management von DV-Netzen
  - Entwicklung von Client/Server-Produkten
  - Entwicklung, Installation und Betrieb von Kommunikationsdiensten

- *Standard-Software*

  Für viele Bereiche werden heute Standard-Lösungen eingesetzt (z.B. Textverarbeitung, CAD-Systeme, Auftragsabwicklung, Finanzen und Organisation, ...). Vor Ort werden Informatiker nur noch für Installation, Betrieb und Systemanpassungen gebraucht, vielfach sind auch dazu die Anwender selbst in der Lage. Bei der Entwicklung solcher Systeme arbeiten Informatiker im Team mit Experten des jeweiligen Gebiets zusammen.

- *Neue Techniken der Software-Entwicklung*

  Die Entwicklung von Softwaresystemen mit Hilfe konventioneller Entwurfswerkzeuge nimmt heute im Informatik-Studium noch einen verhältnismäßig breiten Raum ein. In der Praxis ist das Programmieren im Sinne des Aufschreibens von Code inzwischen vielfach abgelöst durch objektorientierte, visuelle Entwicklungs-Tools und und die Verwendung vorgefertigter Funktionsbausteine. (Visual C++, MS Access, Toolbook, ...)

Methodisches Rüstzeug des Informatikers

Fragt man nach dem Methodenwissen, den Kenntnissen und Fertigkeiten, die in der Praxis von unseren Informatik-Absolventen erwartet werden, so werden hauptsächlich genannt:

- klassische DV-Kerngebiete (Betriebssysteme, Netze, Datenbanken, Software-Engineering, Programmiersprachen, ...),

- logisches, algorithmisches und systemanalytisches Denken,
- spezielle Produkt-Kenntnisse (UNIX-Variante X, Netzwerk Y, Datenbank Z , ...),
- Teamfähigkeit, besonders auch die Fähigkeit zur fachübergreifenden Kooperation
- Kenntnisse über betriebliche Abläufe, Projektmanangement, Qualitätssicherung.

Generell wird betont, daß das Studium Grundlagen vermitteln soll, für deren Erarbeitung im späteren Berufsleben die Zeit fehlt. Die Prioritäten sind je nach Standpunkt der Befragten unterschiedlich und sicher lassen sich nicht alle Wünsche der künftigen Arbeitgeber direkt in Studienfach-Inhalte umsetzen.

Im folgenden wird nun herausgearbeitet, wie die organisatorische und inhaltliche Struktur des Informatik-Studiums versucht, diesen Anforderungen gerecht zu werden.

Lehrveranstaltung	Prozentsatz von Studiengängen, die diese Lehrveranstaltung anbieten	mittlere Zahl von Wochenstunden
Automatentheorie und formale Sprachen	20%	4
Berechenbarkeit und Komplexität	20%	3,5
Formale Spezifikation und Verifikation	4%	4
Aussagen- und Prädikatenlogik	3%	4
Grundlagen der Informatik	55%	8

Tabelle: Gewicht typischer Lehrveranstaltungen der Theoretischen Informatik
Basis: 40 Studiengänge an 28 Fachhochchulen

Struktur des Informatik-Studiums an Fachhochschulen

Aufgrund einer Untersuchung der Studienfach-Inhalte lassen sich die folgenden Aussagen über die inhaltliche Struktur des Informatik-Studiums an Fachhochschulen machen:

- Fächer, die theoretische Informatik-Inhalte pur vermitteln, machen nur einen ge ringen Prozentsatz vom Gesamtpensum aus. Beispiele dafür sind Fächer wie *Grundlagen der Informatik, Automatentheorie und formale Sprachen, Berechenbarkeit und Komplexität* .

- Die Vermittlung DV-spezifischer Konzepte und Methoden nimmt naturgemäß einen zentralen Platz im Studium ein. *Programmierkurse* und Fächer wie *Datenstrukturen und Algorithmen, Betriebssysteme, Rechnerarchitektur, Benutzer-Oberflächen* seien dafür exemplarisch aufgeführt.

- Breiten Raum nehmen auch Studienfächer ein, die sich an den Anwendungsfeldern der Informatik orientieren. Typische Beispiele dafür sind Fächer wie *Anwendungsentwicklung*, *Datenbanken*, *Netzmanagement*, *Graphische Datenverarbeitung, Bildverarbeitung*....

- Durch die Integration von *Praxis-Semestern* in das Studium, werden Inhalte vemittelt, die in dieser Form die Hochschule selbst nicht bieten könnte, z.B.
  - Einsicht in betriebliche Strukturen und Abläufe,
  - Fähigkeit zur verantwortlichen Mitarbeit in umfangreichen Projekten,
  - Kennenlernen von Softwaresystemen im praktischen Einsatz.

  Geht man von einem achtsemestrigen Studium mit zwei Praxissemesterns aus, dann werden etwa 25% des Studium dafür reserviert.

- Die klassischen Kernthemen der theoretischen Informatik (Algorithmentheorie, formale Systeme, Komplexität von Verfahren, Semantik, Verifikation, ...) kommen als selbständige Studienfächer (fast) nirgendwo vor. Ihre Grundkonzepte und Ergebnisse werden aber in andere Studienfächer integriert, wenn sie dort gebraucht werden. Einige Beispiele werden exemplarisch hier aufgeführt:
  - Komplexität von Algorithmen
  - Automatentheoretische Modelle
  - Methoden aus der Theorie der formalen Sprachen

Spezifische Merkmale des Fachhochschulstudiums

Wenn man untersucht, wie die Vorgaben der Studienpläne in der Ausbildung umgesetzt werden, so lassen sich die folgenden, für das Fachhochschulstudium spezifischen Merkmale herausdestillieren:

- *Handwerkliche Elemente spielen in vielen Fächern eine wichtige Rolle. Daher sind Praktika oder Übungen am Rechner vom ersten Semester an in die Lehrveranstaltungen integriert.*

  Es wird erwartet, daß die StudentInnen auch außerhalb der Praktikumstermine mit dem Rechner arbeiten. Nach eigenen Untersuchungen [1] werden dafür durchschnittlich (!) bis zu 14 Zeitstunden wöchentlich aufgewandt. Dabei erwerben sie zusätzlich zu den Studieninhalten oft ein sehr eingehendes Knowhow, z.B. über Systemkomponenten, Konfigurierungstechniken, Betriebssysteme , Netzdienste und Applikationen.

Die Anschaffung eines eigenen PC ist inzwischen spätestens im Laufe des ersten Studiensemesters der Regelfall. Unterstützt wird dies durch die Bereitstellung von Lernprogrammen, die Vermittlung von Sonderkonditionen beim Kauf von Software, Zugang zu den Systemen in der Hochschule vom häuslichen PC aus über Modem usw.)

- *Theoretische Inhalte einer Lehrveranstaltung müssen von ihrer Anwendbarkeit her motiviert werden.*

  Ein wichtiger Grund dafür dürfte sein, daß StudentInnen während der Praxissemester und in nicht geringem Umfang auch als Werkstudenten genaue Vorstellungen von ihrem späteren Berufsfeld entwickeln und daher zu Recht wissen wollen, wofür sie die Lehrinhalte des Studiums später brauchen können.

Stellenwert der Theorie

Analysiert man die Inhalte einzelner Fächer des Informatik-Studiums an Fachhochschulen daraufhin, welche theoretischen Inhalte dort vermittelt werden und wie dies geschieht, kommt man zu den folgenden Ergebnissen:

- *Theoretische Inhalte werden in der Regel in unmittelbarem Zusammenhang mit ihren Anwendungen vermittelt. Die folgenden Beispiele zeigen dies exemplarisch:*

  - Im Fach *Datenstrukturen und Algorithmen* stehen Organisationsprinzipien für interne und externe Datenbestände (Arrays, Listen, Bäume, ...) sowie Zugriffsverfahren und andere Algorithmen im Vordergrund. In diesem Zusammenhang werden Aufwandsabschätzungen für die Beurteilung der Verfahren gebraucht. Dies bietet Gelegenheit Grundkonzepte der Komplexität von Algorithmen einzuführen.
  - Im Fach *Compilerbau* stehen Techniken der Syntaxanalyse, die Übersetzung in Zwischensprachen und die Code-Generierung im Vordergrund, wobei im Praktikumsteil Modellcompiler und Werkzeuge wie *lex* und *yacc* eingesetzt werden. Dazu müssen im Rahmen der Veranstaltung auch die Grundlagen der Automatentheorie und der Theorie der formalen Sprachen vermittelt werden.

- *Die Palette der zu vermittelnden Theorie-Felder ist nicht auf die theoretische Informatik beschränkt, wie die folgenden Beispiele exemplarisch zeigen*

  - Die *Bildverarbeitung* benötigt neben ihren eigenen Methoden wie Filter-Operatoren, Morphologischen Algorithmen oder Bildkompressionstechniken auch Anleihen aus den verschiedensten Theorie-Bereichen. Dazu zählen z.B. Fourier-Analyse, euklidische und diskrete Geometrie, Statistik, Cluster-Analyse, Informationstheorie ......

  - In der *Graphischen Datenverarbeitung* spielen neben originären Methoden (Clipping-Algorithmen, Hidden Surface-Algorithmen, Schattierungs- oder Raytracing-Verfahren) auch Methoden aus verschiedenen mathematischen Disziplinen eine wichtige Rolle, z.B. Transformationen und Projektionen aus der affinen und projektiven Geometrie, Spline- und Bezier-Kurven und -Flächen, aber auch Methoden der algebraischen Geometrie.

- *Theorien werden weitgehend auf ihre Konzepte und Ergebnisse reduziert.*

  - Auf Kosten einer vollständigen, exakten und formalisierten Darstellung geschlossener Gebiete werden exemplarische, anschauliche Darstellungen bevorzugt. Plausibilitätsüberlegungen haben Vorrang vor strengen Beweisen.

  - Welche Inhalte ausgewählt werden, wie sie didaktisch aufbereitet werden, welche Arbeitsunterlagen zur Verfügung gestellt werden und welcher Lern- und Übungsaufwand für die StudentInnen zusätzlich zur Lehrveranstaltung dafür notwendig ist, entscheidet daher mehr über den Erfolg einer Veranstaltung als eine vollständige, geschlossene und formal ausgefeilte, komplette Darstellung eines Theorie-Komplexes.

  - Bei einem Studienpensum von 25 bis 30 Wochenstunden je Semester mit durchschnittlich 4 bis 6 Wochenstunden je Fach ergibt sich sich die Notwendigkeit zur Konzentration auf die wesentlichen Inhalte ohne dabei oberflächlich zu werden.

    Wenn für das Fach Compilerbau 4 Semesterwochenstunden zur Verfügung stehen, dann sind dies über 13 - 14 Wochen je 180 Minuten. In dieser Zeit muß angefangen von den Grundlagen der Automatentheorie und formalen Sprachen ein Stand erreicht werden, bei dem die Studentinnen und Studenten in der Lage sind, einfache Spracherweiterungen in einem vorgegebenen Modellcompiler selbständig zu konzipieren und zu implementieren sowie Werkzeuge wie *lex* und *yacc* sinnvoll und erfolgreich einzusetzen.

Zusammenfassung und Ausblick

Im Informatik-Studium an Fachhochschulen stehen EDV-technische und anwendungsorientierte Methoden im Vordergrund. Gebiete der theoretischen Informatik liefern wie andere theoretische Disziplinen einen wichtigen Beitrag zu den Studieninhalten. Sie werden in der Regel in direktem Bezug zu ihren Anwendungen in andere Fächer integriert und dabei auf ihre wesentlichen Konzepte und Ergebnisse reduziert.

Als Dozent an einer Fachhochschule wünsche ich mir manchmal, daß die Konzepte und Ergebnisse der theoretischen Informatik leichter zugänglich wären.

Für die Vermittlung theoretischer Konzepte im Studium sollten auch neue Medien wie Lernprogramme und Simulationen genutzt werden. Neben dem zusätzlichen Anreiz der von diesen Medien ausgeht, sind sie oft auch effizienter als konventionelle Lehrmethoden.

Literatur

[1] *Integration studenteneigener Rechner in das Studium an Fachhochschulen*
Abschlußbericht zum Modellversuch an der Fachhochschule Regensburg, Regensburg 1994

[2] *Informatikstudium an Fachhochschulen*
Empfehlung des Fachausschusses 7.1 der Gesellschaft für Informatik vorläufige Fassung, 1994

[3] Fachstudiendauer an Fachhochschulen
Studie des Wissenschaftsrates, 1992

[4] Studienpläne von ca 30 Fachhochschulen aus verschiedenen Bundesländern

Anschrift des Autors:

Herbert Kopp, Fachhochschule Regensburg
Prüfeninger Straße 58, D-93049 Regensburg

Tel. 0941/943-2574, Fax. 0941/943-3883
EMail herbert.kopp@rz.fh-regensburg.d400.de

Stellenwert der Theorie in universitären Informatikstudiengängen

Volker Claus, Universität Stuttgart

1. Die allgemeine Meinung zur Theorie

Im Themenheft "Informatik Ausbildung" des Informatik Spektrums 18/2 vom April 1995 finden sich einige Hinweise auf die Rolle der Theorie für die Praxis und in der universitären Ausbildung [1], die in ähnlicher Form seit längerer Zeit geäußert werden:

- I. Wegener: "Die Inhalte der Theoretischen Informatik sind im allgemeinen nicht so direkt anwendbar wie die Inhalte der anderen Grundvorlesungen ... . Ein großer Teil der Ergebnisse der Theoretischen Informatik ist dagegen negativer Art."
- J. Pasch und H. Biskup: "...die Realität [sieht] zur Zeit so aus, daß die weitaus überwiegende Anzahl von Informatikabsoventen nach der Hochschulzeit Software unter praktischen und industriellen Gesichtspunkten entwickelt und nicht in Forschungslabors von Hochschulen oder Großkonzernen theoretische Informatik betreibt. ... Softwaretechnisches Wissen über formale Methoden wird dagegen praktisch nicht erwartet."
- In den beiden Artikeln über "Außerbetriebliche Weiterbildung in der Informatik" und über "Weiterbildung für Softwareentwickler bei DATEV e.G." wird die Theorie nicht erwähnt (was auch einen Aussagewert besitzt).
- Die Empfehlungen des Fachbereichs 7 der GI "zur Weiterbildung für Informatiker durch die Hochschulen" enthalten den Satz: "Neben dem kontinuierlich vorhandenen Bedarf im Bereich der mathematisch-logischen, algorithmischen ... Grundlagen sind vor allem ... von starker Bedeutung". Die genannten beiden Bereiche werden u.a. in einer Matrix, die die Relevanz der Fachgebiete der Informatik mit verschiedenen Berufsfeldern in Beziehung setzt, erläutert; sie lassen sich zum großen Teil der Theoretischen Informatik zuordnen.
- In der Umfrage "Bereitet das Informatik-Studium auf die Praxis vor", die unter GI-Mitgliedern, die nicht in Forschung, Lehre oder Ausbildung tätig sind, durchgeführt wurde, heißt es: "..., im Bereich der Grundlagen der Informatik werde im Studium mehr angeboten, als sie dies für nötig halten".

In den meisten Umfragen und Stellungnahmen aus der Praxis wird dieser Trend bestätigt: Theorie ist ungeliebt und wird weitgehend als entbehrlich eingestuft. Unterstützt wird diese Haltung sicher auch durch die (vermeintlichen?) Verhaltensweisen mancher Theoretiker: Sie hören sich praktische Fragestellungen an, picken sich weniger wichtige Teilaspekte heraus, diskutieren hierüber lange, formalisieren, beweisen und stellen am Ende fest, daß sie diese Teilprobleme wesentlich eleganter und grundsätzlicher bearbeiten würden. Selbst können sie aber nichts Praktisches vorweisen: Denn welcher Theoretiker erstellt schon praktisch verwertbare oder einsetzbare Produkte? Andererseits genießen viele Theoretiker eine gewisse Hochachtung, weil sie Probleme lösen, die allgemein als besonders schwer gelten. Ist Theorie also vorwiegend ein Ausgleichssport oder eine fachlich nahestehende Kulturrichtung, die einfach zum Leben gehört und nebenbei noch ein paar allgemeine Einsichten vermittelt? Oder bietet sie mehr? Oder ist sie, zumindest für die Mehrheit, doch überflüssig? (Eine realistische Antwort in Form eines Vorschlags enthält Abschnitt 8.)

2. Ziele des universitären Studiums

Es gibt kein einheitliches Berufsbild der Informatik. Informatiker und Informatikerinnen arbeiten u.a. in der Entwicklung, in der Wartung, im Vertrieb und in der Schulung; sie konzipieren, entwerfen, implementieren, "reparieren" und pflegen Anwendungssoftware, Betriebssoftware, Datenbanken, Rechnernetze und Multimedia-Systeme; sie erstellen modulare, verteilte, leistungsfähige oder benutzungsfreundliche Software; hierdurch ermöglichen sie allgemeine Dienstleistungen, Abläufe, Fertigungsverfahren und Produkte, bzw. verbessern solche Produkte in qualitativer Hinsicht. Informatikfachkräfte, die auch Kenntnisse der Anwendungsgebiete mitbringen und in Teams arbeiten können, werden verstärkt gesucht. Der Anspruch an die jeweilige Tätigkeit ist sehr unterschiedlich; oft überwiegen in der Praxis die Routinetätigkeiten.

Auf die universitäre Ausbildung kommen nun zwei unterschiedliche Aufgaben zu: Zum einen müssen die Studierenden mit Kenntnissen und Fähigkeiten ausgerüstet werden, die möglichst langlebig sind (diese sind vor allem grundlagenorientierter Natur), und zum anderen muß der Übergang ins Berufsleben ohne allzu große Zeitverluste möglich sein (dies erfordert anwendungsbezogene Inhalte und persönlichkeitsfördernde Maßnahmen). Zu den Ausbildungszielen der Informatik gehört daher der Erwerb folgender Kenntnisse und Fähigkeiten:

1. "Handwerkliches" Können (z.B. Beherrschen mehrerer Programmiersprachen und Betriebssysteme, Editoren, Benutzungsoberflächen, konkreter Datenbanksysteme; Erfahrungen mit Rechnernetzen, graphischen Systemen, Entwicklungsumgebungen, Dokumentenverwaltungssysteme u.ä.).
2. Marktkenntnisse und Kenntnisse über Werkzeuge und Normen.
3. Fachliches Basis- und vertieftes Wissen.
4. Anwendungswissen (auch rechtliche und soziale Rahmenbedingungen).
5. Methodisches Vorgehen (Systemanalyse, Arbeitsmethodik, Software-Entwicklungsmethoden, Testmethoden, Methoden zur Qualitätssicherung, Simulation usw.).
6. Analyse von Hard- und Softwaresystemen (dazu gehören Abstraktionsvermögen, Zeit- und Platzabschätzungen, Fehlerdiagnose, Verifikation usw.).
7. Persönliche Befähigungen (wie Ausdauer, Darstellungsfähigkeit, Selbstbewußtsein, Argumentationskraft, Gestaltungsfähigkeit, Menschenführung, Kritikfähigkeit, Organisationsbegabung, Teamfähigkeit usw.).

3. Theorie als Unterscheidungsmerkmal

Die oben genannten Ausbildungsziele gelten sicher auch für andere Bildungsstätten (Fachhochschulen, Berufsakademien, DV-Schulen usw.). Der Unterschied liegt aber in den Erkenntnissen und Prinzipien, die vorrangig gegenüber praktischen Fertigkeiten vermittelt werden. Dies bedingt einen anderen Abstraktionsgrad und ein selbständiges Erarbeiten und Entdecken der grundlegenden Konzepte. Für die Informatik heißt dies aber nicht, die Lehrveranstaltungen nur einfach etwas grundsätzlicher und "zweckfreier" zu gestalten, sondern daß man auf einem völlig anderen Fundament aufsetzt und daß man die Organisation des Studiums stärker den Studierenden selbst überläßt.

Das "völlig andere Fundament" basiert nun wesentlich auf der Theorie. Der Sinn eines solchen Fundamentes ist es, Sachverhalte einer theoretischen Behandlung und Darstellung zugänglich zu machen, wodurch es möglich wird, objektive Aussagen herzuleiten, Eigenschaften zu beweisen und von der jeweiligen Anwendung unabhängige Methoden und Konzepte abzuleiten. Fehlt beispielsweise eine grundlegende Ausbildung in Logik, Algebra und Formalen Sprachen, dann lassen sich Fragen der Semantik, Kalküle für Prozesse oder Verifikation von Programmen nur phänomenologisch behandeln, und die Universalität und die Übertragbarkeit von Erkenntnissen gehen verloren. Natürlich kann man anhand vieler Beispiele eine für die Praxis ausreichende Einsicht vermitteln, aber Fragen der Verallgemeinerung, Probleme mit Grenzfällen, Korrektheit der Anwendung und manches mehr bleiben unscharf. Ein typisches Beispiel ist die Art und Weise, wie Informatiker in der Regel mit dem Begriff NP-Vollständigkeit umgehen; denn zum korrekten Verständnis ist der Begriff der "nichtdeterministischen Berechnung" erforderlich, der keine unmittelbare praktische Entsprechung besitzt. Ein anderes Beispiel sind Ersetzungsoperationen in Netzen und Planungssystemen, die als "semantikerhaltend" bezeichnet werden, ohne daß die unterliegende Semantik (es ist ein deutlicher Unterschied zwischen Interleaving-, Failure-, Halbordnungs- und anderen Semantiken) oder die Äquivalenzbegriffe präzisiert werden. Theorie ist somit eine Basis für allgemein gültige Erkenntnisse und deren Erkennung und Übertragung in der Praxis. Dies führt zur

These 1: Die Theorie ist das auffälligste Abgrenzungsmerkmal: Vor allem durch sie unterscheidet sich der universitäre Informatikstudiengang von den Informatikstudiengängen anderer Bildungseinrichtungen.

Man könnte sogar behaupten, daß die Theorie die wesentliche Begründung für eine *eigenständige* universitäre Ausbildung ist. Bei dem Versuch, Informatikstudiengänge von Fachhochschulen und Universitäten zusammenzufassen, zeigte sich, daß bereits im ersten Semester "ein anderes Fundament" im Bereich der Theorie gelegt werden muß und daß gerade in der Theorie die größten Unterschiede zwischen den Studiengängen bestehen.

Wenn nun die Theorie als eine Besonderheit der universitären Ausbildung anzusehen ist, warum wird sie von den Studierenden dann nicht freudig angenommen? Folgende Gründe können genannt werden:

- Im Gegensatz zur landläufigen Meinung lernt man Theorie nicht durch reines Lesen, sondern nur durch viel Übung. Theorie behandelt abstrakte Dinge, die in der Regel nur verständlich sind, wenn man viele konkrete Ausprägungen kennt. Genau diese Zeit für Übungen wird aber während der Ausbildung nicht bereitgestellt oder eingeplant (und zwar weder vom Studienplan noch von den Studierenden).

- Theoretische Inhalte bauen sehr systematisch aufeinander auf. Es ist heute für viele Studierende üblich, Vorlesungen nur zu konsumieren (in einer Umfrage gab bei mir in Stuttgart rund ein Viertel an, sich zwar an die Übungsaufgaben zu setzen, aber die Theorievorlesung keine Minute vor- oder nachzubereiten). Alle diese Studierenden finden natürlich nach kurzer Zeit keinen Anschluß mehr. Wenn sie die Inhalte dann zur Prüfungsvorbereitung neu erarbeiten müssen, vernachlässigen sie die Übungen und nehmen sich zu wenig Zeit, vor allem, wenn sie nebenbei Erfolgserlebnisse beim Programmieren haben. So entsteht eine starke Abneigung gegen die Theorie (die sich ja nicht einmal des Rechners bedient!).
- Hinzu kommt sicherlich, daß Theoretiker oft die Gabe haben, ihren Stoff recht langweilig und abgehoben zu präsentieren. Ob allerdings eine attraktivere Ausrichtung (vgl. [4]) am Gesamterfolg etwas ändert, bleibt fraglich, solange die Grundeinstellung zum Studium als einer stark rezeptiven Tätigkeit vorherrscht. (Deswegen schlage ich seit langem vor, vor allem die Lehrformen zu überdenken mit dem Ziel, die Studierenden wieder (!) zu selbst handelnden Personen zu machen. Dies hätte zugleich positive Auswirkungen auf die Theorie.)

4. Das Wissen über die Grenzen

I. Wegener [4] stellt fest, daß die Theorie sich oft mit negativen Ergebnissen befaßt, also nachweist, daß gewisse Probleme nicht oder nur mit unvertretbarem Aufwand zu lösen sind. Viele Studierende und Praktiker sind an solchen Aussagen kaum interessiert; denn sie entwickeln eben nicht Compiler, VLSI-Entwurfssysteme, Datenbanken oder allgemein zeit- und platzkritische Software, deren Entwurf theoretisch untermauert sein muß, sondern sie wollen eine Lösung für ein gegebenes Problem erstellen, wobei plausibel erscheinende (Näherungs-) Lösungen ausreichen. In der Praxis gibt es vermutlich viele Beispiele für die Suche nach nicht existierenden Verfahren, wie z.B. folgendes Problem: Man versuchte, von den kontextfreien Grammatiken als Beschreibungsmittel für Programmiersprachen loszukommen, und experimentierte mit kontextsensitiven Grammatiken. Um den Sprachentwicklern Hinweise über mögliche Entwurfsfehler geben zu können, sollten Compiler zunächst testen, ob durch Weglassen einzelner Regeln überhaupt noch ein Programm ableitbar war, d.h. es war das Leerheitsproblem für (eingeschränkte) kontextsensitive Grammatiken zu lösen. Man suchte nach einem umfassenden Lösungsverfahren, bis Theoretiker nachwiesen, daß dieses Problem algorithmisch unlösbar ist.

Diese Unlösbarkeit gilt bekanntlich auch, wenn man kontextfreie Grammatiken auf Mehrdeutigkeit testen möchte. Will man syntaxgesteuerte Compiler bauen, so lehrt eine (umfangreiche) Theorie, daß man sich besser nicht oberhalb von LR(1) aufhält. Informatiker sollten wissen, warum dies so ist, da sie bei ähnlich gelagerten Fällen zu Aussagen gelangen können, die sie vor überflüssiger Arbeit bewahrt. Aber die meisten Absolventen wollen "nur" konstruktiv Programme entwickeln oder zuschneidern, so daß sie "Negativ"-Wissen gerne ignorieren (möchten). Dies ist eine Denkweise, die oft den Ingenieuren zugeschrieben wird. Provokativ könnte man daher feststellen:

These 2: Die Theorie ist die zentrale nicht-ingenieurwissenschaftliche Komponente im universitären Informatikstudium. Sie wirkt damit einer Bastler-Mentalität entgegen, die man bei vielen männlichen Studienanfängern vorfindet.

5. Die Orientierung in der Informatik

Wenn man die heutige Informatik mit einem Wort charakterisieren sollte, so könnte man sagen, die Informatik sei "orientiert". Denn Informatik betreibt man funktions-orientiert, anweisungs-orientiert, logik-orientiert, system-orientiert, modell-orientiert, sicherheits-orientiert, KI-orientiert, objekt-orientiert, netz-orientiert, muster-orientiert, daten-orientiert, applikations-orientiert usw. Der Zusatz "orientiert" offenbart einen Wesenszug der heutigen Informatik: Sie ist noch keine in sich ruhende geschlossene Wissenschaft, sie befindet sich vielmehr in einer permanenter Weiterentwicklung, und sie experimentiert mit mehreren Entwicklungsrichtungen. Ursache dieses Suchens mag der Widerspruch zwischen Vorstellung und Wirklichkeit sein, Ausdruck dieses Suchens sind ständig neue Methoden, Konzepte und Paradigmen.

Während der Entwicklung der Informatik ist die Theorie relativ konstant geblieben. Das fällt ihr leichter als der Praktischen und der Angewandten Informatik, da sie sich bereits in den 30er Jahren entwickelte und unterschiedlich erscheinende Richtungen (wie etwa imperative, funktionale oder logische Programmierung) schon frühzeitig als gleichwertig und ineinander transformierbar erkannte. So folgt die

These 3: Die Theorie bildet einen über längere Zeiträume stabilen Kern der Informatik. (Man kann daher Theorie-Inhalte als einen längerfristig gültigen Orientierungsrahmen für die Informatik ansehen, vgl. Themen in [2].)

Diese These impliziert eine weitere. Kenntnisse, die in der allgemeinbildenden Schule vermittelt werden, dürfen nicht allzu rasch ausgetauscht werden. In der Informatik trifft dies vor allem auf die Inhalte der Theorie zu. Oft wird der Versuch unternommen, intuitive Vorstellungen und vage beschriebene Inhalte in den Informatikunterricht einzubauen (wie objektorientierte Methoden, neuronale Netze, heuristische Methoden, aktuelle Werkzeuge). Solches Vorgehen führt zu ständigen Revisionen der Lehrpläne (was ich im Prinzip gar nicht für schlecht halte, wenn sie wissenschaftlich fundiert durchgeführt und durch geeignete Weiterbildungsmaßnahmen unterstützt würden). In der Schulpraxis sind solche "Wechselbäder" jedoch unerwünscht, was zu der folgenden These führt:

These 4: Informatikinhalte sind in der Regel erst dann in die Schule aufzunehmen, wenn sie einer theoretischen Untersuchung zugänglich geworden sind. Die Lehramtsausbildung sollte daher vor allem von der Theorie getragen werden.

Diese These korreliert damit, daß gerade aus der Praktischen Informatik viele Vorbehalte gegen ein Schulfach Informatik und gegen den Wert der Didaktik zu hören sind.

6. Der Tiefenanspruch der Theorie

Informatik beginnt erst ab einer bestimmten Größenordnung. Entsprechende Aufgabenstellungen werden in Form von Projekten in Angriff genommen. Projekte erfordern in der Informatik eine beachtliche Breite. Beispielsweise benötigt das Oldenburger-Stuttgarter Projekt über "Fahrgemeinschaften" (neben praktischen Erfahrungen über Programmiersprachen, Software-Werkzeuge, Systemeigenschaften, Verteilte Algorithmen, Datenbanken u.ä.) gute Informatik-Kenntnisse über die Themenbereiche "Verkehrswissen", "Hierarchisch organisierte Graphen", "effiziente Verfahren für kürzeste Wege in der Ebene", "Heuristiken für Zuordnungsprobleme (unter Beachtung der Historie)", "Archivierungstechniken", "Editoren", "Benutzungsoberflächen" und manches mehr, sofern das Projekt ein vermarktbares und anspruchsvolles Produkt ergeben soll. Aus diesem Projekt lassen sich viele schwierige Fragestellungen herauskristallisieren, über die man jahrelange intensive theoretische Forschungen betreiben könnte. Andererseits würden solche Untersuchungen das Gesamtprojekt nur aufhalten. Theoretiker befinden sich in der Informatik also in einer Klemme: Wenn sie Projekte durchführen, so müssen sie spannend erscheinende Problemstellungen ungelöst lassen, in der Forschung wollen Theoretiker aber (eng umrissene) Probleme in allen Details verstehen. Da sie später an diesen speziellen Erkenntnissen und nicht an Projekten gemessen werden, wenden sie sich von den typischen Informatik-Arbeitsweisen ab. Als wissenschaftliche Disziplin denkt die Theorie also in die Tiefe statt in die Breite und ist somit bei der Durchführung von Projekten oft eher hinderlich als förderlich. Der Zwang zur Spezialisierung führt auch leichter zu Einzelkämpfern, die sich in Teams schwer tun. Dies liefert die

These 5: Die Theorie der Informatik verlangt stark in die Tiefe gehende Forschungsergebnisse, die i.a. nicht durch den Umgang mit Rechnersystemen zu ermitteln sind, und sie fördert (wenigstens zur Zeit noch) das Einzelkämpfertum. Sie hat daher strenge Regeln zur individuellen Leistungsbewertung, was z.B. bei Habilitationen und Berufungen sichtbar wird.

7. Zur Zweckfreiheit und Praxisferne

In [3] heißt es: "Die Informatiklehre hat einen vor allem *zum Lösen von nicht existierenden Problemen* qualifiziert. Darüber hinaus wurde einem der Blick auf die eigentlichen Probleme verstellt." Hieran mag manches richtig sein, aber die umgekehrte Forderung, daß Informatiklehre sich auf das Lösen von in der Wirtschaft existierenden Problemen mit industriegängigen Methoden und Werkzeugen zu konzentrieren habe, würde die logische Konsequenz haben, die Ausbildung sofort in die Betriebe zu verlagern. Eines ist nach meiner Auffassung für das Studium seit Jahrhunderten unabdingbar, nämlich die "Muße", also das Reflektieren über Inhalte, das zweckfreie Erlernen von Prinzipien, die hinter den Alltagslösungen stehen, das zunächst von jeder Anwendung freie Verstehen von Ideen, und dies alles in einer entspannten Atmosphäre ohne Zeitnot. Im Studium müssen Freiräume vorhanden sein, damit sich wesentliche Gedanken klären und festigen und damit sich die notwendige Beurteilungsfähigkeit in den Studierenden entwickelt. Die Berufsorientierung, die sich aus dem Diplom als einem berufsqualifizierenden Abschluß herleitet, ist im universitären Informatikstudium zu ergänzen durch zweckfreie und/oder praxisferne Studienanteile, zu denen sicherlich große Gebiete der Theorie zählen. Um nicht mißverstanden zu werden: Theorie orientiert sich in ihren Inhalten an dem Berufsbild und an den in der Praxis zu bearbeitenden Fragen, sie ist somit kein Fremdkörper im Studium; sie abstrahiert jedoch von der konkreten Anwendung und untersucht vorrangig abstrakte Zusammenhänge, die sich an praxisfernen Fragestellungen meist besser als an konkreten berufstypischen (und dann meist sehr komplexen) Problemen erklären lassen.

These 6: Theorie muß auch als eine "Oase" für zweckfreie Untersuchungen verstanden werden, deren Ergebnisse nicht sofort und ohne Reibungsverluste im Berufsleben verwertbar sind. (Solche Oasen dienen der vertieften Erkenntnis und dem besseren Erlernen von Konzepten und sind daher schützenswert.)

8. Ein (alter) Vorschlag zu Informatikstudiengängen

Hinter allen Überlegungen stehen Vorstellungen über das Studium, die Bildungswerte, das Menschenbild, die wirtschaftlichen Zielsetzungen usw. Diese lassen sich nicht auf einigen Seiten ausbreiten. Betrachtet man jedoch die Forderungen der Wirtschaft an eine berufsbezogenere Ausbildung und die Wünsche und (im Schnitt nachlassenden) Fähigkeiten der Studierenden (z.Zt. bereits 30% eines Jahrgangs), dann bietet sich als Lösung die Aufspaltung des derzeitigen Informatikstudiengangs in mehrere neue Studiengänge an, die sich vor allem bezüglich ihres Anwendungsbezugs unterscheiden. Der Fakultätentag Informatik steht dieser Aufspaltung zurückhaltend gegenüber und favorisiert eine möglichst lange Fortführung des einheitlichen Informatikstudiengangs. Das Resultat dieser Abwehrhaltung ist jedoch: Anwendungsfächer schaffen sich eigene Informatikprofessuren, neue Konkurrenz-Studiengänge wie die Wirtschaftsinformatik, teilweise auch die Technische Informatik, wurden von anderen Fakultäten eingerichtet, und der Informatikstudiengang wird an jeder Hochschule verstärkt auf die Anwendungen zugeschnitten - auf Kosten der Grundlagen. Ein Vergleich mit den Ingenieurwissenschaften zeigt aber die zu erwartende Entwicklung: Irgendwann wird es eine der Physik vergleichbare Informatik geben (heute meist als "Kerninformatik" bezeichnet), und daneben werden viele (softwaretechnisch orientierte) Angewandte Informatiken, die den einzelnen Ingenieurwissenschaften Elektrotechnik, Maschinenbau, Chemietechnik usw. vergleichbar sind, entstehen. Für diese Angewandten Informatiken (z.B. mit Schwerpunktbildungen im Datenbankbereich, im Bereich der Netze und verteilten Systeme, im Bereich der Simulation) wird es, wie heute für die Ingeneure, eigene Grundvorlesungen in Mathematik und Theoretischer Informatik (vgl. Matrix in [1], S.109) geben; für den Informatikstudiengang wird dagegen eine Mathematik wie für Mathematiker (nur mit anderer Stoffauswahl) und eine breite Basis in Theoretischer Informatiker verpflichtend sein. Diese Entwicklung hatte ich 1975 für das Jahr 1985 geweissagt (es wurde 1984 aber nur in Dortmund der Studiengang Ingenieur-Informatik eingerichtet und nicht auch an anderen Hochschulen); nach heutiger Einschätzung des Beharrungsvermögens der hochschulpolitischen Entscheidungsgremien prognostiziere ich sie nun für den Zeitraum nach dem Jahre 2010:

These 7: Bis zum Jahre 2015 werden an deutschen Universitäten mehrere Studiengänge und Fachbereiche/Fakultäten für Angewandte Informatik (mit starker hard- oder softwaretechnischer Ausrichtung) eingerichtet werden. Der Diplomstudiengang Informatik wird sich dann wieder verstärkt zu einem grundlagenorientierten Studium mit hohem Theorieanteil entwickeln. Der Informatik-Fachbereich wird ähnlich wie der Fachbereich Mathematik geeignete Dienstleistungen für diese neuen Studiengänge erbringen.

Die Lösung, wie man die allgemeine Ausbildung von zuviel Theorie befreien kann, ergibt sich also als Nebenprodukt aus einer ohnehin zu erwartenden Entwicklung: durch neue ingenieurmäßige Informatikstudiengänge. Diese werden die Mehrzahl der Studierenden aufnehmen, die Kooperation mit der Wirtschaft ist in ihnen leichter möglich, und die vertieften Theorie-Inhalte bleiben auf den künftig stärker grundlagenbezogen Informatikstudiengang beschränkt. Es kämen also irgendwann "bessere Zeiten" auf die Theorie zu, mit weniger Studierenden und mit der wichtigen Aufgabe, Theorieveranstaltungen für die neuen Studiengänge zu exportieren.

9. Schlußbemerkungen

Die Kernaussage dieses Artikels lautet, daß der derzeitige Informatikstudiengang seine Existenzberechtigung als universitärer Ausbildungsgang zu einem wesentlichen Teil der Theorie verdankt. Die Theorie ist ungeliebt, da ihre Nützlichkeit wegen der zuvor notwendigen Grundlagen kaum deutlich wird und da Studierende heute eine veränderte Einstellung zum eigenen Lernen im Studium haben. Theorieanteile lassen sich auch nicht unmittelbar in die berufliche Praxis umsetzen; dort dienen sie vorwiegend dem Systematisieren, dem allgemeinen Verständnis und dem Abschätzen von Grenzen. Ihre eigentliche Bedeutung für die Praxis liegt vorwiegend in den Bereichen Semantik und Effizienz, aber nur für eine kleinere Zahl von Fachkräften.

Natürlich muß man nun diskutieren, was man genau unter Theorie versteht, wie diese aufzuziehen ist, wie andere Veranstaltungen darauf aufbauen müssen, wie man sie in praktische Aufgaben einbezieht usw. Als Vorkämpfer für Projektgruppen unterstütze ich nachdrücklich berufstypische Arbeitsweisen im Studium. So muß Theorie stärker in Projekte einfließen: Beantragt man heute Projekte, dann wird man auf die Notwendigkeit sozialwissenschaftlicher, psychologischer und sonstiger Begleitforschung hingewiesen, jedoch niemals auf eine notwendige Theorie-Begleitforschung! Für ein Land, das gerne davon spricht, sein wertvollster Rohstoff sei in den Köpfen seiner Menschen, zeigt dies eine einseitige und wenig zukunftsträchtige Schwerpunktsetzung.

Zur Theorie gibt es viele Lehrbücher. Über spezielle Inhalte wird auf der GI-Jahrestagung am 19.9.95 in Zürich diskutiert werden. Hierzu noch einige Stichwörter:

- Eine zentrale Frage der Praxis ist die Qualitätssicherung. Welchen Wert haben langfristig Techniken, die sich nicht auf Spezifikation, Programmanalyse und Korrektheit stützen und hierbei formale Methoden verwenden? (Dies ist wegen der Verlagerung der Software-Entwicklung in Billig-Lohn-Länder auch wirtschaftlich relevant.)
- Die Simulation als Mittel der Prognose, Analyse, Diagnose, Hypothesenfindung, Restrukturierung usw. bedarf des formal exakten Modells. Kleinste Änderungen an Parametern oder Strukturmerkmalen können zu völlig anderen Resultaten führen. Grundlegendes Wissen über Modellierungen, Ersetzungssysteme, Selbstorganisation usw. wird gebraucht werden.
- Effizienz war in den 50er Jahren das zentrale Kriterium beim Rechnereinsatz. Es wird für Probleme des Höchstleistungsrechnens wieder von zentraler Bedeutung. Die Abschätzung von Algorithmen, die Konstruktion geeigneter (verteilter) Objektstrukturen, die Herstellung zugeschnittener Chips usw. erfordern beste Theorie-Kenntnisse.
- Und wie soll die prognostizierte Komplexitätsexplosion beherrschbar bleiben, wenn nicht mit Hilfe der Theorie?

Literatur (kurze Auswahl)

[1] B. Bartsch-Spörl, K. Morik, D. Steinbauer (Hrsg.), Themenheft "Informatik Ausbildung", Informatik Spektrum, Band 18, Heft 2, April 1995. In diesem Heft finden sich weitere Literaturhinweise.

[2] Duden Informatik, 3. Auflage, BI-Wissenschaftsverlag, Mannheim 1993.

[3] J. Pasch, H. Biskup, "Software-Engineering — Ausbildung für die Praxis?", in [1].

[4] I. Wegener, "Didaktische Überlegungen zu einer algorithmenorientierten Einführung in die Theoretische Informatik", in [1].

Fachgespräch 8:

Entwurf und Entwicklung verteilter Informationssysteme

Trotz der verlockenden technischen Möglichkeiten sind verteilte Informationssysteme in der Praxis bisher nur selten realisiert. Dies ist u. a. bedingt durch die Komplexität des Entwurfs, des Aufbaus und des Betriebs solcher Systeme. Die grosse Vielfalt an Realisierungsvarianten und an kommerziell verfügbaren Produkten, welche im Rahmen einer verteilten Umgebung zum Einsatz kommen können, stellt Entwickler vor besondere Probleme.

Ziel des Fachgesprächs ist es, Aspekte des Entwurfs, der Entwicklung und des Betriebs von verteilten Informationssystemen kritisch zu durchleuchten.

Programmkomitee des Fachgespräches:
A. Oberweis, Karlsruhe (Koordination)
K. Dittrich, Zürich, P. Eisner, Zürich, U.W. Lipeck, Hannover, K. Meyer-Wegener, Dresden, M. Norrie, Zürich, G. Vossen, Münster

Verteilte betriebswirtschaftliche Standardsoftware in heterogenen Umgebungen

Georg Reichwein
Quantum Gesellschaft für Software mbH
Emil-Figge-Str. 83
44227 Dortmund
e-mail: reichwei@quantum.de

Die für eine Standardsoftware im Unix-Markt unverzichtbaren Eigenschaften der Plattform-Unabhängigkeit und Aufwärtskompatibilität stellen spezielle Anforderungen an ein allgemeines Konzept zur Verteilung betrieblicher Informationssysteme. Für die verteilte Variante seiner Standardsoftware Mega/WWS nutzt Quantum ein objektorientiertes Datenmodell, welches eine abstrakte, formale Sicht der heterogenen Systemkomponenten bietet. Das technische Konzept ist unabhängig vom Bestehen einer permanenten Online-Verbindung zwischen den Standorten. Die vorgestellte Lösung befindet sich bei verschiedenen Kunden im erfolgreichen Einsatz.

Aufgabenstellung

Der Entwurf und die Entwicklung verteilter Informationssysteme wird vor besondere Aufgaben gestellt, wenn nicht eine konkrete Anwendung zu verteilen ist, sondern eine vorhandene Familie von Standardsoftwaremodulen um einen Mechanismus erweitert werden soll, der die transparente Verteilung der Systemfunktionen auf mehrere Standorte erlaubt. Jeder Standort besitzt eine eigene Installation von Modulen, die auch völlig autonom, ohne Verbindung zu den anderen Standorten, betrieben werden können.

Aus der Forderung nach autonomer Funktionsfähigkeit der Standorte folgt, daß alle Datenübertragungsschnittstellen sowohl im Online- als auch im Batchmodus funktionieren müssen. Dies und die für Standardsoftware erforderliche Unabhängigkeit von Hardware, Betriebssystem, Datenbanksystem und Kommunikationssoftware gebietet es, Heterogenität (auch im Sinne von [7], [8]) von vornherein als Entwurfsziel anzusehen. Daraus folgt auch, daß die von einigen Datenbankherstellern angebotene Funktionalität der verteilten Transaktionsverarbeitung, weil nur für bestimmte Plattformen verfügbar, nicht genutzt werden kann. Die Lösung muß nicht zuletzt als aufwärtskompatible Erweiterung der vorhandenen Software realisiert werden.

Die vorgestellte Lösung ist insbesondere für den filialisierten Großhandel geeignet, sowie generell für Unternehmen, die sich schwerpunktmäßig mit der Verteilung von Waren befassen. Ein häufiges Merkmal solcher Organisationen ist, daß die kaufmännische Abwicklung räumlich getrennt von der logistischen Aktivität stattfindet. Ein typischer Fall zentrale Auftragserfassung und Fakturierung bei dezentraler Auslieferung, eine andere typische Konstellation ist dezentrale Auftragserfassung mit zentraler Auslieferung und Fakturierung. Aufgrund der Aufwärtskompatibilität können mit der gleichen Lösung jedoch auch reine zentrale Systeme (als Sonderfall) abgedeckt werden.

Lösungsansatz

Als einer der ersten Anbieter betriebswirtschaftlicher Standardsoftware unter Unix verfolgte Quantum von Anfang an eine Strategie der offenen Systeme. Alle Produkte der Mega-Familie sind unabhängig von bestimmten Hardwareplattformen, Datenbanksystemen oder Ein-/Ausgabemedien. Dies wird durch die Schichtenarchitektur der Mega-Produkte erreicht, welche die Anwendungslogik von der Präsentationsschicht (front end) einerseits und der Datenbankschicht (back end) andererseits über allgemeine, flexible Schnittstellen abkapselt. Diese Unabhängigkeit bringt dem Anwender die Freiheit, auf neue Entwicklungen auf dem Hardware- oder dem Datenbanksektor flexibel reagieren zu können.

Die hier am Beispiel von Mega/WWS (Warenwirtschaft) vorgestellte Standardlösung zur Verteilung von betrieblichen Informationssystemen bietet als weitere Dimensionen der Flexibilität die Unabhängigkeit von Standort und Übertragungsmedium. Die einzelnen Funktionen der Warenwirtschaft können beliebig auf verschiedene Rechnerstandorte verteilt werden, wobei jeder Standort eine andere Kombination von Hardware, Betriebssystem, Datenbank und Kommunikationssoftware aufweisen kann. Die Verteilungsschicht der Quantum-Software stellt sicher, daß jeder Standort automatisch die aktuellen, für seine Aufgaben benötigten Daten erhält.

An jedem Standort läuft jeweils eine entsprechend konfigurierte Installation von Mega/WWS, der Warenwirtschaftskomponente der Mega-Familie. Jede Installation hat, je nach Zugriffsrechten, ihre spezielle Sicht auf die Datenbasis des Gesamtsystems. Dabei ist es prinzipiell gleichgültig, an welchem Standort sich bestimmte Daten tatsächlich befinden, oder ob redundante Kopien bestimmter Daten gehalten werden. So macht es keinen Unterschied, ob ein Benutzer beispielsweise die Bestandsabfrage für einen entfernten Standort auf seinem lokalen Rechner durchführt, oder ob er die entsprechende Maske per Fernzugriff auf dem entfernten Rechner aufruft.

Dieser hohe Grad an Flexibilität und Unabhängigkeit wird durch den Einsatz deklarativer objektorientierter Methoden bei der Definition der Verteilungsschnittstelle erreicht. Die Datenbasis von Mega/WWS wurde in Form eines semantischen Datenmodells vollständig formal definiert. Das resultierende objektorientierte Datenmodell beschreibt nicht nur die Struktur der Daten, sondern auch Abhängigkeiten, Redundanzen und Integritätsbedingungen. Die Ein- und Auslagerungsschnittstellen werden aus der formalen Beschreibung der zu übertragenden Objekte generiert.

Objektmodell

Die speziell entwickelte Beschreibungssprache für das Objektmodell orientiert sich in ihrer Struktur an den Bedeutung tragenden Einheiten ("Objekten") der Anwendung (vgl. auch [3], [1], [6], [9]). Diese Objekte entsprechen letztlich den Dokumenten, mit denen die Sachbearbeiter in den Betrieben täglich umgehen, also z.B. Aufträge, Lieferscheine, Bestandsübersichten, Kundenkarteien oder ähnliches.

Technisch sind diese Objekte als zusammengehörende Gruppe von Datensätzen verschiedener Tabellen dargestellt. Ein Objekt kann also zum Beispiel ein Kundenstammsatz mit seinen abweichenden Lieferanschriften, Ansprechpartnern, Textbausteinen und Umsatzsteuer-IDs sein, oder ein Auftrag mit seinen Positionen und Textbausteinen. Als konkretes Beispiel einer Objektbeschreibung zeigt Abb.1 eine (stark verkürzte) Darstellung der Definition der Objektart "Bestellung".

```
OBJEKT Bestellung
   IN bestell SCHLÜSSEL bestnr
   IN Einkauf
   { BEINHALTET BestPos 1 ZU 1_N
        IN bestpos SCHLÜSSEL bestnr,posnr
        MIT bestnr == Bestellung.bestnr
        { BENUTZT Artikel 0 ZU 1_1
             IN artikel
             MIT art_num == BestPos.art_num
        }
     positionen == ANZAHL BestPos
     positionen == MAX BestPos.posnr
     netto_sum == SUMME BestPos.pos_netto
   }
```

Abb.1: Objektbeschreibung "Bestellung"

Die Objektbeschreibung in Abb. 1 ist folgendermaßen zu lesen: Jedem Objekt der Klasse `Bestellung` entspricht ein Tupel in der Relation `bestell`, welches durch das eindeutige Schlüsselattribut `bestnr` identifiziert wird. Bestellungen gehören zum Modul `Einkauf` von Mega/WWS. Weiterhin gehört zu jeder Bestellung als Bestandteil des Objektes mindestens eine (`1_N`) Bestellposition (`BestPos`), Die zugehörigen Positionen werden durch die Kombination der Schlüsselattribute `bestnr` und `posnr` eindeutig identifiziert, wobei nur solche Sätze in der Relation `bestpos` berücksichtigt werden, deren Attribut `bestnr` den selben Wert aufweist wie das entsprechende Attribut des Objektes `Bestellung` (d.h. des entsprechenden Satzes in der Relation `bestell`). Die Angabe „`1 ZU` ...“ besagt, daß es keine Positionen ohne zugeordnete Bestellung geben kann.

Neben der strukturellen Information enthält die Objektbeschreibung Konsistenzbedingungen, die von jedem zur beschriebenen Klasse gehörenden Objekt erfüllt werden müssen. Das können lokale Bedingungen sein, zu deren Überprüfung nur das Objekt selber erforderlich ist, oder objektübergreifende Bedingungen, zu deren Überprüfung auch der Kontext des Objektes betrachtet werden muß.

In Abb. 1 finden sich drei lokale Bedingungen. Die erste Bedingung (`positionen == ANZAHL BestPos`) besagt, daß der Wert des Attributs `positionen` der `Bestellung` gleich der Anzahl der dem Objekt zugeordneten Teilobjekte `BestPos` sein muß. Die Bestellpositionen müssen fortlaufend durchnummeriert sein (`positionen == MAX BestPos.posnr`). Die dritte Bedingung besagt, daß der Nettowert der gesamten Bestellung (Attribut `netto_sum`) gleich der Summe der Nettowerte der Positionen sein muß.

Abb. 1 enthält auch ein Beispiel für eine nicht lokale Konsistenzbedingung. Jedes Teilobjekt `BestPos` muß auf genau ein Objekt der Klasse `Artikel` verweisen, dessen Artikelnummer-Attribut `art_num` gleich der in der Bestellposition genannten Artikelnummer ist. Das bedeutet, daß nur solche Artikel bestellt werden können, für die ein Stammdatensatz vorliegt. Die Angabe „0 `ZU` ...“ besagt, daß es Artikel geben darf, die (noch) nicht bestellt wurden.

Die Standardsoftware von Quantum setzt auf einer flexiblen, herstellerunabhängigen Datenbankschnittstelle auf. Diese wurde unter anderem für die Realisierung der Verteilungsfunktionalität um die oben vorgestellten Objektbeschreibungen erweitert. Im Kontext der Datenübertragung werden Objektbeschreibungen einerseits bei der Auslagerung verwendet, um semantisch zusammengehörende Datensätze zu erkennen und gemeinsam auszulagern. Auf der Einlagerungsseite werden die empfangenen Daten vor dem Einbringen in die lokale

Datenbasis anhand der in der Objektbeschreibung enthaltenen Integritäts- und Konsistenzbedingungen auf Korrektheit geprüft.

Objekte werden grundsätzlich als Einheit übertragen, d.h. entweder alle zusammengehörenden Datensätze werden gemeinsam als Paket vollständig übertragen, oder keiner der das Objekt konstituierenden Sätze wird übertragen. Die Auslagerung eines Objektes wie auch die Einlagerung eines Objektes finden jeweils als Transaktion der unterliegenden Datenbank statt. Die Aus- und Einlagerungsfunktionen "wissen" anhand der Objektbeschreibung, über welche Tabellen die Daten des Objektes verteilt sind. Textbausteine werden also z.B. nur übertragen, wenn auf sie in übertragenen Aufträgen oder Stammdaten Bezug genommen wird. Die Übertragung erfolgt dann gemeinsam mit dem Auftrag bzw. Stammdatensatz.

Übertragungsmechanismus

Die zu übertragenden Daten werden entweder nach manuellem Anstoß oder durch ein Hintergrundprogramm als Dateien in einem von allen Quantum-Modulen verwendeten Standardformat in dafür vorgesehenen Übertragungsverzeichnissen abgelegt. Das Auslagern eines Objektes ist eine Transaktion der Datenbank. Es können beliebig viele Objekte in eine Übertragungsdatei geschrieben werden. Üblicherweise erzeugt jeder Lauf des Auslagerungsprogramms eine Datei (pro betroffenem Standort). In diesen Dateien sind die zu übertragenden Objekte in einem durch das verwendete Übertragungsprotokoll definierten Format abgelegt.

Eine neue Version von Mega/WWS kann eine neue Version der Objektbeschreibung erfordern. Jeder Version der Objektbeschreibung entspricht eine Version des Übertragungsprotokolls. Da die einzelnen Standorte unterschiedliche Versionsstände haben und somit unterschiedliche Protokolle verwenden können, teilt jeder Standorte bei einem Versionswechsel den anderen mit, welches Protokoll er verwendet. Die Übertragungsprotokolle (d.h. die durch sie definierten Dateiformate) sind dazu ihrerseits in einer Metasprache beschrieben. Bei der Auslagerung wird immer das maximale am jeweiligen Zielstandort vorhandene Format verwendet.

Die tatsächliche Übertragung der Daten kann beispielsweise über ISDN-Wählleitungen zwischen den Standorten erfolgen, mit FTP auf der Basis von TCP/IP als Übertragungsprotokoll. Es ist allerdings auch jede andere Art der Verbindung bis hin zum Postversand von Disketten möglich. Das bedeutet, daß eine Online-Verfügbarkeit der Standorte nicht zwingend erforderlich ist.

Am empfangenden Standort werden die ankommenden Dateien wiederum in speziellen Übertragungsverzeichnissen abgelegt. Dort werden sie von einem Serverprogramm gelesen, welches die Daten in die Datenbank des Zielsystems einbringt. Das Einlagern eines Objektes ist eine Transaktion der Datenbank. Der Einlagerungsserver muß die Dateiformate für alle Protokollversionen kleiner oder gleich seiner eigenen unterstützen, für den Fall daß ein Sendestandort noch eine kleinere Version benutzt.

Ein Standort bekommt erst dann Dateien der nächsthöheren Protokollversion übertragen, wenn die anderen Standorte „wissen", daß er sie auch verarbeiten kann. Ein Empfang niedrigerer Versionen ist jederzeit möglich. Voraussetzung dazu ist, daß Objektbeschreibungen bei Versionswechseln nur in aufwärtskompatibler Weise verändert werden, d.h. so daß die alte Version noch als Teil in der neuen enthalten ist. Die einfache Migrationsmöglichkeit für den Kunden auf die jeweils nächste Version ist eine generelle Anforderung an Standardsoftware.

In einem verteilten WWS können Vorgänge nacheinander an verschiedenen Standorten bearbeitet werden. Ein Objekt muß an seinem Ursprungsort A solange noch verändert werden können, wie noch keine Weiterverarbeitung erfolgt ist, die eine solche Veränderung unmöglich machen würde. Zum Beispiel sollten Auftragspositionen solange noch gelöscht werden dürfen, bis sie ausgeliefert worden sind. Das ist unproblematisch, solange beide Verarbeitungsschritte am selben Standort durchgeführt werden. Bei Weiterverarbeitung an einem entfernten Standort B tritt jedoch das Problem auf, daß die Auslieferung in B schon erfolgt sein kann, die Rückmeldung des Lieferscheines jedoch noch nicht bei A angekommen ist. Der Sachbearbeiter in A könnte also eine bereits (in B) ausgelieferte Auftragsposition löschen, obwohl die Kopie des Lieferscheins bereits nach A unterwegs ist.

Um solche Situationen zu vermeiden, werden nach Abschluß eines Bearbeitungsschrittes übertragene Objekte vom Auslagerungsprogramm automatisch für Änderungen gesperrt. Wenn ein solches Objekt verändert werden soll, muß sich der Sachbearbeiter mit den Empfängerstellen in Verbindung setzten und die (logische) Rückübertragung des Objektes veranlassen. Falls noch keine Weiterverarbeitung erfolgt ist, werden die Sachbearbeiter der Empfängerstellen mit einer eigens dafür vorgesehenen Programmfunktion das betreffende Objekt zur Rückübertragung freigeben. Danach kann die Empfängerstelle den Datensatz nicht mehr bearbeiten. Am Ursprungsort kann der Datensatz erst dann wieder bearbeitet werden, wenn die Rückübertragungen von allen Empfängerstellen eingetroffen sind.

Das beschriebene Problem könnte von einem verteilten Datenbankmanagementsystem (DBMS) automatisch durch verteilte Transaktionen gelöst werden. Ein solcher Ansatz setzt jedoch voraus, daß an allen Standorten miteinander kompatible DBMS installiert sind, und daß eine schnelle Online-Verbindung zwischen den Standorten ständig verfügbar ist [5]. Diese Voraussetzungen sind jedoch in der Praxis oft nicht gegeben oder z.B. aus Kostengründen nicht gewünscht. Außerdem ginge die für eine Standardsoftware unverzichtbare Unabhängigkeit vom unterliegenden Datenbanksystem verloren. Die Erfahrung zeigt überdies, daß der oben beschriebene Fall auch bei großem Datenvolumen keine Probleme bereitet, wenn die durch die Software unterstützten betrieblichen Abläufe entsprechend organisiert sind.

Wir folgen dabei dem pragmatischen Ansatz, daß die Software den normalen Ablauf effizient unterstützen soll. Sonderfälle wie der oben beschriebene kommen selten vor und sollen die Software nicht unnötig kompliziert (und damit auch teuer und schwerer wartbar) machen.

Als zusätzliches Werkzeug wird ein DFÜ-Monitor zur zentralen Überwachung des reibungslosen Ablaufes der Kommunikation zwischen den Standorten angeboten. Mit seiner Hilfe können auch Informationen über Art und Volumen der tatsächlich ausgetauschten Daten gewonnen werden. Ein eventueller erhöhter Rückrufbedarf bereits übertragener Objekte zwischen einzelnen Schritten des betrieblichen Ablaufes ist damit frühzeitig erkennbar. Es können dann die betrieblichen Gründe analysiert und der Geschäftsprozeß mit dem Ziel der Vermeidung solcher Situationen optimiert werden.

Bezug zu EDI

Die vorgestellte Lösung für eine verteilte betriebswirtschaftliche Standardsoftware zeigt interessante Parallelen zu firmenübergreifenden EDI-Lösungen (electronic data interchange). Die übertragenen "Objekte" sind letztlich Darstellungen von Dokumenten (Aufträge, Bestellungen, Lieferscheine, Artikel- und Preisdaten), wie sie auch im (elektronischen) Geschäftsverkehr zwischen Unternehmen eingesetzt werden.

Es ist problemlos möglich, vorhandene EDI-Standardsoftware zur technischen Abwicklung der Übertragung der Objektdateien einzusetzen. Die Wiederverwendung von Standardkomponenten wird allgemein als vielversprechendster Weg zur Steigerung der Produktivität in DV-Projekten angesehen [2]. Andererseits können ausgelagerte Objekte mit Hilfe handelsüblicher EDI-Konverter z.B. in das EDIFACT-Format [4] umgesetzt und versendet werden. Von außen per EDI empfangene Dokumente können umgekehrt den in der entsprechenden Objektbeschreibung definierten Konsistenzprüfungen unterworfen und in die eigene Datenbank übernommen werden.

Die Erreichung der EDI-Fähigkeit der Standardsoftware war in der Tat ein weiterer Grund, die Idee einer offenen Objektschnittstelle zu realisieren.

Zusammenfassung

Die Verteilung eines existierenden Standardsoftwarepaketes in einer heterogenen Systemlandschaft stellt besondere Anforderungen, die sich in den folgenden Stichworten zusammenfassen lassen:

- Aufwärtskompatibilität
- Plattformunabhängigkeit
- Autonomie der Standorte
- Fehlertoleranz
- Unabhängigkeit von permanenter Online-Verbindung
- Unabhängigkeit von Übertragungverfahren und -protokollen
- Datenkonsistenz zwischen den Standorten
- Heterogene Releasestände

Zur Umsetzung dieser Anforderungen wurde bei Quantum ein objektorientiertes Konzept realisiert, welches auf einer formalen Objektbeschreibung aufbaut. Die Anwendungen erkennen und markieren die zu übertragenden Objekte, welche dann in Abhängigkeit von den Zielstandorten ausgelagert, übertragen und dort wieder eingelagert werden. Der Anwender erhält damit ein flexibles Instrument zur verteilten Abwicklung seiner Geschäftsprozesse.

Danksagung

Der Autor dankt allen an der erfolgreichen Durchführung des Projektes beteiligten Kollegen, sowie der Quantum GmbH für die Genehmigung zur Publikation dieses Artikels.

Literatur

[1] M.L. Brodie, J. Mylopoulos, J.W. Schmidt (Hrsg.): On Conceptual Modeling, Springer Verlag, 1984

[2] F. Brooks: No Silver Bullet. Essence and Accidents of Software Engineering, IEEE Computer, 1987

[3] P.P. Chen: The Entity-Relationship Model - Towards a Unified View of Data. ACM Transactions on Database Systems, 1976

[4] T. Georg: EDIFACT - Ein Implementierungskonzept für mittelständische Unternehmen, Deutscher Universitäts Verlag, 1994

[5] IS7498: Open System Interconnect Reference Model, ISO, 1984

[6] R. Jungclaus, G. Saake, T. Hartmann, C. Sernadas: TROLL - A Language for Object-Oriented Specification of Information Systems. ACM Transactions on Information Systems, 1994

[7] G. Reichwein, J.L. Fiadeiro: Semantics of Interworking Knowledge Based Systems. in: Progress in Artificial Intelligence, Springer Verlag, 1993

[8] G. Reichwein, J.L. Fiadeiro, M. Rohen: Declarative Semantics of Interoperable Data- and Knowledge Bases, in: Intelligent and Cooperating Information Systems, IEEE Computer Society Press. 1993

[9] G. Vossen: Datenmodelle, Datenbanksprachen und Datenbank-Management-Systeme, Addison-Wesley, 1994

Entwurfsvalidation für verteilte Informationssysteme mit dem graphischen, mehrbenutzerfähigen Pr/T-Netz-Simulator GAPS$^+$

Volker Sänger, Wolfgang Weitz

Institut für Angewandte Informatik
und Formale Beschreibungsverfahren
Universität Karlsruhe (TH)
D-76128 Karlsruhe
E-Mail: {saenger | weitz }@aifb.uni-karlsruhe.de

Zusammenfassung In diesem Papier stellen wir GAPS$^+$ vor, ein Simulationssystem für Prädikate/Transitionen-Netze (Pr/T-Netze), das im Rahmen des Informationssystementwurfs zu Validierungszwecken eingesetzt wird. GAPS$^+$ stellt einen verteilten Simulationsservice zu Verfügung, der seinen Klienten sowohl Knoten zur Ausführung ihres (neuen) Simulationsauftrags zuweist als auch die Teilnahme mehrerer Klienten an einem (möglicherweise bereits in Ausführung befindlichen) Simulationslauf ermöglicht. Diese Teilnahme kann entweder passiver Art sein (ein Simulationslauf wird simultan auf unterschiedlichen Rechnern verschiedenartig visualisiert) oder auch aktiver Art (Deligieren von Schaltentscheidungen für ausgewählte Transitionen vom Simulatorkern an einen Klienten).

1 Einführung

Im Bereich des Entwurfs von Informationssystemen wurde lange die Problematik der Datenmodellierung als die zentrale Fragestellung betrachtet. In den vergangenen Jahren wurde jedoch immer deutlicher, daß neben der Berücksichtigung der (statischen) Datenseite auch die Modellierung, Analyse und Dokumentation des (dynamischen) Systemverhaltens gleichermaßen wichtig ist [SCr92] und daher in den Designprozeß von Informationssystemen integriert werden sollte.

Ziel des Projekts INCOME/STAR [OSS94] ist die prototypische Realisierung einer integrierten Entwicklungsumgebung für das kooperative Design großer, verteilter Informationssysteme, die sich auf ein relationales Datenbanksystem zur Datenhaltung stützen. Für die Beschreibung der Daten werden semantische Datenmodelle eingesetzt, zur Modellierung des Systemverhaltens finden höhere Petri-Netze Verwendung [GLa81].

Die Förderung des Zusammenwirkens mehrerer Entwicklerinnen und Entwickler ist ein weiterer wichtiger Aspekt bei der Informationssystementwicklung. Schon Projekte mittlerer Größe sind von einem einzelnen Entwickler unter realistischen Zeit- und Qualitätsbedingungen nicht mehr zu bewältigen. INCOME/STAR trägt diesem Umstand Rechnung durch die Bereitstellung des Kommunikations- und Koordinationssystems RoCoMan und des mehrbenutzerfähigen Simulationsdienstes GAPS$^+$ (graphical animated Petri-net simulator). Auch die frühe Einbindung des Kunden in den Entwicklungsprozeß wird durch die Möglichkeit externer Visualisierungskomponenten von GAPS$^+$ unterstützt.

2 Beschreibung des Systemverhaltens

In den folgenden Abschnitten sollen die in INCOME/STAR verwendeten Konzepte zur Modellierung des Systemverhaltens mit Pr/T-Netzen, das Ziel der frühzeitigen Integration des späteren System-Anwenders und die Rolle der Simulation in diesem Zusammenhang näher betrachtet werden.

2.1 Modellierung mit Pr/T-Netzen

Von den vielen Petri-Netz-Varianten, die im Laufe der Zeit entwickelt worden sind, finden in INCOME/STAR die sogenannten Pr/T-Netze Verwendung.

Ein Pr/T-Netz ist ein gerichteter Graph G, dessen Knotenmenge aus der disjunkten Vereinigung einer Menge P von *Stellen* und einer Menge T von *Transitionen* besteht. Die Kantenmenge setzt sich aus gerichteten Kanten zusammen, die jeweils mit genau einer Stelle und genau einer Transition inzidieren.

Man interpretiert die Stellen als *Datenspeicher* und ordnet jeder Stelle ein Relationenschema in erster Normalform zu. Eine *Markierung* ist eine (zulässige) Zuweisung von Tupelmengen an die Stellen von G. Jede Markierung repräsentiert einen (globalen) Zustand des modellierten Systems. Transitionen stehen für eine Klasse von *Operationen* auf den Tupeln in den jeweils adjazenten Stellen.

Jede Kante e wird mit einer Menge von Variablen-Tupeln der Länge n beschriftet, wobei n die Anzahl der Attribute in der mit e inzidenten Stelle ist. Transitionen t können mit einem prädikatenlogischen Ausdruck beschriftet werden, in dem nur Variablen aus den mit t inzidenten Kanteninschriften verwendet werden dürfen.

Eine Transition ist *aktiviert*, wenn

- alle Variablen-Tupel an allen ihren Eingangskanten sich mit Tupeln aus den zugehörigen Eingangsstellen belegen lassen,
- mit dieser Variablenbelegung die Transitionsinschrift erfüllt ist und
- die sich für diese Variablenbelegung ergebenden, in die Ausgangsstellen einzufügenden Tupel noch nicht in diesen vorhanden sind.

Wenn eine aktivierte Transition *t schaltet*, werden diese Tupel aus den betreffenden Eingangsstellen entfernt bzw. in die Ausgangsstellen eingefügt.

Ein großer Vorteil der Verwendung von Petri-Netzen ist die einfache graphische Darstellung des Modells: Stellen werden durch Kreise repräsentiert, Transitionen durch Rechtecke, die mit der zugehörigen Bedingung beschriftet werden.

Stellen und Transitionen werden durch beschriftete, gerichtete Kanten verbunden.

Das folgende Beispiel (Abb. 1) zeigt das Modell einer einfachen Aufzugsteuerung. Zu Beginn enthalten alle Stellen die leere Menge, nur `lift_waiting` sei mit dem Tupel `(1)` markiert, der Aufzug wartet also im 1. Stock. Die Transition `call_lift` modelliert den "Rufknopf" und kann jederzeit ein Tupel mit einer ganzen Zahl aus [1, .., 8] in die Stelle `request` einfügen. Dies aktiviert nun (je nach Position des Aufzugs und des angeforderten Zielstockwerks) entweder die Transition `move_up` oder `move_down` und so weiter, bis schließlich nach Einfügen der neuen Stockwerknummer in `lift_waiting` wieder ein bis zum nächsten Auftrag stabiler Systemzustand erreicht ist.

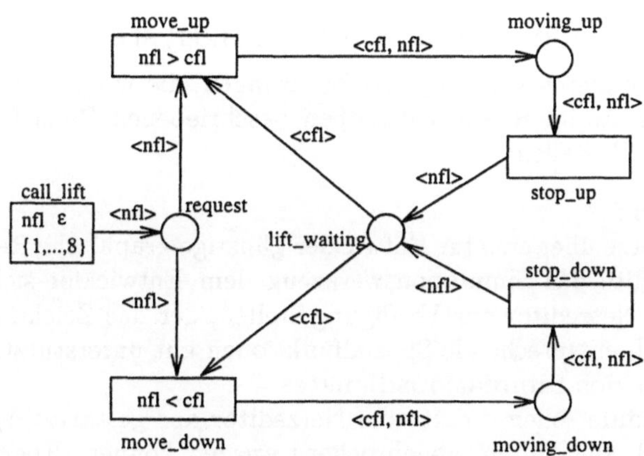

Abbildung1. Aufzugsteuerung

Die Benutzung von höheren Petri-Netzen in INCOME/STAR hat sich aus mehreren Gründen als vorteilhaft erwiesen:

- Petri-Netze haben eine wohldefinierte formale Semantik, die den Einsatz verschiedener Analyseverfahren ermöglichen. Beispiele hierfür sind die Untersuchung des Netzmodells auf Deadlockfreiheit oder die Ausführung von Erreichbarkeitsanalysen.
- Andererseits eignen sich Petri-Netze aber auch als *ausführbare* Spezifikationssprache. Simulationssysteme wie das hier vorgestellte GAPS^{+} ermöglichen ein interaktives Austesten des Petri-Netz-Modells und (mit Hilfe geeigneter Visualisierungskomponenten) eine Vorführung und Besprechung des Entwurfs auch mit Kunden, die nicht über Vorkenntnisse in Informatik verfügen.

2.2 Kundenbeteiligung

Obwohl Petri-Netze eine anschauliche graphische Darstellung von Abläufen ermöglichen, überfordern sie doch die Vorstellungskraft vieler Informatik-Laien. Eine möglichst frühe und umfangreiche Kunden-Beteiligung am Entwurfsprozeß ist aber für eine erfolgreiche Abwicklung eines Projekts sehr wünschenswert. Mißverständnisse zwischen Kunde und Entwickler und daraus resultierende unklare und unvollständige Anforderungsbeschreibungen mit daraus folgenden nachträglichen Änderungswünschen zählen mit zu den größten Hindernissen für eine termingerechte Projektabwicklung unter Einhaltung von Zeit- und Budgetrestriktionen. Es wäre daher günstig, Simulationsläufe und -ergebnisse auch Laien in verständlicher Form präsentieren zu können und ihnen damit die Gelegenheit zu geben, schon in der Modellierungsphase an der in INCOME/STAR vorgesehenen *evolutionären* Entwicklung "ihres" Systems aktiv mitzuwirken.

3 Anforderungen an das Simulationssystem

Nachfolgend formulieren wir einige Anforderungen, die wir an ein Simulationssystem zum Einsatz im Rahmen des oben beschriebenen Bereichs "Informationssystementwurf" stellen:

- **Netzentwurf**
  Da Pr/T-Netze über eine für Entwickler günstige graphische Repräsentation verfügen, sollte das Simulationswerkzeug dem Entwickler sicherlich einen graphischen Netzeditor zur Verfügung stellen, der das Zeichnen von Pr/T-Netzen durch entsprechende Spezialfunktionen gut unterstützt.
- **Integration des Simulationsdienstes**
  Simulationsläufe sollen direkt vom Netzeditor aus gestartet und auch kontrolliert (z.B. angehalten, abgebrochen) werden können. Ebenso sollte der Editor Möglichkeiten bieten, wie man sie von modernen integrierten Programmierumgebungen für traditionelle Programmiersprachen kennt, also beispielsweise durch Anklicken der gewünschten Stellen im Editor das Einfügen und Ändern von Tupeln ermöglichen, sowie den Ablauf der Simulation (das Markenspiel) im Editorfenster darstellen ("Netz-Debugger"). Die dazu notwendige Kommunikation mit dem Simulator sollte dem Benutzer verborgen bleiben.
- **Mehrbenutzerfähigkeit**
  An der Entwicklung eines größeren Systems sind in der Regel mehrere Personen gleichzeitig beteiligt. Auf Seiten des Editors sind daher Vorkehrungen zu treffen, um gegenseitige Beeinträchtigungen bei der gleichzeitigen Bearbeitung eines Netzes auszuschließen und trotzdem mögliche Parallelität von Bearbeitungsschritten innerhalb der Entwicklergruppe nicht unnötig einzuschränken.
- **Kundenintegration und Visualisierung**
  Der Simulator sollte eine offene Schnittstelle für Visualisierungskomponenten haben, die eine möglichst einfache Ankopplung externer Programme ohne Modifikation/Neuübersetzung des Simulators selbst erlaubt.

Diese Module präsentieren dem künftigen Anwender das gesamte System oder bestimmte Teilaspekte in einer für ihn verständlichen, graphisch aufbereiteten Form. Die Visualisierungskomponenten können als "View" auf den darunterliegenden Simulationsprozeß interpretiert werden. Ein Beispiel wäre eine Werkzeugmaschinensteuerung, die als Petri-Netz modelliert wird. Zur Abstimmung mit dem Kunden wird eine graphische Darstellung der Maschine angekoppelt, die dem Kunden das Verhalten des Systems simulationsbegleitend realistisch darstellt.

4 GAPS$^+$

4.1 Server-Architektur

Auf der obersten Ebene setzt sich das GAPS$^+$-System aus drei verschiedenen Arten von Komponenten zusammen, die unter Umständen jeweils in mehreren Instanzen auftreten können.

- **(GAPS$^+$-)Clients** nehmen Simulationsdienste in Anspruch bzw. machen diese Dienste für einen menschlichen Benutzer verfügbar.
- Der **GAPS$^+$-Server** dient als zentrale Koordinationsstelle. Er hält stets eine aktuelle, globale Übersicht über den Systemzustand. Seine Aufgabe besteht unter anderem in der Beantwortung von Informationsanfragen der Clients und der Vermittlung eines Simulator-Knotens zur Ausführung eines neuen Simulationsauftrags. Um die Verfügbarkeit des Systems zu erhöhen, wird für eine spätere Stufe daran gedacht, die Dienste des GAPS$^+$-Server auf mehrere Knoten zu verteilen (Replikation).
- Auf den **Simulator-Knoten** ("Simulator") schließlich wird die eigentliche Simulation durchgeführt. Diese Knoten tauschen zwar (Status-)Informationen mit dem GAPS$^+$-Server aus, kommunizieren aber während eines Simulationslaufs *direkt* mit den beteiligten Clients, da ein "Umweg" über den GAPS$^+$-Server – obwohl leichter zu realisieren – gerade bei mehreren parallelen Simulations-Sitzungen nur einen unnötigen Flaschenhals schaffen würde.

4.2 Client-Anbindung

Zur Unterstützung der Kundenintegration in den Entwicklungsprozeß verfügt GAPS$^+$ über eine offene Netzwerk-Schnittstelle, welche die Ankopplung *problemorientierter* Visualisierungsmodule an den Simulator unterstützt.

Zur Kommunikation wird das weitverbreitete TC-Protokoll verwendet, das von einer großen Anzahl von Betriebssystemen unterstützt wird und von den meisten gängigen Programmiersprachen aus leicht genutzt werden kann. Durch den Einsatz TCP/IP-fähiger Scriptsprachen wie Tcl-DP in Kombination mit dem Graphik-Tookit Tk oder auch Sprachen wie Python und Smalltalk können per "*Rapid Prototyping*" schnell kleine Programme geschrieben werden, die das

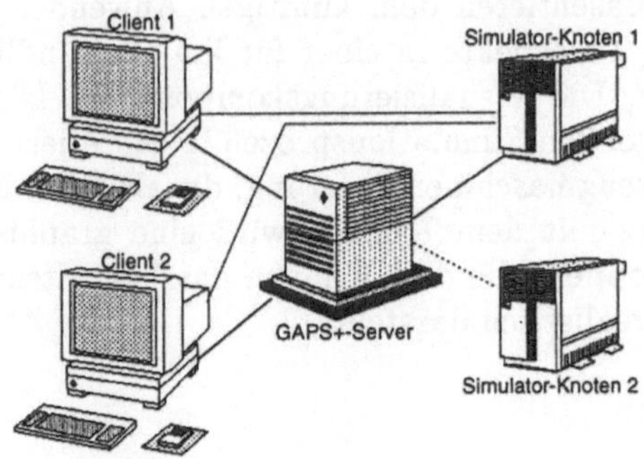

Abbildung2. GAPS$^+$-Architektur

zu simulierende System (oder einen Ausschnitt daraus) problemgerecht visualisieren oder auch den Systemzustand passend aufbereitet darstellen (Histogramme, ...). Man könnte sich auch die Implementierung eines (vielleicht für bestimmte Aufgabenbereiche spezialisierten) Toolkits vorstellen, das die schnelle Erstellung solcher Graphiken im Baukastenprinzip unterstützt. Durch dieses Konzept können leicht ganz unterschiedliche Rechner zur Visualisierung oder Steuerung desselben Simulationslaufs eingesetzt werden. So könnte beispielsweise bei der Simulation eines Postverteilungssystems die globale Systemübersicht auf einer schnellen Workstation visualisiert werden, während auf einem PC gleichzeitig in Form eines Histogramms die Verteilung der Post auf verschiedene Postleitzahlenbereiche dargestellt wird.

Die Steuerung der Clients wird zum überwiegenden Teil vom Simulator selbst übernommen. Die Clients melden dem ihnen zugeordneten Simulator dazu, bei welchem Ereignis sie informiert oder abgefragt werden möchten, und erhalten dann während des Simulationslaufs nur solche Nachrichten, für die sie registriert sind. Die Aufgabe des Clients besteht dann nur noch darin, auf die empfangene Nachricht geeignet zu reagieren, beispielsweise, indem er seine Graphikausgabe aktualisiert. Ereignisse in diesem Sinne können dabei sein: Schalten einer Transition und das Einfügen/Löschen einer Marke.

Im GAPS$^+$-System unterscheiden wir drei Klassen von Clients, die im folgenden kurz vorgestellt werden sollen:

– *Visualisierungs*-Clients sind passive Clients in dem Sinne, daß sie sich für bestimmte Ereignisse in der oben beschriebenen Form registrieren lassen und während der Simulation bei Empfang einer Nachricht nur ihre Ausgabe entsprechend anpassen. Beispielsweise könnte man zu der in Abb. 1 dargestellten Aufzugsteuerung leicht einen Client implementieren, der den Aufzugschacht im Querschnitt darstellt und bei Schalten einer der `moving_...`-Transitionen die dargestellten Aufzugkabine zu Stockwerk Nr. `nfl` bewegt (alternativ könnte natürlich auch auf Lösch-Operationen aus der Stelle `request` gewartet werden).

- An *Managing* Clients können Schaltentscheidungen für ausgewählte Transitionen delegiert werden. Sobald eine solche Transition aktiviert wird, schickt der Simulator eine Liste der "aktivierenden" Variablenbelegungen an den Client, der diejenige daraus auswählt, mit der die Transition schalten soll. Dadurch lassen sich ohne Eingriff in den Simulator-Code leicht beliebige Schaltentscheidungs-Verfahren implementieren und testen.
- *Interaktive* Clients wiederum stellen eine Kombination von Visualisierungs- und Managing-Clients dar. Sie visualisieren den aktuellen Systemzustand, bieten jedoch über eingebettete graphische Schaltelemente (Knöpfe, Schieber, ...) dem *Benutzer* die Möglichkeit, Schaltentscheidungen selbst zu treffen. Im oben bereits skizzierten Beispiel der Darstellung eines Aufzugschachts könnte man sich etwa vorstellen, für jedes Stockwerk einen Rufknopf in die graphische Darstellung einzubetten. Der Client läßt sich dann zusätzlich als Manager für die Transition `call_lift` registrieren. Das Anklicken eines der Rufknöpfe könnte dann das Einfügen einer entsprechenden Marke in die Stelle `request` mit den zugehörigen Folgeaktionen nach sich ziehen. Der Kunde könnte das von ihm in Auftrag gegebene System, die Liftsteuerung, also interaktiv "ausprobieren", ohne von dem zugrundeliegenden Petri-Netz etwas zu sehen.

4.3 Arbitrierung

Bei den Managing-Clients stellt sich das Problem der Arbitrierung. Dadurch, daß für zwei gleichzeitig aktivierte Transitionen, von denen aber nur eine schalten kann, in der Regel keine gemeinsame Entscheidungsinstanz existiert, wenn mindestens eine von beiden von einem externen Managing Client gesteuert wird, stellt sich die Frage, was geschehen soll, falls der Simulator für beide Transitionen einen Schalt-Befehl erhält. Momentan wird das Problem durch eine einfache *first-come-first-served*-Strategie gelöst. Bei Schalt-Entscheidungen externer Clients wird zunächst getestet, ob diese mit der gewünschten Variablenbelegung noch zulässig ist, ansonsten wird die Entscheidung ignoriert. (Sollte die betreffende Transition dann immer noch aktiviert sein, wird der Client natürlich mit einem neuen Satz von Variablenbelegungen neu konsultiert).

5 Realisierung

Die Implementationsarbeiten zu GAPS+ haben gerade begonnen. Dabei können viele Komponenten vom Vorgänger-Prototypen GAPS [OSW94b] übernommen werden, so beispielsweise der in Smalltalk geschriebene Pr/T-Netz-Editor und der in Prolog implementierte Simulator. Zur Umsetzung des GAPS+-Servers sowie eines "Front-Ends" zum Prolog-Simulator, um diesen in geeigneter Form netzkommunikationsfähig zu machen, wird die Programmiersprache C++ verwendet. Beispielclients werden in Python, TCL/Tk und Smalltalk realisiert.

6 Zusammenfassung und Ausblick

In dieser Arbeit stellten wir GAPS+ vor, ein mehrbenutzerfähiges, offenes Simulationsserver-System, das eine zentrale Komponente des INCOME/STAR-

Systems bildet. Es unterstützt einerseits das Entwickler-Team beim *kooperativen* Entwurf großer Pr/T-Netz-Modelle. Andererseits ermöglicht es mit Hilfe seiner offenen Schnittstelle die Ankopplung unterschiedlich komplexer Client-Systeme zur Darstellung und sogar Beeinflussung der laufenden Simulation. Durch Bereitstellung geeigneter, problemorientierter Clients wird eine Integration des Auftraggebers in den System-Entwicklungsprozeß schon in der Modellierungsphase ermöglicht.

Diese Offenheit war ein wesentliches Ziel bei der Entwicklung von $GAPS^+$ und unterscheidet es von den meisten anderen Petri-Netz-Simulatoren. Eine umfassende Übersicht über diese und weitere Petri-Netz-Werkzeuge findet sich beispielsweise in [Fel92]. Der Gedanke einer benutzerfreundlichen, graphischen Visualisierung der Simulation ist auch in anderen Tools, wie beispielsweise "SIMPLE++" [Bec94] zur Fabrik- und Logistikplanung, realisiert. Allerdings sind auch diese Systeme eher als geschlossene Systeme konzipiert und verfügen i.a. nicht über die in $GAPS^+$ verfügbaren, einfachen Möglichkeit zur netzweiten Ankopplung externer Komponenten.

Zur Zeit wird untersucht, in wie weit sich $GAPS^+$ als Kern eines Petri-Netz-gestützten Workflow-Management-Systems zur Planung und Ausführung von Workflows einsetzen bzw. erweitern läßt.

Literatur

[Bec94] Becker, R., "The Innovative Concepts of SIMPLE++ and Their Application in Industry and Science", In: Halin, J.; Karplus, W.; Rimane, R. (Hrsg.): *Proc. First Joint Conference of International Simulation Societies (CISS)*, Zürich, 1994

[Fel92] Feldbrugge, F., "Petri Net Tool Overview 1992", *Petri Net Newsletter*, Nr. 41, Gesellschaft für Informatik, Special Interest Group on Petri Nets and Related System Models, April 1992

[GLa81] Genrich, H.J.; Lautenbach, K., "System Modelling with High-Level Petri Nets", In: *Theoretical Computer Science 13*, 1981

[MOS93] Mochel, Th.; Oberweis, A.; Sänger, V., "INCOME/STAR: The Petri Net Simulation Concepts", In: *Systems Analysis Modelling Simulation (SAMS) 1993, Vol. 13*, 1993

[OSS94] Oberweis, A.; Scherrer, G.; Stucky, W., "INCOME/STAR: Methodology and Tools for the Development of Distributed Information Systems", *Information Systems*, Vol. 19, No. 8, 1994

[OSW94b] Oberweis, A.; Sänger, V.; Weitz, W., "GAPS – A Multiuser Tool for Graphical Simulation of Petri Nets", In: Halin, J.; Karplus, W.; Rimane, R. (Hrsg.): *Proc. First Joint Conference of International Simulation Societies (CISS)*, Zürich, 1994

[SCr92] Sol, H.G.; Crosslin, R.L. (Hrsg.), *Dynamic Modelling of Information Systems II*, North Holland, 1992

Ein Ansatz zur Beurteilung der Wirtschaftlichkeit verteilter IV-Systeme

Eberhard Stickel
Lehrstuhl für Allgemeine Betriebswirtschaftslehre, insbesondere Wirtschaftsinformatik
Europa-Universität Viadrina Frankfurt (Oder)
Postfach 776, D-15207 Frankfurt (Oder)
stickel@euv-frankfurt-o.de

Zusammenfassung. Der beobachtete Trend zu dezentralen und schlankeren Unternehmensstrukturen wird durch die heute verfügbare IV-Technologie begünstigt. Probleme ergeben sich allerdings vor dem Hintergrund bestehender Altsysteme und vorhandener Datenbestände, die oft redundant in heterogenen Systemen gespeichert sind. Die Auflösung traditioneller Bereichsgrenzen erfordert bis zu einem bestimmten Grade die 'Verzahnung' vorhandener Systeme sowie die systemübergreifende Nutzung der Datenbestände in gegebenenfalls stark aggregierter Form. Kritischer Erfolgsfaktor ist dabei die Frage, ob beziehungsweise bis zu welchem Grade Integration unter wirtschaftlichen Aspekten sinnvoll ist. Im vorliegenden Beitrag wird ein quantitatives Modell vorgestellt, das erlaubt, die Nutzeffekte des Informationsaustausches zwischen einzelnen Organisationseinheiten zu bewerten. Dies ist eine wesentliche Voraussetzung für eine detaillierte Wirtschaftlichkeitsbetrachtung von Integrationsprojekten.

1 Einleitung

In vielen Unternehmen beobachtet man die Tendenz zu dezentralen und schlankeren Organisationen. Die heute verfügbare IV-Technologie ist grundsätzlich in der Lage, diesen Trend zu unterstützen. Probleme ergeben sich allerdings bei der erforderlichen Einbeziehung von Altsystemen beziehungsweise vorhandener Datenbanksysteme. Häufig sind auch heute noch heterogene, isoliert nebeneinander gewachsene Datenbanken anzutreffen. Im Rahmen des Business Reengineerings einer Unternehmung werden aber nun gerade traditionelle Bereichsgrenzen oft aufgelöst (vgl. [Pietsch; 1994]). Die Informationsversorgung der neuen Organisationseinheiten setzt also bis zu einem bestimmten Grade globale Zugriffe auf lokale Datenbanksysteme voraus. Oft sind solche bereichsübergreifende Zugriffe in den Unternehmen kaum oder nur mit beträchtlichem Zeitverzug möglich.

Integration ist nach [Heinrich; 1989, S. XII f.] die Verknüpfung von Menschen, Aufgaben und Technik zu einer Einheit. Gegenstand der Integration der Informationsverarbeitung können nach [Mertens; 1991, S. 1 f.] Daten, Funktionen, Prozesse, Methoden und Programme sein. Datenintegration soll Daten logisch zusammenführen. Grundsätzlich ist dabei zu prüfen, wie der systemübergreifende Zugriff gewährleistet werden kann. Im Mittelpunkt der nachfolgenden Betrachtung soll die Datenintegration stehen.

Eine mögliche Strategie versucht, 'Schnittstellen' zwischen den Altsystemen zu schaffen. Im Rahmen eines solchen föderativen Ansatzes sind geeignete Koordinierungsmechanismen zu entwickeln, die globale Anfragen an die lokalen Systeme erlauben. Eine mögliche Technik basiert auf der Integration konzeptioneller Datenbankschemata (vgl. [Batini; 1986], [Sheth; 1990], [Gotthard; 1992] oder [Stickel; 1994a]). Andere Ansätze verzichten auf die Koordinierung auf Schemaebene und führen die notwendigen Anpassungen durch, wenn entsprechende globale Anfragen zu bearbeiten sind (vgl. etwa [Merz; 1994] und [Zhao; 1994]). Ist insgesamt die Entwicklung eines 'unternehmensweiten' homogenen Datenbanksystems (dieses kann ggf. ein verteiltes System sein) geplant, so ist neben der Integration auf der konzeptionellen Ebene noch die Migration vorhandener Systeme zu betreiben. Festzuhalten bleibt, daß unabhängig von der gewählten Strategie erhebliche Investitionen notwendig sind, um bereichsübergreifende Auswertungen zu ermöglichen. Dies gilt auch, wenn bereichsübergreifend nur auf stark aggregierte Daten zuzugreifen ist. Insbesondere ist in diesem Fall die korrekte und konsistente Aggregation der Informationen sicherzustellen, so daß die aggregierten Daten auch tatsächlich kommensurabel sind.

Versuche von Unternehmen, den geschilderten Problemen durch die Top Down Entwicklung einer unternehmensweiten Datenbasis zu begegnen, sind oft an der hohen Komplexität dieser Aufgabe gescheitert (vgl. [Sprague; 1993, S. 207-212]). Auch Versuche, das Unternehmensmodell aus bestehenden Projektmodellen zu gewinnen, waren im allgemeinen nicht erfolgreich. Der Grund liegt in der strukturellen und semantischen Heterogenität der entsprechenden Projektmodelle (vgl. [Batini; 1986], [Sheth; 1990]). Kritischer Erfolgsfaktor bei allen Bemühungen ist die Klärung der Frage, bis zu welchem Grad Datenintegration vor dem Hintergrund dezentraler Systeme notwendig ist (vgl. [Stickel; 1994a]).

In der Literatur sind zur Untersuchung dieser Frage bisher nur qualitative Ansätze vorgestellt worden (vgl. [Goodhue; 1992], [Picot; 1994], [Schumann; 1992]). Die dort betrachteten Modelle bieten aufgrund fehlender Quantifizierung der Einflußfaktoren nur eingeschränkt Entscheidungsunterstützung für die oben skizzierte Problemstellung.

Im folgenden wird ein quantitatives Modell vorgestellt, das es erlaubt, den Nutzen beziehungsweise die Notwendigkeit des Informationsaustausches zwischen dezentralisierten Einheiten zu beurteilen. Da wir an der Anwendung auf Datenintegrationsprojekte interessiert sind, wird unterstellt, daß der Informationsaustausch durch die Verfügbarmachung von Daten erfolgt. Natürlich ist in jedem Einzelfall zu prüfen, ob diese Annahme gerechtfertigt ist, ggf. kann die Schaffung geeigneter direkter Kommunikationsmöglichkeiten ausreichen und kostengünstiger sein.

Grundsätzlich ist Informationsaustausch immer mit positiven Nutzeffekten verbunden. Man kann jedoch zeigen, daß diese Nutzeffekte bei Vorliegen bestimmter Konstellationen verschwindend gering sind. In diesem Fall sollten Integrationsprojekte eher restriktiv angegangen werden. Der geschilderte Ansatz ist Teil eines dreistufigen Planungsprozesses zur ex ante Evaluierung von Datenintegrationsprojekten:

1. Aufgrund vorgenommener Strukturänderungen innerhalb des Unternehmens ist ein gewisses Maß an Datenintegration unverzichtbar (der Begriff der Datenintegration wird in einem weiten Sinne verwendet; es soll nicht impliziert werden, daß der globale Zugriff ausschließlich über Sichtenintegration und die Erstellung eines globalen Schemas ermöglicht werden kann). Die zu integrierenden Informationsobjekte ergeben sich aus den kritischen Geschäftsprozessen des Unternehmens (vgl. [Ferstl; 1993]). Die Datenbasen des Unternehmens sollen ja letztlich diese Geschäftsprozesse mit wichtigen Informationen versorgen. Festzulegen ist die Reihenfolge (Welche Schemata beziehungsweise Datenbanksysteme sind vorrangig zu betrachten?) und der Grad der Integration (Genügt eine partielle Integration, das heißt die Integration von 'Teilsichten' der betrachteten Systeme?). Ein in [Stickel; 1994a] vorgestellter Ansatz, der auf einer Affinitätsanalyse beruht, wurde für diesen Zweck in einigen Praxisprojekten bereits erfolgreich eingesetzt.
2. In der zweiten Stufe ist zu untersuchen, ob Integration über das unbedingt notwendige Maß hinaus weitere Vorteile bringen kann. Diese Problemstellung wird im Rahmen des vorliegenden Beitrags weiter erörtert.
3. Soll weitere Integration erfolgen, so ist erneut die Frage der Integrationsreihenfolge und des Integrationsgrades zu untersuchen. Hier kann auf das in [Stickel; 1994a] vorgestellte Verfahren zurückgegriffen werden.

In Abschnitt 2 dieser Arbeit wird zunächst das formale Modell vorgestellt. Daran anschließend werden die wichtigsten Aussagen abgeleitet. Die (praktische) Relevanz des Modells wird in Abschnitt 3 diskutiert. Dort wird auch angegeben, welche Informationen letztlich für eine Anwendung des Modells zu erheben sind. Abschnitt 4 enthält ein Anwendungsbeispiel. Die wichtigsten Aussagen und Verbesserungsmöglichkeiten werden in Abschnitt 5 kurz zusammengefaßt.

2 Das Modell

Der im folgenden präsentierte Ansatz orientiert sich an Modellen der Teamtheorie, die von *Marschak* und *Radner* eingehend studiert wurden (vgl. [Marschak; 1972]). Wir betrachten ein Unternehmen mit n Organisationseinheiten. Die i-te Organisationseinheit kann eine reellwertige Entscheidungsvariable a_i festlegen. Wir schreiben $a=(a_1,...,a_n)'$ für den transponierten Zeilenvektor, dessen Komponenten aus diesen Entscheidungsvariablen gebildet werden. Je nach Umweltzustand $x \in X$ (wir nehmen an, daß X endlich ist) ergibt sich ein Ergebnis- bzw. Nutzenniveau $U=U(a,x)$ des Unternehmens. Dabei ist U gegeben durch das quadratische Funktional

$$U = \mu_0(x) + 2\alpha'\mu(x) - \alpha' Q \alpha.$$

$\mu_0(x)$ ist eine reelle Zufallsvariable, μ ein Zufallsvektor auf X, dessen i-te Komponente die Rentabilität der i-ten Organisationseinheit beschreibt, und Q eine symmetrische positiv definite Matrix. Die quadratische Ergebnisfunktion erlaubt die explizite Angabe von Lösungen der entsprechenden Optimierungsprobleme. Im Falle komplizierterer Funktionen ist eine explizite Angabe der Lösungen kaum möglich (vgl. [Marschak; 1972, S. 182]). Die Matrix Q beschreibt die Verzahnung des Prozesses der Leistungserstellung zwischen den Organisationseinheiten (Zulieferung, mehrstufige Fertigung, Weiterverarbeitung, ..., vgl. dazu die Ausführungen in Abschnitt 3).

Die i-te Organisationseinheit wertet nun die ihr zur Verfügung stehenden Informationen aus und prognostiziert $y_i=\eta_i(x)$ (gegebenenfalls kann dies eine vektorwertige Funktion sein). Dabei soll $\eta(x)=(\eta_1(x),...,\eta_n(x))'$ die Informationsstruktur des Unternehmens bezeichnen (offenbar kann dies gegebenenfalls eine Matrix sein). In Abhängigkeit von y_i muß nun jede Organisationseinheit ihre Entscheidung $a_i=\alpha_i(y_i)=\alpha_i(\eta_i(x))$ fällen. Insgesamt ist also bei gegebener Informationsstruktur das Optimierungsproblem

$$\max_\alpha E(\mu_0 + 2\alpha'\mu - \alpha' Q \alpha)$$

zu lösen. Nach einigen vereinfachenden Annahmen, die die Allgemeingültigkeit des Modells nicht tangieren ($E\mu_i(x)=0$, $\mathrm{Var}(\mu_i(x))=1$ für $i=1,...,n$ und $\mu_0(x)=0$, vgl. [Stickel; 1994b, S. 26 ff.]), lassen sich zwei grundsätzlich unterschiedliche Formen verteilter Informationsverarbeitung betrachten:

- Die Organisationseinheiten kommunizieren und tauschen Informationen vollständig aus (wie bereits ausgeführt wird unterstellt, daß diese Kommunikation über die Verfügbarmachung von Datenbeständen erfolgt). In diesem Fall ist die Informationsstruktur $\eta(x)$ allen Organisationseinheiten vollständig bekannt.
- Die Organisationseinheiten kommunizieren nicht und tauschen deshalb keine Informationen aus. In diesem Fall kennt die i-te Organisationseinheit nur die eigene Informationsstruktur $\eta_i(x)$ und die Tatsache, daß $E\mu(x)=0$ gilt.

Zunächst ist die optimale Lösung des Problems (also eine optimale Entscheidungsregel α) bei unterstellter Informationsstruktur η gegeben durch die Lösungen der Gleichungen

$$q_{ii}\alpha_i + \sum_{j \neq i} q_{ij} E(\alpha_j | \eta_i) = E(\mu_i | \eta_i)$$

für $i=1,...,n$. Wir betrachten zunächst den Fall kommunizierender Organisationseinheiten. Die Informationen jeder Organisationseinheit stehen den anderen Einheiten jetzt zur Verfügung. Hier gilt $\eta_i(x)=\mu(x)$ und man erhält die optimale Entscheidungsregel

$$\alpha(x) = Q^{-1}\mu(x)$$

sowie den optimalen Zielfunktionswert

$$\Lambda = E\mu' Q^{-1}\mu = \sum_{i=1}^{n}\sum_{j=1}^{n} c_{ij}w_{ij} = e'(C \bullet Q^{-1})e.$$

Dabei bezeichnet '•' das Hadamard-Produkt zweier Matrizen (komponentenweise Multiplikation der Einträge) und es ist $Q^{-1}=(w_{ij})$ sowie $e=(1,\ldots,1)'$. $C=(c_{ij})$ bezeichnet die Kovarianzmatrix des Zufallsvektors μ. Im Falle, daß die Organisationseinheiten keine Informationen austauschen, erhält man mit unbekannten b_j die Optimalitätsgleichung

$$\sum_{j=1}^{n} q_{ij}c_{ij}b_j = 1.$$

Im Optimum ergibt sich daraus mit $\lambda_i = b_i\mu_i$ ein Zielfunktionswert von

$$\Pi = 2\sum_{i=1}^{n} b_i E\mu_i^2 - E\lambda' Q\lambda = e'(C \bullet Q)^{-1}e.$$

Interessant ist nun natürlich die Betrachtung der Differenz dieser beiden Zielfunktionswerte. Für die Größe

$$\Delta = \Pi - \Lambda = e'((C \bullet Q^{-1}) - (C \bullet Q)^{-1})e$$

lassen sich folgende Aussagen ableiten:

- Es gilt immer $\Delta \geq 0$. Vernachlässigt man die Kosten, so ist Informationsaustausch immer nützlich. In Abhängigkeit von der Gestalt der Matrix Q und der Kovarianzmatrix C kann Δ jedoch Werte beliebig nahe bei 0 annehmen. In einem solchen Fall kann unter Berücksichtigung von Kosten ein negativer Saldo auftreten. Insbesondere bei Datenintegrationsprojekten kann dann den häufig hohen Integrationskosten kein entsprechender Nutzen gegenüberstehen. Die Strukturen der Matrix Q beziehungsweise der Kovarianzmatrix C können für diesen Fall explizit angegeben werden.
- Ist Q eine Diagonalmatrix, besteht also keine Leistungsverflechtung zwischen den Organisationseinheiten, so gilt $\Delta = 0$. In diesem Fall ist also im hier vorgestellten Modell Informationsaustausch unter Berücksichtigung des Kostenaspektes sinnlos (die Organisationseinheiten agieren dann ja auch unabhängig voneinander). Die gleiche Aussage gilt bei Vorliegen bestimmter technischer Bedingungen, die allerdings kaum praxisrelevant sein dürften (CQC ist eine Diagonalmatrix und C ist idempotent).

Aus Vereinfachungsgründen beschränken wir uns im folgenden auf den Fall $n = 2$. Man erhält nun mit

$$Q^{-1} = \frac{1}{q_{11}q_{22} - q_{12}^2}\begin{pmatrix} q_{22} & -q_{12} \\ -q_{12} & q_{11} \end{pmatrix} \text{ und } (C \bullet Q)^{-1} = \frac{1}{q_{11}q_{22} - c_{12}^2 q_{12}^2}\begin{pmatrix} q_{22} & -c_{12}q_{12} \\ -c_{12}q_{12} & q_{11} \end{pmatrix}$$

die Beziehung

$$\Delta = \frac{\Lambda}{\Pi} = \frac{q_{11}q_{22} - c_{12}^2 q_{12}^2}{q_{11}q_{22} - q_{12}^2}.$$

Da $\mathrm{Var}(\mu_1) = \mathrm{Var}(\mu_2) = 1$ angenommen wurde, entspricht c_{12} dem Korrelationskoeffizienten. Also ist $-1 \leq c_{12} \leq 1$. Man erhält daraus die folgenden Aussagen:

- Erbringen die einzelnen Organisationseinheiten gegenseitige Vorleistungen ($q_{12} \neq 0$; es kann sich auch um einseitige Vorleistungen handeln) und unterliegen die Leistungen der einzelnen Organisationseinheiten den gleichen zufälligen Schwankungen (starke positive oder negative Korrelation), so ist Informationsaustausch nicht unbedingt sinnvoll, wenn man die Kosten berücksichtigt.

- Arbeiten die Organisationseinheiten unabhängig voneinander (q_{12}=0), so gilt ebenfalls die oben gemachte Aussage.
- Erbringen die einzelnen Organisationseinheiten gegenseitige Vorleistungen (Verzahnung der Leistungserstellung), so ist Informationsaustausch umso lohnender, je weniger korreliert die zufälligen Schwankungen in den Leistungen der Organisationseinheiten sind.

Diese Aussagen gelten sinngemäß auch für den Fall $n > 2$. Je näher die Kovarianzmatrix C einer Diagonalmatrix ist (Differenz der Normen), desto niedriger sind die Nutzeffekte, die mit einem Informationsaustausch verbunden sind.

3 Diskussion

Zunächst soll die Realitätsnähe der Modellprämissen untersucht werden. Unterstellt wird eine spezifische Ergebnisfunktion U, welche die Differenz zwischen Gesamterlös und den Kosten beschreibt (vgl. Abb. 1).

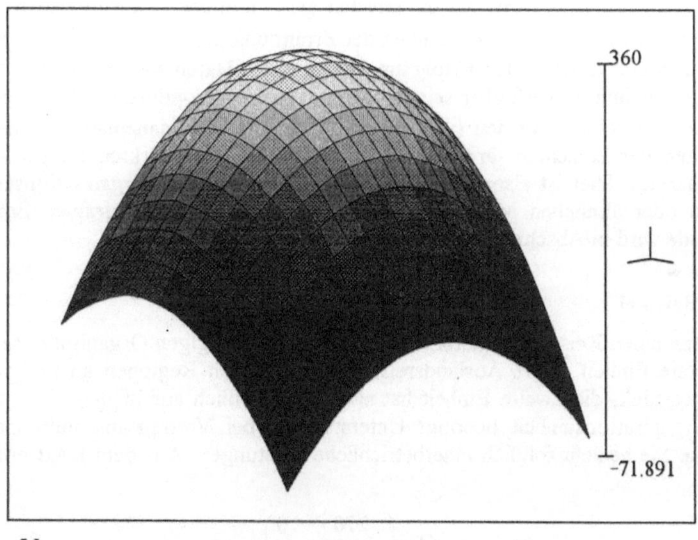

Abb. 1: Ergebnisfunktion U

Interpretiert man die Handlungsalternativen α als den Einsatz spezifischer Produktionsfaktoren, so stellt dies eine plausible Annahme dar (vgl. etwa die Ausführungen in [Pohmer; 1988]). In [Keren; 1983] wird für ein gegebenes Unternehmen zunächst die optimale Organisationsform und daran anschließend die Gestalt der dazugehörigen Kosten- beziehungsweise Ertragskurve bestimmt. Außer in Randfällen sind diese Kurven U-förmig (beziehungsweise umgekehrt U-förmig). Die Matrix Q beschreibt wertmäßig die innerbetriebliche Leistungsverflechtung. Schätzungen für diese Matrix kann man aus dem betrieblichen Abrechnungsbogen (BAB) gewinnen. In diesem Fall bezeichnet $q_{ij} < 0$ für $i \neq j$ die Kosten der innerbetrieblichen Leistungen, die Organisationseinheit i für Organisationseinheit j erbringt. Auf der Diagonalen stehen dann die Gesamtkosten der Leistungserstellung. Der Skalar $e'Qe$ beschreibt den gesamten wertmäßigen Faktoreinsatz, $\mu'\alpha$ den Gesamterlös. Die Matrix Q ist diagonalendominant. Die

Summe der Nichtdiagonalelemente einer Zeile beziehungsweise Spalte sind immer kleiner als das zugehörige Diagonalelement. Wegen

$$x'Qx = \frac{1}{2}x'(Q+Q')x$$

kann man Q durch eine symmetrische Matrix ersetzen. Diese ist aufgrund der Diagonalendominanz positiv definit. Wir bezeichnen diese Matrix mit $B=(b_{ij})$. Es bezeichne D die Diagonalmatrix mit den Komponenten b_{ii}. Bildet man die Differenz und beachtet, daß $De = \alpha$ gilt, so erhält man

$$\mu'\alpha - e'Be = \mu'\alpha - \alpha' D^{-1}BD^{-1}\alpha = \mu'\alpha - \tfrac{1}{2}\alpha'\hat{Q}\alpha$$

mit transformierter Matrix $\hat{Q}$, die symmetrisch und positiv definit ist.. Dies entspricht bis auf einen Faktor und konstante Summanden dem in der Teamtheorie untersuchten Funktional. Die im Rahmen der Modellbildung erfolgte Normalverteilungsannahme ist zu rechtfertigen, da das Unternehmen im allgemeinen mehrere Perioden am Markt tätig sein wird (Zentraler Grenzwertsatz).

Als Eingabeparameter sind vorrangig die Größen $\hat{Q}$, C und der Erwartungswert des Zufallsvektors μ zu schätzen. Auf eine Möglichkeit der Ermittlung der Matrix Q wurde bereits eingegangen. μ beschreibt letztlich den Erfolg am Markt. Diese Daten sollten aus dem Rechnungswesen der Unternehmung verfügbar sein. Unterstellt man eine optimale Ressourcenallokation, so kann μ auch geschätzt werden (vgl. Abschnitt 4). Die Kovarianzmatrix C beschreibt die Abhängigkeiten der einzelnen Organisationseinheiten auf den Märkten (Absatz- aber auch Lieferantenmärkte). Hier ist also insbesondere zu untersuchen, ob Organisationseinheiten auf den gleichen oder ähnlichen Märkten anbieten beziehungsweise nachfragen. Eine mögliche Schätzmethode wird in Abschnitt 4 diskutiert.

4 Ein Beispiel

Wir betrachten einen Reiseveranstalter, der aus zwei unabhängigen Organisationseinheiten besteht. Die erste Einheit bietet Auslandsreisen in bestimmten Regionen an und ist selbst im Ausland angesiedelt, die zweite Einheit hat sich ausschließlich auf Inlandsreisen spezialisiert. Die erste Organisationseinheit benötigt Unterstützung bei Vertragsabschluß und Vertragsüberwachung. Sie bezieht folglich innerbetriebliche Leistungen. Aus dem BAB erhält man die Matrix

$$Q = \begin{pmatrix} 270 & 0 \\ -100 & 190 \end{pmatrix}$$

(in 1000 Geldeinheiten). Mit $\alpha = (270, 190)'$ kann daraus die Matrix $\hat{Q}$ errechnet werden. Vernachlässigt man, daß μ ein Zufallsvektor ist, so erhält man durch partielle Ableitung nach den Komponenten des Vektors α die Optimalitätsbedingung $\mu = \hat{Q}\alpha$. Daraus kann man eine Schätzung für den Mittelwert des Zufallsvektors μ erhalten (man unterstellt dann aber eine optimale Ressourcenallokation).

Zur Abschätzung der Kovarianzmatrix C betrachten wir externe Faktoren, die die Leistungen der Organisationseinheiten beeinflussen. Der Einfluß des Faktors i auf die Organisationseinheit j wird auf einer Skala von -3 (starker negativer Einfluß) bis +3 (starker positiver Einfluß) bewertet. Die Ergebnisse werden in einer Matrix F zusammengestellt. In unserem Beispiel wurden die Einflußfaktoren 'Wechselkurs', 'politische Stabilität' sowie 'Inlandskonjunktur' identifiziert. Die Matrix F ist gegeben durch

$$F = \begin{pmatrix} 3 & -2 \\ -2 & 0 \\ 2 & 1 \end{pmatrix}.$$

Folglich wirkt ein günstigerer Wechselkurs positiv (Faktor 3) auf das Auslands- und eher negativ auf das Inlandsgeschäft (Faktor -2). Politische Instabilität im Ausland hat keinen Einfluß auf das Inlandsgeschäft (Faktor 0).

Im nächsten Schritt wird die Volatilität jedes Faktors abgeschätzt. Erneut erfolgt dies auf einer Skala von 0 (keinerlei Schwankungen) bis 3 (hohe Volatilität). Die Ergebnisse werden in einer Diagonalmatrix V gesammelt. Für unser Beispiel ist V gegeben durch $V = \text{diag}(3,2,1)$. Die Einträge in der Matrix F können durch Bewertung mit V 'vergleichbar' gemacht werden. Multipliziert man dann die Matrix VF von links mit ihrer Transponierten, so erhält man eine Abschätzung, wie die Gesamtheit der betrachteten externen Einflußfaktoren Paare (i,j) von Organisationseinheiten beeinflußt. Die Matrix $(VF)'VF$ kann dann als Abschätzung für die Kovarianzmatrix C dienen. Die absolute Höhe der Komponenten von C hängt von den gewählten Skalierungsfaktoren ab. Deshalb wird in den folgenden Rechnungen κC mit positivem (variablem) Skalar κ verwendet. In unserem Beispiel ergibt sich so

$$C = \kappa \begin{pmatrix} 101 & -52 \\ -52 & 3 \end{pmatrix}$$

als Abschätzung für die Kovarianzmatrix.

Dies stellt eine mögliche Methode zur Schätzung von C dar, die natürlich schon wegen der subjektiven Einschätzung der Einflüsse der externen Faktoren kritisiert werden kann. Liegen geeignete statistische Daten vor, kann C auch unter Verwendung dieser Daten (beispielsweise über multivariate Analysen) geschätzt werden.

Unter Verwendung von C werden nun nach Standardisierung des Zufallsvektors μ (vgl. [Stickel; 1994b, S. 26 f.]) die in Abschnitt 3 vorgestellten Größen Λ und Π errechnet. Für den Quotienten ergibt sich

$$\Delta = \frac{\Lambda}{\Pi} = \frac{720 + 8008\kappa}{720 + 7901\kappa} \approx 1.014.$$

Die Abschätzung gilt dabei für $1 < \kappa$ und fällt gegen 1 für $\kappa \to 0$. Im vorgestellten Szenario ist also der durch Informationsaustausch erzielbare Vorteil gering. Ersetzt man aber beispielsweise in der Matrix Q das Element $q_{12} = 0$ durch $q_{12} = -90$, so ergibt sich für den Quotienten ein Näherungswert von 1.06 (für $\kappa > 1$).

In jedem Falle ist es sinnvoll im Rahmen einer Sensitivätsnalyse zu untersuchen, welche Auswirkungen 'kleine' Veränderungen in den Parameterdaten auf das Ergebnis der Modellrechnung haben.

5 Ausblick

Vorgestellt wurde ein formaler Ansatz zur Beurteilung des Nutzenpotentials des Informationsaustausches zwischen Organisationseinheiten eines Unternehmens. Die Variable Δ stellt eine Abschätzung für das durch innerbetrieblichen Informationsaustausch maximal erzielbare Nutzenpotential dar. Selbstverständlich sind zahlreiche 'Mittelwege' zwischen den geschilderten Extremstrategien denkbar. Der Modellansatz erlaubt die Modellierung eines nur teilweise durchgeführten Informationsaustauschs (etwa durch Restriktion des Modells auf die relevanten Organisationseinheiten oder explizit durch Angabe der beobachtbaren Komponenten des Zufallsvektors μ für jede Organisationseinheit). Das vorgestellte Modell liefert also Ansatzpunkte für die Wirtschaftlichkeitsanalyse von Integrationsprojekten. Festzuhalten ist allerdings, daß die Wirkung zusätzlicher Information auf die Absatzmärkte (etwa Informationsvorsprung vor Mitbewerbern) im Modell nicht dargestellt wurde. Entsprechende Erweiterungsmöglichkeiten werden gegenwärtig untersucht.

Der geschilderte Ansatz ist Teil eines dreistufigen Verfahrens, das gegenwärtig in Form eines entscheidungsunterstützenden Systems implementiert wird.

Die vorgestellten Ergebnisse wurden im Rahmen eines von der DFG geförderten Projektes im Schwerpunktprogramm 'Verteilte Systeme in der Betriebswirtschaft' erarbeitet.

Literatur

[Batini; 1986] Batini, C., Lenzerini, M., Navathe, S. B.: A Comparative Analysis of Methodologies for Database Schema Integration. ACM Computing Surveys, Vol. 18, No. 4, 1986, S. 323-364.

[Ferstl; 1993] Ferstl, O., Sinz, E.: Geschäftsprozeßmodellierung. Wirtschaftsinformatik, 35. Jg., Nr. 6, 1993, S. 589-592.

[Goodhue; 1992] Goodhue, D. L., Wybo, M. D., Kirsch, L. J.: The Impact of Data Integration on the Costs and Benefits of Information Systems. MIS Quaterly Vol. 16, 3, September 1992, S. 293-311.

[Gotthard; 1992] Gotthard, W., Lockemann, P. C., Neufeld, A.: System-Guided View Integration for Object-Oriented Databases. IEEE Transactions on Data and Knowledge Engineering, Vol. 4, No. 1, Feb. 1992, S. 1-22.

[Heinrich; 1989] Heinrich, L. J., Roithmayr, F.: Wirtschaftsinformatik-Lexikon. 3. Aufl., München, Wien (1989).

[Keren; 1983] Keren, M., Levhari, D.: The Internal Organization of the Firm and the Shape of Average Costs. Bell J. of Economics Vol. 14, No. 2, Autumn 1983, S. 474-486.

[Marschak; 1972] Marschak, J., Radner, R.: Economic Theory of Teams. New Haven (1972).

[Mertens; 1991] Mertens, P.: Integrierte Informationsverarbeitung 1. Administrations- und Dispositionssysteme in der Industrie. 8. Aufl., Wiesbaden (1991).

[Merz; 1994] Merz, U., King, R.: DIRECT: A Query Facility for Multiple Databases. ACM Transactions on Information Systems, Vol. 12, No. 4, 1994, S. 339-359.

[Picot; 1994] Picot, A., Reichwald, R.: Auflösung der Unternehmung? Zeitschrift für Betriebswirtschaft, 64. Jg., H. 5, 1994, S. 547-570.

[Pietsch; 1994] Pietsch, W., Steinbauer, D.: Business Process Reengineering. Wirtschaftsinformatik, 36. Jg., Nr. 5, 1994, S. 502-505.

[Pohmer; 1988] Pohmer, D., Bea, F. X.: Produktion und Absatz. 2. Aufl., Göttingen (1988).

[Schumann; 1992] Schumann, M.: Betriebliche Nutzeffekte und Strategiebeiträge der großintegrierten Informationsverarbeitung. Berlin u. a.: Springer (1992).

[Sheth; 1990] Sheth, A., Larson, J.: Federated Database Systems for Managing Distributed, Heterogeneous, and Autonomous Databases. ACM Computing Surveys, Vol. 22, 3, September 1990, S. 183-236.

[Sprague; 1993] Sprague, R. H., McNurlin, B.: Information Systems Management in Practice. Third Edition. Englewood Cliffs, NJ. (1993).

[Stickel; 1994a] Stickel, E., Hunstock, J., Ortmann, A., Ortmann, J.: Data Sharing Economics and Requirements for Integration Tool Design. Information Systems, Vol. 19, No. 8, 1994, S. 629-642.

[Stickel; 1994b] Information und Risiko. Fakultät für Wirtschaftswissenschaften der Europa-Universität Viadrina Frankfurt (Oder), Arbeitsbericht 5/94 (1994).

[Zhao; 1994] Zhao, J. L.: Schema Coordination in Federated Database Systems. Proc. Fourth Annual Workshop on Information Technologies & Systems (WITS '94), Vancouver, 1994, S. 29-38.

Mobile Klienten: Ortsübergreifender Zugang zu Diensten in offenen verteilten Informationssystemen

Michael Merz, Kay Müller-Jones, Winfried Lamersdorf

Universität Hamburg, Fachbereich Informatik,
Datenbanken und Informationssysteme
Vogt-Kölln-Str. 30, D-22527 Hamburg
eMail: [merz|lamersd|kmueller] @ informatik.uni-hamburg.de

Zusammenfassung

Die zunehmende Verbreitung und Leistungsfähigkeit globaler Kommunikationsinfrastrukturen führt zu einer entsprechend unübersichtlichen Anzahl von Diensten in offenen verteilten Informationssystemen. Der Mechanismus "Markt" erscheint hierbei zunehmend bedeutend, wenn die Zielsetzung in der effizienten Koordinierung von Nachfragern und Anbietern dieser Dienste liegt. Ziel der Projekte COSM und TRADE ist daher insbesondere die Schaffung einer verteilten Kommunikationsinfrastruktur, welche die flexible Koordination bei der Dienstnutzung unterstützt.

Die Verwendung aktueller Technologiestandards, insbesondere des *Dynamic Invocation Interface* (DII) aus der *Common Object Request Broker Architecture* (CORBA) sowie darauf aufbauende Instrumente zur Dienstbeschreibung stehen bei der Realisierung der erforderlichen Systeminfrastruktur im Vordergrund.

1. Motivation

Untereinander verbundene Rechnernetze realisieren inzwischen als weit verbreitete und leistungsfähige Kommunikationsmedien Zugangsmöglichkeiten zu einer Vielzahl von Informationsdiensten an fast beliebigen Orten in der Welt. Dadurch ist bereits heute die technische Grundlage für weiträumig verteilte elektronische Märkte realisiert, die auch weiterhin - z. B. bzgl. Knoten- und Anwenderzahl, aber vor allem hinsichtlich der Vielfalt der nutzbaren Informationsdienste - ein anhaltendes Wachstum erwarten lassen. Somit entstehen aber auch Orientierungsprobleme für Nutzer von Diensten in dermaßen vielfältigen und offenen Dienstemärkten. Um diesen Problemen zu begegnen, ist zunächst - soweit möglich - eine weitgehende Vereinheitlichung (Standardisierung) von Diensten und deren Schnittstellenbeschreibung erforderlich sowie zudem auch adäquat mächtige systemtechnische Unterstützungsmechanismen, die den Zugang zu Diensten in diesen elektronischen Märkten erleichtern könnten. Ob aber dem Nutzer derartiger Dienste - durch Vereinheitlichung des Zugangs zu Netzdiensten - bereits ausreichende *Systemunterstützung* zur Verfügung steht, ist jedoch stark zu bezweifeln. Systemtechnisch sollte zudem sowohl die Interaktion mit entfernten Diensten im Verlaufe einer Sitzung von einem, aber auch von wechselnden Standorten aus, unterstützt werden. Dadurch können dann auch *ortsmobile* Benutzer oder Benutzergruppen durch entsprechend wechselnde Zugangsmöglichkeiten zu den von ihnen genutzten Diensten stets "begleitet" werden und so Zugang zu Netzdiensten *von überallher*, auf *einheitliche* Weise und mit *geringstmöglichem Aufwand* erhalten.

Das in diesem Beitrag vorgestellte Konzept der *mobilen Klienten* und seine systemtechnische Realisierung unterstützt eine ortsübergreifende Nutzung von Netzdiensten, d.h. für solche Klienten, die von *wechselnden* Orten und Nutzern aus mit einem Server kommunizieren.

1.1 Dienste in elektronischen Märkten

Der Zugang zu Diensten in elektronischen Dienstemärkten kann u. a. danach unterschieden werden, auf welche "Art" von Diensten zugegriffen werden soll: z. B. können solche Dienste *organisationsintern* oder *kommerziell* genutzt werden, es können prinzipiell entweder *standardisierte Dienste* verwendet werden oder jeder Diensterbringer kann eine unterschiedliche *individuelle Semantik* realisieren. Ist in derartigen Szenarien ein *Diensttyp* (d.h. eine festgelegte Schnittstelle und Semantik eines Dienstes) vorab bekannt, kann anhand von *Diensteigenschaften* (wie z. B. Auflösung eines Druckers oder seine aktuelle Auslastung) einem Nachfrager genau der Dienst vermittelt werden, welcher bzgl. der nachgefragten Eigenschaften als "am besten geeignet" erscheint [ISO-ODP].

Wichtigste Voraussetzung für eine solche, *system*unterstützte Dienstvermittlung ist also eine einheitliche Beschreibung derartiger *klassifizierter* Dienste [MML95] und ihrer jeweiliger Diensteigenschaften. Auf der Basis dieser Dienstbeschreibungen kann dann ein im Rahmen der Standardisierungsbemühung der ISO im Bereich ODP (Open Distributed Processing) entworfener *Trader* in vielen Fällen auch eine weitgehend *automatisierte* Vermittlung zwischen Klientennachfrage und Server-Angebot durchführen. Aufgrund der dafür notwendigen vorherigen Vereinheitlichung von Diensttypen bietet sich der Trader jedoch zunächst nur für den Einsatz innerhalb *geschlossener* Organisationen an, da dort - im umgekehrten Verhältnis zur Organisationsgröße - der für Diensttypen erforderliche Normierungsprozeß am effizientesten durchgeführt werden kann.

Bei individuell entworfenen, z.B. kommerziell angebotenen Diensten kann deren Diensttyp nur schwer in einheitlicher und effizienter Weise standardisiert werden, da bei einer einheitlichen Dienstsemantik auch alle individuellen Ausprägungen, "Gepflogenheiten" und Vorteile einzelner Diensterbringer berücksichtigt werden müssen. Eine systemtechnische Unterstützung erscheint (hier im Gegensatz zu organisationsintern genutzen Diensten) als erheblich komplexere und nur teilweise automatisch zu lösende Aufgabe. Zudem zeigt z.B. die Entwicklung des Internet-Dienstes *World Wide Web* (WWW), daß auch ohne standardisierte Dienstsemantik individuelle Server mit begrenztem Aufwand für Nachfrager erfolgreich sichtbar und nutzbar gemacht werden können. In dieser Kategorie der (kommerziell angebotenen) *unklassifizierten,* meist nur interaktiv vom Endanwender genutzten Dienste mit individueller Semantik *(one-of-a-kind services)*, besteht sogar die Forderung nach Freiraum zur individuellen Ausgestaltung von Schnittstelle, Semantik und Diensteigenschaften. Eine Normierung besteht hier nur in Form einer Festlegung von Schnittstellen- oder Dokumentenbeschreibungen, nicht jedoch der durch Dienste erbrachten Inhalte. Aufgrund einer derartigen Beschränkung der Normierung auf die *Repräsentationsebene* (vgl. z. B. die Sprache HTML und die damit korrespondierende, einheitliche Präsentation beim WWW) kann dann eine einheitliche Interpretation beliebiger Dienstschnittstellen durch geeignete *generische* Software-Komponenten gewährleistet und systemtechnisch unterstützt werden. In ähnlicher Weise beschränken sich z.B. bei der *Telescript*-Technik [Whit94] verteilte Systemkomponenten auf die *Interpretation* einer Skriptsprache. Syntax und Befehlsumfang dieser Sprache sind allen Interpretern bekannt und somit normiert.

1.2. Klassifizierte und unklassifizierte Dienste

Folgende Beobachtungen lassen sich zunächst direkt aus der dargestellten Einteilung von Diensten in "klassifizierte" und "unklassifizierte" ableiten:

1. Klassifizierte Dienste sind a-priori in ihrer Entwurfsautonomie eingeschränkt, dafür jedoch effizienter für *diensttypspezifische* Klienten nutzbar. Bei unklassifizierten Diensten entscheidet jeder individuelle Diensterbringer selbst über den Grad seiner Autonomie (vgl. z. B. Abschnitt 4.4).

2. Im Falle der klassifizierten Dienste erstreckt sich die Standardisierung auch auf die Dienstsemantik, während sie sich bei unklassifizierten Diensten generell nur auf die Repräsentationsebene beschränkt.

3. Klassifizierte Dienste sind für *diensttypspezifische* Software-Komponenten nutzbar, welche sie in der Rolle des Klienten nutzen, während unklassifizierte Dienste mit individueller Semantik nur für den menschlichen Benutzer bzw. *diensterbringerspezifische* Software-Komponenten zugreifbar sind.

4. Klassifizierte Dienste eignen sich zunächst für *organisationsinterne* Kontexte mit der Möglichkeit der *organisationsübergreifenden* Standardisierung, während unklassifizierte Dienste aufgrund des geringen Konfigurationsaufwandes eher im kommerziellen Umfeld zu finden sind.

Bei der Nutzung einer Vielzahl von unterschiedlichen Diensten in weltweiten elektronischen Märkten sind auf der Seite der Klienten in zunehmendem Maße *Systemkomponenten* erforderlich, die dem Benutzer helfen, z.B. konform zum spezifischen Protokoll und Zustand eines entfernten Servers dessen Operationen korrekt aufzurufen. Grundlage für die Realisierung derartiger Software-Komponenten ist eine gemeinsame *Dienstrepräsentation,* wie sie hier im 3. Kapitel skizziert wird. Darauf aufbauend kann ein sogenannter *generischer Klient* [MML94b] realisiert werden, der als generisches systemtechnisches Werkzeug den Zugang auch zu unklassifizierten Diensten in Netzen unterstützt. Schließlich bilden Dienstrepräsentation und generischer Klient die Basis für die in Kapitel 4 beschriebene Systemunterstützung der dynamischen Dienstnutzung durch *mobile Klienten,* die auch *ortsübergreifende* Zugangsmöglichkeiten zu Diensten realisiert.

2. Technische Voraussetzungen

Eine geeignete Infrastruktur, welche die Vermittlung und den Zugriff auf entfernte, unklassifizierte Dienste unterstützt, sollte in hohem Maße dem dynamischen Charakter von Klient/Server-Bindungen auf dem Dienstemarkt gerecht werden. Da aus diesem Grunde zur Laufzeit Bindungen zu unklassifizierten Diensten eingegangen werden müssen, deren Diensttyp a-priori unbekannt ist, sind statisch typisierte Mechanismen wie die Generierung von *Stubs* beim ONC RPC von Sun oder beim *Distributed Computing Environment* der OSF (DCE) [Schi93] für eine unmittelbare Nutzung ungeeignet. Für das Szenario des offenen verteilten Dienstemarktes soll jedoch angenommen werden, daß eine Klientenkomponente für den Zugriff auf unklassifizierte Dienste nicht neu kompiliert und gebunden werden muß. Wie auch im 4. Kapitel dargestellt, zeigt es sich, daß das *Dynamic Invocation Interface* (DII), welches ein Bestandteil der *Common Object Request Broker Architecture* (CORBA) [OMG91] ist, eine geeignete Grundlage für den Entwurf heterogener, verteilter Klient/Server-Anwendungen darstellt, wenn dynamisch typisierte Prozeduraufrufe unterstützt werden sollen. CORBA-DII bietet eine standardisierte Schnittstelle zur Definition von Repräsentationen für Operationsaufrufe und Parameterlisten sowie für das entfernte Aufrufen der beschriebenen Operation. Allerdings sichert der Einsatz des DII keine Typkonformität zwischen Klient und Server mehr zu - vielmehr muß zur Laufzeit aufgrund einer Spezifikation, welche Informationen über die Server-Schnittstelle liefert, das Erzeugen von Aufrufrepräsentationen so automatisiert werden, daß Typfehler vermieden werden. Träger dieser Information ist die nachfolgend eingeführte Dienstrepräsentation.

3. Eigenschaft und Verwendung der Dienstrepräsentation

Funktion der *Dienstrepräsentation* (DR) ist eine im wesentlichen semiformale Spezifikation von Schnittstelle und Semantik beliebiger entfernter Dienste. Als Komponenten gehören zur DR neben der Spezifikation von Syntax und (so weit wie möglich) Semantik der aufrufbaren *Operationen* eines Dienstes sowie seines spezifischen Aufruf*protokolls* auch *lokale Zustandsvariable*, welche interaktiv durch den Benutzer oder als Ergebnis entfernter Prozeduraufrufe gelesen und modifiziert werden können. Sie repräsentieren u. a. spezifische Eigenschaften einer speziellen Klient-Server-Sitzung (bzw. ihres aktuellen Zustandes), die im Netz an beliebigen Orten persistent gehalten werden kann. Auch über Rechnergrenzen hinweg kann eine DR kommuniziert und für die Nutzung von Netzdiensten von ganz unterschiedlichen Orten aus eingesetzt werden.

3.1. Strukturelle Eigenschaften der Dienstrepräsentation

Zusammengefaßt können ganz unterschiedliche Aspekte der Dienstspezifikation jeweils durch dedizierte, in die DR eingebettete Beschreibungskomponenten ausgedrückt werden: Ausgehend von der erforderlichen Spezifikation der *operationalen Schnittstelle* des Dienstes über eine dienstspezifische *Protokollspezifikation* bis hin zu *natürlichsprachlichen Erläuterungen* für den Anwender, sind prinzipiell auch noch weitere *Detailspezifikationen* des Dienstes in die DR einbettbar. Geeignete systemtechnische *Werkzeuge* helfen, jeweils spezielle Spezifikationskomponenten innerhalb der DR zu erkennen und zu interpretieren. Als Beispiel dafür sei zunächst der *generische Klient* (siehe Abschnitt 4.1) genannt, welcher über die Interpretation einer Benutzerschnittstellendefinition und das Generieren eines dienstspezifischen Formulars den Anwender bei der Interaktion mit einem beliebigen entfernten Dienst unterstützt.

Entsprechend der geschilderten und der in Abschnitt 3.2 aufgeführten Anforderung an die Zustandsrepräsentation wird jede DR als dynamische Datenstruktur realisiert, welche zur Programmlaufzeit von ganz unterschiedlichen Systemkomponenten geladen, inspiziert und modifiziert werden kann. Damit ist sie im Prinzip einer Schnittstellenspezifikationen im CORBA-Schnittstellen-Repository [OMG91] vergleichbar, die ebenso inspiziert werden kann, jedoch nicht gleichzeitig auch der *Zustands*kapselung dient, d. h. keine modifizierenden Operationen auf Schnittstellenbeschreibungen erlaubt.

Neben den exemplarisch aufgeführten *spezialisierten Anwendungen* (wie z.B. dem generischen Klienten) sind aber auch *generische Anwendungen* erforderlich, welche den Inhalt einzelner Spezifikationskomponenten in einer typgerechten Weise darstellen, jedoch nicht interpretieren. Als Beispiel dafür seien hier sogenannte Dienst-"Browser" oder Schnittstellen-"Repositories" genannt, welche - anhand von Typinformationen - in der Lage sind, Spezifikationskomponenten von Diensten zu interpretieren und somit deren Inhalt entweder anzuzeigen (*Browser*) oder persistent zu speichern (*Repository*). Zu diesem Zweck sind ebenfalls zur Laufzeit Typinformationen als Bestandteil der DR erforderlich, welche die Struktur von Spezifikationskomponenten festlegen. Diese *Typkomponenten* sind ihrerseits konstruiert aus normierten *Typkennungen*, so daß generische Anwendungen über die Interpretation von Typkomponenten den Inhalt einer kompletten DR lesen können.

Generische Anwendungen, wie z. B. Repositories, können somit aufgrund des dynamischen Schemas innerhalb der DR Spezifikationskomponenten auch dann verwalten, wenn im Laufe der Entwicklung neuartige Komponententypen eingeführt werden. Ein daraus aufgebautes, dynamisch erweiterbares Repository-Schema ist dadurch in der Lage, eine große Menge an unterschiedlichen Dienstrepräsentationen mit jeweils verschiedenartigen Komponententypen zu verwalten und Anfragen an Komponententypen und deren Extensionen zu verarbeiten.

3.2. Dynamische Aspekte der Dienstrepräsentation

Neben der Kapselung von unterschiedlichen Spezifikationskomponenten besteht die zweite wesentliche Aufgabe der DR in der Kapselung des *Kommunikationszustandes*: Anwendungsspezifische Datenstrukturen, Parameterwerte, Netzzustände bzw. Datenwerte der Spezifikationskomponenten repräsentieren dabei jeweils einen aktuellen DR-Zustand, welcher sich aus der bisherigen Ausführung von Server-Operationen innerhalb einer speziellen Klient/Server-Sitzung ergeben haben kann. Dieser sitzungsspezifische Gesamtzustand kann - je nach Umfang der Spezifikationskomponenten - von Anwendungen wie dem generischen Klienten dazu verwendet werden, z. B. zulässige Folgeoperationen zu bestimmen, entfernte Operationen durch den Benutzer ausführen zu lassen oder Datenstrukturen der DR aufgrund von Operationsresultaten zu modifizieren.

Die Fähigkeit zur Kapselung von Dienstspezifikation und Sitzungsszustand in Verbindung mit der Migrationsfähigkeit von in einer DR spezifizierten Klientenzuständen erlaubt so also beliebigen Benutzern und Benutzergruppen die *ortsübergreifende* Nutzung von Diensten (z.B. am Arbeitsplatz, von zuhause aus, auf Reisen etc.). Basis dafür ist die Flexibilität der hier zugrundegelegten DR - insbesondere ihre Erweiterbarkeit um zusätzliche Spezifikationkomponenten. Damit können Standardisierungsbemühungen in Dienstemärkten zunächst auf die Dienstbeschreibungsebene beschränkt werden. Sie ermöglicht Diensterbringern (insbesonderen den innovativen) in einem elektronischen Markt einen raschen und flexiblen Marktzugang durch die autonome Festlegung von Spezifikationskomponenten. Damit können Dienstrepräsentationen mit zunehmendem Spezifikationsumfang flexibel auch für die im folgenden Kapitel skizzierten Bereiche systemtechnischer Unterstützung komplexer verteilter Anwendungen in offenen, weltweit verteilten Rechnernetzen eingesetzt werden.

4. Exemplarische Anwendungsbereiche für Dienstrepräsentationen

Nachdem Funktion und Struktur der DR im vorangegangenen Kapitel skizziert wurden, sollen nun einige verschiedenartige Anwendungbeispiele in schrittweiser Erweiterung aufgeführt werden. Im ersten Szenario erfolgt die Dienstnutzung durch einen einzelnen Benutzer, welcher anhand eines generischen Klienten entfernte Prozeduraufrufe ausführt. Den *Engines* der Telescript-Technik entsprechend wird dargestellt, wie Dienstrepräsentationen als Kapselung des Evaluationszustandes von Suchagenten eingesetzt werden.

4.1. Der generische Klient

Der generische Klient fungiert als Bindeglied zwischen dem Benutzer und beliebigen entfernten Anwendungsdiensten, auf die der Benutzer ohne weitere Kenntnis ihrer Struktur zugreift. Entsprechend Abb. 1 wird zum Bindungszeitpunkt dazu vom referenzierten Server an den Benutzer eine DR übertragen und von GK interpretiert. Anhand der Spezifikationskomponenten der DR kann nun der GK *automatisch* Dialogfenster generieren, welche z.B. Editoren zur Modifikation von DR-Datenwerten und zum Aufruf entfernter Operationen bereitstellen. Anhand dieser Editoren können insbesondere Parameter- und Resultatwerte vor und nach Operationsaufrufen modifiziert werden. Eine entfernte Server-Operation kann der Benutzer schließlich durch das Betätigen einer - ebenfalls automatisch, anhand der DR generierten - Schaltfläche ausführen. Für diesen im Rahmen der Projekte COSM und TRADE [MML94] implementierten Spezifikationsumfang (siehe Kapitel 5) sind im einzelnen die folgenden Komponententypen der DR erforderlich:

- Spezifikation der Server-Schnittstelle (Operations- und Parameterkomponenten),
- Spezifikation der Benutzerschnittstelle (Dialogboxen, Editoren, Schaltflächen),

- Information über den Server-Knoten (Netzadresse, Bezeichnung des Dienstes etc.) und
- anwendungsspezifische Datenstrukturen (Parameterwerte, Zustandsinformationen).

Da dem GK aufgrund der dynamischen Bindung an einen Server Typinformationen über Dienstschnittstellen erst zur Laufzeit bekannt sind, kann kein statisch typisierter RPC-Mechanismus (wie z. B. bei OSF DCE [Schi93] oder beim Sun ONC) verwendet werden. Generischer Klient und Server-Anwendung nutzen aus diesem Grunde das CORBA-DII [OMG91] als Mechanismus der Interprozeßkommunikation. Hierbei werden zur Laufzeit Parameterrepräsentationen in Anlehnung an die in der DR abgelegten Schnittstellenspezifikationen konstruiert, an den Server übertragen und dort die betreffenden Operationen mit dieser *Named Value List* aufgerufen.

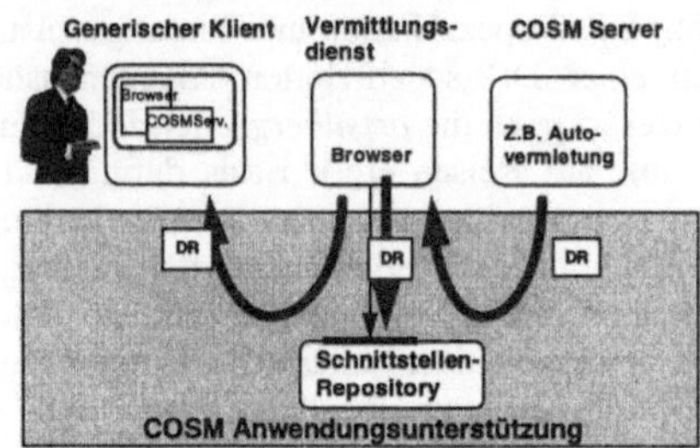

Bild 1: Der generische Klient zur Unterstützung des Dienstzugangs

Dienstrepräsentationen werden gemeinsam in Repositories verwaltet, so daß dieses Medium für Suchanfragen nach gewünschten Diensten, zum Blättern durch Spezifikationskomponenten (Browsing) aber auch zur privaten Ablage durch Server und generische Klienten verwendet werden kann (Abb. 1). Soll nun eine Server-Sitzung zwischen Benutzern transferiert werden, kann dies entweder direkt zwischen zwei zeitgleich aktiven GKs erfolgen oder indirekt über die Ablage der DR im Repository.

4.2. Steuerung von Suchagenten durch Dienstrepräsentationen

Zugriffe auf entfernte Dienste müssen nicht notwendigerweise ausschließlich über generische Klienten erfolgen, wenn Semantik und Schnittstelle des Dienstes bei der Implementierung eines Klienten bekannt sind. Im Gegensatz zum *generischen* ist daher in diesem Zusammenhang von einem *spezifischen Klienten* die Rede. Aufgabe eines spezifischen Klienten kann z. B. die Kombination existierender Dienste zu einem neuen sein, d. h., ein derartiger *Mehrwertdienst* sorgt aufgrund einer zusätzlichen Abstraktion für Transparenz bezüglich der von ihm genutzen *Ressourcendienste*.

Innerhalb dieses Spektrums zwischen generischen und spezifischen Klienten sind unterschiedliche Grade an Spezialisierung der Klienten bezüglich der Server-Semantik denkbar. Ein Beispiel stellen die aus dem Bereich der Datenbankrecherche bekannten *Suchagenten* dar, welche im Auftrage eines Klienten Suchanfragen an Datenbanken, Dateisysteme, Volltextrecherchesysteme etc. stellen. Die besondere Abstraktion liegt bei Suchagenten in der Kapselung datenbankspezifischer Recherche-Techniken, während sie selbst eine einheitliche Schnittstelle bereitstellen. Über diese Schnittstelle werden Suchagenten bezüglich Schlüsselwörter, Suchstrategie, zu konsultierender Knoten etc. konfiguriert. Eine aktuelle Entwicklung ist die *Telescript*-Technik des Unternehmens *General Magic* [Whit94], welche im Gegensatz zur DR eine Skriptsprache zur Steuerung autonomer Suchagenten verwendet.

Das gewählte Realisierungskonzept der DR bietet hinreichend flexible Datenstrukturen, um sowohl als Konfiguration für Suchagenten als auch als Träger für Rechercheergebnisse zu dienen: Eine DR kann zwischen *Engines* kommuniziert werden und - als Kapselung eines Evaluationszustandes - auszuführende Folgeoperationen determinieren.

Zusammenfassend dargestellt, erlaubt die DR generell den Transfer eines Ausführungskontexts als *Agent* zwischen räumlich verteilten *Engines*. Ein Agent ist somit eine generische, dienstunabhängige Instanz, welche lediglich die standardisierten Operationen implementiert. Für alle weiteren Operationen werden im Falle des Aufrufes anhand des CORBA-DII dynamische Parameterinstanzen erzeugt und versendet. Entsprechend der einleitend geforderten Fähigkeit der Systeminfrastruktur, eine dynamische Fortentwicklung des Gesamtsystems in Richtung einsatzspezifischer Teilstandards, kann der Einsatz von Agenten und die dafür erforderlichen standardisierten Operationen ohne Einwirkung auf den Repräsentationsstandard und ohne Seiteneffekt bzgl. anderer Interpretationen erfolgen.

4.3. Notariats- und Clearing-Dienste

Kurz erwähnt seien schließlich noch die im Rahmen des COSM-Projektes realisierten Beispiele von "Notariats"- und "Clearing"-Diensten (vgl. [MML94]): Da eine GK-Server-Bindung anonym erfolgt, gleichzeitig aber Dienste kommerziell angeboten werden und somit der Dienstnutzung ein Zahlungsstrom zugeordnet sein kann, besteht die Anforderung zum einen in der "Beurkundung" eines zustandegekommenen "Vertrages" zwischen Klient und Server, welche die Identität beider Vertragspartner sowie den Inhalts des Vertrages selbst festhält. In diesem Kontext wird die Bereitstellung einer Diensterepräsentation als Vertrags*angebot* und der Operationsaufruf nach erfolgter Bindung als *Annahme* verstanden. Gemäß der Erweiterbarkeit der Dienstrepräsentation ist hierbei vorgesehen, auch Kosteninformationen einzubetten, welche anderen Spezifikationskomponenten (z.B. Operationen) zugeordnet sind. Wird nun zum Bindungszeitpunkt je eine vom Server versandte und eine vom generischen Klienten erhaltene Dienstrepräsentation an den Notariatsdienst zur Protokollierung gesendet, besteht im Falle eines juristischen Konflikts die Möglichkeit der Berufung auf die abgelegte Dienstrepräsentation, um z.B. ggf. nicht erbrachte Leistungen einzufordern. Ein zweites Beispiel für einen derartigen *trusted third-party service* sind "Clearing"-Dienste, welche z.B. für den Transfer elektronischer Währungsrepräsentationen [MN93] im anonymen Zahlungsverkehr erforderlich sind. Hier werden in verschlüsselter Form Münzrepräsentationen vom Klienten an den Server gesendet. Im Kontext des Dienstemarktes läßt sich eine derartige Zahlungseinheit auf einfache Weise in die bestehende Parameterliste einbetten - auch an dieser Stelle bietet das CORBA-DII im Rahmen des COSM-Prototyps eine geeignete Implementierungsgrundlage [MML94].

5. Stand der Prototypimplementation

Verschiedene prototypische Anwendungen wurden mit Hilfe des CORBA-DII und der Dienstrepräsentation implementiert. Hierbei stellt das DII eine Eigenentwicklung dar, welche wahlweise in Verbindung mit dem Sun-RPC oder dem DCE RPC eingesetzt werden kann. Der generische Klient wurde basierend auf der portablen GUI-Bibliothek *StarView* entwickelt. Entwicklungsplattform ist ein IBM RS/6000-Cluster, jedoch sind bereits Portierungen von Teilen der COSM-Infrastuktur auf Sun/Solaris bzw. IBM OS/2 durchgeführt worden. Im Sommer '94 wurde der generische Client in seiner aktuellen Version fertiggestellt, so daß bereits einige Erfahrungen im Umgang mit Dienstrepräsentationen, DR-Repositories und verschiedenen Anwendungsdiensten gesammelt werden konnten [MML94b]. Ebenfalls wurde der Notariatsdienst [Drag95] in einer prototypischen Version fertiggestellt. Im aktuellen Stadium der Implementierung befindet sich u. a. die Unterstützung von autonomen Suchagenten.

6. Zusammenfassung

Im vorliegenden Beitrag wurden die besonderen Eigenschaften eines *offenen Dienstemarktes* dargestellt und die Vorteile der dortigen Autonomie gegenüber der organisationsinternen Konfiguration verteilter Anwendungen motiviert. Der Dienstrepräsentation - allgemein eingesetzt als generischer Träger beliebiger Information, jedoch in diesem Beitrag speziell als Instrument der Dienstbeschreibung - kommt hierbei eine besondere Bedeutung zu. Die Integration der dargestellten Einsatzbereiche der Benutzerunterstützung bei der Dienstnutzung, der Benutzerkoordination, der Steuerung verteilter Agentensysteme oder des dynamischen Transaktionsmanagements kann nur aufgrund der Flexibilität der Dienstrepräsentation erreicht werden. Hierbei spielt insbesondere die bewußte Trennung von generischen *Standards der Repräsentation* und spezialisierenden *Standards für Inhalte* eine grundlegende Rolle. Gegenüber sprachbasierten Ansätzen (HTML, Telescript), welche nur bei globaler Gültigkeit neue Versionen einführen können, bietet der vorgestellte Ansatz die Möglichkeit, für spezialisierte Einsatzbereiche *dezentralisiert* und *autonom* Erweiterungen an der Struktur von Dienstrepräsentationen und darauf spezialisierter Anwendungen vorzunehmen.

Wenn auch die Projekte COSM und TRADE hierbei nicht für sich in Anspruch nehmen können, empirisch den Nachweis für die Angemessenheit der vorgestellten Architektur zur Unterstützung offener Dienstemärkte erbracht zu haben, so scheint doch auch aufgrund ähnlicher Entwicklungen (WWW bzw. Telescript-Technik) und deren Erfolgsfaktoren der prinzipielle Ansatz besonders vielversprechend, Koordinationsmechanismen realer Märkte auch für die Realisierung verteilter Anwendungen zu nutzen. Schließlich erbringt der Mechanismus des Marktes täglich den Nachweis einer dezentralisierten, effizienten und hinreichend reagiblen Koordinationsform für den Gütertausch realer Anbieter und Nachfrager.

7. Referenzen

[Drag95] Dragnev, K.: „Entwurf eines Notariatsdienstes zur Protokollierung von Client/Server-Bindungen in offenen Kommunikationsumgebungen“, Studienarbeit, Universität Hamburg, Fachbereich Informatik, 1995

[ISO-ODP] ISO/IEC JTC1 SC21 WG7: Trader, Working Document N7047, 1992

[Kräh94] Krähenmann, N.: "Ökonomische Gestaltungsanforderungen für die Entwicklung elektronischer Märkte", Diss., Nr. 1553, Hochschule St. Gallen, 1994

[MML94] Müller, K., Merz, M., Lamersdorf, W.: "Trusted Third Party Services in COSM", EM - Electronic Markets, 4(12), S. 7f, Sept. 1994

[MML94b] Müller, K., Merz, M., Lamersdorf, W.: "Service trading and mediation in distributed computing systems", in Proc. ICDCS '94, IEEE Computer Society Press, 1994, S. 450ff

[MML95] Müller-Jones, K., Merz, M., Lamersdorf, W.: "The TRADEr: Integrating Trading into DCE", to appear in Proc. ICODP, Third intl. Conference on Open Distributed Processing, 1995

[OMG91] OMG: "The Object Request Broker: Architecture and Specification": OMG Document No. 91.12.1, Object Management Group, Framingham, MA, USA, 1991

[Schi93] Schill, A.: "DCE: Das OSF Distributed Computing Environment: Grundlagen und Anwendungen", Springer, New York, Berlin, Heidelberg, 1993

[Whit94] White, J. E.: "Telescript Technology: The Foundation for the Electronic Marketplace", White Paper, General Magic Inc., 1994

Interoperabilität zwischen verschiedenen DFR-Anwendungen in einer Client-Server-Umgebung: Konzepte, Realisierung und Bewertung einer ObjectStore-basierten Lösung

Uta Störl und Klaus Küspert
Friedrich-Schiller-Universität Jena
Fakultät für Mathematik und Informatik
Leutragraben 1
07743 Jena
E-Mail: {stoerl, kuespert}@informatik.uni-jena.de

Kurzfassung

In heutigen **Büroumgebungen** stellt sich zunehmend die Frage des gemeinsamen Zugriffs auf elektronisch gespeicherte Dokumente, wobei diese von verschiedenen, möglicherweise heterogenen Anwendungen erzeugt sein können sowie verarbeitet und gespeichert werden müssen, das alles oftmals in einer verteilten Systemumgebung. Ein gemeinsames Verständnis der Dokumentinhalte und -strukturen über Anwendungsgrenzen hinweg ist hier unabdingbar. Die **DFR-Norm (Document Filing and Retrieval)** bietet eine Möglichkeit, die gemeinsame Struktursicht auf Dokumente bereitzustellen und eine Grundlage für die Interoperabilität von dokumentverarbeitenden Anwendungen zu schaffen. Im vorliegenden Beitrag werden die Konzepte und die Realisierung einer DFR-Dokumentverwaltung basierend auf dem objektorientierten Datenbanksystem ObjectStore[1] beschrieben, und es wird eine Bewertung dieser Lösung und Diskussion der gewonnenen Erfahrungen vorgenommen. Die DFR-Dokumentverwaltung stellt sich als ein Dokument-Repository dar, auf das im Client-Server-Modus von unterschiedlichen Anwendungen über eine wohldefinierte (in der DFR-Norm enthaltene) Schnittstelle zugegriffen werden kann. Die Praktikabilität einer solchen Lösung hat sich im Zuge der im folgenden beschriebenen Arbeiten nachhaltig erwiesen.

1 Einleitung

Arbeitsumgebung und unterstützende Werkzeuge am Büroarbeitsplatz haben sich in den letzten 10 Jahren in vielen Fällen dramatisch verändert, u.a. durch die Forderung nach Dokumentenaustausch und gemeinsamer Verarbeitung ('document sharing'). Beim gemeinsamen Dokumentzugriff und gemeinsamer elektronischer Verarbeitung von Dokumenten ergeben sich eine ganze Reihe konkreter Anforderungen, die es softwaretechnisch zu erfüllen gilt:

- Realisierung eines **Dokument-Repository** in einer **Client-Server-Umgebung**: Dokumente werden in dem logisch zentralen Repository gesucht, von dort herausgeholt, zu den jeweiligen Anwendungen übertragen (meist übers Netz, teils über heterogene Systemplattformen hinweg) und - im Fall erfolgter Änderungen oder neu erzeugter Dokumente - schließlich wieder zurück ins Repository eingebracht und dort sicher abgelegt.
- Festlegung einer gemeinsamen **Dokumentstruktur**, die allen Anwendungen bekannt ist bzw. von diesen abgefragt werden kann, um so Einheitlichkeit in der Dokumentdarstellung zu erzielen und vor allem die Dokumentstruktur interpretierbar zu machen auch im Fall der Heterogenität von Anwendungen, Systemplattformen etc. Die DFR-Norm (Document Filing and Retrieval) [DFR91] stellt einen solchen erfolgreichen Versuch dar, hier mit Hilfe einer Norm für Einheitlichkeit und übergreifende Interpretierbarkeit der Dokumentstruktur auf Anwendungsseite zu sorgen.

[1]ObjectStore ist ein Warenzeichen von Object Design, Inc.

- Festlegung eines gemeinsamen Formats bzgl. der **Dokumentinhalte**, also auf der Ebene 'unterhalb' der Dokumentstruktur, wo es um ein genaues Verständnis der Zusammenhänge und Inhalte **im** Dokument geht. Auch hier gibt es sich zunehmend etablierende Standards, als einer der bekanntesten ist SGML [ABH93] zu nennen.

Der vorliegende Beitrag beschäftigt sich primär mit den ersten beiden der drei vorgenannten Anforderungen und Themenstellungen. Unserer Dokument-Repository-Realisierung liegt bzgl. der Dokumentstruktur die DFR-Norm zugrunde mit ihrem Informationsmodell und Operationsvorrat; der Zugriff auf das datenbankbasierte Repository geschieht im Client-Server-Modus. Die genaue Gestaltung der Dokumentinhalte (SGML etc.) lassen wir hingegen bewußt offen, über sie kann unabhängig von der getroffenen DFR-/Datenbank-Entscheidung befunden werden.

Für die Realisierung des Dokument-Repository wurde als Basis das objektorientierte Datenbanksystem **ObjectStore** [LLOW91] ausgewählt. Bei genauerer Analyse von Bürodokumentstrukturen zeigen sich nämlich beträchtliche Komplexitätsgrade durch Hierarchien, Vernetzung und Rekursion auf Typebene, was die Verwendung eines ODBMS nahelegt. Falls dieses ODBMS - wie in unserem Fall ObjectStore - darüber hinaus eine ausgeprägte Client-Server-Architektur aufweist, kann auch diese Eigenschaft für das Dokument-Repository unmittelbar genutzt werden, ohne dafür aufwendige Mechanismen 'on top' implementieren zu müssen.

Der vorliegende Beitrag stellt eine inhaltliche Ergänzung und Erweiterung zu [STPS95] dar: Während [STPS95] den Vergleich verschiedener DFR-Realisierungen hinsichtlich ihrer Datenverwaltung in den Mittelpunkt stellt (einfach dateibasiert vs. relational vs. objektorientiert), gehen wir im folgenden primär auf die ObjectStore-basierte Lösungsvariante ein. Gleichzeitig führen wir in ein Anwendungsgebiet ein, das - wie bereits erwähnt - nicht unbedingt als ganz typisch, aber zunehmend wichtig für ODBMSe angesehen werden mag.

Der Beitrag gliedert sich wie folgt: In **Kapitel 2** wird, nach einer kurzen Einführung in eine Norm für die grundlegende Struktur von verteilten Büroanwendungen (DOAM), die DFR-Norm erläutert, und es wird ein konkretes, Client-Server-basiertes DFR-Dokument-Repository (TDS, entwickelt am ENC der IBM in Heidelberg) vorgestellt. Im **Kapitel 3** wird die ObjectStore-basierte DFR-Datenverwaltung aus verschiedenen Blickwinkeln betrachtet, von der Abbildung der DFR-Norm zu den ODBMS-Strukturen, vom Operationsvorrat, vom physischen Datenbankentwurf und von den gewonnenen Erfahrungen her. **Kapitel 4** schließt den Beitrag mit einem Resümee ab.

2 Normen für verteilte Büroanwendungen

2.1 Distributed Office Applications Model (DOAM)

Im Bereich der verteilten Büroanwendungen modelliert die DOAM-Norm (Distributed Office Applications Model) [DOAM91] eine grundlegende Struktur verteilter Büroanwendungen und gibt Richtlinien zum Erstellen entsprechender Protokolle für solche Anwendungen. Außerdem wird ein Konzept für den Zugriff auf Objekte über Referenzen beschrieben.

Das **Kommunikationsmodell** der DOAM-Norm basiert auf dem Client-Server-Konzept. Die Dienste können dabei nicht nur von einem einzelnen Server, sondern auch von einem Verbund von Servern (Server-Pool) zur Verfügung gestellt werden.

Die einzelnen Server bieten häufig unterschiedliche Dienste an. Deshalb ergibt sich innerhalb verteilter Büroanwendungen oftmals die Notwendigkeit, Objekte zwischen verschiedenen Servern zu übertragen. Wird zum Beispiel eine Print-Operation von einem Benutzer initiiert, muß das Objekt aus dem Dokumentenspeicher *(Accessee)* gelesen werden, d.h. eine lokale Kopie angefertigt werden und diese dann an den Print-Server *(Accessor)* übertragen werden. Dabei wird also das gleiche Objekt über zwei Stationen übertragen. Das ist natürlich für große Objekte ein ineffizienter Ansatz. Deshalb schlägt der DOAM-Standard die Nutzung des **Referenced Object Access (ROA)-Modells** vor [DOAM91]. Die Grundidee dieses Modells wird in der folgenden Abbildung veranschaulicht. Dabei geben die Zahlen an, in welcher Reihenfolge die Operationen ausgeführt werden:

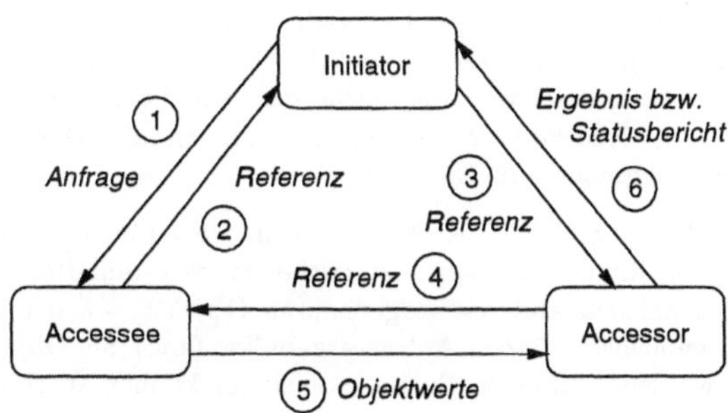

Abbildung 1: Referenced Object Access (ROA)

Der Initiator kann den Accessee auffordern, ihm statt der Objektwerte eine Referenz auf das Objekt zurückzugeben. Diese wird dann an den Accessor weitergeleitet, der über diese Referenz mit dem Accesse in Verbindung tritt. Danach werden die Objektwerte direkt vom Accessse zum Accessor übertragen. Das Format einer solchen Referenz wird von der DOAM-Norm beschrieben.

2.2 Document Filing and Retrieval (DFR)

Die Norm Document Filing and Retrieval (DFR) [DFR91] basiert auf der DOAM-Norm. DFR beschreibt drei Aspekte: ein Protokoll für den Austausch von Daten und Operationen zwischen DFR-Client und DFR-Server, ein Kommunikationssystem, in dem die Anbindung an die OSI-Kommunikationsschichten festgelegt ist und ein Informationsmodell, in dem die Objekttypen und ihre Beziehungen definiert werden.

Entsprechend der in DOAM beschriebenen Client-Server-Struktur greift ein DFR-Benutzer über einen DFR-Port (also eine Menge von wohldefinierten Funktionen) auf den DFR-Server zu. Ein DFR-Benutzer ist dabei im allgemeinen nicht ein Endbenutzer, sondern ein DFR-Client, kann aber auch ein anderer DFR-Server sein. DFR-Server können entsprechend des ROA-Modells miteinander kommunizieren. Natürlich können gleichzeitig mehrere DFR-Benutzer mit dem gleichen DFR-Server kommunizieren. Synchronisations- und Transaktionskonzepte müssen dabei aber vom DFR-Server zur Verfügung gestellt werden. Dies legt die Verwendung eines Datenbanksystems nahe.

Beim **DFR-Informationsmodell** sind fünf Begriffe und Strukturen (**Objekttypen**) von Wichtigkeit:

- Der **Dokumentspeicher**: Er nimmt alle für die DFR-Datenverwaltung bedeutsamen Informationen (Objekte) auf. Es besteht eine 1:1-Beziehung zwischen einem DFR-Server in der Client-Server-Architektur und einem DFR-Dokumentspeicher.
- Das **Dokument**: Es stellt den Hauptobjekttyp im DFR-Informationsmodell dar und enthält die 'eigentlichen' zu verwaltenden Informationen (Bürodokumente).
- Die **Gruppe**: Die Dokumente innerhalb eines Dokumentspeichers können mit Hilfe des Konstrukts Gruppe zu größeren Einheiten zusammengefaßt ('gruppiert') werden nach Kriterien, über die der Anwender / die Anwendung entscheidet. Gruppen können wiederum

zu Gruppen zusammengefaßt werden etc., es entsteht somit eine hierarchische Struktur innerhalb des Dokumentspeichers. Eine ausgezeichnete Gruppe fungiert dabei als **Wurzelgruppe** des Objektbaums innerhalb des Dokumentspeichers.

- Die **Referenz**: Wie oben angedeutet, kann mit Hilfe des Gruppenkonstrukts zunächst nur eine rein hierarchische Struktur innerhalb des Dokumentspeichers aufgebaut werden. Um diese ausschließliche Hierarchisierung nötigenfalls 'aufzuweichen' und auch weitergehende semantische Beziehungen auszudrücken, findet die Referenz Verwendung. Referenzen sind Verweise zwischen Objekten (etwa, aber nicht nur, von Dokument zu Dokument), die auch über Dokumentspeichergrenzen hinwegführen können, also Dokument a im Speicher x verweist z.B. auf Dokument b im Speicher y.

- Die **Suchergebnisliste**: Sie fällt als Objekttyp im DFR-Informationsmodell ein wenig aus dem Rahmen, da ihr i.d.R. weniger statische Aspekte anhaften (sondern mehr dynamische), als dies bei den anderen vorgenannten Objekttypen der Fall ist. Mit dem Objekttyp Suchergebnisliste können Anfrageergebnisse (s.u.) als Objekte im Dokumentspeicher abgelegt werden, und gegen Suchergebnislisten können anschließend auch wieder Anfragen gestellt werden.

Die folgende Abbildung zeigt ein Beispiel für einen konkreten Dokumentspeicher:

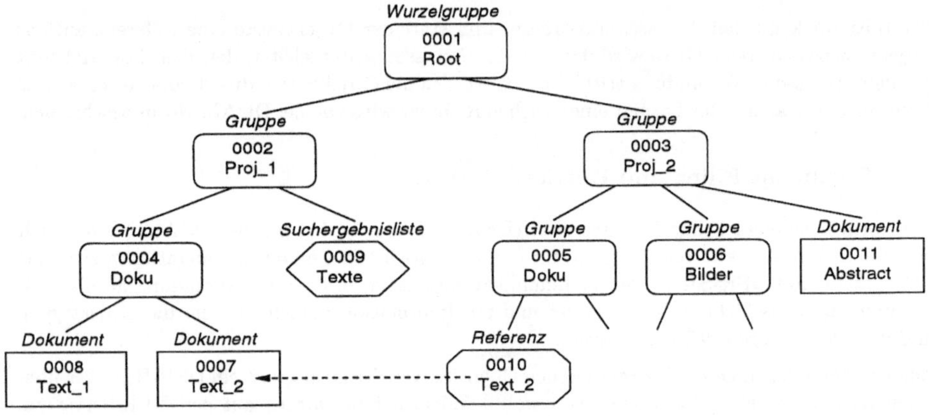

Abbildung 2: Beispiel für einen Dokumentspeicher

Jedes DFR-Objekt besteht aus einem Inhalt und beschreibenden Attributen. Ein Attribut besteht aus einem Attributtyp und einem oder mehreren Attributwerten. Auf Attribute kann bei Anfragen gegen den Dokumentspeicher Bezug genommen werden. DFR faßt die konkreten Dokumentinhalte als 'black box' auf, beinhaltet also keine Informationen hierüber.

Der **DFR-Operationsvorrat** umfaßt zunächst die 'üblichen' Operationen zum Erzeugen und Löschen von Objekten (DFR-Create und -Delete), zum Lesen und Ändern (DFR-Read und -Modify) sowie zum Verschieben und Kopieren (DFR-Move und -Copy). Hierauf sowie auf die Operationen zur Zugriffsrechteinschränkung (DFR-Reserve) und zur Auflistung von Objekten - Attributwerten - in Gruppen (DFR-List) muß hier nicht näher eingegangen werden. Von größerem Interesse ist die von DFR angebotene **Suchoperation** (DFR-Search), mit der eine 'inhaltsbezogene' Suche auf einem DFR-Dokumentspeicher durchgeführt werden kann. Die Bezugnahme geschieht dabei gegen die o.g. beschreibenden Attribute, da Dokumentinhalte - wie erwähnt - aus DFR-Sicht eine 'black box' darstellen. Mit Hilfe von DFR-Search lassen sich auch komplexe Prädikate formulieren mit Bezugnahme u.a. auf Objekttitel, beschreibende Attribute, Gruppenkardinalitäten etc. Mehr hierzu findet sich in [Stö94] und [DFR91].

Am Europäischen Zentrum für Netzwerkforschung (ENC) der IBM in Heidelberg wurde in den letzten 1-2 Jahren das System **Telecooperation Document Store (TDS)** entwickelt. Es beinhaltet wesentliche Teile der DFR-Funktionalität und dabei vor allem eine Implementierung des DFR zugrundeliegenden Client-Server-Ansatzes, d.h. DFR wird diesbezüglich 'mit Leben erfüllt'. Sowohl auf der Client, als auch auf der Server-Seite wurden DFR-APIs definiert. Durch diesen modularen Ansatz ist der Anschluß verschiedener Applikations- bzw. Datenhaltungsimplementierungen ohne Veränderungen des TDS-Systems möglich.

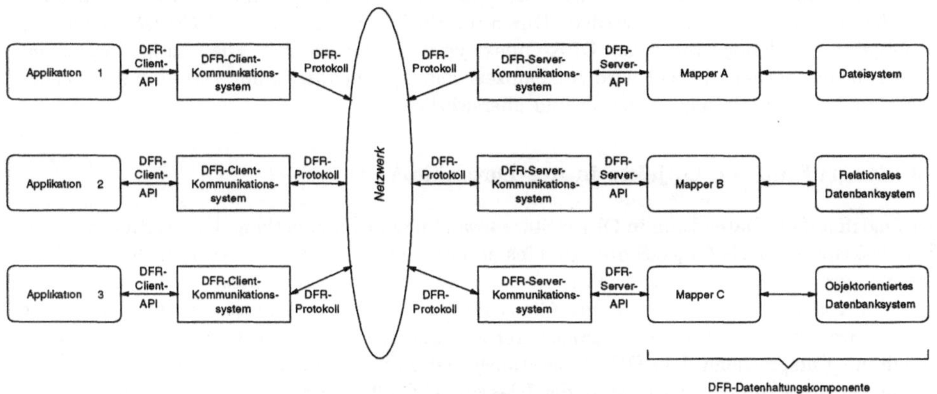

Abbildung 3: Architektur des DFR-Systems TDS

Untersuchungen bzgl. des Einsatzes einer einfachen dateibasierten Lösung bzw. eines relationalen Datenbanksystems als Grundlage der Datenhaltungskomponente wurden im Vorfeld durchgeführt [Jan93], die ObjectStore-basierte Datenhaltung bindet sich hier entsprechend ein.

3 ObjectStore-basierte DFR-Datenverwaltung

Wie in den vorigen Kapiteln dargestellt, ist das Informationsmodell der DFR-Norm 'objektorientiert'. D.h., die zu verwaltenden Informationen werden durch komplexe Objekttypen repräsentiert. Die DFR-Operationen sind, mit Ausnahme der DFR-Suchoperation, objektbezogen. Diese Struktur des Informationsmodells legt eine Abbildung auf das Datenmodell eines **objektorientierten** Datenbanksystems nahe. Dafür wurde das objektorientierte Datenbanksystem ObjectStore [LLOW91] ausgewählt.

Im folgenden Kapitel wird die Abbildung der DFR-Objekttypen und ihrer Beziehungen auf ObjectStore-Klassen beschrieben. Es wird erläutert, wie auf die Daten in der Datenbank zugegriffen wird. Danach wird auf das physische Design der Datenbank eingegangen. Dieses Design hat einen großen Einfluß auf das Laufzeitverhalten von ObjectStore-Anwendungen.

3.1 Abbildung der DFR-Objekttypen und ihrer Beziehungen auf ObjectStore-Klassen

Die in der DFR-Norm beschriebenen Objekttypen DFR-Dokument, DFR-Gruppe, DFR-Referenz und DFR-Suchergebnisliste werden als **C++-Klassen** modelliert. Da sich die DFR-Wurzelgruppe von normalen DFR-Gruppen nur dadurch unterscheidet, daß sie nicht Mitglied einer Gruppe ist, wurde sie nicht als separate Klasse, sondern als eine spezielle Instanz der Klasse *DFR_Group* abgebildet.

Die Instanzen dieser vier Klassen, also die DFR-Objekte, weisen eine Vielzahl von Gemeinsamkeiten in ihren Eigenschaften und ihrem Verhalten auf. Alle DFR-Objekte könnnen erzeugt, gelesen, verändert, gelöscht, kopiert, verschoben und reserviert werden. Außerdem sind viele der in der DFR-Norm definierten Attribute für alle Objekttypen definiert. Deshalb wird eine **abstrakte Basisklasse** *DFR_Object* definiert. Die Klassen *DFR_Document*, *DFR_Group*, *DFR_Reference* und *DFR_Search_Result_List* werden von dieser Basisklasse abgeleitet. Sie erben die Attribute und Methoden der Basisklasse. Die Methoden sind in der abstrakten Basisklasse *DFR_Object* deklariert, aber nur teilweise definiert. Sie können bzw. müssen von den abgeleiteten Klassen weiter verfeinert werden. Durch die Einführung der Klasse *DFR_Object* können die Objekte unabhängig von ihrem DFR-Objekttyp behandelt werden. Die richtige Implementierung für das aktuelle Objekt wird zur Laufzeit vom System ausgewählt ('late binding'). Dies macht die Implementierung effizienter und übersichtlicher.

3.2 Zugriff auf die Objekte in der Datenbank

Der Zugriff auf die Daten kann in ObjectStore sowohl navigierend, entlang der Relationships, als auch deskriptiv mittels ObjectStore-**Queries** erfolgen. ObjectStore-Queries können gegen Kollektionen gestellt werden. Diese Kollektionen enthalten Verweise auf Objekte in der Datenbank. Spezielle Kollektionen sind sogenannte **Class-Extents**. Diese Extents können für jede Klasse definiert werden. In ihnen sind Verweise auf alle Instanzen, also alle Objekte, dieser Klasse enthalten. Entsprechend dem DFR-Operationsprofil und den sich daraus ergebenden Queries wurden für diese Anwendung Extents der Klassen *DFR_Object* und *DFR_Group* definiert.

Bei jeder DFR-Operation, mit Ausnahme der Suchoperation, muß als erstes auf das Objekt, auf das sich die Operation bezieht, zugegriffen werden. Die Identifizierung der Objekte erfolgt dabei entweder über einen eindeutigen Identifikator, einen absoluten Pfadnamen (bestehend aus allen Titeln der hierarchisch 'übergeordneten' Objekte) oder einen relativen Pfadnamen (dabei dient ein eindeutiger Identifikator als Einstiegspunkt, ab dem die Beschreibung durch einen Pfadnamen fortgesetzt wird).

Der Zugriff über den Identifikator erfolgt mit einer, durch einen Hash-Index unterstützten, ObjectStore-Query gegen den Extent der Klasse *DFR_Object*.

Bei der Verwendung eines Pfadnamens wird dieser sukzessive abgearbeitet. Es wird entlang der Relationship zwischen Gruppen und Objekten traversiert. Innerhalb der Gruppen wird mit einer Query gearbeitet, die durch einen B-Baum-Index auf den Titeln aller Gruppenmitglieder unterstützt wird. Diese Kombination der Zugriffsmöglichkeiten minimiert die Zahl der 'angefaßten' Objekte und ist deshalb sehr effizient.

Die Möglichkeiten der Suchfunktion und die daraus resultierende Implementierung sind zu komplex, um im Rahmen dieses Papiers vollständig dargestellt werden zu können. Es sei allerdings erwähnt, daß hierbei ebenfalls die Möglichkeit des navigierenden Zugriffs ausgenutzt wird.

3.3 Physisches Design der Datenbank

Die Performance von ObjectStore-Anwendungen kann sehr stark vom Anwendungsentwickler beeinflußt werden. Er hat eine Vielzahl von Möglichkeiten, das physische Design und die Art des Zugriffs auf die Daten zu beeinflussen [Run94].

ObjectStore-Datenbanken bestehen aus Segmenten, die ihrerseits aus Speicherseiten zusammengesetzt sind. Speicherseiten können zu einem Objekt-Cluster zusammengefaßt werden.

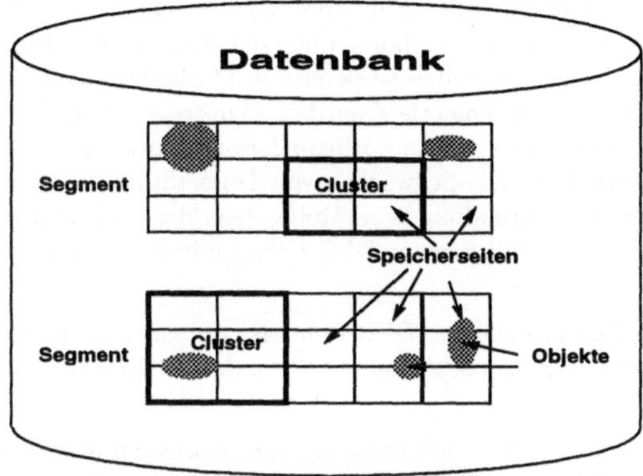

Abbildung 4: Struktur einer ObjectStore-Datenbank

Beim Erzeugen eines Objekts kann der Benutzer angeben, in welcher Datenbank, welchem Segment oder welchem Cluster das Objekt gespeichert werden soll. Dadurch ist es möglich, das physische Design der Datenbank relativ unabhängig von der logischen Struktur der Objekte zu bestimmen. Objekte, die zusammen benötigt werden, können physisch zusammenhängend gespeichert werden. So können Komponentenobjekte im gleichen Segment wie das übergeordnete Objekt abgelegt werden, das gesamte DFR-Objekt kann also zusammenhängend gespeichert werden.

Der ObjectStore-Server ist ein **Seiten-Server**, d.h. er überträgt Seiten, nicht einzelne Objekte oder Objektmengen, zum Client. Die Sperrverwaltung ist deshalb auch seitenorientiert. Der Zugriff auf die Datenobjekte erfolgt im Adreßraum des Clients. Da die Größe der Attribute eines DFR-Objekts im allgemeinen kleiner als die Seitengröße ist, wird bei jedem Zugriff neben den Daten des angeforderten Objekts eine bestimmte Menge anderer Daten vom ObjectStore-Server zum ObjectStore-Client transportiert. Es wäre also günstig, wenn diese zusätzlichen Daten für diese Operation relevante Informationen enthalten würden. Ziel ist es, ein gutes Verhältnis zwischen benötigter Information und Gesamtmenge der Information zu erreichen. Bei den beiden zeitkritischsten Operationen, dem Retrieval eines zu identifizierenden Objekts und der DFR-Suchoperation, wird aber keine Information über den Inhalt der Objekte ('black box') benötigt. Da dieser aber sehr groß sein kann (bis zu mehreren hundert MB), liegt für diese Operationen auf einigen Seiten nur ein geringer Teil an benötigter Information, der Rest der Seite enthält Teile des Dokumentinhalts. Es wird also relativ viel nicht benötigte Information vom ObjectStore-Server zum ObjectStore-Client transportiert. Da die Seiten Segmenten zugeordnet sind, wird als Lösungsansatz ein zweites Segment in der Datenbank definiert, in welchem der Inhalt der Dokumente abgelegt wird. Der Dokumentinhalt und die (DFR-)Strukturinformation werden also auf physischer Ebene separiert.

4 Resümee

Mit dem objektorientierten Datenbanksystem ObjectStore konnte die volle Funktionalität der DFR-Norm implementiert werden. Für die Abbildung des DFR-Informationsmodells erwies sich das objektorientierte Datenmodell (C++) als sehr geeignet. Insbesondere die Möglichkeit der Modellierung komplexer Objekte und die Mechanismen der Vererbung unterstützen und vereinfachen die Implementierung der Datenhaltungskomponente.

Die Möglichkeit des navigierenden Zugriffs entlang der physisch definierten Beziehungen erwies sich für diese Anwendung als sehr effizient. Ein Schwachpunkt existiert allerdings in der Formulierung von ObjectStore-Queries. Diese erlauben nur den Zugriff auf Objektattribute, nicht auf Objektmethoden. Deshalb müssen teilweise bereits in Methoden modellierte Sachverhalte in der Formulierung der Query reimplementiert werden. Außerdem wird durch den notwendigen Zugriff auf private Datenelemente ein Grundprinzip der objektorientierten Programmierung, die Objektkapselung, aufgebrochen. Die Schwächen von ObjectStore in der Formulierung von Ad-hoc-Queries spielen für diese Anwendung keine Rolle, denn der DFR-Benutzer 'darf' auf die Datenbank nicht direkt, sondern nur über einen DFR-Client mit seinen definierten Operationen zugreifen.

Die für einen gleichzeitigen Zugriff mehrerer DFR-Benutzer auf einen DFR-Server notwendigen Transaktions- und Synchronisationskonzepte konnten durch den Einsatz eines Datenbanksystems leicht realisiert werden.

Für die Datenhaltungskomponente des DFR-Systems TDS existieren auch Implementierungen mit dem AIX-Dateisystem und dem relationalen Datenbanksystem DB2/6000. Ein Vergleich dieser Implementierungen findet sich in [STPS95]. Hier hat sich das objektorientierte Datenbanksystem ObjectStore, trotz der aufgezeigten Probleme, als am besten geeignet herausgestellt. Insbesondere die in Kapitel 3.3 beschriebene Möglichkeit der Trennung von logischen und physischen Speicherungsstrukturen in ObjectStore erwies sich für diese Anwendung als sehr vorteilhaft.

Unser Dank gilt den Damen und Herren A. Telschow, A. Blaser, B. Paul und N. Südkamp (IBM Heidelberg bzw. Universität Heidelberg) für viele hilfreiche Gespräche und die Unterstützung beim Entstehen von [Stö94], das die Grundlagen für den vorliegenden Beitrag geschaffen hat. Ebenso möchten wir uns bei den anonymen Gutachtern für die kritischen Kommentare und Vorschläge zur ersten Version dieses Papiers bedanken. Frau Carola Eichner danken wir für das schnelle und sorgfältige Erfassen wesentlicher Textteile dieses Manuskripts.

Literatur

[ABH93] K. Aberer, K. Böhm, C. Hüser: *The Prospects of Publishing Using Advanced Database Concepts*, Electronic Publishing, Band 6, Nr. 4, S. 469 ff., 1993

[DFR91] ISO/IEC : International Standard 10166: *Information Technology - Text and Office Systems - Document Filing and Retrieval (DFR)*, 1991

[DOAM91] ISO/IEC : International Standard 10031: *Information Technology - Text and Office Systems - Distributed Office Applications Model (DOAM)*, 1991

[Jan93] H. Jander: *Zugriff auf multimediale Dokumentenablagen in heterogenen Bürosystemen*, Diplomarbeit, Universität Kaiserslautern und IBM European Networking Center, 1993

[LLOW91] C. Lamb, G. Landis, J. Orenstein, D. Weinreb: *The ObjectStore Database System, Communications of the ACM*, 34(10), 1991, S. 50-63

[Run94] N. Runge: *Physical Database Design for ObjectStore Applications: A first Approach*, IBM Technical Report 75.94.03, Heidelberg 1994

[STPS95] U. Störl, A. Telschow, B. Paul, N. Südkamp: *Dokumentenverwaltung mit verschiedenen Datenhaltungssystemen: Konzepte, Vergleich und Erfahrungen*, In: Tagungsband der GI-Fachtagung Datenbanksysteme in Büro, Technik und Wissenschaft, Dresden 1995

[Stö94] U. Störl: *Dokumentenverwaltung mit einem objektorientierten Datenbanksystem*, Diplomarbeit, Friedrich-Schiller-Universität Jena und IBM Wissenschaftliches Zentrum Heidelberg, 1994

Integration verteilter heterogener Datenbanken in einer föderativen Qualitätsmanagementarchitektur

Peter Szczurko[1]
Informatik V, RWTH Aachen
52056 Aachen, Germany
szczurko@informatik.rwth-aachen.de

Kurzfassung

Ein Vorschlag zur Integration unternehmensweit eingesetzter Qualitätsmanagementsysteme ist der Einsatz von relationalen DBMS als Systemschnittstellen, die sich aufgrund der breiten Verfügbarkeit und ausgereiften Entwicklung anbieten. Um die Kopplung beliebig vieler QM-Systeme zu realisieren, wird auf der Basis von SQL-Anfragemechanismen der RDBMS ein relationales Austauschmodell zum Datenaustausch zwischen den Systemen vorgestellt. Ausgangspunkt ist dabei ein föderativer Datenbankansatz, der im Rahmen der Forschergruppe WibQuS durch eine Trader-Architektur implementiert wird. Die notwendigen Komponenten auf seiten von Informationsanbietern, deren Nutzern und des Vermittlungsagenten werden erläutert. Für den Datenaustausch zwischen den QM-Systemen wird ein systemweit einheitliches relationales Modell eingesetzt. Anhand eines Beispiels werden die Aktionsfolgen dargestellt, die für einen Informationstransfer notwendig sind.

1. Einleitung

Präventives Qualitätsmanagement zeichnet sich dadurch aus, daß bereits in den frühen Phasen der Planung von Produkten und Dienstleistungen geeignete QM-Methoden einsetzt werden. Hierbei spielen z.B. das Quality Function Deployment (QFD) oder die Fehler-Möglichkeits- und Einfluß–Analyse (FMEA) eine entscheidende Rolle [PFEI93a]. Qualitätsmanagement erfordert im Sinne von Total Quality Management (TQM) das Erkennen und Bereitstellen von Informationflüssen zur Zufriedenheit aller in einem Unternehmen beteiligten Bereiche [FEIG91]. Auf der einen Seite steht die Weiterentwicklung von Methoden und Tools im Vordergrund, um Qualitätsmanagementsprozesse den Bedürfnissen der Unternehmen anzupassen, andererseits stützt sich deren Anwendung auf eine Infrastruktur, die im reellen Einsatz aufgrund unzulänglicher Planung hinsichtlich des Informationsaustausches und Koordination von Aufgaben sehr oft unzureichend ist. Bisher haben voneinander unabhängige Realisierungen von QM-Methoden zu Insellösungen geführt. Eine Integration dieser Methoden ist im nachhinein aufgrund der heterogenen Komponenten nur mit großem Aufwand möglich.

Ein Ansatz zur Integration von wissensbasierten Systemen in der Qualitätssicherrung wird in der Forschergruppe WibQuS verfolgt. Die Vorteile des Einsatzes wissensbasierter Systeme, umfangreiche Daten- und Informationsbestände verarbeiten zu können und in einem integrierten System durch Verdichtung der Daten zur Verfügung zu stellen, können jedoch nur ausgenutzt werden, wenn es gelingt, Erfahrungen im praktischen Einsatz der Systeme zu sammeln und damit Zielvorgaben für weitere Entwicklungen zu geben [PFEI93b]. Der bedeutendere Aspekt betrifft jedoch die Integration der wissensbasierten Softwarekomponenten in bereits bestehende Unternehmensstrukturen sowie in organisatorische Abläufe.

---

[1] Die Arbeiten werden gefördert vom Projektträger des BMFT für Fertigungstechnik und Qualitätssicherung am Kernforschungszentrum in Karlsruhe im Rahmen des Programms Qualitätssicherung, Förderkennzeichen 02QF3004/1.

Bei der Architektur eines Qualitätsmanagementsystems, das prototypisch in der Forschergruppe WibQuS implementiert wird, stehen die Aspekte der konzpetuellen, technischen und sozialen Integration im Vordergrund [JJSZ93]. Im Rahmen des Projekts wurde eine Begriffsbasis in einem verteilt durchgeführten Modellierungsprozeß erstellt, wodurch auf konzeptueller Ebene eine Integration der Methoden über ein Meta-Modell erzielt wurde [PESZ94], [JAPE93]. Diesem lag ein Repository-Rahmenkonzept gemäß dem Information Resource Dictionary Standard [IRDS93] zu Grunde, welches durch die Verwendung des deduktiven objektorientieren Managementsystems ConceptBase [JEG*93] unterstützt wurde.

Die Architektur stützt sich auf ein Traderkonzept, das die Funktion eines Vermittlers zwischen den beteiligten Systemen übernimmt [JEPE93]. Um der gegebenen heterogenen Systemwelt Rechnung zu tragen und ein möglichst breites Anwendungsfeld zu erhalten, werden relationale DBMS als Schnittstellen zwischen den wissensbasierten Systemen eingesetzt. Durch die kommerzielle Verfügbarkeit von Tools, die eine Kopplung von beliebigen relationalen DBMS durch Ausnutzung von Kommunikationsdiensten über das Internet ermöglichen, reduziert sich das Problem der Kommunikation zwischen den eingesetzten Systemen auf die Festlegung von Informationsinhalten, Datenstrukturen und Handlungsabläufen.

In diesem Beitrag wird ein Verfahren vorgestellt, das auf der Basis eines relationalen Modells die Kommunikation zwischen verteilen Systemen und den Informationszugriff auf verteilten Datenbanken unterstützt. Ausgehend von der Traderarchitektur, die in Abschnitt 2 dargestellt wird, wird ein relationales Modell als Integrationskomponente in Abschnitt 3 vorgestellt. Die Handlungsabläufe der QM-Systeme werden über Trigger koordiniert, die in Abschnitt 4 beschrieben werden. Durch die Einbettung eines konzeptuellen Modells in die Gesamtarchitektur werden die Kommunikationsabläufe von seiten der einzelnen Systeme vereinfacht. In Abschnitt 5 wird der Einsatz und der Nutzen des konzeptuellen Modells in der Gesamtarchitektur beschrieben und anhand eines Beispiels die Abläufe einer typischen Datenbankanfrage erläutert. Abschnitt 6 faßt die bisherigen Ergebnisse bei der Realisierung innerhalb der Forschergruppe zusammen und gibt einen Ausblick über weitere Arbeiten.

2. Verteilte Architektur mit Vermittlungsagent

Die benutzten Hardware und Softwarekomponenten bereits existierender QM-Systeme sind in der Regeln nicht aufeinander abgestimmt. Innerhalb der Forschergruppe WibQuS werden wissensbasierte Systeme entwickelt, die den Qualitätsprozeß in wesentlichen Phasen der Produkterstellung unterstützen. Auch innerhalb der FG WibQuS weisen die Implementierungen der Systeme in der Gesamtheit einen hohen Grad an Heterogenität auf. Um einerseits die Autonomität der Systeme und Unabhängigkeit bezüglich der Wahl der Systemkomponenten zu gewährleisten wurden die Schnittstellen der Systeme in der Gesamtarchitektur durch RDBMS festgelegt. Das erfordert einerseits geeignete Schnittstellen der wissensbasierten Systeme zu den RDBMS andererseits wird dadurch eine Basis für eine Integration geschaffen.

In dem föderativen verteilten DBMS wird jedes beteiligte System als ein unabhängiges und autonomes, zentralisiertes DBMS repräsentiert, das seine eigenen Anwender gemäß der Client/Server-Architektur von DBMS besitzt. Für das Gesamtsystem bedeutet dies die Notwendigkeit der Spezifikation eines Export-Schemas, durch das ein Teil der Datenbank für eine bestimmte Nutzerklasse zugreifbar gemacht werden kann. In dem klassischen föderativen Ansatz [ELNA89][DATE90] stellt jedes DBMS einen Client zu einem weiteren DBMS dar und ist somit eine Mischung aus einem verteilten (aus der Sicht des globalen Nutzers) und eines zentalisierten Systems (aus der Sicht eines lokalen DBMS-Nutzers).

Die in WibQuS gewählte Architektur (Abb. 1) besteht im wesentlichen aus drei Komponenten.

1. Die verteilten QM-Systeme, die jeweils als wissensbasierte Systeme in einer voneinander unabhängigen Systemwelt implementiert wurden. Austauschrelevante Daten müssen von den Systemen aus der jeweils verwendeten Wissensrepräsentationssprache in relationale Strukturen übertragen und zur Verfügung gestellt werden.
2. Die technische Kopplung der Systeme erfolgt über RDBMS, die über das Internet gekoppelt sind. Ein beliebiger Zugriff auf die verteilten Datenbanken ist jedoch aufgrund der verwendeten RDBMS, wie z.B. ORACLE, INGRES oder INFORMIX, nicht möglich. Ein Vermittlungs-Sytem wird als Gateway eingesetzt, um zwischen den Systemen "zu vermitteln". Das OMNI-SQL-Gateway der Firma SYBASE bietet als RDBMS die Möglichkeit, verschiedene verteilte RDBMS so zu koppeln, daß ein Nutzer des Gateways über die Daten verfügen kann, als wenn sie in einer zentralen Datenbank vorliegen würden.
3. Die eigentliche Vermittlungstätigkeit wird durch den Quality-Trader druchgeführt, der die Integration der Systeme durch Koordination von Handlungsabläufen zwischen den Systemen übernimmt. Dazu wird ein konzeptuelles Modell der Informations- und Arbeitsflüsse genutzt, sodaß zusammen mit einem globalen Austauschschema die Daten innerhalb des Gesamtsystems lokalisiert und den anfragenden Systemen zur Verfügung gestellt werden können.

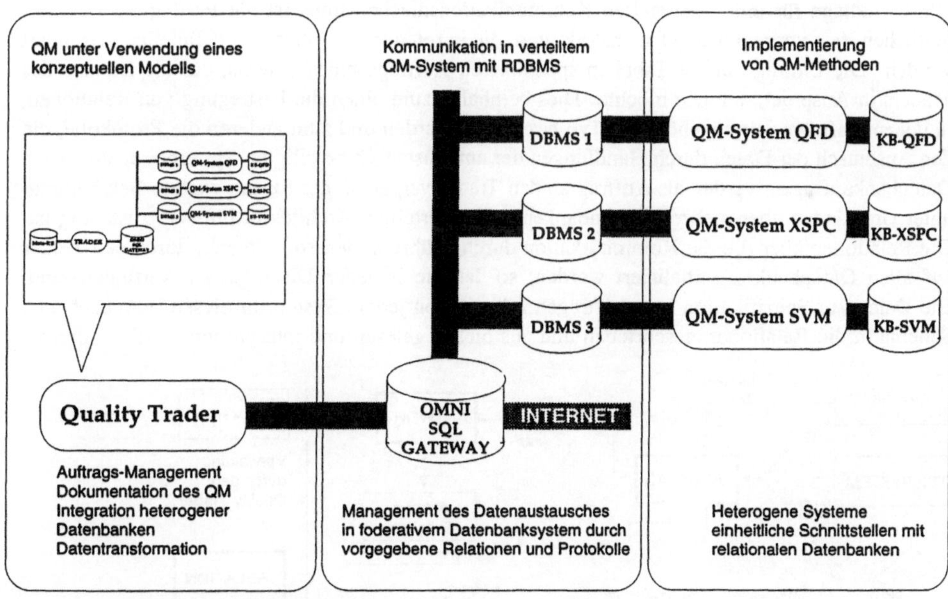

Abb. 1: Die Trader-Architektur

3. Kommunikation über relationales Austauschmodell

Ein typischer Anwendungsfall im Qualitätsmanagement ist der bereichsübergreifende Datenzugriff in einem Unternehmen. Gerade im Hinblick auf präventives Qualitätsmanagement macht es Sinn, Informationen aus den ausführenden Bereichen des Produktlebenszyklus etwa der Fertigung in die planenden Bereiche z.B. der Konstruktion zur Verfügung zu stellen. Typische Anfragen beziehen sich hierbei z.B. auf Produktstrukturelemente sowie deren Merkmale, Ausprägungen und zulässigen Toleranzbereichen. Gegenstand aller in der Forschergruppe WibQuS entwickelten Qualitätsmanagementsysteme ist die DV-gestützte Verarbeitung von Qualitätswissen. Dabei spielt die Eigenständigkeit der Systeme sowie die Möglichkeit des Datenzugriffs auf alle Daten innerhalb des QM—Systems eine wichtige Rolle. Änderungen an der Produktstruktur, die z.B. durch die Konstruktionsabteilung vorgenommen werden, müssen auch für andere QM-Methoden etwa der Fehleranalyse oder der Prüfplanung sichtbar gemacht werden.

In der Forschergruppe WibQuS ist der Datenbank-Vermittlungsagent (Trader) dafür verantwortlich, die Konsistenz der Daten zu gewährleisten und Datenbankanfragen in der heterogenen Umgebung zu bearbeiten. Der Trader ist ein zentrales Verbindungselement zwischen den Teilsystemen. Seine Aufgabe ist es, die Daten der Teilsysteme in deren jeweiligen SQL—Dialekten zu übersetzen und den Austausch von Daten über Kommunikationsprotokolle zu regeln. Eine weitere Aufgabe besteht darin, die Koordination der Aufgaben systemübergreifend zu gewährleisten und die Dokumentation der Prozesse über alle Teilsysteme hinweg zu übernehmen.

Die DBMS der QM-Systeme besitzen im Gegensatz zum Trader nicht die Fähigkeit, auf andere DB zugreifen zu können. Alle Lese- und Schreiboperationen, die aus einer DB heraus oder in eine DB hinein über ein System hinaus notwendig sind, können ausschließlich durch das OMNI-SQL-Gateway des Traders durchgeführt werden. Als Kommunikation zwischen den Systemen wird im folgenden das Lesen und Schreiben von Einträgen in Relationen über den Trader bezeichnet.

Die Grundlage für einen geregelten Kommunikationsmechanismus ist die Festlegung von einheitlichen, fest vorgegebenen Datenstrukturen, die in relationaler Form durch Tabellen vereinbart werden. Die Einträge dieser Tabellen spezifizieren Aufträge eines Sytems, das die Dienste des Traders in Anspruch nehmen möchte. Dies beinhaltet zum einen die Festlegung von Relationen, in denen Aufträge mit zugehörigem Typ bezeichnet werden und zum anderen die Protokolle, die den Austausch der Daten durch Handlungen der am Austausch beteiligten Systeme regeln. Auch Datenbankanfragen werden als Auftrag an den Trader vergeben, der für die weitere Bearbeitung, unter Umständen über mehrere Datenbanken in der verteilten Architektur hinweg, zuständig ist. Die Relationen über die die Kommunikation durchgeführt weden soll, können durch den Trader auf allen Datenbanken initialisiert werden, so daß sie in jeder DB identisch verfügbar sind. Die Daten zur Spezifikation von Aufträgen müssen von jedem System in diesem vorgegebenen Schema in die Relationen geschrieben und aus diesen gelesen und interpretiert werden können.

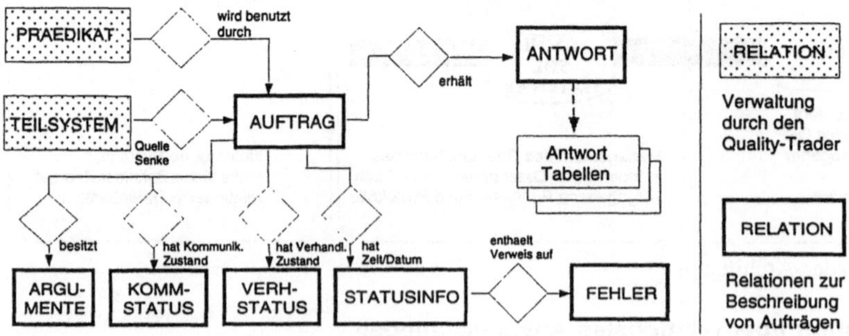

Abb. 2: Modell der Austauschrelationen

In Abb. 2 sind die Relationen dargestellt, die für den Datenaustausch und die Spezifikation von Aufträgen vorgesehen sind. Die Relationen werden im folgenden kurz erläutert. Eine ausführliche Beschreibung der Relationen und deren Bedeutung findet sich in [WIBQ94]

Die Spezifikation eines Auftrags erfolgt durch das Beschreiben der Austauschrelationen der systemeigenen DB unter Angabe einer Auftrags-ID, die durch die Systeme selbst verwaltet werden. Das angefragte System sowie das anfragende System selbst, wird in der Relation **AUFTRAG** durch einen Verweis auf die TEILSYSTEM-Tabelle bekannt gemacht. Die Relation **TEILSYSTEM** enthält alle an dem Gesamtssystem beteiligten Systeme, deren Name und System-ID.

Ein konkreter Auftrag wird, einem logischen Ausdruck ähnlich, in parametrisierter Form dargestellt. Der Bezug zu dem Auftragstyp wird durch Verweis auf die Relation **PRAEDIKAT** hergestellt. Alle möglichen Auftragstypen müssen systemweit bekannt gemacht werden und deren Bedeutung verstanden sein. Die Bezeichnung durch Kurzformen ist besonders für DB-Anfragen vorgesehen, die durch eine Anfrage in SQL formuliert werden. Da die Anzahl der Argumente, die einen Auftrag oder eine Anfrage genauer beschreiben, beliebig groß sein kann, werden die einzelnen Argumente in einer zusätzlichen Relation **ARGUMENTE** eingeschrieben.

Zu jedem Auftrag ist vorgesehen, zusätzliche Daten, wie z.B. Datum/Uhrzeit, Fehler- und Statusmeldungen **STATUSINFO** sowie Zustandsvariablen abzulegen. Der Eintrag eines Attributes Zustand in der Relation **KOMMSTATUS** gibt dabei Auskunft über den aktuellen Kommunikationszustand des Auftrags, bzw. der Anfrage. Die Abänderungen dieses Zustandswertes müssen sowohl innerhalb des anfragenden Systems als auch durch den Trader erkannt werden, da dieser einen Trigger für beiderseitige Aktionen darstellt und somit zur Koordinierung der Handlungsabläufe eingesetzt wird.

4. Koordination von Aktionen durch Trigger

Um die Handlungsabläufe zwischen den beteiligten Systemen hinsichtlich der Bereitstellung von Daten, Bearbeitung von Datenbankanfragen sowie der Auftragsvergabe zu koordinieren werden in der WibQuS-Architektur Trigger eingesetzt. Der Vorteil von Triggern liegt darin, daß sie ein Ansatz zur Integration aktiver Elemente von DBMS darstellen. Als vorteilhaft zeichnen sich solche DBMS aus, bei denen die Funktionalität von Triggern bereitgestellt wird. Die Trigger werden in der Forschergruppe WibQuS jedoch durch ein Pollingverfahren realisiert, da die in den benutzten Datenbanken bisher keine für die Implementierung ausreichende Triggerfunktionalität zur Verfügung steht. In regelmäßigen Abständen werden die an den Trader angeschlossenen Datenbanken auf Änderungen von Tupeleinträgen der Relation KOMMSTATUS abgefragt und analysiert. Bei Änderungen gegenüber bereits abgespeicherten Zuständen werden Aktionen von seiten des Traders sowie der Datenbankanwendungen durchgeführt, die den Kommunikationsablauf bestimmen.

Die Auftragsspezifikation wird innerhalb der WibQuS-Architektur durch entsprechende Einträge in den Auftragsrelationen durchgeführt. Innerhalb der **VERHSTATUS**-Relation wird ein Attribut ausgezeichnet, das den Bearbeitungszustand oder auch Verhandlungszustand des Auftrags anzeigen soll. In Abhängigkeit dieses Zustands werden von den Systemen, die in die Auftragsbearbeitung involviert sind, Aktionen erwartet und durchgeführt.

Die Realisierung einfacher Kommunikationsabläufe zur Bearbeitung von SQL-Anfragen, die in parametrisierter Form gestellt werden, wurde in WibQuS bereits erfolgreich implementiert. Es steht eine formularbasierte Oberfläche zur Verfügung, mit der Aufträge in parametisierter Form definiert und aktiviert werden können. Dabei werden die Formulareinträge als Argumente des Auftrags übernommen und die Kommunikations– und Bearbeitungszustände im Verlauf der Auftragsbearbeitung gemäß den vorgegebenen Protokollen eingeschrieben und angepaßt. Ebenso werden komplexe Abläufe zur Koordination von Aufträgen, wie sie z.B. durch Winograd und Flores [MWFF86] in Form von Verhandlungsprotokollen vorgeschlagen werden, modelliert und bei den Handlungsabläufen berücksichtigt.

5. Konzeptgestützte Datenbankanfragen

In der ersten Phase des Projekts wurde ein konzeptuelles Modell erstellt, das in Form einer formalen Beschreibung von Qualitätssicherungsmethoden vorliegt [JEPE94][PESZ94]. Das Modell ist nicht nur eine Beschreibung der einzelnen Methoden auf Basis eines speziellen Sprachmodells für Qualitätsmanagement-Methoden sondern vereinigt diese durch deren formale Repräsentation Anhand des Modells können Informations- und Arbeitsflüsse erkannt werden.

Das konzeptuelle Modell ist Bestandteil des Traders. Dazu wurde eine Schnittstelle der deduktiven Objektbank ConceptBase, in der das Modell verwaltet wird, zu dem relationalen OMNI-SQL-Gateway der Fa. SYBASE geschrieben. Auf diese Weise können z.B. Datenbestände den verantwortlichen Unternehmensbereichen zugeordnet werden und bei konkreten Datenbankanfragen berücksichtigt werden. Änderungen von Zuständigkeiten, die z.B. durch die aktuelle Version von Produktstrukturdaten einem anderen Unternehmensbereich zugeordnet werden, werden im konzeptuellen Modell erfaßt und bei künftigen Anfragen berücksichtigt. Die Teilsysteme werden dadurch enorm entlastet, da eine Anfrage nach Produktstrukturdaten ohne konkretes Wissen darüber gestellt werden kann, welche Datenbank die aktuell gültige Primärkopie verwaltet. Diese Information wird durch den Trader über das konzeptuelle Modell ermittelt und bei einer entsprechenden Anfrage verknüpft.

Im folgenden ist ein Beispiel zur Auftragsbearbeitung anhand einer parametrisierten Datenbank-Anfrage gegeben. Die Spezifikation der Datenbank-Anfrage erfolgt durch Beschreiben der Austauschrelationen von dem QM-System QM_1 durch die oben dargestellten Relationen AUFTRAG, ARGUMENTE und KOMMSTATUS. Die Anfrage hat die Bedeutung:

"Gib die **Merkmale** des **Produktstrukturelements** der gegebenen **ID=745** (Schlauch) aus der zuständigen Datenbank aus."

DB_1 ***(QM_1)***

AUFTRAG

ID	*Quelle*	*Senke*	*A_Praed*
13	QM_1	?	GibSEM

ARGUMENTE

A_ID	*Position*	*Argument*
13	1	PSE
13	2	745

KOMMST ATUS

A_ID	*Zustand*	*Fehler*	*Zeit...*
13	1	0	1530

Die Anfrage lautet in parametrisierter Form gem. der Tabelle der Anfrageprädikate: **GibSEM (PSE, 745)** und wird durch den Trader in ein konkretes SQL-Statement umgesetzt. Nach dem Eintrag in die Tabellen wird zuletzt der Wert des Attributs Zustand der Tabelle KOMMSTATUS auf 1 gesetzt. Gemäß der Definition eines Triggers zur wird damit die Aktion des Traders zur Bearbeitung der Anfrage angestoßen.

Es ist für die Spezifikation der Anfrage von seiten des Teilsystems (Quelle=QM_1) unerheblich, welche Datenbank (Senke="?") die angefragten Daten enthält. Diese Information wird aus dem konzeptuellen Modell des Traders herausgeholt und automatisch mit der Anfrage verknüpft.

Der Trader besitzt Informationen darüber, welches Anfrageprädikat mit welchem SQL-Statements in Beziehung steht. Die SQL-Statements enthalten Variablen, die durch einfache Textersetzung mit den Parametern aus der Tabelle ARGUMENTE gefüllt werden.

```
SELECT {1}M.ID, {1}M.Bezeichnung              SELECT PSEM.ID, PSEM.Bezeichnung
FROM {1}M, {1}_{1}M_R                         FROM PSEM, PSE_PSEM_R
INTO {DB}                                     INTO DB_1.Antwort
WHERE {1}_{1}M_R.{1}_ID={2} AND        ==>    WHERE PSE_PSEM_R.PSE_ID=745 AND
{1}_{1}M_R.{1}M_ID={1}M.ID                    PSE_PSEM_R.PSEM_ID=PSEM.ID
```

Zunächst wird die Zuständigkeit für die betroffenen Datenbestände vom Trader aus dem konzeptuellen Modell ermittelt (QM-System 2). Danach wird das SQL-Statement als Anfrage an die Datenbank DB_2 vom Trader ausgeführt. Die Information darüber, welche Datenbank angefragt wird, wird dem anfragenden System (QM_1) durch Ersetzung des "?" durch "QM_2" in der Relation AUFTRAG angezeigt.

DB_2 *(QM_2)*

PSE

ID	*Bezeichnung*
745	Schlauch
342	Griff
208	Motor

PSEM

ID	*Bezeichnung*
20	Gewicht
10	Farbe
30	Länge
40	Material

PSE_PSEM_R

PSE_ID	*PSEM_ID*
745	40
745	20
745	30
342	10
342	40
208	20
208	30

Die Antwortdaten, die der Trader erhält werden direkt in die Datenbank des anfragenden Systems (DB_1) eingeschrieben. In diesem Falle ist es nicht notwendig, daß der Trader eine Zwischenspeicherung der Antwort vornimmt, um sie dann dorthin zu kopieren. Der Zustandswerte (KOMMSTATUS) wird entsprechend nach den erfolgten Aktionen des Traders umbesetzt. Der Wert 3 wird hier benutzt, um dem anfragenden System mitzuteilen, daß die Beantwortung der Anfrage durchgeführt wurde und die Antworttabelle beschrieben wurde. Das QM-System 1 kann damit die Bearbeitung der Antwort beginnen.

DB_1 *(QM_1)*

ANTWORT

PSEM_ID	*PSEM_Bezeichnung*
40	Material
20	Gewicht
30	Länge

KOMMSTATUS

A_ID	Zustand...
13	3

Zusammenfassung

In diesem Beitrag wurde ein relationales Modell zur Integration von verteilten Qualitätsmanagementsystemen vorgestellt. Die zugrundeliegende Trader-Architektur wurde kurz vorgestellt und die Funktionsweise anhand eines Beispiels erläutert. Die Austauschrelationen und die zugehörigen Kommunikationsprotokolle, über die sowohl die Festlegung der Spezifikation von Aufträgen und SQL-Anfragen erfolgen kann, als auch systemübergreifende Informationen zur Koordinierung von qualitätsichernden Aufgaben definiert werden können, sind fest vorgegeben. Komplexe Aufträge können durch Parametrisierung von QM-Systemen an den Trader in einfacher Weise übergeben werden. So kann beispielsweise das rekursive Auslesen ganzer Tabellenbereiche oder die Zusammenstellung von Daten, die im Gesamtsystem über mehrere Datenbanken verteilt vorliegen, vom Trader übernommen werden. Innerhalb der Forschergruppe WibQuS wurde der vorgestellte Ansatz zur Integration verteilter heterogener Datenbanken erfolgreich implementiert. Die Realisierung hat gezeigt, daß die bundesweit verteilten Systeme über die Austauschrelationen Aufträge spezifizieren können, die zum einen vom Trader bearbeitet werden und zum anderen zur Dokumentation und Koordinierung des Qualitätsmanagements genutzt werden können.

Literatur

[DATE90] Date, C.J., An Introduction to Database Systems, Addison-Wesley Pub., 1990.

[ELNA89] Elmasri, R., Navathe, S.B., Fundamentals of Database Systems, pp. 611–622, Benjamin/Cummings Pub., 1989.

[FEIG91] Feigenbaum, A.V., Total Quality Control; McGraw-Hill, Inc., 1991.

[IRDS93] IRDS Rapporteur Group, 1993, "Information Resource Dictionary System (IRDS): Service Interface Extensions", Technical report, ISO/IEC JTC1/SC21/WG3 N1566

[JAPE93] Jarke, M., Peters, P., Method Modeling with ConceptBase: Principles and Experiences, Proc. 2nd Int. Summer School on Method Engineering and Meta Modeling, Enschede (NL), Mai 1993.

[JEG*93] Jarke, M., Eherer, S., Gallersdörfer, R., Jeusfeld, M.A., Staudt, M., 1993, "ConceptBase - A deductive Object Base Manager", VLDB Journal, Special Issue on Deductive Database Systems, 1993

[JEPE94] Jeusfeld, M., Peters P., Sturcturing Information Flow in Quality Management, Proc. DKSME (Data and Knowledge Systems for Manufacturing and Engineering), Hongkong, Mai 1994, pp. 258–263.

[JJSZ93] Jarke, M., Jeusfeld, M., Szczurko, P., 1993, "Three Aspects of Intelligent Cooperation in the Quality Life Cycle", Intl. Journal on Intelligent and Cooperative Information Systems Vol. 2, No. 4, Dec. 1993

[MBJK90] Mylopoulos, J., Borgida, A., Jarke, M., Koubarakis, M., 1990, "Telos: a Language for Representing Knowledge about Information Systems", ACM Transactions on Information Systems 8(4), pp. 325–362

[MWFF92] Medina-Mora, R. Winograd, T., Flores, F., Flores, R., The Action Workflow Approach to Workflow Management Technology, Proc. CSCW 92, November 1992.

[PESZ94] Peters P., Szczurko P., Integrating Models of Quality Assurance Methods with an Object Oriented Repository, Proc. 2nd Biennial European Joint Conf. on Engineering Systems Design and Analysis (ESDA), London, Juli 1994.

[PFEI93a] Pfeifer, T., 1993, "Qualitätsmanagement", Carl Hanser Verlag, München

[PFEI93b] Pfeifer, T., Einsatz wissensbasierter Systeme in der Qualitätssicherung — Ziele/Aufwand/Nutzen, VDI-Berichte 1039, 1993.

[WIBQ94] WibQuS, Forschergruppe 3 des BMFT-Projekts Qualitätssicherung, Handbuch zur Nutzung von Austauschrelationen in einem verteiltem QM-System, September 1994.

Fachgespräch 9:

Objektorientierte Spezifikation verteilter Software-Systeme

Dieses Fachgespräch setzt sich auseinander mit objektorientierten Methoden, Notationen oder Werkzeugen für die Spezifikation solcher Software-Systeme, deren Implementierung auf mehrere Rechner verteilt ist.

Programmkomitee des Fachgespräches:
M. Glinz, Zürich (Koordination)
W. Altmann, München, R. Dumke, Magdeburg, P. Hruschka, Aachen, B. Kühnel, Nürnberg, H. Lichter, Zürich, J. Ludewig, Stuttgart, H. Partsch, Ulm, P. Pepper, Berlin, M. Teufel, Dortmund, M. Timm, Köln, H. Züllighoven, Hamburg

Verteilungstransparenz bei der objektorientierten Spezifikation verteilter Applikationen

Klaus-Peter Löhr
Institut für Informatik
Freie Universität Berlin
lohr@inf.fu-berlin.de

Zusammenfassung: Verteilte Applikationen werden heute zunehmend verteilungstransparent programmiert. Wenn man schon bei der Programmierung weitgehend von verteilungsbedingten technischen Details abstrahieren kann, erhofft man sich dies natürlich erst recht für die Spezifikation. Bei genauerem Hinsehen zeigt sich allerdings, daß manche Transparenzdefizite der Implementierung schon bei der Spezifikation berücksichtigt werden müssen, und zwar auch bei sorgfältiger objektorientierter Strukturierung. Die vorliegende Arbeit erläutert die Problematik anhand einer in Object-Z formulierten Beispielapplikation und zeigt auf, was beim Entwurf zu beachten ist.

1 Einführung

Softwaretechnik für verteilte Applikationen umfaßt traditionell die Auseinandersetzung mit Nichtsequentialität, Interprozeßkommunikation und Kommunikationsprotokollen. Dieses Bild beginnt sich zu wandeln: zunehmend gelingt es, die schwierig zu handhabende und fehleranfällige Kommunikation in die Basissoftware zu verlagern; Werkzeuge wie Stub-Generatoren erlauben verteilungstransparente Fernaufrufe, und das dynamische Binden über Rechnergrenzen hinweg wird durch Konfiguratoren, Namensdienste und Dienstvermittlungen unterstützt. Es ist eine generelle Tendenz erkennbar, eine möglichst hochgradige *Verteilungstransparenz* zu erreichen und damit der Entwicklung verteilter Applikationen ihre spezifischen Schwierigkeiten zu nehmen[1].

Vor diesem Hintergrund stellt sich die Frage, ob in Zukunft die Entwicklung verteilter Applikationen überhaupt noch verteilungsbedingte Anforderungen an die Softwaretechnik stellen wird. Dies gilt erst recht für die frühen Phasen der Software-Entwicklung - die ja noch weiter von den technischen Details einer verteilten Realisierung abstrahieren sollten als die Implementierung. Dabei ist es irrelevant, ob ein objektorientierter Ansatz verfolgt wird oder nicht. Spezielle objektorientierte Programmiersprachen mit verteilter Implementierung erreichen eine sehr gute Verteilungstransparenz [Raj u.a. 91], und für offene Systeme zeigt die CORBA-Initiative [OMG 91], daß Verteilungstransparenz nicht an Heterogenität scheitern muß. Selbst Vererbung kann über Rechnergrenzen hinweg praktiziert werden, ohne daß im Programm etwas von der Verteilung sichtbar wird [Wolff 95].

---

[1] Das englische „distribution transparency" meint die Unsichtbarkeit, das Verbergen der Verteilung („transparent" im Sinne von unsichtbar weil durchscheinend). Der Entwickler soll von der Verteilung *abstrahieren* können. *Verteilungsabstraktion* wäre daher im Deutschen ein treffenderer Begriff - ist allerdings kaum gebräuchlich.

Nun gibt es selbst bei hundertprozentiger Verteilungstransparenz zwei Aspekte, mit denen eine "normale" Softwaretechnik nicht befaßt ist: Nichtsequentialität und Konfigurierung. Zur *Nichtsequentialität* ist zu beachten, daß die Eigenschaft einer Applikation, sequentiell bzw. nichtsequentiell zu sein, nichts mit der unterliegenden - für den Applikationsentwickler nicht sichtbaren - verteilten oder nichtverteilten Implementierung zu tun hat. So wie ein nichtsequentielles Programm nichtverteilt ausgeführt werden kann, kann auch ein sequentielles Programm verteilt ausgeführt werden. Bei verteilten Klienten/Anbieter-Systemen wird man zwar in der Regel nichtsequentiellen Code finden: ein Anbieter fungiert als öffentlicher Dienstleister in einer aus unabhängigen Klienten bestehenden nichtsequentiellen Umgebung und erlaubt häufig die überlappende Ausführung mehrerer Klientenaufträge (mittels Threading). Diese Nichtsequentialität des Anbieters hängt aber *nicht ursächlich* mit der Verteilung zusammen.

Originär verteilungsbedingt ist dagegen die *Konfigurierung*, und es ist kein Zufall, daß die Fortschritte bei der Verteilungstransparenz von einem zunehmenden Interesse an Konfigurierungsfragen begleitet sind [Kramer/Purtilo 94]. Die Konfigurierung legt fest, aus welchen Modulen bzw. Klassen eine lokale Komponente einer verteilten Applikation zusammengesetzt ist, wie die Komponenten im Netz plaziert werden und wie das dynamische Binden zwischen Komponenten erfolgt. Die angestrebte Konfiguration wird eventuell mit Hilfe einer formalen Konfigurationssprache spezifiziert, die von einem Konfigurationswerkzeug (Konfigurator) interpretiert werden kann - womit der Konfigurierungsvorgang automatisiert wird [Löhr u.a. 94].

Sieht man von der Konfigurierung ab und fragt nach dem Einfluß der Verteilung auf die objektorientierte Spezifikation der Applikation, so ist die Antwort zunächst: wegen der Verteilungstransparenz ist die Spezifikation *unabhängig* von der Verteilung. Die Frage wäre demnach genauso unsinnig wie etwa - um ein hardwarenäheres Analogon zu wählen - die nach "objektorientierter Programmierung von RISC-Maschinen".

Bei genauerem Hinsehen werden allerdings Effekte sichtbar, die eine punktuelle Berücksichtigung der Verteilung bereits bei der Spezifikation nahelegen. Nicht alles, was lokal möglich ist, kann verteilt "mit entsprechend geringerer Effizienz" genauso realisiert werden. Dies gilt bereits für den klassischen Fernaufruf [Tanenbaum/Renesse 88]. Die Effizienzhürden können so groß sein, daß man gewisse semantische Abweichungen in Kauf nimmt, d.h. auf eine hundertprozentige Verteilungstransparenz verzichtet. Der springende Punkt ist, daß die Abstriche an der Verteilungstransparenz auf den Entwurf durchschlagen können und somit nicht erst bei der Implementierung, sondern bereits bei der Spezifikation berücksichtigt werden müssen. Wird dies ignoriert, so kann später, wenn die Probleme bei der Implementierung bzw. Konfigurierung zu Tage treten, ein kostspieliges Redesign erforderlich werden.

Die geschilderte Problematik wird in dieser Arbeit anhand einiger Beispiele verdeutlicht. Bei objektorientierten Spezifikationen kann man - wie bei anderen Spezifikationen auch - zwischen *Systemspezifikation* und *Entwurfsspezifikation* unterscheiden. Erstere ist abstrakter; ihre Struktur präjudiziert im Gegensatz zur Entwurfsspezifikation *nicht* die Architektur des implementierten Systems. Häufig sind Spezifikationen nicht eindeutig der einen oder anderen Kategorie zuzuordnen. Im folgenden wird der Entwurfscharakter im Vordergrund stehen. Wir werden uns zunächst auf den Standpunkt stellen, daß dank der Verteilungstransparenz die Spezifikation einer verteilten Applikation sich nicht von der Spezifikation einer nichtverteilten - möglicherweise aber nichtsequentiellen - Spezifikation unterscheidet. Dies wird in Abschnitt 2 anhand eines Beispiels demonstriert. Bei genauerem Hinsehen zeigt sich jedoch, daß dieser Standpunkt nicht unproblematisch ist, weil die Qualität eines Entwurfs letztlich nicht unabhängig von der Konfigurierung beurteilt werden kann. In den Abschnitten 3-5 wird dies für drei verschiedene Problemklassen demonstriert:

- Umlenkung lokaler Objektaufrufe,
- Semantik asynchroner Objektaufrufe,
- Konsistenz verteilter Objekte.

Diese Liste erhebt keinen Anspruch auf Vollständigkeit. Ziel dieser Arbeit ist, einige typische Stellen zu identifizieren, wo bei verteilungstransparentem Spezifizieren eine Berücksichtigung der späteren Verteilungsstruktur angebracht sein kann, will man unpraktikable Entwürfe vermeiden.

2 Verteilungstransparente objektorientierte Spezifikation

Unter dem Postulat der Verteilungstransparenz können wir bei der Spezifikation die Verteilung der Implementierung ignorieren. Als Referenzbeispiel betrachten wir die vereinfachte Version eines typischen Problems der rechnergestützten Gruppenarbeit: so wie mehrere Personen in einem Raum gemeinsam an einer Tafel arbeiten können, sollen mehrere räumlich getrennte Personen an einer gemeinsamen "virtuellen Tafel" arbeiten können, die jede Person als Fenster auf ihrem Bildschirm sieht. Damit das Problem etwas interessanter wird, soll es mehrere Tafeln geben können, die namentlich identifizierbar sind [Levy/Tempero 91].

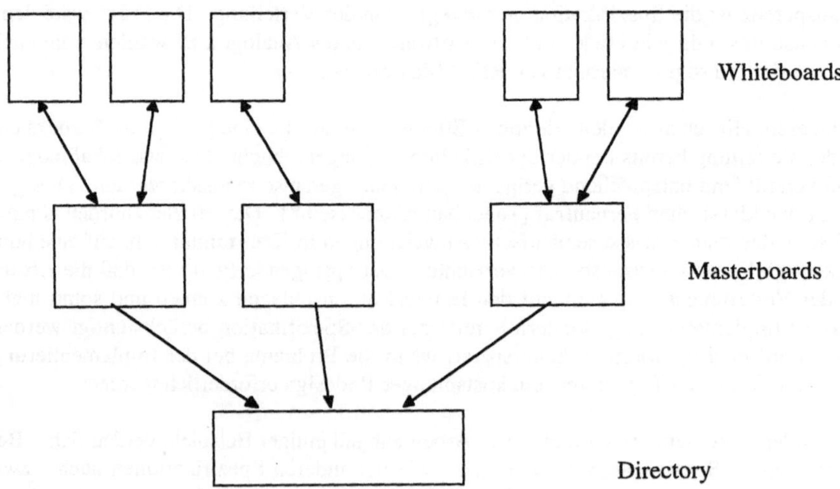

Abb. 1 Architektur einer einfachen verteilten Applikation

Um von den Details eines Fenstersystems zu abstrahieren, setzen wir einen Typ *Item* voraus, der für ein Element textueller oder graphischer Information steht, ferner eine Klasse *Window* mit einer Operation *draw*, die ein *Item* in einem Fenster plaziert; *drawpict* tut dies für eine Folge von *Items*. Ein Programm verschafft sich Zugang zu einer Tafel mit Namen *name*, indem es ein Objekt der Klasse *Whiteboard* erzeugt und die Operation *initialize* aufruft - unter Beigabe des Parameters *name* sowie eines Parameters *dir*, der auf ein Verzeichnis von Tafeln verweist. *Whiteboard* ist Unterklasse von *Window* und besorgt sowohl die Manipulation des lokalen Fensters als auch die Verteilung der Information auf die anderen beteiligten Fenster (über eine Klasse *Masterboard*). Abb. 1 zeigt ein Szenario mit einigen Objekten; ein Pfeil zwischen zwei Objekten bedeutet, daß es eine entsprechende Aufrufmöglichkeit gibt.

Die Wahl der Spezifikationssprache hat keinen entscheidenden Einfluß auf den hier darzulegenden Sachverhalt. Wir wählen *Object-Z* [Duke u.a. 91] [Rose/Duke 94] [Duke u.a. 94], eine der objektorientierten Erweiterungen von Z [Wordsworth 92]. Object-Z erlaubt die Kapselung der von Z bekannten *Schemata* zu *Klassenschemata*, die Bezugnahme auf *Objekte* über Verweise und die *Vererbung* durch Schema-erweiterung. Bei einer Klasse kann zudem neben der üblichen, die erlaubten Zustände charakterisierenden Klasseninvariante eine *Geschichtsinvariante* angegeben werden, die mittels temporaler Logik die möglichen Zustandsfolgen einschränkt.

Abb. 2 zeigt die Klasse *Whiteboard.* Die von *Window* geerbte Operation *draw* wird in *windraw* umbenannt. Eine neu eingeführte Operation *draw* (letzte Zeile) sorgt dafür, daß der auf der Tafel zu bewirkende Effekt nicht nur im lokalen Fenster, sondern auch in den zugehörigen Fenstern auf anderen Stationen sichtbar wird. Für die Verwaltung des Tafelinhalts und der beteiligten Klienten ist ein *Masterboard* zuständig, das über den Verweis *master* erreicht wird. Der Anfangszustand eines *Whiteboard* wird unter Benutzung eines *Directory* so eingerichtet, daß *master* auf das *Masterboard* verweist, das *Whiteboard* als Beteiligter beim *Masterboard* verzeichnet ist und im zugehörigen lokalen Fenster der Tafelinhalt sichtbar ist. (|| bedeutet Konjunktion mit Identifizierung der Ausgabe des 1. Operanden mit der Eingabe des 2. Operanden.) Auch eine Finalisierung ist vorgesehen.

```
┌─ Whiteboard ──────────────────────────────────────
│
│ Window[windraw/draw]
│
│ ┌──────────────────────────────
│ │ master: Masterboard
│ └──────────────────────────────
│
│ ┌─ initialize ─────────────────
│ │ dir?: Directory
│ │ name?: String
│ ├──────────────────────────────
│ │ dir?.lookup[master/board!]
│ │ master.subscribe[self/client?] || drawpict
│ └──────────────────────────────
│
│ finalize ≙ master.cancel[self/client?]
│
│ draw ≙ windraw ∧ master.draw
└───────────────────────────────────────────────────
```

Abb. 2 Klassenschema *Whiteboard*

```
Masterboard
  ┌──────────────────────────
  │ dir: Directory
  │ picture: seq Item
  │ clients: F Whiteboard
  └──────────────────────────

  ┌── INIT ──────────────────
  │ picture = <> ∧ clients = ∅
  └──────────────────────────

  ┌── initialize ────────────
  │ dir?: Directory
  ├──────────────────────────
  │ dir = dir?
  └──────────────────────────

  ┌── subscribe ─────────────
  │ Δ(clients)
  │ client?: Whiteboard; pict!: seq Item
  ├──────────────────────────
  │ clients´ = clients ∪ {client?}
  │ pict! = picture
  └──────────────────────────

  ┌── cancel ────────────────
  │ Δ(clients)
  │ client?: Whiteboard
  ├──────────────────────────
  │ clients´ = clients \ {client?}
  │ clients´ = ∅ ⇒ dir.delete[self/board?]
  └──────────────────────────

  ┌── draw ──────────────────
  │ Δ(picture)
  │ item?: Item; client?: Whiteboard
  ├──────────────────────────
  │ picture´ = picture ^ <item?>
  │ ∀ c: clients | c ≠ client? • c.windraw
  └──────────────────────────
```

Abb. 3 Klassenschema *Masterboard*

Abb. 3 zeigt die Klasse *Masterboard*. Sie hat drei Zustandskomponenten: *dir* verweist auf das zugehörige *Directory*, *picture* umfaßt die bisher angezeigten *Items*, *clients* die Teilnehmer (*F* ist in Z der Typkonstruktor „set of finite subsets of"). Wenn ein neuer Teilnehmer sich anmeldet (*subscribe*), wird ihm der aktuelle Tafelinhalt übergeben, damit er sein Fenster auf den aktuellen Stand bringen kann (*drawpict* in Abb. 2). Wenn der letzte Teilnehmer sich abgemeldet hat (*cancel*), wird die Tafel aus dem Verzeichnis *dir* entfernt. *draw* sorgt für die Verteilung eines neuen *Item* an alle Teilnehmer.

```
── Directory ──────────────────────────────────────────
│
│   │ maxboards: N1
│   ├──────────────────────────
│   │ maxboards ≥ 2
│
│   ┌──────────────────────────
│   │ board: String ⇸ Masterboard
│   ├──────────────────────────
│   │ |board| ≤ maxboards
│   └──────────────────────────
│
│   ┌── INIT ──────────────────
│   │ board = ∅
│   └──────────────────────────
│
│   ┌── lookup ──────────────────────────────
│   │ Δ(board)
│   │ name?: String
│   │ board!: Masterboard
│   ├────────────────────────────────────────
│   │ | board | < maxboards
│   │ board! = board′ name?
│   │ name? ∈ dom board ⇒ board′ = board
│   │ name? ∉ dom board ⇒ (board′ = board ∪ {name? → board!} ∧
│   │                      board!.initialize[self/dir?] ∧
│   │                      |ran board′| = |ran board| + 1 )
│   └────────────────────────────────────────
│
│   ┌── delete ──────────────────────────────
│   │ Δ(board)
│   │ board?: Masterboard
│   ├────────────────────────────────────────
│   │ board′ = board ⩥ {board?}
│   └────────────────────────────────────────
│
└───────────────────────────────────────────────────────
```

Abb. 4 Klassenschema *Directory*

Die Klasse *Directory* ist in Abb. 4 gezeigt. Der Zustand eines Verzeichnisses ist eine Abbildung *board: String → Masterboard,* initialisiert mit „undefiniert“ (*board* = ∅). Erwähnenswert bei *lookup* ist: wenn ein Teilnehmer nach einer nicht vorhandenen Tafel fragt, wird automatisch eine erzeugt. *delete* löscht das angegebene *Masterboard* aus dem Verzeichnis.

Die Spezifikation dieser verteilten Applikation macht keine Aussage über die Verteilung der Objekte der Klassen *Whiteboard, Masterboard, Directory.* Für die Funktionalität ist dies auch nicht relevant. Typischerweise wird man die *Whiteboard*-Objekte auf verschiedenen Stationen finden; sie werden dort von den Benutzern der Applikation erzeugt. Wo das *Directory* und die *Masterboard*s liegen, wissen die Benutzer nicht (und wollen sie auch nicht wissen). Bei der Konfiguration wird man natürlich darauf achten, daß eine effiziente Interaktion zwischen einem *Masterboard* und den zugehörigen *Whiteboard*s möglich ist.

Unabhängig von der Verteilung ist festzustellen: das System ist nichtsequentiell. Dies ist durch die nebenläufig erzeugten und operierenden *Whiteboard*s bedingt. Die Spezifikation enthält allerdings keine nichtsequentiellen Elemente. Ihre Semantik basiert auf atomaren Zustandsübergängen der Applikation. Diese werden ausgelöst durch Aktivierung von *Whiteboard*-Operationen: Initialisierung, Finalisierung und *draw.* Bei der Implementierung ist man nun frei, die Ausführung der Operationen nichtatomar zu gestalten, sofern man nur garantiert, daß Abläufe mit überlappenden Ausführungen serialisierbar sind. So werden zwei *Whiteboard*-Objekte, die verschiedenen Benutzern gehören, ihre jeweiligen Operationen grundsätzlich unabhängig voneinander beginnen, später aber beim Betreten eines *Masterboard*- oder *Directory*-Objekts womöglich einer Ausschlußsynchronisation unterworfen werden. Wieviel Spielraum dem Implementierer eingeräumt wird, hängt durchaus vom Geschick des Entwerfers ab. Auf diese Thematik soll hier aber nicht näher eingegangen werden.

3 Umleitung lokaler Objektaufrufe

Eine *verteilte Programmiersprache* zeichnet sich dadurch aus, daß der Übersetzer Kenntnis von der Verteilung hat. Damit kann ein Objektaufruf, wenn der zugrundeliegende Verweis sich auf ein entferntes Objekt bezieht, vom Laufzeitsystem abgefangen und geeignet weitergeleitet werden. Am Aufrufmechanismus für lokale Objekte ändert sich dadurch nichts. Die Situation ist anders, wenn bei einer nichtverteilten Sprache Stellvertreterobjekte zum Einsatz kommen, deren Klassen von einem Stub-Generator erzeugt werden. Da für die Klasse eines entfernten Objekts eine namensgleiche Stellvertreterklasse untergeschoben wird, muß ein Zugriff auf ein *lokales* Objekt der *gleichen* Klasse notwendig auch über einen Stellvertreter umgeleitet werden.

Zwar tritt dieses Problem in vielen Klient/Anbieter-Szenarien nicht auf, weil der Fernzugriff auf einen Anbieter häufig gerade wegen des Fehlens einer entsprechenden lokalen Funktionalität notwendig wird. Im allgemeinen muß man aber, wenn ein Programm verteilt ausgeführt werden soll, auf das Problem vorbereitet sein. Die Umleitung lokaler Objektaufrufe kann derart drastische Effizienzeinbußen zur Folge haben, daß man nach Wegen suchen wird, sie zu vermeiden. Im Grundsatz gilt: wenn für eine Klasse K häufig auf lokale K-Objekte zugegriffen wird, darf es keine Fernzugriffe auf K-Objekte geben. Es gibt dann die folgenden Alternativen:

1. Die Klasse K ist an *eine* Station gebunden, d.h. K-Objekte gibt es überhaupt nur dort (u.U. eine drastische Einschränkung!).

2. Für die entfernten Objekte wird eine Hilfsklasse L mit gleicher Funktionalität wie K verwendet; L kann als Unterklasse von K konzipiert werden.

3. Bei Fernaufrufen wird für K-Parameter nicht Verweisübergabe, sondern ausschließlich Wertübergabe praktiziert - sofern die damit geänderte Semantik akzeptabel ist (und die Programmiersprache das erlaubt!). Fernzugriffe auf K-Objekte entfallen damit.

Offensichtlich betreffen diese Überlegungen nicht nur die Implementierung; sie sind bereits für die Spezifikation relevant. In unserer Beispielapplikation sieht es auf den ersten Blick so aus, als käme *Item* als Problemkandidat in Frage. Glücklicherweise tritt das Problem aber *nicht* auf. Unabhängig davon, ob *Item* als Klassentyp definiert ist oder nicht, muß aus Effizienzgründen bei der Implementierung sowohl von *master.draw* als auch von *client?.windraw* der *Wert* von *Item* und nicht ein Verweis übergeben werden. Somit gibt es zwar Fernaufrufe, bei denen *Item*-Objekte von Station zu Station kopiert werden, aber es gibt keine Fernzugriffe auf solche Objekte selbst.

Bei einer etwas anderen Problemstellung und ungeschicktem Entwurf kann eine Umleitung lokaler Aufrufe leicht eingeschleppt werden. Wir betrachten ein *talk*-Szenario, bei dem lediglich zwei Partner miteinander kooperieren. Wir unterstellen einen Entwurf, bei dem die Klasse *Whiteboard* die Klasse *Window* nicht beerbt, sondern *benutzt*, und zwar für das eigene Fenster und das des Partners; bei *draw* wird für die beiden Fenster jeweils ein *windraw*-Aufruf vorgesehen. Dieser Entwurf führt zwangsläufig zu einer Implementierung, bei der der lokale Aufruf den Umweg über einen Stellvertreter machen muß.

4 Ausführungsreihenfolge bei Objektaufrufen

Nichtsequentielle objektorientierte Programmiersprachen erlauben häufig nicht nur synchrone, sondern auch asynchrone - d.h. nebenläufig zum Aufrufer ausgeführte - Operationen auf Objekten. Es ist auch möglich, in einem Objekt synchrone, asynchrone und spontane[2] Operationen beliebig zu kombinieren und gleichzeitig gewisse Überlappungen von Operationsausführungen zuzulassen [Löhr 93]. Bei der Spezifikation genügt es häufig, die Objekte als atomar zu betrachten (wie wir das oben sogar für das Gesamtsystem getan haben).

Das Verhalten eines solchen Objekts entspricht dem eines zyklischen sequentiellen Prozesses, der wiederholt Aufträge entgegennimmt, bei deren Ausführung eventuell Unteraufträge erteilt und eine Auftragsausführung gegebenenfalls mit der Bereitstellung eines Ergebnisses beendet. Ein Objektaufruf entspricht einer Auftragserteilung. Aufträge und Ergebnisse werden als Nachrichten zwischen den Prozessen ausgetauscht.

Nach [Lamport 78] definiert man für zwei Ereignisse A und B die Relation A→B, in Worten "A ereignet sich vor B", wie folgt: A→B bedeutet, daß eine der folgenden Aussagen gilt:

---

[2] Ein *aktives Objekt* kann wiederholt *spontane* Operationen ausführen, ohne dazu von anderen Objekten aufgerufen worden zu sein.

1. ein Prozeß führt A vor B aus;
2. A ist das Absenden einer Nachricht, B ist das Empfangen dieser Nachricht;
3. Es gibt ein Ereignis C mit A→C und C→B.

Damit ist auch die Bedeutung der Aussage "ein Objektaufruf A erfolgt vor einem Objektaufruf B" definiert, unabhängig davon, ob die aufgerufenen Operationen synchron oder asynchron sind. Wir bezeichnen die zugehörigen Ereignisse "Beginn der Operationsausführung" (= Auftragsannahme) mit a bzw. b. Es gilt A→a und B→b.

Uns interessiert der Fall, daß A und B sich auf dasselbe Objekt beziehen. In diesem Fall ist es wünschenswert, daß mit A→B in der Regel auch a→b gilt (sofern nicht ein Guard b→a erzwingt). Wenn A sich auf eine synchrone Operation bezieht, ist das a priori gesichert. Bei einer nichtverteilten Implementierung ist a→b üblicherweise auch im asynchronen Fall gesichert, und zwar durch die unterliegende Implementierung der Interobjektkommunikation.

Bei einer verteilten Implementierung sieht es anders aus. Zu garantieren, daß die Ausführungsreihenfolge von Aufrufen eines Objekts der Aufrufreihenfolge entspricht, kann mit unverhältnismäßig großen Kosten verbunden sein - jedenfalls wenn der Bereich der Lokalnetze verlassen wird. Betrachten wir wiederum unsere Beispielapplikation! Als Kandidaten für Asynchronie bieten sich die *draw*- und *windraw*-Operationen an: sie haben keine Ergebnisse, auf die man warten müßte - was insbesondere bei Fernaufrufen ein wichtiger Aspekt ist.

Betrachten wir *draw* aus *Masterboard:* eine asynchrone Implementierung wäre sinnvoll; ist sie durch die Spezifikation gedeckt? Mit *wb:Whiteboard* muß eine Sequenz von zwei Operationsausführungen *wb.draw(a)* und *wb.draw(b)* die *Items* *a* und *b* in dieser Reihenfolge nicht nur in das lokale Fenster, sondern auch in die anderen beteiligten Fenster bringen. Wenn *master.draw* asynchron arbeitet und die Implementierung die Ausführungsreihenfolge nicht garantiert, kann die Reihenfolge der lokalen *windraw*s von der Reihenfolge der entfernten *windraw*s abweichen. Ob sich das auf das Bild auswirkt, hängt von der Spezifikation von *windraw* ab (die wir hier nicht betrachtet haben).

Man sieht demnach, daß man beim Spezifizieren gut daran tut, sich beizeiten Gedanken über die Ausführungsreihenfolge asynchroner Fernaufrufe zu machen. Unter Umständen ist es vertretbar, die Spezifikation so abzuschwächen, daß eine wesentlich effizientere Implementierung möglich wird.

5 Konsistenz verteilter Objekte

Abschließend soll auf ein Synchronisationsproblem eingegangen werden, bei dessen Behandlung tunlichst die spätere Verteilung berücksichtigt wird. Das Problem entsteht, wenn mehrere Objekte andere Objekte *gemeinsam* benutzen. Abb. 5(a) zeigt zwei Anbieter, die von zwei unabhängig arbeitenden Klienten benutzt werden (in Abb. 1 tritt diese Situation nicht auf). Für die Klienten seien Invarianten formuliert, die bestimmte Konsistenzeigenschaften des Anbieterpaars garantieren.

Eine nichtsequentielle Implementierung der Spezifikation könnte die Konsistenz am einfachsten durch wechselseitigen Ausschluß der Klienten sicherstellen. Soll diese Implementierung aber so verteilt werden, daß Klienten auf verschiedenen Stationen liegen, so ist eine *verteilte* Ausschlußsynchronisation unumgänglich - ein Aufwand, den man lieber vermeiden würde!

Die Folgerung daraus ist, daß eine Spezifikation gemäß Abb. 5(a) für eine verteilte Implementierung nicht gut geeignet ist. Sie sollte so geändert werden, daß der Zugang zu den beiden Anbieter-Objekten durch *ein* Objekt reguliert wird, wie in Abb. 5(b) gezeigt.

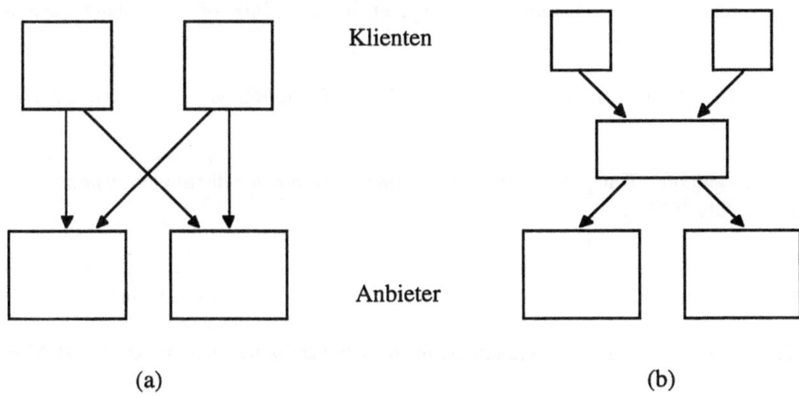

Abb. 5 Klienten mit konsistentem Anbieterpaar

6 Fazit

Die Entwicklung verteilter Applikationen wird beträchtlich vereinfacht, wenn verteilungstransparent *implementiert* werden kann. Man sollte deshalb nicht darauf verzichten, eine mindestens ebenso ausgeprägte Verteilungstransparenz bei der *Spezifikation* anzustreben. An einer Spezifikation aus dem Bereich der rechnergestützten Gruppenarbeit konnte man sehen, daß dies ohne weiteres möglich ist.

Es gibt allerdings Fälle, wo die spätere verteilte Ausführung nicht straflos ignoriert werden kann. Typische Entwurfsschwächen und die damit zusammenhängenden Probleme wurden erläutert. Natürlich überrascht es nicht, daß Entwurfsfehler in der Implementierungsphase oft nicht mehr kompensiert werden können - das gehört zum Grundwissen der Softwaretechnik. Das Fatale ist hier aber, daß sie bei der Implementierung noch nicht einmal bemerkt werden. Von der anschließenden Konfigurierung hängt es ab, ob der Entwurf "paßt"; somit tut man gut daran, trotz Verteilungstransparenz die beabsichtigte Konfiguration von Anfang an im Blick zu behalten.

Danksagung: Die Gutachter haben die Arbeit kenntnisreich kommentiert. Ich danke ihnen für eine Reihe treffender Verbesserungsvorschläge, die ich gerne aufgegriffen habe.

Literatur

[Duke u.a. 91] R. Duke, P. King, G. Rose, G. Smith: The Object-Z specification language: version 1. TR 91-1, Dept. of Computer Science, Univ. of Queensland, May 1991

[Duke u.a. 94] R. Duke, G. Rose, G. Smith: Object-Z: a specification language advocated for the description of standards. TR 94-45, Dept. of Computer Science, Univ. of Queensland, December 1994

[Kramer/Purtilo 94] J. Kramer, J. Purtilo (eds.): Proc. 2. Int. Workshop on Configurable Distributed Systems. IEEE 1994

[Lamport 78] L. Lamport: Time, clocks and the ordering of events in a distributed system. Comm. of the ACM 21.7, July 1978

[Levy/Tempero 91] H.M. Levy, E.D. Tempero: Modules, objects and distributed programming: issues in RPC and remote object invocation. Software - Practice & Experience 21.1, Januar 1991

[Löhr 93] K.-P. Löhr: Concurrency annotations for reusable software. Comm. of the ACM 36.9, September 1993

[Löhr 94] K.-P. Löhr: Towards an object-oriented design methodology for concurrent systems. Proc. TOOLS USA '94, Prentice-Hall 1994

[Löhr u.a. 94] K.-P. Löhr, I.Piens, Th. Wolff: Verteilungstransparenz bei der objektorientierten Entwicklung verteilter Applikationen. OBJEKTspektrum 5/94, November/Dezember 1994

[OMG 91] Object Management Group: Common Object Request Broker: Architecture and Specification. Document 91.12.1, OMG 1991

[Raj u.a. 91] R.K. Raj, E.D. Tempero, H.M. Levy, A.P. Black, N.C. Hutchinson, E. Jul: Emerald: a general-purpose programming language. Software - Practice & Experience 21.1, Januar 1991

[Rose/Duke 94] G. Rose, R. Duke: An Object-Z specification of a mobile phone system. In K. Lano, H. Haughton (eds.): Object-Oriented Specification Case Studies. Prentice-Hall 1994

[Tanenbaum/Renesse 88] A.S. Tanenbaum, R.v. Renesse: A critique of the remote procedure call paradigm. In R. Speth: Research into Networks and Distributed Applications. North-Holland 1988

[Wolff 95] Th. Wolff: Transparently distributing objects with inheritance. Proc. 28. Hawaii Int. Conf. on System Sciences, IEEE 1995

[Wordsworth 92] J.B. Wordsworth: Software Development with Z. Addison-Wesley 1992

Delegation als Konzept der objekt-orientierten Modellierung

Stefan Dissmann
Lehrstuhl Software-Technologie, Universität Dortmund, 44221 Dortmund
e-mail: dissmann@ls10.informatik.uni-dortmund.de

Volker Gruhn
LION GmbH, Universitätsstr. 140, 44799 Bochum
e-mail: gruhn@lion.de

Kurzfassung

Im vorliegenden Artikel präsentieren wir ein Konzept für die objekt-orientierte Modellierung, das wir als Delegation bezeichnen und aus einer objekt-orientierten Programmiertechnik gleichen Namens ableiten. Wir zeigen zunächst einige Unzulänglichkeiten herkömmlicher objekt-orientierter Modellierungskonzepte auf, indem wir versuchen, einen in der Praxis industrieller Software-Entwicklung auftretenden Anwendungsbereich adäquat zu modellieren. Aus der Analyse und Bewertung dieser Modellierungsversuche leiten wir die Notwendigkeit für das Modellierungskonzept Delegation ab. Wir definieren dieses Konzept als eine Beziehung zwischen Klassen und beschreiben die Umsetzung dieser Beziehung auf die Instanzen dieser Klassen. Wir stellen die Vorteile dar, die sich sowohl für den Vorgang der objekt-orientierten Modellierung als auch für die Transformation der dabei entstehenden Modelle in eine effiziente Implementierung ergeben. Weiterhin berichten wir über erste Erfahrungen, die wir beim Einsatz des Konzepts der Delegation innerhalb einer industriellen Anwendung gewonnen haben.

1. Einführung

Die objekt-orientierte Software-Entwicklung stellt den Versuch dar, die Konstruktion von Software-Produkten während aller Phasen der Entwicklung durch ein einheitliches, die Struktur und das Verhalten eines Software-Produkts bestimmendes Entwicklungsparadigma zu unterstützen. Im Gegensatz zu herkömmlichen Entwicklungsvorgehen, bei denen der Übergang zwischen den anwenderbezogenen Modellen der Analyse zu den technikbezogenen Modellen des Entwurfs einen vollständigen Wechsel der Beschreibungstechniken erfordert, bilden bei der objekt-orientierten Software-Entwicklung die Ergebnisse der Analyse eine Grundlage, die während des Entwurfs erweitert wird [Loy90]. Die Ergebnisse der beiden Phasen Analyse und Entwurf verschmelzen somit zu einem gemeinsamen Modell, das während der Implementierung mit einer objekt-orientierten Programmiersprache unter Beibehaltung der bereits erarbeiteten Strukturen einfach in ein Programm umgesetzt werden kann. Kritische Phasenübergänge, die während der herkömmlichen Software-Entwicklung auftreten und aufwendige Transformationen der bereits erzielten Zwischenergebnisse erfordern, entfallen bei der objekt-orientierten Software-Entwicklung.

Allerdings stellen insbesondere Analyse und Implementierung Phasen mit unterschiedlichen Zielsetzungen dar. Das Ziel der objekt-orientierten Analyse ist es, ein konzeptionelles und zugleich wirklichkeitsnahes Modell der durch das Software-Produkt zu unterstützenden Problemstellung eines Anwendungsbereichs zu erstellen. Dahingegen müssen bei der Implementierung eines solchen Modells zusätzlich Anforderungen wie beispielsweise der effiziente Umgang mit Ressourcen, die Robustheit beim Einsatz und die Wartbarkeit zur langfristigen Sicherung der Software-Investition berücksichtigt werden. Erst die Verwirklichung dieser Anforderungen führt zur Einsetzbarkeit eines Software-Produkts. Die Vorteile des objekt-orientierten Vorgehens, die Gleichheit des Entwicklungsparadigmas in Analyse, Entwurf und Implementierung, kann daher insbesondere nur dann genutzt werden, wenn das in der Analyse erstellte konzeptionelle Modell keine Strukturen enthält oder gar erzwingt, die einer Erfüllung der Anforderungen der Implementierung entgegenstehen oder diese behindern.

Von verschiedenen Autoren sind zahlreiche Methoden für die objekt-orientierte Analyse vorgeschlagen worden, beispielsweise 'Responsibility Driven Design' [WWW90], 'Object-Oriented Design' [Boo93], 'Object-oriented Software Engineering' [Jac92], 'Object-Modeling Technique' [RBPEL91], 'Object-Oriented Systems Analysis' [SM91], und 'Object-Oriented Analysis' [CY90]. Vergleichende Untersuchungen dieser Methoden, die beispielsweise in [ABCGH91, Ste93, SE94] vorgenommen wurden, zeigen die Unterschiede dieser Methoden sowohl im Vorgehen als auch in der Notation. Sie zeigen jedoch zugleich, daß die wesentlichen strukturbildenden Elemente für die Konstruktion objekt-orientierter Architekturen bei allen Analysemethoden weitgehend identisch sind. Objekt-orientierte Modelle in den genannten Methoden bestehen aus Klassen, zwischen denen Beziehungen wie Spezialisierung/Generalisierung, Assoziation oder Aggregation bestehen.

Während der Entwicklung der Geschäftsprozeßmanagementumgebung LEU, die wir für die Gestaltung eines Software-Systems zur Unterstützung aller Geschäftsprozesse im Bereich der Wohnungswirtschaft einsetzen, sind verschiedene Schwierigkeiten bei dem Versuch aufgetreten, mit den Konzepten Spezialisierung/Generalisierung, Assoziation und Aggregation ein der Wirklichkeit entsprechendes und verständliches Modell des Anwendungsbereichs zu schaffen. Wir haben die Ursachen für das Auftreten dieser Schwierigkeiten untersucht und das Fehlen eines adäquaten Modellierungskonzepts festgestellt. Als Lösung haben wir daher ein weiteres Konzept, d.h. eine Beziehung zwischen Klassen, identifiziert und definiert. Dieses Konzept erfüllt unsere Anforderungen, wird aber von den verfügbaren objekt-orientierten Analysemethoden bisher nicht unterstützt.

In Abschnitt 2 beschreiben wir kurz das Projekt, dessen Anforderungen den Ausgangspunkt unserer Überlegungen bildeten. Wir benutzen einen Teil dieses Anwendungsbereichs, um unsere Probleme und Lösungsversuche zu beschreiben. Im Abschnitt 3 präsentieren und bewerten wir drei objekt-orientierte Modelle, die unter Verwendung der Beziehungen Spezialisierung/Generalisierung und Assoziation erstellt wurden, und zeigen die Vor- und Nachteile dieser Modelle auf.

In Abschnitt 4 definieren wir Anforderungen an ein Modellierungskonzept, das geeignet ist, unseren Anwendungsbereich adäquat zu modellieren. Wir identifizieren eine bereits bekannte objekt-orientierte Technik, die Delegation, als Ausgangspunkt für eine sachgerechte Erweiterung verfügbarer objekt-orientierter Methoden. Wir beschreiben die Integration des Konzepts der Delegation in eine objekt-orientierte Analysemethode. Wir fassen die Vor- und Nachteile des Konzepts der Delegation zusammen und berichten in Abschnitt 6 über Erfahrungen, die im Projekt LEU gesammelt wurden.

2. Zielsetzungen des Projekts WIS

Die Idee, Delegation als weiteres Konzept in die objekt-orientierte Modellierung einzuführen, entstand im Projekt WIS (Wohnungswirtschaftliches Informations-System). Ausgangspunkt für die Entwicklung von WIS war die Entscheidung einer großen deutschen Wohnungsbau- und -verwaltungsgesellschaft, der Veba Immobilien, die Neuentwicklung eines Informationssystems für den Bereich aller Geschäftsprozesse im Bereich des Wohnungsbaus und der Wohnraumverwaltung vorzunehmen. Dieses neue System sollte auf einer UNIX-

Plattform verfügbar sein. Nachdem sich die Veba Immobilien für die Entwicklung eines solchen Systems entschieden hatte, haben sich weitere große deutsche Wohnungsunternehmen dazu entschlossen, ebenfalls an dem Projekt WIS teilzunehmen und aus diesem Grund eine Software-Beschaffungsgesellschaft gegründet.

Die Entwickler von WIS sind Experten aus der Bau- und Wohnungswirtschaft, können aber weder programmieren noch objekt-orientiert modellieren. Um ihnen die Möglichkeit zu geben, an der Analyse und Modellierung der von WIS unterstützten Geschäftsprozesse mitzuwirken, muß ihnen daher eine graphisch animierte und intuitiv verständliche Unterstützung bereitgestellt werden.

Hierfür wurde die Geschäftsprozeß-Management-Umgebung LEU (LION-Entwicklungsumgebung) [DGSZ94] geschaffen, die die Erstellung von WIS durch die Modellierung, Analyse und Ausführung von Geschäftsprozessen unterstützt. Die Beschreibung der von Geschäftsprozessen bearbeiteten Objekte wird in LEU durch die Erstellung objekt-orientierter Modelle unterstützt. Die für WIS entworfenen Modelle umfassen insgesamt etwa 1100 Klassendefinitionen und decken unter anderem die Bereiche Wohnungsbau, Maßnahmenplanung, Instandhaltung, Betriebs- und Heizkostenabrechnung, Mietanpassung, Wirtschaftlichkeitsberechnung und Liegenschaftsverwaltung ab. In den folgenden Abschnitten dieses Artikels werden wir ein überschaubares und zugleich zentrales Beispiel aus dem Bereich der Wohnungswirtschaft verwenden, um gezielt die bei der Entwicklung von WIS aufgetretenen Probleme der objekt-orientierten Modellierung darzustellen.

Das ausgewählte Beispiel betrachtet eine zentrale Klasse innerhalb von WIS, die Klasse *Person*. Innerhalb des Kontextes von WIS werden verschiedene Typen von Personen unterschieden, u.a. Vermieter, Mieter, Besitzer, Hausmeister und Beschäftigte. Insgesamt sollen mit WIS etwa 140.000 Wohnungen verwaltet werden, die eine entsprechende Anzahl von Objekten der Klasse *Mieter* erfordern. Es werden wenige Objekte der Klasse *Vermieter* verwaltet, da die meisten Wohnungen sich im Besitz einer Gesellschaft befinden. Weiterhin existieren etwa 8000 Objekte der Klasse *Hausmeister*.

Benutzer von WIS arbeiten innerhalb von unterschiedlichen Geschäftsprozessen. In einigen dieser Prozesse werden nur die Objekte der Klasse *Mieter* betrachtet, beispielsweise bei der Suche nach Mietern, die mit ihren Mietzahlungen im Rückstand sind. In anderen Fällen müssen alle Personen berücksichtigt werden, z.B. bei einer telefonischen Nachfrage. In diesem Fall ist es notwendig, unmittelbar alle Rollen des Anrufers innerhalb von WIS, d.h. Mieter, Vermieter usw., bestimmen zu können.

Darüber hinaus haben alle Personen genau eine Hauptanschrift. Falls sich diese Anschrift durch Umzug ändert, muß diese Änderung auf alle zugehörigen Objekte der Klassen *Mieter*, *Vermieter*, *Besitzer*, *Hausmeister*, *Beschäftige* usw. übertragen werden.

3. Beispiele für objekt-orientierte Modellierungen

In diesem Abschnitt stellen wir verschiedene konzeptionelle Modelle vor, die die durch das Beispiel gegebene Struktur der Daten beschreiben. Wir veranschaulichen diese Modelle durch Graphiken in der Notation der Object Modeling Technique (OMT) [RBPEL91]. Klassendiagramme in OMT verwenden die Konzepte Spezialisierung/Generalisierung, Assoziation und Aggregation, um Beziehungen zwischen Klassen zu beschreiben.

3. 1. Beispielmodellierung mit dem Konzept der einfachen Erbung

Eine objekt-orientierte Analyse der durch das Beispiel Person gegebenen Situation führt zu einem offensichtlichen Ergebnis. Es können unmittelbar die verschiedenen Gruppen von Personen mit gleichen Eigenschaften erkannt werden, z.B. Mieter. Die in WIS vorgegebenen Geschäftsprozesse verwalten einzelne Instanzen dieser Gruppen. In einem objekt-orientierten Modell werden diese Gruppen durch Klassen repräsentiert, von denen einzelne Objekte, beispielsweise ein Mieter "Karl Müller", als Instanzen geschaffen werden. Alle diese Klassen beschreiben Rollen von Personen, die mit WIS verwaltet werden. In einer solchen Situation ist eine "natürliche" objekt-orientierte Vorgehensweise zur Vereinfachung und Strukturierung die Schaffung einer Generalisierung Person, die die Eigenschaften zusammenfaßt, die allen Personen gemeinsam sind, z.B. den Namen oder die Anschrift. Wir modellieren daher das Beispiel aus dem Anwendungsbereich WIS durch eine Klassenhierarchie, die als Generalisierung eine Oberklasse *Person* definiert, die von ihren Unterklassen, den Spezialisierungen *Mieter*, *Vermieter*, *Besitzer* usw., ererbt wird. Abbildung 3.1.1 veranschaulicht diese Struktur in der graphischen Notation von OMT.

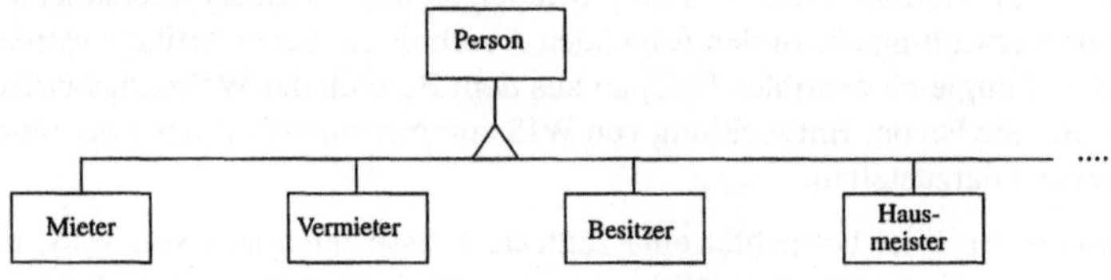

Abb. 3.1.1: Modell mit einfacher Erbung

Dieses erste Modell ist einfach, übersichtlich und verständlich gestaltet, enthält jedoch ein Problem. Klassen sind Typen, so daß jedes als Instanz einer Klasse erzeugte Objekt zu genau dieser einen Klasse und zu keiner weiteren gehört. Das bedeutet, daß in dem vorgestellten Modell eine Person entweder zur Klasse *Mieter* oder zur Klasse *Vermieter* gehört, aber niemals gleichzeitig zu beiden Klassen. Im Anwendungsbereich von WIS tritt jedoch durchaus der Fall auf, daß eine Person in verschiedenen Rollen agiert. Daher müssen für jede dieser Personen mehrere Objekte geschaffen werden, um die verschiedenen Rollen innerhalb des ablaufenden Geschäftsprozesses zu repräsentieren. Da diese Objekte als Instanzen von Unterklassen der Klasse *Person* geschaffen werden, enthält jedes dieser Objekte insbesondere alle durch die Oberklasse *Person* definierten Attribute. Diese Klassenstruktur erzeugt daher redundante Informationen in verschiedenen Objekten, die eine ineffiziente Verwaltung von Speicher zur Folge haben und deren Konsistenzerhaltung komplexe Operationen erfordert, die wiederum Rechenzeit verbrauchen.

Abbildung 3.1.2 zeigt als Beispiel zwei Objekte, die als Instanzen zweier Klassen der in Abbildung 3.1.1 dargestellten Hierarchie erzeugt worden sind. Die beiden Objekte repräsentieren die Person "Karl Müller", die innerhalb von WIS sowohl als Mieter als auch als Vermieter bekannt ist. Die beiden von den Klassen *Mieter* und *Vermieter* instanziierten Objekte müssen zusätzlich zu den rollenspezifischen Daten aufgrund der Erbungsstruktur immer auch alle Daten der Person "Karl Müller" enthalten, z.B. den Namen und die Ortsangabe. Diese Daten müssen in allen Objekten, die "Karl Müller" betreffen, konsistent sein, d.h. identische Werte besitzen.

Um die Konsistenz der Daten zu erhalten, muß eine Änderung der Anschrift von "Karl Müller", d.h. des Attributs "Ort", in beiden Objekten vorgenommen werden. Es muß in jeder Klasse eine Änderungsoperation vereinbart werden, welche Änderungen auch in anderen Objekten mit dem redundanten Datensatz initiiert. Da immer Objekte verschiedener, anderer Klassen betroffen sind, sind die Änderungsoperationen der verschiedenen Klassen unter-

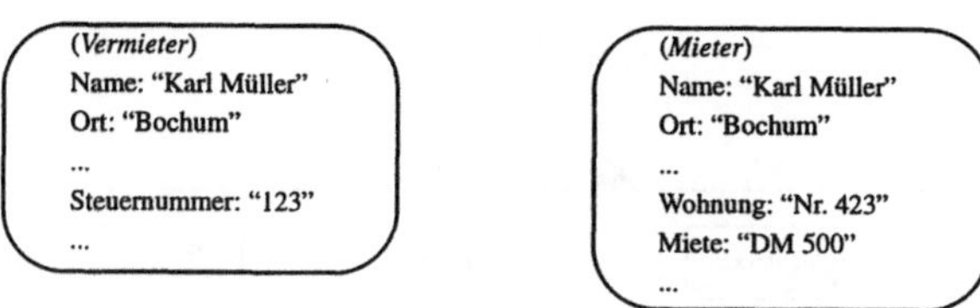

Abb. 3.1.2: Beispiel eines Objektmodells in der Notation von OMT

schiedlich und können nicht in der Oberklasse *Person* vereinbart werden. Für die Initiierung dieser Operationen ist es notwendig, daß die verschiedenen, zu einer Person gehörenden Objekte Kenntnisse voneinander besitzen. Es müssen daher Assoziationsbeziehungen (vgl. auch Abschnitt 3.3) zwischen den zugehörigen Klassen installiert sein. Ein vollständiges Modell des vorgegebenen Beispiels mit einfacher Erbung stellt eine Erweiterung des Modells der Abbildung 3.1.1 dar, das durch seine graphische Komplexität unübersichtlich wird. Die Abbildung 3.1.3 verdeutlicht diese Tatsache.

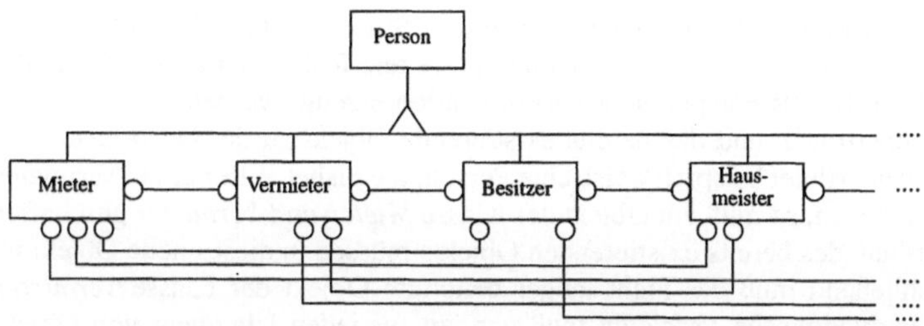

Abb. 3.1.3: Vollständiges Modell des Beispiels mit einfacher Erbung

3. 2. Beispielmodellierung mit dem Konzept der Mehrfacherbung

OMT stellt jedoch, wie auch andere objekt-orientierte Modellierungsmethoden, eine weitere Form der Spezialisierung zur Verfügung, die als Mehrfacherbung bezeichnet wird. Mehrfacherbung erlaubt es, eine Klasse als Spezialisierung mehrerer Oberklassen zu vereinbaren, so daß eine Klasse die Eigenschaften verschiedener Oberklassen erben kann. Wir erweitern die Klassenhierarchie der Abbildung 3.1.1 um Unterklassen, die die möglichen Kombinationen der Rollen von Personen in WIS repräsentieren. Es wird beispielsweise eine Klasse *Mieter-und-Vermieter* ergänzt, die alle Eigenschaften der Klassen *Mieter* und *Vermieter* vereint. Nimmt eine Person beide Rollen ein, so wird sie durch eine Instanz der Klasse *Mieter-und-Vermieter* verwaltet. Ist eine Person zugleich Mieter, Vermieter und Hausmeister, so wird sie durch ein Objekt der Klasse *Mieter-und-Vermieter-und-Hausmeister* modelliert. Zu jeder Person existiert immer nur ein Objekt, das die relevanten Daten aller eingenommenen Rollen enthält. Die Abbildung 3.2.1 zeigt die entsprechende Klassenhierarchie.

Dieses Modell bietet eine spezielle Klasse für jede mögliche Kombination von Attributen an, die durch die verschiedenen Rollen von Personen möglich sind. Redundanz von Daten tritt nicht auf. Die Konsistenz von Daten ist damit auf einfache Weise sichergestellt. Allerdings treten andere Probleme auf. Die Einführung einer weiteren Rolle in eine bereits bestehende Modellierung erfordert einen hohen Anpassungsaufwand, um die fehlenden, die Kombinationen repräsentierenden Klassen in der Hierarchie zu ergänzen. Die Abbildung 3.2.1 verdeutlicht, daß

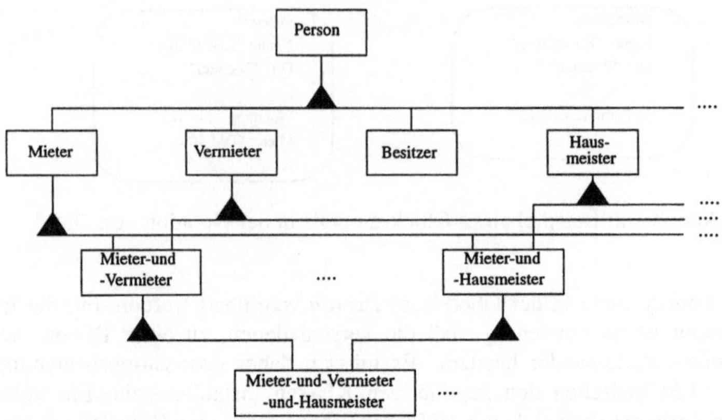

Abb. 3.2.1: Modell des Beispiels mit Mehrfacherbung

die Vielzahl der Unterklassen zu einer verwirrenden Struktur führt, die kaum wartbar ist. Ein weiteres Problem tritt auf, wenn eine Person eine weitere Rolle übernimmt. Es muß ein neues Objekt der Klasse für die entsprechende Kombination erzeugt werden. Alle Daten müssen in dieses Objekt übertragen und das bereits existierende Objekt zu der betroffenen Person muß vernichtet werden. Mietet beispielsweise eine Person, die bisher WIS nur als Vermieter bekannt war, eine Wohnung an, so muß ein Objekt der Klasse *Mieter-und-Vermieter* geschaffen und die Werte der Attribute des bereits existierenden Objekts müssen in dieses neue Objekt übertragen werden. Anschließend muß das nicht länger benötigte Objekt der Klasse *Vermieter* zerstört werden. Dieses dynamische Verhalten muß explizit für jeden Übergang von Objekten einer Klasse zu denen einer anderen beschrieben werden. Mehrfacherbung führt somit zu wartungsunfreundlichen statischen Strukturen und erfordert zudem auch eine explizite Beschreibung des dynamischem Verhaltens.

3. 3. Beispielmodellierung mit dem Konzept der Assoziation

Eine Assoziation zwischen zwei Klassen beschreibt Verbindungen zwischen Objekten, die als Instanzen dieser Klassen erzeugt sind. Solche Verbindungen können als allgemeine "hat-Kenntnis-von"-Beziehungen betrachtet werden. Ausgehend von den Erfahrungen aus den bisherigen Modellierungsversuchen setzen wir das Konzept der Assoziation dazu ein, eine redundanzfreie und zugleich wohlstrukturierte und verständliche Klassenhierarchie zu gestalten. Um die Redundanz von Daten zu vermeiden, fassen wir alle Informationen, die eine Person charakterisieren, in der bereits bekannten Klasse *Person* zusammen. Es wird immer nur ein Objekt der Klasse *Person* für eine reale Person, z.B. "Karl Müller", geschaffen. Alle Daten, die spezifisch für eine Rolle wie z.B. Mieter sind, werden in einer entsprechenden Klasse *Mieter* eingekapselt. Jede rollenspezifische Klasse steht in einer Assoziationsbeziehung zur Klasse *Person*. Jedes Objekt der Klasse *Person* hat Kenntnis von den zugehörigen Objekten mit den spezifischen Daten zu Rollen. Da eine Person insbesondere mehrere Rollen innerhalb des Systems einnehmen kann, kann ein Objekt der Klasse *Person* mit mehreren Objekten rollenspezifischer Klassen verbunden werden, wobei aber höchstens ein Objekt von jeder Klasse auftritt. Falls eine Person eine zusätzliche Rolle einnehmen soll, muß lediglich ein neues Objekt der entsprechenden Klasse erzeugt und mit dem entsprechenden Objekt der Klasse *Person* verbunden werden. Abbildung 3.3.1 zeigt das ausschließlich auf dem Konzept Assoziation basierende Modell.

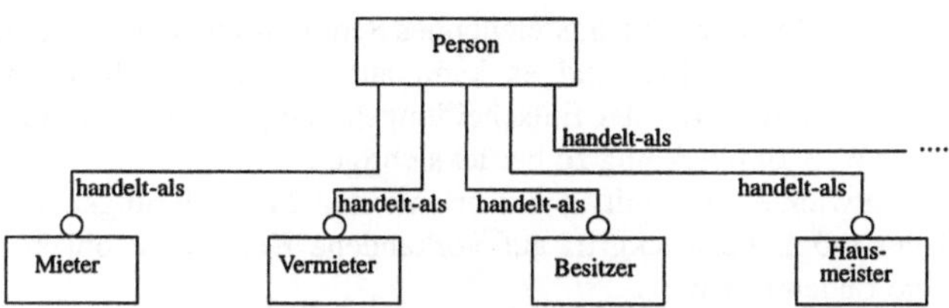

Abb. 3.3.1: Modell des Beispiels mit Assoziation

Der Vorteil der in Abbildung 3.3.1 vorgestellten Lösung liegt in der durch einzelne Informationspakete getrennten Verwaltung der Daten einer Person und der ihrer Rollen. Dadurch wird Redundanz in der Datenhaltung vermieden und zugleich das Hinzufügen oder Entfernen von Rollen einer Person während der Ausführung des Systems effizient unterstützt. Die Klassenhierarchie und die zwischen Klassen festgelegten Assoziationen sind überschaubar und verständlich. Eine Änderung des Modells erfordert nur die Definition einer zusätzlichen Klasse und einer zusätzlichen Assoziation zwischen dieser Klasse und der Klasse *Person*.

Allerdings hat dieses Modell den Nachteil, daß die Daten, die eine Person charakterisieren, über verschiedene Objekte verteilt sind. Beispielsweise wird die Anzahl der Wohnungen, die einem Besitzer gehören, in einem Objekt der Klasse *Besitzer* abgelegt. Der Zugriff zu diesem Objekt erfolgt zumeist über das zugehörige Objekt der Klasse *Person*, d.h. Anfragen Operationen auszuführen werden zunächst an das Objekt der Klasse *Person* gerichtet und von diesem an das Objekt der Klasse *Besitzer* weitergeleitet. Im Gegensatz zu seiner einfachen statischen Struktur ist das dynamische Verhalten des dargestellten Modells daher sehr komplex. Während das Konzept der Spezialisierung, das in OMT durch die Erbungsrelation realisiert wird, eine semantisch eindeutige Beziehung zwischen Ober- und Unterklassen festlegt, muß die Bedeutung jeder Assoziation durch zusätzliche textuelle Beschreibungen ergänzt werden.

3. 4. Diskussion der vorgestellten Modellierungen

Einfache Erbung (vgl Abschnitt 3.1) erlaubt eine einfache und leicht erweiterbare Darstellung, die intuitiv zugänglich ist. Dafür ist es notwendig, Objekte mit redundanten Daten zu erzeugen und durch Kopieren von Daten die Konsistenz zu erhalten. Zudem muß ein vollständiges Modell zusätzliche Assoziationen enthalten.

Mehrfacherbung vermeidet redundante Datenhaltung auf Kosten einer komplexeren Modellstruktur. Auch bei Mehrfacherbung müssen beim Zuweisen weiterer Rollen explizite Kopiervorgänge durchgeführt werden.

Der ausschließliche Gebrauch von Assoziationen führt zu einer einfachen und leicht erweiterbaren Struktur, die ohne redundante Daten auskommt. Es ist jedoch erforderlich, eine zusätzliche Beschreibung der dynamischen Kommunikation zwischen Objekten anzugeben.

Aus dieser Gegenüberstellung der Vor- und Nachteile der einzelnen Modellierungskonzepte ergeben sich für die objekt-orientierte Modellierung in WIS zwei Alternativen:

- Verwendung eines der genannten Konzepte inklusive der damit verbundenen Vor- und Nachteile, oder
- Verwendung eines eigenen, problemangepaßten Konzepts.

Die Wahl der ersten Alternative bedeutet zwar die Inkaufnahme wesentlicher Nachteile, jedoch hat die Verwendung eines eingeführten Konzepts auch beträchtliche Vorteile. Es können

Standardwerkzeuge verwendet werden, ein ausreichendes Schulungsangebot zur Erlernung des entsprechenden Konzepts ist verfügbar, und es kann auf bereits erworbenes Wissen der Anwender zurückgegriffen werden. Bei der Entscheidungsfindung war es erforderlich, einige Rahmenbedingungen der WIS-Entwicklung zu berücksichtigen:

- Die meisten WIS-Entwickler sind mit objekt-orientierten Modellierungskonzepten nicht vertraut, so daß der mögliche Rückgriff auf vorhandene Kenntnisse objekt-orientierter Modellierung keine Bedeutung hat.
- In WIS wird ein großes Datenvolumen verwaltet. Die Vermeidung von Redundanz ist von wesentlicher Bedeutung, um dieses Volumen nicht zusätzlich aufzublähen.
- Die Performanzanforderungen an WIS erzwingen eine effiziente Implementierung, die wesentlich auf passenden Datenbankstrukturen basiert.

Unter Berücksichtigung der Vor- und Nachteile der Verwendung eines eingeführten Modellierungskonzepts und unter Würdigung der projektspezifischen Rahmenbedingungen von WIS wurde die Entscheidung getroffen, ein problemangepaßtes Modellierungskonzept zu entwickeln und im Rahmen der Geschäftsprozeß-Management-Umgebung LEU umzusetzen. Dabei haben wir ausgehend von den diskutierten Modellierungskonzepten und den WIS-Rahmenbedingungen die folgenden Anforderungen für das in WIS zu verwendende Modellierungskonzept ermittelt. Das Modellierungskonzept sollte

- eine existierende objekt-orientierte Entwicklungsmethode wie beispielsweise OMT ergänzen und erweitern, nicht jedoch redefinieren,
- leicht verständlich sein für Anwender ohne Kenntnisse und Erfahrungen in objekt-orientierter Modellierung,
- ein den „natürlichen" Gegebenheiten entsprechendes Modellieren ermöglichen,
- als Grundlage für eine effiziente Implementierung zu redundanzfreien Modellen führen,
- einfache und leicht manipulierbare Darstellungen ergeben und
- semantisch so eindeutig definiert sein, daß eine weitgehend automatische Erzeugung passender Datenbankstrukturen möglich ist.

4. Das Konzept der Delegation in der Geschäftsprozeß-Management-Umgebung LEU

Die Analyse der vorgestellten Beispielmodellierungen zeigt, daß in LEU ein Konzept benötigt wird, das eine einfache, redundanzfreie, statische Modellierung mit einer vordefinierten Semantik der dadurch gegebenen dynamischen Abläufe verbindet.

Wir geben eine informale Definition für ein solches Konzept an, das wir in Anlehnung an eine Programmiertechnik mit ähnlichen Eigenschaften als Delegation bezeichnen. Im Anschluß an die informale Definition erläutern wir diese an einem Beispiel aus dem Anwendungsbereich von WIS. Wir definieren zunächst die Delegation zwischen Objekten und darauf aufbauend die Delegation zwischen Klassen.

Definition: Delegation für Objekte

Ein (delegierendes) Objekt obj_1 und ein (Delegations-)Objekt obj_2 stehen in einer Delegationsrelation, d.h. obj_1 delegiert an obj_2, wenn gilt:

- Alle Eigenschaften des Delegationsobjekts obj_2 werden auch von dem delegierenden Objekt obj_1 angeboten.
- Die Existenz des delegierenden Objekts ist an die Existenz seines Delegationsobjekts gekoppelt. Dadurch ist sicher, daß kein delegierendes Objekt ohne Delegationsobjekt existieren kann. Die Existenz von Delegationsobjekten ohne delegierende Objekte wird jedoch nicht ausgeschlossen.
- Sofern ein Attribut oder eine Operation für das Delegationsobjekt obj_2 definiert ist, bewirkt ein Zugriff bzw. eine Ausführung durch das delegierende Objekt obj_1 immer

ein Weiterreichen des Zugriffs bzw. der Ausführung an obj_2. obj_1 übernimmt das von obj_2 ermittelte Resultat und liefert es als eigenes Ergebnis. In der Implementierung kann dann der Zugriff bzw. Ausführung des delegierenden Objekts implizit durch eine Aktion des Delegationsobjekts ersetzt werden.
- Jedes delegierende Objekt besitzt genau ein Delegationsobjekt. Dadurch werden die bei mehreren Delegationsobjekten zu einem delegierenden Objekt möglichen Namenskonflikte vermieden.

Definition: Delegation für Klassen

Eine (delegierende) Klasse kl_1 und eine (Delegations-)Klasse kl_2 stehen in einer Delegationsrelation, d.h. kl_1 delegiert an kl_2, wenn gilt:
- Jedes Objekt der delegierenden Klasse kl_1 steht zu genau einem Objekt der Delegationsklasse kl_2 in einer Delegationsrelation für Objekte. Diese Bedingung leitet damit aus der Beschreibung der Beziehung von Klassen eine Beziehung für die instanziierten Objekte her.
- Jede delegierende Klasse besitzt nur genau eine Delegationsklasse. Dadurch werden die bei mehreren Delegationsklassen zu einer delegierenden Klasse möglichen Namenskonflikte ausgeschlossen.

Diese Definition der Delegationsrelation scheint dem Konzept der einfachen Erbung sehr ähnlich. Die delegierenden Klassen ähneln erbenden Klassen; diejenigen, an die delegiert wird, können als vererbende Klassen aufgefaßt werden. Der wesentliche Unterschied ist, daß durch Erbung nur eine Beziehung zwischen Klassen festgelegt wird, die nach der Instanziierung von Objekten nicht auf diese übertragen wird, während durch Delegation zusätzlich auch Beziehungen zwischen den instanziierten Objekten vorgegeben werden. Jedes delegierende Objekt übernimmt alle Eigenschaften seines eindeutigen Delegationsobjekts (vgl. Definition). Wird für das delegierende Objekt die Ausführung einer Operation oder der Zugriff auf ein Attribut gefordert, so delegiert dieses diese Anforderung implizit an sein Delegationsobjekt. Dieser Vorgang ist transparent, d.h. es ist nicht erkennbar, welches Objekt eine Anforderung tatsächlich ausführt. Da die Definitionen die transitive Fortsetzung der Delegation nicht ausschließen, ist die Delegation über mehrere Objekte hinweg bis zu dem Objekt möglich, das tatsächlich die Ausführung übernimmt.

Durch das Konzept der Delegation wird der Anschein erweckt, als ob zwei Objekte teilweise identische Daten verwalten. Der Zugriff auf diese gemeinsamen Daten kann von beiden Objekten aus in gleicher Weise geschehen. Die delegierenden Objekte erscheinen als Erweiterungen ihrer Delegationsobjekte. Dies ist insbesondere dann wichtig, wenn, wie im Beispiel WIS, mehrere Objekte der Klassen *Mieter*, *Vermieter* usw. an ein gemeinsames Objekt der Klasse *Person* delegieren. In diesem Fall sind die gemeinsamen Daten (- im Beispiel die Daten einer Person -) von verschiedenen Personenerweiterungen aus durch einfache Delegation von Operationen zugreifbar.

Abbildung 4.1.1 zeigt eine Modellierung des Beispiels aus Abschnitt 3 unter Verwendung des Konzepts der Delegation. Delegierende Klassen werden als zweigeteiltes Rechteck dargestellt. Im oberen Teil ist der Name der Delegationsklasse, an die delegiert wird, zu finden. Im unteren Teil steht der Name der delegierenden Klasse. In Abbildung 4.1.1 werden die Klasse *Person* und die an sie delegierenden Klassen *Mieter*, *Vermieter* usw. definiert. Die Notation veranschaulicht, daß die zu einer Person gehörenden Daten nur genau einmal existieren.

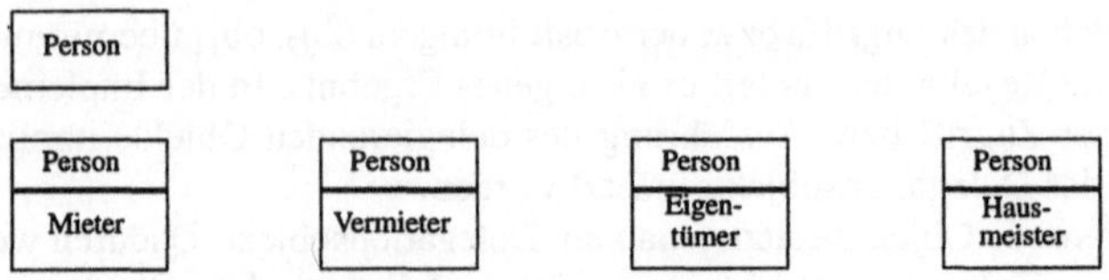

Abb. 4.1: Klassenmodell des Beispiels unter Verwendung von Delegation

Abbildung 4.2 zeigt eine entsprechende Darstellung auf Objektebene. Die Daten der Instanz "Karl Müller" der Klasse *Person* sind einzigartig. Auf sie wird in den beiden Erweiterungen (Mieter, Vermieter) Bezug genommen, indem alle Operationsausführungen und alle Zugriffe auf die Attribute Name und Ort an das zugehörige Personenobjekt delegiert werden. Die Semantik dieser Delegation ist definiert, so daß eine weitere Beschreibung der dynamischen Interaktion zwischen den betroffenen Objekten nicht erforderlich ist. Eine redundante Speicherung von Attributen wird vermieden, so daß die Konsistenz zwischen den beteiligten Objekten jederzeit sichergestellt ist. Abbildung 4.2 stellt diesen Sachverhalt in einer an OMT angelehnten Notation dar.

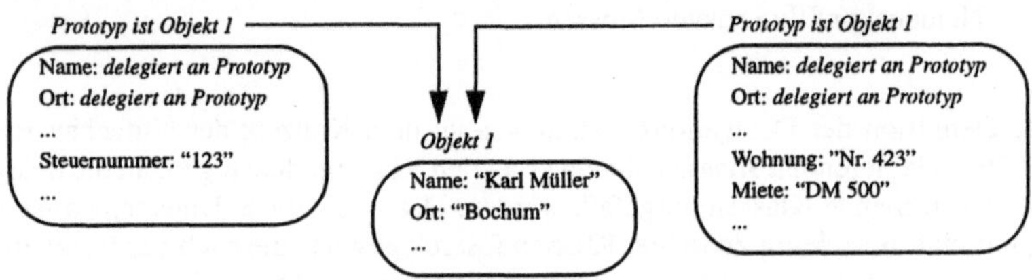

Abb. 4.2: Beispiel eines prototyp-basierten Modells

Modelle, die auf dem Konzept der Delegation beruhen, vermeiden Redundanz und sind intuitiv zugänglich, da Delegation ein verständlicher Konstruktionsmechanismus ist, der einfache statische Strukturen und ein definiertes dynamisches Verhalten bewirkt. Darüber hinaus ermöglicht das Konzept der Delegation Modelle, bei denen sowohl die statische Klassenstruktur als auch die dynamischen Objektstrukturen einfach erweiterbar sind. Wenn beispielsweise die Arbeitnehmerdaten einer Person mitverwaltet werden sollen, werden lediglich eine delegierende Klasse *Arbeitnehmer* eingeführt und auf der Objektebene ein entsprechendes delegierendes Objekt vereinbart. Die Eigenschaften des Delegationsobjekts der Klasse *Person* können von dem delegierenden Objekt angeboten werden, ohne daß deren Implementierung geändert oder aufgedeckt werden muß.

Ein pragmatisches Argument, das gegen den Einsatz von Delegation spricht, ist das Fehlen einer hinreichend erprobten Implementierungssprache. Der Versuch, objekt-orientierte Modelle mit Delegation in gebräuchlichen objekt-orientierten Sprachen (Eiffel, Smalltalk, C++) zu implementieren, würde die Definition und Realisierung von Transformationen (vgl. dazu auch [JZ91, Dav92]) erfordern. Dadurch würde der entscheidende Vorteil objekt-orientierter Ansätze, die Durchgängigkeit des Entwicklungsparadigmas in Analyse, Entwurf und Realisierung, zunichte gemacht. Um diesen Nachteil zu vermeiden, wurde für LEU eine direkte Generierung von Datenbankstrukturen aus solchen objekt-orientierten Modellen entwickelt, die das Konzept der Delegation verwenden [DGSZ94]. Die Verwaltung gemeinsam genutzter Daten wird damit ohne weiteren manuellen Eingriff der Datenbank übertragen. Die Generierung ist nur deshalb möglich, weil das Modellierungskonzept der Delegation eine klare Semantik für die dynamischen Abhängigkeiten definiert und anhand dieser Semantik eine automatische Umsetzung zuläßt.

5. Delegation und Rollenkonzepte in der Forschung

Delegation ist ein Mechanismus, der es Objekten erlaubt, die Ausführung von Operationen an Vorgängerobjekte zu übertragen [Weg87, Weg90, JZ91]. Die erste Definition der Delegation erfolgte von Liebermann [Lie81] mit der Einführung der Sprache Act 1, der die Entwicklung ähnlicher, als prototyp-basiert [Lie86, Bor86, MGV92] bezeichneter Sprachen wie ObjectList, Examples, Garnet und Self [DMC92] folgte. Prototyp-basierte objekt-orientierte Sprachen sind nicht typisiert. Das Klonen bereits existierender Vorgängerobjekte ist der einzige Mechanismus zur Erzeugung neuer, dem Vorgänger in der Struktur gleicher Objekte, die um zusätzliche Attribute und Operationen ergänzt werden können. In prototyp-basierten Sprachen wird bei der Erzeugung eines Objekts definiert, ob das Objekt selbst Attribute hat und Operationen auf diesen ausführt, oder ob Attributauswertungen und Operationsausführungen an andere Objekte delegiert werden.

Prototyp-basierte Sprachen sind seit einigen Jahren Gegenstand der Forschung, werden jedoch fast ausschließlich in akademischen Experimenten verwendet. Die Bedeutung des Konzepts der Delegation und seine Stellung zum Konzept der Erbung werden in verschiedenen Veröffentlichungen diskutiert [Ste87, BGM89, Weg90, Nel91], Mechanismen zur Anwendung und zur Kontrolle von Delegation werden vorgeschlagen [Alm89, MR89]. In [Sci89] wird das Konzept der Objektspezialisierung eingeführt, das dynamische Änderungen der Delegationsbeziehungen von Objekten ermöglicht. Spezielle Objekte, sogenannte „templates“, dienen als Vorlagen für das Erzeugen weiterer Objekte und ersetzen statische Typdefinitionen durch Klassen. Die Vererbung von Werten („value inheritance“), die als „is-a relationship“ bezeichnet wird, stellt in [Wil89] die identische Wertebelegung von Attributen verschiedener Klassen sicher. Dieser Ansatz bezieht im Gegensatz zu dem hier vorgestellten Konzept jedoch nicht die gemeinsame Nutzung von Operationen ein, sondern beschränkt sich ausschließlich auf den Datenaspekt.

Spezielle Rollenklassen werden in [WWS94] zur Modellierung von Aufgaben herangezogen, die von den Objekten anderer Klassen während der Systemausführung zusätzlich übernommen werden können. Im Gegensatz zu dem im vorliegenden Papier vorgestellten Konzept ermöglicht ein Objekt einer Rollenklasse Delegation nur durch die explizite Angabe desjenigen Objekts, welches die durch die Rollenklasse bestimmte Rolle übernommen hat. Für jede Rollenklasse existiert zwar immer eine Standardoperation, die dieses Objekt liefert, der Vorgang des Zugriffs auf ein weiteres Objekt bleibt aber dem Nutzer einer definierten Rolle nicht verborgen. Zusätzliches Wissen über den Aufbau der Klassenstruktur ist daher zur Nutzung von Rollenklassen unbedingt erforderlich. Ein ähnlicher Ansatz, in dem Rollen als „roletypes“ entworfen und in hierarchischer Form strukturiert werden, wird in [GSR94] vorgestellt.

6. Zusammenfassung

Das WIS zugrundeliegende Objektmodell besteht insgesamt aus ca. 1100 Klassendefinitionen, von denen ca. 10% als delegierende Klassen definiert sind. Zusammenfassend kann man sagen, daß die in LEU angebotenen Möglichkeiten zur Objektmodellierung von den WIS-Entwicklern angenommen und konsistent verwendet worden sind. Zu berücksichtigen ist hierbei jedoch, daß die Mehrzahl der WIS-Entwickler in objekt-orientierter Modellierung nicht geübt waren, so daß eine vorsichtig dosierte Einführung erforderlich war, aber zugleich keine Rücksicht auf bestehende Kenntnisse genommen werden mußte. Darüber hinaus ist es natürlich ein seltener Glücksfall, daß die Modellierungswerkzeuge im Hinblick auf ein Projekt ausgewählt oder - noch seltener - implementiert werden können.

Der LEU-Ansatz zur Objektmodellierung mit Delegation und insbesondere die Integration von Objekt-, Ablauf- und Organisationsmodellierung haben die Entwicklungszeit von WIS erheblich verkürzen können. Weitere Projekte mit der Geschäftsprozeß-Management-Umgebung LEU, die zur Zeit in den Bereichen Mobilfunk, Versicherungswirtschaft und Logistik durchgeführt werden, untermauern, daß Delegation zwischen Klassen ein verständliches Modellierungskonzept ist, das eine natürliche Abbildung der Realität erlaubt und zugleich die Umsetzung der entstehenden Modelle in eine effiziente Implementierung ermöglicht.

7. Literaturverzeichnis

Alm89 J. Almarode: Rule-Based Delegation for Prototypes, Proceedings OOPSLA '89, 1989, S. 363-370

ABCGH91 P. Arnold, S. Bodoff, D. Coleman, H. Glichrist, F. Hayes: An evaluation of five object-oriented development methods, Journal of OOP, 1991, S. 101-122

BGM89 G. S. Blair, J. J. Gallagher, J. Malik:Genericity vs. Inheritance vs. Delegation vs. Conformance vs. ..., Journal of OOP, Sept./Oct. 89, Vol. 2, No. 3, S. 11-17

Bor86 A. H. Borning: Classes versus Prototypes in Object-Oriented Languages, Proceedings of the IEEE/ACM Fall Joint Conference 1986, S. 36-40

Boo93 G. Booch: Object Oriented Analysis and Design with Applications, Benjamin/Cummings 1993

CY91 P. Coad, E. Yourdon: Object-Oriented Analysis, Prentice Hall, 1991

Dav92 S. R. Davis: C++ Objects That Change Their Types, Journal of OOP, July/Aug. 92, Vol. 5, No. 4, S. 27-32

DGSZ94 G. Dinkhoff, V. Gruhn, A. Saalmann, M. Zielonka: Business Process Modeling in the Workflow Management Environment LEU, in: Proceedings of the 13th International Conference on the Entity-Relationship Approach, Manchester, December 1994

DMC92 C. Dony, J. Malenfant, P. Cointe: Prototype-Based Languages: From a New Taxonomy to Constructive Proposals and Their Validation, Proceedings OOPSLA '92, 1992, S. 201-217

GSR94 G. Gottlob, M. Schrefl, B. Röck: Extending Object-Oriented Systems with Roles, TU Wien, 1994

Jac92 I. Jacobson: Object-Oriented Software Engineering, Addison-Wesley, 1992

JZ91 R. E. Johnson, J. M. Zweig: Delegation in C++, Journal of OOP, Nov./Dec. 91, Vol. 4, No. 7, S. 31-34

Lie81 H. Lieberman: A Preview of Act 1, AI memo No. 625, MIT, June 1981

Lie86 H. Lieberman: Using Prototypical Objects to Implement Shared Behavior, Proceedings OOPSLA '86, 1986, S. 214-223

Loy90 P. H. Loy: A comparison of object-oriented and structured development methods, ACM SigSoft 15, S. 44-48, 1990

MGV92 B. A. Myers, D. A. Guise, B. Vander Zanden: Declarative Programming in a Prototype-Instance System: Object-Oriented Programming without Writing Methods, Proceedings OOPSLA '92, 1992, S. 184-200

MR89 N. Minsky, D. Rozenshtein: Controllable Delegation: An Exercise in Law-Governed Systems, Proceedings OOPSLA '89, 1989, S. 371-380

Nel91 M. I. Nelson: An Object-Oriented Tower of Babel, ACM OOPS Messenger, Vol. 2, No. 3, July 1991, S. 3-11

RBPEL91 J. Rumbaugh, M. Blaha, W. Premerlani, F. Eddy, W. Lorensen: Object-Oriented Modeling Technique and Design, Prentice Hall, 1991

Sci89 E. Sciore: Object Specialization, ACM Transactions on Information Systems, Vol. 7, No. 2, April 1989, p.103-122

SE94 H. Schaschinger, A. Erlach: Objektorientierte Analayse- und Modellierungsmethoden im Vergleich, Universität Linz, Informatik-Berichte 5/94, Jan. 1994

SM91 S. Shlaer, S.J. Mellor: Object Lifecycles: Modeling the World in States, Yourdon Press, Prentice Hall, 1992

Ste87 L. A. Stein: Delegation is Inheritance, Proceedings OOPSLA '87, 1987, S. 138-146

Ste93 W. Stein: Objektorientierte Analysemethoden - ein Vergleich, Informatik-Spektrum Bd. 16, Heft 6, Dez. 1993, S.317-332

Weg87 P. Wegner: Dimensions of Object-Based Language Design, Proceedings OOPSLA '87, 1987, S. 168-182

Weg90 P. Wegner: Concepts and Paradigms of OOP, ACM OOPS Messenger, Vol. 1, No. 1, August 1990, S. 7-87

Wil89 W. Wilkes: Instance Inheritance for Object Oriented databases, Advances in Object-Oriented Database Systems, 2nd Int. Workshop 1988, S. 274-279

WWS94 R. Wieringa, W. de Jong, P. Spruit: Roles and dynamic subclasses: a modal logic approach, Proceedings ECOOP 94, 1994, S. 32-59

WWW90 R. Wirfs-Brock, B. Wilkerson, L. Wiener: Designing Object-Oriented Software, Prentice Hall 1990

Fachgespräch 10:

Wiederverwendung in der Softwaretechnik

Wiederverwendung von Ergebnissen (z.B. Spezifikationen oder Programmbausteinen) des Software -Entwicklungsprozesses wird seit vielen Jahren als eine Möglichkeit gesehen, die Produktivität und die Qualität bei der Softwareentwicklung zu verbessern. Eine besonders gute Wiederverwendung verspricht man sich vom Einsatz der Objektorientierung.

Programmkomitee des Fachgespräches:
J.F.H. Winkler, Jena (Koordination)
W. Bischofberger, Zürich, W. Hesse, Marburg, R.T. Kölsch, München, G. Merbeth, München

Wiederverwendung von Entwurfsmustern zur Visualisierung von Fertigungszellen

Hans Albrecht Schmid und Frank Müller
FB Informatik, FH Konstanz

Entwurfsmuster stellen einheitliche, in Zukunft möglicherweise sogar kanonische Konzepte zur Lösung von lokalen Entwurfs-Teilproblemen dar, welche häufig in ähnlicher Weise und in vielen Anwendungsbereichen auftreten. Sie umfassen wenige abstrakte, zum Teil auch konkrete Klassen und ihre problemrelevanten Interaktionen. In dieser Arbeit wird gezeigt, wie Entwurfsmuster erfolgreich bei der Erstellung eines Softwarebaukastens zur Visualisierung von Fertigungszellen, der auf einer GUI-Klassenbibliothek aufbaut, eingesetzt wurden.

1. Einführung

Die Wiederverwendung von Entwurfsinformation wurde bei der ersten Tagung über Wiederverwendung in Newport 1983 [WRP83] als eine besonders erfolgversprechende Form der Wiederverwendung betrachtet. Denn ein Entwurf ist von den speziellen Eigenheiten der Umgebung, in der er realisiert werden soll, (weitgehend) unabhängig. Insofern sollte er leichter wiederverwendbar sein als Code, der an eine spezielle Umgebung wie etwa Programmiersprache, Betriebssystem usw. gebunden ist. Es gab jedoch bis zum Ende der 80'er Jahre keine konkreten Techniken, abgesehen von zwei Randgebieten, um das Potential der Wiederverwendung von Entwurfsinformation zu realisieren, wie man z.B. [AP91] entnehmen kann. Bei der Wiederverwendung von verkapselten Komponenten wie Bausteinen [LSW87] oder Klassen, die aus Schnittstellenbeschreibung, Code und evt. weiteren Informationen wie z.B. Testprogrammen bestehen, wird Entwurfsinformation in Form der Schnittstelle mit wiederverwendet. Bei der Wiederverwendung von veröffentlichten Algorithmen oder Methoden ist zwar noch kein konkreter, aber doch meist ein vager Entwurf vorhanden. Obwohl der Gewinn sehr groß ist, der daraus resultiert, daß ein Algorithmus nicht neu entwickelt werden muß, ist doch der Aufwand nicht zu unterschätzen, den seine Umsetzung in einen Entwurf kostet.

Erst die Entwicklung der Objektorientierung mit der Erstellung von sehr kleinen Modulen machte eine Wiederverwendung von Entwürfen möglich, einerseits etwa seit Ende der 80'er Jahre in der Form von Frameworks, andererseits seit kurzem in der Form von Entwurfsmustern. Frameworks [JF88] [S95a] enthalten (im Unterschied zu einer Bibliothek) neben einem Codegerüst oder Code den abstrakten globalen Entwurf einer Anwendung, der sich in verschiedenen Umgebungen und Konfigurationen realisieren läßt und alle wesentlichen Aspekte der Anwendung umfaßt. Entwurfsmuster (Design Patterns) [G92] [GHJV93] [GHJV94] beschreiben dagegen einen konkreten lokalen Entwurfsaspekt. Sie geben eine konkrete Lösung für häufig in ganz verschiedenen Anwendungsbereichen vorkommende und damit typische Teil-Entwurfsprobleme, die nur wenige Klassen und ihre Interaktionen umfassen.

Diese Arbeit zeigt am Beispiel des Entwurfs einer Visualisierung von Fertigungszellen die Verwendung von Entwurfsmustern. Diese Visualisierung bildet einen Teil des Baukastens („black-box framework") OSEFA für stückgutverarbeitende Fertigungszellen und -systeme, aus dem sich Anwendungen durch die Konfiguration parametrisierbarer Komponenten ohne Programmierung erstellen lassen [S95a]. Bei dessen Erstellung haben wir ebenfalls beste Erfahrung mit der Verwendung von Entwurfsmustern gesammelt [S95b]. Nach einer Beschreibung des Anwendungsbereichs der Visualisierung von Fertigungszellen im zweiten Abschnitt wird im dritten Abschnitt die Problemstellung abgeleitet. Bei der Visualisierung soll eine Klassenbibliothek für Benutzeroberflächen (wie z.B. [STV94]) wiederverwendet werden. Jedoch werden verschiedene Anforderungen der Visualisierung von dieser nicht abgedeckt, so daß dafür eigene Lösungen zu entwickeln und in die verwendete Oberfläche zu integrieren sind. Im vierten Abschnitt wird ein Überblick über Entwurfsmuster gegeben, und in den folgenden Abschnitten wird gezeigt, wie zentrale Teilprobleme der Visualisierung erfolgreich mit Hilfe von Entwurfsmustern gelöst wurden.

2. Fertigungszelle und Visualisierung

Eine Fertigungszelle (vgl. [PSW91] und [S95a]) besteht aus einer oder mehreren Bearbeitungsmaschinen, Handhabungseinheiten, einem Transportsystem, aus Lagern und aus Pufferlagern. Zum Beispiel besteht die Fertigungszelle der CIM-Arbeitsgruppe der FH Konstanz - stark vereinfacht - aus einer CNC-Drehmaschine (Traub-TNS60) und einer CNC-Fräsmaschine (Mahomat) mit Pufferlagern, einem zentralen Palettenlager und einem Mannesmann-Demag Portalroboter als zentrale Komponenten. Der Portalroboter ist mit einem Greiferwechselsystem ausgestattet und wird sowohl als Transportsystem für die Paletten wie als Handhabungssystem zum Be- und Entladen der Drehmaschine genutzt.

Die Visualisierung stellt eine Fertigungszelle, den Fertigungsablauf und ihren Zustand symbolisch dar und bietet dem Bediener Eingriffsmöglichkeiten. Das von uns erstellte Subsystem zur Visualisierung und Interaktion mit dem Bediener bildet einen Teil eines Baukastens („black-box framework") zur Steuerung von Fertigungsanlagen [S94a]. Das bedeutet, daß man nicht von einer bestimmten Anzahl, Art und Zusammenarbeit von Bearbeitungsmaschinen, Handhabungs- und Transportsystemen ausgehen kann, sondern daß diese von der Konfiguration der jeweiligen Fertigungszelle bestimmt werden. Dem Bediener werden verschiedene Ansichten der Fertigungszelle geboten, vom Grobüberblick über die ganze Zelle bis zur genauen Darstellung einer Komponente, die in drei Ebenen unterschiedlicher Detaillierung gegliedert sind. Ein Beispiel dafür stellt die in Abb.1 gezeigte (vorläufige Version der) Visualisierung der CIM-Modellfabrik der FH Konstanz dar.

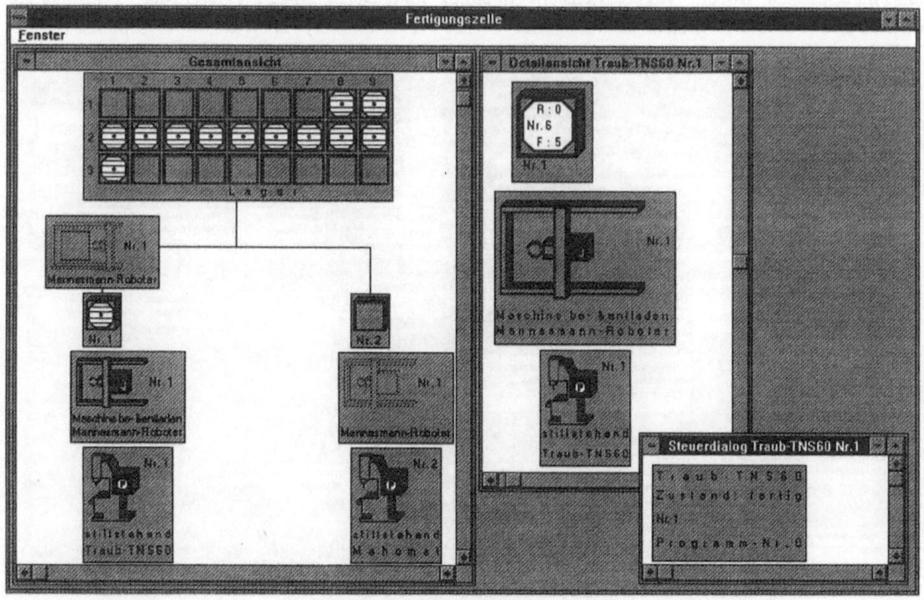

Abb. 1 - Visualisierung einer Fertigungszelle

Die oberste abstrakteste Ebene enthält (in Abb.1 links) ein Fenster, das die Gesamtansicht der gesamten Fertigungszelle mit allen Einheiten und ihrem Grobzustand zeigt. Der (Mannesmann) Portalroboter wird in seinen drei Funktionen Laden und Entladen von Traub-TNS60 und Mahomat und als Transportgerät für Paletten gezeigt, von denen die nicht aktuell ausgeübten gestrichelt sind. Falls der Bediener mehr Detailinformationen braucht, zeigt die mittlere Darstellungsebene pro Fenster die Ansicht einer Bearbeitungseinheit mit Details. Das Fenster oben rechts zeigt die Traub-TNS60 CNC-Maschine mit ihrem zugehörigen Handhabungsgerät und Pufferlager. Interaktive Benutzerkommandos werden nach Anklicken des betreffenden Objekts über Pop-Up Menüs ausgelöst. Die unterste Darstellungsebene enthält pro Fenster (in Abb.1 unten rechts) den Zustand und die Eingriffmöglichkeiten der DNC- bzw. RC-Kopplung für eine Maschine. Sie ist nur für den Störfall bestimmt, bei dem der normale Ablauf unterbrochen ist und weitreichende manuelle Eingriffe vom Bediener direkt, d.h. ohne Einschaltung der Ablaufsteuerung, durchgeführt werden.

Ein *technisches Objekt* hat also unterschiedliche *Darstellungen* in verschiedenen *Ansichten* der Fertigungszelle. Sein Zustand kann sich entweder durch den Ablauf des technischen Prozesses oder durch Bedienereingriffe ändern.

Zur Visualisierung der Fertigungszelle wird so weitgehend wie möglich eine Klassenbibliothek für graphische Benutzeroberflächen „wieder"-verwendet. Eine solche Bibliothek stellt Standard-Oberflächenelemente wie etwa Fenster, Menüs und Buttons bereit. Die verschiedenen Darstellungen der technischen Objekte müssen selbst erstellt werden und in die Oberflächenbibliothek integriert werden. Dabei treten Anforderungen auf, die von den Standardelementen einer Oberflächenbibliothek nicht abgedeckt werden.

3. Anforderungen an Visualisierung

Aus den im vorherigen Abschnitt beschriebenen Charakteristika der Visualisierung einer Fertigungszelle werden Anforderungen abgeleitet, die den Zusammenhang zwischen den technischen Objekten und den Darstellungsebenen (level), Ansichtsfenstern (picture) und Darstellungen (view) der Visualisierung betreffen und in Abb.2 dargestellt sind.

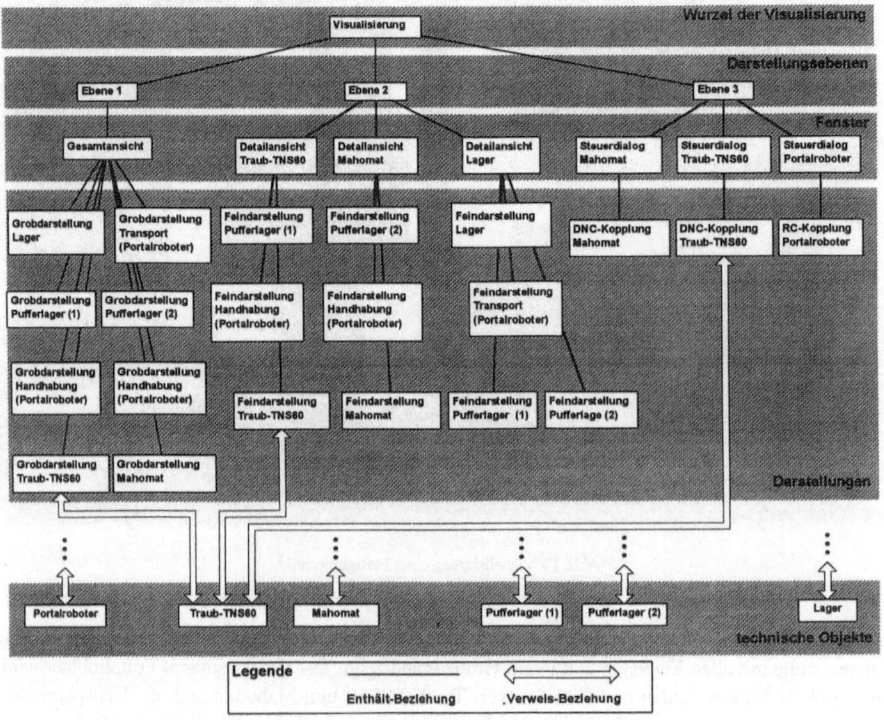

Abb. 2 - Zusammenhang zwischen den technischen Objekten und den Darstellungsebenen (level), Ansichtsfenstern (picture) und Darstellungen (view) einer Visualisierung

Mehrfache Darstellung eines Objekts

Ein technisches Objekt wie etwa die Traub-TNS60 Drehmaschine wird bei der Visualisierung mehrfach dargestellt, und zwar auf jeder der drei Darstellungsebenen in unterschiedlichem Detaillierungsgrad (siehe Abb.2).

Eine Darstellung besteht aus einem statischen und einem dynamischen Anteil. Der statische Anteil umfaßt die graphische Repräsentation und die geometrische Anordnung, wobei pro Ebene unterschiedliche Ausprägungen vorhanden sind. Der dynamische Anteil beinhaltet den sich ändernden Zustand, der, abgesehen von eventuellen Verfeinerungen, auf allen Darstellungsebenen derselbe ist. Der Benutzer hat die Möglichkeit, gleichzeitig verschiedene Ansichten der Fertigungszelle einzusehen, wobei die Darstellungen eines technischen Objekts auf den unterschiedlichen Ebenen stets den gleichen Objektzustand zeigen. Jede Darstellung muß also wissen, welchem technischen Objekt sie zugeordnet ist, und einen Verweis auf es halten, damit sie den Objektzustand abfragen kann.

Zustandsänderung durch Bedienereingriffe

Elemente zur Durchführung von Zustandsänderungen durch Bedienereingriffe sind bei allen Oberflächenbibliotheken vorhanden. Sie werden in der Visualisierung verwendet. Der Bediener wählt die Darstellung eines Objekts in der Oberfläche aus und setzt z.B. über ein Menü oder Buttons ein Kommando ab. Über den Aufruf einer dem Menü- oder Button-Objekt zugeordneten, sogenannten „Callback-" Funktion wird eine Zustandsänderung des Objekts bewirkt. Da Bedienereingriffsmöglichkeiten an die Darstellung gebunden sind, muß ein Verweis von der Darstellung zu dem dargestellten technischen Objekt vorhanden sein, um dessen Zustand entsprechend dem Eingriff ändern zu können. Entsprechend zu der Änderung des Zustands muß dann wieder die Darstellung geändert werden (wie im nächsten Abschnitt genauer beschrieben ist). Aus Platzmangel kann in dieser Arbeit auf Bedienereingriffe nicht eingegangen werden.

Zustandsänderung im technischen Prozeß

Änderungen von Objekten durch den Ablauf eines technischen Prozesses treten nur bei direkt gekoppelten technischen Anwendungen auf. Daher sind sie bei allgemein einsetzbaren Oberflächenbibliotheken nicht berücksichtigt. Tritt eine Zustandsänderung eines realen technischen Objekts - zu einem beliebigen Zeitpunkt - auf, wird dies von der (hier nicht besprochenen technischen) Anwendung (vgl. [S95a]) festgestellt, welche den Zustand des internen Modell-Objekts ändert. Ist eine Darstellung des Objekts auf der Oberfläche sichtbar, muß sie sofort geändert werden, ansonsten ist die Änderung des Zustands beim nächsten Zeichnen zu berücksichtigen. Somit muß ein technisches Objekt seine Darstellung über eine Zustandsänderung benachrichtigen, wenn man Pollen vermeiden will und ein Verweis von einem technischen Objekt zu allen seinen Darstellungen gegeben sein (siehe Abb.2).

Bildzeichnen und Bildauffrischung

Beim Zeichnen oder Auffrischen eines Fensters müssen alle Darstellungen einer Ansicht in ihrem aktuellen Zustand neu gezeichnet werden. Jedes Fenster bekommt vom Fenstersystem mitgeteilt, wenn das Neuzeichnen bzw. Auffrischen des Fensterinhalts notwendig ist, so z.B., wenn es zeitweise überdeckt war. Alle in dem Fenster gezeigten Darstellungen müssen einer Ansicht bekannt sein (siehe Abb.2), damit sie ihnen die Nachricht zum Neuzeichnen schicken kann. Umgekehrt muß eine Darstellung, damit sie ihren aktuellen Zustand neu zeichnen kann, ihrem Fenster eine Nachricht mit der Zeichnung schicken, weil dieses beim Zeichnen das Klippen und die Koordinatentransformation übernimmt.

4. Entwurf mit Entwurfsmustern

Bei der objektorientierten Analyse werden die fachlichen Klassen, ihre Beziehungen zueinander und ihre Schnittstelle definiert. Die grobe Definition der fachlichen Klassen ist, wenn die Problemstellung gegeben ist und fachliche Kenntnis des Anwendungsbereichs und etwas Erfahrung vorhanden sind, meist nicht einmal so schwierig. Was nach unserer Erfahrung aufwendiger und nicht einfach ist, ist die Definition der Dienste, die für die nicht-fachspezifische Kooperation der Klassen erforderlich sind, beim objektorientierten

Entwurf. Dabei ist nicht nur der „eingeschwungene Zustand" zu berücksichtigen, sondern auch der Aufbau des Zusammenhangs wie z.B. der zwischen technischen Objekten, Darstellungen, Abbildungen und Fenstern. Ein besonderes Problem ist, daß man nach dem Entwickeln einer vielleicht etwas komplexen Lösung nicht einschätzen kann, ob es eine gute, in gewisser Hinsicht optimale Lösung ist oder ob sie mit Nachteilen verbunden ist. Dies zeigt sich erst im Lauf der Zeit.

Bei der Definition der Klassen und der Dienste zu ihrer Kooperation helfen Entwurfsmuster, da gewisse Probleme in ähnlicher Form immer wieder auftreten. Aufgrund seiner Entwurfserfahrung kennt ein Entwickler mit der Zeit solche Probleme und Lösungen. Jedoch ist dieses Wissen unvollständig und sehr implizit, um nicht zu sagen instinktiv. Weiterhin ist ungünstig, daß das Wissen verschiedener Entwickler voneinander stark differiert und somit für die gleiche Problemstellung verschiedene Lösungen entwickelt werden.

Entwurfsmuster [G92] [GHJV93] [GHJV94] bringen dieses implizite und persönliche, nicht wiederverwendbare Wissen in eine wiederverwendbare Form. Sie beschreiben typische Problemstellungen, die häufig auftreten und geben eine Lösung für das Problem. Diese gibt die Klassen und ihre zur Problemlösung erforderliche Kooperation in Form der betreffenden Dienste und Methoden an. Eine solche Problemstellung ist etwa, daß Objekte auf die Änderung eines anderen Objekts reagieren müssen. Doch das geänderte Objekt soll keine feste Kenntnis haben, welches die reagierenden Objekte sind. Da ein Objekt dabei von anderen beobachtet wird, wird diese Problemstellung „Beobachter"- bzw. Observer-Muster genannt. Sie hat eine typische Lösung, die nicht jedesmal von neuem wiedererfunden werden muß, sondern von dem Entwurfsmuster vorgegeben wird.

Bei der Entwicklung der Lösung für die beschriebene Problemstellung der Visualisierung einer Fertigungszelle suchen wir für jedes Teilproblem nach einem Entwurfsmuster nach [GHJV94], das zu diesem Teilproblem paßt oder, anders gesagt, eine Lösung für es darstellt. Damit sparen wir erstens Zeit, da jedes Entwurfsmuster die problemrelevanten Dienste und Methoden bereits definiert hat. Zweitens ist, unter der Annahme, daß die verwendeten Entwurfsmuster kodifiziertes Entwurfswissen bereitstellen, gewährleistet, daß die mit ihrer Hilfe erstellte Lösung gut ist, sofern man die richtigen Muster ausgewählt und sie richtig kombiniert hat.

5. Objekte und ihre Darstellungen

Die einfachste Vorgehensweise zur Darstellung eines technischen Objekts wäre, daß ein solches Objekt durch Definition eines entsprechenden Dienstes seine Darstellung selbst erzeugt. Dies ist außer in ganz einfachen oder speziellen Fällen nicht zweckmäßig, da hierbei die Kopplung zwischen Objekt und Darstellung zu eng ist. Deshalb trennt das MVC- („model-view-controller") Paradigma [R94] ein Objekt (model) und seine Darstellung (view). In unserer Anwendung sind einem Objekt mehrere Darstellungen zugeordnet, so daß sie schon aus diesem Grund getrennt werden sollten.

Somit ist folgender Zusammenhang zwischen einem technischen Objekt und seinen Darstellungen zu modellieren. Eine Darstellung muß ihr Objekt kennen, um beim Zeichnen Zugriff auf die zu visualisierenden Daten zu haben. Wenn eine Darstellung die Zuordnung zu ihrem Objekt durchgeführt hat, muß ein Objekt diese bzw. alle seine Darstellungen kennen, damit es ihnen eine Änderung seines Objektzustands mitteilen kann.

Das Observer-Entwurfsmuster nach [GHJV93] (siehe Abb.3) modelliert diesen Aspekt der Beziehungen zwischen einem Objekt und seinen Darstellungen. Es abstrahiert jedoch davon, daß es sich um ein technisches Objekt und seine Darstellung handelt, und stellt nur die für diese Beziehung relevante Rollen der technischen Objekte und ihrer Darstellungen dar. Da das beobachtete Objekt auf Grund eigener Aktivität seinen Zustand ändern kann, wird es als Subjekt bezeichnet. Somit modelliert das Entwurfsmuster den Zusammenhang zwischen einem Subjekt (subject) und beliebig vielen Beobachtern (observer). Einem

Beobachter ist sein Subjekt, das er überwacht, direkt zugeordnet. Die umgekehrte Zuordnung ist nicht so direkt, da einem Subjekt verschiedene, auch evt. zeitlich wechselnde Beobachter zugeordnet sein können.

Die folgenden Entwurfsmuster und Entwürfe sind in der von dem Entwurfswerkzeug objectiF verwendeten Form von Coad/Yourdon Diagrammen dargestellt. Eine Klasse wird durch einen Kasten dargestellt. Konkrete Klassen werden durch einen zweiten unteren Querstrich von abstrakten Klassen unterschieden. Die Benutzt-Beziehung wird durch eine gepfeilte Kante, die Vererbung durch eine Kante mit Halbkreis, die Enthält-Beziehung durch eine mit Dreieck, und die Instanzen-Beziehung durch eine einfache Kante dargestellt.

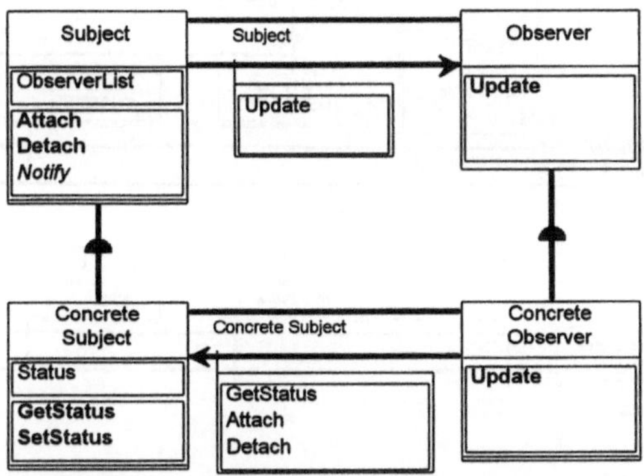

Abb. 3 - Observer-Entwurfsmuster in Coad/Yourdon Diagramm Form

Das in Abb.3 dargestellte Observer-Entwurfsmuster enthält die beiden Basisklassen Subject und Observer. Ein Observer meldet sich bei seinem Subject an; umgekehrt benachrichtigt ein Subject alle angemeldeten Observer über eine Zustandsänderung. Die konkrete Basisklasse Subject stellt die Dienste Attach und Detach zur Registrierung bzw. Abmeldung eines Beobachters bereit und führt eine Liste aller angemeldeten Observer. Die abstrakte Basisklasse Observer stellt einen abstrakten Dienst Update bereit, der vom zugehörigen Subject aufgerufen wird, wenn sich sein Zustand geändert hat und der Observer seine Daten zu aktualisieren hat. Der von Subject bereitgestellte Dienst Notify schickt allen angemeldeten Observern eine Update-Nachricht.

Die Klasse ConcreteObserver wird von Observer abgeleitet. Sie erhält als Konstruktorparameter einen Zeiger auf das zu überwachende Subjekt und konkretisiert den geerbten Dienst Update, der die geänderten Subjektdaten abfragt. Die Klasse ConcreteSubject ist von Subject abgeleitet. Sie hat einen konkreten Zustand, der durch den von Update aufgerufenen Dienst GetStatus abgefragt werden kann.

In der Zellsteuerung der Fertigungszelle [S95a], auf die in dieser Arbeit nicht eingegangen wird, sind die Klassen zur Modellierung der technischen Objekte entsprechend dem MVC-Paradigma unabhängig von der Visualisierungskomponente definiert. Um diese Unabhängigkeit zu erhalten und um die Klassen der Zellsteuerung nicht abzuändern, werden die beschriebenen Basisklassen Subject und Observer in die Visualisierungskomponente übernommen. Von ihnen werden die anwendungsspezifischen Klassen wie z.B. TraubTNS60Subject usw. und View mit seinen Unterklassen abgeleitet.

Von jeder Klasse der technischen Objekte wie z.B. TraubTNS60 wird - etwas vereinfacht dargestellt - durch doppelte Vererbung von dieser Klasse und von Subject eine ConcreteSubject-Klasse wie etwa TraubTNS60Subject abgeleitet (siehe Abb.4). Eine abgeleitete Klasse besitzt also ohne zusätzlichen Implementierungsaufwand sowohl die Eigenschaften einer CNC-Machine als auch die eines Subjects. Für jede technische Objektklasse wird eine Darstellung zur Visualisierung pro Darstellungsebene eingeführt, wie etwa die Klasse Level1TraubTNS60View. Diese Klasse besitzt View-Eigenschaften durch Ableitung von der abstrakten Basisklasse View, welche im nächsten Entwurfsmuster näher beschrieben wird, als auch Observer-Eigenschaften, da View von der abstrakten Basisklasse Observer abgeleitet ist.

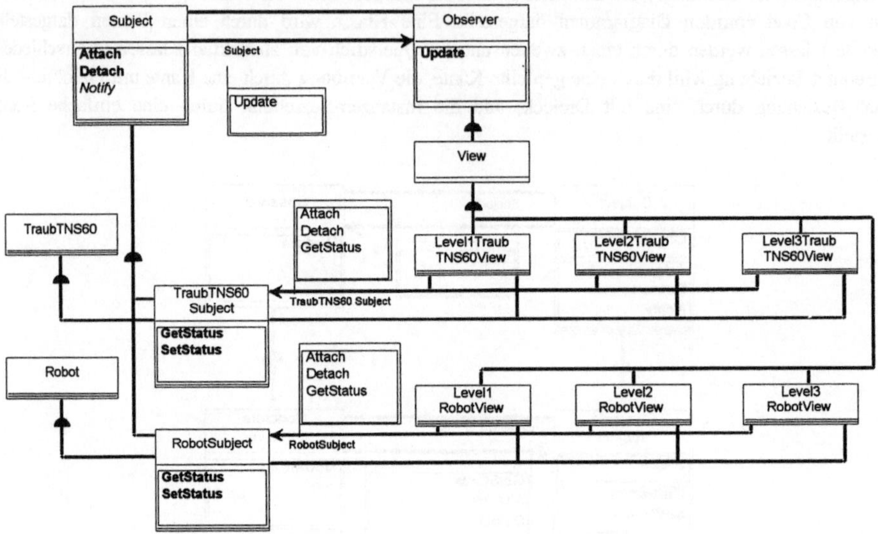

Abb. 4 - Darstellung von technischen Objekten durch Views und ihre Kopplung aneinander mittels Observer-Entwurfsmuster

6. Aggregierung der Darstellungen

Die Visualisierung ist in Darstellungsebenen, diese sind in Ansichtsfenster und die letzteren sind in Darstellungen der Objekte der Fertigungszelle zu gliedern. Die Zusammenfassung von Objekten (über mehrere Ebenen) ließe sich (jeweils) durch einen Container wie z.B. eine Kollektion Set repräsentieren, allerdings mit den Nachteil, daß Zusammenfassung und einzelnes Objekt nicht das gleiche Verhalten zeigen. Es würde aber die Strukturierung des Systems vereinfachen, wenn ein Ansichtsfenster und eine Darstellung die gleichen Dienste wie etwa Zeichnen oder Löschen anbieten würden, so daß z.B., wenn man den Dienst „Zeichnen" eines Ansichtsfensters aufruft, automatisch alle ihm zugeordneten Darstellungen gezeichnet werden. Das Composite-Entwurfsmuster erlaubt es, Objekte so zusammenzufassen, daß Ganzes und Teil das gleiche Verhalten zeigen.

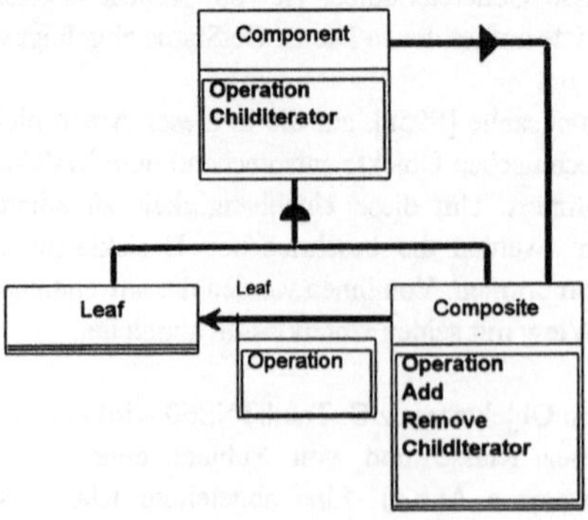

Abb. 5 - Composite Entwurfsmuster

Wie Abb.5 zeigt, enthält das Composite-Entwurfsmuster nach [GHJV94] eine abstrakte Basisklasse Component, die in ihrer Schnittstelle alle Dienste (wie etwa Operation in Abb.5) spezifiziert, bezüglich derer das Ganze und die Teile das gleiche Verhalten zeigen sollen. Die Klasse Component wird in eine Klasse für einen Teil, Leaf genannt, und in eine für das Ganze, Composite genannt, spezialisiert. Composite enthält Component-Objekte, die als Leafs oder selbst wieder als Composites spezialisiert sind. Leaf implementiert die in der Basisklasse spezifizierten Dienste (und möglicherweise weitere). Composite stellt Dienste zum Hinzufügen, Entfernen und zur Iteration durch die Teile (Leafs) bereit und implementiert die in der Basisklasse spezifizierten Dienste, indem es jeweils alle Teile mit diesem Dienst aufruft.

Mittels des Composite-Entwurfsmusters läßt sich, wie in Abb.6 gezeigt, eine Darstellungshierarchie aus Darstellungsebenen, Ansichtsfenstern und Darstellungen aufbauen. Abstrakt lassen sich alle Elemente der Hierarchie als AbstractGraphic-Objekt auffassen. AbstractGraphic ist somit die Realisierung der Klasse Component. Zusätzlich zu den im Entwurfsmuster angegebenen Diensten besitzt AbstractGraphic eine Referenz, die auf das ihr übergeordnete Vaterelement der Baumstruktur zeigt und mit der Methode SetParent gesetzt wird. (Man kann dies als einen Spezialfall des Entwurfsmusters Chain of Responsibility nach [GHJV94] auffassen!) Diese Referenz ermöglicht den Kindern den Zugriff auf ihren Vater.

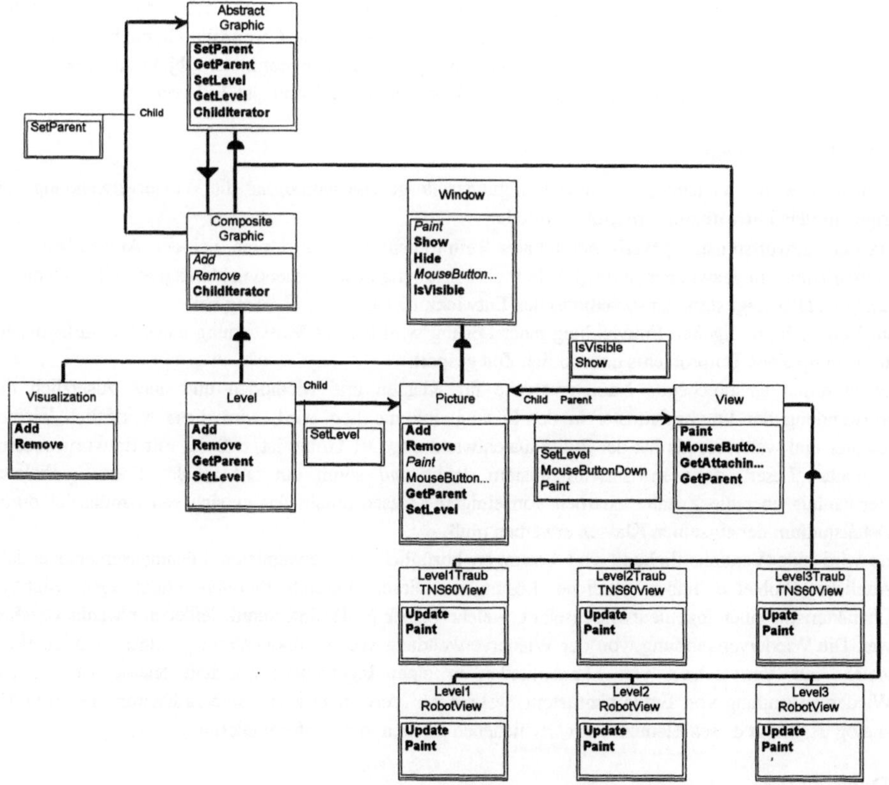

Abb. 6 - Darstellungshierarchie und Anbindung an Oberflächenbibliothek

Eine CompositeGraphic als Unterklasse von AbstractGraphic repräsentiert aggregierte Graphic-Objekte und stellt Dienste zur Aggregierung wie etwa Add, Remove und zur Iteration über die Kinder ChildIterator bereit. Zur Unterscheidung der drei Ebenen der Darstellungshierarchie werden von der Unterklasse CompositeGraphic wiederum drei weitere Unterklassen, genannt Visualization, Level und Picture, abgeleitet. Diese unterscheiden sich von ihrer Oberklasse nur dadurch, daß die Kindoperationen typsicher gemacht sind, um eine Vermischung der verschiedenen Aggregationsebenen zu vermeiden. Die Leaf-Klasse, View genannt, definiert die abstrakte Darstellung einer technischen Komponente der Fertigungszelle mit den gemeinsamen Diensten wie etwa Paint und MouseButtonDown für Controller-Zwecke.

Die Verbindung zu den Elementen der Oberflächenbibliothek wird hergestellt, indem die Klasse Picture mittels doppelter Vererbung zusätzlich von der Klasse Window des verwendeten Fenstersystems abgeleitet wird. Eine Ansicht („Picture") ist also auch ein Fenster, das heißt, sie wird in einem eigenen Fenster gezeigt. Wenn das Fenstersystem dem Fenster die Nachricht zum Neuzeichnen schickt, ruft dieses die überladene Methode Paint der Klasse Picture auf und Picture wiederum, mit Hilfe ihres Dienstes ChildIterator, die Methode Paint aller ihr zugeordneten Views.

Zum Zeichnen einer Darstellung muß einem View sein Ansichtsfenster bekannt sein, da er die elementaren Zeichen-Befehle an das Fenster schicken muß. Denn ein Fenster der GUI-Bibliothek führt die Koordinatentransformation vom fensterbezogenen Koordinatensystem auf das Gerätekoordinatensystem durch, weiß, ob es sichtbar oder ikonisiert ist, und hat ein Klipp-Polygon, um festzustellen, welche Bereiche des Fensters gerade überdeckt sind. Ein View muß nach einer Änderung seines Zustands beim zugeordneten Fenster ermitteln, ob es ikonisiert ist, weil er sich dann nicht neu zeichnen muß. In beiden Fällen ist der Zugriff eines Views auf sein Fenster möglich, weil in die Composite-Hierarchie, wie schon angesprochen, zusätzlich der Verweis einer Graphic auf ihr jeweils übergeordnetes Objekt integriert wurde. Abstrakt betrachtet, ist die Relation der Überordnung invers zu der Relation „ist-Teil-von".

7. Schlußfolgerungen

Wie am Beispiel der Visualisierung einer Fertigungszelle gezeigt wurde, hat die Wiederverwendung von „Design" mittels Entwurfsmustern große Vorteile:

- Da ein Entwurfsmuster jeweils ein lokales Teilproblem löst, wird man bei der Anwendung von Entwurfsmustern gezwungen, eine globale Problemstellung in weitgehend unabhängige Teilprobleme zu zerlegen. Dies trägt stark zur systematischen Entwicklung einer guten Lösung bei.
- Im Vergleich zur eigenen Entwicklung einer Lösung wird bei der Verwendung eines Entwurfsmusters zur Lösung eines Teilproblems beträchtlich Zeit gespart.
- Wenn durch entsprechende Namensvergabe für Klassen und Methoden und auch zusätzlich die Verwendung der Entwurfsmuster in der Lösung dokumentiert wird, wird diese wesentlich leichter lesbarer und wartbarer als bei der Individualentwicklung. Der Grund ist, daß der mit Entwurfsmustern vertraute „Leser" dann in Entwurfsmustern denkt und somit ein auf lokaler Ebene globaleres Verständnis über die Zusammenarbeit von einigen Klassen erhält, das er sich sonst mühselig durch Detailstudium der einzelnen Klassen erwerben muß.
- Es wird eine Vereinheitlichung von Lösungen bezüglich der verwendeten Lösungselemente erzielt. Ähnliche Probleme haben ähnliche Lösungen. Dieses Vereinheitlichung bildet eine wichtige Charakteristik einer Ingenieurwissenschaft, welche bisher in der Informatik leider nur wenig gegeben war. Die Wiederverwendung, von der Wiederverwendung von Komponenten aus Klassenbibliotheken, welche zur Verwendung von Standardteilen in einer Ingenieurwissenschaft analog ist, bis zur Wiederverwendung von Entwurfsmustern, welche zur Verwendung von standardisierten Teillösungen analog ist, bringt dieses Element auf verschiedenen Ebenen in die Informatik ein.

8. Dank

Unser Dank für die Unterstützung des Projekts geht an

- das Bundesministerium für Bildung, Wissenschaft, Forschung und Technologie und an
- die Deutsche Forschungsgemeinschaft.

9. Referenzen

[AP91] G.Arango, R.Prieto-Diaz (eds.): Domain Analysis and Software Systems Modelling, IEEE Computer Press, Los Alamitos, 1991, 9-32

[CY91] P.Coad, E.Yourdon: Object-Oriented Analysis; Prentice-Hall, Englewood Cliffs, NJ, 1991

[G92] E.Gamma: Objektorientierte Softwareentwicklung am Beispiel von ET++; Springer, Berlin, 1992

[GHJV93] E.Gamma, R.Helm, R.Johnson, J.Vlissides: Design Patterns: Abstraction and Reuse of Object-Oriented Designs; In: Proc. ECOOP 1993, Springer Lecture Notes in Computer Science 707 Berlin, 1993, 406-431

[GHJV94] E.Gamma, R.Helm, R.Johnson, J.Vlissides: Design Patterns: Elements of Object-Oriented Software Architecture; Addison-Wesley, 1994

[JF88] R.E.Johnson, B.Foote: Designing Reusable Classes; Journal of Object-Oriented Programming; Vol1/No2, June 88, 22-35

[LSW87] M.Lenz, H.A.Schmid, P.Wolf: Software Reuse through Building Blocks; IEEE Software, July 1987, 34 - 42

[PSW91] G.Pritschow, G.Spur, M.Weck (eds.): Leit- und Steuerungstechnik in flexiblen Produktionsanlagen, Hanser, München, 1991

[R94] J. Rumbaugh: Eine Betrachtung der Architektur Model-View-Controller (MVC), Objekt-Spektrum Nr. 3, 1994, 49 - 54

[S95a] H.A.Schmid: Entwurf eines objektorientierten Baukastens zur Steuerung von Fertigungsanlagen; erscheint im Informatik Spektrum, 1995

[S95b] H.A.Schmid: Creating the Architecture of a Manufacturing Framework by Design Patterns, accepted for publication by OOPSLA'95

[STV94] A. Busch, T. Kuehnel, A. Jahnke: Starview C++ Klassenbibliothek Version 2.0, Benutzerhandbuch, Star Division Softwareentwicklung und Vertrieb, Hamburg, 1993

[WRP83] Proceedings of the Workshop on Reusability in Programming; Newport, RI, 7.-9.9.1983

Werkzeuge zum Aufbau und Einsatz von Bibliotheken zur Software-Wiederverwendung: Kriterien und Anforderungen

Andreas Zendler und Stefan Gastinger
Forschungsinstitut für Angewandte Software-Technologie
Arabellastr. 17, D-81925 München, Germany
Tel.: ++49-89-920047-58, FAX: ++49-89-920047-18

Inhalt

Abstract: Werkzeuge, die in Unternehmen zum Aufbau und Einsatz von Bibliotheken für wiederverwendbare Software-Dokumente eingesetzt worden sind, werden gegenübergestellt und bewertet. Dazu werden acht Kriterien herangezogen. Auf der Grundlage der Bewertungen werden Anforderungen an die Entwicklung eines Reuse-Managers formuliert, mit dem der Aufbau und Einsatz von Bibliotheken zur Software-Wiederverwendung so unterstützt werden kann, daß die wiederverwendungsorientierte Software-Entwicklung einen entscheidenden Produktivitätsvorteil gegenüber einer Software-Entwicklung ohne Wiederverwendung erzielen wird.

Schlüsselwörter: Wiederverwendbare Software-Dokumente, unternehmensweite Software-Bibliotheken, Organisation von Software, Wiederauffindung von Software, Bewertung von Werkzeugen, Anforderungen an Werkzeuge.

1. Einleitung

Von Unternehmen, die sich seit einigen Jahren mit dem Thema Software-Wiederverwendung auseinandersetzen, werden insbesondere organisatorische Faktoren genannt, um Software mit Erfolg wiederzuverwenden. Besonders erfolgreich mit ihren Ansätzen zur Software-Wiederverwendung waren Unternehmen (z.B. GTE, NEC, Nippon Telegraph and Telephone Corporation), die eine Administration (Reuse-Komitee, Reuse-Design-Group) für wiederverwendbare Software-Dokumente aufbauten oder eine Abteilung etablierten, die nur für die Entwicklung von wiederverwendbaren Software-Dokumenten zuständig ist. Die Unternehmen weisen darauf hin, daß für den Erfolg der Software-Wiederverwendung auch die Organisation von Trainings und Workshops sowie die Entwicklung von Manualen und Standards zur Software-Wiederverwendung notwendig seien [COH90].

* Dieses Projekt wurde gefördert von der Bayerischen Forschungsstiftung

Neben organisatorischen Faktoren lassen sich allerdings auch technische Ursachen dafür verantwortlich machen, daß die Software-Wiederverwendung in der Praxis noch nicht den Erfolg hatte, den man sich von ihr erhoffte. Zum einen fehlen kommerzielle Werkzeuge, mit denen Software-Dokumente in einem unternehmensweiten Kontext so produziert werden können, daß sie ohne großen Aufwand wiederverwendet werden können. Zum anderen fehlen Werkzeuge, mit denen wiederverwendbare Software-Dokumente aufgrund von Benutzerwünschen wiederaufgefunden werden können.

Wir wollen im folgenden Anforderungen an ein kommerzielles Werkzeug - einen sogenannten Reuse-Manager - stellen, mit dem wir die technischen Defizite überwinden können. Dabei berücksichtigen wir, daß der Reuse-Manager in einem unternehmensweiten Kontext eingesetzt werden soll. Die Anforderungen werden einerseits formuliert auf der Grundlage von existierenden Konzepten zur Repräsentation und Suche von wiederverwendbaren Software-Dokumenten [FRA+90; PRI91; POU+93] sowie von Erfahrungen zur Software-Wiederverwendung bei nationalen und internationalen Unternehmen [COH90; GRI91; BAN+93; ZEN94]. Andererseits analysieren wir dazu Werkzeuge zum Aufbau und Einsatz von Bibliotheken zur Software-Wiederverwendung, die als sogenannte In-House-Werkzeuge in Unternehmen eingesetzt worden sind (vgl. Kapitel 2).

Die vorliegende Arbeit ist wie folgt aufgebaut: Zunächst geben wir einen Überblick über Kriterien und Werkzeuge, danach vergleichen wir die Werkzeuge anhand der Kriterien und schließlich stellen wir Anforderungen an einen zu entwickelnden Reuse-Manager.

2. Kriterien und Werkzeuge im Überblick

In diesem Kapitel geben wir zum einen eine Übersicht über die Kriterien, die wir zur Bewertung der Werkzeug-Funktionalität heranziehen, und stellen zum anderen die Werkzeuge vor, die wir in die Bewertung einbeziehen.

Wir konzentrieren uns auf die folgenden acht Bewertungskriterien: Das Kriterium **Wiederverwendbare Software-Dokumente** macht Aussagen über die Art der wiederverwendbaren Software-Dokumente, die von einem Werkzeug unterstützt werden. Das Kriterium **Dokumentation der Semantik** umfaßt die Dokumentation der Semantik wiederverwendbarer Software-Dokumente. Das Kriterium **Repräsentationsmethoden** hat die verschiedenen Arten der Repräsentation wiederverwendbarer Software-Dokumente zum Inhalt, die von einem Werkzeug unterstützt werden können. Die beiden Kriterien **deskriptive** und **navigierende Suchverfahren** machen Aussagen über die verschiedenen Arten der Suche nach wiederverwendbaren Software-Dokumenten, die von einem Werkzeug unterstützt werden. Das Kriterium **Import/Export** umfaßt die Möglichkeiten zum Austausch von Software-Dokumenten und Repräsentationsstrukturen mit Zielumgebungen. Das Kriterium **Reports** umfaßt die Erstellung von Berichten wiederverwendbarer Software-Dokumente und die Analyse von Bibliotheken mit wiederverwendbaren Software-Dokumenten. Das Kriterium **Integration mit CASE-Tools** beschreibt, ob die Werkzeuge in Umgebungen zur Weiterverarbeitung wiedergefundener Software-Dokumente integriert sind.

Zum Aufbau und Einsatz von Bibliotheken wiederverwendbarer Software-Dokumente lassen sich prinzipiell drei Klassen von Werkzeugen unterscheiden: Prototypische Werkzeuge, die in Forschungsinstituten entwickelt worden sind, In-House-Werkzeuge, die von Unternehmen realisiert worden sind, um deren Projekte zur Software-Wiederverwendung auch software-technisch unterstützen zu können, und kommerzielle Werkzeuge, die bereits als Produkte zur Verfügung stehen. Im Hinblick auf unser Ziel, einen Überblick über die notwendige Funktionalität eines Reuse-Managers zu erhalten, ist die Bewertung der In-House-Werkzeuge von besonderem Interesse. Diese spiegeln die Anforderungen einzelner Firmen am besten wider. Deshalb beschränken wir uns in dieser Arbeit auch auf In-House-Werkzeuge. Im einzelnen werden wir folgende Werkzeuge bewerten und gegenüberstellen: CATALOG von AT&T [FRA+87], The Reusable Software Library (RSL) von Intermetrics [BUR+87], Reuse Class Browser von IBM [CON+93], Reuse Assistant von Siemens [BER93] und Software Engineering Library (SEL) von BMW [FRE94].

3. Vergleichende Bewertung der Werkzeuge

Dieses Kapitel stellt die verschiedenen Aspekte der einzelnen Bewertungskriterien vor. Darüber hinaus wird die Funktionalität der Werkzeuge in Form einer tabellarischen Übersicht und einer Zusammenfassung bewertet. Jedes Kriterium wird in einem eigenen Abschnitt behandelt. Die Einträge in den Tabellen haben die folgenden Bedeutungen:

✓ Das Werkzeug unterstützt das Kriterium;
\- Das Werkzeug unterstützt das Kriterium nicht;
? Für das Werkzeug konnte das Kriterium nicht recherchiert werden.

3.1 Wiederverwendbare Software-Dokumente

Alle Ergebnisse, die im Software-Entwicklungsprozeß anfallen, sind prinzipiell wiederverwendbar. Auf diese Tatsache hat Freeman schon 1983 [FRE83] hingewiesen: Software-Dokumente, die der Wiederverwendung zugänglich sind, sind solche Dokumente, die ein Software-Entwickler möglicherweise verwenden kann. Börstler [BÖR89] weist darauf hin, daß auch Programmier-Erfahrungen und *diffuses Wissen* der Wiederverwendung zugänglich sind. Der NATO-Standard [NAT94] unterscheidet fünf Klassen von wiederverwendbaren Software-Dokumenten: *Specification Reuse*, *Design Reuse*, *Code Reuse*, *Test Reuse* und *Documentation Reuse*. Wir orientieren uns im folgenden an dem NATO-Standard, fassen vorwiegend aus terminologischen Gründen die beiden ersten Klassen des NATO-Standards zu einer Klasse **Analyse- und Entwurfsdokumente** zusammen, nennen die Klasse *Code Reuse* **Software-Bausteine** und die Klasse *Documentation Reuse* **Benutzer-Dokumente**; auf die Klasse *Test Reuse* verzichten wir, weil dazu noch keine gesicherten Erfahrungen vorliegen, die wir auswerten könnten.

Die Klasse **Analyse- und Entwurfsdokumente** umfaßt Software-Dokumente, die in der Analyse- und Entwurfsphase eines Software-Projektes entstehen: Typische Beispiele sind Geschäftsprozeß-Modelle, semantische und logische

Daten-Modelle, Datenfluß-Diagramme, Funktionsbeschreibungen, objektorientierte Modelle, Benutzungsmodelle u.a. Die Klasse **Software-Bausteine** umfaßt Software-Dokumente, die in der Implementierungsphase eines Software-Projektes entstehen: Typische Beispiele sind Programme in verschiedenen Programmiersprachen und verschiedener Größe, Programm-Bibliotheken sowie physische Datenbank-Schemata oder Objektklassen für objektorientierte Datenbanken. Die Klasse **Benutzer-Dokumente** umfaßt Software-Dokumente, die dazu dienen, Benutzern die Analyse- und Entwurfsdokumente sowie die Software-Bausteine so zu dokumentieren, daß sie verständlich und verwendbar sind.

Tabelle 1. Art der wiederverwendbaren Software-Dokumente.

	CATA-LOG	RSL	ReUse Class Browser	Reuse Assistan t	SEL
❑ Analyse- und Entwurfsdokumente	-	-	-	-	-
❑ Software-Bausteine	✓	✓	✓	✓	✓
❑ Benutzer-Dokumente	-	-	-	-	-

Die Werkzeuge beschränken sich auf die Wiederverwendung von Software-Bausteinen. RSL ist speziell für die Wiederverwendung von Software-Komponenten der Sprache Ada entwickelt worden, CATALOG für die Wiederverwendung von Source-Code beliebiger Sprachen, sofern diese mit einem speziellen Format versehen sind. SEL ist für die Wiederverwendung beliebiger Arten von Software-Modulen konzipiert worden. Der Reuse Class Browser und der Reuse Assistant wurden für die Wiederverwendung von C++-Klassen realisiert.

3.2 Dokumentation der Semantik

Für die korrekte Wiederverwendung von Software-Dokumenten ist es notwendig, deren Semantik zu verstehen, um bewerten zu können, ob sie in einem neuen Kontext wiederverwendet werden können. Zur Dokumentation der Semantik wiederverwendbarer Software-Dokumente ist das 3C-Modell (Context, Concept, Content) [TRA90] entwickelt worden. Außerdem existieren Ausarbeitungen von Herstellerfirmen, aus denen deutlich wird, wie wiederverwendbare Software-Dokumente für die Wiederverwendung qualifiziert werden können [IBM92]. Darüber hinaus umfaßt dieses Kriterium die Dokumentation der möglichen *Beziehungen* zwischen wiederverwendbaren Software-Dokumenten, wie etwa *uses* oder *is-used-by*, die Dokumentation der Schnittstellen wiederverwendbarer Software-Dokumente, wie etwa die Beschreibung der Funktionen eines Moduls, sowie die Qualifizierung wiederverwendbarer Software-Dokumente durch die Zuordnung von Reuse-Attributen wie etwa Effizienz, Modularität und Konsistenz. Der Einsatz der Domain-Analyse wird als ein entscheidendes Kriterium für den Erfolg der Software-Wiederverwendung angesehen [PRI90; SUT+94] und ebenfalls unter diesem Kriterium behandelt.

Tabelle 2. Dokumentation der Semantik.

	CATA-LOG	RSL	ReUse Class Browser	Reuse Assistan t	SEL
❑ Beziehungen (uses/is-used-by)	✓	-	-	-	✓
❑ Schnittstellenbeschreibung	✓	-	-	-	-
❑ Domain-Analyse	-	-	-	-	-
❑ Qualifizierung durch Reuse-Attribute	✓	✓	-	-	-

Die Werkzeuge unterstützen die Dokumentation der Semantik wiederverwendbarer Software-Dokumente noch sehr wenig. Die meiste Unterstützung bietet CATALOG, das die Beschreibung von Schnittstellen zwischen wiederverwendbaren Software-Komponenten erlaubt und ebenso wie RSL die Qualifizierung von Software-Dokumenten durch Reuse-Attribute ermöglicht. SEL unterstützt die Beschreibung der Beziehungen zwischen wiederverwendbaren Software-Dokumenten mit *uses/is-used-by* bzw. *imports/is-imported-by*-Links. Es fällt auf, daß keines der Werkzeuge das Verfahren der Domain-Analyse unterstützt.

3.3 Repräsentationsmethoden

Repräsentationsmethoden für wiederverwendbare Software-Dokumente lassen sich nach Frakes und Gandel [FRA+90] in drei Hauptklassen einteilen (vgl. Abbildung 1). Die Autoren unterscheiden zum einen Methoden, die aus der Bibliothekswissenschaft und Informationsverarbeitung stammen; diese Methoden arbeiten mit indexiertem Vokabular. Zum anderen nennen sie wissensbasierte Methoden, die aus der Künstlichen Intelligenz hervorgingen, und schließlich führen sie hypertextbasierte Methoden auf, die ihren Ursprung sowohl in der Künstlichen Intelligenz als auch in der Informationsverarbeitung haben.

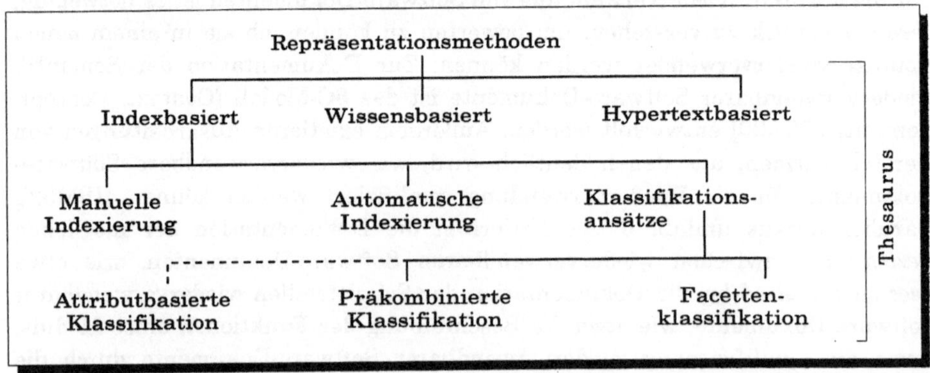

Abbildung 1. Einteilung von Repräsentationsmethoden für wiederverwendbare Software-Dokumente.

Indexbasierte Repräsentationsmethoden werden danach eingeteilt, ob die Indexierung manuell oder automatisch erfolgt. Darüber hinaus finden wir bei den indexbasierten Repräsentationsmethoden solche, welche die Indexterme zu Klassen zusammenfassen.

Bei der **manuellen Indexierung** wird durch eine Fachkraft ein Verzeichnis mit Indextermen aufgebaut und den Benutzern zur Verfügung gestellt.

Repräsentationsmethoden zur **automatischen Indexierung** extrahieren Indexterme aus sprachlichen Dokumenten. Die meisten Verfahren bauen dabei auf der Beobachtung auf, daß die Häufigkeit einzelner Begriffe mit dem Informationsgehalt dieser Begriffe für die inhaltliche Repräsentation zusammenhängt.

Klassifikationsansätze gehen davon aus, daß ein gegebener Bereich von Sachverhalten ("Universe of Discourse") geordnet werden kann. Dabei werden gegebene Sachverhalte zu Klassen zusammengefaßt. Die **attributbasierte Klassifikation** ist das einfachste und am wenigsten aufwendige Verfahren zur Klassifikation von Software-Dokumenten. Sie geht direkt von den Attributen - wie etwa Funktionalität oder zuständiger Software-Entwickler - und den Attributwerten aus, welche die Software-Dokumente charakterisieren [POU+93].

Zwei wesentliche Verfahren, die häufig in Arbeiten und Systemen zum Aufbau von Bibliotheken für wiederverwendbare Software-Dokumente eingesetzt werden, sind die präkombinierte Klassifikation und die Facettenklassifikation.

Bei der **präkombinierten Klassifikation** wird ein bestimmter Sachverhaltsbereich in hierarchisch angeordnete Klassen eingeteilt. Jede Klasse bekommt einen sogenannten Category-Code, der die Kurzschreibweise für die betreffende Klasse darstellt. Alle für die Klassifikation von Sachverhalten notwendigen Klassen werden explizit vorgefertigt bzw. aufgezählt. Typische Beispiele für präkombinierte Klassifikationssysteme sind etwa die Dezimalklassifikation oder das Klassifikationssystem des Review-Journals *ACM Computing Review*. Die **Facettenklassifikation** ist entwickelt worden, um die Inflexibilität der präkombinierten Klassifikation zu überwinden. Ursprünglich ist die Facettenklassifikation von Ranganathan [RAN49] für die Bibliothekswissenschaften entwickelt worden. Prieto-Díaz [PRI87, PRI91] hat diesen Ansatz für die Klassifikation von wiederverwendbaren Software-Dokumenten bekannt gemacht. Das Klassifikationssystem wird aus den inhaltlichen Aussagen ausgewählter Dokumente aufgebaut. Dazu werden die inhaltlichen Aussagen in Einfachklassen (*Items, Basic Terms* oder auch *Foci*) zerlegt, die dann in Facetten gruppiert werden. Beispielsweise können die Einfachklassen *sort, compress* und *append* in eine Facette FUNCTION und die Einfachklassen *array, string* und *tree* in eine Facette DATA STRUCTURE gruppiert werden.

Die **wissensbasierte Repräsentation** befaßt sich mit Repräsentationsmethoden, die Objekte, Beziehungen, Regeln und andere Techniken zum Aufbau und Einsatz von Bibliotheken für wiederverwendbare Software-Dokumente behandeln. Es handelt sich um Methoden, die im Rahmen der Künstlichen Intelligenz entwickelt worden sind [RIC83].

Die **hypertextbasierte Repräsentation** behandelt Repräsentationsmethoden, die auf der Grundidee des Hypertext-Konzepts [NIE90; LAT92] basieren. Die wiederverwendbaren Software-Dokumente werden als Teil eines Informationsnetzwerkes aufgefaßt: Die Knoten des Netzwerkes (Nodes) entsprechen den Dokumenten, sowie Anmerkungen und Notizen zu diesen Dokumenten, während die Kanten (Links) im Netzwerk die Verweise zwischen den Dokumenten- und Anmerkungsknoten darstellen. Das Arbeiten mit einem solchen Informationsnetzwerk umfaßt neben dem eigentlichen Lesen der Knoteninhalte auch das

Traversieren (Verfolgen) der abgehenden oder auch das Rückverfolgen der ankommenden Links (Navigieren).

Alle Repräsentationsmethoden können im Prinzip mit einem Thesaurus kombiniert werden. Ein **Thesaurus** im Bereich der Information und Dokumentation ist nach DIN 1463/1 [DIN87] eine geordnete Zusammenstellung von Begriffen und ihren (vorwiegend natürlichsprachigen) Bezeichnungen, die in einem Dokumentationsgebiet zum Indexieren, Speichern und Wiederauffinden dient.

Tabelle 3. Repräsentationsmethoden.

	CATA-LOG	RSL	ReUse Class Browser	Reuse Assistan t	SEL
❑ Manuelle Indexierung	-	✓	-	✓	✓
❑ Automatische Indexierung	✓	-	-	-	✓
❑ Attributbasierte Klassifikation	✓	✓	-	-	✓
❑ Präkombinierte Klassifikation	-	✓	-	-	-
❑ Facettenklassifikation	-	-	✓	✓	-
❑ Wissensbasierte Repräsentation	-	-	-	-	-
❑ Hypertextbasierte Repräsentation	-	-	-	-	✓
❑ Thesaurus	-	-	?	✓	✓

Die Werkzeuge ziehen die Facettenklassifikation der präkombinierten Klassifikationsstruktur vor (Reuse Class Browser und Reuse Assistant). RSL unterstützt nur die präkombinierte Klassifikation. Die Werkzeuge CATALOG und SEL unterstützen weder die präkombinierte noch die Facettenklassifikation. Oft werden verschiedene Repräsentationsmethoden miteinander kombiniert, wie etwa die attributbasierte Klassifikation mit der indexbasierten Repräsentationsmethode (CATALOG) oder die attribut-basierte mit der präkombinierten Klassifikation (RSL). SEL kombiniert sogar die attributbasierte Klassifikation mit der indexbasierten und hypertextbasierten Repräsentation. Reuse Assistant und SEL bieten einen Thesaurus an, was die Bedeutung von Thesauri unterstreicht. Die automatische Indexierung von Software-Dokumenten wird von CATALOG und SEL unterstützt. Kein Werkzeug unterstützt die wissensbasierte Repräsentation von wiederverwendbaren Software-Dokumenten.

3.4 Deskriptive Suchverfahren

Bei deskriptiven Suchverfahren formuliert der Benutzer eine Anfrage, das System berechnet die Menge der auf die Anfrage passenden Software-Dokumente und präsentiert dem Benutzer diese als Antwort. Suchanfragen der deskriptiven Suche eignen sich für große Bibliotheken, in denen Software-Dokumente inhaltlich beschrieben werden können. Wir unterscheiden die folgenden deskriptiven Suchverfahren:

Suchanfragen mit **Indextermen oder Attributen** erlauben die Suche durch die Angabe von Indextermen oder Attributwerten. Dabei kann die Suche sowohl auf allgemeine Attribute als auch auf Reuse-Attribute von Software-Dokumenten gerichtet sein. **Boolesche Operatoren** (wie AND, OR und NOT) ermöglichen die logische Verknüpfung von Attribut-Ausdrücken in einer Suchanfrage. **Kontext-Operatoren** (wie ADJ, WITH, SAME) erlauben die kontextsensitive

Volltext-Suche von Zeichenfolgen im Originaltext wiederverwendbarer Software-Dokumente. Unter **Trunkierung** - auch Maskierung mit Wildcards genannt - versteht man die Erweiterung der Suchanfrage durch Verwendung von Universalzeichen. Die **phonetische Suche** setzt Worte mit ähnlichem Lautmuster (wie z.B. Meier und Mayr) miteinander in Beziehung. **Anfragesprachen** umfassen die Realisierung spezieller Anfragesprachen, wie sie insbesondere bei wissensbasierten Ansätzen auftreten. Anfragesprachen (z.B. SQL oder QBE) sind formale Sprachen, die auf die Belange von Datenbankmanagementsystemen zugeschnitten sind. Sie erlauben die Formulierung von Suchanfragen durch die Spezifikation von Filtern und das Verfolgen von Verweisen - meist auf relationaler Grundlage (Relationenmodell). Suchanfragen mit **natürlichsprachlicher Eingabe** behandeln ganze Sätze, wie etwa: *How can I copy a file in another directory?* **"Saved & Named"-Suchanfragen/-Trefferlisten** ermöglichen die Speicherung von deskriptiven Suchanfragen oder von Trefferlisten für spätere Verwendungen. **Spezielle Filter zur Suchraumeinschränkung** umfassen die Möglichkeit, Software-Dokumente aufgrund bestimmter Eigenschaften von der Suche ausschließen zu können. Die **Umgebungssuche** umfaßt alle Arten der Suche nach ähnlichen Software-Dokumenten auf der Basis von Beziehungen oder Ähnlichkeiten zwischen einzelnen Software-Dokumenten oder deren Indextermen. **Dynamische Suchanfragen** ermöglichen die Reformulierung von Suchanfragen auf der Basis von Trefferlisten. Ausgehend von einer annäherungsweisen Suchanfrage wird das Suchergebnis über eine schrittweise Verbesserung der Suchanfrage iterativ verbessert.

Tabelle 4. Wiederauffindung: Deskriptive Suchverfahren.

	CATA-LOG	RSL	ReUse Class Browser	Reuse Assistan t	SEL
❑ Indexterme oder Attribute	✓	✓	✓	✓	✓
❑ Boolesche Operatoren	✓	-	-	✓	✓
❑ Kontext-Operatoren	-	-	-	-	-
❑ Trunkierung (mit Wildcards)	✓	-	-	✓	-
❑ Phonetische Suche	✓	-	-	-	-
❑ Anfragesprache	-	-	-	-	-
❑ Natürlichsprachliche Eingabe	-	✓	-	-	-
❑ "Saved & Named"-Suchanfragen/-Trefferlisten	-	-	-	-	-
❑ Spezielle Filter zur Suchraumeinschränkung	-	-	-	✓	✓
❑ Umgebungssuche	✓	✓	✓	✓	✓
❑ Dynamische Suchanfragen	-	✓	✓	-	-

Die meisten Werkzeuge unterstützen und kombinieren verschiedene Verfahren der deskriptiven Suche und können so auf das unterschiedliche Benutzerverhalten bei der Suche eingehen. Alle Werkzeuge unterstützen Suchanfragen mit Indextermen oder Attributen und kombinieren diese mit der Umgebungssuche. CATALOG unterstützt die Umgebungssuche nach ähnlichen Worten. RSL ermöglicht die Umgebungssuche durch Zuordnung von Attributgewichtungen. Der Reuse Class Browser unterstützt die Umgebungssuche auf der Basis von

Deskriptorähnlichkeiten, SEL auf der Grundlage spezieller Links und der Reuse Assistant mit Hilfe von Prioritäten, die für verschiedene Facetten vergeben werden können. Suchanfragen mit Booleschen Operatoren unterstützen die Werkzeuge CATALOG, SEL und Reuse Assistant. Kein Werkzeug unterstützt die Speicherung oder Verknüpfung von Trefferlisten. RSL, der Reuse Class Browser und der Reuse Assistant unterstützen die dynamische Suche, indem sie die Wiederholung von Suchanfragen mit geänderten Gewichtungen erlauben. SEL unterstützt spezielle Filter zur Einschränkung des Suchraums auf benutzerspezifische, projektspezifische oder unternehmensweite Bibliotheken. Trotz ihrer Bedeutung für den Benutzer unterstützen nur wenige Werkzeuge die Trunkierung und die phonetische Suche (CATALOG, Reuse Assistant).

3.5 Navigierende Suchverfahren

Navigierende Suchverfahren basieren im Unterschied zu den deskriptiven Suchverfahren auf der aktiven Interaktion des Benutzers mit dem System. Sie eignen sich am besten für kleine Bibliotheken mit wenigen Software-Dokumenten, in denen diese von Benutzern *wiedererkannt* werden können. Unter die navigierenden Suchverfahren fallen zum einen verschiedene Browsing-Arten (gerichtetes und ungerichtetes Browsing), zum anderen eine Reihe von Dialogkonzepten (Übersichtskarte, History List, Guided Tour, Fish Eye View), die alle mit der Zielsetzung entwickelt wurden, die Orientierung des Benutzers in einer großen Anzahl von Software-Dokumenten zu verbessern. Navigierende Suchverfahren bauen darauf, daß Software-Dokumente über semantische Beziehungen verknüpft sind, wie etwa: *Model consists of Entities*, oder *Entity has Attributes*, oder *Program uses Tables* u.a.

Unter **zielgerichtetem Browsing** verstehen wir Suchverfahren, die systematisch die semantischen Beziehungen von Software-Dokumenten verfolgen. Die gesuchten Software-Dokumente werden durch globale Übersichtskarten angesteuert. Im Gegensatz dazu verstehen wir unter **ungerichtetem Browsing** die ziellose Suche nach wiederverwendbaren Software-Dokumenten durch Verfolgen von semantischen Beziehungen zwischen Software-Dokumenten durch Auswertung lokaler Pfade aus der momentanen Suchposition heraus.

Übersichtskarten umfassen Hilfsmittel, die Benutzern einen Überblick über die Struktur geben, die sie durch Browsing erkunden können. **History Lists** umfassen die Möglichkeit, aufgrund der Geschichte von Navigationsvorgängen zu zurückliegenden Navigationspunkten zurückkehren zu können. **Guided Tours** geben Benutzern die Möglichkeit, eine vordefinierte und kommentierte Tour durch die Bibliothek mit wiederverwendbaren Software-Dokumenten zu machen. Sie können so noch unerfahrenen Benutzern wesentliche, in einem Unternehmen wiederverwendbare Software-Dokumente zeigen und kommentieren. **Fish-Eye-Views** umfassen solche Konzepte, die es ermöglichen, bei der Navigation den Blick auf wesentliche Ausschnitte der Gesamtstruktur zu konzentrieren. Sie erlauben es, das nähere Umfeld groß und detailliert darzustellen, und mit steigendem Abstand vom aktuellen Software-Dokument das Netzwerk von Software-Dokumenten zunehmend kleiner und vereinfachter wiederzugeben.

Tabelle 5. Wiederauffindung: Navigierende Suchverfahren.

	CATA-LOG	RSL	ReUse Class Browser	Reuse Assistant	SEL
❑ Zielgerichtetes Browsing	-	-	✓	-	-
❑ Ungerichtetes Browsing	-	-	✓	-	-
❑ Übersichtskarte	-	-	✓	-	-
❑ History List	-	-	-	-	-
❑ Guided Tours	-	-	-	-	-
❑ Fish-Eye-View	-	-	-	-	-

Nur der Reuse Class Browser unterstützt die navigierende Suche. Er unterstützt das gerichtete und ungerichtete Browsing sowie Übersichtskarten. Es ist erstaunlich, daß nur ein Werkzeug die navigierenden Suchverfahren unterstützt, wird doch von verschiedenen Autoren [MAR+88; PAR+89; CON+93] schon seit geraumer Zeit auf die Notwendigkeit hingewiesen, einen zweiphasigen Prozeß aus deskriptiver und navigierender Suche zu ermöglichen.

3.6 Import/Export

Dieses Kriterium umfaßt die Möglichkeiten zum Austausch von **Software-Dokumenten** und **Repräsentationsstrukturen für wiederverwendbare Software-Dokumente** (wie etwa konkrete Indexverzeichnisse, präkombinierte oder Facettenklassifikationen) von und mit Zielumgebungen.

Tabelle 6. Import/Export.

	CATA LOG	RSL	ReUse Class Browser	Reuse Assistant	SEL
❑ Software-Dokumente	✓	✓	-	-	-
❑ Repräsentationsstruktur	-	-	-	-	-

Nur zwei Werkzeuge unterstützen den Import von wiederverwendbaren Software-Dokumenten. CATALOG erzeugt automatisch Software-Bibliotheken aus existierenden und speziell kommentierten Quelltexten. In RSL unterstützt ein spezielles Programm den Import von Software-Komponenten, indem Attributwerte aus speziellen, vom Entwickler manuell eingefügten Kommentaren ausgewertet werden.

3.7 Reports

Dieses Kriterium umfaßt zwei Klassen von Reports: **Reuse-Reports** und **Reuse-Indizes**. Reuse-Reports dokumentieren, von wem, in welchem Kontext, für welchen Zweck und mit welchem Aufwand ein Software-Dokument wiederverwendet worden ist. Reuse-Indizes sind Statistiken, die Auskunft geben über die Anzahl der in einer Bibliothek hinterlegten oder wiederverwendeten Software-Dokumente; auch gehören Reports erfolgloser Suchanfragen zu dieser Klasse von Reports.

Tabelle 7. Reports.

	CATA-LOG	RSL	ReUse Class Browser	Reuse Assistan t	SEL
❑ Reuse-Reports	-	✓	-	-	-
❑ Reuse-Indizes	-	-	-	-	-

Reuse-Reports werden nur von RSL unterstützt. Reports mit Reuse-Indizes werden von keinem der Werkzeuge unterstützt.

3.8 Integration mit CASE-Tools

Dieses Kriterium umfaßt die Integration der Werkzeuge zur Software-Wiederverwendung mit den CASE-Tools einer vorhandenen Software-Produktionsumgebung. Solche CASE-Tools sind etwa Entwurfs-, Codierungs- und Re-Engineering-Werkzeuge, aber auch Werkzeuge zur Unterstützung des Projekt- und Configuration-Managements, der Qualitätssicherung und der Dokumentation.

Tabelle 8. Integration mit CASE-Tools.

	CATA-LOG	RSL	ReUse Class Browser	Reuse Assistan t	SEL
Integration mit CASE-Tools	-	✓	✓	-	-

RSL und der Reuse Class Browser sind mit anderen CASE-Tools integriert. RSL ist in die graphische Entwurfs- und Entwicklungsumgebung SoftCAD (Software Computer-Aided Design) integriert, der ReUse Class Browser ist mit dem Source Code Browser von IBM integriert.

4. Anforderungen an die Entwicklung eines Reuse-Managers

In diesem Kapitel wollen wir - auf der Grundlage der vorgestellten Auswertungen der Werkzeuge - Anforderungen an einen Reuse-Manager formulieren.

Die Ergebnisse zeigten (vgl. Tabelle 1), daß die Werkzeuge nur Software-Bausteine unterstützen. Es ist allerdings bekannt [FRA94], daß mit der Wiederverwendung von Analyse- und Entwurfsdokumenten Software besonders effizient entwickelt werden kann. Um die verschiedenen Arten von Software-Dokumenten, die bei Anwendern schon vorliegen und entstehen, wiederverwenden zu können, muß der Reuse-Manager für die Wiederverwendung von allen Arten von Software-Dokumenten geplant werden.

Tabelle 2 machte deutlich, daß die Werkzeuge nur zum Teil die Dokumentation der Semantik berücksichtigen. Kein Werkzeug unterstützte die Domain-Analyse. Für die korrekte Wiederverwendung von Software-Dokumenten ist es allerdings notwendig, deren Semantik zu verstehen, um bewerten zu können, ob sie in einem neuen Kontext wiederverwendet werden können. Insbesondere wird der Einsatz der Domain-Analyse als ein entscheidendes Kriterium für den Erfolg der Software-Wiederverwendung empfohlen [PRI90; SUT+94]. Von dem Reuse-Manager ist daher unbedingt die Dokumentation der Semantik wiederverwendbarer Software-Dokumente sowie die Domain-Analyse zu unterstützen.

Tabelle 3 veranschaulichte, daß die Werkzeuge unterschiedliche Methoden zur Repräsentation von wiederverwendbaren Software-Dokumenten verwenden und auch kombinieren. Darüber hinaus ist bekannt, daß Unternehmen unterschiedliche Repräsentationsmethoden bereits erfolgreich eingesetzt haben [COH90; POU+93]. Der Reuse-Manager muß daher mehrere Repräsentationsmethoden für wiederverwendbare Software-Dokumente bereitstellen.

Tabelle 4 zeigte, daß die Werkzeuge verschiedene deskriptive Suchverfahren zur Wiederauffindung von Software-Dokumenten anbieten, während nur ein Werkzeug navigierende Suchverfahren unterstützt (vgl. Tabelle 5). Es ist jedoch empirisch belegt, daß Benutzer unterschiedliche Strategien anwenden und kombinieren, wenn sie online nach Dokumenten suchen. Insbesondere hat es sich gezeigt, daß die Kombination von deskriptiver und navigierender Suche zu besonders guten Ergebnissen führt [MAR+88; CON+93]. Das unterschiedliche Benutzerverhalten bei der Suche kann nur durch den Einsatz verschiedener Suchverfahren unterstützt werden. Um gute Erfolge bei der Suche nach wiederverwendbaren Software-Dokumenten zu garantieren und die Akzeptanz beim Benutzer zu gewährleisten, muß der Reuse-Manager unterschiedliche Suchverfahren zur Wiederauffindung von Software-Dokumenten in Bibliotheken wiederverwendbarer Software-Dokumente zur Verfügung stellen. Vorteilhaft ist insbesondere die Unterstützung eines zweiphasigen Suchprozesses aus deskriptiver und navigierender Suche. Darüber hinaus sind auch bestimmte Dialogkonzepte (wie z.B. Guided Tours) zur Verfügung zu stellen, damit noch unerfahrenen Benutzern wichtige, in einem Unternehmen wiederverwendbare Software-Dokumente gezeigt und kommentiert werden können.

Aus Tabelle 6 ist ersichtlich, daß zwei Werkzeuge den Import/Export von wiederverwendbaren Software-Dokumenten ermöglichen. Die Möglichkeit der Importierung/Exportierung von Software-Dokumenten und Repräsentationsstrukturen ist für den Erfolg von Wiederverwendungswerkzeugen von entscheidender Bedeutung, weil damit schnell Software-Dokumente verfügbar gemacht werden können. Deshalb muß auch der Reuse-Manager den Import/Export von Software-Dokumenten und Repräsentationsstrukturen mit Zielumgebungen unterstützen.

Obgleich nur ein Werkzeug Reuse-Reports (vgl. Tabelle 7) unterstützt und die Bedeutung von Reports dadurch nicht deutlich wird, muß der Reuse-Manager Reuse-Reports und -Indizes unterstützen. Reuse-Reports sind entscheidend für die Kommunikation über wiederverwendbare Software-Dokumente und demzufolge von zentraler Bedeutung für das Bekanntsein von wiederverwendbaren Software-Dokumenten. Reuse-Indizes sind für den Aufbau von Belohnungssystemen unentbehrlich, mit denen auf die Motivation von Entwicklern Einfluß genommen werden kann.

Bei der wiederverwendungsorientierten Anwendungsentwicklung durchdringt die Wiederauffindung und Wiederverwendung von Software-Dokumenten den ganzen Software-Entwicklungsprozeß und betrifft alle Werkzeuge. Gefundene Software-Dokumente können nicht direkt wiederverwendet werden, sondern müssen in der Regel adaptiert und modifiziert werden. Diese Vorgänge können am besten mit den Tools der Software-Produktionsumgebung, in welche der Reuse-Manager integriert ist, unterstützt werden. Um die Wiederauffindung und Wiederverwendung von Software-Dokumenten des gesamten Software-

Entwicklungsprozesses zu unterstützen, muß daher der Reuse-Manager mit den Tools und Tool-Sets einer vorhandenen Software-Produktionsumgebung integriert werden, wie dies etwa bei den beiden Werkzeugen RSL und Reuse Class Browser realisiert worden ist (vgl. Tabelle 8). Aspekte der Integration sind dabei auf drei Ebenen zu behandeln: Werkzeuge müssen untereinander kommunizieren können, mehrere Benutzer müssen mit den Werkzeugen effizient zusammenarbeiten können, und Benutzer müssen ergonomisch mit den Werkzeugen interagieren können.

5. Literaturverzeichnis

[BAN+93] Banker, R.D., Kauffman, R.J. & Zweig, D. (1993). Repository Evaluation of Software Reuse. *IEEE Transactions on Software Engineering*, **19**(4), 379-389.

[BER93] Berg, K. (1993). *Rechnerunterstützte Erschließung von Klassenbibliotheken für die Software-Wiederverwendung* (Internes Dokument). München: Siemens AG.

[BÖR89] Börstler, J. (1989). Wiederverwendbarkeit und Softwareentwicklung - Probleme, Lösungsansätze und Bibliographie. *Softwaretechnik-Trends*, **9**(2), 62-76.

[BUR+87] Burton, B.A., Aragon, R.W., Bailey, S.A., Koehler, K.D. & Mayes, L.A. (1987). The Reusable Software Library. *IEEE Software*, **4**(July), 25-32.

[COH90] Cohen, J. (1990). GTE Software Reuse for Information Management Systems. In Software Engineering Institute (Ed.), *Proceedings of Reuse in Practice Workshop* (pp. 99-105). Pittsburgh: Research Access.

[CON+93] Convent, B., Kohaut, T. & Kuhlins, S. (1993). *Der ReUse Class Browser*. Heidelberg: IBM Germany Scientific Center.

[DIN87] DIN 1463/1 (1987). *Richtlinien für die Erstellung und Weiterentwicklung von Thesauri*. Berlin: Deutsches Institut für Normung e.V.

[FRA94] Frakes, W.B. (1994) Reuse so Far: Phasing in a Revolution. In W.B. Frakes (Ed.), *Third International Conference on Software Reuse* (pp. 191-192), Rio de Janeiro, Brazil, November 1-4, 1994. New York: IEEE Computer Society Press.

[FRA+87] Frakes, W.B. & Nejmeh, B.A. (1986/1987). Software Reuse through Information Retrieval. *SIGIR Forum*, **21**(1-2), 30-36.

[FRA+90] Frakes, W.B. & Gandel, P.B. (1990). Representing reusable software. *Information and Software Technology*, **32**(10), 653-664.

[FRE83] Freeman, P. (1983). Reusable Software Engineering: Concepts and Research Directions. In P. Freeman & I. Wasserman (Eds.), *IEEE Tutorial on Software Design Techniques* (pp. 63-78). Washington: IEEE Computer Society Press.

[FRE94] Freitag, B. (1994). A Hypertext-based Tool for Large Scale Reuse. In G. Wijers, S. Brinkkemper & T. Wasserman (Eds.), *Advanced Information Systems Engineering,* Lecture Notes in Computer Science 811 (pp. 283-296). Berlin: Springer.

[GRI91] Griss, M.L. (1991). Software Reuse at Hewlett-Packard. In *First International Workshop on Software Reusability* (pp. 18-24). Los Alamitos: IEEE Computer Society Press.

[IBM92] IBM (1992). IBM, International Business Machines Corporation. *Reuse Methodology: Qualification Standards for Reusable Components*. Poughkeepsie, New York: IBM.

[LAT92] Latz, H.-W. (1992). *Entwurf eines Modells der Verarbeitung von SGML-Dokumenten in versionsorientierten Hypertext-Systemen. Das HyperSGML-Konzept*. Dissertation, Universität Berlin.

[MAR+88] Marchionini, G. & Shneiderman, B. (1988). Finding Facts vs. Browsing Knowledge in Hypertext Systems. *IEEE Computer*, **21**(1), 70- 80.

[NAT94] NATO (1994). *Standard for the Development of Reusable Software Components*. Chatilly, VA: GTE Government Systems.

[NIE90] Nielsen, J. (1990). *Hypertext and hypermedia*. London: Academic Press.

[PAR89] Parsaye, K., Chignell, M., Khoshafian, S. & Wong, H. (1989). *Intelligent Databases*. New York: Wiley & Sons.

[POU+93] Poulin, J.S. & Yglesias, K.P. (1993). Experiences with a Faceted Classification Scheme in a Large Reusable Software Library (RSL). In *The 17th Annual International Computer Software & Applications Conference* (pp. 90-99), Phoenix, Arizona, November 1-5, 1993. Los Alamitos: IEEE Computer Society Press.

[PRI87] Prieto-Díaz, R. (1987a). Classifiying Software for Reusability. *IEEE Software*, **4**(January), 6-16.

[PRI90] Prieto-Díaz, R. (1990). Domain Analysis for Reusability. In W. Tracz (Ed.), *Software Reuse: Emerging Technology* (pp. 347-353). Washington: IEEE Computer Society Press.

[PRI91] Prieto-Díaz, R. (1991). Implementing Faceted Classification for Software Reuse. *Communications of the ACM*, **34**(5), 88-97.

[RAN49] Ranganathan, S.R. (1949). *Philosophy of Library Classification*. New Delhi: Ram Printograph.

[RIC83] Rich, E. (1983). *Artificial Intelligence*. London: McGraw-Hill.

[SUT+94] Sutcliffe, A.G. & Maiden, N.A.M (1994). Domain Modeling for Reuse. In W.B. Frakes (Ed.), *Third International Conference on Software Reuse* (pp. 169-177), Rio de Janeiro, Brazil, November 1-4, 1994. New York: IEEE Computer Society Press.

[TRA90] Tracz, W. (1990). Summary of Implementation Working Group. In Software Engineering Institute (Ed.), *Proceedings of Reuse in Practice Workshop* (pp. 10-19). Pittsburgh: Research Access.

[VIC69] Vickery, B.C. (1969). *Facettenklassifikation*. Berlin: Verlag Dokumentation.

[ZEN94] Zendler, A. (1994). *Aufbau und Einsatz von Bibliotheken zur Software-Wiederverwendung*. Interner Forschungsbericht, Oktober 1994. München: FAST e.V.

Software-Wiederverwendung und komponentenbasierte Software-Entwicklung
Zwei Seiten einer Medaille?

Klaus Berg
Zentralabteilung Forschung und Entwicklung
Siemens AG, München

1 Einleitung

Software-Engineering als Ingenieurdisziplin strebt schon lange das Erstellen von komplexen Softwareapplikationen aus vorgefertigten Teilen (Komponenten) an. Schon 1968 warb James McIlroy (Bell Laboratories) mit einem Vortrag zum Thema "Mass Produced Software Components" [1] für den Aufbau einer Komponentenkultur und für die Wiederverwendung von Komponenten als einem Mittel zur Überwindung der sog. Softwarekrise. In eingeschränkten Anwendungsgebieten (z.B. für mathematische Funktionsbibliotheken) gibt es auch erfolgreiche Lösungen. Dennoch hat sich entgegen McIlroys Erwartung und trotz der unbestreitbaren Vorteile die Software-Wiederverwendung noch nicht als Standardpraxis bei der Entwicklung großer Softwaresysteme durchgesetzt. Verglichen mit der Nutzung wiederverwendbarer Komponenten in der Hardware-Entwicklung (IC, PLA, ASIC, ...) oder der Automobilindustrie ist die Software-Entwicklung von "Reuse in the large" immer noch weit entfernt.
Auch publizierte "Reuse Success Stories" [2] können nicht darüber hinwegtäuschen, daß der "Software-IC [3]" derzeit noch nicht den erwarteten Einzug in die Praxis gehalten hat. Neuere Versuche durch objektorientierte Bibliotheken (z.B. mit Standardklassen oder Grahical User Interfaces) haben nur in speziellen Anwendungsgebieten zum Erfolg geführt. Trotz der Maßnahmen, die im Rahmen des Software-Engineerings in den letzten 25 Jahren entwickelt wurden, werden heutige Softwaresysteme meist noch nach traditionellen Software-Entwicklungsprozessen ohne systematische Wiederverwendung erstellt. Siegfried Wendt von der Universität Kaiserslautern vertritt sogar die Ansicht, daß Softwaresysteme im oberen Bereich der Komplexixtätsskala (Entwicklungsaufwand >100 MJ, mehr als 500000 Zeilen Code) heute noch nicht ingenieurmäßig beherrscht werden [4]. Die Folgen sind hohe Entwicklungsaufwände und immense Kosten in der Pflegephase.
Ein Kernproblem besteht in diesem Zusammenhang darin, daß diese hochkomplexen Anwendungen aus unzähligen elementaren Programmausdrücken meist völlig neu zusammengesetzt werden statt daß man auf vorgefertigte, hochwertige und gut getestete Teilprodukte zurückgreift. Einige Ursachen liegen sicher, wie bereits vielfach publiziert, im nicht-technischen Bereich (Organisation, Motivation der Entwickler, hohes Up-Front-Investment, etc.). Dennoch sind auch die technischen Probleme längst nicht alle gelöst. Insbesondere die Themen "Adaption und Integration von Komponenten" wurden in der Vergangenheit gegenüber Schwerpunkten wie Domain Analysis, Klassifikation und Retrieval recht stiefmütterlich behandelt. Komponentenbasierte Software-Entwicklung kann hier den Focus anders setzen. Sie versteht sich als ein neues Paradigma auf dem Weg "vom Programmieren zum Problemlösen". Ziel ist der Aufbau einer Komponentenkultur im Zentrum eines Entwicklungsprozesses, bei dem Systeme schrittweise aus Komponenten, nicht aus Programmzeilen, zusammengebaut werden. Damit verlagert sich der Software-Entwicklungsprozeß vom Codieren hin zur Komposition von vorgefertigten und bewährten Software-Bausteinen auf abstrakterem Niveau. Die Komponenten können dabei über heute verwendete Funktionen, Klassen und Module hinausgehen. Um dieses Ziel zu erreichen, bündelt komponentenbasierte Software-Entwicklung Ansätze aus verschiedenen Technologien wie Architektur, Wiederverwendung, formale und wissensbasierte Methoden, Verteilung und visueller Programmierung und reichert sie mit

neuen Konzepten - insbesondere zum Verständnis von Komponenten und ihren Beziehungen - an.

2 Hintergrund und wesentliche Einflüsse

Seit den achtziger Jahren gewinnt das Thema Wiederverwendung zunehmende Bedeutung in Forschung und industrieller Praxis, wenngleich mit unterschiedlicher Intensität in Europa, USA und Japan [14]. Damit nimmt auch der Einsatz vorgefertigter Bausteine aus dem jeweiligen Blickwinkel verschiedener Technologien einen entscheidenden Stellenwert ein: aus dem Blickwinkel der Objektorientierung und der Architektur mit der Entwicklung und Nutzung von "Frameworks" und "Patterns", aus dem Blickwinkel der Wiederverwendung mit "Development with Reuse", aus dem Blickwinkel der Client/Server-Entwicklung mit "Komponenten-Software (ComponentWare)", aus dem Blickwinkel des Programmierens im Großen mit "Module Interconnection Languages" und "Megaprogramming" sowie aus aus dem Blickwinkel der formalen und wissensbasierten Software-Entwicklung mit Forschungsvorhaben wie "Composable Software Modules" der CMU, oder Fördervorhaben wie "Component Based Software" der amerikanischer Standardisierungsbehörde NIST. Auch das Thema "Autonome, intelligente Agenten" gehört in diesen Zusammenhang. Was die komponentenbasierte Software-Entwicklung, so wie sie in diesem Beitrag verstanden wird, von den genannten Ansätzen unterscheidet, ist die Integration wesentlicher Ergebnisse dieser verschiedenen Technologien in ein umfassendes Komponentenkonzept sowie die Unterstützung des Entwicklers durch eine Konstruktionsumgebung mit weitgehender Automatisierung von Routinevorgängen, aktiver Anleitung und Einbeziehung der visuellen Programmierung. Die angestrebte Entwicklungsunterstützung zerfällt gemäß dem Producer/Consumer-Modell für Software [15][16][17] in zwei Teile: Methode und Entwicklungsumgebung für die *Komponenten-Erstellung (Programmig-in-the-small)* und Methode und Entwicklungsumgebung für die *Systemerstellung (Programming-in-the-large)*. Im folgenden werden zunächst die o.g. Technologien als wesentliche Einflüsse auf eine komponentenbasierte Software-Entwicklung skizziert.

2.1 Frameworks

Der Aufbau von Bibliotheken als mehr oder weniger zufällige Zusammenstellung von Komponenten hat sich in der Vergangenheit als keine effektive Strategie zur Unterstützung der Wiederverwendung herausgestellt [11]. Vielmehr bestehen die meisten Beispiele erfolgreicher Reuse Libraries aus Komponenten, die für ihren Einsatz als gut entworfenes Framework strukturiert und organisiert sind (z.B. ET++ Klassenbibliothek [12]). Frameworks sind wiederverwendbare Architekturen in einer speziellen Anwendungsdomäne. Sie repräsentieren damit Architekturwissen als einen gemeinsamen Erfahrungsschatz, als eine Menge von Standards, Protokollen oder gut strukturierten Systemschichten ("Layers"). In der objektorientierten Technik verküpft ein Framework eine Menge abstrakter und konkreter Klassen zu einer größeren Einheit, einem Grundgerüst, das eine Teillösung für eine Problemstellung bietet (z.B. GUI), jedoch noch der Konkretisierung bedarf. Diese Verknüpfung unterscheidet ein Framework von einer Sammlung loser Software-Bausteine. Frameworks verkapseln Architekturwissen über einen spezifischen Anwendungsbereich und stellen Komponenten sowie Schablonen zur Verfügung, mit denen komplette Applikationen (zumindest für eine Teillösung) im wesentlichen durch Komposition und Generierung erstellt werden können. Heutige objektorientierte Frameworks sind in der Regel abgeschlossene Einheiten, in der spezifische Werkzeuge und Klassenbibliothek eng miteinander kooperieren (vgl. [12][13]). Die Ablage allgemeiner Objektinformation in allgemeinen Klassen und das Weiterreichen dieser Information durch Vererbung führt dazu, daß innerhalb eines Frameworks bestimmte Eigenschaften aller Objekte vorausgesetzt werden. Diese Festlegung und die Festlegung von Protokollen und Abläufen (z.B. Error Handling) sind Vorteil und Nachteil zugleich. Einerseits schaffen sie erst die Voraussetzung für eine gute Integration weiterer Klassen zur Vervollständigung der Problemlösung, indem Design-Information kodiert wird, andererseits sind diese Festlegungen von Framework zu Framework unterschiedlich und erschweren damit die Integration verschiedener Frameworks untereinander. Kommerziell werden Frameworks für verschiedene Domänen z.B. von Taligent Inc. [28] oder Microsoft [18] bereitgestellt.

2.2 Development-with-Reuse

"Development-with-Reuse" beschäftigt sich mit den Fragen der Einbettung spezifischer Wiederverwendungsaktivitäten in den Software-Entwicklungsprozeß. Ziel ist die systematische Verankerung der Wiederverwendung im Software Life Cycle bei Entwurf und Implementierung neuer Systeme. "Development-with-Reuse" umfaßt im wesentlichen die Tätigkeiten der Komponenten-Selektion (Retrieval, mit vorausgegangener Klassifkation), der Adaption/Modifikation und Integration. Das europäische REBOOT-Projekt liefert mit Schwerpunkt "Objektorientierung" Vorschläge sowohl für Development-with-Reuse [5][6] als auch für "Development-for-Reuse" [5]. Wesentliches Ergebnis ist die Aussage, daß die vorgeschlagenen spezifischen 'WITH-Reuse'-Aktivitäten beim bibliotheksbasierten Ansatz (Komponenten-Selektion, Komponenten-Adaption und Transfer der Ergebnisse in die nächste Prozeßphase) kompatibel zum klassischen Entwicklungsprozeß sind. Auch für nicht objektorientierte Vorgehensweisen gibt es Vorschläge für eine Verfeinerung des Software Lifecycle durch die Identifizierung spezifischer Reuse-Aktivitäten in den einzelnen Phasen [7][20]. Diese Ansätze beschränken sich jedoch im wesentlichen auf die Einführung einer Bibliothek wiederverwendbarer Elemente (Reuse Library) und auf die *Beschreibung* der um diese Bibliothek "kreisenden" zusätzlichen Tätigkeiten, also das "was zu tun ist" ("identify, classify, store, select, adapt and integrate components"). Es fehlen die entscheidenden Aussagen, *wie* man aus existierenden heterogenen Komponenten - z.B. aus Eigenentwicklung, Freeware oder von Drittanbietern - zuverlässige, überschau- und wartbarte Systeme konstruiert. Allgemein läßt sich feststellen, daß bei "Development with Reuse" den Themen Adaption/Modifikation und Integration/Konstruktion bisher wenig Forschungsarbeit - verglichen z.B. mit den Aspekten Klassifikation/Retrieval - zuteil wurde. Nur vereinzelt wird auf die Integrationsproblematik z.B. in der objektorientierten Programmierung [8] oder im allgemeinen [9] hingewiesen. Das liegt möglicherweise auch daran, daß bisher in der bibliotheksbasierten Wiederverwendung die klassische Bibliotheksmetapher mit Regalen, Büchern, Autoren, Bibliothekaren und Lesern dominiert. Worauf jedoch Martin Griss von Hewlett Packard schon richtig hinweist [10], ist die Tatsache, daß Bücher nicht miteinander kooperieren müssen. Daher schlägt er die LEGO-Baustein-Methaper als geeigneteren Ansatzpunkt vor. Komponentenbasierte Software-Entwicklung muß sich daher unter dem Blickpunkt "Development with Reuse" verstärkt der Thematik Adaption und Integration sowie der damit verbundenen "Black-box/White-box/Gray-box"-Problematik [19] widmen.

2.3 Komponenten-Software - ComponentWare

Fast kein anderer Begriff wurde in den Beiträgen zur *Third International Conference on Software Reuse* in Rio de Janeiro im November 1994 [21] so oft genannt wie Microsofts "ComponentWare" [22]. Den Grundstock dieser Komponenten-Software bilden die sog. Visual Basic Custom Controls (VBX). Sie sind Komponenten mit spezialisierter, aber inhaltlich abgeschlossener Funktionalität (nur Kapselung, keine Vererbung), die noch manuell/textuell, d.h. durch Schreiben von Event Handling Code in Visual Basic, zur individuellen Anwendung kombiniert werden müssen. Die VBXen sind auf den Visual Basic Markt zugeschnitten und können daher nicht auf andere Plattformen portiert bzw. nur schwer von anderen Programmiersprachen genutzt werden. Mit Visual C++ 2.0 und Visual Basic 4.0 werden OLE Custom Controls auf dem Markt eingeführt, um die VXB-Technik mit Microsfts Dokumentenmodell OLE zu vereinen. ComponentWare ist insofern ein Schritt in die Richtung neuen Konzepten - insbesondere zum Verständnis von Komponenten und ihren Beziehungen - an.

2 Hintergrund und wesentliche Einflüsse

Seit den achtziger Jahren gewinnt das Thema Wiederverwendung zunehmende Bedeutung in Forschung und industrieller Praxis, wenngleich mit unterschiedlicher Intensität in Europa, USA und Japan [14]. Damit nimmt auch der Einsatz vorgefertigter Bausteine aus dem jeweiligen Blickwinkel verschiedener Technologien einen entscheidenden Stellenwert ein: aus dem Blickwinkel der Objektorientierung und der Architektur mit der Entwicklung und Nutzung von "Frameworks" und "Patterns", aus dem Blickwinkel der Wiederverwendung mit "Development with Reuse", aus dem Blickwinkel der Client/Server-Entwicklung mit "Komponenten-Software (ComponentWare)", aus dem Blickwinkel des Programmierens im Großen mit "Module Interconnection Languages" und "Megaprogramming" sowie aus aus dem Blickwinkel der formalen und wissensbasierten Software-Entwicklung mit Forschungsvorhaben wie "Composable Software Modules" der CMU, oder Fördervorhaben wie "Component Based Software" der amerikanischer Standardisierungsbehörde NIST. Auch das Thema "Autonome, intelligente Agenten" gehört in diesen Zusammenhang. Was die komponentenbasierte Software-Entwicklung, so wie sie in diesem Beitrag verstanden wird, von den genannten Ansätzen unterscheidet, ist die Integration wesentlicher Ergebnisse dieser verschiedenen Technologien in ein umfassendes Komponentenkonzept sowie die Unterstützung des Entwicklers durch eine Konstruktionsumgebung mit weitgehender Automatisierung von Routinevorgängen, aktiver Anleitung und Einbeziehung der visuellen Programmierung. Die angestrebte Entwicklungsunterstützung zerfällt gemäß dem Producer/Consumer-Modell für Software [15][16][17] in zwei Teile: Methode und Entwicklungsumgebung für die *Komponenten-Erstellung (Programmig-in-the-small)* und Methode und Entwicklungsumgebung für die *Systemerstellung (Programming-in-the-large)*. Im folgenden werden zunächst die o.g. Technologien als wesentliche Einflüsse auf eine komponentenbasierte Software-Entwicklung skizziert.

2.1 Frameworks

Der Aufbau von Bibliotheken als mehr oder weniger zufällige Zusammenstellung von Komponenten hat sich in der Vergangenheit als keine effektive Strategie zur Unterstützung der Wiederverwendung herausgestellt [11]. Vielmehr bestehen die meisten Beispiele erfolgreicher Reuse Libraries aus Komponenten, die für ihren Einsatz als gut entworfenes Framework strukturiert und organisiert sind (z.B. ET++ Klassenbibliothek [12]). Frameworks sind wiederverwendbare Architekturen in einer speziellen Anwendungsdomäne. Sie repräsentieren damit Architekturwissen als einen gemeinsamen Erfahrungsschatz, als eine Menge von Standards, Protokollen oder gut strukturierten Systemschichten ("Layers"). In der objektorientierten Technik verküpft ein Framework eine Menge abstrakter und konkreter Klassen zu einer größeren Einheit, einem Grundgerüst, das eine Teillösung für eine Problemstellung bietet (z.B. GUI), jedoch noch der Konkretisierung bedarf. Diese Verknüpfung unterscheidet ein Framework von einer Sammlung loser Software-Bausteine. Frameworks verkapseln Architekturwissen über einen spezifischen Anwendungsbereich und stellen Komponenten sowie Schablonen zur Verfügung, mit denen komplette Applikationen (zumindest für eine Teillösung) im wesentlichen durch Komposition und Generierung erstellt werden können. Heutige objektorientierte Frameworks sind in der Regel abgeschlossene Einheiten, in der spezifische Werkzeuge und Klassenbibliothek eng miteinander kooperieren (vgl. [12][13]). Die Ablage allgemeiner Objektinformation in allgemeinen Klassen und das Weiterreichen dieser Information durch Vererbung führt dazu, daß innerhalb eines Frameworks bestimmte Eigenschaften aller Objekte vorausgesetzt werden. Diese Festlegung und die Festlegung von Protokollen und Abläufen (z.B. Error Handling) sind Vorteil und Nachteil rungssysteme, städtische Transportsysteme etc.). Bisher existieren nur erste Ideen und Ansätze [31]. Konkrete Anwendungen sind noch nicht in Sicht. Insgesamt eine Technologie, deren Zeit vielleicht noch kommen mag, die aber stark abhängig vom Fortschritt in der Integrationstechnologie ist.

2.6 Domain Specific Software Architectures und Hybrid Kits

"Domain Specific Software Architectures (DSSA)" und "Domain Specific Kits" sind Ansätze aus der Industrie, z.T. in Zusammenarbeit mit Universitäten. DSSA [33] liefert Domänen-Modelle mit einer Referenzarchitektur, unterstützende Infrastruktur und Entwicklungsumgebungen sowie einen Prozeß, um die Architektur zu instanziieren, zu verfeinern und zu evaluieren. Hewlett Packards Domain Specific Kits [34] sind eine aufeinander abgestimmte Menge von Tools, Methoden und wiederverwendbaren Entwicklungsergebnissen für die Software-Produktion mit systematischer Ausnutzung der Wiederverwendung in einer speziellen Domäne.

3 Komponentenbasierte Software-Entwicklung - eine Synthese?

Wie in der Einleitung skizziert, beschäftigt sich komponentenbasierte Software-Entwicklung i.w. mit zwei Problemstellungen:

1. Entwicklung einer Methode und einer Entwurfsumgebung für die *Komponenten-Erstellung* ("programming-in-the-small").
2. Entwicklung einer Methode und einer Entwurfsumgebung für die *Systemerstellung* ("programming-in-the-large"). Dazu explizite Modellierung der Komponenten und ihrer Beziehungen, sowie deren visuelle Manipulation und automatisierte Erstellung.

Untersucht man die im vorangegangen Kapitel dargestellten Ansätze zum Thema "Wiederverwendung von vorgefertigten Komponenten", so stellt man fest, daß Software-Wiederververwendung und komponentenbasierte Software-Entwicklung viele Überschneidungen haben, aber in einigen Teilen den Schwerpunkt anders setzen. Komponentenbasierte Software-Entwicklung geht von der Erkenntnis aus, daß die bisherigen Ergebnisse der Technologie Software-Wiederverwendung sich zu sehr auf die zentrale Metapher der "Reuse Library" konzentriert haben. Hierbei erbringt der Ersteller einer Komponente eine *einmalige* Abstraktionsleistung (Komponentenspezifikation/Codierung/Klassifikation), wohingegen jeder potentielle Anwender ("Re-user") die Schritte Komponenten-Selektion, Adaption/Modifikation und Integration jedesmal beim Komponenten-Einsatz für sich neu erbringen muß. Wenn es daher gelingt, einen Teil dieser Last vom Anwender wieder auf die Komponente (und damit den Ersteller) zu verlagern, wird dies eine nicht unerhebliche Verbesserung und Vereinfachung der Software-Entwicklung nach sich ziehen. Auch Jim Neighbors argumentierte in seiner Bewertung der Reuse-Technologie auf der Third International Conference on Software Reuse in Rio de Janeiro (November 1994) in diese Richtung [35]. Weiterhin soll der Anwender aktiv bei dem Montage-Prozeß für die Systemerstellung unterstützt werden. Integration heißt in diesem Zusammenhang schrittweise "*Komposition*" von zwei oder mehreren Komponenten in einer *Grundarchitektur*. In der Automatisierungstechnik oder im Anlagen- und Maschinenbau wird in diesem Zusammenhang oft von "Konfiguration" gesprochen. Komponentenbasierte Software-Entwicklung muß ein ähnliches Problem lösen, jedoch spielt die *Anordnung (Layout)* der Komponenten keine adäquate Rolle.

Die bisherigen Reuse-Aktivitäten der Zentralabteilung Forschung und Entwicklung bei Siemens waren auf die Themen Klassifikation/Retrieval, Reverse/Reengineering und Reuse Methodology konzentriert (z.B. bei der Teilnahme im ESPRIT II Projekt REBOOT). Weitere Gruppen sind aktiv auf den Gebieten "Architektur" (insbesondere das Thema Pattern), Objektorientierung, Testen und Automatisierte Software-Entwicklung. Ausgehend von diesem Know How und existierenden Prototypen zu Klassifikation/Retrieval und zu visuell unterstützter Software-Entwicklung haben wir Ende 1994 das Thema "Komponentenbasierte Software-Entwicklung" als neues Forschungsthema aufgelegt. In unserem Sinne ist komponentenbasierte Software-Entwicklung "Synthese" in zweifacher Hinsicht: zum einen werden Ansätze verschiedener Technologien zu einem neuen Modell "synthetisiert", zum anderen unterstützen wir die Wiederverwendung als einen Akt der Synthese von Problemlösungen basierend auf vorfabrizierten Lösungen zu Teilproblemen.

Drei Richtungen einer komponentenbasierten Software-Entwicklung sind nach den vorangehenden Betrachtungen prinzipiell möglich:

- Ausgangspunkt 1: Unabhängig entwickelte Komponenten, unterschiedlicher Sprachen und Technologien, wobei die Komponenten-Semantik mit formalen Mitteln beschrieben wird. Der Entwickler startet mit einem solchen Satz unabhängiger Komponenten und entscheidet, wie sie mit "glue code" zur gewünschten Anwendung zusammenzufügen sind. Die Komponenten-Semantik kann dabei bei der Erzeugung des glue codes helfen (Beipiel: Composable Systems Ansatz der CMU oder ATP Programm Component Based Software des NIST).
- Ausgangspunkt 2: Unabhängig entwickelte Module oder Komponenten deren Semantik nicht mit formalen Mitteln beschrieben ist aber für die ein Integrationsmechanismus vorgegeben ist (Beispiel: VBXe unter OLE2, ComponentWare).
- Ausgangspunkt 3: Komponenten, die sich in eine domänenspezifische Referenzarchitektur bzw. in ein Framework einpassen müssen. Der Entwickler startet mit der Auswahl einer Referenzarchitektur, repräsentiert durch ein Framework. Dieses Framework bildet das Gerüst der Anwendung, das der Entwickler durch zusätzliche Komponenten oder Adaption bestehender Komponenten noch "mit Fleisch füllt". Bei diesem Ansatz sind die Komponenten nicht unabhängig, sondern müssen sich z.B. mit ihren Kontrollstrukturen und der Design-Philosophie in das Framework einpassen (Beispiele: DSSA-Ansatz, HP's Domain specific Kits).

Bei einer komponentenbasierten Software-Entwicklung stehen neben den klassischen "Reuse-Themen" wie Aufbau der Library, Klassifikation und Retrieval vor allem folgende Fragestellungen im Vordergrund:

- Entwicklung eines Komponentenkonzeptes mit Möglichkeiten der Skalierbarkeit, z.B durch eine mehrstufige Komponentenhierarchie, Beschreibung der Komponenten hinsichtlich Größe, Flexibilität, Modifizierbarkeit, Generalisierbarkeit + (formale semantische) Spezifikation nicht-funktionaler Eigenschaften wie Performance, Zuverlässigkeit, etc.
- Definition von Regeln zur Komponentenkompatibilität (welche Komponententypen, z.B. Frameworks, Service Feature Components, können zusammenarbeiten, mit welchen Kommunikations- und Koordinationsmechanismen). Ziel ist die geschickte Definition von Systemschnittstellen (Standardisierungsproblem), so daß mit einem kleinen Satz von Komponententypen ein möglichst breites Anwendungsfeld abgedeckt wird und daß sich mit diesem Spektrum kostengünstige Systeme einfach und effizient konfigurieren lassen.
- Realisierung einer Konstruktionumgebung, um Software-Systeme als Konfigurationen von Komponenten ("feinkörnig" bis "grobkörnig" z.B. gemäß einem Schichtenmodell) und Relationen zwischen Komponenten handhaben zu können.
- Einbeziehung der visuellen Programmierung zur Unterstützung der direkten Komponentenmanipulation und aktiven System-Konstruktion.

4 Schlußbemerkung und Ausblick

Systematische Software-Wiederverwendung und komponentenbasierte Software-Entwicklung sind in ihren zentralen Vorstellungen ähnliche Konzepte und mindestens seit 1969 schon

bekannt. Die Kernidee ist das (schnelle) Zusammenstellen von vorgefertigten, gut entworfenen und bewährten Software-Bausteinen zu neuen Applikationen im Unterschied zum Aufbau "from the scratch". Komponentenbasierte-Software-Entwicklung baut auf Prinzipien einer systematischen Wiederverwendung auf, setzt aber neue Schwerpunkte in Richtung Interoperabilität und Adaption/Integration. Trotz der Anstrengungen in den letzten 25 Jahren ist der versprochene Durchbruch einer Anwendungserstellung durch Montage auf breiter Front - auch mit der objektorientierten Technik - noch nicht gelungen. Neue Impulse versprechen technologieübergreifende Ansätze, wie im letzten Kapitel beschrieben. Obwohl Firmen wie Taligent in USA oder Fördervorhaben wie "Architekturbasierte Wiederverwendung" (BMFT Förderprogramm Software-Technologien) den Framework-Gedanken in den Mittelpunkt stellen, ist es m.E. noch zu früh, um darin die einzige Zukunft einer komponentenbasierten Technologie zu sehen. Erhebliches Potential liegt sicher auch in formalen und wissensbasierten Ansätzen (vgl. NIST Fördervohaben [26]), die neue Möglichkeiten der Integration und Interoperabilität eröffnen können [36][37], wie z.B. automatische Adaption von Komponenten an vorgegebene Randbedingungen und Schnittstellen, automatische Generierung von "glue code" zur Verbindung von Komponenten oder aktive Anleitung des Entwicklers bei der System-Konfiguration durch Vorgabe von "Rezepten" als Konstruktionsanweisungen.
Da sich die meisten der genannten Entwicklungen erst in der Anlaufphase befinden, lassen sich noch keine konkreten, allgemein akzeptierten Ergebnisse einer komponentenbasierten Software-Entwicklung präsentieren. Hintergrund und mögliche Ausrichtung dieses zukunftsträchtigen Themas sind daher vorerst nur Grundlage für eine weiterführende Diskussion z.B. im Kontext der Wiederverwendung von Software.

Referenzierte Literatur

[1] McIlroy, M.D.: Mass Produced Software Components. In *Software Engineering; Report on a conference by NATO Science Commitee.* Naur P., Randell B. (Eds.), NATO Scientific Affairs Division, Brussels, Belgium, 1968.

[2] Prieto-Diaz, R.: Implementing Faceted Classification for Software Reuse. Communications of the ACM, Vol. 34, No. 5, May 1991, pp. 88-97.

[3] Cox, B.: Building malleable systems from software 'chips'. Computerworld, March 30, 1987.

[4] Wendt, S.: Defizite im Software Engineering. Informatik Spektrum, Bd. 16, Heft 1, Springer, Februar 1993.

[5] REBOOT methodology handbook, Version 1, September 1993.

[6] Ribot, D., Bongard, B., Villermain, C.: Development Life-cycle WITH Reuse. In [SAC94].

[7] Kang, K.C.: A Reuse-Based Software Development Methodology. In: Proceedings of the Workshop on Software Reuse, ed. by G. Booch and L. Williams. Rocky Mountain Inst. of Software Engineering, SEI, MCC, SPC, Bolder, Colorado, October 1987.

[8] Hölzle, U: Integrating Independently-Developed Components in Object-Oriented Languages. Proceedings of ECOOP '93. Springer, 1993.

[9] Berlin, L.: When objects collide. Proceedings OOPSLA 90, pp. 181-193, ACM Press, 1990.

[10] Griss, M.: Software Reuse: From Library to Factory. IBM Systems Journal, Vol 32, No 4, 1993, pp. 548-566.

[11] Poulin, J.S.: Balancing the Need for Large Corporate and Small Domain-Specific Reuse Libraries. In: Proceedings of the ACM Symposium on Applied Computing, Reusability Track, Phoenix, AZ, March 1994.

[12] Gamma, E.: Objektorientierte Software-Entwicklung am Beispiel von ET++: Klassenbibliothek, Werkzeuge, Design. Dissertation Universität Zürich, 1991.

[12] Gamma, E.: Objektorientierte Software-Entwicklung am Beispiel von ET++: Klassenbibliothek, Werkzeuge, Design. Dissertation Universität Zürich, 1991.

[13] Stritzinger, A.: Reusable Software Components and Application Frameworks. Report Johannes Kepler University Linz, Austria, Dept. of Software Engineering, June 91.

[14] Berg, K.: Software-Wiederverwendung - Stand der Technik und zukünftige Trends. Tagungsband zum 39. Int. Wiss. Kolloquium der TU Ilmenau. September 1994.

[15] Fernström, C., Närfelt, K.H., Ohlsson, L.: Software Factory - Principles, Architecture and Experiments. IEEE Software, March 1992.

[16] Matsumoto, Y.: A Software Factory: An Overall Approach to Software Production. IEEE Tutorial: Software Reusability. Edited by Peter Freeman, IEEE Computer Society Press, 1987.

[17] Nierstrasz,O., Gibbs,S., Tsichritzis, D.: Component-Oriented Software Development. CACM, Vol. 35, No. 9, September 1992.

[18] Olsowsky-Klein, G.: Client/Server-Entwicklung durch Microsoft Solution Framework und OLE. OBJEKTspektrum, Nr. 6, Januar/Februar 1995.

[19] Kiczales, G.: Why are Black Boxes so Hard to Reuse?". OOPSLA '94, invited talk. Portland,Oregon, Oct. 1994.

[20] Dusink, L., Hall P.A.V. (Eds.): Proceedings of the Software Re-use Workshop at Utrecht, 1989. Springer-Verlag 1991.

[21] IEEE Proceedings of the Third International Conference on Software Reuse: Advances in Software Reusability, Rio de Janeiro, Brazil, November 1994.

[22] Udell, J.: ComponentWare. Byte, May 1994.

[23] Thelen, B.: Software-Montage-Technik mit Software-Komponenten aus dem Katalog. OBJEKTspektrum Nr. 5, November/Dezember 1994.

[24] Kalinichenko, L.: Emerging sematic-based interoperable information system technology. In: Computers as our better partners, Proceedings of the International Conference, Tokyo, March 1994.

[25] Abrial, J.-R.: B-Technology. Technical Overview. BP International Ltd., 1992.

[26] Fisher, D.A.: Supplemental Information for Program Competition 94-06, May 1994. Part of Advanced Technology Program - Focused Program in Component Based Software.

[27] Informationen im WWW: http://www.cs.cmu.edu:8001/afs/cs.cmu.edu/project/compose/

[28] Informationen im WWW: http://www.taligent.com (Taligent, Inc. Home Page).

[29] Goguen, J.A.: Reusing and Interconnecting Software Components. IEEE Computer, Vol. 19, No. 2, 1986.

[30] Prieto-Diaz, R., Neighbors, J.: Module Interconnection Languages. Journal of Systems and Software, 6(4), 1986.

[31] Wiederhold, G., Wegner, P., Ceri, S.: Toward Megaprogramming. CACM, Vol. 35, No. 11, November 1992.

[32] Hall P., Weedon, R.: Object Oriented Module Interconnection Languages. IEEE Proceedings of Advances in Software Reuse, Lucca, Italy, 1993.

[33] Tracz, W. (Ed.): Domain Specific Software Architecture (DSSA) - Frequently Asked Questions. ACM SIGSOFT Software Engineering Notes, Vol.19, No. 2, April 1994.

[34] Griss, M., Wentzel, K.D.: Hybrid domain-specific kits for a flexible software factory. In: Proceedings of the ACM Symposium on Applied Computing, Reusability Track, Phoenix, AZ, March 1994.

[35] Neighbors, J.M.: An Assesment of Reuse Technology after Ten Years. In: [21].

[36] Johnson, B.: Is the silver bullet knowledge-based? IEEE Software, January 1993.

[37] Hayes-Roth, F.,. Jacobstein,N.: The State of Knowledge-Based Systems. CACM, Vol.37, No.3, March 1994.

Fachgespräch 11:

Konzepte und Architekturen für die Integration kooperierender Anwendungen

Die Anforderungen an Softwareprodukte werden aufgrund zunehmender Vernetzung und den sich daraus ergebenden Wünschen nach Unterstützung von kooperativem Arbeiten immer komplexer und vielschichtiger. Monolithische Softwaresysteme werden diesen Anforderungen nur schwer gerecht, unabhängig davon, wie hochentwickelt die verwendete Softwarearchitektur ist.

Um diese Bedürfnisse zu befriedigen, baut man heute verteilte Systeme, die aus verschiedenen kooperierenden Diensten und Anwendungen bestehen. Solche verteilten Architekturen bieten inhärent Vorteile in Bereichen wie dynamische Austauschbarkeit, Rekonfigurierbarkeit, Skalierbarkeit und Wiederverwendbarkeit. Ihre Entwicklung stellt aber hohe Anforderungen an Konzepte, Architekturen und Infrastruktur für Daten-, Kontroll- und Benutzungsschnittstellen-Integration.
Ziel des Fachgesprächs ist es, Ansätze und Architekturen für verteilte kooperative Softwaresysteme mit Schwerpunkt auf Daten-, Kontroll- und Benutzungsschnittstellen-Integration zu diskutieren, diese zu kategorisieren und deren praktische Relevanz und Durchführbarkeit aufzuzeigen.

Programmkomitee des Fachgespräches:
W. Bischofberger, Zürich (Koordination)
R. Weinreich, Linz, J.F.H. Winkler, Jena

Integrating the Swiss Electronic Stock Exchange into a Member Bank's Trading Environment

Carl Binding[1]
Union Bank of Switzerland
Bahnhofstrasse 45
8021 Zürich, Switzerland
RFC822: bsz@ubszh.net.ch

1. This paper expresses the opinion of the author and does not necessarily reflect the views of UBS or the Swiss Stock Exchange.

1.0 Abstract

This paper is an experience report on the integration of Switzerland's new electronic stock exchange (EBS[2]) with the information technology (IT) environments of Union Bank of Switzerland (UBS). We describe the general architecture of the environments, discuss some of the proprietary applications, and evaluate the possibilities and requirements for the integration of large, heterogeneous, and distributed computing environments.

2.0 Overview

In the fall of 1995 it is planned to replace the remaining three Swiss stock exchanges of Zürich, Basle, and Geneva with a single electronic stock exchange system for all of Switzerland. The exchange will be used to trade customer and bank-private orders for bonds, stocks, and some derivative instruments such as warrants and convertibles. EBS will replace the traditional, open out-cry Swiss exchanges in which the traders are physically present in the same location (the "ring") and are trading face-to-face.

In EBS, trading will be fully electronic. That is, a trader enters a buy or sell order through his or her order entry system using a graphical, easy-to-use user interface. The order is then transmitted to the

2. Elektronische Börse Schweiz

central exchange system and, if possible, is matched with the counter offer. A match occurs if the buying side finds a seller offering at a "matching" price or vice versa. The resulting trade is then published to all EBS members. While unmatched, the order remains in the order book to which all exchange members have electronic access.

Aside the market order described above in which matching occurs at the "best" price, other types of orders exist. Addressed orders are not sent to the shared exchange, but are directed to one particular member. Fill-or-kill orders are attempted to be matched only once and, if not successful, are deleted from the order book. For trades that are done over-the-counter, e.g. via telephone or another means of communication, members must report those to the exchange within a delay of 30 minutes, using a trade confirmation transaction. (Orders which exceed a predefined amount do not have to transit via the public order-book).

From an information technology point of view, the overall EBS system architecture is shown in FIGURE 1.

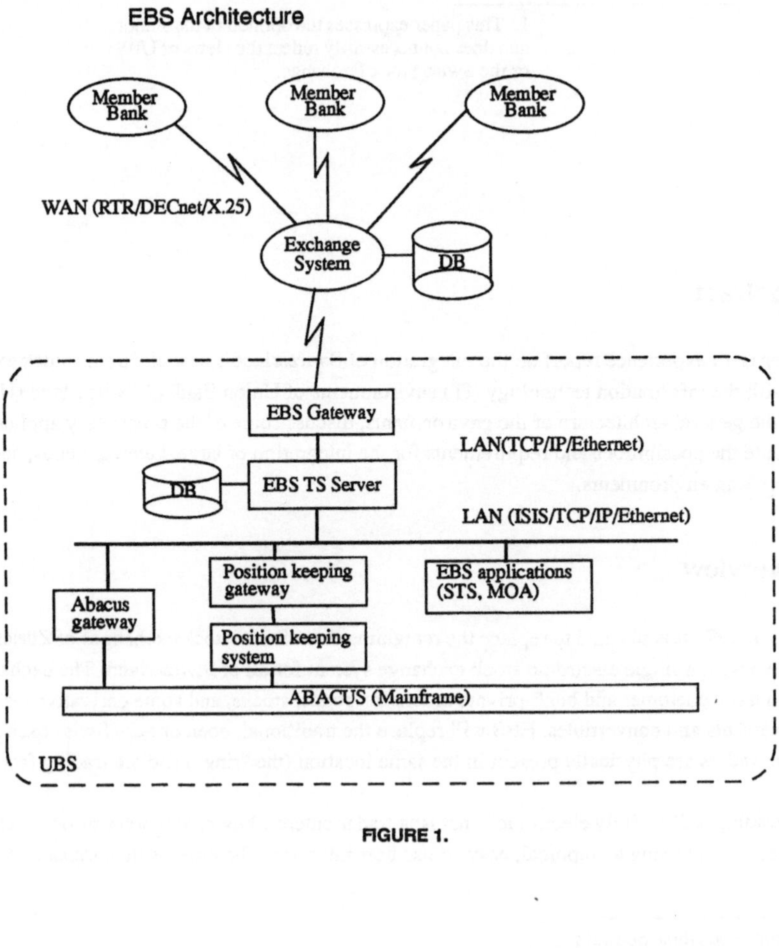

FIGURE 1.

All EBS members are connected to the BourseNET, an X.25 based wide-area network over which orders are routed using DEC's Reliable Transaction Routing (RTR) protocol layered on top of DECnet [1].

Members access the BourseNET via a dedicated EBS Gateway machine which, in turn, connects to the EBS Trading System (TS) Server. This machine runs an instance of a local relational database, acting as a write-through cache for the exchange-wide overall database.

All information contained in the local database is then multicast throughout the member's local area network using a protocol based on ISIS [4] [5], which in turn is layered on top of the TCP/IP protocol stacks [7].

The exchange organization provides several end-user applications which allow to enter orders and monitor the resulting trades. These are referred to as the Standard Trading System (STS), a set of Motif/X11 based GUIs [8]. The user interface is rather conventional and form-based, using drag-and-drop extensively. The applications include a ticker panel allowing to monitor mutiple securities, an order entry panel, and a newsboard pane.

Beside the end-user applications, the exchange organization also supplies a library which enables members to build so-called Member's Own Applications (MOA) [9]. It is this library which is used to integrate the electronic exchange into the IT environment of exchange member banks.

The EBS library, also known as MAPI[3], exports abstractions based on the model of relational databases, i.e. tables, rows, and attributes via a C based programming interface [10]. Clients can attach themselves to the EBS environment and query the database synchronously or can be notified asynchronously via an up-call upon modification of the EBS database's state. Modifications which trigger such client notifications are insertion of a new row in a given database table, update of an existing row, or the deletion of a row from a database table.

Through the MAPI, client applications can also submit orders to the exchange. The local copy of the EBS database acts as a write-through cache. Upon submission of an order, the submitting application first receives a local acknowledgment from the EBS TS server, followed by a subsequent acknowledgment from the exchange system once the latter has received the request. Once an order has been matched, the resulting trade is sent back to "interested" client applications via the networks and protocols described above.

As shown in FIGURE 1., the integration into UBS can be divided into three main areas:

1. Connection between the main UBS IT book-keeping environment Abacus and EBS: all customer transactions within UBS are recorded and maintained by Abacus. Customer purchases or sales of stock and bonds are entered by local UBS branches into Abacus, which eventually routes the request to EBS. The resulting trades are then channelled back to Abacus and matched with the original client order for proper accounting and trade confirmation.

3. Member Application Programming Interface

2. Connection between EBS and the UBS on-line position keeping systems (PFS) for bank-private (or so called *nostro*) trading: UBS, as well as other EBS members, performs some trading on its own account. For a more timely trader information on internal positions, as well as accurate risk-management, UBS uses real-time, event driven portfolio systems which allow the instantaneous analysis of the position of individual traders, their trading groups or departments, and ultimately the whole bank.

3. Enhancements to EBS STS and proprietary developments: UBS has commissioned the development of several proprietary applications which provide improved functionality for UBS' trading departments.

For UBS, the introduction of EBS is a major IT project, involving multiple organizations, from the end-users organizations, via first level IT support and operations, to system integration and development organizations. The project was started within UBS towards the end of 1993 for an initially scheduled introduction of EBS in the spring of 1995. (This date has since been postponed to fall 1995 due to delays of the EBS exchange system software.)

UBS, a universal bank in Switzerland, also had to tackle the geographical distribution of its trading rooms throughout the country: the major site is Zürich with two locations, the other sites are in Geneva and Basle. Hence, aside the WAN run by the stock exchange (BourseNET), UBS uses its own wide-area network to interconnect its various EBS sites.

From a purely technical point of view, we had to handle a large scale, heterogeneous, distributed computing environment. Amongst our hardware platforms we have an Unisys mainframe, various VAX/VMS machines, a large number of SUN SPARC computers as servers and trader workstations, with the occasional DEC Alpha machine used as the EBS gateway. The operating systems range from Unisys' mainframe environment (Unisys OS1100), over VMS 6.x, to SUN's Solaris 2.x. The database environments include relational databases (ORACLE, Sybase, DEC RDB, dbVista) and the Abacus hierarchical database environment (Unisys UDS-DMS).

Communication protocols are based on X.25 for WAN, on Ethernet and FDDI for LAN communications at the link level layer. Network protocols include DECnet and TCP/IP. At the higher layers, we have an even wider variety. DEC's RTR provides communication between the member organizations and the central exchange. ISIS is used for communication between the EBS Trading Systems server and EBS clients over the LAN as well as in some of the UBS proprietary developments. Reuters Triarch SSL [6] is the market feed distribution platform for external, non-EBS proprietary market information as well as for UBS internal developments. The gateway subsystems between EBS and the various position keeping systems run their own, hand-knit, application level protocol. Other client-server applications layer their application layer protocol on top of the UNIX socket session layer. User interface oriented applications use X11's drag & drop mechanism to enable data transfer between applications.

3.0 Integration mechanisms

Despite the diversity described in section 2.0, applications must interact gracefully as seen from the end-user and consistently for purposes of accurate accounting. Real-time data has to be transmitted reliably and correctly. Reference data must be kept consistent and updated whenever necessary. Databases must be kept synchronized over time, even in the presence of failures.

The key challenge in implementing these requirements lies less with inventing subtle algorithms, than with the reliable and consistent integration of the various data sources and consumers. In this section, we take a look at various integration mechanisms and discuss their advantages and shortcomings.

We believe that the integration mechanisms can be classified into a hierarchical taxonomy shown in FIGURE 2. At the top of the pyramid, we consider to be code level integration, at the next higher level we see data model level integration, and lastly a communication level integration. We have chosen a pyramid to reflect the benefits of integration. Loosely speaking, one seems to obtain the greatest benefits when using code level integration which thus is situated at the top of the pyramid.

Integration taxonomy

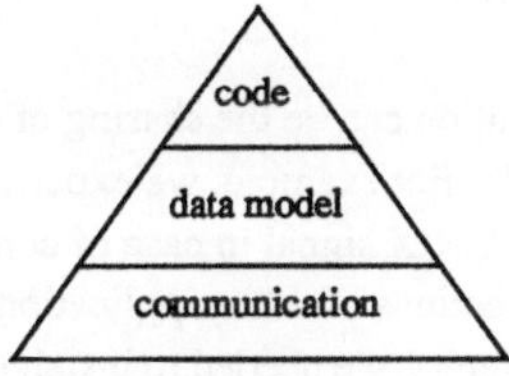

FIGURE 2.

3.1 Code level integration

Under code level integration we understand the sharing of code modules, grouped into libraries, by different applications. Traditional libraries, as well as some of the more recent, object-oriented framework libraries such as the widely used RogueWave libraries [14], fall into this category.

Code level integration forces identical data models onto applications and hides any communication layers. It thus offers the most encompassing style of integration as data models and algorithms are truly shared.

One of its "drawbacks" is the initial engineering overhead. Designing a suitably flexible, yet powerful library is a non trivial undertaking. This has been true for classical libraries based on abstract data types (for example, numerical packages), but is even more the case for object-oriented class hierarchies. There it is not only the class interface that has to be designed to be suitable, but the entire class hierarchy must provide sufficient flexibility for sub-classing to provide convenient type-extension or method overwriting.

In our environment, we use C++ and C as the main programming languages. We have developed a small set of pure C libraries, as well as some C++ frameworks for OSF/Motif applications, for ISIS communications, and for interfacing the EBS MAPI which are used throughout the UBS applications. We of course also use several vendor provided libraries, most of them based on conventional C APIs (Reuters Triarch SSL, ISIS, ORACLE [11][12], the standard UNIX C libraries). The main C++ libraries are the RogueWave tool.h++ and view.h++ libraries where it is less the used language, but the richness of the implemented abstractions which is the main advantage [14] [13]. In fact, we do not subclass any of the RogueWave classes, but do rely on C++'s support for templates. Another purely application specific C++ library is a set of financial evaluation classes, HAL++ from Barra Inc. [15].

Aside the pure issues of functionality, another aspect to consider during the design phase of a set of well-balanced libraries is their longer-term maintenance. Since the internal interfaces can become arbitrary complex and, in particular, maintain internal state without address space protection, code inter-dependency can become tricky: a modification within one routine might have a hidden and often hard to detect impact on other parts of the software. Data encapsulation offered by languages such as Ada or to a lesser degree by C++ is often not strong enough or is explicitly circumvented for performance reasons.

Another hurdle to code level integration can be the sharing of interrupts or similar mechanisms such as UNIX signals or VMS ASTs. For example, we experienced some problems with one of our 3rd party libraries generating a UNIX signal in case of connectivity loss on a given socket[4]. To avoid interference from disconnections of other application sockets with the ones maintained and in principle hidden within the library, we needed to install our own signal handler and produce some code which identifies which socket is raising the signal: one of the sockets "owned" by our application or one of the sockets "owned" by the 3rd party libray.

In a time-critical project such as EBS for UBS initially was, we had literally no time, nor human resources to invest in a clean, large scale design for shared libraries. In addition, the entire system functionality was novel to our engineers, since we were dealing with a hitherto unknown electronic trading environment. A further complicating issue has been the involvement of many UBS internal sub-organizations responsible for the various parts of the project. Tight coordination on a technical level in order to extract a set of well integrated, yet suitable libraries was beyond feasibility on practical grounds.

Although software engineering tools such as C++ class browsers [16] and code management facilities [17] take up some of the more mundane tasks of retrieving specific class methods and managing joint development, the initially required design phase is not circumvented, nor even shortened by usage of these tools. During the coding phase, however, usage of such tools enhance productivity and ease the management of medium size development projects.

4. *sockets* in UNIX are communication end-points and represented as file descriptors to the application.

3.2 Data structure level integration

Data structure level integration consists essentially in sharing a common database and data model. Most commonly these are either hierarchical or relational databases, but in the future, object-oriented databases or compound document models are likely to be used on a larger scale [19] [20]. Presently most of the financial book-keeping information can easily be modeled using a conventional relational database model. With the appearance of more sophisticated financial products, shorter product cycle times, and ever increasing needs for flexible data analysis, object-oriented databases which allow convenient representation of more complex data structures can become of interest, also in the finance sector.

For organizational and historical reasons, we were dealing with multiple proprietary databases. Although work is ongoing on a common data model within UBS in cooperation with other organizations to cover most application's needs, such coordination again is time and resource intensive. For instance, the introduction of new financial instrument types in such large data models is not a trivial undertaking. To summarily indicate the sizes of data models for financial environments, consider the data model of the EBS environment itself. There are approximately 100 relations, 350 attributes, 30 domains and 200 indices. And EBS only covers bonds, equities, and some of their derivatives traded in Switzerland; extending the data model to cover for instance foreign exchange and other derivatives (e.g. swaps, futures, forward rate agreements, options) would require a more sophisticated data model.

We have chosen not to integrate at the data model level for the overall project. Enhancement developments done by UBS however use a common reference data-base to maintain information on financial instruments and some of the related pricing information. Since all these applications are new, there were no issues with backward compatibility and maintaining the integrity of an already existing data model. Furthermore the small size of the development team made the establishment of the used data model less cumbersome.

Compared with the code level integration, data level integration avoids to some extent the issue of hidden dependencies between code modules. In addition, integrity constraints on the database can be formulated, thus avoiding the pitfalls of incorrectly cooperating applications. Database technology also allows for sharing of data across multiple machines and across wide area networks.

The shortcoming lies with the occasional need for data model reorganization or extension. Since the data models are exposed to many applications, all of these might have to be modified to reflect a change in the shared data model. For large projects and organizations, this is a daunting task, necessitating considerable coordination resources.

3.3 Communication based integration

Communication based integration can be seen as a combination of code level and data model level integration. Indeed, most applications also share code when using a common communication protocol, especially when using protocol stacks originating from the same software vendor. At the data level, there is obviously also commonality as the information packets exchanged must have a pre-arranged and shared packet format, but this commonality is at the packet level and not at arbitrarily complex application level data structures.

When using communication to integrate applications, we exchange fragmented information and let the data receiver reshape and interpret the received data independently from the data sending process. This gives more flexibility in handling data as it avoids most constraints of a shared and possibly complex data model implied when integrating at the code or data model level: the data source only needs to exhibit data it wants to make available and the receiver can re-assemble that data as required. One disadvantage is that no control of the re-assembly process can be performed by the sender, i.e. the meaning of the possibly wrongly re-assembled data can be rather different from what the sender intended.

In addition to the flexibility in partitioning and re-assembling data packets when using communication based integration, the available variety of communication protocols allows to access almost any machine throughout the world, independent from its physical location, its hardware, or its operating system. Thus, communication at the transport level layer often becomes the least common denominator layer for integration in a distributed environment.

Within our project we mainly used the well-known TCP/IP technology providing a sufficiently wide-spread installation base to achieve interconnection between arbitrary hosts and locations. EBS also uses DECnet over X.25 for communications between the members and the central exchange, with DECnet a more proprietary protocol than TCP/IP.

Divergences however appear beyond the transport layers. Some applications use proprietary application layer protocols, others are layered on top of an RPC packages or some other session layer such as Reuters Triarch SSL or ISIS.

Our applications mainly use communication for integration. The advantages are better encapsulation of the various sub-components, flexibility in data access and modeling, and easy distribution of functionality within the network. In essence, we have implicitly used the concept of *component software* [19] where components are mapped onto some set of operating system processes running on some machine providing access to data and functions via a well defined interface. This set of processes has been built without using a single, homogeneous, higer-level communication infrastructure or interface definition language. Implementation details and even the internally used implementation language are hidden through the client-server interface.

At the session layer we use socket or stream system abstractions on UNIX for TCP/IP communication. VMS presents an interface based on QIO and AST system features to access TCP/IP in a real-time, asynchronous environment. Applications then build their own presentation layer or use libraries that are layered on top of the session layers. Examples there are ISIS and Reuters SSL.

The application level protocols are concerned with application data exchange and handling failures at the application level. Data exchange in our environment tends to be asynchronous and based on a "subscribe and publish" style of communication where the data source emits updates asynchronously to the receiver. Exceptions or failures must be gracefully handled all the way up to the end-user application, informing the user of problems with the data supply, while maintaining continuous operation with possibilities of recovery.

A further, though general problem with communicating applications is the maintenance of state within the communicating entities. A server must maintain sufficient state information for each client in order to perform cleanup procedures in case of an abnormal termination or other misbehaviour by the client. Inversely, a client may also have to maintain some state to recover from a server failure. Note that for the latter case, being able to build replicated, fault-tolerant services using a system such as ISIS can diminish the complexity of the client.

To give an idea regarding the diversity of applications that are integrated using communication, we can mention the following:

- Integration of a spread-sheet and a real-time data feed: an intermediate process takes data from the data source and feeds it into a spread sheet application and performs the necessary data conversions.
- Bridging two heterogeneous communication environments: within our environment we use two separate ISIS backbone environments; one of which is dedicated for EBS STS purposes, the other for the UBS enhancements. Unfortunately the ISIS API does not allow to access two distinct ISIS backbones, we therefore had to write a bridge process to ship data from EBS-ISIS environment into the UBS-ISIS environment using UNIX IPC mechanisms (e.g. sockets).
- Concentrating data publishing in the Reuters Triarch environment, where an application can not easily become a Triarch data source. For resource limitation reasons, we thus concentrate the output of several applications within a single Triarch source process. The communication between the data providers and the Triarch source process uses UNIX IPC mechanisms (e.g. sockets).
- Position keeping: there executed trades of the exchange must be fed into the position keeping systems. This must occur (almost) real-time, be highly fault-tolerant and must provide proper data re-formatting. In our environment, we had to interface between the central exchange and various internal position keeping systems, some of which are running on different platforms from the EBS trading system. We use TCP/IP communications with appropriate application level protocols to forward the relevant data from the exchange into the position keeping system.

Performance issues play a lesser role: although communication introduces some overhead, it is often negligeable. Most of the overhead is in reformatting data and accessing the storage media. Nevertheless, one pitfall to avoid in an environment like ours, is the abuse of excessive hops between communicating applications; this clearly costs time due to the crossing of address space boundaries and repetitive fragmentation and re-assembly of packets.

Excessive communication hopsalso imply reliability issues: when one of the intermediate processes fails, the entire communication pipeline is broken. Using redundant set of processes alleviates this problems, at the cost of increased infrastructure.

When we started the project, we also considered using a CORBA-like environment [2] for our communication purposes. Eventually we avoided use of it for several reasons. First, CORBA is still in its infancy, although the underlying concepts are not all that recent [3]. But there is no standard ORB interface which would ensure interoperatibility between different CORBA environments such as SUNs Tooltalk or DEC's ObjectBroker. Second, the CORBA 1.1 framework does not enforce provision of asynchronous method invocation; the architecture and specification refers only to a possible provision of such facilities. In our environment, however, we have a need for quasi real-time behaviour of our applications which requires the possibility to launch multiple, longer-lasting activities asynchronously.

Implementing peer-to-peer communication rather than a master-slave client-server relationship is feasible in CORBA, although somewhat clumsy. Communicating entities can be both client and server by importing the server functionality into their class interface. Using inheritance, arbitrary clients can then inherit a more particular server interface to receive callbacks from an asynchronous data source.

One additional feature that we consider to be absent from the proposed CORBA architecture are facilities for multi-cast method invocation. Many of our applications have one or a few data sources providing data to a larger set of data sinks. CORBA does not provide any abstractions for collections of classes which can be messaged with an asynchronous invocation which would not return any value. For this scenario, Reuters SSL or the ISIS toolkit are more appropriate.

Also missing from the proposed CORBA architecture is support for fault-tolerance and reliability as well as load-balancing. ISIS, in contrast, conveniently supports the construction of fault-tolerant systems by enabling the operation of multiple, virtually synchronous instances of a service. If one of these instances fails, other instances can continue normal operation. Additionally new instances can be synchronized with running ones to increase the redundancy of the service. Such re-synchronization, however, is occasionally complicated as the state of an application might not remain constant during the re-synchronization with a new instance.

In our environment, the EBS STS uses ISIS for redundant, though non-resynchronizing services. One of our internal applications makes also usage of the ISIS re-synchronization and state transfer mechanisms.

4.0 Conclusion

Integration is not a science. It is first and foremost a matter of organization. Cooperation between various organizations must be fostered and enforced, common goals must be defined, internalized, and achieved. Only once a common engineering culture is established, can the quest for integration technologies start in earnest.

At the management level, the up-front cost versus the follow-up costs of badly engineered integration must be assessed carefully. Unfortunately, time and money driven projects often err on the assumption that initial think-time is unproductive. Furthermore, business accounting tends to prefer spreading costs onto follow-up maintenance projects, rather than killing a project in its infancy by budgeting high cost and seemingly non-productive requirements capture, specification, and design phases. Cooperation between organizations requires creative and sensitive management: competing cost-centers are all too often shying away from effective cooperation. Quoting N. Wirth to describe the ubiqutuos truth: *Communication problems grow as the size of the design team grows.*[5] [18]

Regarding the time factor, Wirth also states the obvious: *...Time pressure gradually corrupts an engineer's standard of quality and perfection. It has detrimental effect on people as well as products.* [18] Unfortunately project managers tend either to forget the basic engineering ethics or come from a business school program where such concepts are less important. The EBS project made no exception, with the ultimately unpleasant and rather costly outcome that deadlines were missed and the quality of the delivered systems remains questionable.

The techniques for integration are available. Above, we have discussed a few of the possible levels of integration. Each has shortcomings and advantages and is more or less suitable for particular environments. The concrete technology used to achieve integration at a finer grain level does not matter that much in the end. For example, whether programming language A or B is used, whether database X or Y are installed, whether protocol P or Q is deployed, is less of an issue than the effective sharing of abstractions, be they at the coding level, the data model level, or the communication level.

Obviously, however, a common denominator must be found to enable integration of diverse systems. The trend towards open systems, when taken seriously and not a mere buzzword, will facilitate the finding of this common denominator. At present, the proposed solutions such as CORBA or OpenDoc are not available across the platforms we were concerned with or were not complete enough for our purposes. The lowest level of integration is thus based on the TCP/IP communication protocol suite which enables communication between all heterogeneous computing entities present in our environments. We have used proprietary and 3rd party session, presentation, and application level protocols to attempt implementation of what Adler calls *component software.* [19]

Higher level integration mechanisms such as data model integration or code sharing have only been used within smaller subprojects of the overall EBS UBS project. The coordination of larger scale integration at these levels were not feasible within the time frame originally allocated to the project.

An alternative to many of the system integration issues is to rely on a monopolistic vendor for all hardware and software systems. The disadvantages thereof are multiple. First, to our knowledge there simply is no single software supplier offering **all** the required pieces of software. Second, IT environments do have historical backgrounds and one cannot always start from scratch. Third, economic monopolies are dangerous as the fundamental premiss of a free market is violated; the monopolistic vendor can control not only prices, but also functionality to the disadvantage of the

5. Interestingly enough, N. Wirth's academic cocoon seems to ignore the even larger problem of not one single design team, but a set of such design teams with the resulting increase in friction losses!

customer and third-party developers. A strategy based on open systems avoids these pit-falls, but still implies some increased integration overhead.

5.0 References

[1] Jim Gray and Andreas Reuter: *Transaction Processing: Concepts and Techniques*, Morgan Kaufmann Publishers, San Mateo, CA, USA. 1993.

[2] Object Management Group: *The Common Object Request Broker: Architecture and Specification*, OMG Document Number 91.12.1 Revision 1.1, Framingham, Mass., USA.

[3] Gregory R. Andrews: *Paradigms for Process Interaction in Distributed Programs*, ACM Computing Surveys, Vol. 23, Nr. 1, March 1991.

[4] Kenneth P. Birman and Thomas A. Joseph: *Reliable Communication in the Presence of Failures*, ACM Transactions on Computer Systems, Vol.5 Nr. 1, February 1987.

[5] Isis Distributed Systems, Inc: *The ISIS Distributed Toolkit*, Version 3.0, User Reference Manual, Ithaca, NY, USA.

[6] Reuters Ltd.: *Reuters Triarch 2000 Source/Sink Library Reference Manual*, June 1993,, London, UK.

[7] Douglas E. Comer: *Internetworking with TCP/IP, Vol1: Principles, Protocols, and Architecture* , Prentice Hall International Editions, 1991.

[8] Elektronische Börsen Schweiz: *EBS Trading System Implementation: Graphical User Interface Specification* , January 1994, Zürich.

[9] Elektronische Börsen Schweiz: *EBS Trading Systems Implementation: MAPI Reference Manual*, Version 3.1, September 1994, Zürich.

[10] Elektronische Börsen Schweiz: *EBS Trading Systems Implementation: Member Interface Functional Description*, Version 4.0, September 1994, Zürich.

[11] Oracle Corporation: *Programmer's Guide to the ORACLE Precompilers*, Version 1.5, December 1992, Redwood City, CA.

[12] Oracle Corporation: *Programmer's Guide to the ORACLE Call Interfaces (OCI)*, Version 7.0, December 1992, , Redwood City, CA.

[13] Sun Microsystems Inc.: *SPARCompiler C++ 4.0: Tools.h++ Class Library: Introduction & Reference Manual*, December 1993, , Mt. View, CA.

[14] RogueWave Software Inc: *RogueWave Software: View.h++ Introduction & Reference Manual*, Version 1.2, October 1993, , Corvallis, Oregon.

[15] BARRA Inc.: *DAL++ BARRA Derivatives Analytics Library*, Reference Manual, Version 1.1, December 1994, Berkeley, CA.

[16] TakeFive Software: *SNiFF+, Version 1.1 Reference Guide: C++ at your fingertips*, 5020 Salzburg, Austria, October 1993.

[17] SUN Microsystems Inc.: *SPARCworks/TeamWare: CodeManager User's Guide*. Mountain View, CA, December 1992.

[18] Niklaus Wirth: *A Plea for Lean Software*, IEEE Computer, February 1995, pp. 64-68

[19] Richard M. Adler: *Emerging Standards for Component Software*, IEEE Computer, March 1995, pp. 68-77

[20] Rick G.G. Cattell: *Object Management: Object Oriented and Extended Relational Database Systems* Addison-Wesley Publishing Company, 1991.

Kooperationsanwendungen: Integrierte Vorgangskontrolle und Dienstvermittlung in offenen verteilten Systemen

K. Müller–Jones, M. Merz, W. Lamersdorf
Universität Hamburg, Fachbereich Informatik
Vogt–Kölln–Str. 30, D–22527 Hamburg
[kmueller|merz|lamersd]@dbis1.informatik.uni-hamburg.de

Zusammenfassung Angesichts der Anzahl und Vielfalt vorhandener Dienste in offenen verteilten Systemen gewinnt deren möglichst einfache Nutzung innerhalb verteilter Anwendungen - hier *Kooperationsanwendungen* genannt - zunehmend an Bedeutung. Um darüberhinaus komplexe verteilter Anwendungen auch effizient unter Verwendung derartiger Dienste realisieren zu können, sind neuartige Abstraktionen notwendig, die wiederum durch geeignete Infrastrukturen systemtechnisch unterstützt werden müssen. Eine Analyse vorhandener Systeme zeigt jedoch, daß bisher kaum Lösungsansätze existieren, welche die Aspekte der Dienstnutzung mit einer für Kooperationsanwendungen typischen vorgangsorientierten Verarbeitungssicht verbinden. Diese Einschränkung bildet die Grundlage für die in diesem Beitrag vorgestellte TRADE–Architektur mit ihrer neuartigen Vorgangsbeschreibungssprache PAMELA.

1 Kooperationsanwendungen in einem offenen Dienstemarkt

Angesichts der rasanten technischen Entwicklung und weltweiten Verfügbarkeit heutiger Telekommunikations– und Netzwerktechnologien gewinnt die effektive, globale Nutzung von offenen verteilten Systemen zunehmend an Bedeutung. Bedingt durch diese Globalisierung eröffnet sich den Benutzern und den Anwendungsentwicklern erstmals ein nahezu unbegrenzter *offener Markt an Diensten* [MML94], die in großer Anzahl und Vielfalt zur Verfügung stehen und auf effiziente Art und Weise nutzbar sind. Die Vision eines weltweit verfügbaren *Systembaukastens* von Diensten rückt somit in greifbare Nähe. Dieser bildet die notwendige Voraussetzung für die Entwicklung und Realisierung komplexer verteilter Anwendungen unter *weitgehender Wiederverwendung und Kombination* der bereits im verteilten System angebotenen Dienste. Diese neue Möglichkeit der weitgehenden Nutzung vorhandener externer Dienste bei der Entwicklung verteilter Anwendungen beeinflußt maßgeblich die Art und Weise der verteilten Programmierung. Ebenso ergeben sich neue Anforderungen an die darunterliegende Systemtechnik, welche die notwendige Infrastruktur für eine solche Nutzung externer Dienste in einem offenen verteilten System bereitstellen muß. Hierbei hat insbesondere die *Koordination bzw. Steuerung der Kooperation* der genutzten externen Dienste innerhalb einer komplexen verteilten Anwendung eine zentrale

Bedeutung. Zur besonderen Betonung der Kontroll– bzw. Kooperationsaspekte verteilter Anwendungen werden diese im folgenden deshalb als **Kooperationsanwendungen** bezeichnet. Maßgeblich für Kooperationsanwendungen ist, daß sie komplexe *Anwendungsvorgänge* ausführen, die ein oder mehrere externe, a–priori bekannte und wohldefinierte Dienste im Verlaufe ihrer Bearbeitung in Anspruch nehmen.

Innerhalb dieses Anwendungsumfeldes von Kooperationsanwendungen sind insbesondere Problemstellungen zu betrachten, die die Vermittlung und Verwaltung sehr vieler und vielfältiger räumlich verteilter Dienste, die Spezifikation von Anwendungsvorgängen, die Ablaufkontrolle bei der Abwicklung der Anwendungsvorgänge sowie die Kommunikation beim Zugriff auf externe Dienste innerhalb von Aktivitäten betreffen.

Zur Zeit existieren zur Lösung dieser Problemstellungen nur rudimentäre, größtenteils auf spezielle Anwendungsbereiche konzentrierte Ansätze. Insbesondere existieren keine Ansätze, die eine *integrierte Unterstützung* von Kooperationsanwendungen bieten.

Der vorliegende Beitrag gibt im folgenden einen Überblick über Probleme der systemtechnischen Unterstützung von Kooperationsanwendungen und weist auf schon vorhandene Lösungsansätze hin. Es wird gezeigt, wie diese größtenteils unabhängig voneinander entwickelten Ansätze im Rahmen einer übergreifenden Architektur, der Systemarchitektur TRADE (Service *Tra*ding and Coor*d*ination *E*nvironment) [MJML95, MJM94, MML94] integriert werden können. Hierbei wird auch näher auf eine entsprechende Prototypimplementierung eingegangen.

2 Unterstützung von Kooperationsanwendungen

Im folgenden werden die Probleme, mit denen der Programmierer bei der Realisierung von Kooperationsanwendungen in offenen verteilten Systemen konfrontiert ist, kurz untersucht. Dabei wird — soweit möglich — auf bereits existierende Lösungsansätze hingewiesen.

Dienstvermittlung und –verwaltung: Notwendige Voraussetzung für die kontrollierte Vermittlung und Verwaltung von Diensten in offenen Systemen ist das Vorliegen eines formalisierten Dienst(typ)begriffes, der eine Klassifikation von Diensten aufgrund wohldefinierter Kategorisierungs– und Beschreibungsmittel erlaubt. Ein Beispiel dafür ist der *Diensttypbegriff*, wie er im Rahmen der internationalen Standardisierung innerhalb der *ODP Trading Function* [ISO94] definiert ist. Die Dienstvermittlung ist ein wichtiger Bestandteil der systemtechnischen Unterstützung von Kooperationsanwendungen und wird im Zusammenhang mit der Vorgangsbeschreibung und Ablaufkontrolle innerhalb der TRADE–Architektur in Abschnitt 3 noch genauer konkretisiert.

Beschreibung von Anwendungsvorgängen: Die Koordination der Nutzung externer Dienste eines offenen verteilten Systems innerhalb eines komplexen Anwendungsvorganges stellt einen zentralen Aspekt von Kooperationsanwendungen dar. Zur Beschreibung von Aktivitätsabfolgen müssen geeignete formale

Hilfsmittel gewählt werden, die sowohl eine Darstellung der Ablaufstrukturen als auch die externe Dienstnutzung adäquat auszudrücken vermögen. Hierbei sollten auch verschiedene Aufrufsemantiken, z. B. die transaktionale Ausführung mehrere Aktionen innerhalb einer Aktivitität, berücksichtigt werden. Ebenso müssen die Aspekte der Benutzerinteraktion, wie z. B. benutzerseitige Eingaben oder das Anstoßen von Benutzeraktionen, sowie der Fehlerbehandlung innerhalb von Aktivitäten behandelt werden. Die hierfür zu entwickelnde Beschreibungstechnik (z. B. textuell oder grafisch) sollte auf möglichst hoher Abstraktionsebene angesiedelt sein, um eine Trennung der Koordinationsaspekte innerhalb von Anwendungsvorgängen von der eigentlichen Ausführung der Aktivitäten zu ermöglichen. Dabei sollten verteilungspezifische Aspekte, die sich durch den Aufruf externer Dienste ergeben, weitgehend vor dem Programmierer verborgen bleiben.

Eine Einschränkung der meisten vorhanden Ansätze ist jedoch, daß sie zumeist keine explizite Unterstützung der für Kooperationsanwendungen notwendigen Dienstsicht bieten. Insbesondere die Dienstauswahl bzw. Diensttransparenz findet keine oder nur eine sehr rudimentäre Berücksichtigung (z. B. innerhalb der *Distributed Operation Language* (DOL) [HAB+92] durch a-priori Zuweisung von Diensterbringern zu einem Anwendungsvorgang). Diese Defizite bilden unter anderem die Grundlage für die in Abschnitt 3 vorgestellte Vorgangsbeschreibungssprache *PAMELA* der TRADE-Architektur, die auf einem höheren Petri-Netz-Modell basiert.

Ablaufkontrolle: Aufgabe der Ablaufkontrolle von Kooperationsanwendungen ist die Steuerung des gesamten Anwendungsvorganges während seiner Abarbeitung. Diese beinhaltet im speziellen auch die Überwachung von Aufrufen externer Dienste innerhalb der Aktivitäten des Anwendungsvorganges. Der Aufruf externer Dienste erfordert neben den Kommunikationsaspekten vor allem auch die Anforderung der Dienste bei den verantwortlichen Dienstvermittlungskomponenten. Hierbei sind unter anderem systemspezifische Fehlerfälle, wie z. B. das Nichtvorhandensein eines Dienstes gemäß der Anforderungsdefinition, zu berücksichtigen, für die eine geeignete Fehlerbehandlung zu gewährleisten ist. Des weiteren muß die Ablaufkontrolle Mechanismen zur Behandlung von Benutzerinteraktionen innerhalb der Anwendungsvorgangsabwicklung bereitstellen.

Bekannte Beispiele für bisher existierende Ablaufkontrollkomponenten sind vor allem die TP-Monitore [DGMH+93], die innerhalb der verteilten Transaktionsverarbeitung eine zentrale Rolle bei der Abwicklung verteilter Transaktionen spielen.

Dienstzugriff: Die Frage des Zugriffs auf externe Dienste während der Vorgangsbearbeitung hängt eng mit der Art der Verarbeitung der Ablaufkontrollkomponente zusammen. Da aufgrund der Generizität der Ablaufkontrollkomponente die für die Abarbeitung von beliebigen Anwendungsvorgängen benötigten Dienste nicht a-priori vorhersehbar sind und folglich bei der initialen Entwicklung der Ablaufkontrollkomponente nicht berücksichtigt werden können, müssen die Diensterbringeraufrufe zur Laufzeit aufgrund der Vorgangsbeschreibung dynamisch erzeugt werden. Ein Beispiel für eine derartige Kommunikationsabstraktion ist das sog. *Dynamic Invocation Interface* (DII), wie es in der CORBA–Architektur [OMG91] definiert ist. Hierbei ist besonders interessant, ob RPC–orientierte Dienste dennoch mit einem DII–orientierten Kommunikationsmechanismus verbindbar sind. Ein mögliche Antwort darauf bieten die in Abschnitt 3.2 im Rahmen der TRADE–Architektur eingeführten *Dienstagenten.*

3 Die TRADE–Architektur zur Unterstützung von Kooperationsanwendungen

Ziel der in diesem Abschnitt vorgestellten TRADE–Architektur ist die programmier- und systemtechnische Unterstützung von Kooperationsanwendungen in offenen verteilten Systemen.

3.1 PAMELA–Vorgangsbeschreibungssprache

Vorgangsbeschreibungen innerhalb der TRADE–Architektur werden mittels der Vorgangsbeschreibungssprache *PAMELA* (*P*etri net based *A*ctivity *M*anagement *E*xecution *L*anguage) spezifiziert. PAMELA ist als Sprache auf *hoher anwendungsspezifischer Abstraktionsebene* mit integriertem Dienstkonzept speziell für die Beschreibung von Anwendungsvorgängen innerhalb von Kooperationsanwendungen nutzbar. Formale Grundlage von PAMELA bilden gefärbte Petri–Netze (coloured petri–nets, CPN), wie sie zum Beispiel in [Jen92] definiert sind.
PAMELA ermöglicht damit unter anderem:

- die sprachliche Umsetzung von CPNs mit Erweiterungen hinsichtlich des Dienstkonzeptes. Dabei ist das Dienstkonzept für Berechnungs–Server und Benutzer, die innerhalb einer Aktivität aktiv angestoßen werden, identisch;
- die Einbettung der in offenen verteilten Systemen etablierten IDL–Definitionen von Diensterbringern, im speziellen der CORBA–IDL zur Definiton von Diensttypen (d. h. Schnittstellentypen, Operationstypen, Attributtypen und Datentypen),
- die Spezifikation von Aktivitätsemantiken, wie z. B. synchrone, asynchrone und transaktionale Ausführung von Aktionen innerhalb von Aktivitäten,
- die Darstellung parallel oder sequentiell auszuführender Aktionen innerhalb einer Aktivität und
- die Beschreibung externer, synchroner und asynchroner Benutzerinteraktionen, die von außen an einen laufenden Anwendungsvorgang herangetragen werden.

Ein Ziel des Sprachentwurfs von PAMELA ist die Anlehnung der Sprache an die bereits in der CORBA–IDL gewählten syntaktischen Konstrukte, die der Programmiersprache C++ ähneln. Dieses betrifft sowohl Datentypdefinitionen als auch die Wahl der Kontrollkonstrukte, insbesondere aber auch die Art des Aufrufs externer Dienste in Form von Operationen. Das hierbei verwendete

Aktionskonzept in PAMELA ist angelehnt an das ebenfalls auf der Grundlage gefärbter Petri–Netze entwickelte *LOOPN* [Lak92].

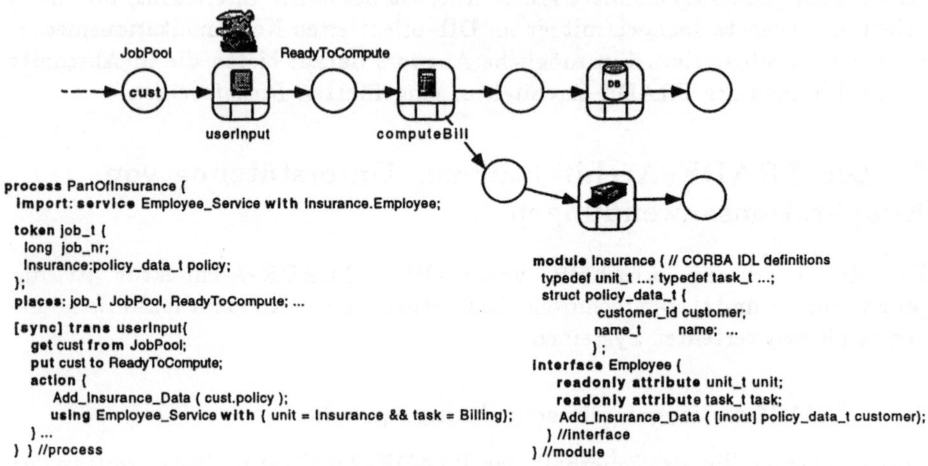

Abbildung 1. Ausschnitt einer PAMELA–Vorgangsbeschreibung

Abbildung 1 zeigt am Beispiel eines vereinfachten Ausschnitts einer Versicherungsanwendung die Ausdrucksmöglichkeiten von PAMELA hinsichtlich der Beschreibung von Anwendungsvorgängen. Im Verlaufe dieses Vorgangs werden mehrere externe Dienste in Anspruch genommen, wie z. B. der eines Sachbearbeiters zur Eingabe von Daten oder die Nutzung eines Druckers zur Ausfertigung einer Bestätigung für den Versicherungskunden. Der Ablauf wird innerhalb eines `process`–Blocks dargestellt. Dieser klammert die Definition der Aktivitäten (`trans`), der Aktivitätsübergänge (`place`) und der Kontrollobjekte (`token`), welche von Aktivität zu Aktivität über die Aktivitätsübergänge weitergegeben werden. Die in der Abbildung beschriebene Aktivität *userInput* entnimmt hierbei ein Kontrollobjekt von dem Aktivitätsübergang *JobPool* (`get`–Anweisung) und führt die Aktion (`action`) *Add_Insurance_Data* mit den entsprechenden Argumentwerten aus. Nach erfolgreicher Ausführung der Aktion wird das um die entsprechenden Daten ergänzte Kontrollobjekt an den *ReadyToCompute*–Aktivititätsübergang weitergereicht (`put`–Anweisung), welcher mit der *ComputeBill*–Aktivität verbunden ist.

Der Dienstaufruf *Add_Insurance_Data* wird qualifiziert durch den Diensttyp (*Employee_Service*) und die Dienstattribute (*unit = Insurance && task = Billing*), die den gewünschten Dienst spezifizieren. Der Bezug des Diensttyps zu der Schnittstelle, welche die benutzte Operation anbietet, und den Dienstattributen wird mittels der `service`–Deklaration innerhalb der `import`–Anweisung des `process`–Blocks angegeben. Hierbei wird die Beziehung zur CORBA–IDL Definition der entsprechenden Schnittstelle (*Employee*) hergestellt. Diese explizite Verknüpfung des Diensttyps mit der dazugehörigen CORBA-Schnittstelle ist notwendig, da CORBA selbst kein explizites Diensttypkonzept besitzt, wie es innerhalb von PAMELA notwendig ist. Bei der Referenzierung müssen die CORBA-IDL spezifischen Sichtbarkeitsregeln (Moduldefinitionen) berücksichtigt werden. Je nach Definition der Aktivität können prinzipiell auch mehrere Aktionen sequentiell bzw. parallel (durch hier nicht dargestellte par- und seq-Anweisungen) bei einem oder jeweils für jede Aktion separat spezifizierten Diensterbringer ausgeführt werden.

Weitere, hier nicht dargestellte Ausdrucksmöglichkeiten von PAMELA sind die sog. *Task-Transitionen*, die Spezifikation einer *transaktionalen* Ausführungssemantik der Aktionen einer Aktivität, die Fehlerbehandlung sowie Vererbungsbeziehungen zwischen PAMELA-Definitionen.

3.2 Vorgangskontrolle: Der Vorgangsmanager

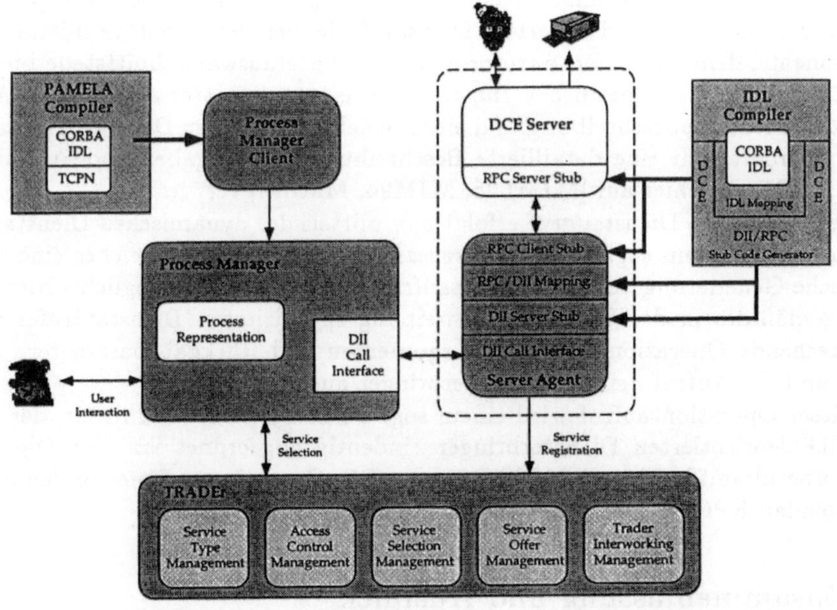

Abbildung 2. TRADE-Gesamtarchitektur

Der *Vorgangsmanager* (process manager) bildet den Kern der in Abbildung 2 detaillierter dargestellten TRADE-Gesamtarchitektur. Feiner dargestellte Pfeile in der Abbildung verdeutlichen die Interaktion von Systemkomponenten in der Laufzeitumgebung. Fett dargestellte Pfeile stellen die Verknüpfung der Definitionsumgebung mit der Laufzeitumgebung dar.

Der Vorgangsmanager bietet einen generischen *Ablaufkontrolldienst*, welcher die Bearbeitung einer konkreten Instanz eines in PAMELA spezifizierten Anwendungsvorganges durchführt. Intern verfügt der Vorgangsmanager über vier Schnittstellen: eine *Vorgangsgenerierungsschnittstelle*, eine *Dienstauswahlschnittstelle*, eine *Dienstaufrufschnittstelle* sowie eine *Benutzerinteraktionsschnittstelle*, wobei auf letztere nicht näher eingegangen wird.

Die Vorgangsgenerierungsschnittstelle wird durch den *Vorgangsmanager–Klienten* (process manager client) zur Kreierung einer konkreten Instanz eines ablauffähigen Anwendungsvorganges genutzt. Der Vorgangsmanager–Klient selbst wird hierbei mittels des PAMELA–Sprachübersetzers erzeugt und ist seinerseits eine ablauffähige Komponente der TRADE–Laufzeitumgebung. Bei seinem Ablauf führt dieser Aufrufe an die Vorgangsgenerierungsschnittstelle des Vorgangsmanagers durch, wobei innerhalb des Vorgangsmanagers eine interne *Vorgangsrepräsentation* (process representation) erzeugt wird. Ebenso erfolgt das Starten der Bearbeitung des kreierten Anwendungsvorganges.

Im Verlaufe der Abarbeitung des Anwendungsvorganges nutzt der Vorgangsmanager die Dienstauswahlschnittstelle, um entsprechende Diensterbringer für die in den Aktvitäten definierten Dienstaufrufe bei der Dienstvermittlungskomponente, dem TRADEr, anzufordern. Die Dienstauswahlschnittstelle bietet hierfür die TRADEr–spezifische *Import–Anweisung*, die unter anderen die Angabe der Diensttypbeschreibung und einer beliebig komplexen Dienstattributanfrage erfordert. Für eine detaillierte Beschreibung der Aufgaben und Funktion des TRADErs sei hier auf [MJML95, MJM94, MML94] verwiesen.

Der eigentliche Dienstzugriff erfolgt nun mittels der dynamischen Dienstaufrufschnittstelle, dem sog. *Dynamic Invocation Interface* (DII), welches eine dynamische Generierung von Operationsaufrufen zur Laufzeit ermöglicht. Hierbei wird gemäß des in der Vorgangsbeschreibung spezifizierten Dienstaufrufes die entsprechende Operation mit ihren Argumenten und Rückgabeparametern erzeugt und der Aufruf bei dem Diensterbringer ausgeführt.

Dieser Operationsaufruf wird einem sog. *Dienstagenten* übermittelt, der jedem RPC–orientierten Diensterbringer eindeutig zugeordnet ist. Der Dienstagent übernimmt hierbei die Abbildung des DII–Operationsaufrufes in den entsprechenden RPC–Aufruf des RPC-orientierten Diensterbringers.

4 Zusammenfassung und Ausblick

Kooperationsanwendungen stellen zum Teil neuartige programmier– und systemtechnische Anforderungen, die bisher meist nur beschränkt auf spezifische Anwendungsbereiche und isoliert voneinander entwickelt worden sind. Die vorgestellte, auf Petri–Netzen basierende Vorgangsbeschreibungssprache PAMELA realisiert einen Ansatz zur Integration einer für Kooperationsanwendungen typischen vorgangsorientierten Sichtweise mit der in offenen verteilten Systemen verbreiteten Dienstsicht. PAMELA ist auf der anwendungsspezifischen Abstraktionsebene der Kooperationsanwendungen definiert und verbindet kontrollspezifische Aspekte der Vorgangsbearbeitung mit einer dienstorientierten Aktionsausführung. Die Komplexität der Dienstauswahl und des Dienstzugriffs mit ihren spezifischen Fehlerfällen wird dabei weitgehend vor dem Programmierer von Kooperationsanwendungen verborgen. Eine geeignete systemtechnische Unterstützung wird durch die Dienstvermittlungskomponente, den TRADEr, und die Ablaufkontrollkomponente, den Vorgangsmanager, bereitgestellt.

Neben systemtechnischen Fragen, wie z. B. der transaktionalen Ausführung von Aktionen, sind zukünftig vor allem auch Erweiterungen der sprachlichen Ausdrucksmöglichkeiten bei der Dienstanforderung im Rahmen der PAMELA-Vorgangsbeschreibung zu untersuchen. Hierbei sind insbesondere die Randbedingungen zu berücksichtigen, die sich durch die erweiterten Möglichkeiten der Dienstvermittlung durch das sog. Trader-Interworking [ISO94, ABB95] ergeben.

References

[ABB95] A.Vogel, M. Bearman und A. Beitz. Enabling interworking of traders. In *Proceedings of the Third Internatioal Conference on Open Distributed Processing (ICODP '95)*, Brisbane, Australia, Februar 1995.

[DGMH+93] U. Dayal, H. Garcia-Molina, M. Hsu, B. Kao und M. Shan. Third Generation TP-Monitors: A Database Challenge. *SIGMOD RECORD*, Band 22, Heft 2, S. 393–397, Juni 1993.

[HAB+92] Y. Halabi, M. Ansari, R. Batra, W. Jin, G. Karabatis, P. Krychniak, M. Rusinkiewicz und L. Suardi. Narada: An environment for specification and execution of multi-system applications. In *Proceedings of the 2nd International Conference on Systems Integration ICSI '92*, S. 680–690. IEEE, Juni 1992.

[ISO94] ISO/IEC JTC 1/SC 21. Recommendation X.9tr/Draft ODP Trading Function ISO/IEC 13235: 1994/Draft ODP Trading Function, Juli 1994. ISO/IEC JTC 1/SC 21 N9122.

[Jen92] K. Jensen. *Coloured Petri Nets: Basic Concepts, Analysis Methods and Practical Use*, Band 1. Springer-Verlag, 1992.

[Lak92] C. Lakos. The LOOPN User Manual. Technical report TR 92-1, Department of Computer Science, University of Tasmania, 1992.

[MJM94] K. Müller, K. Jones und M. Merz. Vermittlung und Verwaltung von Diensten in offenen verteilten Systemen. In B. Wolfinger, Hrsg., *Innovationen bei Rechen- und Kommunikationssystemen — Eine Herausforderung für die Informatik*, Informatik Aktuell, S. 219–226. Springer-Verlag, August 1994.

[MJML95] K. Müller-Jones, M. Merz und W. Lamersdorf. The TRADEr: Integrating trading into DCE. In *Proceedings of the Third International Conference on Open Distributed Processing (ICODP '95)*, Brisbane, Australia, Februar 1995.

[MML94] M. Merz, K. Müller und W. Lamersdorf. Service trading and mediation in distributed computing environments. In *Proceedings of the 14th International Conference on Distributed Computing Systems (ICDCS '94)*, S. 450–457. IEEE Computer Society Press, 1994.

[OMG91] The Common Object Request Broker: Architecture and Specification. Object Management Group, 1991.

Die konzeptionelle Ist-Architektur als Basis für die Evolution integrierter Informationssysteme

Christian Gaßner, Thomas Gutzwiller

Zusammenfassung

Der Beitrag stellt dar, welche Bestandteile eines Informationssystems auf konzeptioneller Ebene pragmatisch (d. h. mit relativ wenig Aufwand) zu beschreiben sind, um eine für Integrationsvorhaben ausreichend detailliert dokumentierte Ist-Architektur zu erhalten. Das Hauptaugenmerk des zu diesem Zweck entwickelten Metamodells liegt deshalb in der Beschreibung der Integrationsbeziehungen zwischen Applikationen. Das Metamodell systematisiert die Forschungsergebnisse unterschiedlicher Spezialbereiche der Integration und verbindet sie zu einem zusammenhängenden Ansatz. Es ist Ausgangspunkt für die evolutionäre Weiterentwicklung integrierter Informationssysteme.

1. Einleitung

1.1. Ausgangssituation

Beim Hausbau ist der Neubau oft einfacher als die Renovierung und der An- und Umbau eines bestehenden Hauses. Ebenso scheint es sich mit dem Informationssystem zu verhalten: Der Wartungsanteil an den Gesamtaufwendungen für die Datenverarbeitung beträgt bis zu 80 % [4], weshalb nur geringe Entwicklungskapazitäten für innovative Neuprojekte verbleiben. Ursachen für den hohen Wartungsaufwand sind u. a. die mangelnde Qualität der bestehenden Applikationen und der Dokumentation, aber auch die Wartung selbst, da die Anpassung eines Systems, die nicht auf eine Qualitätsverbesserung abzielt, die Wartbarkeit des Systems weiter verschlechtert [24]. In größeren Unternehmen gibt es heute kaum noch jemanden, der die Wirkungsweise des Informationssystems in seiner Gesamtheit versteht.

Obwohl die genannten Gründe, der Einsatz von Standardsoftware, Applikationsplattformen und Computer Aided Software Engineering, für den "Neubau" des Informationssystems sprechen, ist er in der Praxis eine Illusion: Ein derartiges Unterfangen würde ein Vielfaches der jährlichen Entwicklungsbudgets verschlingen, zu viel Zeit in Anspruch nehmen und wäre projektmäßig kaum führbar. Zudem steckt in den bestehenden Applikationen ein über Jahre gewachsenes Wissen, das in der Regel weder in seiner ganzen Breite und Tiefe dokumentiert noch in den Köpfen der Mitarbeiter präsent ist. Das Haupthindernis für einen "Neubau" stellt jedoch das damit verbundene Risiko dar.

Aus den genannten Gründen müssen die Integrationsbestrebungen den in der Vergangenheit getätigten Investitionen Rechnung tragen, d. h. sie müssen von den existierenden Applikationen bzw. der Ist-Architektur ausgehen.

1.2. Problemstellung

Da Transaktionssysteme (Administrationssysteme) derzeit den weitaus größten Teil der Entwicklungskapazitäten und Informatikinvestitionen in Großunternehmen binden [18], konzentrieren wir uns im vorliegenden Beitrag auf Applikationen des Informationssystemtyps Transaktionssystem.

Jedes Unternehmen steht laufend vor der Aufgabe, eigenentwickelte und zugekaufte Applikationen in das existierende Informationssystem zu integrieren und bestehende Applikationen zu ersetzen oder zu erweitern. Die Situation in den meisten Unternehmen ist durch Applikationen gekennzeichnet, deren große Verflechtung bei Änderungen einen sehr hohen Aufwand erfordern [15] und die eine schnelle Ausrichtung an neue Anforderungen des Marktes behindern [12]. Aus ökonomischer Sicht hat bei der Einführung und Integration von Applikationen die Schaffung von Transparenz bezüglich der Schnittstellen höchste Priorität [16]. Gefordert ist somit eine adäquate Dokumentation der Schnittstellen, mehr noch, der Integrationsbeziehungen allgemein.

Diese Dokumentation fehlt in der Regel in den meisten Unternehmen, schlimmer noch, es existieren keine einheitlichen Kriterien, welche Informationen für die Integration von Transaktionssytemen überhaupt relevant sind. Entsprechend wird in den einzelnen Projekten wiederholt festgelegt, welche Komponenten neuer und bestehender Applikationen zu beschreiben und gestalten sind, d. h. das Rad wird jedesmal aufs neue erfunden. Dieses Vorgehen verursacht nicht nur einen hohen Kosten- und Zeitaufwand, sondern birgt auch die Gefahr einer suboptimalen Integration in sich, da häufig Informationen unberücksichtigt bleiben können. Deshalb entsprechen viele der bestehenden Schnittstellen nicht den Anforderungen und sind nicht einheitlich gestaltet [7].

Voraussetzung für die Integration ist somit in einem ersten Schritt die Identifikation der für sie relevanten Informationen. Darauf aufbauend kann die notwendige Dokumentation und ihre Form sowie Kriterien für die optimale Gestaltung der Integrationsbeziehungen abgeleitet werden.

1.3. Aufbau des Beitrags

Kapitel 2. beschreibt die Grundüberlegungen des von uns gewählten Lösungsansatzes und die damit verfolgten Ziele. In Kapitel 3. gehen wir auf die für die Integration zu beschreibenden Komponenten und die zwischen ihnen bestehenden Beziehungen ein. Hierzu wir eine stark vereinfachte Version eines umfassenderen und bis auf Attributebene verfeinerten Metamodells zur Beschreibung der Ist-Architektur verwendet [8]. Abschließend gehen wir in Kapitel 4. auf unsere weitere Forschung ein.

2. Grundüberlegungen und Zielsetzungen des Lösungsansatzes

Die Forschung im Bereich der Integration wird seit geraumer Zeit mit unterschiedlichen Schwerpunkten und Zielen vorangetrieben, beispielsweise in den Gebieten Informationssystementwicklungsmethoden [9, 17, 20], Schemaintegration [2, 11], verteilte Datenbanken [5, 6, 23], Replikation und redundante Daten [3, 6, 14]. Diese Ansätze gehen jeweils auf einzelne Teilaspekte der Integrationsproblematik im Detail ein. Was jedoch fehlt, ist eine umfassende Behandlung der konzeptionellen Integration in einem methodischen Ansatz. Wir versuchen deshalb, die Erkenntnisse der genannten Forschungsgebiete in einer Methode für die evolutionäre Weiterentwicklung des Ist-Informationssystems zusammenzufassen. Das in Punkt 3.2. vorgestellte Metamodell bildet die Grundlage hierfür. In obigem Sinne sind nicht die einzelnen Bestandteile des Metamodells und der Methode neu, sondern ihre Kombination und umfassende und systematische Behandlung. Die auf Basis des Metamodells zu entwickelnde Methode soll

- den Informatik-Führungskräften helfen, Schwachstellen im Informationssystem zu lokalisieren und ungenutzte Integrationspotentiale zu erkennen,
- dem Projektleiter ermöglichen, rasch einen Überblick über die wesentlichen Abhängigkeiten zwischen den Applikationen zu gewinnen, um Auswirkungen von Entwurfsentscheiden besser abschätzen zu können,

- die Projektplanung und -durchführung erleichtern, beschleunigen und verbessern und
- neuen Informatikmitarbeitern einen schnellen Zugang zum gesamten Informationssystem ermöglichen, um so die Einarbeitungszeit deutlich zu verkürzen.

Ziel ist hierbei nicht die vollständige (Re-)Dokumentation des Informationssystems, sondern nur die Beschreibung jener Komponenten, die benötigt werden, um das Informationssystem in seiner Gesamtheit zu verstehen, und um in spezifischen Integrationsprojekten (z. B. Einführung von Standardsoftware) die Schnittstellen optimal gestalten zu können. Diese pragmatische Ausrichtung erlaubt eine (Re-)Dokumentation mit vertretbarem Aufwand. [8] beschreibt drei Beispiele für die pragmatische Anwendung des Metamodells.

3. Bestandteile der konzeptionellen Ist-Architektur

3.1. Verwendete Notation

Ein Modell beschreibt abstrakt einen Ausschnitt der realen Welt aus einer bestimmten Perspektive. Ein Metamodell legt fest, welche elementaren Ergebnisse (Komponenten) ein solches Modell beschreibt und wie diese Ergebnisse miteinander in Beziehung stehen. Wir verwenden hierfür ein Entity-Relationship-(ER-)Diagramm. In der verbalen Beschreibung des Metamodells sind die Bezeichner der Metaentitätstypen optisch hervorgehoben.

3.2. Metamodell der konzeptionellen Ist-Architektur

Die Informationsverarbeitung in einem Unternehmen erfolgt mit Hilfe von *Applikationen.* Eine *Applikation* dient der Aufnahme, Verarbeitung, Speicherung und Abgabe betrieblich relevanter Informationen. Sie ist eine Zusammenfassung von *logischen Transaktionen*, die im wesentlichen gleiche *Datenstrukturen in Datensammlungen* verarbeiten (siehe Abbildung 1). *Logische Transaktionen* sind funktionale, in sich geschlossene Arbeitsschritte, die auf einem Rechner durchgeführt werden. Sie werden durch den Benutzer oder eine zeitliche Bedingung ausgelöst und müssen abgeschlossen bzw. unwiderruflich abgebrochen werden, bevor ein weiterer Arbeitsschritt ausgeführt wird [9].

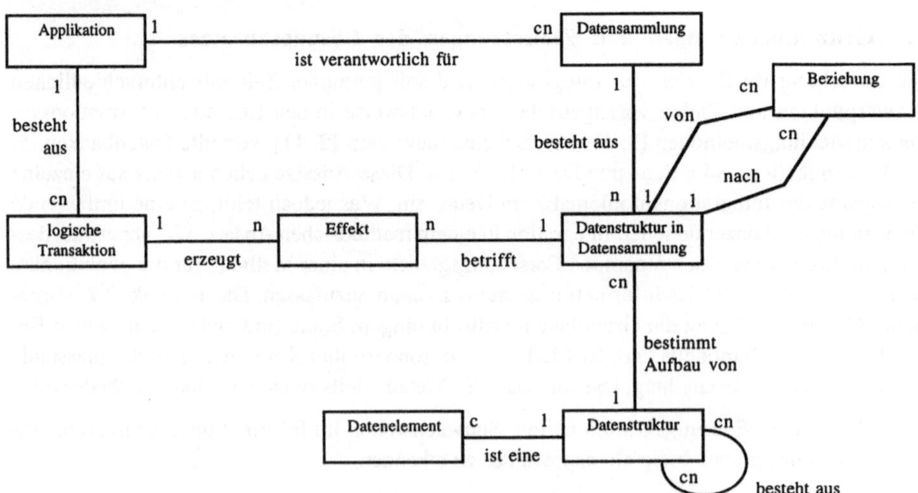

Abbildung 1: Metaentitätstypen für die "Integration der Daten"

Eine *Applikation* ist verantwortlich für keine, eine oder mehrere *Datensammlungen*. Eine *Datensammlung* umfaßt *Datenstrukturen*, die unter Berücksichtigung ihrer Speicherung, Verarbeitung und Verwendung von *Applikationen* zusammengefaßt worden sind und der dauernden Ablage von Daten dienen. Eine *Datenstruktur* spezifiziert den formalen Aufbau von Daten. Sie wird durch die Definition ihrer Komponenten und den Beziehungen zwischen ihnen beschrieben. Die Komponenten einer *Datenstruktur* sind selbst *Datenstrukturen*. Jene Teile der *Datenstruktur*, die sich in einem gegebenen oder unterstellten Zusammenhang logisch nicht mehr sinnvoll unterteilen lassen, werden im Metaentitätstyp *Datenelement* beschrieben. Da eine *Datensammlung* aus einer oder mehreren *Datenstrukturen* besteht und dieselbe *Datenstruktur* Bestandteil mehrerer *Datensammlungen* sein kann, führen wir den Metaentitätstyp *Datenstruktur in Datensammlung* ein. Die Verbindungen zwischen *Datenstrukturen in* (einer) *Datensammlungen* halten wir in Form von *Beziehungen* fest. *Beziehungen* dienen der Erstellung von ER-Diagrammen.

Logische Transaktionen greifen auf die in *Datenstrukturen in Datensammlung* abgelegten Daten zu, d. h. sie erzeugen *Effekte*. *Effekte* beschreiben die Art der Verwendung der Daten, wobei wir zwischen erzeugen (Append), lesen (Read), mutieren (Modify) oder löschen (Delete) von Daten unterscheiden.

Mit Hilfe der acht vorgestellten und in Abbildung 1 enthaltenen Metaentitätstypen können wir den "direkten" Zugriff von Transaktionen auf Daten anderer Applikationen beschreiben. Diese gemeinsame Nutzung von Daten durch mehrere Applikationen wird häufig auch "Integration der Daten" genannt, die daran beteiligten Applikationen "integrierte Applikationen" [10, 21]. Referenzmodelle für die Informationssystementwicklung [9, 17, 20] gehen vor allem auf diesen Aspekt der Integration ein.

In der betrieblichen Praxis haben die Applikationen häufig ihre eigenen Datenbestände, die untereinander redundant sein können. Die Kooperation zwischen Applikationen erfolgt dann über den Austausch bzw. Abgleich redundanter Daten. Man spricht auch von "Integration über Daten" bzw. "gekoppelten Applikationen" [10, 21]. Der Abgleich redundanter Daten wird in der Literatur vor allem in den Bereichen verteilte Datenbanken, Replikation und redundante Daten behandelt. Metamodelle sind beispielsweise in [6] und in [14] beschrieben. Wir abstrahieren im folgenden die dort und im Bereich der Schemaintegration gewonnen Erkenntnisse auf eine konzeptionelle Ebene und erweitern das Metamodell um Metaentitätstypen zur Betrachtung der Redundanz und des Datentransfers zwischen Applikationen.

Redundanz entsteht, wenn ein und dieselben Daten mehrmals festgehalten werden. Daten sind redundant, wenn sie mit anderen Daten identisch sind oder aus anderen Daten abgeleitet werden können. Um Mutationsanomalien zu verhindern, müssen die redundanten Daten konsistent gehalten werden [25]. Zu diesem Zweck definieren wir *Redundanzbeziehungen*, indem wir festlegen, welche *Datenstruktur in Datensammlung* die Originale und welche die Kopien der Daten enthält (siehe Abbildung 2). Originale dürfen verändert werden, die Kopien übernehmen diese Veränderungen. Sind zwei *Datenstrukturen* gleichberechtigt (peers), so werden sie jeweils einmal als Original und einmal als Kopie behandelt, d. h. es werden zwei Redundanzbeziehungen definiert. Im Metamodell werden Redundanzen in derselben Datensammlung, in unterschiedlichen Datensammlungen derselben Applikation und in Datensammlungen unterschiedlicher Applikationen festgehalten. Durch Fremdschlüssel entstehende Redundanzen im relationalen Datenbankmodell werden jedoch nicht berücksichtigt. Um auch die Zusammenfassung von mehreren Datenstrukuren zu einer (z. B. Zusammenfassung der Datenstrukturen Straße, Postleitzahl und Ort zur Datenstruktur Adresse) bzw. deren Aufteilung berücksichtigen zu können, führen wir die Metaentitätstypen *Datenstruktur des Originals* und *Datenstruktur der Kopie* ein.

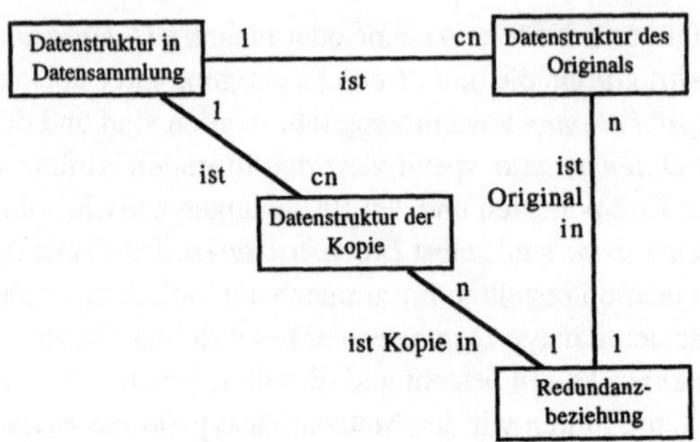

Abbildung 2: Redundanzbeziehung

Die zentrale Anforderung in der *Redundanzbeziehung* ist der notwendige Übereinstimmungsgrad der Kopie mit dem Original. Die *Kohärenzbedingung* definiert deshalb, welche Abweichungen zwischen dem Original und der Kopie erlaubt sind [1] (siehe Abbildung 3). Beispiele für *Kohärenzbedingungen* sind [1, 3, 6]:

- Periodisch zu bestimmten Zeitintervallen (z. B. jede Stunde) oder bestimmten Zeitpunkten (z. B. um 17 Uhr) konsistent.
- Zu bestimmten Ereignissen bzw. bei Bedarf konsistent (z. B. vor oder nach Aufruf einer bestimmten Transaktion).
- Nach einer definierten Höhe der Änderung von Datenwerten konsistent.
- Nach einer definierten Anzahl Update-Transaktionen auf das Original konsistent.

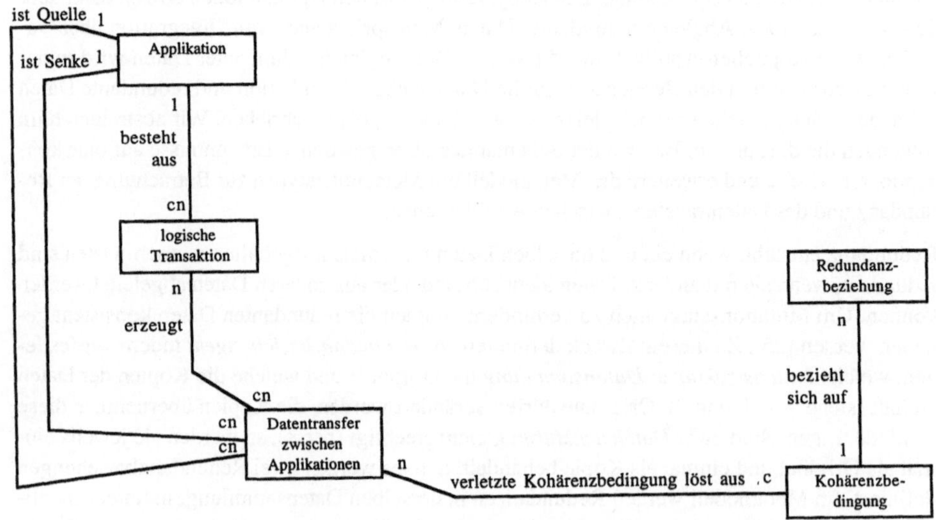

Abbildung 3: Kohärenzbedingung und Datentransfer zwischen Applikationen

Wird eine bestimmte *Kohärenzbedingung* verletzt (d. h. die Abweichung zwischen Original und Kopie ist größer als erlaubt), muß ein *Datentransfer zwischen Applikationen* vom Original zur Kopie der *Redundanzbeziehung* ausgelöst werden. Ein *Datentransfer zwischen Applikationen* beschreibt jegliche Weitergabe von Daten zwischen *Applikationen*, d. h. es werden auch jene Fälle festgehalten, in denen eine *logische Transaktion* "direkt" auf *Datensammlungen* einer anderen *Applikation* zugreift ("Integration der Daten"). Jeder *Datentransfer zwischen Applikationen* hat jeweils genau eine Applikation als Quelle und als Senke und wird mit Hilfe von *logischen Transaktionen* ausgeführt (siehe Abbildung 3).

Ein *Datentransfer zwischen Applikationen* kann Daten aus mehreren Datenstrukturen in mehrere andere Datenstrukturen übertragen, weshalb wir die beiden Metaentitätstypen *Datenstruktur der Quelle des Datentransfers* und *Datenstruktur der Senke des Datentransfers* einführen. Diese beiden Metaentitätstypen halten fest aus welchen bzw. in welche *Datenstrukturen in Datensammlung* Daten übertragen werden, wobei der formale Aufbau der Daten im Metaentitätstyp *Datenstruktur* ersichtlich ist. Für den *Datentransfer zwischen Applikationen* selbst kann ein eigenes, "neutrales" und häufig standardisiertes Datenformat (z. B. EDIFACT bei der zwischenbetrieblichen Integration) verwendet werden. Dieses Datenformat wird in *Datenstruktur des Datentransfers* festgehalten (siehe Abbildung 4).

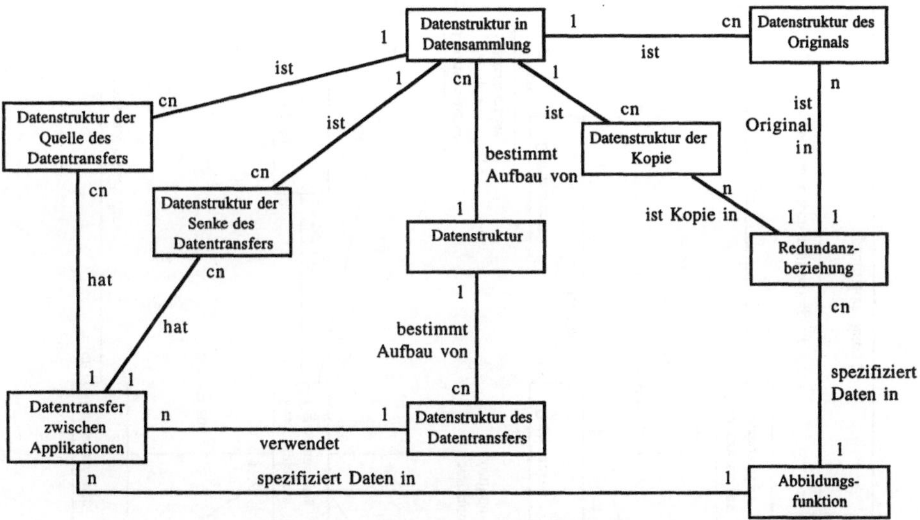

Abbildung 4: Behandlung von Unterschieden des formalen Aufbaus und der Werte von Daten

Sowohl in *Redundanzbeziehungen* als auch in *Datentransfers zwischen Applikationen* können sich die Daten im Original bzw. in der Quelle und in der Kopie bzw. in der Senke neben ihrem formalen Aufbau (Datendefinition, Schema) auch in ihren Datenwerten unterscheiden [13, 19]. Diesen Sachverhalt halten wir im Metaentitätstyp *Abbildungsfunktion* fest. Er enthält Selektionskriterien und Transformationsregeln. Selektionskriterien legen fest, welche Datenwerte des Originals mit welchen in der Kopie redundant sind (z. B. werden alle Kundendaten zentral in Zürich gespeichert, aber die Kundendaten der Region Westschweiz zusätzlich in Genf) bzw. welche aus der Quelle in die Senke übertragen werden. Mit Transformationsregeln beschreiben wir, wie die Datenwerte des Originals bzw. der Quelle in die Datenwerte der Kopie bzw. der Senke überführt werden [22]. Zwei Beispiele für Transformationsregeln sind Umcodierungen (z. B. Umwandeln des Währungscodes "13" in den Währungscode "US$") und Berechnungen (z. B. Berechnung des Umsatzes einer Periode aus den Verkäufen oder Umwandlung von inch in cm).

Abbildung 5 faßt die einzelnen Ausschnitte des Metamodells zusammen.

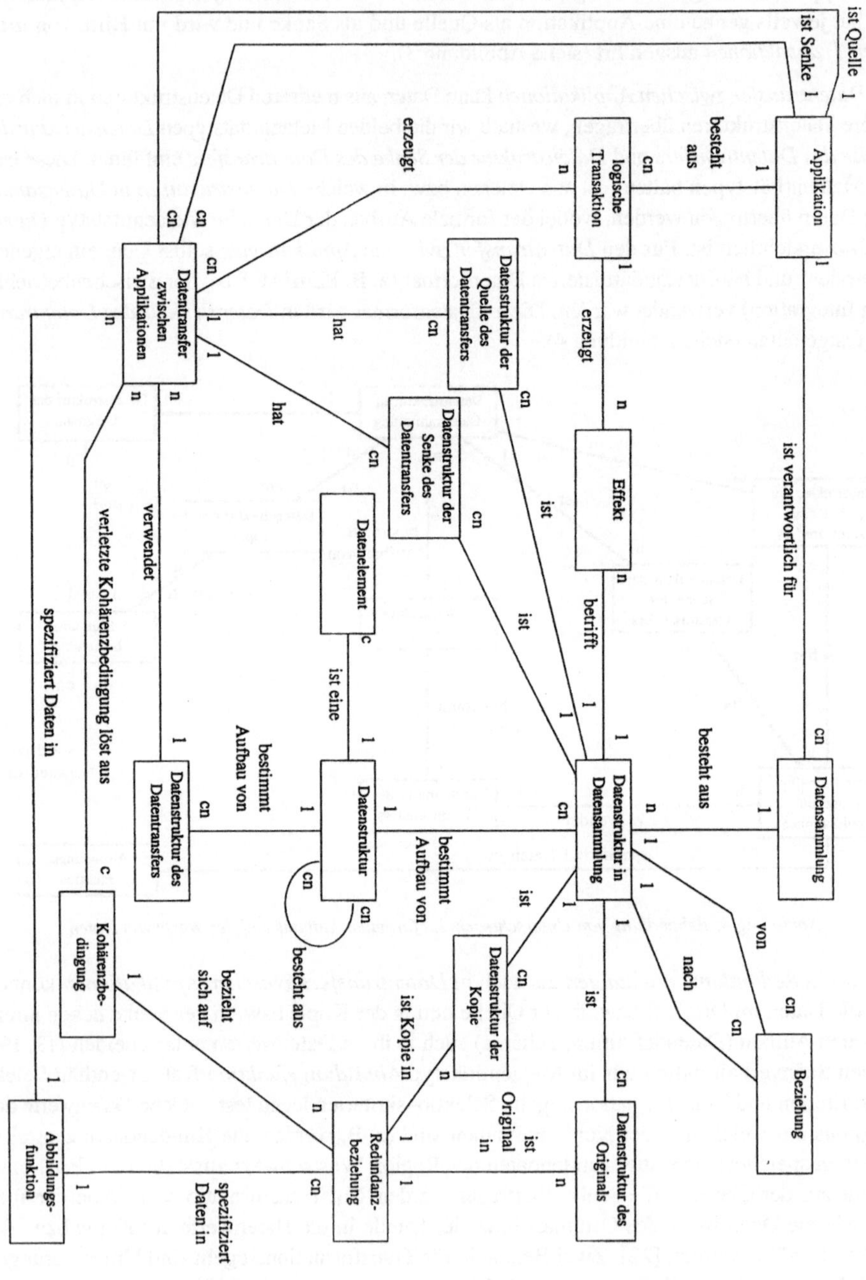

Abbildung 5: Metamodell der konzeptionellen Ist-Architektur

4. Zusammenfassung und Ausblick

Der Beitrag beschreibt die zentralen Bestandteile für die Integration und evolutionäre Weiterentwicklung von Applikationen auf Basis der Ist-Architektur in Form eines Metamodells. Die Integrationsbeziehungen zwischen Applikationen entstehen vor allem durch Redundanzen und Datentransfers. Das vorgestellt Metamodell zeigt grob die Zusammenhänge und gibt Hinweise auf die in einem methodischen Integrationsansatz zu berücksichtigenden Forschungsbereich.

Das Metamodell enthält jedoch keine Aussagen bezüglich der Darstellung dieser Informationen in der Dokumentation, dem Vorgehen in Integrationsprojekten und den Einflußfaktoren beispielsweise für den Entscheid für eine redundante Datenhaltung, für die Ableitung von Kohärenzbedingungen oder für die Spezifikation von Datentransfers auf Basis dokumentierter Redundanzbeziehungen. Deshalb leiten wir im Rahmen unserer weiteren Forschung geeignete Beschreibungstechniken, Gestaltungsempfehlungen und ein Vorgehensmodell für eine methodische Integration von Transaktionssystemen ab. Insbesondere die Gestaltungsempfehlungen und das Vorgehensmodell verdeutlichen die Interdependenzen zwischen den bisher in der Forschung isoliert betrachteten Teilaspekten der konzeptionellen Integration.

Danksagung

Die vorgestellten Ergebnisse entstanden im Rahmen der Arbeit des Kompetenzzentrums "Prozeß- und Systemintegration" (CC PSI) des Forschungsprogramms "Informationsmanagement an der Hochschule St. Gallen" (IM HSG) am Institut für Wirtschaftsinformatik der Hochschule St. Gallen und des NFP/SPP-Projektes "Methode für die konzeptionelle Beschreibung heterogener Informationssysteme", Modul 1 "Sichere verteilte Systeme".

Unser besonderer Dank gilt den Mitarbeitern der Partnerunternehmen des CC PSI. Die Partnerunternehmen des CC PSI sind: Aktiengesellschaft für Informatik, Ciba Geigy AG, Gebrüder Bühler AG, Informationsdienste PTT, Schweizerischer Bankverein, Schweizerische Bankgesellschaft, Schweizerische Kreditanstalt und Winterthur-Versicherungen.

Literatur

[1] Alonso, R., et al., Quasi-Copies: Efficient Data Sharing for Information Retrieval Systems, in: Schmidt, J.W., et al. (Hrsg.), Advances in database technology - EDBT '88: International Conference on Extending Database Technology, Venice, Italy, March 14-18, 1988, Springer, Berlin 1988, S. 443-468

[2] Batini, C., et al., A Comperative Analysis of Methodologies for Database Schema Integration, in: ACM Computing Surveys, Vol. 18, 1986, No. 4, S. 323-364

[3] Cabrera, L.-F., Pâris, J.-F. (Hrsg.), Proceedings of the Workshop on Management of Replicated Data, Houston, Texas, Nov. 8-9, 1990

[4] CAP debis GEI: ESW - Existing Systems Workbench, Produktinformation 1992

[5] Fasnacht, D., Koordination homogener und heterogener verteilter Datenbankmanagementsysteme, Arbeitsbericht Nr. 27, Institut für Wirtschaftsinformatik der Universität Bern, 1992

[6] Fasnacht, D., et al., LUPCAS - Ein System zur Koordination verteilter Datenbanken über Replikate, Arbeitsbericht Nr. 32, Institut für Wirtschaftsinformatik der Universität Bern, 1992

[7] Frank, U., Klein, S., Unternehmensmodelle als Basis und Bestandteil integrierter betrieblicher Informationssysteme, Arbeitspapiere der GMD 629, März 1992

[8] Gaßner, C., et al., Bestandteile einer Ist-Informationssystembeschreibung für die Systemintegration, Bericht Nr. IMHSG/CCPSI/2, Version 1.1, Institut für Wirtschaftsinformatik, Hochschule St. Gallen, 1995

[9] Gutzwiller, Th., Das CC RIM-Referenzmodell für den Entwurf von betrieblichen transaktionsorientierten Informationssystemen, Physica-Verlag, Heidelberg 1994

[10] Hackstein, R., Köhl, E., Datenintegration: Wunsch oder Wirklichkeit?, in: CIM Management, 1991, H. 1, S. 30-34

[11] Hunstock, J., Stickel, E., Ansätze zur Schemaintegration, Arbeitsbericht Nr. 9, Europa-Universität Viadrina, Frankfurt (Oder), 1994

[12] o.V., Re-engineering existing Systems, in: I/S Analyzer, Vol. 29, 1991, No. 10

[13] Kim, W., Seo, J., Classifying Schematic and Data Heterogeneity in Multidatabase Systems, in: Computer, Dec. 1991, S. 12-18

[14] Klein, J., Datenintegrität in heterogenen Informationssystemen: Ereignisorientierte Aktualisierung globaler Datenredundanzen, Deutscher Universitäts-Verlag, Wiesbaden 1992

[15] Kleinau, U., Erfolgsfaktoren für die Beherrschbarkeit von Altsystemen, in: Thurner, R. (Hrsg.), Reengineering - Ein integrales Wartungskonzept zum Schutz von Software-Investitionen - Strategie - Methoden - Werkzeuge, Angewandte Informationstechnik, Hallbergmoos 1990, S. 193-204

[16] Männel, L., Schnittstellen zwischen autonomen Systemen im administrativen Datenfluß von CIM - Dateninhalte und Lösungsansätze zur Schnittstellenüberwindung, VDI-Verlag, Düsseldorf 1994

[17] Olle, T.W., et al., Information Systems Methodologies, 2. A., Addison-Wesley, Wokingham 1991

[18] Österle, H., et al., Unternehmensführung und Informationssystem: Der Ansatz des St. Galler Informationssystem-Managements, 2. A., Teubner, Stuttgart 1992

[19] Ricketts, J.A., et al., Data Reengineering for Application Systems, in: Proc. Conference on Software Maintenance, IEEE, 1989, S. 174-179

[20] Scheer, A.W., Architektur integrierter Informationssysteme: Grundlagen der Unternehmensmodellierung, Springer, Berlin 1991

[21] Scholz-Reiter, B., CIM-Schnittstellen: Konzepte, Standards und Probleme der Verknüpfung von Systemkomponenten in der rechnerintegrierten Produktion, Oldenbourg, München 1991

[22] Sciore, E., et al., Using Semantic Values to Facilitate Interoperability Among Heterogeneous Information Systems, in: ACM Transactions on Database Systems, Vol. 19, 1994, No. 2, S. 254-290

[23] Sheth, A.P., Larson, J.A., Federated Database Systems for Managing Distributed, Heterogeneous, and Autonomous Databases, in: ACM Computing Surveys, Vol. 22, 1990, No. 3, S. 183-236

[24] Sneed, H., Kaposi, M., A Study on the Effect of Reengineering upon Software Maintainability, in: Proceedings of 6th International Conference on Software Maintainance, San Diego, Nov. 1990

[25] Zehnder, C. A., Informationssysteme und Datenbanken, Verlag der Fachvereine, Zürich 1989

Fachgespräch 12:

Reengineering in globalen Anwendungsarchitekturen

Ziel dieses Fachgespräches ist es, die Herausforderungen globaler Anwendungsarchitekturen vor allem aus der Sicht der bestehenden Anwendungen zu beleuchten, insbesondere unter dem Aspekt des Reengineering.

Programmkomitee des Fachgespräches:
K. Hildebrand, Münster (Koordination)
J. Borchers, Wiesbaden, S. Eicker, Münster

Automatisierung der Migration von CUI nach GUI

Rainer Gastner
Fraunhofer-Einrichtung für Software- und Systemtechnik (ISST), Kurstr. 33, D-10117 Berlin
e-mail: Rainer.Gastner@isst.fhg.de

Zusammenfassung. Die wesentlichen Aufgaben bei der Migration von zeichenbasierten, maskenorientierten Benutzeroberflächen nach graphischen Benutzeroberflächen sind die Akquisition von Information, die Analyse dieser Information und die eigentliche Abbildung der Masken-Dialoge auf graphische Dialoge. Existierende Werkzeuge unterstützen diese Aufgaben, insbesondere die Informationsakquisition und Analyse, unzureichend. Es wird die Konzeption einer Werkzeugumgebung vorgestellt, die den gesamten Migrationsprozeß für eine kongruente Umsetzung unterstützt und eine zumindest teilweise Automatisierung der Aufgaben bei der Migration ermöglicht.

1 Einleitung

Im Rahmen der Modernisierung großer, seit langem eingesetzter Anwendungssysteme auf Mainframes (sog. „legacy applications“) spielt die Migration von zeichenbasierten, maskenorientierten Benutzeroberflächen (CUI, Character-based User Interface) auf grafische Benutzeroberflächen (GUI, Graphical User Interface) eine zentrale Rolle. Die Motivation für diese Migration ist vielfältig [EiSc94, GaSc94]. Einem alten Anwendungssystem wird ein neues Aussehen gegeben, so daß die Benutzer das Gefühl haben, mit einem modernen System zu arbeiten, ohne daß das eigentliche Host-System geändert werden muß. Neue Systembenutzer arbeiten sich in Systeme mit ergonomischen GUIs schneller ein als in Systeme mit alphanumerischen Oberflächen [TBSI90]. Das Anwendungssystem kann mit anderen GUI-Anwendungen und Hilfsmitteln (wie z.B. Notizblock oder Taschenrechner) integriert in einer Desktop-Umgebung auf einer PWS (Programmierbare Workstation mit einem graphikfähigen Bildschirm (z.B. PC)) zur Verfügung gestellt werden. Dies schützt die hohen Investitionen, die über Jahre hinweg in eine Mainframe-Anwendung getätigt wurden. Konsistenzüberprüfungen können direkt nach der Eingabe eines Wertes und nicht erst nach der vollständigen Bearbeitung einer Maske durchgeführt werden, indem die entsprechende Prüffunktionalität im GUI realisiert wird. Redundanz und damit Fehlerhäufigkeit bei der Dateneingabe (z.B. eine Kundenummer, die in aufeinanderfolgenden Masken immer wieder eingegeben werden muß) können verringert werden, indem eine automatische Datenübernahme realisiert wird. Die Migration von CUI nach GUI kann ein erster, relativ kostengünstiger Schritt zu einer Client/Server-Architektur sein, dem dann die Modernisierung und Verteilung weiterer Systemkomponenten folgen kann.

Abb. 1 zeigt das typische Ausgangsszenario für die Migration von CUI nach GUI, das von einer Dreiteilung einer Host-Anwendung in Benutzeroberfläche, Anwendungslogik und Datenbank ausgeht. Auf dem Host sind die Anwendungslogik mit den Datenbanktransaktionen und die Datenbank realisiert. Zum Aufbau der Benutzerschnittstellen-Masken werden vom Host Datenströme zum Terminalemulator auf der PWS geschickt, der die Datenströme interpretiert und die Masken in einem GUI-Fenster präsentiert. Nachdem der Benutzer eine Maske bearbeitet hat, wird ein entsprechender Datenstrom mit den vom Benutzer eingegebenen oder geänderten Daten generiert und an den Host zurückgeschickt. Während der Bearbeitungszeit einer Maske findet i.d.R. keine Kommunikation mit dem Host statt.

Verschiedene Ansätze zur Migration von CUI nach GUI basieren auf unterschiedlichen Rahmenbedingungen [Gast94b]. Insbesondere zwei dieser Rahmenbedingungen haben eine grundlegende Bedeutung für den Migrationsprozeß und werden für den in diesem Beitrag vorgestellten Ansatz wie folgt festgelegt: (a) Bei der Migration soll das Ausgangsszenario auf der Host-Seite (vgl. Abb. 1) unverändert bleiben, d.h. die Anwendungslogik, die Datenbank auf dem Host und die Datenströme sollen nicht geändert werden. (b) Das GUI wird offline, d.h. zur

Entwurfszeit, erstellt und zur Laufzeit geladen. (In anderen Ansätzen erfolgt die Erstellung des GUI zur Laufzeit [Obst94, Gast94b].)

Ziel der in diesem Papier vorgestellten Werkzeugumgebung C_2G ist es, den gesamten Migrationsprozeß so weit wie möglich zu automatisieren. Existierende Werkzeuge, wie z.B. VisualLift, Flashpoint oder M++Migrator, decken nur einen Teil dieses Migrationsprozesses mit unterschiedlichem Automatisierungsgrad ab [Hosc94, ScGr93, ScGa94].

In Abschnitt 2 werden drei Komplexitätsstufen der Oberflächenmigration unterschieden und bewertet. Die zentralen Aufgaben bei der Oberflächenmigration und das Architekturschema von C_2G werden in Abschnitt 3 vorgestellt. In Abschnitt 4 werden die wesentlichen Punkte zusammengefaßt und ein Ausblick gegeben.

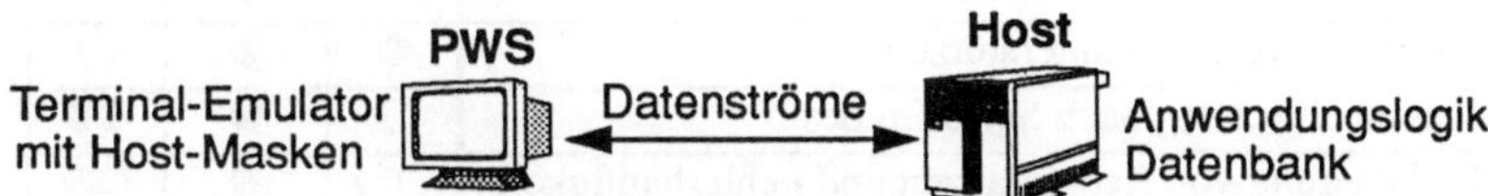

Abb. 1: Ausgangsszenario für die Migration von CUI nach GUI

2 Stufen der Oberflächenmigration

Wir unterscheiden drei Komplexitätsstufen der Oberflächenmigration: die möglichst kongruente Umsetzung der CUI-Masken in GUI-Dialoge (1:1), die 1:1-Umsetzung mit funktionalen Erweiterungen (X-1:1) und die Neugestaltung der Dialoge.

Die *1:1-Umsetzung* ist relativ kostengünstig, da existierende Migrationswerkzeuge für die elementaren Aufgaben interaktive Unterstützung bereitstellen. Der gewohnte Arbeitsfluß mit dem Anwendungssystem bleibt weitgehend erhalten, so daß sich die Anwender schnell wieder zurechtfinden. Auf der anderen Seite ist eine Umstrukturierung der Dialoge für eine bessere Unterstützung der tatsächlichen Arbeitsabläufe der Anwender nicht möglich. Außerdem können andere Schwächen der maskenorientierten Dialoge (z.B. Redundanzen bei der Dateneingabe) nicht beseitigt werden. Die Benutzer merken nach einer gewissen Zeit, daß sie weiterhin das alte System benutzen, und wollen eine weiterreichende Restrukturierung der Dialoge. „Graphical veneers are designed to fool users“ [Vask93, S. 56]. Wir betrachten deshalb die 1:1-Umsetzung (bzw. die X-1:1-Umsetzung) als die erste Stufe der Oberflächenmigration.

Eine *1:1-Umsetzung mit funktionalen Erweiterungen* (X-1:1) ermöglicht die Integration externer Hilfsmittel in das GUI und die Verringerung von Redundanzen und damit der Fehlerhäufigkeit bei der Dateneingabe. Da die funktionalen Erweiterungen manuell implementiert werden müssen, ist ein höherer Aufwand erforderlich als bei der 1:1-Umsetzung.

Die *Neugestaltung* von Dialogen ermöglicht eine Modellierung des tatsächlichen Arbeitsflusses des Anwenders, die volle Berücksichtigung von GUI-Entwurfsrichtlinien und die Beseitigung von umständlichen, erzwungenen Arbeitsabläufen („Workarounds“) und Redundanzen. Das GUI kann so gestaltet werden, daß es bei zukünftigen Anforderungen leicht geändert oder erweitert werden kann. Bei der Neugestaltung muß aber sichergestellt bleiben, daß die neuen GUI-Dialoge auf die alten Host-Dialoge abgebildet werden können. Dazu muß der CUI-Dialog auf der PWS modelliert und die Transformation zwischen GUI- und CUI-Dialog (und umgekehrt) realisiert werden, wie Abb. 2 zeigt. Eine Neugestaltung der Dialoge ist i.d.R. sehr komplex und aufwendig und läßt sich nur zu einem geringen Teil automatisieren.

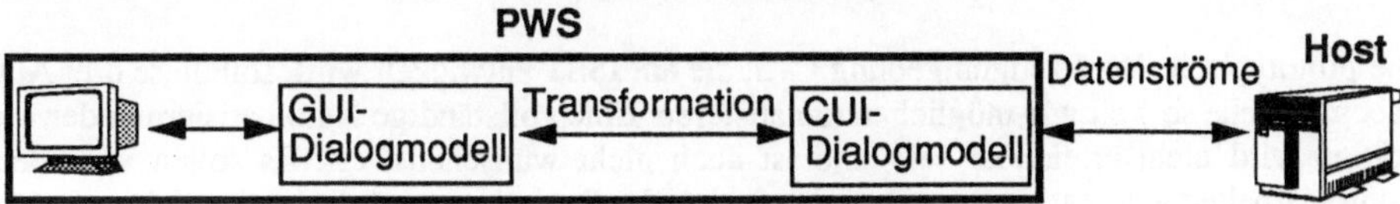

Abb. 2: Architekturschema für eine Neugestaltung der Dialoge

Die Eigenschaften der einzelnen Migrationsstufen sind in Tab. 1 zusammengefaßt. Die in Abschnitt 3 vorgestellte Werkzeugumgebung C_2G soll (in späteren Versionen) auch die Umstrukturierung und Neugestaltung von Dialogen und die sukzessive Weiterentwicklung von GUIs unterstützen. Wir konzentrieren uns im folgenden aber auf die 1:1- und X-1:1-Migration.

	Stufe		
Eigenschaften	1:1	X-1:1	Neu
flexibler Dialogablauf	○○	○○	●●
gewohnter Arbeitsablauf	●●	●	○
Unterstützung des eigentlichen Arbeitsprozesses	○○	○	●●
bisherige Werkzeugunterstützung	●	●	○
Vereinheitlichung nach Style Guides	○	●	●●
Reduzierung von Redundanzen und Fehlerhäufigkeit	○○	●	●●
Beseitigung von "Workarounds"	○○	○	●●
Integration externer Hilfsmittel	○○	●	●●
GUI-Integration verschiedener Anwendungen	●	●	●●
Unterstützung neuer Geschäftsprozesse	○○	○○	●●
Offenheit für zukünftige Anpassungen	○	○	●●
Umstellungsaufwand (Kosten)	●	○	○○
zusätzlicher Programmieraufwand	●●	●	○○
erhöhter Wartungsaufwand	●	●	○

Tab. 1: Eigenschaften der Migrationsstufen (Legende: ●● = sehr positiv ... ○○ = sehr negativ)

3 C_2G: Werkzeugumgebung für die Migration

Eine Analyse verschiedener Ansätze zur Migration von CUI nach GUI zeigt, daß sich drei zentrale Aufgaben im Migrationsprozeß herauskristallisieren (vgl. [Gast94b]), die in Abb. 3 dargestellt sind.

Das eigentliche Ziel ist die adäquate und korrekte Abbildung der CUI-Dialoge. Dieses Ziel kann jedoch nur dann erreicht werden, wenn ausreichend Informationen über die CUI-Dialoge vorliegen und eine umfangreiche Analyse sowohl der statischen als auch der dynamischen Aspekte der CUI-Dialoge erfolgt. Die gestrichelten Pfeile in Abb. 3 deuten an, daß ein zyklisches Bearbeiten der Aufgaben erforderlich sein kann.

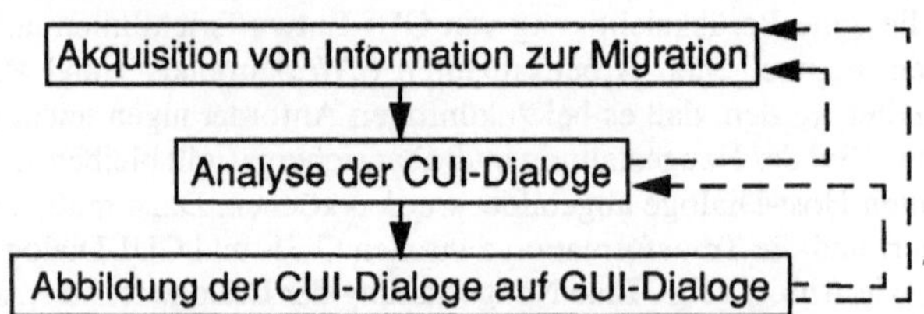

Abb. 3: Zentrale Aufgaben bei der Migration von CUI nach GUI

Die prototypische Werkzeugumgebung C_2G, die am ISST entwickelt wird, soll diese drei Aufgabenbereiche so weit wie möglich automatisieren. Eine vollständige Automatisierung der Migration wird nicht erreichbar sein und ist auch nicht wünschenswert. Es sollen vor allem Routinearbeiten automatisiert werden, damit sich der Reengineer auf die wesentlichen Aufgaben konzentrieren kann, die seine Kreativität erfordern. C_2G wird mit der objektorientierten Methode OMT [Rumb93] entworfen und objektorientiert mit der Sprache C++ implementiert. Das Repository wird mit dem objektorientierten Datenbanksystem ObjectStore realisiert.

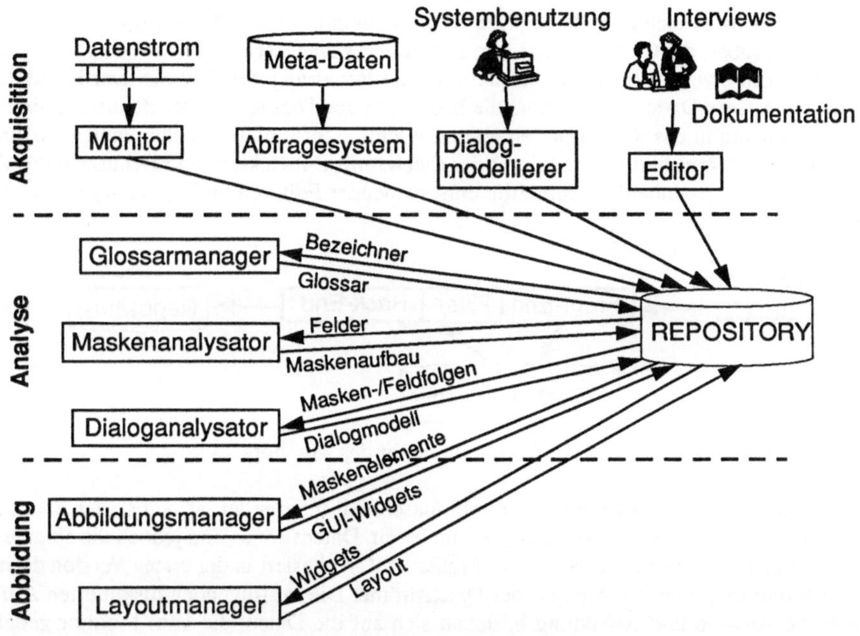

Abb. 4: Architekturschema von C_2G

3.1 Architekturschema

Abb. 4 zeigt das Architekturschema der Werkzeugumgebung C_2G. C_2G besteht aus einzelnen Werkzeugen, die ausschließlich über ein gemeinsames Repository kommunizieren. Aus diesem lesen sie Daten, verarbeiten diese weiter und schreiben neu berechnete Informationen wieder zurück. Das Repository enthält neben den Daten, die von den einzelnen Werkzeugen generiert werden, auch Wissen über bestimmte Aspekte des Migrationsprozesses, z.B. den Aufbau von Datenströmen oder Abbildungs- und Layoutregeln [Gast94a]. Die einzelnen Werkzeuge sind nach den drei Aufgabenbereichen Akquisition, Analyse und Abbildung logisch gruppiert.

3.2 Akquisition von Information zur Migration

Die Erfahrungen aus Projekten zur Oberflächenmigration, in denen das Werkzeug VisualLift verwendet wurde, haben gezeigt, daß eine genaue Kenntnis der existierenden Host-Dialoge unerläßlich für die Umsetzung der Masken ist [Hosc94, IBIS94]. Diese Kenntnis ergibt sich aus der Akquisition von Informationen über die CUI-Dialoge aus verschiedenen Informationsquellen und deren Analyse.

Der *Datenstrom* vom Host zum Terminal(emulator) enthält alle Informationen, um die Masken zu präsentieren und die Daten anzuzeigen, und ist nach einem bestimmten Protokoll codiert. Der Monitor von C_2G dient dazu, Datenströme zwischen Host und PWS während der Benutzung des Anwendungssystems über einen gewissen Zeitraum hinweg zu protokollieren. Abb. 5 zeigt die Grob-Architektur des Monitors. Er besitzt ein konfigurierbares Front-End, das dem Protokoll des jeweiligen Datenstromes (z.B. dem 3270-Protokoll [IBM86]) angepaßt werden kann. Der Monitor sammelt zunächst alle Datenströme in ihrer codierten Form in einer Datei, ohne weitere Auswertungen vorzunehmen. Dadurch entstehen für den Benutzer des Systems keine erkennbaren Nachteile, z.B. bei den Reaktionszeiten des Systems. Die gesammelten Daten werden durch einen Informationsfilter verdichtet, indem redundante Daten, die durch das wiederholte Bearbeiten einer Maske entstehen, herausgefiltert werden. Die Schnittstelle zum Repository (Back-End) speichert die verdichtete Information im Objektmodell des Repository.

Unter Umständen ist auch eine deskriptive Beschreibung der CUI-Masken (*Meta-Daten*) auf dem Host verfügbar, die C_2G mit Hilfe eines *Abfragesystems* lesen und in das Repository eintragen kann. Eine weitere Informationsquelle ist die *Benutzung des Systems*. Der Reengineer kann mit Hilfe eines Dialogmodellierers die beobachtbaren Dialoge bei der Benutzung des Systems erfassen und in das Repository eintragen. Wichtige Informationen kann man auch durch das *Sichten der Dokumentation* und durch *Interviews* mit Entwicklern und Benutzern des Anwendungssystems gewinnen, die mit Hilfe entsprechender Editoren im Repository gespeichert werden.

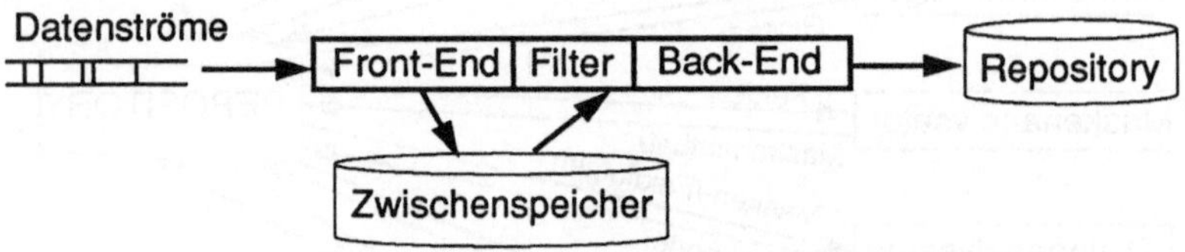

Abb. 5: Grob-Architektur des Monitors

Nur Datenströme und Meta-Daten sind direkt maschinell interpretierbar und stellen somit das Potential für eine weitgehende Automatisierung bereit. Datenströme sind jedoch die einzige Informationsquelle, die immer verläßlich verfügbar ist. C_2G basiert in der ersten Version deshalb auf dem Monitoring und der Analyse der Datenströme. Die im folgenden diskutierten Aufgabenbereiche Analyse und Abbildung beziehen sich auf die Daten, die vom Monitor geliefert werden.

3.3 Analyse der CUI-Dialoge

Glossarmanager. In Terminalmasken, die über Jahre weiterentwickelt und auch durch neue Masken ergänzt wurden, kommen oft verschiedene Synonyme und Abkürzungen für *einen* logischen Begriff vor. Zur Identifikation von solchen inkonsistenten Begriffen wird deshalb vom Glossarmanager ein Begriffsglossar angelegt, in dem synonyme Bezeichner und Abkürzungen gruppiert und für jede Gruppe ein Standardbezeichner und eine Standardabkürzung festgelegt werden. Dazu wird ein Verfahren für das paarweise Vergleichen von Strings verwendet [Gast88].

Maskenanalysator. Der Maskenanalysator hat die Aufgabe, aufgrund der Feldbeschreibungen, die er aus dem Repository liest, die statischen Aspekte des Dialoges, d.h. den Aufbau der Masken, zu analysieren. Dazu gehören *invariante (evtl. standardisierte) Maskenbereiche* unterschiedlicher Granularitätsstufen (z.B. Positionen, Zeilen, Regionen), *Inkonsistenzen* (z.B. inkonsistentes Belegen von Funktionstasten), und *Form (Syntax) und Funktion (Semantik) der einzelnen Dialogelemente*.

Zur Erkennung des Zusammenhangs zwischen Form und Funktion von Dialogelementen wurde eine Referenztabelle (Tab. 2 gibt eine vereinfachte Version wieder) entwickelt, deren Einträge zeigen, welche syntaktischen Formen der in einer Hostanwendung verwendeten Dialogelemente für welche Funktionalität verwendet werden (und umgekehrt). Die Zeilenüberschriften in Tab. 2 stellen die unterschiedlichen syntaktischen Formen dar. Die Spaltenüberschriften repräsentieren die Funktionalität (Semantik). Diese ist in die vier Klassen Auswahl, Ausgabe, Dateneingabe und Steuerung unterteilt, die weiter untergliedert sind. Die Auswahlfunktionalität kann bei CUI-Masken als zweistufiger Prozeß betrachtet werden, wie das Beispiel in Abb. 6 zeigt. In der ersten Stufe können ein Element (exklusiv) oder mehrere Elemente (nicht exklusiv) aus einer Menge (im Beispiel „Kauf" oder „Lizenz") ausgewählt werden. In der zweiten Stufe wird dieser

Auswahl ein weiteres Attribut („Standard" oder „Nicht-Standard") zugeordnet. Die zweite Stufe kann nach der Kardinalität der Merkmalmenge klassifiziert werden, die im Beispiel der Abb. 6 zwei ist. Außerdem wird unterschieden, ob das Merkmal Daten- (D) oder Funktionscharakter (F) hat. Das Analyseergebnis für das Beispiel in Abb. 6 ist in Tab. 2 grau markiert. Eine ausführlichere Beschreibung von Tab. 2 wird in [IBIS94] gegeben.

Dialog	Auswahl								Ausg.		Eing.	Steuerung	
Semantik	exklusiv				nicht exklusiv								
	1:1		1:n		1:1		1:n			Kon-text-info			
Syntax	D	F	D	F	D	F	D	F	D			ok	abbr.
format. Eingabefeld	X	X							X	X	X		
unform. Eingabefeld									X		X		
statischer Text										X			
dynamische Textausgabe									X	X			
stat. Auswahlgruppe	X	X	X	X	X	X	X	X					
dynam. Auswahlgruppe	X		X		X		X						
Tastaturkeys (shortcuts)		X										X	X
Funktionstasten		X										X	X
<DATFREIG> Taste												X	

Tab. 2: Referenztabelle zur Analyse

```
Auswahl nach Art
. 1. Kauf     = X Standard / = N Nicht-Standard
. 2. Lizenz   = X Standard / = N Nicht-Standard
```

Abb. 6: Zweistufiger Auswahlprozeß bei CUI-Masken

Dialoganalysator. Der Dialoganalysator hat die Aufgabe, die dynamischen Aspekte des Dialoges zu analysieren, d.h. aus der Menge der aufgezeichneten Folgen von Masken und Feldern ein Dialogmodell zu entwerfen. Das Modell des *Inter-Masken-Dialoges* einer Host-Anwendung spezifiziert, welche Folge-Masken mit welchen Benutzer-Aktionen von einer Maske aus erreicht werden können. Dieses Modell kann graphisch als Zustands-Übergangsdiagramm repräsentiert werden. Die Masken sind dabei als Zustände (Knoten) im Diagramm dargestellt, die Übergänge als Pfeile zwischen den Knoten.

Das Modell des *Intra-Masken-Dialoges* drückt aus, welche Abhängigkeiten innerhalb einer Maske zwischen Dialogelementen existieren. Die Abhängigkeiten betreffen Existenzbedingungen von Werten, Integritätsbedingungen zwischen Werten und Reihenfolgebeziehungen bei der Dateneingabe. Das Modell kann als Constraintgraph repräsentiert werden mit den Dialogelementen als Knoten und den Integritäts- und Reihenfolgebedingungen als Kanten.

3.4 Abbildung der CUI-Dialoge

Abbildungsmanager. Die Aufgaben des Abbildungsmanagers umfassen die Abbildung von Dialogelementen auf GUI-Widgets und die Realisierung des Datenaustausches zwischen den Datenströmen, die die CUI-Masken repräsentieren, und den GUI-Fenstern.

Bei der Abbildung von CUI-Elementen auf GUI-Widgets sind sowohl firmen- bzw. anwendungsübergreifende als auch firmen- bzw. anwendungsspezifische Richtlinien (z.B. der CUA-Standard von IBM) zu berücksichtigen, um ein konsistentes Layout und „Look-and-Feel" zu erreichen. Negative Beispiele durch die Mißachtung solcher Richtlinien („Style Guides") finden sich z.B. in [Ammo94].

Vom Maskenanalysator erkannte invariante Maskenbereiche werden auf invariante GUI-Fensterbereiche abgebildet. Erkannte Inkonsistenzen werden beseitigt. Mit Style Guides konforme Zuordnungsregeln für die Dialogelemente können in Form einer Abbildungstabelle im Repository repräsentiert werden. Diese Abbildungstabelle ergibt sich aus der Analysetabelle, indem die geeigneten GUI-Dialogelemente an die entsprechenden (in der Analysetabelle markierten) Tabellenpositionen eingetragen werden.

Bei der Neugestaltung der Dialoge ist anwendungsspezifisch zu entscheiden, welche Dialogteile direkt umgesetzt und welche zu neuen Dialogen umstrukturiert werden sollen. Es muß definiert werden, wie die neuen GUI-Dialoge auf die alten Masken-Dialoge abgebildet und wie die beiden Dialoge synchronisiert werden.

Layoutmanager. Der Layoutmanager hat die Aufgabe, die ausgewählten Widgets unter Berücksichtigung von (typabhängigen) Layoutregeln in den GUI-Fenstern zu plazieren und die GUI-Fenster zu dimensionieren. Die Layoutregeln können als sehr abstrakte, geometrische Constraints angegeben werden. Ein solches Constraint ist z.B.

zentriert+am_unteren_Fensterrand (OK-Button, Abbrechen-Button, Hilfe-Button).

In [Gast93b] werden Layoutalgorithmen beschrieben, die solche (auch unterspezifizierten) Layoutanordnungen berechnen können und somit die GUI-Widgets automatisch positionieren. Der Reengineer kann anschließend den Vorschlag das Layoutmanagers ggf. mit Drag-and-Drop-Mechanismen ändern und seinen Vorstellungen anpassen.

4 Resümee und Ausblick

Die Migration von CUI-Dialogen in GUI-Dialoge kann in drei Komplexitätsstufen erfolgen, die aufeinander aufbauen: kongruente Umsetzung, kongruente Umsetzung mit funktionalen Erweiterungen und Neugestaltung. Ziel der am FhG-ISST entwickelten Werkzeugumgebung C_2G ist die umfassende Analyse sowohl statischer als auch dynamischer Aspekte von CUI-Dialogen und die kongruente Umsetzung dieser Dialoge in GUI-Dialoge. C_2G besteht (derzeit) aus neun Werkzeugen, die die Aufgaben im Migrationsprozeß in den Bereichen Informationsakquisition, Informationsanalyse und Dialogabbildung so weit wie möglich automatisieren bzw. intelligent interaktiv unterstützen. Die Werkzeuge kommunizieren über ein gemeinsames Repository, das während des Migrationsprozesses sukzessive mit Informationen aus den drei Aufgabenbereichen gefüllt wird.

Wir planen, C_2G nicht nur zur Migration, sondern auch bei der Neugestaltung von GUIs zu verwenden. Eine komfortable Unterstützung soll durch die graphische Spezifikation der dynamischen Aspekte von Dialogen gegeben werden (vgl. [GaKL92, Gast93a]). Werkzeuge für solche Techniken des „visuellen Programmierens" existieren z.B. auch für die Prozeßmodellierung und -simulation und das Verknüpfen von GUI-Fenstern mit den zugrundeliegenden Datenstrukturen [Mach94].

Das Monitoring von Datenströmen, die in Client/Server-Architekturen über das Netz verschickt werden, kann auch für weitergehende Analysen und Migrationsszenarien verwendet werden. C_2G soll deshalb schrittweise zu einer Werkzeugumgebung ausgebaut werden, die die vollständige Migration in Client/Server-Architekturen einschließlich der Anwendungslogik und der Daten unterstützt und die Analyse und Evolution existierender Client/Server-Systeme ermöglicht.

Literaturverweise

[Ammo94] R. v. Ammon: *Schaurig schöne GUIs*, in CT, Nr. 6, 1994, S. 46-52.

[EiSc94] S. Eicker, T. Schnieder: *Ziele, Aufgaben und Werkzeuge für das Reengineering*, in Franz Lehner (Hrsg.): Proceedings zum Workshop „Reengineering und Softwarewartung", WHU Vallendar, April 1994.

[GaKL92] R. Gastner, G. Kraetzschmar, E. Lutz: *Towards Automation of User Interface Design*, in Workshop Notes from the AAAI-92 Workshop on Automating Software Design, S. 50-55, San Jose, 1992.

[GaSc94] R. Gastner, M. Schulz: *Konzepte zur Automatisierung der Migration alphanumerischer Masken*, im Tagungsband zum Workshop „Migration von Benutzeroberflächen", FhG-ISST-Bericht Nr. 24/95, S. 13-19, Berlin, Feb. 1995.

[Gast88] R. Gastner: *Abgleich von formatinkompatiblen Feldern in Datenbeständen*, in: IT, Bd. 30, Nr. 4, S. 254-262, August 1988.

[Gast93a] R. Gastner: *FORWARD: A Workbench for Automating Domain-Specific Software Design*, in Proceedings of the Sixth Florida Artificial Intelligence Research Symposium (FLAIRS 93), S. 166-170, Ft. Lauderdale, April 1993.

[Gast93b] R. Gastner: *Automatisches Programmieren von Wartungswerkzeugen für Wissensbasen*, FORWISS-Report, Nr. FR-1993-003, Erlangen, 1993.

[Gast94a] R. Gastner: *Wissensbasiertes Face-Lifting von maskenorientierten Benutzerschnittstellen*, in J. Kunze, H. Stoyan (Hrsg.): KI-94 Workshops, Ext. Abstracts, S. 7-8, 18. Deutsche Jahrestagung für KI, Saarbrücken, Sep. 1994.

[Gast94b] R. Gastner: *Vergleich von Ansätzen zur Automatisierung der Migration alphanumerischer Masken auf GUIs*, im Tagungsband zum Workshop „Migration von Benutzeroberflächen", FhG-ISST-Bericht Nr. 24/95, S. 33-41, Berlin, Feb. 1995.

[Hosc94] G. Hosch: *Migration von Benutzeroberflächen am Beispiel VisualLift*, im Tagungsband zum Workshop „Migration von Benutzeroberflächen", FhG-ISST-Bericht Nr. 24/95, S. 21-28, Berlin, Feb. 1995.

[IBIS94] IBM Systeme und Netze GmbH, Fraunhofer-Einrichtung für Software- und Systemtechnik: *Methodenhandbuch für das Re-Engineering von IMS-Anwendungen, Fokus: Überarbeitung von Benutzeroberflächen*, Ehningen, Berlin, 1994.

[IBM86] IBM: *IBM 3270 Information Display System Data Stream Programmer's Reference*, Kingston, N.Y., USA, 1986.

[Mach94] B. Machrone: *IBM's VisualAge environment: A developer's dream come true*, in PC WEEK, Bd. 11, Nr. 14, 1994.

[Obst94] T. Obst: *Migration von Benutzeroberflächen am Beispiel des Werkzeuges MAS90-GUI*, im Tagungsband zum Workshop „Migration von Benutzeroberflächen", FhG-ISST-Bericht Nr. 24/95, S. 29-31, Berlin, Feb. 1995.

[Rumb93] J. Rumbaugh et al.: *Objektorientiertes Modellieren und Entwerfen*, Hanser, München, 1993.

[ScGa94] M. Schulz, R. Gastner: *Analyse von Werkzeugen für die Oberflächenmigration*, im Tagungsband zum Workshop „Migration von Benutzeroberflächen", FhG-ISST-Bericht Nr. 24/95, S. 43-49, Berlin, Feb. 1995.

[ScGr93] H. Schaschinger, P. Grünbacher: *Eine Migrationsstrategie in eine objektorientierte Client/Server-Umgebung*, in Softwaretechnik 93, S. 55-61, Dortmund.

[TBSI90] Temple Barker & Sloane, Inc: *The Benefit of the Graphical User Interface*, Lexington, MA, 1990.

[Vask93] D. Vaskevitch: *Client/Server Strategies*, IDG Books, San Mateo, 1993.

Projekt-Priorisierung beim integrationsorientierten Reengineering

Reinhard Jung

Westf. Wilhelms-Universität Münster, Institut für Wirtschaftsinformatik
Grevener Str. 91, D-48159 Münster
E-Mail: jungr@uni-muenster.de

Zusammenfassung

Das *integrationsorientierte Reengineering* ist ein Ansatz, der auf die Integration von alten und neu entwickelten Anwendungssystemen in *ein* integriertes Gesamtsystem abzielt. Auf diese Weise können verschiedene Vorteile integrierter Systeme auch bei kostengünstiger Weiterverwendung von Altsystemen erschlossen werden. Die gleichzeitige Integration vorhandener sowie neuer Anwendungssysteme ist allerdings eine Aufgabe von hoher Komplexität, die zudem i.d.R. Kapazitäten und Budgets überschreitet. Der Ansatz sieht deshalb vor, daß die Integration in Form einzelner Integrationsschritte erfolgt. Jeder Schritt erfordert zunächst eine Priorisierung aller intergrierbaren Systeme, bevor ein konkretes System ausgewählt und ein Projekt geplant bzw. durchgeführt werden kann. Der vorliegende Aufsatz stellt zum einen die heterogenen Ziele vor, die bei der Integrationsplanung relevant sind, und beschreibt zum anderen eine Vorgehensweise zur Ermittlung der Prioritäten einzelner Anwendungssysteme.

1 Einleitung

Die Integration neuer und bereits vorhandener Anwendungssysteme hat sich in den letzten Jahren zu einer der wesentlichen Herausforderungen für die betriebliche Informationsverarbeitung entwickelt. Durch Integration der zum Teil sehr heterogenen Datenbestände und der darauf aufsetzenden Anwendungssysteme können Kosten reduziert und kann die Komplexität der Datenverwaltung und -pflege verringert werden. Darüber hinaus stellt eine umfassende Datenintegration die Voraussetzung z.B. für die durchgängige Unterstützung von Büroabläufen (d.h. z.B. ohne Medienbrüche) durch Applikationen dar. Allerdings sind die heute in Betrieb befindlichen Anwendungssysteme zum einen recht *alt* und nutzen dementsprechend alte Basishardware und -software. Zum anderen stellen sie i.d.R. *Insellösungen* dar, wodurch in vielen Fällen Daten mehrfach manuell erfaßt und im Verlauf der weiteren Verarbeitung aufwendig aktualisiert und abgeglichen werden müssen. Die aus rein softwaretechnischer Sicht ideale Lösung - eine vollständige Ersetzung durch neue, miteinander integrierte Systeme - ist allerdings in der Praxis selten realisierbar (eines der wenigen bekannt gewordenen Beispiele wird in [2] erwähnt).

Das *integrationsorientierte Reengineering* bezieht existierende Systeme mit in das Kalkül ein und sieht eine auf der Basis von Wirtschaftlichkeitsüberlegungen getroffene Entscheidung zwischen Ersetzung und Reengineering vor. Auf diese Weise können vorhandene betriebliche Anwendungssysteme sowohl untereinander als auch mit neuen Systemen integrieret werden [6,7,10]. Es entsteht i.d.R. ein *verteiltes System*, weil die Basishardware und -software insbesondere in großen Unternehmen sehr heterogen ist und aus einer Reihe von Gründen in absehbarer Zeit nicht homogen gestaltet werden kann. Als „Infrastruktur" für die Integration dient eine *Verteilungsarchitektur*, die insbesondere die Datenintegration unterstützt. Der Integrationsprozeß wird in einzelne Integrationsschritte zerlegt, in denen jeweils ein Anwendungssystem in das integrierte verteilte Anwendungssystem (IVAS) eingebunden wird. Die zeitliche Streckung des Prozesses hat verschiedene Vorteile [11]:

- Der Knappheit der erforderlichen Ressourcen (Personal, Arbeitsmittel, Budget) kann durch Aufteilung der Gesamtaufgabe auf mehrere Perioden entsprochen werden.
- Die Zerlegung in überschaubare Einzelprojekte führt zu einer Reduktion der Aufgabenkomplexität. Die gleichzeitige Integration mehrerer Datenmodelle ist z.B. eine Aufgabe mit hoher Komplexität [14]. Statt dessen wird jeweils das Datenmodell einer einzelnen Anwendung in das IVAS-Datenmodell integriert.
- Die schrittweise Integration von Neuentwicklungen und modifizierten Altsystemen reduziert die Umstellungsrisiken erheblich. Lerneffekte aus vorangegangenen Projekten (wachsendes Reengineering-Know-how, Kenntnis der Reaktion der Benutzer usw.) können genutzt werden.

Die Aufteilung in einzelne Integrationsschritte wirft allerdings die Frage auf, welche Anwendungssysteme zu welchem Zeitpunkt in das IVAS integriert werden sollen. Bezogen auf die Datenintegration wurde in [14] ein Ansatz zur Bestimmung der optimalen Integrationsreihenfolge von Datenbanken bzw. -schemata vorgestellt. Er orientiert sich daran, wie intensiv die Datenbanken von den Geschäftsprozessen bzw. Applikationen genutzt werden. Der Ansatz ist aber eher technisch orientiert, da die Bedeutung der Geschäftsprozesse nicht berücksichtigt wird.

Das integrationsorientierten Reengineering geht davon aus, daß vorhandene Anwendungssysteme, die aufgrund eines Handlungsbedarfs (z.B. durch hohe Wartungskosten; weitere Beispiele finden sich in [5]) modifiziert oder ersetzt werden müssen, im gleichen Zuge auch in das IVAS integriert werden können [6]. Wenn eine Applikation zu modifizieren ist, kann durch gleichzeitiges Verfolgen mehrerer Zielsetzungen im Rahmen eines Reengineering-Projekts eine mehrfache Einarbeitung in das Altsystem vermieden und somit eine Kostensenkung erreicht werden. Als Nebeneffekt ergibt sich allerdings, daß die Integrationsreihenfolge primär nicht durch integrationsspezifische Überlegungen beeinflußt wird, sondern durch übergeordnete Zielsetzungen. Sofern z.B. die funktionale Erweiterung einer bestimmten Applikation aus *Unternehmenssicht* unbedingt erforderlich ist, muß das Softwaresystem auch dann sofort in das IVAS eingebunden werden, wenn dies aus *Integrationssicht* unzweckmäßig ist.

Aufgrund knapper DV-Ressourcen kann außerdem der Integrationsprozeß nicht immer kontinuierlich erfolgen. Wenn die verfügbaren Mittel einer Abrechnungsperiode z.B. durch Investitionen in Hardware gebunden sind, können keine externen Reengineering-Projekte (Beispiele zum externen Reengineering in Übersee finden sich in [3]) duchgeführt werden.

2 Vorgehensmodell für die Integration

Wegen der Langfristigkeit des Integrationsprozesses ist eine Zerlegung in *eine* Planungsphase bzw. die Festlegung einer Integrationsreihenfolge und die nachfolgende Durchführung des Plans nicht zweckmäßig: Weit in der Zukunft liegende Integrationsprojekte würden unter überholten Zielen und Restriktionen abgewickelt. Eine bessere Möglichkeit ist die iterative Planung und Durchführung einzelner Integrationsprojekte. Auf diese Weise ist eine laufende Anpassung des Integrationsprozesses an veränderte Umgebungsbedingungen möglich. Zur Konkretisierung dieses grundsätzlichen Vorgehens wurde das Spiralmodell von Boehm an die

Erfordernisse des integrationsorientierten Reengineering angepaßt [11]. In einem initialen Zyklus wird die Verteilungsarchitektur des IVAS [6] konfiguriert. Jeder weitere Zyklus des Vorgehens bzw. jeder weitere Integrationsschritt besteht aus vier Phasen. Gegenstand der ersten Phase ist die Definition des Integrationsschritts (welches System wird entwickelt bzw. modifiziert und integriert), sowie die Festlegung der genauen Anforderungen (z.B. „fensterorientierte Oberfläche") und der Restriktionen (z.B. Budget). Im Rahmen einer Risikoanalyse [1] wird in der zweiten Phase überprüft, auf welche Weise der zuvor definierte Integrationsschritt risikominimal realisiert werden kann. Abhängig vom Gegenstand des Integrationsschritts kommen unterschiedliche Implementierungsmöglichkeiten in Betracht:

- Integration eines neuen Systems: Entwicklung einer Individualsoftware oder Kauf und evtl. Anpassung von Standardsoftware;
- Integration eines Altsystems: Reengineering, Neuentwicklung des Systems oder Kauf und evtl. Anpassung von Standardsoftware.

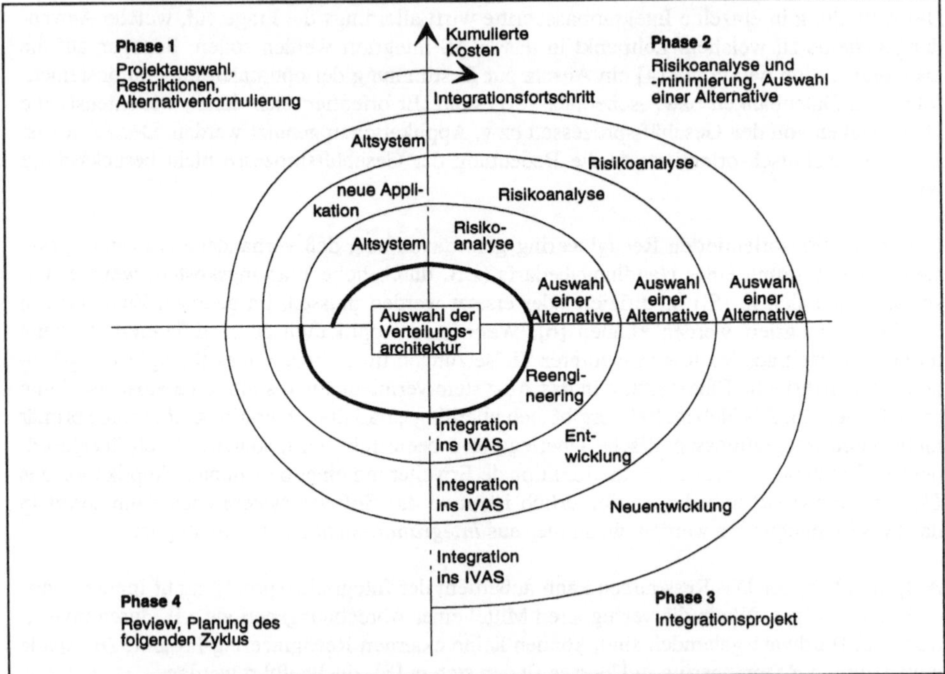

Abb. 1: Vorgehensmodell für das integrationsorientierte Reengineering mit Beispielen (nach Boehm)

Optimal ist die Implementierungsmöglichkeit, bei der einerseits alle Ziele erfüllt und andererseits die Restriktionen mit der geringsten Wahrscheinlichkeit verletzt werden. Diese optimale Möglichkeit wird in der dritten Phase, dem eigentlichen *Integrationsprojekt*, realisiert. In einer letzten Phase erfolgt ein Review, um Erfahrungen zu explizieren und für Folgeprojekte nutzbar zu machen.

3 Bestimmung der Integrationsreihenfolge

3.1 Idealtypische Planung

In der ersten Phase des Vorgehensmodells ist jeweils die Definition des Integrationsschritts durchzuführen. Sie besteht im wesentlichen aus der Auswahl des nächsten zu integrierenden Systems aus der Menge aller Integrationskandidaten (integrierbare Applikationen). Um eine ökonomisch optimale Entscheidung treffen zu können, müßten alle Integrationskandidaten wie folgt untersucht bzw. miteinander verglichen werden:

1. Für jeden Integrationskandidat wird durch Risikoanalysen die optimale Implementierungsmöglichkeit bestimmt.

2. Durch Vergleich der in Phase 1 ermittelten optimalen Implementierungsalternativen aller Integrationskandidaten wird der optimale Integrationskandidat bestimmt.

Das geschilderte zweistufige Vorgehen und die damit verbundenen Abschätzungen bzw. Analysen wären bei idealtypischer Planung in jedem Integrationsschritt (in der ersten Phase) erneut durchzuführen, weil sich die Ziele und Restriktionen im Zeitablauf ändern können. Es ist z.B. möglich, daß die Modifikation eines bestimmten Systems zu unterschiedlichen Zeitpunkten veränderten Anforderungen genügen muß, weil sich die Einsatzbedingungen bzw. das betriebliche Umfeld ändern. Da aber die Risikoanalysen im Fall der Budgetrestriktion sehr aufwendig sind (Durchführung von Kostenschätzungen), verbietet sich das geschilderte Vorgehen aus Kostengründen.

Darüber hinaus erfolgt die Optimierung hier ausschließlich mit Hinblick auf das Integrationsziel. Wie bereits ausgeführt, ist aber davon auszugehen, daß weitere, eventuell wichtigere Ziele die Integrationsreihenfolge beeinflussen. Wenn z.B. die Implementierung oder Ersetzung eines bestimmten Systems aus strategischen Gründen für besonders wichtig gehalten wird, treten Implementierungsfragen in den Hintergrund. Eventuelle Vorgaben der strategischen Informationssystemplanung [2,4] müssen in dem Entscheidungsprozeß berücksichtigt werden. In vielen Fällen werden sie die Entscheidung sogar dominieren. Die Verflechtungen, in die die Entscheidung eingebunden ist, wurden in [12] als Teil eines konzeptionellen Wissensmodells beschrieben. Selbst auf konzeptioneller Ebene sind die Zusammenhänge sehr komplex.

3.2 Priorisierung von Integrationsschritten

Hinter der Frage, welcher Integrationsschritt als nächster durchzuführen ist, verbirgt sich ein *multidimensionales Entscheidungsproblem*, da die Optimierung anhand mehrerer Ziele erfolgt. Im folgenden werden zunächst die für die Projekt-Priorisierung relevanten Ziele klassifiziert. Anschließend wird eine Vorgehensweise zur Lösung des Entscheidungsproblems beschrieben.

3.2.1 Relevante Ziele

Die Ziele, die für die Bestimmung der Prioritäten einzelner Integrationskandidaten relevant sind, können nach ihrem *Zeithorizont*, der *Art der Zielgröße* sowie danach klassifiziert werden, ob sie im *Zusammenhang mit der Integration* stehen oder nicht (vgl. Abbildung 2). Für die Zielklassen, die im Rahmen eines Projekts aus Sicht der Integration zu beachten sind, findet sich im folgenden jeweils ein Beispiel:

- kurzfristig, monetär: Vermeidung der doppelten Datenerfassung;
- kurzfristig, nicht monetär: Vermeidung von Inkonsistenzen, Vermeidung der Verwendung inaktueller Daten;
- langfristig, monetär: Kostensenkung im Bereich der Datenadministration durch eine effizientere Datenpflege;
- langfristig, nicht monetär: Erschließung neuer Potentiale für betriebliche Anwendungssysteme (z.B. durchgängige Unterstützung von Arbeitsabläufen; Stichwort „Geschäftsprozeßoptimierung").

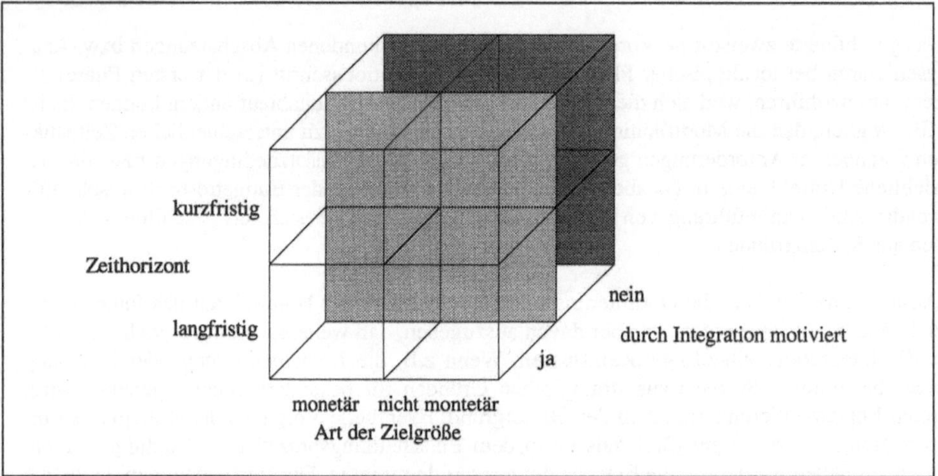

Abb. 2: Zielklassen bei der Priorisierung von Integrationsschritten

Darüber hinaus sind bei der Planung bzw. Definition eines Integrationsschritts viele weitere Ziele zu berücksichtigen, die nicht direkt mit der Integration in Verbindung stehen. Beispiele sind:

- kurzfristig, monetär: Senkung der Wartungskosten;
- kurzfristig, nicht monetär: Verbesserung der Benutzerakzeptanz bzw. der Systemnutzung z.B. durch Modernisierung der Benutzeroberfläche [8];
- langfristig, monetär: Umsatzsteigerung durch Unterstützung kundenorientierter Leistungsprozesse (vgl. z.B. [2,9]);
- langfristig, nicht monetär: Verbesserung der Wettbewerbsposition (Beispiele für derartige DV-Projekte finden sich in [2]).

3.2.2 Vorgehensweise

Eine Vorgehensweise für die Priorisierung der Integrationskandidaten muß zum einen leicht und insbesondere kostengünstig durchzuführen sein, weil sie grundsätzlich in jedem Integrationsschritt erforderlich ist. Zum anderen muß die Berücksichtigung von mehreren und häufig inhomogenen Zielsetzungen möglich sein. Bei der Priorisierung der Integrationskandidaten müssen alle Ziele, die mit Hilfe der Ersetzung oder Modifikation der einzelnen Applikationen erreicht werden können, zusammengetragen und in den Entscheidungsprozeß eingebracht werden.

Grundsätzlich ist für multidimensionale Entscheidungsprobleme die *Nutzwertanalyse* [15] ein geeignetes Instrument, weil mehrere Ziele mit unterschiedlicher Gewichtung in die Entscheidung eingebracht werden können. Die kritischen Teilschritte einer Nutzwertanalyse sind die *Festlegung von Gewichten* für die einzelnen Ziele sowie *die Bewertung aller Alternativen* bzw. Möglichkeiten anhand der Ziele. Aus diesen Angaben wird jeweils der Nutzwert einer Alternative ermittelt, indem die Produkte aus Gewicht und Bewertung über alle Ziele summiert werden. Diese Vorgehensweise findet sich auch bei Scoring-Modellen und beim *Analytic Hierarchy Process (AHP)* [13].

Die Relevanz der Ziele sollte vom Entscheider bzw. vom Entscheidungsgremium möglichst in Form intervallskalierter Werte (Gewichte) z.B. mit Hilfe einer Prozentskala angegeben werden. Darüber hinaus müssen auch die Alternativen bezogen auf einzelne Ziele intervallskaliert eingeschätzt werden. Allerdings ist es kaum möglich, für eine größere Menge von Zielen simultan realistische Gewichte zu vergeben. Auch die Bewertung der einzelnen Alternativen bezüglich ihrer Zielerreichung in numerischer Form ist schwierig.

Eine Möglichkeit, die Gewichtung bzw. die Bewertung objektiver und auch für den Entscheidungsträger einfacher zu gestalten, ist die Anwendung des AHP, der Ähnlichkeiten mit der Bildung von Rangreihen durch einen vollständigen, ordinalen Paarvergleich [15] hat. Die Gewichte werden nicht in numerischer Form festgelegt, sondern durch paarweisen Vergleich der Ziele bestimmt. Die Ergebnisse der Vergleiche werden in eine Matrix eingetragen. Die Ziele werden zunächst nach abnehmender Wichtigkeit geordnet. Der Entscheidungsträger wird dann jeweils befragt, wieviel wichtiger Ziel A im Vergleich zu Ziel B ist. Mögliche Antworten (Werte für die Matrix in Klammern) sind „gleich wichtig“ (1) über verschiedene Abstufungen bis hin zu „wesentlich wichtiger“ (9). Der Wert für den umgekehrten Vergleich wird nicht erfragt, sondern es wird der reziproke Wert in die Matrix eingetragen. Wenn bei den Vergleichen intransitive Urteilsverkettungen auftreten, war die Anordnung der Ziele nicht korrekt und der Vorgang muß wiederholt werden. Sobald die Matrix vollständig besetzt ist, wird der größte Eigenwert sowie der zugehörige Eigenvektor errechnet. Der Eigenvektor wird schließlich so normalisiert, daß die Summe seiner Komponenten den Wert 1 ergibt. Die Komponenten repräsentieren die relative Wichtigkeit der einzelnen Ziele. Ein Beispiel zur Ermittlung der Gewichte von drei Zielen ist in Abbildung 3 dargestellt.

In ähnlicher Weise werden anschließend die Bewertungen der Alternativen vorgenommen. Für jedes Ziel wird eine Matrix aufgebaut, in die die Ergebnisse der Befragung eingetragen werden. Die Fragestellungen haben hier die Form „wieviel besser erfüllt Alternative 1 das Ziel A im Vergleich zu Alternative 2?“. Verwendet wird eine modifizierte Skala mit Antworten wie „gleich gut“ (1) bis „wesentlich besser“ (9). Schließlich wird analog ein Vektor ermittelt, der die relative Zielerfüllung der einzelnen Alternativen für das Ziel widerspiegelt.

In einem letzten Schritt werden für jede Alternative die Produkte aus Zielgewicht und Zielerfüllung über alle Ziele aufsummiert. Die Alternative mit der größten Summe hat die höchste Priorität und wird zur Durchführung vorgeschlagen. Sollten sich bei den nachfolgenden Risikoanalysen herausstellen, daß das ausgewählte Anwendungssystem nicht im Rahmen des vorgegebenen Budgets integrierbar ist oder daß eine andere Restriktion vermutlich verletzt werden wird, kann zu dem Anwendungssystem mit der nächst-niedrigeren Priorität übergegangen werden.

Ziele:

Ziel A: Verbesserung der Wettbewerbsposition
Ziel B: Senkung der Wartungskosten
Ziel C: Vermeidung der doppelten Datenerfassung

Ergebnisse der Befragung:

Ziel A ist genauso wichtig wie Ziel B (Wert: 1)
Ziel A ist viel wichtiger als Ziel C (Wert: 8)
Ziel B ist wichtiger als Ziel C (Wert: 5)

Matrix:	**größter Eigenwert (Spalte 1):**	**Eigenvektor:**
$\begin{pmatrix} - & 1 & 8 \\ 1 & - & 5 \\ 1/8 & 1/5 & - \end{pmatrix}$	2,0246	$\begin{pmatrix} -0{,}756 \\ -0{,}646 \\ -0{,}110 \end{pmatrix}$

Normalisierter Eigenvektor (Gewichte der Ziele A, B und C):

$$\begin{pmatrix} 0{,}50 \\ 0{,}43 \\ 0{,}07 \end{pmatrix}$$

Abb. 3: Ein einfaches Beispiel für die Ermittlung von Zielgewichten nach dem AHP

5 Resümee

Die Reihenfolge der durchzuführenden Projekte wird beim integrationsorientierten Reengineering auch durch Ziele beeinflußt, die nicht mit der Integration selbst in Verbindung stehen. Die Anwendung einer um den Analytic Hierarchy Process ergänzten Nutzwertanalyse bei der Priorisierung der Integrationsschritte ermöglicht es, integrationsspezifische und sonstige Zielsetzungen in einem Modell zu erfassen und realistisch zu bewerten. Die wesentlichen Vorteile der Nutzwertanalyse (Einfachheit und niedrige Entscheidungskosten) bleiben erhalten, die häufig willkürliche Zielgewichtung und Bewertung der einzelnen Alternativen kann allerdings vermieden werden.

Literatur

[1] Boehm, B.W.: Software Risk Management: Principles and Practices; IEEE Software 8 (1991) 1, S. 32-41.

[2] Clemons, E.K.: Evaluation of Strategic Investments in Information Technology; Communications of the ACM 34 (1991) 1, S. 22-36.

[3] Dedene, G., de Vreese, J.-P.: Realities of Off-Shore Reengineering; IEEE Software 12 (1995) 1, S. 35-45.

[4] Earl, M.J.: Experiences in Strategic Information Systems Planning; MIS Quarterly 17 (1993) 1, S. 1-24.

[5] Eicker, S., Jung, R.: Wirtschaftlichkeit von Software-Reengineering-Projekten; in: v. Dobschütz, L., Kisting, J., Schmidt, E. (Hrsg.): IV-Controlling in der Praxis, Wiesbaden 1994, S. 113-131.

[6] Eicker, S., Jung, R., Kurbel, K.: Anwendungssystem-Integration und Verteilungsarchitektur aus der Sicht des Reengineering, Informatik - Forschung und Entwicklung 8 (1993) 2, S. 70-78.

[7] Eicker, S., Kurbel, K., Pietsch, W., Rautenstrauch, C.: Einbindung von Software-Altlasten durch integrationsorientiertes Reengineering; Wirtschaftsinformatik 34 (1992) 2, S. 137-145.

[8] Eicker, S., Schnieder, T.: Ziele, Aufgaben und Werkzeuge für das Reengineering; in: Lehner, F. (Hrsg.): Proc. Workshop „Reengineering und Softwarewartung - Stand der Technik, Erfahrungen und Entwicklungen"; Vallendar 1994, S. 51-72.

[9] Kador, J.: Reengineer To Boost Software Productivity; Datamation 15.12.92, S. 57-58.

[10] Kurbel, K.: Integration-oriented Data Reengineering Supporting Long-term Information Systems Evolution and Business Process Reengineering; in: Ng, P.A., et al. (Eds.): Proceedings of ICSI '94, Third International Conference on Systems Integration, São Paulo, Brazil; Los Alamitos, CA 1994, S. 466-475.

[11] Kurbel, K., Jung, R.: An Application of the Spiral Model to Reengineering and Long-term IS Integration into a Distributed System; in: Wolfinger, B. (Hrsg.): Innovationen bei Rechen- und Kommunikationssystemen; Berlin u.a. 1994 (24th annual conference of GI and 13th World Computer Congress IFIP Congress '94), S. 437 - 443.

[12] Kurbel, K., Jung, R., Pietsch, W.: Modeling Knowledge about Long-term IS Integration and Integration-oriented Reengineering with KADS; in: König, W., Kurbel, K., Mertens, P., Pressmar, D. (Eds.): Distributed Information Systems in Business and Management; erscheint 1995.

[13] Muralidhar, K., Santhanam, R., Wilson, R.L.: Using the Analytical Hierarchy Process for Information System Project Selection; Information & Management 18 (1990), S. 87-95.

[14] Stickel, E., Hunstock, J., Ortmann, A., Ortmann, J.: Verfahren zur werkzeuggestützten Integration von Datenbankschemata; in: König, W. (Hrsg.): Wirtschaftsinformatik '95 - Wettbewerbsfähigkeit, Innovation, Wirtschaftlichkeit; Heidelberg 1995, S. 205-222.

[15] Zangemeister, C.: Nutzwertanalyse in der Systemtechnik, 4. Aufl.; München 1976.

Softwarewartung und Reengineering als Kernprobleme der Informatik

Darstellung am Beispiel einer Studie über wissensbasierte Systeme

Franz Lehner

Lehrstuhl für Wirtschaftsinformatik, Universität Regensburg
Universitätsstr. 31, D-93040 Regensburg

1 Einführung

Es ist heute ca. 25 Jahre her, daß die Informatik im deutschsprachigen Raum als Studienfach eingeführt wurde. Ihre Bedeutung für den Erfolg und die Prosperität verschiedener Wirtschaftszweige ist enorm. Im Rahmen einer Sitzung des Arbeitskreises "Forschung und Technologie" der Gesellschaft für Informatik (GI) wurden vor dem Hintergrund aktueller Entwicklungen die grundsätzlichen Positionen wieder einmal diskutiert. Im Mittelpunkt der Diskussion stand u.a. die Frage, ob die Leistungsfähigkeit der Informatik gesteigert werden muß oder eine stärkere Forderung der Anwendungsentwicklung effizienter wäre? Parallel dazu erfolgte eine Umfrage unter Mitgliedern der Gesellschaft für Informatik, die auf die Einschätzung zukünftiger Märkte, wichtiger Anwendungsfelder sowie die Leistungsfähigkeit der deutschen Informatik in diesen Bereichen abzielte (vgl. oV. 1994). Das Ergebnis ist sehr beunruhigend, da Deutschland bei vielen Technologien, die als besonders wichtig eingestuft wurden, eine sehr schwache Position zugesprochen wird. Beispiele für solche Schlüsseltechnologien sind Multimedia, Mobile Computing und objektorientierte Technologien. Alle drei Bereiche werden einheitlich als sehr marktrelevant eingestuft.

Eine Hilfe bei der Bewältigung der derzeitigen Strukturkrise der Informatik könnte neben der immer wieder verlangten Förderung von Schlüsseltechnologien die Orientierung an Problembereichen sein. Folgende Bereiche werden in der bereits zitierten Umfrage identifiziert (vgl. oV. 1994):

- Software-Altlasten (81,8 %),
- Qualität in der Informationsverarbeitung (81,8 %),
- Systemintegration (74,5 %),
- Optimierung der Geschäftsprozesse (60,4 %),
- allgemeine DV-Kosten (55,3 %),
- Sicherheit in DV-Systemen (44,4 %) und
- Hardware-Recycling (6,6 %).

Auffallend an den genannten Problembereichen ist, daß es sich dabei überwiegend um Themen handelt, bei denen der betriebswirtschaftliche Kontext überwiegt und die einen vielfältigen Bezug zur Wartung bzw. ihr nahestehenden Aufgaben aufweisen. Die Grundproblematik und die Bedeutung der Wartung wurden vom Autor bereits in anderen Publikationen ausführlich dargestellt (vgl. z.B. Lehner 1989, Lehner 1991). Unter den neuen Begriffen, die heute zunehmend neben den Wartungsbegriff getreten sind, erfreut sich das Reengineering einer besonderen Beliebtheit. Da es bisher keine klare Abgrenzung dieser Begriffe bzw. keine terminologische Klärung gibt, soll kurz der Versuch einer Differenzierung vorgenommen werden. Im Anschluß daran wird insbesondere auf die Herausforderungen, die sich durch neuere Programmiertechniken ergeben, eingegangen. Konkret erfolgt dies am Beispiel der Wartung wissensbasierter Systeme, wobei die Situation anhand der Literatur und einer empirischen Untersuchung dargestellt wird.

2 Verhältnis von Softwarewartung und Reengineering

Zur Begriffsdefinition für Softwarewartung existiert in der Zwischenzeit eine umfangreiche Literatur, auf die an dieser Stelle verwiesen wird (vgl. Lehner 1995). Der allgemeine Sprachgebrauch läßt hingegen mehrere unterschiedliche Verwendungsweisen des Begriffs "Reengineering" erkennen. In der Praxis können verschiedene Auffassungen zum Verhältnis zwischen den beiden Begriffen festgestellt werden, die im Überblick in Abbildung 1 dargestellt sind. Da die meisten Definitionen des Begriffs "Softwarewartung" zumindest implizit alle Aktivitäten an einem Programm oder Softwaresystem einschließen, die nach der Inbetriebnahme durchgeführt werden, wird die Softwarewartung grundsätzlich als der umfassendere Begriff angesehen (vgl. dazu u.a. auch Baumöl et al. 1995). Reengineering wird demnach, wenn keine anderslautende Definition angeführt wird, als Teil(gebiet) der Wartung betrachtet, die ihrerseits wieder dem Software Engineering zugeordnet wird.

Explizit sei an dieser Stelle noch darauf hingewiesen, daß Reengineering im Sinne von Business Process Reengineering (BPR) nicht als Domäne der Informatik angesehen wird. Vielmehr handelt es sich dabei um eine betriebswirtschaftlich/organisatorische Aufgabe, bei der im allgemeinen eine gesamtheitliche und prozeßorientierte Sicht auf die Unternehmensabläufe im Mittelpunkt des Interesses steht (vgl. Lehner 1994, "Prozeßmodellierung").

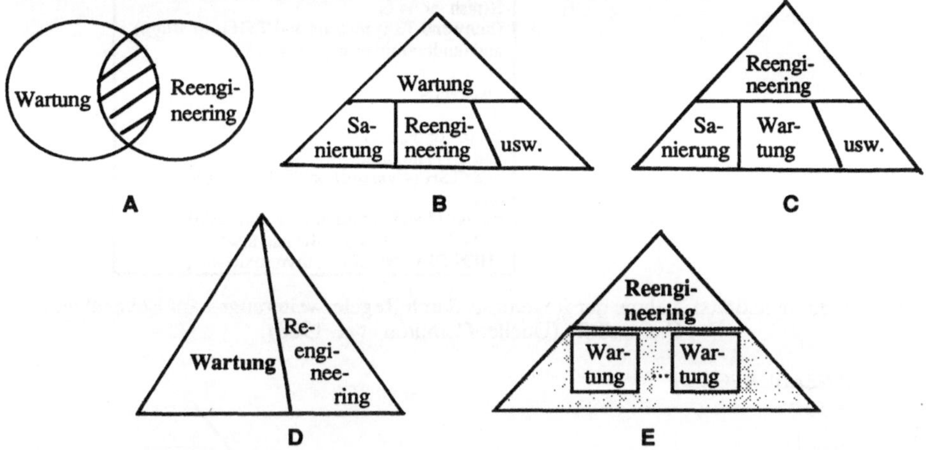

Abb. 1: Verhältnis zwischen den Begriffen Wartung und Reengineering

A: **Wartung und Reengineering als gleichwertige Begriffe** mit einem erkennbaren Überschneidungsbereich, aber auch eigenständigen Methoden und Erkenntnisbereichen
B: **Wartung als Überbegriff** für alle Aktivitäten zur Pflege des Softwarebestands
C: **Reengineering als Überbegriff für alle wartungsnahen Aktivitäten** (z.B. Sanierung, Wiederverwendung, Wartung, Migration, Portierung, Reverse Engineering usw.)
D: **Reengineering als Ergänzung bisheriger Wartungsansätze**
E: **Reengineering als "Wartung im Großen"** (während die Wartung im engeren Sinn sich auf dem Level der Programmierung bzw. der Programmiertechnik bewegt)

Als allgemein akzeptiert kann angenommen werden, daß die beiden Begriffe Wartung und Reengineering weder unabhängig noch isoliert voneinander gesehen werden können. Historisch betrachtet ist der Wartungsbegriff wesentlich älter, wenngleich er gerade auf dem Gebiet der Softwaretechnik nicht besonders treffend ist, da es bei Software keine altersbedingten oder einsatzabhängigen Verschleiß- oder Abnutzungserscheinungen gibt. Der Reengineering-Begriff wiederum gewann durch die zunehmende Diskussion der sogenannten RE-Techniken immer mehr an selbstständiger Bedeutung und wird heute von manchen Fachleuten relativ losgelöst von der Wartungsproblematik verwendet. Dem liegt die Vorstellung zugrunde, daß sich die Softwarewartung mit Wartungsaktivitäten "im Kleinen" (z.B. Program-Understanding, Code-Restructuring) befaßt, während Reengineering den "Ansatz im Großen" bezeichnet. Wie jedoch aus den Darstellungen in Abbildung 1 ersichtlich ist, würde eine derartige Deutung zu kurz greifen, da die Begriffe im täglichen Gebrauch wesentlich vieldeutiger verwendet werden.

3 Die Wartung von wissensbasierten Systemen im Spiegel der Literatur

Daß die Wartungssituation bei wissensbasierten Systemen (WBS), die sich im Praxiseinsatz befinden, ein durchaus ernstzunehmendes Problem ist, belegen die wenigen Berichte, die es zu diesem Thema gibt.

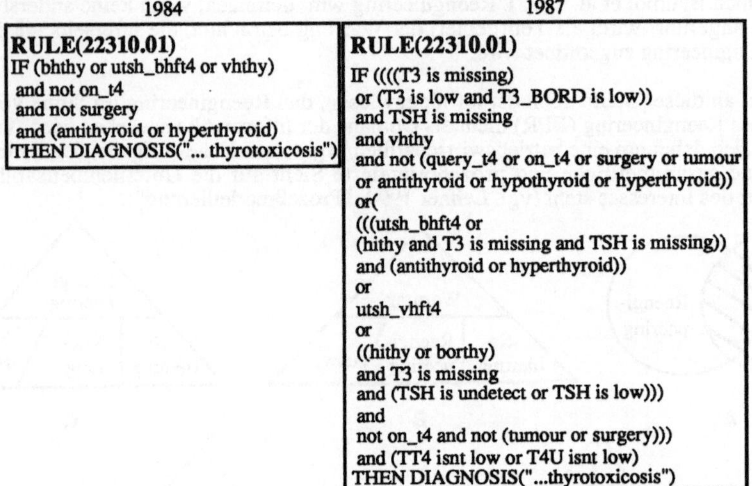

Abb. 2: Komplexitätszunahme der Regelbasis durch Regelerweiterungen am Beispiel von Garvan/ES1 (Quelle: Compton et al. 1988)

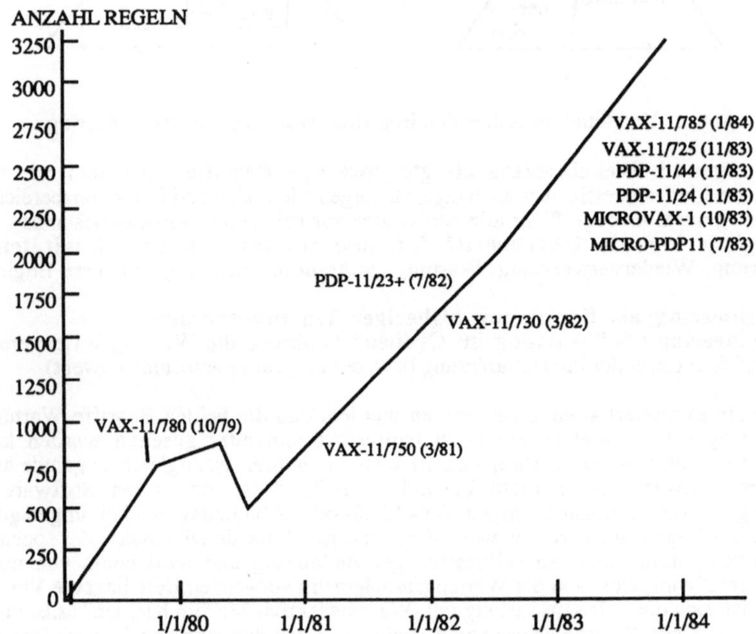

Abb. 3: Systemwachstum am Beispiel der Regelbasis von R1 (nach Bachant/McDermott 1984)

Beispielsweise waren für das System XCON/R1, das die Konfiguration von DEC-Computern unterstützt, nach vier Jahren Einsatz noch immer vier Mitarbeiter vollzeit mit der Erweiterung und Änderung des Wissens beschäftigt. Der Wartungsaufwand hatte in diesem Zeitraum nicht abgenommen sondern sogar zugenommen. Allerdings wurde der Nutzen, der sich aus dem Systemeinsatz ergab, noch immer höher bewertet als die Wartungskosten (vgl. Jansen/Compton 1989). Einzelne Snapshots sollen die konkrete Situation noch näher veranschaulichen. Die Abbildungen 2 und 3 zeigen die zunehmende Systemnutzung, das Systemwachstum sowie die Komplexität und Charakteristik von Wartungsaufträgen bei XCON/R1 und Garvan/ES1 (Bachant/McDermott 1984, Jansen/Compton 1989, Compton et al. 1988). Mangels einer soliden empirischen Basis lassen sich allerdings für wissensbasierte Systeme noch keine Trendaussagen machen, wie dies etwa bei konventionellen Systemen möglich ist (vgl. z.B. Lehner 1991).

Ein weiteres Beispiel, ebenfalls in der Literatur dokumentiert, ist SIRATAC, ein System zur Entscheidungsunterstützung beim Schädlingsbefall von Baumwollpflanzen. Dieses System wurde nach mehrjährigem Einsatz durch ein völlig neu konzipiertes System abgelöst, weil das gespeicherte Wissen so zugenommen hatte, daß es zu Schwierigkeiten bei der Wartung kam (vgl. Jansen/Compton 1989).

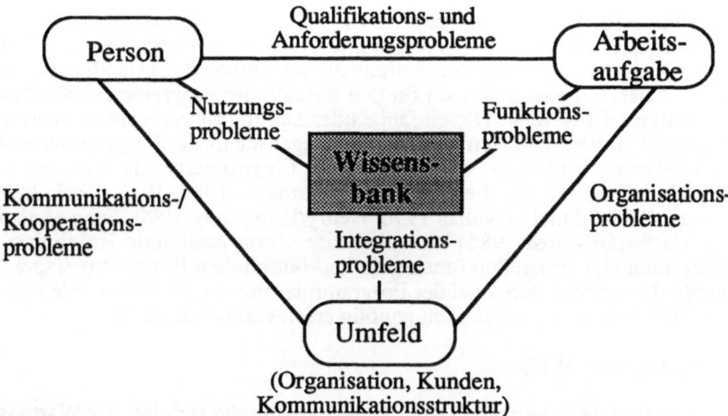

Abb. 4: Problemfelder bei der Nutzung von Wissensbanken (nach Becker et al. 1992)

Abbildung 4 zeigt die Einordnung und Systematisierung von Problemen, die bei der Wartung und beim Einsatz von Wissensbanken auftreten können.Für die einzelnen Problemgruppen werden nachfolgend jeweils einige Beispiele genannt (vgl. Becker et al. 1992):

- Nutzungsprobleme: im Dialog weit zurückreichende Eingaben oder Änderungen, Kopplung von Beratungs- und Handbuchkomponente, Überprüfung der Leistungsfähigkeit und der Aktualität der Wissensbank;
- Funktionsprobleme: Anzeige von Schwellwerten, Kennzeichnen vorläufiger Werte, Ablage von Notizen, Modifikation ausschließlich durch Entwickler, Beantworten von Warum-nicht-Fragen;
- Integrationsprobleme: Kopplung von Beratungs- und Handbuchkomponente, Kennzeichnen vorläufiger Werte;
- mangelnde Transparenz: Transparenz der Inhalte (Anzeige von Inhalten, Modifikation und Vollständigkeit der Inhalte), Transparenz der Funktionalität (Wirkung von Systemfunktionen, Anwendbarkeit von Systemfunktionen).

Ein besonderes Problemfeld stellt noch die Dokumentation dar. Oft existiert für die Wissensbank überhaupt keine Dokumentation. Dazu kommt noch, daß in bestimmten Programmiersprachen verschiedene Wissensarten in einer Regel vermischt werden können. Die Sprache OPS5 erlaubt z.B. Wissen über den Aufgabenbereich, Inferenzwissen, Heuristiken u.a.m. in einer Regel darzustellen. Neben der Vermischung von Wissensarten hat sich als problematisch erwiesen, daß für bestimmte Wissensarten keine explizite Repräsentationsform existiert. Die jeweilige Lösung ist von der verwendeten Sprache abhängig. Dies führt dann unter Umständen dazu, daß z.B. die Heuristik der Problemlösung ihren Niederschlag in der Reihenfolge der Regelanwendung findet. Die Änderung einer einzigen Regel kann unvorhersehbare Ergebnisse zur Folge haben (vgl. Angele et al. 1990).

Für den Entwurf und für die Entwicklung von WBS wird im allgemeinen eine Form des Prototyping verwendet. Die so entwickelten Prototypen unterliegen meist vielen ad-hoc-Änderungen, die rasch codiert werden und deren Dokumentation häufig vernachlässigt wird. Durch diese Mängel hinsichtlich Qualität, Vollständigkeit, Dokumentation u.a.m. des Systems leidet im allgemeinen auch die Wartbarkeit. Der Wartungsaufwand erreicht dadurch rasch die 2 bis 3-fache Höhe des Entwicklungsaufwands (vgl. Slagle 1990), eine Größenordnung, die durch das prototyping-orientierte Vorgehen eigentlich verhindert werden sollte. Erschwerend wirkt sich dabei aus, daß es kaum Werkzeuge zur Unterstützung der Wartungstätigkeiten gibt (vgl. Lehner 1994). Es existieren meist keine system-integrierten Prüfkomponenten zur semantischen und syntaktischen Überprüfung der Wissensbasis (vgl. Bullinger 1989). Die Funktionen der Shells, Programmiersprachen und Programmierumgebungen unterstützen im allgemeinen lediglich die Entwicklung und Implementierung (vgl. Caviedes 1987, Bench-Capon 1992).

Die bisherigen Ausführungen lassen erkennen, daß die Auseinandersetzung mit dem Thema "Wartung von wissensbasierten Systemen" noch wenig systematisch und ohne den Versuch einer übergeordneten Zusammenfassung von Aufgaben und Entwicklungstendenzen erfolgt. Am ehesten können solche Bemühungen noch für den Bereich der Programmiersprachen und Sprachparadigmen festgestellt werden. Die einfache oder zumindest verbesserte Wartbarkeit von Systemen wird nämlich von manchen als inhärente Eigenschaft der Programmiersprache angesehen. Es fehlt daher auch nicht an Versuchen, diese Eigenschaften nachzuweisen oder entsprechende Hypothesen zu untersuchen (vgl. z.B. Matthews 1987, Buth 1991, Lehner/-Sikora 1993, Li/Henry 1993, Mancl/Havanas 1990, Henry/Humphrey 1990, Fang et al. 1993, Wilde/Huitt 1991, Markusz/Kaposi 1985). Soweit heute schon gesicherte Ergebnisse vorliegen, läßt sich aber auch hier feststellen (analog zu herkömmlichen Programmiersprachen), daß bestimmte Standards und Strukturen bei der Programmierung eingehalten werden müssen, wenn die spätere Wartbarkeit des Systems nicht unnötig erschwert werden soll.

4 Studie zur Wartung von WBS

Bisher wurden nur sehr wenige empirische Daten veröffentlicht, die sich mit der Wartung von WBS befassen. Dies wurde zum Anlaß genommen, die aktuelle Situation in der Praxis näher zu untersuchen. Ziel war die Analyse der Wartungssituation bei wissensbasierten Systemen (Expertensysteme), die sich im praktischen Einsatz befinden. Dabei sollten Besonderheiten und Mängel der gegenwärtigen Wartungspraxis erkannt und in Beziehung zur Wartung konventioneller Software gesetzt werden.

Als Erhebungsmethode wurde die Fragebogentechnik ausgewählt. Ausgehend von den Ergebnissen der Literaturrecherche und den bisherigen Erfahrungen im vorliegenden Bereich wurde zunächst ein Thesenkatalog aufgestellt. Darauf aufbauend wurde festgestellt, welche Informationen notwendig sind, um die Thesen überprüfen zu können. Das Ergebnis war ein vorläufiger Entwurf des Fragebogens. Dieser Erstentwurf wurde im Rahmen von 2 Interviews einem Pretest unterzogen. Aufgrund der Ergebnisse des Pretests wurde der Fragebogen nochmals überarbeitet.

Der Fragebogen wurde an 120 Unternehmen verschickt. Die Zielgruppe der Untersuchung waren Organisationen, die seit möglichst langer Zeit ein WBS einsetzen, sodaß Erfahrungen mit der Wartung dieser Systeme vorausgesetzt werden konnten. In der Gruppe der befragten Organisationen befanden sich hauptsächlich Firmen der Software-Industrie sowie Versicherungen, Banken und Forschungsinstitute. Die Rücklaufquote war relativ gering: 11 Organisationen beteiligten sich aktiv und retournierten insgesamt 14 ausgefüllte Fragebögen. In einer zweiten Runde wurden dann noch 4 Fragebögen aus dem medizinischen Anwendungsbereich nachgereicht, sodaß insgesamt 18 Fragebögen für die Auswertung zur Verfügung standen. Diese geringe Anzahl läßt eine statistische Auswertung und die Ableitung statistisch valider

Ergebnisse nicht zu. Die Überprüfung der formulierten Thesen war daher nur in einem sehr eingeschränkten Rahmen möglich.

Die einzelnen Ergebnisse der Untersuchung werden nachfolgend zusammengefaßt wiedergegeben. Eine detaillierte und vollständige Widergabe der Antworten findet sich in der angeführten Literatur (vgl. Lehner 1994). Bei den meisten Firmen liegen schon seit Mitte der achtziger Jahre Erfahrungen mit WBS vor. Die ersten persönlichen Erfahrungen der Befragten stammen ebenfalls aus dieser Zeit. Daraus kann man schließen, daß in den Firmen die KI-Technologie von einem relativ konstanten Personenkreis beobachtet wird. Dies steht im Einklang mit den Feststellungen, daß das Personal einen Engpaß bei der Anwendung dieser Technologien darstellt und daß ein profundes Technikwissen eine unabdingbare Voraussetzung für den erfolgreichen Einsatz eines solchen Systems ist.

Charakteristik der Systeme

Von den beschriebenen Systemen dienen sechs zur Konfiguration, fünf als Planungs- und Entscheidungshilfen sowie vier als medizinische Expertensysteme. Die übrigen Systeme verteilen sich auf unterschiedliche Anwendungsgebiete. Nahezu alle WBS benutzen Regeln als Wissensrepräsentationsform, jedoch meist in Kombination mit anderen Wissensrepräsentationsformen, vorwiegend Frames. Vorbehaltlich der Tatsache, daß die bloße Angabe der Anzahl von Regeln keine korrekten Vergleiche der Größe der WBS zuläßt, handelt es sich meist um kleine bis mittlere Systeme, deren Wissensbasis zwischen 150 und 750 Regeln beinhalten. Dies wird untermauert durch den jeweils angegebenen Entwicklungsaufwand. Für die meisten Systeme wurden 5 bis 40 Mannmonate Entwicklungszeit (bis zum ersten Einsatz) benötigt. Nur 2 Systeme fallen mit 100 und 300 Mannmonaten in eine andere Größenordnung. Hier handelt es sich um WBS an öffentlichen Instituten, die auch zu Forschungszwecken verwendet wurden.

Nutzen und Bedeutung der WBS

Der erhoffte bzw. realisierte Nutzen durch die Systeme ist meist betriebswirtschaftlicher Natur. Häufige Nennungen betrafen geringere Stillstandszeiten, höhere Kapazitätsauslastung, Zeitersparnis, Rentabilitätssteigerungen, Effizienzgewinn, höhere Qualität, bessere Diagnose, Entlastung der Fachbereiche und Vollständigkeit der Ergebnisse. Die Konservierung von Wissen als strategischer Vorteil (2 Nennungen) und das Sammeln von Erfahrungen mit der KI-Technologie (2 Nennungen) scheint hingegen nur eine untergeordnete Rolle zu spielen.

Vorgehen beim Entwurf - "Design for Maintenance"

Prototyping wurde in 7 Fällen als ausschließliches Mittel des Entwurfs eingesetzt. In 4 Fällen wurde eine Kombination aus einem modellorientierten Ansatz und Prototyping angegeben. In den übrigen 7 Fällen setzte man auf den modellbasierten Entwurf. Besondere Maßnahmen, die die Sicherung der Wartbarkeit während des Entwurfs zum Ziel hatten, wurden in weniger als der Hälfte aller Fälle angegeben. Erwähnt wurden:

- Modularer Aufbau der Wissensbasis, d.h. Bildung von Regelgruppen. Die einzelnen Moduln werden getrennt dokumentiert
- Verwendung einer Zwischenrepräsentationsform (Entscheidungstabellen)
- Verwendung von Namenskonventionen
- Weitgehende Parametrisierung und Auslagerung von Daten in externe Datenbanken
- Versionshaltung für Wissensbanken
- zentrale Wartung durch den Hersteller
- Verwendung von standardisierten DB-Formaten und kommerziell verfügbarer (Standard-) Software, z.B. Shells und Texteditoren.

Die meisten Systeme wurden mit Hilfe von Expertensystemshells entwickelt. Die verwendeten Werkzeuge waren in fast allen Fällen Standardwerkzeuge. Nur in 2 Fällen wurden zu diesem Zweck eigene Tools konstruiert.

Wartbarkeit und Wissenspflege

In Abbildung 5 werden jene Einflußgrößen zusammengefaßt, die nach Meinung der Befragten den Wartungsaufwand primär beeinflussen. Mahrfachnennungen waren möglich. Die Dokumentation wird nach diesen Ergebnissen für besonders wichtig gehalten. Bei den übrigen Punkten ist keine klare Differenzierung bzw. keine ausgeprägte Meinung erkennbar. Unter der Rubrik "Sonstiges" wurden Einflüsse der Programmierproduktivität, Normen und Standards sowie weitere individuelle Faktoren zusammengefaßt.

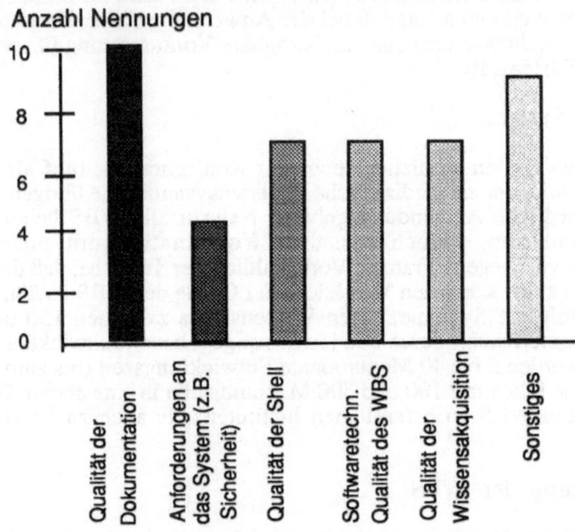

Abb. 5: Einflußgrößen auf die Höhe des Wartungsaufwands

Die Wartungshäufigkeit der einzelnen Komponenten des WBS wurde auf einer Skala zwischen 1 (sehr häufig) und 5 (nie) bewertet. Dabei stellte sich heraus, daß die Wissensbasis (Durchschnitt 2,1) die am häufigsten gewartete Komponente ist. Dieser folgen mit weitem Abstand die Erklärungskomponente (3,6), die Dialogkomponente (3,8), die Inferenzkomponente (3,9) und die Wissensakquisitionskomponente (4,1).

Die Gründe für die Wartung der Wissensbasis werden in Abbildung 6 gezeigt, wobei eine Ordnung nach ihrer Häufigkeit vorgenommen wurde. Änderungen der Wissensdomäne, unvollständige oder inkonsistente Wissensbasen sowie Funktionserweiterungen im Laufe des Systemeinsatzes machen dabei den größten Anteil aus.

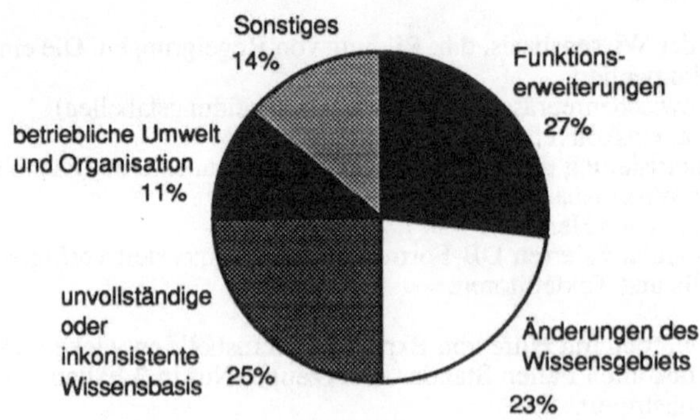

Abb. 6: Gründe für die Wartung der Wissensbasis

Um einen Vergleich mit der Wartung herkömmlicher Software vornehmen zu können, wurde eine Einteilung der Wartungstätigkeit nach Wartungsarten vorgenommen. Das Ergebnis wird in Abbildung 7 gezeigt. Die Funktionserweiterungen stellen mit 41% den größten Block des gesamten Wartungsaufwands dar. Dieses Ergebnis entspricht der Verteilung, wie sie auch von herkömmlichen Softwaresystemen bekannt ist (vgl. Lehner 1991). Der durchschnittliche Aufwand für die Wartung beträgt etwa 9,3 Mannmonate oder 51.500,- DM, wobei der Zeitraum von der Inbetriebnahme des Systems bis zur Erhebung gerechnet wurde.

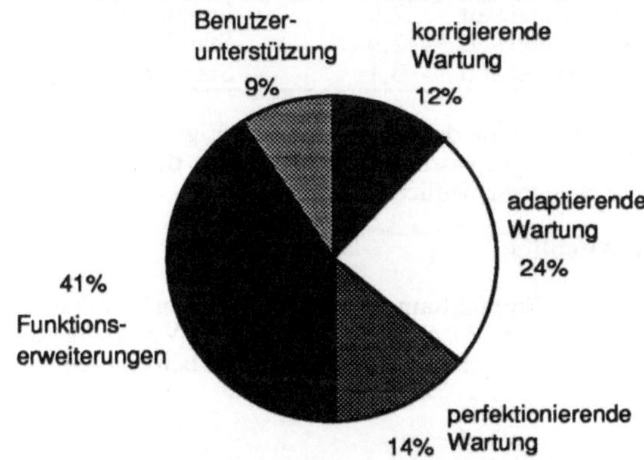

Abb. 7: Anteil der Wartungsarten

Organisation der Wartung

Die Größe der "Wartungsteams", soweit man überhaupt von Teams sprechen kann, ist seit Inbetriebnahme des jeweiligen Systems bei fast allen Befragten konstant geblieben. 4 Befragte berichten von einer Abnahme, ein Befragter erwartet in der Zukunft eine Zunahme. Dies steht in einem gewissen Widerspruch zu den Erfahrungen, die in der Literatur dokumentiert sind (vgl. z.B. Jansen/Compton 1989). Eine mögliche Erklärung für diesen Widerspruch zu anderweitig dokumentierten Ergebnissen dürfte die Systemgröße bieten, da im Rahmen der vorliegenden Erhebung primär kleinere Systeme erfaßt wurden.

Auffallend häufig wird die organisatorische Trennung zwischen Wissenspflege und der Wartung der DV-Komponenten, bzw. deren Weiterentwicklung, genannt. Die Wissenspflege wird entweder vom Experten, vom Wissensingenieur oder vom Benutzer vorgenommen. Es kann vermutet werden, daß der Benutzer in diesen Fällen über ausreichend Expertise verfügt. Die Wartung der DV-Umgebung liegt meist in der Verantwortung der EDV-Abteilung, des Entwicklungsteams oder des Herstellers der jeweiligen Shell.

Probleme in der Praxis

Die angeführten Problemfelder von WBS lagen überwiegend nicht in der WBS-Technik begründet (interne Probleme), sondern außerhalb des WBS. U.a. wurden folgende Punkte genannt:

- Kosten/Nutzen-Relation (4 Nennungen),
- Benutzerakzeptanz, Glaubwürdigkeit der Ergebnisse (4 Nennungen),
- drohendes Rationalisierungspotential (1 Nennung),
- Datenmangel (1 Nennung),
- aufwendige Datenerfassung (1 Nennung).

Die Systeme, welcher dieser Untersuchung zugrundeliegen, sind bis auf drei Systeme noch in Betrieb. Die Einstellungsgründe waren in zwei Fällen die zu geringe Benutzerakzeptanz und der Wegfall der zu lösenden Problemstellung. Im dritten Fall wechselte das Unternehmen die Hardware- und die Systemsoftwarebasis.

Wissensdomäne

Die Wissensdomäne des jeweiligen WBS sollte bewertet werden. Für die Bewertung stand eine Skala von 1 (trifft voll zu) bis 5 (trifft überhaupt nicht zu) zur Verfügung. Bewertungskriterien waren die Häufigkeit von Änderungen, die Änderungsgeschwindigkeit und die Vorhersehbarkeit von Änderungen im Wissensstand der jeweiligen Domäne. Das Ergebnis wird in der nachfolgenden tabelle widergegeben.

Häufigkeit der Anderungen:	Mittelwert	2,9	Standardabw.	1,03
Änderungsgeschwindigkeit:	Mittelwert	2,9	Standardabw.	0,88
Vorhersehbarkeit:	Mittelwert	3,1	Standardabw.	1,10

Es läßt sich mit diesem Ergebnis keine der zu bewertenden Eigenschaften allgemein bestätigen oder ablehnen. Die Varianz der Antworten ist relativ hoch, d.h. die Domäne wird bei den einzelnen Organisationen sehr unterschiedlich eingeschätzt.

5 Empfehlungen und Ausblick

Die Befragten wurden gebeten, Empfehlungen oder Hinweise zu Wartbarkeit, Wartung sowie Organisation der Wartung zu machen. Nachfolgend werden die Vorschläge thematisch geordnet und zusammengefaßt, wobei der Originalwortlaut weitgehend beibehalten wurde.

Entwurf

- Die Wissensrepräsentation und - modellierung sollte über Struktur und Funktionalität erfolgen. Dabei sollten nicht zu viele Wissensrepräsentationsformen verwendet werden.
- Gutes Knowledge Engineering ist wichtig, d.h. eine strukturierte, modellbasierte Vorgehensweise bei der Entwicklung.
- Die Wartung muß als zentraler Aspekt der Entwicklung betrachtet werden, daher ist die Berücksichtigung der Wartungsfrage schon im Entwurf notwendig.
- Die Benutzeroberfläche ist eine zentrale Komponente.
- Wahl eines Designs und einer Implementierung, die einer in der EDV angelernten Person erlaubt, das System zu pflegen und auf andere Anwendungsbereiche zu erweitern.
- Das System soll zusammen mit Fachexperten und Anwendern entwickelt werden.

Organisation

- Eine klare Aufgabenzuordnung und -abgrenzung ist notwendig, d.h. die klare Zuweisung von Verantwortlichkeit bei z.B. unternehmensinternen Experten. Ein Kompetenzsplitting zwischen Fachbereich und EDV-Bereich erscheint sinnvoll. Die Wartung der Wissensbasis durch Fachexperten ist wünschenswert.
- Die Ausbildung eines Systemadministrators zur Erweiterung der Wissensbasis sollte während der Entwurfsphase begonnen werde. Dieser kann zur Vermittlung zwischen der Wissensbasis und den Experten herangezogen werden.

Dokumentation

- Eine gut gegliederte, klar strukturierte Dokumentation (Ontologie) ist entscheidend.
- Die Dokumentation von durchgeführten Änderungen sollte mit Begründung erfolgen.

Sonstiges

- Die Angabe der Zahl der Regeln ist keine verläßliche Größenangabe
- Wartbarkeit ist der Schlüssel zum Erfolg [sic !]
- Der entscheidende Punkt für den Erfolg eines Systems im industriellen Einsatz ist die Kooperation zwischen Anwender und Entwickler.

Insgesamt kann festgehalten werden, daß bei wissensbasierten Systemen die Wartung ein Schlüsselfaktor für deren erfolgreichen Einsatz ist. Dem sollte sowohl in der Praxis durch entsprechende Vorkehrungen als auch durch weitere Forschungen Rechnung getragen werden.

Literatur

Angele, J., Fensel, D., Studer, R.: What could dthe knowledge engineer learn from the software engineer? In: Ehrenberg, D. et al (Hrsg.): Wissensbasierte Systeme in der Betriebswirtschaft, Berlin 1990, 285-303

Baumöl, U., Borchers, J., Eicker, S., Hildebrand, K., Jung, R., Lehner, F.: Terminologie des Software Reengineering. In Informatik Spektrum (in Vorbereitung, 1995)

Bench-Capon, Trevor J. M.; Coenen F.: The maintenance of legal knowledge based systems, in: Artificial Intelligence Review, 6 / 1992, 129 - 143

Bullinger, Hans-Jörg; Wasserlos, Georg: Die Entwicklung praxisgerechter Expertensysteme, Verlag Moderne Industrie, Landsberg/Lech 1989

Buth, A.: Softwaremetriken für objekt-orientierte Programmiersprachen. GMD Arbeitspapier Nr. 545, Bonn/st.Augustin Juni 1991

Caviedes, J. E.: Expert Systems Maintenance: Post-Implementation Support, in: Proceedings of IEEE Montech'87 Conf. - COMPINT'87, November 9-11, 1987, S. 21-24

Compton, P. et al.: Maintaining an Expert System. In: Proceedings of the 4th Australian Conference on Applications of Expert Systems, Sydney 1988, 110-129

Compton, P.; Jansen, J.: Knowledge in context: A strategy for expert system maintenance, in: AI '88, 2nd Australian Joint Artificial Intelligence Conference, Adelaide, Australia, November 1988, Proceedings, S. 292 - 306

Fang, Z. et al.: Constructing and Testing software maintainability assessment models. In: Proceedings of the IEEE-CS International Software Metrics Symposium, May 21-22, Baltimore MD, 1993

Henry, S. M., Humphrey, M.: A controlled experiment to evaluate maintainability of object-oriented software. In: Conference Proceedings, IEEE Conference on Software Maintenance, San Diego/Los Alamitos, CA, 1990, 258-265

Jansen, B., Compton, P.: Data dictionary approach to the maintenance of expert systems: The Knowledge Dictionary, in: Knowledge Based Systems, 1989, 2 (1), 14-26

Lehner, F. (Hrsg.): Die Wartung von Wissensbasierten Systemen. Egelsbach/Frankfurt/-Washington 1994

Lehner, F., Hofmann, H., Setzer, R.: Wartung und Pflege von Wissensbanken, Forschungspapier der Wissenschaftlichen Hochschule für Unternehmensführung, Koblenz / Vallendar, 1993

Lehner, F., Sikora, H.: Wartung objektorientierter Softwaresysteme. Forschungspapier der Wissenschaftlichen Hochschule für Unternehmensführung Nr. 19, Vallendar, Juni 1993

Lehner, F.: Softwarewartung, Hanser Verlag, München / Wien 1991

Lehner, Franz: Nutzung und Wartung von Software. Das Anwendungssystem-Management., München 1989

Lehner, F.: Versuch einer Abgrenzung von Reengineering und Wartung. IST-Report Nr. 4, St. Florian, April 1995

Li, W., Henry, S.: Maintenance Metrics for the Object Oriented Paradigm. In: Proceedings of the IEEE-CS International Software Metrics Symposium, May 21-22, Baltimore MD, 1993

Mancl, D., Havanas, W.: A study of the impact of C++ on software maintenance. In: Conference Proceedings, IEEE Conference on Software Maintenance, San Diego/Los Alamitos, CA, 1990, 63-69

Markusz, Z., Kaposi, A. A.: Complexity Control in Logic-based Programming. In: The Computer Journal, Vol 28, 5/1985, 487-495

Matthews, M. H.: Maintenance & Language Choice. In: AI Expert, 9/1987, 42-49

o.V.: Informatik im Härtetest. In: Informatik Magazin 2/94, 6 - 8

Slagle, J. R.; Gardiner, D. A.; Han, Kyungsook: Knowledge Specification of an Expert System, in: IEEE Expert, August 1990, 29 - 38

Wilde, N., Huitt, R.: Maintenance Support for Object-Oriented Programs. In: Conference Proceedings, IEEE Conference on Software Maintenance, Sorento, 1991, 162-170

Fachgespräch 13:

Dezentralisierung und Selbstorgansiation im globalen Informationsverbund

Für die Informatik stellt die Zunahme der Komplexität eine der grössten Herausforderungen dar. Im betrieblichen bzw. gesellschaftlichen Umfeld betrachtete Computersysteme bestehen aus einer Menge interagierender Prozesse, die sowohl die Entwicklung als auch den Einsatz informationstechnischer Systeme hochgradig komplex werden lassen. Zudem sind viele nichtlineare Rückkoppelungseffekte zu erkennen. Dies gilt in verstärktem Masse auch für globale Zusammenhänge der Vernetzung bzw. Dezentralisierung. Damit sind die Voraussetzungen für Effekte der Selbstorganisation gegeben: Komplexität, Nichtlinearität, Rückkoppelung etc. Ein Verständnis für die Natur selbstorganisierender Phänomene ist für das Management dieser Prozesse unumgänglich. Dieses Thema und die verwandten Aspekte der Chaostheorie, Systemik, Autopoiese etc. sind heute von grossem Interesse.

Programmkomitee des Fachgespräches:
H. Goorhuis, Zürich (Koordination)
W. Coy, Bremen, G. Cyranek, Zürich, D. Siefkes, Berlin

Gestaltungsrationalität und »autopoietische Wende«

Michael Paetau
GMD – Foschungszentrum Informationstechnik
53754 Sankt Augustin, Tel.: 02241-142625, Internet: paetau@gmd.de

Abstract:

Komplexität, Differenziertheit und Dynamik sind grundlegende Merkmale gesellschaftlicher Entwicklung, die für die Informatik in den letzten Jahren zunehmend zu einem Problem geworden sind. Vor allem, wenn man die Informatik als eine Gestaltungswissenschaft begreift, die sich nicht auf die professionelle Anwendung ingenieurwissenschaftlicher Methoden beschränkt, sondern den sozialen Entwicklungs- und Anwendungskontext informationstechnischer Systeme in ihre Arbeit einbezieht, zeichnet sich ein Konflikt ab, der ihr wissenschaftliches Selbstverständnis nicht unberührt lassen wird. Von diesem Konflikt ist der Gestaltungsbegriff selbst betroffen. Insbesondere die neueren Ansätze der *Selbstorganisation* konfligieren mit der herkömmlichen Vorstellung einer rationalen Gestaltung von Natur und Gesellschaft. So zeichnet sich eine paradoxe Situation ab: Je mehr begriffliche Konturen die lange beschworene Informationsgesellschaft tatsächlich zu entwickeln beginnt, desto weniger scheint sich die Informatik, den ihr von der Öffentlichkeit angetragenen Gestaltungsanforderungen dieser neuen Gesellschaft gewachsen zu zeigen..

1. Einleitung

Wenn Gestaltung das »Zusammenspiel von Verstehen und Herstellen« ist, wie Winograd & Flores vor fast einem Jahrzehnt geschrieben haben, und dieses Verstehen sich auch auf die Verantwortung gegenüber den potentiellen Folgen informationstechnischer Entwicklungen bezieht, dann stellt sich die Frage: Wie ist eine solche Gestaltung möglich? Bei dieser Frage geht es zum einen um den Umfang und die Qualität des erforderlichen Wissens über die Gegenstände der Gestaltung, um die Prognosefähigkeit hinsichtlich zukünftiger Situationen, Folgewirkungen etc., um Aspekte der Transdisziplinarität und um geeignete Methoden. Mit all diesen Fragen sind aber auch grundlegende Probleme des Erkennens, der Rationalität und der Steuerung von Gestaltungshandlungen angeschnitten.

Gestaltung bedeutet immer *Eingreifen*. Die Notwendigkeit der Gestaltung ergibt sich daraus, daß der Mensch bei allem was er tut, seine Umwelt verändert. Mit jeder technischen Entwicklung - insbesondere natürlich mit der Entwicklung von Anwendungssystemen - sind Veränderungen in der natürlichen und gesellschaftlichen Umwelt verbunden, ob das nun gewollt oder ungewollt, ob bewußt oder unbewußt geschieht. *Gestaltung* will diesen Prozeß ins Bewußtsein heben, also die Veränderungen als Akt menschlicher Vernunft zu betreiben, anstatt die Dinge so laufen zu lassen, wie sie laufen. Die Geschehnisse sollen der Kreativität des Menschen unterworfen werden, anstatt umgekehrt, Mensch und Natur einem nicht duchschauten Prozeß unterzuordnen. In diesem Sinne ist der Aufruf zu einer sozial- und umweltverträglichen Gestaltung der Versuch, die *Autonomie* der Menschen über die sie umgebenden Verhältnisse zu gewinnen. Es gilt etwas zu gestalten, was gewollt ist, d.h. die weitere Entwicklung soll nach bestimmten Zwecksetzungen (auf die man sich freilich einigen muß) geformt werden.

Gestaltung in diesem Sinne muß versuchen, *das Ganze* in den Blick zu bekommen, also Technik im Zusammenhang mit den Handlungen einzelner Individuen, den Kommunikations- und Kooperationsbeziehungen in Organisationen, zwischen Gruppen, Abteilungen, Betrieben bis hin zu den Strukturen der sogenannten Informationsgesellschaft zu berücksichtigen. Deshalb wird auch von *ganzheitlicher* Betrachtung gesprochen und versucht, die Wechselbeziehungen zwischen den verschiedensten Faktoren (ökonomischen, sozialen, technischen, kognitiven u.a. Inhalts) zu berücksichtigen. Wie immer die damit verbundenen Zwecksetzungen definiert werden (z.B. Nachhaltigkeit der Nutzung natürlicher Ressourcen, Erlangung von Vollbeschäftigung, Förderung der Persönlichkeitsentwicklung von Arbeitnehmern, Erhaltung der Artenvielfalt, u.a.m.), es wird dabei die Möglichkeit unterstellt, daß wir es mit Prozessen zu tun haben, die erstens hinreichend beschreibbar sind und zweitens durch menschliches Handeln beeinflußbar sind, man muß es nur wollen.

Das Gestaltungspostulat bezieht sich zum einen auf die Zielsetzungen selbst (d.h. die Möglichkeit einer Definition von vernünftigen Zielen, die von allen deshalb geteilt wird, weil sie eben *vernünftig* sind) und zum anderen auf die Bedingungen zur Umsetzung dieser Ziele (d.h. die Beeinflußbarkeit von Prozessen in Natur und Gesellschaft zur Erreichung der anvisierten Ziele). Technische Innovationen in bestimmten Anwendungsdomänen, wie z.B. einer Unternehmensorganisation, zielen in der Regel darauf ab, deren Gesamtverhalten zu verändern (z.B. die Erhöhung der Produktivität eines Leistungserstellungssystems, die Verbesserung seiner Output-Qualität oder die humane Gestaltung der Arbeitsprozesse). Traditionellerweise wird davon ausgegangen, daß derartige Veränderungen durch die Ansteuerung der einzelnen Elemente eines organisatorischen Systems (also z.B. der Technik, der Führungsqualität, der zwischenmenschlichen Beziehung etc.) bewirkt werden können. Wenn es gelingt, geeignete Kriterien und Methoden zu finden und genügend Wissen über Störungsgrößen (unerwünschte Nebenwirkungen) zu gewinnen, lassen sich Veränderung im gewünschten Sinne herbeiführen.

All die genannten Voraussetzungen könen heute - mit Blick auf neuere Forschungen zu selbstselektiven und selbstreflexiven Operationen lebender und sozialer Systeme - für einen Gestaltungsansatz nicht mehr unhinterfragt zugrundegelegt werden.[1] Insbesondere drei Grundprobleme sind es, die die Kritik herausgefordert haben: Erstens die Schwierigkeit in einer pluralistischen und damit auch immer multikontextuellen Welt überhaupt allgemein verbindliche Zielsetzungen zu vereinbaren (Stichwort: Wirklichkeitspluralismus), zweitens die zur Zielerreichung erforderlichen Mittel aus der Fülle der Möglichkeiten zweckrational auszuwählen (Stichwort: Komplexität) und drittens die an dem Gestaltungsvorgang beteiligten Individuen oder Sozialsysteme zu bestimmten, der »Vernunft« gehorchenden Handlungen zu veranlassen (Steuerungsproblem).

2. Neue Organisationskonzepte als Herausforderung für die Informatik

Die Einsicht, daß Organisationen komplexe, chaotisch reagierende Systeme mit labilen Strukturen sind, wird bekanntlich in vielen Unternehmen nicht mehr als eine tödliche Gefahr begriffen, der man mit immer weiter durchgeplanten Programmen und Regelungen zu Leibe rücken müßte, sondern als Voraussetzung organisatorischen Verhaltens akzeptiert und positiv

---

[1] Vgl. vor allem die Arbeiten von H.v. Foerster (»Kybernetik 2. Ordnung«), N. Luhmann (»Theorie sozialer Systeme«), E. v. Glasersfeld (»Radikaler Konstruktivismus«, Maturana/Varela (»Autopoiesis«), H. Haken (»Synergetik«). In Anlehnung an den Sprachgebrauch von Maturana bezeichne ich den mit diesen Ansätzen sich abzeichnenden Paradigmenwechsel als »autopoietische Wende«.

zu nutzen versucht. Organisationen werden immer mehr als ein sich beständig bewegendes, auf verändernde Umweltbedingungn kontingent reagierendes soziales Netzwerk angesehen. Die Identität von Organisationen ist nicht mehr an bestimmte Strukturen oder Konfigurationen von Komponenten (z.B. von Menschen, Maschinen, Gebäuden) gebunden. Strukturen befinden sich permanent in Veränderung, die nicht als Übergang von einem Gleichgewichtszustand zu einem anderen zù verstehen ist, sondern als ein permanenter Prozeß. Es wird kein Zentrum mehr unterstellt, von dem aus die einzelnen Glieder einer Organisation gezielt beeinflußt und gelenkt werden. Veränderungen im Verhalten einzelner Systeme finden über sogenannte »Perturbationen« (Maturana) oder »Irritationen« (Luhmann) statt, die dann entweder vom System mit einer Verhaltensänderung beantwortet werden oder eben nicht. D.h. Systeme verhalten sich kontingent. Die Entscheidungsgrundlagen liegen allein in den internen Sinnkriterien des betreffenden Systems. Wir sprechen deshalb von »selbstselektiven Strukturen«.

Für die Informatik ergeben sich aus dieser Sichtweise zwei unterschiedliche Problemfelder: Erstens ergeben sich Konsequenzen hinsichtlich des *Prozesses* der Software-Entwicklung und zweitens hinsichtlich seiner *Resultate,* also der Qualität der entwickelten Artefakte. An den Prozeß der Gestaltung stellen die neuen organisatorischen Leitbilder deshalb schwer zu erfüllende Anforderungen, weil sie sich als ausgesprochen sperrig gegenüber den traditionellen Analysemethoden und -werkzeugen, den Beschreibungsmustern, den eingeübten Methoden der Modellbildung, der Spezifikation und des gewohnten ingenieurmäßigen Ablaufs von Entwicklungsprojekten erweisen. Insbesondere die Einsicht, daß die den Gestaltungsobjekten (zB. eines Arbeitsplatzes) zugeschriebenen ontologischen Eigenschaften selbst Konstrukte der Gestalter sind, die sich aus ihren eigenen Beobachtungen und aus den in sie eingebundenen Kooperations- und Kommunikationszusammenhängen ergeben (Floyd 1992), ist für die Informatik offensichtlich schwer zu verarbeiten.

Bezüglich der Artefakte geht es vor allem um die Frage, inwieweit informationstechnische Systeme einer selbstselektiven Strukturbildung in Organisationen folgen bzw. unterstützen können. Ausgangspunkt dabei ist die Kritik an herkömmlichen Systemen, viel zu starr gegenüber der lebendigen Dynamik in Organisationen zu sein und dadurch ein schnelles Reagieren von organisatorischen Sozialsystemen auf Umweltirritationen (Wohland 1974) eher zu behindern anstatt zu fördern. Dieses Problem hat in letzter Zeit mit Blick auf die enormen Produktivitäts- und Qualitätserfolge der japanischen Wirtschaft und die Suche nach ihren Gründen an Brisanz gewonnen. Vor allem die (in Japan offensichtlich vorhandene) Fähigkeit, mit geringem Aufwand und ohne größere Verschwendung von personellen und technischen Kapazitäten sozio-organisatorische Anpassungen an sich rasch verändernde Leistungserstellungsbedingungen (ökonomischer, ökologischer und sozialer Art) durchführen zu können, hat die Aufmerksamkeit der öffentlichen aber auch wissenschaftlichen Diskussion auf sich gezogen. Starre und zentral gesteuerte informationstechnische Systeme wie z.B. PPS oder auch zentralistisch aufgebaute CSCW-Systeme (z.B. Work-Flow-Systeme) sind in die Kritik geraten. Neue Ansätze, die das Ziel haben, sozio-organisatorische Dynamik zu fördern, sind in der Diskussion (z.B. »Tailorability«, »kooperative Konfigurativität«). Aber deren Umsetzung stößt immer wieder auf einige noch ungeklärte Grundlagenprobleme, reibt sich an inneren Widersprüchen und stößt sich oft an den Grenzen wissenschaftlicher Disziplinen. Die bislang unbeantwortete Grundfrage ist: Wie müssen flexible technische Systeme aussehen, die sich nicht in generischen Funktionen verlieren und die wegen ihres hohen Allgemeinheitscharakters für konkrete Aufgabenbewältigungen meist ungeeignet sind? Wie können Kommunikations- und Kooperationssysteme flexibel sein und dennoch aufgabenangemessene

Unterstützungsfunktionen bereitstellen? Welche Formen muß der Software-Entwicklungsprozeß annehmen, damit er den neuen Anforderungen gerecht werden kann?

3. Komplexität und selbstreferentielle Geschlossenheit

Bei dem Versuch, auf die neuen Organisationskonzepte angemessen zu reagieren, sind innerhalb der Software-Entwicklungspraxis einige Probleme virulent geowrden, die für die Informatik grundlegende theoretische und methodische Fragen aufwerfen:[2]

- Der ingenieurwissenschaftliche Versuch, kontextfreie Modelle zu erstellen blendet wichtige Aspekte zum Verständnis des Anwendungsfeldes aus.
- Wegen der grundlegenden Verschiedenheit technischer und sozialer Systeme ist eine Modellbildung sozialer Realität nach technischen Kriterien nicht möglich.
- Die gegenwärtigen Methoden der ingenieurwissenschaftlichen Modellierung abstrahieren von der Tatsache, daß Beschreibungen des Gegenstandbereichs sich in Kommunikationsprozessen vollziehen uns insofern immer subjektive Deutungen (gedankliche Konstruktionen) sind.
- Eine objektive Sichtweise des Gegenstandsbereichs ist aus verschiedenen Gründen gar nicht möglich: zum einen existieren immer unterschiedliche Interessen der verschiedenen Akteure, die es im Systementwurf zu berücksichtigen gilt (Stichwort: Partizipation), zum andern gehören Benutzer und Entwickler unterschiedlichen »sprachlichen Welten« an, weshalb die Beschreibungsversuche der Arbeitswelt durch Softwareentwicklungsexperten immer mit Fehlinterpretationen, Informationsverlust und -verfälschungen begleitet ist.
- Das unterstellte maschinenmäßige Ineinandergreifen der unterschiedlichen Phasen im Software-Engineering ist eine Fiktion. Schon die Abgrenzung der einzelnen Entwicklungsschritte (wo hört der eine auf, wo fängt der andere an) ist zweifelhaft. Demgegenüber werden die vielfältigen Lernprozese hervorgehoben, die in den verschiedenen Phasen gemacht werden und immer wieder zu Rückkoppelungen und zu Modifikationen vorangegangener Schritte führen.
- Organisationen befinden sich in einem fortwährenden Entwicklungs- und Veränderungsprozeß und lassen sich insofern nicht zeitlich überdauernd beschreiben.
- Die zu beschreibenden Probleme sind in den seltensten Fällen vorgegeben, die Spezifikationen im Pflichtenheft können insofern nie vollständig sein.
- Es ist prinzipiell unmöglich, komplexe Organisationsstrukturen korrekt, vollständig und widerspruchsfrei zu beschreiben.

Nimmt man die theoretischen - auf dem Paradigma der Selbstorganisation beruhenden - Argumente und die Erfahrungen aus der Software-Engineering-Praxis ernst, dann stellt sich der Eindruck ein, daß dem Gestaltungsanspruch der Informatik eine Reihe von Unwahrscheinlichkeiten gegenüberstehen. Die Hauptschwierigkeiten der Beherrschung des sozialen Prozesses der Gestaltung sehe ich in seiner Komplexität und in der operativen und selbstreferentiellen Geschlossenheit der an ihm beteiligten Sozialsysteme. *Komplexität* beginnt dort, wo etwas mindestens zwei Zustände annehmen kann. Von »hoher Komplexität« wird im gesprochen, wenn folgende Sachverhalte erfüllt sind: erstens eine hohe Anzahl von Elementen, zweitens eine Viefalt ihrer Beziehungen zueinander, drittens ein hoher Grad an

[2] Vgl. hierzu auch die Diskussion über 25 Jahre Softwarekrise im Informatik-Spektrum 5/1994, insbesondere die Beiträge von Floyd und Spillner (Floyd 1994; Spillner 1994).

Verschiedenheit der Elemente und ihrer Relationen, die - viertens - zeitlichen Veränderungen unterworfen sind (Luhmann 1990, S. 59 ff.; Zolo 1992, S. 3 f.; Baecker 1994, S. 113 f.). Je höher die Anzahl möglicher Wechselbeziehungen unterschiedlicher Faktoren ist (z.B. ökonomischen, sozialen oder technischen Inhalts), desto weniger wird es möglich, in praktischen Handlungs- und Entscheidungssituationen jedes Element eines systematischen Zusammenhangs mit jedem anderen Element zu verknüpfen und daraus die erforderlichen Entscheidungen abzuleiten. Unter diesen Umständen kann die Forderung nach Ganzheitlichkeit im Zusammenhang mit der ökologischen Gestaltung technischer Systeme nicht bedeuten, eine komplette gedankliche Verknüpfung des Relationsgefüges (Komplettrelationierung) herzustellen. Die Welt ist immer komplexer als Individuen oder Systeme, die sich innerhalb der Welt bewegen. Deren Verarbeitungskapazität ist angesichts der möglichen Ereignisse und Zustände in der Welt immer überfordert.

Der übliche Weg, in dem soziale Systeme mit diesem Problem umgehen, ist das Ausschließen von Möglichkeiten durch Selektion. Aus der Fülle der Möglichkeiten wird eine selektive Verknüpfung vorgenommen. Selektionen sind immer *kontingent,* d.h. sie sind auch anders möglich. Da sie zugleich auch *riskant* sind (Risiko von Fehlentscheidungen), muß danach gestrebt werden, die Willkürlichkeit von Selektionen einzugrenzen. Dies läßt sich durch Systembildung erreichen, die zum Aufbau von Ordnung beiträgt. Soziale Systeme differenzieren sich in Subsysteme aus, die selbst wiederum (systeminterne) System/Umwelt-Differenzen aufbauen. Mit anderen Worten: die Komplexität der Welt wird mit dem Aufbau einer komplexen Systemstruktur beantwortet. Diese komplexe Struktur ist allerdings - und das ist wichtig - wegen der *operativen Geschlossenheit* der Systeme nicht fest sondern *lose gekoppelt,* was den Subsystemen die Möglichkeit gibt, sich im Falle eines Falles kontingent zu entscheiden. Ihr Verhalten ist nicht fest an das Verhalten der anderen Systeme gebunden.

Für die Gestaltungsfrage in der Informatik stellt sich das Komplexitätsproblem zunächst - wie für alle anderen Gestaltungshandlungen auch (z.B. politischer Art) - als Frage nach der Differenz zwischen kompletter und selektiver Relationierung. Praktisch wird diese Frage zunächst durch die kommunikative Struktur der am Software-Entwicklungsprozeß beteiligten Sozialsysteme entschieden. Software-Engineering besteht traditionell aus Operationen eines bestimmten Sozialsystems (z.B. einer Entwicklergruppe), die planend und verändernd auf ein fremdes Sozialsystem einwirken wollen. Dabei gibt es jedoch keinen unmittelbaren Handlungszugang zu diesem System. Kommunikation ist die einzige Form der Verbindung, und die ist deshalb ausgesprochen schwierig, weil beide Sozialsysteme, das System der Entwickler und das der betreffenden Organisation, die Kommunikation nach unterschiedlichen Kriterien selektieren und voneinander abweichende Komplexitätsreduktionen vornehmen.

4. Transdisziplinarität und Kontextualisierung

Die Informatik hat bestimmte ingenieurwissenschaftliche Methoden erarbeitet, die die Reduktion der Komplexität auf eine bestimmte Weise leisten sollten. Im Grunde ist jede Technik selbst bereits eine bestimmte Form der Komplexitätsreduktion. Bestimmte Kausalbeziehungen werden simplifiziert und fest gekoppelt. H.v. Foerster spricht von Trivialisierung nicht-trivialer Zusammenhänge. Mittlerweile hat sich diese spezifische Form der Komplexitätsreduktion als Problem herausgestellt und zu Alternativempfehlungen geführt: Erhöhung der Eigenkomplexität der Informatik durch interdisziplinäre Ausweitung und Re-Kontextualisierung.

Zunächst zur *Interdisziplinarität:* Sieht man die Informatik als Gestaltungswissenschaft steht man vor dem Problem, sich in ihren Forschungs- und Entwicklungsarbeiten auf Felder beziehen zu müssen, die im Grunde nicht zu ihrem genuinen Forschungsgegenstand gehören. Informationstechnische Entwicklungen greifen ein in ökonomische Abläufe, in organisatorische Strukturen, in soziale Prozesse. Sie verändern Arbeitsaufgaben, Kooperations- und Kommunikationsbeziehungen, Eingriffsmöglichkeiten der Menschen auf stoffliche Umformungsprozesse und auf ihre sozialen Formen. Das möglichst genaue Verstehen der potentiellen Anwendungsfelder technischer Entwicklungen ist eine Voraussetzungen für die gesellschaftliche Nützlichkeit, der später auf dem Markt in Erscheinung tretenden Produkte.

Die Informatik als Wissenschaftsdisziplin hat auf das Komplexitätsproblem mit einer schrittweisen Ausweitung ihres Gegenstandsbereichs reagiert. D.h. die Zunahme der Komplexität wurde mit einem Aufbau von höherer Eigenkomplexität des Fachs beantwortet. Zum Teil entstanden im Zuge dieser Entwicklung neue wissenschaftliche Disziplinen bzw. Teildisziplinen, wie die *Cognitive Science* und die *Software-Ergonomie.* Den vorläufigen Schlußpunkt setzt die These von der Transformation von einer Ingenieurwissenschaft in eine Sozialwissenschaft (Coy 1992). Ob dies der richtige Weg ist, ist zu hinterfragen. Unseres Erachtens läßt sich das Komplexitätsgefälle nicht auf dem Weg der Wissensvermehrung und der Interdisziplinarität aufheben. Für jedes System gilt, daß die Umwelt komplexer ist als es selbst. Kein System ist in der Lage so viel an Eigenkomplexität aufzubauen, um alles, was in seiner Umwelt passiert, abzubilden, wie entwickelt seine Sprache, umfassend sein Wissen, ausgeklügelt seine Methoden auch immer sein mögen. Luhmann sieht die einzige Möglichkeit, die Komplexitätsunterlegenheit auszugleichen, in einer »überlegenen Ordnung« (Luhmann 1984, S. 250). Und dies kann - so paradox es klingen mag - eher durch Systembildung und Ausdifferenzierung erreicht werden, als durch Anhäufung immer neuer Kompetenzen und zusätzlichen Wissens. Gerade die systembildende Ausdifferenzierung eines komplexen Zusammenhangs, wie es die Software-Entwicklung ja zweifellos ist, kann dazu beitragen, eine Struktur zu erzeugen die sowohl ordnungsbildend und zugleich lose gekoppelt ist. Ermöglicht wird diese Doppelfunktion durch die operative Geschlossenheit sozialer Systeme. »In die unübersehbare Kausalkonstellation der wirklichen Welt werden Kleinkontexte mit gut überblickbaren Selektionsmustern eingelagert mit der Folge, daß man einiges besser übersehen und handhaben kann« (Luhmann 1990, S. 74).

Der zweite Lösungsweg (neben Interdisziplinarität) heißt bekanntlich: *Kontextualisierung.* Hier stehen wir jedoch vor dem Problem, daß jeder Versuch, Technik stärker zu kontextualisieren, diese verstärkt nicht-technischen Einflüssen aussetzt, und damit dem ingenieurwissenschaftlichen Streben, synthetisch deterministische und vorhersagbare Verknüpfungen herzustellen, widerspricht.[3] Gerade die kontextfreie Korrektheit technischer Systeme, macht ja ihre Qualität als Technik aus, das was sie von der nicht-technischen Welt unterscheidet. Mit Technik möchte man möglichst indifferent gegenüber den vielfältigen und kontingenten Möglichkeit der Systemumwelt werden und versucht deshalb, Kausalbeziehung fest zu koppeln (und dabei natürlich zu simplifizieren). Technik selbst zu kontextualisieren hieße letztlich, Technik im Sozialen auflösen zu wollen.

---

[3] Und wenn man sie in die Technik hineinbekäme, z.B. Artificial Life (wäre das denn noch Technik?) hätte man gleichzeitig die Kontingenzen drin, und damit gerade das, was man durch Technik eigentlich eliminieren wollte. Man will sicher sein, daß ein Flugzeug immer landet, auch bei Nebel, Sturm und Regen.

5. Prozeßorientierung technischer Rationalität

Aufgrund der Tatsache, daß die Systeme, die es zu gestalten gilt, selbst auf der Basis von selektiven Relationierungen im Verhältnis zu ihrer Systemumwelt handeln, würde jede auf einer Komplettrelationierung aufbauende Gestaltung (auch wenn sie nicht gelingt, was wahrscheinlich ist) zu einer Einschränkung der Bewegungsfreiheit der betreffenden Sozialsysteme führen. Die Alternative, eine dem autopoietischen Verhalten von sozialen Systemen angemessene Gestaltung technischer Systeme, müßte somit dem Prinzip der losen Kopplung folgen. Das können »kleine Systeme« sein, wie sie von Siefkes vorgeschlagen wurde, wobei die Hauptsache nicht in der Größe liegt, sondern in der Art der Kopplung.

Wie aber lassen sich technische Systeme, die definitionsgemäß als kausale Simplifikationen fest gekoppelt sein müssen, dem Prinzip der losen Kopplung entsprechen? Ich sehe die einzige Möglichkeit darin, die Entwicklung der betreffenden technischen Systeme offen zu halten. Das bedeutet eine radikale Prozeduralisierung der dem Gestaltungsprzeß unterliegenden Rationalität. Nicht mehr die Entwicklung einer bestimmten Technik, um mit ihr ein bestimmtes vorgegebenes Ziel besser erfüllen zu können, sondern die Technikentwicklung selbst einzubeziehen in den dynamischen Prozeß der jeweiligen Anwendungsdomäne. Damit verschiebt sich das Verhältnis von Entwicklung und Anwendung. Die Entwicklung wird (bis zu einem gewissen Grade) in den Anwendungsprozeß integriert.[4]

Die offensichtlichen Vorteile einer derartigen Vorgehensweise ist die übersichtlichere Handhabung, die leichtere Erkennbarkeit von Störungen, die Möglichkeit Störungen eines Systems von anderen Systemen abzukoppeln und schneller auf Umweltveränderungen reagieren zu können. Aber auch der Frage nach möglichen Nachteilen müssen wir uns stellen: Wie ist es beispielsweise mit der destruktiven Verwendungsmöglichkeit von Technik? Könnte die nicht nicht steigen, wenn sich nur auf die übersehbaren Kleinkontexte konzentriert wird? Wird nicht die Neigung steigen, bestimmte Folgewirkungen, die unter dem klassischen Paradigma selbst verantwortet werden müßten, zu externalisieren (Beispiel: Dual Use)? Die Frage, was wir gewinnen und was wir verlieren, scheint mir noch nicht beantwortet zu sein.

Die Kritik an traditionellen Zielsetzungen der Technikentwicklung hat - verfolgt man die Debatte der letzten 15 Jahre - zu einer schrittweisen Skepsis geführt, eine sozial- und umweltverträgliche Gestaltung mit Hilfe der traditionellen Methoden und Werkzeuge des Software-Engineerings durchführen zu können. Mit zunehmender Erfahrung der Unzulänglichkeiten der erlerntern und praktizierten Methoden des Beobachtens, des Beschreibens, des Modellierens und des Entwerfens wurde der ingenieurwissenschaftliche Machbarkeitsglaube[5] stark verunsichert. Diese Verunsicherung hat mittlerweile den aus der Kritik an der traditionellen Informatik entstandenen *Gestaltungsansatz* selbst erfaßt. Ganzheitlichkeit zum Ausgangspunkt zu nehmen, also der Versuch die *Einheit* des Mannigfaltigen zum Orientierungspunkt von Gestaltung zu machen, ist mit einer derart hohen Unwahrscheinlichkeit des Gelingens behaftet, daß sich m.E. die Frage stellt, ob nicht der umgekehrte Weg, nämlich von der Differenz auszugehen, fruchtbarer ist. Hierzu muß man nicht unbedingt - so wie in den vorangegangenen Ausführungen - systemtheoretisch argumentieren. Man braucht z.B. nur zu akzeptieren, daß das Eingebundensein mehrerer Subjekte in einen Gestaltungsprozeß, eine Vielfalt von Sichtweisen erzeugt und dadurch unweigerlich zu einem »Wirklichkeitspluralis-

---

[4] Ansätze liegen vor von (Floyd 1994; Wulf 1994; Henderson & Card 1986; Malone 1992)u.a.

[5] Das Gleiche gilt aber auch für andere Wissenschaftsdisziplinen, wie z.B. die Politikwissenschaften oder für die Technologiefolgenabschätzung (um mir mal an die eigene Nase zu fassen), wo das Leitbild einer »wissenschaftlichen Politikberatung« zu ähnlichen Machbarkeitsillusionen geführt hat.

mus« führt. Die Einheit der Umwelt des Gestalters stellt sich dann als eine Vielfalt von verschiedenen System/Umwelt-Perspektiven dar, die bei der Gestaltung berücksichtigt werden müssen. Anstatt jetzt auf die Habermas-sche Vision einer idealen Sprechergemeinschaft zu hoffen, in der letztlich kraft vernünftiger Argumentation sich ein rationalmotiviertes Einverständnis erzeugen läßt, könnte man auf den *Prozeß* der Gestaltung umstellen, also eine *Prozeduralisierung* der Rationalität, der sich die Gestaltung verschreibt, vornehmen. Der Vorteil dabei ist, daß man die Differenzen beibehalten kann. Man muß nicht mehr nach der umfassenden Wahrheit suchen und dabei an der Tatsache verzweifeln, daß man bei allem was man tut, auf ein Dickicht hochkomplexer und nicht mehr hinreichend beschreibbarer Zusammenhänge stößt. Der Nachteil bei dieser Vorgehensweise ist allerdings, daß man die vermeintlich festen inhaltlichen Orientierungspunkte, an denen die Gestaltung ausgerichtet werden kann, verliert. Man verliert die Sicherheit zu behaupten, daß die vorgeschlagenen Mittel einer rationalen Zweckerfüllung dienen. Und genau da - so scheint mir - ist die Diskussion zu eröffnen.

6. Literatur

Baecker, D.: Postheroisches Management. Berlin 1994: Merve

Coy, W. et al. (Hg.): Sichtweisen der Informatik. Braunschweig - Wiesbaden 1992: Vieweg

Floyd, C. et al. (Hg.): Software Development and Reality Construction. Berlin - Heidelberg 1992: Springer

Floyd, C.: Evolutionäre Systementwicklung und Wandel in Organisationen. GMD-Spiegel. 3/1994 (September). S. 36 - 40

Floyd, C.: Software-Engineering - und dann? Informatik Spektrum. Jg. 17 (1994). S. 29 - 37

Henderson, D. A.; Card, S. K.: Rooms: The Use of Multiple Virtual Workspaces to Reduce Space Contention in a Window-Based Graphical User Interface. ACM-Transactions on Graphics. Vol. 5, No. 3, July 1986. S. 211-243

Luhmann, N.: Soziale Systeme. Grundriß einer allgemeinen Theorie. Frankfurt am Main 1984: Suhrkamp

Luhmann, N.: Soziologische Aufklärung 5. Konstruktivistische Perspektiven. Opladen 1990: Westdeutscher Verlag

Malone, T. W. et al.: Experiments with Oval: A Radical Tailorable Tool for Cooperative Work. CSCW ´92: Sharing Perspectives. Proceedings of the ACM-Conference on Computer-Support Cooperative Work. October 31 to November 4, 1992. Toronto, Canada 1992, 289 - 297

Spillner, A.: Kann eine Krise 25 Jahre dauern? Informatik Spektrum. Jg. 17 (1994). S. 48 - 52

Wohland, G.: Jenseits von Taylor - Irritation als Methode. GMD-Spiegel. 3/1994. S.

Wulf, V.: Anpaßbarkeit im Prozeß evolutionärer Systementwicklung. GMD-Spiegel. 3/1994 (September). S. 41 - 46

Zolo, D.: Democracy and Complexity. 1992: Policy Press

Kultureller Wandel in der Informatik

Hanja Hansen[1], Andreas Huber[2], Beate Kuhnt[2]

[1] Universität Zürich
Soziologisches Institut
Rämistrasse 69, CH-8001 Zürich

[2] Universität Zürich
Institut für Informatik
Winterthurerstr. 190, CH-8057 Zürich

E-Mail: {hansen, huber, kuhnt}@ifi.unizh.ch

Zusammenfassung: Ausgehend von einem Modell des sozialen Wandels wird ein systemischer Gestaltungsansatz für die Entwicklung von Anwendungssystemen eingeführt. Anschliessend werden das didaktische Konzept des berufsbegleitende Ergänzungsstudium 'Mensch-Informatik-Organisation' am Institut für Informatik der Universität Zürich vorgestellt und erste Ergebnisse und praktische Auswirkungen diskutiert.

Einleitung

Dieser Beitrag konzentriert sich auf die Entwicklung von Anwendungssoftware, die technisch und sozial in Arbeits- und Organisationsstrukturen eingebettet ist und damit Arbeitsprozesse und Arbeitsprodukte quantitativ und qualitativ verändert. Das moderne Software Engineering bietet Projektmodelle, Methoden und Techniken an, die zur Erhöhung der Adaptionsfähigkeit der Systeme und der Akzeptanz seitens der Anwender/innen dienen. Wir sind der Ansicht, dass dabei die kulturellen Aspekte zuwenig Beachtung finden.

Deshalb stellen wir den kulturellen Aspekt in den Mittelpunkt des Beitrages und begeben uns damit in einen Diskurs über die Fachgrenze der Informatik hinaus und beleuchten die Gestaltung von Anwendungssystemen aus der Perspektive der Soziologie, der Informatik und der Didaktik. Dieser Diskurs diskutiert die Rolle von Struktur und Kultur in Informatikprojekten und macht das kulturelle Potential der Informatik für die Anwendungsentwicklung nutzbar. Zu diesem Zweck stellen wir einen systemischen Gestaltungsansatz vor. Mit systemischen Interventionsmethoden erweitern wir das Methodenspektrum bei Software-Projekten. Gelehrt und erprobt werden diese Methoden im oben erwähnten Studiengang.

Ein Modell sozialen Wandels

Wir betrachten die technologischen Innovationen der Informatik als ein Phänomen gesellschaftlichen Wandels [Brödner, 1985; Heintz, 1993] und wählen deshalb ein Modell des sozialen Wandels [Hoffmann-Nowotny, 1980] als Basis unserer theoretischen Ausführungen. Das Modell des sozialen Wandels betrachtet die soziale Realität unter dem Aspekt zweier Dimensionen: Struktur und Kultur. Struktur und Kultur sind zwei fundamentale Prinzipien der Gesellschaft. Letztere beruht darauf, dass es ihren *"... Elementen gelingt, sich eine Struktur zu geben (...) und darauf, dass sie (...) über eine gemeinsame Kultur (Werte, Normen, Institutionen, Vorstellungen, Einstellungen etc.) verfügen"* [Hoffmann-Nowotny, 1989, S.7].

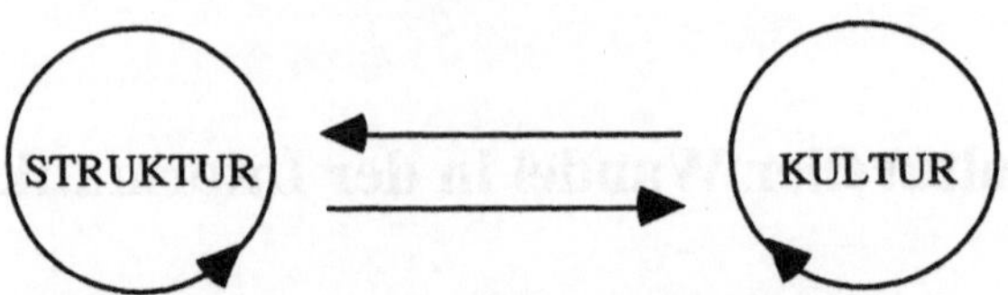

Die Pfeile in der obigen Abbildung zeigen die Interdependenzen zwischen und innerhalb der Struktur- und der Kultur-Dimension. Veränderungen geschehen aufgrund von Spannungen zwischen Struktur und Kultur. Ein Wertewandel zieht also einen strukturellen Wandel nach sich und umgekehrt. Gleichzeitig beeinflussen strukturelle Änderungen die herrschende Kultur. Gemäss der Theorie des sozialen Wandels dominiert die strukturelle Wirkung die kulturelle. Die genannten Spannungen sind mit vorübergehenden Ungleichgewichten zwischen Struktur und Kultur verbunden. Diese Ungleichgewichte bleiben längerfristig bestehen, wenn Interaktion, Kommunikation und Information - als die wesentlichen Träger des Austausches in der Struktur-Kultur-Dimension - gestört sind [vgl. Hoffmann-Nowotny, 1980 und 1989].

Dieses Modell lässt sich auch auf Teilbereiche der Gesellschaft anwenden. Wir diskutieren insbesondere die Entwicklung von Anwendungssystemen in Unternehmen und bewegen uns somit auf der soziologischen Mesoebene. Dabei unterscheiden wir zwischen Kultur und Struktur in Informatik und Organisation.

Das strukturelle Phänomen

Zur Organisationsstruktur zählen Organisationsform und Arbeitsabläufe. Informatiklösungen unterstützen oder festigen die bestehende Organisationsstruktur. Strukturelle Phänome der Informatik sind z.B. zentrale oder dezentrale Datenverwaltungen, Mainframe- oder Client-Server-Architekturen. Ebenso zählen strukturierte oder objektorientierte Programmierung und die technische Infrastruktur zu den strukturellen Phänomenen der Informatik.

Das kulturelle Phänomen

Verhaltensnormen, Wertorientierungen und Denkweisen sind Indikatoren der kulturellen Dimension. Kulturelle Aspekte bleiben leicht unbewusst, weil sie als selbstverständlich erachtet werden. Jahrelange, meist sogar jahrzehntelange Sozialisation haben zur Internalisierung von Verhaltensmustern und Wertvorstellungen geführt. Das Individuum macht in einem solchen Internalisierungsprozess gesellschaftliche Werte zu seinen eigenen[1].

In Informatisierungsprozessen wird die kulturelle Dimension meistens ausgeblendet, obwohl besonders Entwicklung und Einsatz von Informatiklösungen kulturell geprägt sind. Trotzdem sind die resultierenden Systeme von den Verhaltensnormen, den Wertorientierungen und den Denkweisen der beteiligten Personen geprägt. So macht es einen grossen Unterschied, ob der Entwicklungsprozess von einer positivistischen oder einer konstruktivistischen Weltsicht getragen wird.[2]

Im folgenden unterscheiden wir das Struktur-Kultur-Ungleichgewicht zwischen Informatik und Organisation und innerhalb der Informatik.

---

1 Sozialisation wird deswegen auch als soziokulturelle Geburt bezeichnet [König 1958].

2 Weitere kulturelle Gegensatzpaare finden sich in der Tabelle im nachstehenden Abschnitt.

Struktur-Kultur-Ungleichgewichte zwischen Organisation und Informatik

Die Struktur-Kultur-Ungleichgewichte innerhalb der Organisation wurden in den letzten Jahren in der Managementliteratur thematisiert und waren Ausgangspunkt für die Suche nach neuen effizienten und effektiven Organisationsformen [Laszlo, 1992; Müri, 1985; Peters, 1987; Sackmann, 1993]. Chaos Management, Evolutionäres Management, Lernende Organisation, Fraktale Fabrik und Selbstorganisation bieten Alternativen zum 'scientific management' des Industriezeitalters. Experteninterviews haben ergeben, dass in den letzten Jahren tiefgreifende Veränderungen der Organisationsstrukturen vollzogen wurden und dass in vereinzelten Betrieben auch Veränderungen der Organisationskultur erprobt werden [Geser/Hansen/Wüst, 1995].

Die Ungleichgewichte zwischen Informatik und Organisation sind hauptsächlich auf die Verbindung von modernen Informatiklösungen, z.B. weltweite Vernetzung, mit tayloristischen Organisationsformen zurückzuführen:

> *"Die wenigsten Firmen sind zufrieden mit der Ausnutzung des strategischen Potentials, das in der Informationstechnologie liegt. Ich selbst forsche seit zwölf Jahren auf diesem Gebiet und meine Erfahrungen legen nahe, dass nicht die Technologie selbst das Erreichen signifikanter Wettbewerbsvorteile erschwert, sondern dass die grössten Hindernisse die überholten Organisationsformen und Managementkonzepte darstellen."* [Zuboff, 1993, S. 59]

Osterloh fordert implizit ein Gleichgewicht zwischen Organisation und Informatik, wenn sie eine *"radikale [organisatorische] Dezentralisierung bei gleichzeitig intensiver informationeller Vernetzung"* verlangt [1994].

	INFORMATIK		**ORGANISATION**	
	Struktur	**Kultur**	**Struktur**	**Kultur**
rationalistisches Weltbild	• Zentrale Datenverwaltung • Mainframe • Strukturierte Programmierung	• Planbarkeit • Produktsicht • Mensch als Maschine • Automatenmetapher • Positivismus	• Funktionsorientierung • Zentralisierung • Hierarchie • Vertikale Führung	• Kontrolle • Verantwortung • Ordnung • Gehorsam
systemisches Weltbild	**• Dezentrale Datenverwaltung • Client-Server-Architekturen • Objektorientierte Programmierung**	**• Situativität • Designsicht • Mensch im Mittelpunkt • Mediummetapher • Konstruktivismus**	**• Prozessorientierung • Dezentralisierung • Heterarchie • Selbstorganisation**	**• Selbstverantwortung • Engagement • Flexibilität • Vertrauen**

Die Grafik unterscheidet die Struktur-Kultur-Dimension innerhalb der Informatik und der Organisation sowie das zugrundeliegende rationalistische bzw. systemische Weltbild [Scott, 1992]. Der Rationalismus prägte die erste Hälfte unseres Jahrhunderts und begründete den Taylorismus in der industriellen Fertigung. Das systemische Weltbild beruht auf einem Paradigmenwechsel, d.h. einer fundamentalen gesellschaftlichen Veränderung von Sichtweisen und Denkmustern [vgl. Kuhn, 1976], welcher sich in der heutigen Gesellschaft abzeichnet.

Die Schattierung zeigt das angestrebte Gleichgewicht aller Struktur-Kultur-Dimensionen. Die aktuelle Verbreitung von Internet mit 35 Millionen 'Netz-Surfern' kann als Beispiel für dieses Gleichgewicht stehen. Es zeigt das grosse Gestaltungspotential einer von den Fesseln des Rationalismus befreiten Informatik. Allein die Bereitstellung der Infrastruktur hat die enorme

Erweiterung des Netzes innerhalb der letzten Jahre ermöglicht. Es bilden sich selbstorganisiert neue Kommunikationsformen, wie News-Gruppen, die sich selbständig und unvorhersehbar entwickeln.

Struktur-Kultur-Ungleichgewichte innerhalb der Informatik

Die schattierten Felder in untenstehender Graphik beleuchten das Ungleichgewicht von Struktur und Kultur innerhalb der Informatik. Dieses Ungleichgewicht manifestiert sich beim Versuch, rationalistische Werte mittels moderner Technik zu erhalten. Wenn beispielsweise Client-Server-Architekturen für die Erhaltung kultureller Werte wie Planbarkeit und Kontrolle eingesetzt werden, so kann diese Technik ihr Potential nur partiell entfalten. Das gleiche gilt für den Einsatz objektorientierter Programmierung beim phasenorientierten Vorgehen. Wenn die Informatik strukturell induzierte Anpassungen auf ihrer kulturellen Ebene nicht rechtzeitig vollziehen kann, leidet die Anpassung der Unternehmung an ihre Umwelt. Dies führt zu Renditeverlusten, Wettbewerbsnachteilen und demotivierten Mitarbeitern. Deshalb plädieren wir dafür, dass die Informatik ihr volles Potential nur entfalten kann, wenn es ihr auf der kulturellen Ebene gelingt, vorherrschende rationalistische Denkmuster zu überwinden.

	INFORMATIK	
	Struktur	**Kultur**
rationalistisches Weltbild	• Zentrale Datenverwaltung • Mainframe • Strukturierte Programmierung	• Planbarkeit • Produktsicht • Mensch als Maschine • Automatenmetapher • Positivismus
systemisches Weltbild	• Dezentrale Datenverwaltung • Client-Server-Architekturen • Objektorientierte Programmierung	• Situativität • Designsicht • Mensch im Mittelpunkt • Mediummetapher • Konstruktivismus

Aufgrund der obigen Überlegungen zum sozialen Wandel gehen wir davon aus, dass in der Informatik ein kultureller Wertewandel bevorsteht. Mit dem unten beschriebenen systemischen Gestaltungsansatz unterstützen wir diesen Wertewandel aktiv. Der abschliessend präsentierte systemisch-didaktische Ansatz für den Studiengang 'Mensch-Informatik-Organisation' unterstützt den praktischen Vollzug dieser kulturellen Transformation.

Der systemische Gestaltungsansatz in der Informatik

Bei der Gestaltung von Anwendungssoftware liegt ein weiter Ermessensspielraum zwischen technisch möglichen und für die Unternehmung sinnvollen Lösungen. Das Software Engineering entwickelt Unterstützungssysteme, welche Anforderungen, die sich aus Arbeitsabläufen, Daten- und Informationsbasen sowie aus der technischen Infrastruktur ergeben, optimal erfüllen sollen. Dabei ist nicht nur die zu einem bestimmten Zeitpunkt gegebene Situation zu berücksichtigen, sondern auch die zukünftigen Entwicklungen in technischer und organisatorischer Hinsicht. Der Einsatz der Informationstechnologie bietet dadurch Optionen für eine organisatorische Umstrukturierung. Diese Optionen beeinflussen wiederum die Anwendungsmöglichkeiten der Informatik. Infolgedessen muss sich die Informatik zunehmend mit neuen Themen beschäftigen, die an der Universität von anderen Disziplinen gelehrt werden [vgl. Huber, 1993]:

- Menschliches Arbeitsverhalten (Arbeitsanalyse, Arbeitspsychologie)
- Wechselwirkung zwischen Informatik und Organisation (Organisationslehre)
- Rolle des Wissens (Wissensmanagement, Knowledge Engineering)

- Betriebliche Umgebung der Anwendung (Soziologie/Ethnologie)
- Bestimmung der relevanten Merkmale (Modelltheorie)[3]

Ein Informatiker kann neben seiner Eigenschaft als Experte im Software Engineering nicht alle für seine Arbeit relevanten Wissensgebiete gleichermassen beherrschen. Dennoch muss er in der Lage sein, sich in einem interdisziplinären Entwicklungsteam kompetent mit Vertretern anderer Disziplinen auseinanderzusetzen. Deshalb bildet die Interdisziplinarität die erste konzeptuelle Säule unseres berufsbegleitenden Weiterbildungsstudienganges.

Die zweite konzeptuelle Säule betrifft die kulturelle Dimension im Gestaltungsprozess. Bei der Entwicklung von Anwendungssystemen der Informatik treffen verschiedene Kulturen mit unterschiedliche Verhaltensmustern und Wertvorstellungen aufeinander: Anwender/innen und Entwickler/innen sprechen häufig verschiedene Sprachen und haben einen unterschiedlichen Zugang zu Computern. Daraus resultieren gegenseitige Akzeptanzprobleme. Weiter sind Anwender/innen und Entwickler/innen in Rollenmustern gefangen, die zu Zuständigkeitskonflikten und Abgrenzungsproblemen führen können. Das Zusammentreffen unterschiedlicher Kulturen kann zu chaotischen Prozessen führen. Nach der Chaostheorie bergen solche Prozesse Attraktoren und Bifurkationspunkte, die darüber entscheiden, wie sich der Prozess entwickelt. So kann ein kultureller Gegensatz gegenseitige Lernprozesse induzieren oder gegenseitige Abwehrprozesse provozieren. Werden Attraktoren und Bifurkationspunkte erkannt, so genügt eine geringfügige Intervention, um den Prozess in die gewünschte Richtung zu lenken. Im Gestaltungsprozess muss daher grösseres Gewicht auf folgende Punkte gelegt werden:

- Interessens- und Machtausgleich zwischen Gruppen (Mediation, Partizipation)
- Etablierung einer Kommunikationskultur (Regeln, Setting, Methoden)
- Reflexion individueller Wirklichkeitskonstruktionen (Multiperspektivität)
- Nutzung des kreativen Gestaltungspotentials aller Beteiligten (Zukunftsorientierung)
- Fokussierung auf den Prozess der Gestaltung statt auf das Produkt (Prozesssicht)

Moderne Ansätze des Software Engineering, wie der partizipativ-evolutionäre Ansatz [Floyd, 1990], der design-orientierte Ansatz [Greenbaum/Kyng, 1991] und der situativ-adaptive Ansatz [Pfeifer/Rademakers, 1991] berücksichtigen bereits, dass bei der Gestaltung von Informatiklösungen soziale und psychologische Aspekte von zentraler Bedeutung sind. Sie bieten vielversprechende Methoden und Techniken zur benutzergerechten Gestaltung von Informatiklösungen. In unserem Ausbildungsgang greifen wir auf Methoden und Techniken dieser Ansätze zurück und erweitern sie um kulturelle Aspekte. Vor allem regen wir die Reflexion über die Haltung der an der Systemgestaltung beteiligten Personen an und fördern ihre Sozialkompetenz.

Die dritte konzeptuelle Säule bildet der systemische Ansatz. Seine Ursprünge gehen auf die Kybernetik [Wiener, 1952] und die allgemeine Systemtheorie [Bertalanffy, 1974] zurück. Die systemische Perspektive sieht das System als eine Menge von Elementen, wobei jedes Element zur Stabilität und Veränderung des Ganzen beiträgt. Verändert sich ein Element, so verändert sich das ganze System. Der systemische Ansatz wird in der Familientherapie [Bateson, 1974] und im Management [vgl. Gester et.al., 1992-95] erfolgreich eingesetzt. Probleme werden nicht bei bestimmten Personen angesiedelt, sondern in Interaktionsmustern gesehen, die

---

3 Eine vertiefte Betrachtung findet sich in Goorhuis [1994].

zum Gegenstand von Interventionen werden: Das Familienmitglied oder der Manager wird immer in Beziehung zu seinem System Unternehmen bzw. Familie betrachtet. Daher wird ein sogenanntes 'Schwarzes Schaf' nicht automatisch entlassen, sondern zuerst wird seine Rolle und sein Sinn für die inneren Strukturen des Systems untersucht. Dieser Ansatz eignet sich für die Gestaltung von Anwendungssystemen der Informatik, da der Entwickler nicht auf objektive Kriterien und klare Strukturen stösst, sondern mit kontextuellem Wissen und einem komplexen Beziehungsnetz konfrontiert ist. Seine Aufgabe erfordert eine

- vernetzte Betrachtung von Informatik und Organisation,
- explizite Beachtung der Wechselwirkung zwischen Kultur und Struktur,
- Kontextanalyse mit Fokus auf Rollen, Mustern, Attraktoren und Bifurkationspunkten,
- Klärung der eigenen Rolle (Beratung, Moderation, Mediation oder Prozessbegleitung) und
- Fähigkeit zum Management von chaotischen und selbstorganisierenden Prozessen.

Zur Umsetzung dieses Ansatzes entwickeln wir ein dreidimensionales Spiralmodell, welches sowohl das Vorgehen als auch die Veränderungs- und Lernprozesse visualisiert [Huber/ Kuhnt, 1995]. Im Rahmen unseres Studiengangs erproben und unterrichten wir systemische Interventionsmethoden, die den Gestaltungsprozess kulturell beeinflussen. Damit unterstützen wir Perspektivenwechsel, fördern gegenseitige Lernprozesse und initiieren synergetische Gruppenprozesse als Motor für Veränderungsprozesse.

Zusammenfassend integriert der systemische Gestaltungsansatz das, was 'künstlich' getrennt erscheint: Informatik und Organisation, Organisationsentwicklung und Softwareentwicklung, Anwender/innen und Entwickler/innen. Er sieht das Individuum als systemveränderndes und -gestaltendes Element. Er nutzt Selbstorganisationsprozesse, wo konventionelle Vorgehensweisen infolge hoher Komplexität scheitern. Weiter setzt er im Zusammenspiel der Akteure an. Damit soll das Veränderungs-, Lern- und Wissenspotential der einzelnen für die lernende Unternehmung nutzbar werden und die Informatik einen Beitrag zum kulturellen Wandel der Unternehmung leisten.

Die kulturelle Transformation in der Informatik

Um den oben skizzierten systemischen Gestaltungsansatz in der Praxis zu etablieren, führen wir am Institut für Informatik der Universität Zürich ein berufsbegleitendes Ergänzungsstudium 'Mensch-Informatik-Organisation' durch.

Der Studiengang: Mensch-Informatik-Organisation

Der Studiengang wird durch eine Weiterbildungsoffensive des Schweizer Bundes zur Förderung des 'Lebenslangen Lernens' subventioniert und gefördert. Er richtet sich an Berufspraktiker/innen, die ihr Wissen in der Systemgestaltung interdisziplinär, kulturell und systemisch erweitern wollen.

Die Schirmherrschaft liegt bei Prof. K. Bauknecht und Prof. H. Schauer (Institut für Informatik der Universität Zürich), Prof. H. Geser (Soziologisches Institut der Universität Zürich) und Prof. E. Ulich (Institut für Arbeitspsychologie der ETH Zürich). Das interdisziplinäre Leitungsteam setzt sich aus den Autor/innen dieses Artikels sowie einer Arbeitspsychologin und einem freischaffenden Organisationsentwickler zusammen.[4] Die erste Ausschreibung des

---

[4] An dieser Stelle danken wir Julia Kuark (Institut für Arbeitspsychologie der ETH) und Urs Brawand für die gute Zusammenarbeit bei der Durchführung des Studienganges.

Studienganges ist auf grosse Resonanz gestossen. So konnte ein 25 Personen umfassender Studiengang mit 8 Informatik-Projektleiter/innen bzw. Führungspersonen, 6 Informatikspezialist/innen, 6 Organisator/innen sowie 5 Personal- und Weiterbildungsverantwortlichen durchgeführt werden. Die Teilnehmenden kamen zu 80 % aus Grossunternehmen, davon die Hälfte aus Banken, und zu 20 % aus kleineren Firmen, meist Softwarefirmen.

Das systemisch-didaktische Konzept

Der Studiengang umfasst 28 ganztägige Unterrichtseinheiten, die über zwei Semester verteilt sind. Er befähigt die Teilnehmenden, den Technikeinführungsprozess aus interdisziplinärer Sicht zu verstehen und zu gestalten. Durch die Kooperation mit den o.g. Instituten zielt der Studiengang auf einen wissenschaftlichen Diskurs im Gebiet der Systemgestaltung über die Fachgrenzen hinaus. Der Praxisbezug wird durch ausgewählte Referent/innen aus der Wirtschaft und die Erfahrungen der Teilnehmenden gewährleistet.

Das didaktische Konzept beruht inhaltlich auf der Erweiterung von Fachkompetenz in den für die Gestaltung von Anwendungssystemen relevanten Bereichen der Wirtschaftsinformatik, Arbeitspsychologie und Organisationsentwicklung. In dieser sog. Fremdorientierung setzen sich die Akteure mit aktuellen Trends, Methoden und Techniken auseinander. Parallel dazu unterstützt der Studiengang die Ausbildung von Selbst- und Sozialkompetenz durch Prozessbeobachtung und -begleitung, Moderationstechniken, Übungen in Teambildung sowie Grundlagen in Kommunikations- und Rollentheorie. Nach einer Phase der Eigenorientierung erfolgt der Transfer in die Praxis, der auf die Entfaltung von Handlungskompetenz zielt. In dieser Phase realisieren die Teilnehmenden in kleinen Gruppen eigene Projekte, welche die Verbindung zwischen dem Gelernten und der Berufspraxis herstellen.

Zur Erreichung der angestrebten Ziele und der Ausbildung von Kompetenzen stützen wir uns auf ein methodisches Konzept, das wir unter dem Titel 'Neue Lernkultur in der Informatik' ständig verfeinern[5]. Im Sinne von Teamteaching konzentriert sich das Leitungsteam primär auf Prozessbegleitung und Prozessmoderation. In fachlicher und inhaltlicher Hinsicht stellt das Leitungsteam zusammen mit den Teilnehmenden eine gleichberechtigte Lerngemeinschaft dar [Eisler et.al., 1994]. Unser Ansatz zielt auf eine kulturelle Transformation des Gelernten in die Lebenswelt der Teilnehmenden mittels systemischer Interventionen. Durch das Vorleben von nicht-hierarchischen Strukturen, das Betonen der kulturellen Komponente und durch ein prozessorientiertes Vorgehen werden bei den Teilnehmenden Differenzen zu ihrer eigenen Arbeitspraxis erzeugt, die auf deren Verhaltensmuster und Wertorientierungen wirken. Statt objektiviertes Wissen in Testfragen zu repetieren, initiieren wir Reflexionsprozesse in Form von Lernberichten und persönlichen Journalen. Durch den Einsatz von Verfremdungseffekten in Rollenspielen, mit Kreativitätstechniken und Wahrnehmungsübungen, unterstützen wir Multiperspektivität und das Erkennen des eigenen Rollenverhaltens. Durch Einstiegs- und Abschlussrituale schaffen wir einen sozial verbindlichen Rahmen, durch Körperübungen und non-verbale Ausdrucksformen versuchen wir, einen persönlichkeitszentrierten Unterricht unter Einbezug aller Sinne und Ausdrucksformen zu realisieren.

---

5 Es handelt sich dabei um ein Ausbildungskonzept, welches im Rahmen von 4 Ergänzungsstudien zum Thema Informatik-Fachdidaktik von Personen aus Wissenschaft und Praxis entwickelt wurde. Eine Beschreibung findet sich in einer Broschüre, die bei der Koordinationsstelle für Weiterbildung am Institut für Informatik der Universität Zürich bezogen werden kann.

Ergebnisse und Auswirkungen

Die nachstehenden Ergebnisse und Auswirkungen stammen aus dem ersten Studiengang (Oktober 1994 bis Juni 1995). Da die Teilnehmenden das Ergänzungsstudium während zweier Semester jeweils montags besuchen, verknüpft sich das dort Erlebte direkt mit ihrer Lebenswelt. Im Rahmen einer individuellen Lernkontrolle führen die Teilnehmenden ein Journal, worin Sie ihre Lernfortschritte protokollieren und über praktische Auswirkungen des Studienganges auf die persönliche Ebene reflektieren. Mit dieser Reflexion werden Veränderungen in Rollenmustern und Wertorientierungen sowie deren Auswirkungen auf den Arbeitsbereich bewusst.

Am Ende des ersten Semesters beantworteten die Teilnehmenden in einem Lernbericht die Impulsfrage: "Was habe ich in Bezug auf Inhalte des Studienganges und meine soziale und persönliche Kompetenz gelernt?" Im folgenden fassen wir die genannten Wirkungen auf Umfeld, Familie und Arbeitsbereich zusammen und gliedern sie nach von uns gewählten Stichworten:

- *Veränderungsbereitschaft:* Am stärksten wird der "Mut zu Neuem, Unkonventionellem" herausgestellt. Die Teilnehmenden entdecken bei sich eine grössere Vielseitigkeit, mehr Offenheit und Gelassenheit gegenüber Veränderungen und die Motivation, Chancen zu nutzen und neu Gelerntes in ihre Praxis zu integrieren.
- *Perspektivenwechsel:* Parallel dazu wird das wachsende Verständnis für andere Sicht- und Denkweisen, eine sensiblere Wahrnehmung und verbesserte Kommunikationsfähigkeit hervorgehoben. So werden Arbeitssitzungen zu Teamgesprächen mit anderer Bestuhlung, rotierender Leitung und zeitweisen Kreativphasen; Kommunikationsmuster werden aufgedeckt und durch aktives Zuhören und Diskussionsregeln verbessert.
- *Motivation zur interdisziplinären Weiterbildung:* Fast einhellig betonen die Teilnehmenden, dass der interdisziplinäre Diskurs zu theoretischen Auseinandersetzungen motiviert, um - verbunden mit praktischen Übungen - Zusammenhänge der Systemgestaltung zu erkennen.
- *Transferfähigkeit:* Die Erkenntnis "Ändere dich selbst, dann ändert sich deine Umwelt" konnte die Hälfte der Teilnehmenden anhand systemischer Interventionen in der Praxis erfahren: Auf der positiven Seite führen sie zu Stressabbau, Stärkung des Selbstbewusstseins, Reduzierung der Arbeitszeit, aber auch zu Spannungen mit Familie und Kollegen.
- *Neuorientierung:* Einige Teilnehmende nutzen den Studiengang, um sich neu zu orientieren, bewusst ihre momentane Situation zu hinterfragen und ihre Berufssituation zu verändern; aber auch die eigenen Kompetenzen werden resümiert und neue Schwerpunkte gesetzt in Richtung Arbeitsplatz- oder Abteilungswechsel.

Anknüpfend an diese Veränderungen auf der kulturellen Ebene, nennen wir im folgenden die Titel der sechs Praxisprojekte. Diese werden von den Teilnehmenden entwickelt, durchgeführt, validiert und dokumentiert.[6] Die Titel der Projekte weisen klar darauf hin, dass die Projekte die beteiligten Firmen kulturell beeinflussen und strukturelle Wirkung zeitigen werden:

- Konzeption und Durchführung eines 2-tägigen 'Veränderungsseminars' für das mittlere Management, mit dem Ziel, auf Haltungen und Einstellungen einzuwirken.

---

6 Die Abschlussberichte können am Institut für Informatik angefordert werden.

- Erstellen eines MIO-Methodenrasters und Evaluation der für die Systemgestaltung relevanten Methoden, Techniken, Verfahren als Grundlage für eine Integration in das eigene Vorgehen bei der Softwareentwicklung.
- Partizipative Anforderungsdefinition für ein integriertes Verkaufs- und Marketingsupportsystem im Bankenbereich mit Hilfe einer 'Zukunftswerkstatt' [Kuhnt, 1993].
- OE-Massnahmen zur Begleitung der Revitalisierung und Neustrukturierung einer Informatik-Beratungs-Firma zur Optimierung der Kundenzufriedenheit.
- Arbeits- und Projektumfeldanalyse von einer Produktionsabteilung im Hinblick auf ein Konzept für die Einführung teilautonomer Arbeitsgruppen.
- Konzeption und Erprobung eines Lernprogrammes zum ökologischen Betrieb von PCs und deren Peripherie-Geräte.

Alle Projekte orientieren sich an der Praxis und versuchen auf der Grundlage einer neu erlangten Sichtweise, Erlebtes und Gelerntes methodisch in die eigene Lebenswelt einzubauen: Gewonnene Erfahrungen und durchlebte Veränderungen werden weitergegeben, methodische Ansätze und Techniken mit bisherigen Vorgehensmodellen verbunden und praktisch erprobt.

Ausblick

Die Ergebnisse und Wirkungen des Studienganges motivieren uns, den systemischen Ansatz für die Anwendungsgestaltung nutzbar zu machen, indem wir die systemische Perspektive in die bestehenden Vorgehensmodelle integrieren. Dabei werden wir vor allen Dingen systemische Interventionsmethoden und -techniken auf ihre Brauchbarkeit für den Gestaltungsprozess über-prüfen und ihre Einsatzmöglichkeiten im Software Engineering abklären. Weitere Studiengänge sollen den Wissenstransfer in die Praxis fördern und auf längere Sicht eine kulturelle Transformation in den Informatik-Abteilungen unterstützen.

Literaturliste

Bateson, G. *Ökologie des Geistes.* Stuttgart, 1981.

Bertalanffy, L. von. *Perspectives on General Systems Theory.* Scientific-Philosophical Studies. New York, 1974.

Brödner, P. *Fabrik 2000. Alternative Entwicklungspfade in die Zukunft der Fabrik.* Berlin, 1985.

Eisler, U. / Goorhuis, H. / Hansen, H. / Kuhnt, B. / Schnyder, P.M. / Suter, F. *Teamteaching in der Informatik.* In Zusammenarbeit mit der EDK. Bern, 1994.

Fatzer, G. (Hrsg.) *Organisationsentwicklung für die Zukunft.* Köln, 1993.

Floyd, C. / Mehl, W.-M. / Reisin, F.-M. / Wolf G. *Projekt PEtS, Partizipative Entwicklung transparenzschaffender Software für EDV-gestützte Arbeitsplätze.* SoTech-Endbericht der TU Berlin, Düsseldorf, 1990.

Geser, H. / Hansen, H. / Wüst, P. *Arbeitswelt im Wandel.* Forschungsbericht des Soziologisches Instituts der Universität Zürich, 1995.

Geser, H. "Computer-Induced Changes in Intellectual and Scientific Work". In: Bürgi-Schmelz, A. / Cyranek, G. / Galland, B. / Goorhuis, H. / Hansen, H. / Kaufmann, A. / Panese, F. / Podak, C. (Hrsg.) *Computer Science, Communication and Society: A Technical and Cultural Challenge.* Neuchâtel, 1993.

Gester, P.-W. / Heitger, B. / Schmitz, C. (Hrsg.) *Managerie - Systemisches Denken und Handeln im Management.* 1. - 3. Jahrbuch. Heidelberg, 1992-1995.

Goorhuis, H. *Konstruktivistische Modellbildung in der Informatik.* Dissertation. Zürich, 1994.

Greenbaum, J. / Kyng, M. *Design at Work: Cooperative Design of Computer Systems.* Hillsdale, 1991.

Häfele, W. *Systemische Organisationsentwicklung.* Frankfurt a.M., 1990.

Heintz, B. "Rationality under Control - About the Historical Roots of the Computer". In: Bürgi-Schmelz, A. et.al. (Hrsg.) *Computer Science, Communications and Society: A Technical and Cultural Challenge.* Neuchâtel, 1993.

Hoffmann-Nowotny, H-J. "Die Zukunft der Beziehungsformen: Die Beziehungsformen der Zukunft". In: Höpflinger, F. / Erni-Schneuwly, D. (Hrsg.) *Weichenstellungen. Lebensformen im Wandel und Lebenslage junger Frauen.* Bern / Stuttgart, 1989.

Hoffmann-Nowotny, H-J. "Ein theoretisches Modell gesellschaftlichen und familialen Wandels". In: Hischier, G. et.al. (Hrsg.) *Weltgesellschaft und Sozialstruktur.* Festschrift für Peter Heintz. Diessenhofen, 1980.

Huber, A. / Kuhnt, B. *A systemic approach to application design.* In Arbeit. Zürich, 1995.

Huber, A. *Die Entwicklung praxisorientierter wissensbasierter Systeme: Diskussion methodischer Fragen am Beispiel des Banker's Assistant.* Dissertation. Zürich, 1993.

König, R. (Hrsg.) *Lexikon der Soziologie.* Frankfurt a.M., 1958.

Kuhn, T.S. *Die Struktur wissenschaftlicher Revolutionen.* Frankfurt, 1976.

Kuhnt, B. "Zukunftswerkstatt als Methode zur Förderung kommunikativer Kompetenz im Software Engineering". In: Funken, C. / Schinzel, B. (Hrsg.) *Frauen in Mathematik und Informatik.* Tagungsbericht. Schloss Dagstuhl, 1993.

Laszlo, E. *Evolutionäres Management - Globale Handlungskonzepte.* Evolutionäre Studien 1. Fulda, 1992.

Luhmann, N. *Soziale Systeme: Grundriss einer allgemeinen Theorie.* Frankfurt a.M., 1993.

Maturana, H.R. / Varela, F. *Der Baum der Erkenntnis. Die biologischen Wurzeln des menschlichen Erkennens.* Bern, 1987.

Müri, P. *Chaos Management. Die kreative Führungsphilosophie.* Zürich, 1985.

Olson, D. *Exploting Chaos: Cashing in on the Realities of Software Development.* NY, 1993.

Osterloh, M. "Neue Arbeitsformen durch neue Technologien". In: *Unizürich, Journal der Universität Zürich: Schöne neue Arbeitswelten.* Zürich 1 / 1994.

Peters, T. *Kreatives Chaos. Thriving on Chaos. Die neue Management-Praxis.* Hamburg, 1988.

Pfeifer, R. / Rademakers, P. "Situated adaptive design: Toward a new methodology for knowledge systems development." In: Bauer, W. (Hrsg.) *Proceedings, 4. Internationaler GI-Kongress, Wissensbasierte Systeme.* München, 1991, S. 53-64.

Scott, W. R. *Organizations: Rational, Natural, and Open Systems.* New Jersey, 1992.

Sackmann, A. "Die lernfähige Organisation". In: Fatzer 1993, S. 227-254.

Weltz, F. / Ortmann, R.G. *Das Softwareprojekt: Projektmanagement in der Praxis.* Frankfurt a.M., 1992.

Wiener, N. *Mensch und Menschmaschine.* Frankfurt a.M., 1952.

Zuboff, S. "Die informatisierte Organisation", In: Fatzer 1993, S. 59-78.

Fachgespräch 14:

Internationale Arbeitsteilung und globale Vernetzung: Integration der Schwellen- und Entwicklungsländer in weltweite Netzwerke

Ziel des Fachgesprächs ist es, mit Menschen aus Unternehmen, Wissenschaft und Institutionen der Entwicklungszusammenarbeit folgende Themen zu vertiefen:

- Globale Dezentralisierung von Unternehmen: Datennetze und das virtuelle Unternehmen — Erfahrungen aus Entwicklungsländern
- Neue Formen in Forschung und Ausbildung: Eröffnet sich durch globale Vernetzung eine intensivierte wissenschaftliche Kooperation Nord-Süd/Süd-Süd?
- Wirtschaftliche Entwicklungschancen durch Software-Produktion und Software-Export für Staaten der „Dritten Welt"? (Erfahrungen z.B. aus Brasilien, Chile, Indien, Malaysia, Philippinen ...) Welche Konsequenzen sind für Industrieländer absehbar, z.B. Abbau von Informatik-Arbeitsplätzen?
- Kann die Informatisierung einen Beitrag für nachhaltige Entwicklung (sustainable development) in Entwicklungländern leisten?
- Demokratie und Informationsaustausch über Ländergrenzen hinweg: Sind internationale und regionale Kooperationsformen leichter zu fördern?

Programmkomitee des Fachgespräches:
G. Cyranek, Zürich (Koordination)
H.-H. Büsselmann, Oldenburg, J. Hess, Berlin, F.L. Nicolet, Zürich, N. Peroz, Berlin

National Computer Policy in Singapore: Government as the Driver

Chee Sing YAP
Department of Information Systems and Computer Science
National University of Singapore
Singapore 0511
Email: yapcs@iscs.nus.sg

1 Introduction

Singapore is a small densely populated urban island of 625 square kilometres (240 square miles) with a population of 3 million people, located at the southern tip of the Malay Peninsula. Despite its small size and lack of natural resources, Singapore has achieved enviable economic development since gaining independence in 1965. Much of this past success has been achieved through rapid industrialization, with heavy investment in technological and human capabilities. Today it has a per capita GDP of over US$22,000, comparable to some European countries. Thirty years ago, however, Singapore was a factionalized nation with little industrialization, high unemployment, high crime rates, and a very low standard of living.

The economic success of Singapore has been attributed to many factors, including its small size, strategic location, and a strong government. However, such astonishing achievement does not result directly from a small size, strategic location, and a strong government alone. Singapore has in fact pursued a set of economic strategies successfully: it has leveraged its single natural advantage of strategic location by establishing world-class transportation and distribution facilities; extended such "hubbing" into financial and other service domains by establishing a sophisticated communications and information technology (IT) infrastructure; continuously upgraded the skills of its workforce to keep up with the more challenging demands placed upon it; and closely monitored relevant global technological developments, absorbing them as quickly as possible (Sisodia, 1992). With a highly skilled workforce and conducive business environment, Singapore has been very successful in attracting multinational corporations (MNCs) to set up sophisticated manufacturing centres, international procurement offices, research and development centres, and operational head-quarters.

IT has played two important roles in Singapore's economic development. The first is that IT is an important sector of the economy. The total IT industry revenue has grown from US$162 million in 1982 to US$1,888 million in 1992. Exports of IT products and services amounted to US$713 million in 1992. The second role played by IT is perhaps even more important than the first; IT is used extensively in both the public and the private sectors to improve efficiency and effectiveness, and hence help Singapore to remain competitive internationally.

Singapore's success in IT production and use is a result of the successful implementation of a series of national IT plans introduced since the early 1980s. These plans were formulated as an integral part of its overall economic planning. This paper charts the evolution of the national IT plans of Singapore and describes their relationships to economic development.

2 National IT Plans

In the late 1970s, the Singaporean government made a strategic decision to phase out labour intensive industries and to focus on capital intensive industry and high value adding business activities. As part of its efforts to move up the value-added chain, Singapore has implemented three distinct national information technology plans over the last fifteen years. The first plan, announced in 1980, focused on computerising the government sector. The second plan, announced in 1986, aimed to computerise the country with the twin objectives of exporting and exploiting IT. The latest plan, announced in 1992 and dubbed as IT2000, aims to turn Singapore into an intelligent island with an advanced nationwide information infrastructure that will interconnect computers in virtually every home, office, school, and factory.

The First Plan

Singapore was one of the first in the region to create a national IT plan and to adopt a proactive policy to maximise the use of IT. In March 1980, a high level ministerial Committee on National Computerization was formed to develop a strategic IT plan for Singapore. The committee reported that the main obstacle hindering the development of the software industry was a lack of trained manpower and made three main recommendations:

(i) increase the number of computer professionals from about 850 in 1980 to 8000 by 1990;

(ii) encourage the development of the computer services industry; and

(iii) the government to take the lead in computerization to stimulate computer utilization in Singapore.

These recommendations subsequently resulted in the setting up of the National Computer Board (NCB) and the Civil Service Computerization Program.

The Second Plan

The recession of 1985-86 prompted a major review of the economic policies of Singapore. At that time, the government also re-examined its IT policy. In re-evaluating its position in regard to computerization, the Singapore government decided to broaden the scope of its activities and to develop a national strategic framework for IT. This strategic framework was called the National IT Plan and it has two major objectives: to develop a strong export-oriented IT industry and to exploit IT to improve competitiveness in all sectors of the economy. The National IT Plan identified seven strategic goals:

(1) **IT Industry**: To promote the development of IT industry in Singapore.

(2) **IT Manpower**: To develop a group of IT professionals and experts to enable enterprises to exploit IT fully.

(3) **IT Culture**: To prepare the people for the emerging IT society.

(4) **IT Application**: To facilitate all economic sectors to exploit IT to the fullest.

(5) **Information Communication Infrastructure**: To continue to improve telecommunication facilities, striving to have the best telecommunication facilities in the world.

(6) **Climate for Creativity and Entrepreneurship**: To create a stimulating environment which promotes creativity and enterprise, and develops local capability in applied research in IT.

(7) **Coordination and Collaboration**: To coordinate the individual efforts of the organizations involved in the various aspects of IT. The NCB should play the leading role.

To achieve these goals, a variety of programs and policies were initiated by the government (for details, see [Gurbaxani et al, 1990]). These included providing incentives to promote the development of the IT industry and to promote computerization through the Local Enterprise Computerization Program, setting up IT research and development institutes, increasing resources for IT education and training, investing heavily in telecommunications infrastructure, and developing electronic data interchange (EDI) systems.

The Third Plan

IT2000 - A Vision of An Intelligent Island, is the code-name for the latest national IT plan [NCB, 1992]. It was formulated in August 1991 after a rigorous study covering eleven major economic sectors of Singapore. The study tapped the practical and visionary expertise of more than 200 senior executives from both the public and private sectors to see how IT can be pervasively applied to improve business performance and the quality of life.

IT2000 aims to transform Singapore into an «Intelligent Island» - among the first countries in the world with an advanced nationwide information infrastructure - by the year 2007. The National Information Infrastructure (NII) will interconnect computers in virtually every home, office, school, and factory. The computer will evolve into an information appliance, combining the functions of the telephone, computer, TV and more. It will provide a wide range of communication means and access to services. Singaporeans will be able to tap into vast reservoirs of electronically stored information and services to improve their business, to make their working lives easier, and to enhance their personal, social, recreational, and leisure options. Text, sound, pictures, video, documents, designs, and other forms of media can be transferred and shared through the high capacity and high speed nationwide information infrastructure made up of fibre optic cables reaching all homes and offices, and a pervasive wireless network working in tandem. The NII will also permeate the physical infrastructural services, linking government, business, and the people.

The five strategic thrusts of the IT2000 vision are briefly outlined below.

Developing A Global Hub: Too small to rely on its own resources, Singapore has always plugged into global networks. The Intelligent Island vision will help turn Singapore into a highly efficient switching centre for goods, services, capital, information and people. Singapore will become further developed as a hub for business services and transportation.

Boosting the Economic Engine: Information is fast becoming a crucial factor of production in many industries. Its innovative exploitation holds the key to Singapore's success in competition in the top league. For example, innovative exploitation of IT can help Singapore develop high value-added manufacturing with links to lower cost manufacturing centres in the regions and markets around the world. Commerce can be boosted by increasing Singapore's efficiency as a regional distribution centre.

Enhancing the Potential of Individuals: In the «Intelligent Island», people who want to acquire a new capability, say learning a new language, can do so in novel and interactive ways. Distance learners will be able to use their computers to learn at their own pace and at a time and place of their choice. New teaching methods will make learning more interesting with the use of multimedia learning packages and aids. This will complement and enhance traditional teaching methods. IT will also help enhance the capability of the physically handicapped. The NII will be able to support remote monitoring of health condition, telework and overcoming of communication handicaps.

Linking Communities Locally and Globally: IT2000 will help to strengthen social bonds among the people by linking like-minded people, or those with a common cause or interest, electronically. Individuals will be able to form their own communication links. The NII has the ability to cross geographical and cultural boundaries so that Singaporeans will be able to see and talk to people around the globe – from their home or office. Those residing abroad, especially Singaporeans and friends of Singapore, will be able to access the NII to keep in touch with people and events in Singapore.

3 Role of the Government

It should be emphasized that Singapore's IT plans are tightly integrated with its overall economic plans. For example, the National IT Plan in 1986 aimed to promote an export-oriented IT industry and to promote the application of IT in businesses. In moving Singapore to computerization and then to informatization, the Singaporean government has taken a largely participatory and coordinating role in the development and diffusion of IT throughout the country. The government has played a strong role in developing the necessary IT infrastructure and maintaining a favourable investment climate to attract IT producers and sophisticated IT users to the island. In addition, the government has invested heavily in the computerization of its civil service to improve efficiency through the Civil Service Computerization Program. As a result of these efforts, Singapore has one of the best telecommunications infrastructures in the world and one of the most acclaimed electronic data interchange systems for the trading community [King and Konsynski, 1990]. Computerization of the civil service has made the Singaporean government one of the most automated and efficient in the world. Business organizations have also used IT extensively to improve their efficiency and competitiveness and the workforce has a high IT literacy rate. Singapore is also a major producer of IT products, particularly computer disk drives and sound cards.

The people's willingness to accept the government's paternalistic guidance is an important feature of the Singaporean society. One major reason for the public acceptance of government's guidance is undoubtedly the country's tremendous economic success, for which the government must be given much of the credit. Another is the widespread belief that Singapore's economy and perhaps its very existence is constantly on "a rather thin knife edge with very few viable options" [Lim and Associates, 1988: 113]. Under an almost siege mentality, the Singaporean people seem to look to the government for guidance, and the leaders are most willing to provide it. This acceptance of a strong government is critical to understanding the social, economic, and political environment of Singapore. It has enabled the government to impose state-directed economic and social programs without any significant opposition. In the information technology sector, this social environment has helped Singapore to rapidly adopt the technology, once the government began programs to promote IT awareness and acceptance. Whether the Singapore model can be applied to other countries is debatable.

References

Gurbaxani, V., Kraemer, K.L., King, J.L., Jarman, S., Dedrick, J., Raman, K.S. and Yap, C.S. "Government as the Driving Force Toward the Information Society: National Computer Policy in Singapore". The Information Society, UK, Vol.7, 1990, pp.155-185.

King, J.L. and Konsynski, B. "Singapore TradeNet: A Tale of One City". Harvard Business School Case Study 9-191-009, 1990.

Lim, Chong Yah and Associates. Policy Options for the Singapore Economy. McGraw-Hill, Singapore, 1988.

NCB. A Vision of an Intelligent Island: IT2000 Report. National Computer Board, Singapore, March 1992.

Sisodia, R.S. "Singapore Invests in the Nation-Corporation". Harvard Business Review, May-June, 1992, pp.40-50.

Sharing of Work Between Industrialised and Developing Countries in Engineering of Highly Dependable Software for Process Automation

Wolfgang A. Halang
FernUniversität
Fachbereich Elektrotechnik
D-58084 Hagen, Germany
wolfgang.halang@fernuni-hagen.de

Carlos E. Pereira
Universidade Federal do Rio Grande do Sul
Departamento de Engenharia Elétrica
Porto Alegre RS, Brazil
cpereira@iee.ufrgs.br

1 Introduction

The development of information technology is characterised by decreasing hardware costs in combination with fierce competition between chip and computer manufacturers resulting in a concentration process of the industry on one side, and by sharply rising software expenditures on the other. The reasons for the latter are the relatively low degree of automation of software engineering and the high costs of skilled software developers. Whereas the demand for software engineers exceeds the supply in the highly industrialised nations, in less industrialised and developing countries there is a large number of highly educated and well-trained young scientists and engineers available for employment in the software industry.

There are further economic reasons why countries at the threshold level of industrialisation ought to concentrate their efforts on software, should they wish to develop their own information technology industry. Specifically, in contrast to those in the hardware sector, initial investments are relatively low. Low investments are suitable for these countries, since they often lack substantial capital. Moreover, whereas more hardware architectures are disappearing from the market than new ones entering, the market seems to be wide open for software products of all kinds. Finally, the total revenue generated with software products already exceeds the hardware turnover and the value added by software is higher as well.

Thus, it is logical and economically feasible that developing countries build up a software industry. This raises, however, a fundamental problem, viz., the geographical distance to the consumer markets, which are mainly located in the highly industrialised nations. As a consequence, it is practically impossible to obtain a fair share of the customised software product market, in which the business is characterised by significant lack of detailed specifications and, hence, close and frequent contact between software engineers and end users. Therefore, the software industry in developing countries has to concentrate on standard products, which can be clearly specified and whose development does not require (intensive customer and/or) user interaction such as, for instance, the building of software libraries with re-usable standard components. The spectrum ranges from products for commercial data processing to personal computer programs to computer games.

In this paper we shall identify industrial process automation as an important area for the application of standardised software modules. The value added in developing such modules is unusually high, because they not only need to be written, but also verified with mathematical rigour. The latter process involves a large amount of human work and is the prerequisite for the modules' utilisation in safety-related environments. In the next section, we shall present a software engineering concept, which is based on such modules and which meets the automation engineers' demand for graphical application software development. Then, it is described how the tasks of the overall software development and verification process are distributed among engineers who need to have user contact and engineers who can reside in different parts of the world. A consequence of this distribution of work is the set-up of a typical software house that develops process automation software. We shall outline the appropriate organisation of such a software company and shall conclude with our vision on the impulse for the further perspective of the information technology industry in developing countries achievable by our concept.

2 A Software Engineering Concept

Computer aided software development tools for programmable logic controllers (PLCs) are presently only available in vendor specific form. The commonly used programming methods can be subdivided into two main groups: a textual one based on instruction lists, i.e., low level machine specific programming languages similar to assembly languages, and semi-graphical ones that employ ladder diagrams. The latter representation is a formalisation of electric circuit diagrams, used to describe relay based binary controls.

In order to improve this situation, the International Electrotechnical Commission (IEC) has worked out the detailed international standard IEC 1131-3 defining four compatible languages for the formulation of industrial automation projects [10]. Two of these languages are textual and the other two are graphical. The languages are suitable for all performance classes of PLCs. Since they provide a range of capabilities, which is larger than would be necessary for just covering the classical application area of PLCs, viz., binary processing, they are also apt for the front-end part of distributed process control systems. It is the objective of this standard to replace programming in machine, assembly, and procedural languages by employing design-object-oriented languages with graphical user interfaces. Therefore, the standard emphasises the high level graphical Function Block Diagram language (FBD), that was derived from diagrams of digital circuits, in which each chip represents a certain module of an overall functionality. The direct generalisation of this proven and hardware inspired concept leads to function blocks, which may have inputs and outputs of any data type and which may perform arbitrary processing functions. The schematic description of logical and functional relationships by symbols and connecting lines representing a conceptual signal flow provides easy conceivability. A function diagram is a process oriented representation of a control problem, independent of its implementation. It serves as a means of communication between different interest groups concerned with the engineering and the utilisation of PLCs, which usually represent different technical disciplines. The FBD language is supplemented by another graphical component: the Sequential Function Chart language (SFC). The representation method of sequential function charts can be considered as an industrial application of the general Petri net concept, utilised to formulate the co-ordination and co-operation of asynchronous sequential processes. Thus, the IEC standard supports the idea of "software-ICs" and encourages graphical design techniques and systematic software re-use.

The FBD language requires four different structural elements only:

1. function blocks,

2. names,

3. ports, and
4. connections.

Each function block either represents a (multi-valued) function (in the mathematical sense) which generates function values for a given set of input values using a certain algorithm; or it represents a state machine, i.e., a computational element that may have local states. Hence, upon multiple invocations with the same set of input values, a state machine may yield different outputs. This is necessary to be able to express internal feedback and storage behaviour. Data are communicated to other function blocks or to the environment via typed ports and typed connections.

The IEC standard's second high level language is called Structured Text (ST). Emphasising modularisation, it has a Pascal-like syntax and functionality, but also provides the task concept to handle concurrent real-time processes. The ST language is intended for the formulation of project specific software modules in the form of function blocks containing — and at the same time hiding — all implementation details. These modules are then utilised and interconnected in the graphical languages FBD/SFC to express solutions to automation and control problems. Thus, the advantages of graphical programming, viz., orientation at the engineers' way of thinking, inherent documentation value, clearness, and easy conceivability, are combined with the ones of textual programming, viz., unrestricted expressibility of syntactic details, control structures, algorithms, and of the time behaviour.

The system independent software engineering method which the graphical IEC languages suggest involves two groups of development and rapid prototyping activities:

1. set-up of a library of generic re-usable functions and function blocks, i.e., of software-ICs, and
2. interconnection of component instances to build application software.

As elementary units of process control application programming, sets of basic function blocks are introduced. Standardisation bodies of the Society for Measurement and Automation Technology and of the chemical industries in Germany have identified and defined [19] a set of 67 application specific function modules suitable to formulate the large majority of automation problems occurring. Owing to their simplicity and universality, these modules can be re-used in many different contexts. Written in the ST language, they are usually quite short: their source code does not exceed two pages in length. Therefore, their correctness can be formally proven, e.g., using predicate calculus, but also symbolic execution or, in some cases, even complete test. This is necessary since their correct operation is often crucial to satisfy the hard safety and reliability requirements of automated systems. Note that the rather costly safety licensing of a function module set needs to be carried out only once, after a certain set has been identified and standardised for a given application area. The licensing costs can be spread over many implementations leading to relatively low costs for each single automation project. In order to give another typical example, the programming of emergency shut-down systems, which is usually performed graphically in form of functional logic diagrams to describe the mapping from Boolean inputs to Boolean outputs as functions of time such as, for instance,

if a pressure is too high
then a valve should be opened *and* an indicator should light up *after* 5 seconds

even requires as few as only four function modules, viz., three Boolean operators and a timer. For an in-depth treatment of the function module concept we refer to [20].

Given such a library with standard and re-usable function modules, whose behaviour and correct operation has been formally verified, the task of building new application software for automation problems with safety properties resembles that of building hardware from off-the-shelf integrated circuits. The solution to a control problem is worked out in terms of a function block diagram determining the interaction between function modules. To this end, the user invokes, from the library, function block instances, places them, and interconnects them with each other. Besides the provision of constants as external input parameters, the function block instances and the parameter flows between them, which are represented by the connection lines, are the only language elements used on this programming level. In order to provide maximum system independence and expressive power, a compiler transforms the logic contained in the diagrams into the ST language. Owing to the simple structure, this logic can only assume, the generated ST programs contain no other features than sequences of procedure calls and the necessary declarations.

3 Module Verification

The inclusion of formal specification and verification techniques into the process of control software development is indispensable, since standard function blocks will be used in thousands of control programs whose correct operation is often crucial to satisfy the hard safety and dependability requirements of entire systems. Formal verification involves showing that a software component or a given interconnection of components realises the specified behaviour for all possible inputs. Such proofs may require a high effort in terms of skill, proof steps to perform, and machine support [4]. Fortunately, due to the relatively simple logic underlying the IEC languages, the complexity of correctness proofs of a function block or diagram is relatively low and, moreover, the costs of verifying a function block are shared among many uses and are outweighed by the immense costs or disastrous effects malfunctions detected late may cause.

Formal verification techniques are more and more accepted as an important approach to achieve reliable software, particularly, in security and safety critical application domains. They use mathematical techniques to verify the correctness of software, as opposed to more conventional validation techniques that use peer reviews or program testing to validate a design and its implementation. Testing and reviews are effective means of detecting errors, but, in general, they are not capable of certifying correctness. Often testing is not exhaustive enough, because of the large or even infinite number of test cases to be covered. The problem with testing even worsens in cases where co-operating asynchronous processes are involved, because tests are, in general, no longer reproducible.

To apply verification techniques, it is necessary to have a formal notation, i.e., a notation that has a unique syntax and mathematical semantics, and a proof theory. In [12], for instance, a formal specification language for concurrent and distributed software systems was defined that can be used to make the mathematical semantics of function blocks explicit. The language is based on a well-engineered integration of high level Petri nets and algebraic specifications of abstract data types. The dynamic behaviour of a software component is specified graphically by means of labeled Petri nets, while the data structures on which it operates are specified textually by means of conditional equations. The equational logic underlying such specifications is relatively simple and well-understood. It avoids the complexity of higher order logics and is supported by automated tools assisting the practitioner in creating formal specifications and conducting interactive proofs [7,13,16]. These tools are based on reasonably efficient algorithms for many problems related to verify logical completeness and consistency. It has been shown in [6] that a specification system based on equational logic can be successfully used to verify software specifications including the logical design of hardware components. As a side-effect of using such techniques in the design of PLC software, the re-use of function blocks is extended to the re-use of their formal specifications and associated proofs. Further suitable methods to carry out correctness proofs are symbolic program execution, in some cases complete test, or the techniques described in [1,2,3,5,8,14,15]. For real-time programs that need to adhere predictably to critical timing constraints, schedulability analysis [17,18] needs to be employed in addition to correctness proofs.

4 Distribution of Work

Following the software engineering concept presented above, in this section we want to point out which work items the concept's practical implementation comprises, and how these items are distributed between working groups located in highly industrialised and in developing countries.

Work is initiated by a need to automate the control of a certain well-defined class of industrial processes. These may be batch type chemical reaction processes, flexible manufacturing processes, automatic warehouse administration, numerically controlled machine tools, or quality testing of manufactured products, to mention just a few application areas. Once the need has been identified, the process class has to be thoroughly analysed. In close co-operation of process and automation engineers and based on the intrinsic properties of the process class considered, a generic and comprehensive automation concept is to be developed. The analysis of automation software already existing in the field may be useful in this context. This should be done, however, with utmost care in order not to become pre-occupied with the peculiarities of a particular implementation or product. As the result of this analysis, a set of function modules is specified, which fulfills the pre-condition of our software engineering concept, viz., all control problems in the pertaining class of industrial processes can be formulated by just "wiring" instances of the so-defined software-ICs together. This work item concludes with validating the feasibility and completeness of the selected function module set, in the course of which it may again be useful to consider the functionality of existing automation software. Basis for carrying out this task is less access to actual process installations, but knowledge of process properties and automation strategies. Hence, this work can be done in developing countries by employing the expertise of specialists available there and by evaluating the scientific and technical literature. If need be, co-operation with a few external consultants may be sought.

The specifications of the function modules as elaborated in the first work item are subjected to a rigorous correctness proof in the second step to be performed with the methods summarised in Section 3. Then, each function module is programmed in the IEC language Structured Text. This constructive and straightforward step is immediately followed by a further verification, viz., the proof of the ST modules' correctness against their specifications. Experience shows, that symbolic execution is very often the method of choice for this task. Otherwise, one can rely on one of the other approaches mentioned in Section 3. Since the software-ICs are to be employed in safety-relevant applications, and since there is no compiler whose correctness has been proven, yet, the ST code modules need to be hand-translated into executable object code for each hardware architecture to be supported. Before such object code is put as firmware into read only memories, the translation is verified. The most appropriate method for this is diverse back translation [11]. Obviously, the thus described work item can be performed entirely in a less industrialised country. It involves a large amount of highly skilled human labour. By having a verification step after each constructive step, the procedure followed for this work fully observes the pertaining international standard IEC 880 [9]. A safety enhancing element of diversity can be introduced here by always assigning related constructive and verification steps to different work groups, which may even be located rather far from each other in different countries.

Needless to say, tools supporting the development process at the customer sites have to be produced. Moreover, these tools and each set of function modules must be carefully documented. Besides the support tools, the products finally delivered by a software house in a developing country consist of function module documentation, specifications, source and object code, and of reports on all verification steps carried through. The latter are submitted to a licensing authority in order to obtain a safety licence for a given function module set. The awareness for safety is usually still rather low in less industrialised nations. Therefore, they also lack licensing authorities such as the German Technische Überwachungsvereine (TÜV). Since licensing work requires a large amount of highly skilled human labour and is a service which can create export revenue, developing countries should acquire the corresponding expertise and should establish such authorities as soon as possible.

Only the last step of the development process of industrial automation software takes place in highly industrialised nations. At customers' sites solutions to specific automation problems are graphically constructed in the FBD language utilising appropriate function module sets and tools both produced in developing countries. Experience reveals that the application specific work has the quality of rapid prototyping, although yielding complete and efficient software right away. More than that, specifications are often prepared by engineers in the form of diagrams and can, thus, directly be transformed into FBD programs, whose verification — necessary according to IEC 880 — is, consequently, very easy. Applying again the method of diverse back translation, it just needs to be shown that the calling sequences to the software-ICs as found in the object code of the final automation programs conform to the logic depicted in the FBD diagrams.

; Concept for a Software House in a Developing Country

onsidering the work items as indicated in the previous section, a software house planning become active in industrial process automation on the basis of the here presented ftware engineering paradigm or a correspondingly oriented division of a multinational mpany can be established with very little investments. Besides office space only some ndard workstations and personal computers and, for worldwide communication with tomers or other divisions, a connection to electronic networks are required as far as dware is concerned. The necessary software tools are either rather cheap or even ilable in the public domain.

key to success are the people employed. They need to be highly educated and highly skilled. This requirement suggests to link the software house — at least initially — to a university institute. Professors of such an institute should direct and supervise the work, provide their knowledge and experience, and actively seek talented staff amongst their students. With the help of their foreign contacts they should also be able to find external consultants if further expertise is required for certain projects. Following this "spin-off" model appears to be the most suitable way of successfully founding a software company aiming at technologically advanced and highly dependable products.

6 Conclusion

In this paper we have presented the concept of a software engineering methodology suitable for the production of highly dependable automation programs to be used for the control of safety critical industrial processes. Owing to the increasing concern and awareness of society for safety and environmental issues, the need for such products is rapidly growing, thus creating a market for high integrity software.

It was shown that the major part of the software engineering process may be carried through in countries at the threshold level of industrialisation, where most of the value added would be generated, although establishing commercial activities in this area only requires minor investments. Only the direct interaction with customers cannot be moved away from the highly industrialised countries. This international distribution of work items became feasible (1) by the advent of an international standard, viz., IEC 1131-3, providing harmonisation and common understanding of terminology, formalisms, and notation, and (2) by the availability of global telecommunication networks, especially the Internet, allowing for fast response in answering questions and for immediate exchange of virtually unlimited data volumes. Based on this distribution of tasks, companies may decentralise their organisation in order to benefit from locally available advantages.

The main advantage of the concept described is that it provides demanding work to highly skilled people residing in developing countries. Such jobs, especially for young university graduates, are urgently needed to give these — often rather mobile — persons a good perspective to stay in their home countries. In the course of their work, people will learn to master software engineering under observation of the most stringent quality requirements and, additionally, will acquire profound knowledge on a large variety of industrial processes and corresponding automation concepts. Thus, technology will be transferred to developing countries at a broad scale and, in particular, by creating activities in a promising sector of the world-wide software market, good opportunities to generate income by exports will be created. This, in turn, contributes to the sustainable development and economic growth of these countries.

References

[1] R. L. Baber: *Fehlerfreie Programmierung für den Software-Zauberlehrling.* Munich-Vienna: R. Oldenbourg Verlag 1990.

[2] R. C. Backhouse: *Program Construction and Verification.* London: Prentice-Hall International 1986.

[3] M. Cheheyl et al.: Verifying Security. *Computing Surveys*, 13, 279 – 339, 1981.

[4] D. Craigen: Strengths and weaknesses of program verification systems. In: H. L. Nichols and D. Simpson (Eds.): *ESEC '87 1st European Software Engineering Conference*, Lecture Notes in Computer Science 289, pp. 396 – 404. Berlin-Heidelberg-New York: Springer-Verlag 1987.

[5] D. Craigen et al.: m-EVES: A tool for Verifying Software. *Proc. 10th International Conference on Software Engineering*, pp. 324 – 333, 1988.

[6] J. A. Goguen: OBJ as a theorem prover with applications to hardware verification. Technical Report SRI-CSL-88-4R2, SRI International, August 1988.

[7] J. A. Goguen and T. Winkler: Introducing OBJ3. Technical Report SRI-CSL-88-1, SRI International, January 1988.

[8] M. Gordon: Why higher-order logic is a good formalism for specifying and verifying hardware. In: G. Milne and P.A. Subrahmanyam (Eds.): *Formal Aspects of VLSI Design*. Amsterdam: North Holland 1986.

[9] International Electrotechnical Commission: Standard 880 *Software for computers in the safety systems of nuclear power stations*. Geneva 1986.

[10] International Electrotechnical Commission: Standard 1131-3 *Programmable Controllers. Part 3: Programming Languages*. Geneva 1992.

[11] H. Krebs and U. Haspel: Ein Verfahren zur Software-Verifikation. *Regelungstechnische Praxis rtp, 26*, 73 – 78, 1984.

[12] B. Krämer: *Concepts, Syntax and Semantics of SEGRAS — A Specification Language for Distributed Systems*. Munich-Vienna: R. Oldenbourg Verlag 1989.

[13] B. Krämer: Introducing the GRASPIN specification language SEGRAS. *Journal of Systems and Software*, 15, 1, 17 – 31, April 1991.

[14] D. C. Luckham: Program verification and verification-oriented programming. In: B. Gilchrist (Ed.): *Information Processing*, 77, pp. 783 – 793, 1977.

[15] F. J. Redmill (Ed.): *Dependability of Critical Computer Systems — 1*, 1988; *Dependability of Critical Computer Systems — 2*, 1989. London-New York: Elsevier.

[16] M. Schneider-Hufschmidt: The GRASPIN rewrite rule laboratory. In: H. Kersten (Ed.): *Sichere Software*, pp. 299–310. Heidelberg: Hüthig Buch-Verlag 1990.

[17] A. D. Stoyenko: A Schedulability Analyzer for Real-Time Euclid. *IEEE 1987 Real-Time Systems Symposium*, December 1987.

[18] A. D. Stoyenko, V. C. Hamacher, and R. C. Holt: Analyzing Hard-Real-Time Programs for Guaranteed Schedulability. *IEEE Transactions on Software Engineering*, Vol. 17, No. 8, August 1991.

[19] VDI/VDE Draft Guideline 3696: *Vendor independent configuration of distributed process control systems*. Berlin: Beuth Verlag 1992.

[20] H. Zöller: *Wiederverwendbare Software-Bausteine in der Automatisierung*. Düsseldorf: VDI-Verlag 1991.

Erfahrungen der Swissair mit Informatik-Outsourcing und Know-how Transfer in Schwellenländer und Entwicklungsländer

Hans Eisele
Swissair Information Systems, Zürich

Kurzüberblick über die Entwicklungsschritte

- Erste Erfahrungen mit In- und Outsourcing von Telematikdienstleistungen wurden ab 1948 gemacht. Damals wurde die Firma SITA[1] als Genossenschaft der Airlines gegründet, mit dem Zweck, Telekommunikationsdienste auf globaler Basis für die Fluggesellschaften sicherzustellen. Im damals total regulierten PTT Umfeld benötigte diese Firma einen Sonderstatus, was dank der genossenschaftlichen Struktur im Verlaufe der Jahre auf nahezu weltweiter Basis gewährt wurde. Andererseits stellte Swissair an andere Airlines Meldungsvermittlungsdienstleistungen zur Verfügung.

- In den fünfziger und sechziger Jahren wurde die notwendige Anwendungssoftware in der Regel von den Hardwarelieferanten zur Verfügung gestellt oder man entwickelte die notwendige Anwendungssoftware zusammen mit dem Hardware-Lieferanten. Es gab kaum wesentliche Betriebssystemsoftware, geschweige denn Standard-Anwendungssoftware.

- In den siebziger Jahren als man die Online/Realtime Verarbeitung in den Griff bekam, kam es zu einer Hochblüte von Zusammenarbeitsprojekten vor allem mit den europäischen Airlines. Projekte mit bis zu fünf beteiligten Airlines fanden statt. Zu dieser Zeit war ja in Europa der Luftverkehr noch stark reguliert, so dass wenig Konkurrenzangst da war, und die damalige EDV wurde vor allem als Rationalisierungsinstrument begriffen und man teilte gerne Know-how mit anderen Airline-Kameraden.

- Ab Mitte der siebziger Jahre begann man dann zunehmend die Anwendungssoftware als etwas Wertvolles zu erkennen, das man nicht ohne weiteres verschenkte, sondern auf Anfrage verkaufte.

- Ab Anfangs der achtziger Jahre begann ein Boom mit Softwarelieferungen an Fluggesellschaften vor allem im asiatischen Raum. Zu jener Zeit suchten diese oft einfache Anwendungen und die Software der Swissair war den Bedürfnissen jener jungen und kleineren Fluggesellschaften viele Jahre voraus. Hilfe für den Aufbau von Informatikinfrastrukturen war sehr oft verbunden mit der Hoffnung, günstige Beziehungen zu etablieren, die helfen würden um wertvolle Verkehrsrechte zu erlangen.

[1] SITA - Société Internationale de Télécommunications Aèronautiques registriert in Brüssel

- Zunehmend wurden die Airline-/Airport-Lösungen aktiv und aggressiv angeboten und eigentliche Verkaufs- und Marketingorganisationen entstanden innerhalb der Informatik bei den grösseren Airlines. Global tätige CRS - Computer Reservation Systems - übernahmen zunehmend die zum Teil vormals von den nationalen Fluggesellschaften bereitgestellten elektronischen Buchungssysteme bei den Reisebüros. Zunehmend stützten sich die Airline Informatiksysteme auch auf externe global verwendbare Branchen-Informationssysteme z.B. Tarifierung, Auskünfte über Visa- und Gesundheitsbestimmungen, Datenbank für verlorenes Gepäck, Buchungssysteme für Hotels und Mietwagen und andere Dienstleistungen im Zusammenhang mit dem Reisen, Wetterinformationen und Flugplanung als Arbeitsmittel für die Piloten.

- Der Vorsprung aus den achtziger Jahren hat sich drastisch verringert. Mit dem starken jährlichen Wachstum haben viele dieser asiatischen Fluggesellschaften Weltstandard erreicht. Denken wir nur an Singapore Airlines, Thai, Cathay Pacific, Malaysian Airlines, etc. Know-how wurde übernommen und weiterentwickelt. Sie sind heute selbständig und beginnen zunehmend auch auf dem Markt als Anbieter aufzutreten.

- Damit sind wir an der Schwelle einer neuen Form von Zusammenarbeit, nämlich als gleichwertige Partner. Es wird vermehrt Joint Ventures geben. Zudem finden nun die ehemaligen Hardware-Lieferanten Interesse am Markt für Anwendungslösungen (IBM, Unisys, AT&T) und erlangen durch Joint Ventures oder Übernahmen von Informatikabteilungen der Airlines das notwendige Business Know-how, das gepaart mit der Technologie-Kompetenz eine neue Dimension für Airline-/Airport Standardlösungen bringen wird.

- Weiterhin gibt es aber Länder, die noch stark entwicklungsbedürftig sind und voll auf die Lieferung von Software, Services und Know-how angewiesen sind.

- Swissair hat erstmals im Jahre 1982 mit indischen Software-Entwicklern zusammengearbeitet. Es handelte sich um die Entwicklung von Software im Bereich Terminal-Emulatoren und Kommunikationsprotokollen. Diese Aufgabe konnte auf der Basis von genauen Spezifikationen gemacht werden und wurde nach einer ersten Familiarisierungsphase sehr erfolgreich und kompetent erledigt. In der Folge wurden immer wieder solche überschaubaren und klar definierbaren Aufgaben im technischen Bereich nach Indien vergeben.

- Swissair hat in 1987 Funktionsteile der zentralen Passagier-Reservationskontrolle nach Bombay ausgelagert. Es handelt sich um Benutzerfunktionen, die aus Kostengründen von Zürich nach Indien verschoben wurden. Gesamthaft zweifelsfrei eine positive Entwicklung. Allerdings als negativer Effekt wurden die Abläufe nicht mehr genügend auf maximale Effizienz getrimmt und es mussten in den letzten zwei Jahren Nachhol- und Korrekturinvestitionen in die eingesetzte Anwendungssoftware getätigt werden.

- Ein weiteres Beispiel ist die Auslagerung der Verkehrsabrechnung, welches in der Folge oft in der Presse fälschlicherweise als Auslagerung der EDV-Entwicklung nach Indien kommentiert wurde. 1991 wurde der Entscheid gefällt, die Verkehrsabrechung von Zürich nach Bombay auszulagern. Zu diesem Zweck wurde eine Firma AFS (Airline Financial Services) als Joint Venture mit TATA Consultancy Services (TCS) gegründet. Swissair hält dabei 75% der Aktien. Dies bedeutete, schrittweise rund

200 Mitarbeiter und Mitarbeiterinnen bei Swissair Zürich zu ersetzen durch indische Mitarbeiter in Bombay. Dies bedingte einen grossen Know-how Transfer, der von den ehemaligen Mitarbeitern geleistet werden musste. Für die Datenerfassung wurden PC-basierende, vernetzte Arbeitsplätze geschaffen und diese Software wurde in Indien hergestellt. Das Know-how über die Prozesse wird in Zürich gehalten. Ebenfalls werden die komplexen Informatik-Verarbeitungen im Rechenzentrum in Zürich vorgenommen. In Bombay findet die Aufbereitung der Daten statt. Das Verlagern von manuellen Tätigkeiten in ein Tieflohnkostenland ermöglicht unmittelbare Kosteneinsparungen. Es birgt aber auch die Gefahr, dass zuwenig in die Weiterentwicklung und Automatisierung der Prozesse investiert wird. Dieser Mangel wurde erkannt und ein WIN-Projekt[2] wird intensiv und mit hoher Priorität neugestaltete Informatikabläufe in Zürich entwickeln, die schneller und umfassendere Verkaufsinformationen liefern. Dies wird eine grössere Automatisierung ermöglichen und dadurch wiederum zu Reduktionen bei den eingesetzten Arbeitskräften in Indien führen. Die Firma AFS entwickelt sich aber trotzdem erfreulich, denn weitere Fluggesellschaften machen sich die Dienstleistungen im Tieflohnkostenland zu nutze.

- Ein Hochkostenland bietet den Vorteil, dass man an vorderster Front nach Innovation und Automatisation suchen muss, um kostenmässig konkurrenzfähig zu sein.

- Ein weiteres Beispiel: Im Jahre 1988 hat sich Swissair mit rund 22% an einem Software Haus Joint Venture in Kuala Lumpur Malaysia beteiligt. Der ausgetrocknete Arbeitsmarkt nicht nur in der Schweiz aber ganz allgemein im Weltmarkt für Informatiker mit Erfahrung im Bereich der Airline Systeme hat zu dieser Massnahme geführt. Mit der allgemeinen Rezession im globalen Airline-Geschäft kam es jedoch zu starken Einbrüchen bei Informatik-Investitionen bei den Airlines und damit zu einem entlasteten Arbeitsmarkt. Die Software Alliance Malaysia konnte sich erfolgreich auf ein zweites Bein, nämlich professional Services im wesentlichen innerhalb der stark expandierenden Wirtschaft Malaysiens, stützen. Ende 1993 haben wir unseren Anteil an einen malaiischen Partner verkauft. Wir haben zwei grössere Software-Pakete in Malaysien entwickeln lassen. In beiden Fällen mussten wir genaueste Definitionen liefern und nachträglich diese Pakete optimieren. Eine Erkenntnis war, dass es sehr wenig Softwareanforderungen gibt, die genügend isoliert, einfach und statisch sind, so dass man diese auswärts entwickeln und auf eigenes Know-how verzichten kann. Die Codierarbeit ist auch in der Schweiz schnell gemacht. Das Problem liegt beim Business Know-how. Nur wer über das nötige Geschäftswissen verfügt, kann Standardsoftware oder Spezialsoftware z.B. für Prozesssteuerungen effizient entwickeln.

- Ein weiteres Beispiel von Outsourcing bei der Swissair ist der konsequente Einsatz von SAP im internen Bereich (Finanzen) sowie Technik und Catering inlusive Produktionsplanung. Die ehemaligen, von Swissair in den siebziger Jahren geschaffenen IMS[3] basierenden Abläufe wurden durch Standardsoftware-Pakete ersetzt. Damit erübrigt sich in diesem Bereich auch die Frage, ob Entwicklungsarbeiten in ein Tieflohnkostenland verschoben werden sollen. Diese Frage muss sich der Lieferant solcher Standardpakete stellen.

---

[2]Unter der Bezeichnung WIN lüft bei Swissair ein Projrkt mit dem Ziel bis 1997 jährlich wiederkehrend das Ergebnis um 500 MCHF zu verbessern

[3]IMS ist eine bekannte IBM Mainframe Software Infrastruktur

Erkenntnisse

- Viele ehemalige Entwicklungsländer sind mündig geworden. Der Verkauf von Software-Lizenzen für die grossen Airline Informatiklösungen im Bereich Passagierreservation und Flugscheinausstellung, Abfertigungssysteme, Frachtsysteme, Systeme für den Flugzeugunterhalt, Abrechnungssysteme hat einen raschen Know-how Aufbau ermöglicht. Swissair hat Software u.a. nach Thailand, Malaysia, Indonesien, Japan, Israel, Griechenland, Italien, Portugal, Brasilien, Südafrika geliefert. Software im Miteigentum von Swissair ist über andere europäische Fluggesellschaften nach den Phillipinen, Australien, Neuseeland, Korea, Kenia, Iran, Kuwait, Taiwan gelangt.
- Es gibt weiterhin viele Entwicklungsländer, die auf Know-how angewiesen sind und Softwarelizenzen und Dienstleistungen einkaufen.
- Joint Ventures mit fortgeschrittenen Partnern sind möglich und nötig in starken Wachstumsmärkten um überhaupt am Wachstum teilhaben zu können.
- Der Technologiewechsel (Legacy → Client/Server) lässt Entwicklungsländer aufholen (oder überholen), weil weniger Vergangenheit bewältigt werden muss.
- Heutiges schnelles Anpassen der Systeme an geänderte Prozesse (Prototyping) verhindert traditionelles Auslagern der Codierarbeit in ein Tieflohnkostenland. Prozesskompetenz und Umsetzung in entsprechende Informatiksysteme muss vorort passieren.

Schlussfolgerung

1. Moderne, komplexe Informatik-Anwendungslösungen für einen einzelnen Anwender sind zu teuer, sie müssen sich als Branchenlösung etablieren können.
2. Eine Trennung von Geschäftsprozess-Kompetenz und reiner Programmierarbeit funktioniert in der heutigen, sich schnell ändernden Wirtschaftswelt nicht mehr.
3. Auslagerung von Informatikentwicklung in Entwicklungsländer bedingt auch eine wesentliche Auslagerung der Geschäftsprozess-Kompetenz. Daraus folgt, dass grössere Auslagerungen in ein Entwicklungsland nur im Zusammenhang von strategischen Allianzen erfolgen können.

Fachgespräch 15:

Länderübergreifende Umweltinformationssysteme

Die Nutzung der Informatik im Anwendungsgebiet Umwelt weitet sich aus. Die Dringlichkeit der anstehenden Probleme und das Potential an Verfahren und Werkzeugen, das die Informatik zur Unterstützung von Problemlösungen bietet, begründet die steigende Bedeutung der Umweltinformatik. In allen europäischen Ländern werden für unterschiedliche Aspekte des Umweltschutzes Umweltinformationssysteme bereits betrieben oder sind im Aufbau. Es stellt sich nun die Aufgabe, orientiert an den Anforderungen eines globalen Umweltschutzes, den Einsatz länderübergreifender Umweltinformationssysteme voranzutreiben. Mit diesem Ziel werden in dem Fachgespräch folgende Themenbereiche diskutiert:

- Bedarf an länderübergreifender Umweltinformation und Kommunikation
- Anforderungen, Konzepte und aktuelle Realisierungen grenzüberschreitender Umweltinformationssysteme
- Erschliessung und Einbindung nationaler Systeme, Architektur verteilter, heterogener Informationssysteme
- technische und inhaltliche Vernetzung, Aufbau und Nutzung von Datenkatalogen und Meta-Informationen
- Harmonisierung von Umweltinformationen und -systemen
- Möglichkeiten und Perspektiven multinationaler Umweltinformationssysteme

Programmkomitee des Fachgespräches:
A. Jaeschke, Karlsruhe (Koordination)
L. Hilty, Hamburg, M. Müller, Karlsruhe, B. Page, Hamburg, W. Pillmann, Wien, P. Widmayer, Zürich

Metadatenklassen im Umwelt-Datenkatalog (UDK)

Walter Swoboda[1)], Helmut Lessing[1)], Peter Grolimund[2)], Oliver Günther[3)], Ulrike Haas[4)], Rudolf Legat[5)], Manuel Vogler[6)], Konrad Zirm[5)]

1) Niedersächsisches Umweltministerium, Archivstraße 2, D-30169 Hannover
2) Bundesamt für Umwelt, Wald und Landschaft, Geschäftsstelle LEKUB, CH-3003 Bern
3) Humboldt-Universität zu Berlin, Institut für Wirtschaftsinformatik, Spandauer Straße 1, D-10178 Berlin
4) Dr. Lippke und Dr. Wagner GmbH, Alt-Moabit 89, D-10559 Berlin
5) Bundesministerium für Umwelt, Präsidialabteilung 5, Radetzkystraße 2, A-1031 Wien
6) Bundesamt für Umwelt, Wald und Landschaft, CH-3003 Bern

1 Einleitung

Der Umwelt-Datenkatalog (UDK) ist ein Informationssystem über Datenbestände im Umweltbereich [1-3]. Der UDK enthält sogenannte Metadaten, d. h. Daten über Daten. Er gibt Auskunft darüber, *wer welche* umweltrelevanten Daten *wo* und *in welchem Format* vorhält. Mit Hilfe des UDK soll ermöglicht werden

- ein hohes Maß an Transparenz über die Vielzahl von Datenbeständen herzustellen
- langwierige Recherchen bei der Suche nach Umweltinformationen zu vermeiden
- Doppelarbeit bei der Beauftragung und Durchführung von Meßreihen, Erhebungen, Projekten, usw. zu verringern
- die Qualität von Entscheidungsgrundlag mittels einer größeren Datenbasis zu verbessern

Der UDK ist Teil des seit 1990 im Aufbau begriffenen "Niedersächsischen Umweltinformationssystems (NUMIS)". Die Entwicklung des UDK wird seit 1991 in einem vom deutschen Umweltbundesamt (UBA) geförderten Forschungsvorhaben durchgeführt. Im Januar 1991 bildete sich eine Kooperation aus mittlerweile zehn deutschen Bundesländern, die die Pflege, ggf. auch die Weiterentwicklung des UDK finanziell trägt. Die UDK-Koordinierungsstelle und der Vorsitz der Länderkooperation befinden sich im Niedersächsischen Umweltministerium.
Auf der Basis eines Ressortvertrages besteht seit 1993 eine enge Kooperation mit Österreich, wo seit 1.1.1995 der Einsatz eines Umwelt-Datenkataloges vorgeschrieben ist. Im Rahmen dieser Zusammenarbeit wurde von österreichischer Seite ein Umwelt-Thesaurus entwickelt, der die Verschlagwortung im UDK optional unterstützt.
In der Schweiz wird 1995 der UDK in einer einjährigen Pilotphase eingesetzt. Das Ergebnis dieser Pilotphase wird die Grundlage für die Entscheidung über den weiteren Einsatz sein. Das Fürstentum Liechtenstein schließt sich der Vorgehensweise der Schweiz an. Das norwegische Umweltministerium hat bereits ebenfalls konkretes Interesse am UDK geäußert.

2 Einsatz des UDK

Österreich

Nach dem Umweltinformationsgesetz (UIG 1993) [4] sind von der Einführung des UDK in Österreich alle Organe der Verwaltung (Verwaltungsbehörden), die bundesgesetzlich übertragene Aufgaben im Bereich des Umweltschutzes wahrnehmen, betroffen.
Das Einsatzkonzept zum UDK sieht vor, dieses anspruchsvolle Vorhaben in drei Phasen zu realisieren.

Phase 1: Bundesministerien und Ämter der Landesregierungen
Phase 2: Bezirkshauptmannschaften und nachgeordnete Dienststellen der Phase 1
Phase 3: Gemeindeebene

Zur Ermittlung der konkreten Erfordernisse wurde ein Einsatzkonzept sowie ein Erfassungskonzept an einen externen Auftragnehmer vergeben. Zur Bewältigung der organisatorischen Aufgaben in den Behörden selbst wurden jeweils Teilprojektleiter und UDK-Administratoren nominiert. Diesen obliegt die organisatorische und EDV-technische Betreuung des UDK in den jeweiligen Organisationseinheiten.

Schweiz

1992 wurde in der Schweiz vom Eidgenössischen Departement des Innern das verwaltungsübergreifende LEKUB (Lenkungs- und Koordinierungsorgan für die Umweltbeobachtung) geschaffen. Eine Arbeitsgruppe des LEKUB erarbeitete ein Konzept für die Einführung eines Metadatenbanksystems für Umweltdaten. Verschiedene Lösungen des In- und Auslandes wie auch Eigenentwicklungen wurden in Betracht gezogen; der UDK ging als geeignetste Lösung aus der Evaluation hervor.

Die Durchführung eines einjährigen Pilotprojektes, die Übersetzung der Menüführung und des Handbuches ins Französische sowie die Mitarbeit bei der Erstellung eines französischsprachigen Thesaurus wurden Ende 1994 beschlossen. Zwei Bundesämter (Bundesanstalt für Umwelt, Wald und Landschaft, Bundesamt für Statistik), die Forschungsanstalt für Agrikulturchemie und die Umweltfachstellen von vier Kantonen (Genf, Solothurn, Luzern, Zürich) beteiligen sich am Pilotprojekt. Die ersten Erfahrungen mit dem Einsatz der UDK-Software sind positiv, verschiedene Anforderungen und Wünsche, insbesondere auch in Zusammenhang mit der Datenklassierung, konnten im Rahmen der bilateralen Kontakte mit der Entwicklungsgruppe eingebracht werden.

Mit dem Pilotprojekt in der Schweiz wird der Einführungs- und Datenerfassungsaufwand möglichst umfassend erhoben. Die Daten sollen eine zuverlässige Schätzung des finanziellen und personellen Aufwandes für die flächendeckende Einführung des UDK in der Schweiz ermöglichen.

Deutschland

In *Deutschland* wird der UDK in einer Reihe von Bundesländern bzw. auf Bundesebene eingeführt:

- In *Niedersachsen* wurde prototypisch bereits 1991 mit der Einführung begonnen. Seit Mitte 1995 erfolgt die systematische Einführung im Geschäftsbereich des Niedersächsischen Umweltministeriums. Die Einführung in der gesamten Niedersächsischen Landesverwaltung ist für 1996/97 vorgesehen [5].
- Der UDK ist Teil des Umweltinformationssystems (UIS) *Baden-Württemberg*. Der Einsatz des UDK in den Landesverwaltungen wird mittels einer zentralen Client-Server-Implementierung realisiert. 1995 ist bereits mit dem Einsatz auf kommunaler Ebene begonnen worden.
- In *Brandenburg* und *Sachsen-Anhalt* existieren seit 1993 konkrete Einsatzkonzepte [6,7]. In Sachsen-Anhalt ist bereits eine Pilotphase für den Einsatz des UDK im Umweltressort weitgehend abgeschlossen. Die Einführung in der gesamten Landesverwaltung auf der Basis eines Kabinettsbeschlusses ist für 1995 beabsichtigt.

- In *Hessen, Schleswig-Holstein* und *Hamburg* ist die Einbindung des UDK in z. T. bereits existierende länderspezifische Umweltinformationssysteme geplant. *Bremen* und *Thüringen* haben ihr Interesse bekundet.
- Das *Umweltbundesamt* plant die Einrichtung eines UDK-Bund, der Metadaten der Länder und der Bundesbehörden enthalten soll.

3 Anforderungen an ein Klassenkonzept

Der UDK soll über Umweltdaten informieren. Was ist in diesem Zusammenhang unter "Umweltdaten" zu verstehen? Oder genauer:

a) Wann sind Daten als umweltbezogen zu bezeichnen, und
b) in welcher Form können diese Daten vorliegen (digital, analog, als Karte, als Gutachten, als Meßreihe, ...)?

Eine juristische Definition ist durch den Artikel 2 der Richtlinie der Europäischen Gemeinschaften über den freien Zugang zu Umweltinformationen gegeben worden [8]), welche von der Republik Österreich (7/1993) und der Bundesrepublik Deutschland (7/1994) in entsprechenden Umweltinformationsgesetzen sinngemäß übernommen worden ist:

"Im Sinne dieser Richtlinie gelten als ...´Informationen über die Umwelt´ alle in Schrift-, Bild-, Ton- oder DV-Form vorliegenden Informationen über den Zustand der Gewässer, der Luft, des Bodens, der Tier- und Pflanzenwelt und der natürlichen Lebensräume sowie über Tätigkeiten (einschließlich solcher, von denen Belästigungen wie beispielsweise Lärm ausgehen) oder Maßnahmen, die diesen Zustand beeinträchtigen oder beeinträchtigen können, und über Tätigkeiten oder Maßnahmen zum Schutz dieser Umweltbereiche einschließlich verwaltungstechnischer Maßnahmen und Programme zum Umweltschutz."

Damit der UDK auch den Anforderungen eines internationalen Metadatenaustauschs nachkommen kann, muß er mindestens in der Lage sein, die in der o. a. Richtlinie genannten Umweltinformationen abzubilden.
Es wird jedoch deutlich, daß Umweltinformationen einerseits sich auf eine Vielzahl von höchst unterschiedlichen Objekten in der Umwelt und einer Vielzahl von menschlichen Tätigkeiten beziehen können und andererseits in sehr verschiedenartigen Formen vorliegen können.
Dementsprechend muß auch der UDK in der Lage sein, zur Beschreibung solch verschiedenartiger Umweltdaten unterschiedliche Attribute zur Verfügung zu stellen. So ist beispielsweise zur Beschreibung einer topographischen Karte der Maßstab ein sinnvolles Beschreibungsattribut, während er für eine Schwermetallmeßreihe ohne Bedeutung ist. Für die Schwermetallmeßreihe wäre dagegen beispielsweise die Nachweisgrenze der eingesetzten Meßmethode eine sinnvolle Angabe.
Von Österreich, das die o.a. Richtlinie als erstes Land in Bundesrecht umsetzte, kam bereits 1993 die Forderung nach einer Einteilung der Metadaten in entsprechende Klassen. Auch die Europäische Umweltagentur schlägt in ihren Konzepten zum europäischen "Catalogue of Data Sources" die Einrichtung von Metadatenklassen vor [9,10].
Bezüglich des UDK wurde für die weitere Entwicklung die Einführung eines Klassenkonzepts empfohlen [11].

4 Modell zur Klassenbildung

Aus einem realen Umweltobjekt entstehen durch Messung, Beschreibung oder anders geartete informationstechnische Erfassungsmaßnahmen ein oder mehrere Umwelt-Datenobjekte. Durch

eine weitere Abbildung, die im wesentlichen definitorischen Charakters (Metadatenerfassung), entsteht ein Metadaten-Objekt, das im Falle des UDK als UDK-Objekt bezeichnet wird.
Es gilt also die Abbildungskette:

Umweltobjekte ⇒ Umwelt-Datenobjekte ⇒ UDK-Objekte (Metadaten-Objekte).

Zur Klassenbildung wird zunächst der Begriff des Umwelt-Datenobjekts über die folgenden zwei Eigenschaften definiert (s. Abb. 1):

Eigenschaft E1: Umweltbezug

Umwelt-Datenobjekte sind Informationen, die sich beziehen auf

E1-a) reale, materielle Bestandteile in der Umwelt (Umweltobjekte). Diese können natürlichen Ursprungs (z.B. Wald, Tierwelt, Wasser) oder anthropogenen Ursprungs (z. B. Straße, Kraftwerk, Stausee) sein.

E1-b) Prozesse oder Vorhaben, die zu solchen Umweltobjekten führen (z.B. Bau einer Straße).

Eigenschaft E2: Art der Datengewinnung

Umwelt-Datenobjekte sind alle in Schrift-, Bild-, Ton- oder DV-Form vorliegenden Informationen, die durch eine oder mehrere der folgenden Arten der Datengewinnung entstehen:

E2-a) Die Daten wurden deskriptiv gewonnen.
E2-b) Die Daten wurden empirisch gewonnen.
E2-c) Die Daten wurden durch Aggregation, Simulation oder Modellbildung gewonnen.
E2-d) Die Daten wurden durch Bewertung gewonnen.
E2-e) Die Daten wurden durch Zusammenstellung von Daten gewonnen.

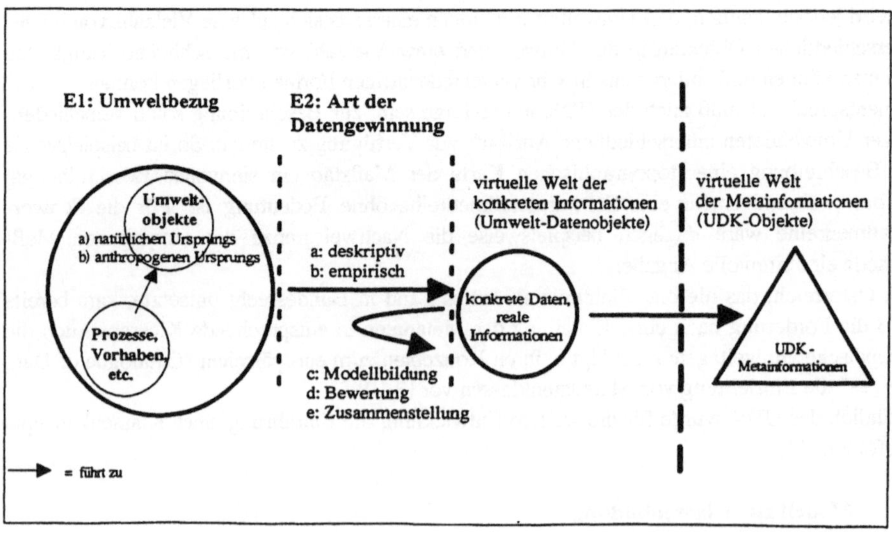

Abbildung 1: Klassifizierung der Metainformationen

Zur Eigenschaft E1 ist anzumerken, daß es sich hierbei um eine Erweiterung der durch die o. a. EU-Richtlinie gegebenen Definition von Umweltinformationen handelt, da Umwelt-Datenobjekte sich nicht nur auf Umweltobjekte natürlichen, sondern auch anthropogenen Ursprungs beziehen können.
Weiterhin ist zu bemerken, daß die Eigenschaften E2-a) und E2-b) nur auf die Gewinnung von Daten zu realen Umweltobjekten angewandt werden können, während die Eigenschaften E2-c) bis E2-e) nur bei der Gewinnung von Daten aus bereits vorhandenen Daten, d. h. anderen Umwelt-Datenobjekten zutreffen können.
Diese Eigenschaften werden im folgenden auf eine ungeordnete Gruppe von Informationen angewandt, die im praktischen Umweltmanagement auftreten und bei der Erfassung mit dem UDK eine Rolle spielen (s. Tab. 1). Es ist zu betonen, daß es sich hierbei sicherlich nicht um eine vollständige Liste handelt. Vielmehr soll sie nur als Grundlage für das hier vorgestellte Klassifizierungsverfahren dienen. Es wird angestrebt, diese Liste an den Praxisanforderungen orientiert zu erweitern.
Bei Anwendung der Eigenschaften E1 und E2 wird jeweils der Regelfall betrachtet, d. h. Ausnahmefälle sollen nicht die grundsätzliche Einordnung einer Information in eine bestimmte Klasse verändern.
Die Eigenschaft E1 (Umweltbezug) dient nun als erster Filter, der die umweltrelevanten Informationen in zwei Gruppen sortiert (vgl. Tab. 1).

Tab. 1: Erster Teil des Klassifizierungsverfahrens

Information in Form von	**E1**	**E1-a): Objekt**	**E1-b): Prozeß**
Karten	+	+	
Daten zu Anlagen, Gebäuden	+	+	
Daten zu Projekten	+		+
Gutachten	+	+	+
Strukturinfo. (z.B. Organigramme)	-		
Produktdaten	+	+	
empirische Daten	+	+	
aggregierte Daten	+	+	
Adressen	-		
UVP's	+		+
Meßreihen	+	+	
Daten zu Vorhaben	+		+
Methoden der Datenerfassung	-		
Kommunikationsbedingungen	-		
Thesaurus	-		
Gefahrstoffe	-		
Amtskalender	-		
Rechte und Normen	-		
Labordaten	+	+	
Simulationen, Modelldaten	+	+	+
Berichte	+	+	
Datensammlungen	+	+	

In der ersten Gruppe befinden sich diejenigen Umwelt-Datenobjekte, die die Eigenschaft E1 erfüllen, d.h. sie beziehen sich auf reale Bestandteile in der Natur (Umweltobjekte) oder auf Prozesse oder Vorhaben, die zu solchen Umweltobjekten führen können.
In die zweite Gruppe werden diejenigen Informationen sortiert, die die Eigenschaft E1 nicht besitzen und daher keine Umwelt-Datenobjekte im Sinne der Definition sind. Sie werden daher nicht in den weiteren Klassifizierungsprozeß einbezogen und somit in keiner der noch zu bildenden UDK-Klassen berücksichtigt (die Behandlung dieser Informationen erfolgt im Anschluß an die weitere Klassifizierung).
Es werden nun die Umwelt-Datenobjekte der ersten Gruppe dahingehend untersucht, ob sie sich direkt auf Umweltobjekte beziehen (E1-a)) oder ob sie sich auf Prozesse oder Vorhaben beziehen, die zu solchen Umweltobjekten führen (s. Tab. 1):

- *Karten* bilden i.d.R. Umweltobjekte (Landschaften, Städte, Anlagen) ab.
- *Daten zu Anlagen und Gebäuden* bilden Umweltobjekte ab (Anlagen, Gebäude).
- *Daten zu Projekten* bilden Vorhaben bzw. Prozesse ab (z.B. Bauprojekte).
- *Gutachten* können sich sowohl auf Umweltobjekte (z.B. Gutachten über die Bodenqualität eines Waldes) als auch auf Vorhaben bzw. Prozesse beziehen (Gutachten über die möglichen Auswirkungen eines Bauvorhabens).
- *Produktdaten* beziehen sich auf ein Objekt anthropogenen Ursprungs (z.B. auf ein Softwareprodukt)
- *Empirische Daten* beziehen sich auf Umweltobjekte (z. B. Verkehrszählungen).
- *Aggregierte Daten* sind bearbeitete oder ausgewertete empirische Daten (z. B. Monatsmittelwerte) und haben somit Bezug zu Umweltobjekten.
- *Umweltverträglichkeitsprüfungen (UVP´s)* beurteilen Vorhaben (z.B. Bauvorhaben).
- *Meßreihen* beziehen sich auf Umweltobjekte (z.B. Meßreihen von Pegelständen).
- *Daten zu Vorhaben* beziehen sich definitionsgemäß auf Vorhaben bzw. Prozesse.
- *Labordaten* beziehen sich auf Umweltobjekte (z.B. Schwermetallanalysen von Bodenproben).
- *Simulationen, Modelldaten* können sich sowohl auf Umweltobjekte beziehen (z.B. Klimamodelle) als auch auf Vorhaben oder Prozesse (z. B. Modelle zur Städteplanung).
- *Berichte* beziehen sich auf Umweltobjekte (z.B. Waldzustandsberichte). Beispielsweise sollten Berichte zu Vorhaben oder Projekten als Daten zu Vorhaben oder Projektdaten aufgefaßt werden.
- *Datensammlungen* stellen eine Zusammenstellung von Daten mit Bezug zu Umweltobjekten dar (z.B. Rote Liste von gefährdeten Tier- und Pflanzenarten). Auch hier gilt, daß z.B. Datensammlungen zu Vorhaben oder Projekten als Daten zu Vorhaben oder Projektdaten aufgefaßt werden sollten.

Diejenigen Umwelt-Datenobjekte, die ausschließlich die Eigenschaft E1-b) (Prozesse) besitzen, bilden die erste Klasse: Sie wird gebildet aus Daten zu Vorhaben und Projekten sowie zu UVP´s.
Diejenigen Umwelt-Datenobjekte, die nur oder zusätzlich die Eigenschaft E1-a) besitzen, werden zur weiteren Klassifizierung auf die Eigenschaft E2 (Art der Datengewinnung) hin untersucht. Dabei ist zu unterscheiden, ob die Daten des Umwelt-Datenobjekts direkt eine Abbildung eines Umweltobjekts darstellen (E2-a), b)) oder ob die Daten eine Abbildung von bereits gewonnen Daten darstellen (E2-c), d), e)). Die Abbildung 1 und Tab. 2 erläutern die folgende Vorgehensweise.

Tab. 2: Zweiter Teil des Klassifizierungsverfahrens

Umwelt-Datenobjekte	**E2-a**	**E2-b**	**E2-c**	**E2-d**	**E2-e**
Karten		+	+		+
Daten zu Anlagen, Gebäuden	+				
Gutachten				+	+
Produktdaten	+				
empirische Daten		+			
aggregierte Daten			+		
Meßreihen		+			
Labordaten		+			
Simulationen, Modelldaten			+		
Berichte				+/-	+
Datensammlungen				+/-	+

- *Karten* können sowohl aus empirischen Daten (Landkarte) als auch aus simulierten Daten (z.B. Wetterkarte) bestehen. Außerdem stellt die Datenbasis einer Karte eine Zusammenstellung von Daten dar.
- Unter *Daten zu Anlagen und Gebäuden* werden im Rahmen dieser Klassifizierung nur die deskriptiv gewonnenen Daten verstanden (Anlagebeschreibungen). Meßwerte zu Anlagen finden sich z.B. unter Meßreihen wieder.
- *Gutachten* stellen eine Abbildung von bereits vorhandenen Daten dar. Daher werden sie nur bezüglich der Eigenschaften E2-c)-E2-e) untersucht. Die bereits gewonnenen Daten werden in einem Gutachten geeignet zusammengestellt und bewertet.
- *Produktdaten* sind beschreibende (deskriptive) Daten zu einem Produkt (z. B. das Handbuch zu einem Softwareprodukt).
- *Empirische Daten* sind definitionsgemäß empirisch gewonnene Daten.
- *Aggregierte Daten* sind definitionsgemäß durch Aggregation gewonnene Daten.
- *Meßreihen* beinhalten empirisch gewonnene Daten.
- *Labordaten* sind empirisch gewonnene Daten.
- *Simulationen, Modelldaten* sind definitionsgemäß aus Simulation oder Modellbildung gewonnene Daten.
- *Berichte und Datensammlungen* stellen eine Abbildung von bereits vorhandenen Daten dar. Daher werden sie nur bezüglich der Eigenschaften E2-c), d), e) untersucht. Die bereits gewonnenen Daten werden in Berichten bzw. Datensammlungen geeignet zusammengestellt. Durch die Auswahl der Zusammenstellung läßt sich ggf. eine Bewertung interpretieren.

Die Umwelt-Datenobjekte mit denselben Eigenschaften (vgl. Tab. 2) werden nun jeweils einer Klasse zugeordnet. Zusammenfassend erhält man damit:

Definition:

Klasse 1: Daten zu Vorhaben, Projekten, UVP's
Klasse 2: Empirische Daten, Meßreihen, Labordaten
Klasse 3: Daten zu Anlagen, Gebäuden
Klasse 4: Karten
Klasse 5: Gutachten, Berichte, Datensammlungen
Klasse 6: Produktdaten
Klasse 7: Modelldaten, Simulationen, Aggregation

Zu jeder dieser Umwelt-Datenobjekt-Klassen kann nun eine UDK-Klasse definiert werden, die die zugehörigen UDK-Objekte enthält. Jeder UDK-Klasse kann dann eine den spezifischen Anforderungen angepaßte Bildschirmmaske zugeordnet werden.
Offen bleibt nun noch die Behandlung der Informationen aus der zweiten Gruppe, die in den bisherigen Klassifizierungsprozeß nicht mit einbezogen wurden, da sie die Eigenschaft E1 (Umweltbezug) nicht erfüllen. Diese Informationen lassen sich weiter einteilen in

- *Orientierungsinformationen:*
  Diese Informationen sind notwendig, um die Zugänglichkeit der eigentlichen Umwelt-Datenobjekte, d.h. der Elemente aus der Gruppe 1, zu gewährleisten oder zu erleichtern. Hierzu zählen: Strukturinformationen (z. B. Organigramme), Adressen, Kommunikationsbedingungen, Amtskalender, u.a.
- *Referenzinformationen:*
  Der Wert dieser Informationen liegt darin, daß sie die Bewertung und Einschätzung der Umwelt-Datenobjekte unterstützen. Hierzu zählen: Rechte und Normen, Gefahrstoffe, Methoden der Datenerfassung
- *Thesaurus:*
  Der Thesaurus soll die Verschlagwortung von Suchbegriffen und damit die Harmonisierung der Begriffs- und Verständniswelten unterstützen.

Grundsätzlich ist für den UDK vorgesehen, diese Informationen in UDK-Modulen optional zur Verfügung zu stellen. Eine Ausnahme bilden hier die Adressen, welche als notwendige Attribute von UDK-Objekten aufgefaßt werden. Für die weiteren Informationen ist folgende Modulbildung vorgesehen:

UDK-A: Umweltamtskalender (inkl. Organigramme)
UDK-T: Thesaurus
UDK-K: Kommunikation
UDK-Modul für Referenzwissen

Hiervon sind UDK-T bereits vollständig und UDK-K als Prototyp realisiert. UDK-A befindet sich zur Zeit in der Entwicklung.

5 Zusammenfassung

Aus dem beschriebenen Klassifizierungsprozeß ergeben sich sieben Metaklassen, denen die UDK-Objekte zugeordnet werden können. Die UDK-Objekte stellen dabei die Abbildung von konkreten Datenobjekten dar, welche wiederum aus der Abbildung von realen Bestandteilen der Umwelt hervorgegangen sind. Damit steht eine überschaubare und handhabbare Metaebene zur Ordnung, Orientierung und besseren Verfügbarmachung von Umweltdaten zur Verfügung.

Literatur:

[1]: T. Schütz, H. Lessing, *Metainformation von Umwelt-Datenobjekten - Zum Datenmodell des Umwelt-Datenkataloges Niedersachsens,* in: "Informatik für den Umweltschutz", 7. Symposium (Ulm 1993), Springer-Verlag, Berlin (1993)

[2]: H. Lessing, T. Schütz, *Der Umwelt-Datenkatalog als Instrument zur Steuerung von Informationsflüssen,* in: "Informatik für den Umweltschutz", 8. Symposium (Hamburg 1994), Metropolis-Verlag, Marburg (1994)

[3]: H. Lessing, R. Schmalz, *Der Umwelt-Datenkatalog Niedersachsens,* in: "Umweltinformationssysteme in der öffentlichen Verwaltung", R. v. Decker's Verlag, Heidelberg (1994)

[4]: *Umweltinformationsgesetz (UIG) mit Anmerkungen*, Schober, Lopatta, Verlag Österreich, Wien (1994)

[5]: W. Swoboda, *Konzept für den Einsatz des Umwelt-Datenkataloges in Niedersachsen*, Niedersächsisches Umweltministerium, Hannover (1995)

[6]: Landesumweltamt Brandenburg, Dr. Lippke und Dr. Wagner GmbH, *Einsatzkonzept UDK Brandenburg*, Potsdam (1993)

[7]: Ministerium für Umwelt und Naturschutz Sachsen-Anhalt, Dr. Lippke und Dr. Wagner GmbH, *Einsatzkonzept UDK Sachsen-Anhalt*, Magdeburg (1993)

[8]: Kommission der Europäischen Gemeinschaft, *Richtlinie über den freien Zugang der Öffentlichkeit zu Informationen über die Umwelt*, Brüssel (1990)

[9]: European Environmental Agency: *Catalogue of Datasources for the Environment*; Joint project EEA/Europ. Com. and NRT/N. Counc. Min., Version 930831 (1993)

[10]: U. Pinborg, *Catalogue of Datasources for the Environment*; National Forest and Nature Agency/EEA, Kopenhagen (1994)

[11]: O. Günther, *Gutachten zur Entwicklung des Umwelt-Datenkataloges (UDK)*, im Auftrage des Niedersächsischen Umweltministeriums, Hannover (1995)

Metadatenzugriff in Weitverkehrsnetzen: Eine Realisierung am Beispiel des Umweltdatenkatalogs UDK

Ralf Kramer	Horst Spandl
Forschungszentrum Informatik	Landesanstalt für Umweltschutz
Haid–und–Neu–Straße 10–14	Informationstechnisches Zentrum
D–76131 Karlsruhe	D–70190 Stuttgart
kramer@fzi.de	Horst.Spandl@lfust.um.bwl.de

Zusammenfassung

In diesem Beitrag werden der Entwurf und die Realisierung des lesenden Zugriffs auf die Daten des Umweltdatenkatalogs (UDK) im Umweltinformationssystem Baden-Württemberg mittels World-Wide Web- (WWW) Tools vorgestellt. Die im UDK erfaßten Metadaten werden dabei unverändert in einem relationalen Datenbanksystem gehalten. Die HTML-Seiten mit den Anfrageergebnissen werden in Abhängigkeit von den Benutzeranfragen dynamisch generiert. Der Ansatz kombiniert somit den navigierenden Zugriff mittels HTML mit dem deklarativen Zugriff via SQL. Die Systemarchitektur wird vorgestellt, Anfragebeispiele illustrieren die Funktionalität. Aufgrund der eingesetzten Software ist das entwickelte und realisierte System ohne größere Änderungen länderübergreifend nutzbar.

1 Einleitung

In den Umweltverwaltungen des Bundes und der Länder der Bundesrepublik Deutschland werden zahlreiche Informationen und Daten gesammelt, bearbeitet und bewertet. Bedingt durch die enorme Menge der beteiligten Dienststellen, der verwendeten Verfahren und Vorhaben ist es schwierig, einen möglichst vollständigen Überblick über die verfügbaren Umweltdatenbestände zu erhalten. Bei konkreten Anfragen, z.B. durch Parlamente oder die interessierte Öffentlichkeit, kann es daher leicht zu folgenden Problemen kommen: (1.) Die Ansprechpersonen für relevante Datenbestände können für Außenstehende nicht identifiziert werden. (2.) Relevante Datenbestände werden – wenn überhaupt – nur sehr mühsam über ungezielte Abfragen gefunden (*trial and error*). (3.) Relevante Datenbestände werden nicht berücksichtigt, da sie nicht gefunden werden, obwohl sie vorhanden sind. (4.) Relevante Datenbestände werden noch einmal erhoben, obwohl sie bereits an anderer Stelle vorliegen.

Um diese Problematik in den Griff zu bekommen, wurde in einer gemeinsamen Anstrengung des Bundes und einiger Länder ein Meta-Auskunftssystem *Umweltdatenkatalog* (UDK) entwickelt [SL93, SB94]. Ausgangspunkt war die gleichnamige Entwicklung des Landes Niedersachsen [SL93]. Das Land Österreich hat in seinem Umweltinformationsgesetz den Umweltdatenkatalog verankert und will das entwickelte Programm seinen Bürgern als Auskunftssystem zur Verfügung stellen [Bun94]. Die Entwicklung ist noch nicht abgeschlossen. Die Erfassung der Datenbestände ist in den beteiligten Ländern unterschiedlich weit vorangeschritten.

Der Umweltdatenkatalog speichert Informationen über umweltrelevante Daten, sogenannte UDK-Objekte. Originaldaten werden nicht im UDK abgelegt. Eine Suchanfrage an den Umweltdatenkatalog liefert u.U. mehrere UDK-Objekte zusammen mit den jeweiligen Ansprechpersonen und deren Adresse. Die umweltrelevanten Daten selbst entstehen u.a. durch messen, kartieren, überwachen und prüfen der Umwelt. Ein UDK-Objekt enthält Informationen über diese Daten, wie inhaltliche (Fach-) Informationen (was beschreibt das Objekt, z.B. Ozonmessung), Rauminformationen (wo liegt das Objekt, z.B. nördlicher Schwarzwald) sowie Zeitinformationen (wann wurde das Objekt erzeugt bzw. für welchen Zeitraum ist es gültig, z.B. 1990-1994).

Die Nutzung des Umweltdatenkatalogs soll für alle interessierten Bürger, Behörden, Ämter, Kommunen, Forschungseinrichtungen und Industrie offen sein. Ein Problem ist hierbei die Bereitstellung und Verteilung der jeweils aktuellsten Datenbasis. Für den lesenden Zugriff wurde im Rahmen des Forschungsprojektes GLOBUS des Umweltministeriums Baden-Württemberg geprüft, inwieweit sich die Techniken des World-Wide Web [BL93] mit dem Zugangssystem Mosaic [DKF94] einsetzen lassen.

Der Rest dieses Beitrags ist folgendermaßen aufgebaut. Im folgenden Abschnitt 2 gehen wir zunächst auf die Ausgangsbasis des Teilprojekts GLOBUS/UDK näher ein. In Abschnitt 3 wird das am Forschungszentrum Informatik (FZI) entwickelte und realisierte System vorgestellt [KQ94, KQ95]. Erste Erfahrungen bei der Realisierung und Benutzung von GLOBUS/UDK werden in Abschnitt 4 zusammengefaßt. Abschnitt 5 geht auf inhaltlich und technisch verwandte Arbeiten ein. Ein kurzes Resümee und ein Ausblick auf die weiteren Arbeiten beschließen das Papier in Abschnitt 6.

2 Ausgangsbasis

2.1 Der Umweltdatenkatalog UDK in Baden-Württemberg

Der Schwerpunkt des Einsatzes des Umweltdatenkatalogs UDK liegt in Baden-Württemberg zunächst auf der möglichst umfassenden Erhebung der relevanten Umweltobjekte. Die Ersterfassung wird von der Landesanstalt für Umweltschutz (LfU) in Karlsruhe durchgeführt. Die erfaßten Daten werden in einer zentralen relationalen Datenbank auf Basis von Oracle abgelegt. Es ist vorgesehen, die weitere Erhebung und Pflege der Datenbestände dezentral in die Verantwortung der jeweiligen Dienststellen zu geben.

Ein einzelnes UDK-Objekt ist in eine hierachische Struktur von Ober- und Unterbegriffen eingebunden, die sich in Baden-Württemberg sehr stark an die Organisationsstruktur der Umweltbehörden anlehnt. Abbildung 1 zeigt ein entsprechendes Beispiel; die Werte in der linken Spalte ergeben konkateniert (01.02.01.14.01.02.01) die sog. *dekadische Notation* des UDK-Objekts *Bodendauerbeobachtungsfläche Forst*. Die Begriffsbildung erfolgt frei. Wichtig für die Erfassung ist die Möglichkeit, Schreibrechte innerhalb des UDK gezielt für einzelne Teilbäume in dieser Begriffshierarchie vergeben zu können.

Jedem UDK-Objekt müssen Schlagworte zugeordnet werden, die als Suchbegriffe benutzt werden können. Dabei sollten drei Begriffe aus der Menge der bereits definierten verwendet werden, die weiteren Schlagworte können frei gewählt werden. Als Basis dient der Umweltthesaurus des Umweltbundesamtes Berlin, der zur Zeit in Abstimmung mit Österreich zu einem mehrsprachigen Thesaurus erweitert wird.

2.2 World-Wide Web

Das World-Wide Web (WWW) [BLCGP92, BL93] ermöglicht den einfachen, universellen Zugriff auf global verteilte Dokumente. Es basiert auf Hypermedia-Dokumenten,

Abbildung 1: Beispiel für die hierarchische Organisation von UDK-Objekten

d.h. nicht-linearen Dokumenten, die Text-, Bild-, Ton- und Filmelemente zusammen mit Querverweisen auf andere (Teil-) Dokumente enthalten. Die Verbindungen zwischen den einzelnen Informationen erzeugen ein komplexes, virtuelles Netz von Informationen, eben das World-Wide Web.

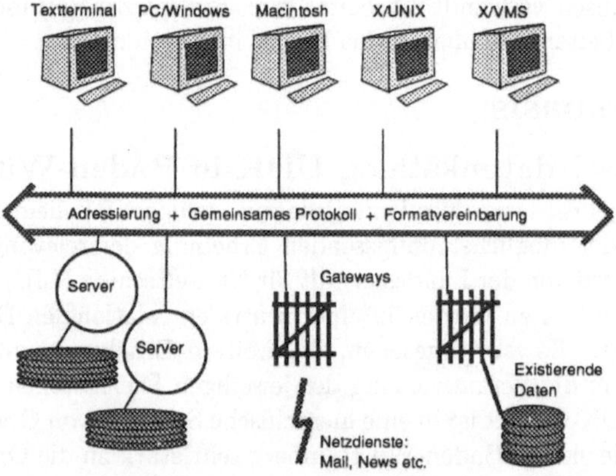

Abbildung 2: Nutzung und Aufbau des World-Wide Web

Zentraler Aspekt des WWW ist die strikte Trennung zwischen Datenbereitstellung (WWW-Server) und Datenabfrage und -darstellung (WWW-Clients bzw. WWW-Browser wie beispielsweise Mosaic [NCS94]). Abbildung 2 [BLCGP92] zeigt die Architektur des World-Wide Web. Die WWW-Server greifen entweder direkt auf Daten im WWW-Format (Hypertext Markup Language HTML) zu, wobei es sich in der Regel um konvertierte Berichte handelt, oder sie stellen dynamisch über sogenannte Gateways (Common Gateway Interface(CGI) [McC94]) bereits bestehende Datenbestände zur Verfügung. Die WWW-Clients sind selbständig für die Darstellung der Daten zuständig. Die WWW-Software ist größtenteils frei und ohne Lizenzkosten verfügbar. Der große Vorteil dieser Architektur für einen potentiellen Dienstanbieter besteht darin, daß er sich im wesentlichen auf die Bereitstellung der Daten konzentrieren kann.

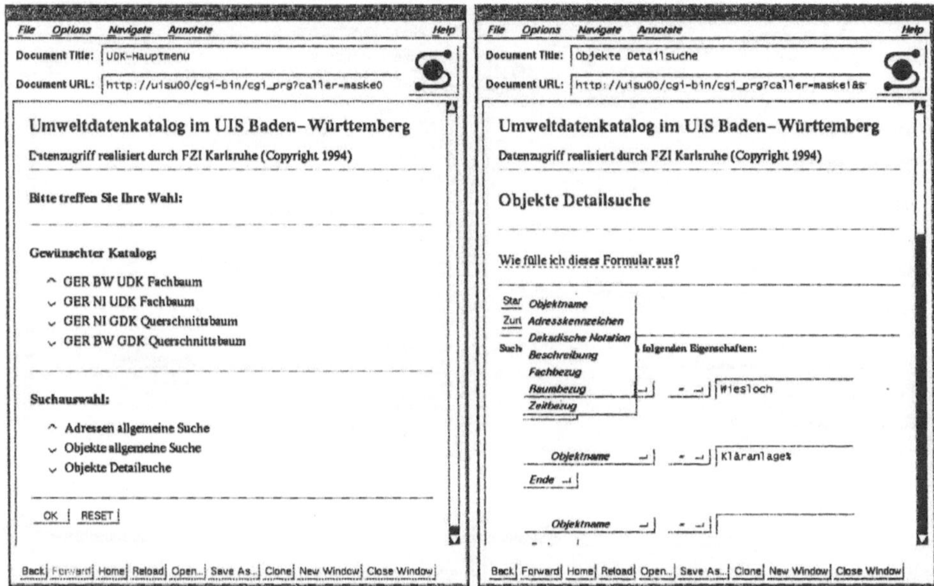

Abbildung 3: Katalogauswahl sowie Detailsuche nach UDK-Objekten

3 Der UDK in Weitverkehrsnetzen

Entsprechend der generellen Architektur des WWW greifen bei dem entwickelten und realisierten System WWW-Clients über das Netz auf den WWW-Server, der die Daten des UDK zur Verfügung stellt, zu. Der WWW-Server ermöglicht den Zugriff auf eine initiale statische Startseite. Für alle weiteren UDK-Zugriffe im HTML-Format ruft der WWW-Server mittels CGI-Skripten (s. Abschnitt 2.2) eine Datenbank-Präcompiler-Applikation auf. Dieses Programm führt die eigentlichen Datenbankzugriffe durch. Die Ergebnis-HTML-Seiten werden dynamisch aufgebaut und an den Server weitergegeben, der sie dann an den anfordenden Client weiterreicht.

Die für lesende Datenbankanfragen mittels der WWW-Tools realisierte Anfragefunktionalitat orientiert sich an der bisherigen UDK-Anwendung [Nie94].

Metadaten werden im UDK getrennt für einzelne Länder und Bundesländer erfaßt. Wie bereits in Anschnitt 2.1 angesprochen, werden die UDK-Objekte hierarchisch beispielsweise entlang der Organisationsstruktur der Umweltbehörden erfaßt. Zusätzlich gibt es eine weitere Hierarchie, die sich an inhaltlichen Kriterien orientiert. Abbildung 3 zeigt in ihrem linken Teil die hieraus resultierende Wahl zwischen unterschiedlichen Katalogen. Im gezeigten Beispiel hat der Benutzer die Wahl zwischen den sog. Fach- bzw. Querschnittsbäumen (UDK bzw. GDK) der Länder Baden-Württemberg (BW) und Niedersachsen (NI). Bereits diese Auswahl erfolgt nicht statisch, sondern aufgrund der in der Datenbasis vorliegenden Informationen.

Im weiteren (s. Abbildung 3) hat der Benutzer die Wahl zwischen einer sog. allgemeinen Suche nach Adressen sowie zwischen einer allgemeinen Suche und einer Detailsuche nach UDK-Objekten. Diese Suchen beziehen sich jeweils auf den zuvor angewählten Katalog. Die beiden allgemeinen Suchmodi erlauben die Suche nach einer Zeichenkette, mit der in statisch festgelegten Attributen bestimmter Relationen gesucht wird.

Die Interaktionsmöglichkeiten in den einzelnen Suchen sind ähnlich aufgebaut. Nach

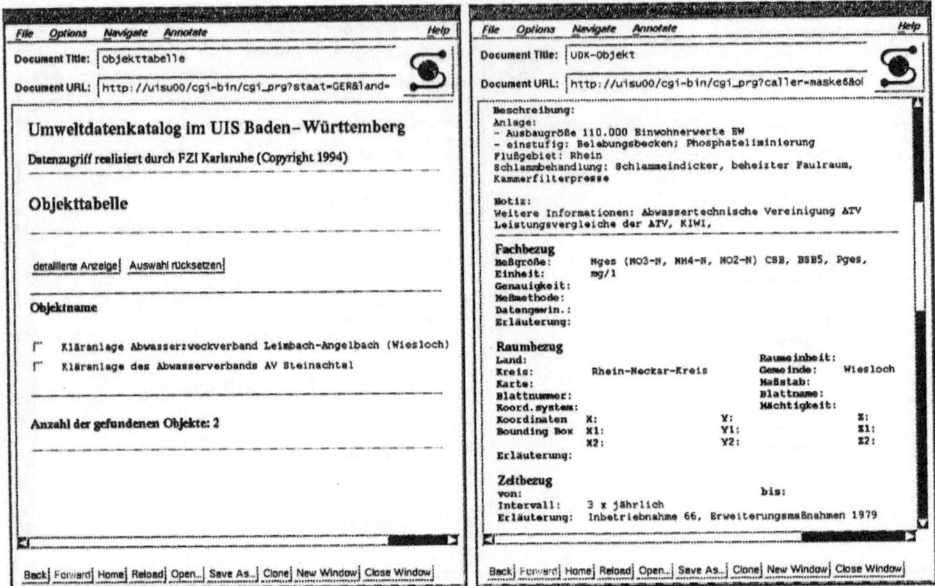

Abbildung 4: Liste der gefundenen UDK-Objekte sowie ein Ausschnitt der zu einem UDK-Objekt verfügbaren Metadaten

der Formulierung einer Anfrage wird zunächst eine Liste der gefundenen Datensätze präsentiert. In dieser Liste können dann einzelne Adressen bzw. UDK-Objekte durch anklicken ausgewählt werden, um dann alle verfügbaren (Meta-) Daten zu diesen Objekten aus dem Umweltdatenkatalog zu erhalten.

Bei der detaillierten Suche nach UDK-Objekten besteht die Möglichkeit, die Suchkriterien und die angefragten Relationen individueller zu spezifizieren. Abbildung 3 zeigt ein Beispiel. Mit Hilfe von Popup-Menüs und der Angabe von Suchstrings kann gezielt nach UDK-Objekten mit speziellen Ausprägungen gesucht werden. Einzelne Teilbedingungen können durch entsprechende Verknüpfugen zu einem komplexen Suchprädikat zusammengesetzt werden. Abbildung 4 zeigt das Ergebnis der Anfrage in Listenform, sowie einen Ausschnitt der zu einem Objekt verfügbaren Metadaten.

4 Erste Erfahrungen

4.1 Erfahrungen bei der Realisierung

Ausgangspunkt des Projekts waren ca. 15 Relationen, mit deren Hilfe die wichtigsten Metadaten des UDKs erfaßt werden. Trotz der damit bereits vorliegenden Modellierung der Metadaten stellte sich das Festlegen der korrekten SQL-Anfragen als aufwendig heraus, da sich die Datenmodellierung als nicht unabhängig von dem bislang bereits existierenden UDK-Anwendungsprogramm erwies.

Die angestrebte Masken- und Anfragefolge mußte mit Hilfe eines Präcompiler-Ansatzes realisiert werden, da die bislang existierenden WWW-Tools nur die Realisierung sehr einfacher Datenbankanfragen ermöglichen (s.a. Abschnitt 5.2). Ein solcher Präcompiler-Ansatz ist jedoch vergleichsweise aufwendig zu realisieren und vor allem schwierig zu warten, da bereits kleine Änderungen am Datenbankentwurf oder aber in den zu generierenden HMTL-Seiten ein umfassendes Wissen der Implementierung voraussetzen.

Im Gegensatz zu klassischen Datenbankapplikationen ist die Kommunikation in einer WWW/Mosaic-Umgebung zustandslos. Daher gibt es keine Session oder (ACID-) Transaktionen über das Netz. Klassische Datenbanktransaktionen finden nur lokal im Knoten des WWW-Servers statt. Das somit geänderte Kommunikationsparadigma beeinflußt die Gestaltung der Endbenutzerschnittstelle (weniger Interaktionsmöglichkeiten).

4.2 Erfahrungen bei der Benutzung

Die Bedienung der WWW-Viewer ist einfach zu erlernen. Von großem Vorteil ist die einheitliche Bedienung beim Zugriff auf unterschiedlichste Dienste. Sobald über die Gateway-Schnittstelle auf existierende Datenbanken zugegriffen werden soll, stellt sich allerdings das Problem der Konfiguration der Suche. Während sonst Mosaic für die Präsentation der HTML-Dokumente (und damit auch für die Zugriffsfunktionalität) zuständig ist, gibt hier der WWW-Server die Gestaltung vor. Dies kann – etwa bei der Angabe von Wildcards in Suchfeldern, bei der Berücksichtigung von Groß-/Kleinschreibung – zur Verwirrung bei den Anwendern führen. Hier muß bei der Gestaltung und Generierung der HTML-Seiten sehr sorgfältig vorgegangen werden, um eine gute Balance zwischen Optionsvielfalt und Übersichtlichkeit zu erreichen.

Das status- und verbindungslose Kommunikationsmodell innerhalb des World-Wide Web hat einige direkte Konsequenzen für die Bedienung. So muß i.d.R. auf alle Programmteile verzichtet werden, die irgendwie geartete Teilergebnisse an das aufrufende Programm zurückgeben, wie z.B. Popup-Menüs mit zulässigen Werten aus der Datenbank (*list of values*) oder Dialogfenster zur Konfiguration von Suchparametern.

5 Verwandte Arbeiten

In diesem Abschnitt befassen wir uns mit verwandten Ansätzen bei Umweltinformationssystemen sowie mit Datenbankzugriffen in Weitverkehrsnetzen, insbesondere unter Einsatz von WWW-Tools. Wir beschränken die Diskussion auf die Systeme bzw. Konzepte, die wir für unseren Ansatz als am relevantesten einschätzen (s.a. [KQ94, KQ95]).

5.1 Umweltinformationssysteme

Bislang wurde ein Ansatz, die Metadaten des UDK in Weitverkehrsnetzen zugänglich zu machen, vorgestellt [LS94]. In [LS94] werden primär Sicherheits- und Autorisierungsprobleme beim Zugriff auf den UDK und die ihm zugrundeliegenden Originaldaten diskutiert. Es erscheint uns untersuchenswert, die Umsetzung der dort vorgeschlagenen Konzepte mit dem hier vorgestellten Zugriff auf der Basis von WWW-Tools zu untersuchen.

Die Software-Architektur des Australian Environmental Resources Information Network ERIN [ERI94] ist sehr ähnlich der unsrigen. Daten und Metadaten werden in einem relationalen Datenbanksystem gespeichert. Ebenfalls vergleichbar mit unserem Ansatz präsentiert ERIN zunächst zusammenfassende Listen als Ergebnis von Datenbankanfragen, bevor der Benutzer die Möglichkeit hat, detailliertere Informationen über einzelne Datensätze anzufordern. Im Unterschied zu unserem Ansatz werden in ERIN auch Wide-Area-Information-Server (WAIS) zum Zugriff auf Umweltdaten eingesetzt.

Ferner gibt es Systeme, die andere Nutzerkreise ins Auge fassen: CIESIN (Consortium for International Earth Science Information Network [ZY94]) ist ein System, das Daten und Metadaten primär für Wissenschaftler, aber auch für die Öffentlichkeit anbietet. CERES-GKN (Global Knowledge Network) [Con94] verfolgt das Ziel, einen umweltgerechten Entwurf von Produkten jeglicher Art zu unterstützen. Die intendierten Benutzer sind daher primär Firmen und deren Ingenieure. Eine erste Implementierung wird ebenfalls auf der Basis von WWW-Tools erfolgen.

5.2 Datenbankzugriff in Weitverkehrsnetzen

Für den Datenbankzugriff über WWW-Server unterstützen Ansätze wie GSQL [Ng93] die Generierung von Masken und Datenbankanfragen. Sie bieten jedoch nur eine eingeschränkte Funktionalität zur Darstellung von Anfrageergebnissen. Insbesondere ist es unmöglich, Anfrageergebnisse, die zunachst als Liste dargestellt werden, in einer darauf folgenden Maske ausführlich darzustellen. Zusammenfassend kann gesagt werden, daß diese und ähnliche Ansätze zwar ein höheres Abstraktionsniveau bei der Festlegung von Masken und Anfragen als Präcompiler-Lösungen erreichen, sie jedoch nicht die Anforderungen an heutige Endbenutzerschnittstellen zu erfüllen vermögen.

Aus dem Blickwinkel von Datenbanken gibt es verschiedene Architekturansätze und weitere Vorschläge wie verteilte Datenbanken, Multi-Datenbanksysteme und föderierte Datenbanken, um das Problem der Heterogenität auf verschiedenen Ebenen (technisch, syntaktisch und semantisch) zu lösen (wir verweisen auf [LMR90, SL90] für einen Überblick). Erweitert man das vorliegende System GLOBUS/UDK um den Zugriff auf die Originaldaten, so handelt es sich um eine Föderationsarchitektur, d.h. eine Anzahl lose gekoppelter Systeme, die ihre Autonomie beibehalten, während sie an der Föderation teilnehmen. Um das Problem der semantischen Heterogenität zu lösen, sind Erweiterungen in Richtung aktiver Systeme erforderlich [PLS92].

6 Resümee und Ausblick

In diesem Beitrag wurde gezeigt, wie mittels WWW-Tools auf die Metadaten des Umweltdatenkatalogs UDK in Weitverkehrsnetzen zugegriffen werden kann. Die Metadaten werden dabei unverändert in einem relationalen Datenbanksystem verwaltet. Die HTML-Ergebnisseiten werden in Abhängigkeit von den Benutzeranfragen dynamisch erzeugt. Die realisierte Anwendung kombiniert die hierarchischen Navigationsmoglichkeiten von Mosaic mit der deklarativen Anfragesprache SQL. Im Gegensatz zu einer reinen HTML-Anwendung kann der Anwender damit das ihn interessierende Ergebnis deklarativ beschreiben, ohne - direkt oder indirekt - navigieren zu müssen.

Aufbauend auf den gemachten Erfahrungen sind neben einer Überarbeitung des Datenbankentwurfs des UDK sowie eines Überdenkens der Anfragefunktionalität der UDK-Applikation die beiden folgenden Punkte einer eingehenderen Untersuchung wert:

Dezentrale Metadatenbestände: Durch die in Abschnit 2.1 und Abbildung 3 dargestellte länder- bzw. bundesländerweite Organisation der Metadaten im UDK ergibt sich bereits eine naheliegende Zuordnung von Daten zu einzelnen Rechnerknoten in einem Netzwerk. So könnte beispielsweise jedes Bundesland seinen Teil der Metadaten des UDK zentral für das Bundesland innerhalb des WWW zur Verfügung stellen. Wesentliche Vorteile sind die damit erzielte erhöhte Aktualität sowie vereinfachte Administration.

Direkter Zugriff auf die Basisdaten: Bislang dient der UDK primär als Auskunftssystem, mit dem ermittelt werden kann, wo welche Daten wie verfügbar sind. Ein direkter Zugriff auf die Originaldaten, wie er in Rechnernetzen möglich ist, wird hingegen nicht unterstützt. Ein solcher Zugriff ist beispielsweise auf entsprechende HTML-Seiten oder aber über entsprechende Gateways unmittelbar auf die jeweiligen Datenbestände denkbar.

Die Verwendung von WWW und Mosaic löst einige der technischen Probleme beim Zugriff auf dezentral vorliegende, umweltrelevante Datenbestände, ungelöst bleibt u.a. die serverseitige Integration unterschiedlicher Datenquellen [Kra95]. Um das Potential bestmöglich nutzen zu können, ist es auf dem Weg zu kooperativen Informationssystemen [PLS92] umso drängender, die Lösung der aus der semantischen Heterogenität der Basisdaten resultierenden Probleme voranzutreiben.

Danksagungen: Unser besonderer Dank gilt T. Quellenberg, K. Ateyeh, O. Scheffczyk und M. Walz für ihre engagierte Mitarbeit im Projekt GLOBUS/UDK am FZI.

Literatur

[BL93] T. Berners-Lee. The World Wide Web Initiative. Technischer Bericht, CERN, http://-info.cern.ch/hypertext/WWW/Theproject.html, 1993.

[BLCGP92] T. Berners-Lee, R. Cailliau, J.-F. Groff und B. Pollermann. World-Wide Web: An Information Infrastructure for High-Energy Physics. In D. Perret-Gallix (Hrsg.), *Software Engineering, Artificial Intelligence and Expert Systems for High Energy and Nuclear Physics*, Singapore, 1992. World Scientific.

[Bun94] Bundesministerium für Umwelt, Jugend und Familie. Das Recht auf Umweltinformation. Wien, Österreich, 1994.

[Con94] CERC, West Virginia University, USA; CERTIA Research Center, Roma, Italy; The Advanced Research Laboratory, Pennsylvania State University, USA. *Inaugural Workshop for the CERES Global Knowledge Network*, Berkley Springs, West Virginia, USA, April 1994.

[DKF94] D. Dougherty, R. Koman und P. Ferguson. *MOSAIC Handbook for the X Window System.* O'Reilly & Associates Inc., Sebastopol. 1994.

[EP90] Ahmed K. Elmagarmid und Calton Pu. Special Issue on Heterogeneous Databases. *ACM Computing Surveys* **22**(3), September 1990.

[ERI94] ERIN General Information. http://kaos.erin.gov.au/general/general.html, 1994.

[KQ94] R. Kramer und T. Quellenberg. Global Access to Environmental Information. FZI Report 9/94, Forschungszentrum Informatik (FZI), Karlsruhe, Germany, Dezember 1994.

[KQ95] R. Kramer und T. Quellenberg. Global Access to Environmental Information. In *International Symposium on Environmental Software Systems (ISESS 1995), June 13th - 15th, 1995*, PennState Great Valley, Malvern, PA, USA, 1995. Chapman and Hall.

[Kra95] R. Kramer. Nutzung des Umweltdatenkatalogs in Weitverkehrsnetzen. In *Proc. 3. Workshop Integration von Umweltdaten, 24.-26. April 1995, Schloß Dagstuhl.* GI-Arbeitskreis Integration von Umweltdaten, Metropolis Verlag, April 1995.

[LMR90] Witold Litwin, Leo Mark und Nick Roussopoulos. Interoperability of Multiple Autonomous Databases. In *ACM Computing Surveys* [EP90], S. 267–293.

[LS94] H. Lessing und T. Schütz. Der Umwelt-Datenkatalog als Instrument zur Steuerung von Informationsflüssen. In L.M. Hilty, A. Jaeschke, B. Page und A. Schwabl (Hrsg.), *Informatik für den Umweltschutz; 8. Symposium, Hamburg 1994; Band I*, Umwelt-Informatik Aktuell, Marburg, 1994. Metropolis, S. 159–167.

[McC94] R. McCool. Common Gateway Interface Overview. NCSA, http://-hoohoo.ncsa.uiuc.edu/cgi/overview.html, 1994.

[NCS94] NCSA. Introduction to NCSA Mosaic for X. NCSA, http://www.ncsa.uiuc.edu/SDG/-Software/Mosaic/Docs/d2-intro.html, 1994.

[Ng93] Jason Ng. GSQL: A Mosaic-SQL gateway. NCSA, http://www.ncsa.uiuc.edu:80/SDG/-People/jason/pub/gsql/, 1993.

[Nie94] Niedersächsisches Umweltministerium, Bundesminsterium für Umwelt, Jugend und Familie Republik Österreich. *Umweltdatenkatalog Benutzerhandbuch*, Juni 1994.

[PLS92] Mike P. Papazoglou, Steven C. Laufmann und Timos K. Sellis. An Organizational Framework for Cooperating Intelligent Information Systems. *Intl. Journal on Intelligent and Cooperative Information Systems* **1**(1), März 1992, S. 169–202.

[SB94] T. Schütz und R. Böhm. Die Datenstrukturierung des Metainformationssystems Umwelt-Datenkatalog. In H. Kremers (Hrsg.), *Umweltdatenbanken*, Nr. 5 der Praxis der Umweltinformatik, Marburg, 1994. Metropolis, S. 245–258.

[SL90] A. P. Sheth und J. A. Larson. Federated Database Systems for Managing Distributed, Heterogenous, and Autonomous Databases. In *ACM Computing Surveys* [EP90], S. 183–236.

[SL93] T. Schütz und H. Lessing. Meta-Information von Umweltdatenobjekten - Zum Datenmodell des Umweltdatenkataloges Niedersachsens. In A. Jäschke and T. Kämpke and B. Page and F. J. Radermacher (Hrsg.), *Informatik für den Umweltschutz, Proceedings 7. Symposium GI-FA 4.6*, Berlin Heidelberg, 1993. Springer, S. 19–28.

[ZY94] F. Zimmermann und P. Young. Information for a Changing World: CIESIN's Use of WWW to Facilitate Access to Data and Information Relevant to Human Interactions in The Environment. In *2nd Intl. WWW Conference '94*, Chicago, USA, Oktober 1994.

Cooperative Management of Data and Services for Environmental Applications

Wolf-Fritz Riekert, FAW Ulm[1]

Abstract: In recent years, systems for processing environmental information have been evolving from research and development systems to practical applications. Many of these systems already support environmental activities of the public sector. Most of these systems, however, were developed as island solutions. The integration of such heterogeneous systems and the support of cooperation on a regional, national and international scale is a big challenge of today. It requires new methods to access and make use of the services and data offered by the agencies of such a distributed system. Metadata (such as in data and service dictionaries) and codata (such as spatiotemporal references) must be provided in order support the proper usage of these data and services. Systems integration techniques are required in order to overcome the heterogeneity of the existing systems. An approach to fulfill these requirements is shown by examples from recent work at FAW that has been conducted in the context of the Environmental Information System Baden-Württemberg.

1. Introduction

Environmental protection and environmental monitoring require a great deal of information processing. Computer based support, known as environmental information management, can be given for conducting these information processing tasks. These tasks include environmental research activities, the observation of environmentally relevant features and actions to take care of, preserve, and restore the environment. Information technology can help both to conduct these activities an to confer and decide upon these activities [RADE94]. The relevant tasks can be displayed in a cyclic diagram, shown in figure 1. This cycle starts at the environment and produces data, information, and finally plans to restore and preserve the environment, thus returning to the beginning of the cycle.

- Environmental data, which are the origin of the information processing cycle described, differ from traditional data in many respects. This concerns spatiotemporal aspects as well as the concepts of codata and metadata. Interpretation processes are necessary to derive the information of interest from existing data. Data processing programs, also known as *services*, can support the necessary processing steps on the road from raw data to user-oriented information.
- Planning actions is a very important task in cooperative environments. It includes decision support activities such as communicating information, raising issues, stating problems, claiming objectives, simulating and forecasting future scenarios, and elaborating plans. The action that results from these plans may affect the environment directly or indirectly. The former case includes activities, such as protecting or restoring the environment. The latter case includes environmental monitoring work, such as collecting more data or developing new data interpretation methods.

2. Cooperativity

A special organizational and technical framework is necessary to conduct these activities by a network of cooperating agencies known as *collaboratory*. Cooperativity aspects are very important for the overall coordination of information processing activities for the environment. In the past, the cooperative aspect of environmental information processing has been neglected in

[1] FAW (Research Institute for Applied Knowledge Processing), P.O.B. 2060, D-89010 Ulm, Germany, Tel.: ++49-731-501500, Fax: ++49-731-501999, E-Mail: riekert@faw.uni-ulm.de

most cases. Many efforts resulted in island solutions which were locally optimized but failed when applied for real world problems. Environmental monitoring and environmental protection are not done by one single hierarchical organization under a centralized leadership. Many independent governmental and non-governmental organizations take part in these processes and need to cooperate with one another. These organizations include, in particular, governmental departments for ecology, economy, natural resources, and agriculture as well as universities, research institutes, associations of environmentalists, etc. and are not limited to one single nation. The number of these organizations is still increasing. Examples are nuclear or defense research agencies that are targeting at new tasks in the environmental domain. Therefore the employment of information technology in the environmental domain will be of limited use, unless it supports virtual organizational structures which go across the existing hierarchies. This leads to the concept of national and international collaboratories, consisting of independent sites. From an informational point of view, these sites are nodes in a communication network. Any node provides data and services which may be accessed from any other node in the network. For supporting this network approach, new software solutions are required that are modular, distributed, and interoperable. The solutions presented in the following sections are intended to meet this requirement.

3. Environmental Information and Environmental Data

In the regulation on freedom of access to information on the environment, the European Council lists the following types of environmental information:

"`Information relating to the environment´ shall mean any available information in written, visual, aural or database form on the state of water, air, soil, fauna, flora, land and natural sites, and on activities (including those which give rise to nuisances such as noise) or measures adversely affecting, or likely so to affect these, and on activities or measures designed to protect these, including administrative measures and environmental management programs."

We try to differentiate the terms "data" and "information", although the two terms are often used as synonyms. While data can be anything that can be archived on the storage media of a computer, information, as a result of an interpretation process, has the special property that human users can make use of it and apply it for their decisions. Although information can be stored as data on a computer, it requires special presentations in order to be easily understood by humans. Typical presentations of information are text, graphics, sound, voice, and video. These presentations can be made available via modern communication media.

Environmental data differ from traditional data in many respects. Often the data are related to a certain location and time interval. Measurement data that are acquired for discrete locations and points in time belong to a special category; these data need to be interpolated if continuous profiles are required (e.g., air pollution data or elevation models). A special case is image data (e.g., satellite sensor data), which typically consist of very large raster data sets. NASA experts often handle terabytes of satellite data; this is more than two orders of magnitude greater than the amount of data managed today in large international financial transaction systems. This requires new storage models for environmental databases, e.g., the use of automatic tape archives and CD ROM jukeboxes as tertiary storage medium.

The most demanding problem concerns the problem of deriving information of interest from existing data. In the ideal case, an environmental database contains all necessary data that are needed to derive the information requested by the user. Apart from the raw environmental data, however, this requires the availability of additional data. These additional data are often referred to as *metainformation* or *metadata* [RADE91]. *Codata* is another term which is also used in this context. In this paper, we try to differentiate between metadata and codata. Metadata provide abstract descriptions of the data structures and data formats used in the underlying system, whereas codata include additional instance-specific data about location, time, precision, and revision date of the data under consideration. Location and time are very important kinds of codata which are discussed in more detail in the next section.

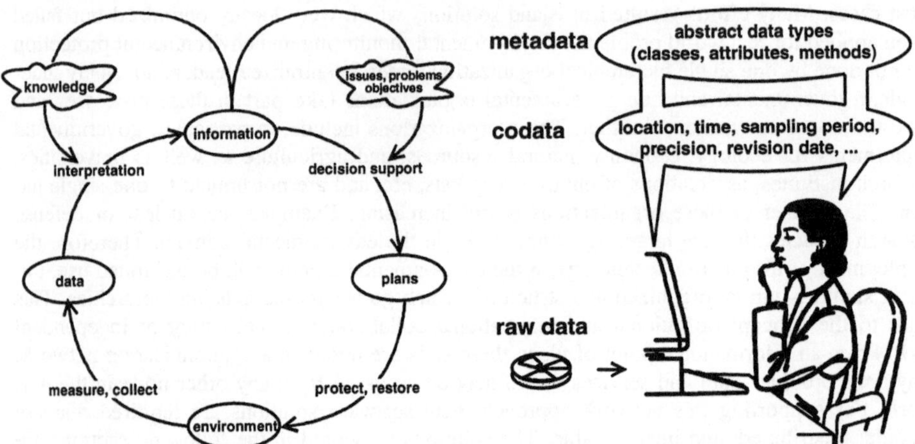

Fig. 1: Information processing tasks in environmental protection

Fig. 2: The importance of metadata and codata for environmental information processing

Metadata and codata are missing today in most existing environmental information processing systems. Often the only data source consists of a magnetic tape containing the raw data (e.g., image data or measurement data) to be analyzed. All of the additional information that is necessary for the correct interpretation of the raw data is implicitly coded in the application programs or must be contributed by the user (figure 2). Such a tape may become completely useless after a change of the personnel or of the data processing software. Therefore an effective management of metadata and codata is of crucial importance for environmental information processing systems.

4. Spatiotemporal Aspects

Environmental data often describe environmental objects with a spatial and temporal extent. These objects, also known as geographic objects, possess a geometry consisting of point-form (0D), linear (1D), flat (2D), or solid (3D) features. Often geographic objects also have a lifetime which is given by their dates of construction and destruction. During the lifetime of an environmental object, its attributes may change. That is, the values of the attributes are only valid during a certain time interval, and a given attribute (e.g., the population of a city or the land use of a parcel) may possess many possible values during the lifetime of the object. A special case is the change of the geometry of a geographic object such as the growth of a city or the shrinking of a lake or a forest.

Spatiotemporal data are important examples of codata in the environmental domain. The management of spatiotemporal data is a special challenge to applied computer scientists. Abstract data types are required for representing concepts such as the partonomy, the topology, and the spatiotemporal extension of geographic objects as well as the thematic information associated with these objects, such as alpha-numeric attributes and relationships to other geographic objects. An important task is also the (carto-)graphic presentation of these objects. In most cases, non-standard data types are required for representing these kinds of information and, therefore, a trend towards systems which allow the definition of such data types, such as extended relational or object-oriented databases [CACM91], can be recognized in current developments [GÜNT93].

The special nature of environmental data also requires a query language with special characteristics. Apart from typical SQL-like questions, the forthcoming object-oriented database management systems [CATT94] also allow navigational queries and queries that include user-defined predicates. In particular the latter allows the usage of spatiotemporal predicates in queries. The optimization of spatiotemporal query-processing is a scientifically demanding problem which concerns both storage models and indexing techniques for multi-dimensional data. The integration of these techniques with existing databases is a hard problem which will still require major research activities in the future.

5. Environmental Information Management in the Public Sector

In recent years, environmental protection as an objective of public activities has reached quite a high standard in Europe, particularly in Germany. Communal tasks, for example, include land use planning, approving compliance with environmental standards, management of hazardous waste, and water and energy management for public facilities. Several states and regions of the European Union have already installed effective environmental information systems and powerful sensor networks.

Official systems such as the Environmental Information System (German acronym: UIS), Baden-Württemberg [MAYE93] support environmental tasks at various levels: Decision support systems are provided for the high-level environmental management, reporting and planning systems are available for middle management, while basic components support the acquisition and management of specific environmental data at the operational level. In addition, interdisciplinary information systems are being used in public environmental management; these systems – such as the topographic or cadastral information systems of the surveying offices – are not restricted to environmental tasks.

UIS is the organizational, informational, and task-oriented framework for the supply of environmental data and for the processing of both department-specific and interdisciplinary tasks in the environmental domain of the State administration. UIS consists of a large number of components that are implemented on various hardware and software platforms and are operated by various departments at distributed locations. In this context, the INTEGRAL project, which is presented in the following section, aims at a user-friendly and economical way of accessing the functionality of these distributed system components.

6. INTEGRAL

The INTEGRAL (Integration of Heterogeneous Components of the Environmental Information System of Baden-Württemberg) project has been conducted since 1993 at FAW in cooperation with the Institute for Nuclear Energetics and Energy Systems (IKE) of the University of Stuttgart under commission of the Ministry of the Environment, Baden-Württemberg. The central goal of this project is to continuously increase the integration of UIS components and to improve the ease of use of these components from remote sites [RIEK94]. This is done by making available the functionalities of these components through an electronic network in the form of data and services.

The networking concepts available in open systems such as the Transmission Control Protocol / Internet Protocol (TCP/IP), Remote Procedure Calls (rpc), Remote Shells (rsh), Common Object Request Broker Architecture (CORBA), World Wide Web (WWW) and the X Window system are promising options for the necessary integration, because they provide highly effective mechanisms for sharing data and functionality within a computer network. Open networking concepts were chosen for the INTEGRAL project since they are supported by all commercial operating systems at least to a large extent.

The idea behind INTEGRAL is to make the functionality from existing programs available as a collection of self-contained services. These services include services for navigating through the available functionality as well as services for data retrieval, data selection, data processing, data presentation, and simulation. Examples are the services to retrieve the content of the database that underlies the Environmental Management Information System UFIS and to invoke the CRAYSIM pollution transport simulation service (figure 3). Another example is the prototype of a geodata server that has been developed in cooperation with the GODOT project (figure 4) [RIEK95a].

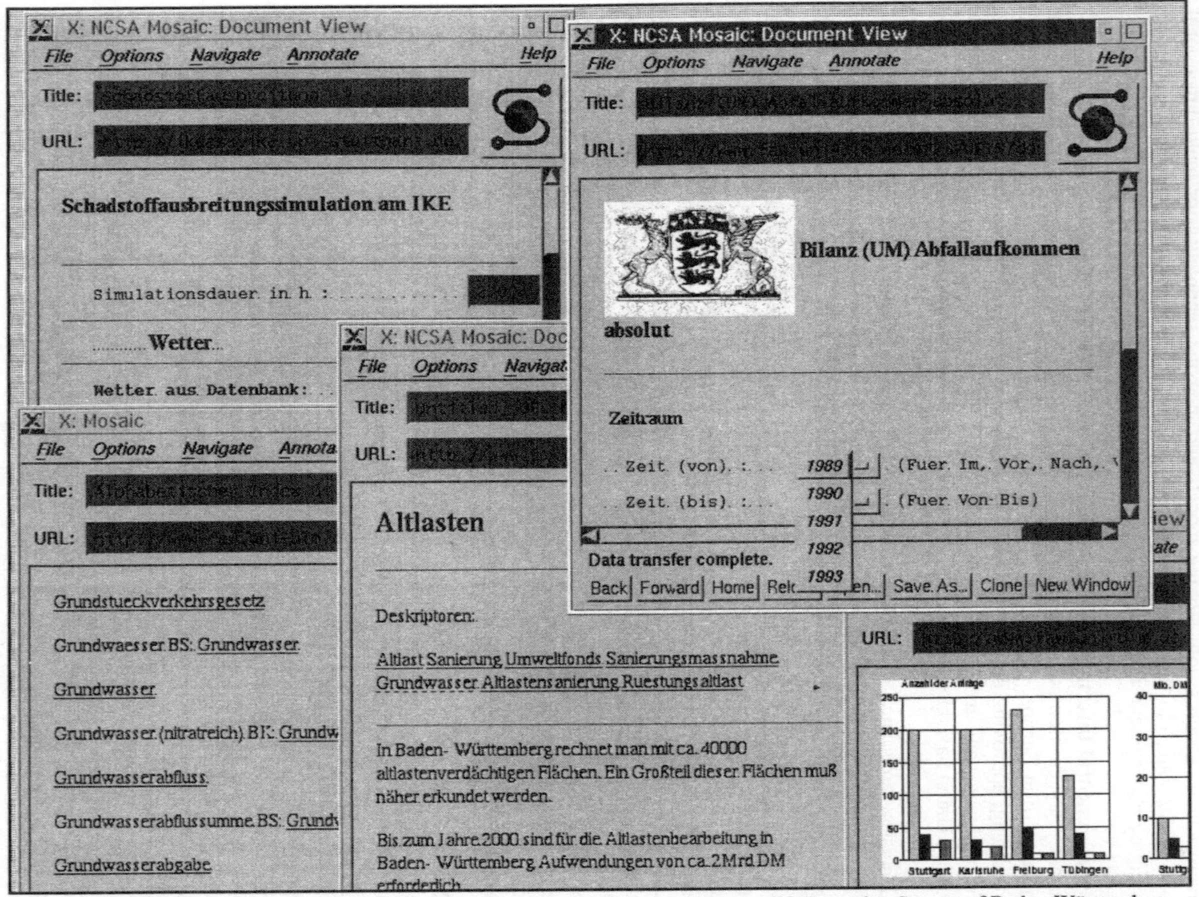

Fig. 3: INTEGRAL: Integration of Heterogeneous Components of the Environmental Information System of Baden-Württemberg

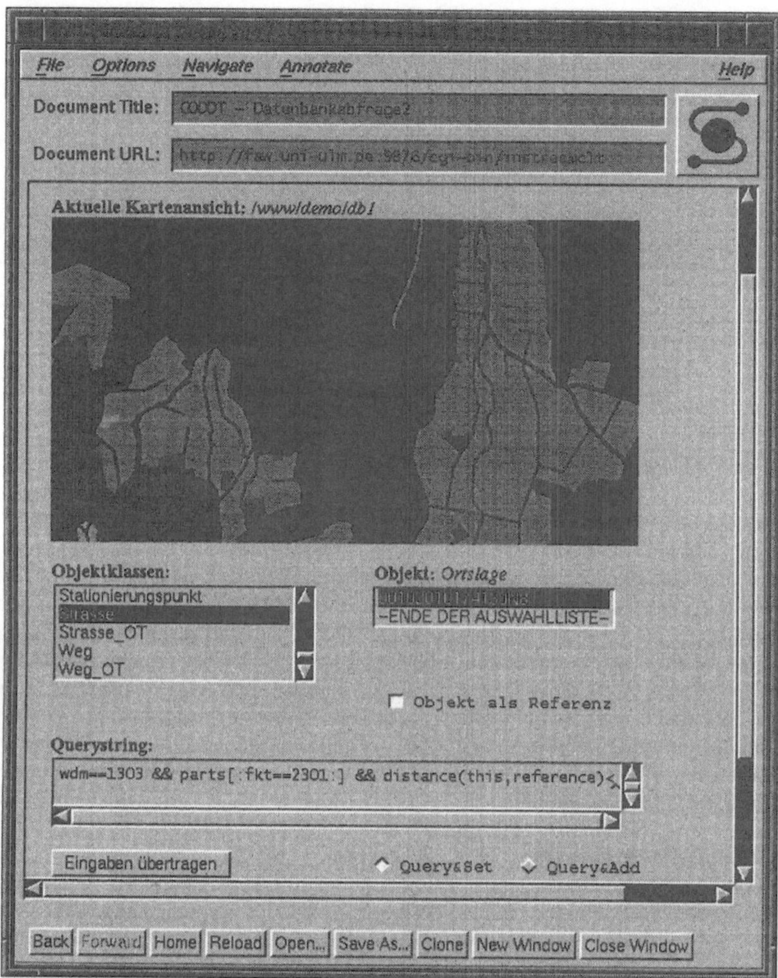

Fig. 4: The Geodata Server Prototype developed in project INTEGRAL

The access to these services and other information resorces such as multimedia documents and data is based on a hypertext system, namely the wide-area hypertext system World Wide Web (WWW). With this system, a network of hypertext documents may be spread out over the computer systems that are connected via an electronic network. WWW browser software such as *Mosaic* is available for all major computer systems including PCs and allows the users to navigate through the network of distributed hypertext documents. The navigation typically ends at some multimedia document, some data file or some service program offered by the participating agencies (figure 5).

Mosaic and other WWW browsers are able to present multimedia documents directly to the users. Data files may be retrieved using a file transfer facility and may be either stored in the file system or processed by a client-side application program (such as a spreadsheet, a desk-top publishing system, or a geographic information system). Server-side service programs (including interfaces to existing information systems) may be invoked through a form-based interface. The result of calling a service program may again be either a multimedia document or a data file, which can be further handled in the ways described above.

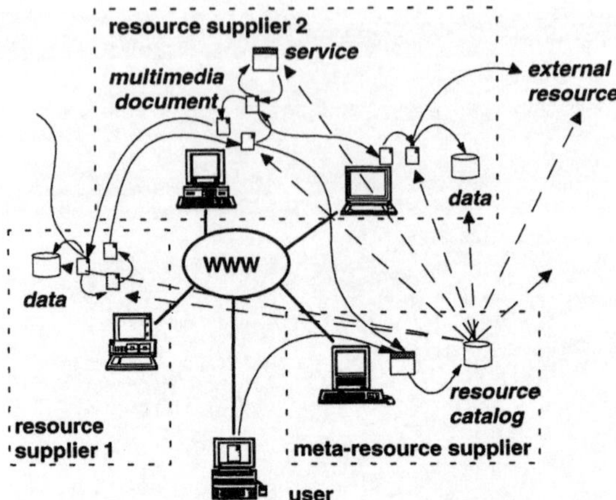

Fig. 5: Access to information resources of the Environmental Information System Baden-Württemberg (data, services and multimedia documents) through the distributed hypermedia system World Wide Web. Direct access to the resources is supported by an online Resource Catalog

The multimedia documents, services, and data of the Environmental Information System Baden-Württemberg may remain distributed among the various collaborating sites and are maintained locally by the responsible departments of the Ministry of the Environment and the State Office for Environmental Protection rather than by a centralized agency. Additional resources that are offered on the WWW by external suppliers at the regional, state, or European levels may be easily included into the system. All resources can be accessed from any workstation or PC in the network without the necessity of installing any software except a WWW browser. This server-side location of resources reduces hardware, software, and maintenance requirements for the client systems.

7. Overcoming the Heterogeneity

The harmonization of environmental information at national, European and worldwide levels is of central importance for gaining a reliable description of the environmental situation and, at the same time, is a basic requirement for the data and service management in this context. These requirements, however, are confronted with the existing heterogeneity of hardware and software environments, of database systems, of method bases, of network technology, and of various computer languages.

The task of overcoming heterogeneity particularly requires the availability of metainformation. Doubtless the development and promotion of standards are of particular importance in this respect. Experience shows, however, that we will still have to cope with competing standards in the future. In addition, technological advances will always produce new heterogeneity problems and will require strategies for migrating the software towards new solutions. Metainformation about data and methods can be used in order to do the necessary translations between different systems.

In the public sector, environmental metainformation systems, also known – with a reduced scope – as *environmental data directories* [SCHÜ93], are currently being developed to overcome the prevailing lack of metainformation in existing environmental information systems. In INTEGRAL, the environmental data directory concept is going to be extended towards a general *environmental resource catalog* that, apart from environmental data, also describes general information resources such as services and multimedial documents (e.g., reports or maps). This resource catalog is itself a service that can be accessed through the WWW (cf. figure 5).

Beyond the standard navigation facility of WWW through explicit hyperlinks, the resource catalog supports direct retrieval strategies that allow a fast access to the desired resources. Towards this end, users can specify terms (including synonyms) from the thesaurus of the German Environmental Agency (Umweltbundesamt), apply full text retrieval techniques or indicate geographic references. In any of these ways, the resource catalog server can be used to identify relevant information content in the network and to put the user through to the appropriate information resource that is provided by a particular WWW server [RIEK95b].

The maintenance of the resource catalog is "outsourced" to the suppliers of data and services. To serve this purpose, the resource catalog possesses a metainformation WWW-based editing facility that can be used as a "resource advertising tool". For any information item to be offered in INTEGRAL, suppliers may provide metainformation about data ownership, pricing, and methods to access the information, as well as a related geographic reference and a collection of descriptors (terms) from an environmental thesaurus. For textual information sources, appropriate terms can be generated by a semi-automatic indexing tool.

8. Conclusion

The management of data and services for environmental applications using codata and metadata is of crucial importance for environmental information systems. The network and hypermedia-based approach chosen in INTEGRAL shows that the access to data and services in environmental information systems will be enhanced and standardized by the techniques proposed. The advantage arises from the simplified, uniform, and more user-friendly availability of remote data and services, which favors the cooperative work within national and international collaboratories. Beyond integrating computer systems, INTEGRAL thus connects people by empowering them to work cooperatively and to communicate efficiently by means of electronic media.

References

[CACM91] Special Section: Next Generation Database Systems. *Communications of the ACM*. 34(10):30-120, October 1991.

[CATT94] Cattel, R.G.G.: *The Object Database Standard: ODMG-93*. Morgan Kaufmann, 1994.

[GÜNT93] Günther, O.; Riekert, W.-F.: The Design of GODOT: An Object-Oriented Geographic Information System. *IEEE Data Engineering Bulletin* 16(3), September, 1993.

[JAES93] Jaeschke, A.; Kämpke, T.; Page, B.; Radermacher, F.J.: *Informatik für den Umweltschutz*. Springer-Verlag, Berlin – Heidelberg – New York, 1993.

[MAYE93] Mayer-Föll, R.: Das Umweltinformationssystem Baden-Württemberg; Zielsetzung und Stand der Realisierung. In: [JAES93], pp. 313-337.

[RADE91] Radermacher, F.J.: The Importance of Metaknowledge for Environmental Information Systems. In: Günther, O.; Schek, H.-J. (eds.): *Large Spatial Databases*. Proceedings. Lecture Notes in Computer Science 525, pp. 35-44. Springer, Berlin – Heidelberg – New York, 1991.

[RADE94] F.J. Radermacher, W.-F. Riekert, B. Page, L.M. Hilty. Trends in Environmental Information Processing In: R. Raubold, K. Brunnstein (eds.) Proceedings of the IFIP Congress 94 – Volume 2. Elsevier Science Publishers B.V. (North Holland), 1994.

[RIEK94] Riekert, W.-F.; Henning, I.; Schmidt, F.: Integration von heterogenen Komponenten des Umweltinformationssystems (UIS) Baden-Württemberg. In: *2. Workshop „Integration von Umweltdaten"*, Metropolis-Verlag, Marburg, 1994.

[RIEK95a] Riekert, W.-F., Ebbinghaus J.: Geodatenserver in Wide Area Networks. In: *Geographische Informationssysteme '95*. Tagungsband. Wiesbaden, 1995.

[RIEK95b] Riekert, W.-F.: Thesaurusgestützter Zugriff zu Umweltinformationen in einem netzübergreifenden Hypertextsystem. In: *3. Workshop „Integration von Umweltdaten"*, Metropolis-Verlag, Marburg, to appear.

[SCHÜ93] Schütz, T.; Lessing, H.: Metainformationen von Umwelt-Datenobjekten – Zum Datenmodell des Umwelt-Datenkataloges Niedersachsen. In: [JAES93], pp. 19-28.

Über die Integrationsproblematik bei übergreifenden Umweltinformationssystemen

Ralf Denzer und Reiner Güttler
Hochschule für Technik und Wirtschaft des Saarlandes
Goebenstr. 40
D-66117 Saarbrücken

Abstract

Bei der Verknüpfung von Informationssystemen im Umweltbereich gibt es eine Reihe von Problemen, welche die Integration erschweren und dazu führen, daß die Vernetzungsdichte bei der Umweltinformation nach wie vor zu wünschen übrig läßt.

In vielen Projekten und Diskussionen in der Fachöffentlicheit wird hervorgehoben, daß Integration von Umweltdaten ein schwieriges Unterfangen ist, aber oft können nur wenige einzelne Gründe hierfür angegeben werden.

Wir beschäftigen uns seit einigen Jahren sowohl in praktischen Projekten als auch in der Grundlagenforschung mit dieser Thematik. Auf theoretischer Ebene war uns in den letzten Jahren daran gelegen, die eigentlichen Gründe zu finden, warum die Integration so problematisch ist und daraus für die Zukunft belastbare Integrationskonzepte zu entwickeln, die auf breiter Basis einsetzbar sind. In diesem Artikel geben wir eine Zusammenfassung der Ergebnisse unserer Überlegungen.

1. Umweltinformationssysteme

Zu Beginn wollen wir kurz klären, was wir unter einem Umweltinformationssystem verstehen. Die meisten Systeme, die derzeit im Umweltbereich realisiert sind, sind aus unserer Sicht sogenannte *Fachinformationssysteme*. Dies sind Systeme, die für einen begrenzten thematischen und einen begrenzten räumlichen Bereich in der Regel unter einer Betreiber-Autorität (Behörde, Forschungseinrichtung o.Ä.) Informationen bereitstellen. Hierzu zählen die von den Ländern betriebenen Luftgütemeßnetze, landesweite Bodenkataster u. s. w.

Die Grenze zum *Umweltinformationssystem* (UIS) - und damit zu einer erheblich anspruchsvolleren Qualität in der Informationsverarbeitung - wird unserer Meinung nach erst dann überschritten, wenn das System mindestens

- räumlich übergreifende und/oder
- fachlich übergreifende

Informationen miteinander verknüpfen muß. Diese Abgrenzung ist einerseits durch jene motiviert, die Umweltschutz als vernetztes System ansehen. Andererseits gibt es auch noch eine DV-technische Motivation dieser Abgrenzung: bei allen konkreten Problemen im Detail stellt nicht das einzelne Fachinformationssystem, sondern erst das breit vernetzte Umweltnetzwerk besondere Anforderungen an die Umweltinformatik. Wir halten die Aufgabe, bei Bedarf jede verfügbare Umweltinformation auf den Bildschirm eines beliebigen Planers vor Ort zu bringen, egal wer sie erhoben hat und wer sie wo in welcher Weise vorhält, für die wirkliche Herausforderung des Umweltschutzes an die Informatik.

In diesem Sinne ist vieles, was heute als "UIS" bezeichnet wird, kein UIS, wie wir es verstehen.Wenn wir also in der Folge von UIS sprechen, so sind dies übergreifende Systeme, die zumindest räumlich aber auch fachlich verschiedene Informationssammlungen miteinander verknüpfen. Die Integrationsproblematik bei diesen Systemen wollen wir in der Folge beleuchten.

Insbesondere bei organisationsübergreifenden Aufgaben wird die Integration oft problematisch. Dabei spielt es auf nationaler Ebene nur eine geringe Rolle, ob es um die Zusammenführung von Information aus unterschiedlichen Bundesländern geht oder ob man kleinere aber ebenso heterogene Organisationseinheiten betrachtet. Auf internationaler Ebene kommt semantisch das Problem der Vielsprachigkeit hinzu.

2. Problematik der Heterogenität

Seit Aufbau der ersten Systeme im Umweltbereich gab es eine fachliche Diskussion darüber, wie die grundlegende Architektur von UISen sinnvoller Weise aussieht. Dabei gab es überwiegend zwei fachliche Fraktionen: eine, die Integration durch zentrale Lösungen sowie Vereinheitlichung der Software anstrebte und eine zweite, die vollständig dezentrale Konzepte favorisierte. Von zentralen Konzepte ist mittlerweile nur noch wenig die Rede und es mußten schmerzliche Erfahrungen mit am grünen Tisch entwickelten Projekten gemacht werden.

Man kann den "Zentralisten" Mitte bis Ende der achtziger Jahre ihre Haltung nicht vorwerfen, denn einerseits war die noch damals gültige Rechnerlandschaft so beschaffen und andererseits bestand vielfach eine verständliche intuitive Neigung anzunehmen, zentrale Konzepte ließen sich einfacher bauen und managen.

Erst in einer Untersuchung im Jahre 1992 konnte für einen konkreten Fall nachgewiesen werden, daß im Gegenteil ein zentrales Konzept sogar Mehraufwand bedeutet, schwieriger zu konstruieren ist und gegenüber einem dezentralen Konzept einen erheblichen Overhead mit sich bringt (Denzer 1992).

In der Praxis begegneten wir auch oft der Forderung, mögliche Inkonsistenzen in UIS durch einheitliche Hardware- und Softwarekomponenten zu vermeiden. Dies ist jedoch keine Lösung, da unberücksichtigt bleibt, daß es für spezifische Aufgaben in der Regel viel sinnvoller ist, andere als eine zentral vorgeschriebene Software/Hardware zu verwenden. Die Forderung nach vollständiger Homogenität hat darüber hinaus den schwerwiegenden Nachteil, daß einerseits eine Integration von verschiedenen schon existierenden Insellösungen mit ihrer schon bestehenden Inhomogenität verhindert wird, andererseits bedeutet es für Neuentwicklungen, daß nicht die Systemwahl dem Problem angepaßt wird, sondern das Problem der Systemwahl.

Im Gegensatz zu dieser Auffassung vertreten wir die Meinung, daß man die zu erwartenden großen Systeme weder zentral organisieren, noch konzeptionieren, noch koordinieren, noch pflegen kann wenn man zur Bedingung macht, daß jeder Sachbearbeiter an jeder beliebigen Stelle für seine spezifische Aufgabe eine für ihn angepaßte Lösung bekommen soll. Wir müssen also grundsätzlich mit Heterogenitäten leben, was einen entscheidenden Einfluß auf die Architektur von UISen hat (Güttler 1993). Wir werden die unterschiedlichen Erscheinungsformen von Heterogenitäten in den folgenden Abschnitten erläutern.

2.1. Syntaktische Heterogenität

Man versteht hierunter, daß bei den verschiedenen Stellen, die miteinander Daten austauschen müssen, Systeme verwendet werden, die sich unterscheiden können bezüglich Hardware, Betriebssystem, lokales Netzwerk, Kommunikationssoftware, Datenhaltungssoftware, Datenbank und User-Interface-Software.

Da bei den typischen Anwendern z.B. in Behörden in DV-technischer Hinsicht nicht von einer hohen Qualifikation ausgegangen werden kann, muß ein integriertes System die gesamte syntaktische Heterogenität vor dem Benutzer verbergen.

2.2. Semantische Heterogenität

Darunter versteht man die unterschiedliche Auffassung der Bedeutung einer Information. Dies beginnt bei der unterschiedlichen Auffassung einer Einzelinformation an sich. Durch parallel sich entwickelnde Projekte entstehen unterschiedliche Terminologien und Begrifflichkeiten, welche die Integration erschweren. Ein lapidares aber gravierendes Beispiel hierfür ist die unterschiedliche Benennung von Objekten (z.B. "SO2", "SO_2", "Schwefeldioxid", "SchwDiox", "SD", "SCHWD", ohne die Zuordnung des Parameters in unterschiedliche Medien), die in der Praxis zu einem nahezu unendlich großen chaotischen Namensraum führt, der auch nicht durch den größten Thesaurus geordnet werden kann. Semantische Heterogenität hat viele Facetten, die wir hier nicht im einzelnen beleuchten wollen. Wir verweisen auf (Denzer 1994), wo die Probleme anhand von Beispielen ausführlich erläutert werden.

2.3. Strukturelle Heterogenität

Hierunter versteht man, wenn unterschiedliche Stellen für an sich gleiche Objekte strukturell unterschiedliche Datenmodelle verwenden, d.h. wenn sie Einzelinformationen zu unterschiedlichen Strukturen zusammen bauen. Dabei ist zu beachten, daß die Einzelinformationen i.d.R. selbst syntaktischer und semantischer Heterogenität unterliegen, wodurch die entstehenden Aggregate schon aus diesem Grund heterogen sind. Durch die unterschiedliche Strukturierung kommt aber eine weitere Heterogenität sowohl in syntaktischer (Aufbau des Objekts) als auch semantischer (Bedeutung des Objekts) Sicht hinzu.

2.4. Heterogenität und Normierung

Ein weiterer heiß diskutierter Punkt ist die Frage, ob man Objekte in UISen (strukturell (?), semantisch (?), syntaktisch (?), ...) normieren soll, um den Austausch von Umweltinformation zu erleichtern, und wenn ja wie weit.

Hier gehen die Meinungen heute noch sehr weit auseinander: von der Behauptung, man solle Information strikt normieren bis hin zu der Behauptung, daß dies überhaupt nie funktionieren wird. Vielleicht liegen die Probleme mit der Normierung auch darin begründet, wie man in der Vergangenheit an Fragen der Normierung herangegangen ist und daß es bislang keine Integrationswerkzeuge gibt, die diesen Prozeß dynamisch unterstützen.

Wir glauben aber auch, daß vielen Anwendern und Fachwissenschaftlern gar nicht klar ist, welche Probleme sie uns Informatikern bereiten, wenn sie einen Wildwuchs an eigentlich nicht vergleichbarer Information zulassen. Hierauf wollen wir kurz eingehen.

Die Grundlage der Austauschbarkeit und Vergleichbarkeit von Information ist ein konkretes Datenmodell für einen konkreten Typ von Objekten. Definieren zwei unterschiedliche Stellen dieses Datenmodell unterschiedlich und erheben sie ihre Einzelinformationen dann auch noch z.B. mit unterschiedlichen Erhebungsverfahren, so sind die unterschiedlichen Objekttypen zunächst einmal grundsätzlich unverträglich. Nur im Einzelfall kann es dann möglich sein, durch einen Überbau die unterschiedlichen Sichtweisen ineinander zu überführen, allerdings i.d.R. durch einen immensen Aufwand (Schimak 1994).

Das Integrationsproblem ist also zum Teil ein unnötiges hausgemachtes, welches schon damit beginnt, daß sich Fachwissenschaftler nicht auf eine einheitliche Methodik geeinigt haben. Wir glauben nicht, daß man die Einheitlichkeit der Methodik für jede Aufgabe fordern kann, dazu sind insbesondere Planungsaufgaben zu spezifisch; aber es wäre ausgesprochen hilfreich, wenn zumindest bei den permanenten Basis-Beobachtungsprogrammen eine einheitliche Strategie der Erhebung erreicht werden könnte.

3. Problematik der Autonomie

Die diskutierten Heterogenitäten durch sich parallel entwickelnde Projekte alleine sind noch nicht das ausschlag gebende Problem bei verteilten UISen. Es kommt ein weiterer Umstand hinzu, der die Integration massiv erschwert: die Hoheit der einzelnen Behörden und deren damit verbundene DV-technische Autonomie.

Wenn ein international operierender Konzern zwischen einzelnen Organisationsteilen zu einem bestimmten Zweck Informationen austauschen will, so ist dies trotz der Heterogenität bestehender Systeme relativ unproblematisch, einfach weil ein Konzern ein Datenmodell *durchsetzen* kann. Es ist in einem solchen Fall i.d.R. auch unstrittig, daß betroffene Organisationsteile *Ressourcen* für Anpassungen oder Umstellungen benötigen. Dies ist nach unseren Erfahrungen weder in Behörden noch in Forschungseinrichtungen gegeben.

Im Bereich der Behörden sieht die Praxis so aus, daß ein Umweltministerium eines Landes einer Vielzahl von betroffenen datenhaltenden Stellen gegenüber gar nicht weisungsbefugt ist, weil diese Stellen z.B. dem Innen- oder Wirtschaftsministerium unterstehen. Die *Durchsetzungsmöglicheit* eines einheitlichen Datenmodells ist dadurch i.d.R. in der Praxis selten gegeben (über die Möglichkeiten in Forschungseinrichtungen wollen wir gar nicht sprechen).

Auch wird nur in den seltensten Fällen eingesehen, daß man für die Integrationsaufgaben in jedem konkreten Fall entsprechende Ressourcen benötigt, wodurch eine Behörde (die Daten besitzt) sozusagen zu einem Dienstleister einer anderen Behörde (welche die Daten benötigt) werden würde. Auch hier sieht es im Bereich der Forschung eher noch schlimmer aus: i.d.R. tun die einschlägigen Programme immer noch so als würde die Informationstechnik zu einem Untersuchungsprogramm vom Himmel fallen. Es sind weder genügend DV-Ressourcen vorhanden noch existiert bislang die Einsicht, daß *die Informatik selbst* hier Forschungsbedarf hat. Vielen Fachwissenschaftlern ist es offensichtlich auch lästig, ihre Daten so aufzubereiten und zu dokumentieren, daß auch die Nachwelt etwas damit anfangen kann (Stichwort: Metainformation).

Die Autonomie der an einem UIS beteiligten Stellen ist eine Tatsache, die wir Informatiker einfach zur Kenntnis nehmen müssen. Sie erschwert die Integration, macht sie aber nicht unmöglich. Sie zwingt uns aber dazu, von bestehenden Software-Paradigmen abzugehen und neue Wege zu suchen. Wir brauchen dabei das Verständnis für unsere Probleme bei Anwendern und Fachwissenschaftlern, da wir nur mit ihnen gemeinsam neue Wege gehen können und da nur sie letztendlich entscheiden, welche Konzepte in der Zukunft in die Praxis umgesetzt werden.

4. Problematik der Dynamik

Zu Heterogenität und Autonomie kommt ein weiteres Problem hinzu, welches radikale Konsequenzen für die Architektur verteilter UIS hat. Dies ist die Tatsache, daß, wenn man von einem wirklich vernetzten UIS spricht, nicht nur eine zum Zeitpunkt T gegebene Heterogenität und Autonomie existiert, sondern daß alle Systeme im UIS sich in beiden Aspekten auch noch mit der Zeit verändern. Dies wollen wir in der Folge diskutieren.

Fall 1

Nehmen wir an, zwei Systeme S_0 und S_1 wollen Daten austauschen, wobei S_0 die Datenquelle ist (Server) und S_1 die Datensenke (Client). Dann verständigen beide sich über eine Konvention, wie die Daten aussehen, was sie bedeuten und mit welcher Technik der Austausch statt findet (Netzwerkschnittstelle, Filetransfer, ...). Ändert nun der Server (selbst bei gleichbleibender Technik) nach einer gewissen Zeit sein Datenmodell, so muß der Client diese Änderung mitmachen, wenn er auf dem neuesten Stand bleiben will, d.h. konkret daß z.B. ein Importfilter erweitert werden muß oder eine neue Version eines RPC-client eingebaut wird.

Fall 2

Ein Datenbesitzer S_0 entschließt sich, seine Daten im Sinne des freien Zugangs zur Umweltinformation in einem Netzwerk zur Verfügung zu stellen (ohne daß er a-priori weiß, wer ein potentieller Client sein wird). Er definiert sein Datenmodell und seine Schnittstelle, stellt diese der Öffentlichkeit zur Verfügung und mit der Zeit verwenden einige Clients $S_1 ... S_N$ die Schnittstelle. Bei einer Änderung des Servers müssen nun alle Clients $S_1 ... S_N$ ihre Schnittstelle mitändern. (Das Problem, daß der Server gar nicht weiß, wen er von der Änderung verständigen soll, ist nebensächlich).

Fall 3

Im Zuge der zunehmenden Vernetzung (dem angestrebten Ziel) der Umweltinformation erhöht sich die Anzahl der Clients rapide (N=100, N=1000 sind keine unrealistischen Zahlen).

Fall 4

Im Zuge der zunehmenden Vernetzung (dem angestrebten Ziel) der Umweltinformation erhöht sich die Anzahl der Server S_0^M rapide (M=100, M=1000).

Als Ergebnis hieraus ergibt sich, daß bei konventioneller Schnittstellentechnik die laufende Nachführung der vielen Clients an die vielen Server vom Aufwand her immer problematischer wird. Das Problem der dynamischen Änderungen der Datenmodelle jedes Servers *wird dabei umso größer, je weiter die Vernetzung voranschreitet* (also **M** und durchschnittliches **N** größer werden). Die Vernetzung erstickt sich also selbst in ihrem eigenen Anpassungsaufwand.

Dies hat zur Folge, daß wir neue Konzepte für den Bau von Schnittstellen zwischen Systemen benötigen, Konzepte, die es verkraften, daß sich das Datenmodell jedes Servers nahezu nach Belieben ändern darf ohne daß alle Clients davon in der geschilderten Weise betroffen sind.

5. Holzwege beim "klassischen Systemdesign"

Wir möchten einen weiteren Aspekt ansprechen, der unserer Meinung nach Probleme bei der Integration ausmacht. Bei der konventionellen Software-Entwicklungstechnik wird i.d.R. aus einem logischen Modell der Domäne eine DV-technische Implementierung abgeleitet. D.h. konkret, daß bei den vielen Ansätzen für landesweite UIS bestimmte Module $M_1...M_p$ definiert wurden (Luftgütemeßnetz. Emissionskataster, Raumordnungssystem, Führungssystem, etc.), die dann in der Folge umzusetzen waren. Zwischen diesen Modulen existieren zumindest auf dem Papier Schnittstellen.

Jedes einzelne dieser *aus inhaltlicher Sicht abgeleiteter* Module hat ein bestimmtes Datenmodell D_i und eine bestimmte Logik L_i, welche den Raum der Objekte innerhalb des Moduls durch Restriktionen begrenzt.

Konstruiert man nun, aufbauend auf den definierten Modulen, Datenmodellen und Logiken Schnittstellen X_{ij} zwischen den Sytemen, so können diese nur funktionieren, wenn sich die unterschiedlichen Logiken nicht widersprechen. Dies ist auch bei einem guten Systemdesign machbar.

. Nun kommt aber hinzu, daß im Umweltbereich oft die Fragestellungen nicht vorab scharf geklärt werden können, daß neue Fragestellungen auftreten oder daß sich existierende Fragestellungen dynamisch ändern. Dann kann geschehen, was viele von uns in der Praxis schon erlebt haben: eine neue Anforderung, welche Objekte aus den Modulen M_i und M_j zu einem bestimmten Zweck verbinden soll, widerspricht auf einmal der Logik eines der Systeme. Die Schnittstellen, die auf der Logik der Systeme aufgebaut sind, können die Anforderungen nicht mehr erfüllen oder die neue Anforderung widerspricht sogar der bestehenden Stuktur. Aus diesem Dilemma kommt man i.d.R. ohne erheblichen Aufwand nicht mehr heraus.

Zum Beispiel kann in einem konkreten Fall schon die Entscheidung, welches Einzeldatum ein Datum und welches ein Metadatum ist, für eine andere Aufgabenstellung falsch gewählt sein. Besitzt ein System dann nur eine Recherchekomponente für Daten (aus seiner Sicht), aber nicht für die Metadaten (aus seiner Sicht), so kann es geschehen, daß für einen anderen Anwendungsfall Daten (aus anderer Sicht) in diesem System nicht recherchiert werden können, weil sie als Metadaten eingestuft sind.

Jede Annahme, die man für einen konkreten Fall macht, ist schon eine Restriktion für alle anderen Fälle. Daher ziehen wir die Schlußfolgerung, daß man eigentlich versuchen müßte, die Datenmodelle von UIS-Teilsystemen möglichst frei von restriktiven Annahmen zu konstuieren. Dies wird im konkreten Fall nur zu einem gewissen Teil gehen, aber es ist schon geholfen, wenn diese grundlegende Philophie sich nach und nach durchsetzt. Ganz besonders wichtig wäre es, wenn zumindest die Schnittstellen der Systeme nach außen sich dieser Philosophie unterwerfen würden, wobei eine genormte Schnittstelle für das gesamte UIS angestrebt werden sollte.

6. Schlußfolgerungen

In vorliegendem Artikel beschreiben wir die grundlegenden Integrationsprobleme bei der Verknüpfung verteilter Systeme, die Umweltdaten bereitstellen. Wichtige Schlußfolgerungen ergeben sich hieraus. Wir halten es für dringend geboten, in der Zukunft vermehrt dazu überzugehen, Systeme so zu konstruieren, daß sie mit dynamisch wechselnden, heterogenen Anforderungen umgehen können. Hierzu bedarf es insbesondere an den Schnittstellen sehr allgemeingültiger, flexibler Werkzeuge, die in Zukunft als Standards verfügbar sein sollten. In dieser Form wird auf dem Markt leider noch wenig angeboten, was im Umweltbereich einsetzbar wäre. Es ist daher notwendig, mit vorhandenen Basis-Werkzeuge, auf den Umweltbereich abgestimmte Werkzeuge zu entwickeln.

Wir haben 1993 begonnen, ein solches Werkzeug zu entwickeln (SIRIUS - Saarbrücken Information Retrieval and Interchange Utility Set) und Mitte 1994 einen Prototyp vorgelegt, den wir derzeit in praktischen Projekten evaluieren. Diesen Prototypen beschreiben wir detailliert an anderer Stelle (siehe Denzer1995).

Literatur

Denzer, R. (1994), Güttler R., Integration von Umweltdaten, in: Page B., Hilty, L.M., Umweltinformatik, Oldenbourg, 1994

Schimak G. (1994), Denzer R., Humer H., Knappitsch E., The Ozone Network for Austria - Technical Concept of a Distributed Environmental Information System, in: L. M. Hilty et al. (eds.), Informatik für den Umweltschutz, 8. Symposium, Hamburg, August 1994, Metropolis, 1994, pp. 89-96

Güttler R. (1993), Denzer R., Umweltinformation als verteiltes System, in: A. Jaeschke et al. (eds.), Informatik für den Umweltschutz, 7. Symposium, Ulm, Informatik Aktuell, Springer, 1993, pp. 404-416

Denzer R. (1992), Möglichkeiten eines Immissionsdatenverbundes in Österreich, Bericht 221/92, Universität Kaiserslautern

Denzer R. (1995), SIRIUS - Informationsarchitektur und Integrations-Toolkit für offene Umweltinformationssysteme, 3.Workshop Integration von Umweltdaten, Metropolis, 1995, in Druck

The UIS of Babylon

Beiträge zur länderübergreifenden Umweltinformation

Thomas Bandholtz, Sema Group GmbH, Köln

Ökosysteme halten sich nicht an Landesgrenzen! Seit eh und je hat diese Tatsache lokal (und administrativ) denkende Menschen zur Verzweiflung getrieben - oder aber in Weltbürger verwandelt. Vorindustrielle Waldzerstörung durch überhand nehmende Brandrodung, Migration von Schadstoffen durch Wasser und Luft, weiträumige Folgen von Flußregulierungen usw. waren nur Vorboten der heutigen *globalen* Phänomene wie „Ozonloch" oder „Treibhauseffekt".

„Ein jeder kehre vor seiner eigenen Tür",

so lautet die Volksweisheit, die die Verantwortung eines jeden *für seinen unmittelbaren Lebensraum* herausstellt, aber die Frage offen läßt, *wohin* er denn kehren soll. Wir sind dabei zu lernen, daß wir nichts „fortkehren" können, das nicht auf anderem Wege wieder auf uns zurückfallen würde.

Länderübergreifende Aktivitäten zum Schutz der natürlichen Lebensvoraussetzungen sind eine logische Konsequenz, und diese beinhaltet selbstverständlich den Austausch und die Zusammenführung der Informationenen, über welche alle Beteiligten verfügen.

Es fällt dennoch nicht leicht, spezifische Probleme eines ausdrücklich *länder*übergreifenden Informationssystems heraus zu kristallisieren, die nicht zugleich Probleme *jeglicher* übergreifenden Integration von Informationen wären. Schwierigkeiten bei der Abbildung unterschiedlich gefaßter Begriffe und Methoden überfallen den Informatiker nicht erst an der Landesgrenze, und allein die demgegenüber oberflächliche Mehr*sprachigkeit* solch eines Systems wäre sicher kein eigenes Symposium wert, schon gar nicht eigens innerhalb der *Umwelt*informatik.

Integration von Umweltinformation ist ja immer auch Integration von *Kulturen,* und dies wirkt bei unserer Fragestellung lediglich etwas selbstverständlicher. Es mag vielleicht den einen oder anderen zunächst irritieren, von der Kultur eines einzelnen lokalen Überwachungs-Meßnetzes zu sprechen, einem Land oder einer Nation gestehen wir dies aber gerne zu. Die Mißachtung von Souveränität und Eigengesetzlichkeit führt jedoch in beiden Fällen zu Bruchstellen, wenn nicht zum Scheitern.

Es scheint, als hätte die länderübergreifende Problematik kein wirklich eigenes Thema, das nicht auch in anderen Integrationsbezügen auftauchen würde. Vielleicht ist jedoch die Aufgabenstellung ausgeprägter, wenn wir es mit Ländern zu tun haben.

„Übergreifende" Betrachtungsweisen

Übergreifende Betrachtungsweisen gibt es in dreierlei Hinsicht:

- räumlich:

  gleichförmige Betrachtungsweisen mehrerer räumlicher Einheiten werden zusammengefaßt, wie z.B. die an verschiedenen Orten plazierten Meßstationen zu einem Meßnetz;

- fachlich:
  unterschiedliche fachliche Sichten werden zusammengeführt, wie z.B. bei der Umweltverträglichkeitsprüfung;
- administrativ:
  Informationen verschiedener administrativer Einheiten werden verglichen, wie z.B. metereologische Beobachtungen der Immissionsüberwachung und der Wetterdienste.

Jedes derartige Projekt hat seine spezifische Problematik. Immer häufiger haben wir es jedoch mit einer *komplexen* Integration zu tun, die regional, fachlich und administrativ zugleich ausgelegt ist. Dies trifft bereits auf die Umweltinformationssysteme der einzelnen Bundesländer oder Kantone zu und findet sich ausgeprägter auf der nationalen Betrachtungsebene. Die länderübergreifende Integration hat in jeder Hinsicht hier die größten Spannweiten zu überbrücken.

Allgemeine Probleme der Integration

An anderer Stelle [BAND95] bin ich ausführlicher auf die generelle Integrationsproblematik eingegangen.

kulturell	Anwendung Zusammenarbeit Kompetenz
operativ	Datenschutz Vorgangsmanagement Implementierung
semantisch	Modellierung Aggregationsebenen Begriffsdefinitionen
syntaktisch	Austauschformate Datenmodelle Zeichensätze
physikalisch	Netzprotokolle Netzverbindungen Binärformate

Abb. 1 Ebenen der fachübergreifenden Integration [BAND95]

Die Erfahrungen bei der Integration von VISION-Umwelt® in drei Bundesländern Deutschlands (Niedersachsen, Sachsen-Anhalt und Hessen, vgl. [BAND94/95]) haben Möglichkeiten und Probleme deutlich werden lassen. Zwar ging es hier bisher nicht um die Integration der Daten der Länder untereinander, aber die Integration der Daten des jeweiligen Landes im selben Informationssystem ermöglicht einen sehr differenzierten Vergleich.

Zusammenfassend läßt sich sagen, daß die Informationsstrukturen zwar in weiten Bereichen sehr ähnlich aussehen, in methodischen Details jedoch entscheidend voneinander abweichen. Ein 95-Perzentil läßt sich eben nicht in ein 98-Perzentil umrechnen, ohne auf die Rohdaten zurückgreifen zu müssen. Auch standardisierte Bezugsdaten wie z.B. der LAGA-Abfallartenkatalog oder der Katalog der Biotop- und

The UIS of Babylon

Beiträge zur länderübergreifenden Umweltinformation

Thomas Bandholtz, Sema Group GmbH, Köln

Ökosysteme halten sich nicht an Landesgrenzen! Seit eh und je hat diese Tatsache lokal (und administrativ) denkende Menschen zur Verzweiflung getrieben - oder aber in Weltbürger verwandelt. Vorindustrielle Waldzerstörung durch überhand nehmende Brandrodung, Migration von Schadstoffen durch Wasser und Luft, weiträumige Folgen von Flußregulierungen usw. waren nur Vorboten der heutigen *globalen* Phänomene wie „Ozonloch" oder „Treibhauseffekt".

„Ein jeder kehre vor seiner eigenen Tür",

so lautet die Volksweisheit, die die Verantwortung eines jeden *für seinen unmittelbaren Lebensraum* herausstellt, aber die Frage offen läßt, *wohin* er denn kehren soll. Wir sind dabei zu lernen, daß wir nichts „fortkehren" können, das nicht auf anderem Wege wieder auf uns zurückfallen würde.

Länderübergreifende Aktivitäten zum Schutz der natürlichen Lebensvoraussetzungen sind eine logische Konsequenz, und diese beinhaltet selbstverständlich den Austausch und die Zusammenführung der Informationenen, über welche alle Beteiligten verfügen.

Es fällt dennoch nicht leicht, spezifische Probleme eines ausdrücklich *länder*übergreifenden Informationssystems heraus zu kristallisieren, die nicht zugleich Probleme *jeglicher* übergreifenden Integration von Informationen wären. Schwierigkeiten bei der Abbildung unterschiedlich gefaßter Begriffe und Methoden überfallen den Informatiker nicht erst an der Landesgrenze, und allein die demgegenüber oberflächliche Mehr*sprachigkeit* solch eines Systems wäre sicher kein eigenes Symposium wert, schon gar nicht eigens innerhalb der *Umwelt*informatik.

Integration von Umweltinformation ist ja immer auch Integration von *Kulturen*, und dies wirkt bei unserer Fragestellung lediglich etwas selbstverständlicher. Es mag vielleicht den einen oder anderen zunächst irritieren, von der Kultur eines einzelnen lokalen Überwachungs-Meßnetzes zu sprechen, einem Land oder einer Nation gestehen wir dies aber gerne zu. Die Mißachtung von Souveränität und Eigengesetzlichkeit führt jedoch in beiden Fällen zu Bruchstellen, wenn nicht zum Scheitern.

Es scheint, als hätte die länderübergreifende Problematik kein wirklich eigenes Thema, das nicht auch in anderen Integrationsbezügen auftauchen würde. Vielleicht ist jedoch die Aufgabenstellung ausgeprägter, wenn wir es mit Ländern zu tun haben.

„Übergreifende" Betrachtungsweisen

Übergreifende Betrachtungsweisen gibt es in dreierlei Hinsicht:

- räumlich:

  gleichförmige Betrachtungsweisen mehrerer räumlicher Einheiten werden zusammengefaßt, wie z.B. die an verschiedenen Orten plazierten Meßstationen zu einem Meßnetz;

Viele Ansätze, unter anderem auch das Konzept des UDK-Kommunikationsmoduls [UDKKOMO], glauben sich am Ziel, wenn der Anwender Daten suchen, anfordern und schließlich auch bekommen kann. Sie liegen dann *als Kopie* der Originale in seiner lokalen Datenhaltung. Für den Rest ist der Anwender selbst zuständig.

Dies ist nicht Integration, sondern lediglich Zugriff und Transport. Am Ende steht die beziehungslose Redundanz versammelter Datenauszüge.

Integration umfaßt, neben dem Einsammeln von Beiträgen, mehr:

1. Integrieren der Beiträge
   formal (Datenmodell) und inhaltlich (Semantik, Visualisierung).
2. Verwalten von Ergebnissen
   Die integrierten Daten sind nach dem 1. Schritt nicht mehr nur redundant. Der Anwender will das Ergebnis aufheben und später aktualisieren. Dies kann durch kontrollierte Ablage der Ergebnisse selbst geschehen, ergänzt durch ein ablauffähiges (wiederholbares) Integrationsprotokoll.
3. Kontrolle des Lebenszyklus
   Die integrierten Daten müssen u.U. aktualisiert, verteilt und irgendwann gelöscht werden.

Blue Planet

Nicht nur Ökosysteme, sondern auch Technologie ist nicht geneigt, an Ländergrenzen Halt zu machen. Die Raumfahrt ermöglicht ein direktes visuelles Erfassen größerer Zusammenhänge, und daher haben wir heute auch Datenbestände, die direkt in länderübergreifender Ausdehnung erhoben worden sind. *Remote Sensing* ermöglicht globale Betrachtungsweisen bereits bei der Datenerhebung.

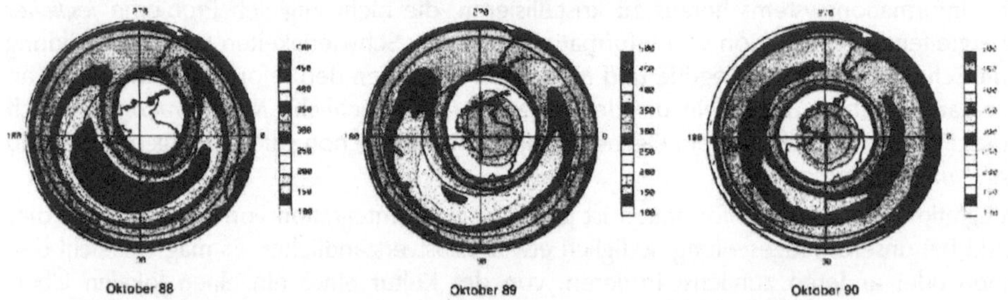

Abb. 2 Satellitenaufnahmen des „Ozonlochs" im Südpolarbereich [ERDSICHT, 95]

Der Integration stellt sich nun die Aufgabe, derlei Daten mit der Vielfalt lokal erhobener in Deckung zu bringen. Integration als *Bottom-up* Verfahren wird überlagert von einem *Top-down* Modell. Problembezogene Beispiele finden sich z.B. bei [GRASSL], aber auch in zahlreichen weiteren Beiträgen von [ERDSICHT].

Spezifische Beiträge zur *länder*übergreifenden Integration

Blättert man die im Umfeld der GI entstandenen Publikationen der letzten 5 Jahre durch, so fällt zunächst auf, wie wenig Beiträge sich diesem Thema ausdrücklich widmen.

1990...

berichtet [KÖPPEL] über CORINE („COoRdinated INformation on the Environment"), den europäischen Ansatz, der mehr will als Meta-Information:

> „1.Bereitstellen von Daten und Informationen über die Umwelt für die aktuelle Umweltpolitik der EG und den Mitgliedsländern.
>
> 2. Untersuchung und Entwicklung eines umfassenden Umweltinformationssystems auf der EG-Ebene" [KÖPPEL, 783]

Es geht um den Aufbau eines geographischen Informationssystems mit drei vorrangigen Themen (Biotope, Saure Niederschläge, Mittelmeerraum). Weitere Themen wurden integriert, und auch methodische und begriffliche Vereinheitlichung forciert:

> „Common methodologies and nomenclatures have been defined together with international organisations .... The use of such methods and nomenclatures is now spreading beyound the countries of the Community." [CORNAERT, 35]

Tatsächlich lief CORINE 1990 als EG-Projekt aus. Die Erfahrungen sollten in der zu gründenden Europäischen Umweltagentur (EA) aufgegriffen werden. Für die gab es zwar ab Mai 1990 eine Verordnung (1210/90), aber 3 Jahre lang konnte man sich nicht für einen Sitz entscheiden. Erst 1993 wurde die EA in Kopenhagen etabliert. Parallel wurden *nationale* CORINE-Projekte weitergeführt. Die EA verfolgt nun primär den Ansatz eines Catalogue of Data Sources (CDS), für dessen Umsetzung im Sommer 1995 ein ITC (International Topic Center) in Hannover ins Leben gerufen wird.

Die Publikationen der GI verfolgen CORINE seit 1990 nicht weiter. Ebensowenig erfahren wir über den Fortgang des RAINS der IIASA, eine Simulation grenzüberschreitender Luftverschmutzung in Europa, über die [AMANN] 1990 berichtete.

1991...

bringt einen Beitrag über die internationale Vereinheitlichung der Methoden durch UNEP/HEM (Harmonisation of Environmental Measurement), die [KEUNE] nicht ohne realistische Skepsis sieht:

> „It would be impossible and contraproductive to force scientists and technicians to use one standardized method to measure a specific variable. But what we can do is to insist on a certain quality of the data to be collected in international data centres." [KEUNE, 549]

Im nächsten Absatz sucht er dennoch globale Kompatibilität:

> „... that the information produced in different activities is collected and presented in ways which are compatible." [ebd.]

Auch hier wird der Ansatz eines Meta-Informationssystems (HEMIS) verfolgt, mit einem Thesaurus als *main tool*:

> „such a meta-database must include not only general information on programs but also more detailed information on classification (nomenclature, spatial, temporal, etc.), data quality, methods used, etc." [KEUNE, 552]

Ebenfalls 1991 erscheint ein Beitrag aus Kanada über „Global and Regional Environmental Decision-Making" [CRAIN], der auf vergleichbare Indikatoren abzielt, wenn er *„summarization and abstraction"* verlangt.

> „Abstraction ... reduces the volume of information by selecting a few classes of observation as proxies for the behaviour of the entire systems. ... Many environmental phenomena are spacialy non-homogeneous and so, the needed indicators must be multivariate and spacially distributed.
> Summarization reduces the information overload by grouping large numbers of observations and representing them by a simple quantitative value." [CRAIN, 239]

In [IFU93] kommt länderübergreifende Integration nicht vor.

1994...
berichtet [PILLMANN-1] über CEDAR („Central European Environmental Data Request Facility"), einem „regional service center" in Wien, wo beispielhaft international verfügbare Kommunikationsnetze genutzt werden. Ein weiterer Aufsatz [PILLMANN-2] enthält Übersichten über die zahlreichen internationalen Institutionen und Programme. Auch hier die Forderung nach einem länderübergreifenden Umweltdatenkatalog, der einen multilingualenThesaurus enthält.

Es scheint, daß die GI der länderübergreifenden Umweltinformation bisher eine eher periphäre Rolle zugewiesen hat. Vielleicht liegt dies an der stark technischen Orientierung der IfU-Fachgruppe. Aus technischer Sicht ist tatsächlich der Unterschied zwischen regionaler und länderübergreifender Integration gering. Hier haben wir es stärker mit *fachlichen* und *politischen* Entwicklungen [vgl. z.B. LANGE] zu tun, aus denen sich die Informatik anscheinend gerne heraushält.

Der Beitrag einer DV-Lösung

Eine inhaltlich weitreichende und detailscharfe Vereinheitlichung von Methoden und Indikatoren scheint in unserem Umfeld eher der Ideal- und Ausnahmefall zu sein. Innerhalb thematisch begrenzter und langfristiger Projekte lassen sich derartige Lösungen auf Dauer etablieren. Da jedoch ständig neue Problemstellungen auftauchen, die nicht bis zum Abschluß langjähriger Vereinheitlichungsverhandlungen zurückgestellt werden können, muß ein integrierendes UIS Heterogenität und Dynamik sofort beherrschbar machen.

Die zentrale Rolle von *Metadaten* ist inzwischen allgemein anerkannt. Der UDK und der geplante CDS auf europäischer Ebene konzentrieren sich auf diesen Ansatz. Zunächst werden hier ausschließlich Metadaten verwaltet und ausgetauscht.

Der nächste Schritt liegt in der Einrichtung von *Kommunikations-Schnittstellen*, über die nicht nur Metadaten, sondern auch die beschriebenen Daten selbst ausgetauscht werden können. Dies wird derzeit als UDK-Kommunikationsmodul [UDKKOMO] entwickelt.

Können auf diesem Wege Daten eingesammelt werden, wird deren *semantische Integration* erforderlich. Der UDK ermöglicht eine „menschenlesbare" Beschreibung der Semantik (Methoden, Bezugssysteme etc.), nicht jedoch die automatische Integration wie z.B. Übersetzen nationaler in internationale Bezugssysteme soweit möglich, Bildung eines übergeordneten Datenmodells. Hier setzt das integrative UIS VISION-Umwelt® an, welches bereits ursprünglich in konzeptionellem Zusammenhang mit dem UDK entstanden ist (als gemeinsame Bestandteile von NUMIS „Niedersächsisches Umweltinformationssystem). Derzeit findet auf Länderebene die Integration von UDK-KOMO und VISION-Umwelt® statt, wobei VISION-Umwelt® deutlich über die Funktionalität der in [UDK-KOMO] angedachten „Visualisierungskomponente" hinaus geht.

VISION-Umwelt® bietet neben der semantischen Integration einen *Lokalen Cache* für integrierte Daten an. Der Integrationsvorgang ist grundsätzlich auf Abruf wiederholbar, der Zeit- und Kostenbedarf für die entsprechenden Kommunikations- und Transformationsvorgänge ist aber zu hoch, um Umweltinformation uneingeschränkt ausschließlich verteilt halten zu können. Abhängig von Datenmenge, erwarteter Zugriffshäufigkeit und Aktualisierungsintervallen wird man dabei bleiben, bestimmte Datenbestände nicht im Moment des akuten Bedarfs beim Empfänger, sondern im Moment der Aktualisierung bei der Quelle zu verteilen und zu integrieren.

Während der UDK *Navigation* im „Meer" der Quellinformationen bietet, leistet VISION-Umwelt® Navigation in der integrierten Sicht, erlaubt also Übersichten und Selektionen über die Grenzen der einzelnen Quellinformationen hinweg.

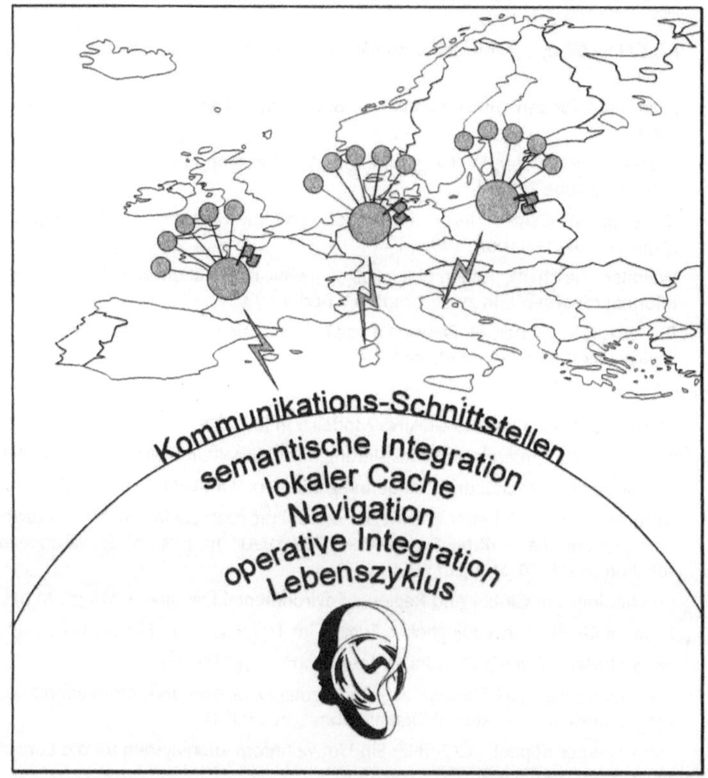

Abb. 3 Funktionsschichten eines länderübergreifenden UIS

Von hier aus erfolgt die *operative Integration* in eine gewünschte Visualisierung, einen Report , oder in ein Alarmsystem. VISION-Umwelt® beinhaltet ein geografisches Visualisierungs- und Interaktionsmodul, unterstützt aber selbstverständlich auch die gezielte Übergabe an andere Programme.

Damit haben die Daten entgültig Eingang gefunden in einen eigenständigen *Lebenszyklus* als integrierte Objekte. Sie sind nicht mehr wirklich redundant, sondern durch Integration „value-added". Ist der Vorgang auch rekonstruierbar, so entsteht doch der Bedarf an kontrollierter Aufbewahrung, Weiterverteilung und „Entsorgung" des Ergebnisses. Der Zusammenhang mit den Quellinformationen und die eingesetzten Regeln der Integration müssen mit dem integrierten Dokument festgehalten werden. Auf der Basis dieser Informationen ist VISION-Umwelt® auch in der Lage, die integrierten Visualisierungen zeitnah zu aktualisieren.

Literatur

Sammelbände

DITEC95	DITEC (Veranst.) „Data Warehousing Conference" München 20.-22. Juni 1995
ERDSICHT	Kunst- und Ausstellungshalle der Bundesrepublik Deutschland (Hrsg.), „Erdsicht - Global Change", Stuttgart 1992
HBUI	Page,Hilty (Hrsg.), „Umweltinformatik". Handbuch der Informatik Bd. 13.3, München Wien 1994
IFU90,91,93, 94	„Informatik für den Umweltschutz", 5.,6.,7.,8. Symposium. Berlin 1990-1993, Marburg 1994
INTUD91	R. Denzer, R. Güttler, W. Geiger (Hrsg.), „1. Workshop Integration von Umweltdaten", KfK 5187, Karlsruhe 1993
INTUD94	R. Güttler, W. Geiger (Hrsg.), „Integration von Umweltdaten", 2. Workshop, Schloß Dagstuhl 1994, Marburg 1995
UIBI	Weidner, Zieschank, Knoepfel (Hrsg.), „Umwelt-Information. Berichterstattung und Informationssysteme in zwölf Ländern". Berlin 1992.
VISUD94	R. Denzer, R. Güttler, H. Deutsch (Hrsg.), „Visualisierung von Umweltdaten", 4. Workshop, Schloß Dagstuhl 1994, Marburg 1994

Einzelbeiträge

AMANN	Markus Amann, „Das IIASA-RAINS Modell", in [IFU 90]
BAND94	Th. Bandholtz, „Interaktive Visualisierung mit VISION-Umwelt". In: [VISUD94]
BAND95	Th. Bandholtz, „Fachübergreifende Integration von Umweltdaten". In: [INTUD94]
CORNAERT	Michel Cornaert, „A better Knowlegde of the European Environmet for its better management: the CORINE Programme 1985-1990". In: Neue Wege raumbezogener Statistik, Forum Bd. 20. Stuttgart 1992
CRAIN	„Technology For Global And Regional Environmental Decision-Making". In [IFU 91]
GRASSL	Hartmut Graßl, Reiner Klingholz, „Europa im Treibhaus". In [ERDSICHT].
HAYLER	Andy Hayler, „Turning Data into Information". In [DITEC95]
KEUNE	Hartmut Keune, Axel Theisen, „Environmental Databases and Information Management Programmes of International Organisations", in [IFU91]
KÖPPEL	Hans-Werner Köppel, „CORINE: Ein Umweltinformationssystem für die Europäische Gemeinschaft", in [IFU90]
LAMM	Lamm, Schneller, „Umweltberichterstattung im internationalen Vergleich". In [UIBI].
LANGE	Manfred Lange, „Die Bewältigung globaler Umweltveränderungen, eine neue Partnerschaft zwischen Wissenschaft und Politik". In [ERDSICHT].
PELIZ	R. Pelizäus, „From Company Data Modells through Data Warehouses to EIS". In: [DITEC95]
PILLMANN-1	Werner Pillmann, „Netzwerke und Netzwerkbildung". In [IFU94].
PILLMANN-2	Werner Pillmann, „Austausch von Umweltdaten". In [HBUI].
UGR1	Zieschank u.a., „Vorstudie Umweltindikatorensysteme". Beiträge zur Umweltökonomischen Gesamtrechnung. Heft 1. Wiesbaden 1993
UDKKOMO	Niedersächsisches Umweltministerium, „Der Umwelt-Datenkatalog". Bd.3 Kommunikation. o.D.

Fachgespräch 16:

Computersimulation und Visualisierung — Chancen für die Industrie in einem vernetzten Europa

Die europäische Industrie ist im internationalen Wettbebewerb darauf angewiesen, konkurrenzfähig zu sein. Produktzyklen zwingen zu schnellerer Entwicklung und zunehmendem Einsatz von Expertenwissen. Verkürzte Entwicklungszeiten können durch Einsatz von computerbasierten Design- und Entwicklungswerkzeugen sowie der Simulation des Verhaltens virtueller Prototypen erreicht werden. Zur Darstellung virtueller Prototypen sowie zur Auswertung des Simulationsverhaltens werden Visualisierungstechniken eingesetzt. Immer weniger Firmen können es sich leisten, in allen benötigten Bereichen selbst Experten bereitzustellen. Dies zwingt in zunehmendem Masse zur Kooperation mit spezialisierten Firmen, wie z.B. Softwarehäusern oder Zentren für Hochleistungsrechnen. Ein verbesserter Informationsverbund mit Hochgeschwindigkeitsnetzen wird diese Zusammenarbeit sowie den Einsatz entfernter Hochleistungsrechner im globalen Massstab ermöglichen. Herausforderungen und Chancen dieses Szenarios sollen im Fachgespräch diskutiert werden.

Programmkomitee des Fachgespräches:
U. Lang, Stuttgart (Koordination)
M. Göbel, Darmstadt, H. Müller, Dortmund, W. Krüger, Sankt Augustin, W. Strasser, Tübingen

Effiziente Flugzeug-Vorentwicklung durch multimediale Kooperation und Supercomputing auf Hochgeschwindigkeits-Datennetzen

F. Arnold, S. Rill, K. Becker

Daimler-Benz Aerospace Airbus GmbH
D-28183 Bremen

Zusammenfassung. Der gegenwärtige Wettbewerbsdruck und die Kostensituation in der Flugzeug-Vorentwicklung lassen rechnergestützte Simulationen am virtuellen Produkt immer mehr in den Vordergrund drängen. Durch die Komplexität der dabei bearbeiteten Probleme wächst die Notwendigkeit nationaler und internationaler Zusammenarbeit von geographisch verteilten Entwicklungsteams.
Die Effizienz der Flugzeug-Vorentwicklung kann durch eine sinnvolle Nutzung der momentan in Europa bereits geschalteten Datenautobahnen enorm gesteigert werden. In den EU-Projekten PAGEIN (RACE Nr. R2031) und ADONNIS (ESPRIT Nr. 9033) wurde zu diesem Schwerpunkt eine Softwareumgebung geschaffen, mit der geographisch verteilte Anwendungen aus dem Bereich des Supercomputings auf Hochgeschwindigkeits-Datennetzen kombiniert mit Audio/Video-Konferenzen kooperativ betrieben werden können. Dabei weist die interaktive Nutzung geographisch verteilter Hard- und Softwareressourcen im Hochgeschwindigkeitsnetz einen erheblichen Zeitvorteil gegenüber herkömmlichen Vorgehensweisen auf.

1 Einführung

Bereits in der Vorentwicklungsphase von Verkehrsflugzeugen sind die Kosten so hoch, daß eine Kooperation auf nationaler und internationaler Ebene schon jetzt unumgänglich ist. Gerade in den letzten Jahren hat sich dieser Trend, mit der Europäischen Forschungsförderung als Katalysator, enorm beschleunigt. In diesem Zusammenhang werden engere Kooperationen zwischen unterschiedlichen Vorentwicklungsteams auch leistungsfähigere Produkte hervorbringen, die auf dem Weltmarkt bessere Absatzchancen besitzen.

Außerdem führt die internationale Wettbewerbssituation zu der Notwendigkeit, Produkte mit steigender Komplexität in kürzeren Entwicklungszeiten zur Marktreife zu bringen. Dieses Ziel kann nur erreicht werden, wenn zunehmend interdisziplinäre Simulationsmethoden eingesetzt werden, um einen möglichst kompletten, rechnergestützten virtuellen Prototyp des Produktes zu erhalten (Rapid Prototyping).

Mit der beschriebenen Entwicklung geht eine enorme Verbesserung der numerischen Algorithmen zur Simulation der physikalischen Phänomene am

Flugzeug einher, die zusätzlich von der weiterhin exponentiellen Leistungsverbesserung im Bereich der Computer-Hardware getragen wird. So ist es z. B. heute möglich geworden, die Umströmung eines kompletten Verkehrsflugzeuges mit Hilfe der Euler- oder Navier-Stokes-Gleichungen zu simulieren.

Die Komplexität der aktuellen Probleme in der Entwicklung von Verkehrsflugzeugen der nächsten Generation, wie z. B. die Laminarflügelauslegung oder die Integration von Triebwerken mit hohem Bypass-Verhältnis, hat dazu geführt, daß dreidimensionale Verfahren zur Strömungssimulation mittlerweile eine zentrale Bedeutung im Entwicklungszyklus erlangt haben. Sie tragen dabei entscheidend zur Reduktion der Entwicklungszeiten und zur Verbesserung der Qualität des Entwurfes bei.

Neben den Methoden zur numerischen Strömungssimulation steigt auch in anderen Fachdisziplinen die Bedeutung der Simulationsmethoden des Flugzeugentwurfs. Die Situation ist allerdings bislang noch dadurch geprägt, daß eine interdisziplinäre Vernetzung der unterschiedlichen Methoden kaum stattfindet. Aktuelle Forschungs- und Entwicklungsarbeiten zielen daher darauf ab, sogenannte "Multi-Physics"-Methoden zu entwickeln.

Ungeachtet dieser beachtlichen Fortschritte kann man in diesem Zusammenhang zwei zentrale Probleme identifizieren:

1. Aufgrund der historischen Entwicklung, die nur wenig von einem koordinierten interdisziplinären Vorgehen geprägt war, existiert heute an unterschiedlichen Standorten der Luftfahrtindustrie jeweils eine Vielzahl von verschiedenen numerischen Simulationsverfahren, die meist auch auf unterschiedlichen Hardware-Plattformen implementiert sind. Andererseits ist die Komplexität der Verfahren heute bereits so groß geworden, daß eine sinnvolle Weiterentwicklung nur noch durch Kooperation verschiedener Teams möglich wird. Ein sehr erfolgreiches Beispiel dafür ist das vom BMFT geförderte Projekt POPINDA, bei dem verschiedene Entwicklungsteams der DASA mit der DLR sowie der GMD kooperieren, um existierende industrielle Aerodynamik-Codes zu vereinheitlichen und mit verstärkter, konzentrierter Kraft weiterzuentwickeln.
2. Obwohl bereits erkannt wurde, daß die nationale und die europäische Luftfahrtindustrie nur durch eine Fokussierung der Forschungs- und Entwicklungsaktivitäten der lokal verstreuten Entwicklungsteams wettbewerbsfähig bleiben kann, fehlt den Teams noch das geeignete Medium zur effizienten Zusammenarbeit. Die Kombination von Telefon, Fax und Dienstreisen reicht dazu nicht aus.

Der Lösungsansatz für diese Probleme besteht in der Anwendung **multimedialer Kommunikation** zwischen den Entwicklungsteams auf leistungsfähigen Datenautobahnen in Kombination mit **Hochleistungs-Rechnern** bei der Simulation der physikalischen Vorgänge (HPCN - High Performance Computing and Networking), sowie einer gleichzeitigen, **interaktiven Visualisierung** der Ergebnisse.

Dieses Thema wird bereits seit Anfang 1992 von einem Konsortium, das von den wichtigsten europäischen Luftfahrtfirmen (Daimler-Benz Aerospace Airbus, British Aerospace Airbus, Aerospatiale) sowie von den Forschungsinstitutionen DLR, ONERA, CIRA und INRIA und der Universität Stuttgart getragen wird, im Rahmen der EU-Projekte PAGEIN und ADONNIS bearbeitet. Dabei gelang bereits die Durchführung von internationalen Multimedia-Konferenzen zwischen verschiedenen Workstations mit Einbeziehung von Supercomputern. Sie ermöglichen die gleichzeitige Betrachtung von Ergebnissen der numerischen Strömungssimulation (z.B. 3D Navier-Stokes) von unterschiedlichen Benutzern an verschiedenen Standorten, mit gleichzeitiger Audio/Video-Übertragung und der Option gegenseitiger Modifikation des betrachteten Objektes (Änderung des Betrachtungspunktes, Bildausschnittes, Bildinhaltes, etc.).

2 Aerodynamischer Vorentwurf mit Hilfe dreidimensionaler Strömungssimulation

Der Arbeitsbereich Aerodynamik bei der Daimler-Benz Aerospace Airbus GmbH (DA) hat in den vergangenen Jahren große Anstrengungen unternommen, um den Prozeß der Flugzeugvorentwicklung zu beschleunigen. Die aerodynamische Entwicklung der nächsten Verkehrsflugzeuggeneration basiert neben kostenintensiven Flugversuchen und experimentellen Untersuchungen im Windkanal zunehmend auf numerischen Simulationsrechnungen der Umströmung des Flugzeugs, siehe Abb. 1. Das dazu von DA auf der Basis von Vorarbeiten der DLR entwickelte 3D Euler- und Navier-Stokes-Verfahren MELINA nimmt dabei eine zentrale Rolle ein und ermöglicht schon heute die Berechnung reibungsfreier und reibungsbehafteter transsonischer Strömungen um komplette Flugzeuge. Es erlaubt den Entwurfsingenieuren schnelle Parameterstudien (insbesondere bei geometrischen Modifikationen) im "numerischen Windkanal" und damit frühzeitige Entscheidungen über die Eignung von Konfigurationen bereits in den ersten Entwurfsschritten. Das Verfahren basiert auf einer Diskretisierung des Raumes mit Hilfe von finiten Volumen und stellt ein FORTRAN-Programm mit 25 000 Zeilen dar. Für eine Simulationsrechnung an einem kompletten Flugzeug sind üblicherweise 1 Million oder mehr finite Volumen erforderlich, was zu einem nichtlinearen Gleichungssystem mit mehr als 5 Millionen Unbekannten führt.

Bevor das MELINA-Verfahren zur Strömungsberechnung eingesetzt werden kann, muß der dreidimensionale Raum um das betrachtete Flugzeug daher zunächst in finite Volumen aufgeteilt werden. Dieser Vorgang wird als "Netzgenerierung" bezeichnet. Der Prozeß der Netzgenerierung ist gerade für komplexe Geometrien äußerst schwierig und zeitaufwendig und ist aus heutiger Sicht der Engpaß bei der numerischen Strömungssimulation. Eigens für diese Preprocessing-Aufgabe wurde bei DA der Netzgenerator INGRID entwickelt. INGRID ist ebenfalls in FORTRAN implementiert und hat etwa 40 000 Zeilen Quellcode.

Um schließlich die Ergebnisse graphisch darzustellen, müssen die wesentlichen Informationen aus den erzeugten Daten (üblicherweise 50 MByte pro Rechnung) mit Hilfe von Postprocessing-Programmen herausgefiltert und visualisiert werden. Dazu wurden von DA spezielle Visualisierungsprogramme erworben bzw. entwickelt.

2.1 Bisherige Vorgehensweise bei der Strömungssimulation

Aus den genannten Gründen ist die numerische Strömungssimulation um dreidimensionale, komplexe Geometrien hinsichtlich der Anforderungen an Speicherkapazität und Schnelligkeit der Rechner sehr aufwendig. Die übliche Diskretisierung des Raumes mittels 1 Million finiter Volumen führt zu einem Bedarf an Kernspeicher von etwa 400 Mbyte. Bei einer CPU-Geschwindigkeit von 500 MFlops wird solch eine Rechnung etwa zwei bis drei CPU-Stunden erfordern. Aus diesem Grunde werden Simulationsrechnungen dieser Art auf Supercomputern der Vektorrechner-Klasse durchgeführt, die entsprechende Leistungen erreichen.

Da bei DA kein solcher Supercomputer installiert ist, werden die MELINA-Rechnungen auf einem entsprechenden Rechner in Süddeutschland durchgeführt. Die Netzgenerierung sowie die Visualisierung der Ergebnisse erfolgen aber an einer lokalen Workstation in Bremen und sind damit auch nur am lokalen Standort einsehbar, siehe Abb. 2. Dieser sogenannte "Batchbetrieb" ist auch bei anderen Entwicklungsteams der Luftfahrtindustrie noch weit verbreitet und erfordert die mehrfache, zeitaufwendige Übertragung der gesamten Datenfiles über Rechnernetze und den mehrfachen Wechsel von Hardware-Plattform und Betriebssystem.

Dadurch entstehen neben den zwei bis drei CPU-Stunden weitere fünf bis zehn Stunden für die Datenübertragung und die manuelle Weitergabe der Datensätze auf den zwischengeschalteten Hardwareplattformen.

2.2 Multimediale Strömungssimulation durch "High Performance Computing and Networking"

Im nationalen, BMFT-geförderten Programm POPINDA werden von den Partnern (DA, DoL, DASA, DLR, GMD) die Fähigkeiten der verschiedenen, partnereigenen Simulationsmethoden zu einem Rechenprogramm FLOWER zusammengefaßt, welches ein größeres Anwendungsspektrum (Aerodynamik: heiße Triebwerksstrahlen, Hochauftriebsflügel; Übertragung auf andere DB Unternehmensbereiche) besitzt und durch Parallelisierung des Lösungsalgorithmus (Aufteilung des Gesamtprozesses in mehrere Teilprozesse, die parallel auf verschiedenen Prozessoren / Supercomputern rechnen) schon jetzt in der ersten Testphase erheblich schneller als herkömmliche Verfahren geworden ist. Für den Datenaustausch zwischen den Teilprozessen ist die Vernetzung der beteiligten Supercomputer an den verschiedenen Standorten durch leistungsfähige Datenautobahnen Voraussetzung.

In den EU-Projekten PAGEIN und ADONNIS werden neue, effiziente Arbeitsszenarien in der Flugzeug-Vorentwicklung entwickelt, die auf einer Kombination multidisziplinärer Simulationsverfahren und deren verteilter Anwendung auf verschiedenen Rechnerplattformen mit multimedialer Kommunikationsunterstützung über leistungsfähige Datenautobahnen basieren.

Die genannten numerischen Verfahren zur Strömungssimulation für komplette Flugzeuge, inklusive Pre- und Postprocessingprogramme, werden in die von der Universität Stuttgart entwickelte multimediale Softwareumgebung COVISE integriert und damit dem Entwicklungsingenieur gemeinsam innerhalb einer Benutzeroberfläche als Programm-Module zur Verfügung gestellt, siehe Abb. 4. So wird zum einen eine Vereinheitlichung der Bedienung unterschiedlicher Simulationsprogramme erreicht, bei der der Anwender die geeignete Hardware-Plattform für das jeweilige Programm mit Hilfe eines einfachen "Mouseclicks" anwählen und den Datenfluß zwischen den Programm-Modulen einfach auf graphischem Wege herstellen kann. Andererseits erhält der Ingenieur die Möglichkeit, mit Experten an anderen Standorten multimedial zu kommunizieren und Ergebnisse gemeinsam zu analysieren oder Programm-Module an deren Standort (z.B. auf vorhandenem Supercomputer) zu starten. So werden verteilte Hard- und Softwareressourcen gemeinsam genutzt, wobei der Rechnerstandort (lokal, national oder international) ohne Belang ist.

In Abb. 4 ist die Funktionalität der COVISE-Benutzeroberfläche an Hand eines Bildschirmabzuges dargestellt. Links oben stehen dem Benutzer die Module (Programme) zur Verfügung, die nach Auswahl im Display links mitte als Kästchen erscheinen und durch Mousetaste miteinander vernetzt werden können, was dann durch die dargestellten Pipelines dem Benutzer angezeigt wird. Entsprechend der Module und Pipelines läuft anschließend der Rechenprozeß auf den gewählten Plattformen ab und das Ergebnis wird graphisch dargestellt, wie in diesem Beispiel die Geometrie des Flügels und des Rumpfes eines Flugzeugs und die mit MELINA berechneten Iso-Druck-Flächen und Iso-Dichte-Linien im Fenster unten rechts. Die an diesem Vorgang beteiligten Ingenieure können sich über Videofenster (oben mitte) sehen und mit Audio-Unterstützung kommunizieren. Dabei sehen alle Teilnehmer der Sitzung den gleichen Bildschirminhalt, können aber die verschiedenen Fenster in Größe und Position frei gestalten. Durch eine Master/Slave-Hierarchie hat ein Teilnehmer die Kontrolle über die Anwendung und alle Partner sehen die Auswirkungen. Die Master/Slave-Rolle kann dabei während der Sitzung vertauscht werden.

Im Rahmen des Projektes ADONNIS konnten mit Hilfe von COVISE bereits MELINA Rechnungen von einer Workstation bei DA in Bremen auf einem Supercomputer am Rechenzentrum der Universität Stuttgart durchgeführt und die Ergebnisse an der Bremer Workstation und einer Stuttgarter Workstation graphisch dargestellt werden. Nach dem Anschluß von DA-Bremen im Oktober 1994 an das Hochgeschwindigkeitsnetz DATEX-M der Deutschen Telekom sind zusätzlich Audio/Video-Kommunikationen mit ADONNIS-Partnern aus Stuttgart und Paris durchgeführt worden. In Abb. 5 ist dazu die Netzwerk-Infrastruktur gezeigt. Eine Aufstockung des 2Mbit/s-Anschlusses von DA-Bremen an DATEX-M auf 34MBit/s ist bis Mitte des Jahres 1995 geplant. Damit lassen sich selbst die angesprochenen 50 MByte Datenvolumen einer Strömungssimulation am kompletten Flugzeug innerhalb weniger Sekunden übertragen.

3 Zukünftige Aktivitäten

In einer späteren Entwicklungsphase sollen Programm-Module aus anderen Fachdisziplinen des Flugzeug-Vorentwurfs mit in das Software-System COVISE aufgenommen werden, um so eine interdisziplinäre Entwicklungsplattform zur Verfügung zu stellen. Desweiteren ist geplant, die Simulationsverfahren in ein automatisches Entwurfsoptimierungsprogramm einzubinden, was erst durch die genannte Rechenzeitreduktion und die vereinfachte Handhabung innerhalb der Entwicklungsplattform sinnvoll möglich ist.

Derzeit werden zur effektiven Weiterentwicklung von 3D Navier-Stokes Verfahren und Netzgeneratoren mit den primären DA-Partnern technische Lösungen diskutiert, die eine weitergehende Vernetzung und die Implementierung der gemeinsamen Entwicklungsplattform betreffen.

4 Abschließende Bemerkungen

Die multimediale Kommunikation über schnelle Rechnernetze in Kombination mit Supercomputing stellt mit Sicherheit eine der wichtigsten Voraussetzungen für die konkurrenzfähige Flugzeugentwicklung in schon naher Zukunft dar. Dadurch wird der Industrie die Möglichkeit eröffnet, die notwendigen, immer komplexer werdenden Entwicklungsarbeiten auch in Zukunft durch eine schnelle und kostengünstigere Arbeitsweise und eine intensive, auch spontan mögliche Zusammenarbeit mit kompetenten Partnern zu bewältigen.

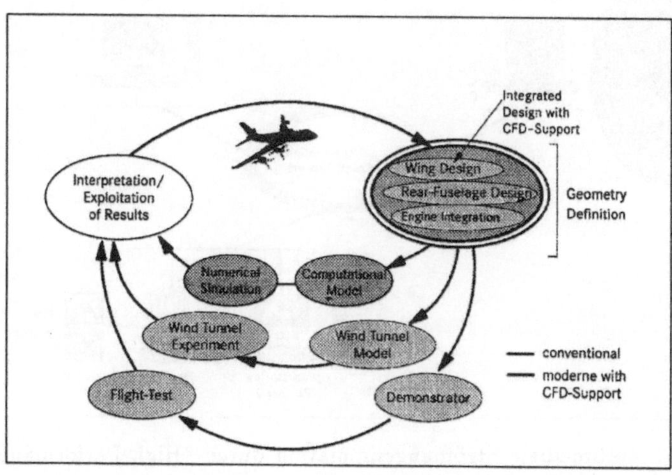

Abb. 1. Zyklen des Aerodynamischen Entwurfs

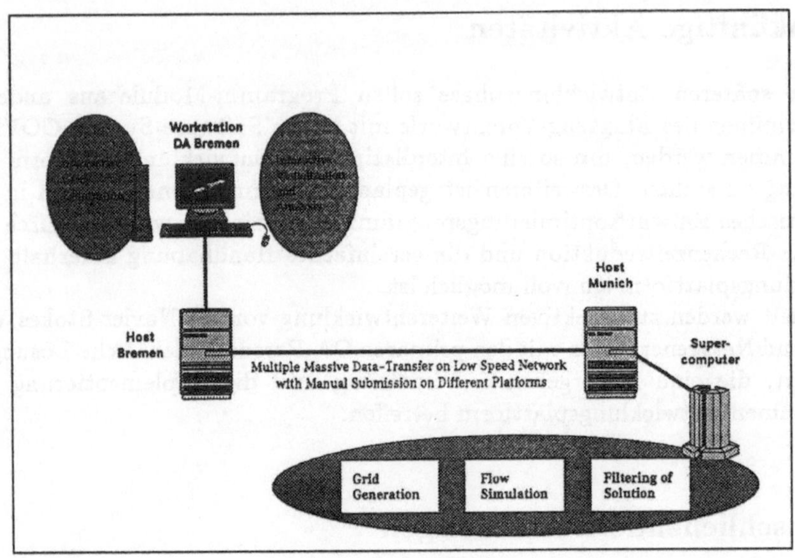

Abb. 2. Bisherige Vorgehensweise bei der Strömungssimulation

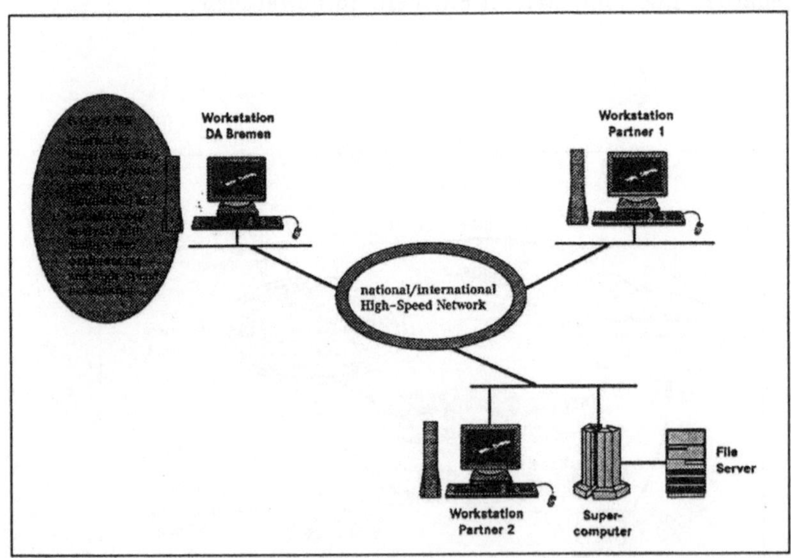

Abb. 3. Multimediale Strömungssimulation durch "High Performance Computing and Networking"

Abb. 4. Snapshot der COVISE Benutzeroberfläche

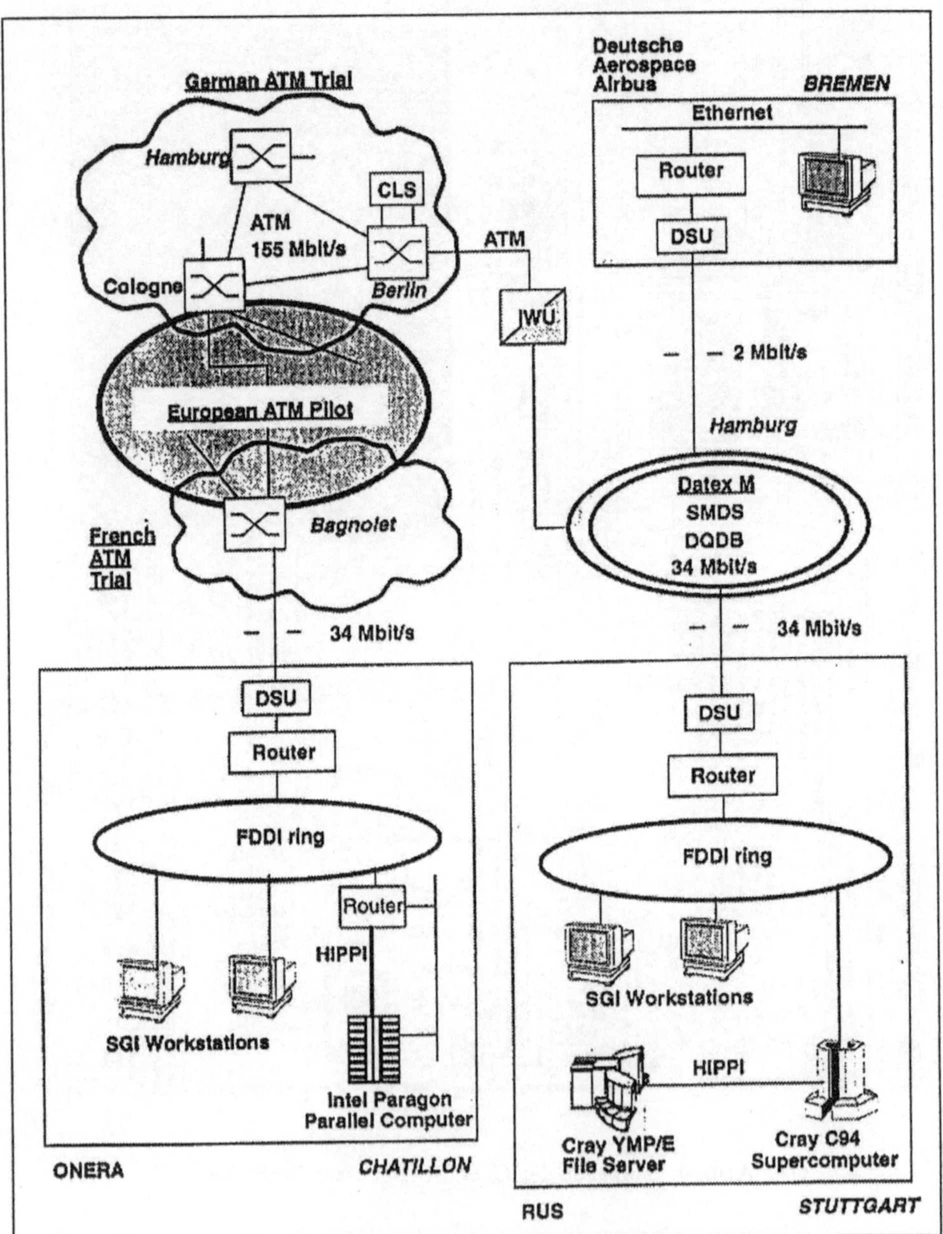

Abb. 5. ADONNIS Netzwerk-Infrastruktur

Interaktive Visualisierung hochaufgelöster Volumendaten durch Vernetzung graphischer und numerischer Höchstleistungsrechner

Rüdiger Westermann, Gerold Wesche, Bernd Fröhlich

Dept. of Visualization and Media Systems Design
GMD - German National Research Center for Information Technology
Sankt Augustin, Germany
E-mail: wester@viswiz.gmd.de

Zusammenfassung Aus dem Bereich der Computergraphik existieren vielzählige Methoden, welche höchste Anforderungen an die zugrundeliegenden Resourcen stellen. Benötigt werden hierbei sowohl große Speicher- und Rechenkapazitäten zur effizienten Handhabung und Bearbeitung der anfallenden Datenmengen als auch schnelle Graphikrechner zur Darstellung der generierten Resultate. Da heutige Rechnerarchitekturen bislang nicht beiden Anforderungen genügen, und eine erhebliche Kostendifferenz zwischen numerischen, speicherkapazitiven Höchstleistungsrechnern und speziellen Graphikrechnern besteht, ist man auf breitbandige Kommunikationskanäle angewiesen, welche eine effiziente Kopplung verschiedener Systeme erlauben. In der folgenden Arbeit soll szenarisch die Visualisierung großer Datenmengen durch Vernetzung graphischer und numerischer Höchstleistungsrechner dargestellt werden. Die konkrete Anwendung besteht hierbei in der interaktiven Darstellung und Bearbeitung hochaufgelöster skalarer Volumendatensätze, welche durch spezielle Verfahren für die graphische Darstellung aufbereitet werden müssen.

1 Einleitung

In den letzten Jahren wurden im Bereich der Visualisierung vielzählige Methoden zur Darstellung dreidimensionaler Volumendaten entwickelt. Softwaretechnische Realisierungen auf Ein- bzw. Mehrprozessor-Systemen [3][4] [8][7][9], jedoch vor allem die Entwicklung spezieller Hardware-Architekturen [1][6], ermöglichen eine interaktive Darstellung polygonaler Objektbeschreibungen oder die semi-transparente Darstellung durch Dichteintegration.

Mit steigender Rechenleistung der verwendeten Systeme und der damit verbundenen Beschleunigung der Visualisierungsalgorithmen tritt zusätzlich die Forderung nach weiteren Interaktionsmöglichkeiten neben der eigentlichen Darstellung in den Vordergrund. Zunehmend wird die Integration oder Verschmelzung verschiedener Bearbeitungsvorgänge der gesamten Visualisierungspipeline (siehe Bild 1) angestrebt. Anstatt der wie bisher üblichen unabhängigen und von anderen Modulen entkoppelten Abarbeitung der verschiedenen Stufen soll jederzeit eine interaktive Rückkopplung möglich sein. Unter Berücksichtigung der visuellen Ergebnisse kann der Benutzer auf beliebige Bearbeitungsschritte Einfluß nehmen und ist somit in der Lage die resultierenden Änderungen direkt zu verfolgen und zu beeinflussen. Dies erfordert zum einen die direkte Anbindung der datenliefernden Prozesse und die bidirektionale Kopplung des Ausgabe- bzw. Darstellungsmoduls mit den dazwischenliegenden Bearbeitungsstufen als auch die Integration leistungsfähiger Spezialrechner zur effizienten Bearbeitung einzelner Teilaspekte.

Die grundsätzlich variablen Anforderungen an verschiedene Bearbeitungsstufen und die Existenz spezieller, auf bestimmte Problemstellungen zugeschnittener Architekturen,

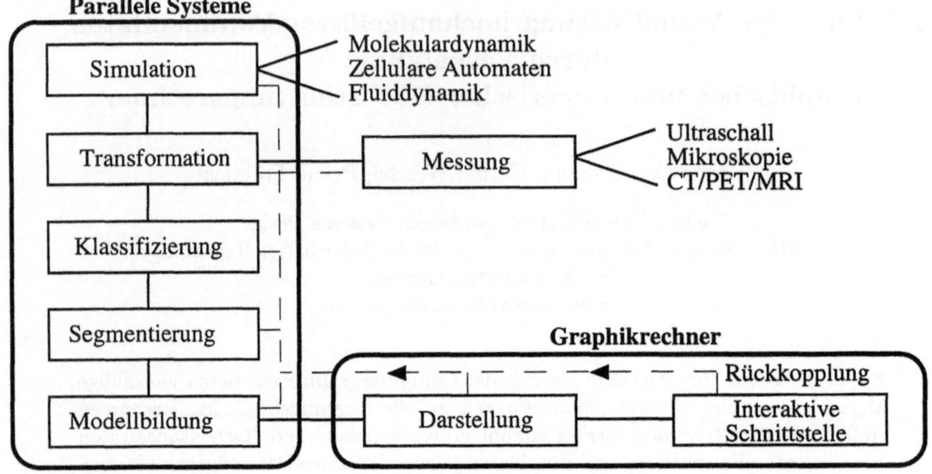

Abbildung 1: Visualisierungspipeline

bedingen die Integration verschiedener Systeme zur optimalen Abarbeitung der Visualisierungspipeline. Zusätzlich zu den Forderungen nach numerischer Rechenleistung und Speicherbedarf zur interaktiven Bearbeitung der Teilaspekte Simulation, Transformation, Klassifizierung und Segmentierung auf parallelen Rechnersystemen und dem Wunsch nach interaktiver graphischer Darstellungsfähigkeit auf leistungsstarken Graphikrechnern, muß die zeitliche Transparenz des Übertragungsvorganges gewährleistet sein. Hierzu bedarf es der Nutzung breitbandiger Kanäle und auf diese zugeschnittener Übertragungsprotokolle, wodurch eine effiziente Kopplung verschiedener Systeme erreicht wird. Gerade die Bearbeitung und Visualisierung dreidimensionaler Volumendaten, bei der oftmals umfangreiche Datenmengen zwischen einzelnen Modulen transferiert werden müssen, bedingt hierbei die Integration modernster Datenleitungen und Kommunikationsprotokolle.

2 Integration von Parallelrechnern und Graphikrechnern

Die effiziente Integration und Bearbeitung aller Module der skizzierten Visualisierungspipeline kann nur durch die optimale Ausnutzung spezifischer Kapazitäten verschiedener Rechnerarchitekturen gewährleistet werden. Um den Anforderungen an numerische Rechenleistung, Speicherkapazität und graphische Darstellung zu genügen, müssen lokal oder weiträumig verteilte Resourcen miteinander gekoppelt und zu einem Gesamtsystem integriert werden. Nur durch die Nutzung spezieller Rechnersysteme können die in verschiedenen Bearbeitungsstadien anfallenden Aufgaben kooperativ und somit optimal bewältigt werden.

Die deutliche Steigerung der graphischen Darstellungsfähigkeit heutiger Graphikrechner bei gleichzeitig fallenden Preisen hat zu einer weiten Verbreitung solcher Systeme geführt. Prinzipiell anders gestaltet sich die Entwicklung im Bereich der massiv parallelen Systeme. Zwar ist auch dort ein Preisverfall bei gleichzeitiger Leistungssteigerung zu verzeichnen, jedoch sind die Anschaffungs- und Wartungskosten zu hoch, als daß mit einer flächendeckenden Verbreitung solcher Systeme zu rechnen wäre. Obwohl in den nächsten Jahren mit der Einführung leistungsfähiger Mehrprozessor-Chips zu rechnen ist, werden massiv parallele Systeme, die in der Lage sind, die anfallenden Datenmengen interaktiv zu handhaben und zu bearbeiten, für die meisten Anwender nicht erschwinglich sein. Um trotzdem die Kapazitäten solcher Architekturen auch für räumlich entfernte Anwender zur Verfügung zu stellen, bedarf es einer effizienten Netzanbindung dezentral positionierter Graphiksysteme über breitbandige Kommunikationskanäle.

Wesentliches Ziel bei der Visualisierung hochaufgelöster Volumendaten ist hierbei die interaktive Rückkopplung vom Darstellungsmodul zu allen anderen Bearbeitungsmodulen. Anhand der visuellen Darstellung der generierten Resultate sollen verschiedenste Parameter vom Benutzer manipuliert werden. Die hieraus resultierende interaktive Steuerung der verschiedenen Bearbeitungsstufen führt somit zu einer schnellen und genauen Extraktion des Informationsgehaltes.

Beim Transfer der zu bearbeitenden Daten durch die Stufen der Visualisierungspipeline ist ein wesentliches Ziel die zeitliche Transparenz des Übertragungsvorganges, welcher nicht zu Einbußen der Interaktionsfähigkeit führen darf. Im allgemeinen heißt dies, daß die Übertragung der Daten nur einen Bruchteil der gesamten Rechenzeit ausmachen darf und somit für den Benutzer nicht wahrnehmbar ist. Um diesen Forderungen zu genügen, müssen schnelle Glasfasernetze basierend auf asynchronen oder parallelen Übertragungsprotokollen eingesetzt werden, welche eine breitbandige Kopplung der verschiedenen Sub-Systeme erlauben.

Prinzipiell lassen sich hierbei für die verschiedenen Systemtypen unterschiedliche Anforderungen definieren. Obwohl diese stark von der zugrundeliegenden Anwendung und der Auflösung der zu bearbeitenden Daten abhängen, lassen sich aufgrund anwendungsorientierter Erfahrungswerte und den aktuellen Leistungsdaten der verwendeten Graphikrechner konkrete Minimalanforderungen ableiten.

2.1 Parallele Architekturen

Ein wesentlicher Grund für die Integration paralleler Rechnerarchitekturen zur effizienten Abarbeitung einzelner Stufen der Visualisierungspipeline ist die rapide wachsende Auflösung der zu bearbeitenden Datensätze. Prinzipiell wächst die Auflösung der generierten Daten weit schneller als die standardmäßige Speicherausstattung heutiger Einprozessorsysteme. Die Ausnutzung der Speicherkapazität paralleler Systeme basierend auf gemeinsamen oder verteilten Speicherkonzepten erlaubt hierbei auch die ganzheitliche Bearbeitung hochaufgelöster Volumendatensätze. Geht man von der Auflösung aktuell verfügbarer Datensätze aus, so sollte es eine sinnvolle Systemkonfiguration ermöglichen, mindestens Volumina von 1024^3 8 bzw. 32 Bit Werten zu bearbeiten. Dies erlaubt gleichzeitig die Handhabung zeitvarianter Sequenzen von bis zu 512 Zeitschritten bei einer Auflösung von 128^3. Gerade die Visualisierung dynamischer Sequenzen, bei welcher die Datenvorverarbeitung bzw. aufbereitung eine wesentliche Rolle spielt, zeigt deutlich die Notwendigkeit des Einsatzes paralleler Systeme.

Um die Interaktionsfähigkeit nicht gravierend zu mindern, muß die Rechenzeit zur Bearbeitung einzelner Teilstufen der Visualisierungspipeline im Verhältnis zur Darstellungsrate des generierten Modells stehen. Geht man von einer interaktiven Darstellung eines Objektes aus, so sollte die gesamte zur Neuberechnung aller Bearbeitungsstufen benötigte Zeit im Bereich von wenigen Sekunden liegen. Zwar erscheint diese Forderung auf den ersten Blick recht willkürlich, jedoch haben praktische Erfahrungen gezeigt, daß bei konkreten Anwendungen sehr wohl Abstriche bzgl. der Interaktionsfähigkeit gemacht werden, wenn hierfür zusätzliche Einflußmöglichkeiten zur Verfügung stehen.

Eine weitere entscheidende Anforderung an jegliche Art paralleler Systeme, der in den letzten Jahren oft zu wenig Aufmerksamkeit geschenkt wurde, ist die Benutzungsfreundlichkeit des Systems. Um eine breite Akzeptanz und somit Verbreitung zu erreichen, muß vor allem eine leichte und standardisierte Handhabung möglich sein. Hierzu gehört vor allem die Verfügbarkeit moderner Betriebssysteme aber auch die Bereitstellung standardisierter Programmierumgebungen.

Weiterhin sollte die zugrundeliegende Architektur als auch die softwaretechnische Realisierung der konkreten Anwendung mit der Anzahl der verfügbaren Prozessoren und mit der Auflösung der zu bearbeitenden Datensätze skalierbar sein. Nur somit ist jederzeit eine optimale Bearbeitung auch bei ständig wachsenden Datenvolumen gewährleistet.

2.2 Graphikrechner

Im Gegensatz zu größeren Parallelrechnern sind Graphikrechner heute an vielen wissenschaftlichen Arbeitsplätzen vorhanden, wobei der Trend zu immer mehr lokal verfügbarer 2D- und 3D-Graphikleistung geht. Dies ermöglicht den Einsatz dieser Rechner am Ende der Visualisierungspipeline als interaktives Ein- und Ausgabegerät. Die Anbindung des Graphikrechners muß über einen schnellen Übertragungskanal erfolgen, da für den Benutzer die Verbindung zum Parallelrechner transparent erscheinen soll. Eine weitere wichtige Anforderung ist die gleichzeitige Manipulation und Darstellung graphischer Objekte während Daten empfangen oder übertragen werden. Dies läßt sich momentan am besten mit einem Multiprozessorsystem mit wenigen Prozessoren lösen. Ein Prozessor übernimmt das Betriebssystem und ggf. die Annahme und das Senden von Daten, während weitere Prozessoren die Darstellung realisieren.

Für die Visualisierung von Volumendaten existieren verschiedene Vorgehensweisen, wobei die Darstellung extrahierter Flächen und die semi-transparente Darstellung mittels Dichteintegration durch aktuell verfügbare Graphik-Hardware unterstützt werden. So lassen sich z. B. Isoflächen durch Polygone beschreiben, für deren schnelle Darstellung die meisten Graphikrechner ausgelegt sind. Die erzielten Leistungen reichen von einigen zehntausend bis mehr als eine Million Polygone pro Sekunde. Da die Auflösung der Volumendaten mindestens 64^3, besser noch 128^3, sein sollte, um detailierte Isoflächen zu extrahieren, liegt die Mindestanforderung an die verwendete Graphikhardware bei ca. 100000 Polygonen pro Sekunde, um eine einigermaßen ruckfreie Bewegung des Modells zu ermöglichen.

Wenige Höchstleistungsgraphikrechner bieten heute die Möglichkeit, Ausschnitte dreidimensionaler Texturen auf Polygone aufzubringen. Diese spezielle Fähigkeit kann für zur semi-transparenten Darstellung von 3D-Volumendaten in Echtzeit genutzt werden.

Weiter verbreitet ist die Möglichkeit zur Anzeige von Stereobildern, die mit sogenannten Shutter-Brillen betrachtet werden. Diese Darstellungsvariante erlaubt das intuitive Erfassen dreidimensionaler Informationen, die in den Volumendaten enthalten sind. Da für das linke und rechte Auge seperate Bilder berechnet werden müssen, benötigt man in diesem Modus eine doppelt so schnelle Graphikhardware bei gleicher Anzahl dargestellter Bilder pro Sekunde.

2.3 Übertragungskanäle

Für das spezielle Anwendungsbeispiel der Visualisierung hochaufgelöster Volumendaten leiten sich die Anforderungen an die zugrundeliegenden Übertragungskanäle von der jeweils gewählten Visualisierungstechnik ab. Prinzipiell kann hierbei zwischen den beiden schon erwähnten Methoden der Darstellung polygonalisierter Objektbeschreibungen oder der direkten Visualisierung dreidimensionaler Volumendaten unterschieden werden. Erstere bedingt in der Regel einen geringen Übertragungsaufwand, da die

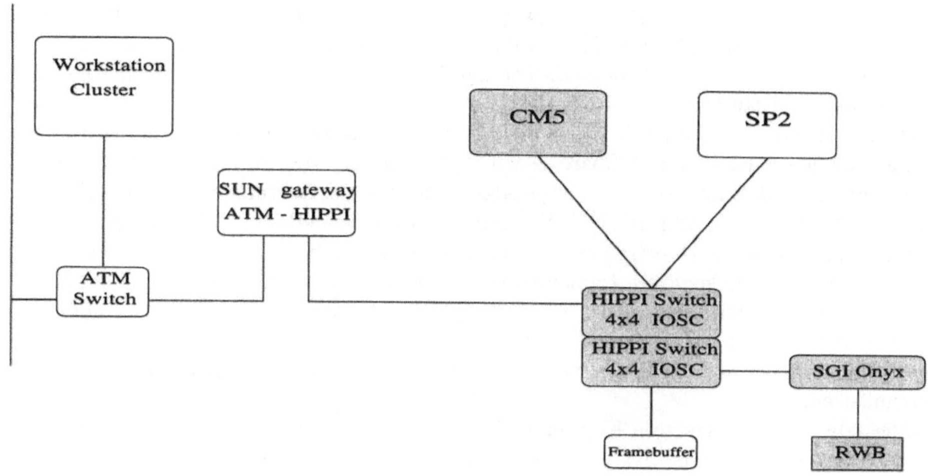

Abbildung 2: Systemkonfiguration

maximale Anzahl von Polygonen, die interakiv dargestellt werden können, die Anforderungen an die Übertragungsraten bestimmt. Die zweite Methode erfordert jedoch die Übertragung des gesamten Volumendatensatzes, nicht nur zwischen einzelnen Stufen der Visualisierungspipeline, sondern vor allem zwischen Parallelrechner und Graphikrechner. Die maximale Übertragungsleistung ist auch hier wieder abhängig von der Darstellungsfähigkeit des verfügbaren Graphikrechners. Geht man von einer maximalen Auflösung von 128^3 aus, bei welcher noch eine interaktive Darstellung gewährleistet werden kann, so ist die Minimalanforderung an die Transferrate des Übertragungskanals ca. 400 MBit/s.

Zusätzlich muß gerade für kommerzielle oder zeitkritische Anwendungen eine konstante Übertragungsleistung gewährleistet sein, welche nicht kurzzeitigen Schwankungen unterworfen ist.

Ähnliches gilt für die interne Vernetzung einzelner Prozessoren. Viele Anwendungen lassen sich nur sehr schlecht im Sinne einer lokalen Auswertung von Teilproblemen parallelisieren. In den meisten Fällen sind globale Kommunikationsmechanismen notwendig, um Daten von anderen Prozessoren zu übertragen, welche nicht im lokalen Speicher vorliegen. Hier darf die interne Übertragungsrate nicht zu drastischen Einbußen der allgemeinen Leistung führen, was vor allem für Implementierungen auf Rechner-Clustern problematisch erscheint.

3 Konkrete Systemkonfiguration

Im Parallelrechnerlabor der GMD steht eine leistungsfähige und hochgradig parallele Rechnerumgebung zur Verfügung. Neben massiv parallelen Systemen und leistungsfähigen Mehrprozessor-Graphikrechnern sind zusätzlich spezielle asynchrone bzw. parallele Kommunikationskanäle verfügbar, welche eine effiziente Anbindung verschiedenster Architekturen ermöglichen (siehe Bild 2). Für das konkrete Anwendungsbeispiel wurde ein Graphikrechner von Silicon Graphics über einen HIPPI-Kanal mit einem Multiprozessorsystem von Thinking Machines gekoppelt. Bei dem Graphikrechner handelt es sich um eine Mehrprozessor-Onyx, welche mit zwei 200Mhz R4400 Prozessoren und RE2-Graphik-Hardware ausgestattet ist. Zur Anbindung an die parallele Datenleitung und den darauf aufsetzenden Übertragungsprotokollen wurde zusätzlich ein HIPPI-Board installiert. Über den HIPPI-Umschalter können bis zu vier verschiedene Quellen mit vier Senken gekoppelt werden. Alle numerischen und speicherintensiven Datenvor- und Datenaufbereitungsschritte wurden auf einer CM5 bestehend aus 64 Prozessoreinheiten implementiert. Die gesamte Rechenleistung beträgt ca. 128 MFlops, welche durch die interne Bestückung jedes Knoten mit Sparc 2 Mikroprozessoren erreicht wird. Jeder Prozessor ist mit 32 MB Hauptspeicher ausgestattet, was die Bearbeitung von Datenvolumen bis zu einer Auflösung von 1024^3 8 Bit Daten im ganzen erlaubt. Basierend auf der verwendeten parallelen Übertragungsleitung mit einer maximalen Transferrate von 800 MBit/s wurde für die konkrete Implementierung ein Durchsatz von 400 MBit/s erreicht, was bei einer Bearbeitung von 64^3 bzw. 128^3 Volumendaten zu kaum wahrnehmbaren Übertragungszeiten führt. Die interne Übertragungsrate von ca. 160 MBit/s zwischen einzelnen Knoten erlaubt hierbei auch globale Interprozessor-Kommunikatione mit großen Datenblöcken.

Zusätzlich zur verwendeten Kopplung über breitbandige, parallele Kanäle ist jederzeit eine Anbindung an externe Systeme über ATM-Leitungen möglich, so daß eine Nutzung der parallelen Rechen- und Speicherkapazität auch für geographisch verteilte Anwender möglich ist.

4 Benutzungsschnittstelle

Die interaktive Auswertung hochaufgelöster Volumendaten wird durch die Integration spezieller Benutzungsschnittstellen in die Visualisierungspipeline unterstützt, die optimal an die Erfordernisse visueller Beurteilung komplexer Datensätze und anschließender Übermittlung neuer Visualisierungsparameter angepaßt ist.

Gut für diese Aufgabe geeignet erscheinen Interaktionskonzepte basierend auf virtuellen Umgebungen, die durch hochaufgelöste stereoskopische Darstellung und intuitive Bedienbarkeit die volle Ausnutzung des Konzepts der Kopplung paralleler Architekturen mit Hochleistungs-Graphikrechnern ermöglichen.

Eine solche Umgebung wird durch die Responsive Workbench realisiert. Sie wurde entworfen, um einer speziellen Klasse von Benutzern wie Wissenschaftlern, Ingenieuren, Ärzten und Architekten die gewohnte Umgebung eines Arbeitstisches zur Verfügung zu stellen [2]. Dieses Konzept erlaubt dem Benutzer, die Konzentration auf seine Aufgabe zu richten statt auf die Details der Bedienung einer Maschine.

Echtzeitgenerierte Stereobilder virtueller Objekte und dreidimensionaler Datensätze werden zusammen mit Kontrollfeldern auf eine Tischebene projiziert und durch Shutter-Brillen betrachtet, so daß sie über dem Tisch erscheinen. Um von beliebigen Standorten aus die richtige Perspektive zu sehen, wird die Position und Orientierung des Kopfes durch elektromagnetisches Tracking ermittelt.

Durch Eingabemodule wie Datenhandschuh und Stylus können im Simulationsgebiet schnell und einfach je nach Anwendung neue Schwellwerte, Raumbereiche oder Segmentierungsgrenzen festgelegt oder Partikel-Emitter plaziert werden, indem in die entsprechende Position im Raum gezeigt wird oder Kontrollfelder mit dem Stylus angewählt werden. Zusätzlich besteht die Möglichkeit, mit dem Datenhandschuh die Szene oder ausgewählte Objektteile zu greifen, um verdeckte oder rückwärtige Bereiche sichtbar zu machen. Hierdurch wird die Experimentierfreudigkeit und letztlich die Erkenntnis aus der Visualisierung gefördert.

Die Rückkopplung an den Parallelrechner erfolgt damit durch die Kommunikation des Benutzers als letztem Glied der Visualisierungspipeline mit der durch den Graphikrechner generierten und an ihn angepaßten virtuellen Welt. Zusammen mit leistungsfähiger

Hardware optimiert eine 3D-Schnittstelle wie die Responsive Workbench den gesamten Prozeß der Visualisierung, Beurteilung und Benutzerantwort, da die Auffassungs- und Interaktionsgeschwindigkeit erhöht wird.

Wesentliche Voraussetzung hierfür ist eine qualitativ hochwertige hochaufgelöste dreidimensionale Darstellung, wie sie derzeit nur von Full-Screen-Projektionen auf große Bildebenen wie im Fall der Responsive Workbench erreicht wird. Dieses Konzept ist für alle Szenarien geeignet, in der Objekte oder Szenenausschnitte im Überblick betrachtet werden, wie im Fall der Visualisierung von Volumendaten durch Isoflächen.

5 Anwendungsszenario

Die Visualisierung von stationären und nichtstationären Volumendaten durch Isoflächen ist ein Anwendungsbeispiel, das durch seine hohen Anforderungen an die numerische Rechenleistung und Speicherkapazität die Notwendigkeit des Einsatzes massiv paralleler Architekturen zeigt.

Der für dieses Problem eingesetzte parallele Marching-Cubes-Algorithmus [5] generiert auf einem leistungsfähigen Parallelrechner in kurzer Zeit für einen bestimmten Schwellwert neue Isoflächen. Der Parallelrechner ist damit für die Generierung von Isoflächen optimal geeignet, während die interaktive Darstellung der hierbei anfallenden Polygonlisten mit einer Größenordnung von mehreren 10000 Dreiecken nur von Hochleistungs-Graphikrechnern bewältigt werden kann.

Der Vorteil der Kopplungstechnik liegt nun vor allem in der Möglichkeit der kontinuierlichen Darstellung bei vorgegebenen Schwellwert- oder Zeitintervallen, wenn die Anzahl der zu übertragenen Polygone die Leistungsfähigkeit der Verbindung und des Graphikrechners nicht übertsteigt.

Eine Möglichkeit, dieses Problem bei sehr grossen Auflösungen der Daten oder einer geringen Anzahl zur Verfügung stehender Prozessoren zu mildern, ist die interaktive Auswahl von kleineren Teilbereichen oder das Arbeiten mit einer Pyramide unterschiedlicher Auflösungen desselben Datensatzes. Die zur Isoflächengenerierung benutzte Auflösung hängt dabei jeweils vom gewählten Raumausschnitt ab. Damit ist eine Begrenzung der Polygonanzahl und eine unmittelbare Darstellung auf dem Graphikrechner gewährleistet.

Durch die Integration weiterer Anwendungsszenarien erhält man ein Visualisierungssystem vielfältiger Funktionalität, in dem der Benutzer unterschiedlichste Bearbeitungswerkzeuge anwählen und das Ergebnis in kurzer Zeit auswerten kann. Segmentierungsalgoritmen, schnelles Resampling von unstrukturierten Daten auf regelmäßige Gitter, Partikelverfolgung, Generierung von Strombändern oder anderen Visualisierungsprimitiven sind als Bestandteile eines Visualisierungspaketes denkbar.

6 Implementierung

Die Implementierung der vorgestellten Anwendung läßt sich grundsätzlich in zwei Module unterteilen: die Parallelisierung diverser Datenvorverarbeitungs- bzw. Datenaufbereitungsschritte und die Darstellung der generierten Resultate auf leistungsfähigen Graphikrechnern. Zusätzlich muß die Kopplung beider Systemtypen effizient in die aktuellen Implementierungen eingepaßt werden.

6.1 Parallele Implementierung

Die wesentlichen Anforderungen an eine effiziente parallele Implementierung sind die speicherminimale und kohärenzerhaltende Verteilung der zu bearbeitenden Daten und die gleichmäßige Lastverteilung auf die beteiligten Prozessoren. Dies führt zum einen zu einer optimalen Ausnutzung der Speicherkapazitäten und zum anderen zu einer Minimierung der internen Kommunikationskosten. Für die Generierung von Iso Flächen aus dreidimensionalen Volumendaten basierend auf dem Marching-Cubes-Ansatz impliziert dies die Zerlegung des Originalvolumens in gleichgroße Subvolumina, welche auf die Prozessoren des Systems verteilt werden. Auf jedem Prozessor können nun Vorverarbeitungs- bzw. Aufbereitungsschritte lokal ausgeführt werden, wie z.B. Datenfilterung, Klassifizierung und letztendlich die eigentliche Generierung der Iso Flächen. Vor allem die Zuordnung mehrerer Teilblöcke zu jedem Prozessor und die Vorsortierung solcher Blöcke, in denen keine Iso Flächen auftreten können, führt zu einer erheblichen Reduzierung der gesamten Rechenzeit. Wird für alle Zeitschritte einer dynamischen Sequenz die gleiche Zuordnungsstrategie benutzt, so führt dies zu einer effizienten Handhabung zeitvarianter Volumendaten. Die zu verschiedenen Zeitschritten korrespondierenden Teilblöcke können lokal und ohne zusätzlichen Kommunikationsaufwand bearbeitet werden.

Eine gleichmäßige Lastverteilung hängt für die beschriebene Methode stark von der Anzahl der generierten Polygone auf jedem Knoten ab. Durch die Zuordnung mehrerer im Objektraum gleichverteilter Teilblöcke zu jedem Knoten kann jedoch für beliebige Volumina ein effizienter Lastausgleich erreicht werden.

Für das konkrete Anwendungsbeispiel wurde eine Tiefpaßfilterung zur Glättung bzw. Entrauschung des Originalvolumens implementiert, worauf aufsetzend die Extraktion der Iso-Flächen durchgeführt wurde. Die gesamte Rechenzeit, welche zur Faltung eines 256^3 8 Bit Volumendatensatzes mit einem diskreten Gauss-Filter und der anschließenden Extraktion von 500000 Polygonen benötigt wurde, beträgt auf der CM5 unter Benutzung aller 64 Knoten 20 Sekunden. Zwar läßt sich diese Polygonanzahl auch auf leistungsfähigen Graphikrechnern nicht mehr interaktiv darstellen, jedoch können beliebige Teilbereiche in voller Auflösung übertragen und angezeigt werden. Ein weiteres Beispiel ist die Visualisierung einer 64^3 Datensequenz bestehend aus 128 Zeitschritten. Die Filterung und Polygonalisierung eines beliebigen Zeitschrittes beträgt für diese Konstellation bei einer Anzahl von ca. 40000 generierten Polygonen 0.2 Sekunden.

Die eigentlichen Polygonrepräsentationen werden im konkreten Anwendungsbeispiel über den HIPPI-Kanal vom Parallelrechner zum Graphikrechner gesendet. Jeder Knoten überträgt alle in seine Teilblöcken extrahierten Polygone, welche durch Indizes in Punkt- bzw. Normalenlisten definiert sind. Nach jeder Generierung warten alle Knoten auf neue, vom Benutzer interaktiv manipulierbare Visualisierungsparameter (Schwellwerte, Filterlänge). Diese werden über Standard Ethernet Kommunikationskanäle gesendet, welche vom Graphikrechner zu allen beteiligten Prozessoren angelegt sind.

6.2 Implementierung der graphischen Darstellung

Die Responsive Workbench wurde auf einer Silicon Graphics Onyx mit 2 Prozessoren implementiert. Das ganze Programmsystem basiert auf der Performer Graphikbibliothek, die sehr effektiv den Darstellungsvorgang in drei Prozesse aufteilt, die parallel auf verschiedenen Prozessoren laufen können. Ein Prozeß übernimmt die Interaktion mit dem Benutzer und die Vorbereitung der Daten für die Darstellung, ein anderer entfernt alle Teile der Szene, die außerhalb der Sichtpyramide liegen, und ein weiterer versorgt die Graphikpipeline ständig mit Polygonen. Der letztere Prozeß benötigt erfahrungsgemäß den größten Rechenzeitbedarf, so daß ihm ein Prozessor exklusiv zugeordnet wird. Die anderen Prozesse, das UNIX Betriebssystem, sowie ein eigener Prozeß zur Annahme der Daten vom HIPPI-Kanal teilen sich den 2. Prozessor. Mit dieser Realisierung lassen sich zwischen 20000 und 40000 Polygone bei ca. 10 Stereobildern pro Sekunde darstellen.

7 Schlußfolgerung

Für das konkrete Anwendungsbeispiel der Visualisierung dreidimensionaler Volumendaten hat sich gezeigt, daß die breitbandige Vernetzung spezieller Rechnersysteme zu einer wesentlichen Steigerung der Interaktionsfähigkeit und somit zu einer beschleunigten und verbesserten Extraktion des Informationsgehaltes führt. Die Möglichkeit der Manipulation spezifischer Parameter einhergehend mit der sofortigen, hochqualitativen, dreidimensionalen Darstellung der resultierenden Ergebnisse erlaubt die direkte Interaktion mit dem zu bearbeitenden Objekt. Obwohl bei der dargestellte Anwendung modernste Hardware- und Software-Komponenten zum Einsatz gekommen sind, reichen die integrierten Systeme und Übertragungsleitungen jedoch nicht aus um den allgemeinen Anforderungen Rechnung zu tragen.

Ein Problem in diesem Zusammenhang ist die begrenzte Darstellungsfähigkeit heutiger Graphikrechner. Die Bearbeitung hochaufgelöster Volumendaten erfordert eine erhebliche Steigerung der maximal darstellbaren Anzahl von Polygonen bzw. der maximalen Auflösung, welche noch eine hardwareunterstützte, semi-transparente Dichteintegration zuläßt. Zwar führt die Darstellung von Teilbereichen in voller Auflösung in der Regel zu akzeptablen Ergebnissen, jedoch ist oftmale die Visualisierung des gesamten Objektes erforderlich. Dasselbe gilt für die verfügbaren Parallelrechner. Um auch Volumendaten in einer Auflösung von 1024^3 interaktiv bearbeiten zu können, bedarf es mindestens einer Rechenkapazität von mehreren GFlops. Hierbei sollte jedoch bedacht werden, daß die aktuell zum Einsatz gekommene CM5 mit 64 Knoten am unteren Ende der Leistungsskala für massiv parallele Systeme einzuordnen ist, und andere heutige Systeme die erforderliche Leistung schon aufbringen.

Ein weiterer beschränkender Faktor ist die Bandbreite der zur Verfügung stehenden Übertragungskanäle. Momentan werden auf gängigen FDDI- oder ATM-Leitungen Raten von ca. 5 - 30 MBit/s erreicht, was gerade für die Übertragung des vollständigen Datensatzes nicht ausreichend ist. Erst die Einführung der erweiterten Schnittstelle mit einer Bandbreite von 600 MBit/s wird die zeitliche Transparenz des Übertragungsvorganges ermöglicht. Zusätzliche Probleme in der praktischen Anwendung sind vor allem bzgl. der Verfügbarkeit sowohl der Übertragungskanäle als auch der Parallelrechner zu erwarten. Bei vielen Anwendungen darf es nicht zu Beeinträchtigungen der Leistung oder der Zugriffsmöglichkeiten kommen, so daß minimale Kommunikationsraten und Rechenleistungen gewährleistet sein müssen.

Literatur

[1] Günter Knittel and Wolfgang Straßer. A compact volume rendering accelerator. In *Visualization'94, Conference Proceedings, 1994*, pages 67–74, 1994.

[2] Wolfgang Krüger and Bernd Fröhlich. The responsive workbench. *IEEE Computer Graphics and Applications*, pages 12–15, 1994.

[3] Philip Lacroute and Marc Levoy. Fast volume rendering using a shear-warp factorization of the viewing transformation. In *Computer Graphics Proceedings, Annual Conference Series, 1994*, pages 451–457, 1994.

[4] David Laur and Pat Hanrahan. Hierarchical splatting: A progressive refinement algorithm. In *Computer Graphics Proceedings, Annual Conference Series, 1991*, pages 285–288, 1991.

[5] W. Lorensen and H. Cline. Marching cubes: A high resolution 3d surface construction algorithm. In *Computer Graphics Proceedings, Annual Conference Series, 1987*, pages 163–169, 1987.

[6] Hanspeter Pfister, Arie Kaufman, and Tzi cker Chiueh. A real-time architecture for high resolution volume visualization. In *Visualization'94, Conference Proceedings, 1994*, pages 75–82, 1994.

[7] Peter Schröder and James Salem. Fast rotation of volume data on data parallel architectures. In *Visualization'90, Conference Proceedings, 1991*, pages 185–188, 1991.

[8] Rüdiger Westermann. Parallel volume rendering. In *9th International Parallel Processing Symposium, 1995*, pages 693–696, 1995.

[9] Lee Westhover. Footprint evaluation for volume rendering. In *Computer Graphics Proceedings, Annual Conference Series, 1990*, pages 185–188, 1990.

Evaluation von Medizinischen Informationssystemen: Methoden, Ziele, Ergebnisse

T. Bürkle, R. Kuch, H.-U. Prokosch, J. Dudeck
Institut für Medizinische Informatik
Justus-Liebig-Universität Gießen
Heinrich-Buff-Ring 44
35392 Gießen

Abstract

Die Einführung von elektronischer Datenverarbeitung (DV) in den klinischen Alltag des Krankenhauses führt nicht selten zu unerwarteten oder unerwünschten Effekten und Auswirkungen auf das Arbeitsumfeld. Der mit der DV-Einführung verbundene Aufwand sollte sich in einem meßbaren Nutzen niederschlagen, da er sonst nicht gerechtfertigt wäre. In diesem Sinne ist es wünschenswert, DV-Systeme nach Einführung zu evaluieren, so daß zum einen bestimmt werden kann, ob die geplanten Ziele erreicht wurden, zum anderen aber auch geeignete Maßnahmen ergriffen werden können, um noch nicht erreichte Ziele doch noch zu erfüllen oder negative Auswirkungen abzumildern. Anhand von 5 exemplarisch ausgewählten Beispielen, in denen unterschiedliche klinische DV-Systeme evaluiert wurden, werden Evaluationsziele, verwendete Methoden und erzielte Ergebnisse gegenübergestellt und damit ein Bild über die Möglichkeiten und Grenzen der Evaluation von DV-Systemen für klinische Nutzer (Pflegekräfte und Ärzte) entworfen.

1. Einleitung

In einer Zeit zunehmender Kostenschere und Anforderungen an die Leistungsdokumentation im Krankenhaus werden auf der Basis günstigerer Hardwarepreise und der Möglichkeiten moderner Netzwerke mehr und mehr medizinische Informationssysteme eingesetzt. Da solche Systeme jedoch im allgemeinen Ausgaben in Höhe von 0,5-1 % des KH-Umsatzes verursachen, sind bereits in vergangener Zeit mehrfach Versuche unternommen worden, die positiven respektive negativen Auswirkungen einer Einführung mittels Evaluationsstudien zu untersuchen um diese Ausgaben zu rechtfertigen. Insbesondere im Hinblick auf fehlgeschlagene DV-Projekte (z. B. Schoner 1994) erhofft man sich auch Erkenntnisse, die zur Verwirklichung noch nicht erreichter Ziele der DV-Einführung beitragen können. Die Ergebnisse waren jedoch oft widersprüchlich, und die Frage ob die Patientenversorgung effektiv verbessert wurde blieb meist unbeantwortet (Kjerulff 1988). In der folgenden Arbeit sollen die Ziele und Methoden einiger ausgewählter neuerer Untersuchungen mit denen einer derzeit an unserem Hause ablaufenden Studie verglichen werden (Bürkle 1994), um daraus Rückschlüsse über die erzielbaren und erzielten Aussagen des jeweiligen Studiendesigns zu gewinnen.

Ausgewählt für den Vergleich wurden die exemplarischen Arbeiten von Bradshaw (1989), Hinson (1994), Spranzo Keller (1992), Petrucci (1992), Van Gennip (1994) und Bürkle (1994). Diese Autoren evaluieren die Einführung einer voll computerisierten Krankenakte auf Intensivstation (Bradshaw), die computerunterstützte Pflegedokumentation und körperliche Beurteilung auf medizinischer Pflegestation (Hinson), die computerunterstützte Pflegeplanung auf Normalstation (Spranzo Keller), die Konsultation mit einem Expertensystem für die Überwachung inkontinenter Patienten (Petrucci), die Einführung computerunterstützter Pflegeplanung in 3 verschiedenen Krankenhäusern (Van Gennip), sowie die sukzessive

Fachgespräch 17:

Informationsverarbeitung und Kommunikation im Gesundheitswesen: Planung und Bewertung von Krankenhausinformationssystemen

Im Gesundheitswesen gewinnt die Informationslogistik, d.h. die rechtzeitige Bereitstellung von entscheidungsrelevanten Daten und Informationen sowie von Wissen eine immer grössere Bedeutung.

Ziel dieses Fachgespräches ist es, einen Erfahrungs- und Wissensaustausch zwischen Wissenschaftlern aus der SI, der GI und der GMDS (Deutsche Gesellschaft für Medizinische Informatik, Biometrie und Epidemiologie) sowie der SGMI (Schweiz. Gesellschaft für medizinische Informatik) herbeizuführen, die an der Forschung zu Informationssystemen im Gesundheitswesen und zu Krankenhausinformationssystemen im besonderen beteiligt sind. Der Erfahrungs- und Wissensaustausch soll sich zum einen mit aktuellen Problemen bei Krankenhausinformationssystemen und den zur Zeit verwendeten Methoden und Werkzeugen für ihre Planung, Realisierung, Fortschreibung und Bewertung befassen. Zum anderen werden entsprechende Methoden und Werkzeuge für Informationssysteme vorgestellt und im Hinblick auf ihre Anwendbarkeit bei Krankenhausinformationssystemen diskutiert.

Programmkomitee des Fachgespräches:
H.-J. Appelrath, Oldenburg (Koordination)
P. Dadam, Ulm, J. Dudeck, Giessen, C. Th. Ehlers, Göttingen, R. Haux, Heidelberg, F.J. Leven, Heilbronn, S.J. Poeppl, Lübeck, W. Stucky, Karlsruhe, A. Winter, Heidelberg

Einführung eines Krankenhausinformationssystemes und eines Pflegeinformationssystemes auf einer Pflegestation (Bürkle).

2. Ziele der Evaluation

Bei der von Bradshaw durchgeführten Studie wird als Ziel angegeben, die Zeit zu messen, die Pflegekräfte auf Intensivstation vor und nach der Einführung der computerbasierten Krankenakte für alle patientenbezogenen Tätigkeiten benötigen.
In der Arbeit von Hinson und Kollegen (1994) soll die Effektivität eines computergestützten Pflegeinformationssystemes gemessen werden. Hierzu werden mehrere Subziele angegeben. So soll untersucht werden welchen Einfluß die persönlichen Charakteristika der Pflegekräfte auf die Computernutzung haben, wie die Umgebung einer Pflegestation sich auf die Einführung auswirkt, wie das System die Dokumentationspraxis der Pflegekräfte beeinflußt und welches die Gewinne und Kostenersparnisse des DV-Systemes sind.
Spranzo Keller und Kollegen (1992) hingegen wollen das Ausmaß ermitteln, in dem ein DV-Instrument die Effektivität pflegerischer Aktivitäten verbessert und zusätzlichen Nutzen für Patienten und medizinisches Personal bringt. Als Unterziele werden die Effekte des Systemes auf pflegerische Behandlungsplanung, auf die Unterrichtung des Patienten und die Vorbereitung der Entlassung, sowie auf die damit verbundenen Gesundungserfolge am Patienten in Hinsicht auf Fähigkeit zur Selbstversorgung, Zufriedenheit mit der Pflege und Länge des stationären Aufenthalts gemessen. Weitere Unterziele der Untersuchung sind die Arbeitszufriedenheit der Pflegekräfte, die Fehlzeiten, die erlangte Sicherheit bei der Arbeitsausübung, die Kündigungsrate, sowie Überstundenhäufigkeit als Indikatoren für erzielte organisatorische Verbesserungen.
Die Studie von Petrucci et al. (1992) beschreibt als Zielbereich zunächst den Mangel medizinisch relevanten Wissens über die Urininkontinenz beim Pflegepersonal. Im ersten Teil der Studie wird jedoch zunächst die Relevanz der Fragen, die Qualität der Antworten und der Gesamtleistung des untersuchten wissensbasierten DV-Konsultationssystemes gemessen. Im zweiten Teil der Studie soll der direkte Effekt auf die Patientenversorgung untersucht werden.
Van Gennip et al (1994) geben als Studienziel die Ermittlung von Kosteneffektivität des einzuführenden Pflegeplanungssystemes an. Gemessen werden sollen Effekte auf Arbeitsbelastung, Funktionalität der Pflege, Arbeitszufriedenheit und Kosten, wobei möglichst quantitative Daten ermittelt werden sollen.
Der Einfluß der DV-Einführung in Hinblick auf die Arbeitszeitverteilung des Pflegepersonales, auf Arbeitszeitersparnisse, sowie auf die Arbeitsgewohnheiten soll bei Bürkle et al. (1994) untersucht werden, wobei insbesondere der zusätzliche Einfluß einer neuen Komponente (des Pflegeinformationssystemes) differentiell ermittelt werden soll.

3. Analyse der verwendeten Methoden

Bei der von Bradshaw (1989) durchgeführten Studie wurde einzig die Methode des Work Sampling (Tippett 1935, Sittig 1993) eingesetzt. Work Sampling, zum ersten Male von L.H.C. Tippett 1935 präsentiert, stellt eine Methode der randomisierten Beobachtung dar. Zu zufällig gewählten Zeitpunkten wird der Zustand einer Maschine oder eine Tätigkeit beobachtet und notiert. Wichtige Voraussetzung ist, daß zuvor eine eingeschränkte Anzahl von Zuständen der Maschine respektive von Tätigkeitsbereichen (Arbeitspaketen) definiert worden ist. Über mehrere tausend derartige Beobachtungen läßt sich eine statistische prozentuale Verteilung der Arbeitszeit oder Maschinenzeit auf die verschiedenen Arbeitspakete oder Maschinenzustände ermitteln. In der Studie von Bradshaw (1989) wurde zunächst das zu beobachtende Personal

identifiziert (Pflegekräfte einer Intensivstation), sowie dessen Aktivitäten in 10 Beobachtungskategorien eingeteilt. Dann wurden in 2 Phasen pre- und postintervention jeweils ca. 8000 randomisierte Beobachtungen durchgeführt und in die 10 Kategorien eingeteilt.
Zusätzlich zum Work Sampling über 5 Kategorien der pflegerischen Tätigkeit verwenden Hinson und Kollegen (1994) für ihre Studie Formblätter zur Ermittlung der Arbeitslast, der Vollständigkeit der Patientendokumentation, und der Einstellung der Pflegekräfte gegenüber Computern. Die Studie ist mehrphasig angelegt.
In der dritten Studie (Spranzo Keller et al 1992) werden 4 Pflegestationen randomisiert gepaart auf Kontrollgruppe und Interventionsgruppe verteilt (matched pairs). Die 2-phasige Studie wird mit den Werkzeugen Arbeitslastbestimmung, Fragebogenstudien der beteiligten Pflegekräfte, sowie telephonische Befragung der Patienten über Zufriedenheit mit der Pflege durchgeführt. Von Seiten der Pflegekräfte sollen 7 Parameter bestimmt werden, die die Arbeitszufriedenheit und Einstellung zum einzuführenden EDV-System messen, von Seiten der Patienten werden 8 Faktoren untersucht, die die Planung der Entlassung, sowie die vorherige Vorbereitung der Patienten und Unterrichtung in der Selbstversorgung durch die Pflegekräfte beurteilen.
Petrucci et al. (1992) testen zunächst die Zuverlässigkeit des von ihnen eingeführten urologischen Expertensystemes durch Vergleich der Aussagen des Computers mit denen von 4 Experten auf dem Gebiet, die Bewertung wird hierbei durch 5 evaluierende Personen ebenfalls im Expertenrang durchgeführt. In der zweiten Stufe wird die klinische Relevanz des Systemes mit Hilfe einer Kontrollpflegestation untersucht. Hierbei wird als Parameter die Häufigkeit des Einnässens der Patienten auf der Kontroll- bzw. den beiden Interventionsstationen gemessen.
Die Studie von Van Gennip und Kollegen (1994) ist auf 4 Work Sampling Phasen ausgelegt, in denen jeweils auf jeweils einer Station von 3 unterschiedlichen Krankenhäusern ein Pflegeinformationssystem eingeführt wurde. In jedem der Häuser diente eine zweite Station als Kontrolle. Weiterhin werden dynamische Einflußfaktoren in einer Faktorengewichtung berücksichtigt. Das Work Sampling erstreckt sich intern auf 20 Kategorien die in 4 Obergruppen ausgewertet werden. Während der zweiten Work-Sampling-Phase wurde zusätzlich eine Fragebogenstudie zur Arbeitszufriedenheit der Pflegekräfte durchgeführt.
In der letzten Studie (Bürkle und Kollegen 1994) wird in 3 Phasen jeweils Work Sampling eingesetzt. In dieser Studie wird der Einfluß unterschiedlicher Arbeitslast und anderer sekundärer Faktoren auf die Verteilung der Aktivitäten in die Beobachtungskategorien durch eine vorgeschaltete Parameteranalyse möglicher Einflußgrößen abgemildert. Gesampelt wurden intern 23 Aktivitäten, die in 4 Kategorien ausgewertet wurden. Die Studie beinhaltet in jeder Phase einen Fragebogen zur dynamischen Abklärung der Haltung der Pflegekräfte zur gebotenen DV-Funktionalität.

4. Ergebnisse

Bradshaw und Kollegen (1989) berichten in ihrer Studie über eine signifikante Abnahme der für die direkte Patientenversorgung aufgewandten Zeit von 49% auf 43%, während der Aufwand für die Dateneingabe von 18% auf 24% anstieg. Gleichzeitig stellen diese Autoren jedoch auch einen signifikanten Rückgang der Pflegebedürftigkeit der Patienten in der 2. Studienphase fest, so daß die Ursache für den Rückgang der Aktivitäten der direkten Patientenversorgung nicht unbedingt allein auf den Einflußfaktor DV-System zurückzuführen ist.
In Salt Lake City können Hinson et al. (1994) einige signifikante Verbesserungen bezüglich der Pflegedokumentation nachweisen, beispielweise wurden mehr pflegerische Probleme erfaßt. Andere Bereiche der Dokumentation scheinen zunächst gebessert um danach wieder auf den alten Wert zurückzufallen. Ferner werden in dieser Studie verschiedene Korrelationen

zwischen Arbeitszufriedenheit, Motivation und DV-Akzeptanz bei Pflegepersonal nachgewiesen.
Petrucci und Kollegen (1992) können zum einen nachweisen, daß die Aussagen des von ihnen eingesetzten wissensbasierten Systemes denen von 4 Experten auf dem untersuchten Gebiet der Harninkontinenz gleichwertig sind. In einem zweiten Studienteil können sie zudem eine signifikante Abnahme der untersuchten Einnäßereignisse bei inkontinenten Patienten nachweisen, zum anderen auch eine Wissenszunahme bezüglich Inkontinenz bei den mit dem System konfrontierten Pflegekräften.
Von der Gruppe um Spranzo Keller (1992) liegen noch keine Ergebnisse vor.
Bei Van Gennip und Kollegen (1994) existieren zur Zeit nur vorläufige Ergebnisse der ersten beiden Phasen. Signifikante Veränderungen konnten zum einen im untersuchten Universitätskrankenhaus festgestellt werden, dort nimmt der für administrative Aufgaben notwendige Zeitaufwand nach Computereinführung signifikant zu. Hier wird in der Fragebogenuntersuchung zudem eine positive Auswirkung der DV-Einführung auf die Arbeitszufriedenheit festgestellt. Im beteiligten Allgemeinkrankenhaus sind nach DV-Einführung hingegen keine signifikanten Unterschiede in der Arbeitszeitverteilung sichtbar, dagegen nimmt die Arbeitszufriedenheit geringfügig ab. In der psychiatrischen Klinik Reinier van Akel wiederum nehmen kommunikative Aktivitäten signifikant ab und sonstige Aktivitäten signifikant zu. Dieser negative Effekt spiegelt sich auch in einer Abnahme der Arbeitszufriedenheit wieder.
Vorläufige Studienergebnisse von Bürkle und Kollegen (1994) zeigen keine signifikante Veränderung der Arbeitszeitverteilung in die 4 Kategorien allgemeine und spezielle Pflege, administrative Tätigkeiten und Sonstiges nach Einführung des Krankenhaus-informationssystemes WING. Veränderungen in den Einzelaktivitäten wurden festgestellt, entziehen sich jedoch einer statistischen Bewertung. Die endgültigen Ergebnisse stehen noch aus.

5. Diskussion

In dieser Arbeit werden bewußt sehr verschiedene Zielvorstellungen bei der Evaluation, sehr verschiedene DV-Systeme, sowie eine Vielzahl von Bewertungsmethoden einander gegenübergestellt. Eine tabellarische Übersicht (Abb. 1) stellt dies nochmals heraus.
Nach Peterson und Gerdin Jelger (1988) soll der Evaluationsprozeß 3 Ziele verfolgen: Zunächst sollten erreichte Ergebnisse mit den ursprünglichen Zielen und erwarteten Effekten der DV-Einführung verglichen werden. Als nächstes ist es anzustreben, aufgrund der Evaluation die entsprechenden Aktivitäten einzuleiten um die ursprünglich gesteckten Ziele effektiv auch zu erreichen. Als drittes sollen in einer Art Prozeßmodell die Erfahrungen aus diesen beiden Phasen als Erfahrungsbasis in weitere Projekte einfließen.
In der Krankenhausumgebung ist davon auszugehen, daß als Hauptziel aller Beteiligten anzusehen ist, die Patienten möglichst schnell, effektiv und kostengünstig wieder in den gesunden Zustand zu versetzen. Daneben lassen sich jedoch eine Vielzahl Subziele formulieren, die von wirtschaftlichem Erfolg des Krankenhauses bis hin zu wissenschaftlichem Erfolg durch neue Methoden reichen können. Optimal ist es, wenn sich die Einführung eines DV-Systemes direkt auf das Hauptziel schnellere und bessere Gesundung projezieren ließe. Leider ist ein solcher optimaler Fall, wie in der Arbeit von Petrucci (1992) gezeigt, eher eine Rarität. Hier konnte tatsächlich direkt das "patient outcome" in Form von positiven Erscheinungen beim Patienten in die Evaluation aufgenommen werden, allerdings muß dieses Untersuchungsergebnis relativiert werden, da eine Vielzahl Faktoren für den gefundenen Effekt verantwortlich sein können, die in der besagten Studie nicht alle aufgedeckt werden konnten. So fragt Petrucci (1992) selbst, welche pflegerischen Interventionen denn nun zum

verbesserten Ergebnis geführt haben und erwähnt einen möglichen Untersucher-Effekt durch positiv beeinflußtes Personal in der Interventionsgruppe.
In vielen anderen Fällen muß sich die Auswertung auf Subziele beschränken. Diese können sich in besserer Arbeitszufriedenheit des Personales, Zeitersparnis, Kostenersparnis oder ähnlichem dokumentieren lassen, sie gehen jedoch oft mit dem Nachteil einher, daß ein Zusammenhang beispielsweise mit dem Hauptziel schnellere oder bessere Gesundung der Patienten nur bedingt herzustellen ist. So dürfte es schwerfallen, definitiv nachzuweisen daß durch eine zufriedeneres Personal die Patienten schneller gesunden. Davon abgesehen haben derartige Parameter zur Messung von DV-Systemen durchaus ihren Sinn, denn bessere Zufriedenheit mit den Arbeitsbedingungen läßt sich mit geringeren Fehlzeiten und Kündigungszahlen in Zusammenhang bringen, so daß für Kontinuität im Stationsablauf gesorgt wird. Korrekterweise sollte dann allerdings als Oberziel eher Kosteneffektivität oder Organisationsverbesserung angegeben werden wie beispielsweise bei Van Gennip et al. (1994).
Von den Zielen der Evaluation abhängig ist der Einsatz der Methoden. Eine direkte Messung von Verbesserungen beim Patienten kann über randomisierte Studien erfolgen, wie dies bei Arzneimitteltests üblich ist. Hierbei werden allerdings sehr hohe Anforderungen an die Art der Randomisierung gestellt (beispielsweise Doppelblindstudien zum Ausschluß des Untersucher-Effekts), die meist im Zusammenhang mit EDV-Systemen allein aus methodischen Gründen nicht zu verwirklichen sind. Schließlich ist es für das medizinische Personal direkt offensichtlich ob es mit dem eingeführten Computersystem konfrontiert wird oder nicht. Daß dennoch auch bei DV-Systemen direkte Messungen am Patienten sinnvoll sein können, wurde von Petrucci (1992) gezeigt. Nachteile wie ein Untersucher-Effekt oder Unklarheiten über die exakte Ursache der gemessenen Verbesserung müssen dabei in Kauf genommen werden. Oft müssen noch viel indirektere Methoden verwendet werden, um Aussagen über eine verbesserte Patientenversorgung zu machen. Neben Fakten wie der Kontrolle der Vollständigkeit der Pflegedokumentation (Hinson 1994) kommen hier auch Verfahren der Patientenbefragung (Spranzo Keller 1992) in Frage.
Dagegen kann man durch Restriktion auf meßbare Subziele zu Beginn der Untersuchung deutlich objektivere Faktoren gewinnen. So können Messungen der Arbeitszeit, in jüngerer Zeit häufig nach der von Sittig (1993) im Medizinbereich publik gemachten Work Sampling Methode nachweisbare Fakten über Arbeitsverteilung im medizinischen Umfeld aufzeigen und Zeitersparnisse verifizieren (Bradshaw 1989, Van Gennip 1994, Bürkle 1994). In wie weit sich Zeiteinsparung durch DV auf eine bessere Patientenversorgung auswirkt oder womöglich in vermehrten Pausenzeiten des Personales resultiert (Kjerulff 1988) ist hingegen nicht leicht festzustellen. Zum einen werden diese Studien sehr stark durch die übrigen variablen Faktoren im Bereich Krankenhaus wie Stationsbelegung, Stationsbesetzung, Notaufnahmen etc. beeinflußt, so daß ein erheblicher Aufwand betrieben werden muß, um die Effekte auf den eigentlich zu untersuchenden Einflußfaktor zurückzuführen. Hierzu gehören beispielsweise das Mitführen einer Kontrollgruppe (Spranzo Keller 1992, Van Gennip 1994), oder der Ausschluß bzw. die faktorielle Bewertung der anderen die longitudinale Studie beeinflußenden dynamischen Faktoren (Spranzo Keller 1992, Van Gennip 1994, Bürkle 1994). Zum anderen ist wie bereits erwähnt eine längere Beschäftigung mit dem Patienten nicht notwendigerweise Garant für eine bessere Gesundung.
Als Fazit lassen sich in Übereinstimmung mit Peterson und Gerdin Jelger (1988) die folgenden Aussagen herauskristallisieren: Gute Evaluationen sind gekennzeichnet durch meherere Faktoren: Einerseits eine genaue Definition der Evaluationsziele, möglichst in Übereinstimmung mit den Zielen die bei der Implementation des DV-Systemes gegeben waren. Wichtig ist hierbei daß die Subziele a) einen engen Zusammenhang mit dem Evaluationsziel haben, b) aber in meßbaren Ergebnissen ausgedrückt werden können. Andererseits ist eine genaue Kenntnis der Eigenschaften und Limitationen der eingesetzten Werkzeuge und, ebenso wichtig, der Evaluationsumgebung notwendig. Darauf aufsetzend läßt sich ein Studiendesign

entwickeln, welches zumindest die gestellten Evaluationsziele in befriedigender Art zu beantworten ermöglicht.

6. Literatur

K. E. Bradshaw et al., Computer-Based Data Entry for Nurses in the ICU, MD Computing Vol 6 No 5 (1989), 274-280.

T. Bürkle et al., The Impact of Introducing Computers on Nursing Work Patterns: Study Design and First Results, (1994), Accepted for Medinfo 95 Vancouver.

D. K. Hinson et al, Measuring the Impact of a Clinical Nursing Information System on one Nursing Unit, Seventeenth Annual Symposium on Computer Applications in Healthcare 1993 Proceedings, Mc Graw-Hill, New York (1994), 203-210.

K. H. Kjerulff, The Integration of Hospital Information Systems into Nursing Practice: A Literature Review, In: M. J. Ball et al. (Hrsg), Nursing Informatics, Springer New York (1988), 243-249.

H. Peterson, U. Gerdin Jelger, Evaluation: A Means to Better Results, In: M. J. Ball et al. (Hrsg), Nursing Informatics, Springer New York (1988), 64-77.

K. Petrucci et al., Evaluation of UNIS: Urological Nursing Information System, Fifteenth Annual Symposium on Computer Applications in Healthcare 1991 Proceedings, Mc Graw-Hill, New York (1992), 43-47.

W. Schoner, Zum Abbruch eines Projektes zur Einführung eines EDV-gestützten Krankenhauskommunikationssystemes. In: Pöppl S.J., et al. (Hrsg.): Medizinische Informatik Ein integrierender Teil arztunterstützender Technologien, MMV Medizin-Verlag München (1994), 62-67.

D.F. Sittig, Work-Sampling: A Statistical Approach to Evaluation of the Effect of Computers on Work Patterns in Healthcare, Methods of Information in Medicine 32 (1993) 167-174.

L. Spranzo Keller et al., Effects of Computerized Nurse Careplanning on Selected Health Care Effectiveness Measures, Fifteenth Annual Symposium on Computer Applications in Healthcare 1991 Proceedings, Mc Graw-Hill, New York (1992), 38-42.

L.C.H. Tippett, A snap reading method of making time studies of machines and operations in factories: A Survey, J Textile Inst 26 (1935), 51-70.

E. M. S. J. Van Gennip et al., VISTA: Study of effects of an Integrated Nursing Information Sytem in three Dutch Hospitals Set-up and intermediate results, MIE-94 Proceedings Lisbon (1994), 333-338.

Abb. 1: Tabellarische Übersicht der im Text erwähnten Evaluationsstudien

Ziele	Werkzeuge	Phasen & Zielumgebung	Ergebnisse
Bradshaw	Worksampling über 10 Kategorien	2 Phasen: pre- und postintervention 1 Thoraxchirurgie-Intensivstation	Weniger Zeitaufwand für Patientenversorgung, mehr für Dateneingabe
Hinson	Worksampling über 5 Kategorien 3 weitere Formblätter zur Ermittlung von Arbeitslast, Dokumentationsqualität und Einstellung der Pflegekräfte	3 Phasen: preintervention, intermediate und Analysephase 1 Medizinische Normalstation 29 Betten	Zunahme der Dokumentationszeit, Zunahme der Patientenversorgungszeit, Abnahme der verbalen Kommunikationszeiten
Spranzo Keller	Arbeitslastbestimmung Fragebogen für Pflegekräfte Telefonisches Interview der entlassenen Patienten	2 Phasen: pre- und postintervention 4 medizinische Stationen; 2 davon Intervention, 2 Kontrollen als matched pairs	Ergebnisse stehen aus
Petrucci	Expertenvergleich Direkte Messung des Effektes am Patienten Test des erworbenen Wissens der Pflegekräfte	3 Altenheimstationen 2 Intervention , 1 Kontrolle 18 von 27 Patienten ausgewertet kontinuierliche Messung über 10 Wochen postintervention	System ist so gut wie Experten auf dem Gebiet Im praktischen Einsatz signifikante Abnahme der Einnäßperioden bei den Patienten Zunahme des Wissens der Pflegekräfte
Van Gennip	Worksampling über 20 Kategorien, in 4 Gruppen ausgewertet Fragebogen zur Arbeitszufriedenheit	4 Phasen geplant (1 Pre-, 2 Zwischen- und 1 Postinterventionsmessung) Jeweils 2 Stationen in 1 Universitätsklinik, 1 Allgemeinkrankenhaus und 1 psychatrischen Klinik	1 Krankenhaus signifik. Zunahme administrativer Tätigkeit, 1 Krankenhaus signifik. Abnahme kommunikativer und Zunahme andere Tätigkeiten Weitere Ergebnisse stehen noch aus
Bürkle	Worksampling über 23 Aktivitäten, in 4 Gruppen ausgewertet, Mehrfache Fragebögen zur Einstellung bezüglich der DV-Funktionalität	3 Phasen geplant (1 Preintervention, 1 nach KIS WING, 1 nach Pflegeinfosystem Florence) 2 medizinische Allgemeinstationen (Phase 1 und 2) davon nur 1 Station in Phase 3	Keine signifikanten Zeitunterschiede nach KIS-Einführung. Weitere Ergebnisse stehen noch aus

Das Lübecker Krankenhaus-Kommunikationssystem

Siegfried J. Pöppl und Hans-Gerd Lipinski

Institut für Medizinische Informatik, Medizinische Universität Lübeck
Ratzeburger Allee 160, D-23538 Lübeck, Bundesrepublik Deutschland

Zusammenfassung
Das Lübecker Krankenhaus-Kommunikationssystem wurde auf der Basis eines relationalen Datenbanksystems realisiert. Das System wurde sowohl für den zentralen Einsatz innerhalb der Verwaltung als auch für den dezentralen Einsatz in Ambulanzen und Krankenstationen konzipiert. Seine logische Grundlage bildet ein umfassendes Datenmodell (Entity-Relationship-Model). Basis des neuen Datenmodells ist die patienten- und fallorientierte Organisationsstruktur, die unterschiedliche Sichtweisen auf die Patientendaten ermöglicht. Das System stellt, unter Einsatz der Standard-Betriebssysteme UNIX auf dem Datenbankserver und MS-DOS/WINDOWS auf den Arbeitsplatzrechnern, eine heterogene Client-Server Architektur dar. Die Datenhaltung erfolgt in relationalen Datenbanksystemen auf dem Datenbankserver. Der Zugriff auf den gesamten Datenbestand erfolgt über Standard-SQL und die ODBC-Schnittstelle der Datenbank. Das System wurde in Zusammenarbeit mit Industriepartnern in vier Stufen konzipiert, von denen die erste abgenommen und in den Routinebetrieb übergegangen ist.

1. Einleitung und Zielsetzung

Die 25 Kliniken der Medizinischen Universität zu Lübeck (MUL) haben im Jahr durchschnittlich 34000 Patienten stationär zur versorgen und etwa 130000 ambulante Untersuchungen durchzuführen. Aufgrund von Änderungen der Gesetzeslage, aber auch der Verfügbarkeit moderner Technologien, war die bisherige ambulante und stationäre Patientenverwaltung durch ein modernes Krankenhaus-Kommunikationssystem (KKS) abzulösen, welches mit seiner Funktionalität die Anforderungen aller Behandlungs- und Abrechnungsarten im Krankenhaus (stationär, teilstationär, vorstationär, nachstationär, ambulante OP, ambulante Behandlung) integriert abbildet und kontrolliert. Weiterhin sollten zukünftig die dem Behandlungsfall zeitbezogen zuzuordnenden Patienten-bewegungen von den Abrechnungsarten eindeutig unterscheidbar sein. Darüber hinaus sollten mögliche Änderungen der gesetzlichen Rahmenbedingungen rasch adaptiert werden können.

Die Umstellung auf ein solches System war mit den seinerzeit auf dem Markt verfügbaren Produkten nicht zu realisieren. Vielmehr erschien eine umfassende Neukonzeption erforderlich, die als Unternehmens-Datenmodell auf der Basis eines relationalen Entity-Relationship-Models zu entwickeln war. Hierbei waren sowohl administrative als auch medizinisch-pflegerische Aspekte zu berücksichtigen. Das KKS wurde sowohl für den zentralen Einsatz innerhalb der Verwaltung (z.B. Aufnahmebüro, Patientenverwaltung) als auch für den dezentralen Einsatz in Ambulanzen und auf Krankenstationen (z.B. für die direkte Abwicklung von Patientenbewegungen oder die Erfassung der Pflegekategorien) konzipiert.

2. Entwicklung als Stufenmodell

Die einleitend skizzierten Anforderungen an das KKS sind nicht in einem einzigen Schritt realisierbar. Daher ist das System in Form eines Stufenmodells unter Nutzung aktueller technischer Möglichkeiten (Client-Server-Technologie, relationale Datenbanksysteme, standardisierte Netzwerke und Kommunikationssysteme, graphische Oberfläche als Benutzerschnittstelle) zu entwickeln. Der **Stufe 1** ist die Realisierung einer kompletten stationären und ambulanten Patientenverwaltung unter Einschluß aller benötigten Abrechnungsarten sowie der medizinischen Basisdokumentation zugeordnet. Diese Stufe beinhaltet die patientenbezogene Erfassung der abrechnungsfähigen Leistungen. Damit stehen folgende Daten (jeweils patientenbezogen) zur Verfügung: (1) Personendaten, (2) behandelnde Stationen, Patienten-bewegungen durch das Klinikum, (3) alle weiteren, zur Fakturierung notwendigen Daten, (4) alle Angaben zu Diagnose und Behandlungsverfahren und (5) alle zur Steuerung des Systems erforderlichen Stammdaten (einschließlich historischer Rückverfolgung). Dieses ermöglicht die Erzeugung und Haltung eines zentralen Datenbestandes ("Masterfunktion"), der unter Beachtung der festgelegten Integritätsregeln fall- und patientenbezogen verfügbar und auch wartungsfähig ist. Das System erlaubt eine beliebige Auswertung auf dem Datenbestand, wie etwa die Verknüpfung medizinischer und administrativer Daten, die gesetzlich vorgeschriebenen Statistiken und darüber hinaus auch fall- bzw. fallgruppenbezogene Auswertungen. Zudem wird dadurch die stationäre und ambulante Abrechnung möglich. Aus praktischen Gründen soll die erste Stufe in zwei Schritten realisiert werden. In einer **Stufe 1a** soll der gesamte Funktionsumfang mit einer zentralen Datenerfassung im Bereich der Verwaltung mit einer oder mehreren Erfassungsstellen realisiert werden. Daran anschließend kann dann in der **Stufe 1b** der gleiche Funktionsumfang (insbesondere die Möglichkeit der Datenerfassung) auf den Stationen bzw. Polikliniken erfolgen.

In der **Stufe 2a** werden die Leistungsdaten über eine geeignete Schnittstelle fallbezogen in die zentrale Datenbank übernommen, so daß sich jederzeit Bezüge zwischen Patienten, Diagnosen und Leistungen herstellen lassen. In der **Stufe 2b** werden alle vorhandenen Subsysteme so integriert, daß die direkte fallbezogene Übernahme der adimistrativen Leistungsdaten aus diesen Systemen möglich wird. Mit Abschluß der Stufen 2a,b ist die Kosten- und Leistungsrechnung im Rahmen des Patienteninformationssystems durchführbar.

In der **Stufe 3** muß die Kommunikation mit den Subsystemen und die Funktionalität des Programms so erweitert werden, daß nicht nur die administrativen Leistungsmeldungen, sondern auch Leistungsanforderungen und Befunde ausgetauscht werden können. Gleichzeitig sollte ein zentrales Archiv der Abschlußbefunde (also OP-Berichte und Arztbriefe) aufgebaut werden. Die **Stufe 4** bildet dann den Schritt zur "elektronischen Patientenakte".Um die genannten Anforderungen der Stufen 1-2 zu erfüllen, ist ein Datenmodell zu entwickeln, wobei, durch entsprechendes Datenbankkonzept, auch eine spätere Realisierung der Stufen 3-4 möglich ist.

3. Datenmodell

Das Datenmodell (nach *Mansky* [8]) wird in zwei voneinander getrennten Entity-Relationship Modellen dargestellt. Das eine Modell umfaßt die Stammdaten und Steuerparameter sowie ihre Beziehungen miteinander. Das zweite Modell stellt den Teil des Systems dar, in dem die operativen Patientendaten erfaßt werden. Im Datenmodell wird im Bereich der Parameterdefinition zwischen Stammdaten- und Systemtabellen unterschieden. Die Stammdaten-Tabellen enthalten Daten, die vom Anwender selbst definiert und verändert werden können. Die System-Tabellen enthalten Parameter, auf deren Ausprägung im Programm selbst zurückgegriffen wird. Diese sind fest vorgegeben und lassen sich nur durch Programm-Modifikationen verändern.

Das entwickelte relationale Datenmodell besteht aus ca. 200 Tabellen und gehört damit zu den sehr komplexen Lösungen (aus der Literatur bekannt sind Lösungen der Größenordnung von etwa 20 Tabellen [9]). Der Umfang des Datenmodells und die Parametrisierung machen eine möglichst zuverlässige Absicherung insbesondere der referentiellen Integrität erforderlich. Diese dient nicht nur der Vermeidung von Bedienungsfehlern durch die Nutzer, sondern auch denkbarer Programmierfehler im Rahmen von Weiterentwicklungen des Systems. So ist es auch mit datenbankeigenen Werkzeugen zur Bearbeitung der Tabellen unmöglich, diese datenbankgebundene Integritätssicherungen zu umgehen, was sich insgesamt vorteilhaft auf die Systemsicherheit auswirkt [12]. Zudem ist zu bedenken, daß viele Stammdaten eines KKS zeitlich nur begrenzt gültig sind. Da aber ständig historische Sachverhalte nachgetragen, bearbeitet oder verändert werden müssen, ist der jeweils zu einem bestimmten Zeitpunkt gültige Kontext zu speichern. In vielen kommerziellen Systemen geschieht das durch "Löschkennzeichen", welche lediglich die zum aktuellen Zeitpunkt ungültigen Datensätze kennzeichnen. Dieses ist aber nicht ausreichend, da keine Rekonstruktion historischer Bedingungen möglich ist. Vielmehr sind datenbankgebundene Regeln zur Überprüfung der zeitlichen Gültigkeit anzuwenden, was z.B. der SQL-92 Standard bietet.

Durch das neue Datenmodell werden unterschiedliche Sichtweisen auf die Patientendaten möglich. Aus medizinisch-pflegerischer Sicht kann der Patient über seine gesamte Krankengeschichte betrachtet werden, und zwar unabhängig vom aktuellen Behandlungsfall und der medizinischen Fachrichtung. Die fallorientierte Sichtweise unterstützt die administrative Sicht auf den "Abrechnungsfall" wie auch den jeweils zugeordneten Kostenträger. Abrechnungstechnisch ist jederzeit eine eindeutige Zuordnung zwischen dem Fall und den abrechenbaren Leistungen möglich. Ein Fall unterscheidet sich vom Patienten durch die zeitliche Befristung. Er beginnt mit der Aufnahme des Patienten und endet mit dem Abschluß der Behandlung. Wird der Patient zu einem späteren Zeitpunkt erneut im Krankenhaus behandelt, so wird er zu einem neuen Fall mit gleichen Patientendaten, jedoch unterschiedlichen Falldaten. Einem Patienten können beliebig viele Fälle zu unterschiedlichen Krankenhausbehandlungen zugewiesen werden, wobei zwei Fälle auch gleichzeitig geführt werden können, sofern dieses logisch und abrechnungstechnisch sinnvoll ist.

4. Technologiekonzept

Das System stellt eine heterogene Client-Server-Architektur dar, unter Einsatz der Standard-Betriebssysteme UNIX auf dem Datenbankserver und MS-DOS auf den Arbeitsplatzrechnern. Die logische Datenbasis der Anwendungen bilden relationale Tabellen. Die softwaretechnische Realisierung der Anwendungen erfolgte mit dem 4GL-Tool INGRES/Windows4GL und den Programmiersprachen C bzw. C++ unter MS-Windows Benutzeroberfläche. Das lokale Netz basiert auf einem herstellerneutralen Ethernet-Netzwerk.

Die offene Systemarchitektur ermöglicht den Einsatz der Serverkomponenten auf UNIX-Plattformen unterschiedlicher Hersteller. Als Clients kommen Standard-PCs zum Einsatz. Die Datenhaltung erfolgt in relationalen Datenbanksystemen auf dem Datenbankserver. Der Zugriff auf den gesamten Datenbestand erfolgt über Standard-SQL und die ODBC-Schnittstelle der Datenbank. Das System unterstützt standardisierte, herstellerunabhängige Kommunikationsprotokolle wie z.B. HL7. Die Anbindung an Fremdsysteme ohne standardisiertes Kommunikationsprotokoll erfolgt durch Programmierung individueller Schnittstellen. Die patientenbezogenen Daten befinden sich nur in der relationalen Datenbank des Servers und werden zur Bearbeitung temporär in die Hauptspeicher der PCs geladen. Hardware- bzw. softwaremäßig besteht das System aus dem Datenbankserver (DEC AXP 3000, DEC System 5000, HP 9000, SNI RM 400 und RM 600), den Arbeitsplatzrechnern (Clients; Standard-PC ab 80486 Prozessor mit Betriebssystem MS-DOS / MS Windows 3.1 oder Windows for Workgroups; INGRES Windows4GL, Ingres Net, TCP/IP), der relationalen Datenbank (Ingres) und dem Kommunikationssystem (Ethernet / FDDI).

5. Leistungsbeschreibung

Nach Aufruf des Systems befindet sich der Anwender automatisch in dem in mehreren Ebenen hierarchisch gegliederten Anwendermenü, wobei das Hauptmenü in vier Menüebenen hierarchisch gegliedert ist. In der ersten Ebene befinden sich Programmobergruppen, in der zweiten Ebene die zugehörigen Programmgruppen. Eine dritte Ebene unterteilt die Programmgruppen in logische Einheiten, und in der vierten Ebene werden die Standard-Programme angewählt. In der Aufnahmedialog-Steuerung kann bestimmt werden, welche Masken und in welcher Reihenfolge die einzelnen Masken bei der Neuaufnahme eines Patienten eingeblendet werden sollen. Für unterschiedliche Aufnahmevarianten und Abrechnungsarten können dabei unterschiedliche Aufnahme-Dialoge erzeugt werden.

Grundlage des Patientendaten-Managements ist die eindeutige Identifikation des Patienten als Basis der patienten- und fallorientierten Datenerfassung und Organisationsstruktur. Die Identifikation basiert auf Geburtsnamen, Geburtsdatum, Geschlecht und einem Mehrlingskennzeichen und wird über die Patienten-ID-Nummer codiert. Vor jeder Patientenbewegung muß eine eindeutige Patientenidentifikation bzw. -wiedererkennung durchgeführt werden. Patientendaten können aber auch direkt von der Krankenversicherungskarte über ein Lesegerät in das System übernommen werden. Fehlende Angaben können jederzeit ergänzt werden.

Bei der Aufnahme werden alle Patientendaten erhoben, die für den aktuellen Aufenthalt im Krankenhaus von Bedeutung sind. Neben Aufnahmedatum und -uhrzeit erfolgt die Erfassung der Aufnahmevariante, des Abrechnungstyps und der aufnehmenden Klinik/Fachrichtung und Station/Ambulanz. Auf der Basis dieser Eingaben erfolgt eine Steuerung unterschiedlicher Aufnahme-Dialoge. Für die Aufnahme stehen unterschiedliche Aufnahmevarianten zur Verfügung (Normal-Aufnahme, Kurzaufnahme und Aufnahme mit minimalem Datensatz). Die ausgewählte Aufnahmevariante bestimmt Vollständigkeit und Umfang der Daten, die erfaßt werden sollen. Ein neuer Abrechnungsfall wird erst gespeichert, wenn die Patientenstammdaten vollständig erfaßt worden sind. Das System vergibt dann eine Aufnahmenummer und legt bei einem noch nicht im System geführten Patienten einen neuen Personenstammsatz an.
Den Einstieg in den eigentlichen Aufnahmedialog bilden die persönlichen Daten des Patienten. Erfaßte Daten aus der Patientenidentifikation werden automatisch übernommen, Daten aus früheren Aufenthalten werden vorgeblendet und können aktualisiert oder ergänzt werden. Die Bearbeitung verschiedener Bereiche des Aufnahmedialogs kann direkt aus der Maske "Einweisunginformationen" heraus durchgeführt werden. Relevante Daten aus früheren Aufenthalten werden vorgeblendet, soweit sie zuvor nicht für andere Aufenthalte gesperrt worden sind.
Die Patientenverwaltung im ambulanten Bereich berücksichtigt die verschiedenen ambulanztypischen Besonderheiten des ambulanten Abrechnungsfalls. So können in Abhängigkeit von der Abrechnungsform quartalsbezogene und quartalsübergreifende Fälle geführt werden. Auch die Verknüpfung der Konsilfälle mit dem zugehörigen primären Abrechnungsfall ist möglich. Konsultationen werden patienten- und fallbezogen erfaßt und tabellarisch geführt. Auf diese Weise ist sowohl eine medizinisch orientierte fallübergreifende Sicht auf alle Konsultationstermine eines Patienten, unabhängig von der der Abrechnungsart, als auch eine verwaltungsorientierte fallbezogene Sicht auf die Konsultationen möglich.
Die Erfassung der Leistungen erfolgt tabellarisch. Es können sowohl konsultationsgezogene als auch fallbezogene, konsultationsübergreifende Leistungen eines definierten Zeitraumes erfaßt werden. In diesem Modul können auch stationäre Einzelleistungen, Fallpauschalen und Sonderentgelte erfaßt werden. Auf diese Weise ist es möglich, alle erbrachten Leistungen patienten- und damit diagnosebezogen zu dokumentieren. Aufnahmen, die zunächt fälschlicherweise als stationär (ambulant) geführt wurden, können in eine ambulante (stationäre) Aufnahme umgewandelt werden, wobei alle übertragbaren Daten automatisch übernommen werden und der alte Fall storniert wird.
Die Auswertefunktion bietet die Möglichkeit, Informationen über die gespeicherten Daten zu gewinnen. Umfang, Spezifikationsgrad und die gewünschte Ausgabeform der Liste wird durch Ausfüllen einer Auswahlmaske bestimmt. Die Daten können direkt in Standard-Produkte, wie Microsoft Excel oder Word für Windows übernommen, formatiert ausgedruckt, weiterbearbeitet oder gespeichert werden. Auskünfte und Zusammenhänge über gespeicherte Daten können jederzeit von Zugangsberechtigten abgerufen werden. Die Definition des benötigten Auswertungsumfanges wird in einer Auswahlmaske

spezifiziert. Durch Datenträger oder Datenfernübertragung können Datensätze den Krankenkassen übermittelt werden.
Zur Verschlüsselung von Diagnosen, Operationen und Narkosen sind externe Standardkataloge, wie Diagnosekataloge (z.B. ICD9/10), Therapiekataloge (z.B. ICPM-GE, VESKA) und Tarifkataloge (z.B. GOÄ, DKG-NT, E-GO, BMÄ) hinterlegbar. Die Nutzung hausinterner Klassifikationen mit Überleitung in externe Standard-Kataloge ist möglich.

6. Datenschutzaspekte

Der Datenschutz wird durch ein mehrstufiges Schutzkonzept sichergestellt, wobei serienmäßige Zugangskontrollen des Betriebssystems UNIX und der relationalen Datenbank eingesetzt werden. Weitere Schutzmechanismen werden auf Datenbankebene implementiert. Die Einbindung von Magnet-/Chipkarten zur sicheren Identifizierung der Anwender kann optional realisiert werden. Die Mitarbeiter können entsprechend der Organisationsstruktur des Krankenhauses in hierarchisch strukturierte Benutzergruppen kategorisiert werden. Der Zugriff auf Module und Masken wird über die Zugehörigkeit zu einer Benutzergruppe durch Eingabe eines Logins und eines persönlichen Passwortes gesteuert. Der Zugriff wird mit User-ID, Login und Logout und dem aufgerufenen Modul protokolliert. Medizinische Datenfelder und Bemerkungen können nach dem "Eigentümerprinzip" geschützt werden, wobei als Eigentümer der Fachbereich gilt, in dem der Patient liegt bzw. lag. Diese Daten können von jedem Fachbereich für andere Benutzer mehrstufig freigeschaltet werden. Patientenbezogene Daten werden nicht auf den lokalen Speichermedien der Clients, sondern ausschließlich zentral in der relationalen Datenbank des UNIX-Servers abgelegt.

7. Realisierung des KKS und erste Erfahrungen mit dem Einsatz

Das Lübecker KKS wird in Zusammenarbeit mit den Firmen Digital Wien (Generalunternehmer) und Dataplan Software GmbH (Weiterentwicklung des MEDICO-Systems gemeinsam mit dem Institut für Medizinische Informatik und Biometrie der Technischen Universität Magdeburg [3]) durchgeführt.
Mit der Abnahme der 1. Stufe des KKS im Frühjahr 1995 wird die Patientenaufnahme zentral durch die Verwaltung mit Hilfe des neuen KKS durchgeführt. Die erste Fakturierung ist erfolgreich abgeschlossen. Damit ist die Stufe 1a des Realisierungskonzeptes in Betrieb. Im Rahmen eines Pilotprojektes wird in der Klinik für Chirurgie der MUL derzeit die Stufe 1b (Datenerfassung auf den Stationen und Polikliniken) getestet.
Das Interesse am KKS und die Akzeptanz des entwickelten Systems bei den Anwendern (Verwaltung und medizinisches Personal) ist erfreulicherweise sehr hoch. Um eine effiziente Bedienung des Systems zu ermöglichen, sind intensive Schulungen (einführende Microsoft-Windows Schulungen und KKS-Schulungen) erforderlich. Im Routineeinsatz sind bis heute keine ernsthaften Bedienungsprobleme aufgetaucht, jedoch organisatorische Probleme insbesondere bei der Aktualisierung des Datenbestandes. Wegen der begrenzten Zahl der die Daten zentral eingebenen Verwaltungsmitarbeiter ist die Patientendatei derzeit noch nicht vollständig aktualisiert. Damit ergeben sich

auch Probleme mit der Pilotphase 1b in der Chirurgischen Klinik, die derzeit behoben werden [10].

8. Diskussion und Schlußfolgerung

Die geänderten technologischen und gesetzlichen Rahmenbedingungen haben zu neuen Ansätzen moderner Krankenhaus-Kommunikationssysteme geführt. Ein solcher Entwicklungsschritt in Richtung eines modernen Krankenhaus-Kommunikationssystems ist der Übergang von zentralisierten zu dezentralen offenen Systemen [1,5,11,14]. Dabei ist nicht die "Insellösung" das erstrebenswerte Ziel, sondern die Integration der Systeme. Dieses wiederum setzt bei dezentralen Systemen eine logische Integration der Daten voraus, was nur durch ein entsprechendes Datenmodell erreicht werden kann.
Aufbauend auf aus der Literatur bekannten Erfahrungen mit solchen Datenmodellen [4,12,13] wurde in Lübeck ein KKS konzipiert, das sowohl Elemente dezentraler Systeme als auch eine zentrale Datenhaltung aufweist (Client-Server Lösung mit relationaler Datenbank auf der Grundlage eines entspechenden Datenmodells). Das zugehörige Datenmodell deckt im wesentlichen die Stufen 1 und 2 des geschilderten Stufenplanes ab, wodurch erreicht wird, daß alle für die Patientenverwaltung und -abrechnung erforderlichen Daten erfaßt werden können (im Sinne des Klassifikation von Ball und Boyle enspricht dies einem *Class B Level 2* System [2]). Mit den geplanten Stufen 2 und 3 werden mittelfristig auch die Grundlagen für eine betriebswirtschaftliche Kostenträgerrechnung geschaffen. Aus der Literatur ist kein vergleichbares umfassendes relationales Datenbankmodell für ein Krankenhaus-Kommunikationssystem bekannt. Dieses mag dadurch begründet sein, daß frühere Entwicklungen auf älteren hierarchischen Datenbanksystemen beruhen oder einfach historisch gewachsen sind - und daher kein homogenes Gesamtkonzept aufweisen. Zwar gibt es in den USA Bestrebungen, im Rahmen der HL-7 Aktivitäten standardisierte Datenmodelle zu entwickeln, was aber derzeit noch nicht realisiert ist. Ähnliches gilt für Europäische Projekte (z.B. EHRA).
Der Umstellungsprozeß, der zu leistungsfähigen, den heutigen Anforderungen entsprechenden Systemen führt, kann nicht völlig problemlos bewältigt werden. Das liegt oft an organisatorischen oder gar psychologischen Faktoren wie etwa mangelnde Planungs- und Realisierungskonzepte, unklare Vorstellungen über die Anforderungen an ein KKS, aber auch Unkenntnis neuer Entwicklungstendenzen komplexer Informations- und Kommunikationssysteme [6,7,13]. Dementsprechend ist auch die Entwicklung des Lübecker KKS nicht problemlos verlaufen [10]. Mit Einführung in den Routinebetrieb und der anstehenden Realisierung der Stufen 2-4 ist sicher mit weiteren Problemen zu rechnen. Dennoch läßt sich bereits heute sagen, daß der Nutzen des Systems sowohl für die Verwaltung als auch für die Medizin bzw. Pflege offensichtlich ist. Für die Verwaltung bietet das System eine Erweiterbarkeit der Behandlungsarten sowie eine eindeutige Zuordnung von Patient, Diagnose und erbrachter Leistung. Es gewährleistet eine patientenbezogene Leistungserfassung für Einzelleistungen, Pflegesätze, Sonderentgelte und Fallpauschalen. Darüber hinaus bietet es Flexibilität in der Statistik- und Rechnungserstellung und ermöglicht ein rasches Anpassen an mögliche Gesetzesänderungen.

Literatur:

1 Andrews R.D., Beauchamp C.: A clinical database management for improved integration of the veterans affairs hospital information system. *J.Med.Systems* 13(1989), 309-320.

2 Ball M.J., Boyle T.M.: Hospital information systems: past, present and future. *Hosp.Fin.Manag*. 34(1980), 12-24

3 Blobel B.: Moderne Architektur für ein integriertes Krankenhausinformationssystem - Grundzüge und Madgeburger Realisierungsbeispiel. In: Pöppl S.J., Lipinski H.-G., Mansky Th., Proceedings der 38. Jahrestagung der GMDS, Lübeck, 1993, 46-49.

4 Carstensen K., Hedderich J., Sauter K.: Zur Evolution eines integrierten Krankenhausinformations- und -kommunikationssystems unter Verwendung leistungsfähiger informationstechnischer Konzepte. In: O. Rienhoff, U.Piccolo, B. Schneider (eds): Expert Systems and Decision Support in Medicine. Lecture Notes in Medical Informatics, Bd. 36, Springer Verlag, Berlin, 1989, 462-469

5 Dudeck J.: Kommunikation im Krankenhaus. In: H. Meyer, A. Bedürftig (Hrsg.), Einsatz der EDV im Gesundheitswesen. Ueberreuter Wissenschaft, Wien, 1989, 75-95.

6 Ehlers C.Th.: Aufgaben und Bedeutung eines Krankenhausinformationssystems. In: Michaelis J., Hommel G., Wellek S. (Hrsg.), Proceedings der 37.Jahrestagung der GMDS, Mainz 1992; MVV Medizin Verlag, München, 1993, 342-349

7 Griesser G.: Warum können Krankenhaus-Informationssysteme ihre Anwender enttäuschen? In: Pöppl S.J., Lipinski H.-G., Mansky Th., Proceedings der 38. Jahrestagung der GMDS, Lübeck, 1993, 22-29

8 Mansky Th., Zimmermann E., von der Hude H., Lenschow J., Pöppl S.J.: Abbildung aller ambulanten und stationären Abrechnungsverfahren der Kliniken und Polikliniken eines Universitätsklinikums in einem integrierten relationalen Datenmodell. *Kurzfassungen der Tagungsbeiträge*, 38. GMDS-Jahrestagung, Lübeck 1993, 6.

9 Pangalos G.: Development of an experimental hospital database system using a relational database management system. *Med. Inform.* 14 (1989), 309-321.

10 Pöppl S.J., Lipinski H.-G.: Die erste Stufe des Lübecker Krankenhauskommunikationssystem - ein Erfahrungsbericht. 40. Jahrestagung der GMDS, Bochum, eingereicht

11 Prokosch H.U., Michel A., Wieczorek D., Diefenbach M., Neidhart B., Teschler A., Dudeck J.: Beispiele verteilter Anwendungen in einer offenen KIS Umgebung. In: Michaelis J., Hommel G., Wellek S. (Hrsg.), Proceedings der 37. Jahrestagung der GMDS, Mainz 1992; MVV Medizin Verlag, München, 1993 , 350-354.

12 Sauter K., Hedderich J., Appel M.: Experiences with large database-supported disease registries with special regard to integrity control. In: R. Salamon, B. Blum and M.J. Joergensen (eds.), MEDINFO 86, Elsevier Science Publishers B.V. (North-Holland), 1986, 1133-1135.

13 Sauter K.: Databases and their management in hospital information systems. In: A.r. Bakker, M.J.Ball, J.R.Scherrer, J.L.Williams (eds.): Towards new hospital information systems. Elesevier Science Publishers B.V. (North Holland), 1988, 257-264.

14 Winter A.: Standardisierte Kommunikation auf Anwendungsebene: Eine notwendige Voraussetzung für die systematische Informationsverarbeitung in einem Krankenhaus.In: Michaelis J., Hommel G., Wellek S. (Hrsg.), Proceedings der 37. Jahrestagung der GMDS, Mainz 1992; MVV Medizin Verlag, München, 1993, 388-392

ADEPT: Ein integrierender Ansatz zur Entwicklung flexibler, zuverlässiger kooperierender Assistenzsysteme in klinischen Anwendungsumgebungen*)

P. Dadam[1], K. Kuhn[2], M. Reichert[1], T. Beuter[1], M. Nathe[1]
[1] Fakultät für Informatik, Universität Ulm
[2] Medizinische Universitätsklinik, Universität Ulm

Zusammenfassung

Die Entwicklung flexibler, kooperierender Assistenzsysteme mit der für den klinischen Bereich unerläßlichen Zuverlässigkeit ist auf Basis der heutigen Softwaretechnologie immer noch ein äußerst schwieriges und aufwendiges Unterfangen. In diesem Beitrag wird ein neuer Ansatz vorgestellt, der durch strikte Trennung und Kapselung von Ablauflogik sowie Ausnahme- und Fehlerbehandlung vom eigentlichen Anwendungsprogramm die Komplexität für den Anwendungsentwickler erheblich zu reduzieren vermag.

1. Einleitung

Durch die starke Verbreitung von PCs im beruflichen und privaten Bereich hat sich der Umgang mit dem Rechner in den letzten Jahren sehr stark gewandelt. Die Anwender sind mündiger geworden, und sie sind in zunehmendem Maße in der Lage, die Gestaltung ihres persönlichen DV-Umfeldes selbst in die Hand zu nehmen. Entsprechend dieser Entwicklung erwarten die Anwender heute Anwendungs- und Informationssysteme, die unterstützend wirken (z.B. durch Hinweis auf mögliche Fehler oder auf drohende Terminüberschreitungen), den Benutzer dabei aber nicht gängeln, sondern ihm letztlich die Entscheidung überlassen. Wir wollen Systeme dieser Art im folgenden als „Assistenzsysteme" bezeichnen. Man braucht kein Prophet zu sein, um vorherzusagen, daß sich hierdurch der heute schon erkennbare Trend zur dezentral orientierten Informationsverarbeitung in Zukunft eher noch verstärken wird. Personaleinstellungen im DV-Bereich werden zukünftig überwiegend „vor Ort", also in den Anwendungsbereichen - d.h. in den einzelnen Abteilungen, Kliniken oder Labors im klinischen Umfeld - stattfinden. Diese Bereiche werden hierbei primär anwendungsbezogene Informatikkenntnisse (und weniger systemnahe Kenntnisse) nachfragen.

Dieser Trend ist so lange relativ unproblematisch, wie es um die Entwicklung rein lokaler Anwendungen geht. Nun liegt jedoch die Herausforderung der Zukunft - insbesondere auch im Gesundheitswesen - nicht im Aufbau von lokalen "Informationsinseln", sondern in der Realisierung durchgängiger Gesamtkonzepte, in die sich die lokalen Anwendungen harmonisch einfügen. Unglücklicherweise aber ist die Entwicklung zuverlässiger, kooperierender Anwendungen durch die zusätzlichen Fehlermöglichkeiten in verteilten Systemen erheblich komplexer als die Entwicklung lokaler Anwendungen. Für ihre Realisierung bedarf es - insbesondere auf dem heutigen Stand der Softwaretechnik - sehr systemnaher Kenntnisse, etwa im Bereich der Rechnerkommunikation, der Prozeßsynchronisation, sowie des Logging und Recovery, um wirklich verläßliche verteilte Anwendungen realisieren zu können. Erschwerend kommt hinzu, daß ein durch den Rechner erzwungenes, starres schematisches Vorgehen bei der täglichen Arbeit heutzutage von den Benutzern immer weniger akzeptiert wird. In einigen Anwendungsbereichen - insbesondere im klinischen

---

*) ADEPT steht für **A**pplication **DE**velopment Based on **P**re-Modeled Activity **T**emplates. Die Forschungsarbeiten wurden im Rahmen des Projekts „**O**ffenes **kl**inisches Datenbank- und **I**nformationssystem zur Integration autonomer **S**ubsysteme" (OKIS) als Forschungsschwerpunkt durch das Land Baden-Württemberg gefördert.

Umfeld mit dem „Unsicherheitsfaktor Patient" - ist dies schlichtweg nicht praktikabel. Die Entwicklung von Programmen, die in sehr flexibler Form Ausnahmen vom vorgeplanten Ablauf zulassen, ist programmtechnisch jedoch ebenfalls erheblich aufwendiger (und damit fehleranfälliger) als die Realisierung konventioneller Lösungen. Angesichts der oben beschriebenen Entwicklung wird es unseres Erachtens deshalb nur dann einen „Quantensprung" in der Entwicklung (verläßlicher) kooperierender, verteilter Anwendungen geben, wenn es gelingt, die Anwendungsentwicklung weitgehend von diesen systemnahen Aspekten sowie der Behandlung von Fehler- und Ausnahmefällen zu entlasten.

In den letzten Jahren sind erfreulicherweise eine Reihe von Technologien entwickelt worden, die, geschickt kombiniert, helfen können, auf diesem Weg einen großen Schritt voran zu kommen. Im Bereich der sog. *Workflow-Management-Systeme* [DeGr92, LeAl94, Rein93] ist das Konzept entwickelt worden, Daten- und Kontrollfluß durch das (verteilte) System separat vom eigentlichen Anwendungscode zu modellieren und durch Visualisierung und Animation zu überprüfen. Im Bereich *erweiterter Transaktionskonzepte* (siehe [Elma92] für einen Überblick) wurde vorgeschlagen, neben dem klassischen Rollback auch "Kompensation" (z.B. in Form einer "Stornobuchung") systemseitig zu unterstützen. Im Bereich der *Programmentwicklung* gibt es schon lange den Traum wiederverwendbarer Programmbausteine (siehe [Krue92]). Erst kürzlich ist die Idee wieder aufgegriffen worden, Programme durch Zusammenfügen vorgefertigter Bausteine zu entwickeln [MKSD90,NGT92,NTMS91,CKK93]; es gibt sogar erste Ankündigungen von Produkten, denen eine ähnliche Philosophie zugrundeliegt [Baum94].

In das von uns im folgenden vorgestellte Konzept sind Aspekte aus allen diesen Bereichen eingeflossen. Im Zentrum unseres Vorgehens steht das sog. *„Activity Template"*, das - ähnlich wie bei einem Workflow - einen gesamten Ablauf bzw. Prozeß (wie z.B. Anordnen und Durchführung einer Untersuchung mit allen vor- und nachbereitenden Maßnahmen) beschreibt. In einem solchen Template werden ggf. auch bereits erwartete Ausnahmen vom normalen Ablauf vormodelliert. Hierbei wird festgelegt, welche Kompensationsschritte im Fehlerfall ausgeführt und welche Teilschritte durch das System zeitlich überwacht werden sollen. Die Teilschritte eines Templates sind Platzhalter für die eigentlichen Programmbausteine („Services"). Bei der Modellierung des Templates werden lediglich die Typen der zulässigen Services (z.B. „Termin vereinbaren", „Patient abrufen", etc.) und die Mindestanforderungen an ihre Ein- und Ausgabeparameter festgelegt. Ein ablauffähiges Programm („Aktivitätenimplementierung") erhält man dann durch Einsetzen von Services in das Template. Aus Sicht einer Endanwendung sind Aktivitätenimplementierungen vollständig gekapselt und können, unabhängig von ihrer konkreten Ausprägung, in objektorientierter Weise über einheitliche Methoden manipuliert werden.

Im folgenden Abschnitt wird anhand eines Anwendungsbeispiels illustriert, welche Anforderungen an ein klinisches Assistenzsystem zur Unterstützung medizinisch-organisatorischer Maßnahmen gestellt werden. In Abschnitt 3 wird dann auf die verschiedenen Phasen der Programmentwicklung im ADEPT-Ansatz und in Abschnitt 4 auf die erforderliche Laufzeitunterstützung eingegangen. In der abschließenden Diskussion in Abschnitt 5 gehen wir auf „related work" und in Abschnitt 6 auf den Stand der Implementierung sowie unsere weiteren Planungen ein.

2. Anwendungsbeispiel und Motivation

Die Komplexität klinischer Aktivitäten läßt sich am besten anhand des Ablaufs einer Untersuchung illustrieren. Typischerweise kooperieren hier verschiedene, organisatorisch weitgehend unabhängige Einheiten (Station, Radiologie, Labor etc.) sowie verschiedene Personalgruppen (Arzt, Pflege) in teilweise sehr komplexer Weise.

Nachdem vom Arzt auf einer Station oder in einer Ambulanz eine Untersuchung angeordnet wurde, ist häufig eine Terminvereinbarung mit der untersuchenden Stelle erforderlich. Von seiten der anfordernden Stelle können für einen Patienten mehrere Untersuchungen in einer bestimmten Reihenfolge gewünscht sein. Auf der Seite der Untersuchungsstelle kann die Terminvergabe für Standarduntersuchungen unkompliziert und damit auch leicht automatisierbar sein. Es gibt aber auch den Fall, daß für aufwendige und invasive Untersuchungen spezielle Geräte, erfahrene Untersucher und sogar Ärzteteams bereitgestellt werden müssen. Die untersuchende Stelle benötigt deshalb patientenbezogene Daten, i.a. zumindest den Grund für die Untersuchung (die Indikation); häufig ist sogar die Terminvergabe von dieser Indikation und ihrer Dringlichkeit abhängig. Hieraus können sich komplizierte Interaktionen, Nachfragen und Verschiebungen ergeben, die heute mit Hilfe langwieriger Telefonate ablaufen. Eine Studie zu den Informationsschwachstellen einer Medizinischen Klinik hat gezeigt, daß Probleme mit Terminvereinbarungen, Terminreihenfolgen und Terminverschiebungen von Ärzten und Schwestern als besonders zeitraubend eingestuft werden [KRKK94]. Die Situation wird noch wesentlich komplizierter, wenn für bestimmte Untersuchungen Vorbedingungen erfüllt sein müssen, die ihrerseits Untersuchungen erforderlich machen.

Am Untersuchungstag wird der Patient evtl. noch auf der Station vorbereitet, nach einiger Wartezeit in die Funktionseinheit transportiert, und schließlich (möglicherweise nach erneuter Wartezeit) untersucht. Nach seiner Rückkehr auf die Station erwartet diese einen Befund oder wenigstens einen Kurzbefund, von dem das weitere Vorgehen abhängt. Der Arzt muß hier aus einer Flut von rücklaufenden Befunden eine Zuordnung zu den Problemen des Patienten treffen und weitere Anordnungen vornehmen. Schwierigkeiten sind vorprogrammiert: Bei Nichteintreffen eines Befundes erhält der Arzt primär keinerlei Information. Erinnert er sich an seinen Auftrag und fragt nach, so kann es recht aufwendig sein, festzustellen, ob die Untersuchung gar nicht durchgeführt, nur kein Befund geschrieben oder dieser verloren bzw. an einen falschen Bestimmungsort gegangen ist. Diese Mischung aus organisatorischen Problemen und ständig neu eintreffenden medizinischen Daten bringt den Arzt in eine Situation der informationellen Überbelastung, zwingt ihn zu ständigen „Context Switches" und erhöht letztlich die Gefahr von Fehlentscheidungen.

Hier kann ein Assistenzsystem wesentliche Hilfe leisten, indem es von der Überwachung organisatorischer Abläufe befreit und die Terminvergabe unterstützt, daneben können auch Warnhinweise bei häufigen und typischen medizinischen Problemen erstellt werden. Bei einem solchen System ist nicht nur absolute Zuverlässigkeit, sondern vor allem auch hohe Flexibilität gefordert. So muß es jederzeit möglich sein, vom üblichen Ablauf abzuweichen, und beispielsweise einen Patienten ohne elektronische Anmeldung direkt und notfallmäßig einer Untersuchungseinheit zuzuführen. Häufige Ausnahmen sind Überspringen einzelner Schritte im Ablauf, Abbruch und Wiederaufsetzen.

3. Programmieren im ADEPT-Modell

Die Umsetzung des im vorangegangenen Abschnitt motivierten Assistenzgedankens in praxistaugliche Lösungen hängt entscheidend davon ab, welcher Entwicklungsaufwand auf seiten der Anwendungsprogrammierung getrieben werden muß, um die geforderte Zuverlässigkeit und Flexibilität zu erzielen. Der Ansatzpunkt des ADEPT-Ansatzes ist, die Komplexität der Gesamtaufgabe durch Zerlegung in Teilaufgaben, die sich jeweils nur auf einen bestimmten Teilaspekt konzentrieren und damit überschaubar bleiben, zu reduzieren. Die Programmentwicklung im ADEPT-Modell verläuft typischerweise in den folgenden Phasen, die aus Platzgründen hier leider nur skizziert werden können:

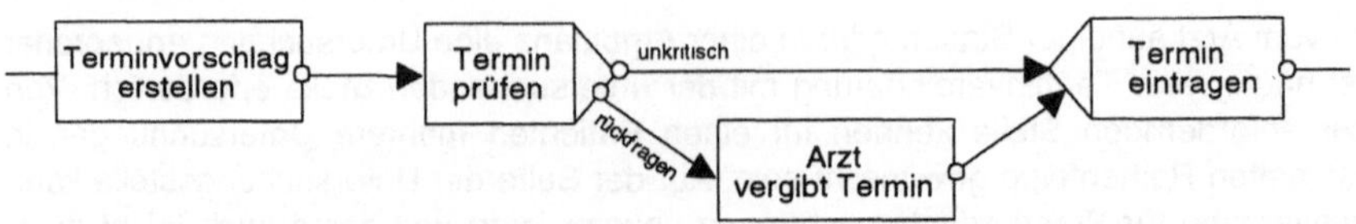

Abb. 1: Beispiel für eine „1 aus 2"- Auswahl bei einer halbautomatischen Terminvereinbarung

1. Zunächst wird ein geeignetes Ablaufmodell („Activity Template") erstellt bzw. aus dem Repository ausgewählt. Dieses Activity Template beschreibt - ähnlich wie bei prozeßorientierten Workflow-Management-Systemen, wie z.B. FlowMark [LeAl94] oder K/2r [Adom92], - den geplanten Ablauf (Kontroll- und Datenfluß) durch Aktivierungskanten, Verzweigungs- und Teilschrittknoten (siehe Abb. 1). Teilschritte (die durch die Teilschrittknoten repräsentiert werden) werden in dieser Phase nur durch ihre Schnittstellen beschrieben.
2. Im nächsten Schritt wird das Activity Template durch Angabe von bedingt wählbaren (Ausnahme-)Aktionen (siehe Abb. 2.a), von Zeitrestriktionen (siehe Abb. 2.b), von vorgeplanten Ausnahmen, wie Überspringen von Teilschritten (shortcuts) und Rücksprünge zur Wiederholung von Teilabläufen, ergänzt (siehe Abb. 3). - Nach diesem Schritt liegen der gesamte Standardablauf, die vormodellierten Ausnahmen, die bedingt wählbaren (Ausnahme-)Aktionen sowie die Zeitvorgaben für die Ausführungsdauer (für die Selbstüberwachung des Systems) fest.
3. Die im zweiten Schritt vormodellierten Rücksprünge haben, falls sie zur Laufzeit ausgewählt werden, zur Folge, daß der laufende Teilschritt abgebrochen und dieser sowie alle vorangegangenen Teilschritte - bis zum Rücksprungknoten - systemseitig wieder rückgängig gemacht werden (durch „Kompensation", d.h. etwa im Sinne einer „Stornierung"). Um dem System anzuzeigen, bis zu welchem Teilschritt diese (einfache) Kompensation noch möglich ist und ab wann nicht mehr, werden im dritten Schritt sog. „Kompensationssphären" eingeführt (siehe Abb. 3).

Mit den Schritten 1 bis 3 ist jetzt die gesamte Ablauflogik festgelegt. Außerdem wurden die Voraussetzungen dafür geschaffen, daß die Ausführung der Aktivität (z.B. die Einhaltung von Zeitschranken) systemseitig überwacht sowie die systemseitige Behandlung von Ausnahmefällen ermöglicht wird.

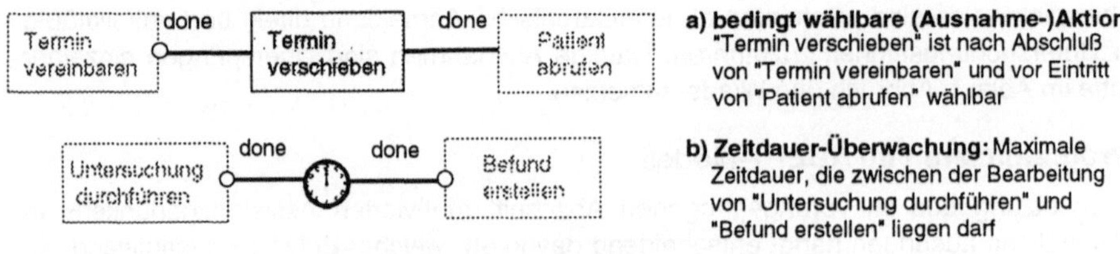

Abb. 2: Angabe prädikativer Bedingungen

4. Im nächsten Schritt werden nun die einzelnen Teilschritte als eigenständige Programme oder als Schnittstellen zu existierenden Programmmoduln gemäß den durch das Activity Template vorgegebenen Schnittstellen (Input-/Output- „Parameter") implementiert. Diese Programmbausteine („Services") sind - bis auf die Parameterversorgung - vollständig

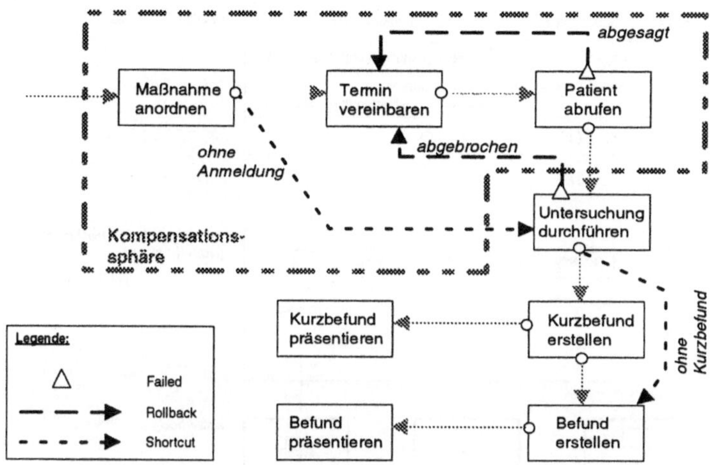

Abb. 3: Shortcuts, Rücksprünge und Kompensationssphären (vereinfacht) — Die Kompensationssphäre besagt, daß nach Beginn des Teilschritts „Untersuchung durchführen" (aus rechtlichen Gründen) keiner der vorangegangenen Teilschritte mehr kompensiert werden darf.

eigenständig ausführbar, d.h. machen auch ihre eigene Ein- und Ausgabe (ggf. unter Verwendung von bereitgestellten Methoden). Dies erleichtert das isolierte Testen in ganz erheblichem Umfang. — Zu jedem Service muß zwingend angegeben werden, welcher Service mit welcher Parameterversorgung im Kompensationsfall gerufen werden soll. Dies kann der Service selbst (mit z.B. den „inversen" Parametern), ein anderer Service oder auch die „Null-Kompensation" (falls keine Kompensation des Services möglich oder sinnvoll ist) sein.

5. Sind alle Bausteine implementiert, werden diese in das Activity Template „eingesetzt" (wodurch das Template zu einer „Aktivitätenimplementierung" wird) sowie die Input- und Output-Parameter geeignet verbunden. Um nicht zu viele Templates zu bekommen, die sich nur durch jeweils geringfügige Abweichungen in den Schnittstellenbeschreibungen unterscheiden, streben wir an, in den Activity Templates nur eine Art von Minimalvorgabe hinsichtlich der Input-/Output-Parameter zu machen. Die aktuell eingesetzten Services können dann ggf. weitere Parameter aufweisen. Die Verknüpfung der Parameter untereinander - im Sinne des Kontroll- und Datenflusses - soll dabei durch geeignete Entwicklungswerkzeuge graphisch unterstützt werden. (Durch Verwendung eines kontrollierten Vokabulars für die Schnittstellenbeschreibung soll dieser Prozeß dabei zudem teilweise automatisiert werden.)

Sind alle Programmbausteine in das Template eingesetzt und alle Input-/Output-Parameter geeignet miteinander verbunden, so ist die Aktivitätenimplementierung - von außen gesehen - ein ablauffähgies Programm, das mittels einer Standardmethode mit den erforderlichen Startparameterwerten beim Aufruf versorgt werden muß und das seine Ergebnisse (sofern eine Werterückgabe erfolgen soll) mittels einer anderen Standardmethode wieder an die Aufrufumgebung abliefert.

Um verschiedene Aktivitätenimplementierungen (die ggf. dann auch sehr verschiedene Dinge tun) in einheitlicher Form ansprechen und in ein darüberliegendes Anwendungsprogramm einbinden zu können, das dann in einem gewissem Sinne nur noch eine „Anwendungsschale" (application shell) ist, werden alle Aktivitätenimplementierungen mit

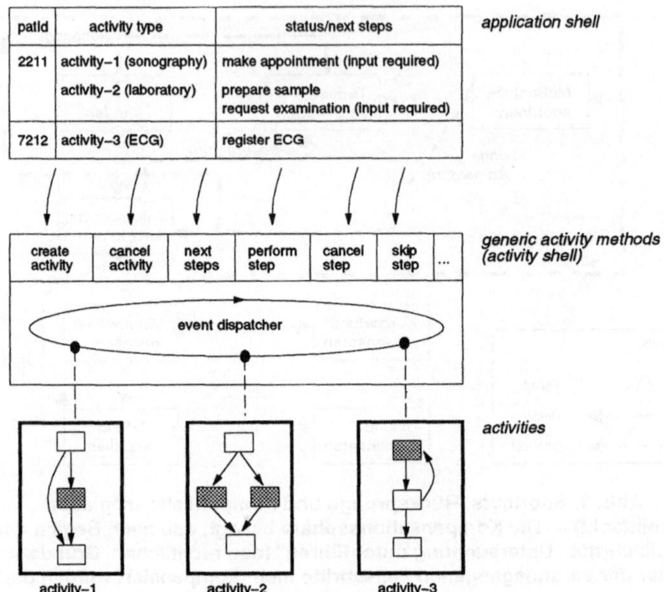

Abb. 4: Zusammenspiel von Anwendungsschale und Aktivitäten

den gleichen generischen Methoden angesprochen. Diese Methoden dienen z.B. zum Erzeugen einer neuen Aktivitäteninstanz, zum Abfragen des aktuellen Status, zum Erfragen der wählbaren Schritte, zum Anstoßen oder Abbrechen eines Teilschritts. Die Hauptaufgabe der Anwendungsschale besteht im wesentlichen im Verwalten und geeigneten Reagieren auf Ereignisse, wie z.B. „Teilschritt beendet", „Teilschritt wartet auf Eingabe" oder „Zeitüberschreitung" (siehe Abb. 4).

4. Laufzeitumgebung

Die Ausführung der in den Aktivitätenimplementierungen gekapselten Services, unter Beachtung der durch das Activity Template vorgegebenen Reihenfolgen, erfolgt durch die in Abb. 5 dargestellte Laufzeitumgebung, die Parallelen zu anderen Ansätzen [Schw93,MWFF92,Sher93] aufweist. An jedem Knoten ist ein *Agent* für die Durchführung von Aktivitäten zuständig. Da eine Aktivität in der Regel über mehrere verschiedene Rechner verteilt bearbeitet wird, überwachen und koordinieren die Agenten der beteiligten Rechner den Ablauf der Aktivität gemeinsam. Der jeweils lokale Agent dient dabei der Anwendung als Ansprechpartner. Ein Agent umfaßt Komponenten für die Steuerung des Kontroll- und Datenflusses, für das Monitoring sowie für die Recovery. Für das Ausführen von Services bedient sich der Agent des lokalen *Task Managers*. Im nicht-lokalen Fall leitet dieser den Auftrag an den Task Manager des betroffenen Knotens weiter [vgl. Kuhn94].

Der Ablaufgraph und der gegenwärtige Zustand einer Aktivität wird von den *Cooperation Managern* verwaltet. Diese bieten ihren jeweiligen Anwendungen die gerade aktivierbaren Schritte an und führen sie in Abstimmung mit den anderen Cooperation Managern durch, sofern dies konform zum Ablaufgraphen ist.

Die persistente Verwaltung des Datenkontexts einer Aktivität und die Bereitstellung der notwendigen Aufrufparameter für einen Service erfolgt durch die *Data Manager*. Stellt ein Data Manager (z.B. infolge eines vom Benutzer erzwungenen, nicht vormodellierten

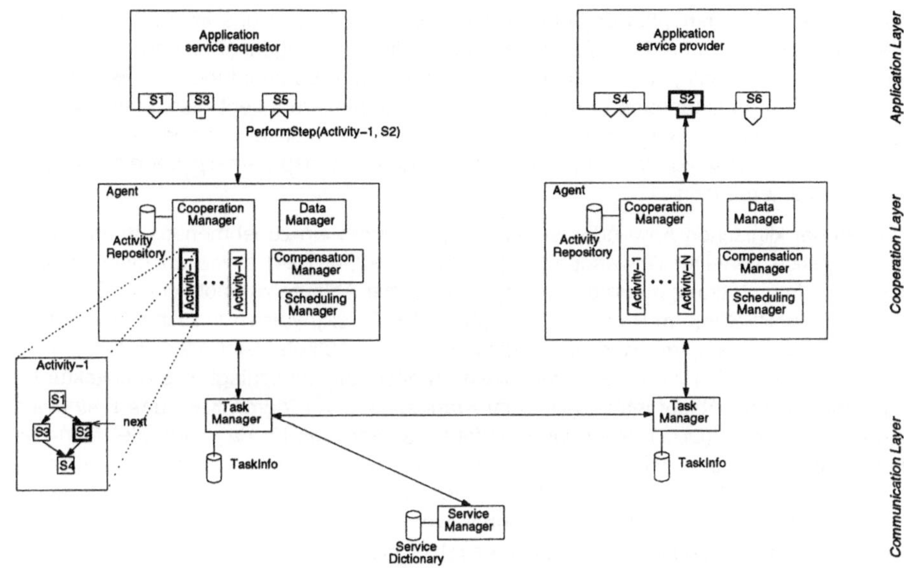

Abb. 5: Komponenten der Laufzeitumgebung

Zustandsübergangs) fest, daß noch zwingend erforderliche Eingabeparameter unversorgt sind, so fordert er diese vom Anwender selbständig nach.

Die *Scheduling Manager* verwalten die Zeitrestriktionen von Aktivitäten und melden Zeitüberschreitungen an den dafür zuständigen Cooperation Manager, der dann ein entsprechendes Ereignis für die Anwendungsschale erzeugt. Für das (teilweise) Zurücksetzen einer Aktivität (Backward/Forward-Recovery) sind die *Compensation Manager* an den jeweils betroffenen Knoten zuständig. Die Compensation Manager protokollieren für alle Aktivitäten jeweils deren aktuellen Weg durch ihren Ablaufgraphen, um im Kompensationsfall die erforderlichen Kompensationsschritte bestimmen zu können.

5. Diskussion

Wie schon in der Einleitung ausgeführt, flossen in unser Modell Konzepte aus verschiedenen Technologien ein. Die Idee, die komplexe Ablauflogik einer Anwendung von dem eigentlichen Anwendungs-Code zu trennen und auf einer abstrakten Ebene zu beschreiben, haben wir aus dem Bereich des Workflow-Managements übernommen [DeGr92,GaWu93,LeAl94,Rein93] und hinsichtlich einer systemseitigen Unterstützung von Ausnahmen und Fehlern adaptiert. Dazu wurde bereits in einigen Arbeiten vorgeschlagen, erweiterte Transaktionskonzepte in Workflow-Konzepte zu integrieren [Brei93,DEB93, Leym95,VoEr92]. Durch die Einführung von Kompensationssphären geht unser Ansatz dabei bzgl. Recovery-Aspekten über die bisher vorgeschlagenen erweiterten Transaktionskonzepte [Elma92] hinaus. Diese Sphären sind notwendig, weil sich die Kompensierfähigkeit von Teilschritten im Laufe einer Aktivität ändern kann. Ein vergleichbarer Ansatz wurde jüngst in [Leym95] für den Bereich der Geschäftsprozesse vorgeschlagen.

Ein im Bereich der Programmentwicklung verbreiteter Ansatz ist die Entwicklung einer Anwendung durch Verknüpfung vorgefertigter Software-Bausteine. Entsprechende Ansätze wurden z.B. in den Projekten REX [MKSD90] und ITHACA [NTMS91,NGT92] unternommen. Die Idee verknüpfbarer Software-Bausteine wurde von uns im Zusammenhang mit der Konfiguration von Activity Templates aufgegriffen. Im Gegensatz zu den genannten Projekten, wo die Konfiguration einer Anwendung durch Verknüpfung von Bausteinen vollständig im Aufgabenbereich des Anwendungsprogrammierers liegt, versuchen wir den Programmierer durch Bereitstellung vormodellierter Templates sowie durch eine (weitgehend) systemseitige Verknüpfung der Ein- und Ausgabeparameter der eingesetzten Bausteine zu unterstützen.

Auf Seiten der klinischen Anwender ist seit einigen Jahren ein zunehmendes Interesse an einer Integration verteilter Anwendungen [Flec95,EJD92,MuTi94] sowie an einer computerbasierten Unterstützung medizinisch-organisatorischer Abläufe zu beobachten [GaWu93, Fran94,FFW94, PSS94]. Im Projekt RICHE [Fran94,RICH92] wurden typische Anforderungen im Zusammenhang mit der Unterstützung solcher Abläufe (*Act Management*) festgelegt. Das Projekt EDITH [FFW94] greift diese Arbeiten auf und schlägt eine Architektur für eine rechnerbasierte Ablaufunterstützung im Krankenhaus vor, deren Kern das *Distributed Hospital Environment* (DHE) bildet. DHE umfaßt u.a. Services für das (zentrale) Management von Aktivitäten und den Informationsaustausch zwischen Anwendungen verschiedener Hersteller. RICHE und EDITH machen jedoch bisher keine Aussagen darüber, wie die zu unterstützenden Abläufe formal beschrieben werden und wie Anforderungen hinsichtlich Flexibilität und Zuverlässigkeit technisch umgesetzt werden sollen.

Im Projekt Helios [EJD92] wurde eine integrierte Umgebung für die Entwicklung medizinischer Anwendungen entworfen. Ein Anwendungsprogrammierer kann dabei auf Services zurückgreifen, die von anderen Stellen über einen Software-Bus angeboten werden. Während sich Helios auf Aspekte der Wiederverwendbarkeit und auf die Unterstützung des kompletten Softwarelebenszyklus konzentriert, liegt unser Schwerpunkt mehr darin, den Anwendungsprogrammierer von systemnahen Aspekten bei der Entwicklung verteilter Anwendungen zu entlasten und die Fehler- und Ausnahmebehandlung weitgehend dem Laufzeitsystem zu überlassen. Im Projekt HERMES [MuTi94] wird ebenfalls ein Integrationsansatz unternommen, dessen Schwerpunkt in der Kapselung von *Legacy Systems* und der Einbindung kommerzieller Software-Komponenten liegt.

Der von uns verfolgte Ansatz stellt somit eine Ergänzung zu den genannten Projekten dar, insbesondere im Hinblick auf die zu behandelnden technischen Probleme, die sich aus der dezentralen Entwicklung verteilter, kooperativer Anwendungen ergeben. Die in den verschiedenen Arbeiten genannten Anforderungen im Hinblick auf die Flexibilität und Zuverlässigkeit solcher Systeme sind in unseren Ansatz mit eingeflossen.

6. Zusammenfassung und Ausblick

Die vorliegende Arbeit entstand im Rahmen des vom Land Baden-Württemberg geförderten Forschungsschwerpunkts OKIS [Kuhn94,Kuhn94a]. Neben den oben angesprochenen Themen werden, im Zusammenhang mit der Entwicklung verteilter, kooperativer Anwendungen, in diesem Projekt auch Aspekte der Autorisierung und Authentifizierung in offenen, verteilten Umgebungen sowie das Problem der Softwaresicherheit bei dezentraler Entwicklung von Software-Komponenten behandelt. Einen weiteren Schwerpunkt bildet die Integration von Untersuchungsrichtlinien in ärztliche Arbeitsplatzsysteme [HKD94].

Ein erster, noch sehr rudimentärer Prototyp wurde auf der Basis von OSF/DCE realisiert, um das Zusammenspiel der wesentlichen Komponenten des Laufzeitsystems besser verstehen zu lernen. Auf Anwendungsseite wurden hierzu Demonstratoren für den Bereich "Klinischer Workflow" (basierend auf dem Kernel 2/R System [DeGr92, Adom92]), für ein integriertes (wissensbasiertes) Modul zur Vermittlung klinischer Richtlinien [HKD94], sowie für Endbenutzerschnittstellen [Dein94] erstellt. Derzeit findet eine Übertragung der Architekturkonzepte des Laufzeitsystems (Agenten, Task Manager, Service Manager) auf das Werkzeug FlowMark [LeAl94] mit dem Ziel einer Überprüfung des dynamischen Verhaltens statt. Außerdem werden sukzessive einzelne Komponenten implementiert. Weiterführende Forschungsarbeiten sind in Richtung Verbundaktivitäten (d.h. Aktivitäten, die einzelne Teilschritte gemeinsam haben, oder Aktivitäten, für die Reihenfolgen beachtet werden müssen) sowie für den Bereich dynamisch erzeugter Aktivitäten geplant.

Literatur

Adom92 Adomeit, R.; Deiters, W.; Holtkamp, B.; Schülke, F.; Weber, H.: K/2R: A Kernel for the ESF Software Factory Support Environment. Proc. 2nd Int'l Conf on System Integration, Morristown, NJ, June 1992, 325-336

Baum94 Baumeister, J.: AppWareBus und Visual AppBuilder. PC Magazin, 43, Okt 1994, 42-45

Brei93 Breitbart, Y.; Deacon, A.; Schek, H.-J.; Sheth, A.; Weikum, G.: Merging Application-centric and Data-centric Approaches to Support Transaction-oriented Multi-system Workflows. ACM SIGMOD Record, 22(3), 1993, 23-30

CKK93 Convent, B.; Kohaut, T.; Kulins, S.: The ReUse Class Browser, IBM Wissenschaftliches Zentrum Heidelberg, Technical Report TR 75.93.03, July 1993

DEB93 Data Engineering Bulletin, Special Issue on Workflow and Extended Transaction Systems, 16 (2), 1993

DeGr92 Deiters, W.; Gruhn, V.: The FUNSOFT Net Appoach to Software Process Management. FhG/ISST Dortmund, Bericht 2/92, November 1992

Dein94 Deininger, R.: Konzepte und Werkzeuge für eine flexible Präsentation medizinischer Daten, Diplomarbeit, Universität Ulm, Abt. Datenbanken und Informationssysteme, 1994

EJD92 Engelmann, U.; Jean, F.C.; Degoulet, P. (eds.): The Helios Software Engineering Environment. Computer Methods and Programs in Biomedicine, 45, Supplement, 1994

Elma92 Elmagarmid, A.K. (ed.):. Database Transaction Models for Advanced Applications. Morgan Kaufmann Publishers, San Mateo, CA, 1992.

FFW94 Ferrara, F.; Fossey, T.; van der Werff, A.: Technosynthesis in Hospital Information Systems. Proc. 12 Int'l Congr. Europ. Federation Med. Informatics (MIE'94), Lisbon, May 1994, 370- 373

Flec95 Fleck, E. (ed.): Open Systems in Medicine.Amsterdam: IOS Press, Amsterdam, 1995

Fran94 Frandji, B.; Schot, J.; Joubert, M.; Soady, I.; Kilsdonk, A.: The RICHE Reference Architecture. Med Inform, 19 (1), 1994, 1-11

GaSa87 Garcia-Molina, H.; Salem, K.: Sagas, Proc. ACM Sigmod Conf., San Francisco, May 1987, 249-259

GaWu93 Gangopadhyay, D.; Wu, P.Y.F.: An Object-Oriented Approach to Medical Process Automation. Proc 17th SCAMC, C. Safran (ed.), Washington, DC, Nov 93, McGraw-Hill, New York, 1993, 507-511

HKD94 Heinlein, C.; Kuhn, K.; Dadam, P.: Representation of Medical Guidelines Using a Classification-Based System. Proc. Third Int'l Conference on Information and Knowledge Management (CIKM), Gaithersburg, Maryland, Nov/Dec 1994, 415-422

KRKK94 Kuhn, K.; Reichert, M.; Käfer, R.; Köhler, C.O.: Situations- und Schwachstellenanalyse der Informationsverarbeitung in einer Universitätsklinik, 1994 (zur Veröffentlichung eingereicht)

Krue92 Krueger, Ch.W.: Software Reuse, ACM Comp. Surveys, 24 (2), 1992, 131-184

Kuhn94 Kuhn, K.; Reichert, M.; Nathe, M.; Beuter, T.; Dadam, P.: An Infrastructure for Cooperation and Communication in an Advanced Clinical Information System. Proc 18th SCAMC '94, Ozbolt, J. (ed.), JAMIA 1, 1994, Symposium Supplement, 519-523

Kuhn94a Kuhn, K; Reichert, M.; Nathe, M.; Beuter, T.; Heinlein, C.; Dadam, P.: A Conceptual Approach to an Open Hospital Information System. Proc. 12th Int'l Congr. Europ. Federation Med. Informatics (MIE'94), Lisbon, May 1994, 374-378

LeAl94 Leymann, F.; Altenhuber, W.: Managing Business Processes as an Information Resource. IBM Systems Journal, 33 (2), 1994, 326-348

Leym95 Leymann, F.: Supporting Business Transactions via Partial Backward Recovery in Workflow Management Systems. To appear: Proc. BTW 95, Dresden, Germany, March 1995

MKSD90 Magee, J.; Kramer, J.; Sloman, M.; Dulay, N.: An Overview of the REX Software Architecture. Proc. 2nd Workshop on Future Trends of Distributed Computing, Kairo, 1990, 396-402

MWFF92 Medina-Mora, R.; Winograd, T.; Flores, R., Flores, F.: The Action Workflow Approach To Workflow Management Technology, Proc. CSCW 92, Toronto, Canada, Oct./Nov. 1992, 281-288

MuTi94 van Mulligen, E.; Timmers, T.: Beyond Client and Servers. Proc. 18th SCAMC, Ozbolt, J. (ed.), JAMIA 1, 1994, Symposium Supplement, 546-550

NGT92 Nierstrasz, O.; Gibbs, S.; Tsichritzis, D.: Component-oriented Software Development, Comm. of the ACM, 35 (9), 1992, 160-165

NTMS91 Nierstrasz, O.; Tsichritzis, D.; de Mey, V.; Stadelmann, M.: Object + Scripts = Applications. Proc. Esprit 1991 Conf., Dordrecht NL, Kluwer Academic Publ, 1991, 534-552

PSS94 Patil, R.S.; Silva, J.S.; Swartout, W.R.: An Architecture for a Health Care Provider's Workstation. Int'l Journal of Bio-Medical Comp, 34, 1994, 285-299

Rein93 Reinwald, B.: Workflow-Management in verteilten Systemen. Stuttgart, Teubner, 1993

RICH92 The RICHE Consortium: RICHE Final Report. Louveciennes, France, 1992

Schw93 Schwenkreis, F.: APRICOTS - A Prototype Implementation of a ConTract System - Management of the Control Flow and the Communication System. Proc. 12th Symp on Reliable Distributed Systems, Princeton, NJ, 1993.

Sher93 Sherman, M.: Architecture of the Encina Distributed Transaction Processing Family. Proc. ACM SIGMOD Conf., Washington, DC, May 1993; SIGMOD Record, 22 (3), 1993, 460-463.

VoEr92 Vogel, P.; Erfle, R.: Backtracking Office Procedures. Proc. DEXA 92, Valencia, Spain, 1992, 506-511

Methoden zur Adaption eines KKS an seine spezifische Umwelt

L. Gierl

Rechenzentrum, Medizinische Fakultät, Universität München

1. Einführung

Eine Anpassung d.h. Adaption eines Klinik-Kommunikationssystems (KKS) ist zum einen an die spezifischen Benutzerbedürfnisse per se in den Stationen und Polikliniken der unterschiedlichen Fachabteilungen eines Krankenhauses notwendig (siehe etwa [Riouall et al.]). Zum anderen erfordern auch Änderungen von medizinischen Inhalten oder rechtlichen Rahmenbedingungen eine fortwährende Adaption eines KKS im Laufe der Zeit. Adaption ist durch zwei Dimensionen bestimmt:

1. Adaption von Daten, Wissen und Benutzerverhalten: Adaption nach Inhalten
2. Adaption durch Spezialisierung und Generalisierung: Adaption nach formalen Gesichtspunkten. Dadurch wird die Struktur eines KKS selbst verändert.

Adaption (Abb.1) hat zum Ziel ein KKS dahingehend zu verändern, daß es seiner medizinischen Umwelt (u.U. wieder) besser entspricht. Ebenso wirkt die Nutzung eines KKS auf die medizinische Umwelt ein.

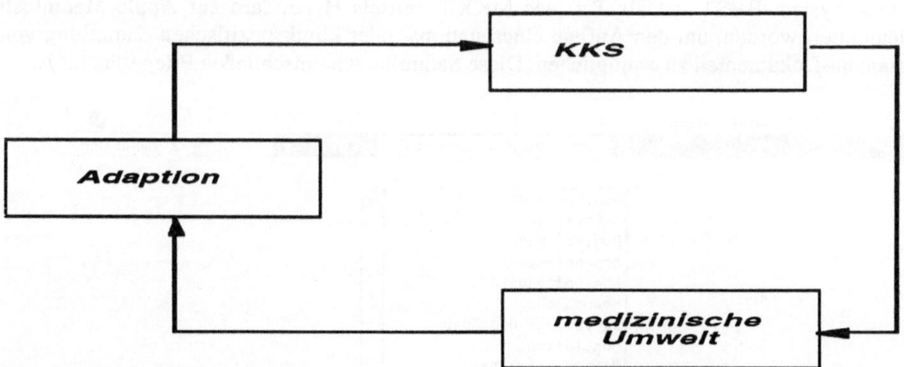

Abb. 1: Adaption eines KKS

Unter Adaption ist somit einerseits ganz allgemein eine längerfristige Veränderung wie zusätzliche oder veränderte Funktionen im Sinne einer Softwarewartung oder auch ein radikaler Schritt wie das Ersetzen eines Systems durch ein anderes (besseres oder kostengünstigeres) gemeint. Andererseits sind in diesem Begriff auch kurzfristige und mittelfristige Änderungen wie die Adaption der Benutzeroberfläche oder die Parametrierung eines Systems (neudeutsch Customizing) also die Anpassung an eine spezifische Einsatzsituation in einem Krankenhaus oder von medizinischem Wissen in einem wissensbasierten System enthalten. Von diesem letzteren Aspekt des Begriffs Adaption handelt der nachstehende Beitrag.

2. Adaption von Sichtweisen auf Daten

Eine Möglichkeit zur Adaption eines KKS ist, dem Endbenutzer Funktionen anzubieten, mit denen er seine spezifische Sichtweise auf Daten in Form etwa von Präsentation von Befunden oder Katalogen definieren kann. Damit kann eine Station ihre Sichtweise auf

Befunde neuen Verfahren oder der Änderung der jeweiligen Patientenzusammensetzung (etwa statt internistische Patienten eher allgemeinchirurgische) anpassen.

2.1 Autorenfunktionen für Endbenutzer

Autorenfunktionen in einem KKS erleichtern und standardisieren den Entwurf und die Entwicklung einer effizienten, aufgabenspezifischen Benutzerschnittstelle. Sie sind nicht aufwendige Instrumente etwa für Entwickler von Multimedia-Projekten sondern eher einfache Mittel um ausgewählte Funktionen durch einen Endbenutzer - Arzt oder Plegekraft - selbst anzupassen. Ein wichtiges Element einer Autorenfunktion sind Prototypen. Ein Prototyp ist eine vorgefertigte Komposition der zu adaptierenden Benutzerfunktion, die in einem standardisierten Prozeß ergänzt oder verändert werden kann.

In unserem Münchner Klinik-Kommunikationssystem (MKKS) haben wir u.a. folgende vier Typen von Autorenfunktionen entwickelt und eingesetzt:

1. Strukturierung von multimedialen Dokumenten.
2. Fokussierung der Aufmerksamkeit während der Entscheidungsfindung des Arztes durch die Definition von Benutzerprofilen zur visuellen Präsentation durch den Arzt selbst.
3. Beschleunigung von Tätigkeiten durch Benutzerprofile zur Eingabe von Anforderungen.
4. Standardisierung und Erhöhung der Effizienz durch Erstellen von medizinischen Dokumenten mittels Verwendung von vorgenerierten Dokumentenprototypen.

Die ersten beiden Autorenfunktionen werden in knapper Form vorgestellt.

2.2 Strukturierung von multimedialen Dokumenten

Unser System BEST ist als Teil des MKKS mittels HyperCard auf Apple Macintosh implementiert worden, um den Aufbau einer stations- oder klinikspezifischen Sammlung von Multimedia-Dokumenten zu ermöglichen. Diese Sammlungen umschließen Pflegestandards,

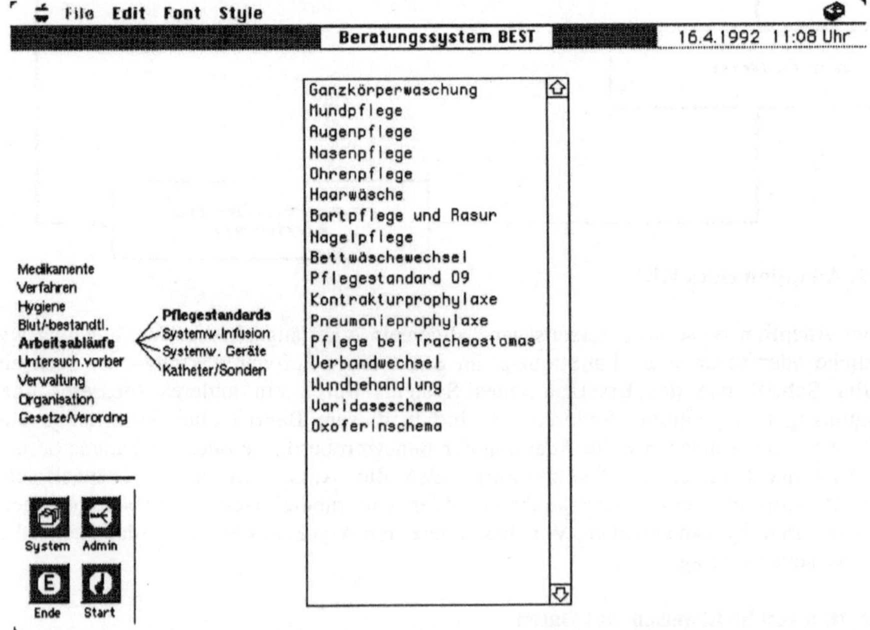

Abb.2 : Benutzeroberfläche der Baumstruktur von Hypermedia-Dokumenten.

Anleitungen zur Untersuchungsanordnung, gesetzliche Bestimmungen, Informationen zur Vorbereitung von Untersuchungen u.a.m. Mit BEST sollen möglichst viele Informationen in einer Station, die in den Köpfen einiger weniger oder eines einzigen Spezialisten, Notizzetteln an den Wänden, in Schubladen oder Ordnern usw. verteilt sind, in einer wohlstrukturierten und leicht erreichbaren Form gesammelt und präsentiert werden.

Als Beispiel zeigt Abb. 2 die Baumstruktur für den Zugriff auf einige Dokumente. Jedes Blatt des Baumes ist ein Zeiger auf ein Multimedia-Dokument: Text, Graphik, Bild oder Videosequenz. Abb. 3 zeigt die zu Abb.2 gehörige Autorenfunktion. Der Benutzer kann im gesamten Baum neue Knoten anfügen, Knoten löschen, Begriffe ergänzen oder ändern. Allerdings gibt es Teile des Baumes, die zentral gepflegt werden, zu denen er also keinen ändernden Zugriff hat. Das Fenster mit Rollbalken auf der rechten Seite zeigt das Editieren für das Fenster von Abb. 2. BEST ermöglicht die Integration sämtlicher aufrufbarer externer Software zur Dokumentenerzeugung (Fenster "Externe Programme"). Die Form einer multimedialen Hierarchie wurde gewählt, um den Navigationsvorgang übersichtlich zu halten.

Damit können Stationen ihr gesamtes Organisations- und große Teile ihres medizinischen Wissens selbständig ohne Hilfe durch Dv-Personal strukturieren und zu Auskunfts- und Ausbildungszwecken zur Verfügung stellen. Unsere Erfahrungen zeigen, daß BEST in einer Reihe von Stationen zum täglich genutzten, unentbehrlichen Informationshilfmittel geworden ist.

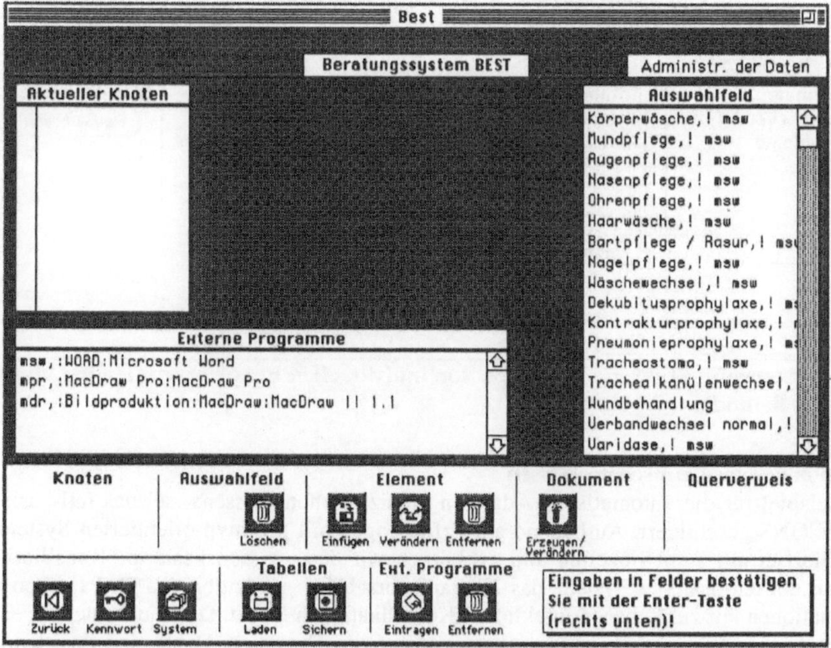

Abb. 3: Autorenfunktion zur Pflege des multimedialen Dokumentenbaumes.

2.3 Fokussierung der Aufmerksamkeit während der Entscheidungsfindung des Arztes durch die Definition von Benutzerprofilen zur visuellen Präsentation durch den Arzt selbst.

Besonders Befunde der klinischen Chemie bilden im Laufe des Aufenthaltes eines Patienten eine umfangreiche Menge strukturierter Informationen. Anstatt durch viele Informationsquellen zu browsen oder zu navigieren, wollen die meisten Ärzte ihre Aufmerksamkeit rasch auf typische, stationsspezifische Gruppen von klinisch-chemischen Verfahren konzentrieren. Mit Hilfe der Autorenfunktion in Abb. 4 kann der Arzt Benutzerprofile für klinisch-chemische Befunde definieren.

Der Benutzer wählt eine Kategorie wie z.B. Blutbild und verzweigt zu den jeweils zugeordneten Verfahren (mittleres Fenster in Abb. 4). Verfahren, die er zu einem Benutzerprofil bündeln möchte (in Abb. 4 ist Haemoglobin ausgewählt). werden in " Verfahrensauswahl" festgehalten (rechtes Fenster in Abb. 4) .

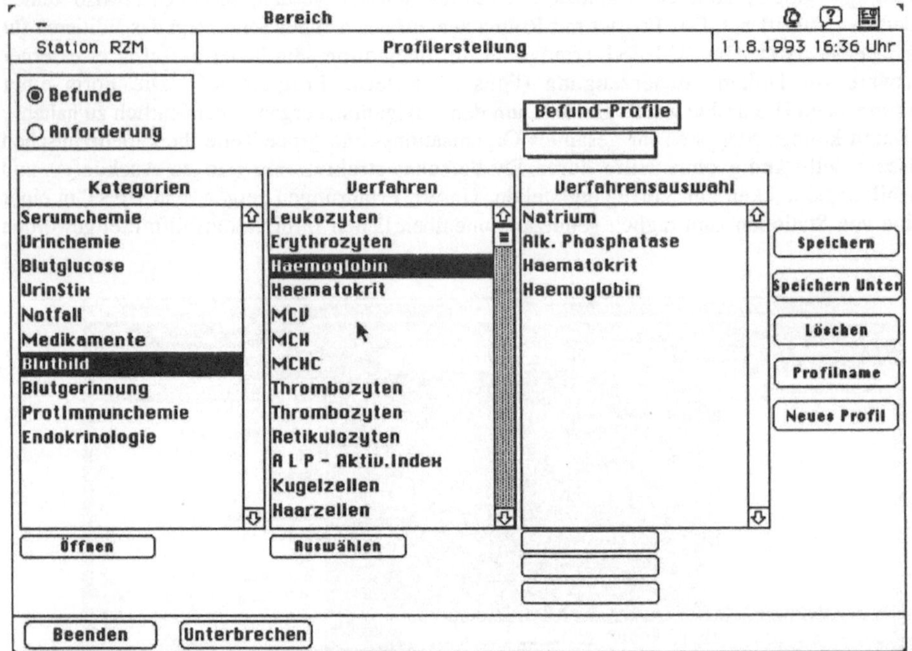

Abb. 4: Autorenfunktion zur Definition von individuellen Benutzerprofilen für klinisch-chemische Befunde.

3. Adaption von medizinischem Wissen

Als Beispiel für die automatische Adaption medizinischen Wissens sei das fall-basierte System ICONS geschildert. Aufbauend auf Erfahrungen mit prototyp-orientierten Systemen (z.B. [Gierl et al.]) entwickelten und evaluieren wir den wissensbasierte "Konsiliarius" ICONS als ein fall-basiertes System, das Therapievorschläge zu Antibiotika für Patienten auf Intensivstationen mit zusätzlichen infektiösen Komplikationen liefert. Das Ziel besteht in einer möglichst raschen Präsentation angemessener Antibiotika-Therapien. Dabei sind Resistenzen, Kontraindikationen, der Wirkungsort und die Bedingung zu berücksichtigen, das gesamte erwartete Erregerspektrum abzudecken. Durch die Benutzung des potentiellen Erregerspektrums ist es möglich, ohne Kenntnis des tatsächlichen Erregers, der erst noch im Labor festzustellen ist, Therapievorschläge zu unterbreiten. Mittels Hintergrundwissen über Infektionen und Antibiotika-Therapien versuchen wir, eine geeignete kalkulierte Therapie zu finden. Erst nachdem das Mikrobiologie-Labor den tatsächlichen Erreger und dessen Empfindlichkeit auf die Antibiotika nachgewiesen hat, ist eine gezielte Therapie möglich. Der Erregernachweis und das Antibiogramm dienen uns zur Adaption der Wissensbasis an die Situation auf der Intensivstation.

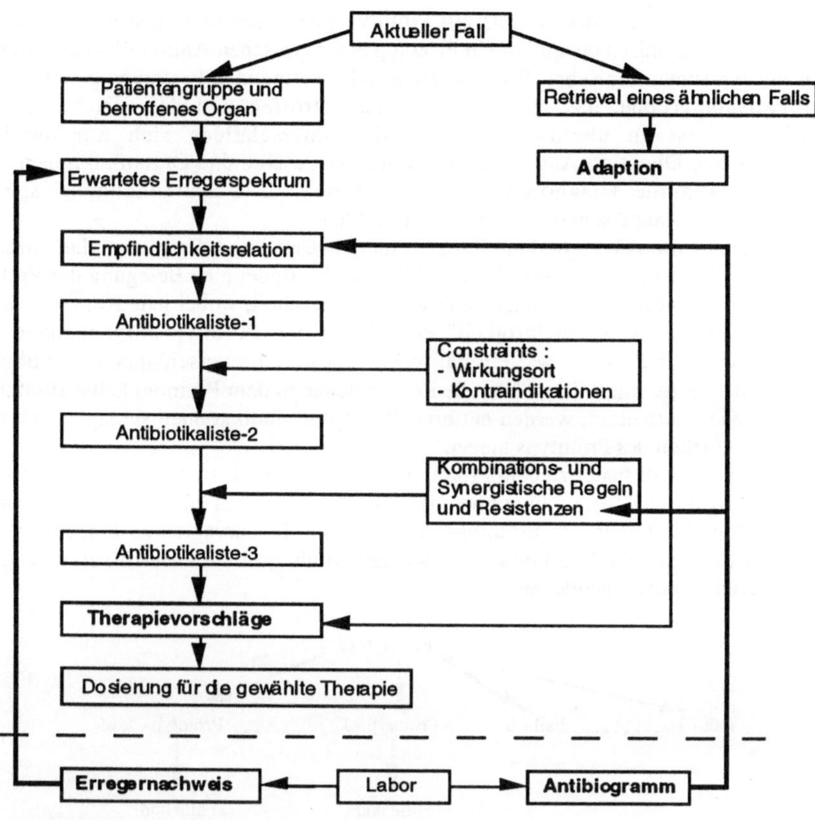

Abb. 5: Adaption im Antibiotika-Konsiliarius ICONS

3. 1 Adaption eines früheren Falls

Ein wesentliches Argument für die Verwendung von Methoden des fall-basierten Schließens [Kolodner] ist die Beschleunigung der Suche nach geeigneten Therapien. Ausgehend von einer Übereinstimmung der Patientengruppe und des betroffenen Organ ziehen wir einen ähnlichen Fall aus einer hierarchisch generalisierenden Speicherstruktur heran, die Prototypen (generalisierte Therapieentscheidungen für typische Fälle einer infektiösen Erkrankung) und einzelne Fälle enthält. Dazu benutzen wir das Ähnlichkeitsmaß von [Tversky] und den Hash-Tree-Retrieval-Algorithmus von [Stolter, Henke, und King]. Ferner verwenden wir während des Retrievals ein Adaptierbarkeitskriterium, weil nicht jeder Fall zur Adaption an die aktuelle Situation geeignet ist. Die Adaption des bekannten ähnlichen an den aktuellen Fall geschieht durch einen Transfer der bekannten Lösung, die dann durch die zusätzlichen Kontraindikationen des aktuellen Falls reduziert wird. Jede Kontraindikation schränkt die Lösungsmenge ein. Da bei jedem gespeicherten Fall nur die verbliebene Lösungsmenge gespeichert wird, sind nur die Fälle adaptierbar, die im Vergleich zum aktuellen Fall keine zusätzlichen Kontraindikationen aufweisen. Aus Gründen des Speicherplatzes und der Retrievalgeschwindigkeit werden nicht alle Fälle aufbewahrt, sondern wir strukturieren die Fallbasis durch generalisierte Prototypen und speichern nur die Fälle ab, die von ihren Prototypen signifikant abweichen.

Auf der obersten Ebene wird jeweils ein Prototyp pro Patientengruppe und betroffenem Organ angelegt. Medizinisch entspricht ein Prototyp einer typischen Antibiotikabehandlung für Patienten mit typischen klinischen Eigenschaften. Alle Fälle eines Prototyps gehören zu der gleichen Patientengruppe, das gleiche Organ ist betroffen und das gleiche erwartete Erregerspektrum ist zu überdecken. Die Fälle unterscheiden sich nur durch die Kontraindikationen. Dies sind Antibiotika-Allergien, eingeschränkte Organfunktionen (Niere und Leber), bestimmte Diagnosen (Innenohrschaden, ZNS-Erkrankungen), spezielle Blutkrankheiten, Schwangerschaft und teilweise das Alter.

Zunächst werden alle Fälle unterhalb ihres Prototyps gespeichert. Erst wenn die Anzahl der gespeicherten Fälle den Schwellwert "Fallanzahl" erreicht, findet eine Belegung des Prototyps statt, d.h. die Kontraindikationen seiner Fälle werden betrachtet, wobei jede Kontraindikation, die den Schwellwert "Mindesthäufigkeit" erreicht in den Prototyp aufgenommen wird. Anschließend wird der Prototyp wie ein Fall behandelt und die vorschlagbaren Antibiotika-Therapien werden gespeichert. Die Fälle, die im Vergleich zu dem Prototyp keine zusätzlichen Kontraindikationen aufweisen, werden entfernt. Ihre Kontraindikationen schlagen sich nur in den Häufigkeitstabellen des Prototyps nieder.

Wenn ein weiterer Fall später zu dem Prototyp hinzugefügt wird, so ist die Häufigkeitstabelle zu aktualisieren und die Kontraindikationen des Prototyps sind neu zu bestimmen. Wenn sich dabei die Kontraindikationen des Prototyps ändern, sind die Therapien zu erneuern und die Fälle bzgl. der Notwendigkeit aufbewahrt zu werden zu überprüfen. Danach versucht ICONS einen alternativen Prototyp anzulegen.

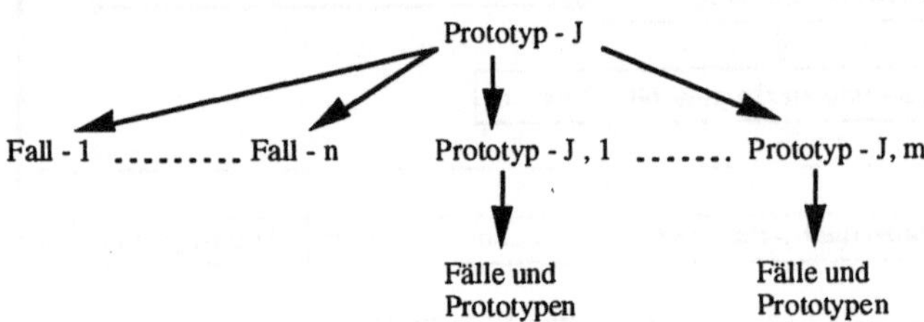

Abb. 6: Baumstruktur von Prototypen und Fällen

Unter einem bestehenden Prototyp wird ein alternativer Prototyp angelegt (in Abb. 6 sind die Prototypen J,1 bis J,m alternativ zu Prototyp-J), wenn für letzteren Fälle existieren, die mindestens eine Kontraindikation gemeinsam haben, die der bestehende Prototyp nicht aufweist, und die den Schwellwert "Fallanzahl" erreichen. Aus diesen Fällen wird dann der alternative Prototyp konstruiert, der sich von dem höheren Prototyp durch andere Kontraindikationen und daraus resultierend anderen Therapievorschlägen unterscheidet.

Während des Retrievals wird zunächst nur auf der ersten Ebene unterhalb des Prototyps nach dem ähnlichsten Fall gesucht, wobei die alternativen Prototypen ebenso wie der Prototyp selbst wie ein Fall betrachtet werden. Wenn das Ergebnis ein alternativer Prototyp ist, wird die Suche dort fortgesetzt.

3.2. Adaption des Erregerspektrums und der Resistenzen

Der Erregernachweis und das Antibiogramm fungieren als Kontrollmechanismen. Bei nachgewiesenem Erreger ist der Programmablauf dem bei der kalkulierten Therapie ähnlich. Der Unterschied besteht darin, daß kein Erregerspektrum bestimmt zu werden braucht und nur der nachgewiesene Erreger zu überdecken ist. Das kalkulierte Erregerspektrum wird um das empirisch durch Erregernachweise gerechtfertigte Spektrum ergänzt. D.h. ICONS ermittelt diejenigen Antibiotika die das kalkulierte <u>und</u> das durch den Erregernachweis bestimmte Spektrum abdecken. Damit sollen also sowohl vermutete als auch nachgewiesene Erreger therapiert werden. Da die Menge möglicher Antibiotika-Therapien durch das Antibiogramm auf die Antibiotika reduziert wird, auf die der Erreger empfindlich reagiert, adaptieren wir die Resistenzen durch die Antibiogramme.

4. Adaption an das Benutzerverhalten

4.1 Lernen und Automatisieren von Tätigkeitsfolgen bei statischem Programm

Das Programm Open Sesame! [Rivers] erlaubt die Benutzeroberfläche des Apple Macintosh (den "Finder") teilweise an Tätigkeitsfolgen eines Benutzers oder einer Benutzergruppe mit homogenen Aufgabenprofil auszurichten. Auf diese Weise kann das Desktop an das spezifische Verhalten eines Benutzers oder einer Benutzergruppe adaptiert werden.
Open Sesame! bietet benutzerdefinierte Erinnerungs-Ereignisse oder automatisierbare Aufgaben an. Ein Beispiel zur Definition eines Erinnerungs-Ereignisses ist in Abb. 7 zu sehen. Darüber hinaus kann der Lernmodus genutzt werden.

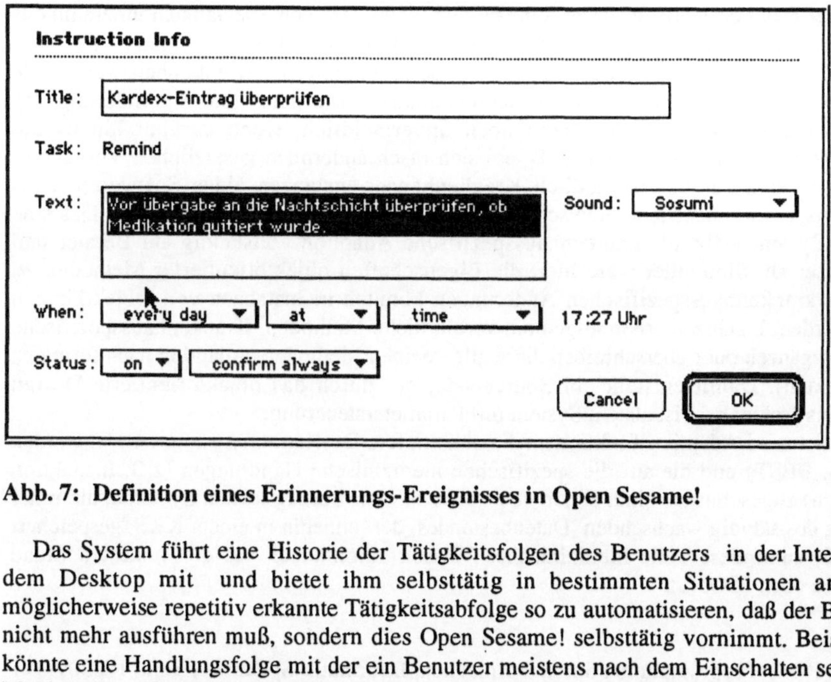

Instruction Info
Title: Kardex-Eintrag überprüfen
Task: Remind
Text: Vor übergabe an die Nachtschicht überprüfen, ob Medikation quitiert wurde.
Sound: Sosumi
When: every day | at | time | 17:27 Uhr
Status: on | confirm always
Cancel | OK

Abb. 7: Definition eines Erinnerungs-Ereignisses in Open Sesame!

Das System führt eine Historie der Tätigkeitsfolgen des Benutzers in der Interaktion mit dem Desktop mit und bietet ihm selbsttätig in bestimmten Situationen an, eine als möglicherweise repetitiv erkannte Tätigkeitsabfolge so zu automatisieren, daß der Benutzer sie nicht mehr ausführen muß, sondern dies Open Sesame! selbsttätig vornimmt. Beispielsweise könnte eine Handlungsfolge mit der ein Benutzer meistens nach dem Einschalten seines Apple Macintosh die Zeitanzeige auf das Desktop holt, ein Zeichenprogramm sowie ein Textprogramm öffnet und eine Vortagsdatei löscht, von Open Sesame! gelernt und automatisiert werden. Das Programm Open Sesame! selbst wird während des Lernens nicht verändert. Es versucht allerdings aus jeder Benutzeraktion zu lernen.

4.2 Lernen und Automatisieren von Handlungen durch "Programmieren durch Vormachen" (Programming by Demonstration)

Bei dieser Form der Adaption ist zwar der Bereich des Lernens eingeschränkt, aber es wird durch Benutzeraktionen Programmcode erzeugt, der dann unmittelbar genutzt werden kann. Diese noch in den Anfängen stehende Form der Adaption eins Programmsystems wird bisher experimentell zur Programmierung von Robotern und für Graphikeditoren genutzt [Bocionek]. Im Rahmen eines KKS könnte ein System nützlich sein, das etwa den Arzt beim Festhalten eines Befundes mit graphischen Hilfsmittel (Markieren eines Tumors) unterstützt und unterschiedliches repetitives Verhalten durch Beispiele in Programmcode umsetzt. Der Arzt führt eine typische Abfolge von Handlungen zum Markieren eins Tumors aus. Das Programm modifiziert sich dann selbsttätig. Das Ergebnis ist eine Automatisierung der Abfolge dahingehend, daß das Markierungstool aufgerufen wird, die Vergrößerung eingeschaltet wird und der Rauminhalt des Tumors nach einer vom Arzt festgelegten Methode errechnet wird. Während dies bei den in 4. 1 beschriebenen Systemen nur zu einem Automatisieren vorhandener Mittel führt, wird nunmehr das Programm selbst und damit die Sichtweise des Arztes auf die angebotenen Funktionen verändert.

Diskussion

Die Fähigkeit zur Adaption ist für ein KKS mit einer möglichst langen Lebensdauer unverzichtbar. Eine der Voraussetzungen ist die Standardisierung der Terminologie. Die klassischen Methoden auch kommerzieller Systeme Flexibilität durch die Verwendung von Stammdaten und Steuerungstabellen (teilweise einige zehntausend Parameter) reicht nicht mehr aus. Der Aufwand zur Formulierung des Wissens für die korrekte und krankenhausspezifische Struktur dieser Datenbestände erfordert eine beträchtliche Zahl von Spezialisten innerhalb das Krankenhauses und nährt eine wachsende Zahl von Beratern. Darüber hinaus sind diese Strukturen statisch. Entscheidendes Wissen über die Abbildung der Krankenhauswelt in die Funktionalität eines KKS bleibt für das Krankenhaus verborgen. Eine Veränderung des Programmcodes ist jedoch immer dann noch unvermeidlich, wenn darüber hinaus die Funktionalität angepaßt werden muß (z.B. bei sich rasch ändernden gesetzlichen Vorgaben). Damit ergeben sich für unterschiedlich Krankenhäuser Instanzen eines Softwarepaketes (Releases). Insgesamt entsteht so eine schwer zu beherrschende Versionsverwaltung. Das eine oder andere System wälzt die krankenhausspezifische Adaption vollständig auf Berater und Softwarehäuser ab. Sinnvoller wäre hier, die Eigenschaften objektorientierter Methoden zu nutzen. Die krankenhausspezifischen Änderungen könnten in Instanzen von Objektklassen gekapselt werden. Instanzen erben allgemein verbindliche Methoden. Krankenhausspezifische Adaptionen ergänzen oder überschreiben diese allgemeinen Methoden (Adaption nach formalen Gesichtspunkten). Damit entsteht ein Sourcecode, der durch das objektorientierte Design darüber hinaus "schlanker" ist als ein System mit Parametersteuerung.

Sehr nützlich sind Adaptionsfunktionen, die ohne tiefere Dv-Kenntnisse angewendet werden können (z.B. BEST) und die auf die spezifischen medizinische Handlungen (z.B. Inspektion von Befunden) zugeschnitten sind. Einen noch wertvolleren Beitrag leisten Systeme, die unter Verwendung des ständig wachsenden Datenbestandes, der ohnehin in einem KKS gespeichert werden muß, zumindest Teile medizinisches Wissen automatisch auf den neuesten Stand bringen (siehe oben ICONS).

Literatur

Bocionek S (1994): Programmieren durch Vormachen, Informatik-Spektrum, Band 17, 309-311

Gierl L, Arias-Lewing G, Stengel-Rutkowski S, Jakobeit M, Lohse K (1988): Knowledge Acquisition for Scheme-Based Medical Expert Systems: The Dysmophic Syndrome Example, in: Rienhoff, Piccolo, Schneider (Hrsg.): Expert Systems and Decision Support, Berlin 347-350

Kolodner J (1993): Case-Based Reasoning, Morgan Kaufmann Publishers, San Mateo

Riouall D, Frangji B, Kanoui H, Catanese B (1992): The customization of the RICHE HIS model: the role of Knowledge Servers, in: Lun KC et al. (Hrsg.): Proc. MEDINFO 92, Amsterdam, 194-197

Rivers C. (1994): Open Sesame!, Charles River Analytics

Stolter R.H., Henke A.L, King J.A. (1989): Rapid Retrieval Algorithms for Case-Based Reasoning, in: International Joint Conference on Artificial Intelligence 11, 233-237

Tversky A. (1977): Features of Similarity, in: Psychological Review 84, 327-352

Konzeption und Entwicklung eines EDI-Servers für den Gesundheitsmarkt Schweiz

Andreas Meier*), Peter Bachmann, Stefan Dünki, Werner Huber,
Philippe Nussbaum, Stefan Scherrer, Hans-Peter Weber
CSS Versicherung

Die Arcovita-Gruppe ist eine Kooperation von vier bedeutenden Krankenkassen in der Schweiz mit einem Drittel Marktanteil. Die Gruppe hat sich zum Ziel gesetzt, mit Hilfe des elektronischen Datenaustausches zwischen den Leistungserbringern (Spitälern, Ärzten, Apotheken) und den Versicherern den Gesundheitsmarkt in seiner Leistungsfähigkeit stark zu beeinflussen. Der dazu konzipierte EDI-Server wird in seinen wichtigsten Teilkomponenten Konverter, Steuerteil für Rechnungsfluss sowie formale und semantisch-inhaltliche Rechnungsprüfung vorgestellt.

1. Liberalisierung im Gesundheitsmarkt

Der medizinische Fortschritt hat in den letzten Jahrzehnten dazu geführt, dass die Lebenserwartung und die Erwartungen an die Leistungsfähigkeit der Gesundheitsversorgung immer weiter gestiegen sind [Hoffmeyer 1993]. Daraus folgt unter anderem eine Kostensteigerung im Gesundheitswesen, die sich in den Industriestaaten rascher als der Index der Konsumentenpreise entwickelt. Reformen stehen deshalb auf der Tagesordnung der Politik.

In der Schweiz sind einige Reformprozesse in Gang gesetzt worden, die ihren Niederschlag auch in der kürzlich gutgeheissenen Gesetzesrevision der Krankenversicherung finden. So dürfen alternative Versicherungsmodelle im Gesundheitsmarkt neu angeboten und Vertragsverhandlungen zwischen den Leistungserbringern und den Versicherern liberalisiert werden.

Die CSS Versicherung als zweitgrösste Krankenkasse der Schweiz ist im Jahre 1994 eine Kooperation mit drei Partnerkrankenkassen unter dem Namen Arcovita eingegangen. Diese Gruppe vereinigt 2,2 Millionen Mitglieder und konzentriert sich vorderhand auf den Leistungseinkauf und das Leistungsmanagement, auf alternative Versicherungsmodelle und auf die Prävention. Im vorliegenden Beitrag wird der von der Arcovita im Aufbau befindliche EDI-Server (EDI = Electronic Data Interchange, [Schmid 1993]) charakterisiert und das Nutzenpotential für den Gesundheitsmarkt Schweiz aufgezeigt.

---

*) Kontaktadresse: CSS Versicherung, Postfach 2568, CH-6002 Luzern, Tel. (041) 49 02 48, FAX (041) 44 28 22.

2. Elektronischer Datenaustausch für das Gesundheitswesen

Der Gesundheitsmarkt wird gemäss Abb. 1 von vier Marktgruppen bestimmt, nämlich den Leistungserbringern, den Clearingstellen, den Versicherungsinstituten sowie den Versicherungsnehmern. Dazu soll ein Beispiel genügen: Im Normalfall verlangt ein Spital als Leistungserbringer vor einem Behandlungsfall eine finanzielle Absicherung in Form einer Kostengutsprache, eventuell auf elektronische Art. Nach der Behandlung stellt das Spital eine elektronische Rechnung an das Versicherungsinstitut. Dieses wiederum holt beim behandelten Patienten den in der Schweiz üblichen Selbstbehalt ein. Die Abrechnung gegenüber dem Patienten und die Zahlung des Selbstbehaltes erfolgen vorderhand noch ohne elektronischen Datenaustausch, da die meisten Versicherten nicht über die notwendige Infrastruktur verfügen.

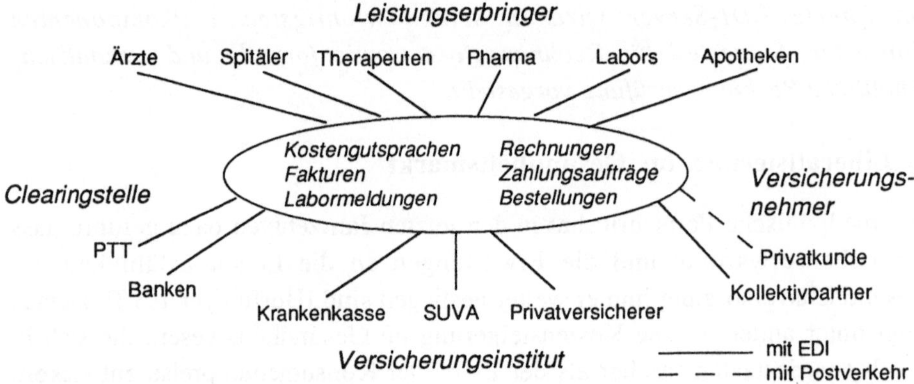

Abb.1: Übersicht über den elektronischen Datenaustausch im Gesundheitswesen Schweiz

Im folgenden soll der Datenaustausch zwischen den Leistungserbringern und den Versicherern näher untersucht und für den Aufbau und die Entwicklung eines EDI-Servers beschrieben werden. Die *Kostenvorteile des elektronischen Datenaustausches* im Gesundheitsmarkt sind innerbetrieblich wie unternehmensübergreifend (vergl. dazu auch [Schumann 1990] und [Sedran 1991]). Der Verzicht auf manuelle Mehrfacheingaben bei den Leistungserbringern und den Versicherern reduziert nicht nur die Verwaltungskosten, sondern garantiert auch eine geringere Fehleranfälligkeit. Wird zusätzlich die Rechnungsprüfung für Massenbelege und einfache Rechnungen[1)] automatisiert, so kann beim Versicherer das Fachpersonal primär für die Leistungskontrolle komplexer und kostenwirksamer Fälle motiviert werden.

---

1) Bei der Arcovita-Gruppe werden pro Jahr 10 Millionen Belege manuell zur Rechnungsprüfung erfasst. Davon beträgt der Anteil einfacher Arzt-, Labor-, Apotheken- und Spitalrechnungen am Gesamtvolumen 60 bis 80%.

Wird die *elektronische Rechnungsübermittlung und -prüfung* konsequent vorangetrieben, so ergeben sich Wettbewerbsvorteile. In der Schweiz ist der Versicherer verpflichtet, Rechnungen innerhalb Monatsfrist zu begleichen, doch können die wenigsten Versicherungsinstitute diese Fristen garantieren. Der Kunde hingegen ist preis- und marktsensitiv geworden und sucht nach bitteren Erfahrungen folgerichtig alternative Versicherungsanbieter. Für den Leistungserbringer ist rasche Abwicklung ebenfalls von Vorteil: Hier kann der Versicherer mit dem Leistungserbringer Spezialkonditionen aushandeln, falls er die Zeitpunkte der Zahlungsströme[2)] mit den entsprechenden Zinsvorteilen aktiv steuern kann.

3. Teilautomatisierte Prüfung elektronischer Rechnungen

Die Entwicklung eines modular aufgebauten EDI-Servers bezweckt, elektronische Rechnungen entgegenzunehmen und auf formale und inhaltliche Korrektheit zu prüfen. Je nach Reifegrad der Rechnungsprüfung kann ein Grossteil der Belege automatisiert verarbeitet und abgerechnet werden.

3.1 Grobarchitektur des EDI-Servers

Der EDI-Server enthält drei Schnittstellen zur Entgegennahme von Rechnungen, nämlich eine manuelle, eine elektronische und eine optische. Die manuelle Eingabe von Rechnungen ist natürlich zeitraubend, kostenintensiv und fehleranfällig, vor allem wenn auch Detailpositionen für eine aussagekräftige Leistungskontrolle eingegeben werden müssen.

Die bevorzugte Schnittstelle für die Rechnungsbelege ist zweifelsohne die EDI-genormte[3)] (vergl. [Mertens 1990]). Die elektronisch übermittelten Rechnungen diverser Leistungserbringer werden geprüft, in ein internes Rechnungsformat konvertiert und in einem Archiv abgelegt. Die EDI-Komponente ist verantwortlich, unvollständige oder ungültige Rechnungen zurückzuweisen. Das Entgegennehmen von Kostengutsprachen oder anderen EDI-genormten Belegen fällt ebenfalls dieser Komponente zu, soll hier aber nicht weiter behandelt werden.

Als weitere Eingabeschnittstelle für Rechnungen dienen auch OCR-Geräte (OCR = Optical Character Recognition) [Mertens 1990], falls die Belege eine genügende Qualität zur Schrifterkennung aufweisen. Der Aufwand für das

2) Die Arcovita-Gruppe zahlt pro Jahr Leistungen im Umfange von über 4 Milliarden Schweizer Franken an die Leistungserbringer resp. an die Versicherten.

3) Grundlage bildet das Protokoll UN/Edifact (Electronic Data Interchange for Administration, Commerce and Transport) der Vereinten Nationen, welches u.a. von der Arcovita-Gruppe für den Gesundheitsmarkt Schweiz angepasst wurde.

optische Lesen und *Interpretieren von Massenbelegen* darf hingegen nicht unterschätzt werden. Erste Versuche legen es nahe, nur bestimmte Typen von Rechnungen (z.B. Labor, Apotheken) mit klarem Rechnungsaufbau über optische Geräte in elektronische Rechnungen zu überführen, da sonst der manuelle Nachbearbeitungsaufwand unverhältnismässig steigt.

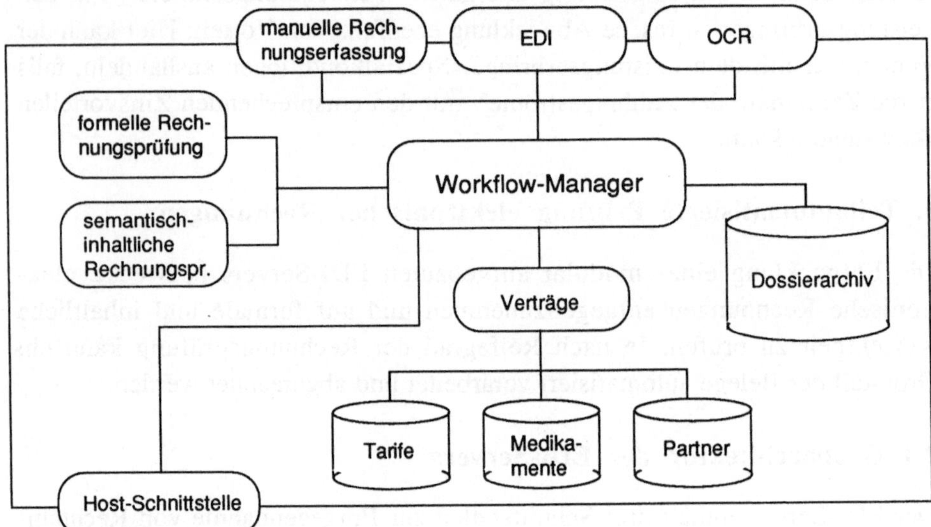

Abb. 2: Komponenten des EDI-Servers

Kernstück des EDI-Servers bildet der *Workflow-Manager, die Steuerungs- und Kontrollinstanz für die Rechnungsabwicklung*. Diese Komponente steuert den Belegfluss und erlaubt, mit Hilfe eines Zustandsgraphen die Bearbeitungsschritte der Rechnungen festzuhalten. Zudem führt der Workflow-Manager ein Protokoll sämtlicher Änderungen und ist in der Lage, einzelne Dossier in einer Datenbank nachzufragen oder abzulegen.

Die Vertragskomponente verwaltet unterschiedliche *Verträge zwischen Versicherern und Leistungserbringern*. So sind diverse Adressen, Clearingnummern von Banken, Partnerdaten, Übermittlungsparameter, aber auch Informationen über aktuelle und historisierte Tarife und Medikamente mit Preisangaben nach unterschiedlichen Suchkriterien aufzufinden. Es ist eine Eigenart des Schweizerischen Gesundheitswesens, dass Tarife und Vertragsbedingungen unter Versicherern und Leistungserbringern regional (und seit der neusten Gesetzesrevision künftig auch individuell) ausgehandelt werden. Aus diesem Grunde stellen die Datenbanken für Tarife, Medikamente, Partner- und Vertragsdaten eine bedeutende Dienstleistung des EDI-Servers dar.

Zwei Prüfungskomponenten werden unterschieden, eine formale und eine *semantisch-inhaltliche Rechnungsprüfung*. Bei der formalen Rechnungsprüfung werden die wichtigsten Partner- und Vertragsdaten auf der elektronischen Rechnung auf Vollständigkeit und Richtigkeit hin untersucht. Insbesondere werden Rechnungen zurückgewiesen, die falsch adressiert sind, keinen Versicherungsnehmer auffinden oder vertraglich festgelegte Rechnungspositionen vermissen lassen. Die inhaltliche Art der Rechnungsprüfung geht einen wesentlichen Schritt weiter, werden hier doch den Diagnosen und Krankengeschichten einzelne Rechnungspositionen und Kostenblöcke gegenübergestellt und bewertet.

Schliesslich weist der EDI-Server eine standarisierte SQL-Schnittstelle (SQL = Structured Query Language) zum Host resp. zu den Leistungsapplikationen der Versicherer auf. Geprüfte Rechnungen, abgestuft mit Qualitätsmarken, werden in die kassenspezifischen Leistungszentren zur Weiterverarbeitung nachgereicht.

3.2 Die EDI-Komponente als Konverter

Die EDI-Komponente wandelt das UN/Edifact-Datenformat als Konverter in ein internes Datenformat (inhouse format) um und umgekehrt. Die Software dient dazu, Nachrichten wie Rechnungen und Zahlungsanweisungen zu konfigurieren und für firmeninterne Zwecke nutzen zu können.

Das *Kommunikationsmodul* des EDI-Servers bildet die Schnittstelle zu den unterschiedlichen Kommunikationsnetzen. Es baut automatisch die Verbindung zum jeweiligen Netz auf und steuert die Kommunikation. Auch die Chiffrierung und Dechiffrierung wird von diesem Modul vorgenommen. Neben der Verwaltung der Netzparameter regelt die Softwarekomponente den Datenschutz (Passwörter), die Netzbenutzung und die Verfahren für die Netzabrechnung. Der Zugriffsschutz umfasst die Identifikation, die Authentisierung und die Autorisierung der Kommunikationsteilnehmer.

Die *Nachrichtenverwaltung* verhängt die einzelnen Nachrichten zu Paketen oder entflicht dieselben. Im Hinblick auf die Anschluss- und Übertragungskosten lohnt sich die Übermittlung von solchen Nachrichtenpaketen. Aus Gründen der Sicherheit und des Rechtsschutzes müssen die einzelnen Nachrichten zudem unverändert zwischengespeichert werden.

Die *Konvertierungskomponente* prüft die Syntax der Rechnung sowie die einzelnen Datenelemente bezüglich Typ, Struktur, Länge, Code und Existenz (mandatory). Fehler werden in ausgewiesenen Log-Dateien festgehalten. Der eigentliche Übersetzungsvorgang verwendet Umsetzungstabellen, welche die Datenelemente des UN/Edifact-Formates dem internen zuordnen. Hier erfolgen Änderungen in der Struktur und der Reihenfolge der Nachrichtenteile und das Umwandeln von Masseinheiten.

Als Resultat des Konvertierungsprozesses liegt schliesslich ein internes Format vor (vergl. auch Abb. 4): Die logische Rechnung mit Rechnungskopf und Rechnungsdetails. Im Kopf stehen Angaben zum Leistungserbringer und zum Patienten, die Diagnose und das Rechnungsdatum. Das Detail enthält die einzelnen Positionen mit der Angabe der Taxpunkte und der Medikamente.

3.3 Ein Workflow-Manager für den Rechnungsfluss

Der Workflow-Manager unterstützt ein Prozessmodell [Hinkelmann, Karagiannis 1990] für den Rechnungsfluss und die Rechnungsverarbeitung. Dieses Modell wird anhand der Abb. 3 näher erläutert:

Alle Verarbeitungsschritte werden durch den Workflow-Manager gesteuert und überwacht. Einzelne Prozesse können je nach Anforderung aktiviert, deaktiviert und in Spezialfällen auch parallelisiert werden. Fliessbandartig wird jede Rechnung in der richtigen Reihenfolge zu den vorbestimmten Verarbeitungsprozessen geführt. Ein Statuskonzept sorgt für die Kontrolle und Steuerung der Verarbeitungsschritte: Sobald ein Prozess seine Tätigkeit verrichtet hat, wird er entsprechend mit einem Status markiert. Gegebenenfalls müssen Teilprozesse wiederholt oder Fehlermeldungen produziert werden. Damit ist eine *lückenlose Kontrolle aller Rechnungen im System* gewährleistet.

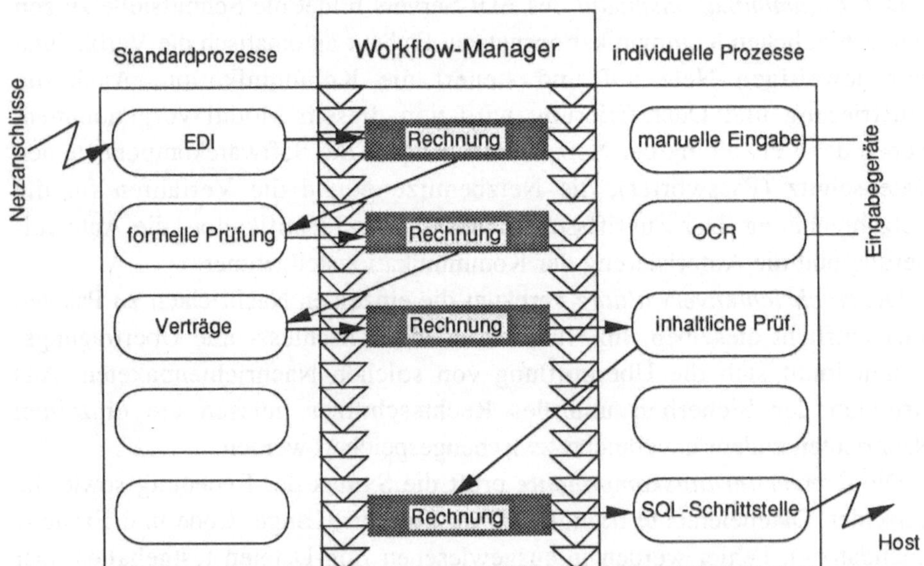

Abb. 3: Prozessmodell zur Steuerung des Rechnungsflusses (Vorgangskette)

Der Workflow-Manager unterscheidet Standardprozesse und individuelle Prozesse. Die Standardprozesse zeichnen sich dadurch aus, dass sie firmenunabhängig im Gesundheitsmarkt eingesetzt werden können, aufgrund von verbindlichen Vertragswerken unter Leistungserbringern, Regierungsstellen und Versicherern. Dazu zählen die EDI-Schnittstellen zu den diversen Netzanbietern, die Vertrags-, Tarif- und Partnerdatenbanken sowie die formelle Rechnungsprüfung. Die individuellen Prozesse können bei Bedarf an die eigenen Abläufe angepasst oder erweitert werden. Typische Beispiele für individuelle Prozesse sind die Schnittstellen zur Rechnungseingabe und Weitergabe an den Host sowie die inhaltliche Rechnungsprüfung. Obwohl die inhaltliche Rechnungsprüfung parametrisiert ist, bleibt sie abhängig vom jeweiligen Versicherungsangebot und den darin gedeckten Risiken.

Zur Einbindung von Hostapplikationen kann zwischen zwei Prozessen oder am Ende der gesamten Prozesskette je nach Verarbeitungsstatus eine Rechnung übergeben oder übernommen werden. Mit der Hostanbindung ist es auch möglich, zu Verarbeitungszwecken eine Anfrage an die zentralen Kunden- und Versicherungsdatenbanken zur richten und das Resultat in die formale oder inhaltliche Rechnungsprüfung miteinzubeziehen.

3.4 Formale und inhaltliche Rechnungsprüfung

Die Rechnungsprüfung stellt das Herzstück des EDI-Servers dar. Sie verlangt eine Zusammenarbeit unter den Fachspezialisten aus dem Leistungsbereich, dem Medizinalpersonal, den Statistikern und den Informatikern. Der EDI-Server ist so konzipiert, dass er sukzessive hinsichtlich der semantisch-inhaltlichen Rechnungsprüfung erweitert und verbessert werden kann.

Rechnung	
für Herrn Max Muster Vers. Nr. 112-90-703	*Stimmt die Versicherungsnummer für Herrn Muster?*
Behandlung vom 12.1. bis 12.4.94	*War Herr Muster während der Behandlung versichert?*
Diagnose Influenza	*Ist die Diagnose korrekt?*
12.1.1994 Pos. 2 10 Taxpkt 10.- 12.1.1994 Pos. 15 2 Taxpkt 2.-	*Stimmen Tarifpositionen und Taxpunktwerte?*
1 Ponstan 500 7.50	*Ist das Präparat pflichtleistig? Stimmt der Preis?*
Total 19.50	

Abb. 4: Illustration einer inhaltlichen Rechnungsprüfung

In Abb. 4 ist eine vereinfacht dargestellte Rechnung mit den wichtigsten Prüfregeln gegeben. Die inhaltliche Prüfung erfolgt einerseits aufgrund von versicherungstechnischen Daten des Versicherten, andererseits aufgrund von hinterlegten Vertragsdaten, wie Tarif-, Medikamenten- und Preislisten. Die entsprechenden Datenbanken für Tarife und Medikamente müssen historisiert sein, um die jeweils gültigen Verrechnungsarten und Preise bestimmen zu können. Das Ablegen der im Detail vorhandenen elektronischen Rechnungen lässt auch statistische Auswertungen und Querschnittsanalysen zu. Damit lässt sich künftig eine griffigere Leistungskontrolle aufgrund von Durchschnittswerten vornehmen.

Als weitere Beispiele werden zur Zeit Leistungen aus dem Spitalbereich mit Informatikwerkzeugen näher untersucht, da der stationäre Bereich den grössten Kostenblock im Gesundheitswesen darstellt [Fischer 1994]. Dazu dient ein regelbasierter Ansatz zur Prüfung von Vollständigkeit, Leistungsumfang, Limiten, Kostenbeteiligungen und Zuschlägen.

4. Erste Erfahrungen und Ausblick

Das EDI-Projekt wurde Ende 1993 bei der CSS Versicherung gestartet. In der ersten Hälfte 1994 konnte das UN/Edifact-Protokoll für die Rechnungsübermittlung definiert und erfolgreich ausgetestet werden. Seit Mitte 1994 werden die Arztrechnungen von der Ärztekasse Zürich an die CSS elektronisch übermittelt, Versuche mit anderen Leistungserbringern stehen an. Das Datenaustauschformat wurde anfangs 1995 in die MediData AG eingebracht, um einen Standard für den elektronischen Datenaustausch im Gesundheitsmarkt Schweiz zu etablieren. Die MediData wird durch die Arcovita, die Krankenkassengruppe Swisscare und den Schweizerischen Unfallversicherer SUVA vertreten und bleibt für alle Marktteilnehmer offen. Gewünschte Teilnehmerverträge basieren auf dem Schweizerischen Datenschutzgesetz und den Empfehlungen der Europäischen Union sowie den entsprechenden Standardisierungsgremien.

Literatur

Fischer W.: Möglichkeiten der Leistungsmessung in Krankenhäusern - Überlegungen zur Neugestaltung der schweizerischen Krankenhausstatistik. Forschungsbericht Nr. 1 des Bundesamtes für Sozialversicherung, 1994

Hinkelmann K., Karagiannis D.: Vorgangsaspekte im Dienstleistungsbereich. In: Reuter A. (Hrsg.): GI-Jahrestagung - Informatik auf dem Weg zum Anwender. Springer, 1990, S. 166-180

Hoffmeyer U. (Hrsg.): Gesundheitsreform in der Schweiz - Auszug aus einem internationalen Vergleich. Verlag Neue Zürcher Zeitung, 1993

Mertens P. (Hrsg.): Lexikon der Wirtschaftsinformatik. Springer, 1990

Schmid B.: Elektronische Märkte. Wirtschaftsinformatik, Jhrg. 35, Nr. 5, 1993, S. 465-480

Schumann M.: Abschätzung von Nutzeffekten zwischenbetrieblicher Informationsverarbeitung. Wirtschaftsinformatik, Jhrg. 32, Nr. 4, 1990, S. 307-319

Sedran T.: Wettbewerbsvorteile durch EDI? Information Management, Jhrg. 6, Nr. 2, 1991, S. 16-21

Die Bedeutung von Referenzmodellen für das Management von Krankenhausinformationssystemen

WINTER, A.*, ZIMMERLING, R.**

*Universität Heidelberg, Abt. Medizinische Informatik, Im Neuenheimer Feld 400, D-69120 Heidelberg
**Dr. Zimmerling & Partner GmbH, Südring 75f, D-26125 Oldenburg

1 Einleitung

Ein Krankenhausinformationssystem läßt sich in Anlehnung an [1], als das gesamte informationsverarbeitende und informationsspeichernde Teilsystem eines Krankenhauses definieren [2].

Wie für andere betriebliche Informationssysteme ist auch für Krankenhausinformationssysteme ein systematisches Management erforderlich. Nur so ist eine angemessene Durchführung der in einem Krankenhaus erforderlichen informationsverarbeitenden Verfahren unter Berücksichtigung einer wirtschaftlichen Betriebsführung möglich. Ein solches Management umfaßt die

- Gestaltung (d.h. sowohl den Aufbau als auch die Weiterführung) und die
- Überwachung des Betriebs

von Krankenhausinformationssystemen.

Um einen angemessenen Betrieb der Krankenhausinformationssysteme und damit eine adäquate Informationsverarbeitung für die Patientenversorgung und - im universitären Bereich - für die medizinische Forschung und Lehre zu erzielen, sind Krankenhausinformationssysteme methodisch und differenziert zu gestalten. Unterschiedliche Sichten, wie z.B. Organisationssicht, Prozeßsicht, Informationssicht, Steuerungssicht usw., sind dabei zu berücksichtigen. Für die effektive Entwicklung solcher Sichten sind Referenzmodelle geeignet, wie sie z.B. in [3] für Krankenhausinformationssysteme gefordert werden. Solche Referenzmodelle dienen der Beschreibung typischer Strukturen der Informationsverarbeitung in einem Krankenhaus. Im Bereich der kommerziellen Informationsverarbeitung sind Referenzmodelle, allerdings beschränkt auf die Informations- (Daten-) -sicht, bereits vorhanden.

Eine besondere Bedeutung kommt Referenzmodellen im Zusammenhang mit der Entwicklung von Bibliotheken von Bausteinen zu, die den Aufbau und die Weiterentwicklung des rechnerunterstützten Teils von Krankenhausinformationssystemen aus vorgefertigten Komponenten ermöglichen.

Vor dem Hintergrund der zunehmenden Verarbeitung von Information kann in der Medizin in der Regel auf rechnerunterstützte Werkzeuge der Informationsverarbeitung z.B. in Form von Anwendungssoftwareprodukten in Krankenhausinformationssystemen nicht mehr verzichtet werden [4]. Daher soll im folgenden primär das Management des *rechnerunterstützten* Teils von Krankenhausinformationssystemen betrachtet werden.

Ausgehend von einer kurzen Einführung in Krankenhausinformationssysteme und in das Management von Krankenhausinformationssystemen werden in der vorliegenden Arbeit Antworten auf folgende Fragen erarbeitet:

(i) Welche Bedeutung haben Referenzmodelle für das systematische Management von Krankenhausinformationssystemen? In welchen Bereichen können solche Referenzmodelle dieses Management effektiv unterstützen?

(ii) Wie können Referenzmodelle und Bausteinbibliotheken für den rechnerunterstützten Teil von Krankenhausinformationssystemen entwickelt werden und auf welche Aspekte von Krankenhausinformationssystemen können sie sich beziehen?

(iii) Welche Bedeutung haben Bausteinbibliotheken für das systematische Management von Krankenhausinformationssystemen? In welcher Beziehung stehen sie zu Referenzmodellen?

(iv) Sind solche Referenzmodelle und Bausteinbibliotheken bereits verfügbar?

(v) Welche weitergehenden Modelle bzw. Methoden sind für ein systematisches Management von Krankenhausinformationssystemen erforderlich?

2 Management von Krankenhausinformationssystemen

Das wirtschaftliche Betreiben eines Krankenhausinformationssystems macht den Einsatz kommerziell verfügbarer Anwendungssoftwareprodukte erforderlich, die als weitgehend autonome Anwendungssysteme installiert werden. Ein solches Anwendungssoftwareprodukt bezieht sich in der Regel nur auf Ausschnitte der Informationsverarbeitung des Krankenhauses; Anwendungssoftwareprodukte, die jeweils eine ausreichende Rechnerunterstützung für das Krankenhausinformationssystem als Ganzes bieten, sind nicht verfügbar. Auch im Sinne der Optimierung der Informationsverarbeitung in allen Bereichen eines Krankenhauses ist es aus Sicht der Anwender, d.h. der Krankenhäuser, eher sinnvoll, den rechnerunterstützten Teil eines Krankenhausinformationssystems aus Bausteinen aufzubauen (vgl. [5]). Bausteine sind dann einzelne, jeweils optimal erscheinende und ggf. auch autonome [2] Anwendungssoftwareprodukte. Mit solchen Anwendungssoftwareprodukten werden beispielsweise Anwendungssysteme für die Patientenaufnahme und -abrechnung, für Funktions- und Leistungsbereiche, wie z.B. Laboratorien oder Ambulanzen, für die rechnerunterstützte Befundübermittlung, für die Arztbriefschreibung, für die klinische Dokumentation, aber auch zur Bereitstellung medizinischen Wissens realisiert. Wie die Darstellungen in [6], [7], [5], [8] exemplarisch aufzeigen, entstehen so Krankenhausinformationssysteme, die durch Heterogenität sowohl auf der Ebene der Rechnersysteme als auch auf der Ebene der eingesetzten Anwendungssoftwareprodukte gekennzeichnet sind. Dem Management muß es jedoch gelingen, insgesamt ein föderatives und modulares [9] System interoperabler [10] und kooperativer ([11], S. 19) Komponenten aufzubauen. Die Komponenten müssen bei Bedarf ergänzt bzw. entfernt werden können (vgl. [11], S. 14).

Sowohl wissenschaftlicher Fortschritt in der Diagnostik und der Therapie von Krankheiten und die damit verbundene Vermehrung und insbesondere Änderung medizinischen Wissens als auch die sich ständig verändernden gesetzlichen Anforderungen (z.B. Gesundheitsstrukturgesetz) führen zu entsprechenden Änderungen der Anforderungen an Anwendungssoftwareprodukte. Ökonomische und ethische Gründe erzwingen die möglichst rasche Umsetzung dieser Anforderungen. Das Management von Krankenhausinformationssystemen muß daher in der Lage sein, durch das Auswechseln entsprechender Komponenten bzw. Bausteine des Krankenhausinformationssystems reagieren zu können. Hierbei sollte das Ersetzen veralteter Bausteine durch Weiterentwicklungen desselben Bausteins und desselben Herstellers oder aber durch Bausteine anderer Hersteller möglich sein.

3 Grundlagen der Modellierung

3.1 Modellierung von Informationssystemen

Der Entwicklung von Fachkonzepten bei der Gestaltung von Krankenhausinformationssystemen liegen aktuell ganzheitlich ablauforganisatorisch orientierte Informationsverarbeitungskonzepte zugrunde, da verschiedene tayloristisch organisierte Krankenhausbereiche miteinander kommunizieren wollen. Für diesen prozeßorientierten Ansatz sind insbesondere graphische Modelle geeignet, die die Transparenz der Fachkonzeptentwicklung erhöhen.

Eine Vielzahl von Modellen und Methoden wurde entwickelt, die sich durch die Phasen des Entwicklungsprozesses und ihre Sichten (z.B. Organisationssicht, Prozeßsicht, Informationssicht, Steuerungssicht) unterscheiden. Die unterschiedlichen Sichten auf das Informationssystem werden durch verschiedene Modelle beschrieben, wie z.B. auf der Informationssicht das ER-Modell und auf der Prozeßsicht Petri-Netze. Hervorzuheben sind in diesem Zusammenhang die ARIS- ([12]), IFIP WG 8.1 - ([13]) und CIM-OSA-Architektur ([14]).

Eine Methode, die als Ausgangsbasis für ein Referenzmodell für Krankenhausinformationssysteme dienen soll, muß folgenden Anforderungen genügen: Formale Definition (Vermeidung von Fehlinterpretationen), hohe Verständlichkeit auch für Anwender, Verfügbarkeit einer Verbindung zwischen der Methode und der Bausteinbibliothek, Nutzbarkeit zur Unterstützung der Implementierung der Bausteine. Um eine solche Methode zu entwickeln, bzw. eine bestehende derart zu erweitern, daß sie diesen Anforderungen genügt, sind weitere Forschungs- und Entwicklungsarbeiten nötig. In Kapitel 4 wird skizziert, welche Methodik einer solchen Entwicklung zugrunde liegen sollte.

3.2 Modellierung von Krankenhausinformationssystemen

Komplexe, heterogene Krankenhausinformationssysteme lassen sich als ein verteiltes System kooperierender Objekte der Informationsverarbeitung auffassen [11]. Es kann, wie es in [15] allgemein für zukünftige Informationssysteme erwartet wird, bereits jetzt bei Krankenhausinformationssystemen davon ausgegangen werden, daß es ein den verschiedenen Objekten zugrundeliegendes gemeinsames konzeptuelles Schema nicht gibt; auch zukünftig ist dies nicht zu erwarten. Ebenfalls fehlen auch in Krankenhausinformationssystemen "zentrale Instanzen zur Steuerung von Transaktionen, Zugriffsschutz, Konsistenzsicherung usw." ([15], S. 5). So können Modelle, die als Basis für Methoden des Entwurfs herkömmlicher Anwendungssoftwareprodukte dienen, nicht für das Management von Krankenhausinformationssystemen herangezogen werden.

Ansätze für die Modellierung solcher verteilten Krankenhausinformationssysteme finden sich bereits in [16], dann aber auch in [3]. In [2] werden die kooperierenden Objekte der Informationsverarbeitung drei Ebenen von Krankenhausinformationssystemen zugeordnet. Auf einer Verfahrensebene sind die kooperierenden Objekte 'informationsverarbeitende Verfahren'; als 'Anwendungssysteme' (z.B. Installationen von Anwendungssoftware) sind die Objekte einer logischen und als 'physische Subsysteme' (z.B. Rechnersysteme) einer physischen Werkzeugebene zugeordnet .

Ansätze für Bausteinbibliotheken in Krankenhausinformationssystemen finden sich z.B. in [17].

4 Entwicklung von Referenzmodellen und Bausteinbibliotheken und ihre Nutzung

Voraussetzung für die Realisierung von Referenzmodellen und Bausteinbibliotheken für Krankenhausinformationssysteme ist zunächst die Verfügbarkeit entsprechender Beschreibungsmittel. Solche Beschreibungsmittel werden in Meta-Modellen zusammengefaßt. Auf der Basis der Meta-Modelle ist die Modellierung von Referenzmodellen und Bausteinbibliotheken sowie von Vorgehensmodellen zu ihrer Nutzung möglich. Diese Grundlagen können dann zum Aufbau und zur Weiterführung komplexer, heterogener Krankenhausinformationssysteme herangezogen werden. Problematisch ist bei diesem Entwicklungsprozeß nicht nur eine durchgängige methodische sondern auch eine integrierte Werkzeugunterstützung.

(Die Ausführungen der folgende Abschnitte sind in Abbildung 1 als Übersicht dargestellt.)

4.1 Meta-Modelle

Der Aufbau und die Weiterführung eines Krankenhausinformationssystems setzt zur korrekten Beschreibung

- der informationsverarbeitenden Verfahren bzw. Prozesse, die in dem Informationssystem ablaufen,
- der organisatorischen Strukturen, die von den Verfahren bzw. Prozessen in dem betroffenen Gegenstandsbereich betroffen sind,
- der Daten, die von den Verfahren bzw. Prozessen verwendet bzw. bearbeitet werden,
- der logischen Werkzeuge, die für die Informationsverarbeitung eingesetzt werden (unter anderem Anwendungssoftware) und
- der physischen Werkzeuge (unter anderem Hardware und Netze)

geeignete Modelle und Methoden voraus. Hierzu stellen Meta-Modelle die geeigneten Beschreibungsmittel zur Verfügung.

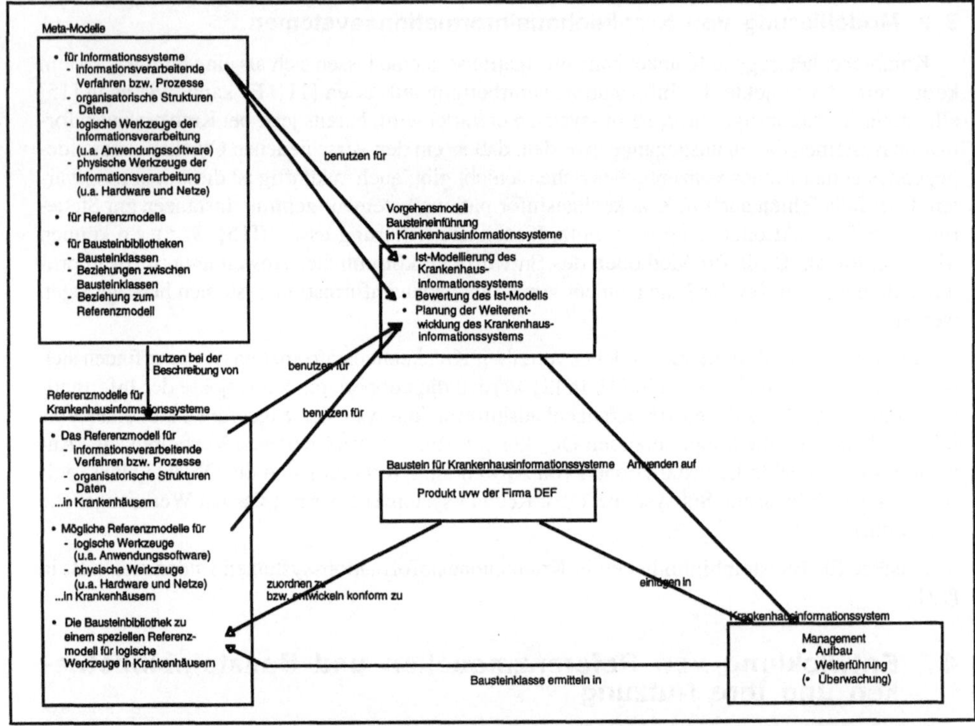

Abb. 1: Konzeption für die Entwicklung von Referenzmodellen und Bausteinbibliotheken und ihre Nutzung

Referenzmodelle für Krankenhausinformationssysteme dienen der Beschreibung typischer Strukturen der Informationsverarbeitung in einem Krankenhaus. Sie beziehen sich hierzu auf ein Modell dieser Informationsverarbeitung bzw. auf das Modell eines Informationssystems oder sie beziehen sich auf einen Ausschnitt eines solchen Modells.

Das Meta-Modell für Referenzmodelle hat zur Verwaltung und Beschreibung auch unterschiedlicher Strategien bzw. Heuristiken die erforderlichen methodischen Mittel bereitzustellen.

Bausteinbibliotheken sind Mengen von Beschreibungen von Bausteinklassen zusammen mit der Beschreibung ihrer strukturellen Beziehungen (insbesondere Kommunikationsbeziehungen) untereinander. Einzelne Anwendungssoftware-Bausteine einer Bausteinklasse stellen dann Produkte auch unterschiedlicher Hersteller dar, die bzgl. der Bausteinklassenbeschreibung als äquivalent betrachtet werden können; sie können aufgefaßt werden als Objekte d.h. Ausprägungen der durch die Bausteinklassen repräsentierten Objekttypen. Der Anwendungsbereich der Bausteine einer Bausteinbibliothek läßt sich sinnvollerweise durch Bezugnahme auf ein Referenzmodell beschreiben.

Ein Meta-Modell für Bausteinbibliotheken hat daher Begriffe zur Beschreibung einzelner Bausteinklassen, von Klassen von Kommunikationsbeziehungen zwischen Bausteinklassen und auch von Bausteinen und der Beziehung der Bausteinklassen und ihrer Kommunikationsbeziehungen zu dem zugehörigen Referenzmodell bereitzustellen. Im Zusammenhang mit der Bereitstellung von Begriffen zur Beschreibung von Kommunikationsbeziehungen zwischen Bausteinklassen ist u.a. eine Typisierung von Kommunikationstechnologien erforderlich.

4.2 Modellierung

Mit Hilfe der in den Meta-Modellen bereitgestellten Beschreibungsmittel für Informationssysteme im allgemeinen und für Referenzmodelle im besonderen können Referenzmodelle und Bausteinbibliotheken entwickelt werden.

Die Referenzmodelle ihrerseits sind dann wieder Basis für Vorgehensmodelle, in denen Vorgaben für die Erstellung qualitativ hochwertiger Anwendungssoftware-Bausteine und den Einbau bzw. die Einführung dieser Bausteine in Krankenhausinformationssystemen gemacht werden.

4.2.1 Referenzmodelle

Referenzmodelle sind u.a. zu entwickeln für informationsverarbeitende Verfahren bzw. Prozesse, organisatorische Strukturen und für Daten. Diese Referenzmodelle sind zur Modellierung kanonischer Vorgaben geeignet, so daß nur ein einziges Referenzmodell auf jeder dieser Ebenen existieren sollte.

Demgegenüber sind für logische und physische Werkzeuge der Informationsverarbeitung jeweils mehrere Referenzmodelle als Abbild jeweils anderer Strategien denkbar. Sicherzustellen ist bei diesen Strategien jedoch die Berücksichtigung aktueller Ergebnisse wissenschaftlicher Forschungen und die Nutzung aktuell kommerziell verfügbarer Informationstechnologien.

Bausteinbibliotheken werden sich auf Referenzmodelle der Ebene der logischen Werkzeuge der Informationsverarbeitung beziehen. Dies hat zur Folge, daß auch für Krankenhausinformationssysteme mehrere Bausteinbibliotheken existieren können, je nach präferierter Anwendungs-Architektur.

Für die Referenzmodelle der logischen bzw. physischen Werkzeugebene gilt, daß spezielle Anforderungen aus dem medizinischen Bereich berücksichtigt werden müssen, wie z.B. der Anschluß medizinisch-technischer Geräte, Datenschutz, Archivierung etc.

Referenzmodelle gewinnen zunehmend beim Einsatz komplexer Standardsoftwaresysteme Bedeutung. Das in den Systemen zu implementierende prozeßorientierte Wissen über den Gegenstandsbereich kann so modelliert werden. Auf dieser, für die Anwendungsentwickler und die Anwender übersichtlichen und eindeutigen Basis, können die konkreten Anpassungen an die unternehmensspezifischen Anforderungen beschrieben und das Standardsoftwaresystem eingerichtet werden. Auch speziell für die Informationsverarbeitung in Krankenhäusern können anwendungsorientierte Empfehlungen in Form von Referenzmodellen vorgegeben werden, die dann nur geringfügig angepaßt werden müssen.

4.2.2 Vorgehensmodelle

Auf der Basis von Referenzmodellen der Werkzeugebenen und unter Bezug auf die zugehörigen Bausteinbibliotheken können Vorgehensmodelle für die Einführung von Anwendungssoftware-Bausteinen in Informationssysteme erarbeitet werden.

Ein solches Vorgehensmodell hat die Beschreibung und Bewertung des Ist-Zustands eines Krankenhausinformationssystems und die Planung der Weiterentwicklung zu berücksichtigen. Bei der Beschreibung des Ist-Zustandes gelangen die Beschreibungsmittel des Meta-Modells zur Anwendung und die Bewertung kann zum Teil durch Vergleich des Ist-Zustandes mit den Referenzmodellen erfolgen. Bei der Planung der Weiterentwicklung müssen Methoden der zielgerichteten Systemanalyse aus dem Ergebnis der Bewertung genau die benötigten Bausteinklassen aus einer Bausteinbibliothek ableiten. Anschließend sollte es möglich sein, auf dem Softwaremarkt ein beliebiges Produkt auszuwählen, das der Beschreibung der ausgewählten Bausteinklasse entspricht. So können letztlich z.B. der Preis oder andere Präferenzen entscheiden, welcher Anwendungssoftware-Baustein welchen Herstellers z.B. zur Realisierung der Arztbriefschreibung in einem Krankenhaus verwendet werden soll; lediglich die Bausteinklasse 'Arztbriefschreibung' ist festgelegt.

Bei hochgradig parametrierbaren Anwendungssoftware-Bausteinen hat das Vorgehensmodell auch die Methodik zur Ermittlung der Parameter zu berücksichtigen, die zur Installation eines Bausteins oder zur branchenspezifischen Anpassung eines Bausteins erforderlich sind.

4.3 Werkzeuge

Zur Nutzung von Referenzmodellen und Bausteinbibliotheken bei dem Management von Krankenhausinformationssystemen ist eine durchgängige Werkzeugunterstützung erforderlich. Diese Werkzeugunterstützung hat sich zu beziehen auf

- die Erstellung und Pflege von Referenzmodellen auf allen Ebenen des Meta-Modells,
- die Erstellung und Pflege von Bausteinbibliotheken,
- die Erstellung und Pflege des Ist-Modells eines konkreten Informationssystems,
- das Einfügen, Auswechseln oder Entfernen von Bausteinen aus einem konkreten Informationssystem bei gleichzeitiger Anpassung des Ist-Modells des Informationssystems (Simulation),
- die Auswahl einer geeigneten Bausteinklasse für einen einzufügenden Anwendungssoftware-Baustein.

5 Zusammenfassung

(i) *Welche Bedeutung haben Referenzmodelle für das systematische Management von Krankenhausinformationssystemen? In welchen Bereichen können solche Referenzmodelle das Management effektiv unterstützen?*

Referenzmodelle können bei der Gestaltung von Krankenhausinformationssystemen unterstützen. Sie bieten dem Management Beschreibungsmittel für den Ist-Zustand eines Krankenhausinformationssystems und die Möglichkeit der Simulation des Hinzufügens bzw. Entfernens von Komponenten über die zugrunde liegenden Meta-Modelle sowie die Möglichkeit der Bewertung durch den direkten Vergleich mit den Referenzmodellen.

Darüber hinaus ermöglichen sie den Einsatz hochgradig parametrierbarer Anwendungssoftwareprodukte und unterstützen bei der Einrichtung ('Customizing') der Produkte für ein spezifisches Krankenhaus.

(i) Wie können Referenzmodelle und Bausteinbibliotheken für den rechnerunterstützten Teil von Krankenhausinformationssystemen entwickelt werden und auf welche Aspekte von Krankenhausinformationssystemen können sie sich beziehen?

Voraussetzung für die Entwicklung von Referenzmodellen und Bausteinbibliotheken ist die Verfügbarkeit geeigneter Meta-Modelle, die entsprechende Beschreibungsmittel bereitzustellen haben. Solche Meta-Modelle sind z.Z. erst in Ansätzen verfügbar.

Referenzmodelle können in kanonischer Form die Funktionalität eines typischen Krankenhausinformationssystems beschreiben. Es können jedoch auch unterschiedliche Referenzmodelle zur Beschreibung unterschiedlicher Architekturvarianten sowohl auf der Ebene von Anwendungssystemen (logische Werkzeugebene) als auch auf der Ebene der Rechnersysteme (physischen Werkzeugebene) existieren.

(iii) *Welche Bedeutung haben Bausteinbibliotheken für das systematische Management von Krankenhausinformationssystemen? In welcher Beziehung stehen sie zu Referenzmodellen?*

Die Verfügbarkeit von Bausteinbibliotheken und vor allem von marktgängigen Anwendungssoftwarebausteinen bedeutet eine wesentliche Erleichterung bei dem Aufbau und der Weiterentwicklung eines Krankenhausinformationssystems. Die einzelnen Bausteinklassen einer solchen Bibliothek müssen zu einem Referenzmodell auf der Ebene der Anwendungssysteme eines Krankenhausinformationssystems in Beziehung stehen. Über diesen Bezug kann in einer einheitlichen, allgemeinverständlichen 'Sprache' die Einordnung der Bausteine der Bausteinklassen in ein Krankenhausinformationssystem beschrieben werden.

(iv) *Sind solche Referenzmodelle und Bausteinbibliotheken bereits verfügbar?*

Meta-Modelle zur Beschreibung von Krankenhausinformationssystemen sind ansatzweise verfügbar. Referenzmodelle und Bausteinbibliotheken sind praktisch nicht verfügbar.

(v) *Welche weitergehenden Modelle bzw. Methoden sind für ein systematisches Management von Krankenhausinformationssystemen erforderlich?*

Es ist noch unklar, inwieweit Referenzmodelle und Bausteinbibliotheken auch einen Beitrag zur Unterstützung der Überwachung von Krankenhausinformationssystemen leisten können. Entsprechend ist es nicht nur erforderlich, die skizzierten Referenzmodelle und Bausteinbibliotheken zusammen mit geeigneten Werkzeugen zu realisieren, sondern auch Methoden und Werkzeuge für die Überwachung von Krankenhausinformationssystemen zu entwickeln.

Bei der Entwicklung von Referenzmodellen sind die einschlägigen Fachgesellschaften gefordert, die eine von speziellen Unternehmensinteressen unabhängige Entwicklung solcher Referenzmodelle fördern und deren spätere Anwendung forcieren sollen.

Die Ausführungen zeigen, daß die für eine systematische Vorgehensweise erforderliche (Weiter-) Entwicklung von Methoden und Werkzeugen für das systematische Management von Krankenhausinformationssystemen eine anspruchsvolle Aufgabe sowohl für die Informatik als auch für die Medizinische Informatik ist; ein interdisziplinärer Erfahrungs- und Wissensaustausch zwischen Informatik, Medizinischer Informatik und Wirtschaftsinformatik bildet die Voraussetzung. Zur Intensivierung dieses Erfahrungs- und Wissensaustauschs wurde innerhalb der Gesellschaft für Informatik (GI) der Arbeitskreis 'Methoden und Werkzeuge für das Management von Krankenhausinformationssystemen' des Fachausschusses 4.7 eingerichtet, der gleichzeitig Projektgruppe im Fachbereich Medizinische Informatik der Gesellschaft für Medizinische Informatik, Biometrie und Epidemiologie (GMDS) ist. Der Arbeitskreis soll ein aktives Bindeglied für die entsprechenden Gliederungen von GI und GMDS sein.

Interessentinnen und Interessenten für eine Mitarbeit in dem Arbeitskreis bzw. der Projektgruppe, können sich mit den Autoren in Verbindung setzen.

6 Literatur

1. FERSTL OK, SINZ EJ (1993). *Grundlagen der Wirtschaftsinformatik.* München: R. Oldenbourg.
2. WINTER A (1994). *Beschreibung, Bewertung und Planung heterogener Krankenhausinformationssysteme.* Universität Heidelberg, Fakultät für Theoretische Medizin. Habilitationsschrift.
3. BRYANT JR (1992). Towards a HIS Reference Structure. In BAKKER AR, EHLERS CT, BRYANT JR, HAMMOND WE Hrsg. (1992). *Hospital Information Systems: Scope - Design - Architecture.* Amsterdam: North Holland. S. 125-132.
4. EHLERS CT (1993). Aufgaben und Bedeutung eines Krankenhausinformationssystems. In MICHAELIS J, HOMMEL G, WELLER S Hrsg. (1993). *Europäische Perspektiven der Medizinischen Informatik, Biometrie und Epidemiologie.* München: MMV Medizin. S. 342-349.
5. HAUX R, WINTER A (1992). *Informationsverarbeitung im Klinikum der Universität Heidelberg: Rahmenkonzept für das Heidelberger Klinikuminformationssystem.* Klinikum der Universität Heidelberg, Bereich Klinische Informationsverarbeitung. Manuskript.
6. PROKOSCH HU, WIECZOREK D, MICHEL A, DUDECK J (1992). Cooperative Data Processing in an Open HIS Environment. In LUN KC, DEGOULET P, PIEMME TE, RIENHOFF O Hrsg. (1992). *MEDINFO 92.* Amsterdam: North-Holland. S. 260-265.
7. KLAR R, SCHILLINGER H (1988). *EDV-Gesamtkonzept für das Universitätsklinikum Freiburg.* Klinikum der Albert-Ludwigs-Universität Freiburg, Abteilung für Medizinische Informatik. Manuskript.
8. HAUX R, JURANEK H, SELBMANN HK (1989). *Informationsverarbeitung im Klinikum der Universität Tübingen - Rahmenkonzept für den rechnergestützten Teil des Informationssystems des Universitätsklinikums.* Universität Tübingen, Institut für Medizinische Informationsverarbeitung. Bericht 5/1989.
9. MÜNZ J, DVORÁK M, GOTFRYD O, VOLEJNÍCEK O (1989). Decomposition and Modularity of Hospital Information Systems. In BARBER B, CAO D, QIN D, WAGNER G Hrsg. (1989). *MEDINFO 89.* Amsterdam: North Holland. S. 364-367.
10. BRODIE ML, CERI S (1992). On Intelligent And Cooperative Information Systems: A Workshop Summary. *International Journal of Intelligent and Cooperative Information Systems.* **1**(2), 249-289.
11. GEIHS K (1993). Infrastrukturen für heterogene verteilte Systeme. *Informatik Spektrum.* **16**, 11-23.
12. SCHEER A-W (1991). *Architektur integrierter Informationssysteme.* Berlin: Springer.
13. OLLE TW, HAGELSTEIN J, MACDONALD IG (1988). *Information System 1988; Information Systems Methodologies: a framework for understanding.*
14. ESPRIT_Consortium_AMICE (1989). Open System Architecture 1989; Open System Architecture for CIM. *Research Report ESPRIT, Project 688, AMICE.* **1**.
15. APPELRATH HJ, GERHARDT HD, LOCKEMANN P, SCHWEPPE H (o.J.). *Interoperabilität von Informationssystemen.* Manuskript.
16. REICHERTZ PL (1984). *Hospital Information Systems - Past, Present, Future.* Keynote address, Medical Informatics Europe '84, Brüssel, 10.-13. Sept. 1984 (Manuskript).
17. FRANDJI B, SCHOT J, JOUBERT M, SOADY I, KILSDONK A (1994). The RICHE Reference Architecture. Medical Informatics. **19**(1), 1-11.

Modellierung eines Krankenhausinformationssystems mit einem objektorientierten Verfahren

S. Gräber

Institut für Medizinische Biometrie, Epidemiologie und Informatik
Universität des Saarlandes, 66421 HOMBURG
graeber@med-imbei.uni-sb.de

Zusammenfassung

Ausgehend von einem betrieblichen Modell des Krankenhauses wird mit Hilfe der objektorientierten Methode SOM (Semantisches Objekt-Modell) ein Krankenhausinformationssystem modelliert. Das gewählte Verfahren integriert neben der statischen und funktionalen Sicht auch die dynamische Sicht des Informationssystems in einem Modell und stellt sie prozessorientiert im Aufgaben-Ereignis-Schema dar. Mit SOM lassen sich sowohl das Zusammenspiel von autonomen, heterogenen Anwendungssystemen als auch die Abgrenzung von Teilsystemen beschreiben. Je nach Bedarf (z.B. Kommunikationsplanung, Simulation, Softwarebewertung, Softwareentwicklung) kann der Detaillierungsgrad unterschiedlich sein.

1 Motivation und Ziele

Für die effiziente Dienstleistung eines Krankenhauses spielt die Informationslogistik eine entscheidende Rolle. Grundlage dafür ist ein funktionierendes Krankenhausinformationssystem (KIS). Die folgenden Zitate aus den Thesen von Appelrath und Haux [1] unterstreichen die Bedeutung der Modellierung für das Management von KIS und akzentuieren die damit einhergehenden Probleme: "Das systematische Management von KIS ist notwendig, damit eine angemessene Durchführung der in einem Krankenhaus erforderlichen informationsverarbeitenden Verfahren unter der Berücksichtigung einer wirtschaftlichen Betriebsführung ermöglicht wird. Management von KIS bedeutet hier, sie zu planen, aufzubauen, weiterzuführen und zu überwachen. Grundlage ist ein umfassendes branchentypisches Unternehmensmodell. Dabei sind alle im Krankenhaus beschäftigten Personengruppen und alle organisatorischen Bereiche zu berücksichtigen. Das Management darf sich nicht nur auf den rechnerunterstützten Teil von KIS erstrecken".

Daraus läßt sich ableiten, daß für die Planung und schrittweise Realisierung eines konkreten KIS eine umfassende und sorgfältige Modellbildung unverzichtbar ist. Zur Vorbereitung der Einführung eines KIS für die Universitätskliniken des Saarlandes [10] haben wir uns bei der Systemanalyse zunächst auf die Datensicht beschränkt und ein Datenmodell nach dem Entity-Relationship-Modell [3] bzw. nach dem Strukturierten Entity-Relationship-Modell [7] erarbeitet. Dabei zeigte sich, daß zwar die Kenntnisse über den Informationsbedarf und Informationsfluß wesentlich verbessert werden konnten, aber weder die logische und physikalische Organisationsstruktur einer Universitätsklinik mit ihrer hohen Komplexität noch die Heterogenität der vorhandenen Verfahren und Anwendungssysteme ausreichend erfaßt wurden. Funktions- und Interaktionssicht konnten nicht modelliert werden. Außerdem war es nur zum Teil möglich, konventionelle *und* rechnergestützte Verfahren zu beschreiben, d.h. die Aufgaben verschiedenen Trägern (Personen, Rechner) zuzuordnen [11].

Daher haben wir versucht, ein Werkzeug für die Modellierung zu finden, mit dessen Hilfe die beschriebenen Defizite beseitigt und folgende Ziele erreicht werden können:

- Formale Beschreibung und Spezifikation des Gesamtsystems
- Verständnis des Gesamtsystems und Abgrenzung von Teilsystemen (Skalierbarkeit)

- Entwurf eines Sollkonzepts mit Integration aller Verfahren (Referenzmodell).

Ein wichtiges Ziel ist also die Analyse und Beurteilung aller konventionellen *und* rechnergestützen Verfahren der Informationsverarbeitung im Krankenhaus und Darstellung in einem Referenzmodell. Daraus lassen sich sowohl die Kommunikationsbedürfnisse als auch die funktionalen Anforderungen an Softwaresysteme ableiten, und man erhält ein effizientes Werkzeug, um ein KIS zu planen, aufzubauen und weiterzuführen.

2 Begriffe und Methoden

Als Modellierungswerkzeug haben wir das *Semantische Objektmodell* SOM [9] gewählt. Dabei handelt es sich um ein objekt-orientiertes Metamodell, das für Analyse und Gestaltung von Geschäftsprozessen und betrieblicher Informationssysteme sowie für die Spezifikation von Anwendungssystemen entwickelt wurde.

Ausgangspunkt ist die zweckorientierte Abgrenzung eines relevanten Ausschnitts der Realität "Krankenhaus" (*Diskurswelt*). Der nicht zur Diskurswelt gehörende Teil der Realität wird als *Umwelt* bezeichnet. Beide Welten bestehen aus zunächst nicht näher definierten *Objekten*, die untereinander in *Beziehungen* stehen. Die Objekte der Diskurswelt und der Umwelt, soweit sie mit Objekten der Diskurswelt in Beziehung stehen, sowie die bestehenden Beziehungen bilden das *Objektsystem* des Krankenhauses. Die interagierenden Objekte führen die *Aufgaben* des Objektsystems durch.

Das Objektsystem läßt sich nach verschiedenen Kriterien in Teilsysteme zerlegen:

- nach Art der Aufgabenobjekte (Gegenstände), auf die sich die Aufgaben beziehen. Unterscheidet man zwischen dem Aufgabenobjekt Information und anderen Aufgabenobjekten, wie Material, Geld oder physische Dienstleistungen, so erhält man das *Informationssystem* (IS) und das *Basissystem* (BS). Das IS enthält also alle Objekte, deren Aufgaben mit Informationen zu tun haben.
- nach der *Phase* einer Aufgabe (Durchführung oder Planung/Kontrolle) wird in Leistungssystem und Lenkungssystem differenziert. Wenn Informationen als Dienstleistung erbracht werden (im Krankenhaus z.B. der Befund als Ergebnis einer Untersuchung), hat das IS eine Leistungskomponente.
- nach Art des *Aufgabenträgers*, d.h. ob Menschen oder Rechner die Aufgaben durchführen. Man definiert entsprechend in den Teilsystemen eine *Aufgabenebene* und eine *Aufgabenträgerebene*.

Konventionelle Modellierungsverfahren beruhen auf getrennten Sichten. Die *Datensicht* wird z.B. mit dem ERM-Verfahren dargestellt, während für die *Funktionssicht* z.B. die strukturierte Analyse (SA) und für die *Interaktionssicht* Methoden, die auf der Real-Time System Specification (RT) beruhen, verwendet werden [13]. Die Teilmodelle der einzelnen Sichten erfordern eine aufwendige Abstimmung auf Basis eines gemeinsamen Data dictionary, die ohne Untersützung von CASE-Tools nicht möglich ist. Im SOM ist das komplette Objektsystem Gegenstand der Modellierung und alle drei Sichten werden integriert. Das Adjektiv *semantisch* soll darauf hinweisen, daß bei diesem Vorgehen die semantische Lücke zwischen Wirklichkeit und Modell - die bei jedem Abstraktionsvorgang zwangsläufig auftritt - geringer ist als bei der Anwendung konventioneller Verfahren.

Das grundlegende Konzept im SOM ist ein *generischer Objekttyp* (abstrakter Datentyp) [6], wie er auch in anderen Verfahren der objektorientierten Analyse [4,13] verwendet wird. Jedes Objekt hat einen eindeutigen *Namen*. Die Struktur eines Objekts wird durch *Attribute* festgelegt, während *Operatoren* die Funktionen beschreiben. Der aktuelle Zustand eines Objekts wird durch eine Menge von Attributwerten ausgedrückt. Durch Instantiierung dieses Objekt-

typs entstehen *Klassen*, deren Instanzen wiederum die konkreten Objekte sind (*Beispiel*: Klasse `Station`, Objekt `Station NC02`). Zur Vereinfachung wird im folgenden stets der Begriff Objekt gebraucht, auch wenn es sich um eine Klasse handelt.
Zwischen Objekten werden drei verschiedene *Relationen* definiert. Während die Relationen is_a und is_part_of der hierarchischen *Strukturierung* dienen [6], wird mit der Relation interacts_with die *Kommunikation* zwischen Objekten modelliert. Das Sender-Objekt sendet eine Nachricht an das Empfänger-Objekt. Der Empfang der Nachricht löst dort die Ausführung eines Operators aus. Auf die weiteren Konzepte der objekt-orientierten Analyse (wie Vererbung, Polymorphismus, Information Hiding) wird hier nicht eingegangen (siehe z.B. [13]).
Diese Begriffe werden nun auf das Objektsystem des Krankenhauses übertragen. Wir definieren *interne* Objekte zur Modellierung des Krankenhauses und *externe* Objekte zur Modellierung der Umwelt. Parallel dazu müssen die Sach- und Formalziele des Krankenhauses festgelegt werden (*Zielsystem*). Sie gehen in die Formulierung der Aufgaben ein.
Die Interaktion zwischen Objekten wird im SOM als *(Geschäfts-)Prozess* modelliert. Ein Prozess ist eine Transaktion (oder eine Folge von Transaktionen) zwischen Objekten. Eine *Transaktion* ist der Austausch von Leistungen und/oder Informationen zwischen Objekten und stellt eine Verallgemeinerung der interacts_with-Relation dar. Jeder Transaktion ist in den beteiligten Objekten eine *Aufgabe* zugeordnet, die die Ziele der Transaktion spezifiziert. Eine Transaktion kommt nur zustande, wenn die Ziele der beteiligten Objekte kompatibel sind bzw. durch eine "Verhandlung" ein Kompromißziel gefunden werden kann [8]. Eine Aufgabe ist also ein Operator eines Objekts, der eine Transaktion steuert. Die Durchführung einer Aufgabe wird durch ein *Ereignis* ausgelöst. Man unterscheidet objekt-interne Ereignisse, die eine Folge von Aufgaben innerhalb eines Objekts verbinden, und externe Ereignisse.
Die eigentliche Analyse besteht nun in der schrittweisen *Verfeinerung* ausgehend von einem *Basisprozeß* (Krankenhaus-bezogen in Abbildung 1 dargestellt). Dabei werden unter Verwendung des Verhandlungs- und Regelkreisprinzips Objekte, Transaktionen und Aufgaben zerlegt [9]. Dieses methodische Gerüst erlaubt die Zerlegung in möglichst unabhängige Teilsysteme (Skalierbarkeit).
Die Prozesse werden durch zwei unterschiedliche Graphen repräsentiert. Die strukturelle Sicht wird im *Interaktionsschema* dargestellt. Es enthält die Objekte und die zugehörigen Transaktionen. Die Verhaltenssicht wird im *Aufgaben-Ereignisschema* mit einer zeitlichen Kopplung von Aufgaben und Ereignissen dargestellt.

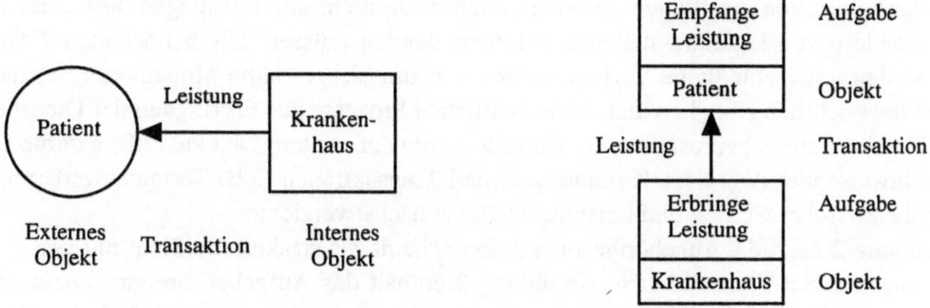

Abbildung 1: Interaktionsschema (links) und Aufgaben-Ereignisschema für den Basisprozess

Bei der Modellierung mit SOM kann man drei Stufen unterscheiden, die mit drei Ebenen der Unternehmensarchitektur korrespondieren [9]:

1. Stufe: Durch verbale oder semiformale Festlegung und Abgrenzung des Objektsystems und des Zielsystems wird der *Unternehmensplan* festgelegt. Im Zielsystem werden die Formal- und Sachziele des Krankenhauses formuliert. Sachziele beziehen sich auf den Aufgabeninhalt, während Formalziele Freiheitsgrade bezüglich der Aufgabendurchführung festlegen. Sie gehen in der nächsten Stufe in die Definition der Aufgaben ein.
2. Stufe: Hier erfolgt die Modellierung der Prozesse und Erstellung von *Interaktionsmodell* und *Aufgabensystem*. Damit werden die Lösungsverfahren zur Umsetzung des Unternehmensplans in Form von Prozessen beschrieben. Das Interaktionsmodell besteht aus einer Folge von Interaktionsschemata, die durch schrittweise Verfeinerung gebildet werden. Entsprechend gliedert sich das Aufgabensystem in eine Folge von Aufgaben-Ereignisschemata. Der Detaillierungsgrad hängt von dem Ziel der Modellierung ab.
3. Stufe: Hier werden die Ressourcen für die Durchführung von Prozessen modelliert. Zunächst wird die Zuordnung der Aufgabenträger vorgenommen, d.h. ob die Aufgaben durch Personen oder Rechnersysteme durchgeführt werden sollen. Das weitere Vorgehen auf dieser Stufe hängt von dem Ziel der Modellierung ab. Wenn die objekt-orientierte Programmerstellung im Vordergrund steht, müssen das konzeptuelle Objektschema (die objekt-orientierte Erweiterung des konzeptuellen Datenschemas) und das Vorgangsobjektschema erstellt werden. Falls es aber darum geht, das System mit einem Vorgangsbearbeitungssystem (Workflow-System) zu simulieren, kann man direkt auf den Schemata der Stufe 2 aufsetzen.
Die in dieser Arbeit dargestellte Modellierung beschränkt sich auf Stufe 2. Für diese Analysen hat die Arbeitsgruppe von Ferstl und Sinz ein *Werkzeug* (SOM2.L) entwickelt, mit dessen Hilfe Interaktionsschema und Aufgaben-Ereignisschema sowie getrennt die Objekt-, Transaktions- und Aufgabenzerlegungen in einem grafischen Editor entworfen und bearbeitet werden können. Änderungen in einer Sicht werden automatisch in den anderen Sichten nachgezogen, d.h. zu jedem Designschritt werden die zusätzlichen Strukturen automatisch generiert. Damit bleibt die Konsistenz in allen Verfeinerungsstufen erhalten.

3 Anwendung und Ergebnisse

Ausgehend von dem Basisprozess Patient - Krankenhaus (Abbildung 1) haben wir in einer ersten Verfeinerung das Krankenhaus in die drei Objekte Patientenverwaltung, Station und Leistungsstelle aufgespalten, die mit 13 Transaktionen verknüpft sind. Die Station ist die zentrale Stelle zur Erbringung der stationären Leistung des Krankenhauses und die primäre Kontaktstelle für den Patienten. Daneben hat er noch mit der Verwaltung zu tun. Die gesamte Behandlung wird von der Station gesteuert, auch wenn nicht alle Leistungen dort erbracht werden, sondern von Leistungsstellen angefordert werden müssen. Die betrachteten Transaktionen stellen unterschiedliche Verfeinerungen dar, um die gewählte Modellierungsebene möglichst übersichtlich zu halten und die wesentlichen Prozesse zur Erbringung der Dienstleistung des Krankenhauses herauszustellen. Bewußt wurde auf weitere Objekte (z.B. externe Objekte wie einweisender Arzt oder Kostenträger) und Transaktionen (z.B. Terminanforderung und -vergabe zwischen Station und Leistungsstelle) zunächst verzichtet.
Abbildung 2 zeigt das zugehörige Interaktionsschema als strukturelle Sicht mit den Objekten und zugehörigen Transaktionen. Abbildung 3 enthält das Aufgaben-Ereignisschema als verhaltensorientierte Sicht. Hier sind die den Transaktionen zugeordneten Aufgaben innerhalb der Objekte und ihre Kopplung durch Ereignisse (d.h. ihre Reihenfolge) dargestellt. Die Bezeichnungen der Aufgaben sind aus den Transaktionen abgeleitet. Tabelle 1 zeigt einen Auschnitt des Glossars zu Abbildung 2. Darin werden alle Objekte und Transaktionen verbal definiert und teilweise interpretiert. Das entsprechende Glossar zu Abbildung 3, worin die internen Ereignisse beschrieben werden, wurde hier weggelassen.

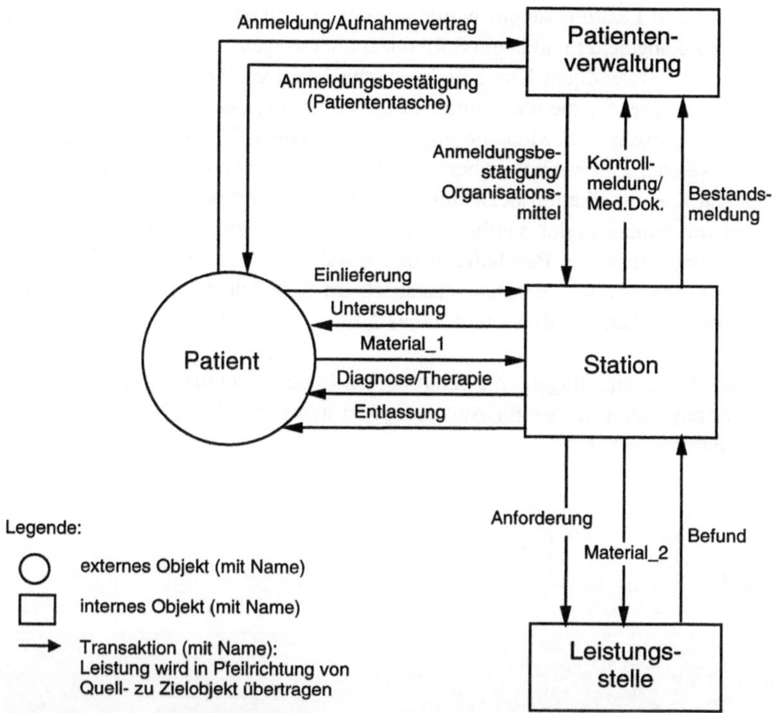

Abbildung 2: Interaktionsschema

Objekt/Transaktion	Erklärung
Patient (externes Objekt)	Dienstleistungsnehmer (Kunde) des Krankenhauses ist ein kranker Mensch, der zur Heilung krankenhausspezifische medizinische Leistungen benötigt.
Station (internes Objekt)	Die gesamte stationäre Krankenhausbehandlung wird über eine Station abgewickelt. Eine Station ist ein abgegrenzter Bereich des Krankenhauses, der mit seiner personellen und sachlichen Ausstattung eine fachspezifische Dienstleistung zur Erfüllung der Sachziele des Krankenhauses erbringt. Organisatorisch gehören Stationen daher zu Fachabteilungen. Das Personal besteht aus Mitarbeitern mehrerer Dienstgruppen: ärztliches Personal, Pflegepersonal und Hilfspersonal. Sachliche Ressourcen sind Räume, Betten, Mobiliar, sanitäre Einrichtungen, Medikamente, Verbandsmaterial u.a.. Von der Station aus werden Leistungen, die dort nicht erbracht werden können, von Leistungsstellen angefordert.
....	....
Anmeldung/ Aufnahmevertrag	Neben dem Eintreffen auf der Station (Einlieferung) muß sich der Patient bei der Patientenverwaltung anmelden und einen Behandlungsvertrag mit dem Krankenhaus abschließen. Falls er dazu in der Lage ist, wird er das selbst tun, andernfalls wird er vertreten.
....	....

Tabelle 1: Glossar zu Abbildung 2 (Ausschnitt)

Aus Platzgründen können weitere Verfeinerungen, die genauere Einblicke in die Struktur des Krankenhauses ermöglichen, hier nicht dargestellt werden. Wir haben die Ergebnisse der Modellierung auf Stufe 2 konkret für folgende Vorhaben genutzt:

- Für die Universitätskliniken des Saarlandes wurde ein Sollkonzept für die medizinische Informationsverarbeitung erstellt (sog. *Rahmenkonzept* [10]). Dafür wurden im wesentlichen die Erkenntnisse über die Abgrenzung und das Zusammenwirken von autonomen Teilsystemen mit ihren Kommunikationsbeziehungen für die Definition der Architektur des KIS verwendet. Das funktionale Zusammenwirken der Teilsysteme (z.B. Auftragsabwicklung zwischen Station und Leistungsstelle) wurde aus den Interaktionsschemata und Aufgaben-Ereignisschemata abgeleitet und in ein Sollkonzept übertragen.

- Menge und Vielfalt der notwendigen Kommunikationsbeziehungen zwischen den Teilsystemen im KIS legen es nahe, für die Steuerung und Durchführung einen dedizierten *Kommunikationsserver* einzusetzen. Die Modellierung liefert Angaben darüber, welche Daten in welcher Form zu welcher Zeit auszutauschen sind. Gerade die Interaktionsschemata zeigen die erforderlichen Kommunikationsbeziehungen (z.B. zwischen Station und Patientenverwaltung), wobei mit zunehmender Verfeinerung auch Datenstrukturen abzulesen sind. Diese Vorarbeiten mündeten in die Beschaffung und Installation eines Kommunikationsservers als zentralem Verteiler für den Datenaustausch im KIS. Für die Konzeption und Installation einer Kommunikationsinfrastruktur eines KIS wird in [14] ein ähnliches Vorgehen empfohlen.
- An Hand der Funktionsbeschreibungen von Teilsystemen in der Modellierung erfolgte die Auswahl und Bewertung von Software für Anwendungssysteme im KIS (z.B. für Stationssysteme und Leistungserfassung).

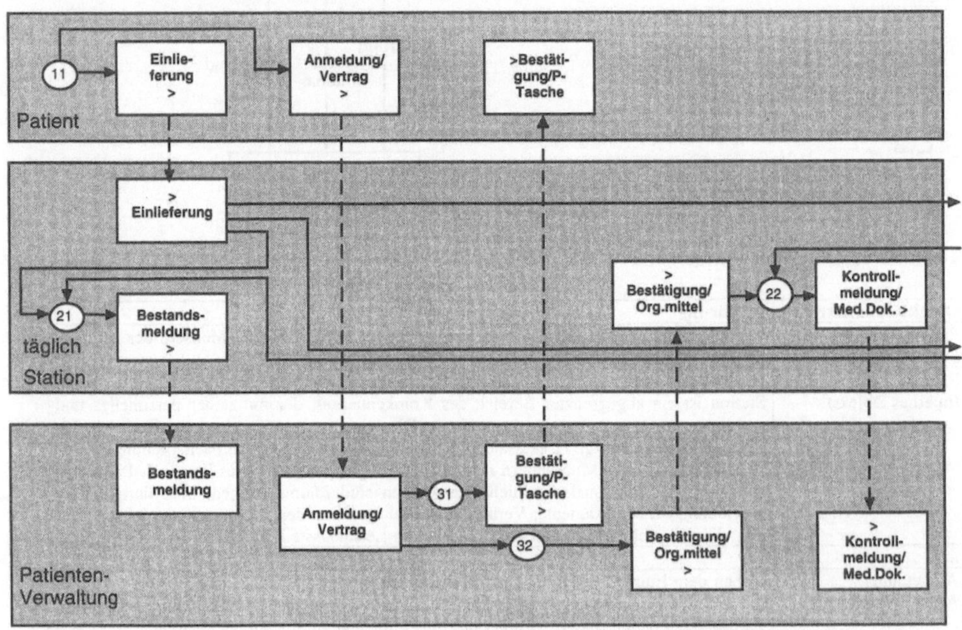

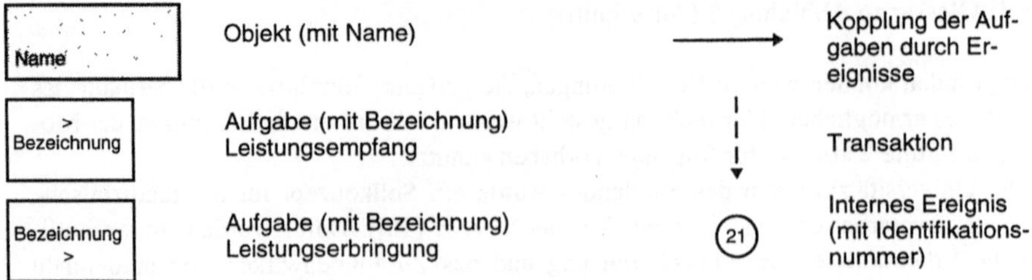

Abbildung 3: Aufgaben-Ereignisschema (Ausschnitt)

4 Diskussion

Die Modellierung mittels SOM erstreckt sich auf das gesamte Objektsystem und nicht nur auf einzelne Teilsysteme. Das bedeutet, daß sowohl Transaktionen des IS (z.B. Anmeldung/Aufnahmevertrag) als des BS (z.B. Einlieferung) vorkommen. In gleicher Weise werden Transaktionen des Leistungssystems (z.B. Untersuchung) und des Lenkungssystems (z.B. Bestandsmeldung) erfaßt. Ein wesentlicher Vorteil ist die Integration automatisierter und nicht-automatisierter (bzw. nicht-automatisierbarer) Vorgänge. Beispiele in Abbildung 2 sind das Versenden der Anmeldebestätigung von der Patientenverwaltung an die Station ("Übernahme der Patienten-Stammdaten") als automatisierbare Aufgabe und die Untersuchung des Patienten (als Gesamtkomplex betrachtet) als eine nicht-automatisierbare Aufgabe. Modelliert wird also das Krankenhaus als Ganzes und nicht nur das IS. Diese ganzheitliche Sicht ist ein entscheidender Vorteil des SOM-Ansatzes.

Die Modellierung in Stufe 1 und 2 ist offensichtlich unabhängig von der Implementation. Je nach Ziel der Modellierung kann der Detaillierungsgrad unterschiedlich sein. Die entwickelten Interaktions- und Aufgaben-Ereignisschemata bilden die Ausgangsbasis für weitere Phasen des Analyse und des Designs. Für die Entwicklung eines rechnergestützten Anwendungssystems erfolgt die notwendige Spezifikation in der 3. Stufe mit der Definition der Ressourcen. Simulationen können bereits auf den Ergebnisse der Stufe 2 aufsetzen.

Zur Erfassung und Abbildung der Komplexität des Objektsystems tragen sowohl Interaktionsmodell als auch Aufgabensystem bei. Das Interaktionsmodell erlaubt es, ausgehend von einer Gesamtsicht des Objektsystems schrittweise die Sichten zu verfeinern und die einzelnen Objekte und Transaktionen unterschiedlich tief zu analysieren. Im Aufgabensystem können die Aufgaben je nach Bedarf allgemein oder speziell formuliert werden. Als Beispiel kann die komplexe Transaktion "Diagnose/Therapie" dienen.

Die Abgrenzung von Teilsystemen wird durch das Top-Down-Vorgehen mit schrittweiser Zerlegung von Objekten, Transaktionen und Aufgaben unterstützt. Das wird z.B. deutlich beim Übergang vom Basisprozess zu der in Abbildung 2 dargestellten Verfeinerung und läßt sich fortsetzen bei der Zerlegung der Station in einen ärztlichen und einen pflegerischen Bereich. Entsprechend geschieht auch die Darstellung des Zusammenwirkens autonomer Anwendungssysteme durch die Beschreibung der Interaktionen für "komplexe" Objekte. Das ist z.B. unmittelbar an den Beziehungen zwischen Station und Leistungsstelle abzulesen.

Die Darstellung unterschiedlicher Kopplungsstufen von Prozessen, die im Krankenhaus auf Grund vieler asynchroner Ereignisse äußerst wichtig ist, erfolgt im Aufgaben-Ereignisschema. Beispielsweise können Anmeldung und Untersuchung des Patienten unabhängig voneinander ablaufen. Andererseits kann eine Untersuchung nur erfolgen, wenn der Patient da ist, d.h. Transaktionen stellen verhaltensorientiert betrachtet ebenfalls Ereignisse dar.

Theoretisch leistet SOM auch die Einbindung des Zielsystems, d.h. die Berücksichtigung der Sach- und Formalziele des Unternehmens "Krankenhaus". Beispiel eines Sachziels im Basisprozess ist optimale Krankenversorgung, Beispiel eines Formalziels ist minimale Liegezeit. Die Beispiele zeigen, daß im Krankenhaus auch ethische Aspekte berücksichtigt werden müssen. Die Ziele werden in der 1. Stufe verbal formuliert und sind nicht semantisch mit den Schemata der Stufe 2 gekoppelt. Sie müssen aber in die Formulierung der Aufgaben einfließen. Dieser Ansatz ist zu allgemein und erschwert die praktische Umsetzung der Vorgaben.

In der Integration von Daten-, Funktions- und Interaktionssicht liegt eine Stärke von SOM im Vergleich zu anderen objekt-orientierten Modellierungs-Verfahren. Die bekannteste Methode, die objekt-orientierte Analyse (OOA) nach Coad/Yourdon [4], die auch im HELIOS-Projekt [5] verwendet wird, modelliert nur die statische und funktionale Sicht. Neben SOM gibt es

weitere Ansätze (z.B. [12]), die versuchen, diese Schwäche durch Einbeziehung der Interaktionssicht zu beheben.
Um die Komplexität betrieblicher Modelle ausreichend darzustellen, werden im SOM zwei semantisch zusammengehörende grafische Repräsentationen genutzt. Mit Hilfe des erwähnten Werkzeugs (SOM2.L) können beide Darstellungen in einem grafischen Editor konsistenzerhaltend entwickelt werden. Mit zunehmender Verfeinerung entstehen rasch sehr umfangreiche Schemata, die umständlich zu handhaben sind und die Gesamtsicht erschweren (vgl. Abbildung 3). Bei Benutzung des Tools wird dieser Mangel dadurch gemildert, daß die Zerlegungen der Objekte, Transaktionen und Aufgaben je nach Bedarf sichtbar gemacht oder versteckt werden können. Das Werkzeug hat noch Mängel in der Benutzerschnittstelle, im Laufzeitverhalten und in der grafischen Ausgabe. Daher wurden die Grafiken in Abbildung 2 und 3 separat gezeichnet. Für die Entwicklung umfangreicher Schemata ist ein solches Werkzeug jedoch unentbehrlich.
Ein Nachteil von SOM ist die Tatsache, daß ein großer Teil der Semantik in zusätzlichen Glossaren (Tabelle 1) geführt werden muß. Ohne diese Erläuterungen sind die Diagramme nicht ausreichend selbsterklärend. Das gilt besonders für die Beschreibung des Interaktionsschemas. Andererseits ist klar, daß diese verbalen Ausführungen ohne einen gravierenden Verlust an Übersichtlichkeit nicht in die Diagramme integriert werden können. Eine Darstellung in Form eines Data dictionary wäre wünschenwert. Im Tool sind zu den Objekten, Transaktionen und Aufgaben Kommentarfelder vorgesehen, aber ohne semantische Kopplung zu den Schemata.

5 Abschließende Bemerkungen

Wir sind der Meinung, daß das SOM trotz der beschriebenen Nachteile ein geeignetes Werkzeug ist, um auf Grundlage eines betrieblichen Modells des Krankenhauses mit klarer Trennung von operationaler, logischer und physikalischer Ebene die methodische Grundlage für ein *Referenzmodell* (einheitliches Unternehmensmodell [1]) eines KIS zu liefern. Das Modell eignet sich zur formalen Beschreibung und Spezifikation des Gesamtsystems sowie zur Abgrenzung von Teilsystemen. Man erhält Entscheidungshilfen, welche Aufgaben automatisierbar sind und welche nicht, und kann die Funktionalität von Teilsystemen explizit beschreiben und beurteilen. Damit werden wesentliche Voraussetzungen für die Auswahl und Bewertung von Software sowie für die Softwareentwicklung geschaffen.
Wir planen, wesentliche Abläufe mit Hilfe eines Vorgangsbearbeitungssystems (Work-Flow-System) zu simulieren. Als "Input" dienen dabei direkt die Aufgaben-Ereignisschemata. Dabei können auch die Eingabe (Masken) und Ausgabe von Daten miteinbezogen werden, sodaß man von einer Art "Rapid Prototyping" (ohne Codegenerierung) sprechen kann. Außerdem ist eine Verbesserung des vorhandenen Tools und ein Vergleich von Werkzeugen zur objektorientierten Analyse vorgesehen. Ob eine formale Beschreibung der "Glossare" (und der darin enthaltenen Semantik) z.B. in Form eines Data Dictionary möglich ist, wird zur Zeit von uns geprüft.

Literatur

1 Appelrath, H.-J., Haux, R.: Fünf Thesen zum Management von Krankenhausinformationssystemen. Ergebnisse aus der GI/GMDS-Arbeitstagung über Krankenhausinformationssysteme vom 14.-16.6.94 in Heidelberg. Informatik, Biometrie und Epidemiologie in Medizin und Biologie 26(1)1995, Mitteilungen der GMDS 3-5.

2 Bryant, J.R.: Towards a HIS Reference Structure. In: Bakker, A.R. et al. (eds.): Hospital Information Systems, North-Holland, Amsterdam, 1992, 125-132.

3 Chen, P.P.-S.: The Entity-Relationship Model - Toward a Unified View of Data. ACM Transactions on Database Systems 1(1)1976, 9-36.

4 Coad, P. and Yourdon, E.: Object-Oriented Analysis. Yourdon Press, Englewood Cliffs, 1991.

5 Degoulet, P. et al.: Software Engineering Environments for Hospital Information Systems Applications. In: Bakker, A.R. et al. (eds.): Hospital Information Systems, North-Holland, Amsterdam, 1992, 149-156.

6 Ferstl, O.K., Sinz, E.J.: Glossar zum Begriffsystem des Semantischen Objektmodells (SOM). Bamberger Beiträge zur Wirtschaftsinformatik Nr.11, Otto-Friedrich-Universität Bamberg, 1992.

7 Ferstl, O.K., Sinz, E.J.: Grundlagen der Wirtschaftsinformatik. Band 1. Oldenbourg-Verlag, München, 1993.

8 Ferstl, O.K., Sinz, E.J.: Geschäftsprozessmodellierung. Wirtschaftsinformatik, 35(6), 1993, 589-592.

9 Ferstl, O.K., Sinz, E.J.: Der Ansatz des Semantischen Objektmodells (SOM) zur Modellierung von Geschäftsprozessen. Bamberger Beiträge zur Wirtschaftsinformatik Nr. 21, Otto-Friedrich-Universität Bamberg, 1994.

10 Gräber, S., Geib, D.: Rahmenkonzept für ein Klinik-Informations- und -Kommunikations-System in den Universitätskliniken des Saarlandes. Universitätskliniken des Saarlandes, Homburg, 1994.

11 Gräber, S.: Entwicklung eines ER-Datenmodells für ein Klinik-Informations- und Kommunikations-System. In: Kunath, H. u.a. (Hrsg.): Medizin und Information. Neue Paradigmen in medizinischer Informatik, Biometrie und Epidemiologie. Proceedings der 38. Jahrestagung der GMDS. MVV Medizin Verlag, München, 1994. (In Druck).

12 Mathiassen, L. et al.: Combining two Approaches to Object-Oriented Analysis. In: Bertino, E., Urban, S. (eds.): Object-Oriented Methodologies and Systems. Proceedings ISOOMS '94. Springer-Verlag, Berlin, 1994, 158-170.

13 Schader, M., Rundshagen, M.: Objektorientierte Systemanalyse. Springer-Verlag, Berlin, 1994.

14 Winter, A.: Standardisierte Kommunikation auf Anwendungssystemebene: Eine notwendige Voraussetzung für die systematische Informationsverarbeitung im Krankenhaus. In: Michaelis, J. u.a. (Hrsg.): Europäische Perspektiven der Medizinischen Informatik, Biometrie und Epidemiologie. Proceedings der 37. Jahrestagung der GMDS. MVV Medizin Verlag, München, 1993, 388-392.

Fachgespräch 18:

Flexible Breitbandkommunikation durch ATM: Wirtschaftlichkeit und Integrationsfähigkeit für veränderliche Arbeitsplätze

Bisher war es üblich, Rechnernetze nach ihrem Spitzenbedarf hin auszurichten mit der Konsequenz, dass auch Arbeitsplätze für vorwiegend einfache Aufgaben mit Höchstleistungsschnittstellen versehen werden mussten. Abhilfe schafft hier die ATM-Technologie durch veränderliche Bandbreiten. Diese Flexibilität ist unmittelbar mit laufenden Kosten korrelierbar. Selbst anspruchsvolle Multimedia- und Hypermedia-Anwendungen sind jetzt vertretbar, da gerade bei ihnen das Anwendungsprofil zwischen den Extremen von immer noch einfachster Textverarbeitung bis hin zu Echtzeit-Videosequenzen beständig pendelt. Das Fachgespräch behandelt die mit ATM gewonnene Freiheit zur flexiblen Nutzung von unterschiedlichen Informatikaufgaben. Hierzu gehören bei übergreifenden bzw. globalen Anwendungen: Aufgaben mit veränderlichen Anforderungsprofilen, Konzepte für mobile Arbeitsplätze bei wechselnden Aufgaben, globale Wirtschaftlichkeit von öffentlichen und privaten ATM-Diensten, Bestandssicherung durch Integration von ATM mit anderen etablierten Netzwerktechniken und Einfluss von vorhandenen oder wünschenswerten Normen.

Programmkomitee des Fachgespräches:
P. Jensch, Oldenburg (Koordination)
P. Egloff, Berlin, J. Gerlach, Stuttgart, E. Gingelmaier, München, J.C.W. Schröder, Darmstadt, M. Windfuhr, Dortmund

ATM in privaten Netzen

Stefan Lietz, Siemens München,PN GS

Umfragen und Marktbeobachtungen zeigen, daß der Druck der Anwender auf die Hersteller und Netzbetreiber zunimmt, höhere Bandbreiten für neue Applikationen zur Verfügung zu stellen. In der ACTS-Studie der Europäischen Union erkennen wir ebenfalls in dem Trend zur globalen Netzwerkentwicklung , daß wir heute bereits an der Schwelle zur integrierten Breitbandkommunikation stehen.

Die hausinternen Netze der Firmen ändern sich in Richtung Client-Server Lösungen und weg von den zentralen, großen Host-Anbindungen. Dieses bedeutet ganz neue Anforderungen an die LAN-Netzwerke und Backbone-Nodes. Nicht mehr das shared medium (Ethernet, Token Ring, FDDI ..), sondern ATM als switch mit voller Bandbreiten-Verfügbarkeit für CPE-Anbindung im Sternnetz wird die Zukunft immer mehr bestimmen.

Selbstverständlich ist in der Übergangsphase auf die bestehenden Netze Rücksicht zu nehmen, d.h. die ATM-switche müssen z.B. eine LAN-Emulation bieten. Aber nicht nur darauf ist das Augenmerk zu richten, sondern die Vernetzung der ATM-Module untereinander erfordert eine Standardisierung, die noch nicht zur Gänze abgeschlossen ist. Das ATM-Forum mit heute bereits über 700 Mitgliedern bereitet in sog. subworking-groups solche Standards vor, die dann in Gremien wie ITU-T und ETSI verabschieded werden.

Auch von der Terminal-Seite her wird eine immer höhere Bandbreitenforderung sichtbar. Wenn man bedenkt, daß in den letzten Jahren sich die Prozessorkapazität jedes Jahr etwa verdoppelt hat und damit auch der Speicherbedarf entsprechend gestiegen ist, so kann man sich leicht vorstellen, daß damit auch die Anforderungen an die Übertragungsleistung etwa in gleichem Umfang gestiegen sind. Bedingt wird dieses auch durch die Medienerweiterung:

Daten und Video aber auch Sprache wird zunehmend über den PC oder die Workstation abgewickelt, der Multimediale Arbeitsplatz wird in Zukunft unsere Gesellschaft umformen.

Welches sind nun die Felder, wo wir im Bereich der Firmen und Verwaltungen als erstes Applikationen mit Multimedia auf ATM Basis erkennen können?

Abgesehen vom Forschungs- und Universitätsbereich, wo sehr früh mit der neuen Technologie experimentiert wurde, hat sich der Bereich der Medizin als eine wichtige erste Anwendungsgruppe herausgestellt, da dort sehr große Datenmengen in kürzester Zeit zur Verfügung stehen müssen, wenn man etwa an die digitale Speicherung von Röntgenbildern denkt, die dann an getrennten Orten begutachtet werden können. Beim Ferndrucken von Zeitungen kommt es auf die letzte Stunde vor Redaktionsschluß an, und es wird als Segen empfunden , wenn ganze Magazine im Minutenbereich zur Druckerei übertragen werden können. Ein weiteres Feld ist der Bereich der Entwicklung und Fertigung in Betrieben, die an verteilten Standorten angesiedelt sind und durch eine multimediale (Bild,Sprache,Daten) Vernetzung ihre CAD/CAM- Anwendungen trotz räumlicher Entfernung bestens abwickeln können.

Wir kennen Beispiele aus der Automobilindustrie, wo bereits heute mit den Zulieferbetrieben Neuentwicklungen elektronisch kommuniziert werden, d.h. bis zur Vorserienreife wird das zuzuliefernde Einzelteil mit dem Abnehmer über eine Multimedia-Verbindung gemeinsam abgesprochen und entwickelt. Große Einsparungen ergeben sich alleine schon durch das Vermeiden häufiger Reisen zwischen den Standorten.

Im Bereich der Verwaltung ist in diesem Zusammenhang auf das Großprojekt IVBB, d.h. den Umzug des deutschen Parlaments nach Berlin hinzuweisen, wo bis zum Ende dieses Jahrhunderts die gigantische Aufgabe zu bewältigen ist, mehrere tausend Arbeitsplätze so zu verschieben, daß die kontinuierliche Arbeit möglichst nicht unterbrochen wird. Zu diesem

Zweck wird man die Breitbandtechnologie einsetzen und eine "Datenautobahn" von Bonn nach Berlin einrichten. Die Referate des Bundes werden dann über ein virtuelles Ressortnetz miteinander verbunden sein, das neben der reinen Daten- und Sprachübertragung u.a. auch Videokommunikations-Studios bedient. Dabei ist in einem solchen Umfeld auch die Sicherheit durch geschlossene Benutzergruppen von vorrangiger Bedeutung.

Ganz entscheidend ist aber die Kostenbetrachtung bei solchen Netzen. Durch den evolutionären Übergang , d.h. die Weiterverwendung der TK-Anlagen und der vorhandenen Router, ergeben sich hervorragende Einsparmöglichkeiten auf der Geräteseite; durch die Bildung von Arbeitsgruppen unabhängig von Ort und Distanz werden jedoch die wahren Potentiale dieses Konzeptes erst erkennbar.

Unabhängig von den oben geschilderten Einsatzfällen ist aber auch der Nutzen von ATM-basierten Netzen für die Allgemeinheit erkennbar. Als Beispiel dafür sei das Bankprojekt im Rahmen von RACE genannt, wo erstmals ein Filialkonzept mit breitbandiger Videoübertragung realisiert wurde. Dabei kann ein Bankkunde mithilfe von Touchscreenmonitor z.B. Entscheidungen über Immobilienerwerb treffen ohne die möglicherweise entfernte Hauptverwaltung der Bank aufsuchen zu müssen. Objekte werden per Videoclip eingespielt und der Experte in der Zentrale wird über eine Videokonferenz erreicht. Die Beispiele lassen sich fortführen über Themen wie Teleteaching ,Teleshopping bis hin zu Video on Demand auf breitester Basis.

Aus den vielfältigen inzwischen durchgeführten Firmenbefragungen läßt sich ohne weiteres die Erwartung ablesen,daß die schnelle und effiziente Kommunikation mit ATM als zukünftiger entscheidender Wettbewerbsfaktor angesehen wird. ATM wird die organisatorische Wandlungsfähigkeit des Unternehmens fördern und damit zur Stellschraube des Erfolgs.

Migration Path for the Integration of ATM Networks and Broadband Applications into Existing Communication Infra-Structures

Dietrich Schlichthärle
Bosch Telecom, Frankfurt am Main, FRG

Abstract

A smooth evolutionary concept for the introduction the asynchronous transfer mode technology (ATM) into the private business environment is presented. The paper starts with an analysis of user requirements. These are taken into account for the development of a migration strategy from today's network scenarios to a future fully integrated ATM based network. The core of this network is an ATM Multiservice Switch Node. The paper ends up with cost considerations of some major ATM network components.

Keywords: ATM, Multimedia, Multiservice Switch, Migration strategy, Cost considerations

Introduction

Multimedia services can handle combinations of basic services like voice, video and data simultaneously. Flexibility and performance of multimedia applications are limited today by the N-ISDN access offering two channels at a speed of 64 kbit/s. It can be observed, however, that many applications ask for more bandwidth and more flexibility. Primary rate interfaces at 2 Mbit/s could improve the situation. But N-ISDN switches (private and public) are generally not able to provide n×64 kbit/s channel structures with guaranteed frame and byte integrity. In the local area LANs offer higher nominal bit rates. Because of the shared medium principle, however, no bandwidth and no quality of service can be guaranteed which is needed for real time services.

ATM technology which is connection oriented by nature can overcome limitations in terms of bandwidth as well as quality of service (QoS). Furthermore, ATM provides a smooth evolution path for the integration of both the telecom and datacom worlds into one universal network. It is often argued that ATM is too expensive and can therefore not compete with the currently used technologies. The work of groups like the ATM Forum has shown, however, that ATM can be brought to the desktop at reasonable costs.

User requirements

The term "ATM" has been associated for a long time with bit rates of 155 Mbit/s, 622 Mbit/s and higher, with the SDH transmission format and with monomode fiber technology. ATM recommendations provided by ITU-T (formerly C.C.I.T.T.) are optimised and cost effective for WAN applications which require flexible multiplexing and the transmission of large bundles of channels over long distances. When the ATM approach was adopted as basis for the standardisation of the future B-ISDN in 1986, a bit rate of 155 Mbit/s was an appropriate choice in the private network area, too, because uncompressed video in TV quality required more than 100 Mbit/s bandwidth. Progress in semiconductor technology and video coding, however, reduced the bit rate requirement for video by a factor of ten and more. Consequently, using the current ITU-T user-network-interface (UNI) bit rates in the desktop access area would leave most of the ATM pipe capacity unused in many applications. This certainly would not lead to economical solutions in the cost sensitive market of private networks and terminals. For a successful introduction of ATM it is therefore necessary to adapt standards to the real needs of the applications and to existing and/or standardised cabling infra-structures. This is one of the fields on which the ATM Forum focused its activities in the past three years.

Multimedia is expected to become a mass application for which ATM can provide the appropriate communication infra-structure. Beyond the classical services provided by telephone networks and LANs, multimedia will include audio, video and videotelephony as new components. PCs provide an open platform to incorporate all the required hardware and software extensions. The maximum needed access bandwidth of a multimedia terminal in a business environment can be estimated by assuming three major services to be active simultaneously:

- Data transfer ~ 10 Mbit/s max. (maximum rate of Ethernet)
- Video retrieval ~ 10 Mbit/s max. for MPEG II
- Video telephony ~ 2 Mbit/s for H.320 coding

The resulting maximum bit rate of about 25 Mbit/s is widely agreed to be sufficient and future proof for desktop multimedia applications. The required average bandwidth will be below 10 Mbit/s. As an example **figure 1** shows the screen snapshot of a multimedia session with 3 simultaneously active services:

- ❑ Video telephony with H.320 coding over AAL1
- ❑ Video retrieval with M-JPEG coding over TCP/IP and AAL5
- ❑ Telecooperation over TCP/IP and AAL5

Two control windows are provided, one for the selection of the service and one for dialling.

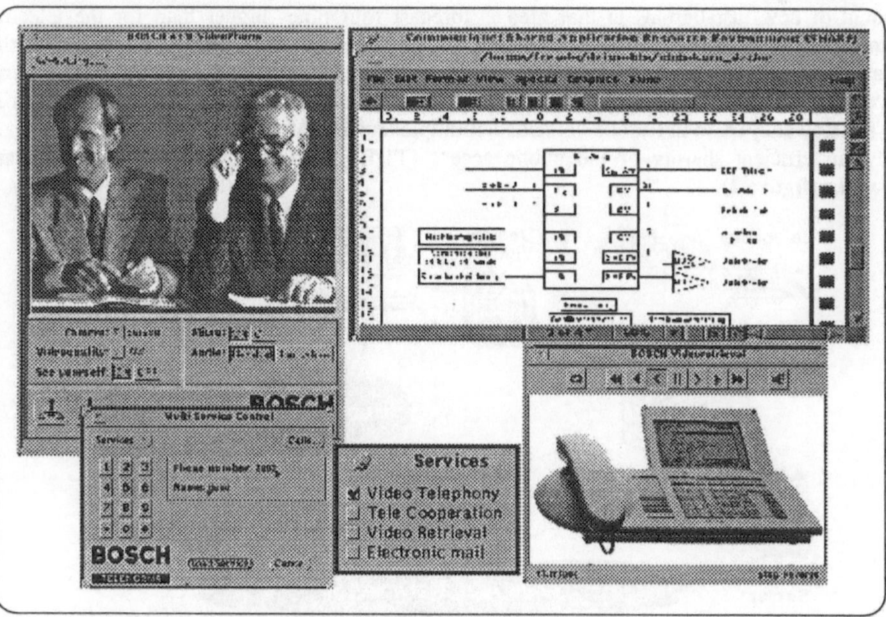

Figure 1: *Snapshot of a multmedia session with 3 service windows opened simultaneously*

Higher bit rates are only needed if large amounts of data have to be conveyed in short time. In general these are no real time applications. Browsing in image data bases for technical, scientific, and medical applications are examples where short response times are of importance.

Other examples of high bit rate interfaces are those which carry a multiplex of many data streams such as links between switching nodes and access lines to servers, LANs, and public networks. Compared to terminal accesses these are in the minority.

Besides access bandwidth and system throughput, the explosion of communication and the integration of networks creates new and extended system demand compared to existing PBXs and LAN networks. These are: Adaptability to changing user demands, increased reliability and availability, efficient network management to ensure continuing operation in case of faults, openness for the adaptation of terminals, servers and networks from different vendors.

Migration strategy

Today's traditional in-house communication is characterized by the separation of telecom and datacom networks. Considering widely introduced ISPBX platforms supporting N-ISDN including all supplementary features, voice mailing service, CSTA (Computer Supported Telecommunication Application) as well as ISPBX networking, new functional trends are visible to reverse the tendency towards deeper discounts. During the next years three major options can be envisaged which will enhance dramatically the functions of the existing PBX platforms: wireless system adjuncts, wideband/broadband service capabilities up to the user access and desktop computer video.

For most of the datacom-oriented applications LAN technologies are introduced and the amount of new installations in that area is forecast four times higher than for the telecom segment. Hubs with bridging and/or routing functionality provide efficient structuring of the data network. The increased amount of client server applications and distributed processing force the interconnection of customer premises networks over public network services. First in US and nowadays also in Europe voice/data multiplexers are introduced for cost reasons. They allow an efficient sharing of the public access (T1/E1) between PBX and in-house data networks (**figure 2**).

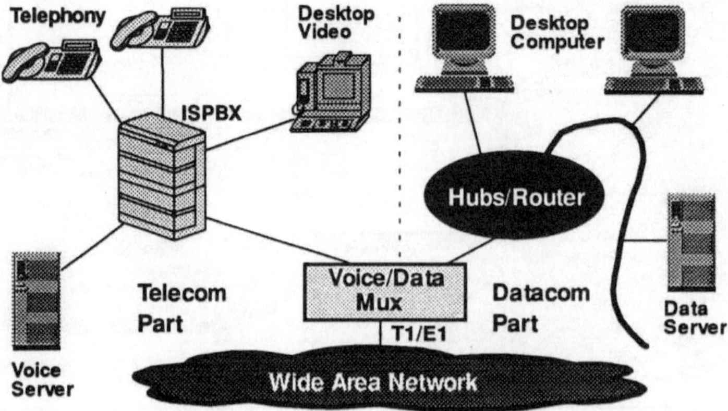

Figure 2: *Today's customer premises networking infrastructure*

To overcome the problem of heterogeneous networks in the customer premises as well as to satisfy the growing user demand towards higher bandwidth for LAN interworking and multimedia service support, a new ATM-based Multiservice Switch architecture will be introduced. Such a Multiservice Switch (MSS) will act as a broadband extension of existing ISPBXs and LANs to fill on the one side the gap of the existing communication platforms towards broadband requirements and on the other side to preserve the investments in today's technology. The Multiservice Switch should be seen as an extension of the existing communication platform. In a first phase it provides direct ATM connectivity to multimedia desktop systems and to high performance video and data servers.

Within the next two or three years broadband extensions will be deployed in the local area serving a single enterprise, campus or building. The functionality for upcoming multimedia applications requires a full set of virtual circuit switching. For LAN interconnection the Multiservice Switch should initially provide virtual path connectivity. In the introduction phase only a small number of multimedia terminals will be connected to the Multiservice Switch. They have to communicate with a high number of terminals which are connected to the ISDN. For this reason interworking between ISPBXs and Multiservice Switches is a key issue. Therefore data communication and video/voice communication have to be supported in the first introductory phase across the N-ISDN and ATM boarder. With the Multiservice Switch the interworking is treated completely in the broadband extension without any modification of the existing ISPBX and LAN installation. Thus the Multiservice Switch has to provide N-ISDN interworking including supplementary features for ISPBX interconnection. For traditional LAN installations the Multiservice Switch has to cope with classical IP routing over ATM or providing a LAN emulation function as currently discussed in the ATM Forum. This approach guarantees a smooth migration towards a service-independent enterprise network (figure 3).

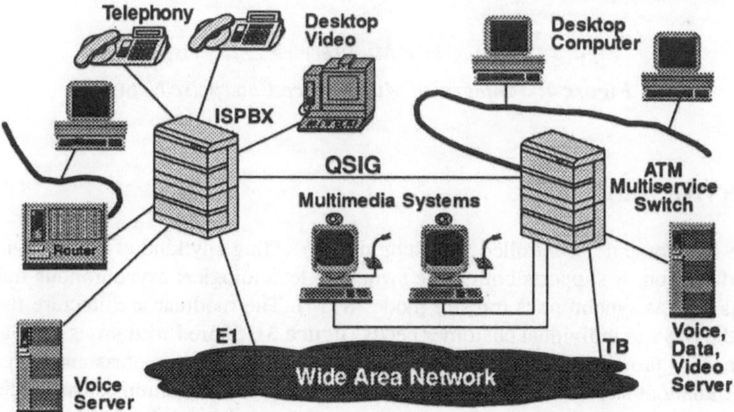

Figure 3: Enterprise network with broadband extension

As broadband network capabilities become more widespread, multimedia communication will be used for both intra- and inter-enterprise communication. Videotelephony applications will become more and more mature. Moreover, new applications taking direct advantage of ATM performance and quality of service will emerge. However, if the bandwidth requirements are carefully examined, in most scenarios for future ATM-based customer premises networks (CPN) a moderate user access bandwidth is forecast. Due to evolving coding standards such as MPEG2 almost all of the emerging applications at the desktop can be handled with a bandwidth of 2 to 25 Mbps. This tendency is also reflected by means of forthcoming ATM interface specifications for lower bit rates.

Definitely, there will be a final state where all existing LAN and ISPBX equipment is substituted by ATM CPN equipment. Besides all arguments of higher performance and quality of service aspects the most promising area of ATM is its inherent flexibility in terms of speed and distance. Corporate networks are a growing market where the complexity of managing the network increases dramatically. Replacing the heterogeneous enterprise network components (ISPBXs and LANs) with a unified bearer communication network management will become a more reliable task. At this final stage a fully integrated Multiservice enterprise network is the most cost-effective solution because a common system platform is used for all kinds of services (**figure 4**).

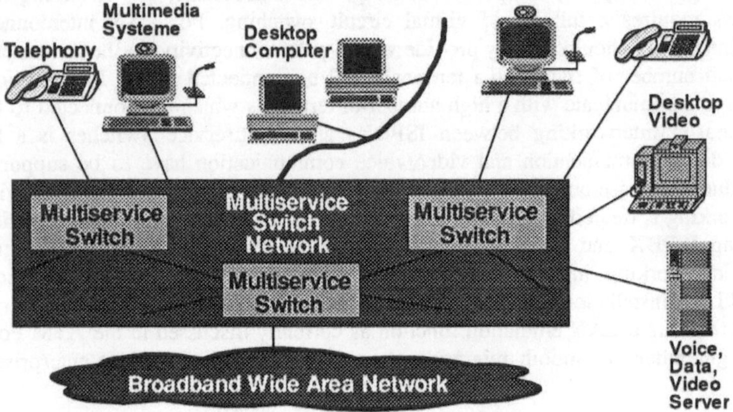

Figure 4: Integrated Multiservice Enterprise Network

Figure 4: Integrated Multiservice Enterprise Network

Multiservice switch node

The MSS is a computer-controlled switching unit providing any kind of connectivity including service adaptation. It supports both basic switching technologies: asynchronous transfer mode (ATM) as well as synchronous transfer mode (STM). The modular architecture makes it easy to adapt the MSS to individual customer needs (**figure 5**). Shared medium is used as switching technique. This provides flexibility in terms of the number of access ports and access bit rates. Traffic simulations show excellent switching behaviour in load situations close to the maximum throughput. This even holds in case of extremely unbalanced load distribution [1]. The switching network consists of the switch bus (BSB) which is implemented as part of the back plane and the hybrid bus access circuits (HABAC) placed on each unit plugged into the MSS rack. Synchronous switching capability is provided by reserving periodically cells on the bus which can not be used for ATM any more. The HABAC provides to each unit a UTOPIA type interface for asynchronous ATM data and a PCM highway interface for isochronous data.

Three basic kinds of units can be distinguished: Control Units, Port Units and Interworking Units.

- Control Units (CU) provide the processing power to perform any kind of signalling, control, management or to run specific applications. Software tasks can be distributed over several CUs if required. This is supported by a distributed Operating System. The internal communication between the central CU and the other peripheral units is performed based on a AAL5 protocol and uses the same paths over the BSB as the user data.

- Port Units (PU) provide the external access interfaces for terminals, for the interconnection of LANs, towards other MSS nodes and to ISPBXs for interworking with N-ISDN.

- Interworking Units (IWU) perform the conversion between real-time and data services in the N-ISDN and corresponding representations of these services in ATM using AAL1 and AAL5.

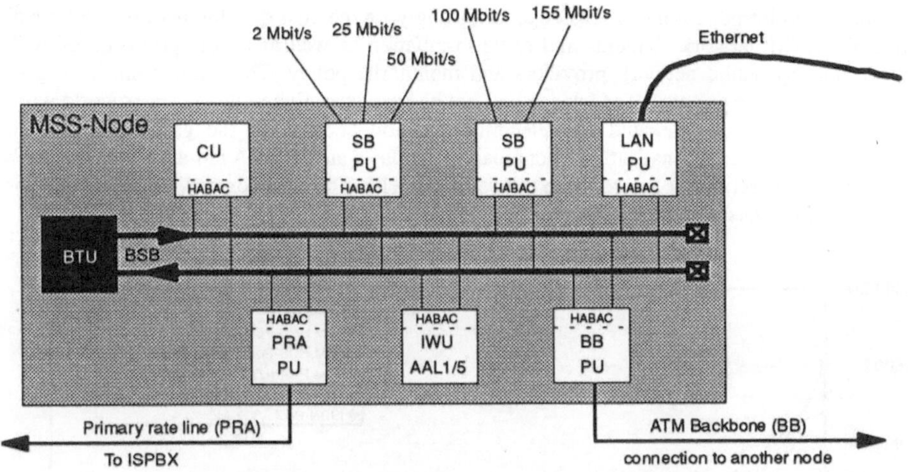

Figure 5: *Structure of the Multiservice Switch*

A distributed software structure has been chosen in order to take full advantage of the flexibility offered by the system architecture and its functional modularity. It is based on a distributed operating system (dOS) which supports real time processing, migration of SW modules during operation as well as load sharing capabilities. In this way the dOS makes available advanced features such as incremental growth of the system, replacement of hard- and software components at run-time, distribution of processing tasks over several control and port units, scalability meaning that all mechanisms and strategies of the dOS work within a wide range of system configurations and sizes, and increased reliability by the provision of fault tolerance.

The MSS comprises call and connection control services, management services and protocol services. The latter handle protocol adaptation and interworking for the various system terminations. The MSS management architecture is a highly decentralised approach. Every unit of the distributed system contains its own management block. Thus, the structure of the network management is similar to the hardware architecture. The advantages of this approach are the higher reliability of the management tasks, the splitting of the network management functions into smaller pieces which allow the migration of management functions in the case of system failures.

The control software for setting up and releasing connections is structured into call protocol modules, call and connection services, and switching resource handlers. The protocol handlers provide the various signalling protocols. e.g. ITU-T recommendations Q.931 and Q.2931 for N-ISDN and B-ISDN respectively. To be prepared for future releases, especially for broadband signalling, a separated approach for the call and connection services has been taken. While a completely Q.2931-conforming protocol is supplied at the port unit interface to terminals, call and connection processing is separated internally. In this context, a call is regarded as an end-to-end association between terminals which can be used for instance to check and negotiate compatible services offered by different terminal types [2].

Economical considerations

The successful introduction of ATM depends strongly on the cost development for multimedia terminals, ATM network elements and cable installation as well as on the provision of ATM access links by public network providers and their tariff policy. The latter point is of great importance because private ATM islands will not be very attractive in the business world which has an ever increasing demand for telecommunication because of the globalisation of the markets and the internationalisation of companies. Today's tariffs for ATM access to the public network do not seem to be appropriate to promote ATM. The situation may change with more competition between network providers.

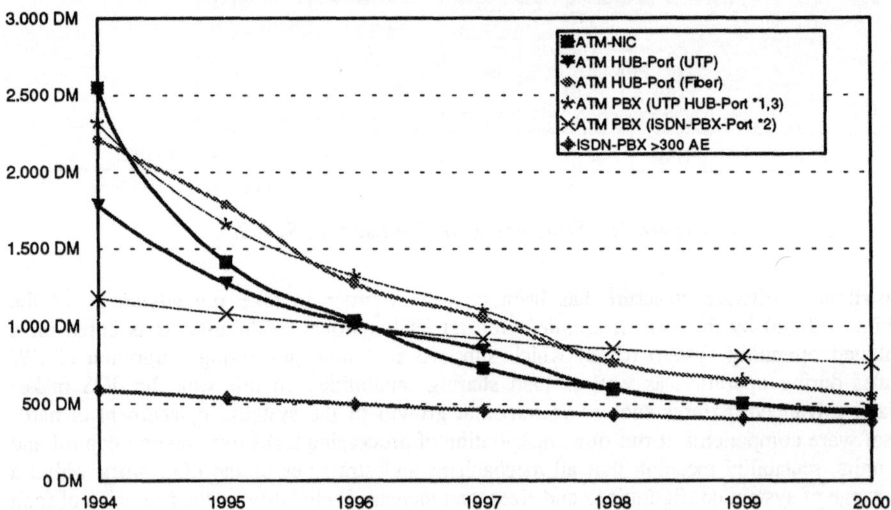

Figure 6: ATM price forecast (Dataquest for NIC and HUB and own estimations)

Cabling installation costs are a significant part of the overall costs of a network infra-structure. The specification of medium and low bit rate interfaces which is currently in progress makes possible further extensive use of twisted pair cabling used today for telephony. The cable requirements of these interfaces fits also well into the structured cabling schemes for customer premises buildings as specified for instance in [3] where twisted pair is recommended for the tertiary cabling between the floor distribution point and the terminal connection box with maximum lengths of about 100 m. So apart from special cases where terminals have higher bandwidth demands optical fiber is mainly needed for backbone connections between the various nodes in larger CPN installations where a large number of multiplexed channels has to be transferred over longer distances. The fact that completely new cabling infrastructures are not required will shurely improve the acceptance of ATM.

The price for ATM network components is constantly falling as can be seen from the diagrams in **figure 6**. Stable figures will be reached after the year 2000. The ATM port for twisted pair cable of a system as described in this paper will then cost around 500 DM, an ATM network interface card (NIC) for a multimedia terminal slightly less than 500 DM. This has to be compared to the today's situation where a usual business office desk is equipped with a telephone set and an Ethernet access for the PC. An ISDN-PBX port costs about 500 DM and an Ethernet card for the PC 250 DM. In addition to that a part of the costs for the Ethernet hub port has to be taken into account. These prices have almost reached their final stable figures. It can be clearly seen that for a moderately higher price all today's and future advanced services will be offered to the user over one ATM network and one multimedia terminal.

Today multimedia applications are mostly demonstrated on workstation platforms. Cost effective terminal solutions will be reached by moving these applications to the PC. Soundblaster cards for voice and audio I/O and MPEG cards for video will be standard equipment in a few months. Voice transport over ATM is being discussed currently in ITU-T and the ATM-Forum. If the standards are available it can be expected that multimedia ATM terminals will be soon round up by including the telephony service. Video-telephony kits will be optionally available on the market consisting of an H.320 codec and a camera. So the future PC will incorporate today's equipment like the telephone set, the data terminal and the video telephone and will offer in addition to that all features and services of multimedia communication.

Conclusion

Multimedia communication is on the way to become a mass application in the business environment. A smooth migration strategy paves the way from today's networks towards ATM. An ATM Multiservice Switch concept has been presented that fits into this evolutionary scenario. It has been shown that multimedia communication can be provided in the business area at costs not much higher than the costs for the access to today's networks. The choice of the PC which is a mass product as multimedia platform will lead to cost effective terminal solutions. User friendly tariffs for the access to public networks can be expected because of the competitive situation with the new appearing network providers.

References

[1] W. Krautkrämer, K. Sauer, D. Schlichthärle, R. Knobling: "Flexibles Systemkonzept zur Einführung von BK-Diensten im privaten Netzbereich", NTZ Vol. 43, Dec. 1990

[2] K. Sauer, J. Wagner: "Enhanced B-ISDN Signalling Architecture Supporting Features for Multimedia Services", ISS'95 Vol. 2, Apr. 1995

[3] Europäische Norm (Entwurf) pr EN 50173, "Leistungsanforderungen an strukturierte Verkabelungsschemata"

Fachgespräch 19:

Oberon — Betriebssystem der Zukunft für globale Informationsdienste

Die Programmiersprache Oberon und die Oberon-Systemumgebung wurden Ende der achtziger Jahre an der ETH Zürich entwickelt und repräsentieren heute den Stand der Technik bei der „erweiterbaren Programmierung".

Während über die Sprache Oberon schon viel geschrieben worden ist, sind die Innovationen des Oberon-Systems nur wenigen Fachleuten ein Begriff. Dies ist um so bedauerlicher, als viele dieser Innovationen in Zukunft auch in kommerziellen Betriebssystemen wiederzufinden sein werden. Seit Jahren bietet Oberon z.B. Techniken wie Dynamic Link Libraries (DLL) und Object Linking and Embedding (OLE), die andernorts erst eingeführt werden. Oberon beruht auf dem Modell der „autonomen Workstation", die über leistungsfähige Netze mit einer Vielfalt von Informationsdiensten verbunden werden kann. Im Verlauf der letzten Jahre wurde eine grössere Anzahl solcher Dienste in Oberon integriert und wird heute über eine Schnittstelle zur Verfügung gestellt, die der Benutzer mittels „Visual Programming" selbst konfigurieren kann. Die Überschaubarkeit von Oberon erlaubt es, die modernen Konzepte von erweiterbaren Betriebssystemen losgelöst von der Komplexität kommerzieller Angebote zu studieren.

Programmkomitee des Fachgespräches:
M. Franz, Zürich (Koordination)
R. Crelier, Santa Cruz, H. Moessenboeck, Linz, C. Pfister, Basel, C. Szyperski, Brisbane, N. Wirth, Zürich

Integrating Oberon Resources into the World-Wide Web

Ralph Sommerer

Institut für Computersysteme, ETH Zürich
ETH Zürich, CH–8092 Zürich, Switzerland
sommerer@inf.ethz.ch

Abstract. The World-Wide Web (WWW) is currently one of the most popular network information systems on the Internet. The range of items that may be accessed within the WWW includes hypertext documents, images, sound patterns and video sequences. To identify these items, their location and the method to acquire them, a generic naming scheme is provided. Besides the identification of these items it allows to specify and parametrize activities that construct items "on-the-fly". Hence, aspects of interaction may be introduced to the information system.

In our paper we discuss this interactive potential power of the WWW, especially how to obtain this power from the Oberon operating system. Our attention is directed to aspects of information provision, i.e. we explore the suitability of the Oberon system for a WWW information server. The objective is the integration of interactive Oberon applications and services in the global WWW document space. Hence, we allow remotely to invoke Oberon activities which produce textual or graphical data from any location in the world. The integration is based on a simple server framework that allows to attach Oberon services to the WWW with minimal implementation effort.

Keywords: Operating Systems, Object-Oriented Architecture, Client/Server Paradigm, Oberon, World-Wide Web.

Introduction

Looking at the Oberon system's [WiGu92] suitability for global network information systems, aspects of information *access* and *consumption* by means of client applications are typically considered. Such aspects include presentation of information services within Oberon and interaction with them. Several services have already been successfully integrated and thus made accessible for Oberon users [So95].

Aspects of information *provision*, i.e. those of information servers, are often neglected. The reason for that can probably be found in the lack of multiprocessing facilities in Oberon. In order to guarantee reasonable response times even for multiple simultaneous requests, such facilities are usually considered as implicit prerequisite for an operating environment to act as host for information servers. In this paper we show, that a conceptual clean implementation of an information server for the World-Wide Web is possible without multiprocessing facilities.

We have implemented a simple server framework which acts as front end for Oberon activities. It is embedded in the global document space of the WWW whose basic concepts are subsequently presented. After the description of WWW's interactive potential and of its implementation in common server applications, we introduce our server framework. The presentation of an experimental integration of an interactive application into the WWW follows. The paper concludes in an outlook to further extensions of the server framework.

World-Wide Web

The *World-Wide Web* [BLCa90] is a network information service based on the model of globally distributed hypertext documents. The document contains links which allow to switch to logically related items (further hypertext documents, images, video sequences and so on). These items may be physically residing at very different locations in the world. Activation of links implies the corresponding referenced items to be requested and downloaded via the network. They are subsequently displayed by a WWW client application (*browser*).

The definition of the WWW consists of three parts: a network protocol for the exchange of requests and responses (*hypertext transfer protocol*, HTTP) [BL93], a specification of hypertext documents by means of markups called *hypertext markup language* (HTML) [BLCo93] and the mentioned naming scheme based on *universal resource locators* (URL).

The *hypertext transfer protocol* is an application protocol that controls activities on the WWW such as the request of items. It is a *stateless* protocol as there is no relation of a HTTP activity to any previous HTTP operation. A (minimal) transaction for obtaining an object has the following structure (C stands for the client's requests, S for the server's responses):

C: GET *item reference* HTTP/1.0 <CRLF>
C: Accept: *type* <CRLF>
C: <CRLF>

S: HTTP/1.0 200 OK <CRLF>
S: Content-type: *type* <CRLF>
S: Content-length: *length* <CRLF>
S: <CRLF>
S: *data*

The *GET* command is used to request the delivery of an item. The acceptable representation of the item (hypertext, bitmap graphic etc.) can be specified by a corresponding *Accept* entry in the request.

The *hypertext markup language* is used to represent reference links to different hypertext documents and other items such as images etc. Additionally, it allows to specify the formatting of the document and with it the look of the resulting hypertext page in a device independent way. New versions of the markup language include support of fill-out forms. Forms open the WWW for applications for which the ordinary hypertext interface is not adequate anymore.

The *universal resource locator* (URL) specifies the referenced item including the protocol in order to acquire it in a generic way. By means of the resource locator items from already existing network information services can be specified as well and thus integrated into the WWW. Note that in this sense HTTP is just the predefined protocol type which is the minimum a Web browser has to support. The URL uses the following format:

URL = protocol ":" ["//" host] item.

HTTP items are identified with a UNIX-like path. In order to supply arguments to interactive WWW services, HTTP item references may additionally contain an argument list, separated from the path by a question mark. Arguments are given in pairs *name=value*.

HTTP Server

The UNIX-like path structure of the item reference indicates that a HTTP server in principle is a *file server*. Hence, processing HTTP requests mainly consists of returning the content of these files. This behaviour of a HTTP server does not imply that such files must be statically allocated disk files. They can as well be dynamically serialized output of arbitrary programs which provide the data upon request. In this case, the item reference parametrizes the file's construction "on-the-fly" instead of specifying its directory location.

This interactive potential of the WWW has only been recognized lately, despite the flexibility of the naming scheme for network items. Additionally, already early HTML definitions allowed to specify a page as a user interface for a searchable index. Nevertheless, the interactive potential is not exhaustively developed yet.

A relatively new facility of WWW servers that aims at interaction is the so called *Common Gateway Interface* (CGI). It allows to activate arbitrary external commands (i.e. programs, shell scripts etc.) which provide the data to be returned by an information server. These commands are called *gateways* because they form the link between the information server and the application which actually provides the information. The CGI allows "real" remote interaction with data being immediately prepared upon request. The server still treats all requests as file requests. However, some of the files are executed instead of sent.

Online Services in Oberon

Integration of clients for online services, such as the WWW, is a natural extension of Oberon's document oriented user interface. In Oberon, the unit of interaction is a *command*. A command is a procedure that is called directly from the user environment. Oberon commands and their parameters are usually prepared and collected in freely customizable menu text documents, so called *Tools*, which can thus be viewed as a very raw form of hypertext.

Although the Oberon system is a single user environment running on a single user workstation, the semantics of an Oberon command do not exclude the command's *remote processing* by a server. In practice, most information services are based on a client-server model and thus strictly obey a request-response scheme for their interaction. In this model, a transaction consists of an activity that is *initiated by a client* and *processed by a server*. When a server completes processing of a request it returns a response to the waiting client. This client-server interaction matches the semantics of a procedure activation and hence that of an Oberon command. An incoming request can thus be seen as a *remotely initiated command activation* [Wi90].

From the conceptual point of view, it is irrelevant, if such activities are initiated locally or remotely. Furthermore, Oberon commands typically are short activities. Remotely initiated activities thus need not necessarily interfere with each other. All these statements imply, that there is no principal objection against Oberon as host system for information servers, even without multiprocessing facilities. Several information services such as electronic dictionaries, railway time tables, teletext services etc. have already been made remotely accessible via a local area network.

A Server Framework for the World-Wide Web

From the service provider's point of view the following properties of the WWW information service prove to be almost ideal prerequisites for integrating Oberon services. Firstly, the WWW supports different data formats such as (formatted) text and bitmap images. It is therefore suitable for a wide range of Oberon applications that compute textual or graphical information. Secondly, the activation mechanism of the WWW matches very closely the semantics of Oberon's command activation, and its universal resource easily allows to map parameter lists of commands onto it. Third, the fill-out forms facility of the Web which includes text fields, check boxes, menu lists etc. provides a simple user interface for applications.

In order to allow remote interaction with applications via the WWW, a server is required which processes HTTP requests.

A WWW Server Framework in Oberon

HTTP servers for other operating systems treat incoming requests as file requests where some of the files represent services. The HTTP server for Oberon builds on the exact inversion of the above view. It treats all requests as service requests. Some of the services, however, return only (static) files. The different services are registered in the server framework with their names.

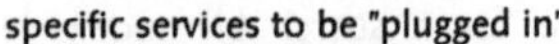

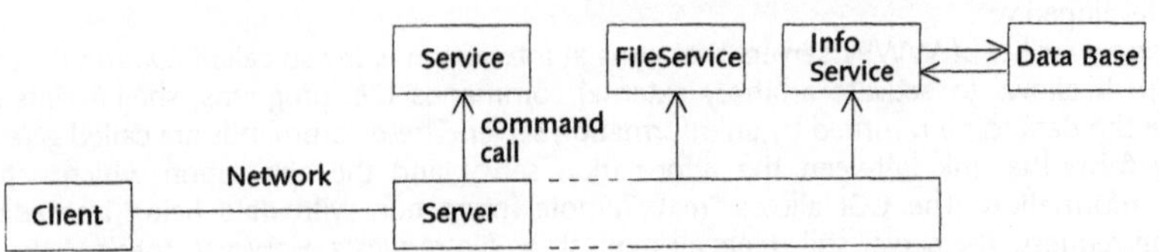

The server framework identifies a service name, a document's file name and possibly further arguments of the specific service by simply *interpreting* different sections of the path which specifies the requested item. Corresponding to its superimposed meaning, the path splits into the following three parts which are denoted as *service, states* and *arguments*. Arguments are present only if also a service is supplied:

path = ["/" service] ["/" states] ["?" arguments].

states = name ["=" value] {"/" name ["=" value]}.
arguments = name "=" value {"&" name "=" value}.

In words, the part of the resource locator's path between the first slash and either the second one or the question mark is interpreted as the service's name (which is empty if any of the latter is missing). The part following a question mark is supplied as arguments to the the service. The section between the two is viewed as being state information. Note that the syntax of the state information allows to specify a UNIX-like file path if the *["=" value]* part is omitted throughout the sequence.

Whereas the purpose of the service and arguments sections in the syntax are obvious, the purpose of the state section needs some explanation. Although the HTTP protocol is stateless, i.e. there is no relation of an activity to any activity in the past, it is sometimes necessary to supply information with the request that has been specified earlier and on which the current activity may depend. Such implicit information may be, for example, the current zoom factor of a clickable image map. The browser submits in the argument list of a request (i.e. after the question mark) only explicit information such as the clicked at coordinates within the image map and the contents of forms items. Implicit properties such as state information would thus have to be made explicit by supplying forms items for them.

Hence, implicit information has to be included in the path to which the browser appends the argument list. This path specifies the form's action, i.e. the service to be called. As a part of this action path such implicit information can be included in the request without making it explicit.

In the following example several item specifiers are listed with their corresponding separations:

```
/robots.txt
   service = ""
   state = "robots.txt"
   arguments = ""

/WWW/Image.gif
   service = "WWW"
   state = "Image.gif"
   arguments = ""

/Swiss/zoom=2?agl=1000&ang=100&map.x=683&map.y=248
   service = "Swiss"
   state = "zoom=2"
   arguments = "agl=1000&ang=100&map.x=683&map.y=248"
```

Note that it is possible to register a service with the empty name (first example). This feature allows to simulate the notion of a root directory.

Implementation Aspects

In Oberon's graphical user interface called *Gadgets* [Gu94], most activities are only loosely coupled to graphical items (buttons, panels, textfields, etc.). Activities are represented by commands that are installed at the corresponding items. Thus, pressing a graphical button is just a different (graphical) way of executing a command. The construction of user interfaces with the Gadgets system usually does not involve programming but confines to mere interactive composition.

We can observe a similar situation in the case of WWW's fill-out forms. Submission of a fill-out form for evaluation is functionally equivalent to pressing a button on a panel platform. In both cases the framework detects the user activity, collects given arguments and subsequently forwards control to an installed service.

The WWW server is designed as a framework that allows to install services which are represented as commands. If a service is requested, the framework executes its command and hence forwards control to the actual information service for the data to be prepared. All network specific aspects (such as encoding for transmission) are handled by the server. This allows to make arbitrary services available to the WWW without concern about actual aspects related to the network. The server totally decouples information preparation from information transmission. The actual decoupling happens by means of the global *Objects.NewObj* variable. The information provider only assigns a ready-made item for transmission to the variable.

Before calling the information provider, the server sets up the command's parameter list which consists of pairs *(name, value)*. Depending on the type of the object (*Text* and *Picture* are currently supported), the server translates it into HTML or the standard bitmap format of the WWW (*graphics interchange format*, GIF) before transmission. The command of an installed service which computes a bitmap image has the following structure:

```
PROCEDURE ProvideImage*;
   VAR S: Texts.Scanner;
      pict: Pictures.Picture;
      par: Parameter;
BEGIN Texts.OpenScanner(S, Oberon.Par.text, Oberon.Par.pos);
   ScanAndProcessParameters(S, par);
   ComputeImage(par, pict);
   Objects.NewObj := pict    (*deposit object*)
END ProvideImage;
```

A service is installed in the server framework by specifying a name for the service and its command. The server itself is installed as an Oberon-Task and polls the network for HTTP requests.

Integration of an Oberon Resource

With the help of the WWW server framework for Oberon a graphical application has tentatively been attached to the Web. Due to the architecture of the server the integration of the services could be achieved by implementing a single additional command for the corresponding application.

Topographic Illustrator

The Topographic Illustrator is part of an interactive geographic information system (GIS) about Switzerland. It allows perspective three dimensional panoramic views to be computed from arbitrary locations of Switzerland and with arbitrary viewing angles. The computation results in a syntetic landscape with mountains, valleys and lakes. The computation of the landscape is based on topographic elevation data of Switzerland with a grid of 250 meters. The original user interface of the panorama viewer consists of a map viewer where a viewing position and direction can be dragged with the mouse. The progress of the landscape's rendering is displayed in a different viewer.

For the integration of the Topographic Illustrator into the WWW an additional Oberon command has been added which parses the parameter list, sets up the panorama program and computes the landscape image. In contrary to the interactive initiation of a computation, the command assigns the resulting picture to the *NewObj* variable in module *Objects*. The implementation of this command essentially confined to these two small changes. The command accepts the following parameters:

agl	view position above ground level in meters (default = 300 m)
ang	viewing angle in degrees, counterclockwise, 0 = east
map.x, map.y	picture coordinates (in pixels) within reference picture

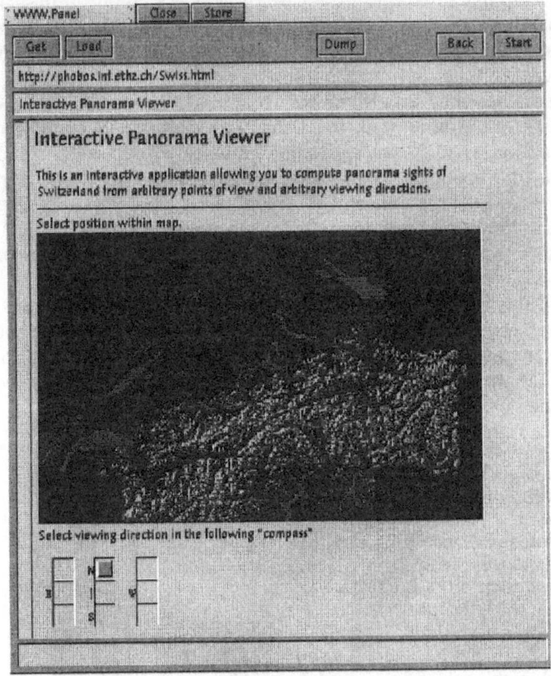

Figure 1: presentation of the Topographic Illustrator on a WWW browser

The user interface of the panorama service (Figure 1) consists of a HTML document which contains a clickable in-line image with a map of switzerland and fill-out form items for specifying the viewing direction and the viewing height above ground. The computation is initiated by clicking at a location within the map and takes about 8 to 12 seconds to compute.

Summary and Conclusions

A simple server for HTTP requests of the World-Wide Web network information service has been presented. It allows Oberon applications and services to be attached to the WWW document space and hence to be activated from any location in the world. Candidates for their integration into the WWW are applications which produce data items of one of the standard data types (Text and Picture). As the server framework provides a front end for Oberon commands, the integration of services can be achieved with minimal effort. For most of the services, the only necessary step is to implement a command that assigns the data item at a well defined location in the system instead of opening, for example, a viewer. All other aspects of the corresponding remote activation are handled by the server machinery.

The WWW provides a widely accepted transport media for information services. If it is used for remote interaction with Oberon applications, a service provider is relieved from defining and implementing an own transport protocol. At the same time, the number of potential clients is extended to the whole world.

The similar semantics of a HTTP request and a command allows a conceptually clean and concise implementation of a server for the World-Wide Web even without multiprocessing support.

Outlook

There is still ample potential to improve the WWW server framework in order to extend its feasibility for new applications. More applications might be attached, for example in order to study the necessary requirements of resources that return mixed data (i.e. text *and* graphics). Complex activities that depend on each other could be made accessible via the World-Wide Web, if a state facility is added to the server framework. The state facility would allow transparently to relate different HTTP activities to each other, although the protocol is stateless by definition.

Acknowledgements

The author would like to thank Martin Gitsels, who commented thoroughly on this paper and provided valuable critisisms that helped to improve the presentation of this material considerably.

References

[BLCa90] Tim Berners-Lee, R. Cailliau, *WorldWideWeb: Proposal for a HyperText Project*, http://info.cern.ch/hypertext/WWW/Proposal.html, 1990

[BL93] Tim Berners-Lee, *Hypertext Transfer Protocol*, Internet Draft, 1993

[BLCo93] Tim Berners-Lee, Daniel Conolly, *Hypertext Markup Language*, Internet Draft, 1993

[Gu94] J. Gutknecht, *Oberon System 3: Vision of a Future Software Technology*, Software Concepts & Tools, 15:1, 1994

[Kr92] E. Krol, *The Whole Internet User's Guide and Catalog*, O' Reilly & Associates Inc., 1992

[Re91] M. Reiser, *The Oberon System*, Addison Wesley, 1991

[So95] R. Sommerer, *Integration of Dynamic Online Documents into the Oberon System*, Dissertation thesis in preparation

[Wi90] N. Wirth, *Ceres-Net: A low-cost Local Area Computer Network*, Software, Practice and Experience, 20, 1992

[WiGu92] N. Wirth, J. Gutknecht, *Project Oberon*, Addison Wesley, 1992

A Comparison of C++, FORTRAN 90 and Oberon-2 for Scientific Programming

Bernd Mösli
ARITHMETICA
CH–8307 Effretikon, Switzerland
moesli@arithmetica.ch

May 12, 1995

Abstract

In the past decade, the programming languages C++, FORTRAN 90 and Oberon-2 all evolved from their ancestors. This invites to reflect upon the suitability of these modern programming languages for scientific and engineering computing. In the first part, we compare their primary language features, as needed by scientists and engineers. In the second part, we list some useful features missing in Oberon-2. The report concludes by a personal assessment of the three languages with respect to the numerical context. The reader's experience in scientific programming in C or FORTRAN would be advantageous.

1 Introduction

Business computing holds the major share of the computer market. Here COBOL, PL/1 and C have been the languages of choice, but C slowly supersedes its competitors in recent software projects.

Scientific computing holds a minor market share. FORTRAN 77 dominated programming in science and engineering in the past. The importance of C increases in all programming fields, especially in science and engineering. Data have been the primary valuables of business computing, while programs have been the primary valuables of scientific computing. Hence, switching from FORTRAN environments to C or Oberon is generally more laborious than switching from COBOL environments to C or Oberon.

The small remainder of the market is shared by dedicated applications, as system software, for example. Oberon [6, 9] evolved from Modula-2 [5]. Oberon-2 [7, 8, 19] has been and will be a valuable alternative to C++ [1, 2] in any context, where general-purpose programming languages are appropriate [10, 11]. We compare Oberon-2 only to C++ and FORTRAN 90 [3, 4], since these programming languages are extensions of their wide-spread ancestors C and FORTRAN 77. In the following, a familiarity with these languages is expected.

2 Comparison

We compare only the main language features being of interest in a scientific and engineering context [12, 13, 14, 15, 16, 17, 18]. Object-oriented features are not discussed (see [19, 20, 21, 22]).

2.1 Identifiers and Reserved Words

Identifiers consist of a sequence of uppercase and lowercase letters, underscore characters and digits with leading letter.
C++ : Reserved words consist of lowercase letters.
FORTRAN 90: Any identifiers up to 31 characters. Pitfall: reserved words may be valid identifiers.
Oberon-2: No underscore characters allowed. Reserved words consist of uppercase letters.

2.2 Records

After more than three decades, FORTRAN 90 offers the record type.While some language designers luckily leave out *packed records* (used in Pascal), C++ and Modula-2 allow *variant records* that are unsafe or inefficient (run-time checking of the variant).
C++ : Variant records, initialisation aggregates.
FORTRAN 90: Records and initialisation aggregates. The sequence statement forces record fields to be stored in order of definition.
Oberon-2: Exported record types may have *public* fields (visible outside the module) and *private* fields. Record types may be extensions of another record type. No initialisation aggregates available.

2.3 Multidimensional Arrays

It should be possible to create multidimensional arrays at run-time. The static memory management of FORTRAN 77 caused long parameter lists of procedures. The local temporary arrays (*workspace*) and array dimension had to be passed as parameters. The creation of global and local multidimensional arrays (with possibly no elements) at run-time, allows safe array handling and readable source code. The restriction to 7 dimensions in FORTRAN does not harm.
C++ : Static multidimensional arrays, dynamic one-dimensional arrays. Lower index bounds are always zero.
FORTRAN 90: Static and dynamic multidimensional arrays up to 7 dimensions. Index bounds may be declared. Lower index bounds of arrays in parameter lists of procedures may be declared.
Oberon-2: Dynamic multidimensional arrays. Lower index bounds are always zero.

2.4 Use of Uninitialised Variables

Using uninitialised non-pointer variables invalidates the program run (wrong data, number overflow, array index error, etc.), but processing invalid pointers or procedure variables may crash the run-time system. The latter is more harmful than the former.
C++ : Possible.
FORTRAN 90: Possible.

Oberon-2: Possible. Local pointers may be initialised to NIL automatically, global pointers are always initialised to NIL.

2.5 Pointer Manipulation

Low-level pointer manipulation should be restricted to modules close to hardware as device drivers, for example. Pointer manipulation is often responsible for software flaws and prevents portability.
C++ : Abuse is easy, even constants or stack objects could be defected.
FORTRAN 90: None.
Oberon-2: Only by explicit type cast.

2.6 Dangling References

Dynamic data structures and abstract data types are usually implemented through pointers. When explicit deallocation of objects is possible, unintentional dereferencing of *dangling pointers* leads to system corruption, which is hard to debug.
C++ : Possible.
FORTRAN 90: Possible.
Oberon-2: Safe, because no explicit freeing of objects (garbage collection frees objects).

2.7 Logical Objects and Operators

Logical objects and operators are part of conditional statements anyway. The integers zero and one are no adequate substitutes for logical values *false* and *true*, they rather confuse the programmer. The rather simple C++ statement "`if(a=b&&c+d<e)f`" is legal.
C++ : No logical objects but bitwise operations on characters, enumerations, integers and bit fields. Conditions return integer values.
FORTRAN 90: Type LOGICAL with operators.
Oberon-2: Type BOOLEAN with operators.

2.8 Set Objects and Operators

Bit sets need less storage and operations are faster, compared to arrays of logical values. In some application fields, restricting to bit sets is not flexible enough.
C++ : Set operations on integers, bit access by masking.
FORTRAN 90: Set and bit operations on integers.
Oberon-2: Set and bit operations on bit sets.

2.9 Relations

Beneath simple comparison operators, relations of structured types should be possible. Relation overloading is necessary for abstract data types.
C++ : Relations apply to characters, enumerations, numeric and pointer types. Warning: $a < b < c$ means $(a < b) < c$ and not $(a < b) \wedge (b < c)$.
FORTRAN 90: Relations apply to strings and numeric types except complex types, equality applies to complex types.
Oberon-2: Relations apply to numeric types, characters and strings, equality also applies to logical, set, pointer and procedure types.

2.10 Arithmetic Operators

The numerous numeric types are rather hindering than a benefit. The unsigned integers in C++ (and Modula-2) have been primarily used for address arithmetic. The type COMPLEX of FORTRAN could be implemented by structured function results and operator overloading. The subtypes in FORTRAN 90 causes even more problems. Mixing different numeric types in expressions leads to conversion problems. It is tricky to manage operator overloading and automatic type coercion simultaneously. It is quite stupendous that none of these programming languages supports fixed point numbers for business computing. The number of decimal digits in 32-bit integers and 32-bit reals are by far too small. In general, the definition of numeric types (no minimum range!) and operators should be more precise and portable.
C++ : $+, -$ apply to characters, enumerations, numeric and pointer types. $*, /$ apply to characters, enumerations and numeric types. % (*remainder*) applies to characters, enumerations and types where $x = (x/y) * y + (x\%y)$ holds, but for $x < 0$ or $y < 0$ the sign of the remainder is implementation dependent [1]! No complex type.
FORTRAN 90: $+, -, *, /, **$ (exponentiation, $a**b**c = a**(b**c)$ but $2**(-3)$ truncates to zero) apply to integer, real and complex types. Fractions of integers are truncated towards zero.
Oberon-2: $+, -, *, /$ (/ with real result), DIV (integers only, round to $-\infty$), MOD (integers only, *modulus*) where $x = (x \text{ DIV } y) * y + (x \text{ MOD } y), 0 \leq (x \text{ MOD } y) < y$ holds. Numeric types are coerced automatically according to the so-called ***type inclusion***: SHORTINT $\subseteq$ INTEGER $\subseteq$ LONGINT $\subseteq$ REAL $\subseteq$ LONGREAL. No complex type.

2.11 Go-to Statement

The lack of well-structured control statements in older programming languages lead to excessive use of the harmful go-to statement. Maintaining so-called ***spaghetti code*** is expensive.
C++ : Unconditional go-to, return statement in procedures, break statement in iterations and switch (case) statements.
FORTRAN 90: Unconditional go-to, arithmetic if (a conditional jump), computed go-to (a case statement), assigned go-to (a jump to label variable). Return statement in procedures.
Oberon-2: No explicit go-to, but return and exit statements in procedures and loops.

2.12 Procedures and Parameters

C++ : Types and number of parameters are checked except for special procedures (as *printf*), where the number of parameters is unspecified. Optional parameters are possible. Parameter passing: call by value (modify local copy), call by reference (modify original), and call by reference with prefix *const* (read-only). Arrays can not be passed by value. The number of array elements must be passed separately. Procedure variables are pointers to functions.
FORTRAN 90: Types and number of parameters are checked. Optional parameters are possible. Parameter passing: call by value or call by reference (compiler decision)! The programmer may assign attributes to parameters: *in* for read-only parameters, *out* for returned, and *inout* for modified parameters. The number of array elements may be passed separately (*assumed-shape array, automatic array*). Procedure variables must be external or module procedures.

Oberon-2: Types and number of parameters are checked. Parameter passing: call by value and call by reference. Procedure variables can not be predefined procedures.

2.13 Recursive Procedure Calls

Calling procedures recursively allows adequate programming of numerous algorithms based on divide and conquer.
C++: Possible.
FORTRAN 90: Possible when procedure marked as recursive.
Oberon-2: Possible.

2.14 Overloading of Procedures and Operators

Procedure and operator overloading supports implementation of libraries. Operator precedence and associativity is important. Overloading of predefined procedures and operators should be possible.
C++: Overloading of procedures and operators, definition of new operators.
FORTRAN 90: Overloading of procedures and operators, definition of new operators.
Oberon-2: None.

2.15 Exception and Error Handling

An error handling by the programmer enables handling of exceptions or errors within libraries. Preventing some errors is often less efficient and more complicated than handling exceptions, as numeric overflow, for example.
C++: By exception handler.
FORTRAN 90: None.
Oberon-2: None.

2.16 Language Support for Parallelism

Parallelism is needed to solve large and time-consuming problems in science, engineering and business. Actually, the oldest languages are used to program supercomputers. Parallelism should be supported by modern general-purpose programming languages.
C++: None.
FORTRAN 90: No explicit parallelism, but implicit parallelism in array operations.
Oberon-2: None.

2.17 Programs and Compilation Units

A *program* consists of several *compilation units*, each encapsulating data declarations and code. Compilation units are compiled and stored separately. The compilation unit *interface* controls access to dedicated local objects. Interface consistency means that the interface is consistent with client and server.
C++: Files are compilation units. Interface objects are declared in so-called *header files*. Interface consistency is not checked.
FORTRAN 90: A program consists of one compilation unit (*main program*) and optional compilation units (modules, external functions and procedures). The object attributes *private* and *public* in modules control the access of clients. Interface consistency is not checked, but user may copy the interface into compilation unit as so-called *interface block*,

which is checked locally.
Oberon-2: Modules are compilation units. Interface objects are marked in the source. Read-or-modify control for exported variables is available. Interface consistency is checked.

3 Features Missing in Oberon-2

Oberon-2 needs additional features to enlarge the field of application. Some of the features described subsequently are new, while some fit well in the present language definition [8, 19]. Features of minor importance, as exception handling, are not listed. The first four features primarily improve readability and flexibility. Library programmers will benefit most. The last feature, parallelism, is mandatory for future languages, since parallel computing will soon be available on workstations and personal computers. At present, parallel systems are mainly programmed in FORTRAN and C (with hardware-dependent language extensions). If Oberon will not offer parallelism soon, it will hardly be possible to compete with future C++ and FORTRAN 90 environments.

3.1 Arrays

The array features are important for porting the FORTRAN libraries to Oberon-2. In Oberon-2, constant arrays are missing. For initialisation of arrays, see aggregation. FORTRAN 90 has a different storage representation of arrays (column-by-column) than C++ and Oberon-2 (row-by-row). This impedes calling of FORTRAN libraries by C++ or Oberon-2 programs. The different lower array bounds are a severe obstacle for porting FORTRAN software to C++ and Oberon-2.

3.2 Arbitrary Function Result Types

Actually, the result type of a procedure can be neither a record nor an array. Arbitrary types as function results allows more compact and readable source code. Combined with overloaded operators, the language permits orthogonal extensions of expressions. The type COMPLEX should be offered by a portable library module, and not by the compiler (as FORTRAN does). The compiler complexity will be reduced. The flexibility will be enhanced. See also aggregation and operators.

3.3 Operators

The language is more orthogonal, readable and flexible when some operators may be overloaded. Abstract mathematical data types (complex numbers, matrices, polynomials etc.) will be easier to implement. This supports sophisticated programming, as used in mathematical expert systems or software libraries. There may be some pitfalls when using numeric type hierarchy and automatic type extension in mixed mode. It is advantageous to merge the numeric type hierarchy in the operator concept. Arbitrary operator definitions, as in PROLOG, should be omitted for simplicity.

3.4 Aggregation

Aggregates lightens the initialisation of structured types (records, arrays, etc.) in definitions and assignments. This is cumbersome and error-prone when programmed explicitly. The code will be more efficient and more readable.

3.5 Parallelism

This feature is most ambitious [24]. Some challenging problems (weather forecast, fluid dynamics, molecular design etc.) are very time-consuming. They require the computing power of parallel systems, since the hardware development of sequential computers (temporarily) reaches physical or commercial limits. Hence, Oberon-2 should offer parallelism to tackle this performance problem. In addition to efficiency, parallelism is a valuable structuring tool. An Oberon extension for vector computers is described in [23]. The programming of sequential computers would benefit too.

4 Summary

We compile a comparative overview of the language features. The marks mean: – – no support, – poor, + average, ++ good support. Most motives for the ranking are discussed in the first part of this paper.

Feature	C++	FORTRAN 90	Oberon-2
the language is easy to learn, easy to use	– –	– –	++
one language construct per features only	–	– –	+
are numeric libraries for the language available	–	++	– –
object-oriented features	+	–	+
exception and error handling	–	– –	– –
support for parallelism	– –	–	– –
block-structured features	–	– –	+
go-to like statements avoided	–	– –	+
variable initialisation in definition	++	+	– –
logical and set types	–	–	++
type complex	– –	++	– –
record extension/variants	+	–	++
initialisation aggregates for records	+	+	– –
safe multidimensional arrays	– –	+	++
user defined lower index bound	– –	++	– –
safe pointer handling	– –	++	+
forced pointer initialisation	– –	– –	+
omit dangling references	– –	– –	++
all types as procedure parameters	–	–	+
call by value of procedure parameters	–	+	++
call by reference of procedure parameters	+	+	++
arbitrary function result types	+	+	+
procedure and operator overloading	++	++	– –
procedure recursion available	+	++	+
safe module and interface	– –	–	++

After three decades, the FORTRAN language became a partly useful patchwork of numerous features, reflecting the history of software techniques. Actually, too many constructs cover the same features with different side-effects and restrictions. This aggravates software development, and is of no benefit at all. The dusty decks will keep dusty.

In the chapter "design notes" [1], the author writes, "Simplicity was an important design criterion for C++ ..."! But the language reference chapter for C++ covers about 150 pages, versus less than 30 pages for Oberon [9] or Oberon-2 [19]. A tool should support the solving of problems, not create problems. The originally hardware-oriented design lacks a sound programmer-oriented model. C++ offers too many concepts. Their interaction is error-prone.

We listed some features to be included in Oberon-2. Applications written in this value-added Oberon-2 will be safer and more readable. At present, Oberon-2 implementations are not less efficient than C++ implementations at all. The language is easier to learn than FORTRAN 90 and C++; compare the size of their reports; [1] 680 pages, [3] 740 pages, and [8] 16 pages. The small number of language constructs facilitates a correct compiler implementation. The programmer easily understands and memorises the interference of Oberon-2 constructs, which is hardly possible for FORTRAN 90 and C++.

Conclusions

At present, the old-fashioned but value-added FORTRAN 90 seems to be inevitable for scientific and engineering work, when one of the numerous FORTRAN libraries is required.

When starting from scratch, or when the necessary numerical libraries are available, Oberon-2 competes with FORTRAN 90 and C++ at ease. We prefer using an improved Oberon-2 to master complex systems, for not being mastered by complex systems written in FORTRAN or C.

Acknowledgements

The author would like to thank the referees for helpful suggestions, and Jörg Waldvogel, Seminar for Applied Mathematics ETH Zürich, for carefully reading this paper.

References

[1] B. Stroustrup: *The C++ Programming Language*, Addison-Wesley, 1993.

[2] B. Stroustrup: *The Design and Evolution of C++*, Addison-Wesley, 1994.

[3] J.C. Adams, W.S. Brainerd, J.T. Martin, B.T. Smith, J.L. Wagener: *Fortran 90 Handbook. Complete ANSI/ISO Reference*, McGraw-Hill, 1992.

[4] M. Metcalf, J. Reid: *Fortran 90 Explained*, Oxford University Press, 1990.

[5] N. Wirth: *From Modula to Oberon*, Dept. Informatik, Report 143, ETH Zürich, 1990.

[6] N. Wirth: *The Programming Language Oberon*, Dept. Informatik, Report 143, ETH Zürich, 1990.

[7] H. Mössenböck, N. Wirth: *Differences between Oberon and Oberon-2*, Structured Programming, Vol. 12 Iss. 4 p. 175–177, 1991.

[8] H. Mössenböck, N. Wirth: *The Programming Language Oberon-2*, Structured Programming, Vol. 12 Iss. 4 p. 179–195, 1991.

[9] M. Reiser, N. Wirth: *Programming in Oberon. Steps beyond Pascal and Modula*, Addison-Wesley, 1992.

[10] M. Reiser: *The Oberon System. User Guide and Programmer's Manual*, Addison-Wesley, 1991.

[11] J. Gutknecht, N. Wirth: *Project Oberon. The Design of an Operating System and Compiler*, Addison-Wesley, 1992.

[12] T.D. Brown: *C for FORTRAN Programmers*, Silicon Press, 1990.

[13] R. Schäfer, F. Bomarius: *Modula2C. Ein Übersetzer von Modula-2 nach C*, Report 178, Universität Kaiserslautern, 1988.

[14] C.A. Wiatrowski, R.S. Wiener: *From C to Modula-2 and Back. Bridging the Language Gap*, Wiley & Sons, 1987.

[15] J.T. Smith: *C++ for Scientists and Engineers*, McGraw-Hill, 1991.

[16] *Fortran and C in Scientific Computing*, Brunel Conference Center, London, 1993.

[17] C. Überhuber, P. Meditz: *Software-Entwicklung in Fortran 90*, Springer, 1993.

[18] A.J.E. van Delft: *Comments on Oberon*, SIGPLAN Notices, Vol. 24 Iss. 3 p. 23–30, 1989.

[19] H. Mössenböck: *Object-oriented Programming in Oberon-2*, Springer, 1993.

[20] G. Blaschek, G. Pomberger, A. Stritzinger: *A Comparison of Object-Oriented Programming Languages*, Structured Programming, Vol. 10 Iss. 4 p. 187–197, 1989.

[21] R. Henderson, B. Zorn: *A Comparison of Object-oriented Programming in Four Modern Languages*, Software - Practice and Experience, Vol. 24 Iss. 11 p. 1077–1095, 1994.

[22] J. Templ: *Vergleich der Programmiersprachen Oberon und C++*, iX. Multiuser. Multitasking, Iss. 9 p. 138–143, 1994.

[23] R. Griesemer: *A Programming Language for Vector Computers*, dissertation, ETH Zürich, 1993.

[24] P.D. Stotts: *A Comparative Survey of Concurrent Programming Languages*, ACM SIGPLAN Notices, Vol. 17 Iss. 10 p. 50–61, 1982.

Oberon Dialogs: A User Interface for End Users

Markus Knasmüller
Institute for Computer Science (Systemsoftware)
Johannes Kepler University, Altenbergerstrasse 69, A-4040 Linz
knasmueller@ssw.uni-linz.ac.at

Abstract

This paper describes the Dialogs package which allows a user to create and use dialog viewers with buttons, check boxes, text fields and other user interface elements. Dialogs fit smoothly into the Oberon system. Existing tools can be equipped with a graphical user interface without modifications. The object-oriented nature of Dialogs allows adding new user interface items and new commands even by third party programmers and end users.

1 Introduction

The original Oberon System [WiG89] has a compact textual interface. This is convenient for professional programmers, but not always for end users who prefer a graphical interface. This was especially noticed during programming lectures introducing the programming language Oberon-2 which the author gave over the last year.

Graphical interfaces on modern workstations are usually a collection of interactive items such as buttons, check boxes, text fields and scroll bars allowing the user to communicate interactively with the computer. We call a panel of such items a dialog.

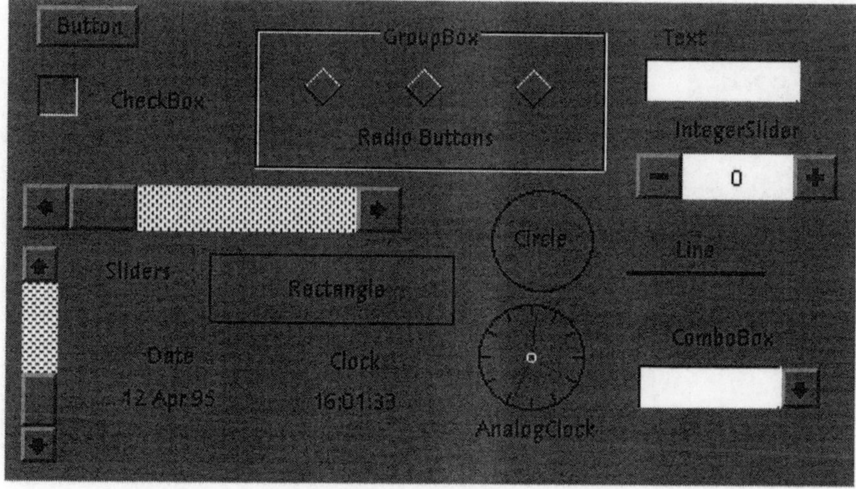

Figure 1. A sample dialog

This paper describes the use and implementation of dialogs in the Oberon System. Dialogs extend the original Oberon user interface and give the user a choice between a compact textual interface (for experienced users) and a more intuitive graphical interface (for end users).

A similar package for graphical user interfaces is the Gadgets system [Mar94] implemented for Oberon System 3. While the Gadgets system is more powerful (e.g. nested objects) it is also more complex and does not run under Oberon V4. The virtue of the Dialogs package is that it is extremly light-weight and smoothly fits into Oberon V4.

2 Using and Editing a Dialog

Module Dialog offers commands to use, edit, store, and print a dialog. A dialog can be displayed in two modes: *Dialog.Open name* opens a dialog viewer and displays the dialog from file *name*. The user may work now with the dialog by clicking at buttons or check boxes or by typing text into a text field. He cannot modify the dialog, i.e. he cannot add or move dialog items. To do that he has to use the command *Dialog.Edit*.

Table 1 shows the currently implemented items. Every dialog item class is defined in a separate module that exports a command *Insert* to insert an item of this class into the dialog containing the caret position[1]. For example a button can be inserted with *DialogButtons.Insert*.

Items can also be created using the dialog "Insert.Dlg" (see Fig. 2), which can be opened with *Dialog.Open Insert.Dlg*.

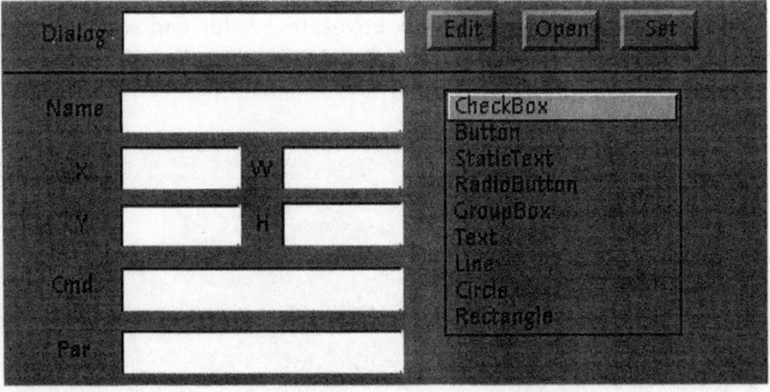

Figure 2. Insert.Dlg

[1]Clicking the left button while editing a dialog, causes a cross × to appear. This cross is called "caret".

DialogButtons	Button	A button is a small named rectangle that can be pushed with a mouse click.
DialogCheckBoxes		A check box is a rectangular button that can be in two states, on and off, toggled with a mouse click.
DialogStaticTexts	Text	A static text item is a text that is shown in a panel but cannot be edited.
DialogTexts	Entry field	A text item is a rectangle in which the user can enter text.
DialogGroupBoxes	GroupBox	A group box combines all items within its rectangle into a group. Of course a group box may overlap other items.
DialogRadioButtons		A radio button is a diamond-shaped object with a state that can be on or off.
DialogListBoxes	CheckBox Button	A list box displays a text of lines, that can be selected by moving the mouse up and down.
DialogComboBoxes	Entry field	A combo box is an item containing an entry field and a push button. Pushing the button causes a popup menu to appear from which the user can select an entry field.
DialogSliders		A slider consists of a rectangular area with a small bar inside. On both ends of the sliders there are buttons, containing an arrow.
DialogIntegerSliders	0	An integer slider is a slider displaying the actual value in a small bar inside.
DialogLines		A line item is a graphical object.
DialogCircles		A circle may overlap other items.
DialogRectangles		A rectangle may overlap other elements.
DialogDates	4 Nov94	A date item displays the current date.
DialogClocks	11:27:17	A (digital) clock displays the current time.
DialogAnalogClocks		An analog clock displays the current time.
DialogGraphics		Graphic items are pictures drawn with the standard Draw package.

Table 1. Currently implemented items

Selecting an item in the list box and clicking the "Set" button inserts a new item in the dialog containing the caret. There are also several text items which allow the user to set the parameters of new items: If these parameters are not set, Dialogs takes some default values.

The meaning of the different text items are as follows:

- *Name* the panel-wide unique name of the item.
- *X, Y* the lower left corner coordinates of the item in panel-relative coordinates.
- *W* the width of the item.
- *H* the height of the item.
- *Cmd* the command called whenever a property of the object changes.
- *Par* a string containing names of the text items or combo boxes as well as Oberon strings to be concatenated in order to form *Oberon.Par.text*[2].

Example: To create a dialog that allows you to invoke *System.Time* via a button you have to execute the following steps:

- Type "MyDialog" in the "Dialog" field and click the "Edit" Button.
- Set the caret in the new viewer with a left mouse click.
- Type "Time" in the Name field and "System.Time" in the "Cmd" field.
- Select "Button" from the list box and click the "Set" Button.

This produces the following dialog (see Fig. 3).

Figure 3. MyDialog

- Store it on a file with the command *Dialog.Store* from the menu of the dialog viewer.
- Open it again clicking the "Open" button.
- Every click at the "Time" button will now invoke the command *System.Time*.

Items can be resized, deleted, and copied with mouse clicks. Dialogs tries to follow the Oberon conventions for mouse usage as closely as possible (e.g. MR for selecting or MR + ML for deleting).

The interesting clicks are: MM (for moving an item), MM + ML (for resizing an item) and MM + MR (for opening a dialog to edit the properties of the object under the mouse pointer).

A dialog item can be retrieved from a program by its name. First, a dialog panel *p* can be opened with *DialogFrames.OpenPanel* (...., *p*). The item with name "n" can then be retrieved with *item := p.NamedObject ("n")*. Several procedures and methods are implemented to work with dialog items from a program [Kna94].

---

[2]The command *cmd* can assume that *Oberon.Par.Text* contains the texts defined through the paramter *par* (e. g. if *par* = "t1 t2 "t3"" and if there is a text item *t1* containing the text "name" and also a text item *t2* containing the text "text", then the command can assume that *Oberon.Par.text* contains the text "name text t3").

3 Implementation

This section describes some interesting parts of the implementation. Modules and operations of the Oberon system can be studied in [Rei91].

3.1 Dialog Items

The basic objects of the framework are dialog items (e.g. check boxes or buttons). All dialog items are derived from the abstract class *Dialogs.Object* which has the following interface:

```
Object = Pointer TO ObjectDesc;
ObjectDesc = RECORD
    name: ARRAY 16 OF CHAR;          (* panel wide unique name *)
    cmd, par: ARRAY 32 OF CHAR;  (* command and parameter of the item *)
    x, w, y, h: LONGINT;             (* lower left coordinates, width and heigth of the item *)
    ......                           (* other properties *)
    PROCEDURE (o: Object) Draw (x, y: INTEGER; f: Display.Frame);
    PROCEDURE (o: Object) Print (x, y: INTEGER);
    PROCEDURE (o: Object) Copy (VAR dup: Object);
    PROCEDURE (o: Object) Load (VAR r: Files.Rider);
    PROCEDURE (o: Object) Store (VAR r: Files.Rider);
    ......                           (* other methods *)
END;
```

Draw (...) and *Print* (...) cause the items to draw or print themselves at the given point *x, y*. *Copy* (*dup*) allocates a new item *dup*, whose properties have the same values as the source item. *Load* (...) reads the item from a rider, *Store* (...) writes it to a rider.

3.2 Dialog Panels

The next higher abstraction is a dialog panel. A panel is a collection of dialog items. This collection is implemented by the class *Dialogs.Panel* (see Fig. 4).

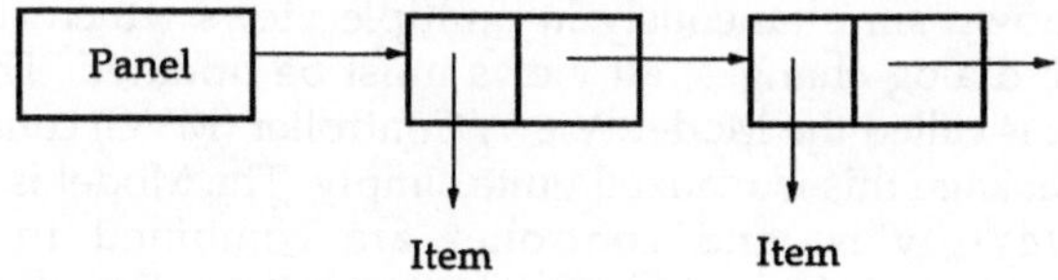

Figure 4. *Dialogs.Panel*

A panel calls the methods of the contained items. When a panel receives a *Draw* message it simply forwards the message to all its items. Even messages sent via a broadcast are forwarded to the item handlers. Additionally, a panel offers methods for the administration of a dialog, e.g. to determine the number of selected items or to align the items.

3.3 Dialog Frames

Above *Dialogs.Panel* is the type *DialogFrames.Frame*, which is derived from *Display.Frame*. This is an active frame which is to be installed into a menu viewer. The most interesting field of this frame is *panel*, which points to an instance of the data structure described above. The most interesting procedure is *Handle* which has the following responsibilities:

- Responds to *Oberon.CopyMsg* and *MenuViewers.ModifyMsg*.
- Tracks the mouse cursor. If there is a corresponding item in the contained panel the item´s *Handle* method will be called.
- Reacts to *Dialogs.NotifyMsg* (see section 3.5) (update request from the items or the panel).
- Broadcasts all other messages to all items of its panel.

3.4 Loading and Storing of a dialog

Dialogs are made persistent by writing them to a file and reading them back as needed. To store a dialog the panel method *Store* (...) must be called. This method writes the name of the type for each contained item (the type can be retrieved by the Oberon operation *Types.This* (...)) to the file and subsequenty calls the items method *Store* (...), which writes the relevant item properties to the file. Relevant properties means that not all item properties have to be stored, e.g. it is not necessary to store the state of a check box.

To load a dialog the panel method *Load* (...) must be called. It reads a type name from the file and allocates a corresponding item (with the Oberon operation *Types.NewObj* (...)). Now the *Load* (...) method of this allocated item is called to read the relevant item properties from the file.

Type names can consume quite a bit of space in a file. Therefore they are stored in compressed form: with the first occurrence of a type name, it is written in full length and entered at the end of a table of type names. For further occurrences the index in the table is written instead of its full name [Mös93, p. 103].

3.5 Multiple Views of a Dialog

A dialog can be shown simultaneously in multiple views which show exactly the same dialog. If the dialog changes, all views must be updated. The concept that makes this possible is called the Model/View/Controller (MVC) concept [KrP88].

In the Dialogs package this is realized quite simply. The Model is implemented in the module *Dialogs*, view and controller are combined to a single class *DialogFrames.Frame*, i.e. each frame is one view on a dialog. The combination makes sense because view and controller always occur in pairs [Mös93, p. 113].

As described above, a dialog frame has a field *panel*, which references an instance of the data structure *Panel* described above. Introducing a new view to a dialog is nothing else than allocating a new dialog frame, with the field panel pointing to the same data structure as the first frame does. This could look like:

```
NEW (f1); f1.panel := f.panel
```

To have consistent views at each time, some things must be considered. To update a dialog the correct way is to modify the model (i.e. the *Panel* data structure), which tells all its views to update themselves by broadcasting the following message:

```
Dialogs.NotifyMsg = RECORD (Display.FrameMsg)
      id: INTEGER;       (* 0 = restore, 1 = hide, 2 = markMenu, 3 = restore all *)
      obj: Object;       (* defined if id = 0 or id = 1*)
      p: Panel;          (* defined if id = 2 or id = 3 *)
END;
```

A *NotifyMsg* is sent to all viewers to draw (*id* = 0) or hide (*id* = 1) the object *obj* of the panel *p*, to mark (*id* = 2) the menu of the viewers containing the panel *p*, or to draw (*id* = 3) the whole panel. A menu is marked if the contents of a frame and the corresponding data structure on the file are inconsistent. Storing the frame's contents removes the mark again.

3.6 Wrapping Text Frames in Dialog Items

Editable text fields are basic items of every graphical user interface. In Dialogs these text fields are implemented using the standard Oberon text frames. This allows copying text from a text frame to a dialog text field and also displaying text elements (like *FoldElems* or *ClockElems*) in such a field.

The problem with this approach is that *TextFrames* already exist and thus cannot be made a subclass of *Dialogs.Object*. Furthermore this would violate the is-a relationship, for a text frame is not a dialog item.

The solution was to wrap *TextFrames* in the new class *DialogTexts.Item* which is a subclass of *Dialogs.Object*. Wrapping means that the text frame becomes a field of class *DialogTexts.Item*:

```
DialogTexts.Item = POINTER TO ItemDesc;
ItemDesc = RECORD(Dialogs.ObjectDesc)
      f: TextFrames.Frame;
END;
```

Now *Dialogs* can handle these text items like buttons or check boxes. It can put them in the list of items and send them any messages understood by items. *DialogTexts.Item* object then translates these messages into *TextFrames* messages and forwards them to its text frame *t*.

4 Portability Issues

Oberon Dialogs should run under all (Oberon V4) platforms (including a working Oberon-2 compiler) without any changes to the system.

Oberon Dialogs was developed on a PowerMac with PowerMac Oberon. There are two known points in the package, which must be considered when compiling it on other platforms.

4.1 Module Types

As described above the Oberon procedures *Types.This* (...) and *Types.NewObj* (...) are needed in the Dialogs package. *Types.This* (...) retrieves type descriptor with the following structure:

```
Types.TypeDesc = RECORD
    name: ARRAY 32 OF CHAR;
    module: Modules.Module;
END;
```

where *Modules.Module* has the following structure:

```
Modules.Module = POINTER TO ModuleDescriptor;
ModuleDescriptor = RECORD
    link: Module;
    name: ModuleName;
    .....
END;
```

To load or store a dialog item (see section 3.4) the name of its module (*module.name*) and the náme of its type (*name*) must be written to or read from the file.

Unfortunately there are some OberonV4 platforms which use a different type descriptor with the following structure:

```
Types.TypeDesc = RECORD
    base: ARRAY 7 OF Type;
    module, name: ARRAY 32 OF CHAR;
END;
```

The module name is directly available in the type descriptor here and need not be retrieved from the module descriptor. Of course this implies only a little modification to module *Dialogs*, but it must be done.

4.2 Background Bitmaps

There are various items (e.g. the combo box) which respond to a mouse click by showing a new item which disappears after releasing the mouse button. Before drawing the popup the overlapped part of the screen must be saved and afterwards restored. To do so the secondary bitmap of the Oberon display could be used. In PowerMac Oberon this bitmap is only one bit deep and therefore colours would not be stored. The same problem exists on other platforms (e.g. Windows). To solve this problem the system dependent-module *Bitmaps* is used. If the secondary bitmap is as deep as the primary bitmap, module *Bitmaps* can simply save the area in the secondary bitmaps. [3]

5 Conclusions

The Dialogs package is an extremly light-weight package used in daily work and in different programming courses.

Its main goals are platform-independence, simplicity and extensibility. With the exeption of the two mentioned points, these goals have been reached.

For the future we plan the implementation of new items (e.g. Icons) and the development of graphical user interfaces for different existing Oberon applications, with non user friendly commands (e.g. *Edit.Get* and *Edit.Set*).

---

[3]Such a module, named *Bitmap.Div.Mod* is part of the Dialogs package.

Acknowledgments

I wish to thank Prof. Hanspeter Mössenböck, for the support of this project. Further thank goes to my colleagues Markus Hof, Christian Mayrhofer, Christoph Steindl and Josef Templ for their valueable input.

Appendix A: How to get Dialogs

Dialogs for Oberon with full source code and the report [Kna94] can be obtained via anonymous internet file transfer ftp: Oberon.ssw.uni-linz.ac.at, /pub/Dialogs

Appendix B: References

[Kna94] M. Knasmüller
Oberon Dialogs: User´s Guide and Programming Interfaces
Institut für Informatik (Systemsoftware), Universität Linz,
Report No. 1, November 1994

[KrP88] G. Krasner, S. Pope:
A Cookbook for Using the MVC User Interface Paradigm in Smalltalk
Journal of Object-Oriented Programming, Aug./Sep. 1988

[Mar94] J. Marais
Towards End-User Objects: The Gadgets User Interface System
Proceedings of the Joint Modular Languages Conference 1994
Universitätsverlag Ulm, 1994

[Mös93] H. Mössenböck
Object-Oriented Programming in Oberon-2
Springer, 1993

[Rei91] M. Reiser
The Oberon System; User Guide and Programmer´s Manual
Addison-Wesley, 1991

[WiG 89] N.Wirth, J. Gutknecht
The Oberon System
Software - Practice and Experience, 19, 9 (Sept 1989)

The Smart Document or How to Integrate Global Services

Jürg Gutknecht
Institute of Computer Systems ETH Zürich

1. Introduction

Perhaps the most important trend in modern operating systems research is the trend towards global environments like distributed systems and client/server architectures. Driven by a foreseeable significant increase of remote services (cable and wireless) in the near future, client/-server environments will progressively replace traditional operating systems that operate a single computer or workstation in isolation.
One crucial issue in every client/server system must be *integration*. It is unreasonable to require clients to learn a different interface and mechanism of access for every single service that they want to use. Services should be presented uniformly and called implicitly, i.e. service-specific technical details should be handled by the system behind the scenes.
Against this background, we recently launched a new phase of project *Oberon* [Gutknecht, Wirth 89]. Its major goal is a highly integrating document-oriented interface (DOI) of unlimited functionality. By *document-oriented interface* we mean a unified and stateless presentation of input data, output data and user-interface in the form of a self-contained document. The terms *unlimited functionality* and *integrating* address the possibility of integrating (links to) arbitrary local and remote services into the document-oriented interface.
Before giving more detailed explanations and examples, we should clarify that, in this context, the term document is to be understood in its most general sense, i.e. including at least text, visual objects with or without autonomous functionality and links. Also, we should recall that the System 3 version of Oberon incorporates both a powerful text management and a versatile object-oriented framework called *Gadgets f*or the interactive and programmed construction and the use of graphical user interfaces (GUI) [Gutknecht 94a], [Gutknecht 94b], Marais 94].

2. Documents

Inventing a new interpretation of an old paradigm is often more useful than inventing a new paradigm-simply because in the former case the old paradigm can profit immediately from the invention. For example, if we reinterpret a document as an explicit *mapping* from some (abstract) model into the display area, we arrive at a new and very general paradigm of documents that spans a space from local to remote and distributed models and from simple to complex mappings. For example, the pairs (local model, simple mapping) and (distributed model, complex mapping) characterize *traditional documents* and *online documents* respectively.
Examples of online documents are *World Wide Web* (henceforth called Web) and *Telenews*. For Web, the mapping from the (distributed) model into the display screen is normally called *browser*. We have implemented several Web browsers, some of them are able to handle all

sorts of standard Web data types and services, including GIF-pictures, query-forms, Telnet, FTP etc. Telenews is based on a textual information service called *Teletext* that is broadcast by Swiss TV-stations during vertical blanking time. Teletext information is structured in pages and comprises a large variety of topics, among them are latest news, business, weather, traffic, advertising etc. Telenews is a sophisticated mapping from the Teletext data base (that is cached on a local data server) to an *electronic newspaper* with a dynamic table of contents and an integrated browsing facility. Also implemented are mappings that create diagram views of the *stock market* and of *running votings* respectively. In Figure 1, a desktop is presented that exemplary contains documents of type Web, Telenews, electronic mail and FTP respectively.

3. Links

Links are a popular and effective structuring method for large documents. We can find links in different variations in *hypertexts* and in Web documents. The idea of links generalizes naturally to arbitrary service calls. For example, Oberon's original textual user-interface (TUI) crucially relies on a generic mechanism that allows command calls by name directly from within a text. Other examples are links from a mathematical text to a symbolic formula evaluator, from a newspaper to an encyclopedia and from Web to public services like Telnet and FTP. The first two examples refer to recent sub-projects with the goals of connecting mathematical WYSIWYG-texts with the symbolic computation power of the *Maple* machine and integrating an encyclopedia into Telenews respectively [Sommerer 95]. Figure 2 depicts links to a symbolic formula evaluator and to Telnet.

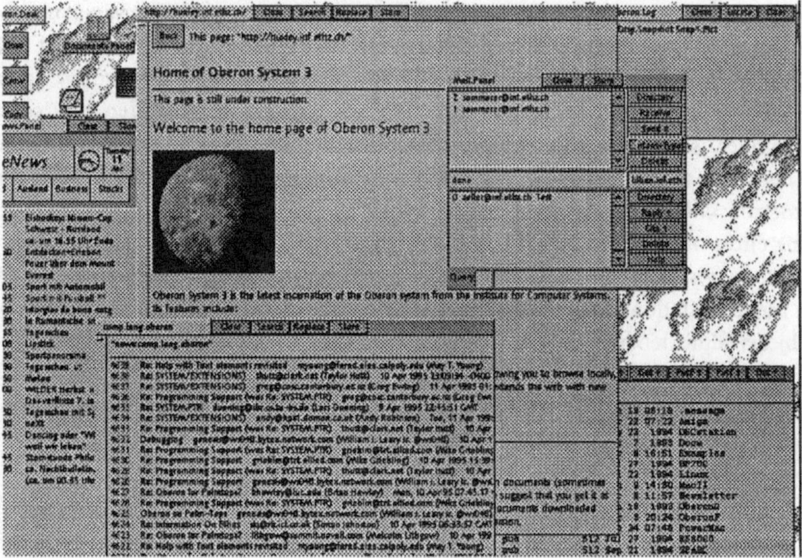

Figure 1

Remarkably, service links are by no means restricted to local services. They can equally well be looked at as (interfaces of) arbitrary remote services. Referring to the above examples, links could represent some remote compute server running Maple under the *OpenMath* protocol or any remote database supporting Microsoft's *ODBC* (Open Data Base Connectivity).

4. Integration

We are interested in a general concept of documents because it provides a solid basis for a completely unified and integrating programming environment and user interface, especially in connection with links. For example, in our newest implementation, one and the same opening command and the same look-and-feel apply to ordinary local documents, to Web and to Telenews. Moreover, we can smoothly switch between the different kinds of documents (and thus between different applications) simply by clicking at links. We can use links to switch smoothly from Telenews to an electronic dictionary or from electronic mail to Telenews.
Integrating of concepts alone is not sufficient. In order to be successful, this needs to happen in a suitable software environment. Our implementation is based on Oberon System 3 with Gadgets that provides (a) a general object-management, (b) an advanced text management and (c) a smooth integration of (a) and (b). Oberon's object management handles *persistent objects* of a largest possible variety, including abstract objects, visual objects with and without autonomous functionality, documents and graphical user-interfaces. Conceptually, an Oberon text is a sequence of arbitrary objects. Even though by far most of the objects in a typical text are ordinary character glyphs, some are more exotic, among them are - for example - visual objects, style directives [Sommerer 95] and so-called *smart links*.
Smart links is an object-oriented technique for a unified and generic internal representation of links. It was first used by R. Sommerer in the above-mentioned sub-projects [Sommerer 95]. The essential point is that links are modelled as objects with their interface representing an *abstract service*. Hence, while "ordinary" links typically need to be interpreted by some specific interpreter, smart links are simply compiled into method calls by a universal processor. This makes the system so extensible that it is prepared today to handle services that will exist tomorrow only.
An interesting circle of problems that still has to be explored is raised by the (natural) desire of *portable objects* (visual or not) with autonomous functionality (e.g. the panels in Figure 1). Our current implementation simply transfers machine-code and thus allows the porting of functional objects within a community of Oberon systems that are compatible on the machine-code level. Possible carriers of ported objects are (again) Web and local electronic mail. Further solutions are planned that are based on a more generic description of an object's functionality.

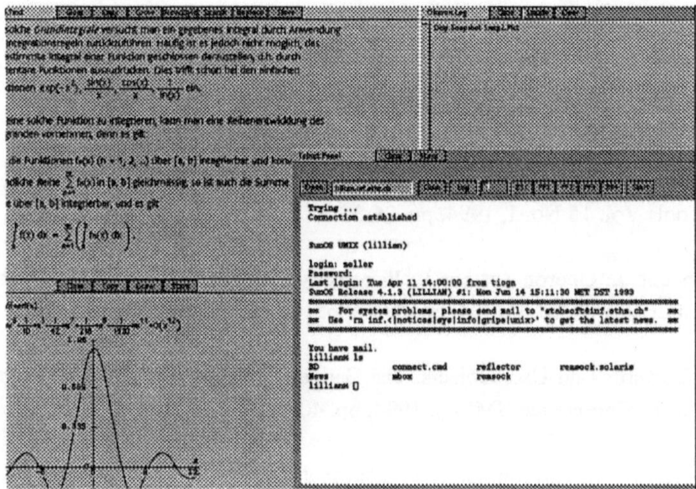

Figure 2

5. Summary

The project described is an evolutionary step within project Oberon and Gadgets. It is aimed at a pervasive document-oriented programming model and user environment that handles calls of local and remote services (a) uniformly and (b) implicitly. The current state of the project includes operational integrated implementations of various local document editors, a framework for electronic mathematical textbooks with built-in evaluator for symbolic formulas, an electronic mail tool, an advanced Web browser and an innovative electronic newspaper that is constructed on-the-fly from textual TV data.
Being based on a general object-oriented platform, documents may contain persistent objects with arbitrary autonomous functionality. However, the portability of such objects is currently limited to machine-compatible Oberon systems. Further research will be directed towards more generic descriptions and better portability.

6. Acknowledgement

The author of this article gratefully acknowledges the contributions of his collaborators to the presented project. In particular, J. Marais has substantially helped with designing and implementing a document model on the basis of Gadgets, R. Sommerer has conceived and implemented most of the applications mentioned in the article, i.e. a mathematical textbook with integrated access to Maple, Telenews and a first version of a Web browser and E. Zeller has done electronic mail as well as a more advanced Web browser.

References

[Wirth, Gutknecht 89] Wirth, N., Gutknecht, J.: The Oberon System, Software - Practice and Experience. Vol. 19 No. 9, 1989, pp. 857-893.

[Gutknecht 94 a] Gutknecht, J.: Oberon System 3: Vision of a Future Software Technology. Software Concepts & Tools Vol. 15 No. 1, 1994, pp. 26-33.

[Gutknecht 94 b] Gutknecht, J.: Oberon System 3 - Perspectives of Evolution. Proc. on Joint Modular Languages Conference (JMLC), 1994, pp. 395-406.

[Marais 94] Marais, J.: Towards End-User Objects: The Gadgets User Interface System: Proc. on Joint Modular Languages Conference (JMLC), 1994, pp. 407-420.

[Sommerer 95] Sommerer, R.: Integrating Online Documents into Oberon. Dissertation, to appear 1995.

Springer-Verlag und Umwelt

Als internationaler wissenschaftlicher Verlag sind wir uns unserer besonderen Verpflichtung der Umwelt gegenüber bewußt und beziehen umweltorientierte Grundsätze in Unternehmensentscheidungen mit ein.

Von unseren Geschäftspartnern (Druckereien, Papierfabriken, Verpackungsherstellern usw.) verlangen wir, daß sie sowohl beim Herstellungsprozeß selbst als auch beim Einsatz der zur Verwendung kommenden Materialien ökologische Gesichtspunkte berücksichtigen.

Das für dieses Buch verwendete Papier ist aus chlorfrei bzw. chlorarm hergestelltem Zellstoff gefertigt und im pH-Wert neutral.